Die Geschichte der Abtei Brauweiler bei Köln
1024 – 1802

von
Peter Schreiner

Exkurs:
Benediktinisches Leben heute
von
Franziskus Berzdorf OSB

Kohlezeichnungen, Kreidezeichnungen und Holzschnitte:
Heinz Binsfeld

Pulheim 2001

Pulheimer Beiträge
zur
Geschichte und Heimatkunde

21. Sonderveröffentlichung

Verein für Geschichte und Heimatkunde e.V.
Pulheim

Pulheim 2001

Peter Schreiner

Die Geschichte der Abtei Brauweiler bei Köln 1024 – 1802

Exkurs:

Benediktinisches Leben heute

von

Franziskus Berzdorf OSB

Kohlezeichnungen, Kreidezeichnungen und Holzschnitte

von

Heinz Binsfeld

Pulheim 2001

Gewidmet dem Andenken an

Professor Dr. Walter Bader

und

Professor Dr. Erich Wisplinghoff

Impressum

Herausgeber:	Verein für Geschichte und Heimatkunde e.V. Adamistraße 9, 50259 Pulheim-Brauweiler Tel. 02234-82567; Fax: 02234-801824
Layout:	Peter Schreiner
Umschlag:	Michael Schreiner, design & neue medien, Sachsenring 73, 50677 Köln
Satz:	TypeDesign, J. Gehrke, Ingendorf 15 b, 50259 Pulheim-Ingendorf
Lithos:	Wüst Repro Service GmbH, Eupener Straße 157, 50933 Köln-Braunsfeld
Druck:	Wüst Repro Service GmbH, Eupener Straße 157, 50933 Köln-Braunsfeld

ISSN 0171-3426
ISBN 3-927765-27-9

Die Kohlezeichnungen, Kreidezeichnungen und Holzschnitte schuf Heinz Binsfeld aus Pulheim-Dansweiler.

Titelseite: Kreuzgang der Abtei Brauweiler
Rückseite: Blick vom Durchgang zum Wirtschaftshof in den barocken Prälaturhof mit Prälaturgebäude

Förderer des Buches

ABTEI APOTHEKE
Sabine v. Uklanski
Bernhardstr. 25 · 50259 Pulheim-Brauweiler

Raiffeisenbank Brauweiler
Zweigniederl. der Raiffeisenbank Frechen-Hürth eG
Bernhardstr. 74 · 50259 Pulheim-Brauweiler

Apotheke Kurt Tittelbach
Venloer Straße 133 · 50259 Pulheim

Ritterorden vom Heiligen Grab
zu Jerusalem
Konturei Heilige Drei Könige · Köln

Bäckerei Kayser GmbH
Venloer Straße 95 · 50259 Pulheim

RWE Energie AG
Hauptschaltleitung Brauweiler

Bücherstube Brauweiler
Mathildenstraße 6 · 50259 Pulheim-Brauweiler

Schmuckdesign Uhren
Stefan Wirtz · Im Laach 16 · 50676 Köln

Friseur Salon
Ralph Kienlein
Aachener Straße 1232 · 50859 Köln-Weiden

Senioren-Club
St. Nikolaus · Brauweiler

Ingenieure für Bauwesen
B. Kohlmann & H. Neumann
Annastraße 58 · 50969 Köln

Stadt Pulheim

Kathol. Kirchengemeinde
St. Martinus
Pulheim-Sinthern

Weingut Brauweiler Hof
Fam. Diederichs-Schausten/Fuhrmann
Kirchstraße 6 · 56820 Mesenich

Kathol. Kirchengemeinde
St. Martinus
Pulheim-Stommeln

Weingut Heinz
Hohlstraße 2 · 56818 Klotten/Mosel

Königsdorfer Buchhandlung
Aachener Str. 550 · 50226 Frechen-Königsdorf

Kulturstiftung
der Kreissparkasse Köln

Achterberg, Marielen, Pulheim-Brauweiler ◆ Agerer, Alois, Pulheim ◆ Allrath, Ursula u. Josef, Pulheim-Dansweiler ◆ Angenend, Michael, Pulheim ◆ Arenz, Peter, Bad Münstereifel ◆ Arndt, Gabriele, Frechen-Neubuschbell ◆ Rudolf Bangert, Pulheim-Brauweiler ◆ Bausch, Heinz, Bergheim-Fliesteden ◆ Becher, Winfried, Pulheim-Sinnersdorf ◆ Becker, Dr.,

Franz, Frechen-Königsdorf ◆ Beerlage, Peter, Pulheim-Brauweiler ◆ Bender, Liane, Köln-Lövenich ◆ Berns, Adele u. Alfred (†), Bergheim-Ahe ◆ Bieger, Prof., Dr., Helmut, Frechen-Königsdorf ◆ Binsfeld, Annemarie u. Heinz, Pulheim-Dansweiler ◆ Birgeln van, Marianne u. Nicola René, Pulheim-Sinthern ◆ Blankenstein, Dr., Günter, Pulheim-Stommeln ◆ Boerner, Dieter, Köln ◆ Bohnhoff, Ilse, Bergheim-Glessen ◆ Branbanski, Sofia, Köln-Widdersdorf ◆ Brandes, Hildegard; Pulheim-Sinthern ◆ Brendt, Josef, Pulheim-Brauweiler ◆ Bressin, Gertrud u. Karl, Pulheim-Dansweiler ◆ Brings, Erika, Pulheim-Brauweiler ◆ Brings, Peter, Wilhelm, Pulheim ◆ Brösecke, Friedrich-Wilhelm, Frechen-Königsdorf ◆ Brogle, Brunhild, Pulheim-Brauweiler ◆ Brune, Christa, Kreuzau ◆ Brunn, Peter, Meckenheim ◆ Büschges, Burkhard, Pulheim-Brauweiler ◆ Busch, Theo, Pulheim-Brauweiler ◆ Cardauns, Prof., Dr., Burkhard, Pulheim-Brauweiler ◆ Dahl, Antonie u. Hans, Frechen-Königsdorf ◆ Dihrberg, Ulf, Düsseldorf ◆ Drießen, Richard, Pulheim-Sinnersdorf ◆ Dünn, Ottilie u. Everhard, Frechen ◆ Edinger, Karl-Ernst, Pulheim ◆ Effertz, Heinrich, Odenthal ◆ Engelhardt, Gudrun u. Ulf, Frechen-Königsdorf ◆ Engeln, Kurt, Pulheim ◆ Erpelding, Therese u. Ferdi, Pulheim ◆ Esser, Marianne u. Willi, Koblenz ◆ Euskirchen, Claudia, Köln ◆ Exner, Waltraud, Frechen-Königsdorf ◆ Felde vom, Winfried, Wuppertal ◆ Felkel, Christine u. Albert, Pulheim ◆ Fetten, Ursula u. Hanswilli, Pulheim-Brauweiler ◆ Filla, Manfred, Pulheim ◆ Fischer, Gertrud u. Georg, Rommerskirchen ◆ Freitag, Johann u. Gertrud, Pulheim-Stommeln ◆ Friedrich, Rudolf, Sundern-Amecke ◆ Funke, Helmut, Köln ◆ Gather, Heiner, Pulheim-Sinthern ◆ Gerritzen, Rolf, Krefeld ◆ Geissler, Horst, Pulheim-Sinnersdorf ◆ Gielow, Walter, Pulheim-Stommeln ◆ Gierens, Dorothea u. Josef, Pulheim-Brauweiler ◆ Giesen, Cäcilie, Pulheim-Stommeln ◆ Goergen, Anneliese u. Anton, Köln-Junkersdorf ◆ Gorsmanns, Carin, Wuppertal ◆ Graefrath, Gisela, Pulheim-Brauweiler ◆ Grossman, Karin u. Walter, Köln ◆ Groth, Horst, Pulheim-Brauweiler ◆ Hagedorn, Margret, Pulheim-Sinnersdorf ◆ Haigis, Käthe, Pulheim-Dansweiler ◆ Harf, Simone, Pulheim-Dansweiler ◆ Hegemann, Christoph, Nörvenich ◆ Heiermann, Klaus, Köln ◆ Heinke, Ulrike u. Holger, Pulheim-Brauweiler ◆ Helmstaedter, Robert, K., Mendham NJ, USA ◆ Henk, Agnes, Bergheim-Glessen ◆ Henk, Johann, Pulheim ◆ Herbrich, Hella u. Ernst, Pulheim-Dansweiler ◆ Hetmann, Irene, Pulheim-Geyen ◆ Hiermann, Klaus, Köln ◆ Hilgers, Hildegard u. Christian, Pulheim-Dansweiler ◆ Hünseler, Hansjakob, Köln-Widdersdorf ◆ Husmann, Prof., Dr., Dirk, Bonn ◆ Ilgner, Werner, Pulheim-Stommeln ◆ Jakoby, Werner, Pulheim-Stommeln ◆ Jansen, Christa u. Karl G. Jansen, Pulheim ◆ Jansen, Katharina, Kerpen ◆ Jünger, Paul, Frechen-Königsdorf ◆ Kampmann, Hans-Joachim, Linnich-Körrenzig ◆ Kesberg, Edith u. Helmut, Pulheim-Brauweiler ◆ Kessler, Angelika, Köln ◆ Kissels, Ernst, Köln ◆ Kitschen, Franz Hubert, Köln ◆ Kleensang, Dr., Michael, Pulheim ◆ Kleffmann, Erich, Wuppertal ◆ Klein, Walburga, Pulheim-Brauweiler ◆ Kloeser, Arndt, Pulheim-Dansweiler ◆ Klose, Charlotte u. Werner, Pulheim-Stommeln ◆ Koch, Dr., Bernd, Pulheim-Sinthern ◆ Konetzki, Anita, Pulheim-Brauweiler ◆ Koch, Peter, Pulheim-Stommeln ◆ Köllen, Hans, Frechen-Königsdorf ◆ Kracke-Berndorff, Rolf, Pulheim-Freimersdorf ◆ Kremer, Maria Elisabeth, Pulheim-Dansweiler ◆ Krings, Elisabeth u. Bernhard, Pulheim-Brauweiler ◆ Krings, Johannes, Pulheim ◆ Kronenbürger, Albert, Köln-Widdersdorf ◆ Kronenbürger, Gerti, Köln-Widdersdorf ◆ Krüger, Edith u. Horst, Pulheim-Brauweiler ◆ Krükel-Detert, Helga, Pulheim-Brauweiler ◆ Lammert, Karin, Pulheim-Brauweiler ◆ Lang, Eduard, Köln-Weiden ◆ Langhans, Prof., Herbert, Pulheim-Brauweiler ◆ Laue, Karl-Heinz (†), Pulheim ◆ Lauffer, Heidemarie, Pulheim-Brauweiler ◆ Lauth, Gisela u. Gerhard ◆ Lehmann-Sinapius, Hilde u. Werner, Frechen-Königsdorf ◆ Leimbach, Ingrid u. Wilfried, Pulheim-Brauweiler ◆ Lenders, Marieluis, Pulheim-Freimersdorf ◆ Ley, Dr., Dietrich, Köln ◆ Leyendecker, Manfred, Pulheim-Brauweiler ◆ Lienau-Traore, Isolde ◆ Linden, Hans, Pulheim-Brauweiler ◆ Linkenbach, Waltraud u. Klaus, Pulheim-Dansweiler ◆ Lohscheider, Angelika-Berta, Pulheim-Brauweiler ◆ Löhr, Antje, Köln ◆ Looz-Corswarem von, Dr. Clemens, Köln-Esch ◆ Lorscheidt, Marlene u. Willy, Pulheim-Dansweiler ◆ Maassen, Rolf, Pulheim-Dansweiler ◆ Malejka, Heinz u. Schulz, Brigitte, Köln ◆ Mänz, Ingrid, Köln ◆ Meisenburg, Ursula u. Lothar, Pulheim-

Sinthern ◆ Meschter, Usula u. Werner, Köln ◆ Metzen, Heinz Michael, Köln-Junkersdorf ◆ Metzmacher, Karl-Heinz, Pulheim-Stommeln ◆ Meyer, Heinz, Köln ◆ Meyer, Maria u. Franz, Breitscheid ◆ Mittler, Agnes, Pulheim-Brauweiler ◆ Mlotek, Bärbel u. Jörg, Bergisch-Gladbach ◆ Mörs, Hans-Peter, Frechen ◆ Molineus, Kurt, Pulheim-Sinnersdorf ◆ Müller, Britta u. Johannes, Hennef ◆ Müller, Dr., Alexius, Leverkusen ◆ Müller, Karl Heinrich, Rösrath ◆ Müller-Schwanneke, Heiko, Köln ◆ Münker, Renate, Köln ◆ Neß, Peter, Pulheim ◆ Neukirch, Rolf, Pulheim-Geyen ◆ Neupert, Elfriede, Köln ◆ Neitzke, Ursula, Solingen ◆ Nitze, Rudolf, Pulheim-Sinthern ◆ Nürnberg-Kaas, Valeska u. Dr., Norbert, Morsum/Sylt ◆ Obermüller, Karen u. Martin, Bergheim-Glessen ◆ Ortmann, Albrecht, Frechen-Königsdorf ◆ Ottermann, Hans Henning, Mechernich ◆ Päffgen, Agnes u. Wille Fritz, Düsseldorf ◆ Pape, Denise u. Ulrich, Frechen-Königsdorf ◆ Peltzer, Lotte, Pulheim ◆ Pelzing, Kurt, Pulheim-Brauweiler ◆ Petermann-Pagener, Micaela, Köln-Widdersdorf ◆ Petri, Günter, Pulheim-Brauweiler ◆ Peuster, Dr., Axel, Köln-Weiden ◆ Pieper, Ansgar, Köln-Widdersdorf ◆ Pilz, Kirsten ◆ Pingen, Adelheid, Gut Bergerhof, Brauweiler-Freimersdorf ◆ Podolski, Anneliese, Pulheim ◆ Poeche, Ursula u. Jürgen, Pulheim-Brauweiler ◆ Poettgen, Barbara u. Jörg, Overath-Marialinden ◆ Rabsch, Bernhard, Pulheim-Brauweiler ◆ Rach, Maria, Pulheim-Stommeln ◆ Rahmen-Weyer, Adelheid, Köln-Widdersdorf ◆ Rainer, Graf von Buillon, München ◆ Rapp, Werner, Bergheim ◆ Rehmann, Elisabeth, Pulheim ◆ Rentzsch, Dr., Hans, Pulheim-Brauweiler ◆ Requa, Rolf, Pulheim-Brauweiler ◆ Resch, Klaus, Düsseldorf ◆ Rhode, Vera u. Dieter, Dr., Bergheim-Glessen ◆ Reuter, Bert, Köln ◆ Rieve, Dr. med, Bedburg ◆ Rindt, Hans, Pulheim-Sinnersdorf ◆ Rittergut Haus Orr, Eugen Kröner, Erkrath ◆ Robertz, Hans-Wilhelm, Pulheim-Stommeln ◆ Rodatus-Petrewitz, H.-P., Pulheim-Sinnersdorf ◆ Rohde, Vera u. Dr. Dieter, Bergheim-Glessen ◆ Römer, Dr., Axel, Pulheim-Sinnersdorf ◆ Roth, Margot u. Dr. Kurt, Köln ◆ Roth, Thomas, Pulheim ◆ Sarling, Margarete, Köln-Widdersdorf ◆ Schenck, Dr. Christian, Bergzabern ◆ Schlich, Felix, Pulheim-Brauweiler ◆ Schmerkotte, Margret u. Dr., Hans, Pulheim-Brauweiler ◆ Schmitz, Josef, Pulheim-Sinnersdorf ◆ Schneider, Olaf, Pulheim-Sinnersdorf ◆ Schreier, Georg, Pulheim-Manstedten ◆ Schreiner, Peter, Pulheim-Brauweiler ◆ Schroff, Hans Joachim ◆ Schröder, Blanka u. Adolf, Pulheim-Sinthern ◆ Schröder, Cäcilie u. Hubert, Pulheim-Orr ◆ Schubert, Thea, Kerpen ◆ Schultheis, Dipl.-Ing., Rainer, Pulheim-Brauweiler ◆ Schumacher, Josefine, Köln ◆ Schurf, Barbara u. Bernhard, Pulheim-Stommeln ◆ Schwengers, Dr., Karl-Adolf, Köln ◆ Seidel, Karin u. Siegfried, Frechen-Königsdorf ◆ Siefer, Irmgard u. Claus, Köln-Widdersdorf ◆ Sinzig, Sophie, Pulheim-Brauweiler ◆ Smolla, Brigitte, Pulheim-Stommeln ◆ Speckhahn, Gerhard, Pulheim-Sinnersdorf ◆ Spitzley, Ingrid, Köln ◆ Stahl-Heckhausen, Marianne, Pulheim-Stommeln ◆ Staudte, Joachim, Pulheim ◆ Stelkens, Dr., Paul, Frechen-Königsdorf ◆ Strauch, Gisela, Köln-Lövenich ◆ Szebel, Andrea u. Wolfgang, Pulheim ◆ Tächl, Kathi, Köln-Widdersdorf ◆ Tadsen, Holger, Pulheim-Stommeln ◆ Thiel, Ingrid, Pulheim ◆ Thonemann, Cornelia, Pulheim ◆ Timm, Dierk, A., Pulheim-Sinthern ◆ Tittelbach, Kurt, jun., Pulheim ◆ Todt, Karl, Pulheim-Brauweiler ◆ Tschuschke, Roswitha, Köln ◆ Ubber, Rosi u. Josef, Pulheim ◆ Uerlich, Gerhard, Peter, Pulheim-Brauweiler ◆ Urlaub, Hermann, Pulheim ◆ Versteegen, Josef, Pulheim-Brauweiler ◆ Vesen, Wilhelmine, Pulheim-Stommeln ◆ Weingarten, Anneliese u. Günter, Pulheim ◆ Werner, Manfred, Pulheim-Dansweiler ◆ Wieth, Anna, Pulheim-Brauweiler ◆ Vix, Dr., Ernst, Frechen-Neufreimersdorf ◆ Volmer, Gisela u. Walter, Köln ◆ Walterscheid, Rudolf, Köln ◆ Wego, Hans-Jakob, Pulheim-Stommeln ◆ Weinel, Renate, Pulheim-Brauweiler ◆ Weiß, Aline, Berlin ◆ Westphal, Hans, Königswinter ◆ Winand, August, Köln ◆ Winter, Iris u. Bernhard, Heilbronn ◆ Wohlfeld, Peter, Pulheim-Stommeln ◆ Worms, Hildegard u. Dr. Bernhard, Pulheim-Stommelerbusch ◆ Wüst, Gerda, Köln ◆ Zander-Maas, Margarete, Pulheim ◆ Zillikens, Christa u. Herbert, Frechen-Königsdorf ◆ Zons, Peter, Pulheim ◆ Die 42 Teilnehmer der Studienreise vom 21. bis 30. Juli 2000 nach Sachsen.

Die Liste der Sponsoren mußte aus redaktionellen Gründen am 31. Januar 2001 abgeschlossen werden.

Die Abtei Brauweiler von Südost

Inhalt

Vorwort XV

Einleitung 1

Brauweiler vor der Gründung der Abtei: Ein Blick auf die Siedlungsgeschichte bis zum Ende des 10. Jahrhunderts 3

Die Landschaft - Ur- und frühgeschichtliche Siedlungsspuren - Besiedlung in römischer Zeit - Die Zeit der fränkischen Landnahme - Brauweiler im Besitz der lothringischen Pfalzgrafen - Zur Herkunft des Ortsnamens

Die Klostergründung durch den lothringischen Pfalzgrafen 11

Amt und politische Bedeutung der lothringischen Pfalzgrafen - Die Brauweiler Hochzeit - Die Söhne und Töchter des Pfalzgrafenpaares - Überlegungen zur Gründung eines Familienklosters - Klostergründung und Tod der Pfalzgräfin - Die wirtschaftliche Ausstattung des Klosters durch den Pfalzgrafen - Regelung der Vogtei und Tod des Pfalzgrafen

Richeza - Königin von Polen und Wohltäterin des Klosters 22

Die „Gnesener Vereinbarung" zwischen Kaiser Otto III. und Herzog Boleslaus I. - Richeza, Königin von Polen - Richezas Sohn Kasimir, Erneuerer Polens - Richeza in Deutschland - Die Entscheidung zum Bau einer neuen Klosterkirche in Brauweiler - Regelung der Rechtsverhältnisse des Familienklosters - Richeza bestimmt ihre Grabstätte in Brauweiler - Richezas bedeutendste Schenkung: Klotten an der Mosel

Das Kloster im Rechtsstreit mit Kölner Erzbischöfen:
Die Auseinandersetzung um das Moselgut Klotten 28

Erzbischof Anno II. von Köln und seine Politik - Annos erste Begegnung mit Richeza - Annos Vorgehen gegen den Pfalzgrafen Heinrich - Anno und das pfalzgräfliche Kloster in Brauweiler - Richezas Tod und der Ausbruch des Streites um Klotten - Annos Motive - Annos späte Rechtfertigung - Richezas Vertrag mit dem Würzburger Bischof - Wer gründete das Stift Maria ad Gradus in Köln? - Annos Handeln aus der Sicht der Brauweiler Mönche - Eine personelle Veränderung in Brauweiler - Der neue Abt Wolfhelm ruft den Klosterpatron zu Hilfe - Wolfhelm wendet sich an König und Papst - Die Rache des Kölner Erzbischofs Hildolf - Der Brauweiler Klosterpatron greift ein - Das Ende der Auseinandersetzung: Die Rückgabe Klottens durch Erzbischof Hermann III. von Köln

Die Stiftung der Königin Richeza:
Neubau von Kirche und Kloster im 11. Jahrhundert 43

Der Bau der „Richeza-Kirche" - Baugestalt und Ausstattung der Kirche - Bedeutende Vorbilder für die Kirche der Königin Richeza - Nur noch wenige Bauspuren - Die übrigen Bauten des Abtes Wolfhelm - Wolfhelm, ein hochverdienter Abt

Umfangreiche Bautätigkeit im 12. und 13. Jahrhundert:
Die heutige Kirche und ein neues Kloster entstehen 54

Der Baubeginn der heutigen Kirche - Erster Bauabschnitt: Die Westturmanlage entsteht - Zweiter Bauabschnitt: Das Langhaus entsteht - Bernhard von Clairvaux in Brauweiler - Ein Briefwechsel zwischen Abt Geldolf und Hildegard von Bingen wegen der Heilung einer besessenen Frau -

Bauchnachrichten über die Errichtung neuer Klostergebäude mit einem neuen Kreuzgang - Theorien zur Baudatierung des östlichen Kreuzgangflügels - Die Vollendung des Kreuzgangquadrums - Der Kapitelsaal - Romanischer Portalbogen aus Brauweiler (um 1160-70), heute Hessisches Landesmuseum Darmstadt - Pläne zur Vollendung des dritten Kirchbaus und eine mißglückte Kollekte - Beginn der Arbeiten am Ostbau der Kirche: Der Umbau der Krypta - Baubeginn der Choranlage und Unterbrechung durch eine Brandkatastrophe - Wiederaufnahme und Beendigung der Bauarbeiten am Ostbau der dritten Kirche - Das Ende der mittelalterlichen Bautätigkeit

Zwischen Verfall und Reform: Die Krisen des 13. bis 15. Jahrhunderts 81

Die Herkunft der Klostergüter bis zum Ende des 12. Jahrhunderts - Beginn einer ungünstigen Entwicklung - Ursachen der Krise aus der Sicht der Mönche von Brauweiler - Andere Ursachen für den Verfall: Negative Veränderungen im monastischen Leben - Ein anderes Problem: Die Herkunft der Mönche - Beginn der Krise und erste Gegenmaßnahmen - Verkauf von Grundbesitz - Gütertrennung zwischen Abt und Konvent im Jahre 1255 - Bestandsaufnahme der Schulden und ein Schuldentilgungsplan unter Abt Heinrich I. von Rennenberg - Erste Auseinandersetzung mit dem Vogt und die Brauweiler Urkundenfälschungen - Der Zwischenschied des Albertus Magnus im Jahre 1277 - Die Erneuerung der Gütertrennung vom Jahre 1255 - Schlacht bei Worringen: Die Abtei dokumentiert noch einmal ihre Treue zum Kölner Erzbischof - Beginn des krisenreichen 14. Jahrhunderts: Hungersnöte - Der Guß der Misericordia-Glocke zur Vertreibung der „Geister des Bösen" - Die doppelte Abtswahl von 1313 und ihre Folgen - Die wirtschaftliche Lage unter Abt Friedrich von Senheim - Ein „Zwangsaufsichtsrat" aus Gläubigern als Berater des Abtes - Klosterrechnungen und klösterliche Buchführung im 14. Jahrhundert - Hoher Lebensstandard der Mönche und sorglose Wirtschaftsführung - Folgen der Pest von 1349 - Erneuter Streit mit den Vögten - Kauf der Vogtei durch das Kloster - Hilfe durch den Komtur des Johanniterordens in Köln - Neuregelung der Vogtei - Beamte des Klosters im 14. Jahrhundert, Neuordnung der Gerichtsbarkeit und Guß der Gerichtsglocke - Schäden durch Überfälle und Brandschatzungen - Erneute Reduzierung der Zahl der Mönche und bisherige Konventsstärken - Zeitweilige Besserung der Verhältnisse unter Abt Heinrich II. Vridach - Ende der ruhigen Zeit: Ein teurer Prozeß und erneute Übergriffe auf Klostergut - Die Lebensweise der Brauweiler Mönche am Vorabend der Reform - Die Statuten des Abtes Arnold III. Quad - Die vergeblichen Bemühungen des Abtes Eberhard II. von Galen

Die Einführung der Bursfelder Reform 111

Die Vorgänge nach der Klosterchronik - Eine merkwürdige Chronologie und ihre Gründe - Offene Fragen zur Reform in Brauweiler - Die Mönche des Reformkonvents - Der Tod Abt Eberhards II. von Galen und die Inkorporierung Brauweilers in die Bursfelder Kongregation

Das Kloster im Verband der Bursfelder Kongregation 115

Schwieriger Neubeginn in einer feindlich gesinnten Umwelt - Einbindung Brauweilers in die Bursfelder Kongregation - Die Wende durch eine Mißernte - Bau eines Back- und Brauhauses - Einrichtung eines Weinausschanks - Ein folgenschwerer Diebstahl - Abschluß der wirtschaftlichen Konsolidierungsphase und Wiederaufnahme der Bautätigkeit an Kirche und Klostergebäuden unter Abt Johannes I. von Wied - Weiterhin eine positive Entwicklung trotz mehrerer Unglücksfälle - Baumaßnahmen und Förderung der Wirtschaft unter Abt Hermann III. Laer - Die Stiftungen des Abtes Hermann III. Laer - Die Rechnungen von 1530/31 - Veränderungen im Konvent seit 1467

Kaiserlicher und königlicher Besuch im 16. und 17. Jahrhundert 129

Kaiser Maximilian I. und sein Besuch am Stiftergrab - Weitere hohe Besucher: Kaiser Karl V. und König Ferdinand I. - Eine Königin im Dormitorium der Mönche

Die Wappenverleihung im 16. Jahrhundert 133

Das große Wappenprivileg aus der kaiserlichen Kanzlei in Augsburg - Das Wappen und die Begründung seiner Verleihung - Der Inhalt der Urkunde - Politische Hintergründe der Wappenverleihung - Das Wappen als Mittel zur Hebung des äußeren Ansehens der Abtei

Kriegsnöte und andere Katastrophen **138**
Kriegsnöte: *Der staufisch-welfische Thronstreit - Die Fehde zwischen dem Kölner Erzbischof und dem Herzog von Jülich - Der Limburgische Erbfolgestreit und die Schlacht bei Worringen - Der Burgunderkrieg und die Belagerung von Neuss - Der Kölnische oder Truchsessische Krieg - Der Jülich-Klevische Erbfolgestreit - Der Dreißigjährige Krieg* - Durchziehende Heere - Feuersbrünste - Seuchen und Pest - Erdbeben - Unwetter und Mäuseplagen

Die unruhige Zeit der Glaubenskämpfe **154**
Die Jahrzehnte zwischen Wappenverleihung und Dreißigjährigem Krieg - Hexenverfolgungen - Neuer Abteibesitz im Rheingau - Brauweilers Anteil an der Katholischen Reform - Zwei auswärts tätige Mönche: Joachim von Kamphausen und Petrus Heister - Vom Mönch zum Weihbischof: Die Karriere des Adamus Adami - Die mißglückte Gründung des Seminars der Bursfelder Benediktinerkongregation in Köln

Blütezeit im Barock **166**
Die ersten Jahre nach dem Dreißgjährigen Krieg - Disziplinschwierigkeiten bis zum Ende des 17. Jahrhunderts: *„Krieg in der Welt und Krieg im Kloster"* - Die Klosterschule - Die Wiedererrichtung des Kölner Seminars der Bursfelder Kongregation - Gelehrte Brauweiler Äbte und Mönche - Barock, Zeit katholischer Erneuerung - Einführung des Missale Romanum - Erste Veränderungen im Innern der Abteikirche - Verleihung der Mitra an den Abt von Brauweiler - Barocke Umgestaltung des Chorraumes und Versetzung des Stiftergrabes - Eingriffe in die Bausubstanz der Klosterkirche, Versetzung von Altären und Grabmälern - Anschaffung kostbarer Ausstattungsstücke für die Kirche - Eine denkwürdige Begegnung in Brauweiler: Erzbischof und Kurfürst Joseph Clemens von Köln und das Portrait seines mittelalterlichen Vorgängers Hermann II.

Die Abtei und ihr Territorium: Die Herrlichkeit Brauweiler **186**
Die Größe der Herrlichkeit Brauweiler - Die Brauweiler Äbte, weltliche Herren der Herrlichkeit Brauweiler - Die Äbte als geistliche Herren: *Die Laurentiuskapelle und die Seelsorge in Brauweiler - Die Sintherner Pfarrkirche und ihre Pfarrer - Die Kapelle in Glessen, eine Filialkirche von Sinthern - Die Widdersdorfer Pfarrkirche und der Bau einer Schule - Die Kapelle in Kleinkönigsdorf - Die auswärtigen Kirchen im Bereich des Moselbesitzes der Abtei - Eine weitere auswärtige Kirche: St. Martinus in Zons* - Das Kloster als geistig-religiöser Mittelpunkt der Herrlichkeit Brauweiler: *Die Reliquien des Klosters - Reliquienverehrung - Besondere Feste, Ablässe und Prozessionen - Wallfahrten zum hl. Nikolaus*

Das Kloster im 18. Jahrhundert unter den Äbten Beda Groten und Amandus Herriger **203**
Die letzten Bursfelder Generalkapitel in Brauweiler - Die wirtschaftliche Entwicklung des Klosters bis zum Einmarsch der Franzosen - Die landwirtschaftlichen Verhältnisse in der Herrlichkeit Brauweiler während des 18. Jahrhunderts - Baumaßnahmen unter Abt Beda Groten - Die kurze Amtszeit von Abt Beda Groten - Verbindungen zum Benediktinerinnenkloster Neuwerk bei Gladbach - Der Tod von Abt Beda Groten in Köln - Abt Amandus Herriger, eine *„Zierde des Ordens"* - Erwerb neuer Reliquien für das Kloster - Übertragung der Sitzfigur des hl. Nikolaus aus der Krypta in die Oberkirche - Grußadresse an den Trierer Erzbischof und Kurfürst Clemens Wenzeslaus - Lästige Prozesse und Rechtsstreitigkeiten - Ordnen des Klosterarchivs - Die Klosterbibliothek und die Frage nach der Existenz eines Skriptoriums in der Abtei - Die Bibliothek der Sintherner Pfarrer - Reparatur- und Baumaßnahmen im Klosterbereich unter Abt Amandus Herriger - Baumaßnahmen auf den Moselbesitzungen Klotten und Mesenich - Der Tod des Abtes Amandus Herriger und sein Epitaph

Baumaßnahmen und klösterliches Leben zur Amtszeit von Abt Anselm Aldenhoven **230**
Anselm Aldenhoven, der letzte der Brauweiler Äbte - Der Bau der barocken Klostergebäude durch den Baumeister Nikolaus Lauxen - Die Privatgemächer und der Empfangsraum des Abtes - Der große Saal, der sog. „Kaisersaal" - Die weiteren Innenräume und ihre Nutzung - Die barocke Vor-

halle der Kirche - Eine barocke Gartenanlage: *„des Convents garten"* - Klosterhaushalt und Ernährung der Mönche - Bedienstete des Klosters und ihre Tätigkeiten - Lieferanten und Handwerker des Klosters - Ärzte, Apotheker und Medikamente - Neuanschaffungen für den Haushalt und Reparaturen - Beleuchtung und Heizung - Neuanschaffung und Ausbesserung von Kleidungsstücken der Mönche - Weitere Anschaffungen - Nachrichten über die Kirche und besondere kirchliche Feste - Die Ausstattung des Klosters - Die Ausstattung der Abteikirche - Der klösterliche Gutshof in Brauweiler

Abtei und Herrlichkeit Brauweiler während der ersten Jahre französischer Herrschaft am Rhein 271

Die Revolution in Frankreich und ihre Folgen für die Kirche - Revolutionskrieg und Bedrohung des Rheinlandes - Erneute Kriegsgefahr und das Veto des Abtes von Brauweiler - Der Krieg kommt näher - Flucht der Brauweiler Mönche, Plünderung der Abtei und Einmarsch der Franzosen - Brauweiler nach dem Einmarsch der Franzosen: Zerstörungen im Kloster und Belegung der Gebäude durch französisches Militär - Beschlagnahme von Büchern der Klosterbibliothek durch den französischen Kunstkommissar Serolt - Rückkehr der ersten Mönche ins Kloster und Stimmung in der Brauweiler Bevölkerung ihnen gegenüber - Dr. Franz Aldenhoven, der Nachfolger des geflohenen Brauweiler Schultheißen - Eine erfolgreiche Beschwerde des Franz Aldenhoven - Klagen aus Brauweiler über den neuen Schultheißen - Requisitionen, Einquartierungen und andere Kriegslasten - Abholzen der Brauweiler Forste und Holzrequisitionen - Von der Munizipalität Brauweiler zur *„Mairie de Freimersdorff"* - Rückgewinnung der klösterlichen Selbstverwaltung und Rückkehr aller geflohenen Mönche - Kontributionen, Steuern sowie andere Abgaben und ihre Folgen für den Klosterhaushalt - Soldaten und zwei Generäle im Kloster - Konvent und Klosterleben während der Jahre der Besetzung des Rheinlandes - Propst Petrus Vlatten und die Verbindung nach Klotten - Kontakte zu anderen auswärtigen Konventsmitgliedern - Trotz eigener Wirtschaftsprobleme: Almosen für Arme und zur Unterstützung notleidender Klostergemeinschaften - Abonnierte Zeitungen und die Stellung der Mönche zu den Ideen der Französischen Revolution

Die letzten Jahre der Abtei und ihre Aufhebung im August 1802 322

Politischer Umbruch - Anschluß der linksrheinischen Gebiete an Frankreich und der Aufruf des Regierungskommissars Rudler - Erste Maßnahmen gegen Kirche und Geistlichkeit - Erste Registrierung der Brauweiler Mönche im Januar 1798 - Erste Inventarisierung der Einrichtung von Kirche und Kloster - Weitere Einschränkungen der Freiheit von Kirche und Ordensgemeinschaften - Verbot von Prozessionen und christlichen Symbolen in der Öffentlichkeit - Fronleichnamsprozession 1798 in Brauweiler und „ein Paket für den Kommissar" - Das Schicksal des gotischen Brauweiler Hagelkreuzes - Einführung des republikanischen Kalenders und andere Bestimmungen - Das Inventar vom 2. August 1798 - Erneute Registrierung der Brauweiler Konventsmitglieder - Klosterleben zwischen Furcht und Hoffnung - Napoleon und die Abwendung von der revolutionären Kirchenpolitik - Erneute Registrierung der Brauweiler Konventsmitglieder im Sommer 1801 - Abt Anselm Aldenhoven zelebriert ein Hochamt in der ehemaligen Jesuitenkirche St. Mariae Himmelfahrt zu Köln - Das Konkordat von 1801 und die Neugestaltung des Verhältnisses von Staat und Kirche - Eine Folge des Konkordats: Brauweiler gehört nun zum neugegründeten Bistum Aachen - Das „Suppressionsgesetz" vom 20. Prairial X (= 9. Juni 1802) - Versiegelung des Archivs der Abtei im Brauweiler Hof zu Köln - Der Aufhebung des Klosters entgegen - Vierzehn Tage im Thermidor des Jahres X: Kommissar Sibiller löst die Abtei Brauweiler auf - „Gewinner des Säkularisationsgeschäftes" und die Suche nach verheimlichten Klostergütern - Wieviel war die Abtei Brauweiler „wert"? - Schicksale der Mönche - Die Anfänge der Pfarre in Brauweiler - Die letzten Lebensjahre von Abt Anselm Aldenhoven

Exkurs

Benediktinisches Leben heute 378

von Franziskus Berzdorf OSB

Anhang

Brauweiler in Sage und Legende **388**

Vorbemerkung
1. Wie Brun von Mansted[t]en die zerstörte Medarduskapelle fand
2. Wie die Medardusreliquien nach Brauweiler kamen
3. Wie Ezzo seine Gemahlin bei einem Brettspiel gewann
4. Wie der Maulbeerbaum nach Brauweiler kam
5. Warum Brauweiler als Ort für die Klostergründung ausgewählt wurde

Die Brauweiler Geschichtsquellen **392**

1. Schriftliche Quellen zur Abteigeschichte
1.1 *Annales Brunwilarenses* (Brauweiler Annalen)
1.2 *Brunwilarensium monasterii fundatorum actus* (Taten der Gründer des Klosters Brauweiler)
1.3 *Chronicon Brunwylrense* (Brauweiler Chronik)
1.4 *Acta Abbatum Brauweilerensium* (Brauweiler Abtsakten)
1.5 *Vita Wolfhelmi* (Die Lebensbeschreibung des Abtes Wolfhelm)
1.6 *Liber S. Nicholai episcopi in Brunwilre* (Buch des hl. Bischofs Nikolaus in Brauweiler)
1.7 Sog. „Altes Repertorium“
1.8 Urkunden
1.9 Rechnungen
1.10 Das Einnahmen- und Ausgabenbuch von 1792 bis 1802
1.11 Akten aus der Zeit der französischen Herrschaft am Rhein und über die Aufhebung der Abtei
2. Bildquellen zur Abteigeschichte
2.1 Vier Blei- und Silberstiftzeichnungen aus dem Kloster, um 1520/30
2.2 Das Stifterbild von 1657
2.3 Die Bildnisse der Stifter und der Äbte der Abtei
2.4 Ein einzelnes Portrait des Abtes Anselm Aldenhoven
2.5 Ein barockes Gemälde mit Mönchen der Abtei Brauweiler und Nonnen des Klosters Neuwerk
2.6 Ansicht der Abtei Brauweiler von Südosten, 1795

Die Glocken der Abteikirche **405**

Vorbemerkung
1. Die Läuteordnung der Abtei Brauweiler
2. Anzahl, Größe und Namen der Brauweiler Glocken
3. Zu den Nachrichten der Klosterchronisten über den Guß von Glocken
4. Eine Nachricht über die Glocken der zweiten Klosterkirche
5. Die Glocken im großen Turm der dritten Klosterkirche
5.1 Die Misericordia-Glocke von 1300
5.1.1 Motive für die Wahl des Glockennamens
5.1.2 Herkunft und theologische Aussage der Glockeninschrift
5.2 Die Nikolaus- und Medardusglocke oder Gerichtsglocke von 1394
5.3 Umgüsse älterer Glocken im 16. und 17. Jahrhundert
5.3.1 Umguß der Nikolaus- und Medardusglocke
5.3.2 Umguß der Marienglocke
6. Die Glocken im kleinen Turm (Dachreiter) der Abteikirche
7. Die Glocken nach der Aufhebung des Klosters 1802
8. Die nach dem Zweiten Weltkrieg angeschafften Glocken

Die Herrlichkeit Brauweiler im Jahre 1670:
Tabellen zur Größe der Siedlungen sowie zur Gliederung der landwirtschaftlichen Nutzfläche nach Nutzungsart und Zugehörigkeit zu den verschiedenen sozialen Gruppen und zur Abtei Brauweiler **417**

Vorbemerkung
Tabelle 1: Die Größe der Siedlungen und die zugehörige landwirtschaftliche Nutzfläche, aufgegliedert nach Nutzungsarten und Besitzverteilung

Tabelle 2: Die sozialen Gruppen und ihr Besitzanteil am Ackerland innerhalb der Herrlichkeit Brauweiler sowie die Anzahl ihrer Höfe und Betriebe
Tabelle 3: Das zur Abtei Brauweiler gehörende Ackerland (Besitz, Pachtland und verpachtetes Land) innerhalb der Herrlichkeit Brauweiler im Vergleich mit dem gesamten Ackerland in geistlichem Besitz sowie mit dem Gesamtackerland (einschl. dem Besitz des Adels und der Bauern)
Karte: Besitzanteil der sozialen Gruppen am Ackerland und die Zahl der Gehöfte und Hausmannshäuser in der Herrlichkeit Brauweiler im Jahre 1670

Bericht der Brauweiler Mönche vom 4. Februar 1795 über die Zerstörungen in der Abtei Brauweiler und Rechtfertigung gegen den Vorwurf der Emigration, zugleich Antrag auf Wiedererlangung der Selbstverwaltung ihrer Güter 427
1. Deutsche Version
2. Französische Version in deutscher Übersetzung

Der Brauweiler Konvent zur Amtszeit von Abt Anselm Aldenhoven 1778-1802 435
Vorbemerkung
1. Der Konvent bei der Wahl von Abt Anselm Aldenhoven im Jahre 1778
2. Der Konvent im Jahre 1793
3. Der Konvent während der Zeit der französischen Herrschaft
3.1 Der Konvent im Jahre 1798
3.1.1 Die Liste vom 24. Nivôse VI (= 13. Januar 1798)
3.1.2 Die Liste vom 16. Thermidor VI (= 3. August 1798)
3.2 Der Konvent im Jahre 1801
3.2.1 Die Liste vom 15. Prairial IX (= 4. Juni 1801)
3.3 Der Konvent im Jahre 1802 bei der Aufhebung der Abtei
3.3.1 Die Liste vom 28. Thermidor X (= 16. August 1802)

Die Verhandlung über die Aufhebung der Abtei im August 1802 Protokoll - Procès-Verbal - vom 28. Thermidor X (= 16. August 1802) 456
Faksimiliertes Original und deutsche Übersetzung

Die Äbte von Brauweiler und ihre Gräber 462

Zeittafel zur Abteigeschichte 464

Erläuterung der wichtigsten Fachbegriffe 473

Quellen- und Literaturverzeichnis 478

Abkürzungsverzeichnis 489

Abbildungsnachweis 490

Grundriß der Klosteranlage 493

Vorwort

Obwohl die Abtei Brauweiler, eine Gründung der lothringischen Pfalzgrafenfamilie aus dem Jahre 1024, zu den wenigen noch erhaltenen mittelalterlichen Klosteranlagen im Rheinland zählt, hat sich die Geschichtsforschung recht zögerlich und verhältnismäßig spät erst mit ihr befaßt.

Zunächst fanden im 19. Jahrhundert die monumentalen Gewölbemalereien im Kapitelsaal die Beachtung der Kunsthistoriker. Dann wandte die Geschichtsforschung sich den schriftlichen Quellen zu, von denen ein Teil während der letzten Jahrzehnte des 19. Jahrhunderts ediert wurde. Größere Beachtung fanden zur gleichen Zeit die Urkundenfälschungen aus dem Kloster, die den Ruf Brauweilers für lange Zeit in der Geschichtsforschung begründeten. Sie wurden zum Gegenstand zahlreicher Untersuchungen bedeutender Historiker.

Schließlich erregte die romanische Abteikirche das Interesse der Bauforschung. Der Archäologe, Kunsthistoriker und Bauforscher Professor Dr. Walter Bader hat 1937 auf der Grundlage eines älteren Manuskriptes seiner einstigen Schülerin, der allzufrüh verstorbenen Erika Eleonore Huyssen, eine durch eigene Forschungsarbeiten ergänzte Monographie der Baugeschichte der romanischen Abteikirche vorgelegt. Das Werk, in dem auch die mittelalterliche Baugeschichte der Klosterbauten Beachtung fand, hat trotz späterer Detailforschungen seine grundsätzliche Gültigkeit bis heute behalten.

Anlaß für eine weitere Erforschung der Baugeschichte, vor allem der Klostergebäude, boten erst die umfangreichen Restaurierungsarbeiten, die zwischen 1977 und 1988 der neuen Gebäudenutzung durch den Landschaftsverband Rheinland vorangingen. Neue Erkenntnisse konnten in der mittelalterlichen Baugeschichte des Klosters gewonnen werden. Die zufällige Entdeckung des Grundsteins der barocken Gebäude im Jahre 1983 bedeutete für die Bauforschung eine Sternstunde. In einer umfangreichen Dissertation hat die Kunsthistorikerin Dr. Claudia Euskirchen 1997 die Baugeschichte der von Nikolaus Lauxen errichteten barocken Klosteranlage vorgelegt.

Von der Geschichtsschreibung ist die Abtei Brauweiler zunächst recht stiefmütterlich behandelt worden, ein Umstand, den Walter Bader 1937 im Vorwort seiner Monographie zur Baugeschichte beklagt hat: *„Was die allgemeine Geschichte der Abtei betrifft, so liegt eine überreiche und in keiner Weise ausgeschöpfte Überlieferung vor* [...] *Es fehlt* [...] *eine Geschichte, die ihre Maße, Begriffe und Ordnungen aus den Quellen selbst entnimmt: ich meine nicht eine verdeutschte Klosterchronik, sondern eine Darstellung innerhalb des mittelalterlichen, vorlogischen Vorstellungsraumes. In den Annales Brunwilarenses, die die Mönche des Klosters über ein Jahrhundert eintrugen, ist genau der Umkreis umschrieben, in den der Geschichtsschreiber eintreten muß.“*

Erst nach dem Ende des Zweiten Weltkrieges wandte sich die Geschichtsforschung - zunächst noch zögerlich - einzelnen Themen der Abteigeschichte zu. Erinnert sei an die Arbeit von Günter von Roden zur Wirtschaftsgeschichte der Abtei im Mittelalter (1947) oder an die beiden grundlegenden Untersuchungen von Professor Dr. Erich Wisplinghoff über die Urkundenfälschungen (1956/57) sowie zur Wirtschafts- und Besitzgeschichte des Klosters (1971). Vom gleichen Verfasser erschien 1980 in der Reihe „Germania Benedictina“, herausgegeben von der Bayerischen Benediktinerakademie München in Verbindung mit dem Abt-Herwegen-Institut Maria Laach, ein erster kurzer Überblick über die Geschichte der Abtei Brauweiler. Eine grundlegende Veröffentlichung widmete Erich Wisplinghoff der Abtei Brauweiler 1992 in der Reihe „Germania Sacra“, herausgegeben vom Max-Planck-Institut für Geschichte. Das Buch beinhaltet eine Übersicht über die Geschichte, Baugeschichte, und Verfassung des Klosters, über das religiöse und geistige Leben sowie über den Besitz und bringt ausführliche Personallisten mit Angaben über die Äbte und sonstigen Amtsinhaber sowie über Mönche und Konversen. Ohne die Bedeutung des Werkes in seiner Gesamtheit schmälern zu wollen, ist festzustellen, daß der Verfasser Ergebnisse der jüngeren Forschung oder andere Mitteilungen über die Abtei Brauweiler, die vor allem in den „Pulheimer Beiträgen zur Geschichte und Heimatkunde“ veröffentlicht wurden, nur ganz vereinzelt herangezogen hat. (Zu den Einzelheiten dieser Kritik vgl. die Besprechung des Buches durch Heinz Erich Stiene in: Mittellateinisches Jahrbuch. Internationale Zeitschrift für Mediävistik und Humanismusforschung, Bd. 33. – Stuttgart 1998, S. 204f.)

Tatsächlich begann mit der Gründung des Vereins für Geschichte und Heimatkunde e.V. im Jahre 1977 und der damit verbundenen Herausgabe der „Pulheimer Beiträge zur Geschichte und Heimatkunde“ eine systematische Hinwendung zu einzelnen Themen und Abschnitten der Abteigeschichte. Nicht zuletzt wurden auch Untersuchungsberichte im Zusammenhang mit den umfangreichen Renovierungs- und Umbaumaßnahmen während der 70er und 80er Jahre veröffentlicht. Bis heute sind rund 70 Aufsätze allein in der genannten Publikationsreihe sowie 7 weitere Einzelveröffentlichungen zur Geschichte der Abtei Brauweiler und zur Baugeschichte sowie Ausstattung ihrer romanischen Kirche erschienen. Unter diesen sind besonders zu erwähnen die lateinisch-deutsche Quellenedition der Brauweiler Annalen (1990), der „Vita Wolfhelmi“ (1991) und der „Carmina Brauweilerensia“ (1997), einer Sammlung der lateinischen Dichtung aus der Abtei vom 11. bis 18. Jahrhundert, herausgegeben von Dr. Heinz Erich Stiene. Zur Baugeschichte erschien 1997 die bereits erwähnte Dissertation von Dr. Claudia Euskirchen über die barocken Klosterbauten und ihren Baumeister Nikolaus Lauxen.

Den Versuch einer ersten Darstellung der Gesamtgeschichte der Abtei Brauweiler unter Verwendung neuerer Untersuchungsergebnisse habe ich 1988 unternommen. Das Buch mit dem Titel „Benediktiner in Brauweiler. Geschichte der Benediktinerabtei St. Nikolaus 1024-1802“ war trotz seiner Auflage von mehr als 4.000 Exemplaren rasch vergriffen. Der Gedanke an eine Neuauflage mußte bald aufgegeben werden. Die zahlreichen Untersuchungen und Nachrichten zu verschiedenen Einzelheiten der Klostergeschichte, die nach 1988 sowohl in den Jahrbüchern als auch in der Reihe der Sonderveröffentlichungen der „Pulheimer Beiträge zur Geschichte und Heimatkunde“ erschienen, brachten eine überraschende Fülle von neuen Erkenntnissen, denen erst in dieser Veröffentlichung Rechnung getragen werden kann.

Dennoch entstand die vorliegende Darstellung der Gesamtgeschichte der Abtei Brauweiler mit der Erkenntnis, daß auch weiterhin Fragen zu ihrer Geschichte vorerst offen bleiben müssen oder nur wenig befriedigend beantwortet werden können.

Ein glücklicher Zufall war die „Entdeckung“ zahlreicher bisher nur wenig oder überhaupt nicht beachteter Akten aus der Zeit des letzten Jahrzehnts der Abtei vor ihrer Aufhebung im August 1802. Erste Hinweise auf die eine oder andere dieser Quellen, die sich heute zum größten Teil im Nordrhein-Westfälischen Hauptstaatsarchiv Düsseldorf und mit wenigen Stücken im Historischen Archiv der Stadt Köln befinden, verdanke ich Frau Dr. Claudia Euskirchen, die im Zusammenhang mit ihrer Dissertation einige der Akten eingesehen hat. Auf weitere Quellen aus dieser Zeit, auch auf solche im Historischen Archiv der Stadt Köln, machte mich Herr Josef Wißkirchen, der stellvertretende Vorsitzende des Vereins für Geschichte und Heimatkunde e.V., aufmerksam. Auch Herrn Hermann Daners, dem Verfasser der Veröffentlichung über das Schicksal der Abteigebäude nach 1802 danke ich für den Hinweis auf Akten aus der Zeit nach dem Einmarsch der Franzosen ins Rheinland.

Dieses umfangreiche Quellenmaterial wurde in dieser Veröffentlichung erstmals vollständig ausgewertet. Hierbei erwiesen sich die auf den ersten Blick banal erscheinenden Aufzeichnungen der Mönche über tägliche Einnahmen und Ausgaben, über den Kauf von Lebensmitteln, von Kleidung oder Einrichtungsgegenständen des Klosters sowie über Dienstleistungen einzelner Handwerker oder Händler als besonders reizvoll. Außerdem geben diese täglichen Aufzeichnungen am Beispiel der Abtei Brauweiler einen Einblick in die Klosterkultur und den Klosteralltag im Rheinland am Vorabend der Säkularisation. Zugleich sind sie aber auch ein bedeutendes rheinisches Sprachdokument. Sie geben Auskunft über die Alltagssprache der Mönche gegen Ende des 18. Jahrhunderts.

Eine gewisse Dramatik beinhalten die Quellen aus der Zeit kurz vor bzw. kurz nach dem Einmarsch der französischen Revolutionstruppen im Oktober 1794. Zu diesen gehören Berichte über die Plünderung der Abtei sowie Petitionen der Menschen in den Dörfern der Herrlichkeit Brauweiler. Zusammen mit den Akten, die im Auftrag der unter französischer Aufsicht stehenden Verwaltung in den Jahren der französischen Herrschaft am Rhein über die Abtei Brauweiler und über die in ihr lebenden Mönche entstanden, zeugen sie von Nöten und Ängsten, aber auch von Hoffnungen und Erwartungen der Menschen in einer Zeit massiver Veränderungen, in der althergebrachte Gesellschaftstrukturen ihre Bedeutung und ihren Wert verloren.

Anhand der noch erhaltenen Akten konnten die Vorgänge bei der Aufhebung einer geistlichen Institution im Rheinland am Beispiel der Abtei Brauweiler in allen Einzelheiten vorgestellt werden. Die Konventslisten, die von der französischen Verwaltung zwischen 1798 und 1802 angelegt wurden, erwiesen sich als bedeutende Quellen. Mit ihrer Hilfe konnten zahlreiche Daten in der Personalliste, die Erich Wisplinghoff in seiner Veröffentlichung über die Abtei Brauweiler, in der Reihe „Germania Sacra" 1992 publizierte, ergänzt und korrigiert werden. Weitere Ergänzungen und Korrekturen dieser Publikation ergaben sich durch die ausführliche Auswertung der vorhandenen Einnahmen- und Ausgabenregister von 1792 bis 1802.

Die Einmaligkeit der bisher nur wenig bekannten und kaum beachteten Quellen aus den letzten Jahren vor der Aufhebung der Abtei haben mich veranlaßt, diesen Zeitraum in zwei Kapiteln ausführlich darzustellen. Zum besseren Verständnis der Vorgänge innerhalb des Klosters, wie Inventarisationen und Registrierungen der Konventsmitglieder während der Zeit der französischen Herrschaftsperiode, habe ich immer die entsprechenden Gesetze und Anordnungen der französischen Verwaltung herangezogen. Zugleich werden auf diese Weise die Ereignisse vor Ort in die Gesamtheit des politischen Geschehens während dieser Zeit eingebunden. So erfährt der Leser am Beispiel der Abtei und Herrlichkeit Brauweiler ein bisher nur wenig zugänglich gemachtes Kapitel rheinischer Geschichte. Um die Authentizität der Dokumente dieser Zeit zu erhalten, wurde bei Zitaten die im Original verwendete Schreibweise wiedergegeben. So erklärt sich bei französischen Texten eine hin und wieder fehlerhaft erscheinende Schreibweise. Hierbei ist zu bedenken, daß die Verfasser in der Regel keine Franzosen sondern Deutsche waren, die die Sprache ihrer neuen Herren nicht vollständig beherrschten. Lediglich Satzzeichen wurden wegen der besseren Lesbarkeit vereinzelt verändert.

Als ein besonderes Dokument habe ich im Anhang das Protokoll über die Aufhebung der Abtei Brauweiler im August 1802 als Faksimile neben der deutschen Übersetzung wiedergegeben.

Auf Fußnoten mußte leider verzichtet werden, da der Umfang des Buches hierdurch zu sehr erweitert worden wäre. Die Herstellungskosten hätten dann unsere finanziellen Möglichkeiten überschritten. Dafür habe ich an zahlreichen Stellen in Klammern einen Hinweis auf weiterführende Literatur gegeben. Ein ausführliches Verzeichnis der Quellen und Literatur befindet sich im Anhang des Buches. Es ist außerdem geplant, künftig die eine oder andere Quelle aus den letzten Jahren vor der Säkularisation der Abtei in den Jahrbüchern der „Pulheimer Beiträge zur Geschichte und Heimatkunde" näher vorzustellen.

Bei der Arbeit an diesem Buch habe ich von zahlreichen Personen immer wieder Hilfe erfahren. So hat Herr Dr. Heinz Erich Stiene (Universität zu Köln, Mittellateinische Abteilung des Instituts für Altertumskunde) mir beim Erschließen der lateinischen Quellen zur Abteigeschichte seine Hilfe gewährt. Darüber hinaus konnte ich mit ihm zahlreiche Fragen besprechen und erhielt von ihm immer wieder Hinweise und Anregungen. Besonderer Dank gilt ihm auch für die Durchsicht des Manuskriptes.

Eine wesentliche Hilfe ließ mir P. Franziskus Berzdorf OSB aus der Abtei Maria Laach zukommen. Er stand mir vor allem bei den speziellen Fragen, die das klösterliche Leben und die Liturgie betrafen, zur Seite und hat das Manuskript durchgesehen, wobei er mir mit zahlreichen Anregungen und Hinweisen weitergeholfen hat. Als Verfasser des Exkurses über modernes benediktinisches Leben hat er das Buch bereichert und ist in besonderer Weise zum Mitarbeiter an diesem Buch geworden, wofür ich ihm an dieser Stelle besonders herzlich danken möchte. Die Geschichte der heute nicht mehr bestehenden Abtei Brauweiler erhält durch diesen Beitrag einen wichtigen und für Bücher, die sich mit der Vergangenheit befassen, nicht alltäglichen Bezug zur Gegenwart.

Meiner Frau Annegret danke ich für ihre Hilfe beim Korrekturlesen des Manuskriptes. Im Zusammenhang mit der Bearbeitung der französischen Quellen zur Abteigeschichte hat mein Freund André Velten aus Vannes/Bretagne, wo er als Germanist tätig ist, wertvolle Hilfe bei der Übersetzung der oft schwierigen Texte geleistet. Für die Hilfe beim Lesen und Transkribieren von handschriftlichen Quellen zur Abteigeschichte - vor allem aus der Zeit des ausgehenden 18. Jahrhunderts - danke ich Herrn Dr. Dieter Kastner von Rheinischen Archiv- und Museumsamt des Landschaftsverbandes Rheinland.

Danken möchte aber auch all denen, die mir in den benutzten Archiven in vielfacher Weise Hilfsbereitschaft gezeigt haben.

Für unkomplizierte Hilfe bei der Suche nach Abbildungen für das Buch danke ich Frau Dr. Roswitha Neu-Kock, der Leiterin des Rheinischen Bildarchivs, Herrn Professor Dr. Gisbert Knopp vom Rheinischen Amt für Denkmalpflege sowie den Fotografen des Amtes und Herrn Kai Holland vom Archiv für Kunst und Geschichte in Berlin. Für weitere Hilfe danke ich Frau Marie Louise Halstrick aus Bonn-Messdorf, die das Privatarchiv Ostler verwaltet, dem Leiter der Alexianer-Brüdergemeinschaft in Köln-Porz-Ensen, Br. Josef Welsch, Herrn Jörg Poettgen für Hinweise zu den Glocken der Abteikirche und Herrn Franz Mostert, dem Besitzer des Kutschenmuseums in Rheinbach.

Illustrationen besonderer Art schuf der in Dansweiler lebende Maler Heinz Binsfeld. Mit seinen Holzschnitten, Kohle- und Kreidezeichnungen veranschaulicht er dem Leser besondere Begebenheiten aus der Geschichte der Abtei Brauweiler.

Ich habe mich bemüht, die vorliegende Darstellung der rund 780jährigen Geschichte der ehemaligen Benediktinerabtei, die zu den bedeutenden Klöstern des alten Erzstiftes Köln gehörte, so zu verfassen, daß sie ein großes Publikum ansprechen kann. Aus diesem Grund habe ich die wichtigsten verwendeten Fachbegriffe am Schluß des Buches erläutert.

Den genannten Sponsoren danke ich dafür, daß sie mit kleineren und größeren Spenden das Erscheinen des Buches möglich gemacht haben.

Brauweiler, im Januar 2001

Peter Schreiner

Ansicht der Abtei Brauweiler von Südost. Tuschezeichnung von Josef-Michael Laporterie, um 1795 (Zu der Tuschezeichnung s. Anhang S. 404)

Einleitung

Der Kölner Stadtrat R. J. Classen beschrieb im Jahre 1813 die Lage Brauweilers in der Halbmonatszeitschrift „Mercure du département de la Roer“ mit folgenden Worten: *„Anderthalb Meilen von der Stadt Köln am Rhein und eine Viertelmeile von der Landstraße, welche von Köln nach Aachen führt, entfernt, liegt auf einer gelinden Anhöhe das Dorf Brauweiler. Eine schöne Ebene, worin man hier und da zerstreut einige Dörfer und reiche Meierhöfe erblickt, leitet die Aussicht bis nach Köln, welches sie dann von der Südostseite begrenzt: nordöstlich dehnt sich gleichfalls eine herrliche, mit Dörfern reichgeschmückte Ebene aus, während gegen Westen der Wald, die Viell genannt, den Horizont beschränkt.“*

Zu dieser Beschreibung paßt eine rund zwei Jahrzehnte ältere Tuschezeichnung im Stil einer Vedute, die der Künstler Josef-Michael Laporterie (1761-1798) geschaffen hat. Die etwas naiv wirkende Zeichnung zeigt die Klostergebäude von Südost auf einer *„gelinden Anhöhe“* inmitten einer leicht hügeligen Ebene gelegen. Der Abteikomplex, umgeben von einer Steinmauer, in die das heute noch stehende Feldtor eingefügt ist, wird von dem Westbau der Abteikirche, dem Wahrzeichen Brauweilers, überragt.

Die Situation bietet sich heute nicht viel anders dar. Wer sich dem weit über seinen alten Siedlungskern hinausgewachsenen Ort nähert, erkennt bereits von weitem den hochaufragenden Westbau der ehemaligen Benediktiner-Abteikirche St. Nikolaus und St. Medardus. Am Rande einer eiszeitlichen Rheinterrasse gelegen, prägen Kirche und Abteigebäude nicht nur das gegenwärtige Siedlungsbild Brauweilers, sondern sie sind auch immer noch das weithin sichtbare Wahrzeichen dieser Region. Die Kirche zählt zu den großen rheinischen romanischen Kirchbauten. Das Kloster, eine der wenigen noch erhaltenen, aus dem Mittelalter stammenden Klosteranlagen, gehört zu den bedeutenden Kulturgütern des Rheinlandes.

Hervorgegangen aus einer Gründung des lothringischen Pfalzgrafen Ezzo und seiner Gemahlin Mathilde, einer Tochter Kaiser Ottos II. und der Kaiserin Theophanu, bildete die Benediktinerabtei Brauweiler fast 780 Jahre lang einen geistigen und kulturell-religiösen Mittelpunkt im Kölner Umland. Im Laufe ihrer Geschichte erlebte die Abtei neben Höhepunkten auch Epochen des Niedergangs, bis sie durch Säkularisation im Jahre 1802 aufgehoben wurde.

Danach behielt die Abteikirche auch weiterhin ihre Funktion als Gotteshaus. Sie wurde durch Dekret Napoleons im Jahre 1806 der zwei Jahre zuvor gegründeten Pfarre Brauweiler als Pfarrkirche übergeben.

Anders verlief das Schicksal der Abteigebäude nach der Aufhebung des Klosters. Sie mußten zweckentfremdet verschiedenen Bestimmungen dienen: Departement-Bettleranstalt (mit Dekret Napoleons von 1809), preußische Provinzial-Arbeitsanstalt (ab 1815), kurzzeitiges Konzentrationslager (1933/34) und danach Gestapogefängnis (bis 1945) in einem Teil der Gebäude, Displaced-Persons-Camp (ab 1945), Rheinische Landesarbeitsanstalt (ab 1949) und Rheinisches Landeskrankenhaus (ab 1969). Im Sommer 1978 wurde das Landeskrankenhaus geschlossen. Die gesamte ehemalige Klosteranlage wurde während der nun folgenden zehn Jahre vom Landschaftsverband Rheinland, dem Eigentümer der Abteibauten, grundlegend und umfassend restauriert. Zur gleichen Zeit ließ die katholische Kirchengemeinde an der als Pfarrkirche genutzten ehemaligen Abteikirche wesentliche Instandsetzungs- und Sicherungsmaßnahmen durchführen.

Seit Sommer 1988 beherbergen die Abteigebäude unterschiedliche Dienststellen der Kulturabteilung des Landschaftsverbandes Rheinland. Zu diesen gehören das Rheinische Amt für Denkmalpflege mit seinen Restaurierungswerkstätten, das Rheinische Archiv- und Museumsamt (früher die selbständigen Ämter Archivberatungsstelle Rheinland und Rheinisches Museumsamt) mit Werkstätten und Mikroverfilmung, ferner die Abteiverwaltung, der Rhein-Eifel-Mosel-Verlag sowie die Rheinland-Verlag- und Betriebsgesellschaft. Für die alte Klosteranlage mit ihren romanischen und barocken Gebäuden hat damit nach fast 200 Jahren dauernder Entfremdung und parallel damit verlaufendem Verfall ein neues Kapitel der Geschichte begonnen.

1990 wurde die Restaurierung der Abtei Brauweiler vom Land Nordrhein-Westfalen und der Architektenkammer NRW als eine bedeutende denkmalpflegerische und bauliche Leistung durch eine besondere Auszeichnung gewürdigt. Ein Jahr später erhielt der Landschaftsverband Rheinland internationales Lob für die Restaurierung der Abteigebäude: Die Vereinigung „Europa Nostra“, der 200 Vereine und Verbände aus 23 europäischen Staaten angehören, vergab eines der bis dahin nur an vier deutsche Einrichtungen vergebenen Verdienstdiplome an das restaurierte Kulturzentrum des Landschaftsverbandes Rheinland.

Blick auf die Abtei Brauweiler von Südost, Foto von 1999

Brauweiler vor der Gründung der Abtei: Ein Blick auf die Siedlungsgeschichte bis zum Ende des 10. Jahrhunderts

Die Landschaft

Brauweiler liegt westlich von Köln im leicht gewellten Tiefland der Kölner Bucht, einer Landschaft, die morphologisch von der eiszeitlichen Flußterrassenlandschaft des Rheins geprägt wird. Die Oberflächengestalt verdankt ihre Entstehung dem Wechsel von Warm- und Kaltzeiten im Zusammenspiel mit dem fließenden Wasser des Rheins während des Quartärs, der jüngsten Formation der Erdgeschichte zwischen einer Million und zehntausend Jahren vor unserer Zeitrechnung. Es entstand die treppenförmige Abstufung der Flußterrassen zum heutigen Flußbett des Rheins hin. In der Kölner Bucht lassen sich unterscheiden: die Hauptterrasse der Ville, vielfach heute noch mit Wald bestanden, die heute von Wald befreite und stark agrarisch genutzte Mittelterrasse sowie die Niederterrasse, auf der die Stadt Köln entstand. Im Gebiet von Brauweiler gliedert sich die Mittelterrasse in einen oberen und einen unteren Teil, die Obere und die Untere Mittelterrasse. Die Abgrenzung ist hier durch eine fast 20 m hohe Geländestufe gekennzeichnet.

Durch die flachgewellten Oberflächen der beiden lößbedeckten Mittelterrassen verlaufen, von der höher gelegenen Hauptterrasse kommend, in nordöstlicher Richtung Erosionsrinnen, sog. „Ronnen". Im Norden und Süden durch zwei solche Ronnen eingegrenzt, springt der Rand der Oberen Mittelterrasse im Bereich der Siedlung Brauweiler wie ein Sporn nach Osten vor. Während die Siedlung selbst am zurückliegenden Rande der Oberen Mittelterrasse entstand, wurde die Abtei auf dem nach Osten vorspringenden Terrassensporn gegründet.

Ur- und frühgeschichtliche Siedlungsspuren

Die nährstoffreichen Lößböden der Mittelterrasse, die sich zu fruchtbaren Parabraunerden entwickelt haben, schufen zusammen mit der Gunst des Klimas die Voraussetzung für eine Besiedlung des Gebietes in urgeschichtli-

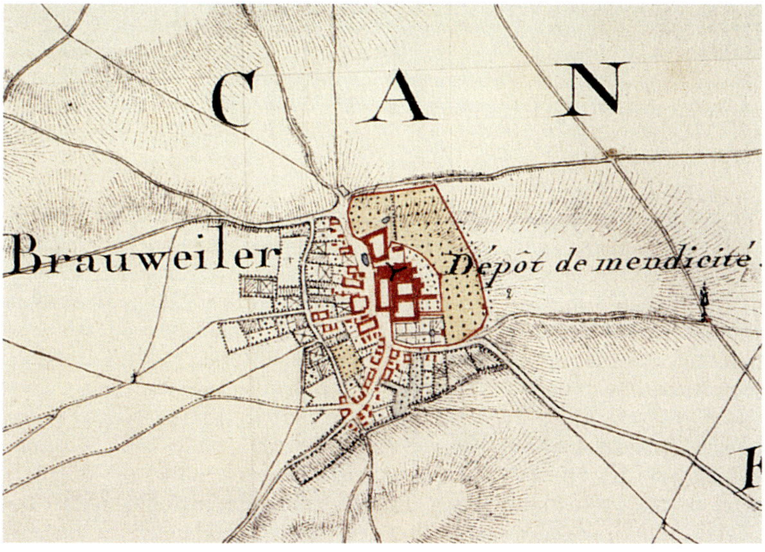

Ortslage Brauweiler. Älteste topographische Kartenaufnahme der Rheinlande durch den französischen Ingenieurgeographen Oberst Tranchot (1807/08). Als die Karte aufgenommen wurde, war in den Abteigebäuden ein „Dépôt de mendicité" (Bettleranstalt) eingerichtet.

Blick von Nord auf den Komplex der Abteigebäude und auf den alten Siedlungskern von Brauweiler. Während die Lage der ehemaligen Abtei und des Abteiparks auf dem nach Osten vorspringenden Terrassensporn deutlich wird, erkennt man westlich davon den alten Kern der Klostersiedlung Brauweiler, der linsenförmig von Straßenzügen (heute: Ehrenfriedstraße, Bernhardstraße, Rosenhügel, Langgasse und Glessener Straße) umgrenzt wird. Die heutige Ehrenfriedstraße zwischen der ehemaligen Abtei und dem alten Siedlungskern sowie ihre südliche Verlängerung, die Bernhardstraße, folgen dem eiszeitlichen Terrassenrand und haben sich als Hauptbauleitlinien herausgebildet. (Foto von 1988)

cher Zeit. Die ältesten Zeugnisse, die auf die Anwesenheit von Menschen hindeuten, sind Reste verschiedener jungsteinzeitlicher Kulturen. Während Siedlungsplätze am Rand von der Mittel- zur Niederterrasse gefunden wurden, sind aus dem Bereich der Mittelterrasse vorwiegend einzelne Streufunde, so Bruchstücke von Keramik und Flintartefakte, wie Schaber, Beile oder Fragmente von diesen, bekannt geworden. Erst Funde aus der älteren Eisenzeit, der Hallstattzeit, lassen den Schluß zu, daß Menschen im Gebiet um Brauweiler ansässig wurden. So entdeckte man 1930/31 östlich der Abtei auf dem tiefergelegenen Gelände der ehemaligen Ziegelei der Provinzial-Arbeitsanstalt - hier befinden sich heute Sportanlagen - ein Hallstattbrandgrab und mehrere Gruben mit Resten hallstattzeitlicher Keramik, ferner Schaber und Reibsteine. Zwischen 1983 und 1985 kamen eisenzeitliche Keramikreste, allerdings ohne näher bestimmbare Fundzusammenhänge, bei einer tiefgründigen Grabung im Kreuzganghof der Abtei zutage. Erst in jüngster Zeit konnten im Bereich

Blick in den Kreuzganghof (Marienhof) während der archäologischen Grabung im Herbst 1984.

des heutigen Brauweiler Gewerbegebietes eisenzeitliche Siedlungsbefunde im Rahmen einer Grabung näher untersucht werden. Sie belegen die älteste Siedlungstätigkeit des Menschen in diesem Raum lange vor unserer Zeitrechnung.

Besiedlung in römischer Zeit

Zahlreicher sind die Funde aus römischer Zeit. Römische Brandgräber aus der mittleren Kaiserzeit wurden 1929 und 1952 östlich der Abtei auf der Unteren Mittelterrasse gefunden. Westlich des Abteikomplexes kam 1933 bei Ausschachtungsarbeiten im Ort das Stück einer römischen Wasserleitung zutage. Weitere Stücke dieser Wasserleitung wurden nach dem Zweiten Weltkrieg gefunden. Die Funde lassen den Schluß zu, daß die Wasserleitung aus dem Villewald direkt auf das Kreuzgangquadrum des Klosters zu lief. Sie diente wohl der Versorgung einer römischen *villa rustica,* deren Existenz bei einer Grabung innerhalb des Kreuzganghofes 1983/84 während der umfangreichen Restaurierungsarbeiten bestätigt wurde. Die gefundenen Reste römischer Bausubstanz lassen sich zwei Gebäudeflügeln eines römischen Herrenhauses zuweisen. Auf eine Bauphase vor den Steingebäuden wiesen Spuren von Holzbauten hin. Für den letzten Zustand der *villa* sind Gebäude mit Steinfundamenten und Fachwerkbauten belegt. Das Haus besaß Räume, die mit ornamental bemaltem Wandputz ausgestattet waren. Der Gutshof brannte im 4. Jahrhundert ab und wurde offenbar nicht wieder aufgebaut.

Ein spektakulärer Fund kam 1971 innerhalb des Ortes im Bereich des Trockentälchens der südlich der Abtei verlaufenden Ronne - heute Jahnstraße - ans Tageslicht. Bei Ausschachtungsarbeiten wurde ein hartgebrannter römischer Kochtopf Urmitzer Ware mit rund 2700 römischen Münzen entdeckt. Die Münzreihe reicht von Kaiser Valerian (253-260) bis Kaiser Aurelian (270-275). Unter den teilweise gut erhaltenen Münzen befand sich auch eine des

Antoninian des Gallienus, Kaiser des römischen Zentralreiches (253-268) aus dem Münzschatzfund von Brauweiler. Die Vorderseite (links) zeigt das Portrait des Herrschers. Auf der Rückseite (rechts) ist ein Panther abgebildet. Er stellt das Attribut des Bacchus dar. (Abb. ca. 1:1)

Kaisers Marius (260). Sie zählt zu den seltenen Exemplaren römischer Prägung. Der Zeitraum der Vergrabung konnte eingegrenzt werden zwischen dem Ende des Jahres 274 und dem Anfang des Jahres 275.

Auch das Umland von Brauweiler war in römischer Zeit relativ dicht besiedelt, wie zahlreiche römische Trümmerstätten belegen. Mindestens zwei übergeordnete Römerstraßen durchquerten das Gebiet. Südlich von Brauweiler verlief von Köln kommend die Fernstraße nach Tongern und Bavai über Köln-Weiden und Frechen-Königsdorf. Ihre Trasse ist noch heute auf längere Strecken im Villewald bei Königsdorf zu erkennen. Auf dem Kamm der Ville heben sich die Umrisse einer römischen Befestigungsanlage (Burgus), im Volksmund als „Heidenburg" bezeichnet, im Gelände ab. Eine weitere Römerstraße, die das Rheinland mit dem Maasgebiet verband, tangierte offenbar die römische Ansiedlung im Gelände der späteren Abtei. Sie kam von Köln und führte an Brauweiler vorbei auf Glessen zu nach Kaster und von dort weiter nach Roermond.

Es wundert nicht, daß als eine Folge der dichten römischen Besiedlung des Gebietes im Klosterbereich Architekturteile untergegangener römischer Bauten in Zweitverwendung

Relief des Tierkreiszeichens Wassermann. Original im Rheinischen Landesmuseum Bonn, Abguß heute an der Nordwand des nördlichen Treppenturmes

Fragment eines römischen Grabsteins, kopfstehend eingemauert in der Krypta der Abteikirche.

Das Relief des Wassermanns wurde aus einer spätrömischen Gesimsplatte gemeißelt. Die römische Bearbeitung ist auf der Unterseite der Platte noch erhalten.

vermauert wurden. Bekanntestes Beispiel ist die Figur des Wassermanns in der Reihe der romanischen Muldennischenreliefs. Er wurde aus der Oberseite einer römischen Gesimsplatte des 4. Jahrhunderts gemeißelt. In der Krypta ist das Fragment eines römischen Grabsteins mit einem Teil der Inschrift kopfstehend eingebaut.

Die Brandschichten, die bei den Grabungen im Abteibereich gefunden wurden, legen den Schluß nahe, daß die römische Ansiedlung gegen Ende des 4. Jahrhunderts vernichtet und von ihren Bewohnern aufgegeben wurde. Da eine Neubesiedlung durch die ripuarischen Franken bisher archäologisch nicht nachgewiesen werden konnte, ist eine längere nachrömische Wüstungsperiode anzunehmen.

Die Zeit der fränkischen Landnahme

Erst der Bau einer hölzernen Kapelle in spätfränkischer Zeit weist auf eine erneute Besiedlung des Platzes hin. Die Überlieferung beruht auf einer gegen Ende des 11. Jahrhunderts von einem Brauweiler Mönch verfaßten erzählenden Quelle, der sog. *Fundatio monasterii Brunwilarensis* (Die Gründung des Klosters Brauweiler), die in der Wissenschaft auch als *Brunwilarensis monasterii fundatorum actus* (Die Taten der Brauweiler Klostergründer) bezeichnet wird (s. Anhang S. 393). Im Mittelpunkt des Berichtes, der in zwei Fassungen überliefert ist, steht weniger die Klostergründung als vielmehr eine Darstellung der Familiengeschichte und der Taten der Stifter, der lothringischen Pfalzgrafen, zu denen auch die Gründung des Klosters Brauweiler gehört. Dennoch wird diese Quelle auch gerne als „Gründungsgeschichte“ bezeichnet. Zum besseren Verständnis soll sie im folgenden so genannt werden.

Diesem Bericht zufolge war die Kapelle dem westfränkischen Heiligen Medardus, Bischof von Noyon, gestorben vor 561, geweiht. Das Zentrum seiner Verehrung war das Medarduskloster in Soissons. Aus dem Patrozinium der Kapelle ergeben sich Beziehungen zu diesem Kloster in Westfranken. Die Reliquien für den Altar der Kapelle soll demnach ein gewisser Brun von dort nach Brauweiler mitgebracht haben (s. Anhang S. 389). Die offenbar von Soissons ausgegangene Kapellengründung und das Medarduspatrozinium lassen die Brauweiler Medarduskapelle als grundherrliche Eigenkirche auf einem entlegenen Hofbesitz dieses westfränkischen Klosters erscheinen. Es war nicht ungewöhnlich, daß die Klöster den Namen ihres Hauptpatrons auf Eigenkirchen ihrer Besitzungen übertrugen. So waren beispielsweise das Stift zu St. Omer (St. Audomar) und die Abtei St. Bertin aus Westfranken im benachbarten Frechen begütert, wo die Kirche dem hl. Audomar geweiht ist.

Für die Vermutung, daß der entlegene Besitz Brauweiler aus einer Schenkung Pippins herrührt, der im Jahre 751/52 in jener Medarduskirche von Soissons zum König der Franken proklamiert worden war, fehlen leider die urkundlichen Beweise. Allerdings spricht für eine solche Möglichkeit die geschichtliche Entwicklung: Brauweiler als ein späterer Besitz der lothringischen Pfalzgrafen könnte tatsächlich aus ehemaligem Reichsgut hervorgegangen sein, denn nachweislich ist Fiskalgut über die Aufsichtspflichten der Pfalzgrafen in deren Eigenbesitz übergegangen. Ein hier gut passendes Beispiel ist Klotten an der Mosel, das Richeza, eine Tochter des lothringischen Pfalzgrafen Ezzo, später dem Kloster Brauweiler übertragen hat. Noch 814 war der Ort Reichsgut gewesen.

Gegen Ende des 9. Jahrhunderts dürfte die fränkische Ansiedlung in Brauweiler infolge der Normanneneinfälle im Jahre 881 verlassen worden und wüstgefallen sein.

Brauweiler im Besitz der lothringischen Pfalzgrafen

Auch über eine erneute Besiedlung des Platzes berichtet die bereits erwähnte Brauweiler Quelle. Es heißt dort, daß in den Tagen der Amtszeit des Pfalzgrafen Hermann I. ein Mann namens Brun aus Manstedten, einem nicht weit von Brauweiler entfernt gelegenen Ort, auf der Suche nach einer verirrten Sau in einem waldüberwucherten Gelände die Überreste der verfallenen hölzernen Medarduskapelle entdeckt habe. Dieser Brun habe aus dem Altar die Reliquien mit einer Urkunde entnommen und sie dem Besitzer des Waldes, dem zu dieser Zeit amtierenden Pfalzgrafen Hermann I., überbringen lassen. Der Pfalzgraf habe daraufhin die

Die phantasievolle Rekonstruktionszeichnung des fränkischen Hofgutes stammt von 1924 und wurde anläßlich der Neunhundertjahrfeier der Abteigründung entworfen.

verfallene Kapelle durch eine neue, aus Stein erbaute, ersetzen, den Altar wiederherstellen und die Kapelle durch den Kölner Erzbischof Warin weihen lassen. Da der Pfalzgraf Hermann I. sein Amt zwischen 985 und 989 erhalten hatte und Warin zwischen 976 und 985 Erzbischof von Köln war, läßt sich die Wiederherstellung der Medarduskapelle und ihre erneute Weihe ziemlich genau in die erste Hälfte des letzten Viertels des 10. Jahrhunderts datieren.

Neben der verfallenen Kapelle hat Pfalzgraf Hermann I. auch das zugehörige zerstörte Hofgut wiederaufbauen lassen. Diese Wiederaufbauleistung des Pfalzgrafen ist in einer Anmerkung in der zweiten Fassung der bereits erwähnten Gründungsgeschichte hervorgehoben. Dort wird ausdrücklich betont, daß der Pfalzgraf dafür gesorgt habe, daß der Ort Brauweiler für Menschen zum ersten Male bewohnbar gemacht worden sei.

Die unter Pfalzgraf Hermann I. geleistete Kulturarbeit, die Wiederherstellung der rund 100 Jahre zuvor zerstörten Medarduskapelle mit zugehörender Gutsanlage, leitete für Brauweiler eine Siedlungstätigkeit ein, die sich im Gegensatz zur vorangegangenen Epoche durch ihre Kontinuität bis auf den heutigen Tag auszeichnet.

In der Folge wurde das pfalzgräfliche Hofgut in Brauweiler vermutlich nicht nur Mittelpunkt eines gutsherrschaftlichen Wirtschaftsbetriebes, eines sog. *predium* (Gut), sondern auch Verwaltungsstelle aller auf den Pfalzgrafen übergegangenen königlichen Gerechtsame in dieser Gegend. Die besondere Bedeutung des Platzes hat der Sohn und Nachfolger Hermanns, der spätere Pfalzgraf Ezzo, durch die Gründung des Familienklosters ausdrücklich herausgestellt.

Zur Herkunft des Ortsnamens

Zum Abschluß dieser siedlungsgeographischen Betrachtung stellt sich die Frage nach dem Siedlungsnamen Brauweiler. Ein römischer oder gar vorrömischer Name des Ortes ist nicht überliefert. Der heutige Name Brauweiler steht am Ende einer langen sprachlichen Entwicklung während des Mittelalters. Erstmals taucht der Name im Jahre 1052 in einer ersten zuverlässigen Urkunde als *Brunivilare* auf. Wenig später, gegen Ende des 11. Jahrhunderts, heißt es *Brunwilre*, und gleichzeitig finden wir auch *Brunwillere*. Vom 12. bis 16. Jahrhundert ist der Wegfall des *n* feststellbar: *Bruwiler*. Im 16. Jahrhundert halten sich dann mehrere Schreibweisen nebeneinander: *Bruwiler, Brouwilre* und *Brouwiller*. Bereits in der zweiten Hälfte des 16. Jahrhunderts taucht aber neben *Bruwiler* auch schon die moderne Schreibweise *Brauweiler* auf.

Der Siedlungsname ist mit Sicherheit älter, als die urkundlichen Nennungen vermuten lassen. Das Grundwort -weiler fußt auf dem vulgärlateinischen Wort *villare* (= Gehöft, Vorwerk). Meist werden die Ortsnamen auf -weiler mit einem Personennamen im Bestimmungswort gebildet. So tauchen sie in Urkunden des 7./8. Jahrhunderts auf, wobei die Personennamen auch wechseln, da die Namenbildung damals noch nicht abgeschlossen war. Im Westen Deutschlands liegen Orte mit Namen, die auf -weiler enden, in solchen Gebieten, die nach dem Abzug der Römer zunächst eine Wüstungsperiode mit Neubewaldung erfuhren, bevor sie in merowingisch-fränkischer Zeit, also vorwiegend im 7. Jahrhundert, erneut besiedelt wurden. Für die westdeutschen Weiler-Orte hat die Ortsnamenforschung festgestellt, daß die Namenbildung auf *-villare,* aus Nordgallien kommend, im 7. Jahrhundert bereits bis zum Niederrhein vorgedrungen ist. Trotz des romanischen Lehnwortes in ihren Namen sind diese Siedlungen also aus deutscher Wurzel und nicht als von Römern angelegte Siedlungen anzusprechen. Während das Grundwort -weiler aus dem Romanischen stammt, ist das vorangesetzte Bestimmungswort Brun- oder Bru- ein Personenname germanisch-fränkischer Herkunft. Es werden also romanische und germanische Sprachelemente in der Namensform gemischt. Eine solche Namenbildung ist ebenso unrömisch wie der vorangestellte Eigenname. Schon allein darum kann dieser Ortsnamentypus nur der Zeit nach der Völkerwanderung angehören. Er entstand in der germanisch-romanischen Mischkultur der fränkischen Landnahmezeit, in der das Latein zwar noch die Kultursprache war, diese jedoch von germanischem Sprachempfinden geprägt und mit germanischen Wörtern bereits stark durchsetzt war. Es ist daher anzunehmen, daß die fränkischen Siedler das *villare* in seiner Altbedeutung noch gekannt und als Lehnwort bei der Bezeichnung ihrer Siedlungen in der Nähe wüstgefallener römischer Ansiedlungen weiter verwendet haben. Mit dem vorangestellten Personennamen Brun gibt der Siedlungsname dann jedenfalls einen Hinweis auf den Siedlungsgründer, eine Deutung, die bereits der Schreiber der Quelle zur frühen Klostergeschichte, der sog. Gründungsgeschichte, aufgegriffen hat. Allerdings kann wohl kaum zweimal ein Siedlungsgründer Brun zum Taufpaten für den Ort geworden sein. Da alles dafür spricht, daß die nach Soissons führende Spur sich als brauchbar erweist, kann nur der ältere Brun als der Namengeber angesehen werden und der jüngere, der die verfallene Medarduskapelle entdeckte, muß ins Reich der Sage verwiesen werden.

Grundsätzlich ergibt sich also für Brauweiler eine interessante Übereinstimmung zwischen der Herkunft des Ortsnamens und der dargestellten frühen Siedlungsgeschichte des Platzes.

Bruchstücke eines Grabsteins aus dem 10. Jh., vermutlich von einem Grab, aus der Nähe der wiederaufgebauten Medarduskapelle. Die deutsche Übersetzung der lateinischen Inschrift lautet: „Am 2. Juni starb Johannes, Priester". Die Bruchstücke wurden 1933 bei Restaurierungsarbeiten aus der Treppe des südlichen Treppenturmes geborgen, wo sie vor 1141 als Treppenstufen vermauert worden waren.

Die Gründung der Abtei Brauweiler. Holzschnitt von Heinz Binsfeld.

Die Klostergründung durch den lothringischen Pfalzgrafen

Amt und politische Bedeutung der lothringischen Pfalzgrafen

Das Gebiet um Brauweiler befand sich während des letzten Viertels des 10. Jahrhunderts im Besitz des lothringischen Pfalzgrafen Hermann I., der dieses Amt zwischen 985 und 989 erhalten hatte.

Die lothringische Pfalzgrafschaft mit dem politischen Mittelpunkt der Pfalz von Aachen verlieh ihren Amtsinhabern eine bedeutende Machtstellung im Rheinland, die im wesentlichen auf der Anhäufung von Grafenrechten in der Hand einer Familie beruhte. Infolge der Zuweisung wesentlicher Aufsichtsrechte über Reichsgüter, wie Wälder, Gewässer und Straßen sowie über Regalien durch den König, vergrößerte sich die Macht der Pfalzgrafen. Es ist gewiß kein Zufall, daß die Burgen und befestigten Sitze der lothringischen Pfalzgrafen, die Tomburg bei Rheinbach, die Siegburg und das Hofgut Brauweiler an wichtigen Verbindungswegen und in der Nähe ausgedehnter Waldgebiete lagen. Als eine Folge dieser Aufsichtsrechte über Königsbesitz und durch die mittlerweile aufgekommene Erblichkeit des Pfalzgrafenamtes ging im Laufe des 10. Jahrhunderts Reichsgut, das die Pfalzgrafen zu verwalten hatten, in deren Allodialbesitz (Eigenbesitz) über. So vergrößerten diese königlichen Amtsträger ihr Territorium und ihre Macht auf Kosten der Krone. Als Pfalzgraf Hermann das zerstörte Brauweiler Hofgut wieder aufbauen ließ, waltete er bereits über ehemaliges Reichsgut wie über Eigenbesitz. Sein Sohn und Nachfolger Ezzo - anstelle seines Namens Ehrenfried ist die Koseform Ezzo in die Forschung eingegangen - stattete die von ihm gegründete Abtei in Brauweiler mit solchen Gütern aus, die zu ehemaligem Reichsbesitz gehört hatten. Infolge der Erblichkeit blieb das Amt des lothringischen Pfalzgrafen vom Ende des 10. Jahrhunderts bis zum Ende des 11. Jahrhunderts in den Händen der Familie Hermanns.

Unter den deutschen Pfalzgrafen nahmen die lothringischen Amtsinhaber eine Sonderstellung ein. Obwohl mit der Herausbildung der territorialen Pfalzgrafschaft seit der Entstehung des ostfränkischen Reiches die Bindung an den königlichen Hof sich allgemein lockerte, blieben die Beziehungen der lothringischen Pfalzgrafen zu Aachen, dem damaligen Mittelpunkt für königliche und herzogliche Hoftage, erhalten. So soll Ezzo, noch bevor er das Pfalzgrafenamt innehatte, nach dem Tod Kaiser Ottos II., der Kaiserin Theophanu, die seit 984 die Regentschaft für ihren minderjährigen Sohn führte, in der Pfalz von Aachen mit Rat und Tat beigestanden haben. Er soll sogar, wie die Brauweiler Gründungsgeschichte hervorhebt, neben dem König der „zweite Mann im Königreich“ gewesen sein. Das ist sicherlich übertrieben, denn da sein Vater noch lebte, hatte Ezzo das Pfalzgrafenamt damals noch nicht inne. Dennoch sind Hermann sowie sein Sohn und Nachfolger Ezzo als herzogsgleiche Pfalzgrafen anzusehen, denen große Gebiete am Nieder- und Mittelrhein unterstanden. Die Herzöge von Lothringen, zu deren Amtsbereich auch das Rheinland gehörte, haben hier so gut wie keine Herrschaftsrechte mehr ausgeübt.

Die Brauweiler Hochzeit

Eine kaum zu überbietende Rangerhöhung der Familie der lothringischen Pfalzgrafen bewirkte die Ehe Ezzos mit Mathilde, einer Tochter Kaiser Ottos II. und der Kaiserin Theophanu. Die Hochzeit fand auf dem Brauweiler Hofgut der Pfalzgrafenfamilie statt. Wie der Schreiber der Brauweiler Gründungsgeschichte mitteilt, hat die Kaiserin ihre ausdrückliche Zustimmung zu dieser nicht ganz standesgemäßen Eheverbindung ihrer Tochter gegeben. Da die Kaiserin Theophanu am 15. Juni 991 in ihrer Pfalz zu Nimwegen gestorben ist, ihre Zustimmung jedoch ausdrücklich

Pfalzgraf Erenfried (Ezzo). Gemälde aus dem 1. Viertel des 18. Jhs., heute in der Sakristei der Abteikirche

Pfalzgräfin Mathilde. Gemälde aus dem 1. Viertel des 18. Jhs., heute in der Sakristei der Abteikirche

überliefert ist, hat man als Termin der Hochzeit den Zeitraum kurz vor ihrem Tod, also das erste Halbjahr 991, vermutet. Neuerdings wird auch ein späterer Zeitpunkt, nämlich 992 oder 993, angenommen. (Wolf 1991)

Beim Chronisten Thietmar von Merseburg, der die Verbindung als unstandesgemäß bewertete, ist die Hochzeit auf heftige Kritik gestoßen. Er bemerkt, daß die Vermählung von vielen mißbilligt worden sei und fügt hinzu, daß Mathilde von ihrem königlichen Bruder Otto III. eine reiche Mitgift erhalten habe, *„um den ihr von hohen Ahnen angeborenen Rang vor Erniedrigung zu bewahren“.* Thietmars Kritik ist allerdings wenig stichhaltig, da Ezzo durch die Vorfahren seines Vaters dem karolingischen Reichsadel entstammte und somit zu den führenden Reichskreisen gehörte.

Ob die Ehe zwischen dem damals etwa 36jährigen Ezzo und der höchstens 12 oder 14 Jahre alten Kaisertochter eine reine Liebesromanze war, oder ob nur politische Motive eine Rolle gespielt haben, mag dahingestellt sein; jedenfalls gab die Byzantinerin Theophanu ihre kaiserliche Zustimmung. Durch diese Verbindung versicherte sie sich nämlich der militärischen Hilfe der mächtigsten lothringischen Fürsten, des Pfalzgrafen Hermann und seines Sohnes Ezzo, die beide in ihrer Pfalz zu Aachen lebten. Für die Entscheidung der Kaiserin Theophanu dürfte das gespannte politische Verhältnis, das sie zu dem französischen Karolinger Karl, Herzog von Niederlothringen, hatte, eine Rolle gespielt haben. Hatte sie doch gegen dessen Thronbesteigung in Frankreich Partei ergriffen, um die Lostrennung Lothringens vom Reich zu vermeiden. Die Brauweiler Quellen allerdings wissen keine politische Begründung zu nennen. Sie berichten, Ezzo habe bei einem Brettspiel mit Kaiser Otto III., dem Bruder Mathildes, die Prinzessin gewonnen (s. Anhang S. 389).

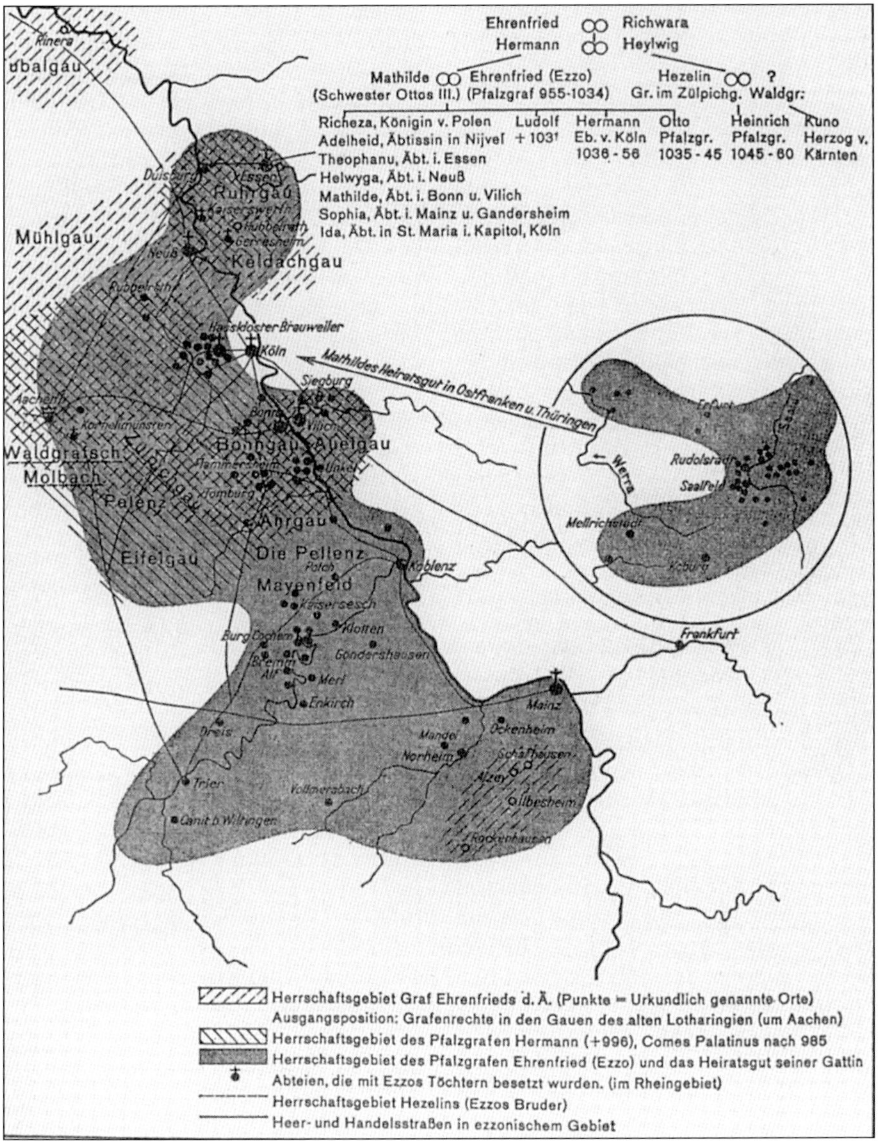

Die Lothringische Pfalzgrafschaft unter Ezzo (nach Franz Steinbach 1967)

Die Hochzeit fand, wie bereits erwähnt, auf dem Brauweiler Hofgut statt. Als Morgengabe übertrug Ezzo seiner jungen Frau das Gut Brauweiler mit allen Gerechtsamen. Nach damals geltendem Recht nahm er hierzu einen Zweig von einem Baum, der auf dem Gelände der Gutsanlage wuchs, steckte diesen in eine aus dem Boden genommene Handvoll Erde und überreichte beides seiner Gattin. Mathilde widmete anschließend ihre Morgengabe in der Medarduskapelle Christus und den Heiligen - wohl ein Hinweis auf die ein Menschenalter später erfolgte Klostergründung.

Durch diese Heirat, mit der sich die Pfalzgrafenfamilie mit dem regierenden Kaiserhaus verband, wurden Ezzos Ansehen und Besitz wesentlich vergrößert. Die Mitgift, mit der Otto III. das Paar ausstattete, wie Thietmar von

Merseburg berichtet, bestand aus großen Besitzungen in Mitteldeutschland. Hierzu gehörten offensichtlich Coburg, Salz (bei Bad Neustadt an der Fränkischen Saale) und weitere Güter im Orlagau (Thüringen). Zwar kam es im Jahre 1002 nach dem Tod Ottos III. und dem Regierungsantritt König Heinrichs II. zwischen diesem und Ezzo zu Auseinandersetzungen um die aus Reichsbesitz stammenden mitteldeutschen Güter. Auf dem Höhepunkt des Streites lenkte der König jedoch plötzlich ein, erkannte Ezzos mitteldeutschen Besitz an und übertrug ihm sogar noch wichtige Reichsgüter: im Rheinland Kaiserswerth und Duisburg sowie in Thüringen das Gut Saalfeld an der Saale.

Der umfangreichste Besitz Ezzos jedoch lag im Rheinland und erstreckte sich vom Gebiet um Duisburg am Niederrhein bis in den rheinpfälzischen Raum südlich von Alzey und griff im Südwesten über die Saar hinaus. Ezzo war zu einem mächtigen Territorialfürsten in Lothringen geworden. Allein durch die Ausdehnung seines Machtbereichs infolge der Lage seiner Güter in Nieder- und Oberlothringen mag es möglich gewesen sein, daß er im Jahre 1025 die Großen Gesamtlothringens zu einem Colloquium zusammenrufen konnte, wie die Brauweiler Gründungsgeschichte berichtet.

Die Söhne und Töchter des Pfalzgrafenpaares

Ezzos und Mathildes Ehe war mit Kindern reich gesegnet. Drei Söhne und sieben Töchter gebar Mathilde. Die drei Söhne bekleideten hohe Ämter im Reich.

Ludolf, der älteste Sohn, wurde Bannerträger des Kölner Erzbischofs. Die Gründungsgeschichte umschreibt sein Amt mit „Coloniensis archiepiscopi legionis signifer“. Hiermit könnte das Amt des Kölner Burggrafen gemeint sein, der den Burgbann besaß und damit die Funktion eines Stadtgrafen erfüllte. Ludolf war verheiratet mit Mathilde, der Tochter des Grafen Otto von Zutphen. Nach seinem Tod im Jahre 1031 wurde er in Brauweiler beigesetzt, ebenso sein ältester Sohn Heinrich. Die Gräber sind verschollen.

Otto, der jüngste Sohn des Pfalzgrafenpaares, wurde Nachfolger seines Vaters im Amt der lothringischen Pfalzgrafschaft. Man hat aus einer Formulierung in der Gründungsgeschichte schließen wollen, daß er mit einer Gräfin von Egisheim, einer Schwester des Bischofs Brun von Toul und späteren Papstes Leo IX., verheiratet gewesen sein soll, was jedoch als Übersetzungsfehler angesehen werden muß. Otto blieb offensichtlich ehe- und kinderlos. (Lewald 1979) 1045 belehnte Kaiser Heinrich III. ihn mit dem Herzogtum Schwaben. Diese Belehnung des Pfalzgrafen ließ der Kaiser sich jedoch bezahlen. Otto mußte ihm die zum Reichsgut gehörenden Besitzungen Duisburg und Kaiserswerth herausgeben. 1047 starb er auf der Tomburg und wurde in Brauweiler beigesetzt. Sein Grab befindet sich in der Südwand des Südquerhauses der Abteikirche.

Hermann, der mittlere Sohn, trat in den geistlichen Stand. 1036 wurde er Erzbischof von Köln. Bereits früh gehörte er der kaiserlichen Hofkapelle an und wurde Kanzler für Italien. Kaiser Heinrich III. ließ 1051 seinen Sohn Heinrich IV. von Hermann taufen und ihn 1054 in Aachen zum König krönen. Hermann starb 1056 und wurde im alten Dom zu Köln begraben.

Von den sieben Töchtern des Pfalzgrafenpaares nahmen sechs den Schleier und standen als Äbtissinnen bedeutenden Stiftungen und Klöstern vor. Adelheid war Äbtissin des Stiftes St. Gertrud in Nivelles (heute Belgien). Sie starb 1023. Ihre Gebeine wurden 1051 in Brauweiler beigesetzt. Das Grab befindet sich unter dem Fußboden der Krypta der Abteikirche. Theophanu war Äbtissin in Essen und auch zu Gerresheim. Im Jahre 1056 starb sie. Man bestattete sie in der Essener Münsterkirche. Heylwig war Äbtissin von St. Quirinus in Neuß. Sie starb im Jahre 1076. Mathilde leitete als Äbtissin das Benediktinerinnen-Stift St. Peter (Kloster Dietkirchen) - heute Stadt Bonn - sowie das Damenstift St. Cornelius und Cyprianus in Vilich (heute Bonn-Beuel). Sie starb nach 1021. Sophia soll Äbtissin von St. Maria in Mainz gewesen sein, wo sie bereits in jungen Jahren zwischen 1031 und 1038 verstorben ist. Ida, die zusammen mit ihrer Schwester Sophia im Stift Gandersheim erzogen worden war, wurde (vor 1038) Äbtissin des dortigen Benediktinerinnenklosters St. Maria. Später leitete sie als Äbtissin St. Maria im Kapitol zu Köln,

Die Söhne Hermann, Otto und Ludolf (v.l.n.r.) sowie die Tochter Richeza des lothringischen Pfalzgrafenpaares. Ausschnitt aus dem Stifterbild von 1657, heute Abteikirche Brauweiler

Die Töchter Sophia, Ida, Heylwig, Mathilde, Theophanu und Adelheid (v.l.n.r.) des lothringischen Pfalzgrafenpaares. Ausschnitt aus dem Stifterbild von 1657, heute Abteikirche Brauweiler

wo sie 1060 starb. Ihr Grab befindet sich in der Krypta dieser Kölner Kirche.

Durch die Schöpfung bedeutender Kirchbauten sind die Pfalzgrafentöchter in die Geschichte eingegangen. Sie sind gewiß nicht ohne ansehnliche Mitgift in ihre Stifte eingetreten. Zweifellos haben sie einen großen Teil der Kosten für ihre aufwendigen Bauten aus eigenem Vermögen beigesteuert. Zudem waren alle hochadligen Damenstifte und -klöster, denen die Töchter Ezzos und Mathildes vorstanden, damals Zentren hoher abendländischer Kultur.

Die einzige Tochter, die heiratete, war Richeza. Sie wurde Königin von Polen und eine bedeutende Gönnerin der Stiftung ihrer Eltern in Brauweiler. Von ihr wird im folgenden Kapitel noch die Rede sein.

Die Versorgung der sechs Töchter als Äbtissinnen vornehmer geistlicher Institutionen hob das Ansehen der Familie und versicherte sie der Fürbitte für das Jenseits. Darüber hinaus dürfte die Vereinigung so vieler reicher Klöster und Stifte in der Familie noch andere Vorteile geboten haben. Es war noch nicht lange her, daß die Großen, besonders in Lothringen, als

Laienäbte ihre Macht und Mittel mehrten. Ezzo fand eine neue, elegantere, kirchlich weniger anstößige Lösung. Die mit Immunität ausgestatteten Klöster und Stifte konnten ergiebige Stützpunkte seiner Territorialpolitik werden, indem er auf dem Umweg über seine Äbtissinnen-Töchter politischen Einfluß nehmen konnte.

Überlegungen zur Gründung eines Familienklosters

Die Macht und das Ansehen der pfalzgräflichen Familie hatten zu Beginn der zwanziger Jahre des 11. Jahrhunderts einen unübertrefflichen Höhepunkt erreicht. Zur vollen Ausstattung eines fürstlichen Hauses gehörte in jenen Jahrhunderten in erster Linie eine geistliche Stiftung, die zwischen der Kirche und den Gliedern des Geschlechtes einen lebendigen Zusammenhang vermitteln, den Lebenden die Tröstung des Glaubens spenden, den Toten die Ruhestätte in geweihter Erde, fromme Fürbitte und ein dauerndes Andenken gewähren sollte. (Lewald 1979) Es wundert daher nicht, wenn das Pfalzgrafenpaar die Stiftung eines Familienklosters mit eigener Grablege ins Auge faßte, um so den Aufstieg der Familie allen Zeitgenossen deutlich zu dokumentieren.

Vor 1024 wallfahrteten Ezzo und Mathilde daher nach Rom zu Papst Benedikt VIII. Von ihm erhielten sie die für eine Klostergründung notwendigen Reliquien und ein Kreuz. Diese Reliquien sind die einzigen aus der Frühzeit des Klosters, über deren Herkunft eindeutige Nachrichten vorliegen.

Zunächst bestand noch Unklarheit über den Ort, wo man das Kloster gründen werde. Ezzo erwog Duisburg oder Kaiserswerth als Ort für die Stiftung wegen des vorbeifließenden Rheins und der Schönheit des Platzes, wie die Gründungsgeschichte berichtet. Diese Begründung fußt auf literarischen antiken Vorbildern und kann nicht ausschlaggebend gewesen sein. Vielleicht wollte Ezzo durch eine Klostergründung wenigstens einen der vom Kaiser geschenkten Plätze vor einer späteren Rückforderung des Herrschers sichern. Duisburg wäre dann eher in Frage gekommen als Kaiserswerth, da hier bereits ein altes Benediktinerkloster bestand, das durch die Stiftung lediglich erneuert worden wäre. Die Pfalzgräfin soll sich dem aber widersetzt haben. Ihr war, wie die gleiche Quelle berichtet, als sie nach einem Gebet in der Brauweiler Medarduskapelle im Schatten eines dort wachsenden Maulbeerbaumes ruhte, in einer Lichterscheinung geoffenbart worden, daß nur hier der rechte Platz für die Stiftung des Klosters sei (s. Anhang S. 390).

In Wirklichkeit werden aber andere Motive für die Wahl Brauweilers eine Rolle gespielt haben. Von Duisburg und Kaiserswerth mag man damals bereits geglaubt haben, daß diese Plätze nicht endgültig im Besitz der Familie bleiben könnten. Tatsächlich fielen diese dann, wie bereits erwähnt, 1045 an das Reich zurück. Anders sah die Situation in Brauweiler aus. Hier konzentrierte sich Allodialgut des Pfalzgrafen. Der Ort nahm eine Zentralstellung ein. Hinzu kam die strategisch günstige Lage westlich von Köln an zwei bedeutenden Straßenverbindungen, der von Köln nach Aachen und der von Köln nach Roermond, die das Rheinland mit dem Maasgebiet verband. Brauweiler ließ sich darüber hinaus möglicherweise als Ausfallstellung gegen Köln ausbauen. Die Wahl des Ortes erscheint daher weniger als Folge einer frommen Vision, sondern sie muß vielmehr als das Ergebnis nüchterner politischer Überlegungen des Pfalzgrafen gesehen werden. Die Offenbarung des Platzes für eine Klostergründung durch eine Vision, wie die Quelle berichtet, gehört nachweislich zum obligaten Bestandteil vieler Gründungserzählungen.

Klostergründung und Tod der Pfalzgräfin

Auf Betreiben Ezzos wurde durch Vermittlung des Kölner Erzbischofs Piligrim der damals bedeutende Reformabt Poppo mit der Klostergründung beauftragt. Dieser aus Arras in Frankreich stammende Mönch war Schüler und Mitarbeiter des an der Domschule von Reims erzogenen Benediktiners Richard, Abt von St. Vannes zu Verdun, einem Verfechter der cluniazensischen Klosterreform. Kaiser Heinrich II. hatte ihn 1020 zum Abt der Klöster Stablo und Malmedy berufen. 1024 übernahm er das Trierer Kloster St. Maximin. Poppo war, beeinflußt durch Cluny, Vertreter einer Klosterreform, die, orientiert am burgundischen Vorbild, eine strenge Befolgung der klösterlichen

Stifterbild von 1657, heute Abteikirche Brauweiler (Zu dem Gemälde s. Anhang S. 402)

Regel anstrebte. Anders als die cluniazensische Reform stand diese Reformbewegung - ihren Ausgang hatte sie vom lothringischen Kloster Gorze genommen - ganz innerhalb der von Königtum und Episkopat gelenkten Reichskirche. Sie wurde sowohl vom Episkopat als auch vom Adel tatkräftig unterstützt und konnte sich darum rasch über Lothringen und das übrige Reichsgebiet ausdehnen. Es erscheint also verständlich, wenn auch das von Ezzo und Mathilde geplante Kloster zunächst dieser lothringischen Reformrichtung angeschlossen werden sollte.

Die Beteiligung dieses zu seiner Zeit so bedeutenden Abtes an der Brauweiler Klostergründung läßt zudem den Schluß zu, daß Ezzo seine Familienstiftung zu einer Musterstätte klösterlichen Lebens und zu einem Mittelpunkt für Bildung und Kultur in Lothringen machen wollte. Jedenfalls war Brauweiler das erste Kloster der lothringischen Reform des benediktinischen Mönchtums im Kölner Erzbistum.

Am 14. April 1024 kamen sieben von Poppo gesandte Mönche in Brauweiler an. Obwohl die Quellen den Herkunftsort der Mönche nicht angeben, dürften diese, wie ein kleines mittelalterliches Gedicht überliefert, aus Stablo gekommen sein. (Stiene 1991 c)

Mit dem Bau des Klosters wurde am höchsten Punkt des nach Osten vorspringenden eiszeitlichen Terrassenrandes begonnen. Während die Kirche rund 26 Meter nördlich der Medarduskapelle errichtet wurde, bezog man die Kapelle selbst in den Klosterkomplex mit ein. Die Bauarbeiten schritten noch fort, als am 20. November 1025 plötzlich die Pfalzgräfin Mathilde während eines Besuchs bei ihrem Schwager Hezelin in Aeccheze (wohl Echtz westlich der Erft bei Düren) an einem Fieber starb. Ezzo war nicht anwesend. Er befand sich

Abt Poppo von Arras legt den Grundstein der Abtei Brauweiler. Kohlezeichnung von Heinz Binsfeld

in Aachen, wohin er die Großen Lothringens zu dem bereits erwähnten Colloquium zusammengerufen hatte. Mathildes Leichnam wurde auf einer Bahre in feierlichem Zug nach Brauweiler getragen, unter Psalmengesang mit Fackeln und Kerzen. Da die Kirche noch nicht fertiggestellt war, wurde der Leichnam in der Mitte des Kreuzganges niedergelegt und ein Zelt darüber gespannt. Drei Tage und drei Nächte dauerten die Exequien in Anwesenheit Ezzos und des Erzbischofs Piligrim, der mit großem Trauergefolge von Köln gekommen war. Am vierten Tag wurde unter dem Zelt von Piligrim ein Altar zu Ehren der hl. Maria geweiht und der Leichnam vor dem Altar begraben.

Nach dem Tod der Pfalzgräfin schritt der Bau von Kirche und Kloster fort. Im fünften Jahr nach der Gründung, am 8. November 1028, konnte der Kölner Erzbischof Piligrim Kirche und Kloster zu Ehren der Heiligen Nikolaus und Medardus weihen. Während das Medardus-Patrozinium von der Medarduskapelle des pfalzgräflichen Landgutes übernommen wurde, trat mit dem hl. Nikolaus der Familienheilige der Ottonen hinzu, dessen Verehrung durch Kaiserin Theophanu, die Mutter der Pfalzgräfin Mathilde, gefördert worden war. Es erscheint darum glaubhaft, daß Mathilde bei der Wahl des Nikolaus-Patroziniums für Brauweiler die entscheidende Rolle gespielt hat.

Im Jahre 1030 berief Abt Poppo den aus der Abtei St. Maximin in Trier stammenden Mönch Ello zum ersten Abt von Brauweiler. Pfalzgraf Ezzo übertrug ihm die Verwaltung, und der Kölner Erzbischof Piligrim weihte ihn. Damit war der Gründungsvorgang des Klosters abgeschlossen. Die Zahl der Mönche betrug zu diesem Zeitpunkt 16.

Der Kölner Erzbischof Piligrim. Detail aus dem Stifterbild von 1657

Ello, der erste Abt von Brauweiler (1030-1053, gest. 1054). Gemälde aus dem 1. Viertel des 18. Jhs., heute in der Sakristei der Abteikirche

Die wirtschaftliche Ausstattung des Klosters durch den Pfalzgrafen

Zur wirtschaftlichen Sicherung seiner Stiftung stattete Ezzo das Kloster mit Gütern aus. Was im einzelnen übertragen wurde, läßt sich nur schwer und ungenau bestimmen, da der Vorgang lediglich in verfälschten bzw. gefälschten Urkunden des 12. und 13. Jahrhunderts überliefert ist (s. Anhang S. 397f.). Betrachtet man die älteste als zuverlässig anzusehende Liste der Klostergüter, die zwar nur in einer verfälschten Fassung und diese nur in einer Abschrift des 16. Jahrhunderts erhalten ist, so erhält man einen wenig großzügigen Eindruck. Gewiß waren rund 88 Mansen und 224 Joch Ackerland, dazu noch etwa 56 Joch Weinberge keine kleine Gabe für einen Schenker, aber zum Unterhalt einer größeren Anzahl von Mönchen und zur Bestreitung sonstiger Kosten, die der Betrieb eines Klosters erforderte, haben die von dort fließenden Einkünfte kaum gereicht. Zudem handelte es sich um recht entfernt gelegene Besitzungen, deren Nutzung schon aus diesem Grunde erhebliche Schwierigkeiten machen mußte. Günstiger war dagegen, daß sich an den betreffenden Orten durchweg größere Besitzkomplexe befanden. Der Besitz insgesamt lag weit gestreut und ging im Süden kaum über die Mosel, im Osten wenig über den Rhein und nach Westen und Norden nur vereinzelt über die heutigen Staatsgrenzen hinaus. (Wisplinghoff 1992)

Die politische Bedeutung oder vielmehr Bedeutungslosigkeit dieser Schenkung liegt auf der Hand; es handelt sich ganz offensichtlich um Besitzungen, die ohne eine Gefährdung der Machtstellung des pfalzgräflichen Hauses im Bereich von Köln, in der unmittelbaren Nachbarschaft der Erzbischöfe, weggegeben werden konnten.

Das große Brauweiler Gut mit seinen umfangreichen Ländereien in den umliegenden Orten blieb jedenfalls zunächst im Besitz der pfalzgräflichen Familie. Ezzo und andere Familienmitglieder haben sich nach 1028 öfters in Brauweiler aufgehalten, wo sie mit Sicherheit nicht im Kloster, sondern auf dem pfalzgräflichen Hofgut gewohnt haben. Auch berichtet die Gründungsgeschichte, daß Ezzo weitere Güter dem Kloster erst dann zu übergeben bestimmt habe, wenn diese nach dem erbenlosen Tod seiner Kinder frei würden. Die Übertragung des umfangreichen *predium* Brauweiler mit den Besitzungen in den nahe gelegenen Orten Freimersdorf, Ichendorf, Dansweiler, Glessen, Sinthern (= nur der tiefer gelegene Teil des heutigen Ortes Sinthern mit dem Fronhof), Kirdorf (= der höher gelegene Teil des heutigen Ortes Sinthern mit der Kirche) sowie Königsdorf, Manstedten und Lövenich erfolgte erst 1051 durch die damals noch lebenden Nachkommen Ezzos und Mathildes.

Regelung der Vogtei und Tod des Pfalzgrafen

Zugleich mit der Übertragung des Gutes Brauweiler an das Kloster wurde dieses zusammen mit seinem gesamten Besitz der Kölner Kirche übergeben, d.h. dem Schutz der an ihrer Spitze stehenden Erzbischöfe unterstellt. Mit diesem Übergabeakt fiel also die Vogtei an die Kölner Erzbischöfe. Sie war bis zu diesem

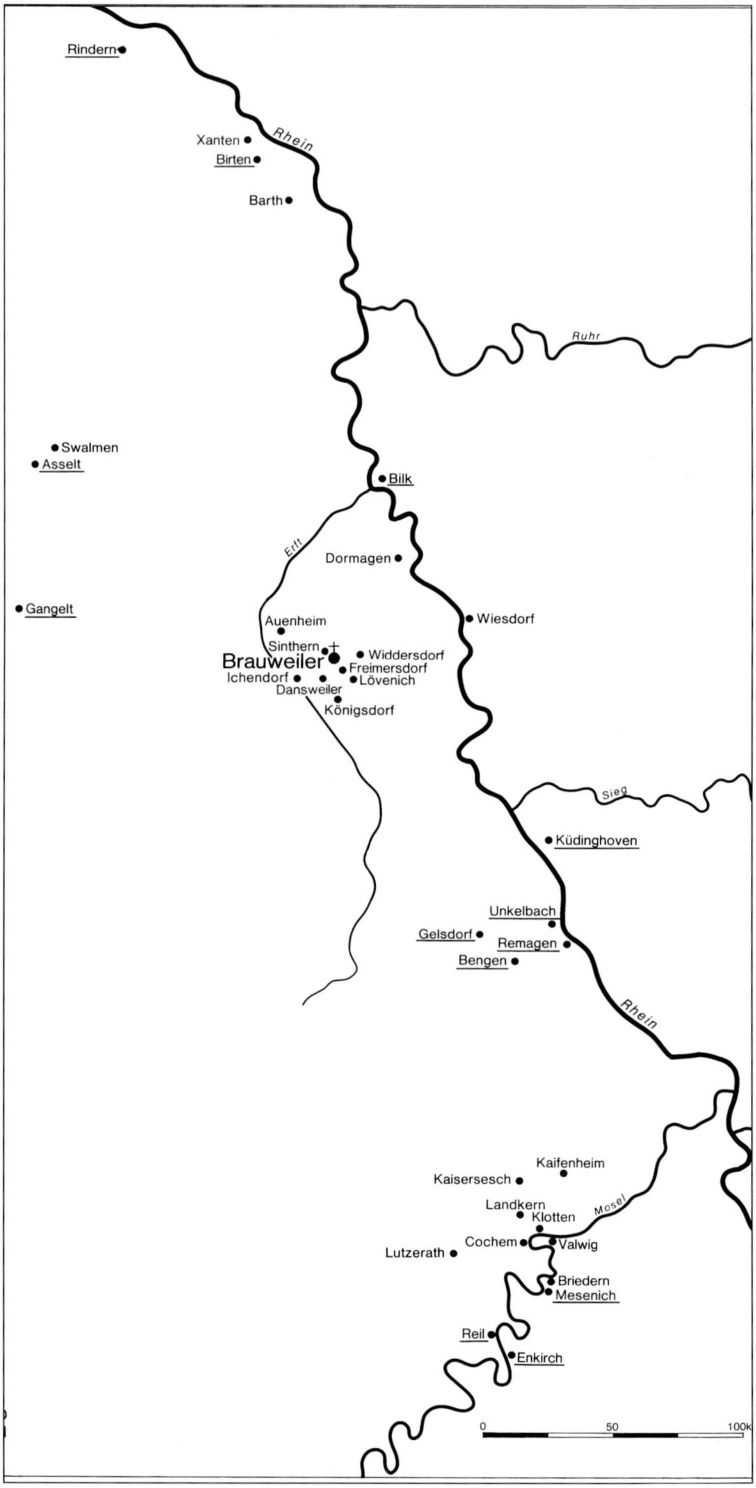

Der Besitz des Klosters Brauweiler um 1250. Die Orte mit Gütern der Erstausstattung von 1028 sind durch Unterstreichung markiert. (nach Wisplinghoff 1992)

Der hl.Nikolaus. Halbfigur in der Predella des Antoniusaltars von 1552

Der hl. Medardus. Halbfigur in der Predella des Michaelsaltars von 1561

Zeitpunkt in den Händen der pfalzgräflichen Familie gewesen. Ezzo übergab sie noch zu seinen Lebzeiten an seinen ältesten Sohn Ludolf. Als dieser im Jahre 1031 starb, kam sie zunächst wieder an Ezzo zurück und ging erst nach dessen Tod im Jahre 1034 an Ludolfs Sohn Kuno. Dieser wurde 1049 von Kaiser Heinrich III. mit dem Herzogtum Bayern belehnt und verließ das Rheinland. Wer in der nun folgenden Zeit bis zum Sommer 1051 die Vogtei innehatte, ist nicht bekannt. Es ist möglich, daß der Kölner Erzbischof Hermann II., der damals einzige noch lebende männliche Nachkomme Ezzos, dieses Amt verwaltet hat. Die Quellen geben hierzu allerdings keine Auskunft. Rund zwei Jahre später erfolgte dann im Sommer 1051 die Übergabe an den Kölner Erzbischof durch den erwähnten Rechtsakt. Die Erzbischöfe haben die Vogtei in der Folge an ihre Ministeriale vergeben.

Am 21. Mai 1034 starb Pfalzgraf Ezzo im Alter von fast 80 Jahren auf seinen Saalfelder Besitzungen. Sein Leichnam wurde nach Brauweiler überführt und dort vom Kölner Erzbischof Piligrim an der Seite seiner 10 Jahre zuvor verstorbenen Gemahlin Mathilde in der Marienkapelle innerhalb des Kreuzgangquadrums beigesetzt.

Zum Amtsnachfolger Ezzos und Erbe eines Teils der pfalzgräflichen Güter, darunter das halbe Gut Brauweiler, war sein Sohn Otto bestimmt worden. 1045 übertrug Kaiser Heinrich III. ihm das Herzogtum Schwaben. Die lothringische Pfalzgrafschaft ging danach auf seinen Vetter Heinrich, einen Sohn von Ezzos Bruder Hezelin, über.

Während seiner langen Witwerschaft soll Ezzo noch zwei uneheliche Söhne, Heinrich und Ezzo, gezeugt haben. Das Brauweiler Totenbuch des 15. Jahrhunderts bezeichnet diesen Heinrich als Abt von Gorze (1055-1093). Ezzo, der zweite uneheliche Sohn, soll der erste Abt des 1063 von Erzbischof Anno II. in Saalfeld gegründeten Klosters geworden sein.

Richeza – Königin von Polen und Wohltäterin des Klosters

Eine für die Geschichte des Klosters Brauweiler während des ersten Jahrhunderts nach seiner Gründung bedeutende Rolle sollte bald nach dem Tod der Stifter deren Tochter Richeza zukommen. Bevor sie jedoch ihre Fürsorge dem pfalzgräflichen Hauskloster in Brauweiler zuwenden konnte, war ihr persönliches Schicksal eng verknüpft mit der politischen Entwicklung zwischen dem römisch-deutschen Kaiserreich und dem im Osten angrenzenden jungen polnischen Staat während der ersten Jahrzehnte des 11. Jahrhunderts.

Die „Gnesener Vereinbarung" zwischen Kaiser Otto III. und Herzog Boleslaus I.

Richezas Onkel, Kaiser Otto III., zog im Jahre 1000 mit großem Gefolge von Rom kommend über Regensburg nach Gnesen, dem politischen und geistig-religiösen Zentrum des wenige Jahre zuvor christianisierten jungen polnischen Staates. Hier wollte er am Grab des als Märtyrer gestorbenen Bischofs Adalbert, des Schutzheiligen Polens, mit dem polnischen Herzog Boleslaus I., dem Tapferen, zusammentreffen, um ihn für die von ihm angestrebte *Renovatio Imperii,* die Erneuerung und Einigung der abendländischen Christenheit unter seiner kaiserlichen Krone, zu gewinnen.

Boleslaus empfing den Kaiser mit großer Pracht. Es kam zu einer historisch bedeutsamen Begegnung zwischen Kaiser und Herzog, die ganz von den Gesten einer großen Freundschaft geprägt war. Nach vollzogener Gründung des selbständigen polnischen Erzbistums Gnesen nannte der Kaiser in Wiederaufnahme antiker Titel den Piastenfürsten „Bruder und Mitarbeiter am Reich" *(frater et cooperator imperii),* setzte ihm sein kaiserliches Diadem aufs Haupt und überreichte ihm eine Nachbildung der Heiligen Lanze des Reiches, die als Symbol des Kampfes gegen das Heidentum galt.

Um die Ernsthaftigkeit ihrer „Gnesener Vereinbarung" nach außen hin deutlich zu dokumentieren, verabredeten Kaiser und Herzog eine Eheverbindung zwischen ihren Familien. Hierzu wählte der Kaiser seine Nichte Richeza, die Tochter seiner Schwester Mathilde, und der Herzog seinen Sohn Mieszko.

Dreizehn Jahre nach dem „Gnesener Treffen", am Pfingstfest 1013, kam die vereinbarte Eheverbindung in Merseburg an der Saale zustande. Welche Bedeutung die Zeitgenossen dieser Verbindung beigemessen haben, hat ein unbekannter Brauweiler Mönch überliefert. Er schrieb: *„Nicht wenige hofften, daß durch diese Eheverbindung das Reich der Slawen dem Reich der Deutschen verbunden bleibe, was viele nicht für eine vergebliche Hoffnung hielten."* Die moderne Geschichtsforschung hat die Verbindung zwischen Richeza und Mieszko als *„eine politische Heirat auf höchster Ebene"* und als einen *„Akt mittelalterlicher europäischer Entspannungspolitik zwischen Ost und West"* gewürdigt. (Lewald 1979)

Richeza, Königin von Polen

Dem polnischen Herrscher war einerseits durch das neue Verhältnis zum deutschen Herrscher und andererseits durch die Ehe Mieszkos mit Richeza, durch die sich die Piastendynastie mit dem aussterbenden Geschlecht der Ottonen verband, in den Augen Westeuropas das Anrecht auf den höchsten Rang, d.h. auf die Königswürde, erwachsen.

1025, ein Jahr nach dem Tod Heinrichs II., hat Boleslaus mit Zustimmung des Papstes und unter Berufung auf die „Gnesener Vereinbarung" die Idee der Königswürde verwirklicht. Als Boleslaus noch im gleichen Jahr starb, wurde Mieszko zum König und Richeza zur Königin von Polen gekrönt. Beide übernahmen nun die Aufgabe des Piastenstaates in Europa, Glied und Stütze eines weit in den Osten gespannten, erneuerten christlich-römischen Imperiums zu sein.

Königin Richeza von Polen. Polnische Briefmarke aus dem Jahre 1986, nach einem Gemälde des polnischen Malers Jan Matejko (1838-1893)

König Mieszko II. von Polen. Polnische Briefmarke aus dem Jahre 1987, nach einem Gemälde des polnischen Malers Jan Matejko (1838-1893)

Mit Richeza kamen westliche Formen der Organisation des Staates und der Zivilisation in das Land an Weichsel und Warthe. Zahlreiche Bauten der damaligen Zeit weisen architektonische Einflüsse aus dem Land an Rhein und Maas auf. Hierbei übernahm man die Steinbautechnik aus dem Westen, da eine einheimische Tradition in dieser Hinsicht fehlte.

Als um 1031 der polnische Staat in eine schwere innenpolitische Krise geriet und Mieszko in der Folge starb, hat Richeza das Land zusammen mit ihrem Sohn Kasimir eine Zeitlang alleine regiert.

Dieser Regierungsantritt wurde sofort vom Ausbruch einer Volksrevolte getrübt, die von Richezas Mundschenk Maslaw, dem späteren Fürsten von Masowien, angeführt wurde. Diese Revolte war gegen die von den Piasten begründete gesellschaftliche Ordnung und ihre Hauptstütze, das Christentum, gerichtet. Es war eine heidnische Reaktion, deren Hauptantriebskraft die Unzufriedenheit mit den neuen Wirtschaftsformen war. Im Verlauf dieser Unruhen verließ zuerst Richeza das Land und bald danach, wohl 1037, auch Kasimir. Während der nun folgenden Jahre 1038/39 entstand in Polen ein innenpolitisches Vakuum, das die Nachbarvölker dazu benutzten, um über das Land herzufallen. Es kam zur *destructio Poloniae*, der Zerstörung Polens, und seiner großen städtischen Zentren Posen und Gnesen.

Richezas Sohn Kasimir, Erneuerer Polens

Die nachfolgende Erneuerung Polens wurde eine Aufgabe Kasimirs. 1039 begann er mit der Rückeroberung seiner polnischen Heimat. Rückhalt fand er bei Kaiser Heinrich IV. und seinem Onkel, Erzbischof Hermann II. von Köln, der ihm kölnische Reitertruppen zur Verfügung stellte. Krakau machte er zu seinem Hauptsitz. Von hier aus stellte er auch die zerstörte polnische Kirchenorganisation wieder her, wobei er von der Kölner Kirche unterstützt wurde. Die Pläne für die Wiederherstellung der polnischen Kirche sahen für jede Diözese die Gründung einer Benediktinerabtei vor. Die Gründung der Abtei Tyniec bei Krakau an der Weichsel, die zur Unterstützung des Krakauer Bischofs und späteren Erzbischofs entstand, scheint mit Hilfe des pfalzgräflichen Hausklosters Brauweiler vollzogen worden zu sein. Engster Mitarbeiter Kasimirs wurde Aaron, ein Benediktiner, der vermutlich aus dem Kloster in Brauweiler kam. 1046 hatte Kasimirs Onkel, Erzbischof Hermann II. von Köln, ihn zum Bischof von Krakau geweiht. In dieser Funktion hat er mit dem Bau der zweiten Kathedrale auf dem Wawel - dem Burgberg am südlichen Stadtrand Krakaus - begonnen und die Klostergründung in Tyniec, deren erster Abt er wurde, vorbereitet.

Richeza in Deutschland

Richeza kehrte nicht wieder nach Polen zurück. König Konrad II. ließ ihre Würde unangetastet. Als *Regina Richeza* ist sie auf den Siegeln ihrer rheinischen Urkunden abgebildet. Über ihre Aufenthaltsorte während der darauffolgenden Jahre ist bis auf Saalfeld, wo sie starb, nichts Näheres überliefert. Es ist anzunehmen, daß sie auf ihren großen Familiengütern am Rhein sowie an der Mosel in Klotten und Cochem lebte. Diese Güter stammten aus väterlichem Besitz. Aus mütterlichem Erbe kamen das Gut Salz und weitere Besitzungen an der Fränkischen Saale, und nach dem Tod ihres Bruders Otto erhielt sie reichen Besitz in Saalfeld (Thüringen) und in Coburg.

Siegel der Königin Richeza auf der Urkunde von 1054 September 7 (NWHStAD, Brauweiler Urk.)

Die Entscheidung zum Bau einer neuen Klosterkirche in Brauweiler

Richezas Hauptsorge galt von nun an ganz offensichtlich dem Familienkloster Brauweiler, der Stiftung ihrer Eltern. Besonders deutlich wurde dies erstmals, als ihr Bruder Otto unerwartet am 7. September 1047 während eines Aufenthaltes auf der Tomburg bei Rheinbach starb. Die Leiche wurde nach Brauweiler überführt und dort durch Bischof Brun von Toul, dem späteren Papst Leo IX., feierlich beigesetzt. Erzbischof Hermann II. von Köln, Richezas und Ottos Bruder, der die Todesnachricht einen Tag später während eines Gottesdienstes zum Fest Mariae Geburt im Xantener Dom erhielt, war von Kaiser Heinrich III., der ihn im Augenblick nicht missen wollte, zurückgehalten worden.

Richeza, die dem Begräbnis in Brauweiler beiwohnte, war tief erschüttert. Ihren Bruder beweinend legte sie ihre königliche Kleidung, ihren Schmuck, ihre Kleinodien auf den Altar des hl. Nikolaus nieder, gelobte den Bau einer neuen und prächtigeren Grabeskirche für die Mitglieder ihrer Familie und nahm aus den Händen des Bischofs Brun von Toul den Schleier. Für Richeza hat diese Geste nicht den Eintritt in ein Kloster oder Stift bedeutet, denn sie hat in der Folge nicht in einer solchen Gemeinschaft gelebt. Sie wollte allerdings damit andeuten, daß sie sich zu einem ehelosen Leben entschlossen habe, um sich wohltätigen Zwecken und ganz besonders dem von ihren Eltern gestifteten Familienkloster in Brauweiler zu widmen. Durch das Gelöbnis, eine neue Klosterkirche in Brauweiler erbauen zu lassen, wurde sie jetzt ebenso wie ihre Äbtissinnen-Schwestern an einem bedeutenden Kirchbau tätig. Auf diesen soll im übernächsten Kapitel ausführlicher eingegangen werden.

Richeza hat sich nicht allein durch ihre großzügige Kirchenstiftung als Gönnerin des

Königin Richeza und ihr Bruder, Herzog Otto von Schwaben. Detail aus dem Stifterbild von 1657

pfalzgräflichen Familienklosters erwiesen. Vielmehr hat sie dem Kloster umfangreiche Güter aus ihrem Besitz vermacht. Die Urkundentexte belegen, daß Richeza nichts von ihrem Besitz leichtfertig und ohne Auflagen verschenkt hat. Sie schloß fast immer Prekarienverträge, d.h. sie hat sich sowohl den Widerruf des Vertrages als auch die Nutznießung der vergebenen Güter vorbehalten. In einzelnen Fällen machte sie mit ihren Vertragspartnern eine jährlich an sie zu zahlende Abfindung aus. Bei ihren Vertragsabschlüssen hat sie sich immer wieder von Juristen beraten lassen. Richeza begegnet uns in ihren Urkunden als eine gütige, aber zugleich auch selbstbewußte Frau.

Regelung der Rechtsverhältnisse des Familienklosters

Im Zusammenhang mit dem Neubau von Kirche und Kloster in Brauweiler, einem Vorhaben, das viele Geldmittel verschlang, kam auf die noch lebenden Mitglieder der pfalzgräflichen Familie die drängende Frage zu, wie der Nachlaß des umfangreichen Familienerbes sowie die Rechtsverhältnisse ihrer Familienstiftung zu regeln seien. Das Aussterben der pfalzgräflichen Familie Ezzos war zu diesem Zeitpunkt bereits absehbar; denn neben Richeza, die Witwe war, und deren Kinder weit entfernt in fremden Ländern lebten, hatten die beiden anderen hohe kirchliche Ämter inne und waren darum ehelos: Theophanu war Äbtissin in Essen und Hermann Erzbischof in Köln.

Da die Familie als Gründergeschlecht auch den Schutz ihres Klosters, die Vogtei, selbst in Händen gehalten hatte, der bisherige Vogt Kuno 1049 jedoch nach Bayern gezogen war, mußte für die Zukunft auch ein neuer Schutzherr für das Kloster und seinen Besitz gefunden werden. Es ging offensichtlich aber auch darum, ungerechtfertigte Ansprüche des Kölner Domvogtes Christian, die dieser in Erkennung des sich abzeichnenden Machtvakuums unter irgendeinem Vorwand geltend gemacht hatte, abzuweisen. Treibende Kraft für eine Neuregelung der Rechtsverhältnisse und der Vogtei scheint Erzbischof Hermann gewesen zu sein. Der notwendige Rechtsakt fand, nachdem Erzbischof Hermann, Königin Richeza und Äbtissin Theophanu sich durch Rechtskundige haben belehren lassen, vor einem Kölner Fürstengericht statt. Alle bisherigen Rechtsbindungen wurden für nichtig erklärt, und das Kloster und sein Besitz wurden dem Schutz des hl. Petrus, d.h. dem Kölner Erzstift unterstellt. Damit war der jeweilige Erzbischof Schutzherr des Klosters. Die Kölner Erzbischöfe haben die Vogtei in der Folge an ihre

Ministeriale vergeben. Über diesen Rechtsvorgang wurde 1051 eine Urkunde ausgefertigt, die Kaiser Heinrich III. mit Siegel und Unterschrift für rechtskräftig erklärte. Das Original dieser Urkunde existiert nicht mehr. Der Rechtsvorgang ist jedoch durch eine später verfälschte Urkunde überliefert (Abb. S. 91). Erzbischof Hermann II. hat diesen Rechtsvorgang dann von Papst Leo IX. am 7. Mai 1052 urkundlich bestätigen lassen. Diese Originalurkunde ist noch vorhanden.

Zu den Gütern, die das Kloster bei dieser Neuordnung der Verhältnisse erhielt, gehörte auch das umfangreiche *predium* Brauweiler mit reichem Besitz in den Orten Lövenich, Freimersdorf, Königsdorf, Dansweiler, Glessen, Kirdorf, Sinthern, Manstedten, Ichendorf, Schlenderhan und allem Zubehör. Wohl gehörten hierzu auch Kirchen mit ihren Einkünften. Erst diese Schenkung der letzten noch lebenden Nachkommen der Stifter sorgte für eine ausreichende wirtschaftliche Grundlage des Familienklosters.

Da mit dem gleichen Rechtsakt aber auch die Tomburg, die Familienstammburg am Rande des Flamersheimer Waldes bei Rheinbach, der Kölner Kirche unterstellt wurde, bedeutete die Entscheidung der drei letzten Nachkommen Ezzos eine erhebliche Schwächung der pfalzgräflichen Machtstellung in unmittelbarer Nachbarschaft Kölns, eine politisch verhängnisvolle Entscheidung, wie sich nach dem Tod des Erzbischofs Hermann II. noch zeigen sollte.

Richeza bestimmt ihre Grabstätte in Brauweiler

Obwohl Richeza beim Begräbnis ihres Bruders Otto im September 1047, als sie den Neubau von Kirche und Kloster gelobte, bereits andeutete, daß die neue Kirche auch ihre Grabeskirche werden solle, hat sie am siebten Jahrestag des Todes ihres Bruders, am 7. September 1054, diesen Wunsch auch durch eine Urkunde rechtskräftig gemacht. Zunächst vermachte sie dem Kloster in Brauweiler Besit-

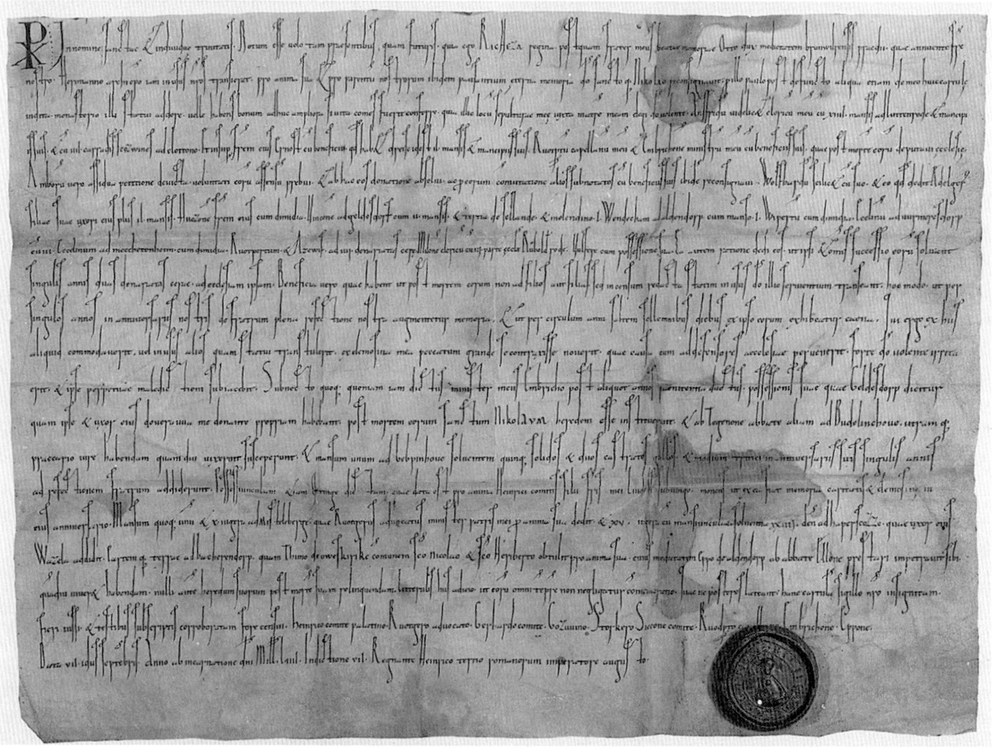

Urkunde der Königin Richeza von 1054 September 7 (NWHStAD, Brauweiler Urk.)

Krypta der Abteikirche Brauweiler, Blick nach Westen. Hinter dem Bild der Madonna von Tschenstochau befindet sich der Einstieg in die Grabstätte, welche die Mönche für die Königin Richeza vorgesehen hatten.

zungen und Einkünfte in verschiedenen Orten in der Voreifel und im Gebiet der Siegmündung. Zusammen mit den Gütern wurden zahlreiche Hörige dem Kloster übergeben, wobei Richeza auch Wünsche einzelner Höriger berücksichtigte. Von ihrem Bruder Hermann, Erzbischof von Köln, ließ sie sich bestätigen, daß ihr verstorbener Bruder Otto seine Hälfte des Gutes Brauweiler dem Kloster vermacht, ihr jedoch die lebenslange Nutznießung überlassen habe. Schließlich bestimmte die Königin ihre künftige Begräbnisstätte: „*quia illic locum sepulturae mee iuxta matrem meam elegi*“, d.h. den Ort meines Begräbnisses habe ich an der Seite meiner Mutter gewählt.

Richezas bedeutendste Schenkung: Klotten an der Mosel

Ihre wohl bedeutendste und zugleich für das Kloster schicksalreichste Schenkung machte Richeza zwei Jahre später im März 1056. In Anwesenheit Kaiser Heinrichs III. und des damals soeben eingeführten Kölner Erzbischofs Anno II. verfügte die Königin, daß die Brauweiler Mönche ihr großes *predium* Klotten mit Besitz in zahlreichen Orten an der Mosel und in der moselnahen Eifel erhalten sollten. Auch bei dieser Schenkung behielt Richeza sich die lebenslange Nutznießung vor. Auf den Rechtsakt selbst sowie die Umstände und den genauen Inhalt der Schenkung soll im folgenden Kapitel näher eingegangen werden.

Neun Jahre nach der Übertragung ihres Moselgutes Klotten an das pfalzgräfliche Familienkloster Brauweiler ist Richeza am 21. März 1063 in Saalfeld gestorben. Erzbischof Anno II. von Köln, der Nachfolger ihres Bruders Hermann II., ließ den Leichnam entgegen dem schriftlich geäußerten Willen der verstorbenen Königin in der von ihm vollendeten Kölner Stiftskirche St. Maria ad Gradus bestatten. Zugleich entzog Anno dem Kloster Brauweiler das umfangreiche Moselgut Klotten und übergab es dieser Kölner Stiftskirche.

Das Kloster im Rechtsstreit mit Kölner Erzbischöfen: Die Auseinandersetzung um das Moselgut Klotten

Mit dieser Entscheidung des Kölner Erzbischofs war der Anlaß gegeben für einen fast drei Jahrzehnte währenden Rechtsstreit zwischen den Brauweiler Mönchen und dem Kölner Erzbischof Anno II. (1056-1075) sowie seinen beiden Nachfolgern Hildolf (1076-1078) und Sigewin (1079-1089). Erst unter Erzbischof Hermann III. (1089-1099) wurde der Streit zugunsten Brauweilers geschlichtet.

Erzbischof Anno II. von Köln und seine Politik

Im Jahre 1056 war Erzbischof Hermann II., Richezas Bruder, gestorben. Auf dem einflußreichen Kölner Erzstuhl hatte er den Typus des einheimischen, dem Hochadel entstammenden Bischofs verkörpert. Papst Leo IX. hatte ihm anläßlich eines Besuchs in Köln 1049 in einem Privileg vom 7. Mai 1052 u.a. das Erzkanzleramt und das Recht, den deutschen König zu krönen, zugesprochen. Gleichermaßen als Reichsbischof und Reichspolitiker war er wichtigste Stütze des Kaisers gewesen. Die Erfüllung des mit diesen Ämtern verbundenen königlichen und kirchlichen Auftrages, bei gleichzeitiger Wahrung der Interessen seines Hauses, gab seinem Handeln eine gewisse Ambivalenz. Zu Konflikten mit dem damals amtierenden Pfalzgrafen ist es hierbei nicht gekommen.

Diese Situation mußte sich allerdings ändern unter seinem Nachfolger, wenn dieser konsequent Hermanns Politik fortsetzen würde.

Kaiser Heinrich III. berief nach Hermanns Tod den aus einem kleinen schwäbischen Adelsgeschlecht stammenden Anno zu dessen Nachfolger. Den Kölnern erschien er als landfremder *homo novus*, als Emporkömmling, von dem man vorher noch nichts gehört hatte. Daher wurde er von ihnen gleich zu Beginn seines Pontifikats - wenn auch zu Unrecht - an seinen Vorgängern, insbesondere an Erzbischof Bruno I. (gest. 965), gemessen und dementsprechend geringgeschätzt. Eine solche Haltung seiner Zeitgenossen mußte eine so ehrgeizige und dynamische Persönlichkeit wie Anno II. kränken.

Erzbischof Anno II. von Köln und seine Kirchengründungen. Darstellung aus der Vita Annonis, der Lebensbeschreibung Annos (HessLHBD, Hs.)

Annos II. Politik zielte auf Ausbau und Absicherung der Machtpositionen seines Erzbistums Köln. Hierzu war die Ausschaltung des einzigen ernsthaften Machtkonkurrenten in der Kölner Nachbarschaft, der lothringischen Pfalzgrafschaft, unerläßlich. Mit diesen Herrschaftsträgern spielte sich dann auch die härteste Auseinandersetzung ab, die Anno II. überhaupt mit Territorialmächten geführt hat. Die Folgen sollte man in Brauweiler, der ezzonischen Familienstiftung, noch zu spüren bekommen.

Einer der Wege, diese Auseinandersetzung erfolgreich zu führen, war, daß Erzbischof Anno II. sich des umfangreichen Besitzes der Pfalzgrafenfamilie bemächtigte, denn durch den Verlust der Allodialgüter des Pfalzgrafen am Niederrhein mußte auch dessen Macht in diesem Raum zerbrechen.

Annos II. Strategie wurde durch zwei Umstände begünstigt: durch das Aussterben der pfalzgräflichen Familie und durch die Erbteilung des umfangreichen Besitzes unter die letzten noch lebenden Nachkommen Ezzos. Den Vorteil daraus hatte das Kölner Erzstift schon vor dem Amtsantritt Annos II. gezogen. So waren, wie im vorangehenden Kapitel dargestellt, unter Erzbischof Hermann II. mit der Tomburg und der Abtei Brauweiler bereits wesentliche Teile des pfalzgräflichen Besitzes an Köln gekommen, jedoch mit anderen Absichten, als Anno II. sie nun zu verfolgen schien. Mit Duisburg und Kaiserswerth, die Kaiser Heinrich III., wie bereits erwähnt, 1045 bei der Ernennung Ottos zum Herzog von Schwaben zurückgefordert hatte, waren der Pfalzgrafschaft schon sehr früh wichtige Vorposten am Niederrhein verlorengegangen. An die Stelle der Ausdehnung der lothringischen Pfalzgrafschaft, wie sie zur Zeit Ezzos zu beobachten war, trat also bereits unter seinen Kindern die Expansion des Kölner Erzstiftes, des gefährlichsten Gegners dieser starken, weltlichen Gewalt am Niederrhein. Erzbischof Anno II. hat diese Entwicklung erkannt und die Situation geschickt und planmäßig ausgenutzt. Er brauchte zur Realisierung seiner Ziele zunächst nur konsequent die Politik seines Vorgängers Hermann II. fortzuführen. Da Anno II. aber weder Mitglied der pfalzgräflichen Familie war noch in irgendeiner Weise mit ihr in verwandtschaftlicher Beziehung stand, mußte er folgerichtig andere Methoden anwenden. Er hat sich nicht gescheut, neben friedlichen Mitteln auch kriegerische anzuwenden. Hiervon wird noch die Rede sein.

Zunächst jedoch bediente er sich juristischer Finessen, um den Besitz der noch lebenden Mitglieder der pfalzgräflichen Familie Ezzos an sich, d.h. an das Erzstift, zu bringen. Hierbei handelte es sich vorwiegend um Güter aus dem Besitz der noch lebenden Königin Richeza, unter diesen auch solche, die Richeza dem von

Königin Richeza von Polen. Gemälde aus dem 1.Viertel des 18. Jhs., heute in der Sakristei der Abteikirche

ihr bevorzugten pfalzgräflichen Familienkloster Brauweiler zugesprochen hatte. Als Grablege der pfalzgräflichen Familie muß Brauweiler dem Kölner Erzbischof zumindest als ein symbolisches Machtzentrum dieses Geschlechtes unmittelbar vor den Toren seiner Residenz Köln erschienen sein. Das mag Annos II. Abneigung gegenüber Brauweiler begründen.

Annos erste Begegnung mit Richeza

Die ersten nachweisbaren Beziehungen Annos II. zur pfalzgräflichen Familie fielen gleich in die Anfangszeit seines Pontifikats. In der Zeit zwischen dem 3. März und dem 6. Mai 1056 hielt sich der kaiserliche Hof in Kaiserswerth auf. Unter den Teilnehmern befand sich auch Erzbischof Anno II. von Köln. Auf diesem Hoftag erschien nun Königin Richeza. Die Gründungsgeschichte des Klosters Brauweiler berichtet darüber und nennt als Grund, warum Richeza sich nach Kaiserswerth begab, daß

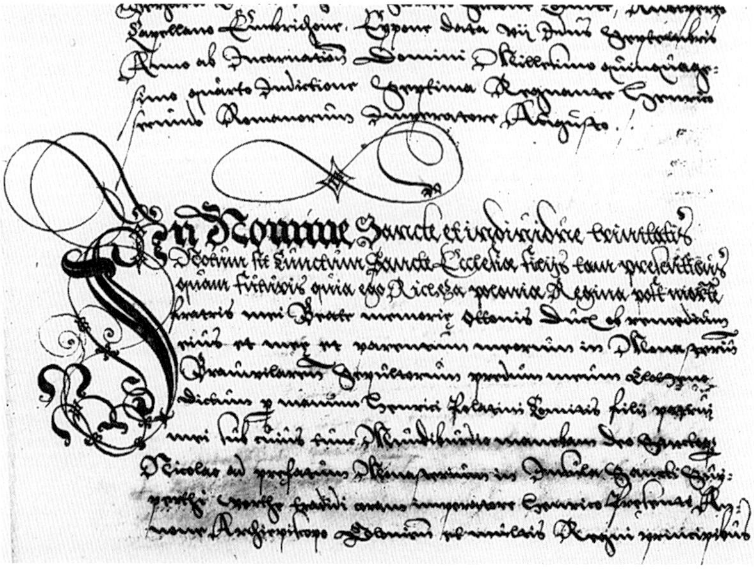
In Nomine Sancte et individue trinitatis

Königin Richeza überträgt dem Kloster Brauweiler ihr Moselgut Klotten. Anfang der Abschrift aus dem 16. Jh. der verlorengegangenen Urkunde von März 1056. (NWHStAD, Brauweiler Rep. u. Hs.)

Anno dem Kloster Brauweiler keine Sympathie entgegengebracht habe. Daher sei die Königin Richeza, nachdem sie sich mit klugen Männern beraten habe, gekommen, um den Erzbischof durch die Übergabe von Gütern gefällig zu stimmen.

Sie vermachte dem Erzbischof Coburg und das *castellum* Saalfeld mit allem Zubehör und den Besitz zu Orla unter dem Vorbehalt des lebenslangen Nießbrauchs und der Bedingung, daß keiner der Erzbischöfe Saalfeld vertausche, zu Lehen vergebe oder sonst entfremde. Verschiedene Zehntabgaben von den genannten Gütern bestimmte die Königin jedoch für die Mönche von Brauweiler, so den Kleiderzehnt, den Tuchzehnt, den Honig- und den Wachszehnt. Anno mußte der Königin für die Übertragung auf Lebenszeit Güter in verschiedenen rheinischen Orten sowie jährlich 100 Mark in Silber zahlen. Schließlich bestimmte Richeza, daß sie berechtigt sei, Saalfeld wieder an sich zu nehmen, wenn Anno oder einer seiner Nachfolger diesen Vertrag gegen ihren Willen ändern würde. Den Erhalt dieser Schenkung bestätigte Anno ein Jahr später durch eine Urkunde.

Dem Kloster Brauweiler aber schenkte sie den Ort Klotten mit all seinen Einkünften, wobei sie sich jedoch die lebenslange Nutznießung vorbehielt. Als Entschädigung dafür erhielt der Abt sofort den Hof Caneda (Kaan bei Polch) sowie 6 Arpent Weinberge und zwei kleine Häuser. Es wurden die Banngrenzen zwischen den Bächen Endert und Elz festgelegt, innerhalb derer nur der Abt und der von ihm eingesetzte Schultheiß Gewalt ausüben sollten. An das Kloster fielen auch die Erträge der Münzstätte der Königin. Festgelegt wurde das Eherecht der Hörigen auf dem Gut Klotten. Der Kaiser gewährte dem Kloster die zollfreie An- und Abfahrt auf Rhein und Mosel. Ihrem Vetter, dem Pfalzgrafen Heinrich, übertrug Richeza ihre Stadt Cochem mit allem Zubehör, damit er Vogt *(defensor et advocatus)* über das genannte Besitztum sein solle. Nach seinem Tod sollte der nächste Blutsverwandte die Vogtei übernehmen. Über diese Schenkung existiert keine Urkunde mehr. Der Rechtsakt ist jedoch in späteren Abschriften überliefert.

Annos Vorgehen gegen den Pfalzgrafen Heinrich

Wenige Jahre später, im Jahre 1060, ist Anno zur Durchsetzung seiner Territorialpolitik mit militärischen Mitteln gegen den bereits erwähnten amtierenden Pfalzgrafen Heinrich, einen Vetter der Königin Richeza, vorgegangen.

Die Hauptquelle, die über dieses Ereignis berichtet, ist die *Vita Annonis,* eine hagiographische, pro-annonische Schrift aus dem 12. Jahrhundert, deren Aufgabe es war, dem Leser ein Bild von der Heiligmäßigkeit des Erzbischofs zu vermitteln. Dabei werden die harten, machtpolitischen Seiten Annos zurechtgebogen. Die Quelle ist also höchst tendenziös: Anno ist stets der Gute, mit dem Gott ist, und der Pfalzgraf ist stets der Böse, von dem der Teufel zeitweise Besitz ergreift. (Jenal 1974) So wird er als Aggressor dargestellt, der *„wie ein wilder Eber“* gegen das Erzbistum wütet, während Anno *„in härene Gewänder gekleidet“* umhergeht und als *„guter Hirt“* Schmerz und Sorge um die anvertraute Herde trägt. Seine Gebete werden erhört; der böse Pfalzgraf dagegen wird auf seiner Burg in Cochem das Opfer seines Wahnsinns und von Anno besiegt.

Die moderne Forschung hat belegen können, daß es Annos II. aggressive Expansionspolitik war, welche die Gegenwehr des Pfalzgrafen Heinrich herausgefordert hat, allerdings tatsächlich mit dem Ergebnis, daß die lothringische Pfalzgrafschaft als Machtkonkurrent des Erzbischofs vom Niederrhein verschwand. (Jenal 1974)

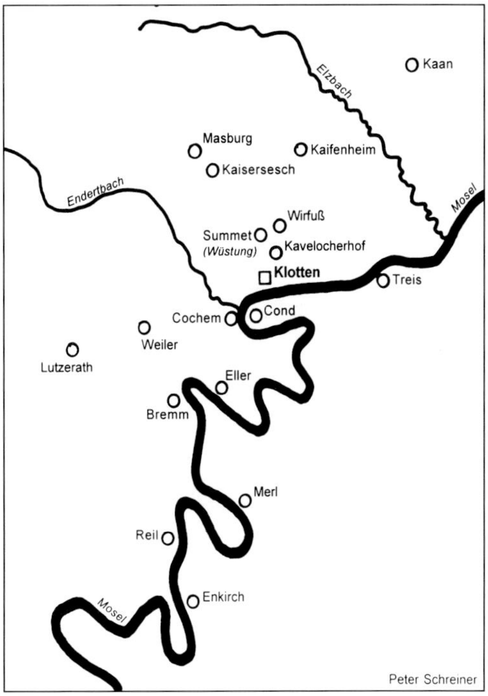

Das Moselgut Klotten mit den zugehörigen Orten und Höfen
Quelle: Urkunde der Königin Richeza von 1056

Anno und das pfalzgräfliche Kloster in Brauweiler

Nach der politischen Ausschaltung des Pfalzgrafen bestand jedoch weiterhin vor den Toren Kölns die Benediktinerabtei Brauweiler.

Blick auf Klotten. Aquatinta von R. und C. Bodmer, um 1830/40

Saalfeld. Kupferstich aus der Topographia Germaniae des Matthaeus Merian, 1656

Als pfalzgräfliches Hauskloster stellte sie ein stolzes Symbol der einstigen Größe des Machtkonkurrenten Annos II. dar. Immer noch war hier ein großer Teil ehemaligen pfalzgräflichen Besitzes konzentriert. Zu diesem gehörte auch das von Richeza dem Kloster übertragene Moselgut Klotten, dessen Nutznießung die Königin sich jedoch vorbehalten hatte. Anno II. konnte sich mit seinem militärischen Sieg keineswegs zufrieden geben. Anders als bisher setzte er den Abbau pfalzgräflicher Macht von nun an mit friedlichen Mitteln fort, wobei er mit der pfälzgräflichen Familie allerdings weiterhin in erstaunlich enger Verbindung blieb.

Am 30. Oktober 1061 nahm er zunächst mit Bischof Egilbert von Minden die Weihe der von Richeza gestifteten zweiten Klosterkirche in Brauweiler vor. Zugleich gelobte er, die Rechte und Besitztümer des Klosters respektieren zu wollen. Dieses Gelöbnis bekräftigte er mit seinem besonderen Bann. Danach erfährt man zunächst nichts mehr von pfalzgräflichen Beziehungen Annos II.

Richezas Tod und der Ausbruch des Streites um Klotten

Ebenso heftig wie unerwartet brachen die Auseinandersetzungen mit dem Tod der Königin Richeza - sie verstarb am 21. März 1063 in Saalfeld - aus. Ihr Leichnam wurde, wie die Königin es gewünscht hatte, vom Würzburger Bischof Adalbero nach Köln überführt, dort von Erzbischof Anno II. gewaltsam festgehalten und am 12. April in der Kirche St. Maria ad Gradus beigesetzt. Zusammen mit dem Leichnam der toten Königin, für die man in der Krypta der von ihr gestifteten zweiten Klosterkirche eine Grablege vorbereitet hatte, entzog Erzbischof Anno II. dem Kloster auch das Moselgut Klotten und übergab es dem Kölner Stift St. Maria ad Gradus. Für die Brauweiler Mönche war Annos II. Handlungsweise Raub, ein unbegreiflicher Akt gegen göttliches und menschliches Recht, durch den sie nicht nur des Leichnams ihrer Gönnerin, sondern auch ihres Gutes Klotten beraubt wurden, wie die Gründungsgeschichte beklagt.

Ein solches Unrecht konnte man nicht unwidersprochen hinnehmen. So begann bald danach ein mehr als 25 Jahre dauernder Rechtsstreit zwischen dem Kloster Brauweiler und den Kölner Erzbischöfen. Erzbischof Anno II. hat die Mönche von Brauweiler offensichtlich durch eine juristische Finesse, gepaart mit ein wenig Gewalt, übervorteilt.

Annos Motive

Es stellt sich hier die Frage nach den Motiven für Annos II. Handlungsweise. Hier ist zunächst seine Territorialpolitik zu sehen, auf deren Ziele bereits verwiesen wurde. Jedoch kann in diesem Falle kaum ein Interesse an Besitzerweiterung zugunsten seines Herrschaftsgebietes vorgelegen haben, denn beide Klöster, die für die Vergabe Klottens in Betracht kamen, unterstanden bereits der Kölner Kirche. Dennoch kann ein politischer Aspekt nicht geleugnet werden: Anno II. hat hier auf andere Weise seine bisherige politische Linie fortgesetzt. Indem er nämlich den umfangreichen Besitz Klotten nicht an Brauweiler, sondern an St. Maria ad Gradus gab, trieb er die Zerstreuung pfalzgräflichen Besitzes, die schon beim Erwerb der mitteldeutschen Güter Richezas festzustellen war, weiter fort. Gleichzeitig konnte er das Selbstbewußtsein und die Machtkonzentration des Geschlechtes auch sinnfällig von seinen äußeren Symbolen her zerstören, wenn er verhinderte, daß alle Familienmitglieder an einer Stelle ruhten. Richeza war kein Einzelfall. Als 1055 ihr Neffe, Herzog Kuno von Bayern, verstorben und in Ungarn begraben worden war, ließ Anno II. die sterblichen Überreste später exhumieren und nach Köln überführen, wo sie in Maria ad Gradus beigesetzt wurden. Anno II. tat also systematisch genau das Gegenteil von dem, was Pfalzgraf Ezzo einst mit der Gründung seines Hausklosters verfolgt hatte.

Ein weiteres Motiv muß in Annos II. Ehrgeiz gesehen werden. Er stammte, wie bereits erwähnt, aus einer kleinen schwäbischen Adelsfamilie und war der erste seines Geschlechtes, der Zugang zum Kreis der im Staate führenden Männer gefunden hatte. Dies mag seinen großen Ehrgeiz und sein ausgeprägtes Machtbewußtsein erklären. Während letzteres bereits durch seine Politik gegenüber der lothringischen Pfalzgrafschaft deutlich wurde, dürfen seine zahlreichen Kirchengründungen als eine Folge seines Ehrgeizes interpretiert werden.

In diesem Zusammenhang ergibt sich ein zusätzliches Motiv für Annos II. Entscheidung im Falle von Klotten. Bezeichnend für den Ehrgeiz Annos scheint es, daß er darauf bedacht war, sich nicht der Kritik auszusetzen, die Dotation seiner Kirchengründungen sei aus dem Güterbesitz des Kölner Erzstuhles bestritten worden (was tatsächlich auch nur in geringem Umfang der Fall war). Diese Haltung Annos entspricht dem Urteil, das schon der zeitgenössische Chronist Adam von Bremen über ihn gesprochen hat: *„Der Kölner* (gemeint ist Anno II.) *verwandte alles, was er zu Hause und bei Hof raffen konnte, zum Schmuck seiner Kirche."* Wollte der Erzbischof für St. Mariengraden in so geringem Maße wie möglich Vermögensmasse der Kölner Kirche angreifen, so stellte sich für ihn die Frage, wie er diesem Stift zu einer angemessenen Ausstattung verhelfen könne.

Im Zusammenhang mit seiner politischen Strategie der Verdrängung des einzigen ernsthaften Machtkonkurrenten vom Niederrhein lag es natürlich für Anno II. nahe, zur Ausstattung des Stiftes St. Maria ad Gradus, das er übrigens zeitweise auch als seine eigene Grabstätte vorgesehen hatte, Güter aus dem Besitz der mittlerweile weitgehend entmachteten pfalzgräflichen Familie und deren Klostergründung zu nehmen. Das war dann allerdings nur durch eine machtpolitische Entscheidung kraft seines Amtes als Erzbischof möglich. Unter seinem Vorgänger war das Kloster der erzbischöflichen Gewalt unterstellt worden, und das nutzte Anno II. jetzt ganz offensichtlich aus. Eine solche machtpolitische Entscheidung entbehrte jedoch einer rechtlichen Grundlage, was wohl auch Anno II. später erkannt haben mag. Er mußte sich seine Rechtsgrundlage also selbst schaffen. Anno II. hat dies dann auch sehr spät nachgeholt.

Annos späte Rechtfertigung

Rund 13 Jahre, nachdem er den Brauweiler Mönchen den umfangreichen Moselbesitz Klotten abgenommen und seiner eigenen Stiftung St. Maria ad Gradus übergeben hatte, sah er die Notwendigkeit, sich hierüber zu äußern und zugleich gegenüber den Vorwürfen der Brauweiler Mönche zu rechtfertigen. Daher gab er - wenige Monate vor seinem Tod - in einer Urkunde für sein Kölner Stift unter dem Datum vom 29. Juli 1075 bekannt, daß er die Kirche der hl. Jungfrau Maria, die sein Vorgänger Erzbischof Hermann zu bauen vorgehabt hatte, mit Besitzungen ausgestattet habe. (Diese werden in der Urkunde einzeln aufgezählt.) Schließlich erklärte er öffentlich, daß keiner auf den Gedanken kommen solle, er habe zu Unrecht den Mönchen zu Brauweiler Klotten entzogen. Richeza selbst habe nämlich mit ihm einen Vertrag geschlossen und er habe danach ein Abkommen mit den Mönchen getroffen. Diesem Vertrag gemäß habe Richeza zu ihren Lebzeiten den Mönchen den Hof *Caneda* (Kaan bei Polch), gegeben; an ihn aber habe sie das übrige gegeben, damit es dem Kloster zufalle, in dem sie begraben würde.

Da der Abt (gemeint ist der dritte Brauweiler Abt Wolfhelm, der Nachfolger Tegenos) und der Pfalzgraf (gemeint ist Hermann II., der Sohn des von Anno besiegten Pfalzgrafen Heinrich) ihn (Anno) öfters belästigte wegen der Abfindungssumme, die er mit Abt Tegeno wegen des Verzichtes auf Klotten ausgemacht habe, habe er den Mönchen in Brauweiler 8 Arpent Weinberge in Klotten *(Clotonio)* und 4 in Senhals *(Sigenel)* sowie einen goldenen, mit Gemmen verzierten Kelch, der dem Dekan Luzo für 30 Mark verpfändet war, gegeben. Die Besitzung Klotten aber habe er, entsprechend Richezas Wunsch, den Kanonikern von St. Maria übertragen.

Dieser letzte Satz ist die Rechtsgrundlage, auf der Erzbischof Anno II. den Streit um Klotten führte. Er beruft sich dabei auf eine Abmachung, die er mit Richeza getroffen habe. Es hat sich bei der genannten Abmachung mit Richeza mit Sicherheit nicht um einen schriftlich fixierten Vertrag gehandelt, denn einen solchen hätte er nach dem Tod der Königin hervorgeholt, um die Angriffe aus Brauweiler erfolgreich abzuwehren. Ebenso undenkbar ist eine mündliche Vereinbarung mit der Königin, da sie nach deren Tod juristisch bedeutungslos sein mußte. Erstaunlicherweise ist bisher in der Forschung der Aussage Annos über eine „Sondervereinbarung“ mit Richeza viel Zutrauen entgegengebracht worden, oder man hat gelegentlich kritisch angemerkt, daß Anno II. erst sehr spät mit diesem Argument aufgetreten sei. Demgegenüber spricht vieles dafür, daß es sich hier um eine nachträgliche Einlassung des Beschuldigten handelt. Gespräche zwischen Anno und Richeza hat es ohne Zweifel gegeben, und Anno wird vielleicht auch einen Vorstoß bei Richeza wegen ihrer Begräbnisstätte sowie wegen des Gutes Klotten gemacht haben. Ein förmlicher Vertrag hierüber existierte aber nicht. Außerdem spricht die Logik dagegen: Warum nämlich sollte Richeza, die schon früher (im Jahre 1054 bei der Überweisung der Hälfte des Brauweiler Gutes an das Kloster) bestimmt hatte, daß sie in Brauweiler begraben werden soll, dies plötzlich wieder offengelassen haben? Wie konnte im übrigen Richeza, die bereits über das Gut Klotten zugunsten Brauweilers verfügt hatte, nachträglich noch einmal das gleiche Gut Anno mit neuer Zweckbestimmung übergeben? (Diederich 1986)

Außer Zweifel steht jedoch eine Vereinbarung mit Abt Tegeno von Brauweiler, die Ansprüche des Klosters durch Zahlung eines Verzichtsgeldes abzufinden, wohl auch um die Mönche zum Schweigen zu bringen. Diese Absprache wird dann schon bald nach Richezas Tod getroffen worden sein, wohl als Folge der ersten Proteste gegen Annos II. Entscheidung.

Richezas Vertrag mit dem Würzburger Bischof

Zur Rechtfertigung Annos II. wird gerne angeführt, daß Richeza in einer späteren Bestimmung über das, was nach ihrem Tod mit ihrem Leichnam geschehen solle, Brauweiler nicht mehr besonders als Grabstätte genannt habe. Es handelt sich hierbei um einen Prekarienvertrag, den Richeza mit dem Würzburger Bischof Adalbero schloß und durch den sie dem Bischof ihr Gut Salz und anderen Besitz an der Fränkischen Saale übertrug. Dieser Vertrag, der das Datum vom 3. März 1057 trägt, wurde von Richeza am 29. Januar 1058 erneuert und durch Zusätze ergänzt. In einer solchen eingefügten Textstelle äußert sich die Königin noch einmal über ihren zukünftigen Begräbnisplatz. In dem hier interessierenden Zusatz erklärt sie, daß der Würzburger Bischof ihren Leichnam nach ihrem Tod feierlich nach Köln oder an den Ort, welchen sie vor ihrem Hinscheiden bestimmen werde, überführen lassen solle. Brauweiler wird hier also nicht mehr ausdrücklich genannt. Man hat das als Beweis für einen Sinneswandel der Königin interpretiert und geglaubt, sie habe unter dem Einfluß Annos nicht mehr Brauweiler, sondern ein anderes Kloster als ihre Begräbnisstätte gewählt. Daraus wurde dann die Existenz jener „Sondervereinbarung“ gefolgert, auf die Anno II. sich in seiner Urkunde von 1075 beruft. Das erscheint jedoch, wie bereits dargelegt, wenig wahrscheinlich. Wenn Richeza in dieser Urkunde für den Würzburger Bischof Brau-

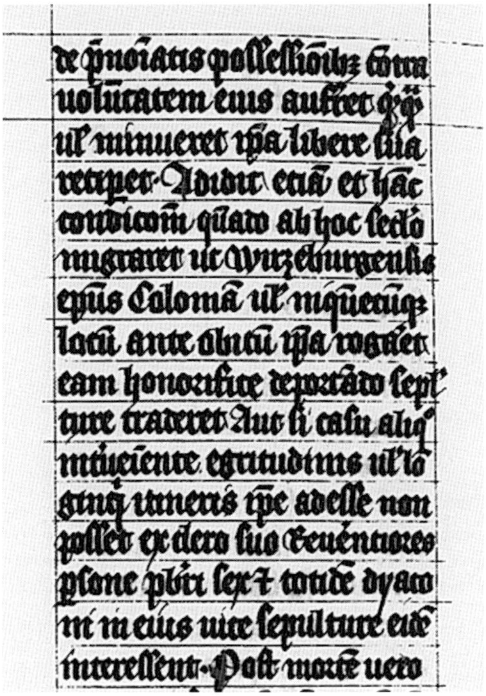

Ausschnitt aus der rechtskräftigen Erneuerung des Vertrages von 1057 März 3 zwischen der Königin Richeza und dem Würzburger Bischof Adalbero im Jahre 1058 Januar 29. Der Zusatz, der die Überführung ihres Leichnams nach Köln bestimmt, beginnt in der 4. Zeile von oben mit „Ad[d]idit...“ (Abschrift 14. Jh.) (StAW)

weiler nicht ausdrücklich nennt, sondern von Köln oder einem anderen Ort, den sie vor ihrem Tod noch benennen werde, spricht, so hat das einen anderen Grund. Den Würzburgern ist Köln gewiß eher ein Begriff gewesen als das im westlichen Vorland der Stadt gelegene, zu diesem Zeitpunkt, d.h. 34 Jahre nach der Klostergründung, wohl noch wenig bekannte Brauweiler.

Wer gründete das Stift Maria ad Gradus in Köln?

Erzbischof Anno II. hat seine Entscheidung gegenüber Brauweiler auch noch an einer anderen Stelle der Urkunde verteidigt. Er erklärte, daß bereits sein Vorgänger, Erzbischof Hermann II. (aus dem pfalzgräflichen Hause), das Stift zu gründen beabsichtigt und diesem Güter zugedacht hätte. Tatsächlich müssen Konzeption und wesentliche Teile der Bauausführung bereits zu Erzbischof Hermanns II. Amtszeit erfolgt sein, denn gut ein Jahr nach Hermanns Tod konnte die - vielleicht noch unvollendete Kirche - geweiht werden. In anderen Quellen sind materielle Zuwendungen Erzbischof Hermanns II. und Königin Richezas für den Bau der Kirche überliefert.

Erzbischof Anno II. führte mit der Förderung von Mariengraden konsequent weiter, was sein Vorgänger Hermann II. intendiert hatte: den Bau einer Kirche in exponierter Lage an der Ostseite seiner Bischofskirche auf dem Domhügel über dem Rhein. Ihr Vorbild war die in Mainz von Erzbischof Willigis errichtete Kirche, die für die Krönung des deutschen Königs bestimmt, jedoch 1009 durch einen Brand vernichtet worden war. Annos II. Vorgänger Hermann II. hatte den Bausinn der vernichteten Mainzer Kirche übernommen und ihn auf den Kölner Domhügel übertragen. Seine vornehme Herkunft, die Ernennung zum Erzkanzler durch das Privileg Papst Leos IX. vom Jahre 1052 und das ihm darin zugesprochene Recht der Königskrönung erforderten eine für diese Amtshandlung entsprechende Stätte. Dieser Forderung sollte die von ihm konzipierte Kirche entsprechen. Ihrem Bauprogramm lag das besondere Verhältnis Kölns zu Rom zugrunde, das in dem päpstlichen Privileg von 1052 angesprochen wurde: Weil die Kölner Bischofskirche auf den Apostelfürsten Petrus geweiht sei, ahme sie als Tochter gleichsam in Namen und Rang ihre römische Mutter nach. Erzbischof Hermann, für den die Festschreibung des Krönungsrechts zugleich Gipfelpunkt und Endpunkt seines Werdegangs bedeutete, mußte glauben, er arbeite im Vollzug der Krönung des deutschen Königs gleichsam der Mutterkirche Rom und ihrem Bischof zu, dem die Kaiserkrönung oblag. (Kluger 1993)

Da die Familiengrablege Brauweiler bereits zu diesem Zeitpunkt keine Zukunftsperspektive mehr haben konnte, ist es verständlich, daß Hermann II. der von ihm konzipierten „Krönungskirche“ St. Maria ad Gradus in Köln den Vorrang gab. Diese Politik seines Amtsvorgängers Hermann II. setzte Erzbischof Anno II. nun vehement fort.

Chorherrenstiftskirche St. Maria ad Gradus in Köln. Zeichnung von Johannes Vinkenboom (Finkenbaum) aus Amsterdam, zwischen 1660 und 1665

Annos Handeln aus der Sicht der Brauweiler Mönche

In Brauweiler konnte man die geschilderten Zusammenhänge mit Sicherheit nicht kennen. Dort mußte Annos II. Handeln in der Nachfolge seines Amtsvorgängers Hermann II. unverständlich bleiben. Den Mönchen erschien die Wegnahme des Leichnams ihrer Gönnerin jedenfalls als eine ungerechte machtpolitische Entscheidung des Kölner Erzbischofs. Diese mußte ihnen insbesondere auch deswegen unbegreiflich sein, da Richeza ein neues Kloster und eine prächtigere Kirche hatte erbauen lassen, in der dem schriftlich geäußerten Wunsch der Königin gemäß eine Grablege vorbereitet worden war. Zusätzlich hatte Anno II. den Mönchen auch noch das von ihrer großen Gönnerin bereits schriftlich zugesicherte Moselgut Klotten entrissen. Es ist also nur allzu verständlich, wenn man in Brauweiler keine Ruhe gab und mit allen Mitteln forderte, das dem Kloster angetane Unrecht wieder gutzumachen.

Eine personelle Veränderung in Brauweiler

Bald nach Ausbruch des Streites stand im September 1065 eine personelle Veränderung an der Spitze des Brauweiler Konvents an. Anno II. bestimmte Abt Tegeno zum neuen Abt des Klosters von Malmedy. Auch hier war eine heftige Auseinandersetzung zwischen dem Kölner Erzbischof und den Mönchen entbrannt. Der Erzbischof benötigte jetzt jemanden in Malmedy, der bereit war, sich für seinen Anspruch einzusetzen, und in Tegeno hatte er offensichtlich einen solchen Mann gefunden. Hatte dieser sich doch bereits Annos II. Wünschen gegenüber dem Brauweiler Konvent willfährig gezeigt. Gemeint ist die Annahme des bereits erwähnten Verzichtsgeldes, das vermutlich in Brauweiler zunächst einmal für Ruhe sorgte, so daß Anno II. Abt Tegeno hier jetzt entbehren und nach Malmedy schicken konnte.

Zum Nachfolger Tegenos bestimmte Erzbischof Anno II. den aus vornehmer Familie stammenden Mönch Wolfhelm, den er zunächst für die Leitung des neugegründeten Klosters St. Michael in Siegburg vorgesehen hatte. Der zu stiller Beschaulichkeit neigende Wolfhelm bewies als Abt von Brauweiler im Streit um Klotten einen starken Kampfgeist gegen Erzbischof Anno II. und seine Nachfolger. Er ließ dem Erzbischof keine Ruhe, vielleicht, weil das ausgehandelte Verzichtsgeld keinesfalls als Entschädigungszahlung oder gar als endgültiger Ersatz für das geraubte Gut Klotten gelten konnte, vielleicht aber auch, weil Wolfhelm sich nicht an die Abmachung seines Vorgängers mit Anno II. gebunden fühlte.

Die Äbte Tegeno (1053-1065, gest. 1072) und Wolfhelm (1065-1091). Gemälde aus dem 1.Viertel des 18. Jhs., heute in der Sakristei der Abteikirche

Der neue Abt Wolfhelm ruft den Klosterpatron zu Hilfe

Zwischen 1065 und 1075 wandten sich Abt Wolfhelm und der Konvent von Brauweiler unter dem Namen ihres Klosterpatrons, des hl. Nikolaus, in einem Brief an Anno II. Darin heißt es unter anderem (Übersetzung nach Giesberg 1862):

„Ich wundere mich über Dich, Bruder, daß Du, aufgereizt durch einige gottlose, neidische Schmeichler, ich weiß nicht warum, so aufgebracht bist, daß Du nicht ablässest, mir wehe zu tun und die mir von gottseligen Leuten geschenkten Güter gegen göttliches und menschliches Recht zu entreißen! [...] *Gehe doch in Dich und erwäge, wie unrecht Du dabei handelst! Denn warum tust Du mir, was Du nicht wünschst, das Dir geschehe!* [...] *Du selbst hast bei der Einweihung meiner Kirche das alles mit dem Banne des heiligen Petrus und dem Deinigen bekräftigt. Siehe also zu, daß nicht Deine Nachfolger, durch Dein Beispiel verführt, die Beschlüsse solcher Bischöfe und selbst die Deinigen gering achten, auch Deine Güter anzugreifen, sie Deiner Kirche entziehen und zu beliebigen Zwecken verwenden! Denn mit demselben Maße, wie der Herr sagt, womit ihr ausmeßt, wird euch eingemessen werden.*

Sitzfigur des hl. Nikolaus in der Abteikirche Brauweiler. Ende 12. Jh.

Fürchte also Gottes Gericht! Versuche ihn nicht, auf daß nicht unser aller Fürsprecher, durch unsere Klagen erzürnt, Dich aus diesem Leben nimmt und den ewigen Peinen überliefert. Denn wir werden in dieser Sache häufig angegangen und mit schrecklichen Worten beschworen, ja wir müssen oft Lästerungen hören, daß Gott Dich noch am Leben lasse. Je höher Du unter den Menschen stehst, desto mehr bist Du ihren Blicken ausgesetzt; daher muß Dein Tun und Lassen nicht nur nichts Tadelnswertes, sondern Löbliches enthalten. Wisse, Bruder, daß meine Klosterbrüder keinen Überfluß haben, wie man Dir berichtet, sondern häufig großen Mangel leiden. Denn das Gut, was die gottselige Mathilde von ihrem Gemahl als Mitgift erhalten, liefert ihnen nur Brot, Bier und Hülsenfrüchte. Die übrigen Güter reichen nicht für einen Monat Brot hin. An Wein haben sie solchen Mangel, daß es ein Wunder wäre, wenn sie in den besten Jahren mehr als drei Ohm erhielten.“

Es fällt auf, daß Wolfhelm zur Berechtigung der Brauweiler Forderung keinen direkten juristisch begründeten Anspruch des Klosters auf Klotten deutlich macht. Vielmehr weist er lediglich auf die miserable Wirtschaftslage des Konvents hin und führt allgemeine Privilegien des Klosters an. Das könnte darauf hindeuten, daß den Mönchen die Rechtslage Brauweilers beim Anspruch auf Klotten tatsächlich nicht so eindeutig klar war.

Erzbischof Anno II. wehrte sich gegen die Anschuldigungen der Mönche und legte seinen Rechtsanspruch auf Klotten in der bereits besprochenen Urkunde vom 29. Juli 1075 dar, wobei er sich auf die erwähnte „Sondervereinbarung“ mit Königin Richeza berief.

Der Erzbischof starb am 4. Dezember 1075, ohne Klotten an Brauweiler zurückgegeben zu haben, obwohl er kurz vor seinem Tod, bereits auf dem Krankenlager, dem herbeigeeilten Abt Wolfhelm, auf dessen Vorhaltungen hin versprochen hatte, daß er entweder das Gut Klotten zurückgeben oder ein anderes als Ersatz dafür erstatten wolle. Nur sein rascher Tod habe ihn an der Erfüllung seines Versprechens gehindert, berichtet die *Vita Wolfhelmi* (s. Anhang S. 395f.).

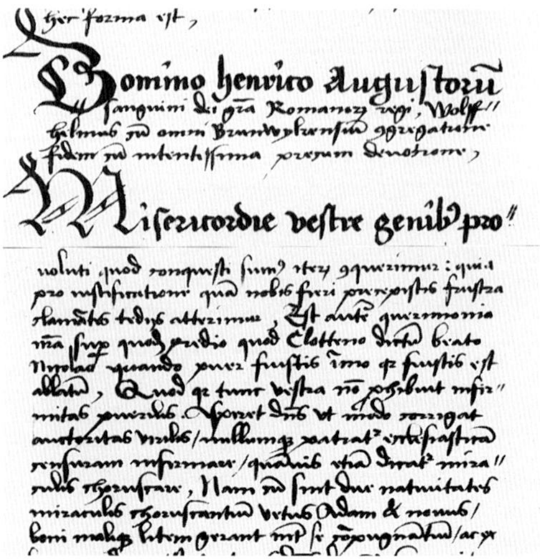

Anfang des Briefes von Abt Wolfhelm an König Heinrich IV. (Abschrift 16. Jh.) (NWHStAD, Dep. Stadt Köln)

Wolfhelm wendet sich an König und Papst

Nach dem Tod Annos II. ruhte Wolfhelm nicht. Er wandte sich an dessen Nachfolger Hildolf, der jedoch erklärte, *„unmöglich könne er der heiligen Gottesmutter den Besitz entziehen, den der so verdienstvolle Mann* (d.i. Anno II.) *ihr zu ihrer Verehrung geschenkt habe“.*

Als Wolfhelm erkannte, daß er keinen Erfolg haben werde, wandte er sich in einem Brief an König Heinrich IV. Es heißt darin unter anderem (Übersetzung nach Giesberg 1862): *„Zu den Füßen Deiner Barmherzigkeit hingeworfen, beklagen wir, was wir schon lange beklagt haben, daß das Gut Klotten, als Du noch ein Kind warst, dem heiligen Nikolaus entzogen worden ist. Was damals Deine kindliche Schwäche nicht verhindern konnte, möge nun mit Gottes Hilfe Deine männliche Kraft wieder gutmachen.“* König Heinrich IV. hat daraufhin den Kölner Erzbischof Hildolf aufgefordert, dem Kloster Brauweiler das von Anno II. entzogene Gut Klotten zurückzugeben. *„Dieser gab jedoch keine klare Antwort, sondern schob das Problem von einem Tag auf den anderen, um Zeit zu gewinnen.“*

In dieser Situation entschloß Wolfhelm sich, zu einem letzten Mittel zu greifen. Er wandte sich direkt an Papst Gregor VII. Dieser forderte im Frühsommer 1077 den Kölner Erzbischof auf, das zu Unrecht entzogene Gut Klotten der

Abtei zurückzugeben. Es heißt in dem Schreiben (Übersetzung nach Giesberg 1862): *„Gott bedarf keines Opfers aus unrechtmäßigem Besitz; wir lesen ja, daß er Opfer aus geraubtem Gut so betrachtet, als wenn jemand den Sohn vor den Augen des Vaters opfert. Wir haben unseren Bruder, Erzbischof Anno, als jemanden kennengelernt, der viel Gutes gewirkt hat. In dieser Frage läßt sich zu seiner Verteidigung aber auch keineswegs anführen, daß er das, was er dem heiligen Nikolaus fortnahm, als ein der Gottesmutter wohlgefälliges Opfer ansah* [...] *Aber beleidige Du nicht Gott, indem Du ein Unrecht verteidigst, sondern schaff' aus der Welt, was Bischof Anno angerichtet hat: mag er auch sonst ein guter Mensch gewesen sein, hierin war er schlecht beraten. So wird sein Ruhm keinen Schaden erleiden, und Du wirst keine Gelegenheit haben, Dich schuldig zu machen."*

Siegel des Erzbischofs Hildolf (1076-1078) (NWHStAD, Siegburger Urk.)

Die Rache des Kölner Erzbischofs Hildolf

Der Erzbischof, erzürnt, da er sich übergangen fühlte, lud Abt Wolfhelm vor die Versammlung der Kölner Würdenträger. Heftig beklagte er, daß der Abt sich ohne sein Wissen an den Papst gewandt habe. Der Erzbischof ließ den versammelten Klerikern den Brief des Papstes vorlesen in der Hoffnung, diese gegen den Abt aufzubringen. Doch erklärten einige, daß darin keine Kränkung zu erblicken sei. Als jedoch Bezelinus, der *custos* des Kölner Domes, und andere erklärten, daß Wolfhelm den Papst nicht ohne Wissen des Erzbischofs hätte angehen dürfen, überschüttete Hildolf den Abt mit Schmähungen und drohte, ihm den Abtsstab zu entziehen. Doch in dieser Situation traten der Propst Bertulf von St. Andreas und der Adlige Wichmann von Hemmersbach für Wolfhelm ein. Beide verlangten auf Grund des päpstlichen Schreibens eine sofortige Entscheidung des Erzbischofs zugunsten der Abtei Brauweiler. Hildolf, so in die Enge getrieben, soll voller Zorn gerufen haben: *„Dann sollt ihr Klotten haben! Ich werde mich für das mir zugefügte Unrecht schadlos halten und für Klotten einen Ersatz bekommen, der mir mehr einbringt!"*

Zwar hatte Erzbischof Hildolf damit unter Zeugen seinen Verzicht auf Klotten kundgetan, Abt Wolfhelm gegenüber war er allerdings unversöhnlich. Ja, er versuchte, ihm ganz offensichtlich persönlichen Schaden zuzufügen. Er bestellte ihn nach Neuss, wo er hoffte, ihn leichter als Abt absetzen zu können, da Wolfhelm hier keine Helfer und Verteidiger finden werde. Während Wolfhelm sich nach Neuss begab, beteten die Brüder in Brauweiler für ihn. Offenbar war Wolfhelm in der Kölner Diözese damals bereits ein bekannter Mann. So strömte eine große Anzahl Menschen - zumeist Arme - in das Haus, in dem Wolfhelm sich aufhielt. Während er nun Speisen und Getränke reichen ließ, brach das Haus unter der Last der vielen Menschen zusammen. Wie durch ein Wunder wurde niemand verletzt. Ob Erzbischof Hildolf ebenso beeindruckt war wie die Zeugen des Ereignisses, wissen wir nicht. Jedenfalls hatte er Wolfhelms kluger Verteidigungsrede nichts entgegenzuhalten. Dies soll aber seinen Zorn gegen den Abt nur noch gesteigert haben. So bestellte er diesen bald darauf erneut zu sich, diesmal wieder nach Köln. Aber auch hier hat Wolfhelm sich klug zu verteidigen gewußt. Hildolf konnte seinen Gegner nicht aus dem Amt entlassen.

Der Brauweiler Klosterpatron greift ein

Schließlich soll der hl. Nikolaus, der Brauweiler Klosterpatron, persönlich eingeschritten sein und dem bösen Spiel ein Ende bereitet haben, wie der Mönch Konrad, der Autor der *Vita Wolfhelmi,* berichtet. Der hl. Nikolaus soll, wie dem damaligen Abt Hartmann von Deutz ein Traumgesicht geoffenbart hat, nachts in das Schlafgemach des Kölner Oberhirten eingedrungen sein, ihn wegen seines Verhaltens dem Kloster Brauweiler gegenüber zur Rede gestellt und ihn mit seinem Stab kräftig auf den Kopf geschlagen haben. Bischof Hildolf sei von diesem Augenblick an krank geworden und wenige Tage später verstorben. *„So wurde sein widerspenstiges Ansinnen zunichte gemacht, und sein Mühen war vergeblich"*, kommentiert der Biograph Wolfhelms diese Begebenheit.

Das Ende der Auseinandersetzung: Die Rückgabe Klottens durch Erzbischof Hermann III. von Köln

Die Entscheidung kam auch unter Hildolfs Nachfolger Sigewin nicht zustande. Erst im März 1090 wurde der Streit um Klotten durch den Erzbischof Hermann III. endgültig geschlichtet und darüber eine Urkunde ausgefertigt. Die Brauweiler Mönche erhielten das Moselgut Klotten zurück, mußten dem Kölner Stift St. Maria ad Gradus jedoch zur Entschädigung Güter in Unkelbach, Remagen, Voerendaal, Enkirch und Senhals überlassen.

Der Streit um das von Erzbischof Anno II. entzogene Moselgut Klotten - es war das bewegendste Ereignis in der frühen Geschichte des Klosters - fand damit fast drei Jahrzehnte nach dem Tod der Königin Richeza, der großen Gönnerin des Klosters, doch noch ein für die Mönche befriedigendes Ende. Wolfhelm starb ein Jahr nach der Rückgabe Klottens hochbetagt am 22. April 1091. Er wurde im Nordquerhaus der damaligen, von Richeza gestifteten Kirche beigesetzt. Nach dem Abriß der Richeza-Kirche wurde sein

Urkunde des Erzbischofs Hermann III. von Köln über die Rückgabe des Moselgutes Klotten an Brauweiler vom Jahre 1090 (nach März 7) (NWHStAD Brauweiler Urk.)

Grab beim Bau der dritten Brauweiler Kirche um 1200 in die Nordwand des neuerbauten Nordnebenchores verlegt, wo es sich noch heute befindet.

Die Brauweiler Mönche haben ihr zurückerhaltenes Moselgut mit allen zugehörigen Orten und Höfen bis zur Auflösung der Abtei im Jahre 1802 behalten. Klotten blieb der zentrale Verwaltungsort aller Moselbesitzungen. Hier produzierte die Abtei vor allem Wein. Der Moselbesitz nahm im Wirtschaftsleben der Abtei eine bedeutende Stellung ein. Es wundert darum auch nicht, wenn noch heute zahlreiche Spuren der jahrhundertelangen Brauweiler Grundherrschaft in Klotten zu finden sind.

Bruchstück eines Grenzsteins der Abtei Brauweiler in Klotten, eingemauert am Brauweiler Platz

Weinkeller der ehemaligen Brauweiler Propstei. Heute Weingut Hermann-Josef Heinz

Szenen aus dem Wirken der Königin Richeza als Gönnerin der Abtei Brauweiler.
Holzschnitt von Heinz Binsfeld

Die Stiftung der Königin Richeza: Neubau von Kirche und Kloster im 11. Jahrhundert

Bauarbeiten an der von Königin Richeza gestifteten Klosterkirche. Kohlezeichnung von Heinz Binsfeld

Der Bau der „Richeza-Kirche"

Die großzügige Stiftung der Königin Richeza ermöglichte rund zwanzig Jahre nach der Weihe der ersten Klosterkirche, von der bis heute keine Reste gefunden werden konnten, den Bau einer neuen und prächtigeren Kirche. Zusammen mit dem Neubau der Kirche war auch der Bau neuer Klostergebäude beabsichtigt. Am 30. Juni 1048 wurde der Grundstein zur neuen Kirche gelegt. Die Bauarbeiten scheinen recht zügig fortgeschritten zu sein; denn bereits nach drei Jahren konnte auf Veranlassung des Abtes Tegeno am 21. Dezember 1051 die Krypta durch Bischof Robert von Münster im Auftrag des verhinderten Kölner Erzbischofs Hermann II. konsekriert werden. Drei Altäre wurden geweiht: der Hauptaltar in der Achskapelle zu Ehren der heiligen Maria und aller Heiligen, der nördliche Seitenaltar zu Ehren des heiligen Apostels Thomas und aller Apostel Christi und der südliche zu Ehren des heiligen Bischofs und Märtyrers Blasius und aller Märtyrer. Alle Altäre wurden mit zahlreichen Reliquien ausgestattet.

Noch zu Lebzeiten der großen Gönnerin, der Königin Richeza, nahm am 30. Oktober 1061 der Kölner Erzbischof Anno II. unter Mitwirkung des Bischofs Egilbert von Minden die

Erzbischof Anno II. von Köln weiht die von der Königin Richeza gestiftete neue Klosterkirche. Detail aus dem 1965 von Franz Pauli geschaffenen Fenster im südlichen Nebenchor der Abteikirche

Weihe der Oberkirche zu Ehren der Heiligen Nikolaus und Medardus vor. Vier Altäre wurden in der Kirche konsekriert. Der Hochaltar, der in der Hauptapsis stand, wurde zu Ehren der beiden Kirchenpatrone geweiht. Zwei weitere Altäre wurden in den Querschiffen geweiht: der Petrusaltar im nördlichen Querschiff und der Altar des Johannes des Täufers im südlichen Querschiff. Der Kreuzaltar, der wegen seines Standortes vor dem Westende des Mönchschores *altare occidentale* genannt wurde, hatte als Nebenpatrone die heiligen Apostel Petrus und Andreas. Alle Altäre in der Oberkirche wurden ebenso wie die Altäre in der Krypta mit zahlreichen Reliquien ausgestattet.

Obwohl die Gründungsgeschichte davon spricht, daß die Kirche zu diesem Zeitpunkt vollendet war, wurden in der Forschung lange Zeit Zweifel geäußert, ob das Langhaus damals tatsächlich bereits vollendet oder ob es überhaupt schon begonnen war, und ob die Weihe von 1061 sich nicht lediglich auf den Ostbau der Kirche über der Krypta bezieht.

Klarheit erbrachten die archäologischen Untersuchungen vom Herbst 1996, die im Zusammenhang mit einer Umgestaltung des Chorraumes vorgenommen wurden. Bei der Absenkung des Bodens im Vierungsbereich wurde das Tuffsteinfundament des Kreuzaltares und einer diesen flankierenden Stufenanlage zwischen den beiden westlichen Vierungspfeilern gefunden, also an der allgemein üblichen Grenze zwischen Mönchschor und dem für die Laien bzw. Konversen vorbehaltenen Langhaus. Damit dürfte außer Zweifel stehen, daß zum Zeitpunkt der Weihe dieses Altares - am 30. Oktober 1061 - der zugehörige Gottesdienstraum, das Langhaus, im Innern vollendet war.

Aus den schriftlichen Quellen ergibt sich allerdings, daß zu diesem Zeitpunkt der Kirchbau im Westen noch nicht ganz abgeschlossen war. Eine Behinderung der Baumaßnahmen ist denkbar durch den Tod der Königin Richeza am 21. März 1063 und die anschließende Entscheidung des Kölner Erzbischofs Anno II., Richezas Leichnam statt in Brauweiler in der Kölner Kirche St. Maria ad Gradus beisetzen zu lassen. Hierdurch mag wohl auch die Aussicht auf weiteres Erbe Richezas zunichte

Fundament des romanischen Kreuzaltares der im Jahre 1061 geweihten Richeza-Kirche. Dem Altar war nach Westen hin eine Altarstufe vorgelagert. Flankiert wurde der Altar von einer Stufenanlage, die in den Chorbereich hinaufführte.

geworden sein, was für Brauweiler einen nicht näher bestimmbaren materiellen Verlust bedeutet haben könnte.

Auf die Vollendung des Kirchbaus im Westen weist dann aber die Weihe eines Altares im Jahre 1084 hin, der im Eingangsbereich der Kirche aufgestellt war. Nicht überliefert ist der Name des Heiligen, zu dessen Ehren der Altar errichtet wurde. Da die Kirche im gleichen Jahr bereits einen Glockenturm besaß, wie die schriftlichen Quellen berichten, ist dieser Altar vielleicht im Untergeschoß dieses Turmes zu lokalisieren. Ein Jahr später, am 29. August 1085, konsekrierte der Kölner Erzbischof Sigewin einen letzten Altar in der Kirche, der hinter dem Hochaltar im Bereich der Hauptapsis stand. Er war dem Evangelisten Johannes geweiht und hatte als weitere Patrone die Heiligen Cosmas und Damian sowie die heiligen Jungfrauen Lucia und Petronella. Die Weihe dieses Altares darf als endgültiger Abschluß der Bauarbeiten an der von Richeza gestifteten zweiten Klosterkirche angesehen werden, deren Vollendung damit in die Amtszeit des dritten Abtes, Wolfhelm, zu datieren ist.

Baugestalt und Ausstattung der Kirche

Zur Erforschung der Baugestalt der Krypta wurden 1929 umfangreiche Grabungen durchgeführt. Dabei erwies sich die Brauweiler Krypta als eine verkleinerte Kopie der Krypta der Kölner Damenstiftskirche St. Maria im Kapitol. Diese entstand etwa gleichzeitig mit dem Brauweiler Bau im Auftrag von Richezas Schwester Ida, die dort Äbtissin war. Wie in Köln war auch die Krypta der Brauweiler Kirche eine siebenschiffige Halle, in deren rundem Ostabschluß radial drei Kapellen angeordnet waren. Die Kreuzgratgewölbe wurden von Säulen mit Würfelkapitellen getragen. Der Brauweiler Bau war nicht nur halb so groß wie sein Kölner Vorbild, er war auch sonst bescheidener. Durch die Reduktion auf die Hälfte der Größe des Kölner Baus entstand in Brauweiler eine Unterkirche, deren Säulen wuchtiger und deren Kapitelle schwerer wirken als die der Krypta von St. Maria im Kapitol. Der augenfälligste Unterschied zwischen der Brauweiler Krypta und ihrem Kölner Vorbild jedoch bestand darin, daß in Brauweiler das Langhaus der Krypta nicht ausgebildet wurde. Grund hierfür war wohl die für die Stifterin Richeza vorgesehene Grablege im Westen der Krypta zwischen den Treppenaufgängen zur Oberkirche. Die Stelle liegt hinter der Kryptawestwand, in die ein zugemauerter Steinrahmen eingesetzt ist.

Im Osten der Krypta, vor dem Eingang zur Achskapelle, befindet sich noch heute das Grab der Äbtissin Adelheid von Nivelles, einer Tochter des Pfalzgrafenpaares. Sie war vor dem 20. Juni 1011 verstorben, und die Gebeine wurden wohl nach der Fertigstellung der Krypta dorthin übertragen und an dieser Stelle beigesetzt.

Ausgrabung in der Krypta im Jahre 1929. Mauerrest einer Kapellenapsis und eines Pfeilers der Krypta der Richeza-Kirche. Die Säule wurde beim Umbau der Krypta um 1200 nach Abbruch des Pfeilers auf dessen Fundament gesetzt.

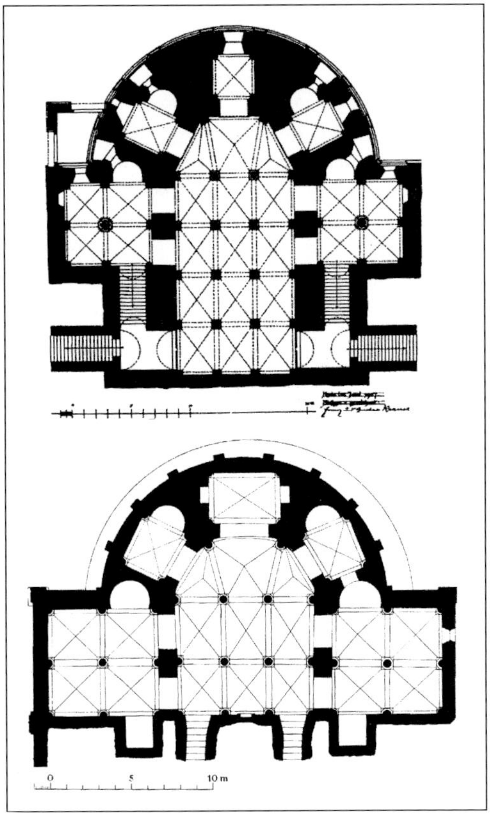

Rechts: ▶

Vergleich der Krypta von St. Maria im Kapitol zu Köln (oben) mit der Krypta der von Richeza gestifteten Klosterkirche in Brauweiler (unten). Nach Walter Bader 1937

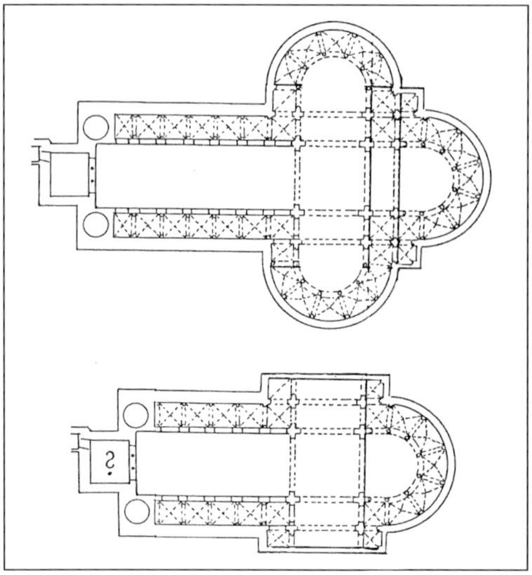

Grundriß der Kirche St. Maria im Kapitol zu Köln (oben) im Vergleich mit dem rekonstruierten Grundriß der Richeza-Kirche in Brauweiler (unten). Nach Walter Bader 1937

Ebenso wie die Krypta hatte auch die Oberkirche ihr Vorbild in St. Maria im Kapitol zu Köln. Auch ohne die Durchführung von Grabungen im Bereich des Langhauses sind nach den Bauuntersuchungen von Bader (1937) Aussagen über die Baugestalt der zweiten Klosterkirche möglich. Demnach war die von Richeza gestiftete Kirche eine Basilika, deren Seitenschiffe schmäler waren als die der gegenwärtigen Kirche und daher nicht mit dem Querhaus fluchteten. Das Mittelschiff, dessen Breite durch die Vierung vorgegeben war, hatte eine flache Holzdecke; gewölbt waren nur die Seitenschiffe. Der Chor mit Vorjoch und halbkreisförmiger Apsis besaß einen Umgang in der Breite der Seitenschiffe, in die dieser einmündete. Nicht ausgeführt waren die Querhauskonchen. Hierbei dürfte die Lage der Kirche zum südlich sich anschließenden Kreuzgang die entscheidende Rolle gespielt haben, in dessen Bereich die Südkonche hineingeragt hätte.

Bereits Bader (1937) hat darauf hingewiesen, daß zumindest die beiden heutigen südlichen Vierungspfeiler im Kern noch die alten sind, ebenso ein Teil der Südwand des heutigen Südquerhauses. Tatsächlich kam bei Grabungen im Herbst 1996 im Innern des südwestlichen Vierungspfeilers noch der Originalpfeiler der Richeza-Kirche zum Vorschein, und bei Renovierungsarbeiten konnte in der Südwand des östlichen Jochs des Südseitenschiffs der gegenwärtigen Kirche ein Rest des aufgehenden Mauerwerks von 1048 bis 1061 freigelegt werden. Schließlich ist nach Bader (1954) noch der west-östliche Vierungsbogen, der aus roten und gelblichen, keilförmigen Bogensteinen besteht, zwischen den beiden südlichen Vierungspfeilern unter dem Wandputz oberhalb des heutigen Vierungsbogens erhalten. Er ruht, wie Vermessungen ergeben haben, auf den Kernen der beiden südlichen Vierungspfeiler. Heute vermittelt er einen Eindruck von der stattlichen Höhe der zweiten Klosterkirche.

Einen Hinweis auf die Höhendimension des Chorumganges vermitteln die Schäfte zweier Sandsteinsäulen dieser Anlage. (Bader 1937) Sie sind als Unterteil der im übrigen gemauerten Säulendienste des spätromanischen Nordquerhausbogens gegen die Innenseite der nördlichen Vierungspfeiler gesetzt und durch einen spätromanischen Wulst nach oben vom gemauerten Teil der Dienste abgegrenzt.

Keine genauen Aussagen sind über den Westbau der zweiten Klosterkirche möglich. Aber auch hier wird das Vorbild bei der Kölner Kirche St. Maria im Kapitol zu suchen sein, und vielleicht stammt das Untergeschoß der heutigen Westturmanlage noch von diesem Bau, auch wenn bisher keine Baufugen festgestellt werden konnten. (Bader 1976)

Wie in der *Vita Wolfhelmi* überliefert wird, ließ der Abt *„die Brauweiler Kirche innen und außen durch bildlichen und baulichen Schmuck, ja sogar durch* [bunte] *Mosaiken"* ausstatten. Leider macht die Quelle keine Angabe darüber, wo Abt Wolfhelm den plastischen Schmuck an der Kirche anbringen ließ und wo die Mosaiken sich befanden.

Bedeutende Vorbilder für die Kirche der Königin Richeza

Die Antwort auf die Frage nach dem Grund, warum die zweite Brauweiler Klosterkirche dem Bauschema der Kölner Kirche St. Maria im Kapitol folgte, liegt sowohl in den Personen der beiden Bauherrinnen als auch in den beiden Vorbildern für den Kölner Kirchbau.

Rekonstruktionsversuch des Ostbaus der Richeza-Kirche mit dem von Walter Bader erstmals 1941 beobachteten west-östlichen Vierungsbogen zwischen den beiden südlichen Vierungspfeilern.

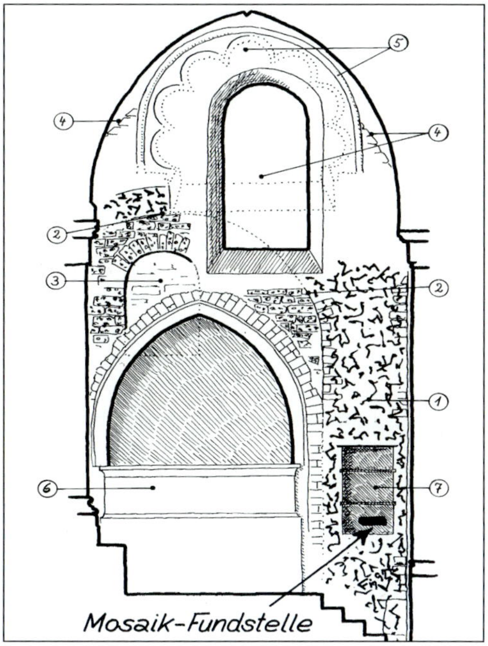

Befund an der Südwand des südlichen Seitenschiffs, östliches Joch: ① Kernmauerwerk der Richeza-Kirche, ② Schildbogenlinie des Gewölbes im westlichen Seitenschiffjoch des Querhauses der Richeza-Kirche, ③ Fenster des Querschiffs der Richeza-Kirche, ④ Schildbogenlinie des Seitenschiffgewölbes der gegenwärtigen Kirche (erbaut bis 1141) und von H. Wiethase im 19. Jh. rekonstruiertes romanisches Fenster, ⑤ Fächerfenster und Schildbogen des spätstaufischen Seitenschiffumbaus (nach 1200), ⑥ Grab des Abtes Heinrich II. Vridach (1401-28) mit spitzbogiger Grabnische, ⑦ Barocker Wandschrank, nach 1866 zugemauert und mit historischen Baumaterialien (Mosaikbodenrest, s. Abb. S. 50 r.) verfüllt.

Originaler Vierungspfeiler der Richeza-Kirche im Kern des südwestlichen Vierungspfeilers der dritten Klosterkirche (um 1200). Die umgeschlagenen Eisenanker dienten zur Befestigung der um 1200 angebrachten rot-grau gestreiften Trachytverblendung. ▼

Sowohl die Königin Richeza als auch ihre Schwester, die Äbtissin Ida, fühlten sich als Mitglieder der pfalzgräflichen Familie über ihre Mutter Mathilde, eine Tochter Kaiser Ottos II. und der Kaiserin Theophanu, mit dem Kaiserhaus der Ottonen verbunden. Es lag also nahe, daß beide für ihre Kirchbauten entsprechende Vorbilder wählten, welche sowohl die Bedeutung ihrer vornehmen Herkunft als auch ihre verwandtschaftliche Beziehung zum Kaiserhaus der Ottonen nach außen hin dokumentieren konnten. Beiden war bewußt, daß Architektur ein Bedeutungsträger ist. Damit ist ein Hinweis auf etwas gemeint, das über die materielle und formale Organisation des Bauwerks hinausgeht und seine Einordnung in einen größeren Sinnzusammenhang darstellt. Ein Anreiz dürfte für beide - übrigens auch für ihre Schwester Theophanu, die als Äbtissin in Essen einen Kirchbau errichten ließ - gewesen sein, daß die neue Dynastie, die Salier, inzwischen mit dem Dom zu Speyer ein überregional beachtetes Großprojekt begonnen hatten. Damit war es nun für die mit den Ottonen verbundenen noch lebenden Töchter des lothringischen Pfalzgrafen an der Zeit zu zeigen, auf welche Tradition die eigene Familie setzen konnte. (Beuckers 1993)

Das große Vorbild abendländischen Kaisertums war schon für Kaiser Otto III., den Onkel der Töchter des Pfalzgrafen, immer Karl der Große gewesen. Da lag es nahe, seinen Bau, die Pfalzkapelle von Aachen, zum Vorbild zu nehmen.

Von Theophanu und von Ida wissen wir, daß sie jeweils beim Westbau ihrer Kirchen zu Köln und zu Essen diesen Bau zum Vorbild genommen haben. Leider kennen wir den Westbau der in Brauweiler errichteten Kirche der Königin Richeza nicht. Er wurde bei der Errichtung der dritten Kirche ab 1136 wieder abgebrochen. Aber es ist denkbar, daß gerade Richeza als eine Königin, entsprechend ihrer Würde sowie in Kenntnis ihrer Herkunft und der Verbundenheit mit dem kaiserlichen Haus, den Wandaufbau des Aachener Münsters im Westen ihres Kirchbaus ebenfalls wiederholen ließ. Dies ist um so mehr denkbar, da ihre Kirche sich in allen anderen Teilen als eine Kopie des von ihrer Schwester erbauten Kölner Kirchbaus ergeben hat.

Der übrige Baukörper der von Ida und Richeza errichteten Kirchen hatte nämlich sein Vorbild in der Geburtskirche von Bethlehem. Diese von Kaiser Konstantin errichtete und von Kaiser Justinian mit einem Kleeblattchor versehene Kirche galt als eine der bedeutendsten Stätten der Christenheit.

Anders als beim Bethlehemer Vorbild hat man in Köln die schmalen Seitenschiffe als Umgang um die drei Konchen herumgeführt. In Brauweiler, wo die Querhauskonchen nicht gebaut wurden, führte man die schmalen Seitenschiffe um den Chorraum mit Ostkonche herum. Hier mag die Prozessionsfreude der von Cluny beeinflußten Liturgie eine wesentliche Rolle gespielt haben. Man verfügte damit über Raum und einen vorgezeichneten Weg, der um den gesamten Innenraum der Kirche herumführte.

Der hohen Bedeutung des Kirchbaus, der berühmten Vorbildern folgte und etwas über die hohe Stellung der Stifterin aussagte, dürfte die Ausstattung der Kirche entsprochen haben. Sie findet ihre Erwähnung in der bereits genannten Lebensbeschreibung des Abtes Wolfhelm, unter dessen Abbatiat der Kirchbau vollendet und ausgestattet wurde.

Nur noch wenige Bauspuren

Die im Auftrag der Königin Richeza erbaute Kirche existiert heute nicht mehr. Sie wurde zwischen 1136 und etwa 1220 in zwei Bauphasen durch den gegenwärtigen Kirchbau ersetzt. Nur wenige Bauspuren der Richeza-Kirche haben sich erhalten.

Zu diesen gehören die bekannten Muldennischenreliefs. Als älteste Bauplastik zählen sie zu den bedeutendsten Kunstwerken der Abteikirche. Sie waren ursprünglich farbig bemalt. Erhalten sind 21 Reliefs, die vier Themengruppen zugeordnet werden können: Christus mit zwei Cherubim (Originale im Lapidarium der Abteikirche und Kopien am Westgiebel des nördlichen Seitenschiffes), sieben der zwölf Tierkreiszeichen (sechs Originale im Rheinischen Landesmuseum Bonn, ein Original im Schnütgenmuseum Köln, sechs Kopien am nördlichen Treppenturm), sieben der zwölf Apostel und Christus als Auferstandener (Originale im Lapidarium der Abteikirche, Kopien von drei Aposteln an der Nordseite des West-

Relief des auferstandenen Christus (Christus victor) mit der Siegesfahne. Zustand nach der Auffindung 1951 in der Westwand des Hauptturmes der Abteikirche. Die Siegesfahne ist heute verloren. Lapidarium der Abteikirche

Relief des thronenden Christus. Original im Lapidarium, Abguß am Westgiebel des Nordseitenschiffes der Abteikirche

Relief eines Apostels. Original im Lapidarium der Abteikirche

Relief eines Cherub. Original in der Westwand der Abteikirche neben dem Westportal

turmes) und zwei Cherubim und der hl. Medardus (Originale in situ zu beiden Seiten des Westportals). (Schreiner/Tontsch 1999)

Der Ort der ursprünglichen Anbringung der Reliefs an der von Richeza gestifteten Kirche ist nicht bekannt.

Weitere Reste der Ausstattung stellen zwei Fragmente von Mosaikböden dar. 1965 kam bei Grabungen im nordöstlichen Querhaus der gegenwärtigen Kirche ein 2 x 3 Meter großes Stück eines Mosaikbodens zutage, der in die Zeit zwischen 1065 und 1091 datiert wurde. Das Original, das sich heute im Rheinischen Landesmuseum Bonn befindet, besteht aus regelmäßig verlegten kreisrunden römischen Hypokaustenziegeln mit Stiftmosaik aus schwarzem, hellgrauem und hellgelbem Kalkstein, eingelegt in die Zwickelzonen dazwischen. 1992 wurden 12 Bruchstücke eines weiteren Fußbodenmosaiks im Füllmaterial einer vermauerten Wandnische entdeckt. Die Stücke wurden von der Restaurierungswerkstatt II des Rheinischen Amtes für Denkmalpflege in der Abtei Brauweiler konservatorisch gesichert und zusammengesetzt. Das zufällig erhaltene Motiv des Mosaiks ist ein szenischer Bildausschnitt aus der „Wundersamen Brotvermehrung Christi". (Kretzschmar 1997 u. 2000)

Als „Fenster in die Baugeschichte" wurden sowohl Reste des aufgehenden Mauerwerks der Richeza-Kirche, die 1992 in der Südwand des östlichen Jochs des heutigen Südseitenschiffs gefunden wurden, als auch der 1996 am südwestlichen Vierungspfeiler unter der rot-grau gestreiften Trachytsteinverblendung (Brauweiler Bau III) entdeckte Originalpfeiler der Richeza-Kirche, sichtbar gelassen. (s. Abb. S. 47)

Dagegen hat man die zwischen den beiden westlichen Vierungspfeilern auf der Schwelle zwischen Vierung und Langhaus aufgefundenen Fundamente des Kreuzaltares teilweise entfernt bzw. wieder verdeckt.

Einzig die Krypta vermittelt dem Besucher trotz der Umbaumaßnahmen, die um 1200 bei der Errichtung des Ostbaus der dritten Kirche notwendig waren, noch einen guten Eindruck ihrer alten Raumgestalt. Hier befindet sich in der Westwand hinter einer zugemauerten Öffnung die nicht zugängliche Grablege der Richeza, die allerdings ungenutzt blieb.

Die übrigen Bauten des Abtes Wolfhelm

Nicht nur die Vollendung der zweiten Kirche fällt in die Amtszeit des Abtes Wolfhelm, sondern auch die Fertigstellung des neuen Klo-

Fragment eines Schmuckfußbodens aus kreisrunden römischen Hypokaustenziegeln mit Stiftmosaik in den Zwickelzonen, gefunden 1965 im nördlichen Chorbereich

Fragment eines Stiftmosaikfußbodens mit einem szenischen Bildausschnitt der „Wundersamen Brotvermehrung Christi", gefunden 1992 in einer vermauerten Wandnische

sters. Zusammen mit dem Neubau der Kirche hatten die Bauarbeiten für ein neues Kloster noch unter Abt Ello begonnen.

Zwei Weihenachrichten, die sich in den Zeitraum zwischen 1064 und 1075/76 datieren lassen, geben über die Fertigstellung des Klosters Auskunft. Die erste Weihenachricht bezieht sich auf die Medarduskapelle im Ostflügel des Kreuzgangs durch Bischof Hezelinus von Skara, der sein Amt nach 1064 erhielt und 1076 gestorben ist. Die zweite Nachricht bezieht sich auf die Weihe der Abtskapelle zu Ehren des heiligen Maximin, Bischof von Trier, ferner zu Ehren der heiligen Maria sowie der Apostel Petrus und Johannes. Die Abtskapelle lag in der Nordwestecke des Kreuzganges. Das Patrozinium der Abtskapelle läßt die Vermutung zu, daß diese Kapelle unter dem Abbatiat Wolfhelms geweiht wurde, denn Wolfhelm war als junger Mann in das Trierer Kloster St. Maximin als Mönch eingetreten und könnte daher diesen Heiligen besonders verehrt haben.

Von Wolfhelm ist ferner überliefert, daß er den vierflügeligen Kreuzgang auch in die Liturgie des Klosters miteinbezogen hat. Jeweils zu den vier Abschnitten des Kirchenjahres ließ er die vier Evangelien in den vier Flügeln des Kreuzganges von Diakonen vorlesen.

Was die Zweckbestimmung einzelner Teile der Gebäude um den Kreuzgang herum anbetrifft, sind nur vage Aussagen möglich. So lagen der Kapitelsaal und die Medarduskapelle im Untergeschoß des Ostflügels; darüber war der Schlafsaal der Mönche. Im Südflügel befanden sich vermutlich Speisesaal, Küche und Wärmestuben und im Westflügel Wirtschaftsbauten, die Klosterpforte und die Wohnung des Abtes, d.h. der Teil des Klosters, der *abbatia* (Abtei) genannt wurde und von dem schließlich die Bezeichnung für die gesamte Klosteranlage ausging.

Zu den weiteren Bauten, die Wolfhelm im Klosterbereich errichten ließ, gehörten ein

Krypta. Blick nach Westen. Hinter dem Bild der Madonna von Tschenstochau befindet sich die vorgesehene Grabstätte der Königin Richeza. Eine Reliquie der seligen Richeza ist in der unteren Bildhälfte seit 1959 eingelassen.

Krankenhaus und ein Armenhaus (Hospital). Das Armenhaus des Klosters wurde von Abt Wolfhelm mit reichen Einkünften ausgestattet. Seine Nachfolger, die Äbte Herwig, Adalbert und Wezelo, fügten weitere Dotationen hinzu. Die gesamten Schenkungen sind in einer für die Wirtschaftsgeschichte des Klosters bedeutenden Urkunde, dem Rentenverzeichnis des Armenhauses von 1099, aufgeführt. Die Dotierung bestand vorwiegend aus Zehntabgaben von Höfen und Gütern aus der unmittelbaren Nachbarschaft Brauweilers sowie an der Mosel. Sie war überaus reich und gibt einen Begriff von dem damaligen Wohlstand des Klosters. Das Armenhaus, in dem sich eine dem hl. Paulus geweihte Kapelle befand, lag, wie sich aus späteren Quellen ergibt, nördlich neben dem Laienfriedhof am sog. Klosterhof.

Wie die Brauweiler Quellen mitteilen, störte die Anwesenheit von Laien in der Klosterkirche. Für sie fand der Gottesdienst im Langhaus der Kirche am Kreuzaltar statt, und anders als in Klosterkirchen sonst üblich, befand sich, wie die erwähnte archäologische Untersuchung von 1996 ergab, östlich des Kreuzaltars kein Lettner, der den Mönchschor vom Laienschiff trennte. Auch die Quellen wissen nichts von der Existenz eines Lettners. Abt Wolfhelm ließ daher für die Laien der Klostersiedlung Brauweiler nördlich der Kirche die Laurentiuskapelle erbauen. Der Bau wurde durch die Schenkung eines frommen Mannes namens Sibert unterstützt. Am 29. August 1085 weihte der Kölner Erzbischof Sigewin in der Kapelle den Hauptaltar zu Ehren des heiligen Märtyrers Laurentius und der heiligen Jungfrauen Margaretha und Agatha. Die Kapelle unterstand als Filialkirche der für Brauweiler zuständigen Pfarrkirche im benachbarten Sinthern. Als Seelsorger für die Brauweiler Laurentiuskapelle ernannten die Äbte Mönche. Bei dieser Kapelle lag bis zum Jahre 1810 der Friedhof der Laien.

Östlich vom modernen Kantinengebäude des Landschaftsverbandes Rheinland kamen im Mai 1986 beim Ausheben eines Kabelschachtes Fundamentreste der Ostapsis der Laurentiuskapelle ans Tageslicht. Der Fund ist leider weder sichtbar erhalten geblieben noch in der Pflasterung des darüber führenden Weges markiert worden.

Beim Ausheben eines Kabelschachtes freigelegter Fundamentrest der Ostapsis der 1085 geweihten Laurentiuskapelle, die 1810 abgebrochen wurde. Foto vom 22. Mai 1986

Wolfhelm, ein hochverdienter Abt

Zwei weitere Maßnahmen des Abtes Wolfhelm bezeugen, daß er um die seelsorgliche Betreuung der ihm anvertrauten Landbevölkerung bemüht war. Als er bei einem Besuch der Sintherner Kirche feststellte, daß in dem Altar keine Reliquien eingeschlossen waren, ließ er diesen mit Reliquien ausstatten sowie noch einen zweiten Altar errichten. Beide Altäre wurden anschließend im Auftrag des Kölner Erzbischofs Hildolf durch den Bischof Hezelinus von Skara konsekriert. In Mesenich an der Mosel ließ er eine Kapelle errichten und 1088 dem hl. Nikolaus weihen.

Wolfhelms bedeutendste Tat war jedoch seine ebenso unermüdliche wie mutige Bemühung um die Rückgabe des von Erzbischof

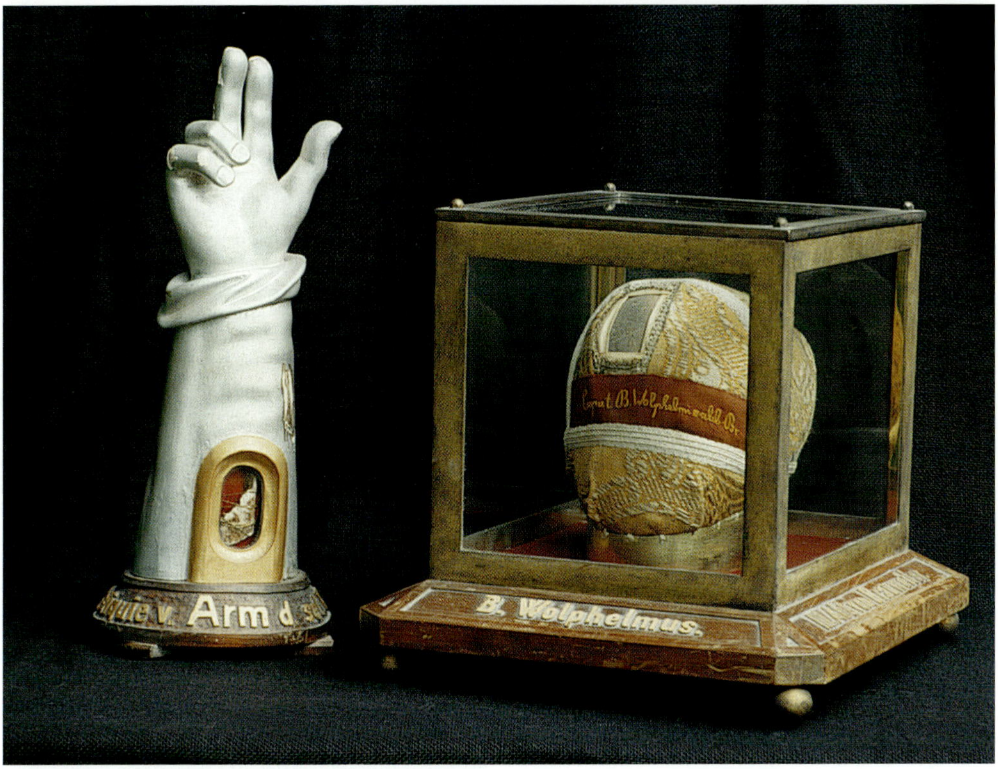

Arm- und Kopfreliquiar des seligen Abtes Wolfhelm. Abteikirche Brauweiler

Anno II. entfremdeten Gutes Klotten. Wohl wegen dieser Tat genoß er nach seinem Tod eine besondere Verehrung in Brauweiler. Er ist der einzige unter den 51 Äbten, dem eine Vita, eine Lebensbeschreibung, gewidmet wurde. Zwischen 1110 und 1120 wurde sie im Auftrag der Äbte Eberhard I. von Brauweiler und Hermann von St. Pantaleon durch einen Mönch namens Konrad aus dem Kloster Brauweiler verfaßt. In dieser hagiographischen Schrift entwirft Konrad ein buntes Bild von Wolfhelm. Er schildert ihn als vorbildlichen und pflichtbewußten Vorsteher des Klosters, für dessen Rechte er furchtlos und energisch stritt, als Lehrer, geistlichen Mahner und Ratgeber sowie als tüchtigen Bauherrn. (s. Anhang S. 395f.)

Es wundert daher nicht, daß Wolfhelm nach seinem Tod in Brauweiler als Seliger verehrt wurde. Heute noch werden sein Haupt und der Teil eines Armes als kostbare Reliquien in der ehemaligen Abteikirche aufbewahrt.

Umfangreiche Bautätigkeit im 12. und 13. Jahrhundert: Die heutige Kirche und ein neues Kloster entstehen

Nach Abschluß der Bauarbeiten an Kirche und Kloster unter Abt Wolfhelm hat man in Brauweiler rund ein halbes Jahrhundert nicht mehr gebaut. Von Wolfhelms fünf Nachfolgern, den Äbten Herwig (1091-1092), Adalbert (1092-1095, gest. 1097 ?), Wezelo (1095-1110), Eberhard I. (1110-1126) und Bertolf (1126-1135) ist keine Bautätigkeit überliefert. Erst unter Abt Amilius, der 1135 sein Amt erhielt, begann ein stückweiser Neubau von Kirche und Kloster, der mit dem Todesjahr des Abtes Godesmann 1226 abbrach und zwischenzeitliche Planänderungen unter verschiedenen Baumeistern erkennen läßt. Anders als bei den Bauten des 11. Jahrhunderts fehlen von nun an die Baunachrichten fast gänzlich, und so bleiben nur die spärlich überlieferten Altarweihen und die bis heute noch lückenhaften Bauuntersuchungen zur Rekonstruktion der Bautätigkeit des 12. und 13. Jahrhunderts.

Abt Amilius (1135-1148, gest. 1149). Gemälde aus dem 1. Viertel des 18. Jhs., heute in der Sakristei der Abteikirche

Der Baubeginn der heutigen Kirche

Genau überliefert ist das Jahr des Baubeginns. Es befindet sich auf einer beschrifteten Bleiplatte. Diese war die wichtigste Beigabe im Grundstein der barocken Klosteranlage, der 1988 bei Renovierungsarbeiten auf der Südseite des nördlichen Prälaturflügels im westlichen Sockel des mittleren Remisentores entdeckt wurde. Die eingeritzte Inschrift, in Form eines Chronogramms, gibt in jeder Zeile als Jahr der Grundsteinlegung zur barocken Klosteranlage die Jahreszahl 1780 an. Lediglich eine Zeile ergibt eine höhere Zahl. Zieht man von dieser die Jahreszahl 1780 ab, so bleibt als Rest 1136, das Jahr der Grundsteinlegung zur mittelalterlichen Klosteranlage unter dem Abt Amilius. (Knopp 1989)

Die Gründe für den dritten Neubau von Kirche und Kloster sind nicht überliefert. Ob es reine Baulust war, wie immer wieder angenommen wurde, bleibt anzuzweifeln. Ob die beiden Erdbeben vom 3. Januar 1117 und vom 1. August 1179, die in den Brauweiler Annalen verzeichnet sind, derartige Schäden anrichteten, daß ein stückweiser Neubau notwendig wurde, ist nicht abzuschätzen.

Erster Bauabschnitt: Die Westturmanlage entsteht

Begonnen wurde mit der Errichtung einer neuen Westturmanlage, bestehend aus dem fünfgeschossigen Hauptturm und den um ein Geschoß höheren, schlanken Treppentürmen. Es bleibt ungeklärt, ob die Anlage auf einem älteren Unterbau der Richeza-Kirche hochgeführt wurde oder ob man einen älteren Turm vor Beginn der Bauarbeiten niederlegte. Einerseits hat man die Einheitlichkeit der Bauzier

Blick auf die Abteikirche St. Nikolaus und St. Medardus von Nordwesten

sowie das Fehlen von Baufugen als Beweis für die Errichtung der gesamten Turmanlage durch einen Baumeister angesehen. (Bader 1937) Hinzu kommt, daß die Westturmgruppe von der Mittelachse der Vierung geringfügig abweicht, was als Argument für eine Errichtung des gesamten Baukörpers unabhängig von der damals noch bestehenden zweiten Klosterkirche gewertet wird. Andererseits lassen geringfügige Unterschiede in den Bauformen des Untergeschosses gegenüber den Turmobergeschossen die Möglichkeit offen, daß die Anlage tatsächlich auf einem älteren Unterbau errichtet worden sein könnte.

Alle Türme besaßen ursprünglich bleigedeckte Pyramidendächer. 1515 erhielt der Turm eine spätgotische Galerie mit einem neuen Helm. Nach schweren Sturmschäden im Jahre 1606 wurde der heutige spitze Turmhelm erst 1629 aufgesetzt.

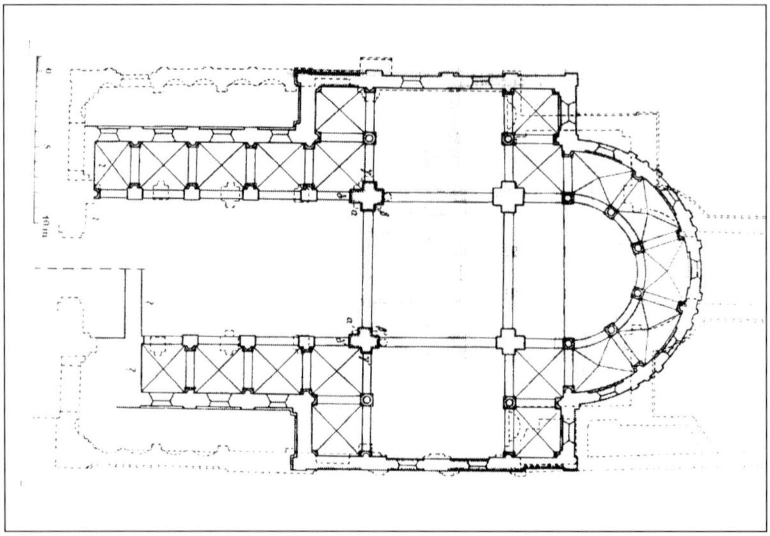

Rekonstruktion des Grundrisses der von Richzea gestifteten Kirche im Vergleich mit dem Grundriß der gegenwärtigen Kirche (gestrichelte Linie). Nach Walter Bader 1937

Abt Amilius ließ im zweiten Geschoß eine Kapelle zu Ehren des hl. Michael weihen. Ein Datum ist leider nicht überliefert. Der Kapellenraum existiert heute noch. Er besaß drei ins Langhaus der Kirche gehende Bogenfenster, die durch den barocken Orgelprospekt verdeckt werden.

An die Außenseite der Turmanlage hat man wohl aus Gründen der Tradition als besondere Bauzier die Muldennischenreliefs der Richeza-Kirche anbringen lassen.

Zweiter Bauabschnitt: Das Langhaus entsteht

Die Bauforschung ist zu dem Ergebnis gekommen, daß der weitere Bau der dritten Kirche durch eine andere Bauhütte fortgeführt wurde, nachdem man sich entschlossen hatte, den Ostbau der Richeza-Kirche nicht abzureißen. Als Beweis wird angeführt, daß der neue Baumeister als Verbindung zwischen dem neuen Westbau und dem alten Ostbau die Außenmauern der Seitenschiffe gleichfluchtend mit den Außenwänden des Querschiffes errichtete. Während man die neuen Außenwände hochführte, konnten die wesentlich schmäleren Seitenschiffe der Richeza-Kirche unangetastet stehen bleiben. Dies entsprach durchaus mittelalterlicher Baugewohnheit. Man baute die Schale des Neubaus um die alte Kirche herum, in welcher der Gottesdienst der Mönche ruhig weiterging. (Bader 1937)

Dieses stückweise Bauen führte allerdings zu ganz auffälligen Planfehlern, die der Grundriß der Kirche deutlich zeigt. Sehr bald dürfte die Bauhütte, welche die Außenwände errichtet hatte, ihre Arbeit eingestellt haben, vielleicht weil sie nicht mehr weiter wußte, da sie kein rechtes Konzept für ein neues Mittelschiff hatte oder weil sie wegen zahlreicher Unebenheiten und Planfehler dazu gezwungen wurde.

Als anschließend eine neue Bauhütte für das Mittelschiff verpflichtet wurde, erfolgte ein erneuter Planwechsel. Man entschloß sich nun, das Mittelschiff ebenso wie die Seitenschiffe zu wölben, wobei man das damals am Niederrhein übliche „Gebundene System" verwirklichen wollte. Hierbei sollte ein quadratisches Mittelschiffjoch von jeweils zwei quadratischen Seitenschiffjochen, deren Gesamtfläche der des Mittelschiffjochs entsprach, gestützt werden. Als Maßeinheit diente dabei normalerweise das Vierungsquadrat. Da man in Brauweiler jedoch nicht vom Vierungsquadrat ausgehend baute, sondern in umgekehrter Richtung von Westen auf die bestehende Vierung zu, konnte dieses Schema hier nicht maßgerecht realisiert werden.

Nach der Niederlegung des alten Langhauses gab es eine Reihe von Schwierigkeiten für den neuen Baumeister, der das Mittelschiff in den Abstand zwischen neuem Westbau und altem Ostbau einpassen sollte. Probleme ergaben sich dadurch, daß der Westbau, wie bereits

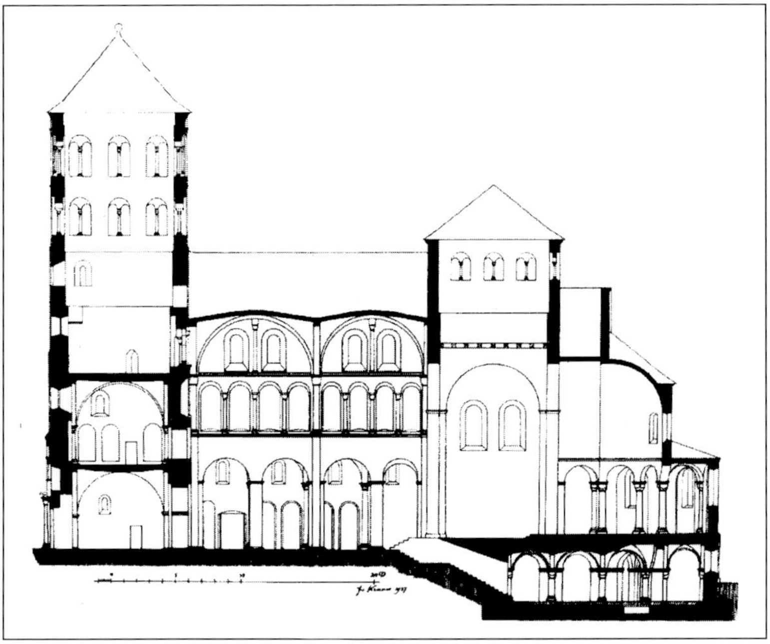

Längsschnitt durch die Kirche. Rekonstruktion des Bauzustandes kurz nach 1141. Nach Walter Bader 1937

erwähnt, von der Achse der Vierung abwich und der Baumeister des Westbaus ein breiteres Mittelschiff geplant hatte, als der Abstand zwischen den beiden westlichen Vierungspfeilern nun zuließ. Um die Unterschiede auszugleichen, verband der neue Baumeister einfach den breiteren Mittelschiffansatz am Westbau mit dem schmäleren Vierungsquadrat. Dabei setzte er die Arkadenpfeiler seinem neuen Wölbplan folgend ohne Rücksicht auf die bereits bestehenden Dienste an den Seitenschiffwänden, die der vorangehende Baumeister seinem eigenen Wölbplan entsprechend gesetzt hatte. So entstand das bestehende Mittelschiff mit den im Grundriß nach Westen schräg auseinanderlaufenden Mittelschiffarkaden, ein Umstand, der im Mittelschiff keine quadratischen Gewölbefelder entstehen ließ und in den Seitenschiffen langrechteckige, verzerrte Gewölbefelder zur Folge hatte.

Trotz aller Schwierigkeiten müssen die Mittelschiffwände zu Beginn des Jahres 1141 so weit hochgeführt gewesen sein, daß am Ostende des südlichen Seitenschiffes vor den Stufen zum Querhaus am 22. Januar 1141 ein Altar zu Ehren des hl. Bischofs Martin von Tours geweiht werden konnte. Wenig später ist dann als Pendant zum Martinsaltar im Nordseitenschiff ein Altar zu Ehren des hl. Georg geweiht worden. Ein Datum ist nicht überliefert, jedoch zeigt ein Vergleich der Bauformen, daß zwischen den beiden Weihen kein großer zeitlicher Abstand gewesen sein kann.

Es ist verständlich, daß eine derartige Gewölbekonstruktion nur wenig Stabilität haben konnte. Rund 80 Jahre später, um 1220, mußte man die Gewölbe in den Seitenschiffen erneuern, und 1514 erhielt das Mittelschiff eine neue Wölbung, diesmal jedoch nach dem damals zeitgemäßen gotischen Stil.

Bernhard von Clairvaux in Brauweiler

Noch während der Amtszeit des Abtes Amilius erlebte Brauweiler einen Hauch von den Ereignissen, welche diese Zeit des 12. Jahrhunderts so sehr bewegten: die Kreuzzüge. Am 13. Januar 1147 traf, wie die Klosterchronik mitteilt, Bernhard von Clairvaux im Zusammenhang mit seinen Kreuzzugspredigten im Rheinland, von Köln kommend, in Brauweiler ein. Er wurde von vielen Menschen begleitet. Abt Amilius ging ihm mit dem Konvent bis Freimersdorf entgegen. Bernhard begab sich in die Abteikirche, wo er mit ausgebreiteten Armen vor dem Altar kniend den hl. Nikolaus verehrte. Er predigte den Mönchen und feierte am

Der hl. Bernhard von Clairvaux predigt in Brauweiler. Detail aus dem von Franz Pauli 1965 geschaffenen unteren südlichen Chorfenster der Abteikirche

Johannes-Evangelista-Altar das Meßopfer. Dieser Altar stand hinter dem Hauptaltar im Chorscheitel des damals noch bestehenden Ostbaus der zweiten Kirche (Richeza-Kirche). Bernhard soll bei dieser Gelegenheit einen Tauben und einen Blinden geheilt haben.

Zum Gedächtnis an den Aufenthalt Bernhards von Clairvaux wurde später bei der Errichtung des Ostbaus der dritten Kirche am Scheitel der Ostapsis eine Kapelle erbaut, die Bernhardkapelle. In ihr wurde ein neuer, wiederum dem hl. Johannes geweihter Altar als Nachfolger jenes Johannes-Evangelista-Altars errichtet, an dem der Heilige die Messe zelebriert hatte. Zur Erinnerung an den Besuch Bernhards von Clairvaux wird eine kostbare Glockenkasel als Reliquie bis heute in Brauweiler aufbewahrt. Der Heilige soll sie damals getragen haben. Eine vergleichbare Kasel wird heute im Xantener Domschatz aufbewahrt. Sie gehörte ursprünglich ebenfalls zur Ausstattung der Abteikirche in Brauweiler.

Ein Briefwechsel zwischen Abt Geldolf und Hildegard von Bingen wegen der Heilung einer besessenen Frau

Von hohem kulturgeschichtlichem Wert ist ein Briefwechsel, den der Nachfolger von Abt Amilius, Abt Geldolf, mit der Äbtissin des Klosters Rupertsberg, Hildegard von Bingen (1098-1179), geführt hat. (Stiene 1997) Darin ging es um die Heilung einer besessenen Frau namens Sigewize. Zur Heilung von ihren Anfällen hatte man sie nach Brauweiler gebracht. Wie Theoderich, der Verfasser der Lebensgeschichte der hl. Hildegard, überliefert, habe der böse Geist durch den Mund der Besessenen verkündet, daß nur eine Alte, die weiter rheinaufwärts lebe, ihm Sigewize entreißen könne. Bezeichnend für die Boshaftigkeit des Teufel sei es, daß er den Namen Hildegards von Bingen zu „Schrumpelgard" entstellt habe.

Daraufhin wandte Abt Geldolf sich mit einem Brief an Hildegard von Bingen, in dem er zunächst ihren außerordentlichen Ruf hervorhob. Dann schilderte er, wie man versucht habe, die Kranke von ihrem Leiden zu befreien. Trotz aller Bemühungen und Gebete der Gemeinde habe sich sogar nach drei Monaten keine Besserung eingestellt. Da der Dämon jedoch offenbart habe, hier könne Hildegard Abhilfe schaffen, warte man in Brauweiler nun ergebenst auf eine Nachricht von ihr.

Hildegard beschrieb in ihrer Antwort zunächst den Dämon, der schwerer auszutreiben sei als andere böse Geister, nämlich nur durch Fasten, Geißeln und Gebete. Daher müsse man den Exorzismus von sieben Priestern vornehmen lassen. Diese sollten sich nach Fasten, Geißeln, Beten und der Feier des Messopfers im Priestergewand um die Kranke herum aufstellen. Einer nach dem anderen solle mit einer Rute in der Hand den bösen Geist aufrufen. Den Brief schickte Hildegard durch einen Vertrauten nach Brauweiler. Dieser las ihn im Beisein der Kranken vor. Als der Vorleser an die Stelle kam, wo der Dämon zum Verlassen der Frau aufgefordert wurde, brach dieser mit entsetzlichem Gebrüll aus ihr heraus. Daraufhin hat sich die geschwächte Frau im Beisein zahlreicher Menschen in der Kirche vor dem Altar auf die Knie geworfen, und als die Mönche das Tedeum anstimmten und die Glocken läuteten, kehrte der Satan in die Frau zurück, wobei er schlimmer tobte als vorher.

Während die Mönche den Exorzismus wiederholten, schrie der böse Geist, er werde nun nur noch in Anwesenheit der besagten Alten - damit meinte er Hildegard - von der Frau Sigewize lassen. Daraufhin beschlossen die Betreuer und Freunde der Besessenen, sich

Die Äbtissin Hildegard von Bingen übergibt einem Boten den Brief für Abt Geldolf von Brauweiler. Kupferstich von Bartholomäus II. Kilian, um 1670 (Bischöfl. Dom- und Diözesanmuseum Mainz)

selbst an Hildegard von Bingen zu wenden. Abt Geldolf gab ihnen ein Empfehlungsschreiben mit auf den Weg, in dem er die vergeblichen Bemühungen zur Befreiung der Frau von dem Bösen schilderte. Wie Theoderich, der Autor der Vita der hl. Hildegard mitteilt, sei es Hildegard tatsächlich gelungen, die Besessene von dem Dämon zu befreien. Von Mariae Lichtmeß bis Ostersamstag habe man sich bemüht, den Bösen zum Verlassen der Frau zu bewegen. Bei der Weihe des Weihwassers sei er schließlich aus der Frau herausgefahren, die dabei mit den Füßen gescharrt und am ganzen Körper gezittert habe. Fortan sei Sigewize für ihr Leben geheilt gewesen.

Baunachrichten über die Errichtung neuer Klostergebäude mit einem neuen Kreuzgang

Im Anschluß an den Bau des romanischen Langhauses der dritten Kirche konzentrierte sich die Bautätigkeit auf die Klostergebäude. Hier waren Neubauten allein schon dadurch notwendig geworden, daß bis zum Jahre 1141 bei der Errichtung des Südseitenschiffes der heute noch bestehenden dritten Kirche Teile des alten Kreuzganges in Mitleidenschaft gezogen und vielleicht abgebrochen worden waren. Bisher wurde vermutet, daß man nun den Bau eines größeren Kreuzgangquadrums ins Auge faßte. (Bader 1937) Jedoch erbrachten die archäologischen Untersuchungen, die bis 1985 im Zusammenhang mit den umfangreichen Restaurierungsarbeiten an den Abteigebäuden im Bereich des Kreuzgangquadrums durchgeführt werden konnten, keinen eindeutigen Hinweis darauf, daß der gegenwärtige Kreuzgang einen kleineren Vorgängerbau hatte.

Da die Baunachrichten nur lückenhaft fließen, bestehen über die Datierung der Neubaumaßnahme unterschiedliche Meinungen. Die drei überlieferten Nachrichten beziehen sich nur auf den Ostflügel des Kreuzganges: Die erste Nachricht der Klosterchronik besagt, daß der Abt Amilius, der Erbauer des Langhauses der Kirche, am 12. November 1149 unter dem Fußboden des Kapitelsaals begraben wurde. Die zweite Nachricht bezieht sich auf die Kapelle neben dem Kapitelsaal. Diese war dem zweiten Klosterpatron, dem hl. Medardus, geweiht. Unter Abt Geldolf, dem Nachfolger des Amilius, wurde diese Kapelle am 22. Juli 1174 vom Kölner Erzbischof Philipp von Heinsberg zu Ehren des hl. Martyrers Christopherus und des hl. Abtes und Ordensgründers Benediktus wiedergeweiht. Im Chronicon Brunwylrense heißt es hierzu: „*Hic venerabilis archiepiscopus Coloniensis Philippus* [...] *capellam in parte orientali ambitus sitam* [...] *reconsecravit.*“ (Dieser verehrungswürdige Kölner Erzbischof Philipp [...] weihte die im östlichen Teil des Umgangs gelegene Kapelle [...] von neuem). Die dritte Nachricht bezieht sich auf Abt Geldolf und berichtet, daß dieser, wie er zu Lebzeiten angeordnet hatte, nach dem 15. August 1177 in der Benediktuskapelle begraben wurde. In seiner Grabinschrift wird er als „Erneuerer des Kreuzganges" bezeichnet. (Stiene 1997)

Theorien zur Baudatierung des östlichen Kreuzgangflügels

Auf der Grundlage dieser Datenüberlieferung ist der Kunsthistoriker und Bauforscher Professor Dr. Walter Bader für eine Vollendung dieses Kreuzgangflügels zum Zeitpunkt der Kapellenweihe eingetreten. (Bader 1937) Bei seinen Untersuchungen ist er durch stilistische Vergleiche der Bauplastik zu dem Schluß gekommen, daß eine vollkommene Formengleichheit der Benediktuskapelle mit dem Kapitelsaal und dem Ostgang des Kreuzganges den Schluß zuläßt, daß eine zügige und ungefähr gleichzeitige Fertigstellung der Benediktuskapelle und des Kapitelsaals mit seinen monumentalen Gewölbemalereien als verbindlich anzusehen ist. Damit datierte Bader auch die Gewölbemalerei des Kapitelsaals in die Zeit der Kapellenweihe. Da es nun nicht vorstellbar sei, daß man den Abt Amilius in einem unfertigen Kapitelsaal rund ein Vierteljahrhundert vor der Vollendung des Kreuzgangostflügels beigesetzt habe, glaubte Bader, daß sich zwischen 1149, dem Todesjahr des Abtes Amilius, und 1174, dem Jahr der Wiederweihe der Kapelle, eine Brandkatastrophe ereignet habe, bei der auch der damalige Kapitelsaal zerstört worden sei. Anschließend sei das zerstörte Gebäude durch den Abt Geldolf wieder aufgebaut worden, was dann zur Wiederweihe der Benediktuskapelle im Jahre 1174 geführt habe. Die Darstellung des Martyriums des hl. Aemilianus im Deckengewölbe des Kapitelsaals habe Geldolf dann zu Ehren des Andenkens an seinen Vorgänger anbringen lassen.

Tatsächlich berichtet der anonyme Klosterchronist über eine Brandkatastrophe, von der er aber bereits glaubt, daß diese nicht unter Abt Geldolf, sondern später gewesen sei. Als Begründung führt er an, daß es zur Amtszeit Geldolfs keinen Papst Honorius gegeben habe. An einen Papst dieses Namens aber hatten die

Kreuzganghof mit Blick auf den Ostflügel und auf die Wand des Südquerhauses der Kirche mit den Schildbögen des abgebrochenen Kreuzgang-Nordflügels mit der Sacristia Maior

Mönche sich im Zusammenhang mit der Brandkatastrophe gewandt und ihn gebeten, für die Bestrafung der Täter Sorge zu tragen.

Mit seiner kritischen Anmerkung hatte der anonyme Chronist tatsächlich recht, denn es handelte sich bei dem erwähnten Brand um ein Ereignis, welches das Kloster während der staufisch-welfischen Thronstreitigkeiten im Jahre 1205 betraf. (s. S. 139)

Dieser späten Datierung des Kreuzgang-Ostflügels durch Walter Bader (1937) hat der Kunsthistoriker Hartwig Beseler (1960) den Versuch einer früheren entgegengesetzt. Anlaß hierzu gab die grundlegende und umfassende Restaurierung der monumentalen Gewölbe- und Wandmalereien im Kapitelsaal, die 1957 mit ersten Untersuchungen eingeleitet wurde und von Januar 1958 bis zum Februar 1959 dauerte.

Dabei wurden die Wand- und Deckengemälde von entstellenden Übermalungen befreit, was eine Überprüfung der bisherigen Datierungen sinnvoll erscheinen ließ. Bei der Restaurierung wurde festgestellt, daß der Mörtel zwischen den Steinen des Gewölbes im Kapitelsaal und der unmittelbar auf diesen lie-

Martyrium des hl. Aemilianus. Zustand vor der Restaurierung. Foto 1958/59

Martyrium des hl. Aemilianus. Heutiger Zustand. Foto 1997

Blick in den Kapitelsaal nach Norden. Zustand um 1930, nach dem Umbau zur evangelischen Anstaltskirche mit den von C. Hohe (1862) übermalten romanischen Malereien

gende Unterputz zu einem einheitlichen Bauvorgang gehören. Ebenfalls ist der Feinputz als Träger der Malerei mit dem Unterputz so eng verbunden, daß ein längerer Entstehungszeitraum nicht denkbar ist. Weitere Bauuntersuchungen bestätigten die bereits von Bader ermittelte gemeinsame Entstehung der Ostmauer des Kapitelsaals mit dem Ostchor der Benediktuskapelle sowie Baders baugeschichtliches Untersuchungsergebnis, daß die Kapelle zwei Bauabschnitte aufweist. Im Gegensatz zu der von Walter Bader hervorgehobenen Formengleichheit von Benediktuskapelle und Kapitelsaal ist man zu der Feststellung gekommen, daß die Säulenbasen in der Benediktuskapelle fortgeschrittenere Formen zeigen, die eine etwas spätere Entstehung der Kapelle wahrscheinlich machen.

Beseler kam nach Entfernen der entstellenden Übermalung des Brauweiler Gemäldezyklus zu dem Schluß, daß der Kapitelsaal unter Abt Amilius erbaut und die Gewölbemalereien um bzw. vor 1149, dem Todesjahr des Abtes Amilius, entstanden sein müßten. Sie seien das Werk einer nicht näher bekannten Künstlergruppe des „weichen, fließenden Stils", deren

Rechts oben: Säulenbasis im Kapitelsaal

Rechts: Säulenbasis in der Benediktuskapelle

Innenansicht der Benediktuskapelle. Silberstiftzeichnung um 1520/30. (KFWW) (Zu dieser Zeichnung s. Anhang S. 401)

Tätigkeit im Rheinland in dichter Datenabfolge zwischen 1149 und 1156 geographisch konzentriert auf den Kölner Raum nachweisbar ist. Der gleichen Künstlergruppe werden Werke in Schwarzrheindorf (kurz vor 1151), in Essen (bald nach 1151), in St. Gereon in Köln (zwischen 1151-1156) und in St. Pantaleon in Köln (um 1150) zugeschrieben.

Mit dieser Datierung ist aber auch die Entstehungszeit des gesamten Ostflügels des Kreuzganges aufs engste verbunden. Beseler datierte daher den Bau des Kapitelsaals in die Amtszeit des Abtes Amilius, der 1149 in diesem Raum beigesetzt wurde. Zusammen mit dem Kapitelsaal sei der Chor der benachbarten Kapelle vollendet gewesen, und unter Abt Geldolf habe man das Kapellenschiff in stilistischer Anlehnung an die Gliederung des Kapitelsaals reicher ausgestaltet, während eine ebenso reiche Ausstattung des Kapellenchores nicht mehr zur Ausführung gekommen sei. Nach Fertigstellung der Bauarbeiten sei 1174 der bisherige Altar der Kapelle, der durch die Baumaßnahmen entweiht worden war, erneut konsekriert worden und habe als neuen Hauptpatron den hl. Benediktus erhalten. Abt Geldolf sei drei Jahre später in der von ihm vollendeten Kapelle beigesetzt worden.

Für die von Walter Bader gefolgerte Brandkatastrophe lieferten die Bauuntersuchungen keine Anhaltspunkte.

Die Vollendung des Kreuzgangquadrums

Über dem Kapitelsaal lag im Ostflügel das Dormitorium, der Schlafsaal der Mönche. Damit die Mönche vom Schlafsaal zum Chorgebet auf einem möglichst kurzen Weg in die Kirche hinabsteigen konnten, errichtete man zwischen dem damals noch stehenden Ostbau der von Richeza gestifteten zweiten Klosterkirche und dem neuen Kreuzgangflügel einen Verbindungsbau mit Treppenhaus. Da die alte Kirche einen runden Chorumgang besaß, schloß das Treppenhaus an die Ostwand der südöstlichen Eckkapelle an. Das Treppenhaus, das nach 1200 mit der Errichtung des neuen Ostbaus der Kirche umgebaut wurde, war zweistöckig. Von hier aus gelangte man sowohl in den Kreuzgang hinab als auch von der Kirche aus in die im Obergeschoß des Nordflügels liegende Große Sakristei *(Sacristia Maior)*.

Verbindungsbau zwischen dem östlichen Klausurgebäude und der Abteikirche mit dem Treppenhaus, über das die Mönche vom Dormitorium in die Kirche gelangten.

Vermutlich im Zusammenhang mit dem Bau des Treppenhauses hat man im Südflügel der Krypta den alten Pfeiler unter dem südöstlichen Vierungspfeiler durch einen Anbau und eine Säule aus der Oberkirche verstärkt. Bauuntersuchungen haben ergeben, daß die Errichtung des Treppenhauses nicht der einzige Grund für diese Substruktion in der Krypta war, sondern daß vielmehr die Kryptagewölbe baufällig geworden waren. Vielleicht war damals bereits der ganze Ostbau der Kirche in einem schlechten Bauzustand, was den wenige Jahre später begonnen Neubau erklären mag. (Bader 1937)

Die Bauforschung hat bisher angenommen, daß die Vollendung des Kreuzgangquadrums mit seinen Bauten in die Amtszeit des Abtes Dietrich fällt, der 1187 starb und neben seinem Vorgänger Geldolf in der Benediktuskapelle beigesetzt wurde. Gestützt wurde diese Annahme auf den stilkritischen Vergleich zwischen den vorhandenen Kapitellen und Gewölbekonsolen des Ost- und Südflügels mit den aus dem Abbruch des Nord- und Westflügels noch erhalten Stücken. (Bader 1937)

Innenansicht des Treppenhauses am südlichen Nebenchor mit Blick nach Osten. Silberstiftzeichnung um 1520/30. (KFWW) (Zu dieser Zeichnung s. Anhang S. 400f.) Die Treppen und Türen sind heute noch weitgehend so erhalten, wie die Zeichnung sie zeigt.

Bauuntersuchungen, die im Zusammenhang mit den umfassenden Restaurierungsarbeiten während der 1980er Jahre durchgeführt werden konnten, ergaben, daß wenigstens im Hinblick auf die Datierung des Nordflügels die von Bader vorgeschlagene Bauchronologie korrigiert werden muß.

So entdeckte man nach der Putzabnahme an der Nahtstelle zwischen nördlichem und östlichem Kreuzgangflügel ein Stück von der Südmauer der Großen Sakristei, die sich im Obergeschoß des nördlichen Kreuzgangflügels befand, oberhalb des nördlichen Arkadenpfeilers in der Außenwand des Ostflügels. Dieser Mauerrest steht mit dem romanischen Tuffmauerwerk des Ostflügels im Verbund, muß also mit jenem errichtet worden sein. Damit steht fest, daß zumindest die Ostjoche des nördlichen Kreuzgangflügels mit dem Ostflügel errichtet wurden. Dasselbe belegt auch der Fund eines beim Aufmauern des nördlichen Arkadenpfeilers eingesetzten Eisenankers, der die Eckjoche der beiden Kreuzgangflügel miteinander verklammerte. Als letztes folgten der Bau des Kreuzgangsüdflügels und des westlichen Kreuzgangflügels.

Östlicher Kreuzgangflügel. Putzabnahme an der Nahtstelle zum nördlichen Kreuzgangflügel mit Sacristia Maior

① *Romanisches Mauerwerk aus Tuffstein*
② *Aufstockung in Tuffstein von 1536*
③ *Backsteinaufmauerung und Plomben, Anfang 19. Jh.*

Östlicher Kreuzgangflügel. Befundkartierung in eine fotogrammetrische Auswertung

Östlicher Kreuzgang. Blick nach Süden. Links der Eingang zum Kapitelsaal

Südlicher Kreuzgang. Blick nach Osten

Blick aus dem östlichen Kreuzgang auf den südlichen Kreuzgangflügel

Blick aus der Nordwestecke des Kreuzganghofes auf den östlichen und südlichen Kreuzgangflügel. Links das im 19. Jh. von H. Wiethase rekonstruierte Joch des abgebrochenen nördlichen Kreuzgangs

Die vier Flügel des Kreuzganges mit den Klausurgebäuden sowie der Kirche umschlossen ein Quadrat mit Innenhof von 33 Metern Seitenlänge. Jeder Kreuzgangflügel bestand aus sieben Jochen, hinzu kamen die vier Eckjoche. Das Klausurgebäude des östlichen Kreuzgangflügels mit dem Schlafsaal der Mönche war zweigeschossig, während der vorgelagerte Kreuzgang selbst mit einem Pultdach versehen war. Dem ebenfalls pultgedeckten Kreuzgangsüdflügel war ein eingeschossiges Klausurgebäude angebaut. Dem Kreuzgangnordflügel war über den östlichen Jochen mit der Großen Sakristei ein Stockwerk aufgesetzt, während die westlichen Joche des Kreuzgangnordflügels kein Stockwerk trugen und wie die übrigen Flügel des Kreuzganges pultgedeckt waren. Beim Westflügel war das Klausurgebäude wie beim Ostflügel zweigeschossig, während der vorgelagerte Kreuzgang selbst wiederum eingeschossig war und ein Pultdach trug.

Der Kapitelsaal

Am nördlichen Ende des östlichen Kreuzgangflügels befindet sich noch heute der Kapitelsaal des Klosters. Er ist der einzige Raum, der noch die originäre Einheit von Architektur, Bauplastik und Malerei zeigt. Bereits die westliche Außenfassade des Kapitelsaals macht mit ihrem zweifarbigen aus dunkelgrauem Andesit und hellgrauen Trachytquadern bestehendem Schichtmauerwerk auf die hohe Bedeutung des Raumes aufmerksam. Der Raum selbst, eine dreischiffige zweijochige Halle, besitzt ein auf zwei freistehenden Säulen ruhendes Kreuzgratgewölbe. Sowohl die mit reichen Formen gezierten Kapitelle der beiden Säulen im Innern des Raumes als auch die reiche romanische Bauzier an den Fenstern und am Portal in der westlichen Außenwand zum Kreuzgang hin zählen zu den herausragenden Werken frühstaufischer Bauplastik am Niederrhein. (Bathe 1997)

Die hohe Qualität von Architektur, Bauplastik und Malerei entspricht dem hohen Rang, den dieser Versammlungsraum der Mönche innerhalb des Klosters besaß. Der Kapitelsaal folgte an zweiter Stelle hinter der Kirche als dem zentralen Ort der Liturgie. Eine deutliche Anweisung gibt die Regel des hl. Benedikt im

Kapitelsaal. Romanisches Kelchblockkapitell mit Akantushocker

3. Kapitel: *„Sooft es sich um eine wichtige Angelegenheit handelt, soll der Abt die ganze Klostergemeinde zusammenrufen und selbst die Angelegenheit vortragen."*

Die Mönche suchten den Kapitelsaal einmal täglich auf: im Sommer nach der Prim, dem Chorgebet zur ersten Stunde, und im Winter nach der Terz, dem Chorgebet nach der dritten Stunde. Der Ablauf der Kapitelversammlung wurde durch das sog. Kapiteloffiziumbuch festgelegt. Das in Brauweiler hierzu verwendete Buch - erhalten ist nur das im Jahre 1476 angelegte - befindet sich heute als *Martyrologium* und *Nekrologium* im Nordrhein-Westfälischen Hauptstaatsarchiv Düsseldorf. Das *Martyrologium* ist der Heiligenkalender, aus dem die jeweils zum Tag gehörenden Fest- und Heiligentexte gelesen wurden. Das *Nekrologium* ist das Totenbuch, in dem die Sterbetage der Mönche des eigenen Klosters sowie der im Gebet verbrüderten Klöster festgehalten sind, ferner die Todestage der Klostergründer und verschiedener Wohltäter des Klosters. Für sie wurde an ihren Gedenktagen gebetet. Schließlich enthält das Kapiteloffiziumbuch auch eine Fassung der Regel des hl. Benediktus, aus der täglich ein Kapitel vorgetragen wurde, wovon sowohl der Raum als auch die Versammlung selbst ihren Namen hatte.

Schuldkapitel. Kohlezeichnung von Heinz Binsfeld

Ein wichtiger Bestandteil der Kapitelversammlung war das Schuldkapitel, bei dem begangene Vergehen von den betreffenden Konventsmitgliedern öffentlich bekannt und gesühnt wurden. Am Ende des Schuldkapitels sollten die Konventsmitglieder dann befreit von Schuld ihren Alltag im Kloster begehen. Schwere Schuld oder Uneinsichtigkeit konnten körperliche Strafen zur Folge haben, die sofort im Kapitelsaal vollzogen wurden.

Ferner fanden im Kapitelsaal die Abtswahlen statt. An den Wänden stand das Gestühl, in dem die Mönche saßen. Der Abt hatte seinen Platz im mittleren Ostjoch. Über seinem Platz ist heute noch die Deesis, der thronende Christus als Weltenrichter, zu erkennen. Es ist das formale und inhaltliche Zentrum des monumentalen Gemäldezyklus mit einem theologisch anspruchsvollen Bildprogramm, dem die Perikope aus dem 11. Kapitel des Hebräerbriefes, 29.-33. Vers, zugrunde liegt: *„Die Heiligen haben durch den Glauben Königreiche besiegt;*[...]“ Die Heiligenszenen und Martyriendarstellungen entsprachen der Liturgie der Kapitelversammlungen, an deren Beginn der Heiligen gedacht und aus dem Martyrolog gelesen wurde. Die dargestellten Heiligen dienten der versammelten Mönchsgemeinschaft als Vorbilder im Widerstand gegen die

Christus mit Segensgestus und Buch des Lebens. Das vor 1902 entstandene Aquarell von Josef Winkel zeigt den Zustand der Darstellung nach der Übermalung C. Hohes. (1862)

Der wiederaufgebaute Portalbogen am Eingang zum „romanischen Gang“ im Hessischen Landesmuseum Darmstadt

Linker Bogenanfang. Profilbüste eines bärtigen Mannes mit Haar aus Blättern, aus dessen Mund ein flammenartig züngelndes Blatt hervorkommt (Personifizierung des Neides?)

Rechter Bogenanfang. Kauernder nackter Gnom, dessen Rücken von einem Blatt bedeckt ist und der gierig aus einer Schale trinkt (Personifizierung der Völlerei?)

Romanischer Portalbogen aus Brauweiler (um 1160-70), heute Hessisches Landesmuseum Darmstadt.

Die Stirnseite des Bogens, der auf zwei Säulen aus Kalkablagerungen aus einer römischen Wasserleitung ruht, wird von einer Blattranke geschmückt, in deren elf Medaillons meist paarweise kleine Fabelwesen, Tiere und menschliche Figuren eingebunden sind. Die Blattranke entspringt links und rechts neben zwei etwas größeren figürlichen Darstellungen. Der ursprüngliche Standort des Portalbogens, der als Werk der Bildhauerwerkstatt des Kreuzganges der Abtei Brauweiler angesehen wird, ist nicht bekannt. (Woelk 1999)

Dreiteilige Almosenszene. Rechts ein Mönch mit Tonsur (Elemosinar ?), in seiner Linken eine Flasche haltend und mit der Rechten einem Mann, der an einem Tisch sitzt, Speise reichend. Darüber ein Mann mit Tunika und Schultermantel, eine kleine Schale in den Händen haltend

Detail der Blattranke des Portalbogens mit zwei miteinander kämpfenden Dämonen, der linke drachenköpfig mit Langschild und Schleuder, der rechte hundeköpfig, mit Rundschild und Stein in der Hand

Detail der Blattranke des Portalbogens mit einem Jäger mit Rock, Mantel und Krempelhut, der mit Pfeil und Bogen auf einen fliehenden Hirsch zielt, darüber ein Kranich

Sünde. Die versammelte Mönchsgemeinschaft mit dem Abt unter der Deesis war eine Inszenierung, die im Grunde eine Darstellung des zweiten Kapitels der Regel des hl. Benedikt bedeutete, die den Mönch dazu aufrief, immer an den Tag des Jüngsten Gerichts zu denken, und den Abt dazu ermahnte, der Verantwortung für seine Herde im Angesicht des Richters gerecht zu werden. (Bathe 1997)

Nach der Aufhebung des Klosters wurde 1862 die Trennwand zwischen Kapitelsaal und der südlich benachbarten Benediktuskapelle niedergelegt, um einen Gottesdienstraum für die evangelischen Insassen der damaligen Provinzial-Arbeitsanstalt zu schaffen.

Pläne zur Vollendung des dritten Kirchbaus und eine mißglückte Kollekte

Unter dem Abt Bertram, der 1187 sein Amt erhielt, wandte sich die Bautätigkeit des Klosters erneut der Kirche zu. Zu Beginn seines Abbatiats erhielt Bertram vom Kölner Erzbischof Philipp von Heinsberg die Erlaubnis, in der Diözese Geld für die Erweiterung der Kirche zu sammeln. Die Kollekte wurde ein Mißerfolg: Man hatte redegewandte weltliche Priester mit der Sammlung beauftragt und diesen eine kostbare Reliquie, einen Finger des Kirchenpatrons, des hl. Nikolaus, mitgegeben. Durch diesen Finger, der den Gläubigen im Land gezeigt wurde und der den Kirchenpatron verkörperte, bat dieser die Gläubigen um Geld für seine Kirche. Die beauftragten Priester führten von den gesammelten Geldern jedoch ein sittenloses Leben, was der Heilige nicht länger geduldet habe, wie der anonyme Brauweiler Chronist berichtet. Er habe die unfrommen Priester durch ein Zeichen bestraft. Das Kristallglas, in dem sich der Finger befand, sei plötzlich zersprungen. Die Leute, die das sahen und den Lebenswandel der Priester kannten, glaubten, daß dies nicht ohne Grund geschehen sei. Abt Bertram aber, der davon Nachricht erhielt, ließ die Kollekte sofort abbrechen und zur Versöhnung des Klosterpatrons einen silbernen Schrein für die Fingerreliquie anschaffen.

Nach dieser mißglückten Geldsammlung scheint sich der Beginn der Bauarbeiten zunächst hinausgezögert zu haben. Die Arbeiten begannen wohl erst mit dem Amtsantritt von Bertrams Nachfolger, dem Abt Godesmann, im Jahre 1196.

Fingerreliquie des hl. Nikolaus, heute an der Vorderseite des Volksaltars in der Abteikirche

Beginn der Arbeiten am Ostbau der Kirche: Der Umbau der Krypta

Die neuen Baumaßnahmen unterschieden sich maßgeblich von denen aus der Mitte des 12. Jahrhunderts. Es wurde nun durchgehend von einer einzigen Werkstatt nach einem von Anfang an festgelegten Plan gearbeitet. (Bader 1937) Wesentliches Vorbild war die nur wenig ältere Kölner Benediktiner-Abteikirche Groß St. Martin, ausgeführt von Steinmetzen, die vorher an St. Aposteln in Köln gearbeitet hatten. Anders als bei den Kölner Vorbildern war der Baumeister des Brauweiler Ostbaus jedoch an Vorhandenes gebunden. Er hatte den heutigen vielräumigen Chor auf kleinster Fläche, weitgehend vorbestimmt durch die Ausmaße der darunterliegenden Krypta, zu entwickeln. Westgrenze und Chorbreite waren durch das bereits bestehende Langhaus festgelegt. Im Süden begrenzte ein um 1174 errichtetes Treppenhaus, die Verbindung zwischen Dormitorium und Kirche, den zu bebauenden Raum. Schließlich wurden die Vierungspfeiler der zweiten Brauweiler Kirche, wie Bauuntersuchungen ergaben, beim Bau der dritten Kirche nicht abgebrochen.

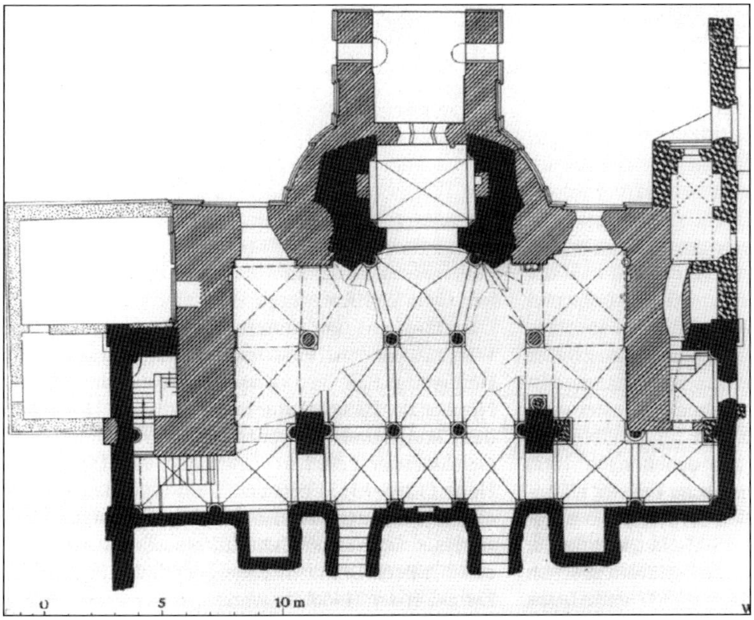

Grundriß der Krypta von 1200. Nach Walter Bader 1937

Als Voraussetzung für den Neubau wurde zunächst die Krypta umgestaltet. Von den fünf Kapellen blieb nur die Ostkapelle erhalten. Sie wurde mit neuen Apsismauern ummantelt. Der Umbau der Krypta läßt den Schluß zu, daß bereits zu diesem Zeitpunkt der neue Chorumriß mit Nebenchören, Apsiskapelle und Chorflankentürmen feststand und daß man für den Umbau tatsächlich fast den gesamten alten Ostbau der Richeza-Kirche niederlegte.

Nach einer verhältnismäßig kurzen Bauzeit von rund vier Jahren konnte der Kölner Erzbischof Adolf I. am 29. April 1200 drei Altäre in der neuen Krypta, einer dreijochigen, fünfschiffigen Halle, weihen.

Baubeginn der Choranlage und Unterbrechung durch eine Brandkatastrophe

Bei dem sich nun anschließenden Bau der Oberkirche verlief die Bauausführung, wie die Forschung annimmt, von West nach Ost, so daß man zunächst die Querhausflügel erbaute. Auf diese Weise konnte man auf schnellstem Wege weiteren Raum für Altäre schaffen. Dies war notwendig, da der Konvent damals über 40 Mönche zählte, denen für den täglichen Gottesdienst zunächst nur das Langhaus und ab 1200 auch die Krypta zur Verfügung stand.

Freigelegtes Fundament der östlichen Pfeiler der Chorkapelle. Zu erkennen sind zahlreiche Architekturstücke früherer Bauperioden in Zweitverwendung, Foto 1978

Bis etwa 1205, so nimmt man an, entstanden neben den beiden Querschiffen die Vierung - zunächst ohne Wölbung - sowie die Seitenchöre und das Untergeschoß der Chorkapelle. Dann kam der Bau 1205 zum Erliegen. Die Ursache lag in kriegerischen Auseinandersetzungen im Zusammenhang mit dem Thronstreit zwischen dem Staufer Philipp von

Schwaben und dem Welfen Otto IV. Die Kölner waren Parteigänger des Welfen und erwarteten daher im Herbst 1205 die Belagerung ihrer Stadt durch Philipp von Schwaben. Um dessen Truppen keine Stützpunkte im Vorgelände zu bieten, zerstörten die Kölner alle festen Orte in einem Umkreis von zwei Meilen um ihre Stadt herum. Wie der Brauweiler Chronist berichtet, wurden damals auch Teile des Klosters zerstört, so die Wohnung des Abtes mit der Maximinkapelle in der Nordwestecke des Kreuzgangquadrums, ferner das Hospiz, der Kornspeicher und das Sommerrefektorium. Besonders betroffen scheint der Südflügel des Kreuzganges gewesen zu sein.

Bei Grabungen im Jahre 1983 hat man einen deutlichen Hinweis auf diese Brandkatastrophe gefunden. In der Südostecke des Kreuzgangquadrums wurde in einer Schuttfüllung ein romanisches Eckkapitell ausgegraben, das stilistisch zu den Kapitellen an den Pfeilerarkaden des Ostflügels paßt. Da das gefundene Kapitell Reste einer romanischen Farbfassung trägt, muß es ursprünglich eingebaut gewesen sein. Der Fundort legt nahe, daß es vom Südflügel des Kreuzgangs stammt. Das Kapitell scheint bei der späteren Wiederherstellung des bei der Brandkatastrophe zerstörten Kreuzgangflügels nicht wieder verwendet worden zu sein. Tatsächlich zeigt sich zwischen dem Ostjoch des Kreuzgangsüdflügels und dessen westlichen Jochen ein Formenwechsel sowohl bei den Pfeilern als auch beim Gewölbe. So hat nur der östliche Arkadenpfeiler die Ecksäulen wie die Arkaden des Ostflügels. Jüngste Untersuchungen haben ergeben, daß die Gewölbe des Südflügels Spuren einer Neueinwölbung nach Einsturz zeigen. Bereits Walter Bader hatte 1937 darauf hingewiesen, daß die Arkadenwand des Südflügels und seine Einwölbung aus einer späteren Wiederherstellung stammen könnten. Das 1983 gefundene Eckkapitell stammt offensichtlich von einem Pfeiler der Arkatur des Kreuzgangsüdflügels, der nur wenige Jahre bis zur Zerstörung durch die Kölner bestanden hatte. Seine Farbfassung konnte sich im Erdreich erhalten.

Die Mönche löschen das brennende Kloster. Kohlezeichnung von Heinz Binsfeld

Bei Restaurierungsarbeiten im Herbst 1978 freigelegte Baufuge zwischen dem Langhaus und der Choranlage der Abteikirche, ein Beleg für das Errichten der dritten Kirche in mehreren Bauabschnitten

Eckkapitell eines Kreuzgangpfeilers, das während der Restaurierungsarbeiten 1983 aus dem Bauschutt geborgen wurde. Das Kapitell trägt noch die Spuren der ursprünglichen Bemalung.

Südostecke des Kreuzganges mit Blick in den östlichen (rechts) und in den südlichen (links) Kreuzgang. Deutlich zu erkennen sind die schlichteren Pfeiler im Südkreuzgang aus der Wiederaufbauphase nach der Brandkatastrophe von 1205.

Erst rund fünfzehn Jahre nach der Zerstörung von Teilen des Klosters haben die Mönche sich mit einer Beschwerde an Papst Honorius III. in Rom gewandt. In einer Urkunde vom 5. Mai 1220 teilt der Papst dann mit, daß die ungenannten Brandstifter vom Kölner Dompropst und dem Domdekan zur Strafe für ihre Untat exkommuniziert worden seien. Die späte Beschwerde läßt vermuten, daß die Mönche sich entweder vorher erfolglos wegen Entschädigung an die Brandstifter aus Köln gewandt haben oder daß man erst eine endgültige Beruhigung der politischen Situation durch Entmachtung Ottos IV. abgewartet hat. Erst im Sommer 1215 gaben die letzten welfischen Bastionen im Rheinland auf.

Wiederaufnahme und Beendigung der Bauarbeiten am Ostbau der dritten Kirche

Von welcher Dauer die Unterbrechung der Bauarbeiten an der Kirche waren, ist nicht bestimmbar. Um 1215 vermutlich wurde der Bau in seinem Innern vollendet. Vom Beginn des Umbaus der Krypta bis zum Einziehen der Gewölbe waren die Arbeiten nach einer einheitlichen Planung abgelaufen. Einen Planwechsel

Stifterfigur der Pfalzgräfin Mathilde im südlichen Seitenchor der Abteikirche

Stifterfigur des Pfalzgrafen Ezzo im nördichen Seitenchor der Abteikirche

zeigt lediglich die Wölbung der Vierung. Hier war ursprünglich ein Kreuzgratgewölbe vorgesehen, an dessen Stelle dann später die bestehende Kuppel gebaut wurde. (Bader 1937)

Für einen im übrigen einheitlichen Planablauf sprechen auch neuere Untersuchungen der Bauplastik. Es konnte die Beteiligung von zwei Steinmetzen nachgewiesen werden, die jedoch beide einer gemeinsamen Bauhütte angehörten. Einer von ihnen soll der sogenannte Samsonmeister gewesen sein, ein Künstler, der an verschiedenen Kirchbauten im Rheinland um 1200 nachgewiesen werden konnte. (Kaelble 1981) Als bedeutende Ausstattungsstücke der Kirche entstanden damals das Stiftergrab, die beiden Stifterfiguren in den Tympana über den Türen in den beiden Seitenchören sowie die kostbare Kapitellplastik, deren schönstes Beispiel das sogenannte Paradiesbrunnen-Kapitell ist, das Kopfstück der Marmorsäule am Übergang der Apsis zur anschließenden Bernhardkapelle. Ein weiteres Ausstattungsstück des Ostbaus ist die Hochaltarmensa. Sie wurde 1956 im Zusammenhang mit Restaurierungsarbeiten abgebaut und die Einzelteile an der Außenwand des Nordseitenschiffes im Freien gelagert. Hier wurden die wenigen noch verbliebenen Reste 1977 bei der Denkmäleraufnahme durch Zufall entdeckt.

Stiftergrab, seit 1667 in der Südwand des südlichen Seitenchors der Abteikirche. Die rundbogige Umrahmung stammt von 1990.

Die romanische Hochaltarmensa vor dem Eingang zur Bernhardkapelle. Hinter dem Altar die Marmorsäule mit dem sog. Paradiesbrunnen-Kapitell

Ab 1982 hat man die Teile restauriert und ergänzt und die Mensa im Chorbereich wieder aufgebaut. Am 14. August 1984 fand die Altarweihe statt.

Unter Abt Godesmann konnte das Äußere der Kirche nicht mehr vollendet werden. Der südliche Chorflankenturm war bis zur Zwerggalerie gelangt, die aber schon aus alten Materialien zusammengesetzt war; abgedeckt war der Turmstumpf mit einem provisorischen Dach. Der nördliche Chorflankenturm war noch nicht einmal bis zu dieser Höhe gebaut. Ebenfalls war der Vierungsturm nicht zur Ausführung gekommen. An seiner Stelle muß

Blick in die Choranlage der Abteikirche. Silberstiftzeichnung von 1520/30. (KFWW) (Zu dieser Zeichnung s. Anhang S. 400)

sofort ein hölzerner Dachreiter errichtet worden sein, da der Chordienst der Mönche Glocken über der Vierung verlangte.

Direkt unter der Vierung lag der Mönchschor, durch Schranken zum nördlichen und südlichen Teil des Querhauses abgegrenzt. In der Mitte der Vierung erhob sich das neue, aufwendig gestaltete Doppelhochgrab mit den Gebeinen der Stifter, des lothringischen Pfalzgrafen Ezzo und seiner Gemahlin Mathilde. Durch die Seitenchöre konnte man, ohne den Chordienst zu stören, von den beiden Sakristeien - der Kleinen Sakristei *(Sacristia Minor)* im Norden der Kirche und der Großen Sakristei *(Sacristia Maior)* südlich der Kirche im Obergeschoß des nördlichen Kreuzgangflügels - zu allen Altären und Stellen der Kirche gelangen. So bot der neue Ostbau auch ohne einen Chorumgang die gleichen Vorzüge wie der vorangegangene Kirchbau der Richeza. In den Tympana über den Türen in den Seitenchören, die zu den Sakristeien bzw. im Süden zusätzlich über ein Treppenhaus auch zum Schlafsaal der Mönche führten, waren die steinernen Sitzfiguren der Stifter angebracht. Zusammen mit dem Hochgrab erinnerten sie die Mönche auf ihrem Weg zum täglichen Chordienst daran, daß sie in ihren Gebeten der Stifter und ihres Klosters stets gedenken sollten. Im Grundriß des neuen Ostchors klang in der Chorkapelle hinter dem Hochaltar noch der Chorumgang der Vorgängerkirche an. (Bader 1937)

Das Ende der mittelalterlichen Bautätigkeit

Zwischen 1220 und 1225 hat man in der Kirche nur noch Reparatur- und Erneuerungsarbeiten durchgeführt sowie das Innere ausgemalt. Die gesamte Architekturstruktur, vor allem die Pfeiler und Bögen bekamen durch Übermalung, stellenweise ohne Rücksicht auf die wirkliche Quaderung, die durchscheint, den strengen Wechsel von grauen und roten Steinschichten, der stellenweise durch die Vermauerung von Trachyt und rotem Eifelsandstein vorgegeben war. Die Wände aus fein gefugtem Tuffsteinmauerwerk mit sauberen, weißen Fugen lagen

Das im Nordseitenschiff von H. Wiethase im 19. Jh. rekonstruierte Palmettenfenster

Nachträglich vergrößerte Lichtgadenfenster des Mittelschiffs mit angeschnittenen Lisenen.

frei; verputzt war nur das unregelmäßige Mauerwerk in den Wandnischen der Blendtriforien. Hier war eine feierliche Figurenreihe von Heiligen gemalt, von denen noch Reste in einer Nische im Chorjoch zu sehen sind.

Zur selben Zeit, noch unter Abt Godesmann, erhielten die Seitenschiffe - wie bereits erwähnt - in zwei Bauabschnitten neue Gewölbe, weil die alten baufällig geworden waren. Da die neuen Gewölbe höher gingen als die flacheren alten, setzte man auf die beiden westlichen Abschlußwände eine neue Schildbogenmauer und erhöhte gleichzeitig die Seitenschiffwände um etwa 0,70 Meter. In die erhöhten Außenwände brach man sehr große Palmettenfenster. Eines wurde im 19. Jahrhundert durch den Baumeister Heinrich Wiethase im Ostjoch des Nordseitenschiffes rekonstruiert. Im Mittelschiff wurden die Lichtgadenfenster vergrößert, wobei man außen die Lisenengliederung anschnitt.

Eine bisher nicht bekannte Umbauphase wurde 1996 bei einer archäologischen Untersuchung an den Portalen der Kryptenabgänge entdeckt. Nach 1313 erhielten die Abgänge zur Krypta neue hölzerne Portale. Zwei Holzbalken, die sich am südlichen Abgang erhalten hatten, wurden dendrochronologisch unter-

Die Abteikirche von Nordwesten. Zeichnung von J. R. Rahn, 1863

sucht, wobei das Fälljahr beider Eichenhölzer übereinstimmend auf 1313 (± 3) datiert werden konnte. (Schuler 1997)

Die letzten Maßnahmen mittelalterlicher Bautätigkeit an der Kirche fallen in die Amtszeit des Abtes Johann I. von Wied (1498-1515). Er ließ 1514 das romanische Gewölbe im Langhaus der Kirche durch das noch erhaltene spätgotische Kreuzrippengewölbe ersetzen. Ein Jahr vorher hatte man in die Lichtgadenfenster das Maßwerk eingesetzt. Vom Bau der spätgotischen Galerie von 1515 und dem Aufsetzen des spitzen Turmhelms im Jahre 1629 war bereits die Rede. Der Baumeister, der die steinerne Turmgalerie und das neue gotische Gewölbe im Langhaus der Kirche erbaute, starb 1515 an der Pest.

Nach dem Ende der mittelalterlichen Bautätigkeit an der Kirche sind auch an den Klostergebäuden keine nennenswerten Bauarbeiten mehr überliefert. Hier setzte erst nach der Bursfelder Reform von 1467 in der ersten Hälfte des 16. Jahrhunderts eine erneute Bautätigkeit ein, die dann mit der Errichtung der barocken Klosteranlage im späten 18. Jahrhundert einen neuen und zugleich auch abschließenden Höhepunkt fand.

Zwischen Verfall und Reform: Die Krisen des 13. bis 15. Jahrhunderts

Die außerordentlich intensive Bautätigkeit während des 11. und 12. Jahrhunderts scheint trotz der damit verbundenen Kosten die finanziellen Möglichkeiten des Klosters nicht überstiegen zu haben. Da Klagen über wirtschaftliche Schwierigkeiten bis zum Ende des 12. Jahrhunderts fehlen, darf man den Schluß ziehen, daß die Einkünfte ausreichten, obwohl Brauweiler, gemessen an anderen Klöstern der Erzdiözese, nur recht mittelmäßig begütert war.

Die Herkunft der Klostergüter bis zum Ende des 12. Jahrhunderts

Der größte und wertvollste Besitz entstammte ohne Zweifel dem Vermögen der pfalzgräflichen Stifterfamilie. Während des 11. und 12. Jahrhunderts sind dem Kloster dann noch weitere Erwerbungen gelungen. So führt das Rentenverzeichnis des klösterlichen Armenhauses, das vom Elemosinar des Klosters im Jahre 1099 geschrieben wurde, eine Anzahl durchweg kleinerer Zugänge auf, vor allem in der Nähe von Brauweiler. Daneben gab es Bemühungen, bereits vorhandenes Gut abzurunden. Hierzu gehörte wohl der Erwerb einiger Grundstücke zu Klotten, Kaifenheim und Driesch durch Abt Bertolf im Jahre 1126.

Es gab aber auch Bemühungen von außen, dem Kloster Besitz abzunehmen, wogegen man sich erfolgreich wehrte. So wird in der Klosterchronik von Abt Bertolf berichtet, daß dieser Übergriffe von erzbischöflichen Mini-

Rentenverzeichnis des Armenhauses der Abtei Brauweiler mit einer Übersicht über Erwerbungen und Schenkungen aus der Zeit der Äbte Wolfhelm bis Wezelo, gesiegelt von Erzbischof Hermann III. von Köln im Jahre 1099. Es handelt sich um das erste Dokument der Abtei Brauweiler, das einen größeren Gesamtbesitz des Klosters nennt und darum für die Wirtschaftsgeschichte der Abtei von großer Bedeutung ist. (NWHStAD, Dep. Stadt Köln)

Urkunde des Erzbischofs Hermann III. von Köln für den Abt Wezelo von Brauweiler vom Jahre 1099. Der Erzbischof gestattet dem Abt, einen Mansus im Wald Bram roden zu lassen und überweist den Neubruchszehnten dem Kloster. Das eingehängte Siegel ist verloren. (NWH-StAD, Brauweiler Urk.)

sterialen auf Klosterbesitz abgewehrt habe. Auf seine Klage hin veranlaßte der Kölner Erzbischof Bruno II. im Jahre 1132 die Rückgabe eines Waldes, den diese Ministerialen für sich beansprucht hatten.

Zu dieser Zeit erhielt das Kloster aber auch zahlreiche kleinere Zuwendungen - insgesamt sind mehr als 70 verzeichnet - wie Parzellen Land, Geldbeträge (nicht selten mit genauer Zweckbestimmung) sowie Korn- oder Weinrenten, aber auch Häuser in Köln. Zu den Stiftern gehörten Adlige - unter diesen ein Graf Johann von Moers und eine Gräfin Adelheid von Kleve - sowie andere Personen, darunter auch Kölner Bürger. Ihre Namen sind oftmals im Totenbuch verzeichnet. Andererseits hat man im Laufe des 12. Jahrhunderts auch eine Anzahl von Häusern in Köln verkauft, die vermutlich aus Vermächtnissen Kölner Bürger stammten und mit deren Verwaltung man sich nicht belasten wollte.

Seine landwirtschaftlich genutzte Fläche hat das Kloster damals zusätzlich durch Rodungen vermehrt, die etwa bis in die Mitte des 13. Jahrhunderts andauerten. Insgesamt dürfte Brauweiler jedoch bereits um die Mitte des 12. Jahrhunderts den Höchststand seines Besitzes erreicht haben. Doch läßt sich nicht feststellen, wie groß er war, und noch weniger, welche Einkünfte er brachte.

Beginn einer ungünstigen Entwicklung

Gegen Ende des 12. Jahrhunderts trat eine Wende der bisher recht erfreulichen Entwicklung ein. Als ein erstes Anzeichen einer angespannten wirtschaftlichen Lage darf die bereits erwähnte Kollekte gewertet werden, die Abt Bertram um 1190 in der Kölner Diözese durchführen ließ, als man den Neubau der Ostpartie der Klosterkirche plante. Möglicherweise war auch der etwa gleichzeitige Verkauf von Gütern in Kirchherten, die erst 1174 erworben worden waren, durch größeren Geldmangel veranlaßt worden.

Die nun folgenden drei Jahrhunderte waren geprägt von einer Reihe schwerer Krisen, die das wirtschaftliche, aber auch das geistliche Leben des Klosters erfaßten. Ihre hauptsächlichen Kennzeichen waren drückende Schulden und damit im Zusammenhang stehende Besitzverkäufe auf der einen Seite, der Verfall des monastischen Lebens und der Verlust an religiöser Substanz durch die immer geringere Beachtung der Regel des hl. Benedikt auf der anderen Seite. Brauweiler bildete hierbei keine Ausnahme, auch andere rheinische Benediktinerklöster wurden von dieser Krise erfaßt. (Wisplinghoff 1972 u. 1982 a)

Es gab jedoch auch politische Vorgänge, deren negative Auswirkungen die Abtei zu spüren bekam. Insbesondere in der zweiten

Hälfte des 13. Jahrhunderts erwies sich die geographische Lage Brauweilers als verhängnisvoll für das Schicksal des Klosters. Es kam zwischen den Kölner Erzbischöfen und den Grafen von Jülich und Berg, die ihrerseits die freiheitlichen Bestrebungen der Kölner Bürgerschaft unterstützten, zu territorialen Auseinandersetzungen. Das Kloster, das in unmittelbarer Nachbarschaft des Jülicher Herrschaftsgebiets und der Stadt Köln lag, war nun von zwei Seiten den Übergriffen der sich streitenden Mächte ausgesetzt. Andererseits war Brauweiler eine der vier erzbischöflichen Abteien innerhalb des Erzstiftes, deren Äbte dem Kölner Priorenkolleg angehörten, das ein wichtiges Instrument erzbischöflicher Politik darstellte. (Groten 1980) Dies mußte zwangsläufig dazu führen, daß Brauweiler in die territorialen Streitigkeiten hineingezogen wurde. Den Höhepunkt dieser Auseinandersetzungen mit allen negativen Folgen erlebte das Kloster zur Amtszeit von Abt Heinrich I. von Rennenberg (1263-1288), wobei die politische Ausrichtung der Familie des Abtes, die dem Kölner Erzbischof die Treue hielt, eine zusätzliche Rolle spielte. (Siebert-Gasper/Stiene 1999)

Ursachen der Krise aus der Sicht der Mönche von Brauweiler

Im Jahre 1271 haben Abt Heinrich I. von Rennenberg und sein Konvent im Zusammenhang mit einer Schuldenaufstellung auch die Gründe, die ihrer Ansicht nach die Krise ihres Klosters verursacht haben, aufgezählt. Hierbei nennen sie verschiedene Forderungen der Laiengewalt *(diuersas exactiones laicalis).* Bei diesen von den Mönchen mit *exactiones* bezeichneten Forderungen handelt es sich ganz offensichtlich um die Einforderung von Abgaben, Steuern oder Kontributionen durch weltliche Mächte bei gleichzeitiger Androhung von Brandschatzung. (Siebert-Gasper/Stiene 1999)

In der gleichen Bestandsaufnahme werden auch geringe Erträge der Landwirtschaft, Hagelschlag und ganz allgemein die teure Zeit als Gründe für die Krise genannt.

Bewertet man die aufgezählten Ursachen unter Berücksichtigung der allgemeinen wirtschaftlichen Entwicklung der damaligen Zeit, kommen Zweifel an der Richtigkeit dieser Argumente auf. So dürften die schlechten Ernten weniger nachteilig gewesen sein, da die geringe Ertragsmenge durch die Erhöhung der Getreidepreise weitgehend ausgeglichen wurde. Der allgemeinen Klage über die teure Zeit ist entgegenzuhalten, daß die wirtschaftliche Situation im letzten Viertel des 13. Jahrhunderts trotz der fühlbar werdenden Geldentwertung für die damaligen Grundherren - zu diesen zählten Klöster wie Brauweiler auch - nicht ungünstig war. Die wachsende Bevölkerung und insbesondere das Anwachsen der Städte sicherte diesen - nämlich den Grundherren - einen guten und gewinnbringenden Absatz ihrer Produkte. Hinzu kommt, daß der Besitz des Klosters Brauweiler auf verhältnismäßig guten Böden lag; er war förmlich auf die Lößböden am Niederrhein konzentriert. Das einzige Argument, das in der Bestandsaufnahme des Abtes Heinrich I. von Rennenberg eine größere Rolle spielen konnte, waren die kriegerischen Ereignisse und Fehden im Zusammenhang mit den erwähnten territorialen Auseinandersetzungen und ihren Folgen.

Andere Ursachen für den Verfall: Negative Veränderungen im monastischen Leben

Obwohl die in der Bestandsaufnahme von Abt Heinrich I. von Rennenberg im Jahre 1271 genannten *exactiones* in der zweiten Hälfte des 13. Jahrhunderts auf die Entwicklung des Klosters eine negative und vielleicht zeitweise auch existenzbedrohende Auswirkung gehabt haben, müssen es andere Ursachen gewesen sein, die diese Krise des 13. bis 15. Jahrhunderts ausgelöst haben.

Die Erklärung stammt aus der Feder des ehemaligen Abtes des Benediktinerklosters Prüm, Caesarius von Myllendonk, der sich bezeichnenderweise nach seiner Resignation als Abt in das Zisterzienserkloster Heisterbach zurückzog und dort als einfacher Mönch lebte. 1222 wies er auf die Wechselwirkung von Reichtum und Frömmigkeit in den Benediktinerklöstern hin: *„Die Frömmigkeit hat Reichtümer hervorgebracht, die ihrerseits die Frömmigkeit zerstört haben, wonach dann mit der Frömmigkeit schließlich auch die Reichtümer entschwunden sind.“*

Der erste Teil der Aussage: *„Die Frömmigkeit hat Reichtümer hervorgebracht“*, ist ebenso überraschend wie einleuchtend. Den

Benediktinerklöstern, Stätten der Frömmigkeit und des Gebetes, flossen zahlreiche und große Schenkungen zu von Gläubigen in der festen Zuversicht, daß die Mönche als Entgelt die geschuldeten Gebete und Gottesdienste zum Seelenheil der Spender pünktlich und korrekt verrichteten. Die Voraussetzung hierfür war jedoch, daß die Mönche, die Diener des Heiligen, ein Gott wohlgefälliges Leben nach der Regel des heiligen Benedikt führten. Hierzu gehörte das Verbleiben im Kloster sowie die strenge Einhaltung des klösterlichen Lebenswandels. Der Mönch war aufgefordert, sein Selbst aufzugeben, den Eigenwillen zu hassen, kein persönliches Eigentum zu besitzen, gehorsam und demütig zu sein, den Leib zu züchtigen, die Keuschheit zu lieben, das Fasten zu beachten und den Tod täglich vor Augen zu haben. Essen und Schlafen erfolgten gemeinsam. Tag und Nacht fanden Gottesdienste und Gebete zu festgesetzten Stunden statt, gemäß der Regel, daß diesen Tätigkeiten gegenüber keine andere Beschäftigung Vorrang haben sollte.

Der zweite Teil der Aussage, daß *„die Reichtümer die Frömmigkeit zerstört haben"*, weist auf die demoralisierende Wirkung des Reichtums hin, von der bereits das Neue Testament weiß. Als der ehemalige Abt Caesarius diesen Satz niederschrieb, verzichtete Franz von Assisi auf alle irdische Habe, weil er überzeugt war, nur ohne diese Belastung ein Gott genehmes Leben führen zu können. Wie sehr er dem Zeitempfinden entgegenkam, zeigt die rasche Ausbreitung seines Ordens, zeigt das Aufblühen der religiösen Frauenbewegung des 13. Jahrhunderts, deren Vertreterinnen ebenfalls ein Leben in freiwilliger Armut anstrebten.

Auch der letzte Teil der Aussage des Caesarius von Prüm, *„wonach dann mit der Frömmigkeit schließlich auch die Reichtümer entschwunden sind"*, ist leicht zu erklären. Zusammen mit dem allmählichen Aufhören größerer Schenkungen, wie es auch in Brauweiler zu beobachten war, stiegen nun die Ansprüche der Mönche an die Lebenshaltung. Die alte Einfachheit des Lebens war dahin, dahin war auch die Neigung zum asketischen Leben, die sich auf die Klosteretats früherer Zeiten sicherlich vorteilhaft ausgewirkt hatte. Mit steigenden Ansprüchen und gleichzeitig zunehmender Abkehr von der Benedikt-Regel ging auch die Ernsthaftigkeit bei der Verwaltung des Klosterbesitzes allmählich verloren. Außergewöhnliche Belastungen wie Kriege mit ihren *exactiones,* Kontributionen und Erpressungen, Räubereien und Brandstiftungen konnte man immer weniger aus den Rücklagen oder laufenden Einnahmen bewältigen, so daß schließlich die Substanz angegriffen werden mußte. Schlechtes Management war eine fast natürliche Folge der Abkehr von den alten Regeln, und eben dieses schlechte Management ist der Hauptgrund für die wirtschaftliche Krise in den Benediktinerklöstern dieser Zeit. (Wisplinghoff 1972 u. 1982 a)

Diese negative Entwicklung hatte zur Folge, daß engagierte Christen nun den Zisterziensern und nach dem ersten Viertel des 13. Jahrhunderts den Bettelorden, den Franziskanern und Dominikanern, zuströmten. Für die Benediktiner blieb zu einem erheblichen Teil nur eine negative Auslese, und den Ton in den Klostergemeinschaften bestimmten in wachsendem Maße Leute, die nichts weiter als eine standesgemäße Versorgung suchten.

Ein anderes Problem: Die Herkunft der Mönche

Bleibt die Frage nach der Herkunft der Mönche. Die Mitglieder des Brauweiler Klosterkonvents entstammten bis in die zweite Hälfte des 15. Jahrhunderts ganz überwiegend dem niederen Adel und in wenigen Fällen dem städtischen Patriziat. Unter den Äbten lassen sich auch Vertreter des hohen Adels nachweisen. In anderen rheinischen Benediktinerklöstern war es nicht anders, und es konnte auch nicht anders sein. Als Brauweiler gegründet wurde, gab es kaum freie Bauern, und Städte mit ihrer freien Bürgerschaft gab es allenfalls in den Anfängen. Bei einem Anteil der Hörigen von 90-95 Prozent an der Gesamtbevölkerung Deutschlands zur damaligen Zeit, war wohl auch keine andere Entwicklung möglich. So ist verständlich, daß die Klöster dem Adel - vereinfacht gesagt waren Freie damals auch Adlige - vorbehalten bleiben mußten. Spätestens seit der Mitte des 13. Jahrhunderts aber hatte es der Adel gelernt, die Benediktinerklöster als Institute einer standesgemäßen Versorgung des einen oder anderen Nachkommen

Erstes großes Siegel der Abtei Brauweiler. Brustbild des hl. Nikolaus im Bischofsornat ohne Mitra. 1126 erstmals und 1183 zum letzten Male verwandt. (NWHStAD)

Siegel des Abtes Godesmann (1196-1226). Thronender Abt mit Stab und Buch, um 1225. (NWHStAD)

anzusehen, wo zugleich das Familienvermögen konzentriert werden konnte. (Wisplinghoff 1982 a)

Beginn der Krise und erste Gegenmaßnahmen

In Brauweiler wurde diese ungesunde Entwicklung erstmals in der politisch unruhigen Zeit des staufisch-welfischen Thronstreites zwischen 1198 und 1205 spürbar. Wie bereits dargestellt, kamen die Baumaßnahmen an der Kirche zum Erliegen, noch bevor das Werk vollendet war. Die Situation des Klosters spitzte sich dann ab 1205 dramatisch zu, als die Kölner Bürger in Erwartung der Belagerung ihrer Stadt durch den Staufer Philipp von Schwaben feste Plätze im Umland ihrer Stadt zerstörten. Teile des Klosters sind damals in Flammen aufgegangen. Den Kölnern folgte das staufische Heer. Zerstörungen und Schäden hatten auch die klösterlichen Besitzungen in der Umgebung erlitten. Die Instandsetzungsarbeiten an den Klostergebäuden und den Wirtschaftshöfen sowie der Weiterbau der unvollendeten Kirche überstiegen offenbar die finanziellen Möglichkeiten des Klosters.

Der Vorfall hatte auch Folgen für das spätere Verhältnis zwischen dem Kloster und der Stadt Köln. Als sich im Laufe des 13. Jahrhunderts die Auseinandersetzungen zwischen den Kölner Bürgern und ihrem Erzbischof zuspitzten, haben die Brauweiler Äbte loyal zum Kölner Erzbischof gestanden. Besonders deutlich wurde dies während der Amtszeit von Abt Heinrich I. von Rennenberg, dessen Familie eng mit der Politik des Kölner Erzbischofs verknüpft war. (Siebert-Gasper/Stiene 1999) Der Konflikt wurde schließlich auch innerhalb des Konvents offenkundig, in dem es zur Fraktionsbildung zwischen Anhängern und Gegnern der Politik des Kölner Erzbischofs kam - eine Entwicklung, die für das Kloster während der Krisenjahre nicht förderlich war und zusätzliche Probleme verursachte.

Am 5. Januar 1211 hat der Kölner Erzbischof Dietrich I. auf Bitten des Abtes Godesmann dem Kloster die Kirchen von Sinthern und Widdersdorf mit ihren Einkünften inkorporiert. Obwohl eine solche Inkorporation in der Regel als Maßnahme zur Behebung einer akuten Notlage diente, werden in diesem speziellen Fall weder die Kriegsschäden von 1205 noch andere Nöte angegeben. Vielmehr sollte das Kloster, wie es in der Urkunde heißt, durch die Inkorporation der beiden Kirchen in die Lage versetzt werden, den Pflichten der Gastfreundschaft gegenüber *„Vornehm und Gering"* besser genügen zu können. Vom glei-

Katholische Pfarrkirche St. Martinus in Sinthern

Katholische Pfarrkirche St. Jakobus in Widdersdorf

chen Erzbischof erhielt das Kloster damals auch die Zehnten der Kirchen in Büsdorf und Gustorf. Die Bestätigung dieser Schenkung erfolgte 1219 durch Papst Honorius III.

Einen ersten direkten Hinweis auf die wirtschaftliche Situation des Klosters gibt die 1225 herausgegebene Verfügung des Kardinallegaten Konrad von Porto, worin dieser auf Bitten des Abtes Godesmann die Höchstzahl der Mönche auf 40 begrenzt, da ein starker Andrang herrschte und andererseits die Mittel zum Unterhalt einer größeren Zahl von Mönchen nicht ausreichten. Diese Zahl sollte nur dann überschritten werden, wenn dem Kloster neue Einnahmen zuflössen. Im Jahre 1247 hat der Kölner Erzbischof Konrad von Hochstaden auf diese Verfügung noch einmal deutlich hingewiesen und Abt Emecho von Klotten verboten, die Zahl 40 ohne seine Erlaubnis zu überschreiten.

Verkauf von Grundbesitz

Unter Abt Hermann I. begann dann ein etwa 50 Jahre anhaltender Verkauf von Grundbesitz. Begonnen wurde 1238 mit der Veräußerung eines größeren Hauses mit Hofstatt in Köln im Stadtteil Niederich in der Pfarrei St. Kunibert (heute Johannisstraße) an die Abtei Kamp. Das Haus war vorher einem Kölner Bürger verpfändet gewesen. Da der Abt den Konvent nicht um seine Zustimmung ersucht hatte, kam es einige Zeit später zu Auseinandersetzungen zwischen Abt und Konvent, was jedoch nichts mehr an der Sache änderte.

Noch unter Abt Hermann I. wurden 1239 kleinere, weiter entfernt und vereinzelt liegende Güter in Borth und Swalmen (heute Niederlande, Provinz Limburg) sowie in Rindern an das Stift St. Viktor in Xanten verkauft, was vielleicht wirtschaftlich noch vertretbar war. Als Grund wird angegeben, daß die Abtei

Abt Hermann I. (1232-1240). Gemälde aus dem 1. Viertel des 18. Jhs., heute in der Sakristei der Abteikirche

Kamper Hof in Köln, abgebrochen 1878. Aquarell von Jakob Scheiner, 1877

infolge ihrer Schulden von Wucherern bedrängt werde. Dem bereits erwähnten Abt Emecho I. von Klotten gelangen bis 1251 zunächst kleinere Erwerbungen, darunter der Rottzehnt, d.h. der Zehnt von neugerodetem Land in verschiedenen Wäldern, und der Nießbrauch von Gütern und Renten in Königsdorf und Dansweiler.

Trotz dieser kleinen Erfolge ging die Veräußerung von Immobilien und Renten weiter. Erwerber waren das Kölner Domkapitel, das Stift in Münstereifel und das Kloster Knechtsteden. Ähnlich wie beim Verkauf des Kölner Anwesens an die Abtei Kamp regte sich auch jetzt wieder eine Opposition im Konvent. Gegen sie ist Abt Emecho I. von Klotten erstaunlich hart vorgegangen. Die drei Mönche, die mit dem Verkauf nicht einverstanden waren, wurden exkommuniziert und aus dem Kloster gewiesen. Unter ihnen befand sich offenbar auch Leonius, der einige Zeit später der für die Wirtschaftsführung verantwortliche Mönch *(cellerarius)* war und schließlich 1291 zum Abt gewählt wurde.

Gütertrennung zwischen Abt und Konvent im Jahre 1255

Die internen Auseinandersetzungen um den Verkauf von Immobilien führten 1255 zu einer Vermögenstrennung zwischen Abt und Konvent. War bis dahin die Kasse für Abt und Mönche gemeinsam, so trennte man von nun an Einkünfte und Ausgaben des Abtes von denen des Konvents. Beide Kassen blieben jedoch auch weiterhin in der Hand des für die wirtschaftlichen Belange verantwortlichen Mönchs. Der Verfasser der Klosterchronik gibt als Begründung für die Gütertrennung an, der Abt habe einen zu großen Teil des Klostervermögens für sich verbraucht. Das klingt glaubhaft, denn ein verschwenderischer Abt konnte sein Kloster schnell an den Rand des Bankrotts bringen.

Welche Güter dem Konvent und welche dem Abt zugeschrieben wurden, hat der Chronist nicht überliefert. Aus Klosterrechnungen des 14. Jahrhunderts jedoch geht hervor, daß dem Konvent damals zwei Drittel der Erträge zustanden, während der Abt über das restliche Drittel verfügen konnte.

Erstes Siegel des Abtes Emecho I. von Klotten (1240-1263). Thronender Abt mit Stab und Buch, 1246 (NWHStAD)

Zweites großes Siegel der Abtei Brauweiler. Halbfigur des hl. Nikolaus als Bischof mit Mitra, Stab und Buch in den Händen haltend, Mitte 13. Jh.(NWHStAD)

Domhof in Manstedten.

Trotz der Vermögenstrennung ging der Verkauf von Gütern weiter. Bereits 1256, also nur ein Jahr später, wurde ein großer Hof in Manstedten mit Rechten in vier nahen Wäldern (Holzgewalten) für 400 Mark an das Kölner Domkapitel veräußert. Da der Hof jedoch noch für die nächsten drei Jahre an Kölner Bäcker verpfändet war, verpflichtete man sich zur jährlichen Zahlung von 120 Maltern Weizen während dieser Zeit.

Bestandsaufnahme der Schulden und ein Schuldentilgungsplan unter Abt Heinrich I. von Rennenberg

Es gab aber auch Bemühungen, der fatalen Entwicklung entgegenzuwirken. Die erwähnten Auseinandersetzungen im Konvent unter den Äbten Hermann I. und Emecho I. von Klotten belegen, daß es oppositionelle Kräfte im Kloster gab, die einem völligen Abgleiten in den Ruin nicht tatenlos zusehen wollten.

Siegel des Abtes Heinrich I. von Rennenberg (1263-1288). Thronender Abt mit Stab und Buch, 1280 (NWHStAD)

In diesem Sinne ist die Übersicht über die Schuldenlast und der Maßnahmenkatalog zu ihrer Tilgung zu verstehen, die beide durch Abt Heinrich I. von Rennenberg am 18. September 1271 erstellt wurden. Diese wirtschaftliche Bestandsaufnahme wurde notwendig im Zusammenhang mit der mißlichen Lage, in die das Kloster während der territorialpolitischen Auseinandersetzungen zwischen den Kölner Erzbischöfen und den Grafen von Jülich und Berg sowie den mit diesen verbündeten, nach politischer Selbstbestimmung strebenden Kölner Bürgern geraten war. Nach der Niederlage des Kölner Erzbischofs Engelbert von Falkenburg am 18. Oktober 1267 in der Schlacht bei Marienholz nahe Zülpich und seiner anschließenden Gefangenschaft auf Burg Nideggen (s. S. 139), hatte auch die Abtei Brauweiler sich an der Zahlung der Lösegeldsumme zu beteiligen. Nur wenige Monate nach der Freilassung des Erzbischofs ließ Abt Heinrich I. von Rennenberg die erwähnte Bestandsaufnahme der Schuldenlast erstellen.

Demnach belief sich die Gesamtschuldenlast auf 950 kölnische Mark. Hinzu kamen noch 115 Mark abzüglich drei Schilling, die an den Grafen Wilhelm von Jülich als Lösegeldanteil des Klosters für die Freilassung des Erzbischofs Engelbert von Falkenburg zu zahlen waren.

In der Bestandsaufnahme des Abtes werden dann als weitere Gründe für die prekäre wirtschaftliche Lage des Klosters neben Mißernten die bereits erwähnten *exactiones,* die Forderungen verschiedener weltlicher Herren, genannt. Nähere Angaben zu diesen Forderungen werden in der Schuldenaufstellung nicht gemacht. Vermutlich handelte es sich in allen Fällen jedoch um Zahlungsverpflichtungen, die dem Kloster und seinem Abt im Zusammenhang mit der Gefangennahme des Kölner Erzbischofs auferlegt worden waren. Vielleicht waren darunter auch Forderungen, die im Zusammenhang mit der Familie des Abtes standen, da Angehörige seiner Familie im Jahre 1267 auf der Seite des Erzbischofs gekämpft hatten. (Siebert-Gasper/Stiene 1999)

Es wurde der vernünftige Vorsatz gefaßt, keine Verkäufe von Grund und Boden mehr vorzunehmen und die Schulden aus den laufenden Einnahmen zu tilgen. Zu diesen Einnahmen gehörten im wesentlichen Erlöse aus dem Verkauf von Getreide, Wein und Wolle, Erzeugnisse, die das Kloster gemäß den noch erhaltenen Rechnungen aus der ersten Hälfte des 14. Jahrhunderts damals wohl in größeren Mengen auf seinen Gütern produzierte.

Bei umsichtigerer Wirtschaftsführung und größerer Sparsamkeit hätten die guten Vorsätze und der Tilgungsplan Erfolge zeigen müssen. Aber offenbar waren nicht alle nachfolgenden Äbte in bezug auf die Wirtschaftsführung begabt - vom schlechten Management als einer Ursache der Krise war bereits die Rede -, und zugleich scheinen die Ansprüche der Konventsmitglieder weit über das noch tolerierbare Maß hinausgewachsen zu sein. Die Lockerung der monastischen Lebensform und der damit verbundene Verfall der Klosterdisziplin bei einer Mehrheit der Konventsmitglieder haben die guten Vorsätze von 1271 während der beiden darauffolgenden Jahrhunderte immer wieder zunichte gemacht.

Bereits Abt Heinrich I. von Rennenberg, in dessen Amtszeit die guten Vorsätze gefaßt worden waren, verkaufte im Jahre 1280 einen Hof zu Auenheim zusammen mit den Zehnteinkünften und dem Patronatsrecht an die

Deutschordenskommende Köln. Unter dem nachfolgenden Abt Arnold I. wurden zwischen 1288 und 1291 zwei offensichtlich große Höfe in Bengen (bei Bad Neuenahr) und Küdinghoven (bei Bonn-Beuel) mit allen Äckern, Weiden, Wäldern, Weinbergen und Einkünften für zusammen 1.600 Mark an den Marschall Kuno von Ahrweiler verkauft. Einer Anmerkung des Chronisten zufolge kann man annehmen, daß diese Veräußerungen im Zusammenhang mit der Behebung von Kriegsschäden standen, die im soeben beendeten Limburgischen Erbfolgestreit verursacht worden waren. (s. S. 139f.)

Anscheinend hat dieser Verkauf die wirtschaftliche Situation des Klosters für die nächsten Jahre dann doch noch weitgehend stabilisiert, denn über weitere Verkäufe unter den beiden folgenden Äbten Leonius von Neuenahr und Ludolf von Holte wird nichts berichtet.

Erste Auseinandersetzung mit dem Vogt und die Brauweiler Urkundenfälschungen

Die zweite Hälfte des 13. Jahrhunderts war aber auch gekennzeichnet durch Meinungsverschiedenheiten zwischen dem Kloster und seinem Vogt Heinrich von Bachem. Die Ursachen lagen ganz offenbar im Zusammenhang mit den territorialen Auseinandersetzungen des 13. Jahrhunderts zwischen den Kölner Erzbischöfen und den Grafen von Jülich und von Berg sowie den daraus resultierenden Ansprüchen der weltlichen Gewalten innerhalb des Erzstiftes. Als Indiz dafür mag gelten, daß die Verhandlungen zwischen dem Kloster und seinem Vogt Heinrich von Bachem unmittelbar nach der Niederlage des Kölner Erzbischofs in der Schlacht bei Marienholz begannen. Anders als Abt Heinrich I. von Rennenberg, dessen Familie eng mit der Politik des Kölner Erzbischofs verknüpft war, stand der Klostervogt Heinrich von Bachem auf der Seite der Grafen von Jülich und Berg. Über eine eheliche Verbindung zur kölnischen Ministerialenfamilie von Bachem hatte er das Vogtei-Amt erhalten. (Siebert-Gasper/Stiene 1999)

1272 kam es zwischen dem Kloster und seinem Vogt zu einem ersten Vergleich. Im Vorfeld dieses Vergleichs war es zu Übergriffen des Vogtes auf Klostergut, wie sie im Sinne der genannten *exactiones* zu verstehen sind, gekommen. Nun kam man überein, zukünftig auf Schädigungen zu verzichten und beiderseitige Rechte zu wahren. Damit waren die Streitigkeiten jedoch nicht beendet. 1276 mußte erneut ein Vergleich geschlossen werden.

Im Verlauf der Auseinandersetzungen mit ihrem Vogt haben die Mönche von Brauweiler nach 1255 bis 1276 versucht, ihre alten Rechte durch Urkundenfälschungen geltend zu machen. (s. Anhang S. 398) Hierbei hatten sie nicht die Absicht, sich Rechte anzumaßen, die ihnen nicht zustanden, sondern sie wollten

Abt Heinrich I. von Rennenberg und der Konvent des Klosters Brauweiler schließen einen Vergleich mit dem Vogt Heinrich von Bachem, Urkunde von 1272 Mai 15. Die Bedeutung dieses Vergleichs wird u.a. dadurch unterstrichen, daß der Kölner Erzbischof Engelbert von Falkenburg die Urkunde mitgesiegelt hat. (NWHStAD, Brauweiler Urk.)

Eine der bekanntesten Brauweiler Urkundenfälschungen ist diese Urkunde mit der Jahresangabe 1051 (Juli 17), die das gefälschte Siegel Kaiser Heinrichs III. trägt und in sieben gefälschten bzw. verfälschten Ausfertigungen mit unterschiedlichen Tages- und Monatsdaten bei gleicher Jahresangabe hergestellt worden ist. (NWHStAD, Brauweiler Urk.)

althergebrachten Rechten wieder zur Geltung verhelfen. Diese Rechte waren im Laufe der Zeit entweder in Vergessenheit geraten oder bewußt unterdrückt worden. Aus diesem Grund wurden damals neue Urkunden angefertigt, deren Inhalt meistens alte, echte Diplome zur Grundlage hatte. In den Fälschungen dieser Zeit spielen Vogteiregelungen eine wesentliche Rolle. Die Befugnisse des Vogtes wurden eng umgrenzt und dessen Eingriffsmöglichkeiten in den internen Bereich der Abtei eingeschränkt.

Gefertigt wurden sowohl Fälschungen ohne echte Urkundenvorlagen als auch nachträgliche Verfälschungen von Originalurkunden des 11. Jahrhunderts. Darunter befinden sich allein vier Urkunden Kaiser Heinrichs III. mit der Jahresangabe 1051, die in sieben verschiedenen Ausführungen gefertigt wurden. (s. Anhang S. 398) In den Fälschungen und Verfälschungen wird mit geographischen Angaben wie Wegen, Wäldern und Gewässern das Gebiet umschrieben, in dem der Vogt keine Rechte habe. Ferner wird die Lehnsabhängigkeit des Vogtes vom Kölner Erzbischof deklariert, wobei Abt und Konvent ein Mitspracherecht bei seiner Einsetzung hätten. Damit wurden in die Fälschungen die Erfahrungen, die man mit dem Vogt Heinrich von Bachem als einem Anhänger der weltlichen Mächte, die dem Erzbischof feindlich gegenüberstanden, eingebracht. Auf diese Weise hoffte man, durch die Berufung auf „alte Rechte" die aktuellen Forderungen des Vogtes abweisen zu können.

Man hat diese Verfügungen auch als ein wesentliches Kennzeichen der Fälschungen des 13. Jahrhunderts entlarvt, da man zu dem Zeitpunkt, der auf den gefälschten Urkunden angegeben wird - es handelt sich vorwiegend um das Jahr 1051 - solche Probleme mit den Vögten nicht hatte, denn diese entstammten damals noch der Gründerfamilie. (Wisplinghoff 1956/57)

Ihren Zwecken haben die Brauweiler Urkundenfälschungen allerdings nur recht unvollkommen dienen können. So kam die in ihnen vorgesehene radikale Lösung, daß der Erzbischof einen „untauglichen" Vogt absetzen könne, niemals zur Ausführung, denn der Erzbischof war, als die Streitigkeiten mit den Vögten ein knappes Jahrhundert später erneut und wesentlich heftiger ausbrachen, bei seinen seit dem ersten Viertel des 13. Jahrhunderts immer wieder heftig aufflammenden territorialpolitischen Kämpfen auf ein gutes Verhältnis zu diesen niederen Lehnsträgern dringend angewiesen.

Der Zwischenschied des Albertus Magnus im Jahre 1277

Eine enge Freundschaft verband Abt Heinrich I. von Rennenberg mit dem in Köln lebenden Dominikaner-Mönch und Gelehrten Albertus Magnus. Wie der Chronist berichtet, habe der Abt diesen öfter, wenn er in Schwierigkeiten war, um Rat angegangen. Ganz allgemein war der Rat des berühmten Rechtsgelehrten gefragt. Hatte er doch 1258 im sog. „Großen Schied" einen Streit zwischen dem Kölner Erzbischof Konrad von Hochstaden und der Kölner Bürgerschaft geschlichtet. Auch im Zusammenhang mit anderen Ausein-

Albertus Magnus. Kupferstich von Tobias Stimmer, 1577

andersetzungen war Albertus Magnus um seine schiedsrichterliche Entscheidung gebeten worden. 1263 hatte er gemeinsam mit drei Verwandten von Abt Heinrich I. von Rennenberg, dem Domdekan Konrad sowie den Domherren Albert und Johannes von Rennenberg, einen Streit zwischen Erzbischof Engelbert II. von Falkenburg und der Stadt Köln geschlichtet.

Im Jahre 1274 hielt Albertus Magnus sich in Brauweiler auf, um einen Altar in der Klosterkirche zu weihen. Vermutlich bei diesem Anlaß hat Abt Heinrich I. von Rennenberg den Gelehrten um Vermittlung und eine schiedsrichterliche Entscheidung hinsichtlich der Belastungen des Klosters angesprochen. Obwohl die Quellen keine Einzelheiten mitteilen, dürfte es sich bei den angesprochenen Problemen hauptsächlich um Forderungen des Vogtes gehandelt haben, denn der Zeitpunkt der Beauftragung des Gelehrten lag zwischen den beiden Vergleichen, die das Kloster mit seinem Vogt Heinrich von Bachem geschlossen hatte.

Erst drei Jahre später, im Jahre 1277, gab Albertus Magnus einen ersten Zwischenbescheid an Abt Heinrich I. von Rennenberg. Darin bat er um eine Frist von weiteren fünf Jahren. Die Gründe hierfür könne er nicht näher darlegen. *„Doch ist es mein Wille und Gebot, daß bis dahin alles im bisherigen Zustand verbleibt. Das bedeutet, daß der Abt nicht zum Nachteil des Konvents in bezug auf Eintreibungen* [exactiones] *oder anderweitig etwas zu unternehmen, sich erkühnen soll* [...] *Denn in der Zwischenzeit gedenke ich, Genaueres über den mir als Schiedsrichter anvertrauten Fall zu erfahren, um gewiß möglichst rasch mit Gottes Hilfe und dazu mit dem Rat kluger Männer zu einem löblichen Ende zu bringen."*

Albertus Magnus starb am 15. November 1280, ohne den „Brauweiler Fall" gelöst zu haben.

Die Erneuerung der Gütertrennung vom Jahre 1255

Am 25. Juli 1283, drei Jahre nach dem Tod von Albertus Magnus, hat Abt Heinrich I. von Rennenberg die Gütertrennung zwischen Abt und Konvent, die 1255 beschlossen worden war, durch den Kölner Erzbischof Siegfried von Westerburg noch einmal bestätigen lassen. Diese Erneuerung steht wohl im Zusammenhang mit dem Tod des Gelehrten, durch den das Vorhaben, die anstehenden Probleme durch einen Schiedsspruch zu lösen, zunichte gemacht wurde. Andererseits deutet die Erneuerung der Gütertrennung aber auch darauf hin, daß es zwischen Abt und Konvent Meinungsverschiedenheiten gab, hinsichtlich der Frage aus welcher Kasse bestimmte Forderungen *(exactiones)* weltlicher Mächte zu bezahlen seien, ob aus der des Abtes oder aus der des Konvents. Offenbar war der Abt sich zugleich bewußt, daß die schwierige finanzielle Situation des Klosters eine umsichtige Wirtschaftsführung notwendig machte und er diese Frage, die zu einer Entzweiung zwischen ihm und dem Konvent führen konnte, durch die Erneuerung der Regelung von 1255 endgültig klären wollte. Zugleich wurde Abt Heinrich I. von Rennenberg dem Auftrag des Gelehrten gerecht, jede durch gegenseitige Schädigung herbeigeführte Änderung des Status Quo zu vermeiden. (Siebert-Gasper/Stiene 1999)

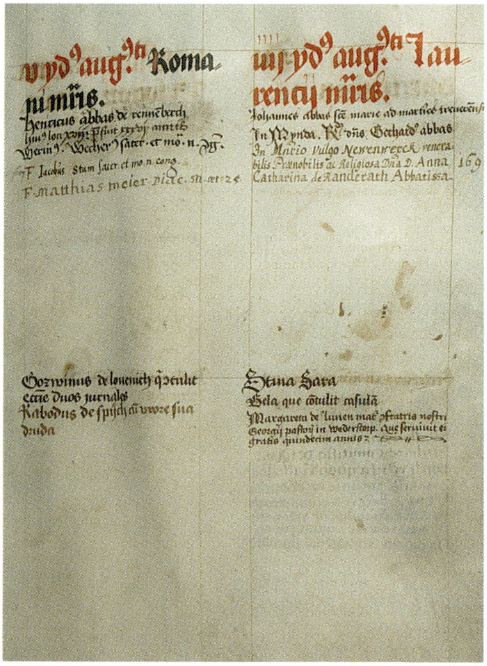

Brauweiler Nekrolog (Totenbuch) von 1476. Eintrag des Todes von Abt Heinrich von Rennenberg zum 9. August (►) (NWHStAD, Rep. u. Hs.)

Schlacht bei Worringen: Die Abtei dokumentiert noch einmal ihre Treue zum Kölner Erzbischof

Die politische Ausrichtung von Abt Heinrich I. von Rennenberg während der Zeit territorialpolitischer Auseinandersetzungen in der zweiten Hälfte des 13. Jahrhunderts wurde noch einmal deutlich wenige Wochen vor seinem Tod am 9. August 1288. Im gleichen Jahr kam es zur entscheidenden Schlacht bei Worringen zwischen den Anhängern des Kölner Erzbischofs Siegfried von Westerburg und seinen Gegnern. (s. S. 139f.) Einen Tag vor dem Treffen, am 4. Juni 1288, sammelten sich die erzbischöflichen Truppen im Erftraum, und am frühen Morgen des darauffolgenden Tages begab sich der Erzbischof in die Abtei Brauweiler, wo er bei dem Abt von Knechtsteden, der sich hier aufhielt, beichtete und von diesem die Kommunion empfing. Nach einem Gottesdienst in der Klosterkirche zog er an der Spitze seiner Streitmacht nach Worringen, wo er bis zum Abend eine entscheidende Niederlage erlitt.

Abt Heinrich I. von Rennenberg war zu diesem Zeitpunkt wohl bereits so schwer erkrankt, daß er die Beichte des ihm verbundenen Erzbischofs nicht mehr selbst abnehmen konnte. Als Grund für seine Krankheit gibt der Chronist die „Drangsale" an, denen der Abt während seiner 25jährigen Amtszeit ausgesetzt gewesen sei.

Beginn des krisenreichen 14. Jahrhunderts: Hungersnöte

Das Kloster trat wirtschaftlich erheblich geschwächt - mindestens vier große Höfe und zahlreicher kleinerer Besitz waren verkauft worden - in das 14. Jahrhundert ein, eine Epoche, die in der modernen wirtschaftsgeschichtlichen Forschung als eine ausgesprochene Krisenzeit gilt. Jedoch unterschied sich die Krise der ersten Hälfte des Jahrhunderts von derjenigen der zweiten Hälfte.

Die ersten 50 Jahre waren geprägt von Überbevölkerung, Wetterkatastrophen, Mißernten und damit verursachten Hungersnöten. Mit dem Schwarzen Tod, der Ende 1349 den Niederrhein erreichte, und den in der Folge wiederkehrenden Pestepidemien wandelte sich das Bild. Die Überbevölkerung ging für rund 100 Jahre radikal zurück. Die menschliche Arbeitskraft wurde knapp. Während Handwerker und Lohnarbeiter in besseren Verhältnissen lebten, brachen für die Grundherren, zu denen auch das Kloster Brauweiler gehörte, schwierigere Zeiten an, die ein umsichtiges Management erforderten. (Abel 1978 a u. b)

Zwischen 1309 und 1311 litt das Kloster unter einer ersten Hungerperiode. Abt Ludolf von Holte sah sich daher gezwungen, mit päpstlicher Erlaubnis 14 Mönche zu anderen Benediktinerklöstern zu entsenden, nach St. Maximin und St. Matthias bei Trier sowie nach St. Jakob und St. Laurentius in Lüttich. Zwischen 1315 und 1317 folgte eine zweite, noch größere Hungersnot, von der die Klosterchronik jedoch nichts berichtet.

Der Guß der Misericordia-Glocke zur Vertreibung der „Geister des Bösen"

In die Amtszeit von Abt Ludolf von Holte fällt der Guß der ältesten, heute noch erhaltenen Glocke der Abteikirche. In der Glockeninschrift ist als Gußdatum das Jahr 1300 angegeben. (s. Anhang S. 408f.) Wie die Glockenin-

Die Misericordia-Glocke im Westturm der Abteikirche. In der unteren Reihe der Glockeninschrift erkennt man links die römischen Ziffern CCC (= 300), ein Teil der Jahreszahl 1300, des Gußdatums.

Ausschnitt aus dem Stifterbild von 1657. Hinter dem Pfalzgrafen Ezzo, der vor dem Modell der Kirche kniet, steht der dritte Patron von Kirche und Kloster, der hl. Martin.

schrift besagt, sollte die Glocke *„die Geister des Bösen“* vertreiben. Sowohl diese Inschrift als auch der Glockenname „MISERICORDIA“ (Barmherzigkeit) und das überlieferte Gußdatum *„nach dem Fest des heiligen Martin“* lassen vermuten, daß Abt Ludolf von Holte und sein Konvent durch diese Glocke den hl. Martin um Schutz für das Kloster und seine Bewohner bitten wollten. (Schreiner 2000) Der Verehrung dieses Heiligen kam seit der Weihe eines Altares zu seinen Ehren am 22. Januar 1141 beim Bau der dritten Abteikirche (s. S. 57) eine besondere Bedeutung zu. Schließlich wurde der hl. Martin als dritter Patron neben den beiden Heiligen Nikolaus und Medardus verehrt. Abt Ludolf von Holte hat diese Entwicklung während der für das Kloster so kritischen Zeit offensichtlich bewußt gefördert.

Die doppelte Abtswahl von 1313 und ihre Folgen

Dennoch hat bereits wenige Jahre nach dem Guß der Misericordia-Glocke ein Ereignis die Geschicke des Klosters ungünstiger beeinflußt und die Klosterfinanzen stärker in Unordnung gebracht als jedes der bisher erwähnten Mißgeschicke: Nach dem Tod des Abtes Ludolf von Holte kam es im Jahre 1313 zu einer doppelten Abtswahl. Der Konvent war damals in zwei Lager gespalten und wählte zwei Anwärter für das Amt des Abtes. Von den 16 wahlberechtigten Konventsmitgliedern wählten zehn den damaligen Thesaurar, den Verwalter des Kirchenschatzes, Arnold Scholle, und sechs den aus dem Trierer Kloster St. Matthias stammenden Mönch Menfred. Die Klosterchronik berichtet, daß es sich bei den Wählern Arnold Scholles um langjährige Brauweiler Konvents-

Abt Menfred (1313-1321). Gemälde aus dem 1. Viertel des 18. Jhs., heute in der Sakristei der Abteikirche

Abt Arnold II. Scholle (1359-1361). Gemälde aus dem 1. Viertel des 18. Jhs., heute in der Sakristei der Abteikirche

mitglieder gehandelt habe, während die Parteigänger seines Gegenkandidaten Menfred von auswärts gekommene Mönche gewesen seien sowie solche, die im Kloster besondere Ämter innehatten. Vermutlich waren die Anhänger Menfreds Mönche, die ihren Kandidaten im Kloster St. Matthias kennengelernt hatten, als diese von Abt Ludolf während der Hungerjahre zwischen 1309 und 1311 dorthin geschickt worden waren. (Wisplinghoff 1971 u. 1982) Wegen der Zwiespältigkeit der Wahl beauftragte der Prior des Klosters den Juristen Gottfried von Rude, der damals rechtskundiger Sachwalter des Klosters in Köln war, mit einer Untersuchung. Auf seinen Rat hin wurden fünf Wahlbeauftragte bestellt, durch welche der Streit jedoch auch nicht beigelegt werden konnte. Schließlich hat der Kölner Erzbischof Heinrich II. die Wahl Menfreds anerkannt und damit den Kandidaten der Minderheit zum neuen Abt bestimmt.

Der unterlegene Arnold Scholle strengte sofort einen Prozeß bei der päpstlichen Kurie in Avignon an, der acht Jahre dauerte und hohe Summen verschlungen hat. Er begab sich persönlich zu Papst Clemens V., um die Wahl anzufechten, Menfreds Absetzung und seine eigene Ernennung zum Abt durchzusetzen.

Abt Menfred entsandte den Prior Gottfried von Merheim, den er mit erheblichen finanziellen Mitteln ausgestattet hatte, als seinen Vertrauensmann an die päpstliche Kurie. Dort beauftragte Gottfried rechtskundige Sachwalter, die Ansprüche Menfreds zu vertreten. Er selbst reiste nach Brauweiler zurück, wo seine Anwesenheit offenbar dringend benötigt wurde. Abt Menfred verließ nämlich das Kloster, da er, wie die Chronik berichtet, wegen des Widerstandes des größten Teils der Mönche Befürchtungen um seine Sicherheit gehabt habe. Er begab sich zunächst nach Klotten und nach Mesenich sowie an andere Moselorte und zog sich schließlich in sein Heimatkloster in Trier zurück. Von dort aus hat er schriftliche Weisungen an seinen ihm ergebenen Prior Gottfried von Merheim erteilt, der an seiner Stelle die Angelegenheiten des Klosters Brauweiler regelte.

Zur gleichen Zeit verübten Verwandte des unterlegenen Arnold Scholle und seine Parteigänger im niederen Adel aus der Umgebung des Klosters Überfälle auf klösterliche Besitzungen und Hintersassen. Sie forderten, daß das Kloster Geld für den Prozeß Scholles nach Avignon senden solle. Aus Wut darüber, daß der Prior und die übrigen Verantwortlichen des

Klosters sich weigerten, diese Forderung zu erfüllen, verwüstete und verbrannte der Klostervogt Heinrich von Bachem mehrere Klosterhöfe. Sein Helfer Reimar von Fliesteden nahm den Diakon Gottschalk von Mesewinkel auf dem Klosterfriedhof in Brauweiler gefangen und verschleppte den Unglücklichen, um das Kloster zu erpressen.

An diesen Übergriffen beteiligten sich auch drei aus dem Kloster entwichene Mönche. Sie entwendeten Einkünfte des Klosters an Getreide und Wein sowie Pferde und anderes Vieh und hinderten die Bauern bei der Feldbestellung. Schließlich sollen die Parteigänger Scholles auch fast den gesamten Kloster- und Kirchenschatz geraubt und zu Geld gemacht haben. Unter den entwendeten Stücken befanden sich goldene und silberne Reliquiare, Kelche und Kleinodien sowie kostbare Meßgewänder und Bücher.

Noch bevor der Prozeß an der päpstlichen Kurie in Avignon entschieden war, trat Abt Menfred 1321 zurück. Vermutlich hatte er die Aussichtslosigkeit seiner Amtsführung erkannt. Nur wenige Monate später, am 23. Oktober 1321, wurde der Prozeß zwischen den beiden Kandidaten der Doppelwahl von 1313 zugunsten Arnold Scholles entschieden.

In Brauweiler hatte man jedoch noch vor Eingang der päpstlichen Entscheidung eine neue Abtswahl durchgeführt. Die Mehrheit des Konvents stimmte für den bisherigen Kellner Friedrich von Senheim, während sein Gegenkandidat Arnold Scholle unterlag. Nach Bekanntwerden des Ergebnisses kam es zu schweren blutigen Auseinandersetzungen zwischen den Angehörigen des erneut unterlegenen Arnold Scholle und den Anhängern des gewählten Abtes Friedrich von Senheim. Der Streit wurde schließlich durch eine schiedsrichterliche Vereinbarung beigelegt und die Angehörigen Arnold Scholles durch die Zahlung von Geld ausgesöhnt. Sein ursprüngliches Ziel, die Abtswürde, hat Arnold Scholle schließlich hochbetagt im Sommer 1359 doch noch erreicht und das Amt für knapp zwei Jahre innegehabt. Vor der doppelten Abtswahl und danach zwischen 1337 und 1352 war er als *cellerarius* für die wirtschaftlichen Belange des Klosters verantwortlich gewesen.

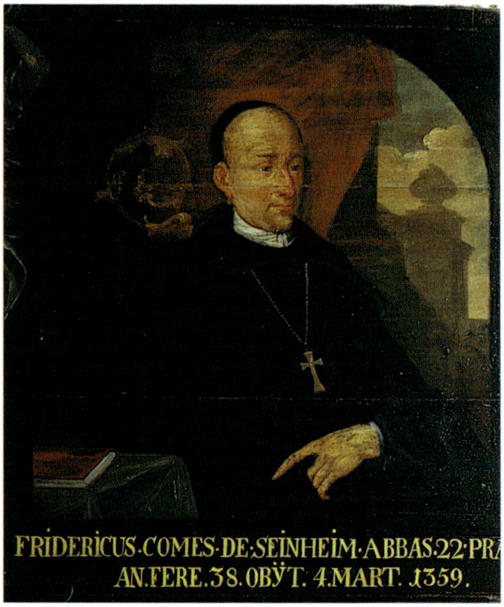

Abt Friedrich von Senheim (1321-1359). Gemälde aus dem 1. Viertel des 18. Jhs., heute in der Sakristei der Abteikirche

Die wirtschaftliche Lage unter Abt Friedrich von Senheim

Obwohl keine konkreten Angaben über die Prozeß- und andere Kosten im Zusammenhang mit den Auseinandersetzungen nach der doppelten Abtswahl von 1313 überliefert sind, scheint das Vermögen des Klosters stark geschwunden und die Schuldenlast außergewöhnlich drückend gewesen zu sein. Besonders deutlich wurde dies während der Amtszeit des Abtes Friedrich von Senheim, der dem Kloster von 1321 bis 1359 vorstand.

Da das Kloster nun offensichtlich keinen Kredit mehr hatte - also nicht mehr die Möglichkeit besaß, nach bewährter schlechter Art neue Schulden zu machen, auch um damit alte abzuzahlen - mußten von jetzt an wieder Besitz und Einkünfte verkauft werden, um den dringendsten Verpflichtungen nachzukommen. Im Jahre 1324 sah man sich gezwungen, um die Schuldenlast bei Christen und Juden zu tilgen, einen Hof zu Dansweiler mit allem Zubehör in Kirdorf (Sinthern), Brauweiler und Kleinkönigsdorf für 1.000 Mark Kölnisch dem Stift St.

Marienhof in Dansweiler

Maria ad Gradus in Köln zu verkaufen. Der Hof erhielt später den Namen „Marienhof".

Dennoch verschlechterte sich die wirtschaftliche Lage des Klosters weiterhin, und sie erreichte im Jahre 1328 einen Höhepunkt. Abt Friedrich erwirkte bei Papst Johannes XXII. die Erlaubnis, 20 Mönche vorübergehend in andere Klöster zu entsenden, da die Abtei aus eigenen Mitteln außerstande war, alle Angehörigen zu ernähren. Die Mönche sollten so lange in den anderen Klöstern bleiben, bis die wirtschaftliche Lage des Klosters es wieder gestatten würde, seine Angehörigen bei sich aufzunehmen. Ebenfalls 1328 sah der Papst sich veranlaßt, eine Anordnung zu erlassen, damit die der Abtei drohende Zwangsvollstreckung durch die bereits 1324 genannten christlichen und jüdischen Gläubiger verhindert werde.

Offensichtlich haben auch diese Maßnahmen die wirtschaftliche Lage Brauweilers nicht endgültig stabilisieren können. In den folgenden Jahren ging nämlich der Verkauf von Immobilien und Einkünften weiter, wobei die Abtei sich zumeist das Rückkaufsrecht vorbehielt, ohne davon später auch in jedem Falle Gebrauch machen zu können.

Die Wirtschaftsführung des Abtes erwies sich letztlich als umsichtig und erfolgreich. Es gelang in der Folge tatsächlich, Schulden zu tilgen und Geld für den Rückkauf von Besitz und Renten aufzubringen, wie aus den mit großen Lücken erhaltenen Rechnungen der Kellnerei (Wirtschaftsverwaltung) aus den Jahren 1331 bis 1352 hervorgeht. Bereits 1332 konnte ein schon veräußerter Hof in Sinthern von dem Kölner Kloster St. Clara für 2.350 Mark zurückgekauft werden. Der Rückkauf von Grundbesitz, der an andere Klöster veräußert worden war, gelang auch in Mesenich und Widdersdorf. Wie die Klosterchronik ausdrücklich vermerkt, fand Abt Friedrich von Senheim Unterstützung bei seinen Konventsmitgliedern und dem damaligen Kellner Arnold Scholle, der als Kandidat der doppelten Abtswahl einen Teil der Misere durch seine Prozeßführung in Avignon mitverursacht hatte.

Die Unterlagen des Rechnungsjahres 1331/32 belegen, wie ernsthaft die Bemühungen zur Reduzierung der Schuldenlast waren. Man hat damals rund 42 Prozent der Einkünfte für Schuldzinsen und Rückzahlungen aufgewendet. Zustimmung zu seinen Sanierungsmaßnahmen erhielt Abt Friedrich im Jahre 1337 vom Kölner Erzbischof Walram, der dem Abt mitteilte, daß er dessen getroffene Regelungen unterstütze und in Kraft setze, da sie zum Nutzen des Klosters Brauweiler seien, *„welches durch schwere Schuldenlast an den Rand des Ruins gekommen war, den Weg der wirtschaftlichen Wiedergesundung eingeschlagen und eine Regelung getroffen habe, um die* *seit langem verlorenen Besitzungen des Klosters zurückzuerwerben und dasselbe in seinen früheren Zustand zurückzuversetzen".*

Ein „Zwangsaufsichtsrat" aus Gläubigern als Berater des Abtes

Unterstützt wurde Abt Friedrich von Senheim bei seiner Wirtschaftsführung durch einen Kreis von Beratern, die vom Konvent jährlich neu bestimmt wurden und dem Kellner bei der Rechnungsführung zur Seite standen. Sie sind in noch erhaltenen Rechnungen der Jahre 1337/38 und 1348 bis 1352 neben Abt und Prior erwähnt. Man kann diese Berater als eine Art „Zwangsaufsichtsrat" ansehen, dem mehrheitlich Gläubiger des Klosters oder deren im Kloster lebende Verwandte angehörten, die ein natürliches Interesse daran hatten, daß die Abtei wirtschaftlich nicht völlig zugrunde ging. In der Regel scheinen drei *consiliarii* jährlich bestellt worden zu sein. Bei ihnen lassen sich zwei Gruppen unterscheiden: Zunächst sind die vom Kölner Erzbischof benannten Persönlichkeiten zu erwähnen, die zum größten Teil Nichtkölner waren. Neben diesen standen Konventsmitglieder, die niederen Adels- bzw. Patrizierfamilien aus Köln und der Umgebung des Klosters entstammten und als Mönche im Kloster lebten.

Klosterrechnungen und klösterliche Buchführung im 14. Jahrhundert

Eine besonders interessante Quelle zur Wirtschaftsgeschichte in der Zeit des Abtes Friedrich von Senheim sind die mit einigen Lücken noch erhaltenen Rechnungen der Kellnerei aus den Jahren 1330 bis 1352. (s. Anhang S. 398f.) Das Amt des Kellners hatten in diesem Zeitraum, wie aus der Buchführung hervorgeht, zwei Personen inne. Der erste war Hermann genannt Saulyn. Seine Handschrift tragen die Rechnungen der Jahre 1330 bis 1333. Der zweite war der bereits bekannte Mönch Arnold Scholle, der bei der doppelten Abtswahl von 1313 unterlegene Kandidat. Er ist der Schreiber der noch erhaltenen Rechnungen der Jahre 1337/38 und 1348 bis 1352.

Insgesamt belegen die erhaltenen Rechnungen, daß in der Buchführung zwei Hauptgruppen von Einnahmen und Ausgaben unterschieden wurden, diejenigen von den rheinischen Besitzungen und diejenigen von den Moselgütern des Klosters. Bei beiden Gruppen werden Einnahmen und Ausgaben in Geld und in Naturalien unterschieden.

Die teilweise sehr detaillierte Buchführung vermittelt auch ein anschauliches Bild vom klösterlichen Wirtschaftsleben und stellt die Klosterämter vor. Die Wirtschaftsführung lag in Händen des Kellermeisters oder Kellners, für den die Bezeichnungen *cellerarius, reddituarius* oder *procurator redditum* verwendet werden. Daneben gab es den Schulzen oder Schultheißen, der *scultetus* genannt wird. Dieser hatte offenbar die Aufsicht im Außendienst, d.h. er mußte sich um das Hereinkommen der Ernten und Naturalabgaben kümmern und hatte die Anweisungen des *reddituarius* zu befolgen, dem die buchmäßige Verwaltungsarbeit oblag. Er hatte vor den *consiliarii,* die auch mit dem Begriff *provisores* bezeichnet werden, den Mitgliedern des sog. „Zwangsaufsichtsrates", Rechnung abzulegen und begleitete öfters den Abt und die *consiliarii* oder *provisores* auf ihren Besichtigungsreisen zu den Klostergütern.

Während der Wirtschaftsführung Arnold Scholles änderte sich einiges in der Verwaltung. Drei Personen werden genannt, die sich in die Aufgaben der klösterlichen Vermögensverwaltung teilen: Der Schulze (Schultheiß) bleibt. Daneben wird unterschieden zwischen dem *reddituarius,* der durch Abgabe eines Teiles seiner Aufgaben zum Unterkellner wird, und dem *cellerarius* oder *procurator redditum,* der als Oberkellner das eigentliche Haupt der Verwaltung darstellt. Ober- und Unterkellner erledigen manche Aufgaben gemeinsam, wie z.B. auf Reisen. Der Unterkellner war in erster Linie der Gehilfe des Oberkellners, aber daneben hat er vermutlich die Verwaltung des Teiles des Klostervermögens unter sich gehabt, von welchem dem Abt ein Anteil zustand. (von Roden 1947)

Bei den Einkünften unterscheidet die Buchführung zwischen den Einkünften in Naturalien, die auf den landwirtschaftlichen Betrieben der Abtei erzeugt werden, und den Geldeinnahmen, die sich aus dem Erlös für verkauftes Getreide und aus Zinszahlungen und Verpflichtungen von Schuldnern der Abtei zusammensetzen.

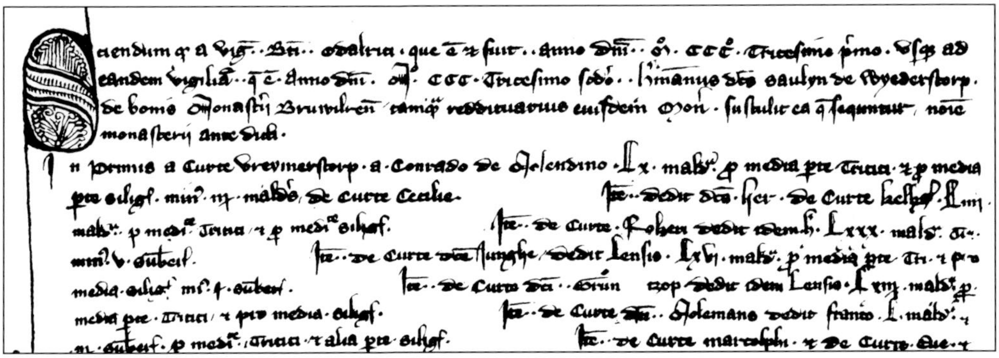

Ausschnitt aus dem Rechnungsbuch der Kellnerei des Klosters Brauweiler. Zu Beginn des Haushaltsjahres 1331/32 stellt sich der damalige Kellner Hermann genannt Saulyn aus Widdersdorf vor: „Hermannus dictus Saulyn de Wyederstorp". (2. Zeile von oben) (NWHStAD, Brauweiler Akten)

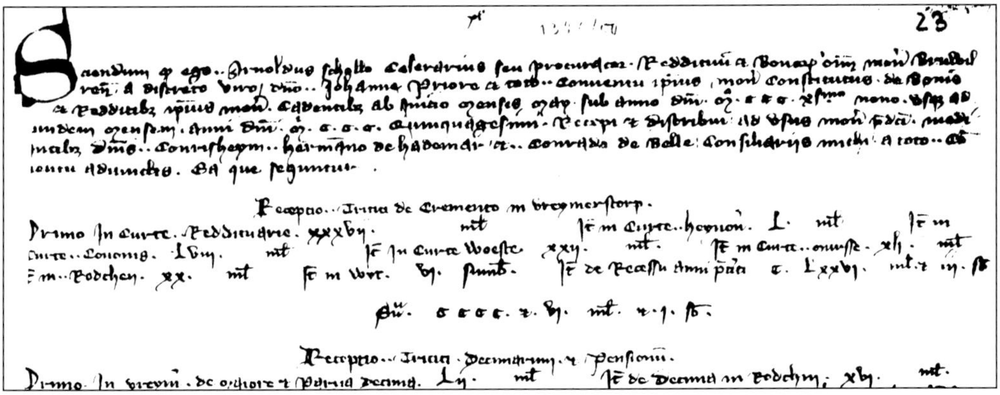

Ausschnitt aus dem Rechnungsbuch der Kellnerei des Klosters Brauweiler. Zu Beginn des Haushaltsjahres 1348/49 stellt sich der damalige Kellner Arnold Scholle vor: „ego Arnoldus Scholle Celerarius". (1. Zeile oben) (NWHStAD, Brauweiler Akten)

Auf der anderen Seite der Bilanz werden die Ausgaben aufgeführt. So gibt es Ausgaben in Naturalien, die als *Varpacht* (die Schreibweise wechselt) bezeichnet werden. Es handelt sich um eine Zinszahlung, die unter allen Umständen zu zahlen ist und der eine Verpfändung zugrunde liegt. Als Empfänger einer solchen *Varpacht* werden das Kölner Domkapitel sowie Angehörige von Kölner Familien, aus denen die *consiliarii* stammen, genannt.

Unter den Geldausgaben werden die Zinsen an Juden als Geldverleiher, die (irregulären) Präbendengelder an Mitglieder des eigenen Konvents und die Summen zur Abzahlung von Schulden aufgeführt. Von besonderem Interesse sind die Ausgaben für Baumaterialien, für Türen, Zäune, Latten oder für die Löhne der Handwerker. Wir erfahren etwas über Dachdeckerarbeiten an den Abteigebäuden oder an den Baulichkeiten der Klosterhöfe, wie Ställen und Scheunen. Sogar von Dachreparaturen an der inkorporierten Sintherner Kirche ist die Rede. Auch die Beschaffung von Schlüsseln und Eisenwerkzeugen oder die Anschaffung von Säcken und Kohlen für den Winter, von Kerzen für die Gottesdienste, ferner von Pergament und Tinte oder Kleidungsstücken für die Konventsmitglieder wird genau aufgeführt. Wir erfahren, welche Löhne die Hirten, Wächter, Erntearbeiter und Fuhrleute der Abtei erhielten. Es ist sowohl von Ausgaben für die Bewirtung der zu Verhandlungen im Kloster erschienenen Pächter und anderen Personen die Rede als auch von Spesen, von Ausgaben für die Benutzung von Schiffen, für den Zoll oder für Diener und von anderen Ausgaben (z.B. Beschlagen von Pferden) bei Reisen des Abtes oder des Oberkellners zu den Gütern der Abtei, wie beispielsweise zu den Moselbesitzungen.

Insgesamt stellen die Rechnungen der Jahre 1330 bis 1352 trotz der größeren Lücken eine aufschlußreiche wirtschaftsgeschichtliche Quelle dar.

Hoher Lebensstandard der Mönche und sorglose Wirtschaftsführung

Obwohl die Bemühungen von Abt und Konvent Erfolge zeigten und die Belastung des Klosteretats durch fortschreitende Schuldentilgung erheblich verringert werden konnte, bleibt die Frage, ob man nicht weitaus mehr hätte tun können.

Ein Blick in die noch erhaltenen Kellnereirechnungen der Jahre 1330 bis 1352 bestätigen diese Zweifel. Einen verhältnismäßig großen Ausgabeposten bilden die Zuwendungen von Geld und Naturalien an den Konvent. Die Mönche erhielten als ihre normale Präbende - das ist eine Zuwendung, die nur Domherren und Kanonikern in Stiften zustand, für Benediktinermönche jedoch irregulär war - neben Barzuwendungen auch Getreide- und Weindeputate. Darüber hinaus aber wurden die Einkünfte der Kellnerei, die den größten Teil des Klostervermögens verwaltete, in dem genannten Zeitraum nach Abzug der sonst notwendigen Leistungen restlos unter die Mönche verteilt. So standen diesen weitaus mehr Mittel zur Verfügung, als sie für ihren Lebensunterhalt benötigten. Man hat ihre jährlichen Einnahmen einmal mit dem Jahreslohn eines Dachdeckermeisters verglichen und festgestellt, daß der klösterliche Lebensstandard damals weit über dem einer Handwerkerfamilie lag, wobei der Mönch zusätzlich Gelder für Bekleidung erhielt und anders als der Handwerker freie Wohnung besaß und keine Familie hatte, für die er sorgen mußte. (Wisplinghoff 1971 u. 1982 a)

Die mehrheitlich dem niederen Adel entstammenden Brauweiler Mönche dieser Zeit haben es zweifellos wenigstens im Essen und Trinken ihren Standesgenossen und Verwandten in der Welt gleichgetan. Die irregulären Präbenden ermöglichten nicht nur einen solchen Lebenswandel, sondern gaben auch die Grundlage für Privatbesitz, den die Benedikt-Regel ausdrücklich verbietet.

Als ein weiteres Zeichen für die Auflösung des monastischen Lebens und damit einhergehendem Verfall religiöser Substanz muß die Zahlung von Geld als Belohnung für die Teilnahme an religiösen Handlungen des Klosters angesehen werden. So erhielten die Brauweiler Mönche beispielsweise 1337 und 1348 Geld für ihre Teilnahme an zwei Prozessionen. Es sind erstaunlich hohe Beträge - eine Untersuchung spricht von mehr als der Hälfte der Einnahmen - die für den Unterhalt des Konvents verwendet wurden. Eigentlich hätten es die schlimmen und erst verhältnismäßig kurze Zeit zurückliegenden Erfahrungen der Jahre nach 1313 dem Kellner Arnold Scholle und seinem Abt Friedrich von Senheim - beide hatten diese Zeit selbst erlebt - nahelegen müssen, wenigsten die Überschüsse an Naturalien zu verkaufen und das Geld als Rücklage für schlechte Zeiten oder für die Rückgewinnung veräußerten Besitzes zu verwenden. Es erstaunt die allzugroße Sorglosigkeit bei der klösterlichen Wirtschaftsführung dieser Zeit. Da es sich aber allgemein um eine Epoche des Niedergangs in der Geschichte der Benediktinerklöster mit dem Übergang zu stiftischen Lebensformen handelte, ist diese Entwicklung in Brauweiler allerdings nicht überraschend.

Folgen der Pest von 1349

Schon bald nach der Mitte des 14. Jahrhunderts sollten sich die negativen Auswirkungen des unzulänglichen Wirtschaftsmanagements zeigen. So trafen die wirtschaftlichen Folgen der Pest, die im Sommer 1349 das Rheinland erreichte, das Kloster unvorbereitet. Die Rechnungen von 1350/51 verzeichnen einen deutlichen Rückgang der Ernteeinkünfte, der verursacht war durch die Verminderung der Landbevölkerung infolge der Seuche. Das hatte auch eine Verringerung der Geldeinnahmen zur Folge, da nun, anders als bisher, nicht mehr so große Mengen an Getreide zum Verkauf auf dem Markt zur Verfügung standen. In dieser Situation hätte eine vorausschauende Wirtschaftsführung während der vorangegan-

Bronzene Grabplatte des Abtes Friedrich von Senheim. Die Inschrift lautet in deutscher Übersetzung (nach Stiene 1997): „Als nach der Geburt Christi eintausenddreihundertundfünfzig Jahre verflossen waren, denen etwa neun folgten, da hast du, Friedrich, den Tod erlitten, der du ein überaus weiser Leiter dieser Gemeinschaft warst. Darob klagt die gesamte Schar der Brüder. Der vierte März brachte dir den Tod. Gerecht warst du und liebenswert, fromm, ehrbar und wurdest geliebt. Von Senheim gebürtig, ruhest du hier im Grabe. Christus seiest du geschenkt und den Heiligen beigesellt. Amen." (Die Grabplatte wird in der Sakristei der Abteikirche aufbewahrt. Die Angabe bei Wisplinghoff 1992, S. 23, sie sei verschollen, trifft nicht zu.)

genen Jahre sicherlich für eine Milderung der wirtschaftlichen Folgen der Pest sorgen können; so jedoch fehlten Geldrücklagen. Auch wenn der Rückgang der Ernteerträge in den folgenden Jahren gewiß wieder einigermaßen wettgemacht wurde, da die guten Böden, auf denen das Kloster produzierte, nicht längere Zeit unbestellt geblieben sein können, blieb die wirtschaftliche Situation des Klosters angespannt. Der Grund lag vor allem darin, daß die Getreidepreise trotz der Verknappung im Zusammenhang mit der Pest nicht wesentlich stiegen, sondern sogar wieder etwas zurückgingen, die Löhne der Handwerker und Landarbeiter jedoch stark anstiegen. Das mußte sich nachteilig auf die Klosterwirtschaft auswirken.

Erneuter Streit mit den Vögten

Wesentlich schwerwiegender jedoch waren die Folgen erneuter Auseinandersetzungen zwischen dem Kloster und seinen Vögten, die nach dem Tod des Abtes Friedrich von Senheim um 1360 ausbrachen und in überhöhten finanziellen Forderungen dieser Amtsinhaber begründet lagen. Wahrscheinlich hatten die Vögte ebenso wie das Kloster durch die Pest Verluste an Hintersassen und damit auch an Einkünften erlitten und versuchten nun durch andere Mittel, diese Verluste auszugleichen. Abt und Konvent lehnten die überhöhten Zahlungen ab. Um ihren Forderungen stärkeren Nachdruck zu verleihen, unternahmen die Vögte Carsilius von Palant und Philipp von Kendenich (Schreibweise wechselt: Kenthenich, Kentenich) daraufhin Raubzüge gegen die Klosterbesitzungen.

Bei einer dieser Unternehmungen wurden große Mengen Vieh von den Klosterhöfen in Freimersdorf und in Königsdorf gestohlen. Selbst die neben der Klosterkirche gelegene Laienkirche, die Laurentiuskapelle, wurde beraubt. Mehrfach sind Hörige des Klosters von den Vögten entführt worden und kamen erst gegen die Zahlung von Lösegeld wieder frei. Es wundert daher nicht, daß die Quellen diese Vögte als *„räuberische Wölfe"* bezeichnen. Beschwerden des damaligen Abtes Hermann II. Zobbe beim Kölner Erzbischof Engelbert II. und bei Kaiser Karl IV. blieben ohne Erfolg.

Kauf der Vogtei durch das Kloster

Im Sommer 1365 sahen Abt und Konvent keine andere Möglichkeit, als die Vogtei ihren Bedrängern abzukaufen. Anfang Mai 1365 kauften Abt Hermann II. Zobbe und sein Konvent die der Familie Kendenich gehörende Hälfte der Vogtei für 1.500 Goldschilde ab. Einen Monat später verkauften Carsilius von Palant und seine Frau Agnes ihren Anteil an der Vogtei für 1.300 Goldschilde.

Für das Kloster, dessen Wirtschaft sich noch nicht ganz von den Folgen der doppelten Abtswahl und der Pest erholt hatte, bedeutete die gesamte Ablösesumme in Höhe von 2.800 Goldschilden eine sehr hohe Belastung, obwohl auch die Hintersassen in nicht geringem Maße zum Aufbringen der Summe herangezogen wurden.

Von der Kaufsumme konnte nur der an die Familie des Heinrich von Kendenich zu zahlende Teil und dieser auch nur durch die zeitweise Veräußerung von Klostereinkünften als Leibrenten aufgebracht werden. Der verbleibende Rest von 1.300 Goldschilden für Carsilius von Palant und seine Frau konnte nicht sofort bezahlt werden und wurde als Darlehen seitens des alten Vogtes betrachtet, der hierfür jährlich 10 Prozent Zinsen sowie als zusätzliche Sicherheit den Viehhof in Brauweiler als Pfand erhielt.

Hilfe durch den Komtur des Johanniterordens in Köln

Es wundert daher nicht, wenn der Chronist beklagt, daß das Kloster in den nun folgenden 17 Jahren die Summe von 2.210 Goldschilden

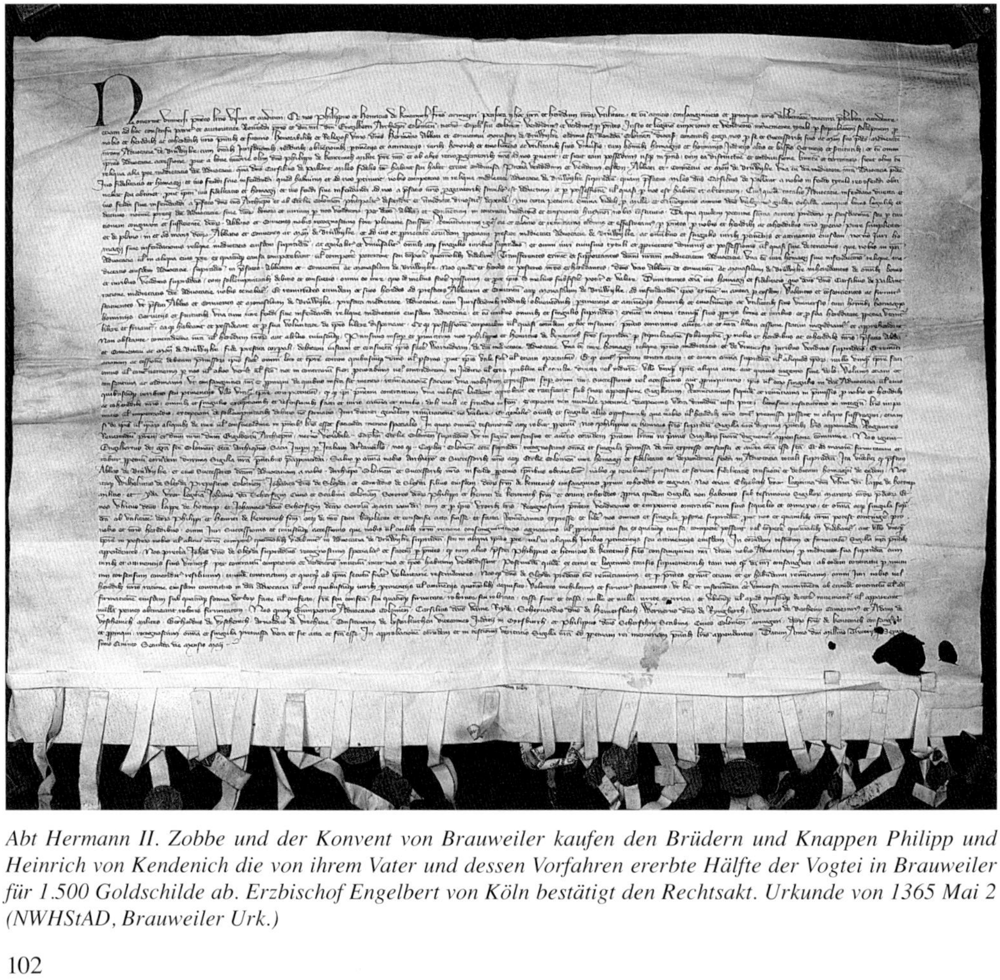

Abt Hermann II. Zobbe und der Konvent von Brauweiler kaufen den Brüdern und Knappen Philipp und Heinrich von Kendenich die von ihrem Vater und dessen Vorfahren ererbte Hälfte der Vogtei in Brauweiler für 1.500 Goldschilde ab. Erzbischof Engelbert von Köln bestätigt den Rechtsakt. Urkunde von 1365 Mai 2 (NWHStAD, Brauweiler Urk.)

Am gleichen Tag, an dem der Komtur des Johanniterordens in Köln, Gottfried von Halle, dem Kloster Brauweiler die Ablösesumme für den Kauf der Vogtei zur Verfügung stellt, erklären Abt Hermann II. Zobbe und sein Konvent auf der einen Seite und der Komtur Gottfried von Halle sowie Konrad von Braunsberg, der Meister des Johanniterordens in Deutschland, auf der anderen Seite vor dem Kölner Erzbischof Friedrich III. von Saarwerden, daß sie einen Grundstückstausch beabsichtigen. Die Abtei überläßt ihren Besitz in Lövenich der Johanniterkommende, die ihrerseits ihren Besitz in Widdersdorf an das Kloster abtritt. Die Grenzen werden genau beschrieben. Urkunde von 1383 Februar 6 (NWHStAD, Brauweiler Urk.).
Mit diesem Gütertausch wurde der Brauweiler Gerichtsbezirk, d. i. das Gebiet, in dem der Abt die Rechtshoheit ausübt, festgelegt. Für die Entwicklung der „Herrlichkeit Brauweiler“, des Territoriums der Abtei, war dieser Rechtsakt von zentraler Bedeutung.

Großes Siegel des Abtes Hermann II. Zobbe (1361-1400). Oben in einer gotischen Architekturnische der thronende hl. Nikolaus, darunter der kniende Abt mit dem Stab unter einem Spitzbogen, von zwei Wappenschilden flankiert, 1385 (NWHStAD)

an Zinsen habe zahlen müssen, einen Betrag, der höher gewesen sei als die Schuldsumme selbst, ohne daß diese sich vermindert hätte.

Im Jahre 1383 schließlich stellte Gottfried von Halle, der Komtur des Johanniterordens in Köln, dem Kloster zinslos *„1.500 alte Goldschilde in kaiserlichem und französischem Goldgeld"* zur Ablösung der Schuldsumme zur Verfügung. Mit 1.300 Schilden wurde die Hauptschuld an Carsilius von Palant zurückgezahlt, und mit den übrigen 200 Schilden löste man eine Jahresrente von ihm ab. Es wurde vereinbart, das Darlehen in 15 Jahresraten zu 100 Goldschilden jeweils am 11. November eines jeden Jahres an Gottfried von Halle oder seine Nachfolger zurückzuzahlen. Zur Sicherheit verpfändete der Abt mit Billigung von Prior und Konvent und mit Zustimmung des Kölner Erzbischofs Friedrich von Saarwerden dem Komtur den Brauweiler Viehhof, den man von Carsilius von Palant freigekauft hatte sowie den Hof in Kleinkönigsdorf mit 40 Morgen Land. Bis zur völligen Rückzahlung des Darlehens behielt der Abt die genannten Güter in Leihbesitz, jedoch durfte er solange keine Einkünfte für sich verwenden, bis er die jährliche Rate fristgerecht gezahlt hatte.

Neuregelung der Vogtei

Da man auf Vögte nicht verzichten konnte, hatte man bereits Anfang Juli 1365 beschlossen, das Amt von nun an *„niemals mehr, aus welchem Grund auch immer, zu verkaufen oder in irgendeiner Form aus der Hand zu geben"*, sondern es nur für die Dauer von zwei Jahren zu vergeben. Dabei wurden auch die Bezüge des Vogtes neu festgesetzt. Zunächst erhielt er jährlich 100 Mark und 20 Malter Hafer. Später wurde der Betrag auf 50 Malter Hafer und die Hälfte der Gerichtseinkünfte festgesetzt; den Hafer mußten die Hintersassen aufbringen. Der Stellvertreter des Vogtes (*prefectus* oder Untervogt) sollte jährlich 10 Malter Hafer und nicht näher bezeichnete Einkünfte aus einem Holzgeding erhalten. Zum ersten Vogt nach der neuen Regelung wurde Heinrich von Kendenich bestellt. Von nun an hat es mit den Vögten keine Probleme mehr gegeben.

Als man bei Ausbruch des Neusser Krieges 1474 die Vogtei dem Herzog von Jülich-Berg übertrug, da man sich von ihm einen wirksameren Schutz versprach, hat es einige Mühe gekostet, das nur als vorübergehend gedachte Verhältnis wieder zu lösen. Danach ist jedoch in den klösterlichen Quellen von Vögten, Vogteistreitigkeiten oder -abgaben keine Rede mehr.

Beamte des Klosters im 14. Jahrhundert, Neuordnung der Gerichtsbarkeit und Guß der Gerichtsglocke

Im Zusammenhang mit der Neuregelung der Vogtei erscheint in der Geschichte der Abtei die Amtsbezeichnung des Schultheißen *(schultetus* oder *scultetus).* Er erhielt als jährlichen Arbeitslohn vom Kloster 14 Goldgulden, 1 Malter Roggen, 1 Scheffel Erbsen, 1 Schwein, freies Holz für die Heizung und 6 Ellen Wolltuch für Kleidung. Für die Pflege der Klosterweine erhielt er außerdem weitere 6 Ellen Wolltuch. Als weltlicher Beamter war er ein enger Mitarbeiter des Abtes, und die Klosterchronik bezeichnet ihn auch als *minister abbatis*. Er hatte Belange des Klosters in wirtschaftlicher und rechtlicher Hinsicht nach außen hin wahrzunehmen. Bei bestimmten geringeren Rechtsverstößen hatte er als Vertreter des Abtes die Strafgewalt. Das bedeutete eine Änderung der Form der Gerichtsbarkeit nach der Ausschaltung der Vögte.

Des weiteren führt die Klosterchronik den Fronboten, auch Büttel oder Gerichtsknecht (*preco* oder *praeco*) an, der jährlich 8 Malter Roggen, freie Kleidung und weitere wechselnde Einnahmen bei Erledigung besonderer Aufträge und bei Verhaftung von Übeltätern bekam.

Schließlich werden die Schöffen (*scabini*) genannt. Sie waren Lehnsleute (*feudales*) des Klosters und wurden vom Kloster nur entsprechend der anfallenden Tätigkeiten entlohnt.

Einen weiteren Hinweis auf die Neuregelung des Gerichtswesens gegen Ende des 14. Jahrhunderts im Gebiet der Abtei gibt die Nachricht vom Bau eines Kerkers durch Abt Hermann II. Zobbe um 1380. Wenig später, im Jahre 1394, ließ der Abt eine Glocke gießen. Diese war, wie ihre Inschrift mitteilt, den beiden Klosterpatronen Nikolaus und Medardus geweiht. Zugleich sollte sie aber auch das Gericht einläuten. (s. Anhang S. 411f.)

Schäden durch Überfälle und Brandschatzungen

Nach der Beilegung des Streites mit den Vögten war die Serie der Übergriffe Adliger und anderer Personen noch nicht zu Ende. Etwa um 1375 fielen die Brüder Balduin und Gottfried von Kapellen zusammen mit einem gewissen Gumbert in das Gebiet der Abtei ein und plünderten die Güter in Freimersdorf, Kleinkönigsdorf, Dansweiler, Brauweiler, Sinthern und Manstedten. Sie raubten große Mengen Vieh, das sie erst nach der Zahlung von 1.709 Gulden wieder zurückgaben. Der Gesamtschaden einschließlich aller Zerstörungen betrug jedoch mehr als das Doppelte. Da der damalige Abt Hermann II. Zobbe die Kosten für die Behebung der Schäden nicht bezahlen konnte, mußte er einen soeben erworbenen Hof in Bürgel für 4.000 Gulden an den Ritter Gerhard von Kniprode verkaufen.

Zur selben Zeit haben die Brüder Konrad und Gottfried, zwei Kölner Bürger, dem Kloster Schäden durch Raubüberfälle und Brandstiftungen zugefügt. In Freimersdorf zündeten sie die vier Klosterhöfe an. Die Gründe hierfür sind nicht überliefert. Möglicherweise stand der Überfall in einem Zusammenhang mit der aktiven Teilnahme von Brauweiler

Die Brüder Konrad und Gottfried aus Köln plündern und brandschatzen die Freimersdorfer Höfe. Kohlezeichnung von Heinz Binsfeld

Mönchen an den Kämpfen des Erzbischofs Friedrich von Saarwerden gegen die Stadt Köln im Jahre 1376.

Die Auseinandersetzungen und Übergriffe auswärtiger Personen seit 1360 blieben nicht ohne Folgen für die finanzielle Lage des Klosters.

Bereits 1361 inkorporierte Erzbischof Wilhelm von Köln die Pfarrkirche von Bürgel dem Kloster. In der darüber ausgefertigten Urkunde wird die Lage des Klosters sehr düster geschildert. Daher sollen die Einkünfte der inkorporierten Kirche *„dem gemeinsamen Tisch der Mönche zugunsten der Aufrechterhaltung des klösterlichen Lebens"* zufallen. In den folgenden Jahren versuchte das Kloster erneut, durch den Verkauf von Gütern und von Patronatsrechten über Kirchen Zehnteinnahmen zurückzukaufen und Schulden abzulösen.

Erneute Reduzierung der Zahl der Mönche und bisherige Konventsstärken

Schließlich mußte erneut auf die bereits mehrmals praktizierte Maßnahme der Reduzierung der Zahl der Konventualen zurückgegriffen werden.

Der Kölner Erzbischof Friedrich von Saarwerden erlaubte im Frühjahr 1388, daß die Zahl der Mönche bzw. Präbenden, die sich um 11 von ursprünglich 36 auf 25 vermindert hatte, so bleiben solle. Zur Begründung führt der Erzbischof in seiner Urkunde an, das Kloster sei durch unverschuldeten Verlust von Ackerland und Weingärten sowie wegen schlimmer Schädigungen durch Raub und Brand so verarmt, *„daß die Brüder kaum noch die Hälfte der Einkünfte von früher haben und in jener Zahl nicht mehr angemessen unterhalten werden können"*. Damit wegen Mangels des Notwendigsten der Gottesdienst schließlich nicht ganz aufhöre, hätten Abt und Konvent ihn gebeten, die Anzahl der Mönche im Kloster auf die verminderte Zahl von 25 festzulegen. Dies gestattete der Erzbischof für die Dauer von 25 Jahren und bestimmte, daß die auf diese Weise eingesparten Präbendengelder während dieser Zeit dem Abt und dem Konvent für die Erneuerung des Klosters zur Verfügung stehen sollten.

Da die Urkunde des Erzbischofs mitteilt, die 11 Stellen seien *„nach und nach"* frei geworden, besteht der Verdacht, daß der Andrang zu dem Kloster, dessen ökonomische Leistungsfähigkeit zu diesem Zeitpunkt nachhaltig verringert war, damals bereits stark nachgelassen hatte.

Die in der Urkunde genannte Zahl von 25 Mönchen während dieser Zeit ist, verglichen mit anderen Angaben über die Konventsstärke während des 13. bis 15. Jahrhunderts, recht hoch. Der Brauweiler Konvent, dem nach seiner Gründung 16 Mönche angehört hatten, verzeichnete zunächst einen Anstieg der Mitglieder. 1225 mußte die Zahl der Mönche, wie bereits erwähnt, auf 40 begrenzt werden. An der doppelten Abtswahl im Jahr 1313 waren nur 16 Mönche beteiligt. Danach erhöhte sich ihre Zahl auf 23 im Jahre 1337, und zwischen 1348 bis 1352 lebten sogar zumeist 30 Mönche - die Zahl schwankt zwischen 28 und 31 - im Kloster. Bis 1365 verminderte sich ihre Zahl

Abt Heinrich II. Vridach (1401-1428). Gemälde aus dem 1. Viertel des 18. Jhs., heute im Nordnebenchor der Abteikirche

wieder auf 13, deren Namen überliefert sind. Im 15. Jahrhundert sank die Zahl der Konventsmitglieder rapide: 1428 lebten nur noch 7 im Kloster. Diese Zahl hat sich bis zur Einführung der Bursfelder Reform im Jahre 1467 nur unwesentlich verändert.

Zeitweilige Besserung der Verhältnisse unter Abt Heinrich II. Vridach

Mit Beginn des 15. Jahrhunderts besserten sich die Verhältnisse, und das Kloster erlebte vier verhältnismäßig ruhige Jahrzehnte. Abt Heinrich II. Vridach entfaltete eine rege und offenbar auch erfolgreiche wirtschaftliche Tätigkeit. Es gelang ihm, Zehntrechte und einigen Grundbesitz, darunter auch sieben Morgen Wald, in unmittelbarer Nachbarschaft des Klosters zurückzuerwerben. Das größte Objekt war ein Hof in Widdersdorf mit 108 Morgen Ackerland. Veräußerungen von Besitz oder Einkünften sind aus der Zeit dieses Abtes nicht bekannt. Ein Rechnungsbruchstück aus den Jahren 1411 oder 1412, das allerdings keine Angaben über Schulden enthält, schließt bei einer Gesamtausgabenhöhe von rund 6.400 Mark sogar mit einem Überschuß von fast 317 Mark ab. Demnach müßten die Einnahmen etwa 6.720 Mark betragen haben.

Innerhalb des Klosters war der Abt einerseits um die Disziplin seiner Mönche bemüht, andererseits hat er ihnen aber auch offiziell Privatbesitz entgegen der Benedikt-Regel erlaubt. Hierbei hat es sich weniger um eine Neuerung als um die Legalisierung einer alten schlechten Gewohnheit gehandelt. Vielleicht war es aber auch ein Mittel zur Aufrechterhaltung von Disziplin in anderen Bereichen des klösterlichen Lebens.

Ende der ruhigen Zeit: Ein teurer Prozeß und erneute Übergriffe auf Klostergut

Die ruhige Zeit endete 1445 abrupt, und die günstige Lage kehrte sich wieder ins Gegenteil, als es zu einem heftigen und viele Jahre dauernden Streit mit dem Trierer Erzbischof Jakob von Sierck kam. Der Anlaß zu diesem Konflikt, eine Auseinandersetzung zwischen zwei Klottener Schöffen, war geradezu lächerlich gering. Als weder das dortige Gericht noch die höhere Instanz, das hohe weltliche Gericht in Köln, den Streit lösen konnten, kam die Sache schließlich vor den Trierer Erzbischof Jakob von Sierck, der die Schöffen wegen widersprüchlicher Aussagen verurteilte. Diese konnten jedoch fliehen.

Die Angelegenheit erhielt eine neue Dimension, als die geflüchteten Schöffen den Brauweiler Abt Arnold III. Quad um Hilfe angingen. Es entwickelte sich eine Auseinandersetzung zwischen dem Brauweiler Abt und dem Trierer Erzbischof, in deren Verlauf jeder für sich die Landeshoheit beanspruchte.

Der Streit wurde auf mehreren Schiedstagen zu Andernach und Klotten behandelt und konnte erst 1457 nach dem Tod Jakobs von Sierck unter dessen Nachfolger Johann von Baden beigelegt werden. Die geschlossene Vereinbarung beließ alles wie vor 1445: Der Abt blieb Grund- und Lehnsherr und verzichtete auf seine Ansprüche auf die Landeshoheit, während der Trierer Erzbischof Landesherr blieb und nur bei den Gerichtseinkünften Zugeständnisse machte. (Wisplinghoff 1989)

Die wirtschaftlichen Folgen des Rechtsstreites waren fatal: Mit der hohen Kostensumme von 8.000 Gulden bedeutete der Konflikt eine starke Belastung der Klosterfinanzen. Abt und Konvent versuchten, das Geld durch Verkauf von Einkünften und Klostergut sowie durch Anleihen zu beschaffen. Dies gelang nicht, und die jährlichen finanziellen Verpflichtungen des Klosters stiegen immer mehr. Da das Kloster schließlich seinen finanziellen Verpflichtungen nicht mehr nachkommen konnte, wurde es auf Drängen der Gläubiger mehrfach vom Kölner Erzbischof mit dem Interdikt belegt, das einmal zehn Monate währte und zuletzt 1467 sechs Wochen dauerte, in denen kein Gottesdienst stattfand. Als im gleichen Jahr Bursfelder Reformmönche das Kloster übernahmen, soll die Schuldensumme einer vorsichtigen Schätzung zufolge 30.000 Gulden betragen haben. (Wisplinghoff 1971)

Etwa seit der Mitte des 15. Jahrhunderts hatte das Kloster erneut unter Übergriffen benachbarter Adliger zu leiden, wodurch die Lage zusätzlich verschlechtert wurde. Bei einem Überfall auf den Hof Rath bei Widdersdorf (heute Stadt Köln), zu dessen Bewachung der Abt drei jüngere Mönche entsandt hatte, kam der Diakon Wilhelm von Plettenberg ums Leben. Seine beiden Mitbrüder wurden von den Übeltätern gefangengenommen und fortgeführt. Jedoch befreite sie später der Ritter Johannes von Gymnich, ein Schwager des Abtes Arnold III. Quad.

Größere Schäden entstanden durch Brandstiftung und verschärften die Lage des Klosters zusätzlich. 1464 brannte der Klosterbesitz in Zons, und das Pfarrhaus mit wertvollen Handschriften wurde ein Raub der Flammen. Einige Jahre vorher, um 1449, wurden der Fronhof in Sinthern sowie der Hospitalshof und der Viehhof in Brauweiler angezündet. Sie brannten mit allen Früchten ab, wobei auch ein Teil des Viehs zu Tode kam. Als Brandstifter wurde der Mönch Winrich von Schlenderhan beschuldigt. Er war auch geständig und gab zu, daß er im Zorn den Hospitalshof und den Viehhof in Brand gesteckt habe. Wer jedoch den Fronhof in

Fronhof in Sinthern

Sinthern angezündet hatte, konnte nicht ermittelt werden. Winrich büßte seine Übeltat neun Jahre lang im klösterlichen Gefängnis. Als nach dem Tod Arnolds III. Quad der neugewählte Abt Eberhard II. von Galen mit dem größten Teil des Konvents zur Bestätigung seiner Wahl beim Erzbischof in Köln weilte, befreiten Freunde den Gefangenen und fügten dem Kloster große Schäden durch Überfälle zu. Erst nachdem der Abt dem Befreiten eine Jahresrente von 50 Gulden zugesichert hatte, kehrte wieder Ruhe ein. Winrich unterstützte das Kloster nach Einführung der Bursfelder Reform und kehrte selbst als Mönch wieder nach Brauweiler zurück, wo er hochbetagt starb.

Die Lebensweise der Brauweiler Mönche am Vorabend der Reform

Die Berichte der Klosterchronik aus der Zeit der Äbte Arnold III. Quad und Eberhard II. von Galen belegen, daß sich das klösterliche Leben sehr zum Schlechten hin entwickelt hatte. Vom Verfall der Klosterdisziplin und dem Verlust an religiöser Substanz während der Zeit nach 1300 war schon die Rede.

Inwieweit noch die *vita communis* - das Leben in klösterlicher Gemeinschaft - bestand, läßt sich an Hand der Quellen nicht eindeutig feststellen. Es fehlen die Nachrichten, ob alle Mönche eigene Häuser im Klosterareal besaßen. Vom Prior und vom Kellermeister jedenfalls ist überliefert, daß sie eigene Häuser bewohnten, an die Pferdeställe angebaut waren. Beide Häuser und die Pferdeställe wurden nach der Einführung der Bursfelder Reform abgerissen. Es gab wohl auch Konventsmitglieder mit persönlichen Dienern. Von einem Fall berichten die Rechnungen des 14. Jahrhunderts.

Eine Notiz aus dem Bericht über die oben erwähnten Auseinandersetzungen um die Grund- bzw. Landesherrschaft sowie um das Gericht in Klotten mag das Bild vom Verfall klösterlichen Lebens in Brauweiler abrunden. Als bei einer der Verhandlungen die Brauweiler Mönche den Vertretern des Trierer Erzbischofs einen Vorwurf wegen ihrer mangelnden Verhandlungsbereitschaft machten, warfen diese den Mönchen vor, daß sie nur noch Namen und Tonsur von Mönchen trügen, jedoch in Kleidung und Verhalten eher dem Stand der weltlichen Geistlichen entsprächen. Das war zwar ein damals allgemein üblicher Vorwurf gegenüber solchen Mönchen, die entweder tatsächlich oder zumindest nach der Auffassung der Zeitgenossen irregulär lebten. Bezeichnend bleibt er dennoch.

Vielleicht kann es auch als eine unerfreuliche Tatsache gewertet werden, daß der Prior Gerhard von Düren, der zwischen 1365 und 1372 im Kloster bezeugt ist, die Benedikt-Regel zum Unterricht der jüngeren Mönche ins Deutsche übersetzte. Man hätte eigentlich erwarten sollen, daß die Mönche der lateinischen Sprache mächtig gewesen wären, um die Regel im originalen Wortlaut zu verstehen. Andererseits gab es aber auch Laienbrüder oder Konversen, die der lateinischen Sprache nicht mächtig waren. Für sie mußten die Texte übersetzt werden.

Die Statuten des Abtes Arnold III. Quad

Spätestens zur Zeit des Abtes Arnold III. Quad hätte eine durchgreifende Reform das klösterliche Leben in Brauweiler wieder zu den Formen nach der Regel des hl. Benedikt zurückführen müssen. Reformbestrebungen innerhalb des Benediktinerordens hatten sich seit dem späten 14. Jahrhundert an verschiedenen Orten bemerkbar gemacht. Das seit 1431 in Basel tagende Konzil hatte sich ebenfalls mit diesem Thema befaßt. An diesem Konzil hatte Abt Arnold III. Quad teilgenommen. Allerdings hat der Abt die dort getroffenen Anordnungen zu einer Reform in Brauweiler nicht durchgeführt.

Stattdessen hat er eigene Statuten erlassen, in denen der Chordienst, der Tagesablauf, das Läuten der Glocken und der Gottesdienst neu geregelt wurden. So wurde das morgendliche Chorgebet zwei Stunden später angesetzt, als es in regulär lebenden Klostergemeinschaften üblich war. Der Prior erhielt die Erlaubnis, den Mönchen einen kürzeren Urlaub außerhalb des Klosters zu genehmigen. Mönche, die ihren Chordienst drei Wochen lang in einem vorgeschriebenen Turnus abgeleistet hatten, waren für vier Tage von allen Gottesdiensten befreit. Sie durften sich, ohne den Abt darum zu fragen, lediglich mit Erlaubnis des Priors, zur Erholung zu ihren Freunden oder Verwandten begeben. Nur bei feierlichen Vigilien für Verstorbene mußten alle anwesend sein. Abt Arnold scheint von dieser Regelung persönlich hinreichend Gebrauch gemacht zu haben. So berichtet der Chronist, daß es einmal, als der Abt mit Freunden sich für längere Zeit außerhalb aufgehalten habe, im Kloster zu zahlreichen Auswüchsen und Streitigkeiten gekommen sei. Als dies dem Kölner Erzbischof zu Ohren gekommen sei, habe er dem Abt befohlen, unverzüglich zum Kloster zurückzukehren und für Ordnung zu sorgen.

Wie wenig das Gebot des Gehorsams überhaupt noch befolgt wurde, macht eine Anmerkung des Chronisten deutlich, in der dieser mitteilt, daß der Abt die Durchgänge an den Seitenwänden des Chores zur Erreichung einer größeren Disziplin mit Verschlüssen habe ver-

Hochgrab des Abtes Arnold III. Quad an der Nordwand des nördlichen Seitenschiffes der Abteikirche

sehen lassen. Schließlich erließ der Abt neue Anordnungen, die den Gottesdienst betrafen, von denen der Chronist allerdings selbst meint, daß sie vielleicht eher für Kollegiatsstifte gepaßt hätten. Vielleicht hat Abt Arnold III. Quad das Kloster tatsächlich in ein Stift umwandeln wollen, was ja in dieser Zeit nicht gerade selten geschehen ist. Dem könnte dann die legitime Erwägung zugrunde gelegen haben, daß einerseits aus dem zur Verfügung stehenden adligen Nachwuchs doch keine rechten Mönche zu machen waren und andererseits stiftisches Leben in einer relativ ordnungsgemäßen Form wesentlich leichter verwirklicht werden konnte.

Die vergeblichen Bemühungen des Abtes Eberhard II. von Galen

Sein Nachfolger, Abt Eberhard II. von Galen, scheint andere Pläne gehabt zu haben. Er war in der schwierigen Zeit offenbar bemüht, im Klosterleben wieder geregelte Verhältnisse einzuführen. Seine Aufgeschlossenheit für Erneuerungsbestrebungen innerhalb seines Konvents und seine Bereitschaft, das klösterliche Leben in Brauweiler wieder mehr an der Benedikt-Regel zu orientieren, lag vielleicht in der Hoffnung begründet, daß bei einem regelobservanten Leben die schlechte ökonomische Lage seines Klosters nachhaltig gebessert werden könnte. Seine Bemühungen scheiterten, denn die Mönche widersetzten sich unter Berufung auf die Statuten seines Vorgängers Arnold III. Quad, und sie führten weiterhin *„ein Leben, das der Regel unseres seligen Vaters Benedikt kraß zuwiderlief“*, berichtet der spätere Chronist. Seine Schilderung, die deutliche Züge einer Reformrhetorik trägt und daher nicht unkritisch aufgenommen werden darf, überliefert uns ein äußerst düsteres Bild vom Lebenswandel der Mönche. Es heißt dort, sie hätten das letzte halbe Jahr fast ausschließlich außerhalb des Klosters gelebt und dem Abt nicht den vorgeschriebenen Gehorsam entgegengebracht. Die Tatsache, daß das Kloster wegen nicht bezahlter Schulden öfters dem Interdikt unterlegen war, hätte sie geradezu ermutigt, ein lasterhaftes Leben zu führen, *„denn weil sie zu jener Zeit vom Gesang beim Gottesdienst ausgeschlossen waren, zogen sie ganz ungebunden umher zu den verschiedenen Orten dieser Welt und suchten ihr Vergnügen.“* Sie hätten sich *„den Freuden und Vergnügungen des Fleisches und der Liebeslust“* hingegeben, an Saufgelagen teilgenommen sowie in Wirtshäusern *„und an Orten, die zu ihnen paßten“*, sich mit Würfelspiel und anderem widerlichen Treiben vergnügt. Hierbei hätten sie das höchst spärliche Vermögen des Klosters für ihre anstößigen Zwecke zum Fenster hinausgeworfen.

Die Klausur scheint damals stark vernachlässigt worden zu sein, denn der Chronist berichtet weiter, das Kloster habe Tag und Nacht offengestanden und jedem Zutritt gewährt. Die Hintersassen hätten ihre Hochzeiten mit Spiel und Tanz im Sommerrefektorium des Klosters gefeiert.

Mag der Bericht des Chronisten auch nicht in allen Einzelheiten eine sachlich-unparteiische Darstellung sein, so waren dennoch die katastrophale wirtschaftliche Lage und die Abwendung der Konventualen von der Benedikt-Regel offenkundig und boten damit Grund genug, Brauweiler einer durchgreifenden Reform zuzuführen.

Siegel des Abtes Eberhard II. von Galen (1457-1467, gest. 1469). Oben in einer gotischen Architekturnische der hl. Nikolaus, darunter der kniende Abt mit dem Stab unter einem Rundbogen, von zwei Wappenschilden flankiert, 1465 (NWHStAD)

Die Einführung der Bursfelder Reform

Über die Einführung der Bursfelder Reform in Brauweiler liegt ein verhältnismäßig ausführlicher Bericht in der Chronik des Klosters vor. Der uns namentlich nicht bekannte Chronist beruft sich in seiner Darstellung auf eine heute nicht mehr erhaltene ältere Chronik des 1515 an einer Seuche verstorbenen Mönchs Bartholomäus von Grevenbroich. Dieser Bartholomäus war nur wenige Jahre nach der Einführung der Reform Mitglied des Brauweiler Konvents geworden und kannte die Reformmönche noch persönlich. Dennoch weist der Bericht der Chronik einige Merkwürdigkeiten auf und läßt Fragen offen.

Die Vorgänge nach der Klosterchronik

Abt Eberhard II. von Galen soll, wie der Chronist berichtet, den Kölner Erzbischof Ruprecht von der Pfalz über die Zustände informiert und gebeten haben, für eine Änderung zu sorgen. Gleichzeitig habe der Abt seinen Rücktritt angeboten. Am 19. Juli 1467 sei der Erzbischof mit großem Gefolge zur Visitation in Brauweiler erschienen. Er habe den anwesenden Mönchen ihren liederlichen Lebenswandel vorgeworfen, sie ermahnt, wieder ein der Benedikt-Regel entsprechendes Leben zu führen, und den Rücktritt des Abtes Eberhard II. von Galen angenommen. Dem Abt sei eine jährliche Pension von 60 Goldgulden, die je zur Hälfte an Ostern und am 1. Oktober auszuzahlen seien, ferner drei Fuder Wein, je zehn Malter Roggen und Weizen, vier Schweine usw. zugesprochen worden. Nach einer kurzen Beratung hätten die übrigen Mönche, *„um den Erzbischof zu beschwichtigen"*, sich zur Annahme der Reform entschlossen, nachdem sie zuvor die Messe zum Heiligen Geist gesungen hätten. In Anwesenheit des Erzbischofs hätten sie neue Mäntel *(cappae)* angelegt, die sie jedoch nach dessen Abreise sofort wieder abgelegt hätten. Lediglich zwei Brüder seien den guten Vorsätzen treu geblieben. Erst als Abt Eberhard II. von Galen die Wortbrüchigkeit seiner Mitbrüder dem Kölner Erzbischof gemeldet habe, hätte dieser den Entschluß zur Entsendung eines Reformkonvents gefaßt, der zwei Tage nach der erzbischöflichen Visitation, am 21. Juli 1467, in Brauweiler angekommen sei.

Diese Reformmönche waren mit einem in Deutz ausgestellten Schreiben des Erzbischofs ausgestattet, das sich an Abt, Prior und Konvent richtete. In dem unter dem 17. Juli 1467 ausgestellten Mandat - einem Datum also, das zwei Tage vor dem geschilderten Besuch des Erzbischofs in Brauweiler liegt - weist der Erzbischof auf eine Visitation hin, bei der festgestellt wurde, daß das Kloster *„im Geistlichen wie im Weltlichen [...] jämmerlich verfallen und heruntergekommen"* sei. Obwohl er die Schuldigen hätte bestrafen müssen, habe er davon abgesehen, da alle ihre Bereitschaft gelobt hätten, sich zu bessern oder zumindest einer Reform nichts entgegenzustellen.

Die freiwillige Resignation des amtierenden Abtes Eberhard II. von Galen wird in dem Schreiben vorausgesetzt. Es sei daher nach reiflicher Überlegung mit Beratern beschlossen worden, sieben Mönche unter der Leitung des Kellners Adam von Hertzenrath vom Kloster Groß St. Martin in Köln zu entsenden, und Adam sei zu ihrem Prior ernannt worden. Ihm seien alle Befugnisse zur Übernahme der Verwaltung des Klosters in geistlichen und weltlichen Angelegenheiten anvertraut worden. Innerhalb von sechs Tagen solle Adam in den Besitz des Klosters eingewiesen werden. Unter Androhung der Exkommunikation ordnete der Erzbischof abschließend an, daß alle hinter ihm stehen, ihm gehorchen und sich nach ihm richten sollten. Von der Entlassung der bisherigen Mönche wird in dem Mandat nicht gesprochen.

Eine merkwürdige Chronologie und ihre Gründe

Es fällt die Merkwürdigkeit der Chronologie bei der Wiedergabe der Ereignisse vom Sommer 1467 auf. Die Anordnung des Erzbischofs, in der dieser sich auf eine Visitation in Brauweiler bezieht, trägt ein Datum, das zwei Tage vor seinem Besuch liegt, den die Klosterchronik schildert und bei dem er die besagten Mißstände feststellte. Wenig glaubhaft erscheint schließlich die Entsendung der Reformmönche bereits zwei Tage nach der Visitation des Erzbischofs.

Dadurch, daß der Chronist zunächst von dem Besuch des Erzbischofs berichtet und danach erst die schriftliche Weisung des Erzbischofs zitiert, entsteht der Eindruck, als sei das Mandat von Deutz und die Entsendung eines Reformkonvents eine Folge des Wortbruchs der Mönche, die zunächst Reformbereitschaft gezeigt hätten.

Damit erhält die Berichterstattung eine bestimmte Tendenz, die sich erklären läßt: Der Leser gewinnt den Eindruck, daß es sich bei der Entsendung des Reformkonvents um einen spontanen Entschluß des Erzbischofs handelt, den dieser erst faßte, nachdem die Brauweiler Konventualen wortbrüchig geworden waren. So konnten die Reformmönche einerseits die Rechtmäßigkeit der erzbischöflichen Entscheidung zur Reform des Klosters belegen. Andererseits war es für die neuen Mönche in Brauweiler aber auch wichtig, ihre Anwesenheit damit begründen zu können, daß ihre adligen Vorgänger durch ihren Lebenswandel, der allen Regeln des Mönchtums widersprach, und durch ihre offenkundige Wortbrüchigkeit ihr Schicksal selbst verschuldet hätten. Wie wichtig eine solche Begründung war, sollten die Ereignisse während der ersten Jahre nach Einführung der Bursfelder Klosterreform in Brauweiler noch deutlich machen.

Offene Fragen zur Reform in Brauweiler

Trotz der relativ ausführlichen Berichterstattung des Chronisten bleiben die Vorgänge unklar und Fragen offen. Die Anstöße zur Reform eines Klosters kamen in der Regel von Außenstehenden wie weltlichen Landesherren, dem städtischen Magistrat oder von geistlichen Herren. Die vom Brauweiler Chronisten überlieferte Version, daß die Initiative zur Reform vom Abt des Klosters ausgegangen sei, stellt eine Ausnahme dar. Dem widerspricht das Deutzer Mandat vom 17. Juli 1467 jedoch offensichtlich, indem es die Aussendung des Reformkonvents als eine Entscheidung des Kölner Erzbischofs, des weltlichen und kirchlichen Herrn von Brauweiler, hinstellt. Die im Text bereits vorausgesetzte Resignation des Abtes sowie der unabdingbare Entschluß des Erzbischofs, das Kloster der Reform zuzuführen, ferner die Erwähnung einer bereits erfolgten Visitation des Klosters, bei der die Mißstände festgestellt wurden, läßt den Schluß zu, daß in Brauweiler entgegen der Darstellung des Chronisten nach den üblichen Prinzipien der Bursfelder Klosterreform verfahren wurde.

Es ist darum mit großer Wahrscheinlichkeit anzunehmen, daß dem Deutzer Mandat und der Entsendung der Reformmönche die allgemein verlangte Visitation durch einen Abt der Reformkongregation vorangegangen ist. Da es keine Quelle gibt, die den Namen dieses Visitators nennt, kann über seine Person nur spekuliert werden. Es gibt gewichtige Gründe anzunehmen, daß es Abt Adam Meyer aus dem Kölner Kloster Groß St. Martin war. So war er seit 1458 Generalvisitator des Provinzialverbandes Köln-Trier, der reformierte und nicht reformierte Benediktinerklöster umfaßte. Seit 1467 hatte er als Provinzialpräses die organisatorische Leitung der Bursfelder Reformkongregation in diesem Gebiet. Die Brauweiler Chronik berichtet ausdrücklich, daß Abt Adam von Groß St. Martin zusammen mit einigen anderen Ratgebern und Gelehrten des Erzbischofs den Reformkonvent von Köln aus begleitet und in Brauweiler eingeführt habe. Für die Theorie, daß er der entscheidende Reformvisitator in Brauweiler war, spricht auch, daß er zwischen 1470 und 1496 noch vier Visitationen in Brauweiler durchgeführt hat.

Offenbleiben muß die Frage, warum Abt Eberhard II. von Galen entgegen dem erzbischöflichen Mandat und seiner erklärten Bereitschaft zur Resignation nicht von seinem Amt entbunden wurde. Dies ist um so unverständlicher, da er eine außergewöhnlich hohe Pension ohne Rücksicht auf die schwierige wirtschaftliche Lage des Klosters zugesprochen bekam. Außerdem stellt die Beibehaltung der Abtswürde eine krasse Abweichung von einem durchgängig befolgten Prinzip der Bursfelder Reformbewegung dar.

Ankunft der Reformmönche unter Leitung von Adam von Hertzenrath und Auszug der bisherigen adligen Mönche. Kohlezeichnung von Heinz Binsfeld

Die Mönche des Reformkonvents

Es waren sieben Mönche aus dem Kölner Kloster Groß St. Martin, die am 21. Juli 1467 in Brauweiler ihr klösterliches Leben aufnahmen. Die Leitung hatte der ehemalige Kellner von Groß St. Martin und Pastor von Flittard, Adam von Hertzenrath. Er hat das Kloster zwei Jahre als *praepositus* - eine Amtsbezeichnung, die nach der Benedikt-Regel den Prior, den Stellvertreter des Abtes, meint - geleitet. Die gleiche Bezeichnung *praepositus* war in Dom- oder Stiftskapiteln für das Amt des Propstes gebräuchlich, der als Vorstand eines Stiftes dem Abt der Benediktiner vergleichbar war.

Die Amtsbezeichnung *praepositus,* die der Brauweiler Klosterchronist verwendet, unterstreicht jedenfalls die herausgehobene Stellung Adams von Hertzenrath, die tatsächlich mit der eines Abtes vergleichbar war, aber für die der Chronist keine zutreffendere Bezeichnung wußte. Da Abt Eberhard II. von Galen mit der Einführung der Reform nicht zurückgetreten war, hatte Adam von Hertzenrath tatsächlich das Amt eines „Stellvertreters" inne, ohne daß aber derjenige, dessen Vertreter er war, sich im Kloster befand. Dafür besaß Adam in seiner Funktion als *praepositus* ganz offensichtlich dessen Befugnisse, ohne allerdings den Titel zu führen. Für eine solche Situation war im Mittelalter unter dem Einfluß der Reformbewegung diese Bezeichnung *praepositus* üblich geworden.

Ihm zur Seite stand Leonhard von Roermond, der sogleich nach seiner Ankunft in Brauweiler zum Prior - hier verwendet der Chronist die Bezeichnung *prior* - ernannt wurde. Dieses Amt entsprach dann, dem Wortlaut der Benedikt-Regel folgend, dem Stellvertreter eines Abtes. Später wurde Leonhard zum Kellner bestimmt. Ihn schildert der Chronist als redegewandt und sehr gelehrt. Er starb an den Folgen einer Operation. Der dritte war Eberhard von Köln, der in hohem Alter nach Brauweiler kam und dort nach kurzer Zeit starb. Wolner (auch Volberus), der vierte, war ursprünglich Kellner im Kloster Siegburg gewesen. Er blieb nur kurze Zeit in Brauweiler und kehrte wegen der schwierigen Lebensbedingungen schon bald wieder nach Groß St. Martin in Köln zurück. Der fünfte, Petrus von Neukirchen *(Nova Ecclesia),* erhielt das Amt des Küsters. Später wurde er Beichtvater der Nonnen von Königsdorf und schließlich auch des Nonnenklosters Neuwerk bei Gladbach. Sein Amt als Pastor von Widdersdorf hat er nicht angetreten. Johannes von Xanten, der sechste, wurde zunächst Kantor und schließlich Kellner. Ob er dieses Amt vor Leonhard von Roermond oder nach diesem innehatte, läßt sich nicht ermitteln. Schließlich wurde er zum Pastor von Zons gewählt, wo er den Rest seines Lebens zubrachte. Der siebte schließlich war Udo aus der Nähe von Kempen. Seine Aufgabe war vor allem das Abschreiben von Büchern.

Mit dem Einzug der Reformmönche verließen die bisherigen Konventualen das Kloster, nachdem ihnen jährliche Pensionen zugesichert worden waren. Sie zogen an *„behaglichere Orte"*, wie der Chronist vermerkt, *„nicht aber ohne heftige Wut"*. Ihren Abt beschimpften sie, mit seiner Entscheidung für eine Reform *„dumm gehandelt zu haben"*.

Der Tod Abt Eberhards II. von Galen und die Inkorporierung Brauweilers in die Bursfelder Kongregation

Im Sommer 1469 machte Abt Eberhard II. von Galen eine Pilgerreise nach Einsiedeln (heute Schweiz) zum dortigen Benediktinerkloster Maria Einsiedeln. Die Heimreise nahm er über Straßburg, wo er unerwartet erkrankte und am 27. August starb. Er wurde im dortigen Karmeliterkloster begraben.

Wenige Tage zuvor hatte *praepositus* Adam von Hertzenrath auf dem Bursfelder Generalkapitel, das vom 20. bis zum 22. August 1469 in St. Jakob zu Mainz tagte, den Gehorsamseid auf die Statuten der Kongregation abgelegt. Damit war die Inkorporierung Brauweilers in die Bursfelder Kongregation vollzogen. Da Adam zu diesem Zeitpunkt noch nicht die Abtswürde innehatte - Eberhard II. von Galen lebte ja noch - wird er im Generalkapitelsrezeß noch als *praepositus monasterii in Bruwiler* bezeichnet. Erst nach der Rückkehr in sein Kloster wurde er von den Mönchen seines Konvents einstimmig zum neuen Abt und damit zum ersten Reformabt von Brauweiler gewählt.

Das Kloster im Verband der Bursfelder Kongregation

Schwieriger Neubeginn in einer feindlich gesinnten Umwelt

Mit der Einführung der Bursfelder Reform waren die wirtschaftlichen Probleme nicht gelöst. Die Lage blieb daher auch während der nächsten Jahrzehnte angespannt. Die neuen Mönche des Reformkonvents übernahmen ein völlig verwahrlostes Kloster. *„Fast jede Stelle war völlig verdreckt und verkommen“*, berichtet der Chronist. Durch die Dächer drang der Regen in die Räume ein.

Offensichtlich erzwang die wirtschaftliche Situation zeitweise ein noch härteres Dasein, als die Benedikt-Regel erforderte. Erhebliche Belastungen bedeuteten einerseits die Pensionen für Abt Eberhard II. von Galen und die übrigen entlassenen Konventualen und andererseits die von diesen übernommenen hohen Schulden. Noch 1483 gab es Verhandlungen mit unzufriedenen entlassenen Konventsmitgliedern wegen der zu zahlenden Abfindung.

Eine Schuldenzusammenstellung, die 1467 von den Reformmönchen gleich nach Übernahme des Klosters angefertigt wurde, zeigt die äußerst hohe Belastung von jährlich zu zahlenden Erb- und Leibrenten in Höhe von rund 2.016 Gulden sowie 35 Malter Weizen und 88 Malter Roggen. Zum gleichen Zeitpunkt war man bei den Geldzahlungen mit 1.563 Gulden im Verzug. Man hat unter Berücksichtigung der jährlichen Belastungen die Schuldsumme auf weit über 30.000 Gulden geschätzt. (Wisplinghoff 1971)

Wie schwierig die finanzielle Situation des Klosters in der ersten Zeit nach der Einführung der Reform war, belegt auch die Nachricht des Chronisten, daß man die Gebühr für die erzbischöfliche Bestätigung der Abtswahl Adams I. von Hertzenrath im Jahre 1469 nur durch den Verkauf von Leibrenten und Erträgen aufbringen konnte.

Zu dieser finanziellen Belastung kamen Anfeindungen und Übergriffe von Seiten der mit der Einführung der Reform entlassenen früheren Mönche und deren Verwandtschaft. Die aus adligen Familien stammenden ehemaligen Konventualen, die bei ihrem Abzug ihren Abt Eberhard II. von Galen bereits wegen seiner Entscheidung zugunsten der Reform beschimpft hatten, sahen sich nun um ihr vermeintliches „Versorgungsinstitut“ gebracht, zu dessen Bildung sie und ihre Familien kräftig beigetragen hatten. Tatsächlich haben sie den Reformmönchen mehrmals den Vorwurf gemacht, sie säßen unrechtmäßigerweise in ihrem Kloster und verzehrten die Präbenden, die ihnen nicht zuständen. Zur Entkräftung dieses Vorwurfs hat der Chronist die Ereignisse um die Einführung der Bursfelder Reform in der bereits aufgezeigten Chronologie wiedergegeben, damit der Leser den Eindruck erhält, die ausgewiesenen Mönche hätten durch ihren Wortbruch ihre Situation selbst verschuldet. Diese früheren Konventsmitglieder haben ihrerseits versucht, sich durch Diebstähle einen Ausgleich auf Kosten ihrer Nachfolger zu verschaffen, und dabei offenbar auch noch ein gutes Gewissen gehabt, da sie sich im Recht fühlten.

So stahl der frühere Kellner Hermann Hontzeler (Honselaer) einen Kelch, den seine Eltern dem Kloster geschenkt hatten, und verpfändete ihn in Köln an eine alte Witwe. Ein frommer Mann namens Christian von Frechen kaufte ihn dieser Frau wieder ab und gab ihn dem Kloster zurück. Zwei andere ehemalige Konventualen brachen die Sakristei auf und raubten gleich eine größere Menge liturgischer Geräte, die sie in Deutz an einen Juden verpfändeten. Adam I. von Hertzenrath ließ die goldenen Kelche und silbernen Kännchen wieder zurückkaufen. Kostbare Tuche, aus denen Meßgewänder gefertigt werden sollten, verschwanden auf ähnliche Weise, ohne je wieder aufzutauchen.

Adlige Verwandte der Ausgewiesenen überfielen Klostergüter, stahlen Vieh, erpreßten den Konvent, entführten Hintersassen des Klosters und scheuten sich sogar nicht vor Brandschatzungen. Besonders hervorgetan hat sich dabei der frühere Untervogt des Klosters von Bell auf Burg Hülchrath. Er zündete den Ort Kleinkönigsdorf an und entführte einen Teil der Bewohner, die er erst nach Zahlung eines hohen Lösegeldes wieder frei ließ.

Anfeindungen gab es auch aus Teilen der Kölner Bürgerschaft - unter diesen Händler und Handwerker - , die als Gläubiger des Klosters nun in Sorge um die noch ausstehenden Zahlungen waren. Adam I. von Hertzenrath hat dies bei einem Besuch in Köln selbst erlebt, als eine Tuchhändlerin gegen ihn handgreiflich wurde und ihn an die Begleichung von Schulden erinnerte, die allerdings durch Käufe der ausgewiesenen früheren Konventsmitglieder entstanden waren, die diese nach ihrer Ausweisung noch auf Rechnung des Klosters getätigt hatten.

Eine langsame wirtschaftliche Gesundung wurde zusätzlich erschwert durch die Belagerung von Neuss 1474/75 durch Karl den Kühnen während des Burgunderkrieges. Damals wurden nicht nur die Brauweiler Güter schwer in Mitleidenschaft gezogen, sondern es soll sogar die Gefahr einer Zerstörung des Klosters durch die Kölner bestanden haben, als diese sich auf die Belagerung vorbereiteten und alle festen Plätze im Vorgelände ihrer Stadt rücksichtslos beseitigten. Dazu kam es zwar nicht, jedoch hat Abt Adam I. von Hertzenrath Kirchenschätze und Lebensmittelvorräte in Sicherheit bringen lassen. Die Not war damals so groß, daß der Abt je zwei Mönche in die Klöster Liesborn und Johannisberg im Rheingau evakuieren lassen mußte.

Einbindung Brauweilers in die Bursfelder Kongregation

Abt Adam I. von Hertzenrath hat trotz zahlreicher wirtschaftlicher Probleme sich ernsthaft bemüht, das benediktinische Leben nach den Statuten der Bursfelder Reform zu erneuern. Das Kloster wurde unter seiner Leitung in den Verband der Bursfelder Reformklöster eingeführt. Die geistlich-monastische Erneuerung Brauweilers wurde durch diese Einbindung in die Bursfelder Reformkongregation unterstützt und gefördert. Ihr oberstes Organ war das zunächst jährlich und ab 1520, bedingt durch die Zeitverhältnisse, manchmal in sehr langen Abständen tagende Generalkapitel, die Vollversammlung der Äbte der Mitgliedsklöster. Für alle Äbte galt die jährliche Präsenzpflicht, die bereits 1460 abgeschwächt wurde und es zuließ, daß Äbte mit einer längeren Anreise von drei Tagen nur noch jedes dritte Jahr zu erscheinen brauchten.

Die Rolle Brauweilers in der Bursfelder Kongregation und die Intensität des Verhältnisses zu ihr war im Laufe der Zeit unterschiedlich, jedoch war sie nie so groß wie die der Klöster Groß St. Martin oder St. Pantaleon in Köln oder anderer wie Gladbach oder Werden. Als Kriterium für die Beurteilung kann man die Teilnahme der Brauweiler Äbte an den Generalkapiteln und ihre Heranziehung zu einzelnen Ämtern oder ihre Beauftragungen sowie ihre Einteilung zu Visitationen in anderen Klöstern heranziehen. Als Quelle hierzu lassen sich die Rezesse, die Beschlußprotokolle der Generalkapitel, verwenden.

Abt Adam I. von Hertzenrath war, hieran gemessen, als der Abt, der Brauweiler in den Verband der Bursfelder Reformklöster eingeführt hat, sehr gewissenhaft um die Erfüllung seiner Pflicht besorgt. Er nahm an den Generalkapiteln der Jahre 1469 (Abtei St. Jakob in Mainz), 1470 (St. Matthias in Trier), 1477 (Abtei St. Christophorus in Reinhausen, heute Krs. Göttingen), 1478 (Abtei Abdinghof, St. Peter und Paul in Paderborn), 1481 (Abtei St. Peter in Erfurt) und 1482 (Abtei St. Jakob in Mainz) teil. Somit war er bei der Hälfte aller zu seiner Amtszeit abgehaltenen Generalkapiteln anwesend. 1477 wurde er erstmals als Visitator eingesetzt. Zusammen mit den Äbten Jakob von Oestbroek und Adam Meyer von Groß St. Martin wurde er mit der Reform der Reichsabtei Werden und mit ihrer Aufnahme in die Kongregation beauftragt. 1479 und 1481 wurde er nochmals zusammen mit Abt Adam Meyer von Groß St. Martin als Visitator für die Reform des Kölner Klosters St. Pantaleon berufen. Beim Generalkapitel von 1482 in Mainz war er der Zelebrant des Hl.-Geist-Amtes, mit dem die Versammlung eröffnet wurde. Im gleichen Generalkapitel wurde er in eine Kommission

Bronzene Grabplatte des Abtes Adam I. von Hertzenrath an der Nordwand des nördlichen Querhauses der Abteikirche

berufen, die sich mit der Abtei St. Martin in Trier beschäftigen sollte. Beim Generalkapitel von 1481 überbrachte Abt Adam I. von Hertzenrath das *procuratorium* - die Vertretervollmacht - für den verhinderten Abt Theoderich der unter seiner Mitwirkung reformierten Abtei Werden. 1482 wurde er wegen seiner Verdienste für das Amt des Mitpräsidenten beim nächsten Generalkapitel in Erfurt bestimmt. Bevor er dieses Amt jedoch annehmen konnte, verstarb Adam I. von Hertzenrath.

Ein Beleg für die positive geistlich-monastische Entwicklung der Abtei Brauweiler unter Abt Adam I. von Hertzenrath ist gewiß die Durchführung der Bursfelder Reform im benachbarten Nonnenkloster in Königsdorf auf Geheiß des Kölner Erzbischofs Ruprecht von der Pfalz im Jahre 1473. Erste Ansätze für eine langsam sich anbahnende Besserung der wirtschaftlichen Verhältnisse mag die Einrichtung neuer Räume über der Westseite des Kreuzganges belegen. Die damit verbundene Absicht, den Konvent zu vergrößern, hat Abt Adam I. jedoch nicht mehr verwirklichen können.

Die positive Entwicklung des monastischen Lebens scheint trotz aller Bemühungen des Abtes Adam I. von Herzenrath am Ende seines Abbatiats noch keine große Stabilität erreicht gehabt zu haben, wie sich anschließend unter seinem Nachfolger Adam II. von Münchrath zeigte. Dieser wurde in Anwesenheit des Abtes von Werden in einem Kompromißverfahren gewählt. Gleichzeitig traten die früheren adligen Konventsmitglieder in Uerdingen zusammen und wählten den Kardinal von Monteferrato als Gegenabt. Ihre Wahl wurde für ungültig erklärt, jedoch erst nach einer jährlichen Zahlung von 30 Goldgulden verzichteten sie auf künftige Störversuche dieser Art.

Auf dem Generalkapitel von 1485 hat Abt Adam II. von Münchrath seinen Gehorsamseid abgelegt. Er nahm an den Generalkapiteln von 1484 (Abtei St. Peter in Erfurt), 1487 (Abtei Groß St. Martin in Köln), 1490 (Abtei St. Jakob in Mainz) und 1493 (Abtei Groß St. Martin in Köln) teil. Ämter oder Aufgaben als Visitator wurden ihm nicht übertragen. Ab 1492 gab es Auseinandersetzungen zwischen Abt Adam II. von Münchrath und seinem Konvent, da der Abt, wie behauptet wurde, zu sehr auf Laien höre und nichts von den Ratschlägen seiner Konventualen wissen wolle. Die Auseinandersetzungen eskalierten, als es zu einer Prügelei zwischen dem Abt und einem Laienbruder in der Benediktuskapelle kam, bei der Blut floß.

Mit den Streitigkeiten hat sich auch das Bursfelder Generalkapitel befassen müssen. Obwohl keine genauen Angaben in den Rezessen zu finden sind, hat man 1492, 1493, 1494 und 1495 Visitationen angeordnet, die offen-

Die Äbte Adam I. von Hertzenrath (1467/1469-1483) und Adam II. von Münchrath (1483-1496, gest. 1502). Gemälde aus dem 1. Viertel des 18. Jhs., heute im Nordnebenchor der Abteikirche

bar keine Änderung bewirken konnten. 1496 trat Abt Adam II. von Münchrath von seinem Amt zurück.

Da die Disziplin im Kloster offenbar gelitten hatte, wurde sein Nachfolger, Abt Rutger von Moers, vom Kölner Erzbischof angewiesen, je einen Mönch in die Abteien St. Pantaleon und Groß St. Martin in Köln sowie nach Werden zu entsenden, damit diese dort ein der Benedikt-Regel entsprechendes Leben kennenlernen sollten. Um den verkleinerten Konvent wieder zu verstärken, wurden sieben Mönche vom Kölner Kloster Groß St. Martin nach Brauweiler entsandt. Rutger von Moers starb fast genau ein Jahr nach seiner Wahl. Während seiner kurzen Amtszeit hat er an keinem Generalkapitel teilgenommen.

Sein Nachfolger, Johannes I. von Wied, legte noch im Jahr seiner Wahl beim Generalkapitel, das vom 26. bis zum 28. August in Groß St. Martin in Köln stattfand, seinen Gehorsamseid auf die Bursfelder Statuten ab. Seine Amtszeit ist gekennzeichnet durch Bemühungen, die Bindung an die Bursfelder Kongregation erneut zu vertiefen. Er nahm an mehreren Generalkapiteln teil und wurde ab 1502 mehrmals zum Visitator berufen. Eine besondere Ehre dürfte es für Abt Johannes I. bedeutet haben, daß das Generalkapitel vom 24. bis zum 26. August 1511 in seinem Kloster tagte.

Als ein Zeichen der intensiven Einbindung Brauweilers in die Bursfelder Kongregation und als einen Höhepunkt während der rund 400jährigen Zugehörigkeit zu dieser Gemeinschaft ist der Auftrag des Generalkapitels von 1506 zur Reform des Klosters Grafschaft im Sauerland zu werten, die dann auch ein Jahr später durchgeführt wurde. Nur mühsam und mit militärischer Hilfe haben die mit der Durchführung der Reform beauftragten sieben Brauweiler Mönche dieses Kloster dann gegen die Angriffe der adligen Konventualen und deren Verwandtschaft der Bursfelder Kongregation zuführen können.

Nach dem Tod des Abtes Johannes I. von Wied besaß auch sein Nachfolger Johannes II. von Lünen eine geachtete Stellung innnerhalb der Bursfelder Kongregation. Während seines siebzehnjährigen Abbatiats hat er an elf Generalkapiteln teilgenommen, selbst an dem von 1529 in Mainz während der schweren und unruhigen Zeit der Reformation, an dem nur neun Äbte teilnahmen. Auf dem Generalkapitel von 1518 in Bursfeld war er Mitpräsident. Mehrmals wurde er zu Visitationen berufen.

Bursfelder Generalkapitel. Prozession der Teilnehmer in den Kapitelsaal. Kohlezeichnung von Heinz Binsfeld

Er erlitt 1530 bei seiner Rückkehr vom Generalkapitel in St. Pantaleon zu Köln einen Schlaganfall, nach dem er nicht mehr sprechen und gehen konnte. Er hat danach noch rund zwei Jahre gelebt. Sein Nachfolger wurde Hermann III. Laer, der als Koadjutor seinem gelähmten Vorgänger zur Seite gestellt worden war.

Zunächst war Hermann III. Laer ein eifriger Mitarbeiter innerhalb der Bursfelder Kongregation. Seinen Gehorsamseid leistete er 1532 auf dem Generalkapitel in der Abtei Abdinghof (Paderborn). Bereits ein Jahr später wurde er zu ausgedehnten Visitationsreisen eingeteilt. Mehrmals erhielt er Ämter und wurde 1547, nachdem er vorher mehrmals Mitpräsident war, auf dem Generalkapitel in Werden zum Präsidenten bestimmt, eine Würde, die kein anderer Brauweiler Abt weder vor ihm, noch nach ihm, innegehabt hat.

Seit 1549 gab es heftige Streitigkeiten des Kapitels mit dem Abt wegen der Frage des Fleischgenusses, den er trotz der Erlaubnis durch die Bursfelder Kongregation nicht zulassen wollte.

Auf dem Generalkapitel von 1553 kam es zwischen den versammelten Äbten und ihm zu Streitigkeiten, die auch auf den nachfolgenden Generalkapiteln nicht ausgeräumt werden konnten. Schließlich soll er gehässige Briefe an die Kongregation geschrieben haben, die daraufhin seine Absetzung beschloß. Als er seinen Prior mit der Bitte um Verzeihung entsandte, nahm man Abstand von diesem äußersten Schritt. Als ein Zeichen der Versöhnung tagte dann 1561 das Generalkapitel in Brauweiler, wobei der Abt sich durch einen guten Empfang und Großzügigkeit in Geldangelegenheiten hervortat. Bis zu seinem Tod blieb das Verhältnis zur Kongregation weiterhin angespannt. Der Brauweiler Chronist zeichnet ein anderes Bild von Abt Hermann III. Laer, als die Rezesse der Generalkapitel es überliefern. Die unbedingte Erfüllung der geistlichen Aufgaben habe bei ihm den Vorrang vor allem anderen gehabt. Es sei eine seiner Redensarten gewesen: *„Wenn wir die geistlichen Aufgaben nicht vernachlässigen, wird es uns an weltlichen Gütern nicht fehlen.“*

Die Wende durch eine Mißernte

Das Wort des Abtes Hermann III. Laer steht am Ende einer wirtschaftlichen Entwicklung, die nach der Einführung der Bursfelder Reform im Jahre 1467 zunächst nicht viel Positives gezeigt hat. Kriege und andere Bedrängnis verzögerten während der ersten Jahre eine Gesundung der Wirtschaft des Klosters.

Einen ersten Hinweis auf die sich bessernde wirtschaftliche Leistungsfähigkeit des Klosters rund zwei Jahrzehnte nach der Einführung der Reform gibt die Festlegung der Kontributionen, der Mitgliedsbeiträge, welche die einzelnen Klöster in die Kasse der Kongregation zur Deckung der Kosten von Generalkapiteln oder regelmäßigen Visitationen zu zahlen hatten. So wurde 1485 bestimmt, daß Brauweiler für die alle zwei Jahre stattfindende regelmäßige Visitation 15 Gulden zahlen solle. Bei einer Gebührenordnung, die den Klöstern Zahlungen zwischen einem und 20 Gulden zumutete, scheint man die finanzielle Leistungsfähigkeit Brauweilers damals verhältnismäßig hoch eingeschätzt zu haben.

Eine deutliche Wende der finanziellen Lage des Klosters brachte ein Ereignis, das im allgemeinen nicht als etwas Positives angesehen werden kann, eine Mißernte zu Beginn der 90er Jahre. In der Folge kam es 1490 und 1491 zu einer Verteuerung der Getreidepreise um rund die Hälfte. Abt Adam II. von Münchrath hatte offenbar größere Getreidevorräte, die er nun auf dem Markt zu Höchstpreisen verkaufen konnte.

Bau eines Back- und Brauhauses

Von den Gewinnen wurde ein Back- und Brauhaus errichtet sowie ein zugehöriger Brunnen angelegt. Damit hatte der Abt die Voraussetzung für eine Eigenerzeugung von bestimmten Produkten geschaffen, durch deren Verkauf man sich offenbar eine Verbesserung der finanziellen Situation erhoffte. Man hat dies als einen Ausdruck eines bürgerlich-kaufmännischen Geistes angesehen, der den bis 1467 im Kloster lebenden adligen Mönchen abging. (Wisplinghoff 1971) Tatsächlich diente das Bier nicht nur zur Deckung des Eigenbedarfs, sondern wurde in großer Menge verkauft, vorwiegend an die Hintersassen des Klosters sowie an Leute vom Klosterpersonal und an Handwerker, wie aus Rechnungen der Jahre 1530/31 hervorgeht.

Einrichtung eines Weinausschanks

Als eine weitere Einnahmequelle eröffneten die Mönche einen Ausschank mit Weinen, die auf den Klostergütern an der Mosel produziert wurden. Der Wirt des Weinhauses verkaufte den Wein in kleinen Mengen. Offenbar brachte der Detailverkauf damals schon höhere Einnahmen als der Großhandelsverkauf. Die Einnahmen durch Brauhaus und Weinausschank waren, wie die Rechnungen von 1530/31 belegen, sehr hoch und warfen gute Überschüsse ab. Offenbar wußte der Abt das Geld vernünftig anzulegen, denn noch im gleichen Jahr 1491 kaufte er dem Grafen Peter von Reifferscheid einen Hof in Manstedten ab.

Nicht vergessen wurde damals der Klosterpatron, der hl. Nikolaus, dessen Hilfe und Fürbitte man die unerwartete Besserung der finanziellen Lage zuschrieb. Zu seiner Ehre ließ der Abt eine überlebensgroße Holzplastik anfertigen, die auf dem Hochaltar ihren Platz fand. In den Kopf der Figur wurden unter der Mitra zahlreiche Reliquien eingeschlossen. Anschließend wurde die Figur durch den Kölner Weihbischof Johann von Cyrene gesegnet. Ferner wurden weitere Altarbilder und Reliquien angeschafft.

Monumentale Sitzfigur des hl. Nikolaus, um 1491

Ein folgenschwerer Diebstahl

Trotz der guten Ansätze gab es Rückschläge. 1496 hat ein fremder Mönch, der vorgab, aus der Abtei Sponheim zu stammen, sich das Vertrauen des Abtes Adam II. von Münchrath erschlichen. Als der Abt einmal abwesend war, drang der fremde Mönch in die Wohnräume des Abtes ein und stahl das dort aufbewahrte Gold- und Silbergerät, die soeben zur Bewirtung von Gästen angeschafften Silberbecher und andere Wertgegenstände. Er verschwand mit seiner Beute und wurde nie gefaßt.

Gewölbemalerei und Gewölbeschlußstein mit der Darstellung des hl. Nikolaus. Westliches Joch des Kirchenmittelschiffs, 1514

Gewölbemalerei und Gewölbeschlußstein mit der Darstellung der Muttergottes im Strahlenkranz, auf der Mondsichel stehend. Östliches Joch des Kirchenmittelschiffs, 1514

Sicherlich hat dieser Diebstahl mit zur Verschlechterung der ökonomischen Leistungsfähigkeit des Klosters beigetragen. Bereits 1498 hat der Kölner Erzbischof dem Kloster die Gebühren für die Bestätigung des neugewählten Abtes Johann I. von Wied erlassen, um die Schulden nicht noch zu erhöhen. Offenbar waren die Streitigkeiten zwischen Abt Adam II. von Münchrath und seinem Konvent sowie die Vergrößerung des Konvents von 1497 der weiteren Entwicklung der Klosterwirtschaft abträglich gewesen.

Abschluß der wirtschaftlichen Konsolidierungsphase und Wiederaufnahme der Bautätigkeit an Kirche und Klostergebäuden unter Abt Johannes I. von Wied

Der bereits erwähnte Abt Johannes I. von Wied war ein guter und sorgfältiger Wirtschafter. Im Kloster und auf seinen Gütern entwickelte er eine rege Bautätigkeit. Als 1511 das Generalkapitel der Bursfelder Kongregation in seinem Kloster tagte, hat er vorher über dem Kreuzgang zum Refektorium hin neue Wohnräume für die zu erwartenden Gäste bauen und das Dach des Refektoriums erhöhen lassen. Das Mittelschiff der Kirche erhielt 1514 ein neues gotisches Gewölbe, da das alte romanische einzustürzen drohte. Im darauffolgenden Jahr erhielt der große Westturm eine steinerne Galerie und ein neues Dach. In der Mitte des Kreuzganges ließ der Abt eine Zisterne anlegen. Bei den Grabungsarbeiten entdeckte man die Fundamente der Marienkapelle, der ersten Grablege der Pfalzgräfin Mathilde und des Pfalzgrafen Ezzo. Die Kapelle war wohl schon nach der Fertigstellung der von Königin Richeza erbauten Kirche abgebrochen worden, nachdem man die Gebeine der Stifter in die neue Kirche übertragen hatte.

Die Sorge des Abtes galt auch den Gebäuden auf den Gütern der Abtei. So ließ er 1501 den Brauweiler Hof in Klotten renovieren. In Pommern an der Mosel kaufte er einen Berg, an dessen Hängen Weinreben angepflanzt werden sollten. Zwei Wassermühlen ließ er in Sinthern erbauen, eine für Getreide und eine für Öl. Eine hölzerne Bockwindmühle wurde in Brauweiler errichtet.

Um die für den Betrieb der Wassermühlen in Sinthern notwendige Wassermenge zu haben, legte man Teiche an, in denen der Abt eine Fischzucht betreiben ließ. Dies alles erweckte, wie der Chronist berichtet, den Neid der Bauern auf dem benachbarten Jülicher Territorium. Diese beklagten sich zunächst über den Wassermangel, den die angestauten Teiche verursacht hätten. Da auf diese Klagen seitens der Abtei keine Rücksicht genommen wurde, rotteten sich einige der unzufriedenen Bauern zusammen, zerstörten die Stauvorrichtungen und stahlen so viele Fische, wie sie fangen konnten. Die Strafe folgte auf dem Fuß, denn die abfließenden Wassermassen ergossen sich über ihre Felder an Geyen vorbei bis nach Pulheim hin und vernichteten die Aussaat.

Als der Abt 1515 starb, hinterließ er erwirtschaftete Überschüsse an Geld und Getreide. Sein erfolgreiches Wirken für das Kloster hat offensichtlich einen großen Eindruck auf seine Zeitgenossen gemacht. Einen Nachruf in der Form eines Gedichtes hat der Königsdorfer Advokat und Zöllner Johannes Keppler hinterlassen. Keppler hatte in Paris den Grad des *Magister Artium* erworben und war mit dem Abt befreundet gewesen. In dem Gedicht lobt er den Abt u. a. mit den Worten: *„Dieser fromme Mann war ein kluger Ratgeber, von keiner Furcht gebeugt, standhaft und gerecht."* (Übersetzung nach Stiene 1997)

Mit dem Jahr seines Todes fand die Konsolidierungsphase, die 1467 mit der Einführung der Bursfelder Reform begonnen hatte, ihren Abschluß. Rückschläge infolge von Überfällen und Brandschatzungen durch Anhänger der ausgewiesenen Mönche und deren adliger Verwandtschaft sowie durch Unzulänglichkeiten während der Amtszeit des Abtes Adam II. von Münchrath hatten eine Verbesserung der Lage des Klosters immer wieder hinausgezögert.

Weiterhin eine positive Entwicklung trotz mehrerer Unglücksfälle

Die sorgfältige Verwaltung des verstorbenen Abtes Johannes I. von Wied hinterließ die zu Beginn seines Abbatiats vorgefundenen leeren Geldbeutel wohlgefüllt und ebenso die Scheunen, wie der Chronist vermerkte. So konnte man die Bestätigungsgebühr für seinen Nachfolger Johannes II. von Lünen ohne Schwierigkeit bezahlen.

Die Amtszeit des neuen Abtes Johannes II. von Lünen verlief weniger glücklich. Es ereigneten sich mehrere Unglücksfälle, die dem Kloster Schaden zufügten. So brannte 1516 das Back- und Brauhaus mit allen Vorräten ab. Der Abt ließ das Gebäude wieder aufbauen. Zwei Jahre später vernichtete Hagel die Saaten zwischen Brauweiler und Kirdorf (heute zu Sinthern). Da man die Unglücke Hexen zuschrieb, ließ der Abt zu ihrer Inhaftierung vor der Klosterpforte einen Gefängnisturm errichten, über dessen Eingang die Inschrift *„Sanctum est nefas punire"* (Es ist eine heilige Pflicht, die Untat zu bestrafen) angebracht wurde.

1525 erzwang der Trierer Erzbischof Richard von Greiffenklau durch die Beschlagnahme von Wein eine Beisteuer von 1.400 Gulden zur Finanzierung der Kosten seines Kampfes gegen Franz von Sickingen. Dieser hatte sich als Reichsritter eine starke Stellung am Mittelrhein erworben und in kaiserlichem Dienst gekämpft. Durch Ulrich von Hutten war er für die Reformation gewonnen worden und gewährte den Anhängern der neuen Lehre Zuflucht, unter diesen Ulrich von Hutten und Philipp Melanchthon, auf der Ebernburg bei Bad Münster am Stein (Nahetal). 1522 begann er als Hauptmann eines Bundes der schwäbisch-fränkischen Reichsritterschaft den Kampf gegen die Fürstenmacht mit einer Fehde gegen den Trierer Kurfürsten. Während der Belagerung seiner Burg starb Franz von Sickingen, schwer verwundet, am Tage der Übergabe.

Das Kloster Brauweiler hat die weniger glücklichen Jahre unter Abt Johannes II. v. Lünen verhältnismäßig gut überstanden. Die Entwicklung verlief insgesamt weiter aufwärts, und beim Tod des Abtes blieben dem Kloster trotz aller Unglücke Überschüsse an Bargeld und Getreide.

Baumaßnahmen und Förderung der Wirtschaft unter Abt Hermann III. Laer

Unter Abt Hermann III. Laer, dem Nachfolger von Abt Johannes II. von Lünen, setzte sich die insgesamt gute Entwicklung fort. Hiervon zeugt auch die einsetzende rege Bautätigkeit. 1536 wurde über den Kreuzgängen - außer über dem nördlichen, der bereits in seinem östlichen Teil aufgestockt war - ein zweites Stock-

Die Äbte Johannes II. von Lünen (1515-1532) und Hermannn III. Laer („a Bochum") (1532-1567). Gemälde aus dem 1. Viertel des 18. Jhs., heute im Südnebenchor der Abteikirche

Relieftafel mit den Halbfiguren des Klosterpatrons, des hl. Nikolaus, und des Ordensgründers, des hl. Benedikt, im Kreuzgang. Die Jahreszahl 1536 erinnert an die Baumaßnahme unter Abt Hermann III. Laer zur Schaffung von Räumen für Gäste.

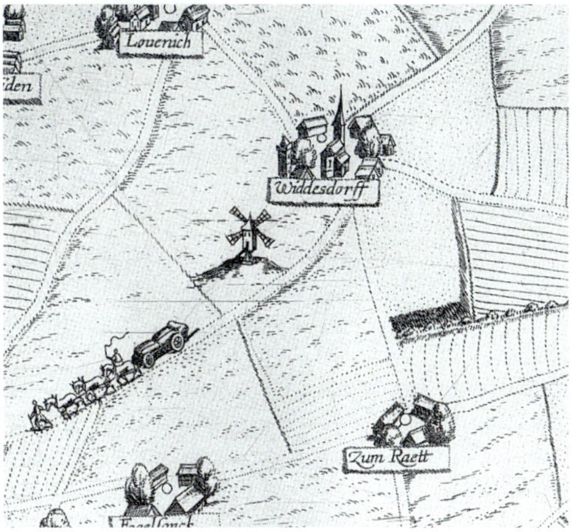

Ausschnitt aus der Karte des Abraham Hogenberg „Beschreibung und abris des Collnischen Schweidts", nach 1606, mit Widdersdorf und Rath sowie der hölzenern Bockwindmühle

werk errichtet. Es entstanden neue Gemächer für den Abt und die höheren Klosterämter sowie Räume für Gäste, ferner ein neues Dormitorium und eine neue Bibliothek. Die für die Baumaßnahme benötigten Steine wurden in sechs Ziegelöfen, die in der Nähe des Klosters errichtet wurden, gebrannt.

In Widdersdorf sorgte er für den Bau eines Pfarrhauses, das er ebenso wie einen Hof des Klosters in Rath (östlich von Widdersdorf, heute beides zu Köln) mit einer Mauer umgeben ließ. Ferner errichtete man in seinem Auftrag in Widdersdorf eine hölzerne Bockwindmühle. In Köln wurde die Kapelle des Brau-

Antoniusaltar, 1552

Michaelsaltar, 1561

weiler Hofes, die sein Vorgänger begonnen hatte, vollendet. Das für die Bauten benötigte Holz kaufte er, um die eigenen Wälder zu schonen.

Mit Erfolg verteidigte der Abt die Zollfreiheit des Klosters bei der Abfuhr der Weine von den Moselgütern gegen den Trierer Erzbischof Johann von Metzenhausen und wehrte alle Versuche von dessen Nachfolger Johann von Isenburg, die Moselbesitzungen neu zu besteuern, ab.

Für den großen Turm der Kirche gab er den Guß einer Glocke in Auftrag. Dabei handelte es sich um den Umguß der Nikolaus- und Medardusglocke, die zugleich Gerichtsglocke war. (s. Anhang S. 412) Als Schmuck für die Kirche ließ der Abt mehrere neue steinerne Altartafeln anfertigen und einen würfelförmig zugehauenen Stein vor dem Hochaltar aufstellen und darauf einen Leuchter anbringen. Der Kreuzaltar wurde etwas versetzt und durch Bilder geschmückt.

Trotz der Ausgaben für die vielen Baumaßnahmen erlaubte die wirtschaftliche Lage auch den Neuerwerb von Besitz, die Aufforstung eines Waldstücks mit mehr als 100.000 Bäumen sowie die Anlage neuer Tiergehege. Schließlich blieb noch Geld übrig, das zinsbringend angelegt wurde.

Die wirtschaftliche Situation Brauweilers hatte sich im Laufe von rund 100 Jahren seit der Einführung der Bursfelder Reform soweit entwickelt, daß eine Visitation zur Amtszeit seines Nachfolgers Andreas Münster im Jahre 1569 nichts Nachteiliges über die wirtschaftliche Lage des Klosters erbrachte.

Die Stiftungen des Abtes Hermann III. Laer

Bemerkenswert sind zwei Stiftungen des Abtes. Sie geben einen lebendigen Eindruck von seiner sozialen Haltung.

In Erinnerung an das Abendmahl Christi mit seinen Aposteln stiftete er für Gründonnerstag die Armenspende. Als Zeichen der christlichen

Demut und Nächstenliebe lud er 25 Arme ein, denen er, dem Vorbild Christi folgend, persönlich die Füße wusch. Anschließend gab der Abt jedem von ihnen Rock, Stoffe, Schuhe, Mütze, Brot und zwei bzw. einen Raderalbus.

Die zweite Stiftung war für die damalige Zeit ungewöhnlich und zugleich progressiv. Zur Erinnerung der Erwerbung des Neuenahrer Buschs unter seinem Abbatiat stiftete er den sog. „Buschtag". Hierzu zog der Abt mit seinen Mönchen und dem gesamten Klosterpersonal an einem Sonntag zwischen Ostern und Pfingsten nach der Frühmesse in einen nahen Busch (Wald). Als Ziel könnte man sich vielleicht den nicht allzu weit entfernten Villewald zwischen Brauweiler und Königsdorf vorstellen. Dort setzten sich alle zu einem gemeinsamen Mahl zusammen. Die Pächter und Bauern der umliegenden Klostergüter gesellten sich dann im Laufe des Tages hinzu. Die Armen in den umliegenden Dörfern, die zum Kloster gehörten, erhielten an diesem Tag eine reichliche Spende Weizen. Der Tag mit dem „Picknick im Grünen" sollte der allgemeinen Erholung dienen. 1649 wurde der Buschtag von der Bursfelder Kongregation verboten, da er gegen die strengen Regeln verstieß. (Kastner 1977)

Die Rechnungen von 1530/31

Ein besonderes Dokument zur Wirtschaftsgeschichte der Abtei nach der Einführung der Bursfelder Reform sind die noch erhaltenen Rechnungen aus der Zeit vom 1. Oktober 1530 bis zum 30. September 1531. (s. Anhang S. 399) Wenn sie auch nur den sehr eng begrenzten Zeitraum eines Jahres umfassen, so vermitteln sie doch einen recht lebendigen Eindruck vom Wirtschaftsgeschehen im Kloster vor der Mitte des 16. Jahrhunderts.

Voneinander getrennt sind Einnahmen und Ausgaben festgehalten. Zunächst sind die Einnahmen durch den Verkauf von Getreide aufgeführt. Sie beliefen sich auf 800 Gulden. Dazu kamen 710 Gulden, die über den klösterlichen Weinausschank eingenommen worden waren, davon über Verkauf en gros fast 400 Gulden. Zwei Sorten wurden angeboten, ein etwas saurer Wein für 18 Gulden je Fuder und eine bessere Sorte für 50 Gulden je Fuder. Durch den Verkauf von Holz aus den Klosterwäldern kamen 120 Gulden ein. Die Wind- und Wassermühlen des Klosters erwirtschafteten rund 300 Gulden, wobei der Anteil der Wassermühlen mit 90 Prozent übermäßig hoch war. Als weitere Einnahmeposten sind Viehverkauf, „Verschiedenes" oder „Rückstände" angegeben, ferner „sonstige Bareinnahmen" des Kellners. Eine Untersuchung der Rechnungen kam zu dem Ergebnis, daß das Gesamteinkommen des Klosters in dem angegebenen Zeitraum bei etwa 8.300 Gulden lag. (Wisplinghoff 1971)

Der Verwendungsnachweis für das Getreide ergibt, daß man einen Teil davon als Saatgut, einen anderen zum Brotbacken für den Konvent und große Mengen zum Bierbrauen verwendete. Die in der erhaltenen Rechnung nachgewiesene Menge Bier betrug 24.000 Liter mit einem Verkaufswert von 120 Gulden.

Man hat vermutet, daß die in den Rechnungen aufgeführten Mengen nur einen Teil des produzierten Bieres ausmachten und der größte Teil des selbsterzeugten Bieres zum Nutzen anderer Klosterämter verkauft sowie in natura als Lohn für Dienstleistungen ausgegeben wurde.

Unter der Voraussetzung, daß die Biererzeugung sich gelohnt hat, was man wohl unterstellen darf, und unter Berücksichtigung der im Verwendungsnachweis aufgeführten Menge verbrauten Getreides hat man errechnet, daß die Abtei rund 260.000 Liter Bier mit einer Stammwürze von 9 Prozent hat herstellen können. Der Betrieb hätte dann 3 Brauer beschäftigt. (Wisplinghoff 1971) Wie lukrativ der Braubetrieb war, zeigt wohl auch die Anschaffung einer neuen Braubütte im Rechnungsjahr 1530/31.

Insgesamt erwirtschaftete das Kloster 1530/31 erhebliche Getreideüberschüsse, die wohl zum größten Teil verkauft wurden. Vom Roggen wird mitgeteilt, daß man 70 Malter für Gehaltszahlungen in natura verwendete.

Beim Vergleich mit den bereits vorgestellten Rechnungen von 1348 bis 1358 hat das Kloster vor allem die Mengen an Gerste und Hafer steigern können, obwohl die Zahl der Höfe nicht zugenommen hat. Daraus ist zu schließen, daß man möglicherweise die Anbaufläche damals vergrößert hat.

Gegenüber den Einnahmen belaufen sich die Ausgaben in den Rechnungen auf etwa 2.700 Gulden, wodurch der Haushalt - bei allen Unsi-

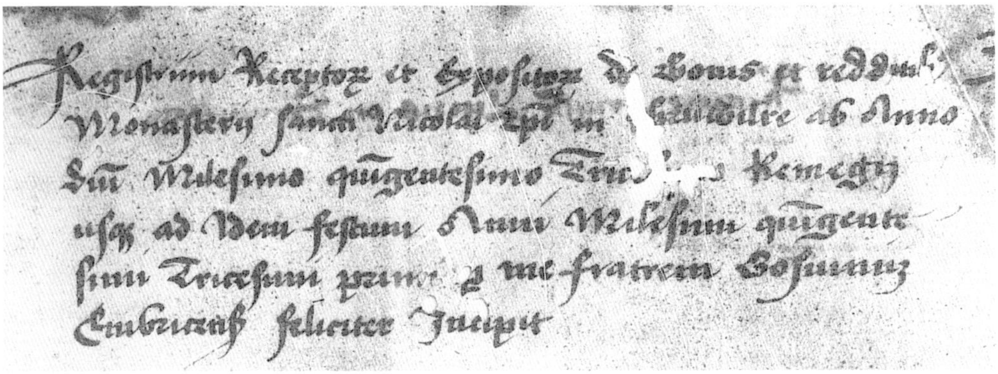

Einleitung zum Einnahmen- und Ausgabenregister 1530/31, in der sich der Kellner Goswin von Emmerich mit Namen als Schreiber des Registers vorstellt: „per me fratrum Gosuinum Embricensem". (vorletzte und letzte Zeile) (NWHStAD, Brauweiler Akten)

cherheitsfaktoren, die in diesen Rechnungen enthalten sind - ausgeglichen erscheint.

Ein großer Teil, nämlich 1.130 Gulden, wurden für Verpflegung ausgegeben, davon die Hälfte für Öl, Butter und Käse. Den Käse bezog man von einem Händler aus Maastricht: 3.700 Pfund flandrischer Käse, 358 Pfund holländischer Käse und 41 Pfund grüner Käse, für den der höchste Preis zu zahlen war. Die Butter, insgesamt 4.700 Pfund, wurde zum größten Teil in Delft gekauft und über Dordrecht auf der Maas nach Venlo und von dort nach Brauweiler gebracht, wobei als Transportweg bis Köln der Rhein diente. Nur geringe Mengen Butter wurden in der Nähe erzeugt.

Verhältnismäßig groß war der Verzehr an Fischen. 32 Tonnen Heringe und 1.200 Pfund Stockfische sind in den Rechnungen aufgeführt. Woher der Hering kam, wird nicht mitgeteilt. Der Stockfisch kam zum größten Teil aus Deventer. Daneben wurden auch Rheinsalm und Grünlinge verzehrt. Besonders beliebt waren geräucherte Heringe. Geringer waren die Ausgaben für Fleisch, die nur 150 Gulden betrugen. Es wurde fast ausschließlich mageres Ochsenfleich gegessen, das vorzugsweise aus Emmerich geholt wurde. In der Rechnung werden zwei Metzger erwähnt, die sich jedoch auch als Viehhändler betätigt haben. Sie kauften auf den Höfen der Abtei Lämmer und Hammel und lieferten dafür als Entgelt Ochsen.

Schließlich werden in der Rechnung weitere Ausgaben aufgeführt, darunter für Gewürze, für kirchliches Gerät, für Eisenwaren, Gerichtskosten, Baukosten, für Reisen, für Hausgerät, Bücher und Papier sowie für Tuche.

Aber auch die Ausgaben für Personal, Hintersassen und Handwerker sind angegeben. Insgesamt werden 78 Personen genannt. Die Liste beginnt mit dem Schreiber und nennt ferner den Wirt des Weinhauses, den Organisten, einen Stallknecht, einen Wind- und zwei Wassermüller sowie drei Brauer. Es folgen eine Reihe Knechte und Mägde, der Schafhirt, der Förster und zum Schluß der *„apothecarius"*.

Insgesamt belegt die Rechnung, daß Brauweiler zu diesem Zeitpunkt seine Krise, die im 13. Jahrhundert ihren Anfang genommen, längst überwunden hatte. Notzeiten wie vor der Einführung der Bursfelder Reform hat das Kloster nicht mehr verzeichnet. Ihre größte wirtschaftliche Blüte erlebte die Abtei dann in der Barockzeit kurz vor dem Einmarsch der Franzosen.

Veränderungen im Konvent seit 1467

Mit der Einführung der Bursfelder Reform im Jahre 1467 fand durch den Austausch der Konventualen eine schlagartige Veränderung des Konvents statt. Waren die bisherigen Mönche adliger Abstammung gewesen, so entstammten die Reformmönche dem Bürgertum. Bezeichnenderweise war es offensichtlich ein aus adliger Familie stammender Mönch, der, wie bereits berichtet, schon nach kurzer Zeit Brauweiler wegen der schwierigen Lebensbedingungen wieder verließ.

Mönche beim Chorgebet. Kohlezeichnung von Heinz Binsfeld

Offenbar hat die bürgerliche Herkunft der Konventsmitglieder die Feindschaft und Abneigung der ausgewiesenen adligen Mönche und deren Familien und Freunde dem Kloster gegenüber noch verstärkt.

Gerade zu letzterem gibt der Chronist ein sehr anschauliches Beispiel, das auf eigener Erfahrung beruhte. Als in den ersten Jahren der Übernahme des Klosters durch die Reformmönche der Marschall der Kölner Diözese, Graf Peter von Reifferscheid, Klosterbesitzungen überfiel und Vieh raubte, schickte Abt Adam II. von Hertzenrath zwei Mönche, darunter den bereits genannten Chronisten, Pater Bartholomäus von Grevenbroich, zum Grafen nach Schloß Dyck. Dort verspottete und beschimpfte dieser die beiden mit den Worten: *„Was maßt ihr euch eigentlich an? Ihr seid ja keine Söhne von Adligen, sondern Bauern, Pelzmacher, Schuster und was sonst für Handwerker! Die Söhne der Adligen habt ihr aus eurem Kloster gejagt, lebt aber von ihren Pfründen!"* Der Graf ließ das geraubte Vieh vor den Augen der Mönche schlachten und erklärte ihnen, daß sie keinen Fuß, keinen Schwanz und kein Ohr davon zurückbekämen. Schließlich bot er ihnen an, davon zu essen. Die beiden Mönche mußten unverrichteter Dinge nach Brauweiler zurückkehren.

Adlige sind seit 1467 unter den Mönchen des Klosters kaum noch nachweisbar, statt dessen stammen die Konventualen zum großen Teil aus bürgerlichen Kreisen der Städte. Daneben haben auch Mönche bäuerlicher Herkunft aus wirtschaftlich gesicherten Verhältnissen nicht gefehlt. Es gab auch Ausnahmen. So entstammte der Abt Andreas Münster (1567-1579) einer Kölner Handwerkerfamilie. Die Familie des Abtes Adam II. von Münchrath (1483-1496) war Inhaber einer kleinen Bauernstelle.

Die Mönche der Zeit nach der Reform kamen zum größten Teil aus kurkölnischem Territorium, daneben aus dem Jülicher Land, aus dem Bergischen Land und aus dem Herzogtum Kleve. Unter den Städten, aus denen Mönche stammten, sind Köln, Düsseldorf, Aachen, Emmerich, Xanten und Essen zu nennen. Selten waren Mönche, die von der Mosel kamen. Dagegen gab es auch Niederländer im Konvent aus Deventer, Maastricht, Roermond, Venlo, Arnheim oder Utrecht. Einige wenige kamen aus Westfalen.

Über die zahlenmäßige Stärke des Konvents sind nur wenige Angaben möglich. 1467 waren sieben Mönche aus Groß St. Martin gekommen. 1497 kamen weitere sieben Mönche hinzu. Zur Reform des Klosters Grafschaft konnte das Kloster 1506 sechs Mönche entsenden. Im Jahre 1515 bestand der Konvent aus 24 Mönchen einschließlich dem Abt, obwohl eine Seuche vorher Opfer gefordert hatte. Als Abt Hermann III. Laer 1532 die Klosterleitung übernahm, bestand der Konvent aus 28 Mönchen, von denen die meisten sehr alt waren.

Erst von den Abtswahlen während des 17. Jahrhunderts sind wieder genauere Zahlen überliefert. 1601 waren 25 Mönche anwesend, 1624 war die Zahl auf 15, zu denen noch fünf Novizen kamen, gesunken. 1649 bestand der Konvent wieder aus 22 Mönchen, von denen jedoch 6 auswärts Dienst taten. Nach dem Dreißigjährigen Krieg stieg ihre Zahl auf 28 im Jahre 1668 und erreichte 1672 mit 32 Konventualen einen Höchststand. Danach ging die Zahl zurück, sank jedoch nie unter 30 und erreichte 1722 und 1756 Höhepunkte mit 37 bzw. 36 Konventsmitgliedern. Bei der Wahl des letzten Abtes Anselmus Aldenhoven im Jahre 1778 waren 31 Mönche anwesend. Hinzu kamen zwei noch nicht wahlberechtigte Konventsmitglieder. (s. Anhang S. 435)

Neben diesen Mönchen gab es seit 1467 immer wieder einige Laienbrüder im Kloster, die Profeß ablegten und als Handwerker oder in anderen Berufen Dienst taten. Über sie gibt es nur wenige Nachrichten.

Die Konventsstärken der letzten 300 Jahre belegen, daß trotz der auf weite Strecken sehr bewegten Zeit - anders als vor der Einführung der Bursfelder Reform - keine wirtschaftlichen Krisen mehr das Kloster erschüttert haben. Es blieb der feste Wille, ein Leben nach der Benedikt-Regel zu führen, ein Vorsatz, der durch die Zugehörigkeit zum Verband der Bursfelder Reformklöster und seine überwachende Tätigkeit eine tatkräftige Unterstützung erfuhr. Hierbei hat sich das bereits zitierte Wort des Abtes Hermann III. Laer von der Erfüllung der geistlichen Verpflichtungen bewährt.

Petschaft des dritten Siegels der Abtei Brauweiler. Halbfigur des hl. Nikolaus mit Mitra, Stab und zum Segen erhobener Hand, um 1510 (NWHStAD)

Kaiserlicher und königlicher Besuch im 16. und 17. Jahrhundert

Beziehungen zu römisch-deutschen Königen und Kaisern hat die Abtei seit ihrer Gründung immer wieder unterhalten. Hierbei ging es um die Bestätigung von Privilegien oder Besitz, worüber die Herrscher Urkunden ausstellten. Von Abt Wolfhelm wissen wir, daß er sich im Streit um Klotten in einem Schreiben an König Heinrich IV. wandte. Im Zusammenhang mit Auseinandersetzungen um Waldrechte am Niederrhein hat man sich an die Könige Lothar III. und Konrad III. gewandt. 1131 ist Abt Bertolf in dieser Angelegenheit einmal an den königlichen Hof gereist, der sich damals gerade in Neuss aufhielt. Im Jahre 1362 hat Abt Hermann II. Zobbe sich wegen der Streitigkeiten mit den Vögten an Kaiser Karl IV. gewandt, als dieser sich in Aachen aufhielt.

Zu einer anderen Form der Begegnung kam es im 16. Jahrhundert. Wohl die Nähe Brauweilers zur großen Verbindungsstraße von Köln nach Aachen und vielleicht auch das wachsende Ansehen und die zunehmende Bedeutung, die das Kloster nach der Einführung der Bursfelder Reform gewann, veranlaßten drei deutsche Herrscher zur Einkehr.

Kaiser Maximilian I. Holzschnitt von Albrecht Dürer, 1519

Kaiser Maximilian I. und sein Besuch am Stiftergrab

Am 25. Mai 1505, dem Sonntag nach Dreifaltigkeit, kam Kaiser Maximilian I. nach Brauweiler. Er war auf dem Weg von Köln nach Kaster und wurde dabei von einem plötzlichen Unwetter überrascht, das ihn zwang, zusammen mit seinen Begleitern im Kloster Zuflucht zu suchen.

Gegen Abend betrat der Kaiser die Kirche, wo er vor dem Hauptaltar niederkniete und betete. Danach wurde er von den Senioren *(patres seniores)* - das sind die damals gewählten, heute z. T. auch ernannten Mitglieder des Seniorats - zum Grab der Stifter geführt, das damals noch als Hochgrab in der Mitte des Chores stand. Als der Kaiser das wenig schmuckvolle Grab sah, kritisierte er die Vernachlässigung des Grabes mit den Worten: „Warum laßt ihr eure Wohltäter so achtlos liegen?“ Als Abt Johannes I. von Wied, der am Tag des Kaiserbesuchs nicht im Kloster anwesend war, von der Kritik des Kaisers erfuhr, ließ er das Grab mit Bildern schmücken und eine Inschrift anbringen.

Nach dem Besuch am Stiftergrab geleiteten die Mönche den Kaiser zum Hochaltar, wo sie ihm die aufbewahrten Reliquien zeigten. Unter diesen befand sich auch das Stück eines Nagels vom Kreuz Christi. Es soll der Überlieferung nach ein Teil des Nagels sein, der in die Heilige Lanze des Reiches eingelassen ist. Kaiser Maxi-

Kaiser Karl V. Detail aus dem Brauweiler Stifterbild von 1657. Abteikirche Brauweiler

Kaiser Ferdinand I. Kupferstich von Barthel Beham, 1531

milian bestätigte den Mönchen diese Tradition mit den Worten: *„Dieser Partikel scheint gänzlich von dem Teil der Lanze des Herrn abgeschnitten zu sein, der in Nürnberg mit großer Ehrfurcht verehrt wird, denn hier wird nur so viel aufbewahrt, wie dort zu fehlen scheint und an dessen Stelle Silber beigefügt ist.“*

Nach dem Besuch in der Kirche begab sich der Kaiser ins Kaminzimmer zum Essen. In einem anschließenden Gespräch beklagten sich die Offizialen (Amtsinhaber) des Klosters und die Senioren über Schäden, die von durchziehenden kaiserlichen Truppen angerichtet würden. Der Kaiser versprach Abhilfe und Ausstellung eines Diploms. Den Mönchen schlug er vor, daß ihn einige begleiten sollten, da er noch an diesem Abend zur Stadt Kaster wolle, wo er übernachten werde. Zwei Konventualen zogen anschließend mit dem Kaiser und seiner Begleitung nach Kaster, wo sie übernachteten. Am anderen Morgen ließ der Kaiser ihnen das Diplom ausstellen. Darin wurden alle kaiserlichen Soldaten aufgefordert, das Gebiet der Abtei sofort wieder zu verlassen.

Weitere hohe Besucher:
Kaiser Karl V. und König Ferdinand I.

Rund fünfzehn Jahre später besuchte Kaiser Karl V., der Enkel und Nachfolger Maximilians I., die Abtei. Er kam mit großem Gefolge von Aachen, wo er am 23. Oktober vom Kölner Erzbischof Hermann V. von Wied gekrönt worden war. Er übernachtete in der Abtei Brauweiler. Am darauffolgenden Tag zog er nach Köln weiter. Die Stadt bot alles auf, dem Kaiser einen würdigen Empfang zu bereiten. Am 3. November huldigte ihm die Stadt durch ihre beiden Bürgermeister vor dem Rathaus. Nach dem anschließenden Festmahl im Hause Quatermarkt fand am Abend eine große Festfeier im Gürzenich statt. Albrecht Dürer, der sich im Gefolge des Kaisers befand, notierte danach in sein Reisetagebuch: *„Ich hab zu Cöln auf dem Tanzhauß* [das ist der Gürzenich] *des Kaisers Carl fürstentanz und Panquet gesehen am Sontag zu nacht nach aller heiligentag im 1520 Jahr, das war kostlich zugericht.“*

Ein weiterer hoher Besucher war im Januar 1531 König Ferdinand I. (Kaiser ab 1558), der Bruder Karls V. Er war am 5. Januar 1531 im Chor des Kölner Domes durch die Kurfürsten, bei denen der sächsische Herzog Friedrich der Weise fehlte, zum deutschen König gewählt worden. Die Wahl fand in Anwesenheit Kaiser Karls V. statt. Köln hatte man gewählt, da Frankfurt, die Stadt der deutschen Königswahlen, inzwischen protestantisch geworden war. Von Köln aus begab sich der neugewählte König nach Aachen, wo er gekrönt werden sollte. Unterwegs besuchte er die Abtei Brauweiler. Nach seiner Krönung in Aachen am 11. Januar 1531 zog er nach Köln zur Huldigung. Auf diesem Weg kehrte er ein zweites Mal in der Abtei Brauweiler ein. Von diesem Besuch berichtet der Chronist, daß der König *„die goldenen Waffen“* angelegt hatte. Hierbei handelte es sich um die Reichsinsignien.

Christine, Königin von Schweden. Gemälde von Wilhelm Heimbach, um 1615 bis nach 1679

Eine Königin im Dormitorium der Mönche

Einen letzten königlichen Besuch erhielten die Mönche der Abtei Brauweiler im 17. Jahrhundert. Auf ihrem Weg von Brüssel nach Rom traf 1655 die schwedische Königin Christine in Brauweiler ein.

Sie war 1626 als Tochter des schwedischen Königs Gustav Adolf und der Maria Eleonora von Brandenburg geboren worden. Bereits als junges Mädchen lernte sie tanzen, reiten und jagen. Ihr Lehrer Matthiae begeisterte sie für die griechisch-römische Antike und vermittelte ihr eine hohe Bildung. Der schwedische Kanzler Axel Oxenstierna unterrichtete sie in den Grundzügen der Politik. 1644 wurde sie zur Königin von Schweden gekrönt. Ihre Gelehrsamkeit, ihr Wissen und ihre Interessen für Kunst und Wissenschaft wurden ebenso gelobt wie ihre Fähigkeit, zahlreiche Sprachen zu sprechen. Sie pflegte Bekanntschaft mit Gelehrten wie Blaise Pascal und René Descartes. Über den portugiesischen Botschafter kam sie mit Jesuiten in Kontakt. Hierdurch vergrößerte sich ihr bereits seit längerem schwelender innerer Konflikt mit ihrem Bekenntnis als Lutheranerin. Sie erkannte, daß sie ihrer Herkunft und ihrem angeborenen Glauben eine Absage erteilen müsse, um sich selbst verwirklichen zu können. Sie dankte 1654 als Königin ab, behielt jedoch ihre königliche Würde bei und beschloß zu konvertieren. Sie verließ Schweden im gleichen Jahr und zog über Antwerpen nach Brüssel, wo sie am 24. Dezember des gleichen Jahres öffentlich ihr Bekenntnis zum Katholizismus ablegte. Es folgte die feierliche Einladung der Kurie in Rom, die sich von Christines Übertritt zum Katholizismus einen bedeutenden Werbeeffekt versprach. 1655 reiste sie quer durch Deutschland über Innsbruck nach Rom. Auf diesem Weg besuchte sie am 27. September 1655 die Abtei Brauweiler.

Wie der Chronist überliefert, wurde Christine von etwa 800 Soldaten - Kavalleristen und Infanteristen - begleitet. Von diesen übernachteten 300 im Kloster. Lediglich zwei Schweden begleiteten die Königin, ihr Kammerherr Gustaf Lilliecrona und der Page Erik Appelgren. Am anderen Morgen zeigte man Christine die Lanzenreliquie und führte sie ins Dormitorium der Mönche. Dies erscheint zunächst erstaunlich, doch es gehörte zum Privileg eines Herrschers bzw. einer Herrscherin, den Klausurbereich eines Klosters betreten zu dürfen. Dabei war es unerheblich, daß Christine zu diesem Zeitpunkt bereits als schwedische Königin abgedankt hatte.

Von Brauweiler reiste Christine in der ihr eigenen Art - in Eilmärschen - über Köln nach Deutz, wo sie zu Mittag speiste. Am 3. November war sie bereits in Innsbruck, wo sie in der Hofkirche auf Wunsch von Papst Alexander VII. noch einmal das apostolische Credo sprach und dem Glauben ihrer Väter abschwor. Das Ziel ihrer Reise, Rom, erreichte sie im Dezember 1655. Hier starb sie nach einem weiterhin unruhigen Leben am 19. April 1689. Ihr Grab fand sie in der Peterskirche.

CAROLVS QVINTVS

Urkunde Kaiser Karls V. von 1547. Lapidarium der Abteikirche (PfAB)

Die Wappenverleihung im 16. Jahrhundert

Das große Wappenprivileg aus der kaiserlichen Kanzlei in Augsburg

Fast genau 27 Jahre nach seinem kurzen Aufenthalt in Brauweiler verlieh Kaiser Karl V. am 23. November 1547 der Abtei das Recht, ein Wappen zu führen. Die 85 x 62 cm große Pergamenturkunde ist heute noch erhalten und wird als eine der wenigen Urkunden der Abtei in Brauweiler im Pfarrarchiv aufbewahrt. Ausgestellt wurde das Diplom in der Augsburger Kanzlei des Kaisers. Der untere Rand der Urkunde ist wie üblich umgebogen. Dieser Umbug dient zur Verstärkung des Pergaments wegen des schweren anhängenden Siegels.

Die Urkunde enthält drei Unterschriften von Kanzleibeamten. Unter dem Umbug hat unter der Unterschrift des Kaisers der geschäftsführende Kanzleibeamte, der Vizekanzler Nicolas de Perrenot, die Richtigkeit der Urkunde bestätigt. Auf dem Umbug hat der Schreiber und kaiserliche Sekretär Obernburger seine Unterschrift gesetzt und zugleich angegeben, daß er die Urkunde auf persönliche Anweisung seiner kaiserlichen Majestät geschrieben und abgefaßt habe. Schließlich hat auf der Rückseite der Registrator Pfintzing, der das kaiserliche Privileg im Urkundenregister der Kanzlei eingetragen hat, unterschrieben. Die nicht geringe Gebühr für die Urkunde belief sich auf vier rheinische Goldgulden, wie aus einer Notiz am Rande hervorgeht.

Ein letzter Vermerk auf der Rückseite der Urkunde gibt die Archivsignatur des Klosterarchivs an und wurde erst in Brauweiler eingetragen, als die Urkunde bereits gefaltet war, um sie im Urkundenkasten zu deponieren.

Die Echtheit der Urkunde wird durch ein unten anhängendes rotes Siegel beglaubigt, das zum Schutz vor Beschädigungen in eine Schüssel aus naturfarbenem, einfachem Wachs eingelegt ist. Es handelt sich um das sogenannte mittlere Kaisersiegel Karls V., das von 1521 an unverändert für Reichsangelegenheiten benutzt wurde. (Kastner 1977) Es zeigt den doppelköpfigen kaiserlichen Adler. In der Umschrift nennt das Siegel die wichtigsten Titel des Kaisers. Der quadrierte Wappenschild auf der Brust des Adlers bezeichnet mit heraldischen Symbolen die dem Kaiser gehörenden Territorien.

Das Wappen und die Begründung seiner Verleihung

Als einen besonderen Schmuck zeigt die Urkunde etwas oberhalb ihres Mittelpunktes eine fünffarbige, gemalte Miniatur. Sie zeigt das der Abtei verliehene Wappen. Die Farben der Miniatur entsprechen den fünf heraldischen Farben: Gold und Silber als Metallfarben, die Tünchen Blau und Rot sowie Schwarz. Ein goldener Rahmen, auf dem ein rotes Blüten- und Rankenwerk gemalt ist, umschließt ein blaues Feld, das wiederum von einem weißen Rankenmuster bedeckt ist. Darin steht aufrecht ein silberner Wappenschild in der damals gebräuchlichen Form. Auf dem Schild befindet sich ein nach rechts (heraldisch, d.h. vom Wappenträger aus gesehen) gewandter, einköpfiger, rotbezungter schwarzer Adler, der mit dem rechten (heraldisch) Fuß einen von rechts unten nach links oben reichenden Abtsstab hält. In dieser Form wird das Wappen in der Urkunde beschrieben. Leider ist der einst silberne Wappenschild heute durch Oxydation schwarz geworden, so daß der schwarze Adler nur noch schwer zu erkennen ist.

Die Urkunde nennt als Begründung für die Wappenverleihung, daß die Stifterin des Klosters, Mathilde, aus kaiserlichem Hause stammt. Sie war ja, wie bereits dargelegt, eine Tochter Kaiser Ottos II. und seiner aus Byzanz stammenden Gemahlin Theophanu. Das Vorrecht, den um einen Kopf geminderten Adler des Reiches im Wappen führen zu dürfen, beruhte auf der uralten Beziehung zu den römisch-deutschen Kaisern. Allerdings war dieser Adler nicht wie in kaiserlichen Wappen auf einem goldenen, sondern auf einem weni-

Wappen der Abtei Brauweiler. Miniatur auf der Urkunde von 1547 November 23

ger vornehmen silbernen Grund. Als ein für die Abtei spezifisches Zeichen, das Verwechslungen ausschließen sollte, erhielt der Adler einen goldenen Abtsstab.

Mit der Verleihung dieses Wappens kennzeichnete Kaiser Karl V. das Kloster als kaiserliche Abtei und erkannte es als Reichsabtei an. Jedoch blieb es bloß bei diesem Ehrenrecht. Staatsrechtliche Konsequenzen hatte die Wappenverleihung nicht. Die Abtei Brauweiler wurde nicht reichsunmittelbar, sondern unterstand auch weiterhin dem Kölner Erzbischof als dem zuständigen Landesherrn.

Der Inhalt der Urkunde

Der Text der Urkunde ist im großen und ganzen dem üblichen Schema der mittelalterlichen Kaiserurkunden folgend aufgebaut. Eine Besonderheit besitzt das Diplom jedoch, da hier die normale Form eines Privilegs und die spezielle Form eines Wappenbriefes zu einem Text zusammengefaßt sind. (Kastner 1977)

Der Kaiser bestätigt und erneuert zunächst auf Bitten des Abtes Hermann III. Laer sowie des Konvents dem Kloster St. Nikolaus zu Brauweiler in der Diözese Köln alle seine Rechte, Privilegien und Besitzungen sowie alle Formen von Einkünften, unter diesen auch solche aus Erbzins- und Pachtrechten, die auf das Kloster zutreffen. Aufgeführt ist auch die Kurmud (Wahlgabe), das Recht der Abtei, beim Tod eines Pächters oder Hörigen von den Erben das beste Stück aus der Hinterlassenschaft des Verstorbenen zu fordern. Das konnte ein Stück Vieh, ein Kleidungsstück oder etwas aus dem Hausrat sein. Diese Abgabe sollte bei den Angehörigen des Verstorbenen immer wieder aufs neue ins Gedächtnis rufen, daß sie nur Inhaber eines geliehenen Gutes sind.

Die Besitzungen werden in der Urkunde mit den Begriffen Dörfer, Weinberge, Höfe, Bann- und Gerichtsbezirke nur allgemein gehalten genannt. Eine konkrete Auflistung der einzelnen Güter fehlt.

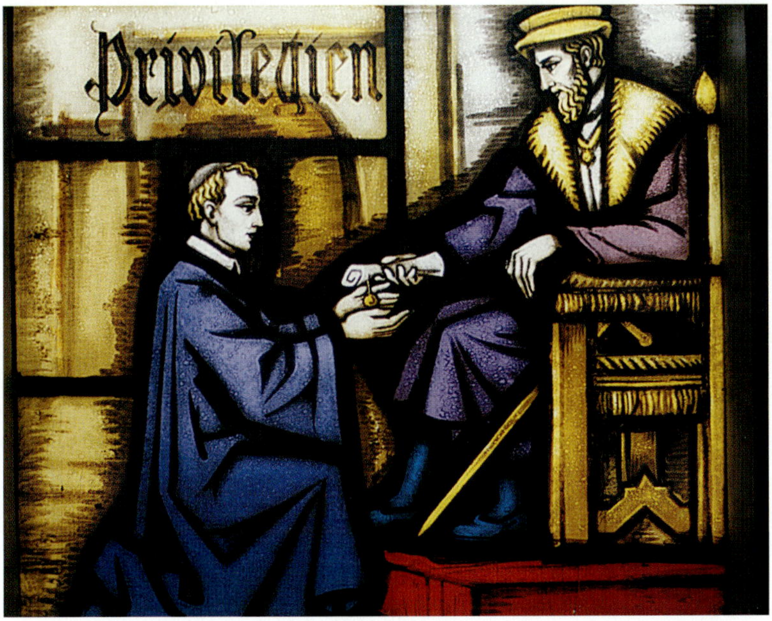

Abt Hermann III. Laer empfängt von Kaiser Karl V. das Wappenprivileg. Glasfenster im großen Sitzungssaal des ehemaligen Brauweiler Rathauses

Es werden auch rechtmäßige Appellationen und Gerichtsurteile sowie rechtmäßig geschlossene Vergleiche genannt, deren Vollstreckung bzw. Einhaltung für die Abtei wichtig ist. Schließlich sichert der Kaiser dem Kloster die Wiederherstellung aller entfremdeten Rechte und die Rückgabe aller im Laufe der Zeit verlorengegangenen Güter zu. Aus diesem Grunde werden alle, gleich welchen Standes, ob Fürsten oder einfache Leute, ob Geistliche oder Weltliche, aufgefordert, der Abtei ihre Güter und Rechte zurückzugeben.

Den Schutz des Klosters überträgt der Kaiser, da er wegen seiner Regierungsgeschäfte oft außerhalb des Römisch-Deutschen Reiches weilt, verschiedenen Herren. Hier werden als Landesherren die Erzbischöfe von Köln und Trier, der Kurfürst von der Pfalz und der Herzog von Jülich-Kleve-Berg namentlich aufgeführt. Ferner werden aufgeführt die Richter und Assessoren des kaiserlichen Kammergerichts, der Domdechant und das Domkapitel von Köln, die Reichsstädte Köln und Aachen sowie von der Kölner Kurie der Offizial und der Fiskalprokurator. Sie alle sollen im kaiserlichen Namen als Konservatoren und Exekutoren die Rechte und Privilegien des Klosters verteidigen und schützen. Das bedeutet, daß diese sowohl für die Erhaltung der abteilichen Rechte und Güter Sorge tragen sollen, als auch die Vollstreckung von Gerichtsentscheiden durchzuführen haben. Sie sollen notfalls auch gegen ihre Mitkonservatoren vorgehen, falls diese der Abtei Schaden zufügen.

Im Anschluß an das Schutzprivileg folgt in der Urkunde der Wappenbrief mit der Verleihung des Wappens, das genau beschrieben und dessen Verleihung begründet wird.

Politische Hintergründe der Wappenverleihung

Die einzige Person, die im Wortlaut der Urkunde namentlich genannt wird, ist Abt Hermann III. Laer. Er habe, so heißt es in der Urkunde, um die Erneuerung und Bekräftigung sämtlicher Rechte und Besitzungen der Abtei gebeten. Damit ist er der Initiator dieses kaiserlichen Diploms. Wir dürfen annehmen, daß er eigens nach Augsburg gereist war, um die Bitte um Ausstellung dieser Urkunde persönlich vorzutragen.

Es bleibt nun die Frage, was den Abt veranlaßt haben könnte, eine solche Reise auf sich zu nehmen, um beim Kaiser ein Schutzprivileg für seine Abtei zu erbitten. Wie bereits dargelegt, hatte die geistig-religiöse und wirtschaftliche Entwicklung der Abtei bereits unter den beiden Vorgängern des Abtes einen guten Verlauf genommen, was sich unter dem Abbatiat Hermanns III. Laer fortsetzte. Bereits vor seiner Wahl zum Abt, als er noch als Koadjutor seines schwer erkrankten Vorgängers Johannes II. von Lünen tätig war, hatte er sich mit dem Trierer Erzbischof Johann von Metzenhausen (1531-1540) auseinanderzusetzen. Dieser weigerte sich, die Privilegien der Abtei für ihre Moselgüter anzuerkennen, und versuchte, eine hohe Besteuerung und eine Verteuerung der Zölle durchzusetzen. Das gleiche Ansinnen hatte sein Nachfolger Erzbischof Johann von Isenburg (1547-1565). Unterstützung gegen diese Bestrebungen der Trierer Erzbischöfe fand Abt Hermann III. Laer beim Kölner Erzbischof und seinen Räten sowie den jülichschen Räten. Jedoch waren die geführten Prozesse sehr teuer.

Weitere Probleme machten immer wieder Plünderungen durchziehender Truppen, unter denen sich auch solche des Kaisers befanden. Eine kaiserliche Schutzerklärung konnte also als ein hilfreiches Mittel gegen diese Gefahren gelten.

Hinzu kam, daß die allgemeine politische Situation günstig war und dem Kaiser möglicherweise Zeit ließ, sich der Bitten des Abtes anzunehmen. Kurz vorher hatte Karl V. den Streit um Geldern zu seinen Gunsten gegen die Bestrebungen des Herzogs von Kleve-Jülich-Berg entschieden, das Gebiet seinen niederländischen Territorien eingegliedert und damit erreicht, daß der Niederrhein katholisch blieb. Der zur Reformation neigende Kölner Erzbischof Hermann von Wied hatte 1547 auf Druck des Kaisers sein Amt niedergelegt. Im soeben beendeten Schmalkaldischen Krieg hatte der Kaiser die evangelischen Fürsten besiegt.

Diese für den Kaiser und seine katholische Partei günstige Situation nutzte der Abt, den Kaiser um Unterstützung zu bitten. Andererseits dürfte dem Kaiser das Anliegen des Brauweiler Abtes nicht ungelegen gekommen sein, hatte dieser doch keine Neigung zum Luthertum gezeigt. Die Abtei Brauweiler erschien darum als eine Stütze des alten Glaubens im religionspolitisch umkämpften Rheinland. Sie zu bewahren lag ganz im Interesse des Kaisers. Ein Schutzprivileg, verbunden mit der Verleihung eines Wappens als einer besonderen kaiserlichen Auszeichnung, konnte nur dem Erhalt und der Stärkung dieser katholischen „Bastion“ dienen.

Kleines Siegel der Abtei Brauweiler. Wappenschild, darin ein einköpfiger Adler vor einem schrägrechten Abtsstab, 3. Viertel des 16. Jhs. (HAStK)

Das Wappen als Mittel zur Hebung des äußeren Ansehens der Abtei

Das vom Kaiser verliehene Wappen brachte auf jeden Fall eine Hebung des Ansehens der Abtei. Deutlich war die Verwendung des neuen Wappens im Urkundentext formuliert. Es sollte von der Abtei in allen entsprechenden Angelegenheiten genutzt werden, beim Vollziehen und Ausfertigen von Urkunden, auf Siegeln, Signeten, Siegelringen, Bauwerken, Gebäuden, Kirchengeräten und anderswo.

Offenbar ließ Abt Hermann III. Laer bald ein neues Siegel anfertigen. Es kann zwar erst ab 1580 nachgewiesen werden, zeigt jedoch an der Form des Schildes, der Zeichnung des Adlers, der Haltung des Stabes sowie im Wortlaut der Umschrift, daß das Typar des neuen Siegels genau nach dem Vorbild der Miniatur auf der Urkunde geschnitten worden ist, die als direkte Vorlage gedient hat. (Kastner 1977) Die bisherigen Siegel mit dem Bildnis des Klosterpatrons, des hl. Nikolaus, hatten nun ausgedient.

Zwei noch heute vorhandene Renaissancealtäre in der Kirche, die unter Abt Hermann III. Laer angeschafft wurden, zeigen das neue Wappen. Der 1552 aufgestellte Antoniusaltar, der heute an der Ostwand des südlichen

Abteiwappen unter der Bekrönung des Antoniusaltars in der Abteikirche Brauweiler

Querhauses steht, zeigt das Wappen in seinem oberen Abschluß unterhalb der Bekrönung, einem Kalvarienberg. Im nördlichen Querhaus steht an der Ostwand der Michaelsaltar von 1561. Auf den beiden Wappenleisten, die vertikal zwischen dem Mittelbild und den Apostelfiguren verlaufen, befinden sich die sog. *Arma Christi,* die Leidenswerkzeuge. Entsprechend dem lateinischen Doppelsinn des Wortes *arma* (= Waffen, Wappen) wurden sie als „Wappen Christi", d.h. als Majestätssymbole des am Ende der Zeiten wiederkehrenden Christus angesehen. Der untere Schild auf der linken Leiste neben der Figur des Apostels Judas Thaddäus trägt das Wappen der Abtei Brauweiler.

Die Nachfolger des Abtes Hermann III. Laer haben das 1547 verliehene Wappen weiterhin verwendet. So findet man es auf Grabplatten der Äbte aus dem 17. und 18. Jahrhundert. Der freischwebende Adler trägt jeweils als Brustschild das Familienwappen des betreffenden Abtes. Der letzte Abt Anselm Aldenhoven hat den Wappenadler an verschiedene Stellen der barocken Prälatur anbringen lassen.

Als einen Hinweis auf die Verbundenheit der Ortsgeschichte Brauweilers mit der Geschichte der Abtei hat die Zivilgemeinde Brauweiler das alte Abteiwappen von 1927 an bis zur Kommunalreform von 1971 als ihr eigenes geführt.

Mönch und Knappe mit dem Wappen der Abtei. Glasfenster im großen Sitzungssaal des ehemaligen Brauweiler Rathauses

Kriegsnöte und andere Katastrophen

Die Geschichte der Benediktinerabtei Brauweiler zeigt, daß immer wieder Ereignisse von außen schicksalhaft in das Leben der Mönche und ihrer Hintersassen eingegriffen haben. Die Palette ist umfangreich und bunt: Kriege, durchziehende Heere, Fehden, Überfälle und Brandschatzungen, Naturkatastrophen, Mißernten, Krankheiten und Seuchen. Sie alle konnten folgenschwer oder äußerst bedrohlich sein für die Existenz des Klosters und für das Leben seiner Mönche. Während aller Jahrhunderte berichten die Chronisten des Klosters von solchen Ereignissen, und sie gewähren ihren Schilderungen oft einen erstaunlich breiten Raum. Dies mag ein Beweis dafür sein, welche Bedeutung man solchen Geschehnissen beimaß. Sie alle wiedergeben zu wollen, würde den Rahmen dieser Darstellung sprengen. Es sollen daher im folgenden beispielhaft einige der besonders schicksalsschweren und auch äußerst bedrohlichen Ereignisse vorgestellt werden.

Heute erscheint uns das Leben der Mönche wie ein kurzes Spiel zwischen zwei Ewigkeiten, ein Spiel, das Gott lenkt und das ständig bedroht ist durch die unberechenbare Natur. Es war für das Kloster und seine Bewohner von größter Bedeutung, ob das Jahr eine reiche Ernte brachte und wie hoch die Getreidepreise waren, ob die Winter kalt waren und wie lange sie dauerten. Ein strenger Winter konnte in einem Kloster, das nur wenige beheizbare Räume besaß, krankheits- und todbringend sein. Eine zusätzliche Bedrohung, der man kaum ausweichen konnte, bedeuteten Ereignisse der äußeren Welt der Kaiser, Könige, Erzbischöfe und anderer Fürsten. Die Klosterchronik belegt, daß man auch ferne Ereignisse wie Kriege wahrnahm und sorgfältig beobachtete. Oft kündigten sie sich ja auch schon frühzeitig am Himmel über Brauweiler an durch unheimliche Kometen und Lichterscheinungen, die man als bedrohlich empfand und daher aufschrieb.

Betender Mönch, um 1520/30. Skizze auf dem Blatt mit der Silberstiftzeichnung der Choranlage der Abteikirche. Diese Skizze gehört nicht zur Darstellung der Choranlage und wurde von dem unbekannten Zeichner vorher in Brauweiler oder anderswo auf dem Blatt gefertigt. (s. Abb. S. 78 u. Anhang S. 400)

Manchmal kam das, was man als einen fernen, wirren Lärm nur undeutlich wahrgenommen hatte, recht nah und stellte dann in Gestalt durchziehender Heere oder von Kampfszenen, die sich vor den Mauern des Klosters abspielten, eine konkrete Bedrohung für die Mönche und ihr Kloster dar. Dann war der Moment gekommen, in dem man nur noch auf den Schutz des Klosterpatrons, des heiligen Nikolaus, hoffen konnte. Es gab aber auch Situationen, wo der Abt und seine Mönche sich nicht alleine auf ihren Klosterpatron verließen, wo sie selbst handelten und sich sowie ihr Hab und Gut in Sicherheit brachten.

Waren die Gefahren dann überstanden, kehrte das Leben im Kloster zurück zu seinem von der Benedikt-Regel bestimmten Tageslauf, wo Gottesdienst und Chorgebet im Mittelpunkt standen. Die Reliquien der Heiligen in den Altären, die toten Äbte, deren Gräber sich unter dem Fußboden der Kirche befanden, die bunten Altartafeln, sie alle strömten etwas aus, das den Mönchen Trost für empfangene Schäden und Verluste, aber zugleich auch neuen Mut gab und sie stärkte, einer ungewissen Zukunft, die jederzeit erneut bedrohlich werden konnte, entgegenzublicken.

Kriegsnöte

Besondere Aufmerksamkeit haben die Chronisten des Klosters den zu allen Zeiten wiederkehrenden Kriegsnöten gewidmet.

Der staufisch-welfische Thronstreit

Bereits im Herbst des Jahres 1205 hatte das Kloster, noch während man dabei war, den dritten Kirchbau zu vollenden, die erste Kriegskatastrophe erlebt. Wie bereits dargestellt, kamen die Bauarbeiten am Ostbau der Kirche im Zusammenhang mit Kriegsereignissen während des staufisch-welfischen Thronstreits eine Zeitlang zum Erliegen (s. S. 73ff.). Die zunächst noch fernen Ereignisse kamen dem Kloster bedrohlich nahe, als die Kölner sich anschickten, in Erwartung der Belagerung ihrer Stadt durch Philipp von Schwaben alle festen Plätze in einem Umkreis von zwei Meilen um ihre Stadt herum zu zerstören. Sie sollten dem Gegner keine festen Stützpunkte bieten. Damals gingen auch Teile des Klosters in Flammen auf. Besonders betroffen war offensichtlich der Südflügel des Kreuzganges.

Die Fehde zwischen dem Kölner Erzbischof und dem Herzog von Jülich

Nur rund sechs Jahrzehnte später, im Herbst des Jahres 1267, brachte eine neue kriegerische Auseinandersetzung dem Kloster Schäden. Es war die Zeit der sich massiv anbahnenden, bereits ausführlich dargelegten Wirtschaftskrise des Klosters, an deren Ende die Einführung der Bursfelder Reform stand. Damals geriet Brauweiler und das umliegende Land in den Strudel kriegerischer Auseinandersetzungen zwischen dem Kölner Erzbischof Engelbert II. von Falkenburg (Valkenburg) und dem Grafen Wilhelm IV. von Jülich. Die Gründe für den Gegensatz waren vielfältig. Da war das Streben der Kölner Bürger nach politischer Eigenständigkeit und ihre Suche nach militärischem Rückhalt bei auswärtigen Herren, zu denen auch der Herzog von Jülich gehörte. Zusätzlich gab es das Bemühen der Territorialherren, ihr Gebiet auf Kosten der Nachbarn auszudehnen, um den eigenen Wirtschaftsraum für die stark wachsende Bevölkerung zu vergrößern. Die Region um Brauweiler lag im Grenzraum der Interessensphären der beiden territorialpolitischen Rivalen Köln und Jülich. Am 18. Oktober 1267 entluden sich die aufgestauten Aggressionen in der Schlacht bei Marienholz nahe Zülpich. Erzbischof Engelbert II. unterlag dem Herzog von Jülich und mußte als sein Gefangener in den Kerker der herzoglichen Burg Nideggen. Den siegreichen Truppen des Herzogs aber stand das Gebiet des unterlegenen Erzbischofs offen. Plündernd kamen sie auch nach Sinthern, wo sich die Bauern im Kirchturm verschanzt hatten. Die Jülicher erstürmten die Kirche und zerstörten den Turm bis auf die Fundamente, wie der Chronist überliefert. Zusätzlich zu diesem Schaden mußte sich die Abtei Brauweiler zur Befreiung ihres Landesherrn mit 115 Mark kölnisch an den Lösegeldkosten beteiligen. (s. S. 89)

Der Limburgische Erbfolgestreit und die Schlacht bei Worringen

Nicht ganz zwanzig Jahre nach diesem Ereignis kam es im Sommer 1288 in der Folge des Limburgischen Erbfolgestreites und im Zusammenhang mit den Auseinandersetzungen zwischen den nach politischer Mündigkeit strebenden Kölner Bürgern und ihrem Stadtherrn, dem Erzbischof, zur entscheidenden Schlacht bei Worringen. Zur Vorbereitung des Kampfes sammelten der Kölner Erzbischof Siegfried von Westerburg und seine Verbündeten ihre Truppen im Erftraum. Am 4. Juni 1288, einem Freitag, war die erzbischöfliche Streitmacht in ihren Bereitstellungsräumen an der Erft angekommen, wo sie ihr Lager aufschlug. Am Morgen des darauffolgenden Tages, an dem die militärische Entscheidung herbeigeführt werden sollte, begab sich der Erzbischof in das Kloster Brauweiler, wo man ihm ein Zimmer reserviert hatte. Hier beichtete er und empfing die hl. Kommunion. Danach las er in der Abteikirche die Messe und hielt seiner Begleitmannschaft eine Predigt, in der er seine Ritter beschwor, tapfer zu kämpfen und den Sieg zu erringen. Weder die Gebete noch die Predigt

Darstellung der Schlacht bei Worringen in der Koelhoffschen Chronik, 1499

konnten den Ausgang der anschließenden Schlacht bei Worringen beeinflussen. Als sich der Abend auf das Schlachtfeld senkte, war Siegfried von Westerburg ein Gefangener des Grafen von Berg, und die Kölner Bürger standen auf der Seite der Sieger. Es ist nicht überliefert, wie Abt Heinrich I. von Rennenberg und seine adligen Mönche den Sieg der Kölner Bürger und ihrer Verbündeten aufgenommen haben. Sie dürften jedoch froh gewesen sein, dieses kriegerische Ereignis ohne weitere Schäden überstanden zu haben. Befand sich ihr Kloster doch trotz des bereits vorgestellten Schuldentilgungsplans, den der Abt im Jahre 1271 aufgestellt hatte, auch weiterhin in einer Krisenlage, deren Ende zu dieser Zeit nicht absehbar war.

Der Burgunderkrieg
und die Belagerung von Neuss

Bedrohlich nahe kam der Krieg wenige Jahre nach Einführung der Bursfelder Reform. Die wirtschaftliche Situation des Klosters war, wie bereits ausführlich dargestellt, zu diesem Zeitpunkt noch sehr angespannt, trotz der ernsthaften Bemühungen der Reformmönche und ihres damaligen Abtes Adam I. von Hertzenrath, die Lage zu bessern. Die neuen Konventualen hatten unter zahlreichen Übergriffen und Überfällen der entlassenen Mönche und ihrer adligen Verwandtschaft auf das Kloster und seine Güter zu leiden. Zur gleichen Zeit wurden die Güter des Klosters bei der Belagerung von Neuss im Jahre 1474/75 durch Karl den Kühnen während des Burgunderkrieges schwer in Mitleidenschaft gezogen. Die Kölner, die eine Belagerung durch die Truppen Karls des Kühnen befürchteten und aus militärischen Erwägungen für diesen Fall mögliche Stützpunkte im Vorfeld ihrer Stadt beseitigten, sollen sogar geplant haben, die Abtei zu zerstören. Dieses Schicksal, dem tatsächlich die näher zur Stadt gelegenen Klöster Mechtern und Weyer zum Opfer fielen, ist Brauweiler dann zum Glück erspart geblieben. Wie bedrohlich nahe der Krieg gekommen war, belegt der Bericht des Chronisten, daß die Mönche vom Schlafsaal aus ein Gefecht zwischen burgundischen und stadtkölnischen Soldaten vor der Klostermauer beobachten konnten. Abt Adam I. von Hertzenrath hat in Anbetracht dieser Situation Maßnahmen ergriffen, wenigstens bewegliche Güter des Klosters vor dem Zugriff der durch das Land ziehenden Söldner zu schützen. Ein Teil des Kirchenschatzes, darunter auch Reliquien, ließ er im Klostergarten vergraben. Weitere liturgische Geräte wurden nach Bergheim sowie in das befreundete Kloster Werden bei Essen geschafft. Die freundschaftliche Verbindung zu diesem Kloster blieb auch in der Folge bestehen, und Abt Adam I. von Hertzenrath wurde, wie bereits geschildert, wenig später, im Jahre 1477, als Visitator nach Werden geschickt, um die Aufnahme dieser Abtei in die Bursfelder Kongregation vorzubereiten. Da die burgundischen Soldaten immer wieder Lebensmittel und Viehfutter auf den Höfen der Abtei requirierten, ließ der Abt einen Teil der Getreidevorräte mit drei Wagen nach Bergheim in Sicherheit bringen. Unterwegs fiel der Transport kölnischen Soldaten in die Hände. Sie beschlagnahmten die Wagen samt dem Trans-

Mönche beobachten vom Schlafsaal aus ein Gefecht zwischen burgundischen und stadtkölnischen Soldaten während des Burgunderkrieges. Kohlezeichnung von Heinz Binsfeld

portgut sowie den 12 Pferden und verkauften alles in Köln. Daraufhin hat man weitere Getreidevorräte in einem Gewölbe oberhalb des Antoniusaltars versteckt. Trotz aller Bemühungen des Abtes, die Not zu lindern, mußte er im November 1474 zwei seiner Mitbrüder in die Klöster Liesborn und Johannisberg im Rheingau evakuieren. Als im Frühjahr 1475 die Zehntabgaben von den Zonser Besitzungen der Abtei nach Brauweiler geliefert werden sollten, wurde der Transport von Soldaten des kaiserlichen Reichsheeres, das die belagerten Neusser befreien sollte, aufgegriffen und die Lebensmittel für die eigene Truppe requiriert.

Der Kölnische oder Truchsessische Krieg

Eine Steigerung erfuhren die Kriegsnöte in der zweiten Hälfte des 16. Jahrhunderts. Dieses Jahrhundert mit seinen beginnenden Auseinandersetzungen zwischen den Anhängern der Reformation und denen der alten katholischen Lehre hatte sein Gepräge durch den Augsburger Religionsfrieden von 1555 erhalten. Die dort getroffene Festlegung, daß die Konfession des Landesherrn maßgebend für die Untertanen sei *(cuius regio eius religio)*, bedeutete die rechtliche Anerkennung der religiösen Spaltung des Reiches und verschärfte zugleich die politische Situation. Ausgeschlossen vom Konfessionsbestimmungsrecht waren geistliche Fürsten. Um die Säkularisation der unmittelbaren geistlichen Territorien zu verhindern, verloren diese Fürsten beim Übertritt zum neuen Glauben Amt, Land und Herrschaft. In dieser Situation entschloß sich der Kölner Erzbischof Gebhard Truchseß von Waldburg, zum Luthertum überzutreten, um die Gerresheimer Stiftsdame, Gräfin Agnes von Mansfeld, zu der er bereits zwei Jahre nach seiner Wahl zum Kölner Erzbischof ein enges Verhältnis pflegte, heiraten zu können. Die damit verbundene Umwandlung des Erzstiftes Köln in ein weltliches Fürstentum hätte schwerwiegende Folgen für die Lage der katholischen Kirche im Rheinland und im Nordwesten des Reiches gehabt. Sowohl die lutherischen Fürsten als auch die katholischen und der Kaiser waren zunächst bemüht, es zu keinem offenen Krieg kommen zu lassen. Anders verhielt sich die Kurie. Sie tat alles, um die katholischen Kräfte zu einer gemeinsamen Aktion gegen die Bestrebungen Gebhards zu gewinnen. Als Gebhard im März 1583 Agnes von Mansfeld in Bonn heiratete, erließ Papst Gregor XIII. die Absetzungsbulle gegen ihn und bestimmte Ernst von Bayern aus dem Hause Wittelsbach, den früheren Mitbewerber Gebhards um das Amt des Erzbischofs, zu dessen Nachfolger. Ehre und Reputation sowie das konfessionelle Engagement des bayerischen Fürstenhauses bestimmten von nun an die Politik am Rhein. Mit allen ihm zur Verfügung stehenden Machtmitteln bemühte sich der neue Erzbischof Ernst von Bayern, seinen Anspruch durchzusetzen. Es kam zur ersten religionspolitisch motivierten Auseinandersetzung, dem Kölnischen oder Truchsessischen Krieg. Er beendete die trügerische Ruhe zwischen den Konfessionen am Rhein und im Reich.

Gekämpft wurde auf rheinischem Boden, die Truppen kamen jedoch fast ausschließlich aus anderen Regionen, wie Bayern, Spanien oder den Niederlanden.

Die Härte und Grausamkeit dieses Krieges bekamen die Brauweiler Mönche und ihre Hintersassen zu spüren. Am 14. Februar 1584 überfielen Truppen des Erzbischofs Ernst von Bayern den nahe Brauweiler gelegenen Ort Freimersdorf und steckten alle vier Höfe des Klosters in Brand. Es soll die Rache dafür gewesen sein, daß kurze Zeit vorher einige plündernde bayerische Söldner dort von den Bauern umgebracht worden waren. Wenige Tage später, am 19. Februar, kamen die Bayern nach Brauweiler. Sie drangen in die Klostergebäude ein. Abt und Konvent waren nach Köln geflohen. Da die Söldner nur geringe Mengen an Speisen und Getränken sowie nur unbedeutende Wertgegenstände fanden, richteten sie große Verwüstungen im Kloster an. Türen, Fenster und Möbel wurden zerschlagen, Gemälde verdorben, Bratpfannen und Öfen weggenommen, Eisen, Blei und Kupfer von den Gebäuden entfernt und die Orgel in der Kirche beschädigt. Ein zufällig anwesender bayerischer Geistlicher habe noch Schlimmeres verhindert, berichtet der Kölner Chronist und Ratsherr Hermann von Weinsberg.

Im Jahre 1588 hielten sich katholische spanische Truppen unter Führung des Herzogs von Chimay im Gebiet um Köln auf. Im September eroberten sie Bonn. Anschließend lagerte ein Teil der Truppe unweit von Brauweiler. Die Bewohner der Dörfer und die Mönche der Abtei hatten unter den Ausschreitungen der Soldateska zu leiden, die schließlich einen Teil des Dorfes Brauweiler zusammen mit der Laurenti-

Überfall erzbischöflicher Soldaten auf einen Geleitzug von Jülicher Reisenden und Kaufleuten bei Köln-Junkersdorf. Kölner Flugblatt von 1586

uskapelle, der von Abt Wolfhelm 1085 erbauten Laienkirche, in Schutt und Asche legten. Erst 1604 konnte der Abt Dionysius Lieck das zerstörte Gotteshaus auf den alten Fundamenten wieder aufbauen lassen. In Rath (heute mit Widdersdorf zu Köln) hatte das Kriegsvolk den Hof der Abtei verwüstet und den Halfen entführt. Der große und ertragreiche Hof mußte wegen der Entführung fünf Jahre unbearbeitet liegen bleiben. Ebenfalls wurde der Müller zu Sinthern entführt. Erst nach der Zahlung der ungeheuren Summe von 3.200 Talern Lösegeld wurden die beiden Entführten wieder freigelassen.

Während der unruhigen und unsicheren Zeit des Truchsessischen Krieges trieb allerhand Gesindel sein Unwesen. Diese „Freibeuter", wie der Kölner Chronist und Ratsherr Hermann von Weinsberg sie nennt, nutzten das Chaos der Zeit, überfielen die Dörfer und ermordeten ihre Bewohner. Am 13. August 1587 überfielen Freibeuter aus Wachtendonk den Ort und das Kloster Brauweiler. Sie stahlen Pferde sowie anderes Vieh. Pächter und Hintersassen des Klosters wurden entführt und erst gegen Zahlung hoher Lösegelder wieder freigelassen.

Ein bekannter und besonders berüchtigter Freibeuter, der in dieser Gegend sein Unwesen trieb, war Johann von Pulheim, genannt von Brauweiler. Ihm wurden schlimme Verbrechen nachgesagt. So hat er in Freimersdorf einen Küster in einen Brunnen geworfen und den Hilflosen darin erschossen. Des Küsters Frau und seinen kleinen Sohn, der für seinen Vater um Gnade gefleht hatte, erschoß Johann von Pulheim anschließend und warf ihre Leichen ebenfalls in den Brunnen. Er soll zahlreiche Frauen und Männer ermordet und entführt haben, um Lösegeld zu erpressen. Auch Kölner Bürger hat er nicht verschont. Man sagte ihm nach, daß er schwangeren Frauen den Leib aufgeschlitzt und die Herzen der Kinder gegessen habe. Im Jahre 1588 wurde Johann von Pulheim gefaßt und in Köln so lange gefoltert, bis er seine Verbrechen gestand. Am 8. Mai 1588 wurde er in Anwesenheit zahlreicher Zuschauer aus Köln und den umliegenden Dörfern, die ihn mit Schmähungen überhäuften, auf der Richtstätte Melaten enthauptet und gevierteilt. Was von ihm noch übrig war, hängte man unter dem Gejohle der Zuschauer an einen Galgen.

Als das Kriegsglück sich 1589 endgültig gegen den abgesetzten Gebhard Truchseß von Waldburg gewandt hatte, zog dieser sich auf eine Domherrenstelle im protestantischen Straßburg zurück. Zahlreiche Dörfer und Städte im Kölner Erzstift waren in einem Zustand, der im Dreißigjährigen Krieg für große Gebiete des Reiches kennzeichnend werden sollte: ausgeplünderte und niedergebrannte Dörfer, zerstörte und im Mark ihrer Wirtschaftskraft getroffene Städte und eine durch Krieg und Seuchen dezimierte, finanziell ausgepreßte Bevölkerung. Der Brauweiler Chronist faßt die Folgen des Kölnischen Krieges mit einer anschaulichen und allgemeinverständlichen Bemerkung zusammen, wenn er sagt, daß das Vaterland sieben Jahre lang keinen Pflug mehr auf den Feldern gesehen und das Gras überall und selbst im Kloster ellenhoch gestanden habe.

Zur Beseitigung der Kriegsschäden am Kloster und an seinen Gütern sowie zur Zahlung von Kontributionen und Steuern mußte das Kloster in den folgenden Jahren Rentenverkäufe vornehmen. Es war für das Kloster besonders schmerzlich, daß zusätzliche Steuerforderungen des Landesherrn gerade in Not- und Kriegszeiten erhoben wurden, in denen die Einnahmen spärlicher flossen und die eigenen Pächter unter starkem Druck standen. In diesen Jahren hatte Brauweiler fast 15.000 Gulden Steuern und 1591/92 zusätzlich 2.270 Gulden zum Unterhalt von Truppen zu zahlen. In dieser Situation verlangte Kurfürst Ernst von Bayern eine zusätzliche Beisteuer von rund 468 Gulden. Als dann 1593 von Kurköln eine weitere Steuerabgabe von 1.000 Goldgulden gefordert wurde und Abt Heribert Artopäus die Zahlung verweigerte, verlegte die kurkölnische Regierung in Bonn eine militärische Besatzung ins Kloster, um die Zahlung zu erzwingen. Um diese Zeit spielte die kurkölnische Regierung mit dem Gedanken, die Abtei Brauweiler aufzulösen, da Abt und Konvent sich immer wieder in Köln aufhielten und in Brauweiler kaum noch Unterhalt vorhanden war. Es wundert darum nicht, wenn in diesen Jahren die Schulden der Abtei wuchsen. Während der etwas ruhigeren Jahre zu Beginn des 17. Jahrhunderts gelang es Abt Dionysius Lieck zwar, die Schulden des Klosters weiter zu verringern, eine durchgreifende Verbesserung der Situation war aber nicht möglich, da das Kloster mehrmals von Unglücksfällen betroffen wurde.

Der Jülich-Klevische Erbfolgestreit

Nach dem Tod Johann Wilhelms, Herzog von Jülich, Kleve, Berg sowie Graf von Mark und Ravensberg, rückte der Niederrhein 1606 erneut in den Mittelpunkt europäischer Politik. Es kam zu kriegerischen Auseinandersetzungen. Während der Belagerung von Jülich durch niederländische Truppen der protestantischen Feldherren Moritz von Oranien und Christian von Anhalt im Spätsommer 1610 fiel ein Trupp der Belagerer am 24. August 1610 über den Hof in Rath bei Widdersdorf her. Die Söldner stahlen Pferde, Kühe und Schafe. Während des Rückzugs der Diebe läutete man die Glocken so heftig, daß die größere von ihnen einen Riß bekam. (s. Anhang S. 412) Als im gleichen Jahr auch die Freimersdorfer Höfe überfallen und 24 Pferde geraubt wurden, haben die Bauern den Söldnern anschließend in einem Hohlweg aufgelauert, sie niedergemacht und ihnen die gestohlenen Pferde wieder abgenommen. Abt Dionysius Lieck gelang es, Vergeltungsmaßnahmen durch Entschuldigungsschreiben und Geschenke zu verhindern.

Der Dreißigjährige Krieg

Wenige Jahre später begann der Dreißigjährige Krieg. Es erwies sich als ein großes Glück für das Kloster, daß es mit dem 1617 gewählten Abt Johannes IV. Münch über die Kriegsjahre hinweg einen Leiter mit wirtschaftlichem Geschick besaß. Ihm gelang es, die Schulden, die bei seinem Amtsantritt, ein Jahr vor dem Beginn des Dreißigjährigen Krieges, noch 32.000 Taler betrugen, trotz der nun folgenden schweren Jahre bis zum Kriegsende auf 19.000 Taler zu reduzieren. Während der ersten Jahre des Dreißigjährigen Krieges war das Rheinland von den Kriegsereignissen verhältnismäßig wenig betroffen. 1629 war der Krieg dann auch in Brauweiler spürbar. Elf Jahre nach Kriegsausbruch hielt sich der Reiteroffizier Jan von Werth mit einer spanischen Reiterkompanie in Brauweiler auf. Wegen des unverschämten Verhaltens seiner Soldaten kam es zu einem Zusammenstoß mit den Bauern des Ortes. Als Jan vermitteln wollte, wurde er

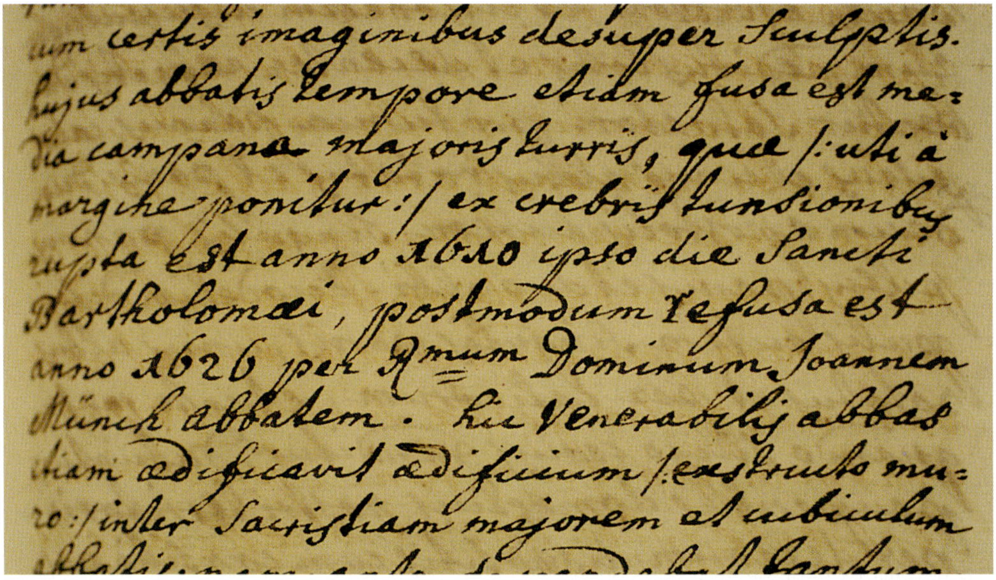
...um certis imaginibus desuper sculptis.
hujus abbatis tempore etiam fusa est me-
dia campana majoris turris, quae /:uti à
margine ponitur:/ ex crebris tunsionibus
rupta est anno 1610 ipso die Sancti
Bartholomaei, postmodum refusa est
anno 1626 per Rmum Dominum Joannem
Münch abbatem. hic venerabilis abbas
etiam aedificavit aedificium /:exstructo mu-
ro:/ inter Sacristiam majorem et cubiculum

Bericht in den Acta Abbatum Brauweilerensium (Bl. 311v) über die Beschädigung der Nikolaus- und Medardusglocke im Jahre 1610 durch zu heftiges Läuten und über den Umguß der Glocke im Jahre 1626 unter Abt Johannes IV. Münch (PfAB)

Jan von Werth in Brauweiler. Glasfenster im großen Sitzungssaal des ehemaligen Brauweiler Rathauses

durch einen Schuß verletzt. Im Hospital des Klosters hat man ihn anschließend gesund gepflegt. Die Brauweiler Bauern mußten für das Attentat durch die Bezahlung von 600 Reichstalern büßen.

Nach dem Eingreifen der Schweden in den Krieg war das Kloster ab 1631 zunehmend Zufluchtsstätte von Mönchen aus anderen, vom Krieg bedrohten Klöstern. Insgesamt 30 Konventualen u.a. aus Seligenstadt, Marienmünster, Liesborn, Grafschaft, Werden, Fulda und Maursmünster (Elsaß) hielten sich damals in Brauweiler auf. Einige der Flüchtlinge kamen in weltlicher Kleidung und mußten auf Kosten des Klosters mit Mönchskleidung versorgt werden.

Am 1. Juni 1642 plünderten katholische Truppen des Kaisers die Klosterhöfe im Umland von Brauweiler. Allein auf dem Rather Hof bei Widdersdorf stahlen sie 17 Pferde. Als die Bauern sich wehrten, wurden drei von ihnen umgebracht, darunter auch der Sohn des Klosterhalfen von Sinthern. 14 Bauern starben an den Folgen der schweren Verwundungen, die sie bei dem Überfall erlitten hatten. Zwei Tage später kamen die Soldaten erneut und nahmen 20 Pferde mit. Im Dezember 1643 brannten hessische Söldner eine Scheune und ein Tor der Abtei nieder. Der Konvent war nach Köln geflohen. Dort besaß das Kloster den Brauweiler Hof, ein Anwesen in der Nähe des Domes an der Straße „Burgmauer". Das Verdienst, die Abtei vor einer größeren Katastrophe bewahrt zu haben, ist dem Pulheimer Pastor Lambertus Mines zuzuschreiben. Er hielt sich zufällig in Brauweiler auf und löschte das Feuer mit einigen beherzten Bauern.

Durchziehende Heere

Eng verbunden mit kriegerischen Ereignissen waren die Durchzüge fremder Söldner. Die Gliederung des Reiches in zahlreiche kleinere und größere Territorien und die Bündnispolitik

Plünderung und Brandschatzung eines Dorfes. Radierung von Jacques Callot (1592-1636). Blatt 7 der Folge „Die großen Schrecken des Krieges", 1632/33

der Fürsten - oft auch mit auswärtigen Mächten - hatten zur Folge, daß Kriege, gleich wo sie stattfanden, zunehmend mit raumfremden militärischen Kräften geführt wurden. Hierzu hatten diese Truppen oft weite Wege zurückzulegen. Auf ihren Zügen durch die unterschiedlichen Territorien, darunter auch solche, deren Landesherren selbst nicht an den Kriegen beteiligt waren, hinterließen sie meist eine Spur der Verwüstung. Leidtragende waren die Menschen in Dörfern und Städten, und oft wußten die Betroffenen nicht einmal, warum dieser oder jener Krieg geführt wurde und wer gegen wen nun kämpfte.

Eine solche Situation erlebte das Kloster 1469, zwei Jahre nach der Einführung der Bursfelder Reform. Damals flackerte am Niederrhein immer wieder der mehr als 100 Jahre dauernde Geldrische Krieg auf. Es kam bei Straelen zu einem Gefecht zwischen Herzog Adolf von Geldern und Herzog Johann I. von Kleve, bei dem dieser dem jungen Adolf von Geldern unterlag. Bei seinem Rückzug durchquerte Johann I. von Kleve mit seiner geschlagenen Streitmacht kölnisches Gebiet, wobei er am Tag vor Peter und Paul (28. Juni) Brauweiler erreichte und mit 12.000 Söldnern zu Pferd und zu Fuß im Kloster übernachtete. Die hungrigen und durstigen Söldner verbrauchten fast die gesamten Vorräte an Brot, Bier und Wein. Schließlich drohte der Herzog, Brauweiler beim Abmarsch anzünden zu lassen. Er hatte erfahren, daß das Kloster durch den Kölner Erzbischof Ruprecht von der Pfalz, einen Verbündeten seines Gegners Adolf von Geldern, der Bursfelder Reform zugeführt worden war. Die Katastrophe konnte durch die Herzogin Sophia, die Regentin von Jülich-Berg, die der Abt über Nacht durch Boten informiert hatte, in letzter Minute verhindert werden.

Im Mai 1505 erlebte das Kloster eine erneute Einquartierung fremder Söldner. Damals versuchte der Sohn Kaiser Maximilians I., Philipp der Schöne, Herzog von Burgund und König von Kastilien, seine Ansprüche auf Geldern mit militärischen Mitteln durchzusetzen. Er erschien am Mittwoch nach Pfingsten (14. Mai) mit einem Fußheer von 3.000 Mann in Brauweiler. Die Truppe quartierte sich einen Tag dort ein. Nicht ohne großen Schaden zu hinterlassen, zogen die Söldner freitags weiter nach Norden, *„teils zahlend, teils sich weigernd zu zahlen"*, wie der Chronist überliefert. Drei Tage später, am Montag, dem 19. Mai, erreichte die Nachhut mit 800 Söldnern das Gebiet von Brauweiler. Als diese jedoch erfuhren, daß die Hauptstreitmacht bereits alle Lebensmittel verbraucht hatte, zogen sie am folgenden Morgen weiter. Als am darauffolgenden Sonntag, dem 25. Mai, Kaiser Maximilian, wie bereits dargelegt, persönlich nach Brauweiler kam, haben die Mönche diese Gelegenheit wahrgenommen und sich über die durchziehenden Truppen beschwert. Der Kaiser hat daraufhin den Mönchen ein Privileg ausgestellt, in dem alle fremden Truppen aufgefordert wurden, das Gebiet der Abtei sofort wieder zu verlassen. Genützt hat das Diplom des Kaisers nicht viel, wie der Verlauf der Geschichte belegt.

Ein knappes halbes Jahrhundert später kamen am 25. Mai 1550 - man feierte gerade das Pfingstfest - über 200 spanische Reiter nach Brauweiler. Sie blieben in Erwartung Kaiser Karls V. und seines Sohnes Philipp bis zum 13. Juni. Sie zogen erst ab, als gemeldet wurde, der Kaiser sei in Köln angekommen. Von einem Besuch Karls V. in Brauweiler bei dieser Gelegenheit wird nichts berichtet.

Zwei Jahre später kam erneut eine Reitertruppe nach Brauweiler, diesmal 400 Mann stark. Sie blieb drei Wochen. Da die Soldaten offenbar nur wenig Geld hatten, lieh ihnen Abt Hermann III. Laer 30 Taler, in der Hoffnung, das Geld beim Abzug zurückzuerhalten. Jedoch sah der Abt sein Geld nie wieder. Noch im gleichen Jahr 1552 kam am 6. August, einem Samstag, der Herzog von Holstein mit 1.200 Reitern in Brauweiler an. Die Söldner blieben rund drei Wochen und richteten großen Schaden an. Sie stahlen Lebensmittel, Pferde und Wagen.

Während des Jülich-Klevischen Erbfolgekrieges gab es mehrfach Einquartierungen im Kloster. Abt Johannes III. Coblenz mußte der Chronik zufolge nicht nur die Truppenführer beherbergen, sondern auch mit ihnen zu Tische sitzen. Häufig reiste er zu den in rheinischen Städten liegenden niederländischen Besatzungen, um mit ihnen Verhandlungen zu führen. Der damalige Chronist P. Andreas Winckens war der Auf-

Grabplatte des Abtes Johannes III. Coblenz („a Widdig“) (1614-1617), Vorhalle der Abteikirche

fassung, daß der Abt seine Gesundheit hierdurch frühzeitig ruiniert hat. Er starb nur drei Jahre nach seinem Amtsantritt im Jahre 1617.

Ein Jahr nach dem Ausbruch des Holländischen Krieges sammelten sich am 28. Oktober 1673 etwa 10.000 Söldner der miteinander verbündeten kaiserlichen und holländischen Truppen unter dem Befehl des Prinzen von Oranien in Brauweiler. Hier richteten sie für drei Tage ihr Feldlager ein. Es wurden nicht nur alle Lebensmittelvorräte aufgezehrt, sondern es entstand auch durch Unvorsichtigkeit ein Brand, der alle Ställe des Klosters in Asche legte. Dabei verbrannten zahlreiche Pferde, darunter auch die des Prinzen samt dem kostbaren Zaumzeug. Von Brauweiler aus zogen die Truppen nach Bonn, das sie am 12. November eroberten. Als der Oranier sich danach genötigt sah, in den Niederlanden feindlichen Bewegungen entgegenzutreten, kam er mit seinen holländischen Truppen am 17. November erneut nach Brauweiler. Von dort zog er am anderen Tag über Kerpen, das erobert wurde, nach Maastricht.

Schlimme Not brachte der Siebenjährige Krieg (1756-1763), obwohl seine Schlachtfelder weit entfernt von Brauweiler waren. Im Sommer 1758 - es war das zweite Kriegsjahr - erwartete man wegen des günstigen Wetters eine überreiche Ernte. Das Unglück für das Kloster und seine Hintersassen kam am 30.

Musketiere und Grenadiere auf dem Eilmarsch durch Getreidefelder während des Siebenjährigen Krieges, 1756-63. Farbdruck nach Carl Röchling (1855-1920)

Juni in Gestalt eines französischen Heeres von ungefähr 10.000 Mann, von denen der größte Teil Reiter waren. Zwischen Königsdorf, Dansweiler, der Brauweiler Windmühle und Freimersdorf schlugen sie in den Feldern, die noch nicht abgeerntet waren, ihre Zelte auf. Das gesamte Getreide und alle anderen Feldfrüchte wurden vernichtet. Da die Soldaten das Holz für ihre Lagerfeuer aus dem nahen Villewald holten, wurden dort ebenfalls große Schäden angerichtet. Als die Truppen am 13. Juli wieder abzogen, waren die Bauern in der Herrlichkeit Brauweiler um ihre Ernte gebracht.

Kaum waren die französischen Truppen fort, rückte von Köln kommend ein wesentlich größeres Heer heran. Ohne Rücksicht auf die noch auf den Feldern stehenden Früchte zogen die Soldaten, querfeldein von Widdersdorf kommend, an Sinthern vorbei nach Westen. Die Schäden, welche die fremden Heere im Sommer 1758 angerichtet hatten, schätzte man auf über 42.000 Reichstaler. In diese Summe waren die Kontributionen, welche die Truppen den Bauern abgepreßt hatten, nicht mit eingerechnet.

Feuersbrünste

Immer wieder hatten das Kloster und seine Güter unter Bränden und Feuersbrünsten zu leiden. Die Ursachen waren unterschiedlich. Neben Brandstiftungen waren Blitzeinschläge, aber manchmal auch Unachtsamkeit, die Ursache. Die Klosterchronik berichtet aus allen Zeiten über Brände. Einige Beispiele mögen die schwerwiegende Bedeutung für das Kloster veranschaulichen.

Von der ersten großen Brandkatastrophe im Jahre 1205, ausgelöst durch Brandstiftung der Kölner im Zusammenhang mit der erwarteten Belagerung durch Philipp von Schwaben, war bereits die Rede (s. S. 73ff.). Von weiteren Brandstiftungen während der Krisenzeit vor der Einführung der Bursfelder Reform weiß die Klosterchronik zu berichten. In einem Fall stammte, wie bereits erwähnt, der Brandstifter sogar aus dem eigenen Konvent. Es war der Mönch Winrich von Schlenderhan, der um 1449 den Hospitalshof und den Viehhof in Brauweiler anzündete (s. S. 107).

Eine Brandkatastrophe, die das Kloster während der Konsolidierungsphase nach der Bursfelder Reform traf, vernichtete 1516 das wenige Jahre zuvor errichtete Brau- und Backhaus (s. S. 122). Die Erinnerung an die Katastrophe haben die Mönche in einem vierzeiligen lateinischen Gedicht festgehalten, das in freier Übersetzung so lautet: *„Als sich das Jahr 1516 um den Himmel drehte, da sahen wir in Brauweiler ein verheerendes Feuer. Der Brand ereignete sich acht Tage nach Fronleichnam, am 29. Mai zur Mitternacht."* (Übersetzung nach Stiene 1997) Nur mit Mühe haben die Mönche zusammen mit den Bewohnern des Dorfes eine größere Katastrophe verhindern können. Das Feuer hatte bereits einen der kleineren Treppentürme neben dem großen westlichen Mittelturm der Kirche ergriffen. Mit Wasser, das man auf die Galerie des Hauptturmes schleppte, wurde der Brand schließlich erfolgreich bekämpft. Das Feuer vernichtete einen großen Teil der Lebensmittelvorräte, nur wenig konnte man retten. Anschließend *„war man gezwungen, mit Brot und Bier vorsichtig zu wirtschaften"*, wie der Chronist vermerkt.

Großen wirtschaftlichen Schaden richtete auch die Feuersbrunst von 1547 an, die Zons mit Pfarrhaus, Kirche und dem Zehnthof des Klosters samt den soeben geernteten Feldfrüchten vernichtete.

Unachtsamkeit war die Ursache für den Brand der hölzernen Bockwindmühle zwischen Widdersdorf und Rath im Jahre 1606. Sie war wenige Jahre zuvor durch den Abt Hermann III. Laer erbaut worden. Wie die Chronik berichtet, sei der Müller eingeschlafen und die Reibung der Mühlsteine, zwischen denen sich kein Getreide mehr befand, habe den Brand, bei dem auch der *„schnarchende"* Müller umgekommen sei, verursacht.

Kurz vor 1625 brannte nach einem Blitzeinschlag der Hof des Klosters in Rath (bei Widdersdorf) ab. Anschließend wurde das Hofgut in zwei Bauernstellen aufgeteilt, und man erbaute zwei neue Hofanlagen.

Zur Zeit des Abtes Johannes V. Mertzenhausen brach am 21. Juni 1660 zwischen der fünften und der sechsten Stunde im Kloster nahe der Wohnung des Abtes zwischen der Kirche und dem Kreuzgang ein Brand aus. Er vernichtete einen Teil des Daches und konnte schließlich durch das rasche Eingreifen der Mönche

Fronhof der Abtei Brauweiler in Freimersdorf

gelöscht werden. Das Feuer soll durch einen Wächter auf dem Turm ausgelöst worden sein, der dort Tabak geraucht hatte.

Eine ähnliche Ursache hatte der Brand, der am 24. April 1695 die Rather Höfe der Abtei vernichtete. Ausgelöst wurde er durch die unbedachte Explosion einer Donnerbüchse, als ein Knecht auf einen Vogel schoß, der auf einem Strohdach saß. Beide Höfe wurden am 14. September 1717 erneut ein Raub der Flammen. Diesmal war ein Blitzeinschlag während eines Gewitters die Ursache. Zwei Jahre zuvor war bei einem Gewitter einer der Freimersdorfer Höfe eingeäschert worden.

Sorglosigkeit des Sakristans war die Ursache für einen Brand im Kloster am 15. Dezember 1695. Damals war das Dormitorium der Mönche in Gefahr. Da das Feuer am hellichten Tag ausbrach, konnte es schnell gelöscht werden.

Große Feuersbrünste sind aus der zweiten Hälfte des 18. Jahrhunderts überliefert. Am frühen Morgen des 21. Mai 1758 brannten innerhalb kürzester Zeit die vier Höfe der Abtei in Freimersdorf ab. Beim Retten von Hausrat kamen drei Bewohner in den Flammen um. Abt Amandus Herriger ließ die Höfe während der folgenden drei Jahre wieder aufbauen, ohne Schulden machen zu müssen. Wenige Jahre später, Anfang November 1766, äscherte eine Feuersbrunst das halbe Dorf Brauweiler ein. Das Feuer wütete vier Tage. An den Löscharbeiten beteiligten sich die Mönche mit ihrem

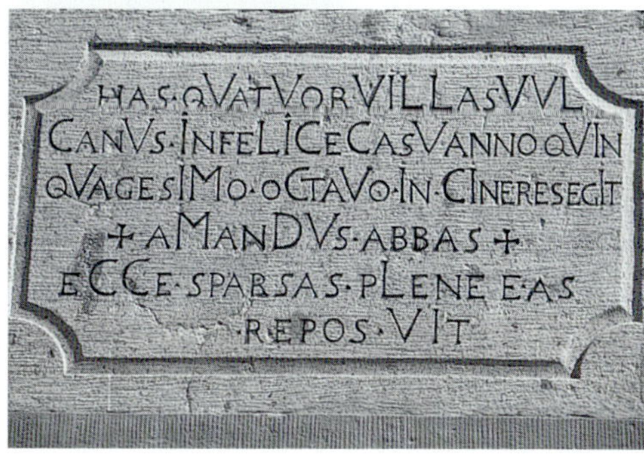

Inschrift mit Chronogramm, in dem die Jahreszahl der Brandkatastrophe (1758) und das Jahr des Wiederaufbaus (1761) enthalten sind. Der lateinische Text lautet in der Übersetzung: „Diese vier Höfe hat Vulcanus (der Gott des Feuers) durch unglücklichen Zufall im 58. Jahr in Schutt und Asche gelegt. Abt Amandus war es, der die völlig zerstörten [Höfe] wiederhergestellt hat."

Dienstpersonal. Als das Löschwasser in Brauweiler zur Neige ging, hat Abt Amandus Herriger täglich mit Wasser gefüllte Fässer auf Karren aus den umliegenden Ortschaften herbeischaffen lassen. Den obdachlos gewordenen Dorfbewohnern hat der Abt vorbildlich geholfen. Wegen des beginnenden Winters nahm er einige im Kloster auf, für andere besorgte er Unterkunft bei Nachbarn. Zum Wiederaufbau der zerstörten Häuser und Ställe ließ der Abt 70 Eichen im Klosterwald schlagen und an die

Der Brand von Dansweiler in der Nacht vom 24. auf den 25. Mai 1789. Holzschnitt von Heinz Binsfeld

Betroffenen unentgeltlich verteilen. Das Kloster hatte zu diesem Zeitpunkt bereits eine Feuerspritze. Da diese sich bei den Löscharbeiten gut bewährt hatte, bestellte Abt Amandus Herriger gleich zwei weitere in Düsseldorf.

Eine letzte große Brandkatastrophe erlebte das Kloster im Mai 1789. In der Nacht vom 24. auf den 25. Mai dieses Jahres brannten in Dansweiler zehn Häuser ab. Der damalige Abt Anselm Aldenhoven, der letzte in der Reihe der 51 Brauweiler Äbte, organisierte in vorbildlicher Weise Hilfsmaßnahmen für die betroffenen Dorfbewohner (s. S. 232).

Seuchen und Pest

Zusätzlich zu den Kriegen und Feuersbrünsten haben Seuchen wie die Pest die Menschen in Schrecken gehalten. Zu den Jahren 1349/50 berichtet die Klosterchronik erstmals von der Pest. Die Seuche war ein Jahr zuvor in Südfrankreich ausgebrochen und breitete sich in der Folge auch nach Deutschland hin aus. Damals beschuldigte man die Juden, die Brunnen vergiftet zu haben. Schlimme Pogrome wurden ausgelöst.

Angespornt durch die religiöse Erregung dieser Zeit mit ihren Seuchen und der wirtschaftlichen Verelendung breiter Schichten zogen Gruppen schwärmerischer Laien mit entblößten Oberkörpern durch Stadt und Land, sich öffentlich geißelnd. Diese Geißler oder Flagellanten verbreiteten eine endzeitliche Stimmung, nahmen an Judenverfolgungen teil und maßten sich Beicht- und Predigtrecht an. Um Ostern 1350 kamen sie auch nach Brauweiler, wo sie Brot erhielten, wie aus den Rechnungen dieser Jahre hervorgeht. Unter den Konventsmitgliedern forderte die Pest damals keine Opfer, belastete jedoch erheblich die Wirtschaft des Klosters, das sich zu dieser Zeit, wie ausführlich dargelegt, in einer großen Krise befand. Damals ging der Getreideertrag stark zurück. Der Grund lag vermutlich in den großen Verlusten unter den Hintersassen, die durch die Pest verursacht wurden.

Weitere Epidemien verzeichnet die Chronik nach Beginn des 16. Jahrhunderts, wobei nicht in jedem Fall mitgeteilt wird, ob es sich um die Pest handelte. Obwohl das Kloster 1506 von einer solchen Seuche betroffen war, konnte es im gleichen Jahr sechs Mönche zur Reform des Klosters Grafschaft aussenden. Nur kurze Zeit später, im Jahre 1515, grassierte die Pest erneut in Brauweiler. Diesmal gab es Opfer unter den Konventsmitgliedern. Zu diesen zählte P. Bartholomäus von Grevenbroich, der Chronist einer älteren, heute nicht mehr erhaltenen Klostergeschichte. Seine Aufzeichnungen hat ein später schreibender anonymer Chronist dann für die heute noch erhaltene Klosterchronik aus der Zeit nach der Einführung der Bursfelder Reform verwendet (s. Anhang S. 394). Weitere Opfer der Pestepidemie von 1515 waren der Prior Martin von Kempen - er war Mitglied des Reformkonvents von 1467 gewesen -, der Kellner Nikolaus von Schiedam (*Seydamm*) sowie der Mönch Jakob von Köln. Unter den Pesttoten dieses Jahres befand sich auch der Baumeister, der im gleichen Jahr noch die steinerne Galerie des Hauptturmes der Kirche errichtet hatte (s. S. 80).

Erst während des Dreißigjährigen Krieges berichtet die Chronik dann erneut von Pestepidemien. 1622 mußte man das Benediktinerseminar des Klosters in Köln wegen der Pest schließen. Ein Jahr später griff die Pest auf die Abtei über, so daß die Mönche nach anderen Orten fliehen mußten. Unter den toten Konventsmitgliedern befand sich auch der Novizenmeister Theodor Netessen. Er war zugleich auch Pfarrer an der Laurentiuskapelle, der nördlich der Klosterkirche stehenden Laienkirche. 1636 war die Pest erneut im Kloster, und wieder floh ein Teil der Mönche in andere Klöster. Acht Namen von Konventsmitgliedern sind überliefert, die damals an der Seuche starben.

Eine pestartige Seuche herrschte zu Beginn der Amtszeit des Abtes Philipp Brewer (1665-1672) in Köln und Umgebung und forderte zahlreiche Menschenleben. In Königsdorf starben damals 40 Einwohner. In Zons waren über 360 Opfer zu beklagen. Der Abt hielt Bittgänge ab, die vom Kloster aus zu den übrigen Orten der Herrlichkeit Brauweiler führten.

Erdbeben

Bereits aus der Frühzeit des Klosters sind Erdbeben überliefert. So berichten die „Brauweiler Annalen" (s. Anhang S. 392f.) von zwei Erdbeben. Das erste ereignete sich am 3. Januar 1117 und das zweite am 1. August 1179. Über Folgen oder Schäden am Kloster wird nichts mitgeteilt. Ohne nähere Angaben wird aus der Zeit des Abtes Johannes V. Mertzenhausen (1649-1660) berichtet, daß die Erde von neuem bebte.

Das wohl schwerste Beben ereignete sich zur Regierungszeit des Abtes Beda Groten. Es stand im Zusammenhang mit der Erdbebenkatastrophe von Lissabon, die am 1. November 1755 über 30.000 Menschenleben forderte. Die Erschütterungen waren noch im Rheinland zu spüren. Ende Dezember 1755 begann eine lang anhaltende Bebenperiode, die auch in der Klosterchronik verzeichnet ist. Am 26. und 27. Dezember 1755 schreckten Erdstöße, die mit großem Lärm verbunden waren, die Menschen auf. Die Mönche wollten aus dem Kloster fliehen, doch Abt Beda Groten beruhigte sie mit den Worten: „Laßt uns auf den Herrn vertrauen!". Der Herd des Bebens war nach neueren Forschungen der sog. „Rursprung" westlich von Düren. Die nun folgenden Wochen und Monate brachten noch zahlreiche kleinere und größere Erdstöße. Am 18. Februar 1756 erfolgte eine Erschütterung, die alles Vorherige übertraf. Dieses Beben gilt heute als das bisher heftigste im Rheinland. An Kirche und Kloster in Brauweiler gab es große Schäden. Kamine stürzten ein. Es wird berichtet, daß viele Menschen ihre Häuser verließen und trotz des Winterwetters wochenlang in Hütten aus Stroh in Gärten und auf Wiesen gehaust haben.

Das Erdbeben von Lissabon am 1. November 1755. Zeitgenössisches Flugblatt aus Augsburg

Unwetter und Mäuseplagen

Für die Mönche und ihre Hintersassen bildete die Landwirtschaft die Lebensgrundlage. Es war darum von größter Bedeutung für die Menschen, daß die Ernten gut und reichlich ausfielen. Eine schlechte Ernte konnte lebensbedrohend sein, wenn man keine Vorräte besaß. So hing das Leben vom Ablauf der Natur ab und war zugleich ständig bedroht durch ihre Unberechenbarkeit.

Bereits die Aufzeichnungen aus den ersten beiden Jahrhunderten nach der Klostergründung belegen dies. Sehr genau haben die Mönche das Naturgeschehen beobachtet und aufgeschrieben. So heißt es vom Winter 1076/77, daß er von November bis März gedauert habe und extrem kalt gewesen sei. Der Rhein sei die ganze Zeit zugefroren gewesen, so daß die Leute darübergehen konnten. 1087 herrschte ein finsterer Winter, und um die Mitte des Januars 1088 waren alle Flüsse in Deutschland von einer schweren Überschwemmung betroffen. Äußerst strenge Winter waren auch 1123/24 und 1149/50. Damals verdarb das an den Bäumen verbliebene Ost, und Weinstöcke gingen ein. Eine Hungersnot gab es 1146. Damals wurde Brot fast unerschwinglich teuer, und viele Menschen mußten sich von Pflanzenwurzeln ernähren.

Als die Krisenzeit während des 13. Jahrhunderts in Brauweiler ihren Anfang nahm, haben die Mönche 1271 in einer Aufstellung über die Ursachen hierzu auch Hagelschlag genannt. Die Glaubwürdigkeit dieser Aussage wurde im Vorangehenden bereits angezweifelt. Zudem läßt sich an Hand noch erhaltener Rechnungen während der Krisenjahre belegen, daß die Mönche auch in Jahren mit schlechter Ernte noch eine Getreidemenge von ihren Hintersassen erhielten, die erheblich über den Eigenbedarf hinausging. Andererseits haben Wetterkatastrophen und Mißernten tatsächlich in der ersten Hälfte des 14. Jahrhunderts zeitweise Hungersnöte verursacht. Unter Abt Ludolf von Holte wurden zwischen 1309 und 1311 mehrere Mönche in andere Klöster geschickt, da man sie in Brauweiler nicht mehr ernähren konnte. 1315 und 1317 gab es eine weitere Hungerperiode (s. S. 93).

Aus der ersten Zeit nach der Einführung der Bursfelder Reform ist eine Mißernte überliefert, die genau das Gegenteil von dem bewirkte, was Mißernten im allgemeinen auslösen. Sie half, die damals noch anhaltende schlechte wirtschaftliche Lage des Klosters zum Guten zu wenden. Der damalige Abt Adam II. von Münchrath konnte 1491 unter Ausnutzung der gestiegenen Getreidepreise durch den Verkauf von Vorräten aus vergangenen Jahren einen Teil der Schulden tilgen (s. S. 119f.).

Von einem besonders folgenschweren Unwetter berichtet der Chronist aus dem Jahr 1518. Damals wurden die mit Winter- und Sommerweizen bestellten Felder zwischen Brauweiler und Kirdorf (d.i. Sinthern) durch Blitz und Hagelschlag verwüstet. Das Unwetter zog von hier aus weiter über Bocklemünd (heute Stadtteil von Köln) zum Rhein.

Unwetter konnte auch andere Schäden verursachen. Von Blitzeinschlägen und nachfolgenden Bränden war bereits die Rede. Am 27. März 1606 hat ein starker Sturm das Dach des großen Kirchturms heruntergerissen. Dabei wurde das Dach des Kirchenschiffs, das man kurze Zeit vorher instandgesetzt hatte, schwer beschädigt. In einem kurzen Gedicht haben die Mönche die Katastrophe festgehalten: *„Am 27. sah Mars* [d.i. der März] *mit Entsetzen, wie ein Wind die hohen Giebel und Türme heimsuchte."* (Übersetzung nach Stiene 1997)

1611, einige Jahre später, verdarb ein extrem kalter Mai viele Früchte. In den Jahren 1740, 1756, 1757 und 1759 litt die Landwirtschaft unter außergewöhnlichen Mäuseplagen. 1756 hat man mit Hilfe von Wasser, das man in die Mauselöcher goß, und angezündetem Schwefel einen Teil der Schädlinge vernichten können. Auf diese Weise gelang es, etwas Kohl und Wirsing im Klostergarten zu retten. Die Menschen zwischen Bonn und Neuss litten große Not, da fast überall kaum etwas von der Ernte gerettet werden konnte. 1759 hat man von 30 Morgen Ackerfläche lediglich einen Wagen Erntegut in die Scheune einfahren können.

Als 1779, ein Jahr nach der Wahl des letzten Abtes Anselm Aldenhoven, ein schweres Unwetter an Brauweiler vorbeizog, ohne Schäden zu verursachen, ließ der Abt zum Dank dafür dem hl. Donatus ein Standbild in der

Feldflur östlich des Klosters errichten. Der Heilige ist dargestellt mit zum Gebet erhobenen Händen und blickt in die Richtung, aus der das Unwetter damals gekommen sein soll. Die Inschrift im Sockel in Form eines Chronogramms enthält aufgelöst zweimal die Jahresangabe 1779.

Standbild der hl. Donatus in Brauweiler, 1779

Die unruhige Zeit der Glaubenskämpfe

Die Jahrzehnte zwischen Wappenverleihung und Dreißigjährigem Krieg

Mit der Verleihung des Wappens durch Kaiser Karl V. war das Ansehen des Klosters gestiegen. Es konnte nun eindeutig als eine Stütze der katholischen Lehre im religionspolitisch umstrittenen Rheinland während einer Zeit zunehmender Auseinandersetzungen zwischen den Anhängern der neuen Lehre Luthers und denen, die am alten Glauben festhielten, angesehen werden.

Die wirtschaftliche Situation der Abtei war zu dieser Zeit recht positiv und stabil, wie die erste nachtridentinische Visitation, die unter Erzbischof Salentin von Isenburg im Jahre 1569 durchgeführt wurde, ergab. Dies ist um so erstaunlicher, da damals bereits der in wirtschaftlichen Angelegenheiten etwas leichtfertige Abt Andreas Münster das Kloster leitete. Er hatte unter seinem Vorgänger Hermann III. Laer das Amt des Kellners innegehabt und war 1567 einstimmig zu dessen Nachfolger gewählt worden. Andreas Münster entstammte einer kinderreichen Kölner Handwerkerfamilie. Sein Vater war Kerzenmacher gewesen und hatte aus fünf Ehen 28 Kinder. Der Chronist macht ihm den Vorwurf, er habe seine Kölner Verwandtschaft allzusehr aus Klostermitteln unterstützt. In diesem Zusammenhang wird berichtet, daß die Mönche einmal einen mit Früchten beladenen Wagen beobachtet hätten, der das Kloster in Richtung Köln verließ. Sie hätten den Wagen angehalten und zur Rückfahrt ins Kloster gezwungen.

Im Klosterbereich ließ Abt Andreas Münster intensiv bauen, vor allem zum Nutzen von Gästen. Eine damals durch Zufall aufgefundene Wasserleitung, wohl eine römische, die aus dem Villewald zwischen Königsdorf und Dansweiler nach Brauweiler führte, ließ er mit erheblichem Kostenaufwand wiederherstellen.

Wie aus dem Protokoll der bereits erwähnten Visitation von 1569 hervorgeht, gab es keine Mißstände im klösterlichen Leben zur Zeit des Abtes Andreas Münster. Beklagt wird allerdings, daß es wegen des immer noch bestehenden Verbots von Fleisch schwierig sei, Novizen zu gewinnen. Hierdurch sei der Konvent nicht groß genug, um den Gottesdienst vorschriftsmäßig versehen zu können. Die Visitatoren sicherten dem Abt zu, sich wegen der Aufhebung des Verbots von Fleischgenuß beim Erzbischof einzusetzen. Zugleich wurde der Abt angewiesen, dafür zu sorgen, daß gerade die jüngeren Mönche sich an Sonn- und Feiertagen im Predigen üben sollten, um später einmal für den Pfarrdienst besser gerüstet zu sein. Dem Abt selbst legten die Visitatoren nahe, sich öfter im Refektorium aufzuhalten, um die Qualität des Essens prüfen zu können. Es war nämlich damals - anders als heute - üblich, daß der Abt entsprechend der Benedikt-Regel alleine bzw. mit Gästen speiste. Den jüngeren Mönchen ihrerseits wurde eingeschärft, dem Prior und den älteren Konventsmitgliedern gegenüber sich in Gehorsam und Ehrfurcht zu üben, wenn der Abt wegen Visitationsreisen oder in der Wahrnehmung anderer Aufgaben abwesend sei.

Die letzte Bemerkung im Visitationsprotokoll gibt einen Hinweis auf die offenbar stark nach außen hin gerichtete Tätigkeit von Abt Andreas Münster. Mehrmals hielt er sich in Klotten auf. Ebenfalls haben Aufgaben, die er innerhalb der Bursfelder Kongregation erhielt, ihn gezwungen, sich häufig außerhalb seines Klosters aufzuhalten. Mehrmals war er als Visitator unterwegs. Sein Visitationsbezirk umfaßte die Diözesen Trier und Utrecht, ferner Brabant, Flandern und Friesland. 1570 konnte er das Generalkapitel der Kongregation in seinem Kloster Brauweiler begrüßen.

Ein nicht gerade leichtes Erbe hatte Abt Heribert Artopäus, der ab 1579 Nachfolger von Andreas Münster war. Die wirtschaftliche Situation des Klosters hatte sich verschlechtert. Die Freigebigkeit des verstorbenen Abtes Andreas Münster hatte die angesammelten Vorräte

Die Äbte Andreas Münster (1567-1579) und Heribert Artopäus (1579-1598, gest. 1600). Gemälde aus dem 1. Viertel des 18. Jhs., heute im Südnebenchor der Abteikirche

an Geld, Getreide und Wein verbraucht. Zusätzlich zu der ungünstigen wirtschaftlichen Situation kamen die Schrecken des Kölnischen oder Truchsessischen Krieges mit Brandstiftungen, Plünderungen, Kontributionen und erhöhten Steuerzahlungen. Zeitweise wohnten Abt und Konvent in ihrem Kölner Haus. Einige Konventualen mußte der Abt in westfälische Klöster entsenden. Die Existenz des Klosters war ernsthaft in Gefahr, als die kurkölnische Regierung wegen der schlechten wirtschaftlichen Lage seine Auflösung erwog. Hermann Artopäus, ein hochgelehrter Mann, der Latein, Griechisch und Hebräisch beherrschte, war längere Zeit als Erzieher des Herzogs von Jülich-Berg und anderer Adliger tätig gewesen. 1598, zwei Jahre vor seinem Tod, als ihm die Klosterleitung zu schwer geworden war, wählte der Konvent auf seine Veranlassung hin den Kellner Dionysius Lieck zu seinem Koadjutor.

Abt Dionysius Lieck gelang es, einen Teil der vorhandenen Schulden abzutragen und einige vorteilhafte Umschuldungen vorzuneh-

Grabplatte des Abtes Dionysius Lieck (1600-1614) in der Vorhalle der Abteikirche

Die Äbte Caspar Röding (1617) und Johannes IV. Münch (1617-1649). Gemälde aus dem 1. Viertel des 18. Jhs., heute in der Sakristei der Abteikirche

men. Eine durchgreifende Besserung war damit nicht zu erreichen, da das Kloster mehrmals von Unglücksfällen betroffen wurde. Dennoch war es dem Abt möglich, in Brauweiler eine neue Windmühle errichten zu lassen und die im Jahre 1588 im Kölnischen Krieg zerstörte Laurentiuskapelle an der Nordseite der Klosterkirche wieder aufzubauen. Nach längerer Krankheit starb Abt Dionysius Lieck im Jahre 1614.

In der nur drei Jahre währenden Amtszeit seines Nachfolgers Johannes III. Coblenz - er war erst 30 Jahre alt, als er einstimmig gewählt wurde - erhöhte sich die Schuldenlast des Klosters erneut. Sein Nachfolger Caspar Rödingen, auf den man alle Hoffnungen gesetzt hatte, die angespannte Lage des Klosters zu bessern, starb bereits 14 Tage nach seiner Wahl im Jahre 1617.

Mit dem nun folgenden Abt Johannes IV. Münch erhielt die Abtei einen Leiter, der mit hohem wirtschaftlichem Geschick während der ganzen Zeit des wenig später ausbrechenden Dreißigjährigen Krieges dem Kloster vorstand. Unterstützung fand er am Beginn seines Abbatiats bei den beiden Kölner Bürgern Melchior Berchem sowie Johann Rödingen, dem Bruder seines Vorgängers. Es gelang dem Abt trotz aller Rückschläge, die der Krieg mit sich brachte, die Schuldenlast bis zum Kriegsende merklich zu verringern und günstige Umschuldungen vorzunehmen. Schließlich war er in der Lage, Immobilien in Köln und im Rheingau zu erwerben. In Ichendorf konnte er ein Leprosenhaus bauen lassen, begann mit Umgestaltungen in der Abteikirche und ließ 1630 zwei Glocken gießen, die eine zu Ehren der hl. Maria und die andere zu Ehren der Klosterpatrone Nikolaus und Medardus. In beiden Fällen handelt es sich jedoch um die Umgüsse älterer Glocken (s. Anhang S. 412ff). Schwierigkeiten hatte er allerdings mit der Disziplin der Konventualen, was nicht zuletzt durch die unruhige Zeit verursacht wurde. Der Versuch einer gemeinsamen Kleiderkammer scheiterte am Widerspruch der Mönche. Als Mitglieder des Konvents in andere Klöster entsandt werden sollten, weigerten diese sich unter Berufung auf ihr Gelübde der *stabilitas loci,* des beständigen Verbleibens in der Klostergemeinschaft, das Kloster zu wechseln. Bei der Aufnahme von Novizen hat der Abt schließlich klargestellt, daß in solchen Fällen dem Gehorsam gegenüber dem Abt der Vorrang zu geben sei.

Glockengießer bei der Arbeit. Kohlezeichnung von Heinz Binsfeld

Hexenverfolgungen

Die Zeit vom 15. und 17. Jahrhundert war in vielerlei Hinsicht eine Epoche des Umbruchs, der großen Unruhe und Gegensätze, in der sich schließlich die Kulturwende vom Mittelalter zur Neuzeit vollzog. Inquisition und Hexenverfolgung wurden zu den Begriffen, die dieser Zeit ihre unheimlichen und düsteren Züge gaben. Entscheidend beeinflußt wurde die Entwicklung durch Papst Innozenz VIII., der 1474 den Dominikaner Heinrich Institoris zum Inquisitor von Oberdeutschland und 1481 den Prior des Kölner Dominikanerklosters Jakob Sprenger zum Inquisitor der Erzbistümer Köln, Trier und Mainz bestellte. Der Hexenglaube steigerte sich zum Hexenwahn, erfaßte alle Schichten der Bevölkerung und ließ keine Gegend verschont. Institoris und Sprenger brachten 1487 mit ihrem Anleitungsbuch zur Hexenverfolgung, dem „Hexenhammer“, den Hexenwahn und das Hexenbekämpfungswesen in ein wirksames System, das nun die schlimm-

Verbrennung von Hexen. Zeitgenössischer Holzschnitt auf einem Flugblatt aus Nürnberg, 1555

sten Exzesse auslöste. Das Hauptdelikt der Hexerei, der Schadenszauber, rückte in den Mittelpunkt. Man hatte die abstruse Vorstellung, daß die Hexen diesen Zauber im Auftrag des Teufels zum Schaden an Menschen und Feldfrüchten treiben würden, wobei sie sich sowohl der Giftmischerei als auch des Wetterzaubers bedienten. Dieser sollte dann vornehmlich aus Hagelstürmen und Gewittern bestehen. Es versteht sich von selbst, daß gerade in einer agrarisch ausgerichteten Gesellschaft und da wiederum vornehmlich in ländlichen Gebieten solche Vorstellungen bei den Menschen recht schnell Fuß faßten.

So ist es nicht verwunderlich, daß der Brauweiler Klosterchronist für das schwere Unwetter des Jahres 1518, das durch Hagelschauer und Blitzschlag die Ernte auf den Feldern zwischen Brauweiler und Kirdorf verwüstete, hierfür *„Machenschaften und Giftmischerei der Hexen"* verantwortlich machte. Es heißt dann weiter, daß im darauffolgenden Jahr vier oder fünf Hexen in Dansweiler gefaßt wurden, die zwischen Brauweiler und Widdersdorf verbrannt worden seien. Aber eine von ihnen habe man zwischen Glessen und Sinthern an einem hohen Rad auf dem Scheiterhaufen verbrannt.

Sowohl der Bericht über die vermeintliche Ursache der Vernichtung der Feldfrüchte als auch die genannten Hinrichtungsarten und die Lage der Richtstätten belegen, daß dem Chronisten der „Hexenhammer" wohlbekannt war. Die Hinrichtung durch Verbrennen sollte dafür sorgen, daß die abscheuliche Tat durch Feuer gänzlich getilgt werde. Dies mußte an Stätten geschehen, wo der Wind freien Zugang hatte, damit er das Böse forttragen könne. Diese Voraussetzung erfüllte die weite und flache Lößlandschaft zwischen den Orten. Die Bestrafung durch Rädern und das anschließende Verbrennen war für besonders schlimme Delikte vorgesehen. Zu diesen zählte neben Mord die Giftmischerei.

Über weitere Hexenverfolgungen im Laufe des 16. Jahrhunderts ist nur bekannt, daß sie den Klosteretat mit der unwahrscheinlich hohen Summe von 4.000 Talern belastet haben, wie aus einer Aufstellung von 1592 hervorgeht.

Von einer anderen Hexenverfolgung wird zum Jahre 1600, dem letzten Lebensjahr des Abtes Heribert Artopäus, berichtet. Zu diesem Zeitpunkt stand ihm bereits der damalige Kellner und spätere Nachfolger Dionysius Lieck als Koadjutor zur Seite. Damals sei unter beträchtlichem finanziellem Aufwand das Unwesen der Zauberei in Klotten bekämpft worden, und man habe verschiedene Hexen hinrichten lassen.

Im Jahre 1613 wurde in Brauweiler eine Frau der Zauberei beschuldigt und *„hinter Freimersdorf“* hingerichtet. Sie hatte kurz vorher noch mehrere Personen der Mittäterschaft denunziert. Diese wurden dann allerdings nicht hingerichtet, da das Verfahren wegen der Wirren des Jülich-Klevischen Erbfolgestreites eingestellt werden mußte.

Eine neue Verfolgungswelle brachte der Dreißigjährige Krieg. Da auch Luther den schärfsten Kampf gegen die Hexen gefordert hatte, begannen die Konfessionen nun vor dem Hintergrund des religionspolitisch motivierten Krieges in der Verfolgung vermeintlicher Hexen zu wetteifern. Der damalige Kölner Erzbischof Ferdinand von Bayern - seit 1595 Koadjutor und von 1612 bis 1650 Erzbischof - war geradezu beseelt von der Hexenverfolgung. Im Brauweiler Abt Johannes IV. Münch fand er einen treu ergebenen Weggefährten, der *„vom Eifer für Gott getrieben“* das Hexenübel ausrotten wollte, wie der Chronist vermerkt. Eine erste Nachricht über die Verfolgung einer Hexe während seines Abbatiats im Gebiet der Abtei Brauweiler stammt aus dem Jahre 1629, einer Zeit, da auch das benachbarte Köln seinen Höhepunkt der Hexenverfolgung erlebte. Der damalige Brauweiler Vogt Theodor Redecker teilte in einem Brief seinem Frechener Amtskollegen mit, daß in dem Gebiet der Abtei Brauweiler, der sog. „Herrlichkeit Brauweiler“, ein Mann seine Nachbarin der Hexerei beschuldigt habe. Von den Frechener Vögten, die für ihren Erfolg bei der Bekämpfung der Hexen bekannt waren, hoffte der Brauweiler Vogt, nun einiges über die in seinem Amtsbereich denunzierte Frau zu erfahren. Er ging offenbar davon aus, daß die in Frechen verhafteten Hexen beim Verhör unter der Folter auch Brauweiler Hexen nennen würden, die beim Frechener Hexentreffen anwesend waren. Er glaubte nämlich, daß auch die Beschuldigte hier teilgenommen habe. Über eine spätere Verurteilung oder gar Hinrichtung der beschuldigten Brauweilerin ist nichts überliefert. Wahrscheinlich wurde der Verfolgungseifer des Brauweiler Vogtes durch Ereignisse des im gleichen Jahre 1629 recht nahegekommenen Dreißigjährigen Krieges gebremst. Damals war es, wie bereits berichtet, zwischen Brauweiler Bauern und den einquartierten Truppen des Reitergenerals Jan von Werth zu Zusammenstößen gekommen.

1637 hat der Abt in seinem kleinen Territorium, der „Herrlichkeit Brauweiler“, zu der die Orte Brauweiler, Dansweiler, Freimersdorf, Sinthern, Manstedten und Kleinkönigsdorf gehörten und das eine Unterherrschaft innerhalb des Kurfürstentums Köln bildete, eine Hexenverfolgung größeren Umfangs eingeleitet. *„Zu dieser Zeit verwandte der ehrwürdige Vater aus göttlichem Eifer seine ganze Kraft darauf, das Unwesen der Zauberei auf unserem Gebiet auszurotten“*, berichtet der Chronist. (Übersetzung nach Heinz Erich Stiene, Daners 1991) Man stellte Nachforschungen an, und als genug Denunziationen vorlagen, heißt es weiter in dem Bericht der Chronik, wurde durch Gerichtsschöffen unter Hinzuziehung des Kölner Lizentiaten von der Stegen gegen mehr als 60 Personen, darunter auch vier bzw. sechs Kinder unter 14 Jahren ein Prozeß angestrengt. Bei dem Kölner Lizentiaten handelte es sich um einen vom Erzbischof ernannten Hexenkommissar, der anstelle des zuständigen Vogtes die Hexenprozesse zu führen hatte. Das Wirken dieser Lizentiaten ist durch zahlreiche Hinrichtungen belegt. Das begonnene Verfahren, bei dem bereits Geständnisse unter der Folter erpreßt worden waren, mußte schließlich abgebrochen werden, da die Kriegsereignisse nach dem Eingreifen Schwedens im Jahre 1630 auch auf das Niederrheingebiet übergriffen und man im Kloster andere Sorgen hatte. Der Chronist endet seinen Bericht mit den Worten: *„Und hätte der Krieg es nicht verhindert, dann wären vielleicht mehrere verbrannt worden, und für die Zauberei hätte es nicht mit dem Prozeß sein Bewenden gehabt.“*

Vielleicht hat ein anderes Ereignis im Kloster bei der Einstellung des Verfahrens mitgewirkt. Es gab zu dieser Zeit im Konvent offenbar Mönche, welche die Einstellung ihres Abtes zum Hexenwesen nicht mehr geteilt haben. So hat damals der Mönch Leonard Möres die 1630 verfaßte „Cautio criminalis“ des Jesuiten Friedrich von Spee abgeschrieben, ein Buch, mit dem dieser sich gegen die praktizierten Methoden der Hexenverfolgung seiner Zeit wandte. Hexenprozesse sind für die nachfolgende Zeit nicht mehr überliefert.

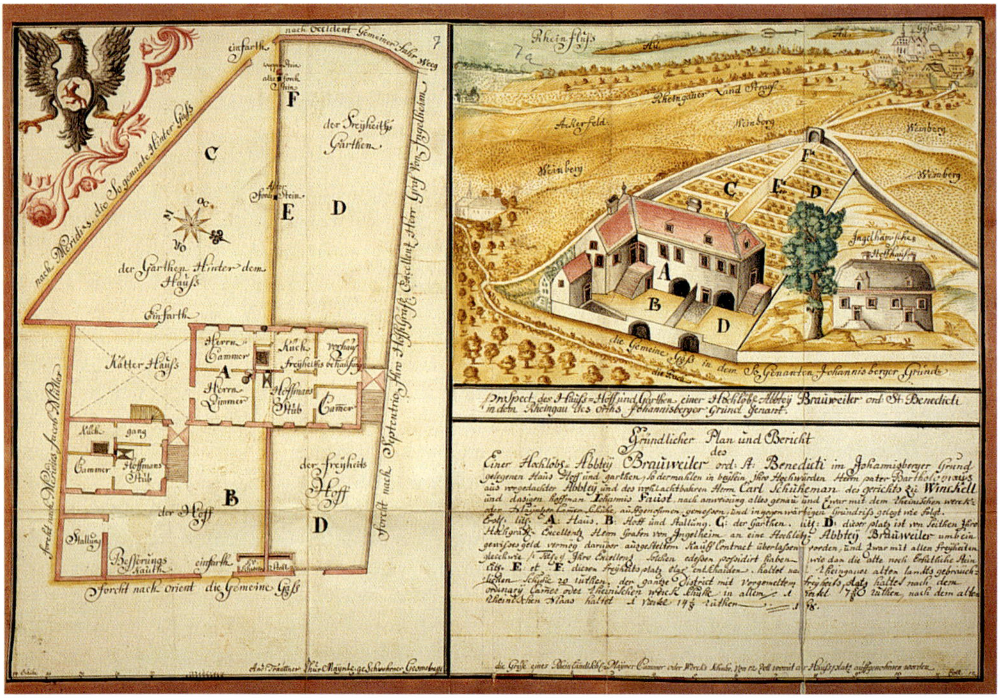

Besitz der Abtei Brauweiler in Johannisberg im Rheingau. Plan des Kurmainzer Geometers Andreas Trauttner, 1756 (NWHStAD, Brauweiler Akten)

Neuer Abteibesitz im Rheingau

Trotz der zunehmenden Schwierigkeiten, die der Dreißigjährige Krieg in seiner zweiten Hälfte nach dem Eingreifen von Schweden und Franzosen in das Kriegsgeschehen nun auch am Niederrhein brachte, gelang es Abt Johannes IV. Münch, im Herbst 1640 dem Kloster neuen Besitz im Rheingau zu erwerben. Die finanzielle Grundlage hierzu gab eine Memorienstiftung von 400 Reichstalern. Es handelte sich um einen Doppelkauf, da der Abt die Güter von zwei Verkäufern erwarb.

Am 26. Oktober 1640 kaufte er von Johannes Dentzer und seiner Frau Katharina ein Haus nebst Hof und Garten im Johannisgrund (Johannisberg) sowie allem Zubehör an Keltern, Bütten und allen Gerätschaften. Wenige Tage später, am 17. November 1640, bezeugte der Mainzer Erzbischof, daß das Kloster außer dem Besitz des Johannes Dentzer und seiner Frau im Johannisgrund und in Geisenheim auch die Güter des Johannes Jung und dessen Frau zu Winkel erworben habe. Am 19. November 1640 schloß Abt Johannes IV. Münch einen Vertrag mit der Gemeinde Johannisberg, in dem er sich im Namen seines Konvents verpflichtete, alle mit den angekauften Gütern verbundenen personalen und sachlichen Leistungen und Verpflichtungen zu erfüllen.

Der Rheingauer Besitz der Abtei lag in den vier Gemeinden Johannisberg, Winkel, Geisenheim und Stephanshausen. Für das Jahr 1647 wurde der Klosterbesitz in der Gemarkung Johannisberg mit zwei Häusern sowie 24 Morgen 1 Viertel 3 Ruten Weingärten und in den übrigen Gemeinden 1 Morgen 3 Viertel 16 Ruten Weingärten angegeben.

Abt Matthias II. Grein ließ 1737 in Johannisberg ein neues Haus mit einer Kelter erbauen. Nach einem Kartenbuch von 1756 gehörten zu dem Haus ein Garten, 13 3/4 Morgen Weinländereien sowie etwa sechs Morgen Ackerland und Wiesen.

Als in den letzten Jahren des Dreißigjährigen Krieges das Kriegsgeschehen mit Überfällen, Plünderungen und Brandschatzungen immer stärker auf den Niederrhein übergriff, hat Abt Johannes IV. Münch sich 1644 längere Zeit auf den neuen Klosterbesitzungen im Rheingau aufgehalten. In der zweiten Hälfte des 17. Jahrhunderts waren mehrmals Brauweiler Mönche als Pfarrer von Johannisberg und von Eibingen bei Rüdesheim im Rheingau tätig. Ein Brauweiler Konventuale, P. Berthold Veltmann, war Beichtvater im Benediktinerinnenkloster Eibingen, wo er 1668 starb.

Brauweilers Anteil an der Katholischen Reform

Trotz aller Schwierigkeiten, mit denen das Kloster während des Dreißigjährigen Krieges zu kämpfen hatte, konnte es zu dieser Zeit eine große Wirkung nach außen hin entfalten. Auslöser war das Restitutionsedikt Kaiser Ferdinands II. vom Jahre 1629. Dieser kaiserliche Erlaß verfügte, daß alle Stifte und Kirchengüter, welche die Protestanten seit dem Passauer Vertrag von 1552 eingezogen hatten, an die Katholiken zurückgegeben werden sollten. Den katholischen Reichsständen wurde gestattet, ihre Untertanen zu rekatholisieren.

Abt Johannes IV. Münch erwies sich bei der nun einsetzenden Katholischen Reform (sog. Gegenreformation) erneut als ein treuer Weggefährte des Kölner Erzbischofs Ferdinand von Bayern. Im Sommer 1629 begleitete er den als Restitutionskommissar tätigen Abt Hugo Preutäus von Werden auf einer Reise durch Westfalen und Niedersachsen. Über die Ergebnisse ihrer Tätigkeit berichtete Abt Johannes IV. Münch im August des gleichen Jahres auf dem Bursfelder Generalkapitel, das in Trier stattfand.

Während der Rekatholisierung Böhmens, der Oberpfalz sowie Ober- und Niederösterreichs waren mehrere Mitglieder des Brauweiler Konvents als Seelsorger in Böhmen, der Oberpfalz und in Sachsen tätig. Als Abt Johannes V. Mertzenhausen, der Nachfolger von Abt Johannes IV. Münch, sich um die Rückberufung dieser Mönche ins Kloster bemühte, hatte er nur in einem Fall Erfolg.

Zwei auswärts tätige Mönche: Joachim von Kamphausen und Petrus Heister

Recht bewegt war das Schicksal des zeitweiligen Priors Joachim von Kamphausen. Er war

Wappenauflage auf einer Tasse des Priors Joachim von Kamphausen. Als Vertreter des Brauweiler Abtes war Joachim von Kamphausen zur Repräsentation verpflichtet. Er ließ sich daher in Frechen Tassen mit seinem Wappen herstellen, die er an besondere Gäste verschenken konnte. Solche mit dem eigenen Wappen versehene Geschenke waren typische Präsente höherer weltlicher oder geistlicher Würdenträger.

1585 geboren und 1601, im Alter von sechzehn Jahren, in das Kloster Brauweiler eingetreten. Zunächst wurde er Pastor in Werden und ging schließlich als Beichtvater für Nonnen und als „Apostel der Einwohner“ nach Niedersachsen in die weitgehend protestantisch gewordenen Bistümer Bremen, Hildesheim und Halberstadt. Dort wurde er gleichzeitig zum Administrator des Klosters Hillersleben und zum Abt des Klosters Berge bei Magdeburg berufen. Dieses Kloster war 1585 an die Protestanten gekommen und wurde nun unter Berufung auf das Restitutionsedikt von der katholischen Kirche zurückgefordert. Kaum hatte er von dem Kloster Besitz ergriffen, mußte er auch schon unter Lebensgefahr vor den heranrückenden Schweden fliehen. Er kehrte zurück nach Brauweiler, wo er zeitweise im Kloster lebte und sich zwischendurch häufig bei seinem Bruder Lukas von Kamphausen, der als Amtmann von Heinsberg residierte, aufhielt. Im Jahre 1648 starb er.

Ein anderes Mitglied des Brauweiler Konvents, P. Petrus Heister, war seit 1632 als Agent der Bursfelder Kongregation am kaiserlichen Hof zu Wien *(Agens principalis Congregationis Bursfeldensis in Aula Caesarea)* tätig. Er wurde 1642 zunächst Prior der dortigen Benediktinerabtei Unserer Lieben Frau zu den Schotten und 1649 zum Abt gewählt. Eine herzliche Freundschaft verband ihn mit seinem Brauweiler Mitprofessen Adamus Adami, dem die unruhige Zeit der Glaubenskämpfe ebenfalls Aufgaben weitab von seinem Heimatkloster zugewiesen hatte. Zwischen beiden entstand während der Jahre ihrer gemeinsamen auswärtigen Tätigkeit ein lebhafter Briefwechsel. Ein Teil dieser Briefe, die Adami an Heister schrieb, sind lebendige Zeugnisse der Vorgänge in den Kongreßstädten Münster und Osnabrück während der Friedensverhandlungen zur Beendigung des Dreißigjährigen Krieges, an denen Adami damals teilnahm. Sie spiegeln das Auf und Ab der Verhandlungen wider.

Vom Mönch zum Weihbischof:
Die Karriere des Adamus Adami

Zu den Mitgliedern des Brauweiler Konvents, deren Wirken weit über den rheinischen Raum hinausging, gehörte P. Adamus Adami. Als Sohn des Bürgermeisters Adams von Mülheim bei Köln und der Katharina Heumar wurde er im Jahre 1610 geboren. Seinen bürgerlichen Namen Adam Adams latinisierte er der Zeit entsprechend in Adamus Adami.

Zunächst besuchte er ab 1622 das berühmte, von Jesuiten geleitete Kölner Gymnasium Tricoronatum. Im Februar 1626 immatrikulierte er sich an der Kölner Universität. Kurz nach 1628 trat Adami in die Benediktinerabtei Brauweiler ein. Nach seiner Priesterweihe im Jahre 1633 besuchte er zum Weiterstudium das Kölner Seminar der Bursfelder Kongregation, dessen Regens er ein Jahr später wurde. Er promovierte zum Doktor der Theologie, verließ Köln und übernahm 1637 das Amt des Priors an der Abtei St. Jakob in Mainz.

1639 berief ihn der Präsident der Bursfelder Kongregation Heinrich Spichernagel, Abt von St. Pantaleon in Köln, zum Prior der Abtei Murrhardt in Schwaben. Diese Abtei war der Reformation zum Opfer gefallen und wurde durch das Restitutionsedikt von 1629 der katholischen Kirche wieder zurückgegeben. Der Bursfelder Kongregation gelang es, dort einen kleinen Konvent aufzubauen. Infolge von Kriegseinwirkungen und dem aufrührerischen Verhalten der Bewohner und Untertanen von Murrhardt kam es zu großen Schwierigkeiten.

In Angelegenheiten dieses Klosters reiste Adami 1643 nach Wien an den Hof des Kaisers. Bei einem zweiten Besuch wenig später hatte er sich neben der Murrhardter Angelegenheit auch für die Belange anderer restituierter schwäbisch-württembergischer Klöster einzusetzen. Die Verhandlungen kamen jedoch zu keinem befriedigenden Abschluß, da die Angelegenheiten dieser Klöster zugleich mit den Friedensverhandlungen in Münster entschieden werden sollten. Am Kaiserhof zu Wien lernte Adami den päpstlichen Nuntius Camillo Melzio und den kaiserlichen Hauptbevollmächtigten auf dem Friedenskongreß, Maximilian Graf von Trautmannsdorff, kennen. Da Adami sich gut in die Materie eingearbeitet hatte, empfahlen beide, ihn als Vertreter der restituierten württembergischen Klöster am Friedenskongreß zu Münster teilnehmen zu lassen. Auch die Äbte der betroffenen Klöster hofften, Adami werde ihre Sache erfolgreich vertreten und unterstützten diese Empfehlung. Da Adami jedoch ohne Sitz und Stimme kaum etwas Namhaftes erreichen konnte, bemühte er sich um die Vertretung eines Fürstabtes, der eine Einzelstimme (Virilstimme) besaß. Es lag am nächsten, sich an den Fürstabt von Corvey zu wenden, der Mitglied der Bursfelder Kongregation war. Nach längeren Bemühungen gelang es Adami durch persönliche Rücksprache, Bevollmächtigter des Fürstabtes von Corvey zu werden. Er konnte sich nun als „Fürstlich Corveyischer und des Heiligen Römischen Reiches Prälaten zu den allgemeinen Friedensverhandlungen Abgesandter" nennen. Er war der einzige Ordensmann mit Sitz und Stimme bei den Friedensverhandlungen zur Beendigung des Dreißigjährigen Krieges. (Volk 1943)

In Münster arbeitete Adami eng zusammen mit dem Bischof von Osnabrück, Minden und Verden, Franz Wilhelm von Wartenberg, und mit Dr. Johann von Leuxelring, dem Gesandten des katholischen Rates der Stadt Augsburg und früherem Syndikus der württembergischen

Ordenseinigung. Diese drei Männer vereinigten so viele Stimmen kleiner und kleinster Reichsstände auf sich, daß sie den katholischen Teil des Fürstenrates fast allein beherrschten. Hätte der Friedensschluß nur von der Zahl der Stimmen abgehangen und nicht auch von ihrem Gewicht und ihrer Bedeutung, so wären diese drei Männer wohl Schiedsrichter des Friedens gewesen. (Dickmann 1992) Sie bildeten den äußersten konservativen Flügel und waren unter der Bezeichnung „Extremisten" bekannt. (Volk 1943)

Adami, klug und zielbewußt, aber ohne den großen Weitblick des fürstlichen Bischofs, war an dem Gang der Friedensverhandlungen eigentlich nur insoweit interessiert, als das Schicksal der Kirche und vor allem das seiner schwäbisch-württembergischen Klöster davon bestimmt wurde. Für sie aber kämpfte er entschlossen bis aufs äußerste, mochte auch das ganze Friedenswerk darüber in Gefahr geraten. Es war nicht ohne Tragik, daß ein Mann von solcher Begabung auf einem Platz stand, wo er nur hindernd und nicht aufbauend wirken konnte. (Dickmann 1992) Es wundert daher nicht, daß der schwedische Gesandte Johann Adler Salvius einmal äußerte, man sollte diesen Widersacher durch einen Büchsenschuß zum Schweigen bringen.

Nach dem Ende der Friedensverhandlungen begleitete Adami zunächst den Fürstbischof von Osnabrück, Franz Wilhelm von Wartenberg, auf verschiedenen Reisen, bis dieser schließlich sein Bistum wieder übernehmen konnte, das die Schweden als Pfand für noch ausstehende Zahlungen des Reiches festgehalten hatten. Eine gemeinsam geplante Romreise mußte Adami daher alleine antreten.

Von Rom brachte er dem am 26. Oktober 1650 inthronisierten Kölner Erzbischof und Kurfürsten Maximilian Heinrich das Pallium mit, eine auf den Schultern getragene weiße mit schwarzen Kreuzen gezierte Schmuckbinde, das liturgische Amtszeichen seiner erzbischöflichen Würde. Kurfürst Maximilian ernannte Adami in Anerkennung seiner Verdienste und durch Empfehlung des päpstlichen Nuntius Fabio Chigi und des Osnabrücker Fürstbischofs Franz Wilhelm von Wartenberg zu seinem Geheimen Rat. Vermutlich hatte er ihn bereits zu diesem Zeitpunkt für das Amt

Adamus Adami als Weihbischof von Hildesheim. Zeitgenössisches Ölgemälde in der Dombibliothek Hildesheim

des Weihbischofs von Hildesheim ausersehen. Dem Hildesheimer Domkapitel gab der Erzbischof am 3. März 1653 bekannt, daß er Adami *„wegen der Uns bekannten Geschicklichkeit und seines aufbauenden Lebenswandels"* zu seinem Weihbischof erkoren habe. Etwa drei Wochen später, am 23. März 1653, empfing Adami in Paderborn die Bischofsweihe. Seit 1542 residierte nun erstmals wieder ein Weihbischof in Hildesheim. Adami hat sich in den folgenden Jahren ganz dem Wiederaufbau des von ihm geleiteten Bistums gewidmet, das sehr unter der Reformation und dem Dreißigjährigen Krieg gelitten hatte.

Sein Heimatkloster Brauweiler hat Adami im Jahre 1661 am Fest des hl. Johannes des Täufers (24. Juni) noch einmal besucht. Hier spendete er in der Abteikirche das Sakrament der Firmung. Er hielt sich damals, berufen vom Kölner Erzbischof, zu Pontifikalhandlungen in Köln auf. Überliefert ist die Konsekration des Hochaltars in der Abteikirche Groß St. Martin am 4. Mai 1661.

Am 19. Februar 1663 erlitt Adami während einer Sitzung im Kanzleigebäude der fürstbischöflichen Regierung am Domhof einen

Herzanfall. Man brachte ihn in seine Wohnung auf dem Pfaffenstieg, wo er nachmittags zwischen 16 und 17 Uhr verstarb. Seine letzte Ruhestätte fand er in der Laurentiuskapelle des Hildesheimer Domes. Er hinterließ eine umfangreiche Bibliothek von fast 300 Büchern mit theologischem und geschichtlichem Inhalt sowie eine beachtliche Sammlung von Kunstwerken, darunter Gemälde, Möbel und silbernes Tafelgeschirr. Universalerbe war das Benediktinerinnenkloster Escherde bei Hildesheim.

Von hohem Rang ist die literarische Hinterlassenschaft Adamis. Von ihm stammt das einzige Geschichtswerk aus der Zeit des Friedenskongresses, an dem Adami von Anfang bis Ende teilgenommen hat. Unmittelbar nach dem Ende der Verhandlungen hat er mit der Niederschrift begonnen. 1652 war sie abgeschlossen. Das zweibändige Werk, dessen handschriftliches Original in der Hildesheimer Dombibliothek aufbewahrt wird, trägt den Titel „De sacri Romani Imperii pacificatione Westphalica libri duo“. Erst 35 Jahre nach Adamis Tod erschien das Werk 1698 anonym in Frankfurt gedruckt mit dem Titel „Arcana pacis Westphalicae, sive plenior et ex secretioribus actis et congressibus deprompta relatio historica de s. Roma Imp. pacificatione Osnabrugo-Monasteriensi Auctore A.A.“ Zwei weitere Drucke erschienen 1707 (in Frankfurt) und 1737 (in Leipzig) mit jeweils wechselnden Titeln. Außer diesem Werk Adamis werden in der Hildesheimer Dombibliothek noch zwei handschriftliche Bände seiner „Churfürstlichen Protokolle“ aufbewahrt. Sie umfassen die Zeit vom 29. August 1645 bis zum 17. Dezember 1648.

Adamis Werk bildet eine Quelle ersten Ranges zur Geschichte der Friedensverhandlungen von Münster und Osnabrück. Ihm waren die reichen Aktenbestände des Kongresses einschließlich der geheimen Protokolle zugänglich. So enthalten seine Schriften so manches, das zunächst für die Öffentlichkeit nicht bestimmt war. Die „Arcana Pacis“ sind kein unparteiisches Buch, vielmehr eine Parteischrift, ein Zeugnis des Geistes der streng katholischen Partei, die sich jedoch von grober Polemik freihält. (Dickmann 1992) Adami hat außer diesem Werk eine Geschichte der Abtei Murrhardt sowie Abhandlungen über die Bursfelder Kongregation verfaßt.

Briefmarke der Deutschen Post vom Jahre 1998 zum 400jährigen Jubiläum des Westfälischen Friedens. Unter den dargestellten Teilnehmern am Friedenskongreß ist auch Adamus Adami (unten links).

Die mißglückte Gründung des Seminars der Bursfelder Benediktinerkongregation in Köln

Es war eine alte Tradition der Benediktiner, daß sie schon sehr früh darauf bedacht waren, daß die jungen Mönche eine gründliche wissenschaftliche Ausbildung erhielten. An einzelnen Universitäten in Frankreich und England waren im 13. und 14. Jahrhundert sowie in Deutschland vereinzelt im 17. Jahrhundert Studienheime für Benediktiner entstanden. Die Matrikel der Kölner Universität aus der Zeit zwischen dem Ende des 14. und der Mitte des 16. Jahrhunderts belegt, daß immer wieder Benediktiner die Vorlesungen besucht haben. Die Bursfelder Kongregation hat auf ihren Generalkapiteln den Äbten streng empfohlen, getreu der alten Tradition der Benediktiner, die das „Hausstudium“ pflegte, die Bildung in den Klöstern zu fördern. Obwohl das starke Anwachsen der Bursfelder Kongregation alle Kräfte forderte, um die Reform in allen neuen Klöstern zu festigen, legte man immer wieder Wert auf eine tüchtige, wissenschaftliche Ausbildung der jungen Mönche. Da allerdings nicht in jeder einzelnen Abtei stets genügend Lehrkräfte zur Verfügung standen, kam der Gedanke an ein Zentralstudienhaus auf.

Auf dem Generalkapitel zu Seligenstadt im Jahre 1607 wurde zwei Tage über die Errichtung eines solchen Studienhauses beraten. 1614 wurde auf dem Generalkapitel im Laacher Hof zu Andernach der Beschluß zur Errichtung eines Seminars gefaßt. Man wählte Köln als Standort. Die Äbte der Kölner Benediktinerabteien St. Pantaleon, Groß St. Martin, Deutz und Brauweiler - hier war es Abt Johannes III. Coblenz, der soeben sein Amt angetreten hatte - wurden beauftragt, ein geeignetes Haus in der Stadt zu mieten und einzurichten, wo die Studierenden der Philosophie und Theologie aus der Kongregation wohnen konnten, um die Vorlesungen an der Universität besuchen zu können. Jedes Kloster der Bursfelder Union sollte wenigstens einen Alumnen (Studierenden) entsenden. 1615 wurden die Beschlüsse auf dem Generalkapitel zu Erfurt bestätigt. Die Äbte entsprachen mit der Errichtung des Studienhauses zugleich einem vom Papst geäußerten Wunsch nach einer solchen Bildungseinrichtung.

Als man ein Jahr später den Betrieb des Seminars aufnehmen wollte, ließ der Kölner Kurfürst Ferdinand von Bayern wissen, daß er die Einrichtung eines eigenständigen Benediktinerseminars nicht dulden werde. Er wollte es dem Weltpriesterseminar angegliedert wissen. Ohne das Ende der Auseinandersetzung abzuwarten, ließ der Präsident der Bursfelder Kongregation, Abt Spichernagel von St. Pantaleon in Köln, das Seminar in einem angemieteten Haus in der Straße „ender sechzehn Heusern" (Unter Sachsenhausen), unweit des Domes eröffnen.

Am 18. Juni 1616 erließ der Kölner Nuntius Antonius Albergati die Statuten. Zur wirtschaftlichen Sicherung des Kölner Benediktinerseminars mußte jede Abtei für den Unterhalt eines Studierenden 65 Reichstaler jährlich zahlen. Abteien, die keinen Konventualen entsandten, mußten 25 Reichstaler entrichten. 1619 faßte man den Kauf eines Hauses ins Auge und forderte die Äbte auf, dem Seminar hierbei durch reichliche Unterstützung zu Hilfe zu kommen. 1622 mußte das Seminar wegen der in Köln grassierenden Pest vorübergehend geschlossen werden. Zu diesem Zeitpunkt waren unter den Alumnen allein fünf junge Mönche aus Brauweiler.

Bereits 1626 beklagte der dritte Regens des Seminars, P. Lambert Jamar von St. Trond, die Zahlungssäumigkeit der meisten Abteien und schlug wegen der allgemeinen Teuerung eine Erhöhung der Studiengebühr vor. Zum gleichen Zeitpunkt ließ die Disziplin der Alumnen nach. Sie erhielten kleine persönliche Geschenke an Geld und liebten es, gerne durch die Straßen Kölns zu schweifen, immer unter dem Vorwand, ihre Schuhe oder Kleidungsstücke zur Ausbesserung bringen zu müssen.

Während der nun folgenden Jahre wurde die wirtschaftliche Situation des Seminars immer schwieriger, da manche Klöster mehr als zehn Jahre lang keine Gelder mehr gezahlt hatten. 1629 schien daher der Bestand des Seminars gefährdet. Ausführlich befaßte sich in den folgenden Jahren das Bursfelder Generalkapitel mit der finanziellen Lage des Seminars. Der damalige Präsident der Kongregation drohte schließlich, Äbte, die ihren Zahlungsverpflichtungen nicht nachkämen, beim Hl. Stuhl anzuzeigen. Trotz aller Probleme gelang es, 1636 ein Haus in der Straße „Unter Sachsenhausen" anzukaufen.

Das Jahr 1640 brachte das Ende des Seminars. Die Schuld lag nicht allein bei den zahlungssäumigen Äbten, vielmehr verarmten zahlreiche Klöster in der schlimmen Phase des Dreißigjährigen Krieges nach dem Kriegseintritt der Schweden und schließlich der Franzosen durch die Zahlungen hoher Kontributionen. Außerdem ließ die Unsicherheit der Wege das Reisen der Mönche nicht angebracht erscheinen. So blieb nichts anderes übrig, als das Seminar zu schließen und das Haus wieder zu verkaufen.

Blütezeit im Barock

Die ersten Jahre nach dem Dreißigjährigen Krieg

Bereits während der zweiten Hälfte des Dreißigjährigen Krieges entfaltete das Kloster eine große Wirkung nach außen hin, die trotz zunehmender Heftigkeit des Kriegsgeschehens, das zu dieser Zeit auch das Gebiet des Niederrheins ergriff, nicht nachließ. Diese Entwicklung setzte sich nach Kriegsende fort. Erstaunlich war auch, daß die Disziplin im Kloster durch die lange Kriegszeit nicht gelitten hatte. Abt Johannes V. Mertzenhausen, dem Nachfolger von Abt Johannes IV. Münch, gelang es bald, die finanziellen Verhältnisse des Klosters weiter zu bessern, da sein Vorgänger hierzu durch die Verminderung der Schuldenlast während der Kriegsjahre bereits gute Vorleistungen erbracht hatte. Als ein sicheres Zeichen für die wieder gestiegene wirtschaftliche Leistungsfähigkeit des Klosters kann die Aufnahme von 16 Novizen durch Abt Johannes V. Mertzenhausen während seiner elfjährigen Amtszeit angesehen werden. Die verbesserte Finanzlage erlaubte dem Abt, den Waldbesitz des Klosters zu vermehren. Die Abteikirche ließ er ausschmücken und an den Klostergebäuden sowie an der Kirche in Widdersdorf Reparaturen vornehmen.

Ein besonderes Ausstattungsstück, das während der Amtszeit von Abt Johannes V. Mertzenhausen angeschafft wurde und heute noch in der Kirche aufbewahrt wird, ist das Stifterbild aus dem Jahre 1657 (s. Abb. S. 17 u. Anhang S. 402). Das großformatige Gemälde hat die Kirchen- und Klostergründung zum Thema. Es zeigt in drei Zonen die Familie der Abteistifter sowie Personen, die im Laufe der Jahrhunderte sich als Wohltäter des Klosters erwiesen haben. Ein solches Gemälde entsprang dem Wunsch nach Dokumentation der historischen Bedeutung des Klosters, aber auch der Repräsentation des klösterlichen Selbstbewußtseins in einer Zeit, da man nach dem Überstehen des großen Krieges und der religionspolitisch unruhigen Zeit stolz sein wollte auf seine Gründer und Förderer. (Schreiner/Tontsch 1999)

Wappen des Abtes Johannes V. Mertzenhausen (1649-1660) (KAE)

Innerhalb der Bursfelder Kongregation hat Abt Johannes V. Mertzenhausen mehrmals besondere Ämter innegehabt. 1651 wurde er zum Visitator für die Trierer Klöster bestellt. Beim Generalkapitel in Gladbach 1653 war er einer der beiden Kollektoren. Diese hatten die Kostenrechnung des Abtes, in dessen Kloster das Kapitel tagte, zu überprüfen und die Kosten auf die anwesenden Äbte zu verteilen. Darüber hinaus war es ihre Aufgabe, die Geldbeiträge der einzelnen Abteien, die diese an die Kongregation zu zahlen hatten, einzusammeln und an die Kongregationskasse abzuführen. Auf dem Generalkapitel von 1656 in

Abdinghof (Paderborn) war Abt Johannes V. Mertzenhausen sogar zum Mitpräsidenten bestimmt worden, und zwei Jahre später war er einer der beiden Definitoren. Zu ihren Aufgaben gehörte die Vorberatung und Begutachtung der für die Generalversammlung vorgesehenen Verhandlungsinhalte, um diese für die endgültige Beratung und Schlußentscheidung vorzubereiten.

Kurz vor seinem Tod im Jahre 1660 konnte der Abt einen Rechtsstreit mit dem Rat der Stadt Köln, der die zollfreie Anlieferung von Lebensmitteln zum Brauweiler Hof in Köln nicht anerkennen wollte, zugunsten des Klosters regeln. Weniger glücklich verlief ein Prozeß gegen eine adlige Familie aus Stommeln, die ihr Vieh widerrechtlich in Klosterwäldern weidete. Das Reichskammergericht in Speyer entschied, daß das Kloster wegen der versäumten Vollstreckung eines bereits in erster Instanz zu seinen Gunsten ergangenen Urteils - damals war der Stommelner Adlige zu Schadensersatz verurteilt worden - in der Sache nun nichts mehr ausrichten könne.

Abt Johannes V. Mertzenhausen starb am 17. September 1660 während eines Aufenthaltes in Köln. Die Mönche seines Klosters erwarteten ihren toten Abt in Freimersdorf, von wo sie ihm das letzte Geleit ins Kloster gaben. Die von seinem Vorgänger geerbten Schulden hatte der Abt fast um die Hälfte auf rund 11.000 Taler vermindert, jedoch fand man kein Bargeld in der Kasse.

Abt Nikolaus Schögen, der Nachfolger von Abt Johannes V. Mertzenhausen, gelang es dann innerhalb seiner nur etwas mehr als vier Jahre dauernden Amtszeit, nicht nur die noch verbliebenen Schulden völlig zu tilgen, sondern auch rund 3.000 Taler Bargeld Überschuß zu erwirtschaften. Bei seiner Abtsweihe im Dezember 1660 erfuhr er eine hohe Ehrung durch die beiden damaligen Kölner Bürgermeister. Einer von diesen war Franz Braßart, der Besitzer des Thurmhofs zu Widdersdorf, das zum Gebiet der Abtei Brauweiler, der sog. „Herrlichkeit Brauweiler", gehörte.

1662 konnte Abt Nikolaus Schögen das Bursfelder Generalkapitel vom 7. bis zum 9. Mai in seinem Kloster begrüßen. Die Kosten waren offenbar nicht gering. Die Aufstellung des Chronisten zeigt, was verzehrt wurde: die Hälfte von einem gemästeten Stier von 65 Pfund, sechs Kälber, sechs Schafe, zwei Hammel, ferner Hasen, Kaninchen, Hühner, gesalzenes Fleisch, Zucker und andere Spezereien sowie drei Ohm Wein. Hinzu kamen Hafer und Heu für die Pferde der am Generalkapitel teilnehmenden Äbte und ihrer Begleiter. Jeder Abt zahlte 4 Reichstaler. Der Lohn für das Küchenpersonal und die Diener des Klosters betrug 8 Reichstaler.

Abt Nikolaus Schögen, dessen vorbildliche Haltung seinen Mönchen gegenüber vom Chronisten gelobt wird - er soll bei allen Gottesdiensten stets der Erste und der Letzte gewesen sein -, starb im 54. Lebensjahr an einem Asthmaanfall während einer Visitation seines Klosters im Februar 1665.

Grabplatte des Abtes Nikolaus Schögen (1660-1665). Untergeschoß des Westturmes der Abteikirche

Disziplinschwierigkeiten bis zum Ende des 17. Jahrhunderts:
„Krieg in der Welt und Krieg im Kloster"

Obwohl die wirtschaftliche Situation des Klosters sich während der Jahre nach dem Dreißigjährigen Krieg rasch erholte, kam es bald zu Spannungen innerhalb des Konvents. Als ein erstes Anzeichen hierfür kann der Einspruch eines Mönchs bei der Wahl von Nikolaus Schögen gewertet werden, der vorgab, über eine Verschwörung im Konvent zu wissen. Anfang Februar 1665, etwa drei Wochen vor seinem Tod, beklagte Abt Nikolaus Schögen sich in einem Schreiben darüber, daß er seine Mönche durch keine Mahnung beruhigen könne. (Wisplinghoff 1992)

Heftig brachen die internen Spannungen dann unter dem neuen Abt Dr. theol. Philipp Brewer aus. Der Grund hierfür lag im Bemühen des Abtes, die Disziplin im Konvent wieder herzustellen. Die Folge waren zwei Visitationen durch die Bursfelder Kongregation, die ihm jedes Mal eine gute Amtsführung bescheinigten. Im Anschluß an die erste Überprüfung, ein Jahr nach dem Amtsantritt von Abt Philipp Brewer, wurde dem Prior aufgetragen, nichts gegen den Willen des Abtes zu unternehmen. Die Mönche wurden angewiesen, in den Zellen keine Vögel zu halten; ferner wurde ihnen der Besitz von Waffen verboten. Im Dormitorium, dem gemeinsamen Schlafsaal der Konventualen, haben die Visitatoren das Spielen von Lauten und Trompeten untersagt. Zeitungen sollten nur noch mit Genehmigung der Oberen beschafft werden. Wer sich von den Mönchen in Köln aufhielt, durfte nur im dortigen Brauweiler Hof essen und schlafen.

Zwei Jahre später erhoben bei einer erneuten Visitation zwei Konventsmitglieder schwere Vorwürfe gegen den Abt. Ihm wurde Willkür bei der Ämterbesetzung und ein zu vertrauter Umgang mit der Frau des Schultheißen nachgesagt. Beide Vorwürfe erwiesen sich schließlich jedoch als haltlose Gerüchte, und dem Abt wurde von den Visitatoren eine gute Amtsführung bescheinigt. Noch unter seiner Leitung besserte sich die wirtschaftliche Lage des Klosters merklich. Bei seinem Tod wurden außer einer erheblichen Summe an Bargeld gut gefüllte Scheunen und Keller vorgefunden.

Grabplatte des Abtes Dr. theol. Philipp Brewer (1665-1672). Krypta der Abteikirche

Schwierigkeiten begannen nach dem Tod von Abt Philipp Brewer mit der Wahl seines Nachfolgers Martin Klingen. Während seiner mehr als zwanzig Jahre dauernden Amtszeit entstanden neue Schulden, die sich auf 25.000 Reichstaler belaufen haben sollen. Hierbei dürften die Gründe jedoch weniger in der wirtschaftlichen Unfähigkeit des Abtes, als vielmehr in den hohen Belastungen, die der Holländische Krieg für das Kloster mit sich brachte, gelegen haben. Es wundert nun nicht, daß unter dem Abbatiat Martin Klingens in dieser schwierigen Zeit die Disziplin im Konvent Schaden nahm. So soll im Winter 1690 lediglich die Hälfte der Konventualen an den Got-

Wappen des Abtes Martin Klingen (1672-1693) (KAE)

Wappen des Abtes Alexander von Richterich (1693-1709) (KAE)

tesdiensten teilgenommen haben. Zwei Mönchen wurde vorgeworfen, das Kloster nach Belieben zu verlassen. Der Chronist schildert die Situation mit den Worten, daß es *„Krieg in der Welt und Krieg im Kloster"* gegeben habe. Um die Lage im Kloster zu bessern, wurde dem Abt als Koadjutor der Mönch Alexander von Richterich, der später sein Nachfolger wurde, zur Seite gestellt. Martin Klingen starb eine Woche danach.

Unter Abt Alexander von Richterich trat endlich eine Besserung sowohl der Disziplin im Konvent als auch der finanziellen Situation ein, obwohl der Abt Renovierungsarbeiten an den Klostergebäuden durchführen und Kriegsschäden an den abgebrannten Höfen in Rath beheben ließ. Erst seinem Nachfolger Matthias I. Franken gelang es, die letzten Schulden zu tilgen und die Disziplin im Kloster endgültig wiederherzustellen.

Von nun an nahm die Geschichte der Abtei einen ruhigen und geordneten Verlauf. Die Äbte waren offenbar ohne Ausnahme ihren Aufgaben im geistlichen wie im wirtschaftlichen Bereich gewachsen, zumal die Mönche bei der Wahl ihrer Äbte nun stärker auf die wirtschaftlichen Fähigkeiten der Kandidaten achteten. (Wisplinghoff 1992)

Die Klosterschule

Wie die Klosterchronik berichtet, hatte das Bursfelder Generalkapitel von 1662 im Raum der Klosterschule *(schola fratrum)* stattgefunden. Vermutlich handelte es sich dabei um das ehemalige Winterrefektorium, das Abt Johannes V. Mertzenhausen, der Vorgänger von Abt Nikolaus Schögen, einige Jahre zuvor als Schulraum hatte herrichten lassen.

Die Existenz einer Klosterschule in Brauweiler entsprach der alten Tradition der Benediktiner, in den einzelnen Klöstern die Bildung intensiv zu fördern. Dem „Hausstudium" wurde gegenüber dem Universitätsstudium der Vorrang gegeben.

Die erste Nachricht über eine Klosterschule in Brauweiler datiert ins Jahr 1291, in den Beginn der Amtszeit des Abtes Leonius von Neuenahr. Damals war ein Weltgeistlicher zur Unterrichtung der jungen Mönche angestellt. Unter den Schülern befand sich auch der spätere Abt Arnold II. Scholle. Dieser brachte dem Unterricht offenbar wenig Interesse entgegen. Als er hierfür einmal von seinem Lehrer getadelt wurde, rächte er sich mit Faustschlägen an den Kopf seines Lehrers. Später hat Arnold Scholle sich als ein gewissenhafter Kellner des Klosters bewährt, der seine Rechnungsbücher sorgfältig in lateinischer Sprache und rechnerisch korrekt geführt hat (s. S. 98ff.).

In den Rechnungen des 14. Jahrhunderts ist sowohl ein Schulrektor als auch die Geldzahlung von drei in die Klosterschule aufgenommenen Schülern erwähnt. Im Zusammenhang der Unterweisung jüngerer Mönche hat der Prior Gerhard von Düren, wie bereits berichtet, zwischen 1365 und 1372 unter Abt Hermann II. Zobbe die Benedikt-Regel ins Deutsche übersetzt. In der Mitte des 15. Jahrhunderts ist ein Brauweiler Mönch als Student an der Kölner Universität bezeugt, wo er den Grad eines Bakkalaureus des Kirchenrechts erwarb.

Aus der ersten Zeit nach der Einführung der Bursfelder Reform fehlen konkrete Nachrichten über eine Klosterschule in Brauweiler. Es kann aber angenommen werden, daß man auch in Brauweiler sich zu dieser Zeit um die Ausbildung der jungen Mönche kümmerte. Die Bursfelder Kongregation legte trotz der äußersten Anspannung aller Kräfte, welche die Ausbreitung der Reform erforderte, stets einen großen Wert auf eine gute wissenschaftliche Ausbildung ihrer jungen Mönche. So wies das 1545 in St. Matthias in Trier tagende Generalkapitel darauf hin, daß früher *„die Klöster wahren Bienenkörben in eifriger Arbeit des Lehrens und Lernens* [glichen], *aus denen Männer reich an Wissen und Frömmigkeit hervorgingen“*. Auf dieser Tradition fußend wurde gefordert: *„Gelehrte Männer braucht gerade die Jetztzeit, da die Kirche und ihre klösterlichen Einrichtungen auf alle mögliche Weise von den Häretikern angegriffen werden.“* Vier Jahre später forderte das Generalkapitel die Äbte auf, die jungen Mönche in andere Klosterschulen der Kongregation zu schicken, wenn man keine eigene unterhalte. Obwohl man auf dem Generalkapitel von 1564 in St. Matthias in Trier die Schwierigkeit der Errichtung von Schulen und der Heranbildung von Lektoren infolge Kriegsnot erkannte, haben 1569 in Brauweiler die erzbischöflichen Visitatoren den damaligen Abt Andreas Münster angewiesen, einen tüchtigen Lektor zu berufen, der nicht nur den Unterricht in Grammatik, sondern auch in der Heiligen Schrift erteilen sollte. Da im Kloster kein hierzu geeigneter Mönch zur Verfügung stand, sollten die gelehrteren Konventsmitglieder, ihre weniger gebildeten Mitbrüder solange unterrichten, bis ein geeigneter Lektor gefunden worden sei. Diese Regelung war zwar eine Notlösung, entsprach aber wenigstens dem Sinn nach der Forderung des 1603 in St. Pantaleon zu Köln tagenden Generalkapitels, daß nach Möglichkeit *„das eigene Kloster auch Pflanzschule der Wissenschaft sein“* solle.

Als man 1616 in Köln das Seminar der Bursfelder Kongregation gründete, hatte diese Entscheidung Auswirkungen auf den Schulbetrieb im Kloster. Man durfte erwarten, daß nun geeignete Mönche zu Lektoren herangebildet würden, die ihrerseits wiederum im Kloster zur Unterrichtung der Mönche eingesetzt werden könnten. Dem üblichen Lehrbetrieb der Klosterschule war die Einrichtung des Seminars nicht abträglich. Das Kloster konnte wegen der

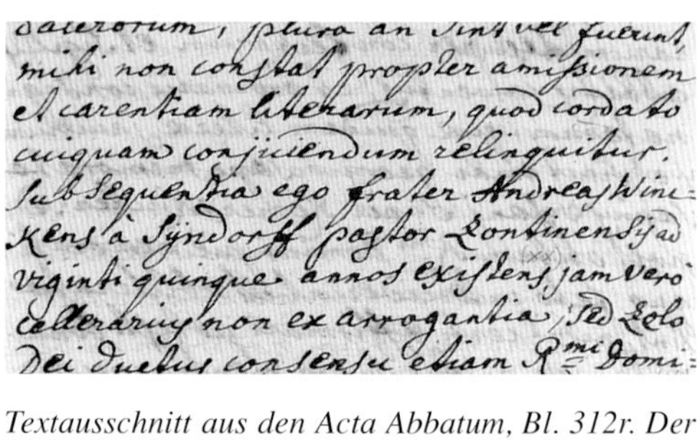
sacerorum, plura an sint vel fuerint
mihi non constat propter amissionem
et carentiam literarum, quod cordato
cuiquam conjiciendum relinquitur.
Sub sequentia ego frater Andreas Wine-
kens a Syndorff pastor Zontinensis ad
viginti quinque annos existens, jam vero
cellerarius non ex arrogantia, sed zelo
Dei ductus consensu etiam R^mi Domi-

Textausschnitt aus den Acta Abbatum, Bl. 312r. Der Chronist Andreas Winckens nennt seinen Namen und seine Herkunft. Er stammte aus Sindorf (heute Erftkreis), wo er 1599 geboren wurde. Er war Pastor in Zons und später Kellner in Brauweiler. 1673 starb er. Winckens verfaßte Teile der Acta Abbatum aus der Zeit von den letzten Jahren unter Abt Hermann III. Laer (gest. 1567) zunächst an Hand von Unterlagen im Klosterarchiv und schließlich ab dem Abbatiat von Johannes IV. Münch, der ihn ins Kloster aufnahm, als Zeitgenosse. (PfAB)

Erfüllung der gottesdienstlichen Pflichten keine größere Anzahl Konventsmitglieder zum Seminar entsenden. Außerdem kostete die Teilnahme an den Studiengängen des Seminars Geld. Schließlich war aber auch noch lange nicht jedes Konventsmitglied für das Studium im Seminar geeignet.

Spätestens seit der Mitte des 17. Jahrhunderts ist das klösterliche Leben in Brauweiler durch ein hohes Engagement für die Bildung gekennzeichnet. Der damalige Chronist, der Kellner Andreas Winckens, überliefert, man habe festgestellt, daß ohne Studium monastisches Leben nicht möglich sei. Abt Johannes V. Mertzenhausen hat um 1650 dieser Forderung allem Anschein nach Rechnung getragen und ließ, wie bereits berichtet, im Winterrefektorium einen Schulraum einrichten. Offensichtlich hat in diesem kurze Zeit später dann das erwähnte Bursfelder Generalkapitel getagt.

In den folgenden Jahrzehnten haben als Lektoren zur Unterweisung der Brauweiler Konventualen Mönche und spätere Äbte des eigenen Klosters gewirkt. Zu diesen zählten auch die Äbte Philipp Brewer, Matthias I. Franken und Beda Groten. Mehrmals haben die Äbte aber auch Mönche anderer Klöster als Lektoren nach Brauweiler berufen.

Obwohl der Bericht der Klosterchronik mit der Wahl des letzten Abtes im Jahre 1778 abbricht, kann davon ausgegangen werden, daß die Klosterschule bis in die letzte Zeit des Bestehens der Abtei Brauweiler existiert hat.

Die Wiedererrichtung des Kölner Seminars der Bursfelder Kongregation

Im Zusammenhang mit der Forderung nach einer guten Bildung der Mönche wurde einige Jahre nach dem Ende des Dreißigjährigen Krieges um die Mitte des 17. Jahrhunderts auf den Generalkapiteln der Bursfelder Kongregation über eine Wiedererrichtung des Kölner Seminars der Kongregation nachgedacht. Im Dezember 1652 kamen die Äbte der Klöster Deutz, Brauweiler, Werden und St. Martin in Köln zusammen, um über eine Wiedereröffnung des Seminars zu beraten. Man beschloß, so lange das wiedererstandene Seminar im Brauweiler Hof zu Köln unterzubringen, bis ein geeignetes Haus gefunden sei. Zum Regens des Seminars wurde im darauffolgenden Jahr 1653 der spätere Brauweiler Abt Philipp Brewer bestimmt. Er hat das Amt bis zu seiner Abtswahl im Jahre 1665 innegehabt. Zu seiner Zeit besuchten mehrere Mönche des Brauweiler Konvents das Seminar. Von diesen erwarben vier den Grad eines Lizentiaten und andere den eines Bakkalaureus.

Zum Ankauf eines geeigneten Hauses stellte Abt Petrus Sibenius von Gladbach einen Betrag von 1.200 Reichstalern bei 4 Prozent Zinsen zur Verfügung. Die Zinsen sollten als Pensionsgebühren für Mönche seines Klosters, die am Seminar studierten, verrechnet werden. Mit dem Geld kaufte man ein Haus in der Straße „Hunnenrücken". Als sich herausstellte, daß das Haus doch nicht so geeignet war, wie man erhofft hatte, beschloß man zwei Jahre später, es wieder zu verkaufen, was 1673 in die Tat umgesetzt wurde. Das Seminar wurde nun erneut im Brauweiler Hof eingerichtet.

Ehemaliger Brauweiler Hof, in der Straße „Burgmauer" in Köln. Das Foto entstand 1890 kurz vor dem Abriß des Anwesens.

Ähnlich wie bei der ersten Gründung des Seminars vor dem Dreißigjährigen Krieg erwies sich bald der Unterhalt dieser Einrichtung als ein wirtschaftliches Problem. Die ursprünglich auf 25 Reichstaler festgelegte Subsidiensumme mußte auf 15 Reichtaler herabgesetzt werden. Wer diese Summe allerdings nicht bezahlte, der sollte zur Strafe 25 Reichstaler entrichten. 1687 waren zahlreiche Äbte mit der Zahlung im Rückstand. Die Kongregation griff nun zu rigoroseren Maßnahmen und drohte den Äbten, die nach dreimaliger Mahnung immer noch nicht zahlen wollten, die Suspendierung an. Dennoch bestanden weiterhin Schwierigkeiten, da ein Teil der Äbte keine Mönche ins Seminar entsenden wollte. Einige fanden die Studiengebühr von 60 Reichstalern jährlich zu hoch, andere wiesen auf die guten Ausbildungsmöglichkeiten in ihren eigenen Klöstern oder an näher gelegenen Universitäten hin. Der Brauweiler Chronist dieser Zeit hielt dies für Ausreden und bemerkte sarkastisch dazu, daß also für die Bildung Geld fehle, das man andererseits für unnütze Reisen und teure Bewirtung gerne ausgebe.

1690 wurde den Äbten von Westfalen und Sachsen nahegelegt, sich ebenso eifrig um die Erhaltung des Seminars zu bemühen wie die rheinischen, Trierer und Brabanter Äbte. 1696 waren die Äbte bereit, 10 Reichstaler für das Seminar aufzubringen. Zwei Jahre später verpflichtete die Kongregation alle Äbte, die keine eigene Studienmöglichkeit in ihren Klöstern hatten, entweder ein Konventsmitglied ins Kölner Seminar zu senden oder dem Präsidenten 30 Reichstaler zu zahlen. 1700 mußte man an diese Bestimmung erneut erinnern. Im gleichen Jahr wurden die Statuten von 1616 überarbeitet, ebenso noch einmal im Jahre 1721.

Die Brauweiler Äbte dieser Zeit haben sich eifrig um das Seminar der Bursfelder Kongregation in Köln bemüht und Konventsmitglieder zum Studium entsandt. Besonders zu erwähnen sind die Äbte Matthias I. Franken und Matthias II. Grein. Beide hatten das Seminar besucht und dort auch als Lektoren gewirkt. Zur Amtszeit von Abt Matthias I. Franken wurde im Jahre 1714 der Brauweiler Hof in Köln umgebaut und gründlich renoviert. Es entstand zur Straße hin ein mehrstöckiges Gebäude mit neuen Räumen für Professoren, Alumnen und Gäste. Am 1. Juni 1717 wurde das Seminar in den neuen Räumen feierlich wieder eröffnet. 1732 bestellte man erneut ein Brauweiler Konventsmitglied zum Regens des Seminars. Es war P. Dr. theol. Thomas Schmitz. Er war gleichzeitig auch Professor an der Kölner Universität. Unter seiner Leitung scheint das Seminar noch einmal eine kurze Blütezeit erlebt zu haben, bevor das Generalkapitel im Jahre 1740 auf seiner Versammlung im Andernacher Hof der Abtei Laach, wo 1614 der erste Beschluß zur Gründung eines Seminars gefaßt worden war, die Auflösung beschloß. Dennoch scheint das Seminar noch rund dreißig Jahre lang, bis in die 1770er Jahre, bestanden zu haben. (Stiene 1997) Nachweislich war der letzte Brauweiler Abt Anselmus Aldenhoven, wie es in einem Bericht über seine Abtswahl vom Jahre 1778 heißt, Ökonom des Seminars gewesen. (Wisplinghoff 1992, Helmstaedter 1998)

Durch die langjährige Unterbringung des Seminars im Brauweiler Hof hatte die Abtei eine besondere Beziehung zu dieser Institution entwickelt. Man betrachtete das Seminar als eine Art Ableger des eigenen Klosters, und es wundert daher nicht, daß der Chronist Andreas Winckens fälschlicherweise den Brauweiler Abt Johannes III. Coblenz, während dessen Amtszeit die erste Gründung des Seminars erfolgt war, als Initiator dieser Einrichtung bezeichnet hat.

Gelehrte Brauweiler Äbte und Mönche

Die Forderung der Bursfelder Generalkapitel nach einer guten wissenschaftlichen Ausbildung der Mönche und die Einrichtung des Kölner Seminars der Kongregation haben in Brauweiler deutliche Erfolge bewirkt. Die Abtei hat das mit erheblichen finanziellen Schwierigkeiten kämpfende Seminar tatkräftig durch die Entsendung von Konventualen unterstützt, wohl nicht zuletzt darum, weil zu dieser Institution durch ihre Unterbringung in einem klostereigenen Gebäude in Köln ein besonders enges Verhältnis bestand. Ein Ergebnis war, daß die Abtei eine Reihe gelehrter Mönche hervorbrachte und das Kloster während des 17. und 18. Jahrhunderts im Sinne benediktinischer Tradition als eine Stätte der Bildung gelten konnte.

Bereits vor dieser Zeit waren zwei Äbte durch ihre besondere Bildung hervorgetreten. Abt Andreas Münster soll ein begabter Dichter gewesen sein und die sieben Bußpsalmen in Verse gebracht haben. Damit schloß er an die reiche Tradition der hoch- und spätmittelalterlichen Psalmen-Versifikation an. (Stiene 1997) Das Werk ist leider nicht erhalten gelieben. Er soll auch das Epitaph des Abtes Amilius verfaßt haben. Als einen besonders gelehrten Abt beschreibt der Chronist auch Heribert Artopäus, den Nachfolger von Andreas Münster. Die drei Heiligen Sprachen, in denen die Bibel geschrieben ist, Latein, Griechisch und Hebräisch, soll er beherrscht haben. Er hatte an der Kölner Universität studiert und als Lehrer am Kölner Tricoronatum, dem Jesuitengymnasium, unterrichtet.

Die Äbte des 17. und 18. Jahrhunderts - vor allem diejenigen, die dem Kloster seit dem Ende des Dreißigjährigen Krieges vorstanden - haben sich als Förderer von Wissenschaft und Bildung innerhalb ihres Konvents erwiesen. Sie schickten zahlreiche Konventualen zum Studium nach Köln. Allein zwischen den Jahren 1713 und 1788 sollen es fast fünfzig gewesen sein. (Helmstaedter 1998) Mehrfach haben die Äbte zur Unterweisung ihrer Mönche im Kloster Lektoren berufen. So war unter Abt Johannes V. Mertzenhausen, nachdem der bisherige Lektor und spätere Abt Philipp Brewer im Jahre 1652 Regens des Seminars wurde, der aus St. Pantaleon in Köln stammende Mönch Heinrich Cramer als Lektor tätig. Abt Philipp Brewer hat während seiner Amtszeit den Grafschafter Mönch Gottfried Richardi, der später Abt seines Heimatklosters wurde, mit dem Amt eines Lektors der Theologie betraut. Er selbst war von 1662 bis zu seinem Tod im Jahre 1672 als Professor der Theologie an der Kölner Universität tätig. Die begabteren seiner Mönche nahm er häufig zur Teilnahme an öffentlichen Disputationen mit nach Köln.

Auch die nachfolgenden Äbte Martin Klingen und Alexander von Richterich haben das Studium im Kloster bzw. im Kölner Seminar tatkräftig unterstützt. So schickte Martin Klingen drei seiner Mönche zum Studium nach Köln. Beide Äbte förderten das „Hausstudium" in Theologie und Philosophie durch die Berufung von Lektoren und Magistern sowohl aus dem eigenen Konvent als auch von auswärtigen Klöstern. Abt Matthias I. Franken, der vor seinem Amtsantritt bereits als Lektor im Kloster tätig gewesen war, unterrichtete auch während seiner Amtszeit seine Mönche in der Klosterschule. Er vertrat die Meinung, daß das Kloster statt neuer Stiftungen gebildete Mönche benötige.

Über ein Engagement für die Bildung der Mönche seines Nachfolgers Edmund Schmitz berichten die Quellen nichts. Dagegen wird Abt Matthias II. Grein wieder als ein Liebhaber des Studiums und der Bildung geschildert. So ließ er Bücher zur Vergrößerung der Klosterbibliothek anschaffen. Er hatte Theologie an der Kölner Universität studiert und in diesem Fach später am Kölner Seminar der Bursfelder Kongregation unterrichtet.

Auch sein Nachfolger, Abt Beda Groten, hat sich an der Kölner Universität dem Studium der Theologie gewidmet. 1723, ein Jahr nach seiner Immatrikulation, wurde er zum Lektor der Philosophie und Theologie ernannt. Er hat das Amt zwölf Jahre lang versehen, auch noch dann, als er bereits Prior war. Er ist der Verfasser eines „Speculum religiosorum", eines Handbuches für Klostergeistliche. In dem Buch findet der Mönch detaillierte, durch theologische Autoritäten gestützte Antworten auf alle Fragen, die seinen Stand und die Lebensführung betreffen. (Wisplinghoff 1992, Stiene 1997 b)

Auch die beiden letzten Brauweiler Äbte Amandus Herriger und Anselm Aldenhoven waren an der theologischen Fakultät der Universität Köln immatrikuliert gewesen. Gleich nach seiner Wahl zum Abt im Jahre 1756 berief Amandus Herriger das Konventsmitglied Lic. theol. Anton Achen zum Lektor der Theologie. Dieser lehrte am frühen Morgen vor dem Frühstück Theologie und nach dem Frühstück Kirchenrecht. Die Mönche mußten sich im Disputieren üben und Thesen verteidigen.

Mehrfach waren Brauweiler Mönche als Lektoren in anderen Klöstern tätig. Diese hatten in Köln studiert. Es galt offensichtlich als besonders rühmlich für ein Kloster, wenn eigene Konventsmitglieder ein solches Amt in anderen Gemeinschaften innehatten. Verschiedene der Brauweiler Äbte des 17. und 18. Jahrhunderts hatten vor ihrer Wahl das Amt eines auswärtigen Lektors bekleidet. So hatte Philipp Brewer zwei Jahre als Lektor im Kölner Kloster St. Pantaleon gewirkt, und Matthias Klingen war in Erfurt tätig gewesen. Matthias Franken unterrichtete zuerst in Groß St. Martin zu Köln und danach in St. Matthias zu Trier. Matthias Grein war in Saint-Trond tätig gewesen. Der vorletzte Abt Amandus Herriger übte eine Zeitlang das Amt eines Lektors in Corvey aus. Die spätere Wahl dieser Mönche zu Äbten belegt, daß der Konvent bei der Wahl eines neuen Abtes Wert auf eine gediegene Bildung des Oberen legte.

Zwei Brauweiler Profeßmönche gewannen wegen ihrer Gelehrsamkeit im Laufe des 18. Jahrhunderts ein größeres Ansehen weit über das Kloster hinaus: P. Thomas Schmitz und P. Franziskus Cramer.

Thomas Schmitz war am 23. Juni 1681 in Brauweiler geboren worden. Er besuchte in Köln das Gymnasium Laurentianum und trat 1710 in das Kloster Brauweiler ein. Abt Matthias I. Franken förderte den jungen Mönch, schickte ihn ein Jahr lang auf das Norbertinerseminar der Praemonstratenser in Köln und berief ihn 1712 zum Lektor der Philosophie. Thomas Schmitz studierte an der theologischen Fakultät der Kölner Universität und erwarb die Titel eines Doktors der Theologie sowie eines Doktors des kanonischen Rechts. Zwischen 1716 und 1723 leitete er mehrere theologische Disputationen im Benediktinerseminar. 1732 wurde er Regens des Seminars, und vom gleichen Jahr an lehrte er als Professor an der Kölner Universität Theologie und Kanonistik. Er verfaßte ein dreibändiges Handbuch der scholastischen Theologie, das auf der „Summa theologica" des Thomas von Aquin fußte und 1734 im Druck erschien. 1740 und 1755 erschienen von ihm zwei Handbücher über die Praxis des Kirchenrechts. Thomas Schmitz starb am 25. März 1758. (Stiene 1997c)

Franziskus Cramer wurde am 6. Juni 1740 im sauerländischen Balve geboren. Er wuchs nach dem frühen Tod seiner Mutter bei seinem Onkel in Köln auf, wo er zunächst das Montaner-Gymnasium besuchte und anschließend an der juristischen Fakultät der Kölner Universität studierte. 1761 trat er im Alter von 21 Jahren in das Kloster Brauweiler ein. Hier war er als

FLUVIUS PARADISI
IN
Quatuor Capita divisus
SIVE
THEOLOGIA
BENEDICTINO-THOMISTICA
Juxta mentem
DOCTORIS ANGELICI
IN
Quatuor Partes distributa
SUB PATROCINIO
REVERENDISSIMI ac AMPLISSIMI DOMINI
D. MATTHIÆ
FRANCKEN
MONASTERII S. NICOLAI in
Brauweiler Ord. S. P. BENEDICTI Cong. Bursfeldensis
ABBATIS ac PRÆLATI Dignissimi, adjacentis Territorii
uti & supra Mosellam in Clotten & Meßenich Domini Temporalis perquam Gratiosi, Patris Spiritualis Observandissimi
publicæ Doctiorum Crisi proposita
QUAM PRÆSIDE
A.R.P. THOMA SCHMITZ
Ordinis Sancti Benedicti professo Brauweilerensi
SS. Theologiæ Licentiato & Lectore
In Seminario Benedictino propugnabunt
P. MATTHIAS GREIN, ... Ordinis & Monasterii professi.
P. BENEDICTUS MERTENS
Die 25. Septembris ... post meridiem medio 2.

Titelseite einer als Druck erschienenen Disputation als Abschluß des Studiums der Brauweiler Konventualen Matthias Grein (später Abt in Brauweiler) und Benedictus Mertens (später Lektor in Kornelimünster) über den Paradiesfluß hinsichtlich seiner Bedeutung als Symbol benediktinisch-thomistischer Theologie. Die Disputation wurde von Professor Thomas Schmitz geleitet und fand unter der Schirmherrschaft von Abt Matthias I. Franken am 25. September (vermutl. 1720) statt. (UStBK)

Bibliothekar und Archivar des Klosters tätig. Zugleich wurde er zum Lektor für Theologie und Kirchenrecht berufen. Er erwarb den Grad eines Lizentiaten der Theologie und den Titel eines Doktors der Rechte.

Einen neuen Tätigkeitsbereich erhielt Franziskus Cramer, als der Kölner Kurfürst Maximilian Friedrich auf Drängen seines Ministers, des Freiherrn Kaspar Anton von Belderbusch, in Bonn eine Akademie gründete, die im Gegensatz zur konservativen Kölner Universität das Gedankengut der Aufklärung vertreten sollte. 1783 wurden die Klöster des Landes aufgerufen, Ordensgelehrte als Lehrer an diese Akademie abzuordnen oder Beiträge zu zahlen. Die Benediktiner entsandten vier Professoren, darunter auch Franziskus Cramer, der dem Minister Belderbusch wegen seiner Geschichtskenntnisse bekannt war. Cramer erhielt den Lehrstuhl für Geschichte und Diplomatik. Beim Festakt am 11. November 1783 zur feier-

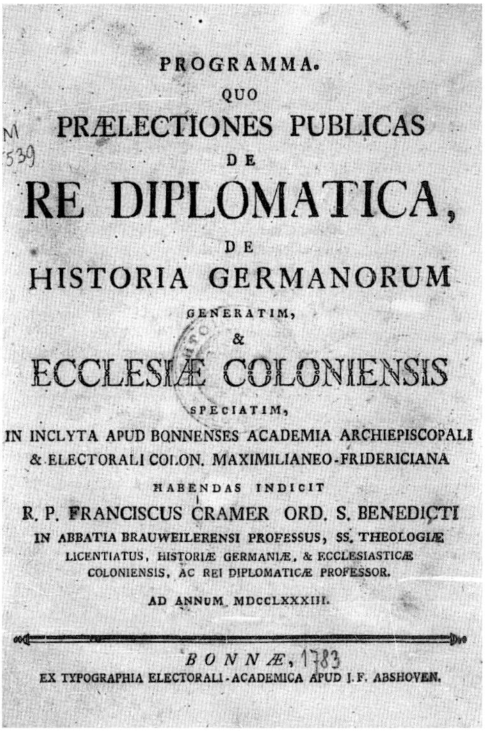
PROGRAMMA.
QUO
PRÆLECTIONES PUBLICAS
DE
RE DIPLOMATICA,
DE
HISTORIA GERMANORUM
GENERATIM,
&
ECCLESIÆ COLONIENSIS
SPECIATIM,
IN INCLYTA APUD BONNENSES ACADEMIA ARCHIEPISCOPALI
& ELECTORALI COLON. MAXIMILIANEO-FRIDERICIANA
HABENDAS INDICIT
R. P. FRANCISCUS CRAMER ORD. S. BENEDICTI
IN ABBATIA BRAUWEILERENSI PROFESSUS, SS. THEOLOGIÆ
LICENTIATUS, HISTORIÆ GERMANIÆ, & ECCLESIASTICÆ
COLONIENSIS, AC REI DIPLOMATICÆ PROFESSOR.
AD ANNUM MDCCLXXXIII.
BONNÆ, 1783
EX TYPOGRAPHIA ELECTORALI-ACADEMICA APUD J.F. ABSHOVEN.

Titelseite des Drucks der Antrittsrede, die Professor Franziskus Cramer am 11. November 1783 zur feierlichen Eröffnung der vom Kölner Kurfürsten Maximilian Friedrich gegründeten Akademie in Bonn gehalten hat (UStBK)

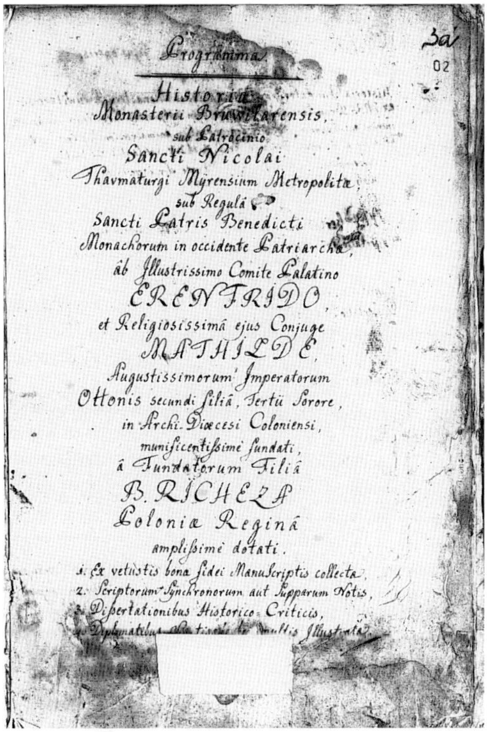
Programma
Historia
Monasterii Brunwilarensis,
sub Patrocinio
Sancti Nicolai
Thaumaturgi Myrensium Metropolitæ,
sub Regulâ
Sancti Patris Benedicti
Monachorum in occidente Patriarchæ,
ab Illustrissimo Comite Palatino
ERENFRIDO,
et Religiosissimâ ejus Conjuge
MATHILDE,
Augustissimorum Imperatorum
Ottonis secundi filiâ, Tertii Sorore,
in Archi-Diœcesi Coloniensi,
munificentissime fundati,
â Fundatorum Filiâ
B. RICHEZA
Poloniæ Reginâ
amplissime dotati.
1. Ex vetustis bonæ fidei Manuscriptis collecta,
2. Scriptorum Synchronorum aut Supparum Notis,
3. Dissertationibus Historico-Criticis,
4. Diplomatibus

Titelseite des Manuskripts der von Franziskus Cramer geplanten Darstellung der Geschichte der Abtei Brauweiler (NWHStAD, Hs.)

lichen Eröffnung der Akademie - dem Vorläufer der drei Jahre später gegründeten Universität - hielt Franziskus Cramer seine Antrittsrede. Darin behandelte er die Geschichte des Erzbistums Köln von den ersten Bischöfen bis hin zu Maximilian Friedrich, wobei er sein Fach, die Diplomatik und Geschichte, dadurch kennzeichnete, daß er zu allen Aussagen Quellen angab. (Helmstaedter 1998)

Cramer hatte an der Bonner Universität, die 1786 aus der Akademie hervorgegangen war und dem modernen Gedankengut der Aufklärung huldigte, keinen leichten Stand. Der spätere Kurator der Universität, Freiherr von Spiegel, wollte ihn nicht und bezeichnete ihn dem Kurfürsten gegenüber als einen, der *„den ultramontanischen Sätzen ewige unverbrüchliche Treue geschworen zu haben scheine"*. Doch der Kurfürst hielt zu Franziskus Cramer. (Helmstaedter 1998) Trotz seiner konservativen Haltung hatte Professor Franziskus Cramer zwei dem Gedankengut der Aufklärung eng verbundene Doktoranden, den Baron Karl D'Aix und Kaspar Anton Freiherr von Mastiaux. 1792, zwei Jahre vor dem Einmarsch der Franzosen ins Rheinland, wurde Franziskus Cramer Dekan der juristischen Fakultät der Bonner Universität.

Franziskus Cramer hat die Herausgabe einer großangelegten Darstellung der Geschichte der Abtei Brauweiler in fünf Teilen, von denen einer die Urkunden des Klosters behandeln sollte, geplant. Handschriftlich erhalten sind nur die beiden ersten Teile. 1774 hat sich Abt Amandus Herriger auf dem Bursfelder Generalkapitel in Gladbach um die Druckerlaubnis bemüht. Das Werk ist jedoch nie erschienen, vielleicht weil man von einer Veröffentlichung der Urkunden Nachteile für das Kloster befürchtete. (Wisplinghoff 1992)

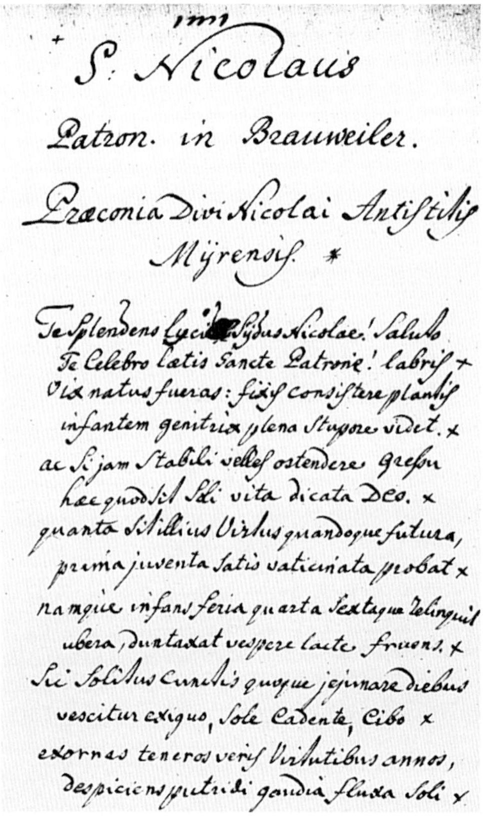
S: Nicolaus
Patron. in Brauweiler.
Praeconia Divi Nicolai Antistitis Myrensis
Te splendens Lyciae Sydus Nicolae! Saluto
Te Celebro laetis Sancte Patrone! labris
Vix natus fueras: fixis consistere plantis
infantem genitrix plena stupore videt.
ac si jam stabili vellet ostendere gressu
haec quod sit Soli vita dicata Deo.
quanta sit illius Virtus quandoque futura,
prima juventa satis vaticinata probat
namque infans feria quarta sextaque relinquit
ubera, duntaxat vespere lacte fruens.
Sic solitus cunctis quoque jejunare diebus
vescitur exiguo, sole cadente, cibo
exornas teneros veris Virtutibus annos,
despiciens putridi gaudia fluxa Soli

Anfang des von Franziskus Cramer im Jahre 1764 verfaßten Lobpreises auf den Klosterpatron, hl. Nikolaus (gedruckte Fassung s. Abbildung S. 213) (NWHStAD, Dep. Stadt Köln)

Franziskus Cramer ist auch als Dichter tätig gewesen. Er ist der Verfasser eines Lobpreises auf den hl. Nikolaus, den Klosterpatron. Das Gedicht entstand 1764, ein Jahr nachdem Abt Amandus Herriger die alte romanische Sitzfigur des Klosterpatrons aus der Krypta hatte holen und wieder in der Kirche aufstellen lassen. Im Jahre 1768 verfaßte Cramer einen Lobpreis an den neugewählten Trierer Erzbischof Clemens Wenzeslaus, den Abt Amandus Herriger durch den Mönch Anselm Aldenhoven nach Koblenz an den Hof des Kurfürsten überbringen ließ. Kurfürst Clemens Wenzeslaus bestätigte anschließend als Dank für die Grußadresse dem Kloster die Zollfreiheit auf Mosel und Rhein. Beide Gedichte sind in lateinischer Sprache abgefaßt. Dabei ist jedes einzelne Verspaar als Chronogramm gestaltet.

Ein weiteres Zeugnis der Dichtkunst von Franziskus Cramer ist eine kunstvolle chronographische Grabinschrift für Abt Amandus Herriger, die elfmal auf das Todesjahr 1778 des Abtes hinweist. (s. S. 228f.) Schließlich soll Cramer auch noch eine Lebensbeschreibung der hl. Walburga verfaßt haben. (Stiene 1997 b)

Franziskus Cramer starb am 6. Februar 1796 im Brauweiler Hof zu Köln, wo er die letzte Zeit seines Lebens zurückgezogen verbracht hatte. (s. S. 314f.)

Barock, Zeit katholischer Erneuerung

Kultur, Kunst und Lebensstil des Barock gewannen, von Italien kommend, erst nach dem Ende des Dreißigjährigen Krieges auch in Deutschland ihre volle Entfaltung. Gefördert wurden sie durch das wiedergewonnene Selbstbewußtsein der katholischen Kirche nach dem Konzil von Trient. Es stand ganz im Sinne der katholischen Erneuerung und gab dem religiösen Leben nach den Wirren von Reformation und Gegenreformation neue Impulse und das Bewußtsein einer gefestigten kirchlichen Autorität. Es wundert daher nicht, daß der Barock seine größte Entfaltung in den katholischen Ländern erfuhr. Hier wurde er zu einem Instrument des Katholizismus, um die Gläubigen mit neuer Kraft für sich zu gewinnen, und tatsächlich erfaßte die religiöse Begeisterung breiteste Volksmassen. Zugleich vollzog sich in der Zeit des Barock infolge der innerkirchlichen Erneuerung ein grundlegender Sinneswandel gegenüber dem „finsteren" Mittelalter, der schließlich zu einer endgültigen Abkehr von dieser Epoche führte. Andererseits jedoch griff der Barock zurück auf mittelalterliche Geisteskräfte, indem er das Transzendentale erneut in das Denken und Fühlen der Menschen hineinstellte. Von der Bipolarität Diesseits-Jenseits, Endlichkeit-Unendlichkeit erhielt das Weltbild des Barock seine ungeheure Spannung. (Hegel 1979)

Einführung des Missale Romanum

Erstes Zeichen des neuen Zeitgeistes in Brauweiler war eine Änderung, die Abt Johannes IV. Münch in seinem Kloster veranlaßte. Er ließ entsprechend dem Beschluß des Trienter Konzils und der Weisung Papst Pauls V. die kostbaren Pergamenthandschriften der Antiphonalien und Gradualien, die das Kloster besaß, abschaffen. An ihrer Stelle wurden nun für die Feier der Liturgie das „Missale Romanum“ und das „Breviarum Romanum“ eingeführt. Mit dieser Entscheidung des Abtes erwies sich das Kloster Brauweiler wesentlich fortschrittlicher als andere Bendiktinerklöster, wie das ständig wiederholte jahrzehntelange Drängen der Bursfelder Generalkapitel auf die Einführung des neuen Breviers belegt. Mehrmals wurden darum in der Folge Brauweiler Äbte und Mönche mit Aufgaben betraut, die der Übernahme des neuen Breviers dienten. (Wisplinghoff 1992)

Erste Veränderungen im Innern der Abteikirche

Abt Johannes IV. Münch ließ auch in der Kirche erste Änderungen vornehmen. Zunächst wurde die Kirche gereinigt, die Wände wurden von Spinnweben befreit und geweißt, um dem Innenraum mehr Helligkeit zu verleihen. Dabei wurden Wandmalereien einfach übertüncht. Der Fußboden der Kirche erhielt einen neuen Belag mit Steinen vom Drachenfels. 1627 ließ der Abt neue Chorschrankengitter zur östlichen Begrenzung der beiden Seitenschiffe in Höhe der Vierung an den Zugängen zum nördlichen und südlichen Querhaus anbringen. Gleichzeitig jedoch ließ er die Gitter, die bis dahin den Mönchschor vom Langhaus der Kirche trennten, entfernen. So sollte der Blick auf den Hauptaltar im Chor der Kirche auch vom Langhaus aus freier werden. Die neue Wertschätzung der Eucharistie gab der Meßfeier und der Verehrung der Eucharistie einen bedeutenden Platz in der gottesdienstlichen Praxis und im Frömmigkeitsleben der Gläubigen. Diese Entwicklung verlangte eine engere Verbindung zwischen dem Hochaltar und dem Kirchenraum. Trennende Elemente wie Gitter oder gar Lettner wurden nun als störend empfunden. (Hegel 1979) Mit erzbischöflicher Genehmigung wurden außerdem vier nicht näher bezeichnete Altäre aus der Kirche entfernt.

1629 wurden umfangreiche Reparaturen an der Kirche durchgeführt. Damals erhielt der große Turm den heute noch weithin sichtbaren spitzen Helm.

Im südlichen Teil der Krypta ließ der Abt einen Totenkeller einrichten. Bisher hatte man die toten Mönche auf dem Kirchhof und schließlich unter dem Boden des Kreuzganges beigesetzt. Durch die Einrichtung des Totenkellers sollte vermieden werden, daß bei Begräbnissen der Plattenboden des Kreuzganges immer wieder aufgerissen wurde.

Verleihung der Mitra an den Abt von Brauweiler

Einen Hinweis auf den Grund für den auffallenden Eifer des Abtes Johannes IV. Münch um

Die Halbfigur (aus vergoldetem Blech mit rotbraunen Konturen) eines Abtes mit Stab und Mitra am südlichen Chorschrankengitter der Abteikirche weist auf die Verleihung der Mitra an Abt Johannes IV. Münch hin, der die Chorschrankengitter 1627 anschaffen ließ.

die Verschönerung und Restaurierung der Kirche deutet der Chronist an. Er berichtet, daß die Äbte der Diözese Köln damals vom Papst das Recht zugestanden bekamen, eine Mitra zu tragen. Wie der Chronist berichtet, strengte sich der Abt für die Erlangung dieses Würdezeichens (Insigne) besonders an *(ejusdem pius pater maxime insudavit)*. Die Mitra galt als Symbol der Jurisdiktion und war insofern wichtig in der Auseinandersetzung mit anderen kirchlichen Autoritäten. Sie wurde nicht nur ihm persönlich, sondern zugleich auch allen seinen Nachfolgern verliehen. Abt Johannes IV. Münch jedenfalls war der erste der Brauweiler Äbte, der dieses Insigne verliehen bekam. Die Bedeutung dieser Verleihung dokumentiert auch seine Grabplatte, die ein

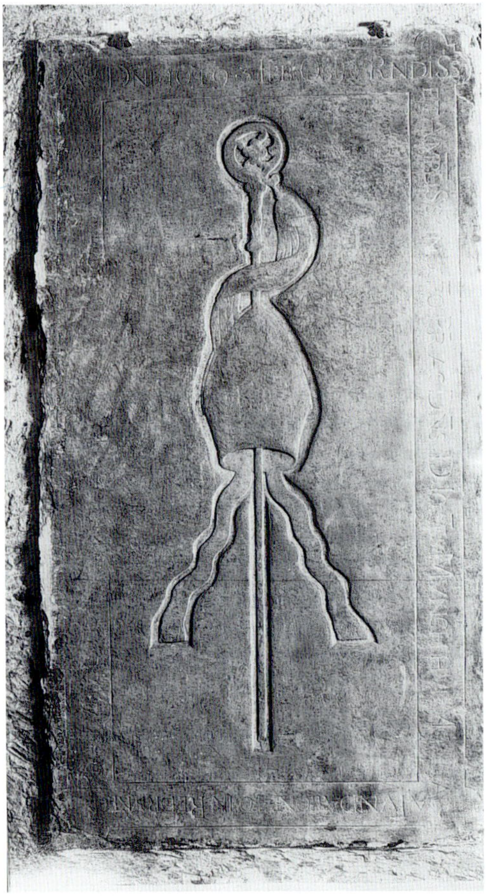

Grabplatte des Abtes Johannes IV. Münch (1617-1649). Krypta der Abteikirche

Überlebensgroße Bischofsfigur vom ehemaligen barocken Hochaltar der Abteikirche. Heute im Südseitenschiff der Abteikirche

Abtsstab mit einer übergroßen Mitra ziert. Auch auf Grabplatten und Gemälden späterer Brauweiler Äbte ist immer wieder eine Mitra als Zeichen der Abtswürde und der damit verbundenen Rechtsansprüche abgebildet.

Barocke Umgestaltung des Chorraumes und Versetzung des Stiftergrabes

Die eigentliche Barockisierung der Abteikirche begann jedoch erst einige Jahre nach dem Ende des Dreißigjährigen Krieges. Unter Abt Nikolaus Schögen wurde 1664 der erste Barockaltar im Südquerhaus der Kirche aufgestellt. Er war eine Arbeit des Laienbruders Paul Sieben aus Dülken, der unter Abt Johannes V. Mertzenhausen im Kloster aufgenommen worden war. Er schuf einen weiteren Nebenaltar sowie den neuen Hochaltar, der unter Abt Philipp Brewer 1668 in der Chorapsis aufgestellt wurde. Die noch erhaltenen vier überlebensgroßen weiß-gold gefaßten Bischofsfiguren, die heute im Südseitenschiff der Kirche stehen, stammen von diesem barocken Hochaltar.

Im weiteren Verlauf der Barockisierung der Abteikirche ließ Abt Philipp Brewer nachhaltige Eingriffe in die mittelalterliche Ausstattung und in die Bausubstanz der Kirche vornehmen. Darüber berichtet die wichtigste Quelle dieser Zeit, die *Acta Abbatum Brauweilerensium.* (s. Anhang S. 395) Darin heißt es über die Umgestaltung des Chorraumes während der Amtszeit des Abtes Philipp Brewer:

„Unterdessen fuhr dieser sehr eifrige Abt fort, in seinem Inneren Gedanken zu hegen und zu entwickeln, wie die Zierde des Hauses Gottes zu vermehren und zu vergrößern sei. Er gab und verlieh der Kirche gewissermaßen ein neues Aussehen, und eben dies durchaus glänzend und strahlend, dabei nicht ohne großen Ansporn der Gläubigen zur Frömmigkeit: Vor allem ließ er den in der Mitte der Kirche stehenden Kreuzaltar wegnehmen, weil er die Aussicht auf den Hochaltar behinderte. Darauf ließ er aus der Mitte des Chores das Grab der Gründer, weil es den Durchgang durch den Chor behinderte, mit höchster Verehrung unter vollzähliger Beteiligung sowohl der geleitenden Patres wie auch der Fratres an die Epistelseite neben den Eingang translozieren, durch den man zum Dormitorium geht; ebenso ließ er auch [...] *zwei Seitenaltäre der Märtyrerheiligen Dionysius und Georgius entfernen."* (Übersetzung nach Knopp 1993)

Als erste Maßnahme des Abtes wird die Entfernung des Kreuzaltares, der unter dem Triumphbogen auf der Grenze zwischen Mönchschor und Langhaus der Kirche stand, erwähnt. Begründet wird dies damit, daß der Kreuzaltar den Blick auf den neuen Hochaltar versperrt habe. Einen wesentlich tieferen Eingriff in die mittelalterliche Ausstattung der Kirche bedeutete die zweite Maßnahme, die Versetzung des Stiftergrabes aus der Mitte des Chores.

Das Grab hatte seinen Ehrenplatz zwischen den im Chorgestühl sich versammelnden Mönchen, die für das Seelenheil ihrer Stifter beteten. Nun wurde das steinerne Doppelhochgrab abgebaut und die Gebeine der Stifter in eine Nische in der Südwand des südlichen Nebenchores überführt. Diese Wandnische wurde anschließend mit einer Langseite des Hochgrabes verschlossen, wobei offenbar nicht alle Architekturteile wiederverwendet wurden. So fehlen die Kämpferplatten zwischen den Kapitellen und der Arkadenreihe. Das Ganze erscheint heute nur mehr als Rudiment. (Knopp 1993) (s. Abb. S. 76)

Das Grabinnere ist in zwei Kammern geteilt, in denen die Gebeine stark verworfen ruhen. Beim Öffnen einer der beiden Kammern im Jahre 1990 - in dieser lagen, wie sich herausstellte, die sterblichen Überreste der Pfalzgräfin Mathilde - kam ein Pergament zutage, das als Tag der Überführung ihrer Gebeine den 20. Oktober 1667 nennt. Eine andere Quelle, für deren Richtigkeit der zeitgenössische Autor, P. Andreas Schnorrenberg (1641-1686) bürgt, nennt als Datum der Translozierung der Gebeine des Pfalzgrafen den 16. August 1667. Auch dieser Chronist gibt als Grund für die Maßnahme die *„Neuordnung des Chores"* an, und weist darauf hin, daß bei der *„sehr ehrenvollen"* Überführung der gesamte Konvent anwesend gewesen sei. Es heißt dann noch,

Das im Stiftergrab aufgefundene Pergament von 1667 nach der Sicherung und Restaurierung im April 1990. Der lateinische Text lautet in deutscher Übersetzung: „Im Jahre des Herrn 1667 am 20. Oktober nach der ersten Vesper des Festes der heiligen Ursula und ihrer Gefährtinnen sind die Gebeine der Herrin (?) Mathilde, der Gründerin, von der Mitte des Chores hierher feierlich übertragen worden durch den sehr ehrwürdigen Abt Philippus in Anwesenheit der Konventsbrüder. Sie mögen ruhen in Frieden." (Übersetzung nach Knopp 1993)

Blick in die barocke Sakristei, rechts das Retabel an der Nordwand des Ankleidetisches und im Hintergrund ein Teil des Gemäldezyklus mit den Portraits der Äbte.

daß die neue Grabstätte *„ein ebensolches Hochgrab"* sei, das *„auf der Ebene des Hochaltares"* stehe. Damit sollte deutlich gemacht werden, daß die neue Stelle auch ein Ehrenplatz sei wie die bisherige.

Eingriffe in die Bausubstanz der Klosterkirche, Versetzung von Altären und Grabmälern

Die Barockisierung unter Abt Philipp Brewer hatte zusätzlich Eingriffe in die Bausubstanz der Kirche zur Folge. Der Wunsch nach vermehrter Lichtzuführung - ein wichtiges Bestreben im Barock - hatte zur Folge, daß man die seitlichen Apsisfenster ohne Rücksicht auf die Architektur vergrößerte und zwei neue große Rundbogenfenster in die nördliche Hochwand des Chorquadrates brach. Hierdurch wurde die innere spätromanische Blendarkatur zerstört und außen der teilweise Abbruch des nördlichen Chorturmes und des Obergeschosses über dem Nebenchor verursacht. (Bader 1937) Außerdem wurde die spätromanische Sakristei abgebrochen und durch den barocken Neubau von 1669 ersetzt. Das spätromanische Portal der abgebrochenen Sakristei mit dem Kleeblattbogen und der Sitzfigur des Pfalzgrafen wurde weiter nach Osten versetzt. Die Inneneinrichtung der neuen Sakristei schuf der Laienbruder Paul Sieben unter Abt Martin Klingen, dem Nachfolger von Abt Philipp Brewer.

Am 17. Januar 1669 fand die Weihe des barocken Hochaltares zu Ehren des hl. Kreuzes sowie des Klosterpatrons, des hl. Nikolaus, und des Ordensgründers, des hl. Benedikt, im neu gestalteten Chorraum statt. Zugleich wurden auch die beiden Seitenaltäre konsekriert, auf der Evangelienseite zu Ehren des Erlösers und der hll. Petrus und Paulus sowie auf der Epistelseite zu Ehren Mariens und der hll. Josef und Johannes.

Die Umgestaltung und Freiräumung des Chorraumes mit dem Abbruch von Kreuzaltar und Versetzen des Stiftergrabes durch Abt Philipp Brewer geschah in der Fortsetzung der

Blick in das am 31. Juli 1990 aufgedeckte Abtsgrab

Grabmal des Abtes Matthias I. Franken (1709-1722) an der Außenwand des südlichen Querhauses der Abteikirche

Maßnahmen, mit denen Abt Johannes IV. Münch begonnen hatte, einen freien Blick auf den Hauptaltar zu ermöglichen und hatte den gleichen Grund: Die Verehrung der Eucharistie in der Meßfeier sollte durch keine optischen Hindernisse eingeschränkt werden. Ein neues Raumempfinden war entstanden, dem nun Rechnung getragen werden sollte.

Daher wurden auch die im Laufe der Zeit immer zahlreicher gewordenen Grabmäler und Altäre in der Kirche als störend empfunden. Die sich daraus ergebende Konsequenz war, daß im gesamten Kirchenraum Leichname umgebettet, die Grabmäler entfernt und an weniger störenden Stellen neu plaziert wurden. So ließ Abt Philipp Brewer die Altäre des hl. Georg und des hl. Dionysius abbauen. In die Nischen der weggeräumten Altäre in den Außenwänden des Nord- bzw. des Südseitenschiffes wurden anschließend die Hochgräber der Äbte Arnold III. Quad und Heinrich II. Vriedach eingepaßt. (Knopp 1995)

Im Zusammenhang mit der Umgestaltung der Kirche im Zuge der Barockisierung könnte auch das 1990 im südlichen Seitenschiff der Kirche aufgedeckte Abtsgrab - möglicherweise das des Abtes Hermann II. Zobbe (gest. 1400) - von seiner ursprünglichen Stelle nach dorthin verbracht worden sein. (Knopp 1991)

Anschaffung kostbarer Ausstattungsstücke für die Kirche

Die Nachfolger von Abt Philipp Brewer haben die Klosterkirche mit kostbaren Kunstwerken geschmückt und ausgestattet. Die noch heute erhaltenen Inventarstücke aus dieser Zeit legen ein beredtes Zeugnis ab von der Blütezeit des Klosters im Zeitalter des Barock sowie von dem Selbstbewußtsein und der Religiosität seiner Äbte.

Chorgestühl mit Köpfen von Tieren und Fabelwesen

Das prachtvolle Chorgestühl ließ Abt Alexander von Richterich um 1700 anschaffen. Es wird dem Laienbruder Leonard Meurers zugeschrieben. (Schreiner/Tontsch 1999) Die im 19. Jahrhundert noch vorhandenen Sitze für Abt und Prior sind verlorengegangen. Die reiche Schnitzarbeit zeigt an den trennenden Armlehnen Tierköpfe sowie Köpfe von Misch- und Fabelwesen und einen Menschenkopf. Die Darstellungen zeigen eine Anspielung auf den Psalm 14, Vers 7 und 14: *„Lobet den Herrn, ihr Seeungeheuer und ihr Tiefen all* [...] *lobet ihn ihr wilden Tiere und alles zahme Vieh, ihr Gewürm und Flügelvieh."*

Um 1715 wurde unter Abt Matthias I. Franken ein großer Orgelprospekt an der Westwand des Hauptschiffes angeschafft. An der Balustrade stehen die Figuren der Apostel, in ihrer Mitte Christus. Das Chronogramm unterhalb der Empore enthält die Jahreszahl 1769, die sich auf eine erste Restaurierung bezieht.

Das Wandgrab des Abtes befindet sich an der Außenwand des südlichen Querhauses. Die große Figur soll nicht den verstorbenen Abt, sondern den hl. Martin darstellen, wie die darunter angebrachte Inschrift mitteilt.

Mitte: Balustrade des barocken Orgelprospekts

Bekrönung des mittleren Beichtstuhls mit der Figur des Gottvaters und dem Wappen des Abtes Edmund Schmitz

Kruzifix des Gabriel de Grupello

Grabmal des Abtes Edmund Schmitz (1722-1731) an der Außenwand des südlichen Querhauses der Abteikirche

Unter Abt Edmund Schmitz entstand um 1725 die zusammenhängende Gruppe von drei Beichtstühlen. Der mittlere zeigt unter der Figur Gottvaters das Wappen des Abtes. Das Ensemble stellt wegen der Seltenheit historischer Beichtstühle des 17. und 18. Jahrhunderts heute ein Kunstwerk von besonderem Rang dar. (Schreiner/Tontsch 1999) Die auf hohen Sockeln stehenden Engel mit Attributen der Buße sind Teil eines Bildprogramms, das Abkehr von Sünde und Hinwendung zu Buße und Reue zum Inhalt hat.

Ein besonderes Meisterwerk barocker Bildhauerkunst, das Abt Edmund Schmitz anschaffen ließ, ist ein lebensgroßer Kruzifixus, eine Darstellung des gekreuzigten Christus. Das Werk kam, wie die schriftliche Quelle, die *Acta Abbatum,* berichtet, zu dem Zeitpunkt in die Kirche, als die vom Abt veranlaßte Renovierung der Kirche und die Umgestaltung des Hochaltares 1724 vollendet war. Obwohl der ursprüngliche Aufstellungsort des Kruzifixus nicht überliefert ist, muß man erwägen, ob dieses Werk nicht identisch ist mit dem „Kruzifixus im Strahlenkranz", von dem der Chronist an fast gleicher Stelle der Quelle berichtet, er befinde sich 1768 auf der höchsten Spitze des Hochaltares an der Stelle des romanischen Nikolausbildes, das der Abt bei den genannten Arbeiten mit anderen Statuen und Ornamenten entfernt habe. (Hansmann 1983) Obwohl die Quelle nur von einem *„berühmten Bildhauer aus Neuss"* spricht und keinen Namen nennt, konnte der Kruzifixus als ein bedeutendes Werk des Gabriel de Grupello, des ehemaligen Hofbildhauers des Kurfürsten Johann Wilhelm von der Pfalz, der bis zu seinem Tod im Jahre 1716 in Düsseldorf residierte, identifiziert werden. (Hansmann 1978)

Barocke Kommunionbank. Abendmahlszene

Ein weiteres bemerkenswertes barockes Ausstattungsstück der Kirche ist das Grabmal des Abtes Edmund Schmitz. Es befindet sich an der Außenwand des nördlichen Querhauses. Die kniende Figur soll nicht den verstorbenen Abt, dessen Gesichtszüge sie trägt, darstellen, sondern den dritten Brauweiler Abt Wolfhelm, wie eine Inschrift im Sockel besagt.

Aus der Zeit von Abt Matthias II. Grein stammen zwei Kommunionbänke, die mit einem Bildprogramm, das sich auf die Eucharistie bezieht, geschmückt ist. Sie standen ursprünglich vor dem Petrus- und vor dem Marienaltar an den Ostwänden des nördlichen bzw. des südlichen Querhauses. Unter Abt Matthias II. Grein wurde auch das Innere der Sakristei vollendet.

Eine denkwürdige Begegnung in Brauweiler: Erzbischof und Kurfürst Joseph Clemens von Köln und das Portrait seines mittelalterlichen Vorgängers Hermann II.

Abt Matthias I. Franken, der die große Barockorgel an der Westwand der Kirche errichten ließ, gab auch den Auftrag für bauliche Maßnahmen innerhalb des Klosters. Diese bezogen sich auf das Klostergebäude, das zum Dorf hin lag. Hierbei handelte es sich um den Bau, der heute zwischen Kreuzganghof und barockem Innenhof steht und als „Mittelbau" bezeichnet wird. In diesem Gebäude wurden ein neues Winterrefektorium *(novum refectorium hyemale)* und über dem Eingang zur Wohnung des Abtes *(abbatia)* neue Zimmer für Gäste in Auftrag gegeben. Ferner ließ der Abt die zum Dorf hin gelegenen Gasträume erneuern. Einen festlichen Raum auf der ersten Etage dieses Klostergebäudes ließ Abt Matthias I. Franken durch eine Galerie von Portraits der Stifterfamilie und seiner Amtsvorgänger schmücken (s. Anhang S. 402f.). Dieser Saal diente dem Abt zur Bewirtung bestimmter Gäste. Er lag, wie die *Acta Abbatum* berichten, über der *spinda* - das ist eine dem Kloster angeschlossene Versorgungsstelle Bedürftiger. Der Gemäldezyklus wurde bis zur Aufhebung des Klosters durch die Portraits der auf Abt Matthias I. Franken folgenden Äbte ergänzt. Heute befinden sich die Gemälde in der Sakristei sowie im Chorbereich der Kirche.

Wie der Chronist berichtet, war der Abt bemüht, möglichst lebensechte Bildnisse von dem ungenannten Maler schaffen zu lassen. Die Mitglieder der pfalzgräflichen Gründerfamilie sind darum in barocker Kleidung der Entstehungszeit der Gemälde dargestellt. Für das Bild des Kölner Erzbischofs Hermann II. nahm der Maler als Vorbild ein Portrait des damals regierenden Kölner Erzbischofs und Kurfürsten Joseph Clemens.

Als dieser im Jahre 1716 auf einer Reise von Lüttich nach Köln die Abtei Brauweiler besuchte, zeigte man ihm voller Stolz das Gemälde. Als er jedoch die unter dem Portrait stehende Inschrift HERMANNUS. PIUS. ARCHIEP[ISCO]PUS. ET. ELECTOR. COLONIENS[IS]. CONFIRMATOR (Her-

Erzbischof und Kurfürst Joseph Clemens als Erzbischof Hermann II. Gemälde aus dem 1.Viertel des 18. Jhs., heute in der Sakristei der Abteikirche

Erzbischof und Kurfürst Josef Clemens. Gemälde im Kölnischen Stadtmuseum

mann der Fromme, Erzbischof und Kurfürst von Köln, Bestätiger) las, soll er, wie der Chronist mitteilt, ausgerufen haben: „Ich bin nicht Hermann der Fromme!" Damit hatte Joseph Clemens tatsächlich die Wahrheit ausgesprochen. Der im Jahre 1671 geborene Sohn des Kurfürsten Ferdinand Maria von Bayern hatte als Kind beide Eltern verloren und war von seinem älteren Bruder, dem Kurfürsten Max Emanuel von Bayern, erzogen worden. Kaum 17 Jahre alt wurde er 1688 zum Nachfolger des verstorbenen Kurfürsten und Erzbischofs Max Heinrich von Köln bestimmt. Obwohl er keine Neigung zum geistlichen Leben zeigte, mußte er zur Sicherung der Macht des Hauses Wittelsbach am Rhein, sich dem Diktat seines Bruders beugen und das ungeliebte Amt annehmen. Wegen seines jugendlichen Alters konnte er zunächst nur die niederen Weihen empfangen. Erst 1706 wurde er zum Priester und ein Jahr später zum Bischof geweiht. Als „galanter Kavalier" nach französischer Art galt er als Idol der Gesellschaft. (Hegel 1979) Der lebenslustige Wittelsbacher liebte Kunst, Musik und große Feste, die er mit Feuerwerken krönte. Er war also in der Tat anders als der Mann, für dessen Portrait der Maler in Brauweiler ihn als Vorlage verwendet hatte, und das gab Joseph Clemens bei seinem Besuch auch offen zu. Dem Chronisten, dem der Lebenswandel des Wittelsbachers gewiß bekannt war, erschien das Eingeständnis des lebenslustigen Kirchenfürsten bedeutend genug, um es in der Klosterchronik festzuhalten.

Die Inschrift unter dem Portrait Hermanns II. beinhaltet übrigens einen weiteren Anachronismus. Dort wird Hermann als *elector*, d.h. als Kurfürst bezeichnet, ein Titel, der jedoch erst rund 200 Jahre nach Hermanns Tod aufkam. Die unpassende Verwendung in der Bildinschrift beruht auf einer Darstellung in den nach 1525 begonnenen *Acta Abbatum,* in deren erstem Teil die frühe Geschichte des Klosters nach der Gründungsgeschichte, einer anderen Quelle zur Geschichte des Klosters, nacherzählt wird. (Stiene 1994)

Die Abtei und ihr Territorium: Die Herrlichkeit Brauweiler

Die Größe der Herrlichkeit Brauweiler

Zwischen Brauweiler und den in seiner näheren Umgebung liegenden Orten Dansweiler, Freimersdorf, Kleinkönigsdorf, Manstedten, Sinthern und Widdersdorf bestand seit der Mitte des 11. Jahrhunderts eine enge grundherrschaftliche Beziehung. Diese ging zurück auf die Übertragung von Grundbesitz, mit dem die lothringische Pfalzgrafenfamilie ihre Stiftung zur wirtschaftlichen Sicherung ausgestattet hatte. Die zum Schutz der Grundherrschaft eingerichtete Vogtei war zunächst der Gründerfamilie vorbehalten gewesen und ging 1051 auf die Kölner Erzbischöfe über. Diese vergaben die Vogtei als Lehen an Kölner Ministeriale. Den Vögten oblag die Rechtsprechung in der von ihnen zu schützenden Grundherrschaft. Für ihre geleisteten Dienste erhielten die Vögte Geld und andere Abgaben. Da diese schließlich überhöhte Forderungen an das Kloster stellten, kam es, wie bereits ausführlich dargestellt, im 13. und 14. Jahrhundert zu heftigen Auseinandersetzungen zwischen der Abtei und ihren Vögten, die dazu führten, daß das Kloster die Vogtei den Vögten abkaufte und anschließend immer nur mit Zweijahresverträgen vergab. Probleme mit den Vögten hat es danach nicht mehr gegeben.

Der Abtei gelang es nicht, ein eigenes Territorium zu bilden. Landesherr blieb der Kölner Erzbischof. Das Gebiet der Brauweiler Grundherrschaft in unmittelbarer Umgebung des Klosters erhielt jedoch den Status einer eigenen Unterherrschaft im kurkölnischen Territorium, einer sog. „Herrlichkeit". Diese umfaßte auf einer Fläche von rund 29 Quadratkilometern die eingangs genannten Orte. Die endgültige Abgrenzung dieser Unterherrschaft, die

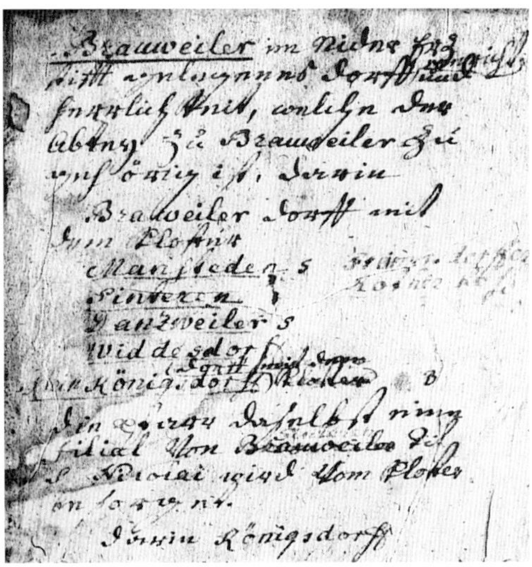
Brauweiler im Nider Erz-
stifft gelegenes Dorff und
herrlichkeit, welche der
Abtey zu Brauweiler zu
gehörig ist, Darin
Brauweiler Dorff mit
dem Kloster
Mansteden
Sinteren
Danzweiler
Widdesdorf
Königsdorf

Kurze Beschreibung der Herrlichkeit Brauweiler mit den zugehörenden Orten: „Brauweiler im Nider Erzstifft gelegenes Dorff und Herrlichkeit, welche der Abtey zu Brauweiler zu gehörig ist,..." Altes Repertorium von 1806, Bl. 1a (NWHStAD, Brauweiler Akten) (s. Anhang S. 397)

Grenzstein der Abtei Brauweiler mit der Jahreszahl 1733, früher im Lapidarium der Abteikirche

Die Herrlichkeit Brauweiler. Ausschnitt aus einer Karte der Wasserläufe und Straßen bei Brauweiler..., um 1720. Zwischen Freimersdorf und dem mit C gekennzeichneten Bachlauf ist die Richtstätte mit Galgen („Brauw. Justicia") eingetragen. (NWHStAD, Karten)

zugleich gerichtlicher Bannbezirk war, ging zurück in die Amtszeit des Abtes Hermann II. Zobbe auf das Jahr 1383. (Welters 1954)

Aus der Landesdeskription von 1670 (s. Anhang S. 417ff.), einer für steuerliche Zwecke angefertigten Beschreibung des damaligen Erzstiftes, geht hervor, daß die Dörfer in der „Herrlichkeit Brauweiler" damals 139 Häuser hatten, zu denen schätzungsweise rund 1.000 Bewohner gehörten. (Wisplinghoff 1992) Hinzu kamen acht Höfe des Klosters sowie weitere landwirtschaftliche Betriebe anderer geistlicher Grundherren und in Widdersdorf auch ein Hof in adligem Besitz.

Die Brauweiler Äbte, weltliche Herren der Herrlichkeit Brauweiler

Für die Verwaltung war der Abt zuständig. Er war auch Gerichtsherr innerhalb des Territoriums der Abtei, und ihm oblag zunächst nur die niedere Gerichtsbarkeit (Angelegenheiten des Zivilrechts). Die Angelegenheiten der

Hoch- oder Blutgerichtsbarkeit (Angelegenheiten des Strafrechts sowie der Kriminalgerichtsbarkeit mit dem Verhängen der Todesstrafe), die ursprünglich der Gründerfamilie unterstanden hatten, waren 1051 mit dem Recht der Vergabe der Vogtei durch die Kölner Erzbischöfe auf diese übergegangen. Stellvertretend für die Erzbischöfe haben die Vögte sie dann ausgeübt.

Nach den Auseinandersetzungen mit den Vögten und dem Erwerb der Vogtei durch die Abtei scheinen die Verhältnisse sich geändert zu haben. Von einem Vogt ist seitdem in den Quellen nicht mehr die Rede. Sein Amt wurde nun von einem Schultheißen *(scultetus, schultetus* oder *minister abbatis* und später auch *prefectus)* wahrgenommen. Dieser wurde vom Abt eingesetzt bzw. in seinem Amt bestätigt.

So wurde Abt Beda Groten, als er am 6. November 1753 von Köln, wo er die Abtsweihe erhalten hatte, nach Brauweiler zurückkehrte, bei Freimersdorf vom Schultheißen, den Schöffen und der Bevölkerung der Herrlichkeit Brauweiler mit Beifall empfangen. Der Schultheiß hielt dabei ein Schwert, das der Abt von ihm entgegennahm. Dieses Schwert reichte der Abt anschließend dem Schultheißen wieder zurück. Auf diese Weise bestätigte der neugewählte Abt den bisherigen Schultheißen in seinem Amt und übertrug ihm erneut die Verwaltung der Gerichtsbarkeit im Bereich der Herrlichkeit Brauweiler. (Mouchard 1981)

Der Schultheiß übte spätestens seit dem Zeitpunkt, da er vom Abt ernannt wurde, in dessen Namen auch die Hoch- oder Blutgerichtsbarkeit aus. Die kurfürstlichen Behörden haben die Gerichtsbarkeit in der Herrlichkeit Brauweiler seitdem nur noch in der Theorie überwacht. (Wisplinghoff 1992) Der Übergang der Hoch- bzw. Blutgerichtsbarkeit auf den Abt dürfte sich zwischen dem Ende des 14. Jahrhunderts und dem Beginn des 16. Jahrhunderts vollzogen haben. Im Zusammenhang mit dieser Entwicklung steht die Nachricht vom Guß der Nikolaus- und Medardusglocke unter Abt Hermann II. Zobbe im Jahre 1394. Diese Glocke hatte die Aufgabe, den Beginn des Gerichts zu verkünden wie ihre Inschrift mitteilte (s. S. 104f. und Anhang S. 411ff.).

Hatte vor der Einführung der Bursfelder Reform Abt Hermann II. Zobbe um 1380 noch die Genehmigung zum Bau eines Kerkers beim Landesherrn, dem Kölner Erzbischof, eingeholt, so war das nach der Bursfelder Reform des Klosters offensichtlich anders. Für den Bau des Kerkers vor der Klosterpforte unter Abt Johannes II. von Lünen (1515 - 1532) scheint man sich um eine Erlaubnis des Landesherrn nicht mehr bemüht zu haben; die Quellen berichten jedenfalls nichts darüber.

Die Äbte haben in ihrem Territorium, der Herrlichkeit Brauweiler, die gesamte Rechtsprechung schließlich in eigener Machtvollkommenheit selbst in die Hand genommen. So haben sie die Hexenprozesse im 16. und 17. Jahrhundert in eigenem Ermessen durchgeführt, ohne die kurfürstlichen Behörden zu konsultieren. Erst das scharfe Vorgehen von Abt Matthias II. Grein gegen eine Anzahl von Gesetzesbrechern veranlaßte die kurfürstliche Regierung, eine Überprüfung der Urteile zu verlangen. Dagegen hat der Abt sich dann allerdings unter Berufung auf Privilegien der Klostergründer mit Erfolg gewehrt.

Erstaunlich hart waren die Strafen, die verhängt wurden. Unter Abt Adam II. von Münchrath wurde der aus Brauweiler stammende Theodor Woyst, der einen Mord begangen und sich auf den Friedhof im Klosterbereich geflüchtet hatte, unter Verletzung der Immunität des Klosters durch den Schultheißen verhaftet. Gemäß dem Urteil der Schöffen *(per*

Siegel des Brauweiler Schöffengerichts mit einem Brustbild des hl. Nikolaus, des Klosterpatrons. Das Siegel ist erhalten an einer Urkunde von 1580 Januar 1 des Klosters St. Reinold in Köln. (HAStK)

iudicium scabinorum) wurde er gehängt und der Leichnam aufs Rad geflochten.

Als ein besonderer Verfechter der Gerechtigkeit lobt der Chronist den Abt Philipp Brewer, der sehr darauf geachtet haben soll, daß die Schöffen ihr Richteramt ordentlich ausübten. Damals faßte man in Widdersdorf einen Mann namens Peter Schertzgens, der mit seiner eigenen Tochter Engelberta „Umgang" *(commercium)* gehabt hatte. Er wurde gefangen nach Brauweiler gebracht, wo Vater und Tochter zum Tode verurteilt und am 7. September 1665 öffentlich enthauptet wurden. Die Strafe sollte als Warnung dienen, wie der Chronist anmerkt.

Während der Amtszeit des Abtes Alexander von Richterich im Jahre 1700 hatte ein Schmied aus Geyen, der für das Kloster arbeitete, sich in der Nacht nach dem Dreikönigsfest in der Kirche einschließen lassen. Er stahl die silberne Monstranz mit der Hostie. Man ergriff ihn und verurteilte ihn zum Feuertod, der auf dem Richtplatz hinter Freimersdorf vollstreckt wurde.

Mit besonderer Härte ist Abt Matthias II. Grein zwischen 1732 und 1745 gegen Gesetzesbrecher vorgegangen. Wie der Chronist erklärend mitteilt, seien von zahlreichen Bewohnern des Territoriums - gemeint ist die Herrlichkeit Brauweiler - Beschwerden gekommen, sie würden besonders schlimm von Dieben und Landstreichern geplagt. Das Territorium sei zu einem Sammelbecken für Diebe und Landstreicher, ja zu einer *„Räuberhöhle"*, geworden, beklagt der Chronist. Damit dem Übelstand abgeholfen werde, habe der Abt die geeigneten Mittel ergriffen, um den Einwohnern wieder das Gefühl der Sicherheit zurückzugeben. Er wies den Schultheißen Schiller *(dominus praetor Schiller)* an, alle Anstrengungen zu unternehmen, um die Herrlichkeit Brauweiler von dem Gesindel gründlich zu säubern. Am 9. Juli 1732 faßte man einen gewissen Johannes Adenau. Er wurde auf dem *„Hexenplätzgen"* hinter Widdersdorf am Galgen hingerichtet. Im August desselben Jahres wurde in Freimersdorf der Landstreicher Tillmann Müller gefaßt und wegen vielfacher Ehebrüche ausgepeitscht, gebrandmarkt und anschließend aus dem Territorium gewiesen. Kurz vor Weihnachten 1732 wurde in Brauweiler der langjährige Dieb Arnold Fuchs,

Abt Matthias II. Grein (1731-1753). Gemälde in der Sakristei der Abteikirche

genannt *„Ohnsorg"*, gefaßt und anschließend bei Manstedten am Galgen gehängt. Zwei Jahre später faßte man nach dem Weihnachtsfest in Freimersdorf einen gewissen Jakob Roth aus Köln mit den beiden Konkubinen Maria Storck und Christina Schonenberg. Ihnen wurden außer liederlichem Lebenswandel Mordtaten vorgeworfen. Roth wurde im März des darauffolgenden Jahres bei Manstedten aufs Rad geflochten, Maria enthauptet und Christina nach dem Auspeitschen aus dem Territorium gewiesen. Im April 1737 wurde Lorenz Gärtner hinter Widdersdorf am Galgen hingerichtet und im März 1743 Elisabeth Kremers auf dem gleichen Richtplatz enthauptet. In beiden Fällen gibt der Chronist keine Begründung an.

Die Serie der Hinrichtungen wurde am 9. Februar 1745 mit der Hinrichtung des buckeligen Peter Josef Limburg aus Köln beendet. Er war seit vier Jahren Organist in der Abtei und hatte bei seiner Aufnahme ins Kloster *(in sua assumptione)*, wie der Chronist vermerkt, hin-

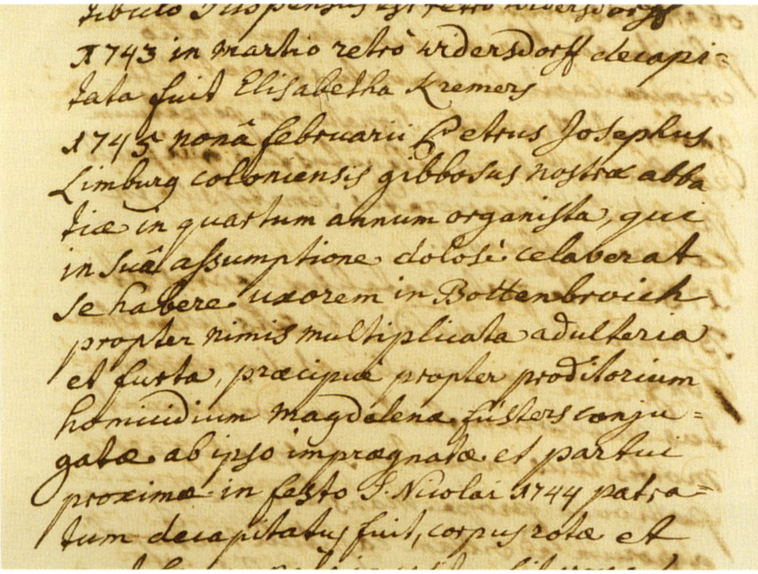
1743 in martio retro widersdorff decapi-
tata fuit Elisabetha Kremers
1745 nona februarii Petrus Josephus
Limburg coloniensis gibbosus nostrae abba
tiae in quartum annum organista, qui
in sua assumptione dolose celaverat
se habere uxorem in Bottenbroich
propter nimis multiplicata adulteria
et furta, praecipue propter proditorium
homicidium Magdalena fusters conju=
gatae ab ipso impraegnatae et partui
proximae in festo S. Nicolai 1744 patra=
tum decapitatus fuit, corpus rotae et

Bericht über die Hinrichtung der Elisabeth Kremers im Jahre 1743 sowie des Peter Josef Limburg im Jahre 1745. Acta Abbatum Brauweilerensium, Bl. 497r (PfAB)

terlistig verschwiegen, daß er eine Ehefrau in Bottenbroich hatte. Zahlreiche Ehebrüche und Diebstähle wurden ihm ebenso zur Last gelegt wie der heimtückische Mord, den er im Jahre 1744 am Fest des hl. Nikolaus an der verheirateten Magdalene Fusters begangen hatte. Sie war von ihm geschwängert worden *(ab ipso impraegnata)* und hatte kurz vor der Entbindung gestanden. Peter Josef Limburg wurde auf die Richtstätte bei Widdersdorf gebracht und dort enthauptet. Sein Körper wurde aufs Rad geflochten und der Kopf auf einen Pfahl gesetzt. Diese Todesurteile waren dann der Grund für die bereits erwähnte vergebliche Forderung der kurfürstlichen Beamten in Bonn, die Verfahren zu überprüfen.

Weitere gefangene Übeltäter wurden damals, da man ihnen keine Schuld, die ein Todesurteil begründet hätte, nachweisen konnte, ins Gefängnis nach Kaiserswerth gebracht.

Nach den zahlreichen Hinrichtungen, so berichtet der Chronist, sei wieder Ruhe ins Territorium eingekehrt.

Die Äbte als geistliche Herren

Innerhalb der Herrlichkeit Brauweiler hatten die Äbte auch Aufgaben hinsichtlich der Seelsorge für die Bewohner des ihnen unterstehenden Territoriums. Bereits Wolfhelm, der dritte Abt des Klosters, war sehr um das Seelenheil der Hintersassen des Klosters bemüht. Die Kirche im benachbarten Kirdorf ließ er zwischen 1065 und 1076 weihen, nachdem er festgestellt hatte, daß der Altar keine Reliquien besaß. In dem offenbar kleinen Gotteshaus - in der Quelle wird es als *oratorium* (Kapelle, Betraum) bezeichnet - wurden damals zwei Altäre errichtet, die dem hl. Erzengel Michael und dem hl. Martinus geweiht wurden (s. S. 52). In Brauweiler ließ Wolfhelm, wie bereits geschildert, nördlich der Abteikirche die Laurentiuskapelle als Gotteshaus für die Laien der Klostersiedlung erbauen (s. S. 52).

Die Laurentiuskapelle und die Seelsorge in Brauweiler

Die Laurentiuskapelle in Brauweiler hat jedoch nie den Status einer Pfarrkirche besessen. Sie unterstand vielmehr der Sintherner Pfarre, zu der die Orte Brauweiler, Dansweiler, Freimersdorf, Manstedten, Sinthern (einschließlich Kirdorf) und Kleinkönigsdorf gehörten und die somit den größten Teil der Herrlichkeit Brauweiler umfaßte. Während Taufen und Trauungen in Sinthern vorgenommen wurden, fanden auf dem Friedhof neben der Laurentiuskapelle Beerdigungen statt. Zum Seelsorger an der Laurentiuskapelle ernannten die Äbte einen Mönch, der den Titel *Rector Sacelli Sancti Laurentii* (Rektor der Laurentiuskapelle) führte. Im Laufe des 18. Jahrhunderts wurden

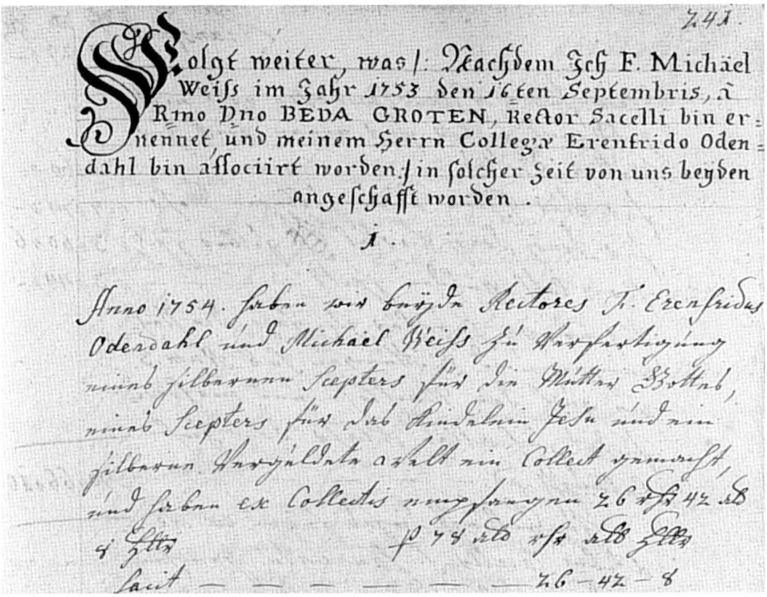
241.

Volgt weiter, was /: Nachdem Ich F. Michäel Weiss im Jahr 1753 den 16ten Septembris, à Rmo Dno BEDA GROTEN, Rector Sacelli bin ernennet und meinem Herrn Collegæ Erenfrido Odendahl bin associirt worden :/ in solcher Zeit von uns beyden angeschafft worden.

1.

Anno 1754. haben wir beyde Rectores F. Erenfridus Oderdahl und Michäel Weiss zu Verfertigung eines silbernen Scepters für die Mutter Gottes, eines Scepters für das Kindlein Jesu und ein silbernen vergüldeten [illegible] Collect gemacht, und haben ex Collectis empfangen 26 rthlr 42 alb 8 hllr [illegible]
facit — — — — — 26—42—8

Verzeichnis der Anschaffungen für die Laurentiuskapelle durch die beiden Rektoren der Kapelle, P. Michael Weiß und P. Erenfried Odenthal, im Jahre 1754. Laurentius-Kapellenbuch (Einkünfte der Laurentiuskapelle 1717-1755) (PfAB)

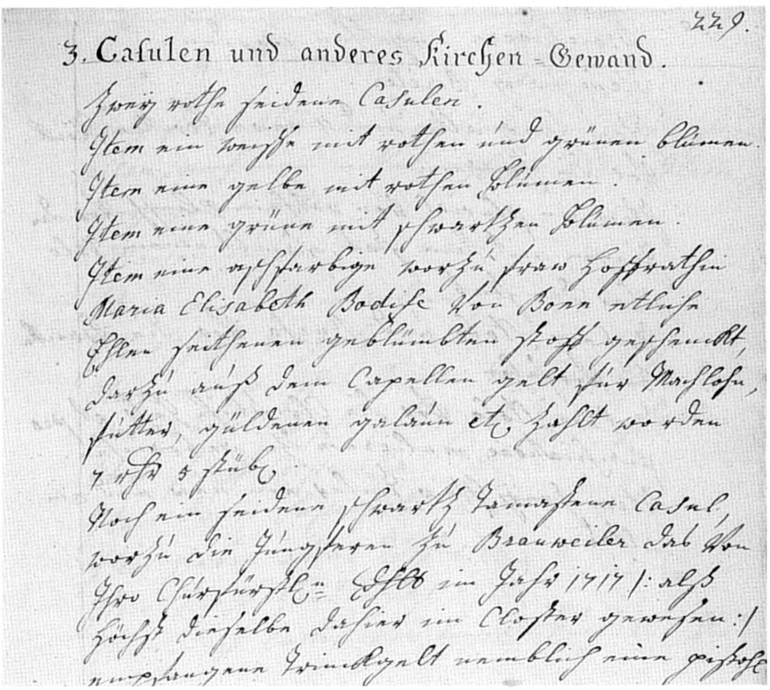
229.

3. Casulen und anderes Kirchen-Gewand.

Zwey rothe seidene Casulen.
Item eine weiße mit rothen und grünen blumen.
Item eine gelbe mit rothen blumen.
Item eine grüne mit schwartzen blumen.
Item eine aschfarbige welche frau Hoffräthin Maria Elisabeth Bodise von Bonn etliche Ellen seidenen geblümbten stoff geschenckt, dazu auß dem Capellen gelt für Macherlohn, futter, güldenen galonen etc. bezahlt worden 7 rthlr 5 stüb.
Noch ein seidene schwartz damastene Casul, welche die Jungfern zu Brauweiler das von Ihro Churfürstl. Dchlt im Jahr 1717 /: als höchst dieselbe daselbst im Closter gewesen :/ empfangenen Trinckgelt nemblich eine pistole

Auszug aus dem Inventar der Laurentiuskapelle „Casulen und anderes Kirchengewand". Laurentius-Kapellenbuch (PfAB)

jedoch zwei Mönche berufen, vielleicht weil die seelsorglichen Bedürfnisse der zahlenmäßig angewachsenen Gemeinde dies erforderlich machten. Die Namen der Rektoren sind seit der Mitte des 18. Jahrhunderts im Laurentius-Kapellenbuch (heute im Pfarrarchiv Brauweiler) überliefert. Zu diesen gehörte auch Pater Benedikt Laurenz, der nach der Aufhebung des Klosters Seelsorger für die Bewohner des Ortes Brauweiler wurde.

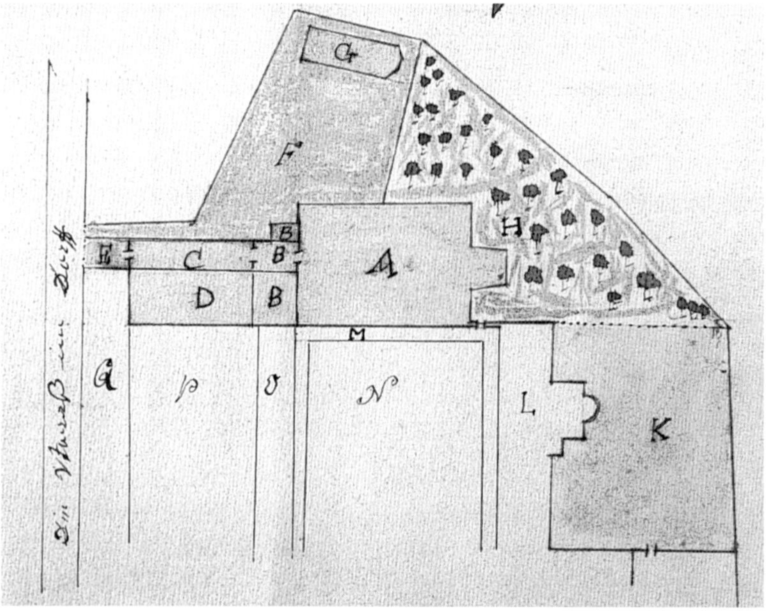

Lageplan des nördlichen Teils des ehemaligen inneren Klosterbezirks mit der Laurentiuskapelle (G) und dem Friedhof der Laien (F). Von den weiteren Buchstaben kennzeichnet A die Kirche, B die Westturmanlage, C die Vorhalle der Kirche und E den Eingang zur Kirche. Ausschnitt aus der „Charta von der Grundlage der Pfarrkirchen zu Brauweiler..., 1808". Zeichnung des Geometers Johann Peter Melder (NWHStAD)

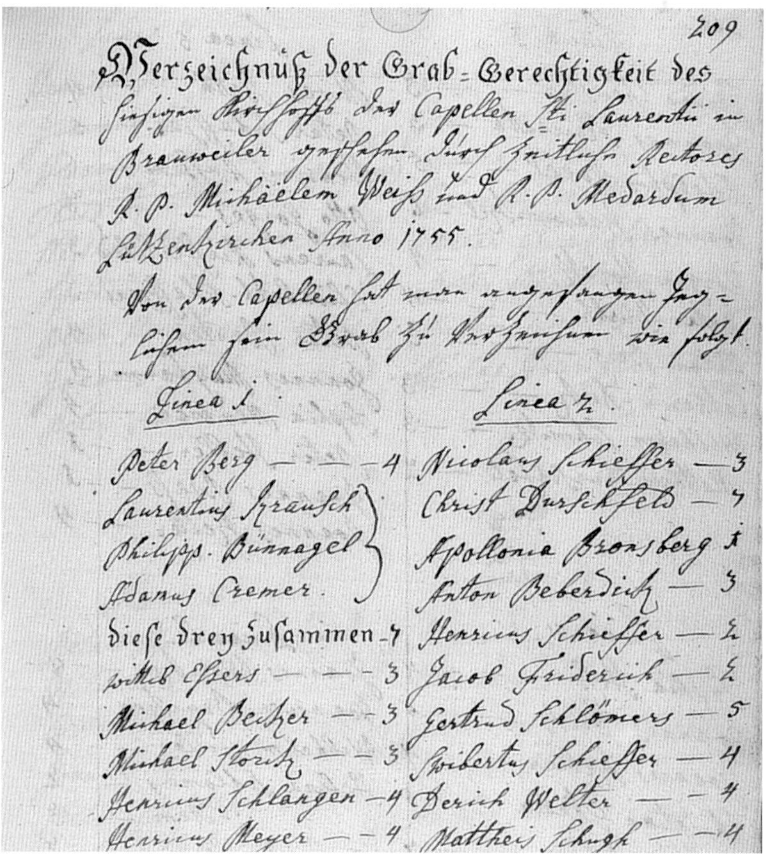

209

Verzeichnüß der Grab-Gerechtigkeit des hiesigen Kirchhoffs der Capellen Sti. Laurentii in Brauweiler geschehen durch zeitliche Rectores R. P. Michaëlem Weiß und R. P. Medardum Lützenkirchen Anno 1755.

Von der Capellen hat man angefangen jeglichem sein Grab zu verschreiben wie folgt.

Linea 1		Linea 2	
Peter Berg	4	Nicolaus Schieffer	3
Laurentius Krausch		Christ Durschfeld	7
Philipps Bünnagel		Apollonia Bronsberg	1
Adamus Cremer		Anton Beberdich	3
diese drey zusammen	7	Henricus Schieffer	2
wittib Essers	3	Jacob Friderich	2
Michael Becker	3	Gertrud Schlömers	5
Michael Storch	3	Swibertus Schieffer	4
Henricus Schlangen	4	Derich Welter	4
Henricus Meyer	4	Mattheis Schugh	4

Auszug aus dem Verzeichnis der Grabstellen auf dem Laienfriedhof an der Laurentiuskapelle, angefertigt durch die beiden Rektoren der Kapelle, P. Michael Weiß und P. Medardus Lützenkirchen, im Jahre 1755. Laurentius-Kapellenbuch (PfAB)

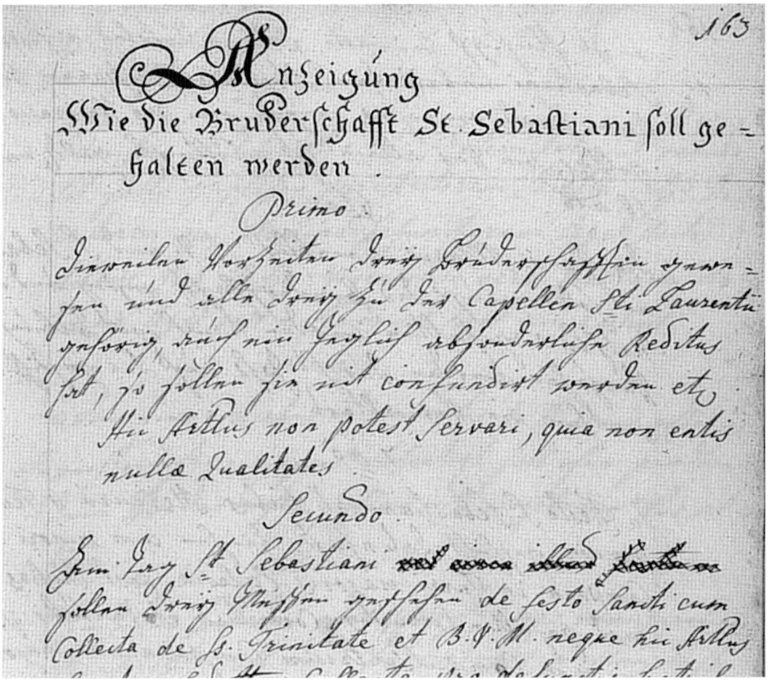
163

Anzeigung
Wie die Bruderschafft St. Sebastiani soll ge-
halten werden.
Primo

Secundo

Auszug aus den Statuten der Sebastianusbruderschaft. Laurentius-Kapellenbuch (PfAB)

Die Äbte des 18. Jahrhunderts haben die Laurentiuskapelle restaurieren lassen müssen und mit neuen Kunstwerken ausgeschmückt. Für die Seelsorger wurden neue liturgische Gewänder angeschafft. Wegen großer Feuchtigkeit waren 1717 fast alle Bänke, Fenster und Paramente von Fäulnis befallen. Die Mitglieder der Kirchengemeinde stifteten neue Kirchenbänke. 1719 ließ Abt Matthias I. Franken einen neuen Hochaltar errichten. Ein Jahr später folgten zwei Seitenaltäre, die der hl. Maria und dem hl. Sebastian geweiht waren. Mit der Kapelle waren ursprünglich drei Bruderschaften verbunden: eine Bruderschaft der Heiligsten Dreifaltigkeit, eine Marienbruderschaft und eine Sebastianusbruderschaft. Doch nur die letztere lebte nach Zerstörungen im Kölnischen Krieg und der Wiedererrichtung der Kapelle im Jahre 1602 wieder auf. Nach der Aufhebung des Klosters im Jahre 1802 diente die Laurentiuskapelle noch kurze Zeit als Gotteshaus. 1810 wurde sie abgebrochen, nachdem die Abteikirche der neu gegründeten Pfarre Brauweiler als Gotteshaus übergeben worden war. Mit den Steinen der abgebrochenen Laurentiuskapelle erbaute man ein Pfarrhaus und die Windmühle in Brauweiler.

Die Sintherner Pfarrkirche und ihre Pfarrer

Über die Sintherner Pfarrkirche besaß die Abtei Brauweiler das Patronatsrecht. Das bedeutete, daß das Kloster als Besitzer der Kirche außer den Pflichten der Unterhaltung des Gebäudes und der Besoldung des Pfarrers auch das Recht der Stellenbesetzung hatte. Bis zum Jahre 1431 wurden Weltgeistliche mit diesem Amt betraut. Da es jedoch nach der Inkorporation der Pfarrkirche durch die Abtei - und der damit verbundenen Einverleibung der großen und kleinen Zehnteinkünfte - im Jahre 1211 mehrfach zu Differenzen zwischen dem Kloster und den an der Kirche tätigen Pfarrern gekommen war, ließen sich Abt und Konvent 1430 vom Kölner Erzbischof die Schenkung der Zehntabgaben erneut bestätigen und auch die Pfarrkirche selber dem Konventsgut mit der Maßgabe einverleiben, daß Abt und Konvent nach Rücktritt oder Tod des Pfarrers von der Kirche mit allen Rechten und allem Zubehör Besitz ergreifen und die Einkünfte für das Kloster verwenden könnten. Die Leitung und Versorgung der Kirche sollten sie einem Mönch aus dem Kloster oder einem jederzeit absetzbaren Weltgeistlichen anvertrauen. Diese Regelung ist 1431 auch seitens des Papstes bestätigt worden. Als der damalige Pfarrer Hermann Peratoris resignierte, ergriffen Abt und Konvent Besitz von der Sintherner Kirche. (Brandts 1975) Vom Datum dieser zweiten Inkorporation an haben Mönche der Abtei den Dienst als Pastöre von Sinthern versehen.

Die Kapelle in Glessen, eine Filialkirche von Sinthern

Als Abt Eberhard I. im Jahre 1120 eine Kapelle im westlich von Sinthern gelegenen Glessen, einem Ort, der außerhalb der Herrlichkeit Brauweiler in der Grafschaft bzw. dem späteren Herzogtum Jülich lag, erbauen ließ, unterstellte er dieses Gotteshaus als Filialkirche der Mutterkirche in Sinthern. Die so entstandene Bindung Glessens an die Abtei Brauweiler blieb im Laufe der Zeit nicht ohne Differenzen zwischen den Äbten des Klosters und den Glessenern. Hinzu kam, daß der Abt in Glessen auch die Funktion eines Grundherrn besaß und ihm ein Zehntrecht zustand. 1550 beschwerten sich die Glessener, daß Abt Hermann III. Laer seinen Verpflichtungen nicht nachkomme. Er müsse an drei Wochentagen in der Glessener Kapelle die hl. Messe lesen, samstags das Weihwasser segnen und das Evangelium predigen lassen wegen der alten Leute, die nicht den weiten Weg nach Sinthern in die Mutterkirche gehen könnten. Schon wenige Jahre später beklagte der Abt die wachsende Entfremdung der Glessener von ihrer Mutterkirche in Kirdorf-Sinthern, die durch den Herrn von Glessen, den Ritter von Stommel auf dem Adelssitz Neuenhof bei Glessen, genährt werde. (Braschoß 1990) Spätere Streitigkeiten zwischen den Glessenern und den Äbten von Brauweiler hatten mehrfach noch die Zehntabgaben zum Gegenstand, ferner das Recht, Holz zu fällen und die Bezahlung des Rektors der Glessener Kapelle.

Die Widdersdorfer Pfarrkirche und der Bau einer Schule

Eine weitere Pfarrkirche in der Herrlichkeit Brauweiler, deren Patronatsrecht die Abtei Brauweiler besaß, gab es im Ort Widdersdorf. Erstmals ist sie für das Jahr 1106 bezeugt. (van Elten 1995) Im Jahre 1211 wurde die Widdersdorfer Kirche zum ersten Male und 1494 erneut dem Kloster inkorporiert. Der Grund dieser zweiten Inkorporation, mit der das Patronatsrecht endgültig an die Abtei Brauweiler überging, waren vorangegangene Streitigkeiten um die Vergabe der Pfarrerstelle zwischen Pastören, welche der Abt von Brauweiler ernannt hatte und solchen, die sich auf die päpstliche Kurie beriefen. Von nun an waren die Benediktiner von Brauweiler die Pfarrherren von Widdersdorf und übten die Seelsorge durch eines ihrer Konventsmitglieder oder einen beauftragten Weltpriester aus. (van Elten 1995)

1745 ließ Abt Matthias II. Grein eine neue Kirche in Widdersdorf erbauen. Um den Bau

Alte Schule und Küsterwohnung in Widdersdorf

während der unruhigen Zeiten zügig errichten zu können, wurde zwischen dem Abt und der Widdersdorfer Pfarrgemeinde in einem Vertrag festgelegt, daß die Gemeinde von der Verpflichtung entbunden sein solle, den Turm und die Sakristei zu erbauen, und lediglich 100 Reichstaler an die Abtei zu zahlen habe sowie die Hand- und Spanndienste zu leisten. Zusätzlich zu der Kirche ließ Abt Matthias II. Grein ein Haus für den Küster und Schulmeister errichten. Damit bewies der Abt einerseits seine Verantwortlichkeit für Bildung und Erziehung der Jugend in seinem Verwaltungsbereich, andererseits zeigte er damit auch die Absicht, die Jugendlichen entsprechend den Vorstellungen zeitgenössischer Pädagogik in religiös-sittlichem Sinne sowohl der Kirche als auch des Landesherrn zu beeinflussen. Die Sorge des Abtes für Erziehung und Bildung seiner Untertanen im ländlichen Raum mag aber auch als ein Mittel zur Förderung der öffentlichen Wohlfahrt gewertet werden, etwa nach dem Grundsatz, der dem Preußenkönig Friedrich II. zugeschrieben wird: „Keine Sorge ist des Gesetzgebers würdiger als die um die Erziehung der Jugend." Dieser Satz soll die Grundlage zum 1763 angeordneten Generallandschulreglement gewesen sein. Jedenfalls kam damals im kurkölnischen Territorium, angeregt durch den großen geistigen Umbruch, dem man die Bezeichnung Aufklärung gegeben hat, die Forderung nach Sorge um die bestmögliche Erziehung und Bildung der Untertanen auf. (Braubach 1976)

Die Kapelle in Kleinkönigsdorf

Nur wenige Jahre nach dem Neubau der Widdersdorfer Kirche ließ Abt Matthias II. Grein eine Kapelle in Kleinkönigsdorf erbauen. Der Abt verordnete, daß an jedem Sonn- und Feiertag in der neuen Kapelle ein Mönch des Klosters einen Gottesdienst mit Predigt halten sollte. Außerdem sollte hier, ähnlich wie in Widdersdorf, auch Elementarunterricht für die Kinder des Dorfes erteilt werden. Die Kapelle wurde am 2. April 1751 durch den Brauweiler Benediktiner Medardus Lützenkirchen zu Ehren des gekreuzigten Heilandes, der schmerzhaften Mutter Maria und der hl. Maria Magdalena geweiht. Der Abt schaffte für die Kapelle kostbare Paramente sowie die notwendigen liturgischen Geräte an.

Die auswärtigen Kirchen
im Bereich des Moselbesitzes der Abtei

Außerhalb der Herrlichkeit Brauweiler gab es auch Kirchen auf den zur Grundherrschaft des Klosters gehörenden Gütern an der Mosel. So hatte bereits Abt Wolfhelm eine Kirche in Mesenich an der Mosel errichten lassen, die 1088 vom Trierer Erzbischof Egilbert konsekriert wurde. Die Mesenicher Kirche, die bei dieser Gelegenheit Tauf- und Begräbnisrecht erhielt, blieb bis ins 19. Jahrhundert der Mutterkirche im benachbarten Senheim unterstellt. Priester dieser Kirche kamen an drei Tagen in der Woche nach Mesenich und hielten den Gottesdienst. Die Brauweiler Mönche haben hier ebensowenig eine seelsorgliche Tätigkeit ausgeübt wie in Klotten, dem Hauptort der klösterlichen Moselbesitzungen. Den Brauweiler Mönchen, die dort ihren ständigen Aufenthaltsort hatten, oblag die Verwaltung des Moselbesitzes. Ihnen unterstand eine kleine, dem hl.

Der Nikolausaltar von 1625 aus der ehemaligen Nikolauskapelle in Klotten, heute an der Nordwand des alten Schiffs der Klottener Pfarrkirche

Nikolaus geweihte Kapelle, die entsprechend einer Inschrift auf dem noch erhaltenen Portalsturz von einem gewissen Huso (Huzo) - einer nicht näher faßbaren Überlieferung nach jedoch von der Königin Richeza - errichtet worden sein soll. Diese Kapelle diente den Brauweiler Mönchen für ihre Gottesdienste. Seit Beginn des 16. Jahrhunderts hielten sie auf Wunsch der Bewohner Klottens und mit Genehmigung des Brauweiler Abtes hier dreimal in der Woche eine Frühmesse ab. Unter Abt Johannes II. von Lünen wurde die Nikolauskapelle gründlich renoviert. Abt Johannes IV. Münch hat sie 1625 mit einem dem hl. Nikolaus geweihten, steinernen Altar ausgestattet. Dieser befindet sich heute in der Klottener Pfarrkirche. Die letzten Reste der ehemaligen Nikolauskapelle wurden bei einem Fliegerangriff 1944 zerstört. An ihrer Stelle entstand anschließend ein neues Gebäude.

Eine weitere auswärtige Kirche:
St. Martinus in Zons

Anders als bei den bisher angeführten Pfarrkirchen scheint die Regelung des Amtes der Pfarrer in Zons gewesen zu sein. Die Kirche zu Zons war 1368 durch einen Gütertausch mit der Abtei Deutz an Brauweiler gekommen. Die Einsetzung des Pfarrers geschah durch den Abt und die Inhaber bestimmter höherer Klosterämter. Eine genaue Regelung über Einsetzung und Amtsaufgabe des Pfarrers von Zons wurde durch Papst Leo X. im Jahre 1517 auf Bitten von Abt Johannes II. von Lünen festgelegt. In der betreffenden Bulle heißt es u.a., daß der Pfarrer von Zons bei seinem Amtsantritt dem Abt und den Offizialen (Inhaber besonderer Klosterämter) des Klosters einen Eid zu leisten habe, in dem er gelobe, sich in Aussehen und Sitten an die mönchischen Gewohnheiten zu halten. Ferner mußte er sich verpflichten, weiterhin seinen Gehorsamspflichten dem Abt gegenüber nachzukommen, die kirchlichen Verhältnisse in Zons nicht ändern zu wollen, jährlich eine Abrechnung vorzulegen und das Amt nur in die Hände des Abtes und der Offizialen zurückgeben zu wollen. Es ist hierbei zu bedenken, daß die Pfarrgemeinde in Zons für das Kloster von besonderem wirtschaftlichem Interesse war. Außerdem war die Übernahme des Amtes eines Pfarrers in Zons offenbar an eine bestimmte Stellung im Kloster gebunden. So waren mehrere Pfarrer Prioren oder Kellner des Klosters gewesen. Andererseits wurden fünf Pfarrer später Äbte in Brauweiler: Hermann II. Zobbe, Johannes I. von Wied, Johannes II. von Lünen, Edmund Schmitz und Beda Groten. Bei allen fällt auf, daß sich die Wahl zum Abt unmittelbar an ihre Tätigkeit als Pfarrer anschließt. Es liegt also nahe, zu vermuten, daß es für diese „Karriere" durchaus förderlich war, Pfarrer zu werden und Seelsorger als Vorbereitung auf eine verantwortliche Tätigkeit im Kloster. (Heidkamp 1995) Auch bei anderen Brauweiler Mönchen, die als Pfarrer in Zons tätig waren, fällt auf, daß sie eine höhere Ausbildung hatten, eine wissenschaftliche Tätigkeit ausübten oder schriftstellerisch hervortraten. (Heidkamp 1995)

Darüber hinaus sind Brauweiler Mönche auch an anderen Kirchen als Pfarrer tätig gewesen, so beispielsweise im Rheingau. Offenbar hatte man im Kloster die Empfehlung der Visitatoren von 1569 ernstgenommen, die den Mönchen nahegelegt hatten, sich im Predigen zu üben, um für die seelsorgliche Tätigkeit als Pfarrer vorbereitet zu sein.

Das Kloster als geistig-religiöser Mittelpunkt der Herrlichkeit Brauweiler

Das Kloster war innerhalb der Herrlichkeit Brauweiler ein geistig-religiöses Zentrum, dessen Ausstrahlung jedoch über die Grenzen des Territoriums hinausging.

Die Reliquien des Klosters

Man besaß im Kloster zahlreiche Reliquien, die in den Altären eingeschlossen waren, aber auch solche, die den Gläubigen bei besonderen Anlässen gezeigt oder bei Prozessionen mitgeführt wurden. Diese bildeten einen Anziehungspunkt für zahlreiche Gläubige.

Unter den Reliquien nahmen die der beiden Klosterpatrone Medardus und Nikolaus einen besonderen Rang ein. Vom hl. Medardus besaß man ein Schulterblatt. Es soll nach einer legendenhaften Erzählung in der Gründungsgeschichte von jenem (älteren) Brun, nach dem der Ort seinen Namen erhalten haben soll, von Soissons mitgebracht worden sein, als er dort den Tod seines Bruders Berecho beklagte (s. Anhang S. 389). Vom Hauptpatron des Klo-

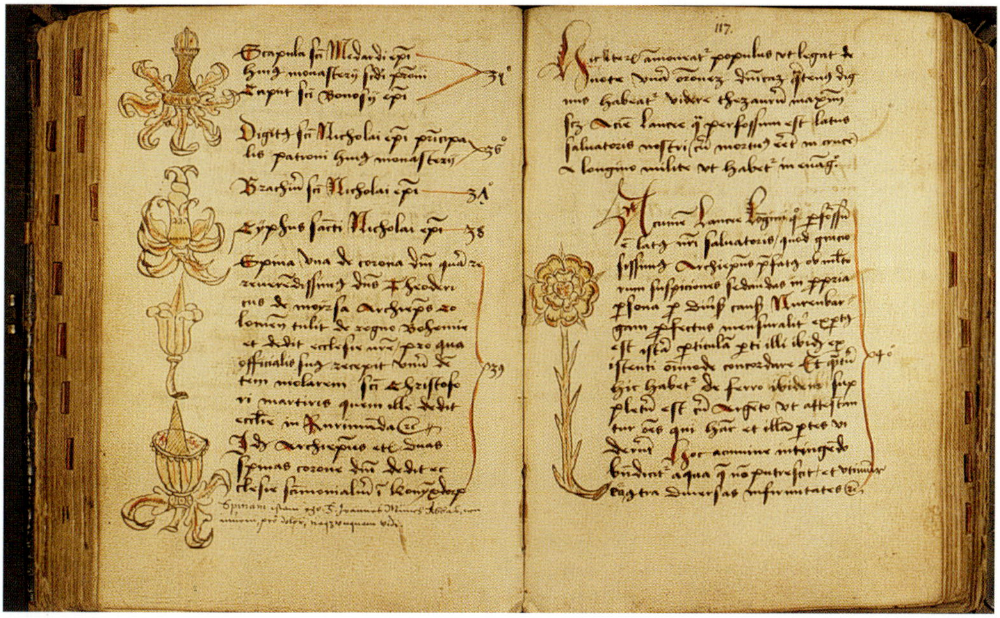

Auszug aus dem Reliquienverzeichnis der Abtei Brauweiler im Liber sancti Nicholai episcopi in Brunwilre, Bl. 116r und 117v. (PfAB)
Unter Nr. 38 wird der Scyphus des hl. Nikolaus genannt. Ganz unten auf Bl. 116r hat Abt Johannes Münch handschriftlich angemerkt, daß er den unter Nr. 39 aufgeführten Dorn von der Dornenkrone Christi nicht finden könne und diesen auch nie gesehen habe.

sters, dem hl. Nikolaus, besaß das Kloster eine Fingerreliquie. Sie wurde, wie der Chronist berichtet, während der Amtszeit des Abtes Bertram von Weltpriestern im Auftrag des Klosters in der Diözese den Menschen gezeigt, um Geld für den damals geplanten Ostbau der Kirche zu erhalten. Caesarius von Heisterbach, der die Geschichte in seinem Werk *Dialogus miraculorum* auch berichtet, spricht jedoch von einem Zahn des hl. Nikolaus. Nach einem Reliquienverzeichnis im *Liber sancti Nicholai episcopi in Brunwilre,* geschrieben im 16. Jahrhundert (s. Anhang S. 396f.), besaß die Abtei mehrere Nikolausreliquien, einen Finger, einen Arm und einen Scyphus (Trinkschale). Bis auf den Scyphus (zu diesem vgl. Schreiner/Tontsch 1999) dürfte ihre Herkunft ebenso wie die anderer Reliquien aus der Frühzeit des Klosters auf die Pfalzgräfin Mathilde zurückgehen. Zu diesen zählen Stücke vom Kreuz Christi und von einem Nagel, mit dem Christus an das Kreuz geheftet worden war, von der Kleidung Christi und Mariens sowie vom Stuhl des hl. Petrus. (Wisplinghoff 1992) Darüber hinaus

Scyphus des hl. Nikolaus. Lapidarium der Abteikirche

besaß das Kloster weitere Reliquien zahlreicher Heiliger und Märtyrer aus Köln, Trier sowie aus Stiften und Klöstern, zu denen man Beziehungen pflegte. Besonders zu erwähnen ist noch ein Arm des hl. Bischofs Martin, der als dritter Klosterpatron in Brauweiler verehrt wurde.

Eine Reliquie des hl. Benedikt besaß das Kloster als Geschenk des päpstlichen Nuntius Ignazio Crivelli, der sich 1740 längere Zeit in Brauweiler aufgehalten hatte. Der vorletzte Abt Amandus Herriger erwarb Reliquien des Abtes Poppo von Stablo, der mit der Gründung Brauweilers eng verbunden war, sowie der Stiftertochter, der Äbtissin Ida von St. Maria im Kapitol zu Köln.

Reliquienverehrung

Die Reliquienschätze des Klosters wurden an bestimmten Festtagen öffentlich gezeigt. Eines dieser Feste war das Kirchweihfest, das bis ins 14. Jahrhundert am Sonntag nach dem Michaelstag (29. September) gefeiert wurde und später zusammen mit den Weihefesten des Dionysius-, Vitus- und Antoniusaltars auf den Sonntag vor dem 17. Juli verlegt wurde. An diesem Tag stellte man alle Reliquien des Klosters zweimal in der Kirche aus, nämlich unmittelbar nach dem Hochamt und nach der Vesper (Abendgottesdienst). Ein Mitglied des Mönchskonvents hielt vor den versammelten Gläubigen eine Predigt über die Verdienste der Stifter des Klosters, über die Klostergründung in Brauweiler und wie die Reliquien in das Kloster gekommen waren. Alle Altäre wurden an diesem Tag festlich geschmückt, und die Kirche erhielt eine dem Fest angemessene Beleuchtung.

Als ein besonderes Heiltum (Reliquie, heilige Sache) galt ein Stück vom Eisen der Hl. Lanze. Über seine Herkunft ist nichts bekannt. Vielleicht kam das Stück über die Familie der Klostergründer nach Brauweiler. Es scheint jedoch nicht ganz ausgeschlossen zu sein, daß es sich um den gleichen Splitter handelt, der bereits im 11. Jahrhundert unter der Bezeichnung *de clavo,* d.h. von einem Nagel vom Kreuz Christi, aufgeführt ist. (Wisplinghoff 1992) Offensichtlich sind im Laufe der Zeit die Begriffe Lanze und Nagel in Brauweiler ineinander übergegangen. Dies könnte damit

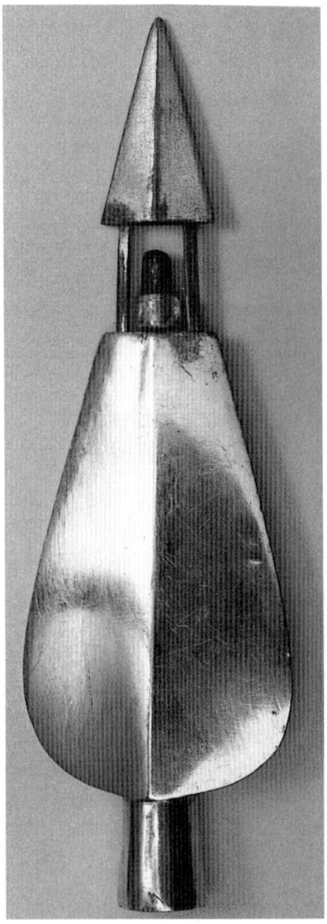

Sog. „Brauweiler Lanze". Unter der hochgezogenen Spitze erkennt man die Nagelreliquie. (PfAB)

zusammenhängen, daß bei der Hl. Lanze ein Nagel vom Kreuz Christi in das geteilte Lanzenblatt eingebunden ist. Die Brauweiler Tradition sieht in dem im Kloster aufbewahrten Nagelfragment ein Bruchstück des Nagels, der in der Hl. Lanze befestigt ist. Daher erklärt sich, daß das in Brauweiler aufbewahrte Heiltum, das einer Nagelspitze gleicht, in Analogie zum Nagel in der Hl. Lanze in die silberne Nachbildung einer Lanzenspitze eingesetzt ist. Als unter Abt Arnold III. Quad Zweifel an der Echtheit des Heiltums aufkamen, hat der Kölner Erzbischof Dietrich II. eine Nachbildung des in Brauweiler aufbewahrten Stücks mit nach Nürnberg genommen und mit dem Original des Nagels in der Hl. Lanze verglichen. Die Prüfung des Erzbischofs habe die Echtheit des in Brauweiler aufbewahrten Splitters ergeben, berichtet der Chronist.

Besondere Feste, Ablässe und Prozessionen

Seit dieser Zeit wurde in Brauweiler am Freitag nach dem Weißen Sonntag das Fest der Heiligen Lanze gefeiert. Dabei stellte man auf

Brauweiler Lanzenbildchen, 18. Jh.

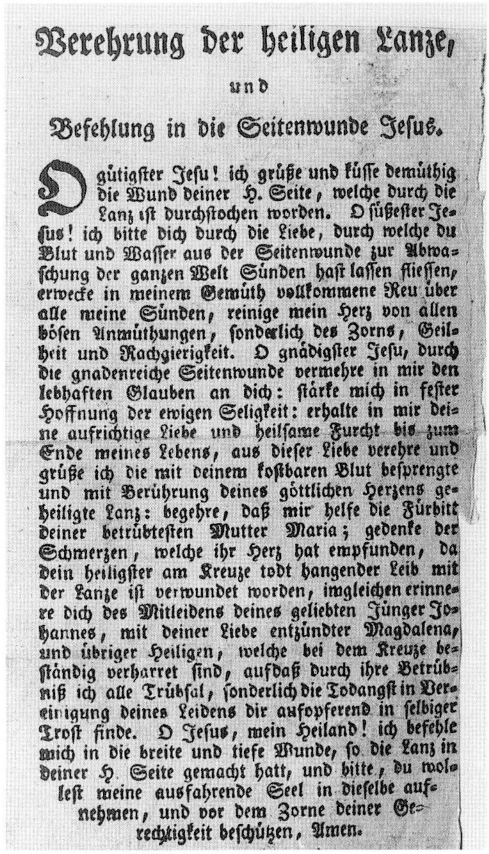

Verehrung der heiligen Lanze, und Befehlung in die Seitenwunde Jesus.

O gütigster Jesu! ich grüße und küsse demüthig die Wund deiner H. Seite, welche durch die Lanz ist durchstochen worden. O süßester Jesus! ich bitte dich durch die Liebe, durch welche du Blut und Wasser aus der Seitenwunde zur Abwaschung der ganzen Welt Sünden hast lassen fliessen, erwecke in meinem Gemüth vollkommene Reu über alle meine Sünden, reinige mein Herz von allen bösen Anmüthungen, sonderlich des Zorns, Geilheit und Rachgierigkeit. O gnädigster Jesu, durch die gnadenreiche Seitenwunde vermehre in mir den lebhaften Glauben an dich: stärke mich in fester Hoffnung der ewigen Seligkeit: erhalte in mir deine aufrichtige Liebe und heilsame Furcht bis zum Ende meines Lebens, aus dieser Liebe verehre und grüße ich die mit deinem kostbaren Blut besprengte und mit Berührung deines göttlichen Herzens geheiligte Lanz: begehre, daß mir helfe die Fürbitt deiner betrübtesten Mutter Maria; gedenke der Schmerzen, welche ihr Herz hat empfunden, da dein heiligster am Kreuze todt hangender Leib mit der Lanze ist verwundet worden, imgleichen erinnere dich des Mitleidens deines geliebten Jünger Johannes, mit deiner Liebe entzündter Magdalena, und übriger Heiligen, welche bei dem Kreuze beständig verharret sind, aufdaß durch ihre Betrübniß ich alle Trübsal, sonderlich die Todangst in Vereinigung deines Leidens dir aufopferend in selbiger Trost finde. O Jesus, mein Heiland! ich befehle mich in die breite und tiefe Wunde, so die Lanz in deiner H. Seite gemacht hatt, und bitte, du wollest meine ausfahrende Seel in dieselbe aufnehmen, und vor dem Zorne deiner Gerechtigkeit beschützen, Amen.

Rückseite des Brauweiler Lanzenbildchens mit dem Gebet zur „Verehrung der heiligen Lanze“

dem Hoch- und auf dem Kreuzaltar die wichtigsten Reliquien aus. Hierzu gehörten außer dem Splitter von dem Nagel (bzw. von der Hl. Lanze), ein Dorn aus der Dornenkrone Christi, ein Arm und ein Finger des hl. Nikolaus sowie ein Arm des hl. Martin. Dann fand eine kurze Prozession durch den Kreuzgang statt, bei der diese Reliquien mitgeführt wurden. Danach wurde vor dem Kreuzaltar frisches Brunnenwasser durch Eintauchen des Lanzenreliquiars geweiht (Lanzenwasser). Dieses Wasser wurde dem Getränk der Mönche beigemischt, und den Gläubigen diente es als Heilmittel bei verschiedenen Übeln. Die Gläubigen konnten später auch kleine auf Papier gedruckte Bilder, sog. Lanzenbildchen, die mit der Reliquie in Berührung gebracht worden waren, erwerben. Mit dem Erwerb des Bildes war ein Ablaß - der Nachlaß einer zeitlichen Strafe für Sünden, die hinsichtlich der Schuld schon im Bußsakrament getilgt sind - verbunden.

Für die Gläubigen, die an bestimmten Festen als Pilger das Kloster aufsuchten und dort an Gottesdiensten teilnahmen, wurden zahlreiche Ablässe gewährt. Nach der Einführung der Bursfelder Reform wurde die Anzahl der Ablässe, die zu besonderen Gelegenheiten erworben werden konnten, vermehrt. Zu den Gelegenheiten, an denen ein Ablaß gewährt wurde, zählten schließlich auch alle Feste der Heiligen, von denen man in Brauweiler Reliquien besaß.

Einen Ablaß erhielten auch die Teilnehmer der Prozession, die am zweiten Sonntag nach Ostern durch die Felder der Herrlichkeit Brauweiler führte. Sie begann mit dem Heraustra-

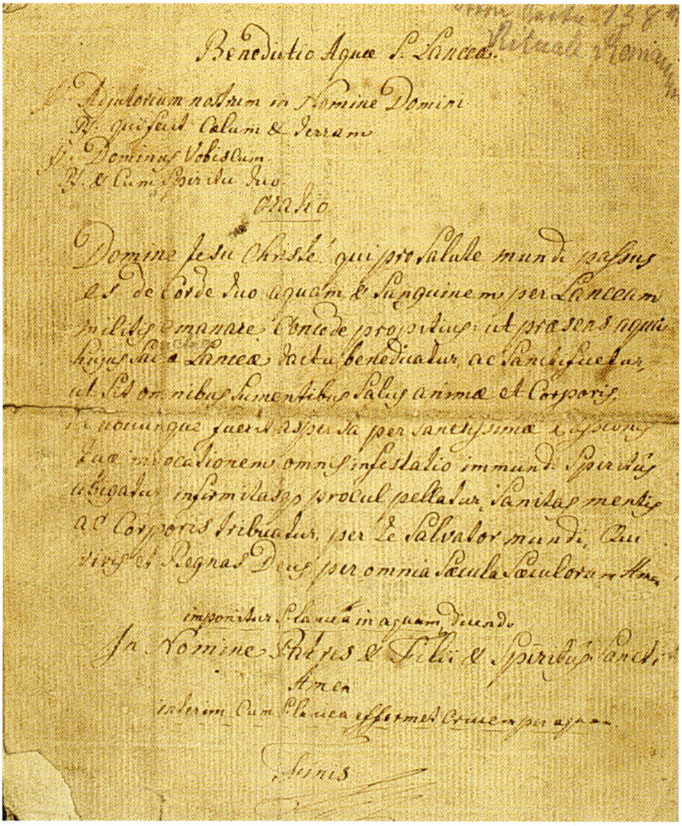
Benedictio Aquae S. Lanceae.
V. Adjutorium nostrum in Nomine Domini
R. qui fecit Caelum & Terram
V. Dominus Vobiscum
R. & Cum Spiritu tuo.
Oratio
Domine Jesu Christe qui pro salute mundi passus es de Corde tuo aquam & Sanguinem per Lanceam militis emanare Concede propitius: ut praesens aqua hujus sacrae Lanceae tactu benedicatur, ac sanctificetur, ut sit omnibus sumentibus salus animae et Corporis, [illegible] quocunque fuerit aspersa per sanctissimae [illegible] tuae invocationem omnis infestatio immundi Spiritus abigatur infirmitates procul pellatur, Sanitas mentis ac Corporis tribuatur, per Te Salvator mundi, Qui vivis et Regnas Deus per omnia Saecula Saeculorum Amen.
imponitur S. lancea in aquam dicendo
In Nomine Patris & Filii & Spiritus Sancti. Amen
interim Cum S. lancea efformes Crucem per aquam.
Finis

„Benedictio Aquae S. Lanceae". Gebet zur Weihe des Lanzenwassers, 18. Jh. (PfAB)

gen des Sakramentes unter feierlichem Geläut von den drei Glocken im Turm der Abteikirche. An der Spitze der Prozession wurden zwei große Fahnen getragen, dann folgte das Bild des Klosterpatrons, des hl. Nikolaus. Dahinter trug man Bilder der hll. Sebastian und Laurentius aus der Laurentiuskapelle. Es folgten kleine Reliquienschreine sowie verschiedene Heiligenbilder und Fahnen. Zwischen diesen trug man Wachsfackeln. Dahinter ging der Konvent der Mönche in Zweierreihen. Ihnen folgten Kerzenträger, ein Thuriferar (Träger eines Weihrauchfasses) und Diakone mit den Armreliquiaren der hll. Nikolaus und Martin. Dahinter schritt der Abt, der das Sakrament in der Monstranz trug. Die Prozession führte zu mehreren Stationen, an denen der Abt sich mit dem Prior und weiteren Mönchen im Tragen des Sakramentes abwechselte. An den Stationen wurde aus dem Johannesevangelium gelesen sowie der Segen erteilt. Zum Abschluß kehrte die Prozession ins Kloster zurück, wobei der letzte Teil des Weges durch den Kreuzgang führte. Hieran durften die Frauen jedoch nicht teilnehmen. Den Abschluß bildete ein Gottesdienst am Kreuzaltar in der Abteikirche. Bei schlechtem Wetter wurde der Prozessionsweg abgekürzt.

Eine feierliche Prozession fand am Fronleichnamstag statt. Das Sakrament wurde, begleitet von Fahnen, Bildern der Heiligen, Reliquien und Wachsfackeln, durch die Feldflur getragen. An vier Stationen, von denen die letzte in der Abteikirche war, wurde der Segen erteilt. Der Weg führte zunächst auf Kirdorf-Sinthern zu, wo an einem Kreuz - es steht heute als Hochkreuz auf dem Friedhof von Brauweiler - die erste Station war. Von dort ging man über den *mulewech* (Mühlenweg) auf Freimersdorf zu. Die zweite Station war dann an einem Weg in Richtung auf Widdersdorf und die dritte an einem nicht näher überlieferten Ort, von dem aus man in die Abteikirche zurückkehrte. Den Abschluß bildete die Messe

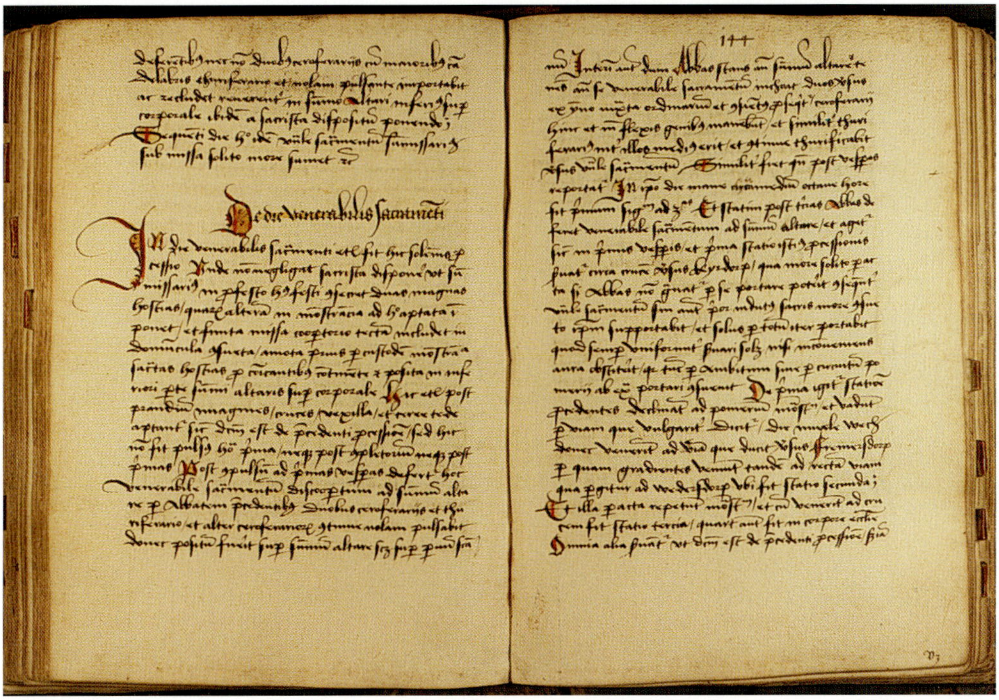

Durchführung und Ordnung der Fronleichnamsprozession mit genauer Wegbeschreibung. Liber sancti Nicholai episcopi in Brunwilre, Bl. 142r und 143v (PfAB)

am Hauptaltar in der Kirche. Bei schlechtem Wetter führte die Prozession durch den Kreuzgang oder durch den Umgang um den klösterlichen Baumgarten herum.

Weitere Prozessionen fanden am Tag der Kreuzauffindung (3. Mai) sowie an verschiedenen Marienfesten und zu Ostern statt. Diese führten außer der Prozession am 3. Mai nur durch den Kreuzgang des Klosters.

Wallfahrten zum hl. Nikolaus

Das Kloster in Brauweiler war sowohl die erste als auch die bedeutendste Kultstätte des hl. Nikolaus im Erzbistum Köln. (Schmitt 1990) Es erstaunt daher nicht, daß noch vor der Überführung der Gebeine des hl. Nikolaus im Jahre 1087 nach Bari in Brauweiler Nikolauswunder sich zugetragen haben sollen. Ein um 1091 abgefaßter Nachtrag zur Gründungsgeschichte berichtet von mehreren Wundern aus der Zeit zwischen 1080 und 1085. Von Nikolauswundern berichten auch die Brauweiler Annalen zum Jahr 1156, ohne jedoch nähere Angaben zu machen. (Stiene 1990)

Bereits zur Zeit des Abtes Wolfhelm soll das Kloster ein Kultbild des hl. Nikolaus besessen haben, das nördlich des Hochaltars seinen Platz hatte. (Bader 1937) Im Zusammenhang mit diesem sollen sich zahlreiche Wunder, vor allem die Befreiung von Gefangenen, ereignet haben. Als Zeichen dieser Wundertätigkeit verwahrte man Ketten und Fesseln der befreiten Gefangenen in der Nähe dieses Bildnisses. (Bader 1937, Schmitt 1990) Einen Teil der Ketten und Fesseln sowie Untergewänder und kreuzförmige Stöcke, welche von Pilgern mitgebracht worden waren, hat man später wieder aus der Kirche entfernt, da sie das Gotteshaus mehr verunzierten als schmückten. (Wisplinghoff 1992)

Die Berichte über die Wunder des hl. Nikolaus ließen im Laufe der Zeit Wallfahrten zu diesem Heiligen in Brauweiler entstehen. Diese Wallfahrten wurden schließlich zu einer festen Gewohnheit, und immer mehr Gläubige kamen nach Brauweiler, um vom hl. Nikolaus Heilung von Krankheiten und Rettung vor Kriegsnöten sowie Unwetterkatastrophen zu

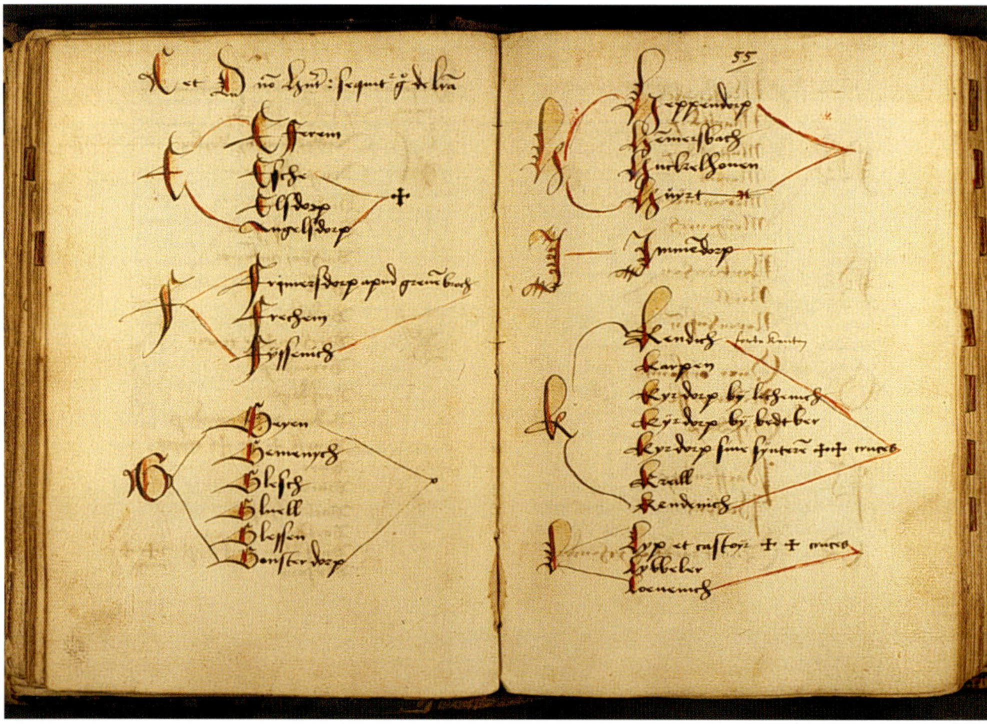

Auszug aus dem alphabetischen Verzeichnis der Prozessionen, die zum Gnadenbild des hl. Nikolaus kamen. Liber sancti Nicholai episcopi in Brunwilre, Bl. 54r und 55v (PfAB)

erflehen oder ihm für empfangene Hilfe zu danken. Um eine gewisse Ordnung in diese Wallfahrten zu bringen, wurde schließlich festgelegt, daß die Gläubigen an bestimmten Tagen in der Woche nach Ostern bis zur Woche nach Pfingsten prozessionsweise mit Kreuzen und Fahnen nach Brauweiler kommen sollten. In dem darüber angelegten Verzeichnis werden über 80 Ortschaften samt den ihnen zugewiesenen Tagen genannt. Zu diesen Orten gehörten außer den Dörfern in der Herrlichkeit Brauweiler sowohl solche, die in unmittelbarer Nachbarschaft des Territoriums liegen wie Pulheim, Stommeln, Frechen, Glessen, Bocklemünd oder Junkersdorf, als auch weiter entfernte Ortschaften wie Brühl, Hürth, Worringen, Rommerskirchen, Bedburg, Bergheim, Lechenich, Zons oder Dormagen.

Einige der Prozessionen mußten als Gabe eine festgelegte Menge Wachs oder Geld im Gegenwert mitbringen. In bestimmten Fällen gab das Kloster eine Quittung dafür. Von anderen Prozessionen erwartete man eine freiwillige Gabe an das Kloster. An den Wallfahrtstagen stand das Tor am großen Kirchturm offen, und die Wallfahrer konnten die auf dem Kreuzaltar ausgestellten Reliquien durch Küssen der Reliquiare verehren.

Brauweiler Prozessionsschild von 1765. Das Schild belegt, daß es seit der 2. H. des 18. Jhs. von Brauweiler aus eine Wallfahrt nach Kevelaer gab.

Das Kloster im 18. Jahrhundert unter den Äbten Beda Groten und Amandus Herriger

Mit dem Beginn des 18. Jahrhunderts waren die Disziplinschwierigkeiten im Konvent, die während der letzten drei Jahrzehnte des 17. Jahrhunderts für Unruhe gesorgt hatten, beigelegt. Zugleich gelang es, die noch verbliebenen Schulden des Klosters zu tilgen. Letzteres soll vor allem ein Verdienst des Kellners Johann Boesten gewesen sein, wie der Chronist vermerkt. Abt Matthias I. Franken hatte ihn trotz Widerspruchs des Seniorats in seinem Amt gehalten. Johann Boesten hat es 16 Jahre lang ausgeübt. Wegen seiner wirtschaftlichen Fähigkeiten wurde er für eine nicht näher überlieferte Dauer zur Abtei Tholey (Saarland) abgeordnet. (Wisplinghoff 1992)

Obgleich die Zeiten bis in die sechziger Jahre des 18. Jahrhunderts unruhig blieben, hat das Kloster sie ohne Schwierigkeiten überwunden. Die Äbte dieser Zeit erwiesen sich als tüchtige Klosterleiter, die sich sowohl um das wirtschaftliche Wohl der Abtei als auch um die Bildung der Mönche gekümmert haben. Die Chronik berichtet seit dem Beginn des 18. Jahrhunderts immer wieder über Belastungen durch Kriegsereignisse, Beeinträchtigungen der Ernte durch Mäuseplagen oder andere Naturereignisse, lästige Rechtsstreitigkeiten und Prozesse sowie über Baumaßnahmen an der Kirche und den Klostergebäuden. Trotz dieser Schwierigkeiten legte man großen Wert auf ein der Regel des heiligen Benedikt entsprechendes geistig-religiöses Leben im Kloster. Nicht zuletzt zeugen hiervon auch die heute noch erhaltenen kostbaren Ausstattungsstücke in der Kirche, die damals angeschafft wurden.

Die letzten Bursfelder Generalkapitel in Brauweiler

Nach einer fast hundertjährigen Unterbrechung hatte 1662 erstmals wieder das Bursfelder Generalkapitel in Brauweiler getagt. Hier-

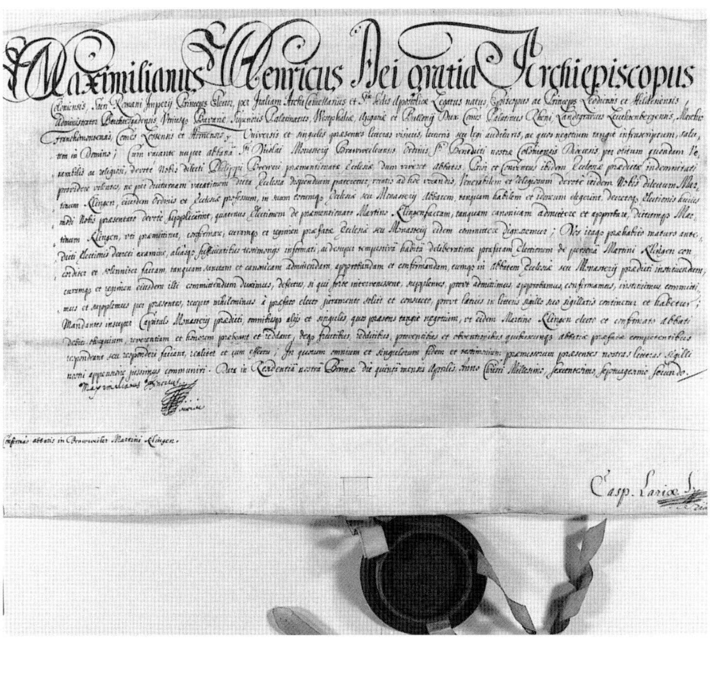

Erzbischof Maximilian Heinrich bestätigt nach dem Tod von Abt Philipp Brewer den neugewählten Abt Martin Klingen. Urkunde von 1672 April 15, ausgestellt in Bonn. (PfAB)

von war schon die Rede. Bereits wenige Jahre später konnte Abt Philipp Brewer im Jahre 1670 wiederum eine Versammlung des Generalkapitels in Brauweiler begrüßen. Der Abt selbst erhielt das Amt eines der beiden Mitpräsidenten. Man bestimmte ihn ferner zum Visitator der Klöster St. Trond, Vlierbeek und Gembloux (alle im heutigen Belgien). Die Auseinandersetzungen mit einigen seiner Mönche hatten keinen Einfluß auf seine Stellung in der Kongregation. Auch sein Nachfolger, Abt Martin Klingen, hatte zunächst verschiedene Ämter innerhalb der Kongregation. Als dann jedoch die bereits erwähnten Auseinandersetzungen mit seinen Mönchen begannen, änderte sich auch seine Haltung gegenüber der Kongregation. Auf dem Generalkapitel von 1687 in Trier fehlte er. Seine Entschuldigung ließ man nicht gelten. Es wurde vereinbart, gegen ihn vorzugehen, wenn er die Beschlüsse der letzten Visitation in seinem Kloster nicht durchführe. (Volk, Generalkapitels-Rezesse 3, 1959) Am Generalkapitel in Deutz im Jahre 1690 nahm Abt Martin Klingen wieder teil. Hier erfuhr er, daß sein Kloster anschließend visitiert werden sollte. Unter den nachfolgenden Äbten normalisierte sich das Verhältnis Brauweilers zur Kongregation allerdings wieder.

Während der Amtszeit des Abtes Matthias I. Franken tagte das Generalkapitel im Jahre 1716 erneut in Brauweiler. Ein Amt innerhalb der Kongregation hat der Abt nicht ausgeübt. Erst sein Nachfolger Abt Edmund Schmitz wurde 1724 zum Visitator für die Kölner Klöster und für Deutz bestellt. Auf dem Generalkapitel von 1727 in Gladbach erhielt er die Ämter des Definitors und des Kollektors. Beim nächsten Generalkapitel, das 1728 in Groß St. Martin zu Köln stattfand, war er Mitpräsident für den zwischenzeitlich verstorbenen Abt von Werden.

1732 fand das Generalkapitel wieder in Brauweiler statt. Der damalige Abt Matthias II. Grein erhielt das Amt des Sekretärs, da der hierzu vorgesehene Abt von Werden auf das Amt verzichtet hatte.

Der Sekretär hatte ein besonderes Vertrauensamt inne, da alle Schriftstücke durch seine Hände gingen und seine Unterschrift trugen. Bereits zwei Tage vor Beginn der Tagung hatte er alle Schriftstücke, Urkunden und Akten zu ordnen. Er mußte auch die Wahl des Präsidenten bekanntgeben. Seine wohl mühsamste Aufgabe war die Redigierung des Rezesses, d.h. er hatte die Protokolle der Verhandlungen zu bearbeiten. (Volk 1928)

Auf dem Generalkapitel, das 1754 in Werden tagte, wurde Abt Beda Groten, der Nachfolger von Abt Matthias II. Grein, zum Visitator der Klöster Mettlach und Laach bestellt. (Wisplinghoff 1992)

Zum letzten Mal tagte im Jahre 1777 ein Generalkapitel der Bursfelder Kongregation in Brauweiler. Der damals amtierende Abt Amandus Herriger hatte das Amt des Mitpräsidenten inne. Der letzte Brauweiler Abt Anselm Aldenhoven wurde 1780 auf dem Generalkapitel in St. Michael zu Hildesheim zum Mitpräsidenten ernannt. Es war die letzte Tagung eines Generalkapitels der Bursfelder Kongregation. Die Veränderung der politischen Verhältnisse in der Folge der Französischen Revolution entzogen durch Säkularisation und Reichsdeputationshauptschluß einer rund 350jährigen Institution die Existenzgrundlage.

Die wirtschaftliche Entwicklung des Klosters bis zum Einmarsch der Franzosen

Obwohl die Zeiten bis 1763, dem letzten Jahr des Siebenjährigen Krieges, unruhig blieben, hat das Kloster sie ohne größere Schwierigkeiten überwunden. (Wisplinghoff 1992) Schon vorher hatte Abt Edmund Schmitz kostbare Ausstattungsstücke für die Kirche angeschafft sowie Weinberge zu Hersel und Uedorf (bei Bonn) erworben. Sein Nachfolger, Abt Matthias II. Grein, nahm 1733 eine Anleihe von 6.000 Reichstalern auf. Er schaffte nicht nur liturgische Geräte für die Kirche und neue Bücher für die Klosterbibliothek an, sondern ließ auch auf den Höfen des Klosters Reparaturen durchführen und neue Gebäude errichten. In Brauweiler wurde eine neue Windmühle erbaut. Schließlich entstanden auf seine Initiative hin die bereits geschilderten Kirchenbauten in Königsdorf und Widdersdorf. Trotz der hohen Ausgaben hinterließ er bei seinem Tod die stattliche Summe von 6.663 Reichstalern in bar. Noch während seiner Amtszeit hatten Mäuseplagen und schlechte Wetterverhältnisse zu Ernteausfällen geführt. Zusätzliche Probleme brachte dann der Siebenjährige Krieg mit Zerstörungen in den Wäldern und auf den Feldern, die von durchziehenden Truppen angerichtet wurden. Belastend waren auch deren Requisitionen und Kontributionsforderungen. Das Kloster hat infolge der Ernteausfälle seinen Pächtern hohe Nachlässe bewilligt. Belastend für die damals angespannte wirtschaftliche Lage des Klosters waren gewiß auch die Feuersbrünste von 1758 in Freimersdorf und 1766 in Brauweiler. Dennoch gelang es, eine beträchtliche Geldreserve anzusammeln, so daß unter Abt Anselm Aldenhoven 1780 der Bau neuer Klostergebäude für 30.000 Taler in Angriff genommen werden konnte, ohne die Klosterfinanzen über Gebühr zu beanspruchen. Zwar fehlen direkte Nachrichten über die Finanzierung dieser großen Baumaßnahme, doch geht aus den Aufstellungen im Einnahmen- und Ausgabenbuch der Jahre 1792 bis 1802 nichts über größere Schulden und Zinszahlungen hervor. Vielmehr ist darin für die beiden ersten Jahre - bis zum Einmarsch der französischen Revolutionstruppen - von erheblichen Überschüssen und frei verfügbaren Mitteln die Rede. Die finanzielle Lage des Klosters war zu dieser Zeit offensichtlich ausgezeichnet. Es wurden hohe Überschüsse erwirtschaftet.

Wie aus der Führung des Einnahmen- und Ausgabenbuches der Jahre 1792 bis 1802 hervorgeht, begann das Rechnungsjahr am 1. Oktober eines Jahres und endete am 30. September des darauffolgenden Jahres. Am Schluß eines jeden Rechnungsjahres folgte eine Bilanz, in der die Einnahmen und die Ausgaben einander gegenübergestellt wurden.

1792/93 betrugen die Ausgaben 2.727 Reichstaler. Diesen standen Einnahmen in Höhe von 6.704 Reichstalern gegenüber, so daß ein Überschuß von 3.977 Reichstalern zu verzeichnen war. Hiervon wurden 4.500 Reichstaler an den Abt abgeführt und der Rest von 477 Reichstalern ging in die Kasse für das neue Rechnungsjahr. Ende September 1794 wies die Bilanz des Rechnungsjahres 1793/94 Ausgaben in Höhe von 3.577 Reichstalern aus, denen Einnahmen in Höhe von 8.376 Reichstalern gegenüberstanden, was einen Überschuß von 4.799 Reichstalern ergab. Auch diesmal erhielt der Abt von dem Überschuß 4.000 Reichstaler, und der Rest von 799 Reichstalern wurde in das neue Rechnungsjahr übertragen. Was der Abt mit diesen hohen Beträgen machte, wird nicht berichtet. Möglicherweise dienten diese Geldbeträge noch zur Finanzierung der Kosten für die Neu- und Umbaumaßnahmen der vorangegangenen Jahre.

Diese positive finanzielle Situation der Abtei änderte sich dann schlagartig mit dem Einmarsch der Franzosen im Oktober 1794.

Die landwirtschaftlichen Verhältnisse in der Herrlichkeit Brauweiler während des 18. Jahrhunderts

Die positive wirtschaftliche Lage der Abtei während der letzten Jahrzehnte vor den politi-

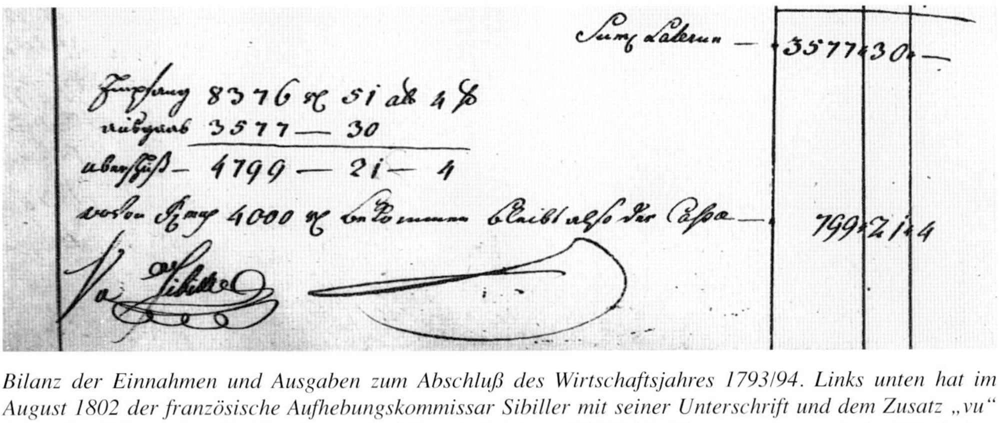

Bilanz der Einnahmen und Ausgaben zum Abschluß des Wirtschaftsjahres 1793/94. Links unten hat im August 1802 der französische Aufhebungskommissar Sibiller mit seiner Unterschrift und dem Zusatz „vu" („gesehen") bestätigt, die Abrechnung des Wirtschaftsjahres 1793/94 im Zusammenhang mit der Säkularisation der Abtei durchgesehen und überprüft zu haben. Einnahmen- und Ausgabenbuch der Abtei Brauweiler (NWHStAD, Brauweiler Akten)

schen und sozialen Veränderungen in der Folge der französischen Besetzung des linken Rheinufers spiegelt auch das 1758 angelegte und bis 1785 fortgeführte Haupt- und Lagerbuch des Klosters wider. Erfaßt ist der Klosterbesitz in der Herrlichkeit Brauweiler, der zu dieser Zeit rund 3.200 Kölnische Morgen betrug. Die Ländereien waren verpachtet, zumeist auf die Dauer von zwölf Jahren. Die Pachtverträge konnten jedoch bereits nach der Hälfte dieser Zeit gekündigt werden. Die Pachtzahlungen erfolgten fast ausschließlich in Naturalien wie Getreide (Weizen, Roggen, Gerste, Hafer), Hülsenfrüchte (Erbsen) und Vieh (Schweine, Hammel und Kälber); Geldzahlungen gab es nur in wenigen Fällen. Bewirtschaftet wurde das Land von acht landwirtschaftlichen Betrieben aus: Vier Höfe lagen in Freimersdorf mit jeweils 317 Morgen, einer in Brauweiler mit über 395 Morgen, einer in Sinthern mit 289 Morgen und zwei in Rath (bei Widdersdorf) mit über 261 bzw. 289 Morgen. Außer diesen Höfen waren auch Mühlen verpachtet. In Brauweiler war es eine Windmühle und in Sinthern eine Wassermühle. Zu den Pachtgebühren des Sintherner Müllers gehörten außer den bereits aufgeführten Produkten Limburger Käse, Butter und Kapaune. Eine besondere Pachtgebühr der Freimersdorfer Höfe bestand in der jährlichen Lieferung von drei westfälischen Schinken.

Zu diesen Pachtabgaben von den großen Höfen kamen die üblichen Zehntabgaben der abhängigen Bauern in den Dörfern. Darüber macht das Lagerbuch jedoch keine Angaben.

Um 1780 setzte eine Änderung in der Verwaltung der Pachteinkünfte ein. Von nun an gingen die Abgaben der großen Höfe in Weizen und Roggen, dem sog. „harten Korn“, an den damaligen Abt Anselm Aldenhoven, während die Kellnerei des Klosters die übrigen Naturalabgaben sowie den Roggen der kleineren Höfe und der Einzelparzellen erhielt. Damit bekam der Abt rund 90 Prozent des Weizens und 45 Prozent des Roggens. Weshalb dieses System eingeführt wurde, ist nicht bekannt. Vielleicht

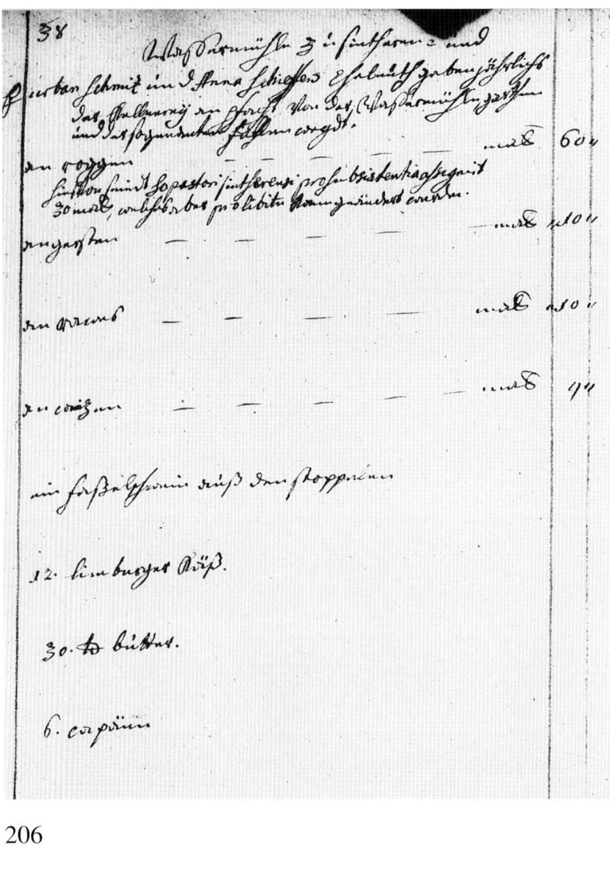

Auszug aus dem zwischen 1758-1785 geführten Lagerbuch des Klosters mit einer Aufstellung der Abgaben des Müllers der Wassermühle zu Sinthern. Neben Getreide werden „ein faßelschwein auß den stoppelen“ (d. i. ein auf der Stoppelweide gemästetes Zuchtschwein), 12 Limburger Käse, 30 Pfund Butter und 6 Kapaune genannt. (NWHStAD, Brauweiler Akten)

dienten auch diese Einnahmen zur nachträglichen Finanzierung der Baukosten aus den Jahren nach 1780. (Wisplinghoff 1992)

Baumaßnahmen unter Abt Beda Groten

Als ein Zeichen der günstigen wirtschaftlichen Lage des Klosters während des 18. Jahrhunderts dürfen die Baumaßnahmen angesehen werden, die von den Äbten dieser Zeit durchgeführt wurden. Den Anfang machte Abt Matthias I. Franken, in dessen Amtszeit die Tilgung der letzten noch verbliebenen Schulden fiel, mit der bereits erwähnten Einrichtung eines neuen Winterrefektoriums und neuer Gästezimmer im westlichen Klausurgebäude, dem heutigen Mittelbau. Da in dem Raum, in dem er das Winterrefektorium einrichten ließ, sich die Küche befand, wurde diese in den nördlichen Teil des Gebäudes verlegt. (Euskirchen 1993)

Abt Matthias II. Grein, der übernächste Nachfolger von Abt Matthias I. Franken, ließ zwar eine Schmiede und eine Scheune im Kloster erbauen, der Schwerpunkt seiner Bautätigkeit lag jedoch mit der Errichtung der Kirchenbauten in Widdersdorf und Kleinkönigsdorf außerhalb des Klosterareals.

Erst sein Nachfolger, Abt Beda Groten, verlegte den Schwerpunkt seiner Bautätigkeit wieder in den Klosterbereich. Er ließ 1754 das von Abt Matthias I. Franken eingerichtete Winterrefektorium *(refectorium hyemale)* erneuern sowie eine neue Küche mit angrenzender Wärmestube *(hypocaustum)* - in diesem Raum speisten die Bediensteten des Klosters - an das westliche Klausurgebäude anbauen. Hierzu wurde das bisherige Klausurgebäude nach Süden hin über die Flucht des südlichen Kreuzgangflügels hinaus erweitert. (Euskirchen 1993) Bei den Ausschachtungsarbeiten für die Fundamente dieses Erweiterungsbaus fand man ein Siegel des ersten Abtes Ello.

Dieses Winterrefektorium war bereits unter Abt Matthias I. Franken als *spinda* bezeichnet worden. Darunter verstand man an sich einen Raum zur Aufbewahrung von Lebensmittelvorräten, aber auch eine Stelle, an der Bedürftige versorgt wurden. Offenbar blieb die Bezeichnung *spinda* für diesen Raum auch nach dem Umbau erhalten, wobei der Begriff nun einer näheren Erläuterung bedurfte. Diese bringt der Chronist dann auch im Zusammenhang mit der Umbaumaßnahme unter Abt Beda Groten in den *Acta Abbatum*. Hier sollten, wie er angibt, solche Gäste eine Mahlzeit einnehmen, mit denen der Abt den Tisch nicht gemeinsam zu haben wünschte *(in quo solent hospitari, quos Reverendissimus ad suam mensam non admittit)*. Um welche Gäste des Klosters es sich hierbei handelte, wird nicht mitgeteilt.

Der Raum wurde im Zuge dieser Umbaumaßnahmen mit einem heute noch erhaltenen Kreuzgratgewölbe, das von toskanischen Säu-

Wirtschaftshof der Abtei. Blick nach Nordwest. In dem Anbau rechts von dem Portalbogen des Durchgangs zum barocken Prälaturhof befand sich die Klosterküche.

Ehemaliges Winterrefektorium („Spinda") im Mittelbau, heute auch als „Säulenhalle" bezeichnet

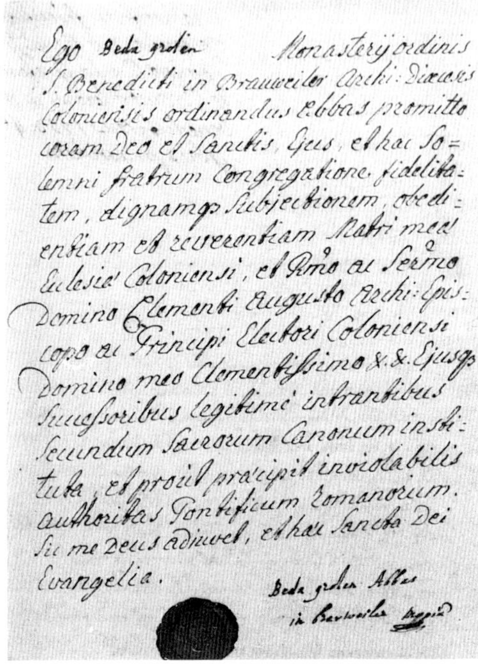

Ego Beda groten Monasterij ordinis
S. Benedicti in Brauweiler Archi-Dioecesis
Coloniensis ordinandus Abbas promitto
coram Deo et Sanctis Ejus, et hac So=
lemni fratrum Congregatione fidelita-
tem, dignamque Subjectionem, obedi-
entiam et reverentiam Matri meae
Ecclesiae Coloniensi, et Rmo ac Sermo
Domino Clementi Augusto Archi-Epis-
copo ac Principi Electori Coloniensi
Domino meo Clementissimo &. &. Ejusque
Successoribus legitime intrantibus
Secundum Sacrorum Canonum insti-
tuta, et prout praecipit inviolabilis
authoritas Pontificum Romanorum.
Sic me Deus adjuvet, et hac Sancta Dei
Evangelia.

Beda groten Abbas
in Brauweiler

Treue- und Gehorsamseid, den Abt Beda Groten am 5. Oktober 1753 vor seiner Weihe ablegen mußte und der von ihm unterschrieben wurde. (AEK)

len getragen wird, ausgestattet. Jedoch scheinen diese Umbauarbeiten wegen des frühen Todes von Abt Beda Groten erst unter seinem Nachfolger Amandus Herriger vollendet worden zu sein. (Euskirchen 1993) Über diesem als *spinda* bezeichneten Winterrefektorium befand sich der bereits erwähnte Festsaal mit den Portraits der Äbte. (s. Anhang S. 402f.)

Die kurze Amtszeit von Abt Beda Groten

Die Amtszeit von Abt Beda Groten dauerte nur drei Jahre. Sie begann am 17. September 1753 mit seiner Wahl zum Abt. Gleich beim ersten Wahlgang erhielt er 32 von 37 möglichen Stimmen seines Konvents. Am 5. Oktober des gleichen Jahres legte Beda Groten das Glaubensbekenntnis sowie den Treue- und Gehorsamseid vor dem Kölner Weihbischof Franz Kaspar von Franken-Siersdorf ab. Die Eidesformel wurde anschließend - wie es allgemein üblich war - von Beda Groten eigenhändig unterschrieben. Rund einen Monat später, am 4. November 1753, empfing Abt Beda Groten durch diesen Weihbischof in dessen Haus-

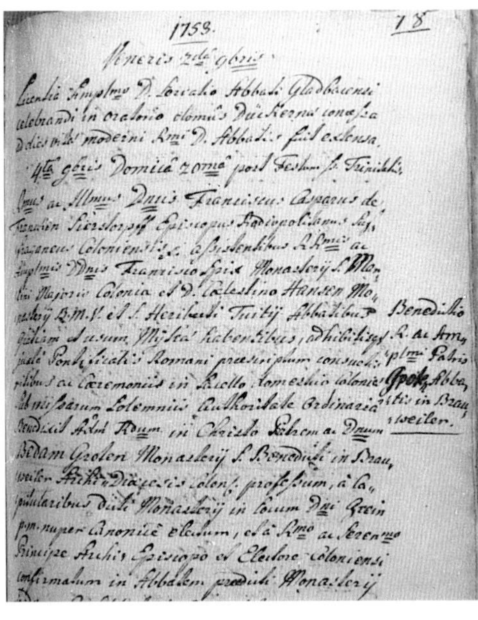

1753. 18

Bericht in den Kölner Weihbischofsprotokollen über die Weihe von Beda Groten zum Abt von Brauweiler am 4. November 1753 (AEK)

Abt Beda Groten (1753-1756). Gemälde in der Sakristei der Abteikirche

Adler aus dem Abteiwappen von 1547 mit dem Wappen des Abtes Beda Groten im Herzschild (NWH-StAD, Brauweiler Akten)

kapelle die Abtsweihe. Bei der Weihe assistierten die Äbte Coelestinus Hansen von Deutz und Franziskus Spix von Groß St. Martin. Nach der Abtsweihe fand eine große Feier im Brauweiler Hof zu Köln statt. Zwei Tage später kehrte der Neugeweihte nach Brauweiler zurück und wurde an der Grenze der Herrlichkeit Brauweiler bei Freimersdorf als Herr dieses Territoriums durch den Schultheißen, die Schöffen sowie die Bevölkerung mit Beifall begrüßt. (s. S. 188) Gemeinsam zogen alle zur Abteikirche. In der Vorhalle der Kirche wurde Abt Beda von seinem Konvent unter dem Gesang des Tedeums empfangen und zum Hauptaltar sowie zu seinem Sitz im Chorgestühl geleitet. Er tauschte mit seinen Mitbrüdern den Friedenskuß und begab sich anschließend mit ihnen zum Festmahl. (Mouchard 1981)

Während seiner kurzen dreijährigen Amtszeit hat Beda Groten sich in vielfältiger Weise um die Güter des Klosters gekümmert. So reiste er im Juni 1755 zu den Klostergütern an der Mosel und besuchte Klotten und Mesenich, wo ihm die Bewohner als Grundherrn huldigten. Am 1. August 1756 sandte er den Prior Ferdinand Bodifé nach Koblenz zum neugewählten Kurfürsten und Erzbischof von Trier, Philipp von Walderdorff, um von diesem die Befreiung von Zöllen für die Weintransporte der Abtei auf Mosel und Rhein zu erbitten. Nach der Zahlung von 100 Goldgulden bestätigte der Erzbischof und Kurfürst das alte, anerkannte Privileg der Abtei, das mit der Zollfreiheit auf den beiden Wasserwegen für die Abtei einen wichtigen finanziellen Vorteil brachte.

Noch im gleichen Jahr ließ der Abt in Sinthern die Mühle des Klosters, die im November des Vorjahres abgebrannt war, wieder aufbauen.

Große Ängste verursachten Ende 1755 und Anfang 1756 die Ausläufer des schweren Erdbebens von Lissabon, die im Rheinland zu spüren waren. Die heftigen Erschütterungen verursachten auch Schäden an der Abteikirche, über die in der Chronik jedoch nichts Näheres mitgeteilt wird. Probleme verursachten auch die Mäuseplagen, denen 1756 große Teile der Ernte zum Opfer fielen.

Verbindungen zum Benediktinerinnenkloster Neuwerk bei Gladbach

Ein erfreuliches Ereignis dagegen war für Abt Beda und den Konvent, daß gleich nach dem Amtsantritt des Abtes die seelsorgliche Betreuung des Benediktinerinnenklosters Neuwerk bei Mönchengladbach abgegeben werden konnte. Die Beziehung zwischen der Abtei Brauweiler und diesem Nonnenkloster reichte zurück in die 90er Jahre des 15. Jahrhunderts, als 1499 der Brauweiler Abt Johann I. von Wied mit der Aufsicht bei der Wahl einer neuen Äbtissin beauftragt wurde. Brauweiler Mönche wurden seitdem als Beichtväter für die Nonnen von Neuwerk berufen, und die Brauweiler Äbte erhielten immer wieder befristete Aufträge für die seelsorgliche Betreuung des Konvents. Seit dem Ende des 17. Jahrhunderts kam es jedoch mehrmals zu Auseinandersetzungen zwischen dem Neuwerker Nonnenkonvent und den Brauweiler Äbten. Besonders heftige Streitigkeiten entstanden, als Abt Matthias II. Grein auf Anweisung des Kölner Generalvikars eine Visitation in Neuwerk durchführte, da die damalige Äbtissin nicht ihren Pflichten nachkam. Die Äbtissin wurde zum Rücktritt veranlaßt und die Wahl einer Nachfolgerin durchgeführt. Die zurückgetretene Äbtissin wandte sich an den jülich-bergischen Geheimen Rat in Düsseldorf, der zunächst ihre Wiedereinsetzung verfügte, schließlich jedoch wieder davon Abstand nahm. Als 1748 die Beauftragung des Brauweiler Abtes für die Seelsorge im Kloster Neuwerk ablief, bemühte der größte Teil des Konvents sich, den Abt von Gladbach hierfür zu gewinnen. Dieser Wechsel wurde dann gleich zu Beginn der Amtszeit von Beda Groten vollzogen. In Brauweiler hat man dies verständlicherweise mit Erleichterung aufgenommen.

Obwohl der Abt von Gladbach nun für die Seelsorge zuständig war, blieben Brauweiler Mönche bis 1762 noch für die Aufsicht über die Klosterverwaltung der Nonnen verantwortlich. (Mackes 1985) An die jahrhundertealte Verbindung zwischen beiden Konventen erinnert ein Ölgemälde, das damals zur Amtszeit von Abt Amandus Herriger, dem Nachfolger von Abt Beda Groten, geschaffen wurde. (s. Anhang S. 403f.)

1756 knüpften Abt Beda Groten und der Konvent eine neue Verbindung zu einem anderen Kloster. Nur wenige Wochen vor dem Tod des Abtes beschlossen sie eine Verbrüderung mit dem Kloster Altenberg.

Der Tod von Abt Beda Groten in Köln

Am 20. Oktober 1756 begab sich Abt Beda nach Köln, um der zwei Tage später stattfindenden Profeßfeier seiner Nichte im Zisterzienserinnenkloster St. Apern beizuwohnen. Am

Grabplatte des Abtes Beda Groten. Krypta der Abteikirche

Barockes Gemälde mit Mönchen der Abtei Brauweiler und Nonnen des Klosters Neuwerk, entstanden zwischen 1756 und 1778 (s. Anhang S. 403f.)

Morgen des 24. Oktobers feierte er in der Kapelle des Brauweiler Hofes in Köln den Gottesdienst, begab sich anschließend zum St.-Apern-Kloster, wo er mit dem Abt des verbrüderten Klosters Altenberg zusammentraf. Kurz nach Beginn des feierlichen Gottesdienstes, den der Altenberger Abt zelebrierte, erlitt Beda Groten einen Schlaganfall. Herbeieilende Ärzte konnten ihm zunächst helfen und Linderung verschaffen. Doch trat um drei Uhr nachmittags ein neuer Schlaganfall ein, so daß Beda Groten die Sprache verlor. Nach zweiundzwanzig Uhr abends verstarb der Abt im Kloster St. Apern zu Köln. Er war 59 Jahre alt geworden. Sein Leichnam wurde nach Brauweiler überführt und an der Evangelienseite des Antoniusaltares in der Abteikirche beigesetzt.

Noch zu Lebzeiten hatte Abt Beda in Kornelimünster zwei Grabsteine bestellt, einen für seinen Vorgänger Matthias II. Grein und den anderen für sich selbst. Einige Tage vor seinem Tod war er verärgert, daß diese Grabsteine noch nicht geliefert worden waren. Doch kaum eine Stunde, nachdem der Leichnam des Abtes in Brauweiler angekommen war, trafen die beiden Grabsteine ein. (Mouchard 1981)

Abt Amandus Herriger, eine *„Zierde des Ordens“*

Nachfolger des verstorbenen Abtes Beda Groten wurde Amandus Herriger, der im dritten Wahlgang zum Abt gewählt wurde. Er war 1716 in Junkersdorf (heute Stadtteil von Köln) geboren. 1733 trat er in das Kloster ein und erhielt 1739 die Priesterweihe. Der damalige Abt Matthias II. Grein ernannte ihn zum Novizenmeister. Dieses Amt hat er sieben Jahre ausgeübt; dann wurde er für fünf Jahre Lektor der Theologie in Corvey. Nach Brauweiler zurückgekehrt, wurde er erneut Novizenmeister bis zu seiner Wahl zum Abt. Der Chronist hat ihn sehr gelobt und als *„Zierde und Schmuck unseres ganzen Ordens“ (totius s. ordinis nostri decus et ornamentum)* bezeichnet. Die strenge Befolgung der Regel des hl. Benedikt und die Förderung der Studien im Kloster haben ihm besonders am Herzen gelegen. Wenn der Prior einmal abwesend war, hat er selbst bei Tag und Nacht am Chorgebet teilgenommen, wie der Chronist ausdrücklich vermerkt. Es war damals nämlich nicht üblich, daß der Abt immer am Chorgebet teilnahm.

Seine Sorge galt aber auch den Menschen in seinem Territorium, der Herrlichkeit Brauweiler. Dies wurde deutlich während der bereits erwähnten Brandkatastrophen 1758 in Freimersdorf und 1766 in Brauweiler. Abt Amandus Herriger hat in vorbildlicher Weise für die Menschen gesorgt, die ihr Obdach sowie alles Hab und Gut verloren hatten. In seinem Kloster hat er damals den Obdachlosen Wohnräume zur Verfügung gestellt und für den raschen Wiederaufbau der zerstörten Häuser gesorgt. Mit der Anschaffung von Feuerspritzen nach dem Dorfbrand in Brauweiler traf er Vorsorge für den Fall künftiger Unglücke ähnlicher Art.

Als die Ernteerträge infolge zahlreicher Mäuseplagen um die Mitte der 18. Jahrhunderts stark zurückgingen, hat er den Pächtern einen Teil der Pachtlieferungen erlassen. Den täglich sich an der Klosterpforte einfindenen Armen ließ er Speisen geben.

Im Jahre 1771 war die Ernte sehr schlecht, und zusätzlich brach unter dem Hornvieh eine Seuche aus. Die Folge waren enorme Preissteigerungen. Abt Amandus Herriger stellte drei Bäckern Korn aus den vorhandenen Getreidevorräten unter der Bedingung zur Verfügung, daß sie daraus Brot zu geringeren Preisen backen sollten. Wöchentlich wurde von fünf Maltern Getreide Brot gebacken. Das Brot ließ der Abt unter die Armen verteilen. Da der Andrang der Bedürftigen groß war, kam es vor, daß man freitags nicht einmal mehr Brot für die Mönche im Kloster übrig hatte.

Erwerb neuer Reliquien für das Kloster

Abt Amandus hat sich auch um die Pflege der historischen Tradition seines Klosters verdient gemacht. So bemühte er sich zusammen mit seinem Bibliothekar und Archivar Franziskus Cramer erfolgreich um den Erwerb von Reliquien des mit der Gründung des Klosters eng verbundenen Abtes Poppo von Stablo-Malmedy. Nach der Übertragung der Reliquien nach Brauweiler im Jahre 1774 ließ der Abt mit Genehmigung des Kölner Generalvikars das

Kapelle des ehemaligen Brauweiler Hofes in Köln. Das Foto entstand kurz vor dem Abriß des Anwesens im Jahre 1890.

Fest des hl. Poppo auf den 14. April, den Tag der Ankunft der ersten Mönche in Brauweiler, verlegen. Außerdem erwarb Abt Amandus Herriger Reliquien der Äbtissin Ida von Maria im Kapitol zu Köln, die eine Tochter der Brauweiler Klostergründer gewesen war.

In der Kapelle des Brauweiler Hofes in Köln ließ Abt Amandus einen neuen Altar errichten. Über der Mitte dieses Altares wurde ein Kreuz aufgestellt, das aus dem persönlichen Besitz der Stifterin des Klosters, der Pfalzgräfin Mathilde, stammen soll und der Gründungsgeschichte gemäß von ihr einst aus der Tomburg nach Brauweiler gebracht worden war. Nachdem es jahrhundertelang über dem Stiftergrab in der Abteikirche gehangen hatte, wurde es in der frühen Neuzeit wegen anhaltender Kriegswirren in den Brauweiler Hof nach Köln gebracht. (Beuckers 1994, Stiene 1997)

Übertragung der Sitzfigur des hl. Nikolaus aus der Krypta in die Oberkirche

Im Jahre 1764 ließ Abt Amandus Herriger die hölzerne Sitzfigur des Klosterpatrons, des hl. Nikolaus, aus der Krypta der Abteikirche herausholen und wieder in der Oberkirche aufstel-

St. Nikolaus, der Hauptpatron der Brauweiler Kirche. Vorderseite des Druckblattes mit dem Nikolaushymnus von 1764, heute in der Kugel unter dem Turmhahn der Abteikirche

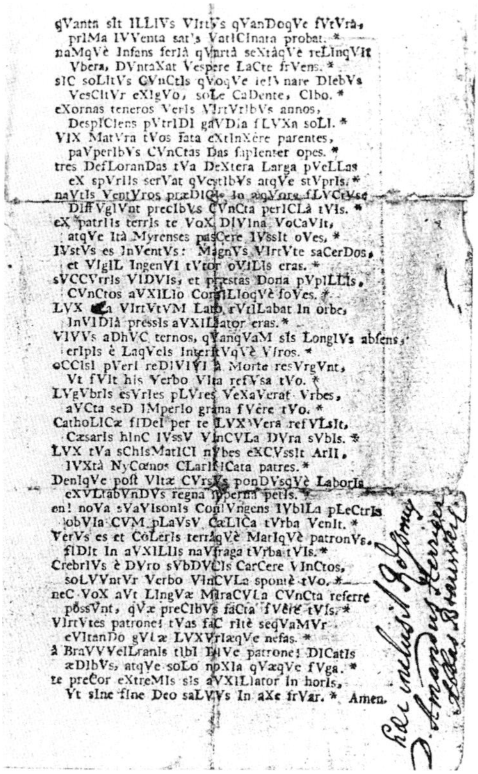
gVanta sIt ILLIVs VIrtVs qVanDoqVe fVtVra,
prIMa IVVenta satIs VatICInata probat. *
naMqVè Infans ferIà qVartà seXtàqVe reLInqVIt
Vbera, DVntaXat Vespere LaCte frVens. *
sIC soLItVs CVnCtIs qVoqVe IeIVnare DIebVs
VesCItVr eXIgVo, soLe CaDente, CIbo. *
eXornas teneros VerIs VIrtVtIbVs annos,
DespICIens pVtrIDI gaVDia fLVXa soLI. *
VIX MatVra tVos fata eXtInXere parentes,
paVperIbVs CVnCtas Das sapIenter opes. *
tres DefLoranDas tVa DeXtera Larga pVeLLas
eX spVrIIs serVat qVestIbVs atqVe stVprIs. *
naVtIs VentVros præDIC... In æqVore fLVCtVs
DIffVgIVnt precIbVs CVnCta perICLà tVIs. *
eX patrIIs terrIs te VoX DIVIna VoCaVIt,
atqVe Ità Myrenses pasCere IVssIt oVes. *
IVstVs es InVentVs: MagnVs VIrtVte saCerDos,
et VIgIL IngenVI tVtor oVILIs eras. *
sVCCVrrIs VIDVIs, et præstas Dona pVpILLIs,
CVnCtos aVXILIo ConsILIoqVè foVes. *
LVX tVa VIrtVtVM Late rVtILabat In orbe,
InVIDIà pressIs aVXILIator eras. *
VIVVs aDhVC ternos, qVanqVaM sIs LongIVs absens,
erIpIs è LaqVeIs InterItVqVè VIros. *
oCCIsI pVerI reDIVIVI à Morte resVrgVnt,
Vt fVIt his Verbo VIta refVsa tVo. *
LVgVbrIs esVrIes pLVres VeXaVerat Vrbes,
aVCta seD IMperIo grana fVere tVo. *
CathoLICæ fIDeI per te LVX Vera refVLsIt,
CæsarIs hInC IVssV VInCVLa DVra sVbIs. *
LVX tVa sChIsMatICI nVbes eXCVssIt ArII,
IVXtà NyCœnos CLarIfICata patres. *
DenIqVe post VItæ CVrsVs ponDVsqVè LaborIs
eXVLtabVnDVs regna sVperna petIs. *
en! noVa sVaVIsonIs ConIVngens IVbILa pLeCtrIs
obVIa CVM pLaVsV CæLICa tVrba VenIt. *
VerVs es et CoLerIs terrāqVè MarIqVè patronVs,
fIDIt In aVXILIIs naVfraga tVrba tVIs. *
CrebrIVs è DVro sVbDVCIs CarCere VInCtos,
soLVVntVr Verbo VInCVLa spontè tVo. *
neC VoX aVt LIngVæ MIraCVLa CVnCta referre
possVnt, qVæ preCIbVs faCta fVere tVIs. *
VIrtVtes patrone! tVas faC rItè seqVaMVr
eVItanDo gVLæ LVXVrIæqVe nefas. *
à BraVVVeILranIs tIbI LaVe patrone! DICatIs
æDIbVs, atqVe soLo noXIa qVæqVe fVga. *
te preCor eXtreMIs sIs aVXILIator In horIs,
Vt sIne fIne Deo saLVVs In aXe frVar. * Amen.

Rückseite des Blattes mit dem Nikolaushymnus und der Unterschrift des Abtes Amandus Herriger

len. Unter Abt Edmund Schmitz war die Holzplastik, die ihren Standort auf dem Hauptaltar der Kirche gehabt hatte, bei der Umgestaltung dieses Altares in die Krypta gebracht worden. Wie in den *Acta Abbatum* berichtet wird, sei Abt Amandus Herriger beim Anblick der Nikolausstatue wiederholt innerlich bewegt gewesen. Daher habe er das Gnadenbild des Klosterpatrons nun in der Mitte des Kirchenschiffs in der Nähe der Kanzel aufstellen lassen, daß es von den Gläubigen, die nach Brauweiler wallfahrteten, verehrt werden konnte. Damals ließ der Abt die Statue untersuchen und reinigen. In ihrem Innern fand man zahlreiche Reliquien.

Die Versetzung der Figur des Klosterpatrons war Anlaß für den gelehrten Konventualen Franziskus Cramer, einen Lobpreis auf den hl. Nikolaus in der Form eines Gedichtes zu verfassen. Sein Gedicht steht in der Tradition des spätmittelalterlichen Reimgebetes. In knappen Versen erinnert es an besonders einprägsame Begebenheiten aus dem Leben des Heiligen; ferner beginnt und endet es mit dessen persönlichem Anruf durch den Dichter. Während aber im spätmittelalterlichen Reimgebet rhythmische Strophen vorherrschen, ist die Form dieses Preisgedichtes das elegische Chronodistichon. (Stiene 1997). Die Worte jedes aus zwei Zeilen bestehenden Verspaares enthalten Großbuchstaben, die römische Zahlzeichen darstellen und bei der Addition jedesmal die Jahreszahl 1764 ergeben.

Grußadresse an den Trierer Erzbischof und Kurfürst Clemens Wenzeslaus

Zwei Jahre später, als nach dem Tod des Trierer Erzbischofs und Kurfürsten Philipp von Walderdorff dessen Nachfolger Clemens Wenzeslaus sein Amt antrat, gab Franziskus Cramer erneut einen Beweis seiner Dichtkunst. Er schrieb ein Preisgedicht, einen Panegyrus, auf den neuen Amtsinhaber. Das lange Gedicht gliedert sich in mehrere Teile. Nach einer kurzen Anrede wird die glanzvolle Amtseinführung von Clemens Wenzeslaus, sein Empfang in Trier und Ehrenbreitstein sowie der Beifall der deutschen Staaten und des Auslandes beschrieben. Es folgt ein Lobpreis auf die Vergangenheit seiner Familie sowie auf ihn selbst. Dann wird übergeleitet auf das Anliegen der Abtei Brauweiler, die Bitte um Bestätigung der alten Rechte der Zollfreiheit auf Mosel und Rhein. Das Gedicht endet mit der erneuten Bitte an Clemens Wenzeslaus, dem Kloster in Brauweiler gewogen zu sein, verbunden mit guten Wünschen für den Adressaten. (zum Gedicht: Stiene 1997 b)

Der Überbringer des Lobgedichtes war der Brauweiler Konventuale und spätere Abt Anselm Aldenhoven. Da Clemens Wenzeslaus wegen neuer hoher Besucher der Bitte der Abtei nicht sofort entsprechen konnte, begab Anselm Aldenhoven sich auf eine kurze Inspektionsreise zu den Rheingauer Besitzungen des Klosters und anschließend zu den Moselgütern nach Mesenich und Klotten. Schließlich kehrte er an den Hof des Trierer Kurfürsten und Erzbischofs nach Koblenz zurück und erhielt die gewünschte Bestätigung der Zollfreiheit auf Mosel und Rhein.

Lästige Prozesse und Rechtsstreitigkeiten

Mehrfach war das Kloster zur Zeit von Abt Amandus in Prozesse und Rechtsstreitigkeiten verwickelt. Im Mittelpunkt der Auseinandersetzungen standen vielfach alte Rechte und Privilegien des Klosters, die ihm nun von unterschiedlicher Seite streitig gemacht wurden.

So mußte ein Prozeß gegen den Freiherrn von Schlenderhan geführt werden, da dieser alte Jagdrechte, welche die Abtei in ihren im Herzogtum Jülich gelegenen Wäldern besaß, nicht mehr anerkennen wollte. Ein andermal ging es um die Raitz-von-Frentzsche Stiftung, die unter Abt Johannes IV. Münch zugunsten des Klosters und der Familie von Schlenderhan eingerichtet worden war und über die der Abt von Brauweiler die Aufsicht führte. Als Freiherr von Schlenderhan wegen schlecht geführter Wirtschaft sich immer mehr verschuldete, beabsichtigte er, dem Stiftungsfond Geld zu entnehmen. Da Abt Amandus sich diesem Ansinnen des Freiherrn entgegenstellte, strengte dieser einen Prozeß in Düsseldorf gegen das Kloster an. Als der Prozeß einen für die Abtei ungünstigen Ausgang nahm, wandte Abt Amandus sich an den Kölner Kurfürsten und Erzbischof Maximilian Friedrich. Zugleich bat er diesen um Entbindung von der Aufsicht über die Stiftung. Der Kurfürst und Erzbischof ist dem Wunsch des Abtes schließlich nachgekommen und setzte als neuen Inspektor den Generalvikar Johann Philipp von Horn-Goldschmidt ein.

Es folgten Auseinandersetzungen wegen der Zollfreiheit an einigen kurkölnischen Landzollstellen in der Nähe Kölns. Diese wurden nach drei Jahren von dem Bonner Hofrat zugunsten der Abtei entschieden.

Als im Jahre 1760 der ehemalige Kellner Aemilianus Horn starb, der als Propst seit 1756 die Verwaltung der Moselbesitzungen des Klosters innehatte, kam es zu einem Prozeß mit dem Pfarrer von Klotten. Im Mittelpunkt der Auseinandersetzung stand das Begräbnisrecht in der Nikolauskapelle zu Klotten, wo die mit der Verwaltung des Moselbesitzes beauftragten Brauweiler Konventsmitglieder ihre letzte Ruhe fanden. Erst in zweiter Instanz konnte der Prozeß vor dem Kölner Nuntius gewonnen werden.

Zu einem anderen Prozeß kam es 1765, als der damalige Rektor der Glessener Kapelle Edmund Stupp erblindete und seinen Dienst nicht mehr versehen konnte. Er gab das Amt an die Gemeinde und den Herrn von Neuenhof zurück, die beide das Kollationsrecht hatten und daher den Nachfolger wählen konnten. Da die Glessener Kapelle jedoch der Sintherner Pfarrkirche unterstand, hatte der Pfarrer von Sinthern das Recht, sowohl die Wahl des neuen Geistlichen zu leiten als auch diesen anschließend einzuführen (investieren). Als die Glessener nun einen neuen Geistlichen für ihre Kapelle wählten, versuchten sie, den damaligen Sintherner Pastor, den Benediktiner Matthias Broich, von der Wahl auszuschließen. Sie teilten ihm den Zeitpunkt der Wahl erst am gleichen Tag nur zwei Stunden vorher mit, in der Hoffnung, P. Matthias Broich könne dann nicht teilnehmen. Als dieser dann doch zur Wahl kam, bestritten sie ihm das Recht, den von ihnen gewählten Anton Sturm in sein Amt einzuführen. Es kam zum Prozeß, den die

Abt Amandus Herriger (1756-1778). Gemälde in der Sakristei der Abteikirche

Glessener jedoch verloren. Die Wahl Anton Sturms zum Geistlichen an der Glessener Kapelle wurde für nichtig erklärt und mußte wiederholt werden, diesmal jedoch unter dem Vorsitz von P. Matthias Broich als dem zuständigen Sintherner Pastor.

Zu einem anderen Prozeß mit den Glessenern kam es um 1770/71. Damals waren infolge schlechter Ernten bestimmte Nahrungsmittel, vor allem Brot, knapp geworden. Der Abt ließ, um die landwirtschaftliche Produktionsfläche zu vergrößern, ein Stück brachliegendes Land, die sog. „Glessener Heide", urbar machen. Dagegen ging der Glessener Schöffe Hold an. Er behauptete, die Glessener Heide gehöre der Gemeinde und nicht der Abtei. Der Rechtsstreit ging jedoch zugunsten des Klosters aus. (Braschoß 1990)

In einem weiteren Prozeß hat der Abt die Gemeinde Widdersdorf unterstützt. Gegen die Gemeinde Mesenich prozessierte er wegen der Holzrechte und gegen das Franziskanerinnenkloster in Karden wegen der Kurmut, einer Abgabe, welche die Nonnen beim Tod ihrer Oberin an die Brauweiler Propstei in Klotten zu entrichten hatten. Diese Abgabe hing mit Gütern zusammen, die das Nonnenkloster in Klotten besaß. Zwei weitere Auseinandersetzungen die man mit dem Kölner Domkapitel führen mußte, wurden schließlich auf gütlichem Weg beigelegt.

Ordnen des Klosterarchivs

Gleich zu Beginn seiner Amtszeit hat Abt Amandus sich einen Überblick über das Klosterarchiv verschafft. Er hat, wie der Chronist berichtet, oft bis in die Nacht über Urkunden und anderen Dokumenten gesessen, um sich mit den Privilegien und Rechten seines Klosters vertraut zu machen. Die zahlreichen Rechtsstreitigkeiten während der Amtszeit des Abtes zeigen, daß er gut daran getan hatte, sich rechtzeitig Kenntnisse über die Rechtslage seines Klosters anzueignen. Schließlich hat er zwei seiner Konventualen, nämlich Anselm Aldenhoven, der sein Nachfolger im Amt wurde, und Franziskus Cramer, der später als Professor an der Bonner Universität Geschichte und Diplomatik lehrte, mit dem Ordnen des Archivs beauftragt und zum Urkundenstudium angeregt.

Das Archiv war zu diesem Zeitpunkt im Brauweiler Hof zu Köln. (Dahlhaus 1993) Bereits 1680 befand es sich dort, wie der Chronist in den *Acta Abbatum* vermerkt. Man hatte es vermutlich wegen der zahlreichen Kriegswirren dorthin in Sicherheit gebracht. Bei der Aufhebung der Abtei war es noch in Köln. Dort wurde es im Juli 1802 von dem französischen Kommissar Wiruce im Zusammenhang mit der Säkularisation versiegelt. (s. S. 358f.)

Abt Amandus, der auch auswärtige Wissenschaftler unterstützt hat, zeigte im Jahre 1768 das Klosterarchiv den Mitgliedern der Kurpfälzischen Akademie der Wissenschaften Christoph Jakob Kremer, Andreas Lamey sowie dem Akademiepräsidenten Johann Daniel Schöpflin. Andreas Lamey ist 1772 noch einmal als Archivbenutzer im Brauweiler Hof in Köln gewesen. (Pabst 1872, Dahlhaus 1993)

Diese drei Wissenschaftler kannten die umfangreiche, 79 Bände umfassende Manuskriptsammlung, die der herzoglich jülich-bergische Archivar und Geheime Rat zu Düsseldorf Dr. jur. Johann Gottfried von Redinghoven (1628-1704) angelegt hatte. Sie enthält vollständige Kopien und Teilabschriften von Urkunden und anderen Dokumenten zur niederrheinischen Geschichte. Die gesamte handschriftliche Sammlung war von den Erben Redinghovens an den pfälzischen Kurfürsten Karl Theodor verkauft worden. Dieser hatte sie seiner Mannheimer Hofbibliothek einverleibt, wo die drei genannten Wissenschaftler sie für ihre Arbeiten benutzt haben.

Redinghoven hat in zwei Bänden seiner Sammlung Abschnitte der Geschichte der Abtei Brauweiler gewidmet. Hierzu hat er Auszüge aus einem Kopialbuch, das sich zu seiner Zeit im Brauweiler Klosterarchiv befand, abgeschrieben. Das von Redinghoven benutzte Kopialbuch, das heute nicht mehr existiert, könnte nach der Einführung der Bursfelder Reform im Jahre 1467 angelegt worden sein, da man damals ein berechtigtes Interesse gehabt haben dürfte, sich einen Überblick über die Rechte und Privilegien des Klosters zu verschaffen. (Wisplinghoff 1993) Es scheint sich bei dem Kopialbuch um das gleiche gehandelt zu haben, das auch dem unbekannten Mönch vorlag, der vor der Mitte des 16. Jahrhunderts das *Chronicon Brunwylrense* verfaßt hat, und das heute verloren ist. (Dahlhaus 1993) Mehrfach nimmt dieser anonyme Verfasser Bezug auf ein Einnahmen- und Ausgabenverzeichnis, auf Prozeßakten und eben auf dieses Kopialbuch.

Der Chronist zitiert immer wieder Urkunden aus dem Klosterarchiv und nennt dabei auch ihre damalige Archivsignatur. Diese hatte man auf der Rückseite der Urkunden vermerkt. Sie war ein archivisches Findmittel. So gibt der Schreiber der Chronik einen Einblick in die Systematik des Brauweiler Klosterarchivs, wie sie im 15. Jahrhundert geschaffen worden war.

Man hat durch Handschriften und Drucke der Brauweiler Chronik die Archivsignaturen von etwa 180 Urkunden erschließen und zugleich die Archivgliederung rekonstruieren können. (Dahlhaus 1993) Mit Großbuchstaben wurden einzelne Abteilungen gekennzeichnet, denen man die Urkunden zurechnete. Dabei fanden nur 18 Buchstaben - von A bis S - des Alphabets Verwendung. Zur Ordnung innerhalb dieser Abteilungen wurden Zahlen verwendet. Die Zuordnung einzelner Urkunden geschah einmal nach der Rechtsmaterie und ein andermal nach Orten. Im einzelnen wurde jedoch recht willkürlich entschieden. (Dahlhaus 1993) Einige Beispiele mögen im folgenden genügen: So wurden unter „A“ und „B“ Allgemeine Privilegienverleihungen und -bestätigungen eingeordnet. Unter „C“ waren die Orte an der Mosel, hauptsächlich Klotten und Mesenich zu finden. „E“ kennzeichnete Angelegenheiten, die Kirdorf (Sinthern) betrafen. Unter „F“ waren Widdersdorfer Angelegenheiten, unter „G“ die Angelegenheiten, die Bürgel und Zons betrafen, unter „K“ alle Wälder - vor allem Zehnten von Neubrüchen - bei Brauweiler, unter „O“ alles, was die Vogtei betraf, und unter „S“ die Ablösung von Obligationen eingeordnet. (Dahlhaus 1993)

Wie die Rückenaufschriften mancher Urkunden belegen, hatte man in der Frühzeit des Klosters eine andere Archivordnung. Sie scheint im Laufe des 12. und 13. Jahrhunderts noch mehrfach geändert worden zu sein, bis man im 15. Jahrhundert das für die folgenden Jahrhunderte geltende Ordnungsschema einführte.

Das Archiv hat im Laufe der Zeit Verluste erlitten. Bereits die Schreiber der Chronik im 16. Jahrhundert beklagen verlorene Urkunden. (Wisplinghoff 1992) Das Ausmaß der Verluste ist schwer abzuschätzen, da kein einziges Verzeichnis (Repertorium) des Archivs vorliegt; ein einigermaßen aktuelles scheint es aber auch gegen Ende des 18. Jahrhunderts nicht gegeben zu haben. (Dahlhaus 1993) Anhand des dargestellten Ordnungssystems hat man geschlossen, daß das Klosterarchiv am Ende des 15. Jahrhunderts über etwa 250 Urkunden verfügt hat, von denen bestenfalls noch 130 erhalten geblieben sind. (Wisplinghoff 1992) Etwas mehr als 300 Urkunden aus dem Brauweiler Klosterarchiv lagern heute im Nordrhein-Westfälischen Hauptstaatsarchiv Düsseldorf. Einzelne Stücke sind europaweit verstreut (s. Anhang S. 398). (Wisplinghoff 1992, Dahlhaus 1993) Außer diesen Urkunden sind aus dem Klosterarchiv noch Kopialbücher, Rechnungen, handschriftliche Chroniken und Akten erhalten, die jedoch auf verschiedene Archive verteilt sind.

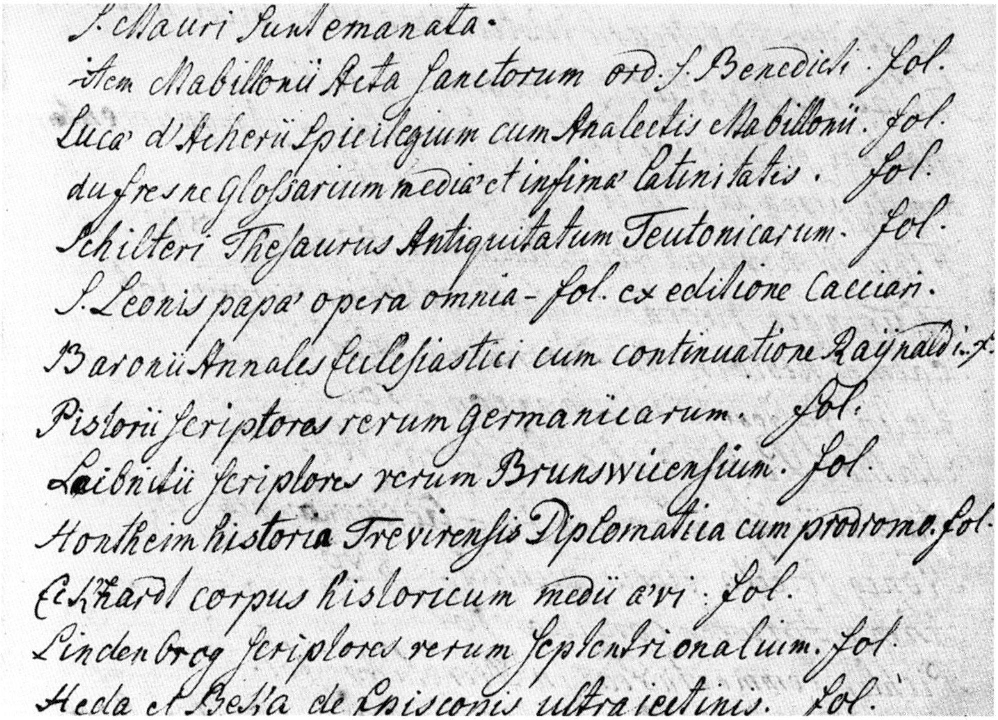
S. Mauri sunt emanata.
Item Mabillonii Acta Sanctorum ord. S. Benedicti fol.
Lucæ d'Acherii Spicilegium cum Analectis Mabillonii. fol.
du fresne Glossarium mediæ et infimæ latinitatis. fol.
Schilteri Thesaurus Antiquitatum Teutonicarum. fol.
S. Leonis papæ opera omnia - fol. ex editione Cacciari.
Baronii Annales Ecclesiastici cum continuatione Raynaldi. f.
Pistorii Scriptores rerum germanicarum. fol.
Laibnitii scriptores rerum Brunswicensium. fol.
Hontheim historia Trevirensis Diplomatica cum prodromo. fol.
Eckhard corpus historicum medii ævi: fol.
Lindenbrog scriptores rerum Septentrionalium. fol.
Heda et Beka de Episcopis ultraiectinis. fol.

Auszug aus der Liste von Büchern der Klosterbibliothek zur Zeit von Abt Amandus Herriger (1756-1778). Acta Abbatum Brauweilerensium, Bl. 430v (PfAB)

Die Klosterbibliothek und die Frage nach der Existenz eines Skriptoriums in der Abtei

Franziskus Cramer hat sich im Auftrag von Abt Amandus nicht nur mit dem Archiv der Abtei befaßt, sondern auch mit der Bibliothek. Der Abt hatte den Raum der alten Bibliothek zunächst säubern und mit neuen und größeren vergitterten Fenstern, einem neuen Fußboden und prächtigeren Türen versehen lassen. Dann wurde der Raum entsprechend ausgestattet. Neue Bücherregale wurden ebenso angeschafft wie lange Tische für die Benutzer der Bibliothek. Als Bibliothekar hat Franziskus Cramer eine Bestandsaufnahme durchgeführt und beschädigte Bücher repariert. Der Abt ließ mit Hilfe Cramers neue Bücher zur Ergänzung der Bibliothek anschaffen. Damit sollte zugleich die wissenschaftliche Weiterbildung der Mönche gewährleistet sein, die dem Abt sehr am Herzen lag.

Über den Bestand an gedruckten Werken informiert eine Liste, die der Chronist in den *Acta Abbatum* mitteilt. Sie dürfte jedoch kaum alle Titel erfassen; denn wenige Jahre später, kurz vor der Aufhebung der Abtei, wurde die Anzahl der Bücher in der Bibliothek wesentlich höher veranschlagt. Einen Umfang von 1.300 bis 1.400 gibt ein Inventarverzeichnis an, das die Mönche 1798 im Auftrag der französischen Verwaltung angelegt hatten. Die von den Franzosen im gleichen Jahre erstellte Inventarliste nennt dagegen einen Bestand von 2.000 bis 2.200 Bänden. Auf die Gründe für diese Differenz wird später eingegangen.

Die bei der Bestandsaufnahme durch Franziskus Cramer gefertigte Liste führt neben theologischer Literatur und einigen juristischen Werken vor allem Werke zur Geschichte auf. Ihre Anschaffung mag auf P. Franziskus im Zusammenhang mit seiner Tätigkeit als Professor an der Bonner Universität zurückgehen.

Einen weiteren Einblick in die Brauweiler Klosterbibliothek vermittelt eine Liste, die der französische „Commissaire des arts“ kurze Zeit nach dem im Oktober 1794 erfolgten Ein-

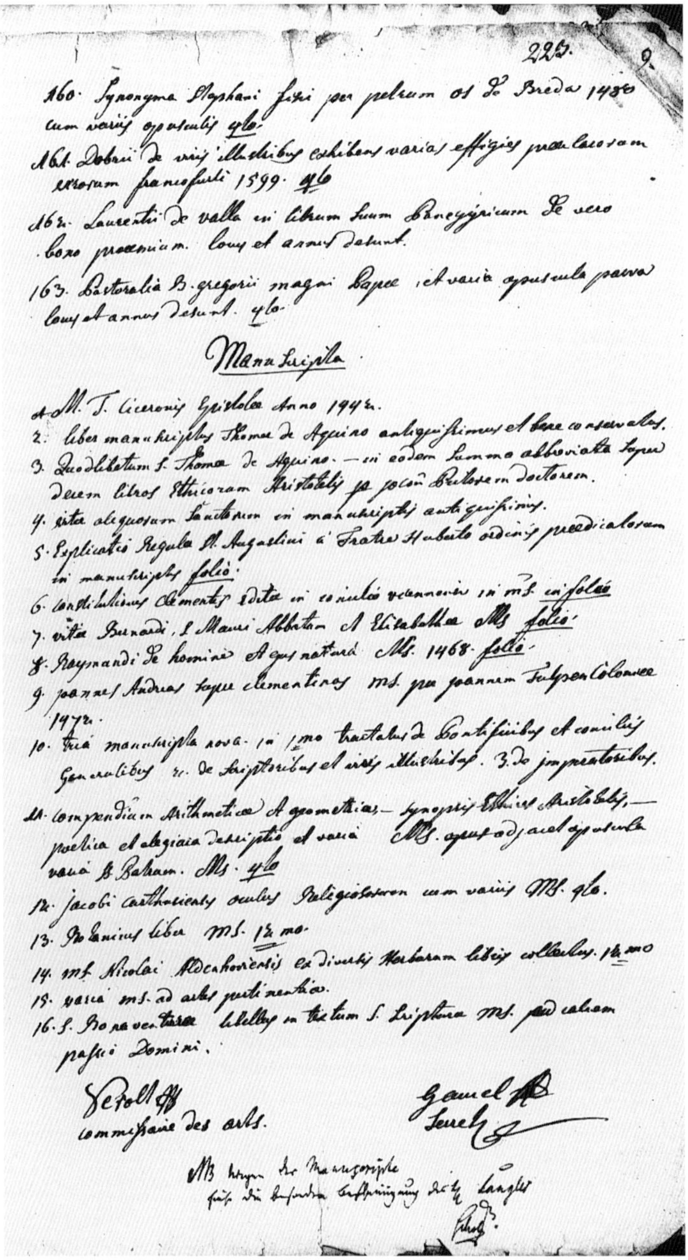

223. 9.

160. Synonyma Stephani fieri per petrum de Breda 1480 cum variis opusculis 4to.
161. Dobrii de viris illustribus exhibens varias effigies praelatorum [illegible] francofurti 1599. 4to
162. Laurentii de valla in librum suum [illegible] de vero bono [illegible]. locus et annus desunt.
163. Pastoralia B. gregorii magni Papae et varia opuscula parva locus et annus desunt. 4to.

Manuscripta

1. M. T. Ciceronis Epistolae Anno 1442.
2. liber manuscriptus Thomae de Aquino antiquissimus et bene conservatus.
3. Quodlibetum S. Thomae de Aquino. — in eodem Summa abbreviata super decem libros Ethicorum Aristotelis [illegible] doctorem.
4. vitae aliquorum Sanctorum in manuscriptis antiquissimis.
5. Explicatio Regulae S. Augustini a Fratre Huberto ordinis praedicatorum in manuscriptis folio.
6. Constitutiones Clementis editae in concilio viennensi in ms. in folio
7. vita Bernardi, S. Mauri Abbatis et Elisabethae Ms folio
8. Raymundi de homine et eius natura Ms. 1468. folio.
9. Joannes Andreas super Clementinas ms. per joannem [illegible] Coloniae 1472.
10. Tria manuscripta nova. in 1mo tractatus de Pontificibus et conciliis Generalibus 2o. de scriptoribus et viris illustribus. 3. de imperatoribus.
11. compendium Arithmeticae et geometriae — synopsis Ethicae Aristotelis — poetica et allegoriae descriptio et varia Ms. [illegible] opuscula varia [illegible] Ms. 4to
12. jacobi carthusiensis oculus Religiosorum cum variis MS. 4to.
13. Soliloquium liber MS. 12mo.
14. ms. Nicolai [illegible] ex diversis herbarum libris collectus. 12mo
15. varia ms. ad artes pertinentia.
16. S. Bonaventurae libellus in textum S. Scripturae MS. [illegible] passionis Domini.

Serolt commissaire des arts.

Gamel secretaire

Letzte Seite der Liste mit den Titeln der Bücher und Handschriften (Manuskripte) aus der Klosterbibliothek, die von dem französischen Kunstkommissar Serolt und seinem Sekretär Gamel beschlagnahmt wurden (NWHStAD, Generalgouvernement Nieder- u. Mittelrhein)

marsch der Franzosen über die von ihm beschlagnahmten Bücher und Manuskripte angefertigt hat. Gestützt auf einen Beschluß des Wohlfahrtsausschusses vom 13. Juli 1794 über die feindselige Behandlung der eroberten Gebiete richtete sich das Interesse des französischen Kommissars vor allem auf wertvollere Stücke wie Handschriften (Manuskripte) und Inkunabeln (Frühdrucke aus der Zeit bis 1500). Die Liste der in Brauweiler entnommenen Bücher nennt unter 135 Nummern insgesamt 185 Titel, darunter zahlreiche Inkunabeln. Außerdem sind 16 beschlagnahmte Manuskripte aufgeführt.

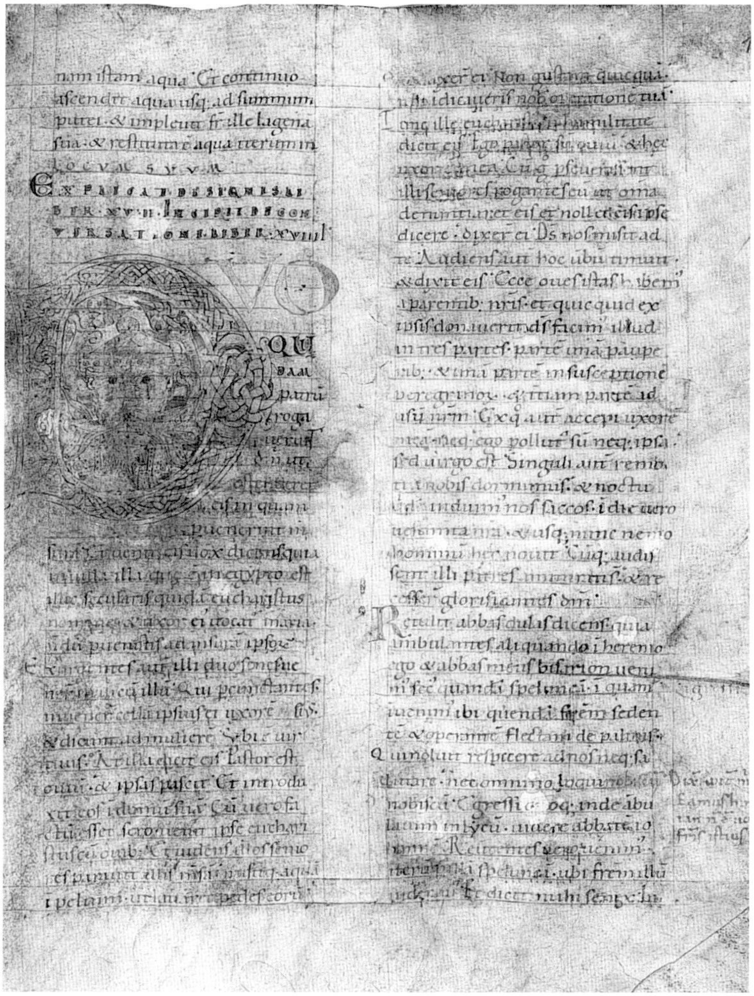

Seite 151v mit Initiale aus Codex 62, heute in der Sächsischen Landesbibliothek zu Dresden. Die ins 11. Jh. datierte und aus Brauweiler stammende Pergamenthandschrift enthält auf 162 Blättern Viten und Legenden frühchristlicher Eremiten, Asketen und Büßerinnen. Vermutlich gehört der Codex zu den Büchern, deren Verlust bereits Abt Menfred im Jahre 1321 beklagt hat.

Die aufgelisteten Frühdrucke sind vermutlich von den ersten Äbten nach der Einführung der Bursfelder Kongregation angeschafft worden, was gewiß mit großen Opfern verbunden war, da die wirtschaftliche Situation der Abtei zu dieser Zeit nicht besonders gut war. Die Liste der damals angeschafften Literatur ist geprägt davon, daß Mönche des Konvents als Seelsorger in Kirchen, die dem Kloster unterstanden, tätig waren. Man benötigte daher Bücher zur Vorbereitung auf das Lesen der Hl. Messe, auf das Spenden der Sakramente, auf Beichtehören und Predigen. So besaß man neben lateinischen und deutschen Bibelausgaben zahlreiche theologische Werke, darunter Handbücher für Beichtväter, Anleitungen zur Predigtvorbereitung und Predigtsammlungen. Aber auch Ausgaben von Schriftstellern der Antike wie Vergil, Ovid oder Aesop sowie Kommentare zur „Physik und zu den Kategorien“ des Aristoteles waren vorhanden. Eine reich illustrierte Ausgabe der „Cosmographia“ des Ptolemäus stand in der Bibliothek ebenso wie ein griechisch-lateinisches Wörterbuch. Daneben besaß die Abteibibliothek auch Bücher zur Medizin, zur Astronomie und Astrologie sowie ein Astrolabium, ein astronomisches Beobachtungsgerät. Die düstere Seite des Interesses der Abtei belegt die Anschaffung von zwei Exemplaren des Hexenhammer, für den man bald darauf tatsächlich Verwendung hatte.

Über den Bestand der Klosterbibliothek vor der Bursfelder Reform ist nur wenig bekannt. Bereits bis zum Beginn des 14. Jahrhunderts scheint vieles verlorengegangen zu sein. So beklagt Abt Menfred 1321 in einem Brief den Verlust von Büchern. Einiges läßt sich aus den in Brauweiler während des 11. und 12. Jahrhunderts entstandenen Werken zur Geschichte des Klosters erschließen. Hierzu gehören die *Brunwilarensis monasterii fundatorum actus* und die *Vita Wolfhelmi*. (s. Anhang S. 393ff.) Beide Werke enthalten Zitate oder Redewendungen, die antiken Schriftstellern wie Sallust, Vergil, Horaz, Juvenal oder Persius entliehen sind und vermuten lassen, daß das Kloster entsprechende Handschriften besessen hat. Zum weiteren Bestand der Klosterbibliothek der Frühzeit gehörten Werke der christlichen lateinischen Literatur, so von Sulpicius Severus, Gregor dem Großen und von Hieronymus. (Stiene 1991 und 1993 b) Wie sich anhand der Inschrift der im Jahre 1300 gegossenen Misericordia-Glocke nachweisen läßt, muß sich in der Bibliothek auch eine Abschrift des „Gelasianum", eines aus dem 8. Jahrhundert überlieferten Sakramentars, befunden haben. (s. Anhang S. 410f.) Wie groß der Bestand der Klosterbibliothek an Handschriften war, ist nicht bekannt. Er dürfte jedoch nicht allzu umfangreich gewesen sein. (Stiene 1993 b) Rund zwanzig Handschriften, von denen nur sechs aus dem 10. - 12. Jahrhundert stammen, sind erhalten geblieben. Sie sind heute europaweit verstreut und befinden sich in Wien, Leiden, Linköping (Schweden), Stuttgart, Dresden und dem Vatikan. (Stiene 1993 b) Die übrigen Codices gehören dem 15. und 16. Jahrhundert an und enthalten neben den Predigten Bernhards von Clairvaux vorwiegend spätmittelalterliche theologische und erbauliche Werke sowie geistliche bzw. liturgische Gebrauchsliteratur. (Stiene 1993 b)

Es bleibt die Frage, ob in der Klosterbibliothek aufbewahrte Handschriften wohl auch in Brauweiler geschrieben wurden. Das würde bedeuten, daß das Kloster ein eigenes Skriptorium (Schreibsaal) besessen hätte. Man hat diese Frage bejaht und die Entstehung von drei der noch erhaltenen Codices dem Skriptorium der Abtei zugeordnet. (Hoffmann 1997)

Die Bibliothek der Sintherner Pfarrer

Eine Bibliothek besonderer Art hat sich durch einen Zufall auf dem Dachboden über der nördlichen Sakristei der Pfarrkirche zu Sinthern erhalten, wo sie erst 1969 bei Restaurierungsarbeiten entdeckt wurde. (Brandts 1975) Sie besteht aus 340 Werken, die in der Zeit zwischen 1581 und 1798 herausgegeben wurden. Die Bibliothek ist vornehmlich von dem ehemaligen Lektor des Klosters Bernhard Ahrem, der von 1769 bis 1794 Pastor in Sinthern war,

Ein Teil der ehemaligen Bibliothek der Sintherner Pfarrer (PfAS)

„ohne weib, ohne proceß + ohne böses gewissen / Seind die besten bissen", handschriftlicher Eintrag des Brauweiler Benediktiners Anselm Colbertz (1630-1685) in einem medizinischen Buch, das 1612 gedruckt wurde. Bibliothek der Sintherner Pfarrer (PfAS)

zumeist aus Beständen des Klosters angeschafft worden. (Helmstaedter 1990) Ihre Hauptbestimmung war, der Seelsorge zu dienen, und daher besteht sie auch zur Hauptsache aus entsprechenden Werken. Darunter befinden sich verschiedene Bibeln, Werke zur systematischen Theologie und Kontroverstheologie, zur Morallehre, zur Aszetik, Pastoraltheologie und Liturgik. Hinzu kommen Missalien, Gradualien, Antiphonalien, Breviere und Psalter. Aber auch Bücher zum Kirchenrecht und zum weltlichen Recht, zur Kirchengeschichte und zur allgemeinen Geschichte sowie Werke verschiedener Kirchenväter sind vorhanden.

Ein Teil der Bücher trägt den Vermerk, daß sie von Bernhard Ahrem angeschafft wurden. Mehrere waren, wie der geänderte Vermerk belegt, zunächst im Besitz Brauweiler Konventsmitglieder, auch solcher, die als Pastöre in anderen Pfarren tätig waren. Nach deren Tod sind diese Bücher dann in die Sintherner Pfarrbibliothek gelangt. Einige Werke sind mit einem Siegelstempel des von Jesuiten geführten Kölner Montanusgymnasiums, an dem auch Brauweiler Mönche studiert hatten, versehen. Wohl nach der Auflösung des Jesuitenordens in Köln im Juni 1773 wurden diese Bücher übernommen.

Ganz allgemein vermittelt die Bibliothek der Sintherner Pastöre einen kleinen Eindruck vom Bestand der verlorenen Brauweiler Abteibib-

Klösterliches Skriptorium. Kohlezeichnung von Heinz Binsfeld

liothek und belegt zugleich aber auch die regen geistigen Interessen der Mönche, die in Sinthern während der zweiten Hälfte des 18. Jahrhunderts als Pastöre tätig waren.

Reparatur- und Baumaßnahmen im Klosterbereich unter Abt Amandus Herriger

Obwohl die ersten Jahre nach dem Amtsantritt von Abt Amandus durch widrige Umstände für das Kloster nicht leicht waren, gelang es dem Abt innerhalb von drei Jahren, zwischen 1758 und 1761, sowohl die abgebrannten Freimersdorfer Höfe wiederaufzubauen als auch innerhalb der Abtei die von seinem Vorgänger, Abt Beda Groten, begonnenen und wegen dessen kurzer Amtszeit nicht vollendeten Umbau- und Neubaumaßnahmen zu Ende zu bringen.

In der Kirche ließ der Abt Renovierungs- und Säuberungsarbeiten durchführen. 1769 wurde der prachtvolle Orgelprospekt an der Westwand des Langhauses neu vergoldet. Der Kirchenraum wurde geweißt, die Altäre gesäubert und verschiedene Heiligenfiguren vergoldet. Zur Erinnerung an die polnische Königin Richeza wurde 1765 eine Tonbüste der Königin angeschafft. Diese ist seit dem Zweiten Weltkrieg nicht mehr auffindbar.

In den Jahren 1769 und 1770 wurden Reparaturarbeiten an der Westturmanlage der Abteikirche durchgeführt. Der Hauptturm erhielt eine neue steinerne Galerie und wurde mit Eisenankern gesichert. Das Zifferblatt der großen Turmuhr wurde samt dem Zeiger - dieser diente der Stundenanzeige - erneuert und vergoldet. (Roth 1995) Zum Abschluß der Arbeiten ließ der Abt den heute noch erhaltenen, vergoldeten Wetterhahn auf die Turmspitze setzen. Er trägt auf seiner linken Seite die Initialen *AH AB (Amandus Herriger Abbas Brauweilerensis)*. In die goldene Kugel unter-

Die heute verschollene Tonbüste der Königin Richeza von 1765. Foto von 1924

Die Meßbildaufnahme von 1889 zeigt noch die Zifferblätter einer Sonnenuhr und der Einzeigeruhr am südlichen Treppenturm der Abteikirche.

Turmhahn der Abteikirche nach der Neuvergoldung im Sommer 1984. Auf der Brust des Hahns befindet sich die Initiale „A" für den Vornamen des Abtes Amandus Herriger. Foto vom 27. Juni 1984

Die sog. „Mariensäule" von 1775 im Kreuzganghof, heute sog. „Marienhof"

halb des Turmhahns ließ der Abt ein Exemplar des Nikolaushymnus, den Franziskus Cramer 1764 gedichtet hatte, einschließen. Das Exemplar trägt den handschriftlichen Vermerk des Abtes: *„haec inclusit R*[everen]*d*[i]*ssimus D*[ominus] *Amandus Herriger Abbas Brauweil*[erensis]" *(Dies hat der Hochwürdigste Herr Amandus Herriger, Abt von Brauweiler, eingeschlossen)*. (Stiene 1997 b)

Im Kreuzganghof (heute auch „Marienhof") ließ der Abt 1775 an der Stelle, wo einst die Marienkapelle mit der ersten Grablege des Stifterpaares gestanden hatte, eine doppelgesichtige Madonnenfigur auf einem hohen, geschweiften Sockel (sog. „Mariensäule") aufstellen.

Eine umfassende Renovierung und Umgestaltung erhielt der Kapitelsaal im östlichen Kreuzgangflügel. Wie der Chronist in den *Acta Abbatum* berichtet, habe der Abt bereits seit längerem vorgehabt, den verödet daliegenden Kapitelsaal von Grund auf zu erneuern. Der Raum wird als dunkel beschrieben, das Gestühl sei von Fäulnis befallen und die Malerei durch Feuchtigkeit verdorben gewesen. Auch liege der Raum zu tief in der Erde. Abt Amandus Herriger ließ daher die drei Fenster in der Ostwand vergrößern, damit der Raum mehr Licht erhielt. Der alte Fußboden wurde beseitigt, das Bodenniveau um zwei Fuß erhöht. Dabei wurde das Grab des Abtes Amilius von Brabant am 6. Mai 1774 in einer feierlichen Zeremonie geöffnet. In Anwesenheit von Abt, Konvent und unter Beisein eines Notars sowie des Arztes und Chirurgen Dr. Delbach von der Kölner Universität wurde der Sarkophag geöffnet. Die Gebeine des Abtes wurden entnommen, untersucht und zusammen mit einer bleiernen Inschrifttafel in einen Holzschrein gelegt. Dieser wurde wieder in den Sarkophag eingeschlossen.

Der Raum erhielt einen neuen, höhergelegten Steinfußboden. Entlang der Wände wurde ein neues Gestühl mit Rückwandverkleidung

aufgestellt. Eine neue Tür wurde gefertigt, und die von der Feuchtigkeit angegriffene Malerei ließ der Abt überstreichen. Im Jahre 1776 waren die Arbeiten beendet.

Von der Bautätigkeit des Abtes zeugt auch das barocke Feldtor im Osten des Klosterberings. Der östliche Schlußstein des Tors zeigt Abt Amandus Herrigers Wappen mit dem Pelikan, der seine toten Jungen mit seinem Blut wieder zum Leben erweckt - ein altes Sinnbild des Opfertodes und der Auferstehung Christi. Möglicherweise wurden um dieselbe Zeit auch Ost- und Südflügel des ehemaligen Wirtschaftshofes, der den Klausurgebäuden südlich vorgelagert ist, erbaut. Dabei dürfte der in spitzem Winkel ansetzende Südflügel ursprünglich in Höhe des Mittelbaus geendet haben. (Euskirchen 1997 a) Es fällt auf, daß die von Werksteingewänden gefaßte segmentbogige Zufahrt im Ostflügel dieses Hofes in axialem Bezug zum barocken Feldtor steht. Der Verbindungsweg zwischen diesem und der Toreinfahrt in den Wirtschaftshof konnte zur Anfahrt für die Zulieferung von Gütern genutzt werden. Der Baumeister sowohl des Feldtores als auch der Gebäude um den Wirtschaftshof ist nicht

◄ *Feldtor der Abtei. Schlußstein des östlichen Torbogens mit dem Wappen des Abtes Amandus Herriger*

Feldtor der Abtei von Osten

Trachytblock mit verwitterter Jahreszahl in der Klostermauer an der Ehrenfriedstraße. Foto vom Juni 1988

bekannt. Ein Vergleich des barocken Feldtores mit anderen Kleinbauten des Baumeisters Nikolaus Lauxen, der während der Amtszeit von Abt Amandus Herriger auf den Moselgütern des Klosters tätig war, legt die Möglichkeit nahe, daß er damals auch in Brauweiler gewirkt hat. (Euskirchen 1997 a)

Nicht zu klären ist, ob auch die heute noch in großen Teilen erhaltene Ziegelmauer, die entlang der modernen Straßenzüge den Immunitätsbereich der Abtei abgrenzt, unter Abt Amandus Herriger erbaut wurde. Ein in die Mauer an der heutigen Ehrenfriedstraße eingelassener Trachytblock zeigte bis vor einigen Jahren eine nur fragmentarisch noch lesbare Jahresangabe, die ins 18. Jahrhundert wies.

Baumaßnahmen auf den Moselbesitzungen Klotten und Mesenich

Seit ihrer Frühzeit besaß die Abtei Brauweiler Grundbesitz mit Weinbergen an der Mosel. Zentraler Verwaltungssitz war Klotten. Hier hatte das Kloster einen Fronhof sowie eine dem hl. Nikolaus geweihte Kapelle. Obwohl der Moselbesitz für das Kloster von großer Bedeutung war, scheint sich erst in der zweiten Hälfte des 17. Jahrhunderts die Gewohnheit herausgebildet zu haben, auf Dauer zwei Mönche des Brauweiler Konvents zur Verwaltung der Moselbesitzungen nach Klotten abzuordnen. Von diesen erhielt der eine die Amtsbezeichnung „Propst"; und der andere wurde als „Adjunkt" bezeichnet. (Wisplinghoff 1992) Als Verwaltungssitz dienten dem Propst und seinem Mitarbeiter der Brauweiler Fronhof. In seiner unmittelbaren Nachbarschaft befand sich die private Wohnung des Propstes, die Propstei. Die mittelalterlichen Gewölbekeller dieses Hauses gehören heute zum Weingut Hermann Josef Heinz in der Hohlstraße und dienen immer noch als Weinlager (s. Abb. S. 41).

Während der zweiten Hälfte des 18. Jahrhunderts, als die Moselorte einen allgemeinen wirtschaftlichen Aufschwung erlebten, bauten die geistlichen Grundherren in vielen Moselorten massive und repräsentative Hofhäuser, um ihren politischen und wirtschaftlichen Status zu manifestieren. (Euskirchen 1997a)

Abt Amandus Herriger ist diesem Beispiel gefolgt und hat für den Sitz der Verwaltung des Moselbesitzes seiner Abtei in Klotten den Bau eines repräsentativen Propsteigebäudes mit Kapelle in Auftrag gegeben. Hiervon zeugt ein noch erhaltener Entwurfsplan des Architekten und Baumeisters Nikolaus Lauxen. (Euskirchen 1997 a) Der Plan datiert vom Jahr 1770 und zeigt am unteren Bildrand links die Signatur des planenden Baumeisters: *„N: Lauxen. Lieutenant fecit 1770"*.

Die Entwurfszeichnung Lauxens zeigt links oben neben den Erläuterungen und kommentierenden Angaben den gesamten Komplex in perspektivischer Ansicht von der Dorfstraße *(gemeine Stras)* her. Die linke Hälfte der Fassade besteht aus dem neu zu erbauenden zweigeschossigen, siebenachsigen Propsteigebäude mit vorgelagerter zweiläufiger Podesttreppe und Mansarddach. Der Mittelteil des Gebäudes ist risalitartig hervorgehoben und wird durch einen geschweiften Giebel mit dem Wappen des Abtes Amandus Herriger bekrönt. Die rechte Hälfte der Fassade besteht aus einem renovierungsbedürftigen Nebengebäude *(Renovationsgebeite)*, dem Kelterhaus. Während sich an dieses rechtwinklig nach hinten ein Wirtschaftsflügel mit Stallungen anschließt, grenzt an das neu zu erbauende Propsteigebäude eine Kapelle, über deren Chorjoch ein schlanker Dachreiter mit hoher Laterne und geschweifter Haube sitzt. Alle Gebäude umschließen einen kleinen Hof. An diesen Hof schließt sich, abgetrennt durch eine Hofmauer mit Schmiedegitter und Pfeilerportal, ein Ziergarten mit zentralem Springbrunnen und einem an der rückwärtigen Grenzmauer angebauten Gartenpavillon an.

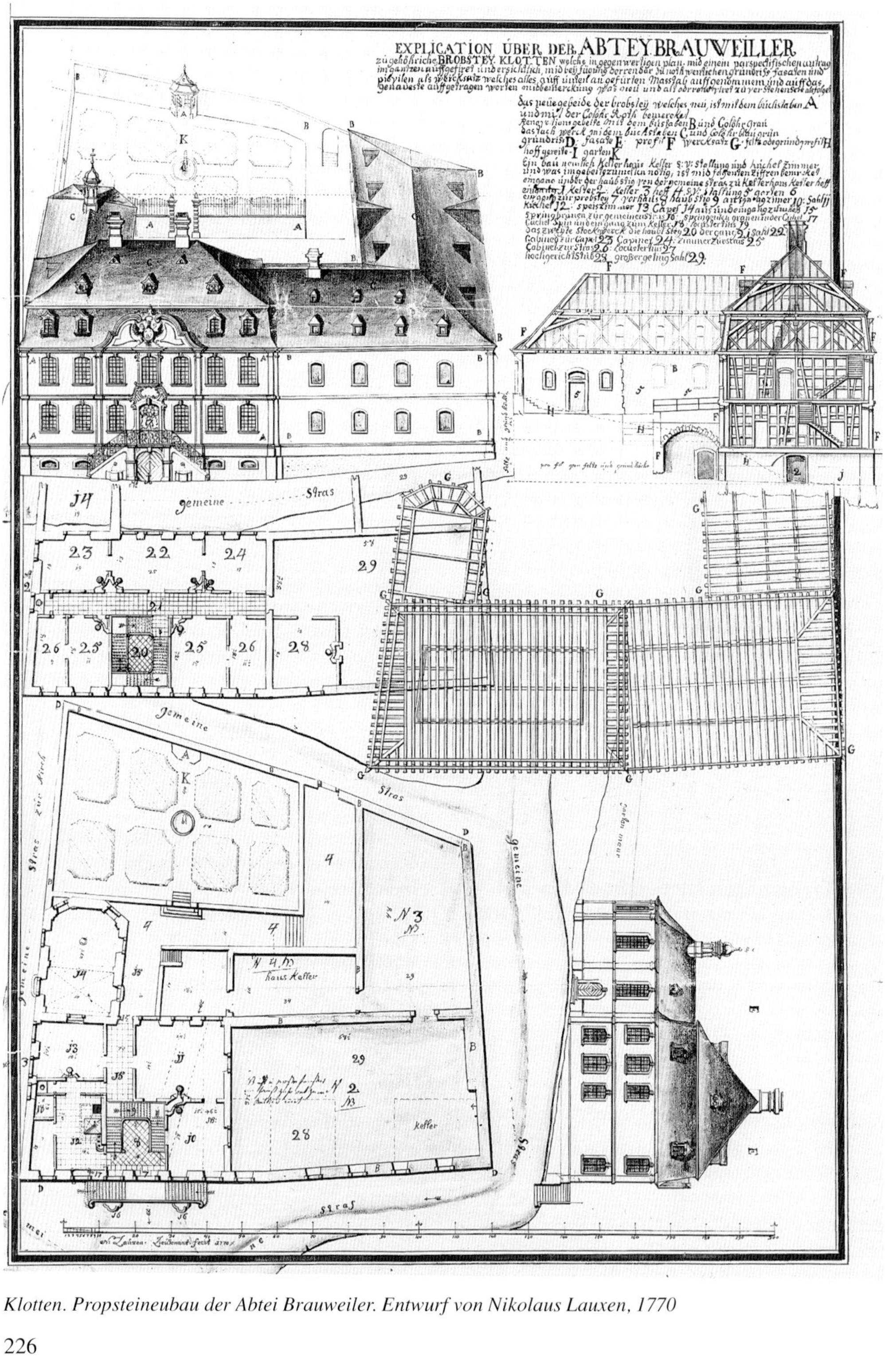

Klotten. Propsteineubau der Abtei Brauweiler. Entwurf von Nikolaus Lauxen, 1770

Die untere rechte Hälfte des Planes zeigt eine Ansicht der Kapelle mit anschließendem Propsteigebäude.

In der linken Hälfte der Entwurfszeichnung befinden sich unterhalb der Ansicht des Propsteigebäudes die Grundrisse des ersten und zweiten Wohngeschosses. Im Untergeschoß ist rechts der Treppe das Sprechzimmer *(anspragzimmer)* des Propstes (Ziffer 10) mit einem sich rückwärtig anschließenden Saal (Ziffer 11). Im hinteren Teil des Hauses befindet sich das Speisezimmer (Ziffer 13) mit einem Zugang zur anschließenden Kapelle (Ziffer 14). Im Obergeschoß des geplanten Neubaus befinden sich die persönlichen Räume des Propstes und seines Adjunkten sowie Gästezimmer. Im anschließenden Obergeschoß des zu renovierenden Keltergebäudes liegen die Hofgerichtsstube (Ziffer 28) und der große Sitzungssaal (Ziffer 29).

Lauxens Plan sah vor, das neue Propsteigebäude in die bestehende Gebäudestruktur des Brauweiler Fronhofkomplexes einzupassen, wobei ein Teil des Fronhofgebäudes nicht abgerissen, sondern lediglich renoviert werden sollte. (Euskirchen 1997a)

Die ehrgeizige Planung Lauxens ist nicht realisiert worden. Ein wesentlicher Grund hierfür war wohl der damals ausgebrochene Streit mit einigen aufsässigen Klottenern *(rebelles nonnulli cives Clottenses)*, von dem der Chronist in den *Acta Abbatum* berichtet. Schließlich hat der letzte Brauweiler Abt Anselm Aldenhoven 1789 Renovierungsarbeiten am Fronhof durchführen und im ersten Geschoß als Ersatz für die von Lauxen projektierte Hochgerichtsstube *(hochgerichtsstub)* einen Gerichtssaal einrichten lassen, den bis in die sechziger Jahre des 20. Jahrhunderts ein Wappen des Abtes schmückte. Der Propst ist bis zum Ende der Brauweiler Grundherrschaft in dem eigenen Haus in der Hohlstraße wohnengeblieben. Als Vorbild der von Lauxen projektierten Klottener Propstei diente u.a. die Propstei der Abtei Laach in Ebernach bei Cochem. (Euskirchen 1997a)

Während das Bauvorhaben in Klotten scheiterte, gelang es der Abtei im wenige Kilometer moselaufwärts gelegenen Mesenich, den bisherigen Fronhof durch einen Neubau zu ersetzen. Das Gebäude war im Frühjahr 1771 durch

Ehemaliges Wohnhaus der Propstes in Klotten, heute Weingut Hermann Josef Heinz in der Hohlstraße

Hochwasser stark beschädigt worden, so daß ein Neubau notwendig wurde. Nun gibt es keine Nachricht über den Baumeister des Mesenicher Fronhofs. Erst umfangreiche Bauuntersuchungen aus dem Jahre 1989 ergaben, daß bei dem heutigen Gebäude lediglich Sockel und Erdgeschoß von dem um 1771 errichteten Neubau stammen. Das Obergeschoß sowie das hohe Krüppelwalmdach entstanden nach einem Brand im Jahre 1888. Das Wappen des Abtes Amandus Herriger, das bereits an dem barocken Bau seinen Platz an einem Giebel hatte, wurde damals in großen Teilen gerettet und unter Ergänzungen an dem neuen Dreieckgiebel wieder angebracht. Untersuchungen der Putz- und Farbreste aus der ersten Bauphase des Hauses an der unteren Gebäudehälfte ergaben eine enge Verwandtschaft mit dem Entwurf Lauxens für den Klottener Propsteibau, so daß seine Urheberschaft am Entwurf des Mesenicher Fronhofes nun-

Der Mesenicher Fronhof der Abtei Brauweiler

mehr als wahrscheinlich anzusehen ist. (Euskirchen 1997a) Es ist allerdings davon auszugehen, daß Lauxen die für Klotten vorgesehene Fassadenplanung für Mesenich überarbeitet hat. Da in Klotten das geplante Gebäude in einer hochwasserfreien Hanglage stehen sollte, konnte die stattliche Freitreppe zur Hauptstraße hin gebaut werden. Bei dem in unmittelbarer Hochwassergefahrenzone gelegenen Mesenicher Bau wurde der Zugang auf die dem Fluß abgewandte Rückseite gelegt, damit er der stärkeren Strömung entzogen war. (Euskirchen 1997)

Der Mesenicher Fronhof der Abtei Brauweiler, welcher der zentralen Verwaltungstelle des Moselbesitzes in Klotten unterstand, diente in Mesenich als Amtshaus und mußte demnach einen Sitzungssaal für die Dingtage, Amtsräume und die Wohnung des Verwalters haben. Außerdem mußten Räume für den Abt und seine Begleiter zur Verfügung stehen, wenn diese zu Visitationen der Weingüter anreisten.

Der Tod des Abtes Amandus Herriger und sein Epitaph

An dieser Stelle möge der Brauweiler Chronist zu Wort kommen, der den letzten Teil der *Acta Abbatum* schrieb. Darin hat er ein Epitaph überliefert, das Franziskus Cramer dem verstorbenen Abt gewidmet hat und das auf einem gesonderten Blatt, zwischen den Blättern 447 und 448, eingeklebt ist. Es ist als Chronogramm verfaßt, das elfmal die Jahreszahl 1778, das Todesjahr des Abtes, bringt. Am Ende enthält es vier Hexameter, von denen jeder das Todesjahr des Abtes nennt. In der Fassung, die der Chronist der *Acta Abbatum* überliefert, fehlen - vermutlich aus Platzmangel - zwei der vier Hexameter. Sie sind jedoch an einer anderen Stelle überliefert. (Stiene 1997 b; dort auch die Übersetzung)

Der Chronist teilt zunächst den Tod des Abtes mit, dann zitiert er das Epitaph: *„Im übrigen füge ich zur Vervollständigung der Geschichte an: Dieser unser Hochwürdigster litt fast jedes Jahr ein- bis zweimal an der Gicht. In seinem letzten Abtsjahr hatte sich diese Krankheit zwar ganz leicht angekündigt, vermochte aber nicht auf die sonst gewohnte Weise auszubrechen. Deshalb hätte man ernstlich annehmen können, daß die Gicht zu den inneren Körperteilen aufgestiegen sei. Dadurch geschah es vermutlich auch, daß er am 4. Juli 1778 so plötzlich von einem Schlaganfall getroffen wurde und nach dem Empfang des Beichtsakramentes und der Letzten Ölung unter den Händen seiner anwesenden Mitbrüder dahinschied im 63. Jahr seines Lebens, im 45. seiner Profeß als Mönch, im 22. seiner Abtswürde* [...] *Bestattet ist er beim Altar des heiligen Antonius an der Epistelseite. Als ewiges Denkmal der tiefsten*

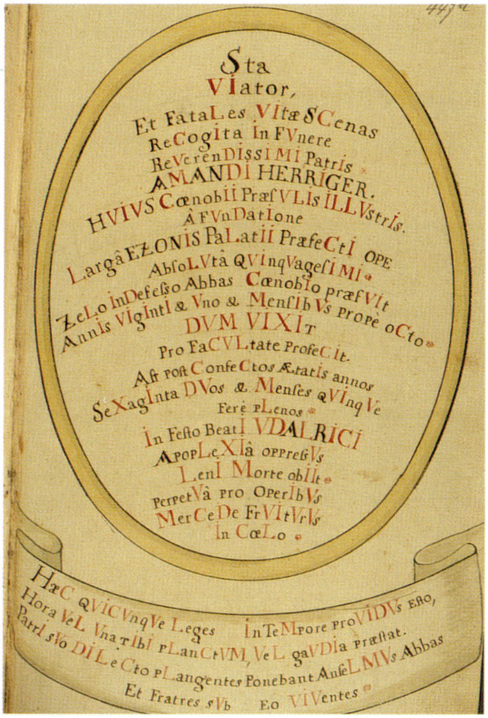

447a

Sta
VIator,
Et FataLes VItæ SCenas
ReCogita In FVnere
ReVerenDIssIMI Patris
AMANDI HERRIGER.
HVIVS Cœnobii PræsVLIs ILLVstrIs.
A FVnDatIone
Largâ EZONIS PaLatII PræfeCtI OPE
AbsoLVtâ QVInqVagesIMI
ZeLo InDefesso Abbas Cœnobio præfVIt
Annis VIgIntI & Vno & MensIbVs propè oCto.
DVM VIXIt
Pro FaCVLtate ProfeCIt.
Ast post ConfeCtos Ætatis annos
SeXagInta DVos & Menses qVInqVe
Ferè pLenos.
In Festo BeatI VDALRICI
ApopLeXIâ oppressVs
LenI Morte obIIt.
PerpetVâ pro OperIbVs
MerCeDe FrVItVrVs
In CœLo.

HæC qVICVnqVe Leges In TeMpore proVIDVs esto,
Hora VeL Vna tIbI pLanCtVM, VeL gaVDIa præstat.
PatrI sVo DILeCto pLangentes Ponebant AnseLMVs Abbas
Et Fratres sVb Eo VIVentes.

Epitaph des Abtes Amandus Herriger, eingetragen auf einem gesonderten Blatt zwischen Bl. 447 und 448 in den Acta Abbatum Brauweilerensium (PfAB)

Ehrerbietung und Frömmigkeit wird folgendes Epitaph an den nächsten Pfeiler der Kirche angebracht:

Verharre, Wanderer, und überdenke das verhängnisvolle Schauspiel des Lebens am Grab des hochwürdigsten Vaters Amandus Herriger. Er war der 50. erlauchte Abt dieses Klosters seit seiner Gründung durch die reiche Gabe des Pfalzgrafen Ezzo. Als Abt leitete er das Kloster mit unermüdlicher Hingabe 21 Jahre und bald acht Monate. Solange er lebte, wirkte er nach Kräften. Doch als er 62 Jahre und nahezu fünf volle Monate seines Lebens vollendet hatte, starb er am Fest des heiligen Ulrich, vom Schlaganfall getroffen, eines sanften Todes, um für seine Werke den immerwährenden Lohn im Himmel zu genießen.

Du Leser dieser Zeilen, sei beizeiten auf der Hut. Sorge, solange du lebst, dich hier immerzu um dein Heil; vielleicht bestimmt der nahe Richter dir die letzte Stunde. Nur eine einzige Stunde kann dir Trauer oder Freude bescheren.

Das setzten ihrem geliebten Vater in Trauer Abt Anselm und die unter ihm lebenden Brüder."

JESUS, MARIA, BENEDICTUS.

ANNO post partum Virginis Millesimo Septingentesimo Septuagesimo octavo Die quartâ Julii sub medium horæ secundæ pomeridianæ, in Abbatia Brauweilerensi apoplexiâ tactus, Sacrificio Missæ eodem die devotè celebrato, acceptâ absolutione Sacramentali, placidè in Domino obdormivit

REVERENDISSIMUS, PERILLUSTRIS ET AMPLISSIMUS DOMINUS,

D. AMANDUS HERRIGER,

Monasterii Sancti Nicolai in Brauweiler, Ordinis Sancti Benedicti, Congregationis Cassino-Bursfeldensis, Abbas & Prælatus, ejusdemque Sacræ Congregationis Compræses dignissimus, Territorii adjacentis, nec non ad Mosellam in Clotten & Messenich &c. Fundi & Feudi Dominus &c.

Anno Ætatis 63tio. Religiosæ Professionis 45to. Sacerdotii 39. Abbatialis Dignitatis 22do.

Cujus dilectissimam animam, si fortè ob aliquas maculas ex humanâ fragilitate contractas, ab intuitivâ DEI visione retardaretur, omnium Confratrum & Sacerdotum Sacrificiis, aliorumque Christi fidelium precibus impensè commendamus, ut quantocyus ad cæli gaudia perducatur. Ad reciproca Charitatis obsequia paratissimi

Prior & Conventus Monasterii Sancti Nicolai in Brauweiler.

Totenzettel des Abtes Amandus Herriger (StUBF)

Baumaßnahmen und klösterliches Leben zur Amtszeit von Abt Anselm Aldenhoven

Anselm Aldenhoven, der letzte der Brauweiler Äbte

Als Franziskus Cramer das Epitaph für den verstorbenen Abt Amandus Herriger verfaßte, lag die Leitung des Klosters bereits in den Händen seines Nachfolgers Anselm Aldenhoven, der in der letzten Zeile der Inschrift genannt wird. Am 21. Juli 1778 hatte der Konvent ihn im ersten Wahlgang zum Abt gewählt. Mit der Wahl dieses letzten der 51 Brauweiler Äbte beendete der Verfasser des letzten Teils der *Acta Abbatum* seine Klosterchronik.

Die Wahl des neuen Brauweiler Abtes wurde durch den Kölner Erzbischof und Kurfürsten Maximilian Friedrich bestätigt. Am 16. August 1778 empfing Anselm Aldenhoven in der Kirche des Kölner Zisterzienserinnenklosters Mariengarten aus der Hand des Weihbischofs Karl Aloys Graf von Königsegg-Aulendorf die Abtsweihe. (Mouchard 1985)

Anselm Aldenhoven - seine Taufnamen lauteten Johann Nikolaus - war am 6. September 1732 in Warth bei Hennef an der Sieg geboren worden. Sein Vater, Adolf Heinrich Aldenhoven, war Beamter entweder beim Bergischen Amt Blankenberg oder beim Gericht in Geistingen. Seine Mutter, Maria Katharina Päffgen, stammte aus Zons und war vermutlich eine Tochter des Zonser Bürgermeisters Johannes Päffgen. (Mouchard 1985) Die Zonser Herkunft seiner Mutter legt nahe, daß Johann Nikolaus Aldenhoven im Jahre 1751 in die Abtei Brauweiler eintrat. Er war damals 19 Jahre alt. Ein Eintritt in die näher bei seinem Geburtsort Warth gelegene Abtei Siegburg war für ihn wegen seiner bürgerlichen Abkunft nicht möglich, da dieses Kloster auch damals noch ausschließlich dem Adel vorbehalten war. Da die Pfarre Zons seit Jahrhunderten zu Brauweiler gehörte, gab es zu diesem Ort eine alte historische Beziehung, und der junge Aldenhoven ist vielleicht über Zonser Vermittlung nach Brauweiler gekommen. (Mouchard 1985) Am 3.

Abt Anselm Aldenhoven (1778-1802, gest. 1810). Gemälde in der Sakristei der Abteikirche

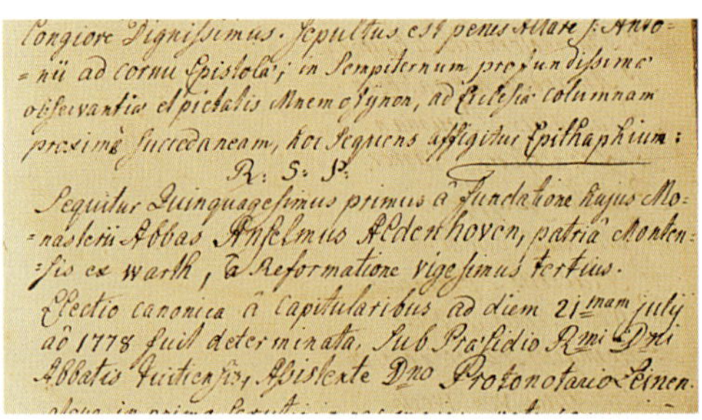

longiore Dignissimus. Sepultus est penes altare S. Anto=
=nii ad cornu Epistolae; in sempiternum profundissimae
observantiae et pietatis Mnemosynon, ad Ecclesiae columnam
proxime succedaneam, hoc sequens affigitur Epithaphium:
R: S: P:
Sequitur Quinquagesimus primus a Fundatione hujus Mo=
=nasterii Abbas Anselmus Aldenhoven, patria Monten=
=sis ex warth, a Reformatione vigesimus tertius.
Electio canonica a Capitularibus ad diem 21mam july
aô 1778 fuit determinata. Sub Praesidio Rmi Dni
Abbatis Tuitiensis, Assistente Dno Protonotario Leinen.

Nachricht über die Wahl von Anselm Aldenhoven am 21. Juli 1778 zum Abt von Brauweiler. Acta Abbatum Brauweilerensium, Bl. 448v (PfAB)

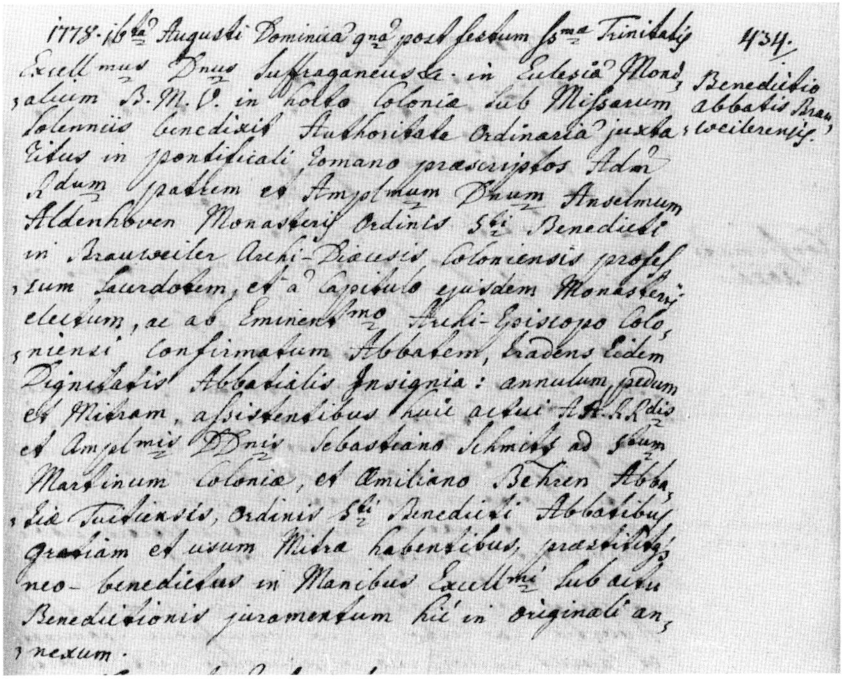

1778. 16ta Augusti Dominica 9na post festum Ssmae Trinitatis 434.
Excellmus Dnus Suffraganeus &c. in Ecclesia Monialium B. M. V. in Nolbo Colonia sub Missarum solenniis benedixit Authoritate Ordinaria juxta Ritus in pontificali Romano praescriptos Adm. Rdum patrem et Amplmum Dnum Anselmum Aldenhoven Monasterii Ordinis Sti Benedicti in Brauweiler Archi-Dioecesis Coloniensis professum Sacerdotem, et a capitulo ejusdem Monasterii electum, ac ab Eminentmo Archi-Episcopo Coloniensi confirmatum Abbatem, tradens eidem Dignitatis Abbatialis Insignia: annulum, pedum et Mitram, assistentibus huic actui Adm. Rdis et Amplmis DDnis Sebastiano Schmitz ad Sanctum Martinum Coloniae, et Aemiliano Behren Abbate Tuitiensis, Ordinis Sti Benedicti Abbatibus gratiam et usum Mitrae habentibus, praestitit neo-benedictus in Manibus Excellmi sub actu Benedictionis juramentum hic in originali annexum.

Benedictio abbatis Brauweilerensis.

Bericht in den Kölner Weihbischofsprotokollen über die Weihe von Anselm Aldenhoven zum Abt von Brauweiler am 16. August 1778 (AEK)

April 1756 wurde er zum Priester geweiht. Wenige Jahre später erhielt er die Approbation für die Hilfsseelsorge.

Bereits als junger Mönch gewann Anselm Aldenhoven das besondere Vertrauen seines Abtes Amandus Herriger. Als dessen Mitarbeiter hat er geholfen, das Klosterarchiv zu ordnen. Seine besonderen Fähigkeiten lagen im ökonomischen Bereich, was auch sein Abt erkannt hatte. So wurde P. Anselm 1758 Verwalter des Brauweiler Hofes zu Köln, wie Franziskus Cramer in einem Brief vom 13. Juli 1781 an den späteren Weihbischof von Worms, Stephan Alexander Würdtwein, der zu diesem Zeitpunkt noch Geistlicher Rat und Mitglied der Mainzer Akademie war, mitteilt. In seiner Eigenschaft als Ökonom erhielt er 1768 den Auftrag, sich beim neuernannten Trierer Erzbischof und Kurfürsten Clemens Wenzeslaus für die Bestätigung der bisher gewährten Zollfreiheit des Klosters auf Mosel und Rhein einzusetzen. Hierzu reiste er, wie bereits erwähnt, mit einem von Franziskus Cramer verfaßten Lobgedicht an den Koblenzer Hof des Kurfürsten. (s. S. 176) Ebenfalls setzte er sich erfolgreich für die Zollfreiheit der Abtei im Kurfürstentum Köln ein.

Wohl als eine besondere Geste des Vertrauens darf es gewertet werden, daß Abt Amandus im Mai 1770 den jungen Mönch Anselm als seinen persönlichen Begleiter zum Generalkapitel der Bursfelder Kongregation in die Abtei Laach mitnahm. Zwei Jahre später schickte der Abt ihn zur Klärung von Rechtsstreitigkeiten in den Rheingau und an die Mosel.

Im Juni 1774 überführte Anselm Aldenhoven auf Weisung von Abt Amandus, begleitet von dem Sakristan Kasimir Evertz, die Reliquien des Abtes Poppo und der Äbtissin Ida vom Brauweiler Hof zu Köln in einem Wagen nach Brauweiler. In Köln waren sie durch den Generalvikar Johann Philipp von Horn-Goldschmidt in zwei feuervergoldeten Ostensorien, die Abt Amandus hatte anfertigen lassen, eingeschlossen worden. Feierlich empfingen Abt und Konvent die Reliquien am großen Portal der Klosterkirche und trugen sie unter Gesang in einer Prozession durch die Kirche in den Kreuzgang. Dort wurden sie am festlich geschmückten Altar in der Benediktuskapelle aufgestellt. Hier blieben sie bis zum nächsten Tag. Dann brachten Abt und Konvent die Ostensorien mit den Reliquien in die Kirche, wo der Sakristan sie auf den Hochaltar stellte, damit sie von den Gläubigen öffentlich verehrt werden konnten.

Anselm Aldenhoven wurde als Vertrauter des Abtes von diesem im Laufe der Jahre zunehmend mit den Rechtsgeschäften und wirtschaftlichen Verhältnissen seiner Abtei bekannt gemacht. Es hat den Anschein, als habe Abt Amandus Herriger in ihm bereits seinen möglichen Nachfolger gesehen. Im Konvent hat man die Fähigkeiten Anselm Aldenhovens ebenfalls erkannt und ihm großes Vertrauen entgegengebracht. So soll seine einstimmige Wahl zum Abt auf Grund seiner wirtschaftlichen Fähigkeit, die er als Ökonom des Brauweiler Hofes zu Köln bewiesen hatte, erfolgt sein. Dies behauptet der Verfasser eines alten Repertoriums, das Nachrichten über alle Äbte des Klosters enthält und 1806 zum 50jährigen Priesterjubiläum von Anselm Aldenhoven entstanden ist. (s. Anhang S. 397) Es heißt dort, man habe Anselm Aldenhoven zum Abt gewählt, *„da er das amt eines hofherren in dem hoff zu Kölln viele jahren verwaltet hatte“.*

Das Ansehen von Abt Anselm war auch außerhalb des Klosters hoch, und innerhalb des Ordensklerus der Diözese hat er eine wichtige Rolle gespielt. So erwähnen die Weihbischofsprotokolle ihn öfters als Mitkonsekrator bei Abtsweihen. (Mouchard 1985) Bei der Überführung des Leichnams des verstorbenen Kurfürst-Erzbischofs Maximilian Friedrich von Bonn nach Köln und den anschließenden Beisetzungsfeierlichkeiten im Dom am 25. und 26. Mai 1784 wird Abt Anselm Aldenhoven an der Spitze der anwesenden Äbte genannt, die dem Weihbischof bei der Totenliturgie in Chormantel und Mitra assistieren. (Mouchard 1985)

Ein Beispiel für seine Verantwortung als weltlicher Herr des Territoriums seiner Abtei, der Herrlichkeit Brauweiler, gab Abt Anselm im Mai 1789. Damals brannte in der Nacht vom 24. auf den 25. Mai ein Teil des Ortes Dansweiler ab. Zehn Häuser wurden zerstört und die Bewohner obdachlos. Der Abt hat sich gleich danach um das Schicksal der Betroffenen gekümmert und war bemüht, ihnen Hilfe zukommen zu lassen. In einem Hilfeersuchen in Form einer Urkunde, das der Abt am 27. Mai 1789 ausstellte und dem er mit seinem Siegel Rechtswirksamkeit verlieh, berichtet er von der Brandkatastrophe und bittet für die schwer geschädigte Witwe Keller (s. Abb. S, 150), deren Not geschildert wird, um Hilfe und Unterstützung:

„Bey dem, um Mitternacht dem 24ten auf den 25ten dieses in dem Dorfe Dansweiler, hiesiger Brauweiler Herrschaft, jählings entstandenem Brande, wobey zehn Häuser eingeäschert worden, ist auch der Wittib Kellers ihr Haus, Gebaude, Früchten und alle Geräthschaft ein raub der Flammen, dieselbe samt ihren Kindern in die elendeste umstände versetzt, und von all ihrem Haabe dergestalt entblöset worden, dass sowohl ihr, als ihren Kindern, nicht eins die

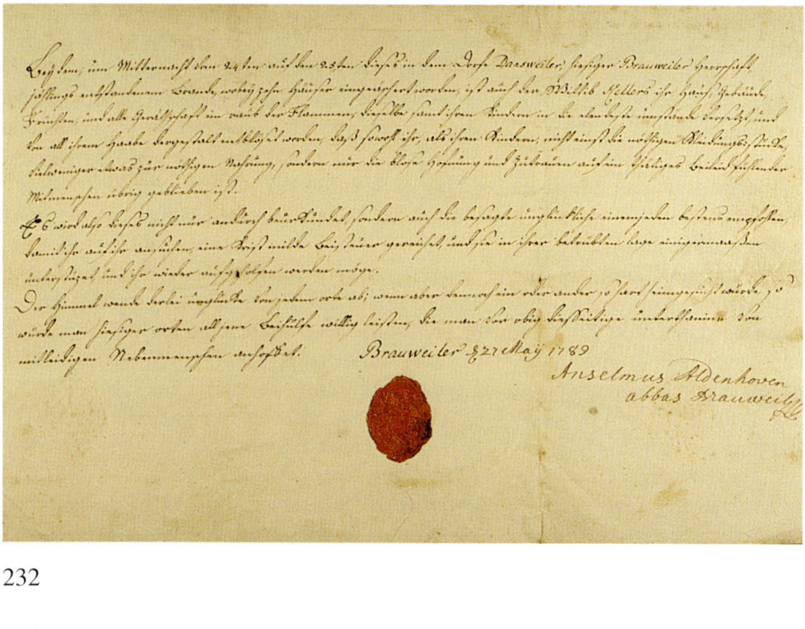
Brauweiler d. 27 May 1789
Anselmus Aldenhoven
abbas Brauweil.

Urkunde von 1789 Mai 27. Hilfeersuchen von Abt Anselm Aldenhoven für die bei dem Brand in Dansweiler geschädigte Witwe Keller und ihre Kinder (PfAB)

nöthigen Kleidungs-Stücke, vielweniger etwas zur nöthigen Nahrung, sondern nur die blose Hofnung und Zutrauen auf ein thätiges Beileid fühlender Mitmenschen übrig geblieben ist.

Es wird also dieses nicht nur andurch beurkundet, sondern auf die besagte unglückliche einemjeden bestens empfohlen, damit ihr auf ihr ansuchen, eine kristmilde Beisteuer gereichet, und sie in ihrer betrübten lage einigermaaßen unterstüzet, und ihr wieder aufgeholfen werden möge.

Der Himmel wende derlei unglücke von jedem orte ab; wenn aber dennoch ein oder ander so hart heimgesucht würde, so würde man hiesiger orten all jene Beihülfe willig leisten, die man vor obig diesseitige unterthanen von mitleidigen Nebenmenschen anhoffet.

Brauweiler den 27 May 1789
Anselmus Aldenhoven abbas Brauweilerensis"

Der Bau der barocken Klostergebäude durch den Baumeister Nikolaus Lauxen

Einen Höhepunkt während der Amtszeit von Abt Anselm kennzeichnet die Erweiterung des Klosters durch den Bau der barocken Gebäude, die in Form einer Dreiflügelanlage einen Binnenhof, den sog. Prälaturhof, umfassen. Ein schloßartiges Prälaturgebäude bildet mit seiner repräsentativen Schaufassade den Abschluß zum Ort Brauweiler hin. Für das Rheinland ist dies das letzte Beispiel einer Klosterbaumaßnahme vor der Säkularisation. (Euskirchen 1997 a)

Blick von Süd auf den Komplex der Abtei Brauweiler mit den um drei Höfe gruppierten Gebäuden. Westlich der mittelalterlichen Klosteranlage mit dem Kreuzganghof befindet sich der Prälaturhof mit der barocken Dreiflügelanlage und südlich davon der schlichtere Wirtschaftshof. Das Foto entstand im Sommer 1988 kurz vor Beendigung der umfangreichen Restaurierungsmaßnahmen.

Mit der Planung der Neubauten wurde der aus Boppard stammende und in Koblenz wirkende Architekt und Baumeister Nikolaus Lauxen beauftragt, der bereits unter dem Vorgänger von Abt Anselm auf den Moselgütern des Klosters tätig gewesen war. Als ihn der Bauauftrag des Brauweiler Abtes erreichte, war Nikolaus Lauxen eine vielgefragte Architektenpersönlichkeit am Mittelrhein und im Moselraum. Er wirkte sowohl im Auftrag der Prämonstratenserabtei Rommersdorf bei Neuwied als auch für die Familie der Grafen von Walderdorff auf Schloß Molsberg. Einige Jahre zuvor hatte er den Neubau des durch Brand verwüsteten Benediktinerinnenklosters Nonnenwerth errichtet. Lauxen arbeitete damals für Klöster und Adelshäuser, aber auch für bürgerliche Familien. (Euskirchen 1997 a)

Im Herbst 1988 wurde der Grundstein der Barockanlage in der Wand des nördlichen Prälaturflügels entdeckt. In einer flachen Vertiefung des Steins fand man die Reste eines Holzkästchens mit verschiedenen Beigaben sowie eine Bleiplatte mit einer eingeritzten lateinischen Inschrift in Form eines Chronogramms. Jeweils zwei der insgesamt neun Zeilen geben die Jahreszahl 1780, das Jahr der Grundsteinlegung, an. Die mittlere Zeile nennt das Jahr 1136 und weist damit auf den Beginn der Arbeiten am dritten Kirchbau unter Abt Amilius von Brabant hin. Die deutsche Übersetzung (nach Knopp 1989) der lateinischen Gründungsinschrift lautet:

„Der erste Stein zu diesem gegenwärtigen Gebäude
wurde gelegt am 8. Juni,
als Pius VI. als Papst und Josef II.
als Kaiser den Thron innehatten,
als Maximilian Friedrich Erzbischof von Köln war
unter der Führung des Abtes Anselmus Aldenhoven
und in Anwesenheit von 11 Professen der Abtei
unter der Leitung des Nikolaus Lauxen
des berühmten Architekten der Erzdiözese Trier."

Die Lage des Grundsteins belegt, daß der Neubau der barocken Anlage am Nordflügel seinen Anfang nahm. Dieses Gebäude ist doppelt so breit wie sein südliches Gegenstück, da sich hier hinter den vom Hof zugänglichen Remisen (Wagenhallen) die barocke Vorhalle der Kirche befindet. Bereits vor der Grundsteinlegung war die romanische Vorhalle der Kirche in großen Teilen abgebrochen worden.

Bleiplatte mit Gründungsinschrift aus dem Grundstein der Barockanlage des Klosters

Gleichzeitig mit der Anlage der Fundamente des nicht unterkellerten Nordflügels begann man mit dem Bau der Kellerräume des Westtraktes. Im Bereich des nördlichen Eckrisalits wurden dabei die verwertbaren Tuffsteine, die aus dem Abbruch der Kirchenvorhalle gewonnen wurden, verbaut. (Euskirchen 1997 a) Noch im gleichen Jahr konnte der Rohbau des Nordtraktes beendet werden, wie die Jahreszahl im Giebelfeld des Mittelrisalits angibt. Ein Jahr später fanden die Rohbauarbeiten am Westflügel ihren Abschluß, wie die bis in die ersten Jahre des 20. Jahrhunderts noch sichtbar gewesene Jahresangabe „1781" am Zwerchhaus des hofseitigen Mittelrisalits belegte.

▲ *oben: Prälatur-Nordflügel. Monogramm des Brauweiler Abtes Anselm Aldenhoven mit Bauinschrift „1780" im Giebelfeld des Mittelrisalits*

Prälatur-Nordflügel. Südansicht mit Remisentoren

Prälatur-Westflügel. Gewölbter Kellerraum im nördlichen Eckrisalit nach Nordwest

Prälatur-Westflügel. Mittelrisalit an der Ostseite mit heute nicht mehr vorhandener Bauinschrift „1781" am Zwerchhaus. Foto um 1905

Westfassade des Mittelbaus mit dem Fragment eines romanischen Bogenfensters. Foto von 1988

Blick auf den Mittelbau von der Portaldurchfahrt im Prälatur-Westflügel

Es folgte die Überarbeitung der Westfassade des sog. Mittelbaus, die gemäß der Jahresangabe im Giebel des Mittelrisalits im Jahre 1784 abgeschlossen wurde. Diese Fassade war nach Abschluß der Baumaßnahmen der Äbte Beda Groten und Amandus Herriger mit einer dicken Kalkschlämme überzogen und mit rotem Fugenstrich versehen worden. Damit sollte das durch die häufigen Umbauten unruhige Mauerwerk vereinheitlicht und geglättet werden. (Euskirchen 1997 a) Das Fragment eines romanischen Bogenfensters, das 1982 bei Restaurierungsarbeiten gefunden wurde, deutet darauf hin, daß diese zum Dorf gelegene Außenwand während des Mittelalters durch mehrere in einer Reihe liegende Fenster dieser Art aufwendig gestaltet war.

Prälatur-Westflügel. Ostseite (Hofseite) von Nordosten

Prälatur-Westflügel. Westseite (Straßenseite) von Nordwesten

Prälatur-Südflügel. Nordseite

Den letzten Bauabschnitt bildete die Errichtung des Südflügels, der gemäß der Jahresangabe im Segmentbogen des Mittelrisalits 1785 abgeschlossen wurde. Spätestens im Zusammenhang mit diesem Bau erhielt der Wirtschafts- oder Ökonomiehof seinen Westflügel, der von Süden an den Südtrakt des Prälaturhofes angrenzt. Eine Portaldurchfahrt in der Südostecke des repräsentativen Prälaturhofes stellt die Verbindung mit dem schlichteren Wirtschaftshof her. Dieser tritt ganz im Sinne des barocken Architekturverständnisses sowohl räumlich als auch gestalterisch hinter der Erscheinung des eigentlichen Klosters zurück und ist vom Prälaturhof aus nicht zu sehen. (Euskirchen 1997 a)

Wirtschaftshof. Blick nach Nordwest

Die Privatgemächer und der Empfangsraum des Abtes

Im Anschluß an die Fertigstellung des Rohbaus eines Gebäudeteils begann der Innenausbau. Als erstes hat man das Obergeschoß des Nordflügels mit den neuen privaten Gemächern des Abtes ausgebaut. Über einen heute nicht mehr bestehenden Verbindungstrakt zwischen Mittelbau und Nordflügel konnte der Abt, solange man den Innenausbau des Westtraktes noch nicht vollendet hatte, von den Konventsgebäuden aus in seine Wohnräume gelangen. Eine Treppe, die ebenfalls nicht mehr vorhanden ist, führte aus den privaten Räumen des Abtes direkt in die darunter gelegenen Remisen.

Erst nach vollendetem Innenausbau des Westtraktes, des sog. Prälaturbaus, führte eine direkte Verbindung von den Gemächern des Abtes in den repräsentativen Eckraum im nördlichen Eckrisalit. Dieser Raum diente dem Abt als Empfangs-, Konferenz- und Besprechungsraum. Die heutige Bezeichnung „Äbtesaal" ist unhistorisch und willkürlich. Die Wände sind

Prälatur-Nordflügel. Östliche Schmalseite mit dem vermauerten Zugang zur Wohnung des Abtes im Obergeschoß und Mauerrest des abgebrochenen Verbindungsbaus zwischen Mittelbau und Prälatur-Nordflügel ▶

Prälatur-Westflügel. Audienzraum des Abtes Anselm Aldenhoven (sog. „Äbtesaal"). Südwand mit dem leeren Stuckrahmen und dem Wappen des Abtes zwischen den Türen

Prälatur-Westflügel. Audienzraum des Abtes. Reliefdarstellungen des hl. Benedikt von Nursia, Gründer des Benediktinerordens (links) und des lateinischen Kirchenvaters Hieronymus (rechts)

Prälatur-Westflügel. Audienzraum des Abtes. Darstellung der „Spes" (Hoffnung) in der östlichen Supraporte der Südwand

gegliedert durch weiße, profilierte Rahmen, Leisten, Gesimse und Stuckornamente. Diese treten in Kontrast zu zartgrün unterfangenen Feldern, in deren Mitte sich gelbgrundige Medaillons mit schwarzen Reliefdarstellungen der lateinischen Kirchenväter Ambrosius, Hieronymus, Augustinus sowie Papst Gregors I. des Großen und verschiedener Ordensgründer befinden. Die Decke schmücken Symbole der vier Jahreszeiten. Besonders reich gestaltet ist die Südwand. Oberhalb der beiden Türen befinden sich die Allegorien der Fides (Glaube) und der Spes (Hoffnung).

Die fehlende Darstellung der dritten christlichen Tugend, der Caritas (fürsorgliche Liebe), dürfte ihren Platz in dem leeren Rahmen zwischen den Türen gehabt haben. Unter Bezugnahme auf die Textstelle im 1. Korintherbrief des Apostels Paulus, in dem dieser von den drei christlichen Tugenden spricht: *„Für jetzt blei-*

Abt Anselm Aldenhoven. Wiederentdecktes Porträt im Pfarrhaus von Bedburdyk. (Zum Gemälde s. Anhang S. 403)

Prälatur-Westbau. Audienzraum des Abtes. Wappen des Abtes Anselm Aldenhoven mit Abteiadler, Mitra und Abtsstab oberhalb des leeren Stuckrahmens an der Südwand

ben Glaube, Hoffnung, Liebe, diese drei; doch am größten unter ihnen ist die Liebe", hat man angenommen, daß sich hier möglicherweise ein Bildnis des Abtes befand, der als geistlicher und weltlicher Herr für die Menschen in der ihm unterstehenden Herrlichkeit Brauweiler Sorge zu tragen hatte. Auf diese Möglichkeit weist auch das Wappen des Abtes an der oberen Kante des Rahmens hin. (Euskirchen 1997 a und b) Dem Besucher, der zum Empfang geladen war und auf das Erscheinen seines Gastgebers wartete, wurde auf diese Weise eindrucksvoll die Persönlichkeit des Abtes und seine fürsorgliche Bedeutung als kirchlicher und weltlicher Herr verdeutlicht.

Welche Art von Darstellung man sich in diesem Stuckrahmen vorzustellen hat, zeigt ein 1995 wiederentdecktes Gemälde mit dem Portrait des Abtes Anselm Aldenhoven. (Euskirchen 1997 b) Es zeigt den Abt als Bauherrn der barocken Klostergebäude. Seine Linke, die einen gerollten Architekturplan hält, ruht auf einem Tisch. Daneben steht seine prachtvoll ornamentierte Mitra, das Zeichen seiner Abtswürde. Hinter seiner linken Schulter erscheint der hofseitige Mittelrisalit des westlichen Prälaturflügels mit der Darstellung der Mondsichelmadonna. Die Darstellung zeigt eine enge Verwandtschaft mit dem Gemälde des Abtes in der sog. Äbtegalerie, die einst den Empfangsraum im ersten Geschoß des Mittelbaus schmückte und sich heute in der Sakristei sowie in den Nebenchören der Abteikirche befindet. (s. Anhang S. 402f.). Das 1995 wiederentdeckte Gemälde paßt von seinen Maßen allerdings nicht in den leeren Stuckrahmen im Empfangsraum des Abtes. Jedoch könnte sich hier ursprünglich ein ähnliches Gemälde mit den entsprechend größeren Maßen befunden haben, das verloren ist. Von diesem mögen dann verkleinerte Kopien für die Amtsstuben auf den klostereigenen Gütern angefertigt worden sein. Denkbar ist, daß es sich bei dem nun wiedergefundenen um eine solche Kopie handelt.

Der große Saal, der sog. „Kaisersaal"

Im Zentrum des Westtraktes befindet sich im Obergeschoß der repräsentativste Raum der barocken Klosteranlage, der große Saal, der Festsaal. Bereits die reicheren Bauformen an den Fassaden verweisen auf seine Lage.

Prälatur-Westflügel. Großer Saal („Kaisersaal") im Obergeschoß. Südwand

Prälatur-Westflügel. Großer Saal. Stuckgehänge auf der Ostwand mit Symbolen der Jahreszeiten „Sommer" (links) und „Frühling" (rechts)

Prälatur-Westflügel. Zwerchhaus mit Segmentgiebel über dem westlichen Mittelrisalit (Straßenseite) mit der Figur des Ordensgründers Benedikt, darüber das Wappen des Abtes Anselm Aldenhoven

Prälatur-Westflügel. Zwerchhaus mit Segmentgiebel über dem östlichen Mittelrisalit (Hofseite) mit der Figur der Muttergottes, darüber das Wappen des Abtes Anselm Aldenhoven

Sowohl zur Straße als auch zum Innenhof hin springt die Fassade in Gestalt eines fünfachsigen Mittelrisalits vor. Anders als das übrige Gebäude besitzt dieser ein steiles Mansarddach mit Zwerchhäusern in der Höhe eines halben Geschosses, die Segmentgiebel tragen. In den Nischen der Zwerchhäuser befinden sich Figuren: zur Straße hin der Ordensgründer Benedikt und zum Innenhof hin die Muttergottes, die auf der von einer Schlange umwundenen Weltkugel steht, hinter der eine Mondsichel sichtbar ist. Einen zusätzlichen Schmuck erhalten die Risalite auf beiden Seiten des Bauwerks durch Pilaster, die zwischen die Fensterachsen treten.

Im Innern greift der Festsaal in pastellenen Rosé-Grün-Tönen die architektonische Formensprache des Empfangsraumes des Abtes auf, um diese - wesentlich deutlicher und vollendeter - zu einem klaren Raumkonzept zu steigern. (Euskirchen 1997 a) Zum Schmuck des Saales gehören Ranken- und Blütenornamente sowie flach aufgelegte Wandpilaster mit Kompositkapitellen auf hohen Postamenten zwischen den Fensterachsen. Sie tragen ein Kranzgesims. Die breiteren Pfeiler neben den mittleren Fenstern auf den beiden Längsseiten schmücken grüngrundige Felder mit Stuckgehängen der vier Jahreszeiten. Die Schmalseiten des Saales, dreiachsig gegliedert wie die

Prälatur-Westflügel. Großer Saal. Medaillon mit der Bildnisbüste des Pfalzgrafen Ezzo

Prälatur-Westflügel. Großer Saal. Medaillon mit der Bildnisbüste der Pfalzgräfin Mathilde

Südwand im Empfangsraum des Abtes, besitzen als besonderen Blickfang aufwendig dekorierte Kamine. Diese sind bekrönt von zwei Wappen: an der Nordwand von dem Wappen der Abtei und an der Südwand von dem des Abtes Anselm Aldenhoven. Über den Türen neben den Kaminen sind in den Supraporten klassische Stuckvasen mit drapierten Festons und Zweigen. In den Ecken des Saales befinden sich in der Deckenvoute Stuckmedaillons mit allegorischen Darstellungen der vier Elemente Erde, Wasser, Feuer und Luft.

An den beiden Längsseiten des Raumes sind über den mittleren Fenstern Medaillons mit den Bildnisbüsten der Klosterstifter, des Pfalzgrafen Ezzo und der Kaisertochter Mathilde, angebracht. Beide tragen barocke Gewänder und sind von Symbolen des Wohlstandes und Reichtums umgeben. Über dem Haupt des Pfalzgrafen deuten Waffen auf seine Aufgabe als königlicher Amtsinhaber und Schützer seines Territoriums, und bei Mathilde weist die Kaiserkrone auf ihre Abstammung aus ottonischem Herrscherhaus hin.

Prälatur-Westflügel. Großer Saal. Stuckmedaillons mit den allegorischen Darstellungen des Elements „Feuer“ (links) und des Elements „Luft“ (rechts)

Prälatur-Westflügel. Großer Saal. Kamine an den Schmalseiten. Links Kamin (Detail) an der nördlichen Schmalseite mit dem Wappen der Abtei und rechts Kamin an der südlichen Schmalseite mit dem Wappen des Abtes Anselm Aldenhoven

Die Bezeichnung „Kaisersaal“ stammt aus der Zeit der Fremdnutzung der Gebäude nach der Aufhebung des Klosters und erinnert an die Wappenverleihung durch Kaiser Karl V. im Jahre 1547. Obwohl das Kloster hierdurch nicht in den Stand einer Reichsabtei erhoben wurde, übertrug man in diesem historischen Zusammenhang den Begriff „Kaisersaal“ von den prachtvollen Festsälen reichsunmittelbarer Klöster auf den Brauweiler Festsaal. (Euskirchen 1997 a). In zeitgenössischen Quellen des 18. Jahrhunderts wird der Raum nur als „Saal“ bezeichnet.

Prälatur-Westflügel. Nördlicher Eckrisalit von Nordosten. Hier befanden sich die Brauerei und die Brennerei.

Die weiteren Innenräume und ihre Nutzung

Im Erdgeschoß des Prälaturbaus lagen vermutlich Empfangs- und Verwaltungsräume sowie die Pforte. Im nördlichen Eckrisalit befindet sich unter dem Empfangsraum des Abtes im Erdgeschoß ein kreuzgratgewölbter Raum. Ein solches Gewölbe besitzt ebenfalls der darunter liegende Kellerraum. Darüber hinaus sind beide Räume zum Nordflügel der Barockanlage hin durch eine dicke Brandmauer getrennt. In dieser Wand ist ein Kaminschacht, der im 19. Jahrhundert vermauert wurde. So liegt die Vermutung nahe, daß es sich hier um Wirtschaftsräume mit offenen Kaminen handelte. Die Gewölbe und die dicke Brandmauer waren wegen der Brandgefahr aus sicherheitstechnischen Gründen eingebaut worden.

Einen Hinweis auf die Nutzung des gewölbten Raumes im Erdgeschoß gibt der französische Architekt Letellier, der seit 1809 mit der neuen Nutzungsplanung der ehemaligen Abteigebäude betraut war. Er berichtet, daß in diesem Raum eine alte und gut erhaltene Brauerei *(une ancienne et belle Brasserie conservée)* angetroffen worden sei. (Euskirchen 1993 und 1997 a) Tatsächlich sind in dem Inventarverzeichnis, das 1798 von der französischen Verwaltung im Hinblick auf die spätere Aufhebung der Abtei angefertigt wurde, die Geräte einer Brauerei und einer Schnapsbrennerei *(les instruments requis à brasser et à faire de l'eau de vie)* aufgeführt. Die erwähnte Destillieranlage befand sich vermutlich in dem Kellerraum unterhalb der Braustube. Auch das von den Mönchen auf Verlangen der französischen Verwaltung im gleichen Jahr geschriebene Inventarverzeichnis nennt ein *„Brauhauß mit notigem geschier“*. (s. S. 333)

Im Südflügel lagen die Räume für Gäste. Für sie hatte man hofseitig einen separaten Eingang gebaut. Im Keller dieses Traktes befindet sich ein kreisrunder, gewölbter Kellerraum, der über einen schmalen Gang von der Durchfahrt zum Wirtschaftshof aus zu erreichen ist. Er diente vermutlich als Kühlraum, in dem man Eis einlagerte, das im Winter von einem Teich geholt wurde und im Sommer dem Kühlen von Speisen und Getränken diente.

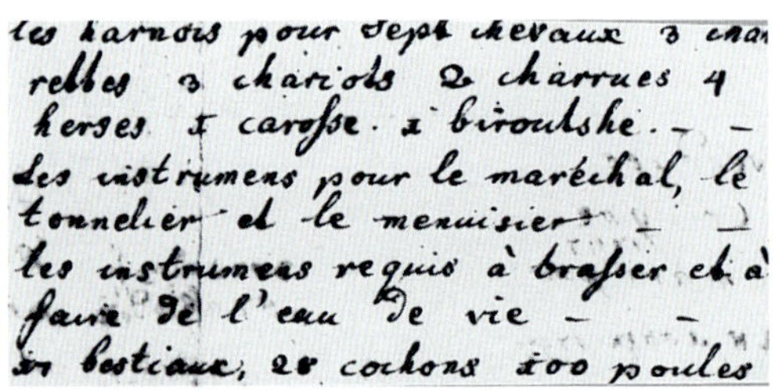
les harnois pour sept chevaux 3 char-
rettes 3 chariots 2 charrues 4
herses 1 carosse. 1 biroutshe. – –
des instrumens pour le maréchal, le
tonnelier et le menuisier – –
les instrumens requis à brasser et à
faire de l'eau de vie – –
bestiaux; 20 cochons 100 poules

Auszug aus dem Inventarverzeichnis der französischen Verwaltung von 1798 mit der Erwähnung der Geräte der Brauerei und der Brennerei (6. u. 7. Zeile von oben) (NWHStAD, Roerdep.)

Vorhalle der Kirche. Westfassade mit der Figur des hl. Nikolaus von Stefan Kaiser (1991)

Vorhalle der Kirche. Westfassade mit der im Zweiten Weltkrieg zerstörten barocken Figur des hl. Nikolaus. Foto von 1941

Vorhalle der Kirche. Westfassade. Inschriften unterhalb der Nische mit der Figur des hl. Nikolaus. In der Mitte das Wappen des Abtes Anselm Aldenhoven und darüber sein Wahlspruch: „Non sibi sed aliis"

Die barocke Vorhalle der Kirche

Integriert in die barocken Neubauten ist die Kirchenvorhalle. Die äußere Wandgliederung weist die gleichen Elemente auf wie der Prälaturbau, an den sie sich im Norden anschließt. Ihre zurückspringende, schmuckvolle Westfassade ist vor die schlichtere Giebelwand des Nordtraktes der Barockanlage geblendet und dominiert mit ihrem geschweiften Volutengiebel über dessen hochaufragenden spitzen Giebel. In der Nische über dem Eingang zur Kirche stand ursprünglich eine barocke Figur des Patrons, des hl. Nikolaus, die während des Zweiten Weltkrieges zerstört wurde.

Unterhalb der Nische befindet sich Abt Anselm Aldenhovens Wappen und Wahlspruch: *„Non sibi sed aliis" (Nicht für sich, sondern für andere)*. Der bereits zitierte anonyme Verfasser des alten Repertoriums aus der Abtei hat hierzu angemerkt: *„Er* [Aldenhoven] *baute seine Abtey herrlich und faßte auf den Eingang dieses prophetische Symbolum: non mihi sed aliis, welches die* [...] *revolution viel zu wahr machte."* Der Verfasser des Repertoriums hat das „sibi" (= sich) durch „mihi" (= mich) ersetzt.

Zu beiden Seiten von Wappen und Wahlspruch ist eine lateinische Inschrift in der Form eines Chronogramms, welches die Jahreszahl

Vorhalle der Kirche. Drei von acht Heiligenfiguren aus dem Innern der Halle: der hl. Donatus, die hl. Agatha und der hl. Rochus

1780, das Jahr der Grundsteinlegung mitteilt, angebracht. Die deutsche Übersetzung lautet: *„Durch die Fürbitten des heiligen Nikolaus behüte und beschütze uns unser Gott.“*

Wesentlich schlichter ist die nördliche Längsseite der Vorhalle gestaltet. Sie war dem Zugang, der vom Dorf zur Laurentiuskapelle und zum ehemaligen Laienfriedhof führte, zugewandt. Das Innere der schmalen Vorhalle, das durch fünf Fenster in der Nordwand belichtet wird, weist eine flache Decke auf. Diese reichte ursprünglich bis an die Ostwand, welche gleichzeitig den Westabschluß der mittelalterlichen Dreiturmanlage bildet, und durchschnitt das zweigeschossige Portal. Erst 1951 wurde die Decke herausgenommen und der Boden der Nische über dem Kirchenportal tiefergelegt, um die Sitzfigur des hl. Nikolaus von 1491 aufzunehmen. (Euskirchen 1993)

Rundbogig geschlossene, halbrunde Mauernischen - vier zwischen den Fenstern der Nordseite, vier auf der Südseite - gliedern die weißen Putzwände der Halle. Die eingestellten, farbig gefaßten Terrakottafiguren von Heiligen stammen aus der Erbauungszeit. Sie sind namentlich bezeichnet.

Eine barocke Gartenanlage: *„des Convents garten“*

Zusammen mit den Neubauten wurde ein barocker Garten in der südwestlichen Ecke des Klosterbereichs angelegt. Dies entsprach ganz der Forderung französischer Architekturtheoretiker des 18. Jahrhunderts, wonach der Gartenteil den Übergang von der Architektur zum natürlichen Garten bilden sollte und symmetrisch zu gestalten sei. (Euskirchen 1993) Die Stelle, an der man in Brauweiler den Barockgarten anlegte, lag so abseits, daß man keinen axialen Bezug zu den Prälaturgebäuden schaffen konnte. Der Garten, den die älteste topographische Kartenaufnahme von 1807/08, die sog. Tranchotkarte, zeigt, erstreckte sich südlich der Gebäude des Wirtschaftshofes und entlang des

Ausschnitt aus der ältesten topographischen Kartenaufnahme von 1807/08 des Ortes Brauweiler. Südlich des Gebäudekomplexes der zu diesem Zeitpunkt bereits aufgelösten Abtei ist der barocke Garten mit dem geometrischen Wegenetz eingetragen.

Weges, der diesen Ökonomiehof mit dem Feldtor verband. Im Westen und Süden war er von der Klostermauer begrenzt (heute an der Ehrenfriedstraße und Mathildenstraße). Nach Osten hin nahm er etwa die Hälfte der Entfernung bis zum Feldtor ein. Ein geometrisches Wegenetz teilte den Garten symmetrisch in acht annähernd quadratische Parterres (Gartenflächen). Wo sich die mittlere Wegeachse mit der östlichsten der drei Wegeachsen schnitt, zeigt die Karte eine kreisrunde, blaue Fläche, die ein rundes Wasserbecken markiert. Vielleicht steht die Ausgabe von 156 Reichstalern zur Anschaffung einer Pumpe für den Klostergarten *(pomb im Convents garten),* die im Einnahmen- und Ausgabenbuch des Klosters unter dem Datum des 19. September 1793 verzeichnet ist, im Zusammenhang mit diesem Wasserbecken. Einige Jahre später mußte die Pumpe repariert werden.

Am östlichen Ende der Mittelachse stand ein festes Gebäude, wohl ein Gartenpavillon. Die beiden Parterres, nördlich und südlich von diesem, hatten, wie die Signatur der Karte vermuten läßt, eine aufwendigere Bepflanzung als die übrigen Flächen und waren möglicherweise Standorte von Skulpturen. (Euskirchen 1993)

Blick auf das ehemalige Gartengelände. Foto von 2000

Klosterhaushalt und Ernährung der Mönche

Einen Einblick in den Haushalt des Klosters und in die Lebensumstände der Mönche vermittelt das bereits erwähnte Einnahmen- und Ausgabenbuch der Jahre 1792 bis 1802. Die verhältnismäßig detaillierten Angaben über Käufe von Lebensmitteln im Ausgabenteil lassen Rückschlüsse auf den Speiseplan und die Ernährung der Mönche zu. Allerdings fehlen häufig Mengenangaben, so daß man zwar erfährt, was im einzelnen gegessen wurde, jedoch nicht immer wieviel. Weitere offene Fragen ergeben sich dadurch, daß das Einnahmen- und Ausgabenbuch verständlicherweise die Lieferungen der klostereigenen Höfe für den Tisch der Mönche nicht erwähnt. Dennoch lassen die Angaben Rückschlüsse auf das eine oder andere Produkt von diesen Betrieben zu.

Da der Zeitraum, den das Einnahmen- und Ausgabenbuch umfaßt, von den beiden letzten Jahren vor dem Einmarsch der französischen Revolutionstruppen bis zur Aufhebung des Klosters reicht, läßt der Kauf bestimmter Lebensmittel, die während der ersten Jahre im Einnahmen- und Ausgabenbuch weitgehend unerwähnt bleiben und erst während der letzten Jahre häufig gekauft wurden, die Vermutung aufkommen, daß es sich hierbei um solche Produkte handeln könnte, die früher von den Höfen geliefert wurden. Hierzu zählen vor allem tierische Produkte wie Butter, Milch, Käse und Eier, die nach 1794 immer wieder in größeren Mengen gekauft wurden. Ferner gehören hierzu auch Fleisch, bestimmte Obst- und Gemüsesorten sowie Getreide bzw. Getreideprodukte. Andere Lebensmittel erscheinen im Einnahmen- und Ausgabenbuch während aller Jahre unverändert häufig, so Gemüse *(gemüß)*, das ohne nähere Angabe von Sorte oder Menge am Ende eines jeden Monats unter den gekauften Lebensmitteln aufgeführt wird.

Ungewiß bleibt auch, was der Klostergarten für die Küche lieferte, da das Verzeichnis der Ausgaben hierüber nur indirekte Nachrichten gibt. So wurden im April 1794 Spalierlatten *(spalierlatzen)* und Spaliernägel *(spalier nägel)* angeschafft, was den Schluß zuläßt, daß man Spalierobst anbaute. Im März 1797 wurden zwei Aprikosenbäumchen *(melcatons bäumgen)* gekauft. Zwischen August 1797 und Mai 1799 kaufte man Spinat-, Blumenkohl- und Salatsamen sowie kleine Salat- und Zichorienpflänzchen für den Klostergarten.

In der Liste der gekauften Lebensmittel kommen Fische am häufigsten vor. Während der zehn Jahre, über die das Einnahmen- und Ausgabenbuch Auskunft gibt, wird lediglich in zwei Monaten (Januar 1794 und Januar 1795) kein Fischkauf erwähnt. Am meisten kaufte man Karpfen *(karpen)*. In der Reihenfolge der Häufigkeit folgen getrockneter und gesalzener Dorsch *(laberdahn)*, Bückling, Hering, Backfisch, Schellfisch, Aal, Salm und Elritze *(rümbgen)*. Zu den weiteren Fischarten, die jedoch seltener gegessen wurden, gehörten Stockfisch, Forelle, Spierling, Barsch, Kabeljau, Hecht, Grünfisch, Weißfisch *(münn)*, Barbe, Makrele und Maifisch. Mehrmals kommen in den Rechnungen Krebse vor.

Ein weiteres wichtiges Nahrungsmittel war Fleisch. Es kam während der Jahre vor dem Einmarsch der Franzosen nicht alleine von Klosterhöfen, denn in dem Ausgabenverzeichnis werden auch Fleischrechnungen erwähnt. Dies scheint keine Ausnahme gewesen zu sein. So kaufte man unter anderem im April 1793 westfälischen Schinken, obwohl er zu den Abgaben gehörte, die von den Freimersdorfer Höfen zu liefern waren.

Am häufigsten wurde Schweinefleisch gegessen, dann Kalbfleisch, Ochsenfleisch bzw. Rindfleisch. Mehrmals wurden Hasen gegessen und einmal ein Reh. Erst nach dem Einmarsch der Franzosen im Oktober 1794 belegen die Rechnungen, daß mehrmals im Jahr geschlachtet wurde. Eine Ausnahme bildete das Wirtschaftsjahr 1796/1797 mit nur zwei Schlachtungen. Die Rechnungen erwähnen den Kauf des Schlachtviehs, zu dem in den Wirtschaftsjahren 1798/1799 und 1799/1800 auch Spanferkel gehörten. Zu weiteren beliebten Fleischspeisen zählten Kalbsfüße, Ochsenmaul und einmal eine Ochsenzunge. Bei den Schlachtungen wurde auch Wurst hergestellt, für die man gereinigte Därme und Wurstspäne

▶

Ausgaben zwischen dem 10. März und dem 1. April 1794. Einnahmen- und Ausgabenbuch der Abtei Brauweiler, S. 22 (NWHStAD, Brauweiler Akten)

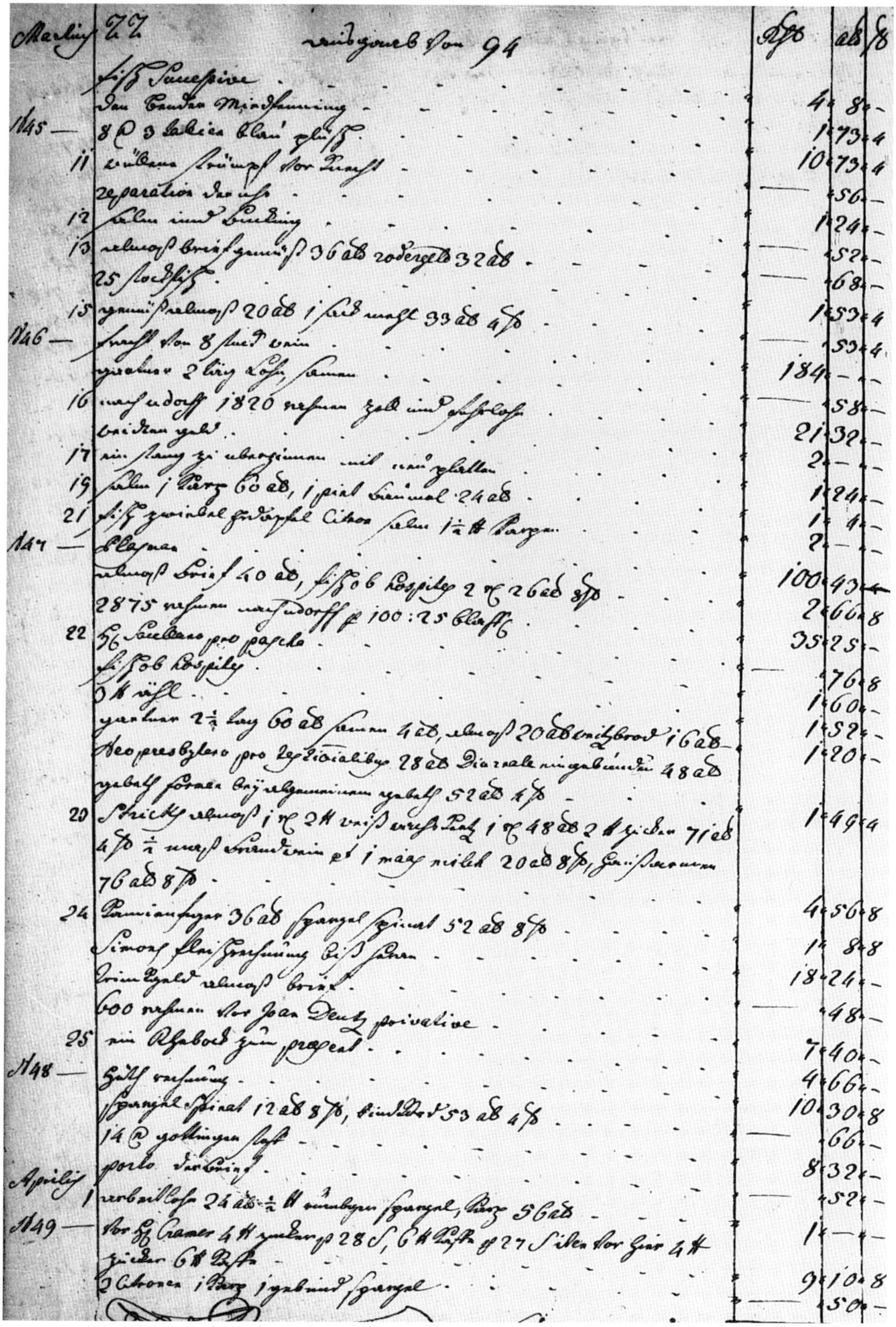

			Rthr	alb	h
Martius	77	[illegible] 94			
		fisch [illegible]			
		[illegible]	4	8	–
1145		8 ℔ 3 [illegible]	1	73	4
	11	wullene strümpf vor [illegible]	10	73	4
		reparation der uhr	—	56	–
	12	[illegible]	1	24	–
	13	almosen brief [illegible] 36 alb [illegible] 32 alb		52	–
		25 stockfisch	—	68	–
	15	[illegible] 20 alb 1 [illegible] 33 alb 4 h	1	53	4
1146		[illegible] von 8 stück wein	—	53	4
		[illegible]	184	–	–
	16	[illegible] 1820 [illegible]	—	58	–
		[illegible]	21	32	–
	17	[illegible]	2	–	–
	19	[illegible] 60 alb, 1 [illegible] 24 alb	1	24	–
	21	fisch zwiebel erdapfel citron [illegible]	1	4	–
1147		[illegible]	2	–	–
		almosen brief 40 alb, [illegible] 2 Rthr 26 alb 8 h	100	43	4
		2875 [illegible] 100:25 [illegible]	2	66	8
	22	[illegible] pro [illegible]	35	25	–
		[illegible]		76	8
		[illegible]	1	60	–
		[illegible] 60 alb [illegible] 4 alb, almosen 20 alb [illegible] 16 alb	1	52	–
		[illegible] pro [illegible] 28 alb [illegible] 48 alb	1	20	–
		[illegible] 52 alb 4 h			
	20	[illegible] 1 Rthr 24 [illegible] 1 Rthr 48 alb 2 [illegible] 71 alb 4 h [illegible] 1 [illegible] 20 alb 8 h [illegible] 76 alb 8 h	1	49	4
	24	[illegible] 36 alb [illegible] 52 alb 8 h	4	56	8
		[illegible]	1	8	8
		[illegible]	18	24	–
		600 [illegible]	—	48	–
	25	[illegible]	7	40	–
1148		[illegible]	4	66	–
		[illegible] 12 alb 8 h, [illegible] 53 alb 4 h	10	30	8
		14 [illegible]	—	66	–
		porto [illegible]	8	32	–
Aprilis	1	[illegible] 24 alb [illegible] 56 alb	—	52	–
1149		[illegible] 4 [illegible] 28 [illegible] 6 [illegible] 27 [illegible] 4 [illegible] 6 [illegible]	1	–	–
		[illegible]	9	10	8
				50	–

kaufte. Letztere dienten dem Verschluß der Wurst an ihren Enden. Der Schlachter erhielt jedesmal seinen Lohn. Während der letzten Jahre vor der Aufhebung des Klosters wurde zusätzliche Wurst von den beiden Höfen in Rath (bei Widdersdorf, heute Stadt Köln) geliefert. Die Rather Magd erhielt für den Transport nach Brauweiler einen *„traglohn"*.

Geflügel kam hin und wieder auf den Tisch der Mönche. Hierzu zählten Enten, Hühner *(hinkel)*, einmal ein Feldhuhn sowie immer wieder Vögel, die meist im „Gebund" gekauft wurden. Neben der allgemeinen Bezeichnung „Vögel" werden Schnepfen und Wacholderdrosseln *(krametsvögel)* genannt.

Reichhaltig war das Angebot an Gemüse, Salat und Hülsenfrüchten. Außer dem bereits erwähnten, im Einnahmen- und Ausgabenbuch nicht näher bezeichneten Gemüse waren Kartoffeln *(erdapfel)* ein beliebtes Nahrungsmittel. Sie wurden besonders häufig im Rechnungsjahr 1792/1793 und dann erst wieder in den Rechnungsjahren 1798/1799, 1799/1800 und 1801/1802 gekauft. Während der übrigen Jahre sind Kartoffelkäufe unterschiedlich häufig nur im Sommer und Herbst nachweisbar. Da einige Male größere Mengen gekauft wurden und für die Wintermonate zumeist keine Kartoffelkäufe belegt sind, scheint man Kartoffeln eingekellert zu haben, so daß sich in den betreffenden Jahren weitere Käufe erübrigten. Auffallend wenig Kartoffelkäufe sind in den ersten Jahren nach dem Einmarsch der Franzosen verzeichnet. So wurden in den Rechnungsjahren 1794/1795 und 1795/1796 nur jeweils in zwei Monaten Kartoffeln gekauft.

Im Rahmen der Vorratswirtschaft wurden mehrmals Weißkohl *(Kappes, Kappes Haupter)*, Rotkohl *(Rothenkappes, rothen Kapbes)* und Rübstiele *(Rubstiele, Röbstile)* in größeren Mengen gekauft. Zum Schneiden der Kohlköpfe und der Rübstiele beschäftigte man einen *„Kappesschneider"*, der hierfür einen besonderen Lohn *(Kabbes Schneidlohn)* erhielt.

Weiteres Kohlgemüse auf dem Speiseplan der Mönche waren Grünkohl, Rosenkohl *(Sprüden)*, Wirsing *(Savoie)* sowie Kohlrabi *(Kohlraben, Coloraben)* und Blumenkohl. An Blattgemüse wurden Spinat und Endivien sowie Salat (ohne nähere Angaben der Art) gegessen. Häufig wurde Zichorie *(Zuckereij)* gekauft. Spargel befand sich ebenfalls auf dem klösterlichen Speiseplan. Zu den Arten des Knollengemüses, die in der Klosterküche verarbeitet wurden, gehörten Sellerie, Radieschen, Rüben und Rote Bete. Häufig wurden Zwiebeln und die etwas milderen Schalotten und einige wenige Male Knoblauch verwendet. Auch Gurken *(Cucummeren)* wurden einige Male gekauft.

An Hülsenfrüchten verarbeitete die Küche Erbsen und Linsen sowie jährlich große Mengen Bohnen, von denen man die verschiedenen Sorten kaufte: dicke Bohnen, grüne Bohnen, Maibohnen, Schnittbohnen, Speckbohnen, Feldbohnen, Salatbohnen und Türkenbohnen. Mehrmals wurden Bohnen eingemacht.

Vielfältig war der Tisch hinsichtlich der Obstsorten, die verspeist wurden. Bis auf wenige Ausnahmen wurden monatlich Zitronen gekauft. Vermutlich geschah dies im Zusammenhang mit dem Kauf von Fisch. Saisonbedingt wurden Zwetschen *(Zwetschen, Quetschen)*, Kirschen, Birnen, Äpfel, Erdbeeren *(Erbelen)*, Waldbeeren *(Worbelen)*, Reneklоden *(Ringlotten)*, Aprikosen und während der letzten Jahre auch zweimal Feigen gekauft. Im September 1800 wurde der Kauf von getrockneten Zwetschen *(gebacke quetschen)* vermerkt.

Gewürze wurden erst gegen Ende des Rechnungsjahres 1795/1796 - zunächst noch etwas seltener und dann aber immer häufiger - gekauft. Hierzu gehörten Wacholderbeeren *(wachholder Körner)*, Senf *(Mostart)*, Senfmehl *(Mostartmehl)*, Muskat *(Müscat)*, Muskatblüte *(Blömcher, Muscatblum)*, Nelken *(Nagelcher)*, Kaneel *(Kanehl)* bzw. Zimt *(Zimmet)*, Anis, und Anissamen. Auch Essig und Olivenöl *(Baumöl)* wurden verwendet. Mehrmals kaufte man seit dem Rechnungsjahr 1797/98 Kastanien. Zum Süßen nahm man neben Honig vor allem Zucker. Im allgemeinen wurde brauner Zucker verwendet. Ließ man sich aber den teureren und besseren weißen Zucker liefern, so ist dies eigens angemerkt. Außerdem wurden mehrmals brauner und weißer Kandiszucker sowie einmal Puderzucker gekauft.

Weitere Zutaten, die ab dem Rechnungsjahr 1795/1796 für die Zubereitung von Speisen verwendet wurden, waren Rosinen, Korinthen,

Mandeln und Nüsse. Seit 1799 kaufte man einmal jährlich Sukkade *(Zuckath),* kandierte Schalen verschiedener Zitrusfrüchte.

Zu den Hauptnahrungsmitteln gehörten Brot und andere Backwaren. Bis zum Einmarsch der Franzosen wurde Brot vorwiegend von einem Bäcker geliefert. Ab Oktober 1794 hat man im Kloster fast ausschließlich selbst gebacken. Das Backhaus wird in einer Ausgabe für den Kaminfeger am 17. September 1800 erwähnt. Es scheint bis in das Rechnungsjahr 1800/1801 in Betrieb gewesen zu sein. Obwohl in den Jahren ab 1794 bis nach 1800 Brot und andere Backwaren auch gekauft wurden, verweisen die immer wiederkehrenden Käufe von größeren Mengen Mehl und Milch sowie von Hefe und Pottasche und der angegebene Backlohn auf einen klostereigenen Backbetrieb während dieser Jahre.

An erster Stelle aller verzehrten Backwaren steht mit großem Abstand Weizenbrot. Es scheint täglich gegessen worden zu sein. Nach 1795 wurde die Auswahl der Brotsorten größer. So werden ab diesem Zeitpunkt auch Schwarzbrot, Anisbrot, Sauerbrot und Oberländer Brot genannt. In französischer Zeit wurde dann das Sortiment der übrigen Backwaren reichhaltiger. So aß man Brezeln, Wecken, Brötchen und Röggelchen. Aber zunehmend wurde feineres Backwerk verzehrt wie dünne Weizenwaffeln *(oblate, oblade)* und Biskuit *(bisquit),* ein feines Gebäck aus Mehl, Eiern und Zucker sowie Makronen (*Macronen*), ein Gebäck aus Mandeln, Eiweiß und Zucker. Häufig wurde Kuchen gegessen. Wenn im Herbst die Kirmes stattfand, hat man Kirmesplatz *(Kirmesplätz)* gebacken.

Weitere wichtige Lebensmittel waren Getreide und Getreideprodukte wie Mehl, Buchweizenmehl, Hafergrütze oder Grieß *(Geris),* den man entweder in großen Mengen anliefern ließ oder hin und wieder selbst herstellte. Im Jahre 1802 wurden auch Hirse und Reis gegessen. Einige Male kaufte man Nudeln *(Kochmacronen).*

Von den Getränken kam der Wein zunächst als Produkt eigener Güter an der Mosel, im Rheingau und in Uedorf (bei Wesseling). Es handelte sich wohl vorwiegend um Weißwein. Die Rechnungen weisen bis 1794/1795 zumeist nur die Frachtkosten für den Transport auf dem Landweg sowie die Kosten für den Schiffer mit seinen Knechten *(Schipperknechte)* und für das „*Kranengeld*“ aus, das beim Entladen der Schiffe im Kölner Hafen gezahlt werden mußte. Offenbar wurden zusätzlich bestimmte Weinsorten gekauft. So verzeichnet das Ausgabenregister für Januar 1793 den Kauf einer größeren Menge Wein. Es handelte sich um Bleichert *(Bleichart),* einen Wein von blaßroter Farbe. Nach dem Einmarsch der Franzosen weisen die Ausgaben für Wein zusätzlich die Verbrauchssteuer *(accise)* aus.

Bier wurde wohl zunächst in der eigenen Brauerei hergestellt und erscheint daher nicht unter den gekauften Getränken. Nach 1795 weist das Einnahmen- und Ausgabenbuch aber auch immer wieder Ausgaben für Bier auf. Als weitere Getränke werden im Jahre 1801 Apfelwein sowie 1794 und 1800 mehrere Krüge Mineralwasser *(seltzer wasser)* aufgeführt. Mehrfach hat man auch kleinere Mengen Branntwein gekauft. Da die Abtei neben einer Brauerei eine eigene Destillationsanlage besaß, bleibt unklar, ob dieser Branntwein zusätzlich gekauft wurde. Möglich ist aber auch, daß die eigene Destillationsanlage wegen verschiedenster Probleme zur französischen Zeit nicht immer betrieben werden

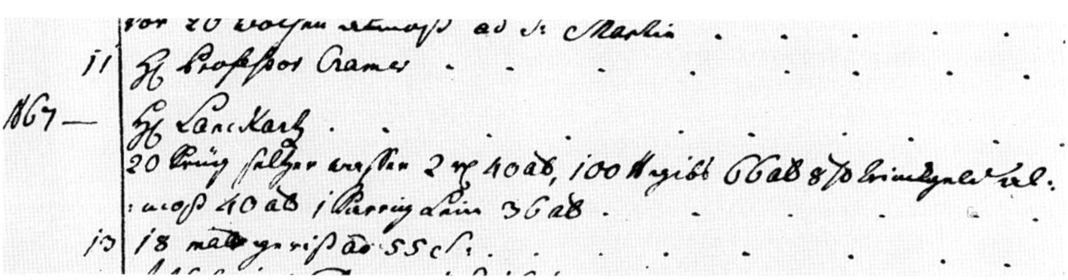

Ausgabe am 11. November 1794: „20 Krüg selzer wasser“. Am gleichen Tag ist auch eine Ausgabe für Professor Franziskus Cramer verbucht. Einnahmen- und Ausgabenbuch der Abtei Brauweiler (NWHStAD, Brauweiler Akten)

konnte. Ob der Branntwein als Genußmittel diente oder als Medizin zur äußerlichen Anwendung benutzt wurde, geht aus den Angaben nicht hervor.

Kaffee, Tee und Tabak wurden als Genußmittel in unterschiedlichen Mengen während aller Jahre zwischen 1792 und 1802 gekauft. Seit Winter 1796 kaufte man fast jeden Monat Tabak. Mehrmals wird auch der Kauf von mehr oder weniger großen Mengen Schnupftabak *(Schnubtaback)* aufgeführt. Kaffee wurde bis zum Beginn des Rechnungsjahres 1798/1799 nur einige Male und Tee in ganz wenigen Fällen gekauft. Danach stieg der Verbrauch von Tee und vor allem von Kaffee. Bereits seit dem Rechnungsjahr 1796/1797 erhielten einzelne Konventsmitglieder außer Tabak auch Kaffee und Zucker sowie in bestimmten Fällen auch Tee zugeteilt. Mit dem Beginn des Jahres 1799 gab man den Mägden jeden Monat Kaffee und Zucker.

Wohl als eine besondere Delikatesse kaufte man im Juni und im Dezember 1793 Konfekt *(Confecturen)*. Während die erste Bestellung gegen eine Portogebühr geliefert wurde, fuhr man im Dezember nach Bonn, um das Konfekt abzuholen.

Insgesamt erscheint der Speiseplan des Klosters während des ausgehenden 18. und des beginnenden 19. Jahrhunderts nicht nur abwechslungsreich, sondern er entsprach auch gehobenen Ansprüchen.

Tagelöhner und Viehmagd. Zeitgenössische Darstellung, 18. Jh.

Bei der Gartenarbeit. Zeitgenössische Darstellung Mitte 18. Jh.

Bedienstete des Klosters und ihre Tätigkeiten

Die Ausgaben der Jahre 1792 - 1802 weisen auch Beträge auf, die als Löhne an Bedienstete des Klosters gezahlt wurden. Zumeist heißt es, daß die Mägde oder ein Knecht Lohn erhalten haben. Jedoch werden an einigen Stellen auch Namen genannt. In den meisten Fällen ist es allerdings der Vorname, seltener der Familienname oder gar beide.

So erfährt man aus der Aufstellung der Ausgaben des Monats Oktober 1798, daß der vorher häufig erwähnte Hausdiener *(Domestique)* Mieves hieß. Über seine Aufgaben wird nichts mitgeteilt. Anonym bleibt die Köchin, von der man lediglich erfährt, wann sie ihren Lohn erhielt.

Dagegen werden drei Mägde recht häufig mit Namen genannt. Es sind Clara, Anna Catarin und Margarete. Sie erhalten zu ihrem Lohn fast immer auch eine neue Schürze *(Schurtzel, Schürtzlen)*. Über ihre Tätigkeit innerhalb des klösterlichen Wirtschaftsbetriebes wird nicht viel mitgeteilt. Catarin half manchmal bei der Gartenarbeit. Hierfür war eigenlich der Gärtner, dessen Namen nicht genannt wird, zuständig. Dieser kaufte auch Samen, für den er anschließend den vorgelegten Betrag zurückerhielt.

Für bestimmte Tätigkeiten wurden genau bezeichnete Löhne bezahlt, so gab es für einen Botengang den „*Ganglohn*“. War jemand mit einer Karre unterwegs gewesen, die geschoben (*geschürgt*) wurde, so erhielt der Betreffende den „*Schürglohn*“. Für das Tragen der Ware zahlte man den „*Traglohn*“. Hierbei wurde die Ware in der Regel auf dem Kopf getragen. Als Unterlage für die Last diente ein Tragwisch *(Tragwüsch)*. Das war ein rundes, gepolstertes Kissen oder ein ringförmiger Wulst, oft auch aus Stroh. In der Ausgabenliste vom Juni 1799 befindet sich der Betrag für den Kauf eines solchen Tragwischs.

Neben den Mägden wurden auch Knechte beschäftigt. Ihnen stand ein Meisterknecht vor. Zu den Knechten gehörte wohl auch ein gewisser Hammerstein, der für das Sägen von Holz seinen Lohn erhielt. Mehrere Knechte werden nur mit ihren Vornamen erwähnt, so Stephan, Theodor oder Bartel. Zwei weitere sind mit Familiennamen genannt. Caspar Päffgen erhielt im Februar 1798 einen Kittel, und Peter Bender wird im Zusammenhang mit verschiedenen Tätigkeiten und Löhnen häufig erwähnt. Im Juni 1799 hatte er für das Kloster Geld vorgelegt, das er anschließend zurückerhielt.

Während der Jahre der französischen Herrschaft am Rhein hatte die Abtei immer wieder Zahlungsschwierigkeiten und blieb mit Lohnzahlungen im Rückstand. So erhielten Clara und Anna Catarin im Oktober 1796 ihren zwei Jahre lang ausstehenden Lohn ausbezahlt, und der Köchin wurde erst im Dezember 1801 der Lohn für das vorangegangene Jahr *(ex anno praeterito)* gezahlt.

Ein Kammerdiener „*Henricus*“ (Heinrich) wird im März 1795 erwähnt. Er starb am 22. April 1795. Fünf Tage später bestellte man für ihn und den gleichzeitig gestorbenen Prior Wendelin Göbbels die Totenzettel.

Zu den Bediensteten des Klosters gehörte auch die Wache *(sauvegard)*, die im Oktober 1795 eingestellt wurde.

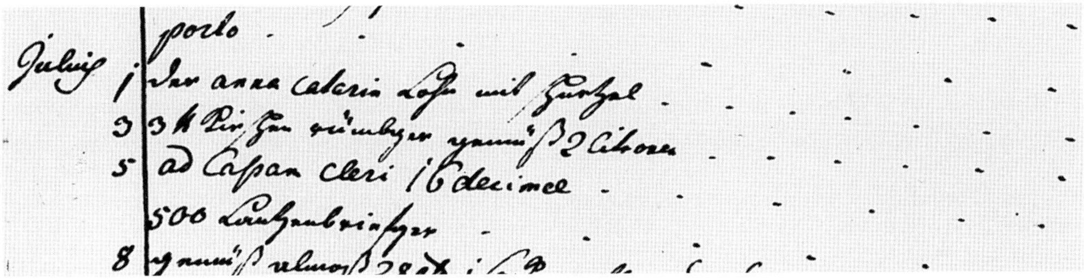

Ausgabe am 1. Juli 1794: „Der anna catarin Lohn und Schurtzel“. Am 5. Juli wurden 500 Lanzenbildchen („Lantzenbriefger“) gekauft. Einnahmen- und Ausgabenbuch der Abtei Brauweiler (NWHStAD, Brauweiler Akten)

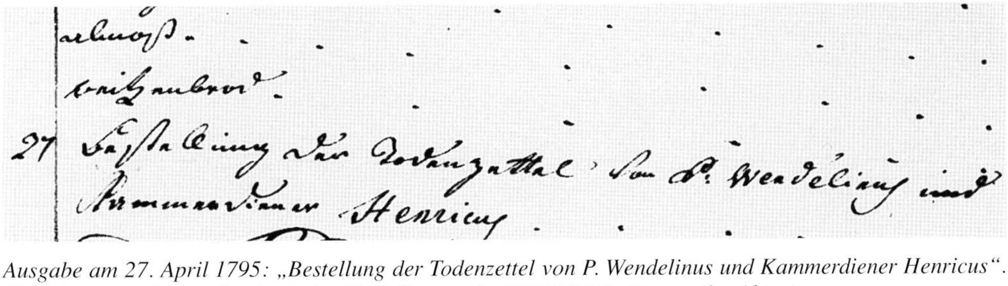

Ausgabe am 27. April 1795: „Bestellung der Todenzettel von P. Wendelinus und Kammerdiener Henricus“. Einnahmen- und Ausgabenbuch der Abtei Brauweiler (NWHStAD, Brauweiler Akten)

Waschen und Bleichen von Leinen. Zeitgenössische Darstellung, 18. Jh.

Eine Reihe von Bediensteten arbeitete in der Klosterwäscherei, dem *„Bleichhoff"*. Geleitet wurde er offenbar von einer Frau, die in dem Einnahmen- und Ausgabenbuch als *„Bleichhöffers"* bezeichnet wird. Zum weiteren Personal gehörten der *„Waschschürger"*, der die Wäsche mit einer Karre transportierte, die Wäscherinnen *(Waschweiber)*, die *„Bleicher"*, die für das Bleichen der Wäsche zuständig waren, und die Büglerinnen *(Streicherinnen)*.

Zum Waschen der Wäsche verwendete man Bläu *(blöh)*, ein Wasch- und Bleichmittel. Bestimmte Wäschestücke wurden anschließend mit *„Stärk"* oder *„Stief"* gestärkt. Zum Reinigen von Böden und Tischen nahm man Scheuersand, den ein *„Sandbauer"* lieferte. Metall und Glas, aber auch Steinsachen wurden mit Tripel *(Trippel)*, einer Putzschmiere, die aus Kreide, Branntwein und Seife gemischt wurde, gereinigt und poliert. Seife wurde zumeist in kleinen Fässern geliefert.

In einem Verzeichnis der Namen aller Mönche, das im Januar 1798 von der französischen Verwaltung angelegt wurde, wird mitgeteilt, daß das Kloster 28 Bedienstete hatte, die jährlich wechselten *(vingthuit Domestiques, qui changent toutes les anneés)* (s. Abb. im Anhang S. 447).

Das Verhältnis der Mönche zu ihren Bediensteten – sie werden als *„Domestiquen"* bezeichnet – scheint sehr harmonisch gewesen zu sein. Alljährlich erhielten die Mägde und Knechte ein Neujahrsgeschenk. Zu Ostern gab es manchmal auch gefärbte Ostereier. Der Kauf von Farbe ist unter den Ausgaben verzeichnet. Clara bekam 1795 sogar ein Namenstagsgeschenk. Einer Küchenmagd schenkte man im September 1800 ein Leibchen, und im August

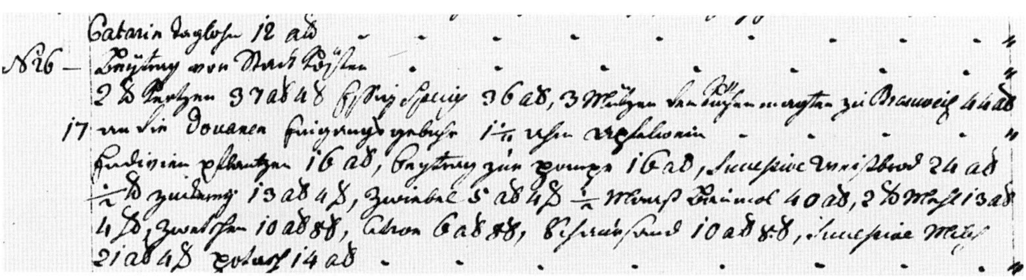

Ausgabe am 11. August 1801: „3 Mützen den Küchenmagten zu Brauweiler". Am gleichen Tag erhielt Catarin einen „Traglohn". Einnahmen- und Ausgabenbuch der Abtei Brauweiler (NWHStAD, Brauweiler Akten)

1801 kaufte man *„3 Mützen den Küchenmagten zu Brauweiler“*. Einem Knecht, der im Ausgabenverzeichnis als *„Sackträger“* bezeichnet wird, gab man mehrere Jahre lang, jeweils im Februar, Fastnachtsgeld.

Nicht direkt zum Personal des Klosters gehörte vermutlich der Mietwagenfahrer *(Hurkutscher)* Müller, der häufig im Auftrag der Mönche unterwegs war. Er erhielt zu seinem Fahrlohn manchmal auch ein Trinkgeld.

In einem besonderen Dienstverhältnis zum Konvent stand wohl der Vermögensverwalter der Abtei, der *„Procurator“* Olbertz. Er wird im März 1798 erwähnt. Weiteres über seine Tätigkeit ist nicht überliefert.

Lieferanten und Handwerker des Klosters

In der Aufstellung der Ausgaben aus den Jahren 1792 bis 1802 werden zahlreiche Empfänger von Geldbeträgen genannt. Es handelt sich hierbei um Händler und Lieferanten bestimmter Waren sowie um Handwerker. Während zahlreiche Namen ohne weitere Angaben zu gelieferten Waren oder geleisteten Dienstleistungen aufgeführt werden, gibt es bei einigen Namen ergänzende Angaben.

So war der Name des Fleischhändlers, der das Kloster zwischen 1794 und 1797 belieferte, Simon. Sein Nachfolger hieß Kasmacher. Im April 1796 erhielt der *„Frechener Schlachter“* den Lohn für seine Dienste. Aus dieser Angabe geht nicht hervor, ob es sich bei ihm um den damaligen Fleischhändler Simon handelte.

Im September 1793 wird ein Tapetenhändler Gruber genannt. Über mehrere Jahre lieferte der Händler Koch dem Kloster die Kerzen, und Wachs brachte ein Lieferant namens Schütt. Vorwiegend 1793/1794, aber auch noch später bis 1798 lieferte Bäckermeister Hahn Brot. Die Namen weiterer Bäcker waren Friese (1794) und Poppelsdorf (1802). Mehrmals hat im Jahre 1800 ein Zuckerbäcker für seine Waren Geld erhalten.

Unter den Lieferanten anderer Lebensmittel werden in den Rechnungen Lammerts, Peters, Schlösser und Vogel genannt, die Butter in den Jahren 1796 bis 1802 brachten. Die Händler Weyer und Sevenich lieferten in den Jahren 1796/1797 sowie 1801 Grieß. Zwei namentlich genannte Fischhändler waren Armenbach (1799) und Schüll (1801). In den Anmerkungen zu einem Inventarverzeichnis der Möbel und Wertgegenstände des Klosters und der Kirche, das französische Verwaltungsbeamte 1798 angefertigt haben, wird als weiterer Fischhändler der Kölner Kaufmann Franz Anton Cassinone genannt. Er war gebürtig aus Como. 1798 war er 87 Jahre alt und feierte seine Goldene Hochzeit in der Kölner Pfarrkirche Klein St. Martin. Ein Jahr später starb er. Das Geschäft übernahmen seine Söhne. Der Kölner Standort dieses Kaufmannes deutet darauf hin, daß wenigstens ein Teil der Güter, die man im Kloster zur Deckung des täglichen bzw. periodischen Bedarfs benötigte, über größere Entfernungen geliefert wurde.

Peter Wischroth und der Kaufmann Hammer handelten mit recht unterschiedlichen Waren, mit Dachpfannen und Weinstöcken *(Rahmen)* sowie mit Zinn, Essig und Öfen. Händler mit Gütern des gehobenen Bedarfs waren Badorf, Kilian und Wolff, die Kaffee, Zucker, Tabak und Wein lieferten. Hefe brachte der Kaufmann Sandbuchler. Für das Jahr 1801 wird der Händler Ortmann als Seifenlieferant genannt.

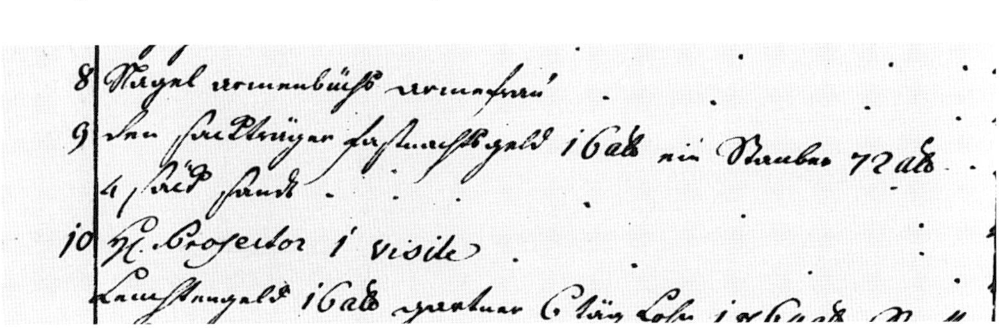

Ausgabe am 9. Februar 1797: „dem sackträger fastnachtsgeld“. Am gleichen Tag wurde ein Besen („Stauber“) gekauft. Einnahmen- und Ausgabenbuch der Abtei Brauweiler (NWHStAD, Brauweiler Akten)

Kaffee- und Zuckerhändler. Darüber der Werbespruch: „Caffee und Zucker fahr ich bey, Damit ein jeder sich erfreu.“ Darstellung auf einer Spanschachtel, Anfang 19. Jh.

Einer der wichtigsten Handwerker des Klosters war für viele Jahre zwischen 1793 und 1800 der Schneider Bornheim aus Uedorf. Er fertigte nicht nur neue Kleidungsstücke, sondern reparierte auch beschädigte Sachen. Hierfür erhielt er seinen *„Flicklohn“*. Im Jahre 1802 nennen die Ausgabenverzeichnisse einen Schneider namens Zaun.

Ein weiterer Handwerker, der häufig zu Reparaturen ins Kloster kam, war der Klempner *(Blechschläger)* Maas. Der Schmied war Meister Raach. Die Uhren im Kloster reparierten die Uhrmacher Berkel (1797) und Höltzel (1801). 1798 brachte der Meister Münster Fässer ins Kloster. 1793 setzte der Glaser Frank neue Fensterscheiben ein, und 1800 wird ein gewisser Aldenhoven als Glasmacher genannt. Im gleichen Jahr war der Schieferdecker *(Leyendecker)* Auler mit der Reparatur von Dächern der Abteigebäude befaßt. Ein Scherenschleifer, dessen Namen nicht genannt wird, wurde im August 1801 beschäftigt.

Das Kloster unterhielt zwei eigene Werkstätten, die in dem bereits erwähnten französischen Inventarverzeichnis von 1798 aufgeführt werden. Es handelte sich um eine Tischlerei und eine Hufschmiede.

Mehrmals hat zwischen 1797 und 1801 der Buchbinder Dansard Bücher der Klosterbibliothek repariert und neu eingebunden. Totenzettel wurden zwischen 1796 und 1800 von Mei-

Scherenschleifer. Ausschnitt aus einem Gemälde von Nicolas Bernard Lépicié (1735-1784), Eremitage in Sankt Petersburg

ster Simonis gedruckt. Im Mai 1802 fertigte Meister Goffartz 500 Bildchen. Obwohl nähere Angaben zu den Bildchen fehlen, dürfte es sich um Lanzenbildchen für das Fest der Heiligen Lanze, das in Brauweiler besonders gefeiert wurde, gehandelt haben (s. Seite 198f.). Ob Meister Goffartz auch die 1.700 Lanzenbildchen gefertigt hatte, die im Laufe des Jahres 1794 geliefert worden waren, oder die 1.200, die man im Juni 1797 kaufte, verrät das Ausgabenverzeichnis leider nicht.

Auch ein Frisör hat im Kloster für seine Dienstleistung Lohn erhalten. Mehrmals verzeichnen die Ausgaben einen Betrag für *„Haarschneiden"*.

Ärzte, Apotheker und Medikamente

Mehrmals hat man Honorare für Ärzte bezahlt, die Konventsmitglieder behandelt haben. Zwischen 1793 und 1800 wird ein *„Chirurgus"* namens Küster und 1796 Professor Brach als Arzt genannt. Letzterer operierte 1796 P. Paulinus Münster, der den Eingriff jedoch nicht überlebte.

Drei Apotheker führt das Ausgabenverzeichnis auf: 1799 den Apotheker Frank, 1797 den Apotheker Kirchherten und für die Jahre 1798 bis 1802 den Apotheker Müller. Im November 1795 bezahlte man auch die Rechnung eines Siegburger Apothekers. Augenmedizin lieferte im Januar 1802 ein Herr Spinder.

Es ist schwierig, aus den gekauften Waren solche herauszusuchen, die als Medizin verwendet wurden, da dies in keinem Fall ausdrücklich vermerkt ist. Jedoch dürften Melissenwasser, das häufig gekauft wurde, oder Kamillenblüten, Fliederblüten, Lavendel und Brustzucker als Medizin verwendet worden sein. 1799 kaufte man mehrmals eine nicht näher bezeichnete Salbe und im April 1800 Glaubersalz. Im Jahre 1798 wird auch eine Pferdemedizin erwähnt. Wohl zur Ersten Hilfe wurde der Feldscherer-Kasten benötigt, der im Januar 1794 angeschafft worden war. Vermutlich dienten auch die 12 Fläschchen Kölnisch Wasser *(12 bo*[u]*teillen d'eaux de Cologne)*, die am 9. November 1794, wenige Wochen nach dem Einmarsch der französischen Revolutionstruppen gekauft wurden, als Beruhigungsmittel wegen der aufregenden Ereignisse jener Zeit im Rheinland.

Neuanschaffungen für den Haushalt und Reparaturen

Wie jeder Wirtschaftsbetrieb hat auch die Abtei Brauweiler immer wieder Haushaltsgeräte und Einrichtungsgegenstände reparieren lassen oder neu anschaffen müssen. Das Verzeichnis der Ausgaben gibt darüber aber nur begrenzt Auskunft. Belege über größere Reparaturen oder Anschaffungen von Mobiliar und anderen Ausstattungsstücken für Kloster und Kirche dürften sich unter den Kellnereirechnungen befunden haben. Diese sind jedoch nicht mehr erhalten. Im Zusammenhang mit Namen von einzelnen Handwerkern bzw. Händlern und deren Rechnungen wird im Einnahmen- und Ausgabenbuch von 1792-1802 eigens auf dieses Verzeichnis der Kellnerei verwiesen, wo die besagte Rechnung abgelegt sei.

Trotz dieser Einschränkung vermitteln die Ausgaben ein recht lebendiges Bild von den Anschaffungen und Reparaturen solcher Dinge, die damals zum alltäglichen Leben in der Abtei gehörten.

Als erstes sind Anschaffungen für die Küche zu nennen, wobei es sich im allgemeinen um solche Dinge handelte, die durch den

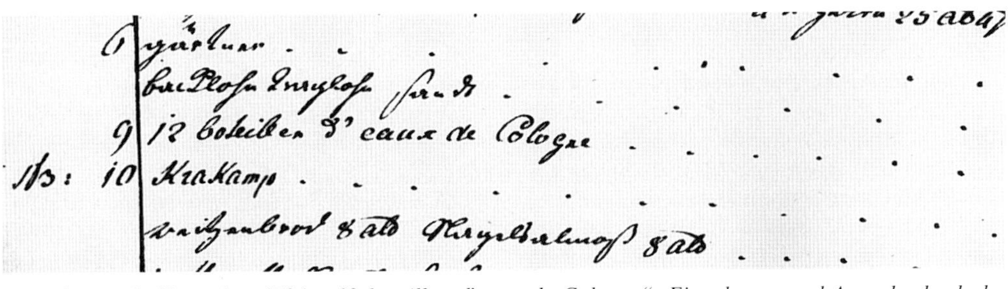

Ausgabe am 9. November 1794: „12 boteillen d'eaux de Cologne". Einnahmen- und Ausgabenbuch der Abtei Brauweiler (NWHStAD, Brauweiler Akten)

ständigen Gebrauch häufig entzweigingen oder verschlissen. So wurde zwischen 1792 und 1802 regelmäßig irdenes Geschirr *(Erdengeschier)* ohne nähere Bezeichnung angeschafft. Manchmal wird das gekaufte Geschirr auch näher bezeichnet als Küchengeschirr, flaches Geschirr, irdene Teller oder Tassen. Einmal wurde ein Senftöpfchen *(Mostartkänchen)* und zweimal ein Kaffeekännchen *(Kaffe Kängen, Kaffekänchen)* gekauft. Fast jedes Jahr wurden mehrmals Krüge und Kannen angeschafft, einige Male auch größere Mengen. Für Anfang September 1800 verzeichnet das Ausgabenregister beispielsweise die Anschaffung von 30 Wasserkrügen. Zu weiterem Küchengeschirr, das man immer wieder kaufte, gehörten Schüsseln *(Kump, Schussel)* aus Holz, Blech oder gebranntem Ton sowie irdene Töpfe *(Tuppen, Düppen, Steinernes Tüppen, Erdentüppen).*

Auch Körbe jeder Art fanden ihre Verwendung im Klosterhaushalt. Am häufigsten ist der Kauf von nicht näher bezeichneten Bastkörben *(Baßeman)*, oft in Mengen bis zu 40 Stück, verzeichnet. Daneben kaufte man Gemüsekörbe *(Gemüßkorb)*, Marktkörbe *(Marckkorb)*, Waschkörbe *(Waschmangelen)* oder Bügelkörbe *(Bogels Korb)*, d. s. Körbe mit einem Tragbügel. Mehrmals wurden auch größere und stabilere Körbe aus ungeschälten Weiden mit zwei Traggriffen, sog. Steinmanden *(Steinmänger)* angeschafft. Diese waren besonders geeignet für den Transport größerer Lasten wie Steine, Kohlen oder Kartoffeln.

Für den täglichen Gebrauch bei Tisch wurden immer wieder Gläser verschiedener Arten gekauft. Hierzu gehörten vor allem Biergläser oder Weingläser, die meist in Mengen von 6 oder 12 Stück gekauft wurden. Daneben schaffte man verschiedentlich geschliffene Gläser und Karaffen an.

Auch die Anschaffung von Besteck für den Eßtisch der Mönche sowie Messer für die Küche sind unter den Anschaffungen zu finden. Mehrmals kaufte man Messerklingen, einmal 12 Messer, Gabeln und ein dazu gehörendes Tranchiermesser. Wohl mehr für den Gebrauch in der Küche waren Brotmesser, die häufig gekauft wurden, und Hackmesser bestimmt.

Die Aufstellung der Ausgaben zwischen 1792 und 1802 gibt aber auch Auskunft über zahlreiche weitere Gegenstände, die für den Haushalt des Klosters und das alltägliche Leben seiner Bewohner von Bedeutung waren. So liest man vom Kauf der verschiedensten Gegenstände. Zu diesen gehörten ein Uhrenschlüssel und eine Standuhr, zwei Tische und ein hölzerner Stuhl, Bürsten und Schuhbürsten, Besen *(Besemchen, Stauber)* und Handfeger *(Handstauber)*, ein Ofen, neue Türschlösser, zwei Nachtgeschirre und ein Uringefäß. Für die Küche schaffte man eine neue Pfanne, ein Siebchen, eine Seihe *(Seye)*, zwei Gewichtssteine, einen Kannenquast, einen kupfernen Hahn *(Kran)* und fünf hölzerne Hähne *(Kranen)* an. Registriert ist ferner der Kauf eines gewachsten Tuches, das vielleicht als Tischdecke verwandt wurde, sowie von 21 Tischtüchern und Servietten, von Bettdecken und Matratzen, von einer Tabaksdose und von mehreren Tabakspfeifen. Für die Gartenarbeit wurden eine Baumsäge *(Baumseeg)*, eine andere Säge sowie eine Gartenschaufel *(Garten Schupp)* angeschafft.

Die Aufstellung der Ausgaben bietet auch Hinweise auf die eine oder andere Reparatur von Haushaltsgeräten und an den Klostergebäuden.

Noch im Jahre 1793 mußten Fensterläden *(Fenster Hördgen)* repariert und neue Fensterscheiben eingesetzt werden. Hierzu wurde ein Wagen Glas geliefert. Anschließend ließ man die Gardinen reparieren. Im gleichen Jahr wurde auch die Haustür instandgesetzt. 1797 und 1799 deuten die Käufe von Dachschiefer *(Leyen)* und Angaben über Löhne für den Schieferdecker *(Leyendecker)* auf Dachreparaturen hin. Ausgaben für einen Anstreicher und eine Tapetenrechnung im Jahre 1793 lassen vermuten, daß man damals Klosterräume renoviert hat. Im Sommer 1800 hat man erneut einen Anstreicher bezahlt. Offenbar wurden auch Fenster repariert, denn im Juli 1800 sind Ausgaben für den *„Fenstermacher"* aufgeführt.

Zu den immer wieder notwendigen Reparaturen an Haushaltsgeräten gehörte das Löten einer Seihe sowie von Trichtern, Gießkannen *(Gieß)*, Lampen, Leuchten und das Befestigen eines abgebrochenen Knaufs an einer Kaffee-

Der Prälaturhof im Winter. Blick von der Portaldurchfahrt im Prälatur-Westbau auf den Westturm der Kirche mit Prälatur-Nordflügel und Mittelbau

kanne *(Kaffe Knob zu löhen)*. Besonders hervorzuheben sind die Reparaturen einer Kastenmühle, eines Spinnrades oder einer Pflugschar sowie das Kleben eines zerbrochenen Spiegels. Im September 1799 beschäftigte man einen Korbmacher, der auch Körbe flickte. Auch Ausgaben für das Schleifen von Beilen oder Messern sind hier zu nennen. Im April 1797 wurde ein Siegelstempel *(Pettschaft)* überarbeitet.

Unter den persönlichen Gegenständen der Mönche, die repariert werden mußten, wird einmal die Taschenuhr *(Sackuhr)* des Abtes sowie die des Propstes erwähnt. Als Propst wurde einer der beiden Konventsmitglieder bezeichnet, die sich zur Verwaltung des klösterlichen Moselbesitzes ständig in Klotten aufhielten.

Beleuchtung und Heizung

Von großer Bedeutung waren Beleuchtung und Beheizung der Räume des Klosters. Das Ausgabenverzeichnis erwähnt mehrfach den Kauf von *„Lampen"* und *„Leuchten"*. Während die *„Lampen"* das Licht in den Räumen des Klosters spendeten, dienten die *„Leuchten"* außerhalb des Hauses als Handlaternen oder Stallaternen *(Stallleucht)*. Sie wurden mit Tran oder Öl, wie Rüböl, gespeist. Mehrfach wird der Kauf von Docht erwähnt, sowohl flacher Docht *(Wienck, Wieck, Weeck, Wieckgarn)* als auch runder Lampendocht *(Lemmertgarn, Lampengarn)*, der vorwiegend für Lampen mit Rüböl verwendet wurde. Zum Abschneiden des verkohlten Dochtes verwandte man *„Lichtputzen"*. Lampen und Leuchten wurden mit Schwefelhölzern *(Schwefelholtzger)* oder Schwefelspänen angezündet. Einmal wurde auch ein Feuerstein gekauft. Zwischen 1799 und 1802 schaffte man mehrmals Nachtlichter - im April 1802 sogar zwei Schachteln davon - und eine Nachtlampe aus Blech an. Als zusätzliche Beleuchtungsmittel diente hin und wieder eine Fackel *(Flambeau)*.

Das Kloster hatte zwar keine Heizung. Jedoch gab es außer der Küche, die ihre Wärme durch einen großen, gußeisernen Herd mit neun Kochstellen erhielt, Räume, die durch

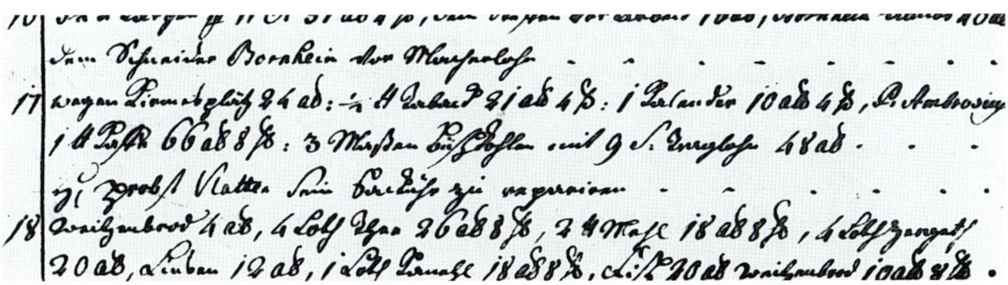

Ausgabe am 17. November 1798: „Hr. propst Vlatten sein sackuhr repariren". Am Tag zuvor wurden u.a. 3 Maß Holzkohle („büschkohlen") gekauft. Bezahlt wurde auch der Traglohn. Einnahmen- und Ausgabenbuch der Abtei Brauweiler (NWHStAD, Brauweiler Akten)

offene Kamine oder Öfen beheizt werden konnten. So führt das 1798 angelegte und bereits erwähnte Inventarverzeichnis 30 gußeiserne Öfen mit Rauchabzugsrohren auf.

In diesen verbrannte man vorwiegend Holz und Holzkohle *(Büschkohlen)*. Daneben wurde auch Steinkohle *(Stein Kohlen)* zum Feuern genutzt. Im Januar 1799 kaufte man eine größere Menge davon.

Die Kamine im Kloster wurden mit Ausnahme der Jahre 1795/96 und 1802 regelmäßig durch einen Kaminfeger *(Caminfeger)* gereinigt. Über die zu reinigenden Kamine heißt es unter den Ausgaben am 17. August 1800: *„Küch und Backhaus Kamine zu fegen, 3 Ofen Kamine"*.

Neuanschaffung und Ausbesserung von Kleidungsstücken der Mönche

Das Einnahmen- und Ausgabenbuch informiert auch über Kleidungsstücke der Mönche, die diese entweder neu anschafften oder reparieren ließen. Im Zusammenhang damit wird viele Jahre lang immer wieder der Schneidermeister Bornheim aus Uedorf erwähnt. Schneiderte er ein neues Kleidungsstück, so erhielt er zu den Materialkosten seinen *„Macherlohn"*. Eine Aufzählung der Kleidungsstücke, welche die Mönche zwischen 1792 und 1802 für den eigenen Bedarf anfertigen ließen oder die sie von Händlern geliefert bekamen, gibt ein anschauliches Bild auch von der damals üblichen Alltagskleidung.

Ein wichtiges Kleidungsstück war der Rock, ein Teil der Oberbekleidung, das einer Jacke oder einem Mantel entsprach. Röcke gab es zu unterschiedlichen Zwecken und auch in verschiedenen Längen. So erhielt der Abt 1792 einen neuen Reiserock und 1801 einen Hosenrock. Dem Propst fertigte der Schneider Bornheim im August 1799 einen Knierock *(Knij rockelger)*.

Als Kopfbedeckung dienten Hüte oder Mützen. So erhielt der Abt 1794 einen Hut und zwei Jahre später für die kalte Jahreszeit einen besonderen Winterhut. Ein andermal wurden Mützen *(baumwollene Mützen)* angeschafft. Im Oktober 1797 bekam der Abt ein Paar Handschuhe. Zweimal sind Ausgaben für eine neue, kurze, wollene Jacke mit Ärmeln *(Kamesol)*, die der Abt erhielt, verzeichnet. Ein solches *„Kamesol"* war mit Knöpfen bis zum Hals schließbar und konnte im Winter unter dem Habit getragen werden.

Mehrmals ließ man 6 oder 12 neue Hemden mit jeweils 8 Knöpfen, die gesondert bezahlt wurden, nähen. Zu den weiteren Kleidungsstücken, die man anfertigen ließ, gehörten Hosen, Mäntel und Nachthemden. Nicht immer wird im Ausgabenregister das Kleidungsstück selbst genannt, sondern der Stoff, der zu seiner Anfertigung gekauft wurde oder der spezielle Macherlohn.

Ob auch die anderen Kleidungsstücke, die man anschaffte, eigens angefertigt wurden, oder ob man sie durch einen Händler bezog, geht nicht immer eindeutig aus dem Ausgabenverzeichnis hervor. So lieferte im Dezember 1799 ein Händler namens Mathij Strümpfe und Socken. Man trug im Sommer dünnere Strümpfe aus Sayettgarn *(zergettene Strümpf)*, das aus feiner Kammwolle gesponnen war. Im Winter wurden wärmere Strümpfe *(wullene Strümpf, Vils peltzen Strümpf)* bevorzugt. Während kalter Nächte zog man Bettsocken und Nachthauben *(Nachts Kappen)* an.

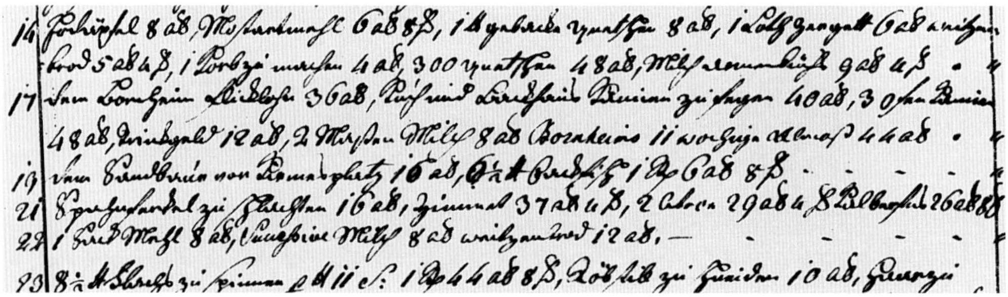

Ausgabe am 17. September 1800: „Küch und Backhaus Kamine zu fegen, 3 Ofen Kamine". Dazu erhielt der Kaminfeger Trinkgeld. Einnahmen- und Ausgabenbuch der Abtei Brauweiler (NWHStAD, Brauweiler Akten)

Mehrfach kaufte man neue Pileoli oder Scheitelkäppchen *(Kappesblatgen, Kabbesblätgen, Kappes Mützgen).* An den Füßen trug man je nach Jahreszeit Sandalen oder Winterschuhe.

Wie sehr man auf gepflegte Kleidung Wert legte, zeigt der Umstand, daß die Kleidungsstücke regelmäßig von einer *„Näherin“* repariert wurden, die hierfür fast jeden Monat ihren *„Flicklohn“* erhielt. Nur selten geht aus der Ausgabenaufstellung eindeutig hervor, um welches Kleidungsstück es sich im einzelnen handelte. So wurde im Oktober 1798 bei einer Ausgabe für den Abt vermerkt: *„Kabbesblätgen zu reparieren“.* Ein andermal heißt es lediglich *„Ausbesserung der Kleider“* oder *„3 Mantel zu flicken“.* Im Zusammenhang mit der Ausbesserung oder Herstellung von Kleidungsstücken kaufte man Nähnadeln, Stopf- oder Nähgarn, Zwirn und immer wieder das feinere Sayettgarn *(Zergett).* Im gleichen Zusammenhang sind auch die Ausgaben für Stoffe zu sehen. Genannt werden schwarzes oder weißes Leinen *(Leinen, Lin, Lind),* Steifleinen *(Steiftuch),* Seide, das festere Baumwollgewebe Kattun *(Cataun)* und Futterstoff für Kleidungsstücke. Zur Herstellung von Tischtüchern für festliche Tafeln oder für Altartücher verwendete man Damastleinen mit eingewebten Mustern *(Gebild),* von dem man im Mai 1796 eine größere Menge zu einem verhältnismäßig hohen Preis kaufte. Dieser Kauf war notwendig, da die Abtei durch die Plünderung der Esterházy-Husaren am 4. Oktober 1794 große Verluste an Leinentüchern erlitten hatte. (s. S. 280f.)

Zu den Kleidungsstücken, die man immer wieder reparieren lassen mußte, gehörten auch

Mägde beim Spinnen von Garn. Zeitgenössische Darstellung von 1766

Hüte und Schuhe. Im September 1800 zahlte man für eine Schuhreparatur dem Brauweiler Schuhmacher *(Brauweiler Schumacher)* einen Arbeitslohn.

Eine Pflanzenfaser, die im Kloster zu Garn verarbeitet wurde, war Flachs. Er wurde in größeren Mengen gekauft, anschließend aufbereitet *(hecheln)* und zu Garn gesponnen. Hierzu besaß das Kloster eigene Spinnräder.

Weitere Anschaffungen

Außer den Gegenständen für den täglichen Gebrauch nennt das Einnahmen- und Ausgabenbuch auch Anschaffungen besonderer Art. Zu diesen gehören Bücher für die Bibliothek. Leider sind die Nachrichten darüber sehr spärlich und zum Teil allgemeiner Art. So heißt es häufig, daß ein Buch angeschafft wurde. Nur sehr selten ist ein Titel angegeben. 1793 und 1797 wurden mehrere Exemplare der „Regula S. Benedicti“, der für das klösterliche Leben wichtigen Benedikt-Regel angeschafft. Zwischen 1797 und 1801 erwarb man für die

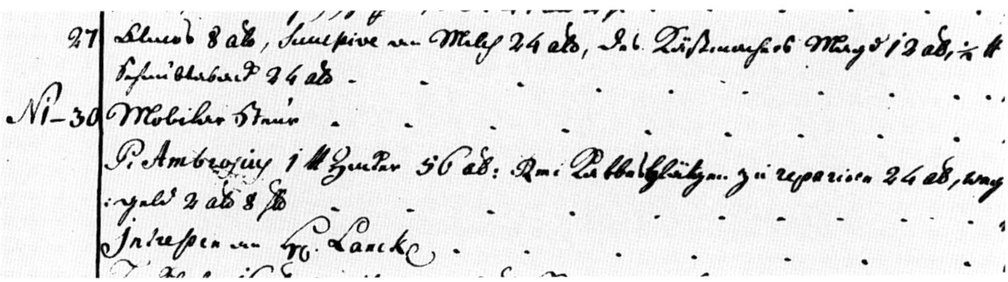

Ausgabe vom 27. Oktober 1798: „Rmi. Kabbesblätgen zu repariren“. Dem Boten, der das reparierte Scheitelkäppchen brachte, wurde hierfür „weggeld“ gezahlt. Einnahmen- und Ausgabenbuch der Abtei Brauweiler (NWHStAD, Brauweiler Akten)

Bibliothek verschiedene Bände mit Predigten des Jesuiten und Dompredigers Franziskus Hunolt. Das Werk nahm in der Predigtliteratur der damaligen Zeit einen wichtigen Rang ein. Ob es sich bei den angeschafften Bänden um diejenigen handelt, die noch heute in der Bibliothek der Sintherner Pfarre (s. Seite 220f.) aufbewahrt werden, läßt sich nicht mehr klären. Für das Jahr 1796 ist der Erwerb eines Buches mit dem Titel „Lieb des Schöpfers" von Sebastian Mutschelle, einem gemäßigten Aufklärungstheologen, verzeichnet. Mutschelle war überzeugter Vertreter kantischer und christlicher Moral. Er versuchte eine spekulative Neubegründung der Moraltheologie mit dem Ziel der Verbindung des kategorischen Imperativs mit dem biblischen Liebesgebot. Die Anschaffung seines Buches „Lieb des Schöpfers" belegt, daß man damals im Brauweiler Konvent modernem, von der Aufklärung beeinflußtem theologischem Gedankengut gegenüber aufgeschlossen war. Im Jahre 1800 wurde ein Buch mit Schriften des Augustinerchorherrn Thomas von Kempen angeschafft. Mehrmals kaufte man Hefte mit Bußpredigten, die anschließend gebunden wurden. Auch die Anschaffung von Gebetbüchern und eines französischen Katechismus ist unter den Ausgaben festgehalten.

Aus aktuellem Anlaß erwarb man 1796 ein Buch über Viehseuchen. Damals herrschte eine Seuche des Hornviehs im Kölner Umland, wie der Kölner Augustinermönch Anno Schnorrenberg in seinem Tagebuch mitteilt. 1798 schaffte man drei Bücher über Gartenbau an.

Häufig wurden Kalender gekauft, einmal auch ein Taschenkalender *(Sackcalender)*. Zweimal gab man Beträge für Landkarten aus. Auch über den Kauf von Schreibgerät und Schreibpapier gibt das Ausgabenregister Auskunft. Rote Tinte, ein porzellanenes Tintenfaß und Bleistifte werden genannt.

Zu besonderen Anschaffungen gehörten auch Kartenspiele, die seit 1798 ohne nähere Angaben zum Spiel selbst immer wieder gekauft wurden. Lediglich einmal wird ausdrücklich vermerkt, daß es sich um ein Tarock-Spiel *(Tarock Kart)* handelt.

Nachrichten über die Kirche und besondere kirchliche Feste

Mehrmals berichtet das Einnahmen- und Ausgabenbuch von 1792 bis 1802 über Neuanschaffungen und Reparaturen liturgischer Geräte und Gewänder. Am häufigsten mußten Zingula *(Cingula)* angeschafft werden. Hierbei handelte es sich um Gürtel, mit denen die Mönche ihr Ordensgewand sowie die Albe, das weiße liturgische Untergewand des Priesters, schnürten.

Für die Herstellung neuer liturgischer Bekleidungsstücke, der Paramente, kaufte man Seide und Sayettgarn *(Zergett)*. 1793 schaffte man neue Korporalien an, d.h. kleine quadratische oder rechteckige Leinentücher, die bei der Liturgie der Meßfeier als Unterlage für die Hostie und den Kelch dienen. Zum Schmuck wurden an den Rändern der Korporalien Spitzen angenäht. Mehrmals beschäftigte man auch einen Goldsticker.

1796 wurde ein zinnerner Meßkelch und 1797 ein zinnernes Ziborium, ein Kelch zur Aufbewahrung konsekrierter Hostien, angeschafft. Im gleichen Jahr kaufte man ein neues Weihrauchfaß und acht Bilder des Leidensweges Christi *(Bilder Stationes Passionis)*.

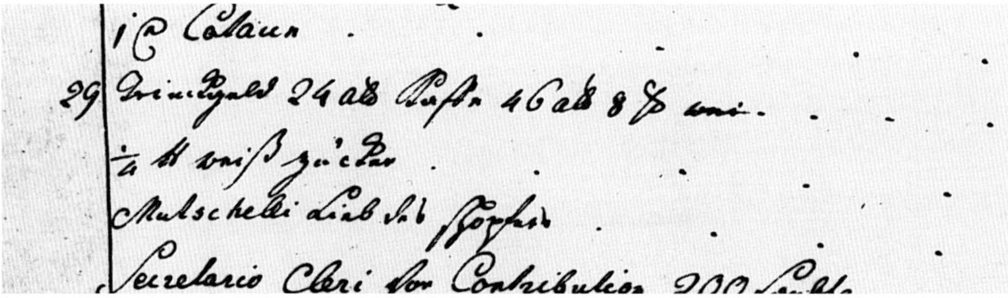

Ausgabe vom 29. Oktober 1796: Anschaffung des Buches: „Mutschelli Lieb des Schöpfers". Einnahmen- und Ausgabenbuch der Abtei Brauweiler (NWHStAD, Brauweiler Akten)

Regelmäßig wurden Hostien, Kerzen und Harz, der als Weihrauch bei der Liturgie diente, gekauft. Da das Ersetzen abgebrannter Kerzen auf den Leuchtern in der Kirche offenbar mit mehr oder weniger großer Mühe verbunden war, erhielt derjenige, der die Kerzen auswechselte, „*Kerzenwechselgeld*".

Mehrmals scheinen größere Reparaturen an kirchlichem Gerät vorgenommen worden zu sein. Zweimal ist von einer Reparatur der Uhr die Rede. Im Januar 1798 erhielt der Orgelmacher Konig Lohn für eine Orgelreparatur *(dem orgelmacher Konig)*. Ein Organist mit Namen Arnold erhielt im Januar 1800 sein Gehalt *(Orgel Gehalt)*. Zwei Jahre später wurde ihm der Lohn für eine Reparaturarbeit an der Orgel gezahlt *(Orgelmacher Arnolds Rechnung)*. Der Schmied Raach fertigte im Juni 1797 einen Korb an der Kirchenlampe *(ein Korb an die Kirchenlamp)*, wohl damit diese Lampe vor Zerstörung geschützt sei.

Mehrmals wurde Geld für die Ausbesserung von Paramenten ausgegeben. 1802 ließ man mehrere Humeralien, d. h. Schultertücher, die der Priester bei der Eucharistiefeier trägt, reparieren.

Das Ausgabenverzeichnis gibt auch Hinweise auf kirchliche Feste, die man zwischen 1792 und 1802 feierlich beging.

Am 12. April 1793 wurde eine größere Menge Fisch für ein Fest gekauft, das im Ausgabenverzeichnis mit dem gelehrten Begriff „Theophoria" *(pro festo Theophoria)* bezeichnet wird. Hierbei handelt es sich um ein kirchliches Fest, bei dem man in einer Prozession das Allerheiligste in Gestalt einer konsekrierten Hostie in einer Monstranz mitführte. Für Brauweiler ist eine solche Prozession außer am Fronleichnamstag auch am zweiten Sonntag nach Ostern überliefert (s. Seite 199f.). Im Jahre 1793 fiel Ostersonntag auf den 31. März. Der 12. April 1793 war somit der Freitag vor dem zweiten nachösterlichen Sonntag, an dem das Allerheiligste in einer feierlichen Prozession durch das Umland der Abtei getragen wurde.

Zugleich war der 12. April 1793 aber auch der zweite Freitag nach Ostern, an dem man das Brauweiler Lanzenfest beging (s. Seite 198f.). Zu diesem Fest wurden die Brauweiler Lanzenbildchen unter die beim Fest anwesenden Gläubigen verteilt. Für das Jahr 1794 liegt eine Nachricht vor, die einen Schluß auf die große Menge der zum Lanzenfest in Brauweiler erwarteten Besucher zuläßt. In dem besagten Jahr fiel Ostersonntag auf den 20. April und das Lanzenfest war demnach am 2. Mai. Man scheint das Fest bereits längere Zeit vorher vorbereitet zu haben. So verzeichnet das Ausgabenregister bereits für den 1. April 1794 den Kauf von 1.200 Lanzenbildchen *(Lantzenbriefgen)*. Da von diesen Bildchen offenbar keine mehr übrig waren für Besucher, die nach dem Festtag noch nach Brauweiler kamen, kaufte man weitere 500 am 5. Juli des gleichen Jahres. Noch einmal wurden 1.200 Lanzenbildchen im Juni 1797 gekauft. Am 1. Mai 1802 erhielt Meister Goffartz Geld für eine Lieferung von 500 Bildchen. Auch hierbei dürfte es sich um Lanzenbildchen gehandelt haben. In dem besagten Jahr fiel Ostersonntag auf den 18. April, und das Lanzenfest wurde danach am 30. April begangen. Die unter dem 1. Mai eingetragene Ausgabe für 500 Bildchen dürfte somit in Verbindung mit dem Lanzenfest gestanden haben.

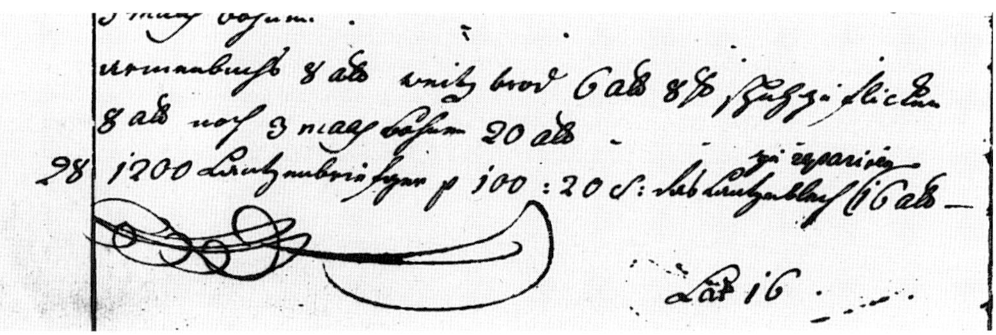

Ausgaben vom 28. Juni 1797: „1200 Lantzenbriefger" und „das Lantzeblech repariren". Einnahmen- und Ausgabenbuch der Abtei Brauweiler (NWHStAD, Brauweiler Akten)

Brauweiler Benediktuspfennig. Das abgebildete Exemplar wurde im Grundstein der barocken Klostergebäude gefunden.

Im Zusammenhang mit dem Brauweiler Lanzenfest (s. S. 198f.) ist die Erwähnung einer Reparatur der Lanzenreliquie im Juni 1797 von Interesse.

Auch auf das Kirchweihfest, die Kirmes, gibt es einen Hinweis im Ausgabenregister. So wurde am 10. September 1800 ein Betrag für Kirmesplätze *(Kirmesplätz)*, ein süßes Hefebrot, gezahlt. Das Kirchweihfest, das im Jahre 1338 von September in den Juli verlegt worden war, ist später wieder an einem Septembersonntag gefeiert worden.

Weitere Feste, für die man nicht näher bezeichnete Ausgaben registriert hat, waren das Antoniusfest am 13. Juni und das Franziskusfest am 4. Oktober.

Unter den Ausgaben der Monate März 1800 sowie Mai 1801 ist ein Betrag für Benediktuspfennige *(Benedictus Pfenninge)* verzeichnet. Bei diesen handelte es sich um Medaillons, die als Amulette getragen werden konnten, um Gefahren abzuwenden und Glück zu bringen. Im Januar 1801 kaufte man 100 nicht näher bezeichnete Amulette *(100 Amuletten)* - vermutlich Benediktuspfennige. Als Name des Herstellers wird Jeis genannt.

Die Ausstattung des Klosters

Der Einblick in den klösterlichen Haushalt, den das Einnahmen- und Ausgabenbuch von 1792 bis 1802 vermittelt, wird anschaulich ergänzt durch zwei Inventarverzeichnisse, die 1798 angelegt wurden. Das erste fertigten die Mönche selbst an, und das zweite, bereits erwähnte Verzeichnis, verfaßten Beamte der französischen Verwaltung. Beide Verzeichnisse sind recht unterschiedlich. So gibt das französische wesentlich mehr Einrichtungs- und Wertgegenstände an als das von den Mönchen angefertigte. Auf die Gründe soll später noch eingegangen werden (s. S. 340). Beide Inventarverzeichnisse zusammengenommen vermitteln ein anschauliches Bild von der Ausstattung des Klosters gegen Ende des 18. Jahrhunderts.

Entsprechend der Konventsstärke - sie schwankt während der letzten Jahre zwischen 23 und 35 Mönchen - war die Küche ausgestattet. Gekocht wurde auf einem großen, gußeisernen Herd mit neun Kochstellen. Zur weiteren Kücheneinrichtung gehörten ein großer Schrank mit zwölf Türen, vier Küchentische und vier Bänke. Umfangreich war der Bestand an Küchengeräten, mit denen die Speisen zubereitet wurden. Die meisten davon waren aus getriebenem Kupfer. So wurden Eier in zwei kupfernen Pfannen gebraten. Es gab 18 kupferne Kasserollen, Pfannen mit Stiel, jedoch ohne Füße *(Cassrollen;* frz.: *casseroles)*. Ferner besaß man 21 kupferne und drei eiserne Kochtöpfe *(Pötte)*, zwei kupferne Wasserkochkessel, einen großen Kessel, um Schinken zu kochen, zahlreiche kupferne Schüsseln und Siebe, einen kupfernen sowie mehrere hölzerne Milcheimer und 80 Milchbütten. Ebenfalls aus Kupfer waren ein großer Wasserkessel mit mehreren Hähnen und ein Butterfaß. Nicht eindeutig ist, ob die im Inventarverzeichnis genannten verschieden großen Waschwannen aus Zinn und der Bottich zur Einrichtung der Küche oder des Waschhauses gehörten.

Umfangreich war auch die Ausstattung des Refektoriums. Gegessen wurde von Tellern, von denen man 120 aus Porzellan und 120 aus Zinn besaß. Dazu gehörten zinnerne und porzellanene Schüsseln. Zum weiteren Tafelgeschirr zählten zinnerne Näpfe und Milchtöpfe, 4 Suppenschüsseln *(Suppenkumpen)* aus Zinn mit 3 silbernen Suppenkellen, zwei Kaffeekan-

Die Klosterküche. Kreidezeichnung von Heinz Binsfeld

Abt und Mönche im Refektorium. Kreidezeichnung von Heinz Binsfeld

nen, eine Teekanne und zwei Senftöpfchen ferner Trinkgläser verschiedener Art. Darunter befanden sich Biergläser sowie kleinere Gläser und geschliffene Gläser, über deren Bestimmung nichts mitgeteilt wird. Das Eßbesteck bestand aus 48 Silberlöffeln, Messern und Gabeln sowie 36 Zinnlöffeln. Daneben gab es auch hölzerne Löffel und Schüsseln. Zum Schneiden von Brot und Fleisch lagen Brot- und Tranchiermesser bereit.

Im Refektorium stand auch ein Teil der 40 Tische sowie der rund 140 Stühle, die das Kloster besaß. Einige der Stühle waren mit Leder, andere mit Plüsch überzogen. Auf den Tischen standen silberne Tischleuchter, von denen man fünf besaß. Daneben gab es 20 Zinnleuchter. Die Tische wurden mit Tischtüchern gedeckt. Von diesen hatte man 90 Stück. Ferner gehörten 800 Servietten zur Ausstattung des Speiseraumes. Der Abt besaß eine Tischglocke aus gegossenem Metall, vermutlich aus Bronze. Diese diente dazu, um bei den gemeinsamen Mahlzeiten, die in der Regel schweigend eingenommen wurden, dem Tischleser, meist einem jüngeren Konventsmitglied, ein Zeichen zu geben. Dann sollte dieser einen Abschnitt aus der Heiligen Schrift, der Ordensregel oder aus einem geistlichen Buch vorlesen. Waren Gäste zugegen, gab der Abt mit der Tischglocke die Erlaubnis zur Unterhaltung.

Die Zimmer der Mönche waren mit Möbeln und anderen notwendigen Dingen eingerichtet, die, gemäß einer Anmerkung in dem Inventar, das die Mönche 1798 angefertigt haben, sich jeder selbst anschaffen mußte. Hierzu gehörten Tische, Stühle, Betten und die notwendige Bettwäsche. Insgesamt gab es im Kloster 22 hölzerne Betten *(Bettlaaden)*, von denen sieben mit Gardinen behangen waren. Die Betten waren mit Matratzen, Federbetten, Keilkissen, Kopfkissen, Steppdecken *(watte Decken)* sowie Bettlaken *(88 theils gut theils schlechte Bettlaacken)* ausgestattet. Hinzu kamen Nachttöpfe aus Zinn und Porzellan *(zinnern Nachtsgeschier mit einigen von Porcellain)*. Auch eine Bettpfanne war vorhanden. 110 Handtücher standen zur Verfügung.

Zu den Möbeln und Einrichtungsgegenständen, deren Standort im Kloster nicht genau festlegbar ist, gehörten 12 Schränke, davon einer mit Glasscheiben, sechs Kommoden, ein Bücherschrank *(bucherbehalt)* und ein Schreibpult. An Sitzmöbeln hatte das Kloster außer den bereits erwähnten Stühlen 48 weitere aus Holz, 12 Plüschsessel sowie drei hölzerne und 2 mit Plüsch bezogene Sofas *(Canape)*. Ein Teil der Fenster war mit Gardinen versehen.

Weitere besondere Ausstattungsstücke waren 20 Spiegel, fünf Uhren und 60 Gemälde, darunter einige Portraits. Der Beleuchtung im Hause dienten 22 nicht näher bezeichnete Zinnleuchter sowie mehrere Kronleuchter. Insgesamt gab es 15 solcher Leuchter, doch könnten einige von diesen auch in der Kirche gehangen haben. Als Lichtquellen außerhalb des Hauses verwendete man fünf blecherne Lampen.

In den Remisen der Abtei stand, wie beide Inventare angeben, ein großer Reisewagen *(reißwaagen;* frz.: *carosse)*, der jedoch im Jahre 1798, als man die Inventare anfertigte, ausgeplündert war. Ein weiteres Fahrzeug, wird nur im französischen Inventar aufgeführt und dort als *„biroutsche"* bezeichnet. Es handelte sich um eine Barouche, auch Barutsche oder Birutsche genannt. Dies war ein offener Reisewagen mit einem Klappverdeck, der in zwei Ausführungen bekannt ist, mit vier bzw. mit zwei Rädern.

Schließlich hatte die Abtei drei Feuerspritzen mit kupfernen Wasserbehältern, die dem Wohl der Gemeinschaft der Nachbarn dienten *(trois pompes à feu, qui servent pour le bien des communes voisins)*. Sie waren unter Abt Amandus Herriger angeschafft worden (s. Seite 212).

Die Einrichtung des Klosters, die sorgfältig gepflegte Kleidung sowie die Vielfalt und Qualität der Lebensmittel, die für die Zubereitung der Speisen verwendet wurden, belegen, daß die Mönche des Klosters im ausgehenden 18. Jahrhundert nicht ärmlich, aber auch nicht luxuriös lebten. Alles weist auf einen gehobenen Lebensstandard hin. Dieser entsprach ganz ihrer Herkunft aus höheren bürgerlichen oder bäuerlichen Familien, deren Lebensstil sie im Kloster weiterhin pflegten.

Die Ausstattung der Abteikirche

Im Westturm bzw. im Dachreiter über der Vierung der Kirche - die Chorflankentürme

Blick vom Kreuzganghof auf die Abteikirche

und der Vierungsturm existierten noch nicht - hingen drei große und vier kleine Glocken. (s. Anhang S. 414f.)

Zur Beleuchtung des Kircheninnern dienten zahlreiche Leuchter. Zu diesen gehörten zwei nicht näher beschriebene Kirchenleuchter, 15 Wandleuchter sowie möglicherweise auch einige der im französischen Inventarverzeichnis erwähnten Kronleuchter. Für die Altäre hatte man acht versilberte Altarleuchter sowie sechs große und zwei kleine Silberleuchter. Außerdem gab es unter den Ausstattungsstücken der Kirche eine Silberlampe sowie drei Kupferlampen. Als Beleuchtungskörper dienten Kerzen, die gegen die Zahlung des bereits erwähnten „*Kerzenwechselgeldes*" nach dem Abbrennen gegen neue ausgetauscht wurden. Zum Anzünden der Kerzen hatte man fünf silberne und einen bronzenen Kerzenanzünder.

In der Nähe des Tabernakels standen vier Silberbüsten von Heiligen sowie 18 nicht näher beschriebene versilberte Pyramiden ferner ein Turm aus Silber.

Bei den genannten versilberten Pyramiden handelte es sich um Reliquiare. Mindestens 12 von diesen waren aus Holz gefertigt und mit silberner Farbe überstrichen. Diese hölzernen Pyramiden wurden von der französischen Domänenverwaltung im Zusammenhang mit der Säkularisation nicht beschlagnahmt, da sie „wertlos" waren. Noch 1805 befanden sich diese in der Abteikirche, die damals bereits als Pfarrkirche genutzt wurde.

Zu den besonderen Ausstattungsstücken gehörten zwei Abtsstäbe (*abbatial Staab;* frz.: *crosse*), von denen der eine aus Silber und der andere aus versilbertem Kupfer gefertigt war. Weitere Teile des Kirchenschatzes waren zwei silberne Monstranzen, sechs Silberkelche, ein silbernes Ziborium, drei Paar silberne Meßkännchen, drei Reliquiare mit Glas und zwei Kreuze. Das eine war ein Prozessionskreuz aus versilbertem Kupfer, und das andere bestand aus massivem Silber.

Zur schmuckvollen Bekleidung der Vorderseite der Altäre hatte man sechs Antependien, von denen eines aus grüner Seide mit Silberborten und ein zweites aus schwarzer Seide mit einer Goldborte gefertigt war. Zwei Altardecken waren vorhanden. Ferner gab es acht Altarschellen, einen kupfernen Weihwasserkessel, ein kupfernes Gefäß zum Waschen der Hände sowie zwei silberne Waschschüsseln. Von den zwölf Meßbüchern hatten zwei silberne Verschlüsse. 12 Pulte und zwei Kredenztische gehörten zur weiteren Ausstattung der Kirche. Für die Priester waren acht Sedilien, davon zwei mit Sitzkissen vorhanden. An den Fenstern im Chor der Kirche hingen vier seidene Vorhänge.

Der Größe des Konvents entsprach auch die Ausstattung mit liturgischen Gewändern. 50 Alben, 10 Chorhemden (*röcklinge;* frz.: *surplis*), 70 Kaseln - von diesen 14 mit silberner und 7 mit einer goldenen Borte -, 10 Chormäntel und 12 Paar Gewänder für Diakone und Subdiakone waren vorhanden. Für Meßdiener besaß man 3 rote Gewänder. Hinzu kamen 21 Humeralien, 20 Zingula, 39 Korporalien, 70 Purifikatorien, weiße Leinentücher zum Reinigen des Kelches, ferner 7 Handtücher und 11 alte Tücher. Zur Aufbewahrung der liturgischen Gewänder und Tücher dienten 4 Schränke.

Der klösterliche Gutshof in Brauweiler

Nördlich der Abteikirche befand sich seit der Frühzeit des Klosters ein landwirtschaftlicher Betrieb, der zur Abtei gehörte. Auch über seine Ausstattung mit Geräten und Tieren geben die beiden Inventarverzeichnisse von 1798 Auskunft.

Hier hatte man sieben Pferde mit dem zum Ackerbau notwendigen Geschirr. Zum Bearbeiten der Felder besaß man zwei Pflüge und vier Eggen. An Fahrzeugen waren drei schwerere vierrädrige Fuhrwerke (*Holtzwagen;* frz. *chariot*), die wohl als Erntewagen dienten sowie drei leichtere (vielleicht zweirädrige) Karren (*karrige;* frz.: *charette*) vorhanden.

An Vieh hatte der Hof 17 Stück Rindvieh, 28 Schweine, 100 Hühner. Es gab drei kupferne Melkeimer und drei Behälter, die als Viehtränke dienten.

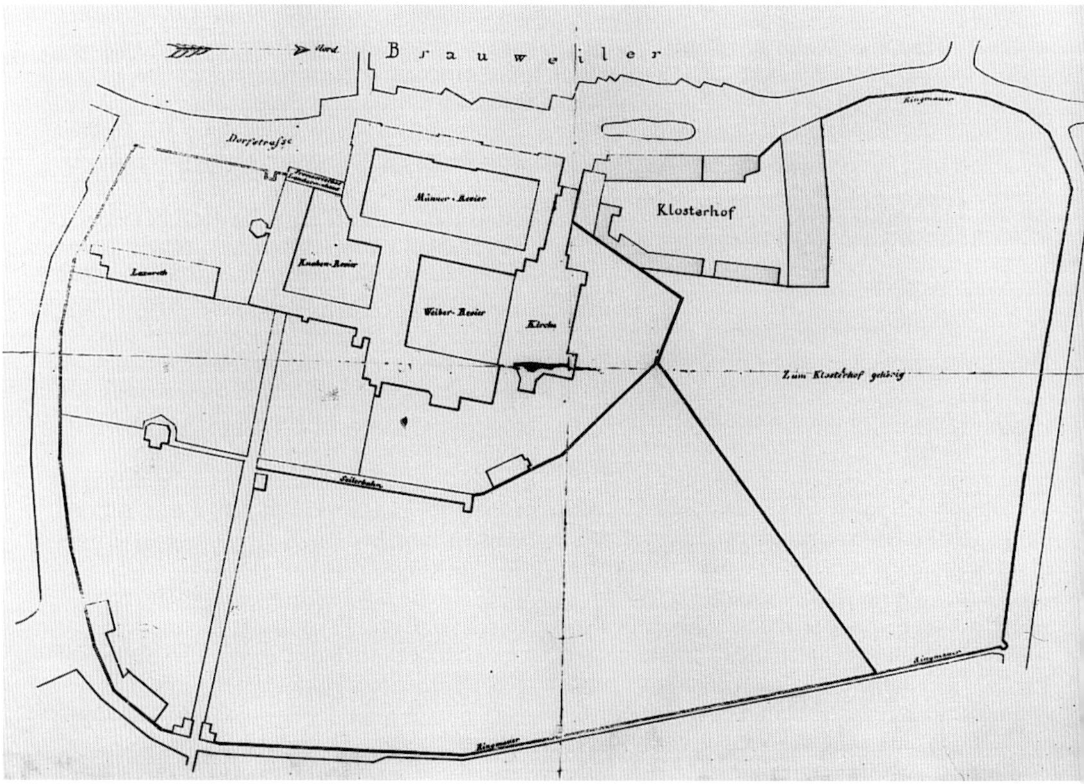

Die Lage des klösterlichen Gutshofes nördlich vom Komplex der Abteigebäude zeigt der Plan der späteren Arbeitsanstalt vom Jahre 1851. In der 2. Hälfte des 19. Jhs. wurden an der Stelle des Gutshofes Wohnhäuser für Beamte der Arbeitsanstalt erbaut. (NWHStAD)

Abtei und Herrlichkeit Brauweiler während der ersten Jahre französischer Herrschaft am Rhein

Die Revolution in Frankreich und ihre Folgen für die Kirche

Nur wenige Jahre nach der Vollendung der barocken Baumaßnahmen drangen erste Nachrichten von folgenschweren gesellschaftspolitischen Veränderungen in Frankreich bis in die Lande am Rhein. Die Erstürmung der Bastille im Sommer 1789 und die nachfolgende Proklamation der Menschen- und Bürgerrechte sowie die Aufhebung aller Privilegien der oberen Stände waren erste Hinweise auf eine bis dahin unvorstellbar gewesene Umgestaltung von Staat und Gesellschaft, die nicht an den Grenzen Frankreichs Halt machen konnte.

Im Rheinland hat man die Ereignisse und ihre Folgen nicht nur in den aufgeklärten Kreisen der Hochschulen und Lesegesellschaften, sondern auch bei den Menschen in den Dörfern und Städten mit Zustimmung und vielfach mit Begeisterung begrüßt.

Anschaulich schildert dies Joan Peter Delhoven (1766-1824) aus Dormagen, ein bedeutender Chronist dieser Zeit, in seinem Tagebuch. Als Sohn eines Landwirts und Küsters hatte er zunächst das Amt seines Vaters übernommen und wurde dann aber Gutsbesitzer. Schon früh interessierte er sich für die Geschichte seiner Heimat, über die er später Aufsätze in den „Bonner Jahrbüchern" des Vereins von Altertumsfreunden im Rheinland, dessen Mitglied er war, veröffentlichte. Delhoven beobachtete die politischen Ereignisse seiner Zeit genau. Durch seinen Bruder, der zunächst Gemeindevorsteher war und seit 1803 das Amt des Maires von Dormagen innehatte, war Delhoven gut über politische Vorgänge unterrichtet. Intelligent, schreibgewandt und scharf beobachtend verfolgte er die Vorgänge in seiner rheinischen Heimat und führte zwischen 1783 und 1823 ein ausführliches Tagebuch. Es ist eine in seiner Art vielleicht einzigartige Aufzeichnung, in der das Geschehen während der französischen Herrschaftsperiode im Rheinland einen besonderen Schwerpunkt bildet.

Joan Peter Delhoven (1766-1824)

1789 kommentiert Joan Peter Delhoven den Ausbruch der Französischen Revolution so: *„Die Geistlichkeit und der Adel, welche ihre Güter von allen Abgaben frey geniessen, wollen auch die jetzigen Schulden dem Bauer- und Bürgerstand aufbürden. Leztere wiedersezten sich."* Es folgt eine Darstellung des Bastillesturms, ganz im Sinne der Aufständischen gefärbt. Besonders begrüßt wurde die Abschaffung der Steuerprivilegien des Adels und der Geistlichkeit: *„Adel und Bauer soll nach einem und dem nähmlichen Gesätz gestraft und gerichtet werden. Jeder soll das freye Jagdrecht geniessen und im ganzen Königreich kein Zehnden mehr gegeben werden. Von Paris aus pflanzte sich der Freyheitsgruss von Stadt zu Dorf durchs ganze Königreich fort."*

Nachdem die Nationalversammlung in Paris 1790 die Aufhebung der Klöster und Orden beschlossen hat, verläßt ein Franziskanermönch sein Kloster in Straßburg. Unbekannter Künstler, 1790

Nicht nur für den Adel, sondern auch für die Geistlichkeit und für die Kirche hatte der Grundsatz von Freiheit und Gleichheit aller Bürger vor dem Gesetz eine völlige Veränderung der bisherigen Verhältnisse zur Folge. Zu den Privilegien und Sonderrechten, die es für beide Stände nun nicht mehr geben durfte, gehörte auch der Zehnt. Seine Abschaffung war eine tiefgreifende soziale Veränderung. Da der Zehnt aber für den größten Teil der Geistlichen und vor allem aber für die Klöster eine wesentliche Einnahmequelle gewesen war, wurde diesen nun ein wichtiger Teil ihrer Wirtschaftsgrundlage entzogen.

Der nächste Schritt, die Auflösung der religiösen Orden in Frankreich, bedeutete einen direkten Eingriff in die kirchliche Struktur. Als Begründung wurde die unveräußerliche Freiheit des Menschen angeführt, die das Ablegen von Gelübden, welche die individuelle Freiheit einschränkten, verbiete. Ausnahmen gewährte man zunächst nur krankenpflegenden und Unterricht erteilenden Orden, da man ihre Nützlichkeit für die Gesellschaft erkannt hatte. (Hegel 1979) Noch während der ersten Phase der Französischen Revolution, der Zeit der Verfassunggebenden Nationalversammlung der Jahre 1789-1791, wurde der Staat für religiös neutral erklärt. Nach dem Sturz des Königtums 1792 und der nun beginnenden Zeit des Nationalkonvents wurde die Politik von der Angst einer Rückkehr des Ancien Régime beherrscht. In der Kirche mit ihrer christlichen Tradition sah man die Verkörperung eines wesentlichen Bestandteils dieser verhaßten alten vorrevolutionären Gesellschaftsordnung. 1793 entartete die Revolution zur Terrorherrschaft des Wohlfahrtsausschusses mit Robespierre an der Spitze. Das gesamte öffentliche Leben wurde entchristianisiert. Bereits 1792 war an die Stelle der christlichen Zeitrechnung der Republikanische Kalender getreten; christliche Feste wurden durch Staatsfeiertage ersetzt, und für öffentliche Feiern wurde ein Kultus der Vernunft geschaffen, der an die Stelle der christlichen Religion treten sollte. Trotz eines allgemeinen Toleranzgesetzes vom 21. Dezember 1793 wurde die Entchristianisierung gewaltsam weitergeführt. Erst der Sturz Robespierres am 27. Juli 1794 machte dem Terror ein Ende, und während der nun folgenden Phase des Direktoriums wurde am 21. Februar 1795 die Trennung von Staat und Kirche erklärt.

Für die römisch-katholische Kirche war wieder die Möglichkeit einer legalen Existenz geschaffen. Die hoffnungsvolle Entwicklung erlitt in der Folge jedoch einen Rückschlag. Die Verschlechterung der wirtschaftlichen Lage im Innern des Staates mit fortschreitender Inflation verschärfte die sozialen Gegensätze. Hinzu kamen militärische Mißerfolge. Das neue Regime geriet in ernste Gefahren, denn die unbefriedigenden Verhältnisse führten zu radikalen Versuchen, eine bessere Ordnung aufzubauen. Auf der einen Seite war es die radikale sozialrevolutionäre „Verschwörung der Gleichen" des Jakobiners Babeuf, und auf der anderen waren es seit 1793 die Aufstände königstreuer Franzosen in der Vendée. Als schließlich im Herbst 1797 ein Militärputsch gegen das Direktorium vorbereitet wurde, kamen dessen republikanische Mitglieder, unterstützt von republikanischen Generälen, insbesondere Napoleon, dieser Erhebung zuvor. Zur Festigung der wiedergewonnenen Macht wurden erneut politische Druckmittel und antichristliche Maßnahmen praktiziert. Dennoch erreichte diese Zeit des sogenannten Zweiten Terrors nicht jenes Ausmaß wie die Schreckensherrschaft des Nationalkonvents. (Hegel 1979) Erst nachdem

Französischer Revolutionär (Sansculotte). Anonymer Stich von 1793. Auf dem Kopf hat der Revolutionär die phrygische Mütze mit Kokarde; dazu trägt er Hemd, kurze Weste, lange Hose und Holzschuhe.

Napoleon durch seinen Staatsstreich vom 9. November 1799 die Revolution endgültig beendete, fand auch die revolutionäre Kirchenpolitik ein Ende. Den Ausgleich mit der katholischen Kirche brachte das Konkordat von 1801 zwischen Napoleon und dem Papst. Als Gegenleistung für die Garantie der freien Religionsausübung erklärte der Papst in Artikel XIII seinen Verzicht auf bereits vom Staat eingezogenes Kirchengut. Die Säkularisation in Frankreich hatte nachträglich ihre legale Grundlage erhalten.

Revolutionskrieg und Bedrohung des Rheinlandes

Schon bald nach dem Beginn der Revolution kam es zu diplomatischen Konflikten zwischen dem nach den Grundsätzen der Einheit und Gleichheit neugestalteten Frankreich und seinen feudalistisch regierten Nachbarn. Das Verhältnis zu den rheinischen Territorialherren wurde in zunehmendem Maße belastet durch die Aufnahme zahlreicher französischer Emigranten, die der hohen Aristokratie und Geistlichkeit angehörten. Ihr Ziel bestand in der Vorbereitung einer Gegenrevolution vom Rheinland her.

Während der Kölner Kurfürst und Erzbischof Max Franz in realistischer Einschätzung der Situation sich äußerst zurückhaltend den Emigranten gegenüber verhielt, erlaubten die Mainzer und Trierer Kurfürsten die Aufstellung einer gegenrevolutionären französischen Emigrantentruppe. Die Spannungen verschärften sich, als nach dem mißglückten Fluchtversuch des französischen Königs 1791 die auf Expansion der Revolution bedachten Girondisten an die Macht kamen und führten im April 1792 zur Kriegserklärung an Österreich, mit dem sich Preußen einige Monate später solidarisch erklärte. Es begann der erste Koalitionskrieg europäischer Monarchien gegen das revolutionäre Frankreich.

Für die Menschen in den Dörfern westlich von Köln war eine fast 30 Jahre dauernde Friedenszeit zu Ende, und bereits wenige Tage nach Kriegsausbruch sahen sie *„österreichische Regimenter* [...] *über Bergheim und die Gegend* [...] *zu den spanischen Niederlanden hineinziehen, um die Gränzen vor dem Einfalle der französischen Patrioten zu sichern"*, wie

General François Christophe Kellermann (1735-1820) führt die französischen Revolutionstruppen in der Schlacht von Valmy an und erzwingt den Rückzug der Preußen.

Joan Peter Delhoven Ende April 1792 in seinem Tagebuch notierte.

Nach anfänglichen Erfolgen der verbündeten Österreicher und Preußen brachte die Kanonade von Valmy am 20. September 1792 die Wende im Kriegsglück der Alliierten. Unaufhaltsam drangen nun die revolutionsbegeisterten französischen Volksheere auf den Rhein zu. Bis zum Jahresende erreichten sie Speyer, Worms und Mainz. Am 16. Dezember fiel die Reichsstadt Aachen in die Hände der Franzosen, deren Streifkorps zugleich plündernd bis Geldern, Krefeld, Moers und Kloster Kamp vorstießen. Vor der herannahenden Front zogen Flüchtlingstrecks durch die Orte im Rheinland. Sie brachten schlimme Nachrichten mit über Ausschreitungen der französischen Soldaten, insbesondere gegenüber Ordensgeistlichen in der damals besetzten Stadt Aachen. Anno Schnorrenberg, ein Mönch aus dem Kölner Augustiner-Eremitenkloster - es stand an der Stelle des heutigen Augustinerplatzes - berichtet darüber: *„Kein Mönch darf mit einem Weltlichen sprechen. In jedem Kloster sind sämtliche Mönche auf einen Heizraum beschränkt* [...] *Der Feind profaniert heilige Stätten, zündet nicht selten die Tabackspfeife an Altarlichtern an während des Gottesdienstes, spaziert durch die Kirchen, nennt die Bilder heiliger Frauen Huren und Dirnen, klopft nachts an die Türen von Klöstern und Bürgern und erpreßt Geld von ihnen."*

In den Dörfern westlich von Köln wurden kaiserliche Soldaten einquartiert. Wenn ihre Disziplin auch allgemein gut war - sie zahlten für die Verpflegung -, kam es doch vereinzelt zu Übergriffen. In der Umgebung des Klosters Brauweiler lagen damals 800 Mann Elsässer und Lothringer, die von den Franzosen zu den Kaiserlichen übergelaufen waren. Ihre Versorgung mit Lebensmitteln bedeutete eine große Belastung für die Bevölkerung. Im Dezember 1792 berichtet Joan Peter Delhoven: *„Die Keyserliche Armee aus Brabant steht noch in der Gegend von Bergheim. Aus dem Jufernkloster Königsdorf sind die Nonnen auf Kölln entflohen. Die Keyserlichen hausen da sehr übel. Auch in der Abdey Brauweiler haben sie ihr Wesen schon viele wochenlang, und lassen sich auf Kosten der reichen Mönche sehr wohl seyn* [...] *Man ist schon bedacht, die besten Sachen zu verstecken; aus Furgt der Franzosen nicht so sehr, als der Keyserlichen."*

Auf den Straßen begegneten den Menschen nun täglich Transporte verwundeter Soldaten, die nach Köln gebracht und in den dortigen Stiften und Klöstern aufgenommen wurden.

Hoffnung auf ein Ende des Krieges kam im Frühjahr 1793 auf, als am 1. März österreichische Truppen die Franzosen bei Aldenhoven besiegten und wenige Tage später in Aachen einmarschierten. *„Die Straße zwischen Aachen und Aldenhoven ist mit Leichen von Franzosen und weggeworfenen Waffen besät"*, schrieb

Anno Schnorrenberg in sein Tagebuch. Das erste Vorrücken der französischen Revolutionsheere an den Niederrhein war zunächst abgeschlagen worden.

Erneute Kriegsgefahr und das Veto des Abtes von Brauweiler

Noch vor dem Sieg der Alliierten bei Aldenhoven tagte der Kölnische Landtag infolge der akuten Bedrohung durch die französischen Revolutionsheere zwischen dem 18. Februar und dem 12. März 1793 in Bonn. Beraten wurde über die Aufstellung neuer Kontingente zum Reichsheer sowie über die Verteilung der hierdurch zu erwartenden finanziellen Lasten. Offensichtlich im Zusammenhang mit dem von der Französischen Revolution vertretenen Gleichheitsprinzip verlangten die Städte eine gleichmäßige Verteilung der Kosten auf alle Stände. Anders als bisher sollten nun auch Adel und Klerus ihren Teil übernehmen. Beide Stände mußten sich sagen lassen, die Gerechtigkeit verlange es nun, daß sie in gleicher Weise zur Steuer herangezogen werden müßten wie dies bisher mit Bürgern und Bauern geschehen sei. Dennoch zeigte sich der Klerus grundsätzlich allen Argumenten gegenüber unzugänglich. (Hegel 1979)

Erst als nach der Niederlage der Österreicher am 26. Juni 1794 bei Fleurus die südlichen Niederlande und das Rheinland ungeschützt dem Ansturm der französischen Revolutionsarmeen preisgegeben waren, erklärte sich der Klerus im August bereit, zu den Verteidigungslasten beizutragen. Ihre Wortführer, der Abt von Brauweiler und der Dechant des Kölner Stiftes St. Maria ad Gradus, suchten in dieser prekären Situation dennoch nach Möglichkeiten, den Umfang des geistlichen Besitzes zu verschleiern, weil sie fürchteten, durch die für die Steuererhebung notwendigen Angaben der Morgenzahl würde die Größe des geistlichen Besitzes bekannt werden. (Hegel 1979) Man hat es als eine Art von Steuerhinterziehung bewertet. (Mouchard 1985)

Der Krieg kommt näher

Ähnlich wie im Herbst des vorangegangenen Jahres wurde das Land um Köln, wo auch die Abtei Brauweiler lag, nun im Sommer 1794 erneut unmittelbar in das Kriegsgeschehen einbezogen. Die Straßen waren überfüllt mit Flüchtlingen und Transporten verwundeter Soldaten.

Am 4. Juli 1794 erreichte ein Transport von vierzehn Wagen mit verwundeten Österreichern die Abtei Brauweiler. In einem Teil der Klostergebäude wurde ein Lazarett eingerichtet.

Die Tagebücher der beiden Chronisten Joan Peter Delhoven und Anno Schnorrenberg geben anschauliche Schilderungen von den Umständen und Stimmungen im Sommer 1794. Ersterer notierte im Juni 1794 in sein Tagebuch: *„Man befürchtet, dass die Franzosen endlich doch hiehin kommen werden, da die Kayserl. noch immer zurückgeschlagen werden. Das Flüchten von Brüssel über Bergheim ist unbeschreiblich stark.“* Die Situation in Köln und insbesondere in den Klöstern beschreibt Anno Schnorrenberg im Juli des gleichen Jahres: *„Ungeheuer ist die Masse der hier anwesenden Flüchtlinge. Abgesehen von ihren Lastwagen werden bis heute 26.000 Personen gezählt. Infolgedessen herrscht hier unerhörte Teuerung aller Lebensmittel, und der gemeine Mann hat kaum zu leben. Gleichen Tages kamen neun weitere Mönche unseres Ordens aus Brabant, und unser Konvent beherbergt jetzt 18 Fremde. Stündlich flüchten in unsere Stadt immer weitere Auswanderer, Welt- und Ordenspriester aus Brabant, Lüttich, Frankreich, alle Klöster zu Köln sind überfüllt. Auch unsere Väter zu Aachen kommen auf der Flucht vor den Franzosen. In Köln überlegt man, welchem sicheren Ort man die Kirchenschätze und kostbaren Hausrat anvertrauen soll. Angst und Schrecken liest man auf den Gesichtern der Einwohner.“*

Der vorrückenden französischen Revolutionsarmee ging eine Welle von Ängsten und schlimmsten Befürchtungen voraus, und dies war nicht ohne Grund. Gab es doch zahlreiche Berichte von Flüchtlingen, vor allem von geflohenen Geistlichen, die über Plünderungen und andere Ausschreitungen von Soldaten berichteten.

Im August 1794 wurde in allen Pfarr- und Klosterkirchen der Erzdiözese sowie in einzelnen Landkirchen erst eine vierzehntägige Andacht und danach ein dreizehnstündiges Gebet *„zur Abwehr des feindlichen Einfalls“* gehalten, wie Anno Schnorrenberg überliefert.

Karl Joseph Graf von Clerfayt (1733-1798). Österreichischer General

Jean-Baptiste Jourdan (1762-1833). Französischer Marschall

Währenddessen drangen die französischen Truppen unaufhaltsam weiter auf das Rheinland zu. Mitte September überquerten sie die Maas, am 23. September fiel Aachen erneut in ihre Hand und am 2. Oktober wurde die kaiserliche Armee bei Jülich geschlagen. Nun wurde es den Menschen am Rhein klar, daß dem französischen Vormarsch zum Rhein nichts mehr entgegengesetzt werden konnte. Das kaiserliche Heer mußte sich über den Rhein zurückziehen. Bereits am 21. September hatten die kaiserlichen Truppen offensichtlich in Erwartung eines französischen Vorstoßes nach Köln am Bayenturm eine Schiffsbrücke über den Fluß geschlagen.

Flucht der Brauweiler Mönche, Plünderung der Abtei und Einmarsch der Franzosen

Die Nachricht von der Niederlage der kaiserlichen Truppen unter ihrem General Graf von Clerfayt und dem Vormarsch der französischen Sambre- und Maasarmee unter General Jean Baptiste Jourdan verbreitete sich schnell. Der kaiserliche Gesandte beim Kurfürsten von Köln, Graf Clemens August von Westphalen zu Fürstenberg, berichtete am 3. Oktober an den Reichsvizekanzler Fürst von Colloredo, daß das Hauptquartier der kaiserlichen Armee in Bergheim sei und man alles zum Übergang über den Rhein bei Köln vorbereite.

Die Nachricht von der Niederlage der Kaiserlichen bei Jülich, ihrem raschen Rückzug und dem Vorrücken der Franzosen hatte auch unter den Konventsmitgliedern der Abtei Brauweiler Angst und Schrecken verbreitet. Die Befürchtungen der Mönche bezogen sich nicht alleine auf zu erwartende Repressalien der einmarschierenden französischen Soldaten, sondern vielmehr auch auf Plünderungen durch die auf dem Rückzug befindlichen kaiserlichen Truppen.

Bereits am 30. Juli 1794, vier Tage nach der Niederlage bei Fleurus, hatte der Führer der kaiserlichen Armee, Prinz Friedrich Josias von Sachsen-Coburg-Saalfeld, in einem Flugblatt die Bevölkerung des linken Rheinufers zum bewaffneten Widerstand aufgerufen. Die Proklamation endete mit der Drohung: *„Solltet ihr aber so unglücklich sein, euch* [...] *durch heimliche Verführer blenden zu lassen, so sehen wir uns gezwungen, über den Rhein zu ziehen, euch der Wut eurer Feinde preiszugeben und ohne Schonung euch alles das zu entziehen, was der Feind zu seiner Erhaltung finden könnte."* Das kam einer Aufforderung zur Plünderung durch zurückziehende kaiserliche Truppen gleich.

Prinz Friedrich Josias von Sachsen-Coburg-Saalfeld (1737-1815). Kaiserlich-österreichischer General

Österreichischer Husar von 1770 bis 1798. Gegen 1790 kam als neue Bewaffnung ein kurzer Karabiner auf.

Abt Anselm Aldenhoven entschloß sich daher, mit dem größten Teil des Konvents nach Köln zu flüchten, wo alle im Brauweiler Hof Zuflucht fanden. Um das Kloster nicht ganz seinem Schicksal zu überlassen, waren drei Mönche mit dem Dienstpersonal zurückgeblieben. In zwei langen Berichten - der eine in deutscher und der andere in französischer Sprache -, die im Februar 1795 von den beiden Konventsmitgliedern Franziskus Cramer und Laurentius Geyr verfaßt wurden, liegen zwei sich ergänzende Darstellungen der Ereignisse in jenen Oktobertagen 1794 vor. (Der volle Wortlaut beider Berichte im Anhang, S. 427ff.)

In der deutschen Version des Berichtes heißt es über die Gründe zur Flucht nach Köln:

„Fürerst verbreitete der unvermutete Aufruf des Commandanten Coburg im ganzen Land allgemeine Beängstigung. Er sezte uns so wie jeden andern in trauriges Nachdencken. Dem ohngeachtet harrten wir in unsern Wohnungen, bange Erwartung des folgenden Schicksaals beklemmte unsere Gemüter, die sich in der Entschließung vereinigten, eher nicht zu weichen, bis gefahrvolle Vorgänge die Unsicherheit der Personen bezeugten, und den Schritt des Abzuges nötig machten.

Bey der Retirade (Rückzug) *der Kayserlichen Truppen liefe die zuverlässige Nachrichte der Verwüstungen, Plünderungen, und Mißhandlungen ein, wodurch die Abteylige Geistlichen sich in der Abtey nicht sicher zu seyn glaubten. Sie verließen ihre Wohnungen und suchten ihre Sicherheit im Abteylichen Seminarium binnen Köln."*

Die weiteren Ereignisse in Brauweiler werden in dem in französischer Sprache verfaßten Schreiben aus der Sicht eines der zurückgebliebenen Konventualen geschildert: *„Unmittelbar nach dem Weggang unserer Brüder, d.h. am 4. Oktober, überfielen die österreichischen Esterházy-Husaren die Abtei, um unter Berufung auf die besagte Proklamation* [des Prinzen von Coburg] *zu plündern und alles zu verwüsten,* *was sie vorfanden. Die Mönche, die sie davon abbringen wollten, wurden mit den Dienstboten vertrieben. Alle Türen wurden gewaltsam geöffnet. Fünfzehn Faß Wein wurden entwendet, weitere Fässer zerstört, Haustiere mit Säbelhieben getötet. Die Bibliotheksbestände und die handschriftlichen Aufzeichnungen der Wirtschaftsverwaltung wurden zerrissen und in alle vier Winde verstreut, die Wäsche, die Gerätschaften, die Fleisch- und Fischvorräte wurden gestohlen oder unbrauchbar gemacht; das Verhalten der Truppen war in tausenderlei Hinsicht untragbar.“*

Noch am gleichen Tag, dem 4. Oktober 1794 - einem Samstag -, erreichten die ersten französischen Truppenverbände die Umgebung des Klosters. Nachmittags zogen französische Truppen durch Stommeln und Pulheim. Beide Dörfer waren vorher übrigens auch von zurückflutenden kaiserlichen Truppenverbänden geplündert worden, wie Joan Peter Delhoven in seinem Tagebuch mitteilt. Spätestens am darauffolgenden Tag, dem 5. Oktober, war das Territorium der Herrlichkeit Brauweiler vollständig in französischer Hand.

Über den Eindruck, den die französischen Truppen bei den Bewohnern der Dörfer machten, berichtet Leonhard Büttgen, der Pächter des Tollkampshofes in Uesdorf bei Weiden: *„Heut den 5ten Oktober sind die französischen Sansculotten von Königsdorff herabgekommen. Wir hanben das Oisdorffer* (Uesdorfer) *Kreutz in die Aerd vergraben. 10 mann sind bey mir einquartiert und ich habe auch keinen Platz gehabt, habe ihnen ein Kalb schlachten müssen. Sie hanben mir andern Tags 10 lievre Papier* (Papiergeldschein der französischen Währung) *geben. Sind also dann nach Kollen gezogen und hanben 20 Mann in der Gemeinde gelassen, 2 bey mir. Wir hanben gemeint, zu Kollen würden sie geschlagen werden, sind aber ohne gefährt durch die offenen Hanpforten herangezogen. Die Franzosen waren arg zerlumpt und Hungrisch, hanben sich nit gar so schlimm auffgeführet, aber was wird noch's geben.“*

An jenem 5. Oktober, als die Franzosen in Uesdorf einmarschierten, überquerte die kaiserliche Armee den Rhein, und die französischen Revolutionstruppen konnten im Laufe des darauffolgenden Tages ohne Schwierigkeiten nach Köln einrücken.

Die Nachricht von der Plünderung der Klostergebäude in Brauweiler erreichte noch im Laufe des 4. Oktobers die in Köln weilenden Mönche und *„hat in den Herzen dieser nicht an Waffenlärm gewöhnten friedfertigen Schar größte Bestürzung ausgelöst“*, wie es in der französischen Fassung des von Franziskus Cramer und Laurentius Geyr verfaßten Berichtes heißt.

Mit den Mönchen war auch der damalige Brauweiler Schultheiß Matthias Kohnen nach Köln geflohen. Er schlug der Gruppe vor, sich auf die andere Rheinseite in Sicherheit zu begeben und bot ihnen sein Haus in Mauel bei Rosbach an der Sieg als Unterkunft an, bis die Lage sich gebessert habe.

„Bevor sie fortzogen, unterzeichneten sie eine Protestnote, in der sie erklärten, dass sie die Abtei nicht aus Zweifel an der Loyalität der französischen Nation, sondern ausschließlich aus Angst vor den Plünderungen der österreichischen Armee verlassen haben“, heißt es in dem Bericht, der in französischer Sprache abgefaßt ist.

In der deutschen Version wird die Entscheidung des Abtes, einen Teil seiner Konventualen auf die andere Rheinseite zu begleiten, begründet: *„Da unser Abt seine ihm anvertraute Gemeinde unter seiner Obhut und Leitung sorglich beobachtete, da er sich immerfort zur Pflicht machte, durch Bildung der Jugend wackere Männer dem Staat darzubieten, so gesellte er sich zu ihnen, und ließe die tröstliche Versicherung zurück, daß er auf der Stelle in die vorige Wohnung einkehre, sobald die traurige Umstände in Sicherheit und Ordnung sich umstallten würden. Allein sie fanden den Rückweg gesperret, untersagt, und der Wunsch sich gleich wieder vereinigt zu sehen, bliebe durch das Verhängnis bis hiehin unerfüllt.“*

Zusammen mit ihrem Abt Anselm Aldenhoven flohen 20 Konventsmitglieder auf die rechte Rheinseite: Maurus Ankenbrandt, Caspar Baumann, Casimir Brackertz, Bruno Brandts, Augustin Braun, Heinrich Buchholz, Ambrosius Elsen, Lambert Hillekamp, Medard Hoff, Hubert Kratz, Benedikt Laurenz, Aegidius Lauterbach, Joseph Meurers, Paulinus

Einmarsch der französischen Revolutionstruppen in Brauweiler. Kohlezeichnung von Heinz Binsfeld

Münster, Gallus Päffgen, Erenfried Pauly, Martin Rolshoven, Udalricus Schult, Anselm Spenrath und Dionysius von Werth. Die Mehrzahl von ihnen waren jüngere Konventsmitglieder im Alter zwischen 24 und 35 Jahren.

Zurück blieben die 14 älteren Konventsmitglieder Beda Cleven, Franziskus Cramer, Aemilianus Fischermann, Laurentius Geyr, Wendelin Göbbels, Wolfhelm Klew, Adolf Kölges, Nikolaus Leven, Gereon Löhr, Placidus Lommeder, Michael Mehl, Bartholomäus Schäfer, Christian Schmitz und Petrus Vlatten.

Von diesen waren nicht alle am 4. Oktober 1794 im Brauweiler Hof zu Köln gewesen. Adolf Kölges und Aemilianus Fischermann hielten sich damals als Prior bzw. Lektor in der Abtei Siegburg auf. Ob die übrigen Konventmitglieder alle in Köln waren, ist unsicher. Drei von ihnen waren als Pastöre tätig: Placidus Lommeder in Sinthern (seit 1794), Bartholomäus Schäfer in Widdersdorf (seit 1785) und Beda Cleven in Zons (seit1785). Sie werden ihre Pfarreien mit Sicherheit nicht verlassen und den Einmarsch der Franzosen dort abgewartet haben. Ungewiss ist auch, wo sich die beiden für die Moselgüter der Abtei verantwortlichen Mönche, Ökonom Christian Schmitz und sein Adjunkt Wolfhelm Klew, beim Einmarsch der Franzosen befanden, ob in Klotten oder in Köln. Dagegen dürfte Propst Petrus Vlatten, der 1785 von Christian Schmitz als Ökonom in Klotten abgelöst worden war, sich beim Einmarsch der Franzosen in Köln aufgehalten haben.

So blieben nach der Flucht von Abt Aldenhoven und den jüngeren Mönchen im Brauweiler Hof mit Sicherheit nur Prior Wendelin Göbbels, Professor Franziskus Cramer, Ökonom Laurentius Geyr, Propst Petrus Vlatten sowie die Konventualen Nikolaus Leven, Gereon Löhr und Michael Mehl zurück.

Brauweiler nach dem Einmarsch der Franzosen: Zerstörungen im Kloster und Belegung der Gebäude durch französisches Militär

Die von den geflohenen Konventsmitgliedern unterzeichnete Erklärung über die Gründe ihrer Flucht wurde am darauffolgenden Tag durch einen der Mönche in Begleitung von drei weiteren Konventualen nach Brauweiler gebracht, um sie dort bekannt zu machen. Den Zurückgekehrten bot das Kloster sich in einem schrecklichen Zustand dar: *„Wir fanden in der Abtey einen Greuel der Verwüstung, alle Zimmern waren erbrochen, alle Meublen geraubt, dreyzehn Fuder Wein ausgeleert, die Vorräte der Victualien* (Lebensmittel) *geraubt, und das wenige, was sich nicht verschleppen ließe, wurde boshafter Weise verdorben und unbrauchbar gemacht.“* Die chaotischen Verhältnisse in den Abteigebäuden dürften die vier nach Brauweiler gekommenen Mönche schon bald zur Rückkehr nach Köln gezwungen haben.

Am 18. Ventôse III (= 8. März 1795) haben die Konventualen Franziskus Cramer und Laurentius Geyr sich in einer Petition an die Zentralverwaltung in Aachen gewandt. Beigefügt haben sie eine Aufstellung der durch die Plünderung entstandenen Schäden im Kloster und durch das unkontrollierte Abholzen in den Abteiwäldern, die sie auf insgesamt 61.329 Reichstaler beziffern. Die Richtigkeit dieser Schadensaufstellung hatte einen Tag vorher, am 7. März 1795, Schultheiß Franz Aldenhoven durch seine Unterschrift bestätigt.

In dieser Übersicht sind die Schäden detailliert aufgelistet. Die Aufzählung beginnt mit den verdorbenen Früchten im Wert von 14.160 Reichstalern. Im einzelnen sind die Verluste an Rübsamen, Weizen, Roggen, Gerste, Hafer sowie an Bohnen, Erbsen und Linsen aufgeführt. Für 1.160 Reichstaler wurde in den Scheunen lagerndes Heu und Stroh verdorben. Vernichtet wurden 18 Fuder Wein (1 Fuder ca. 824 Liter), 24 Ahm Bier (1 Ahm mit ca. 142 Liter) ferner unbekannte Mengen von Öl, Weinessig, Branntwein sowie Butter und Fett im Wert von zusammen 4.001 Reichstalern. Die Fischteiche waren zerstört, und Vorräte an frischem, getrocknetem und gesalzenem Fisch im Wert von 3.038 Reichstalern waren ungenießbar gemacht worden ebenso Schweine- und Ochsenfleisch für 200 Reichstaler. Silbernes, zinnernes und irdenes Tafel- und Küchengeschirr für 260 Reichstaler wurde zerstört. Die verdorbene Leinwand, darunter Wäsche und Kirchengewänder, hatte einen Wert von 1.262 Reichstalern, und Betten mit Kissen, Matratzen sowie wollene und leinene Decken für 600 Reichstaler waren vernichtet.

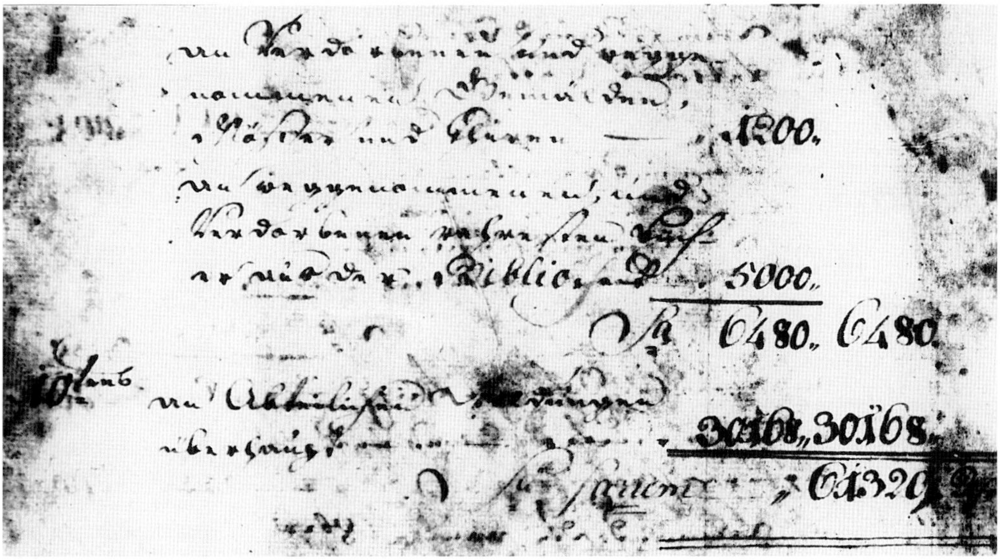
1200
5000
6480 6480
30168 30168
61320

Ausschnitt aus der Aufstellung der Schäden in der Abtei Brauweiler, die durch die Plünderung der Esterházy-Husaren verursacht wurden. Der Betrag von 1.200 Reichstalern bezieht sich auf Schäden an verdorbenen und weggenommenen Gemälden sowie an Schlössern und Türen. Die Summe von 5.000 Reichstalern beziffert die Schäden, welche die Bibliothek erlitten hat. Von den beiden Beträgen in Höhe von jeweils 30.168 Reichstalern bezieht der eine sich auf die Schäden in den Wäldern der Abtei, und der andere ist die Summe aller Schäden, die im Kloster angerichtet wurden. Der Gesamtschaden, den die Abtei erlitten hat, ist durch die letzte Summe in Höhe von 61.320 Reichstalern ausgewiesen. Darunter hat Schultheiß Aldenhoven die Korrektheit der Schadensaufstellung bestätigt (nicht abgebildet, da kaum noch lesbar). Wasserschäden haben die Lesbarkeit der Akte stark beeinträchtigt. (NWHStAD, Maas u. Rhein)

Weitere Schäden in Höhe von 6.480 Reichstalern wurden angerichtet an Fahrzeugen, an der Inneneinrichtung des Klosters sowie in der Bibliothek. Es handelte sich im einzelnen um folgendes: Zwei vierrädrige Transportwagen *(Rüstwaagen)* sowie der viersitzige Reisewagen *(Landwaagen)*, in dem die Plüschsitze aufgeschlitzt worden waren, konnten nicht mehr benutzt werden. Die Schreinerei war geplündert. Zahlreiche Stühle, Schränke und Kommoden wurden zerstört, 60 Gemälde verdorben oder gestohlen, Türen waren beschädigt und Schlösser abgemacht. Allein der Schaden an zerrissenen Büchern betrug in der angegebenen Summe 5.000 Reichstaler. Schließlich sind die Waldschäden mit 30.168 Reichstalern angegeben.

In einem Schreiben vom 24. Floréal III (= 13. Mai 1795) an die Zentralverwaltung bestätigte der damalige Präsident der Bonner Bezirksverwaltung, der ehemalige Geheime Hofrat B. F. J. von Gerolt, daß er den in Köln residierenden Administrator J. P. Eichhof gebeten habe, die in der Petition der Mönche aus der Abtei Brauweiler mitgeteilten Schadensangaben auf ihren Wahrheitsgehalt zu überprüfen. Dieser habe ihm mitgeteilt, daß er keine Mühe gescheut habe, um sich von der Wahrheit der Angaben zu überzeugen. Auch habe er Augenzeugen befragt. Eichhof sei dann zu der Überzeugung gekommen, daß die Angaben der vollen Wahrheit entsprächen. Er habe versichert, mit eigenen Augen das volle Ausmaß der Katastrophe für den Konvent und die Wälder, den beklagenswerten Zustand der Bibliothek und des Archivs sowie schließlich der ganzen Verwüstung gesehen zu haben. Es sei unmöglich, sich davon eine Vorstellung zu machen. *(et nous a assuré d'avoir vu de ses yeux la desastre* [...] *du convent et des forêts, l'état pytoyable de la bibliotheque et des archives, enfin des ravages de toute espece et telles qu'il est impossible de s'en faire une ideè.)*

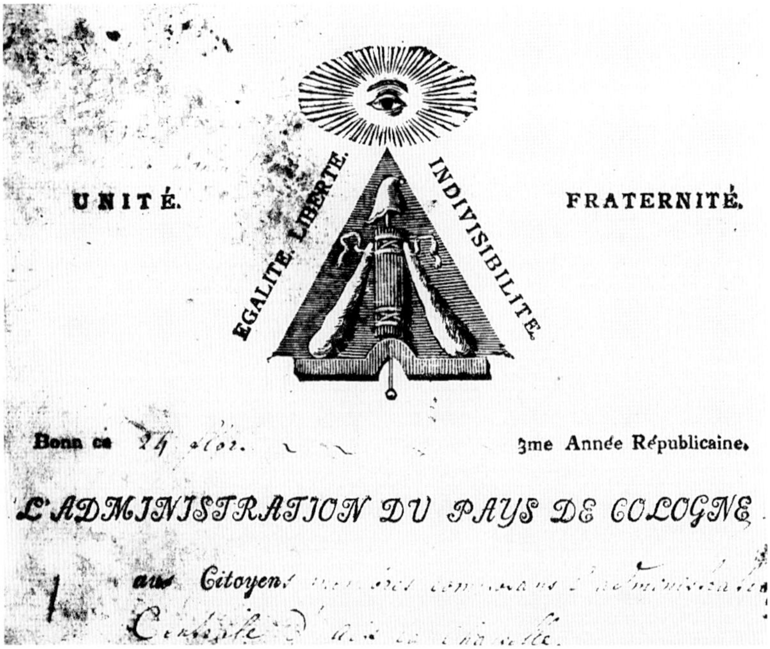

Briefkopf des Schreibens vom 24. Floréal III (= 13. Mai 1795) des Präsidenten der Bonner Bezirksregierung B.F.J. von Gerolt an die Zentralverwaltung in Aachen betr. die Schäden in der Abtei Brauweiler (NWHStAD, Maas u. Rhein)

Die Abteigebäude waren vom französischen Militär belegt. Hier befanden sich das Hauptquartier einer französischen Kavallerie-Einheit und ein Lazarett. Der größte Teil der zugehörenden Truppen - es soll sich um 15.000 Mann gehandelt haben - lagerte zwischen Brauweiler und Glessen am Rande des Villewaldes. Von hier aus zogen diese in die nahen Dörfer und drangsalierten die Bewohner. *„Sie plünderten Glessen acht Tage lang hintereinander, schlugen Fenster und Türen ein, raubten Geld, Kleidungsstücke, Brot, Butter, Fett, Hausgeräte, kurz alles Greifbare und verbreiteten namenlosen Schrecken unter den Einwohnern. Dem damaligen Rektor Schoogh* (Pfarrer und Lehrer) *zogen sie das Hemd über dem Kopf vom Leib"*, berichtet ein anonymer Glessener Chronist. (Simons 1925)

In den Gebäuden der Abtei und im Dorf Brauweiler herrschte große und ungewohnte Geschäftigkeit. Das Hauptquartier und vor allem das Lazarett stellten für den Ort und seine Bewohner eine große Belastung dar. Für die Versorgung dieser Einrichtung, zu der eine Vielzahl von Personen gehörte, hatte nämlich die Gemeinde zu sorgen. Hinzu kamen hohe Folgekosten durch die benötigten Ausstattungsstücke oder Dienstleistungen. Und so wird auch die Klage der Brauweiler Bürger in einem Beschwerdebrief vom 2. November 1794 an die Bonner Bezirksregierung verständlich, daß von ihnen *„alle Augenblicke Boten, Pferde, Karrigen* (Karren), *Öhl, Pötte, Dienstleute, Leintücher und dergleichen gefordert"* würden.

Die Bewohner fühlten sich in ihrer Not alleine gelassen, denn niemand war da, der die Lasten, die der Bevölkerung von den Franzosen aufgebürdet wurden, innerhalb der Herrlichkeit verteilte. So klagten sie in dem genannten Schreiben: *„Wer soll es tun. Es ist kein Richter hier, und* [so] *fallt der Last ganz allein auf das Dorf Brauweiler. Wir werden nicht allein dadurch in die größte Verlegenheit gesetzet, sondern auch auf diese Art wird das arme Dorf Brauweiler bald ein End haben."*

Beschlagnahme von Büchern der Klosterbibliothek durch den französischen Kunstkommissar Serolt

Die Bibliothek erlitt einen ersten großen Verlust durch die mutwilligen Zerstörungen, die von den Esterházy-Husaren bei ihrer Plünderung am Tag vor dem Einmarsch der Franzosen in Brauweiler angerichtet worden waren. Nach der bereits erwähnten detaillierten Aufstellung vom März 1795 betrug der Schaden in der Bibliothek 5.000 Reichstaler.

Einen weiteren Verlust verursachte die Entnahme von 185 Titeln durch den französischen *„Commissar des Arts“* Serolt und seinen Sekretär Gamel bereits wenige Wochen nach der Besetzung des linken Rheinufers wohl im November 1794. Zu dieser Zeit, so berichtet Anno Schnorrenberg, wurden auch aus den Bibliotheken der Kölner Klöster Bücher entnommen.

Bei ihrer Beschlagnahme in Brauweiler konnten der französische Kommissar und sein Sekretär sich auf einen Erlaß des Wohlfahrtsausschusses vom 14. August 1793 berufen, der eine eigens zu seiner Durchführung geschaffene Kommission von Kunstkommissaren aufforderte, in den eroberten Ländern alle Bibliotheken von Kirchen und Klöstern zu untersuchen sowie seltene Handschriften, alte Drucke und überhaupt alles, was ihnen für die Pflege von Kunst und Wissenschaft dienlich erschien, zu nehmen und in das Innere Frankreichs zu schaffen. Damit sollte alles das ersetzt werden, was die Revolution in Frankreich, besonders im Jahre 1792, zerstört hatte. Darüber hinaus wollte man Paris durch die Konfiszierung des besten Besitzes auswärtiger Bibliotheken, Altertums- und naturwissenschaftlicher Sammlungen zum Mittelpunkt geistiger und künstlerischer Bildung machen. (Hansen III, 1933)

Die von der französischen Verwaltung eingesetzten französischen Kunstkommissare konnten bei der Ausführung ihres Auftrages planmäßig vorgehen, denn seit 1790 war man in Frankreich über den Inhalt der rheinischen Bibliotheken gut informiert. Damals hatte der französische Benediktiner Maugérard die rheinischen Klosterbibliotheken besucht und sich bereits bemüht, kostbare Stücke für einen Spottbetrag zu erwerben.

Zu den aus der Brauweiler Klosterbibliothek entnommenen Stücken gehörten vorwiegend Inkunabeln aus der Zeit vor 1500. Hinzu kamen sechzehn Handschriften. In ihrem in französischer Sprache verfaßten Bericht über die Zerstörungen im Kloster und die Flucht ihrer Mitbrüder haben Franziskus Cramer und Laurentius Geyr den Bücherraub des Kunstkommissars genutzt, um auf die Gelehrsamkeit der Mönche ihres Klosters hinzuweisen: *„Die Vielzahl und die Vielfalt der wertvollen Bücher und literarischen Zeugnisse, die die Kommissare für Kunst und Wissenschaft auf Anordnung des Volksvertreters Frécine unlängst von unserer durch böse Menschen teilweise zerstörten Bibliothek erhielten, zeugen davon, daß unser Orden keine Schar von Müßiggängern, sondern vielmehr eine Gemeinschaft von fleißigen Männern ist, die seit Jahrhunderten zum Nutzen des Allgemeinwohls wissenschaftlich tätig sind.“*

Über die entnommenen Titel wurde von dem Sekretär des Kunstkommissars eine Liste angefertigt. Diese Liste hat der ehemalige Lektor des Klosters, Anselm Spenrath, am 28. Juli 1815, viele Jahre nach der Aufhebung der Abtei, in seiner damaligen Eigenschaft als Pfarrer zu Xanten beurkundet und anschließend nach Paris geschickt, um nach dem Verbleib der entnommenen Bücher und Handschriften zu forschen. Die Anmerkung eines französischen Bibliothekars (Sansraet?) vom 14. September 1815 besagt, daß die in Brauweiler entnommenen Bücher nicht in die französische Nationalbibliothek in Paris transportiert worden sind (s. Abb. S. 373). Vermutlich wurden sie, ähnlich wie es mit anderen Büchern und Kunstschätzen geschah, die nicht wert genug erschienen, nach Paris gebracht zu werden, von der französischen Verwaltung noch im Rheinland auf Versteigerungen zu Geld gemacht. So ließ der Kommissar Anton Keil, der vom französischen Innenminister zum *„Commissaire du gouvernement français chargé de recueillir les objets d'art et de science dans les pays conquis d'Allemagne“* ernannt worden war, im Dezember 1796 mehrere Kisten Bücher durch den Kölner Buchhändler Schmitz zum Nutzen der Republik *(au profit de la République)* versteigern. (Hansen III, 1933)

Rückkehr der ersten Mönche ins Kloster und Stimmung in der Brauweiler Bevölkerung ihnen gegenüber

Vermutlich kamen die ersten Mönche, die ihre Wohnung wieder im Kloster nahmen, zusammen mit ihrem neuen Schultheißen

Franz Aldenhoven am 28. Oktober 1794 nach Brauweiler. Das Einnahmen- und Ausgabenbuch der Abtei läßt den Schluß zu, daß man Anfang November versuchte, sich wieder in Brauweiler einzurichten. Am 6. November erhielt der Gärtner seinen ersten Lohn seit dem Einmarsch der Franzosen.

Joan Peter Delhoven bringt Ende November 1794 in seinem Tagebuch die Notiz, daß nun wieder zwei Mönche im Kloster Brauweiler wohnten. Die Bevölkerung, die sich nach der Flucht der Mönche und des Schultheißen den Requisitionen und anderen Forderungen der französischen Armee hilflos ausgeliefert fühlte, scheint den Zurückgekehrten zunächst wenig Sympathie entgegengebracht zu haben.

Die Stimmung in der Bevölkerung schildert eine Petition des Brauweiler Vorstehers Henricus (Heinrich) Schneider. Sein Amt entstammte noch dem Ancien Régime. Auf der untersten Verwaltungsebene wurde innerhalb der lokalen Verwaltungseinheit der Gemeinde jährlich nach bestimmten Regeln ein Vorsteher gewählt. Dieser konnte auch andere Amtsbezeichnungen wie „Bürgermeister" oder „Bauernmeister" tragen. Dem Vorsteher zur Seite standen häufig ein Vertreter und ein Schreiber. Innerhalb der Herrlichkeit Brauweiler war jedes einzelne Dorf eine Gemeinde, die ihren eigenen Vorsteher wählte. Der gewählte Vorsteher hatte sich nicht nur um die internen Belange seiner Gemeinde zu kümmern, sondern war auch ausführendes Organ für Beschlüsse der übergeordneten Amtsverwaltung. Von kommunaler Selbstverwaltung in modernem Sinne konnte also nicht die Rede sein. (Andrae 1994) Es bestand allgemein die Gepflogenheit, dieses Amt nur an die reicheren Bauern einer Gemeinde zu vergeben. Das diente ausschließlich dem Schutz der ärmeren Ackerer, der sog. „Kötter". Es gehörte nämlich zum Vorsteheramt, daß der Amtsinhaber regelmäßig verfügbar war und hin und wieder Auslagen für die Gemeinde tätigen mußte.

Der damalige Brauweiler Vorsteher Henricus Schneider gehörte mit einem Vermögen, das 1796 auf 640 Reichstaler geschätzt wurde, zum drittreichsten Bauern der Gemeinde Brauweiler (s. Abb. S. 299). Er war 1795 bereits 72 Jahre alt und damit einer der ältesten Bewohner des Ortes. Offenbar besaß er ein hohes Ansehen im Dorf, was übrigens ein allgemein mit dem Vorsteheramt verbundener Vorzug den übrigen Dorfbewohnern gegenüber war.

In seiner Amtseigenschaft als Vorsteher wandte Henricus Schneider sich am 10. Januar 1795 an die Bonner Bezirksregierung. In seiner Petition, die sein Schreiber geschrieben hat, teilte er mit: „[Als] *die Französische Armee dahier Einrückte, waren die Hießige Abteiliche Mönchen samt dem damaligen Schultheiße entflohen. Die Einquartierung file daher Meistentheils auf hießige Bürger. Zwei zurückgekommene Mönchen liefen im Ort herum, die sich für Pastores ausgaben. Wie die Einquartierte Truppen abmarschierten, schlichen sich dieselbe wieder in die Abtei ein, fiengen mit schuster, schneider, schmidt, Brandeweins Brauergesellen, gärtener, Leyendecker, Jäger, Knecht und mägde eine vollständig wie vorhins geführte Haushaltung an. Wir waren Ordentlich dessen froh, dachten, itz wird die Gemeinde auch dardurch eine Beihilfe in Einquartierungen oder sonstigen Requisitionen finden. Aber ach Leider, die Brutale äusserungen derselben gehen soweit, daß sie Hießiger Gemeinde alle Beihilfe versagen. Wir glauben denn doch, bei Einer Itzigen Kriegeszeit wäre es Billig, daß eine solche nur in drei Mönchen Bestehende Abtey wohl soviel Menschlichkeit zeigen müste, ihren Armen Nachbaren Brüderlich einen Last tragen zu helfen.*

Wir stehen darum flehentlich an, ihne die weisung zu geben, in Einer Jedweden Einquartierung und Requisition sich Brüderlich mit den Bürgern zu Benehmen und mitzuhelfe[n]. Wir Erwarten darüber Nähere Verhaltungen und den Erfolgenden Entschluß. Bürger und in deren Namen

Henricus Schneider, Vorsteher in Brauweiler
Brauweiler am 10ten Januar 1795 alten Stiels."

Entsprechend war denn auch zwei Tage später die Reaktion der Bezirksregierung: „*Da es der Wille der hiesigen bezirksverwaltung gar nicht ist, allgemeine lasten nur auf den armen Landbürger allein verteilt zu sehen, - und dieselbe viel weniger zu laßen kann, daß reichere und bemittelte geistliche sich gegen alle Nächsten liebe, die diese Klaße am wenigsten aus*

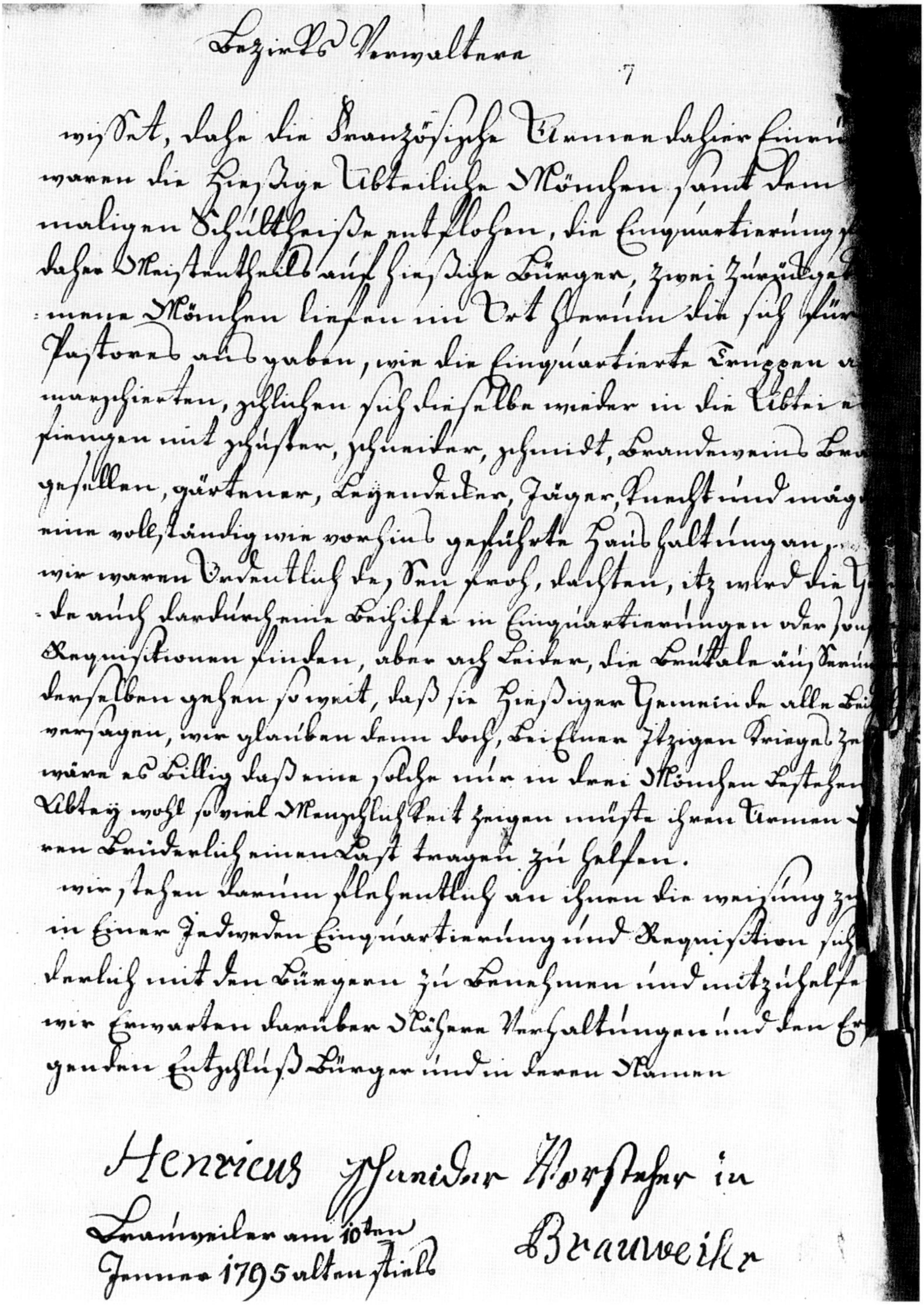
Bezirks Verwaltern

Henricus Schneider Vorsteher in Brauweiler

Brauweiler am 10ten Januar 1795 alten Stiels

Petition des Brauweiler Vorstehers Henricus Schneider vom 10. Januar 1795 an die Bonner Bezirksregierung (NWHStAD, Maas u. Rhein)

den Augen laßen darf, sich von allgemeinen Diensten los zu machen trachtet, so ist nicht billiger, als das gesuch der remonstranten, welche bei künftigen requisitionen, Einquartierungen und diensten die dasige Abtei verhältnißmäßig mit anzuhalten befugt sind.

Bonn, 23. Schnee Mond im 3. Jahr der fr[anzösischen] R[epublik]" (= 23. Nivôse III = 12. Januar 1795)

Dr. Franz Aldenhoven, der Nachfolger des geflohenen Brauweiler Schultheißen

Durch die Flucht des Schultheißen der Herrlichkeit Brauweiler, Matthias Kohnen, war seine Amtsstelle frei geworden. Um möglichst rasch über eine funktionierende lokale Amtsverwaltung zu verfügen, war die französische Besatzungsmacht bemüht, soweit wie möglich die kurkölnischen Amtsleute der unteren Verwaltungsebene in ihren alten Ämtern zu bestätigen. In der Herrlichkeit Brauweiler war jedoch durch die Emigration des bisherigen Amtsinhabers die Neubesetzung der Stelle notwendig geworden. Schon bald nach dem Einmarsch der französischen Armee wurde der Lizentiat der Rechte Dr. Franz Aldenhoven mit der Wahrnehmung dieses Amtes beauftragt. Bereits am 28. Oktober 1794 hielt er sich für kurze Zeit in Brauweiler auf, wo er von den Bewohnern als Schultheiß angesprochen wurde. Er selbst teilte in einem Schreiben vom 6. November 1794 mit, daß ihm das Amt provisorisch übertragen worden sei. Erst im Zusammenhang mit der Einrichtung eines Friedensgerichtes und der Munizipalität Brauweiler durch die Bonner Bezirksregierung im Juni 1795 erhielt Franz Aldenhoven dann offiziell das Amt eines Richters bzw. des Schultheißen.

Seine Briefe, die er je nach Adressat in französischer oder deutscher Sprache verfaßte, unterschrieb er dementsprechend mit seinem Namen und seinem Titel: *„François Aldenhoven, Bailif de Brauweiler - Franz Aldenhoven, Schultheiß von Brauweiler"*. Aldenhoven war zugleich Schultheiß in Zons und in Worringen.

Dr. Franz Aldenhoven war 1760 in Zons geboren und wohnte in Köln nicht weit vom Brauweiler Hof in der Drususgasse 3 (Straßenname erst nach 1810), wo er am 26. Januar 1823 verstarb. Über eine Verwandtschaft mit dem Brauweiler Abt Anselm Aldenhoven ist nichts bekannt, auszuschließen ist sie jedoch nicht. Kontakte zur Abtei Brauweiler und ihrem Abt aus der Zeit vor dem französischen Einmarsch sind denkbar.

Eine erfolgreiche Beschwerde des Franz Aldenhoven

Schon bald nach seiner Amtseinsetzung als neuer Schultheiß von Brauweiler bewies Franz Aldenhoven sein Durchsetzungsvermögen und eine kluge Verhandlungstaktik gegenüber der neuen Administration. Am 4. November 1794 hatte er vier Fässer Wein, die im Brauweiler Hof zu Köln lagerten, zu seinem persönlichen Gebrauch vom damaligen Ökonom des Hofes Laurentius Geyr erworben. Bei dem Wein handelte es sich um gewöhnlichen Wein *(vin ordinaire)*, der von den Brauweiler Gütern zu Uedorf (zwischen Bonn und Wesseling) stammte. Bereits wenige Tage nach dem Kauf war der Wein auf Anordnung des *„Commissairs Ordonnateur"* Pigeon von der französischen Militärverwaltung durch den aus Bonn stammenden Bürger Nettekoven, einen ehemaligen Finanzbeamten (Oberkellner) der frühe-

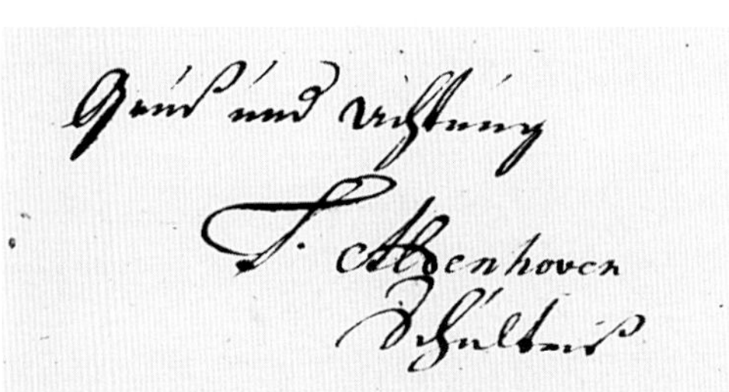

Unterschrift des Schultheißen F. Aldenhoven unter einem Schreiben an die Landesregierung in Bonn vom 14. Frimaire VI (= 4. Dezember 1797) (NWHStAD, Maas u. Rhein)

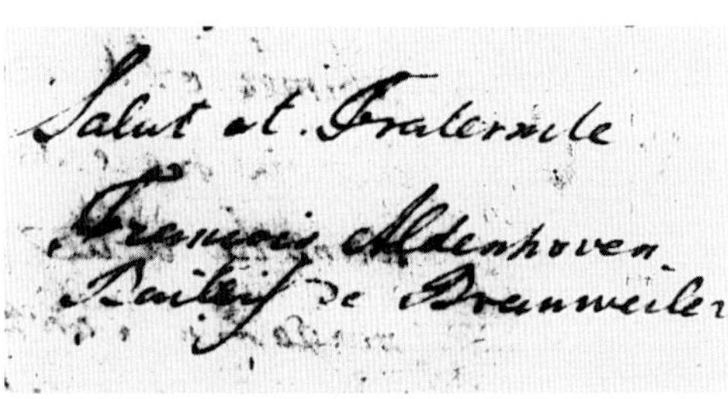

Unterschrift des Schultheißen Aldenhoven von Mitte Juli 1795 an den Volksrepräsentanten Dubois in Köln (NWHStAD, Maas u. Rhein)

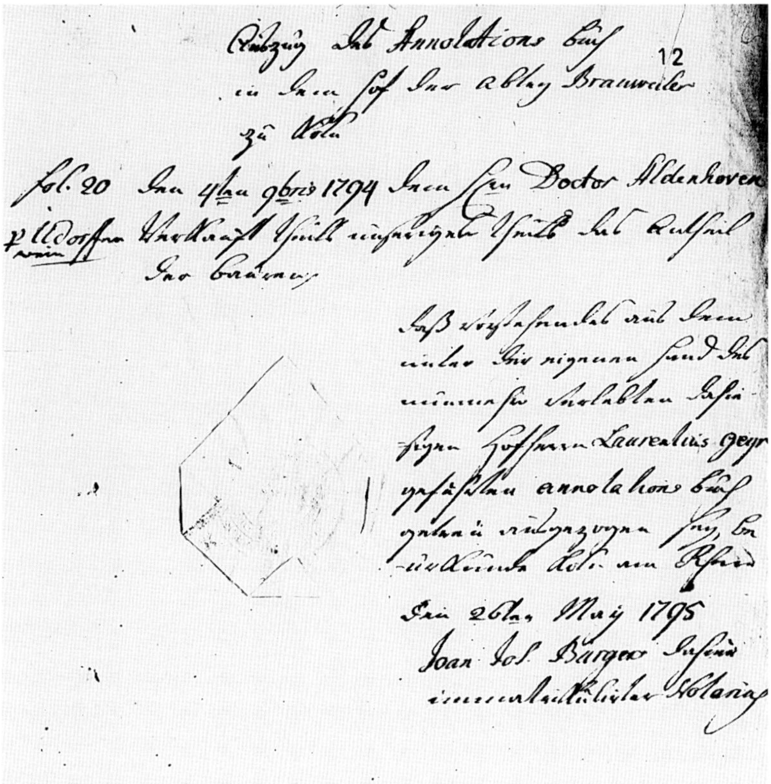

Notariell beglaubigter Auszug aus dem Annotationsbuch (Rechnungsbuch) des Brauweiler Hofes über den Kauf von vier Fässern Wein aus Uedorf durch Dr. Aldenhoven (NWHStAD, Maas u. Rhein)

ren kurfürstlichen Regierung, der nun für die neuen Herren am Rhein tätig war, beschlagnahmt und in den Keller des Bonner Schlosses gebracht worden.

Erfolgreich und ausdauernd hat sich Franz Aldenhoven in den folgenden Monaten in einem längeren Schriftwechsel mit dem für die Requisition verantwortlichen *„Commissair Ordonnateur"* Pigeon sowie mit der zuständigen Bonner Bezirksregierung gegen die Requisition seines Weines gewandt. Um die Rechtmäßigkeit seines Besitzes zu belegen, hat Franz Aldenhoven im Mai 1795 sogar einen notariell bestätigten Auszug aus dem Rechnungsbuch *(Annotationsbuch)* des Ökonomen des Brauweiler Hofes, Laurentius Geyr, der französischen Bezirksregierung in Bonn vorgelegt.

Ende Juli 1795 wurde von der Bezirksregierung die Rückgabe des beschlagnahmten Weins oder - falls dieser nicht mehr vorhanden sei - seine Erstattung durch eine ebensolche Menge gleichwertigen Weins verfügt.

Klagen aus Brauweiler über den neuen Schultheißen

In einem Schreiben vom 2. November 1794 an die unter französische Kontrolle gestellte Regierung in Bonn beschwerten sich die Bewohner von Brauweiler, daß ihr neuer Schultheiß Aldenhoven nur einmal, und zwar am 28. Oktober, in Brauweiler gewesen sei. Sie erwähnten die vielen Forderungen, die von den Franzosen an sie gestellt, und die Lasten, die ihnen täglich aufgebürdet würden. Niemand sei da, der diese auf die Bewohner der Herrlichkeit Brauweiler verteile. Es heißt weiter: *„Wer soll es thuen. Es ist kein Richter hier, und* [so] *fallt der last allein auf das Dorf Brauweiler."* Schließlich bitten sie die Regierung, *„dem neu angestellten Richter Aldenhoven aufzugeben, sich dahier bei uns nach altem Brauch und Herkommen unverzüglich niederzulassen."*

Zwei Tage später forderte die Regierung eine Stellungnahme von dem Beschuldigten. Aldenhoven antwortete, daß er die Unterschrif-

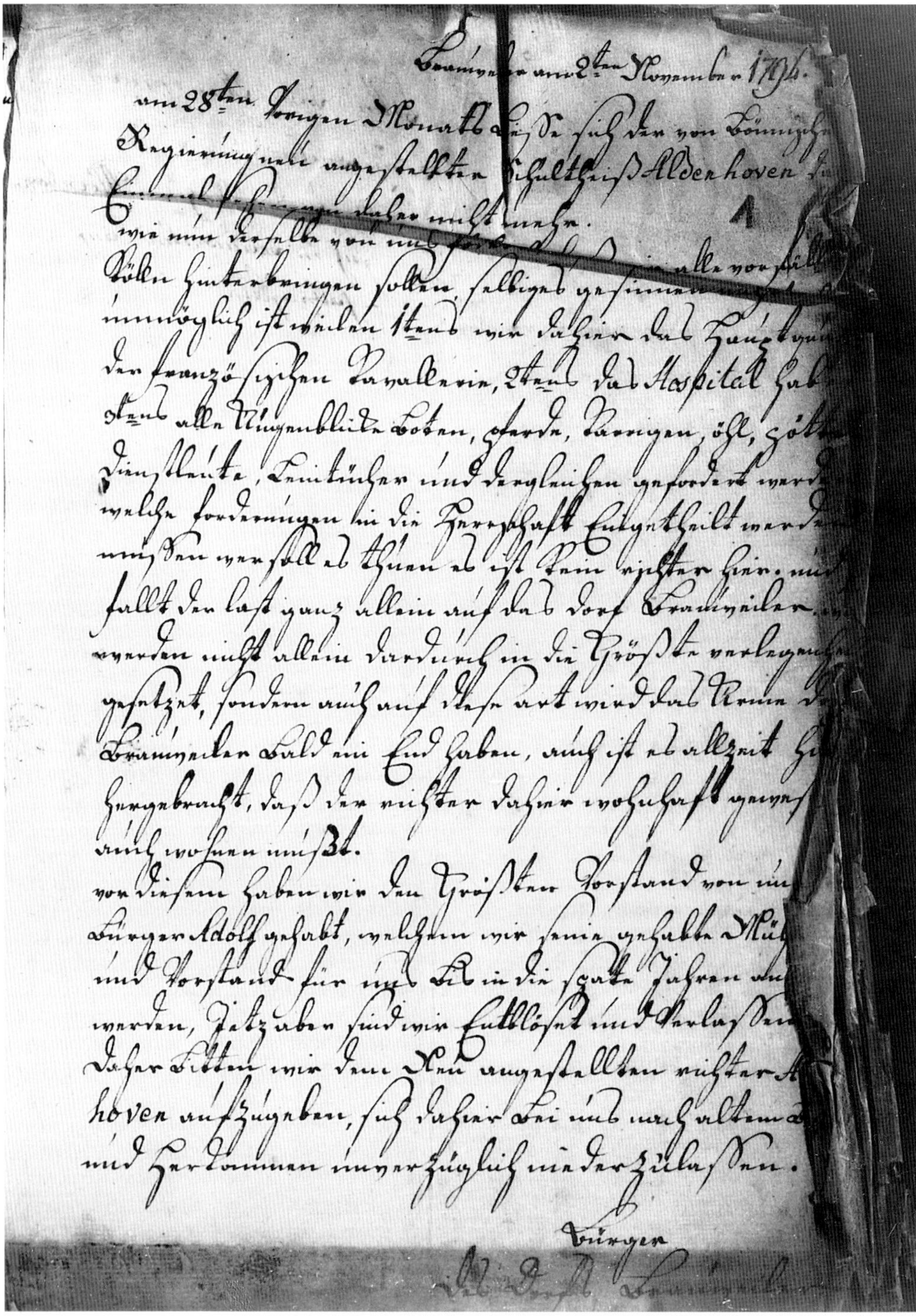

Brauweiler den 2ten November 1794.

am 28ten vorigen Monats ist da sich der von königlichen
Regierung neu angestellten Schultheiß Alden hoven
nicht mehr.
wie nun derselbe von uns
Völln hinterbringen sollen, selbiges
unmöglich ist weilen 1tens wir dahier das Haupt
der französischen Cavallerie, 2tens das Hospital hab
3tens alle Augenblick Boten, Pferde, Wagen, öhl,
dienstleute, Leintücher und dergleichen gefordert werd
welche forderungen bei die Herrschaft eingetheilt werd
müssen wer soll es thun es ist kein richter hier.
fallt die last ganz allein auf das dorf Brauweiler
werden nicht allein dadurch in die größte verlegenheit
gesetzt, sondern auch auf diese art wird das kleine
Brauweiler bald ein End haben, auch ist es allzeit
hergebracht, daß der richter dahier wohnhaft gewes
auch wohnen müßte.
von diesem haben wir den größten Vorstand von
bürger Adolf gehabt, welchen wir seine gehabte Mü
und Vorstand für uns bis in die spät Jahren
werden, jetzt aber sind wir entblößt und verlassen
daher bitten wir den neu angestellten richter Al
hoven aufzugeben, sich dahier bei uns aufzuhalten
und herkommen unverzüglich niederzulassen.

bürger

Beschwerde der Brauweiler Bürger vom 2. November 1794 über ihren neuen Schultheiß (NWHStAD, Maas u. Rhein)

ten unter der Beschwerde sehen möchte, da er überzeugt sei, *„daß nicht allein die Abteilige Geistlichen, sondern auch die Einwöhner der Herrschaft, wenigstens der größte Teil derselben, über die [...] provisorisch übertragene Schult*[h]*eißen-Stelle ihre vollkommene Zufriedenheit bezeigen."* Die Ursache der Beschwerde sah er in der Mißgunst einiger Einzelner: *„Zweifelsohn behaget einem oder anderen nicht, daß ich dieses Amt bekleide, weil ihnen hierdurch der Weeg gesperrt wird, einen festgesetzten Plan auszuführen und ihre Handlungen nach willkürigem Maasstab zu schlichten."* Im übrigen sei er für die Einteilung der Requisitionen unter den betreffenden Bewohnern als Schultheiß nicht zuständig. Damit hatte Franz Aldenhoven recht, denn zuständig waren hierfür die Vorsteher in den Gemeinden (Dörfern).

Er begründete, warum es für die Brauweiler von Vorteil sei, wenn er in Köln wohne: *„Scheinen die Lieferungen übertrieben, so hat sich die Gemeinde oder auf Anstehen derselben der Richter an den General Ordonnateur zu wenden, und da dieser sich just in Köln aufhält, so zeigt sich schon aus diesem Umstand der Vorteil und die Bequemlichkeiten, welche daraus entstehen, daß ich mich in Köln aufhalte."*

Am 9. November 1795 wies die Regierung die Klage der Brauweiler Bürger als unbegründet zurück. Der Schultheiß wurde jedoch angehalten, im Bedarfsfalle zur Beratung mit den Schöffen und den Vorstehern der Orte in der Herrlichkeit sich nach Brauweiler zu begeben, da es diesen nicht zuzumuten sei, jedesmal nach Köln zu kommen.

Sowohl die Beschwerde über die Mönche als auch die über den Schultheißen belegen, daß die Bürger von Brauweiler nicht ohne weiteres gewillt waren, sich mit ihrer Lage abzufinden. Darin zeigt sich einerseits ein gewisses Maß an Selbstbewußtsein, was wohl begründet war in den neuen, revolutionären Ideen von Freiheit und Gleichheit. Andererseits wird aber auch das Gefühl der Menschen deutlich, einer allmächtigen Administration ausgeliefert zu sein, da gerade diejenigen, welche bisher ihnen einen gewissen Schutz geboten hatten, die Mönche und ihr Schultheiß, sie über Nacht verlassen hatten, gerade in dem Augenblick, wo sie diese am meisten nötig gehabt hätten. In dieser Situation beginnen sie, sich mit den geringen ihnen zur Verfügung stehenden Mitteln der Beschwerde oder Petition zur Wehr zu setzen.

Requisitionen, Einquartierungen und andere Kriegslasten

Die vor dem Einmarsch der revolutionären französischen Armee vorhandenen Sympathien bei Teilen der Bevölkerung, die sich für die aufklärerischen Ideen von Freiheit, Gleichheit und Brüderlichkeit begeistert hatten, verflogen rasch nach dem Einmarsch der Truppen. War doch aus der Idee der Menschenbefreiung nach 1792 immer mehr ein ideologisch verbrämter Eroberungskrieg geworden. Zur Durchsetzung der Kriegsziele ernannte der Konvent aus den Reihen seiner Mitglieder Volksrepräsentanten, die mit nahezu unbeschränkter Machtbefugnis ausgestattet waren und zusammen mit der Armee in das eroberte Gebiet kamen. Sie hatten nicht nur die Tätigkeit der Armeen und ihrer Führer zu beaufsichtigen, sondern gleichzeitig dafür zu sorgen, daß durch planmäßige Ausbeutung der örtlichen Wirtschaftskräfte der Unterhalt, die Ausrüstung und die Besoldung dieser Armee gedeckt wurde. Es galt der Grundsatz, daß die Armeebedürfnisse ausschließlich durch das Land des Gegners mittels Requisitionen und Kontributionen gedeckt werden sollten. (Hansen 1933)

Demgegenüber stand die Garantie des Eigentums und das Verbot von Plünderungen, die von den Volksrepräsentanten im Herbst 1794 verkündet wurden. Die Bevölkerung erhielt nun die Möglichkeit, sich über Verstöße gegen dieses Verbot begründet zu beschweren. Mit dieser Garantie des individuellen Eigentums sollte aber auch die Voraussetzung geschaffen werden, dieses vor Plünderungen gesicherte Eigentum durch verschiedene organisatorische Maßnahmen für die Kriegsführung der Französischen Republik nutzbar zu machen. Denn dadurch, daß es vor den Übergriffen einzelner Soldaten gesichert wurde, sollte es zum Nutzen der gesamten Armee erhalten bleiben. Von ihrer rechtlichen Form her verstießen die Kontributionen oder Requisitionen theoretisch niemals gegen die ausgesprochene Garantie des Eigentums, die nur als Garantie des individuellen Eigentums verstanden werden muß. Theoretisch lasteten

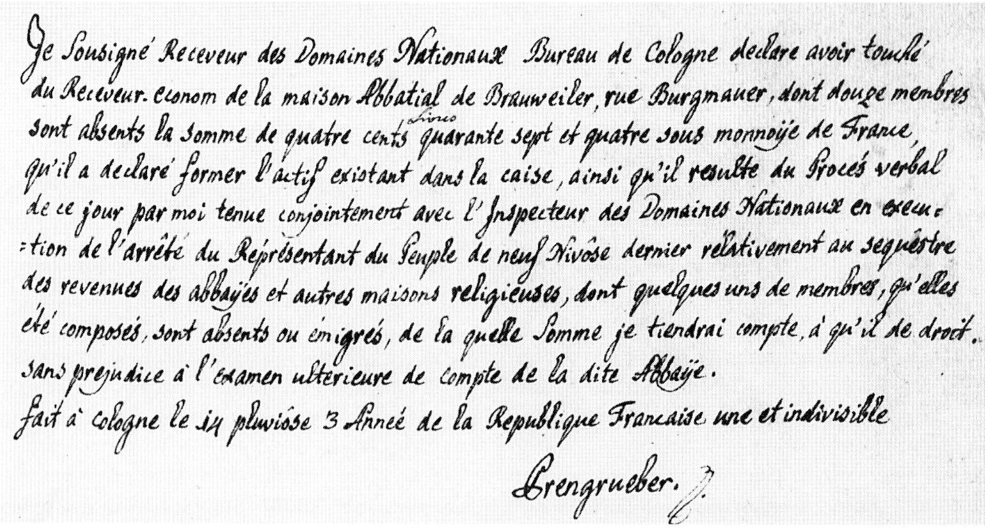
Je Sousigné Receveur des Domaines Nationaux Bureau de Cologne declare avoir touché
du Receveur-econom de la maison Abbatial de Brauweiler, rue Burgmauer, dont douze membres
sont absents la somme de quatre cents livres quarante sept et quatre sous monnoije de France,
qu'il a declaré former l'actif existant dans la caise, ainsi qu'il resulte du Procés verbal
de ce jour par moi tenue conjointement avec l'Inspecteur des Domaines Nationaux en execu=
=tion de l'arrêté du Représentant du Peuple de neuf Nivôse dernier relativement au sequêstre
des revenues des abbaijes et autres maisons religieuses, dont quelques uns de membres, qu'elles
été composés, sont absents ou émigrés, de la quelle Somme je tiendrai compte, á qu'il de droit.
sans prejudice á l'examen ulterieure de compte de la dite Abbaije.
fait á Cologne le 14 pluviôse 3 Anneé de la Republique Française une et indivisible
Brengrueber.

Abschrift der Quittung vom 14. Pluviôse III (= 1. Februar 1795), in welcher der Kölner Kaufmann Brengrueber in seiner Eigenschaft als Steuereinnehmer des Kölner Büros der Nationaldomänen (Receveur des Domaines Nationaux Bureau de Cologne) dem Ökonomen des Brauweiler Hofes, Laurentius Geyr, bestätigt, daß er 847 Livres und 4 Sous französischer Währung auf Grund des Erlasses des Volksrepräsentanten vom vergangenen 9. Nivôse (= 29. Dezember 1794) über die Güter von Emigrierten, beschlagnahmt habe. Die Abschrift zeigt die Handschrift von Professor Franziskus Cramer. (NWHStAD, Maas u. Rhein)

sie daher auch nicht auf einem Einzelnen, sondern immer auf der Allgemeinheit des Bezirks oder einer Gemeinde. Die Frage der Verteilung der Lasten war niemals Sache der Besatzer, sondern stets Sache der Bevölkerung und ihrer Verwaltungen. (Andrae 1994)

Die auf der linken Rheinseite zurückgebliebenen Brauweiler Mönche bekamen die Durchführung dieser Grundsätze bald zu spüren. Anfang November 1794 wurde - wie bereits berichtet - der im Keller des Brauweiler Hofes zu Köln lagernde Wein, den der neue Schultheiß Franz Aldenhoven gekauft hatte, requiriert. Der Kölner Kaufmann Brengrueber, der für die neuen Machthaber Kontributionsgelder einzog, beschlagnahmte die im Brauweiler Hof befindlichen Bargelder. Es handelte sich, wie Brengrueber in einer Quittung am 14. Pluviôse III (= 1. Februar 1795) dem Ökonomen des Brauweiler Hofes, Laurentius Geyr, bescheinigte, um einen Betrag von 847 Livres und 4 Sous in französischer Währung. Bei seiner Maßnahme konnte Brengrueber sich auf einen Erlaß vom 9. Nivôse III (= 29. Dezember 1794) berufen, der verfügte, daß das Eigentum der Klöster oder Stifte, deren Konventualen als emigriert betrachtet wurden, vom Staat konfisziert werden sollte. Brengrueber war wegen seines Einsatzes für die Franzosen in Köln sehr verhaßt, wie der Augustinermönch Anno Schnorrenberg in seinem Tagebuch festgehalten hat. Ende 1796 hat Brengrueber sein Haus in der Johannisstraße an den angesehenen Kölner Kaufmann Lorenz Fürth verkauft und sich nach Valenciennes in Nordfrankreich abgesetzt.

Als die Ernährungslage mit Anbruch des Winters 1794/95 sowohl für die französische Armee als auch für die Bevölkerung der Stadt Köln immer kritischer wurde und eine Hungersnot drohte, wurden der Stadt Requirierungen von Getreide und anderen Lebensmitteln im Umland erlaubt. In einer Liste über das in den städtischen Speichern zwischen dem 11. Nivôse und 2. Ventôse III (= 31. Dezember 1794 und 20. Februar 1795) abgelieferte Getreide und Mehl erscheinen 10 Lieferungen von Weizen, Roggen, Gerste und Mehl aus den Beständen des Brauweiler Hofes zu Köln. Am 9. Dezember 1794 brachte der *„bürger-Meister Von Brauweiler“* - es handelte sich hier um den bereits erwähnten Vorsteher von Brauweiler,

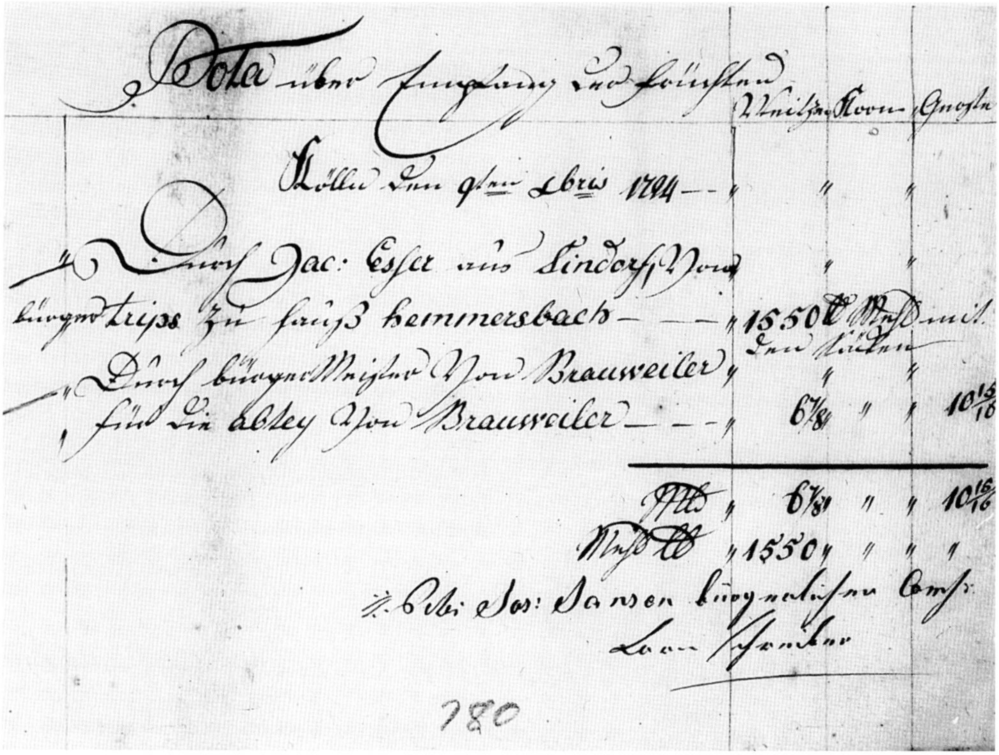
Nota über Empfang der Früchten

Cölln den 9ten xbris 1794

Durch Jac: Esser aus Sindorf Von bürgermeister [illegible] zu hauß Hemmersbach — 1550 [illegible]

Durch bürgermeister Von Brauweiler für die abtey Von Brauweiler — 6 7/8 10 15/16

6 7/8 10 15/16

1550

P. Jos: Jansen bürgerlicher Korn-schreiber

780

Bescheinigung vom 9. Dezember 1794 des Kornschreibers Peter Jos. Jansen beim Kölner Magazin über den Empfang von Getreide, darunter eine Lieferung von Weizen und Gerste durch den Brauweiler Bürgermeister für die Abtei Brauweiler (HAStK, Franz. Verw.)

Henricus Schneider -, für die Abtei Brauweiler größere Mengen von Gerste und Weizen nach Köln. Darüber erhielt er vom Kornschreiber Peter Jos. Jansen beim Kölner Magazin eine *„Nota über den Empfang der Früchten"*.

Unter Kriegslasten litten auch die Bewohner der Dörfer in der Herrlichkeit Brauweiler. Es gab Einquartierungen von Soldaten, die dabei verpflegt werden mußten. Das alltägliche Transportbedürfnis der Truppen verlangte Hand- und Spanndienste. Hierzu wurden Wagen und Zugtiere meist für einen bestimmten Zeitraum beschlagnahmt. Um eine gewisse Garantie für die Rückkehr zu erhalten, gab man dem Gespann einen Knecht mit, und wenn der Besitzer Glück hatte, kam der Knecht samt dem Gespann nach der vereinbarten Zeit wieder zurück.

Daneben gab es Requisitionen von Getreide sowie von Vieh. Diese dienten zur Versorgung der Truppen und, wie im Winter 1794/95, zur Linderung der Nahrungsmittelknappheit der durch eine Hungersnot bedrohten Bevölkerung der Städte. Um zu ermitteln, welche Mengen an Getreide oder Vieh in den einzelnen Orten des Kölner Umlandes für eine Requisition zur Verfügung standen, war am 15. November 1794 ein Überwachungsausschuß, das *„Comité de Surveillance der freien Stadt Köln"*, bestehend aus 12 Bürgern, ins Leben gerufen worden. Diese Agenten zogen durch die Dörfer und kontrollierten die Bauern, um festzustellen, wie hoch der Viehbestand und die vorhandenen Getreidevorräte waren. Nach ihren Angaben richtete sich nun die Höhe der Requisitionen.

Wegen der Verteilung und der Verhältnismäßigkeit der Kriegslasten wandten sich die für die Dörfer in der Herrlichkeit Brauweiler zuständigen Vorsteher mit Petitionen an die Bonner Bezirksregierung. Die Eingaben belegen, daß es durch die existenzbedrohenden

Siegel des „Comité de Surveillance der freien Stadt Köln“ (Privatbesitz)

Forderungen der neuen Herren unter den Bewohnern des alten Territoriums der Abtei zu solidarischem Verhalten gegenüber der fordernden Administration kam.

Neben den bereits erwähnten Getreiderequisitionen gab es immer wieder Hornviehrequisitionen. Sie sollten dem Aufbau einer funktionierenden Rindfleischversorgung für die französischen Soldaten dienen.

Am 8. Ventôse III (= 26. Februar 1795) wandten sich die Vorsteher aller Dörfer der Herrlichkeit Brauweiler wegen einer anstehenden Hornviehrequisition mit einer Petition an die Bonner Bezirksregierung. Darin erklärten sie, daß von den 616 Tieren, die es vor dem Einmarsch der Franzosen in der Herrlichkeit Brauweiler gegeben habe, bereits 171 abgeliefert seien. Sie baten daher um Rücksichtnahme und um Mitteilung an das *„Comité de Surveil-*

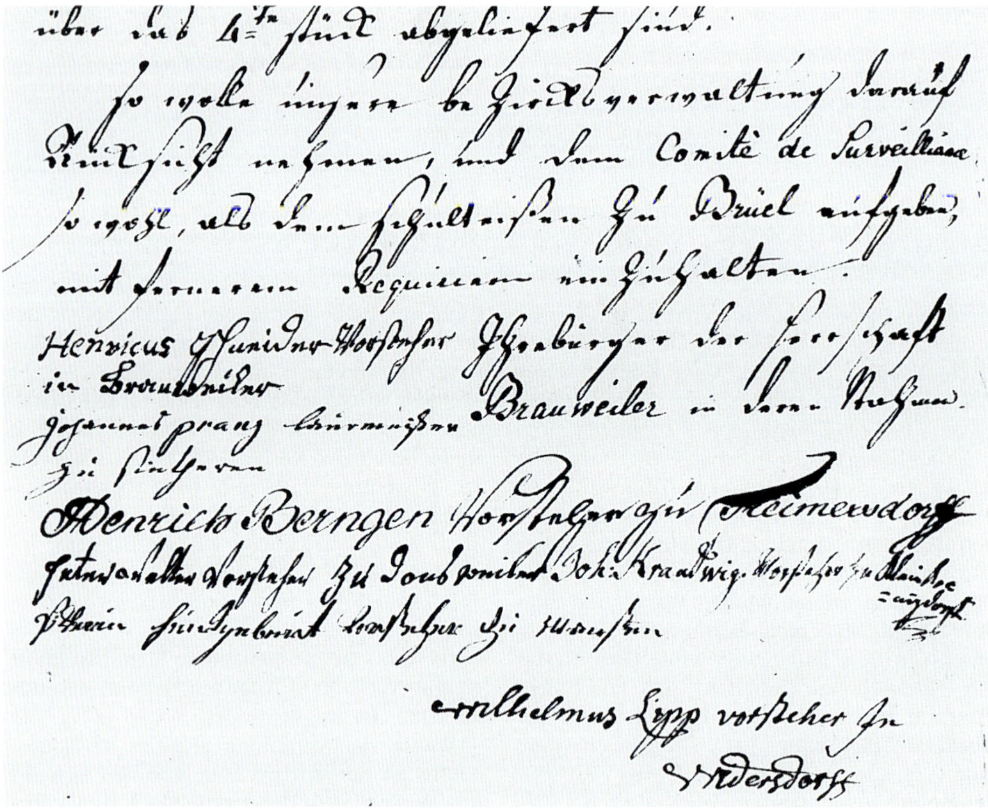

Ausschnitt aus der Petition vom 8. Ventôse III (= 26. Februar 1795) an die Bonner Bezirksregierung wegen einer anstehenden Hornviehrequisition mit den Unterschriften der Vorsteher aller Dörfer in der Herrlichkeit Brauweiler (NWHStAD, Maas u. Rhein)

lance", sich bei künftigen Requisitionen doch mehr zurückzuhalten. Im Namen der Bürger in der Herrschaft Brauweiler unterschrieben: Henricus Schneider, Vorsteher von Brauweiler, Johann Prang, Bauermeister zu Sinthern, Henrich Berngen, Vorsteher zu Freimersdorf, Peter Welter, Vorsteher zu Dansweiler, Joh. Krautwig, Vorsteher zu Kleinkönigsdorf, Severin Huntgeburt, Vorsteher zu Manstedten, Wilhelm Lipp, Vorsteher in Widdersdorf.

Bei den Hornviehrequisitionen gab es jedoch bald eine Ausnahmeregelung. Sie betraf die „Kötter", die kleinen Ackerer in den Dörfern, denen gemäß einer Verfügung der früheren kurkölnischen Regierung vom 29. April 1739 das Halten nur einer Kuh gestattet war. Als bei einer Hornviehrequisition in Sinthern der Halfe des Fronhofes der Abtei Brauweiler, Friedrich Fohrn, unter Mißachtung dieser Ausnahmeregelung bei der Summe der abzuliefernden Kühe auch die der „Kötter" mitzählen wollte, hat der Sintherner Vorsteher Johannes Prang sich im Namen der Bürger seines Ortes an die Bezirksregierung gewandt, damit diese auf den Halfen entsprechend einwirken möge. Dieses Beispiel belegt, daß die Bauern nun nicht mehr bereit waren, die Autorität ihrer bisherigen Vorgesetzten kritiklos anzuerkennen und ihre Entscheidungen weiter hinzunehmen.

Seltener waren Pferderequisitionen. Im Februar 1795 wurde von den Franzosen die einzige reguläre Pferderequisition durchgeführt, bei der die Pferde in das Eigentum der Armee übergehen sollten. Ihre Durchführung wurde vom damaligen Brühler Schultheißen auch in der Herrlichkeit Brauweiler veranlaßt. Dagegen haben sich die Vorsteher der Dörfer in der Herrlichkeit im Namen ihrer Bürger gewandt. Sie baten, dem Schultheißen die Requisition zu verbieten, und begründeten ihre Bitte mit dem Verhalten der abziehenden kaiserlichen und der einrückenden französischen Truppen, die ihnen bereits zahlreiche Pferde weggenommen hätten. Schließlich wiesen sie auf die Bedeutung der Pferde für die Aufrechterhaltung des Ackerbaus hin und gaben zu bedenken, daß *„es auch der Wille der Republik ist, daß die zum Ackerbau nöthigen Pferde sollen beibehalten werden"*. Darum solle überlegt werden, wie man bei *„der vom Schultheiß zu Brühl gemachten Requisition hiesige Herrschaft billigermaßen zum besten der Republik verschonen könnte"*.

Volksrepräsentant bei der französischen Revolutionsarmee

Vielfach wurden die Requisitionen mit Assignaten, einer Art wertlosem Papiergeld, „bezahlt". Diese Assignaten waren durch Erlaß des Volksrepräsentanten Gillet bei der Sambre- und Maasarmee vom 17. Vendémiaire III (= 8. Oktober 1794) als reguläres Zahlungsmittel eingeführt worden. Sowohl die Verweigerung ihrer Annahme als auch die Umrechnung in den Wert des alten Geldes war unter Strafe verboten.

Abholzen der Brauweiler Forste und Holzrequisitionen

Die Wälder und Büsche auf der linken Rheinseite erlitten bald nach dem Einmarsch der französischen Truppen große Verwüstungen. Als Lieferanten von Bau- und Brennholz waren sie über Jahrhunderte ein bedeutender Wirtschaftsfaktor gewesen. Mit einbrechendem Winter 1794/95 begann jedoch ein unkontrollierter Raubbau. Große Waldflächen wurden zur Gewinnung von Brennmaterial für die Armee abgeholzt. Zusätzlich holten sich aber

Forstmeister Maximilian Friedrich Ostler (1760-1827) (PAO)

auch die Bewohner der waldnahen Dörfer ihr Brennholz in diesen Wäldern, die ihnen größtenteils in kurkölnischer Zeit nicht zugänglich gewesen waren.

Bereits am 1. November 1794 hatte der *„Commissaire-Ordonnateur des Guerres"*, Pigeon, den bis dahin in kurkölnischen Diensten tätig gewesenen Forstmeister Maximilian Friedrich Ostler (geb. 1760 in Röttgen) mit der Organisation der Holzversorgung für das Militär in den Bereichen Bonn und Köln beauftragt und ihn angewiesen, die Magazine mit dem nötigen Brennholz zu versehen. Obwohl die französische Verwaltung schon am 28. November 1794 eine provisorische General-Forst-Administration in Aachen einrichtete und auch Maximilian Friedrich Ostler sein Amt mit der von ihm in kurkölnischer Zeit gepflegten Sorgfalt auszuüben bemüht war, kam es während der sehr diffusen und nur wenig geordneten frühen Phase der französischen Verwaltung zu einem unkontrollierten Holzeinschlag in den Wäldern und Forsten.

Der Zustand der Wälder, die der Abtei Brauweiler gehörten, und die chaotische Situation im Winter 1794/95 gehen aus einer Petition hervor, die Anfang Dezember 1794 von den damals wieder in Brauweiler lebenden Mönchen des Brauweiler Konvents an die Bezirksregierung in Bonn gerichtet wurde.

Das Schreiben beginnt mit einem Hinweis auf die allgemein bekannten Schäden, welche die Abtei Brauweiler durch Verwüstungen und Plünderungen erlitten hatte. Es heißt dann weiter: *„In den abteiligen Büschen ist auserordentlicher Schaden verübet worden, der wenigstens auf 40.000 Gulden hinauslauft und haubtsäglich daraus entstande, daß jeder nach Willkür Holz fällte, und daß der Freweler mit der angemessenen Strafe nicht belegt wurde.*

Unserem Schult[h]*eisen Aldenhoven ist die Lage der Sachen genau bekannt, der dem Übel aus der Ursach nicht vorbiegen kann, weil bald dieser bald jener vorgiebt, daß er von der Republik als Forstmeister oder als Holz-Requisitor oder in anderer Eigenschaft angesetzt seye und auf solche Art die freie Schaltung und Waltung sich anmaset, wodurch gar oft die schlimmste Folgen entstehen.*

Die Höchstpreisliche Landes-Regierung wird daher untertänigst gebeten, die Sache gütigst dahin einzuleiten, daß unserem Schult-[h]*eisen Aldenhoven mit ausschliesung aller übrigen die Aufsicht der Brauweiler Waldungen anvertrauet, und kein anderes Holz, als nur von selbigem angewiesen wird, dörfe gefallet oder weggefürt werden. Wir bleiben versichert, das dadurch nicht allein die Waldungen verschonet, sonderen auch dem Verlangen der Republick, falls Holz gefordert wird, volliges genügen geleistet werde."*

Die Regierung wies anschließend den Schultheißen an, alle diejenigen, welche zum Holzfällen in die Brauweiler Wälder kämen, aufzufordern, sich entsprechend auszuweisen. Anderenfalls solle er sich mit dem Forstmeister Ostler über geeignete Maßnahmen zur Verhinderung weiterer Holzdiebstähle beraten.

Das unkontrollierte Holzfällen ging jedoch weiter, und im Februar 1795 beklagten die Mönche Franziskus Cramer und Laurentius Geyr in der deutschen Version des bereits erwähnten Schreibens an die Bonner Bezirksverwaltung über die Schäden in der Abtei und die Flucht der Konventsmitglieder auf die

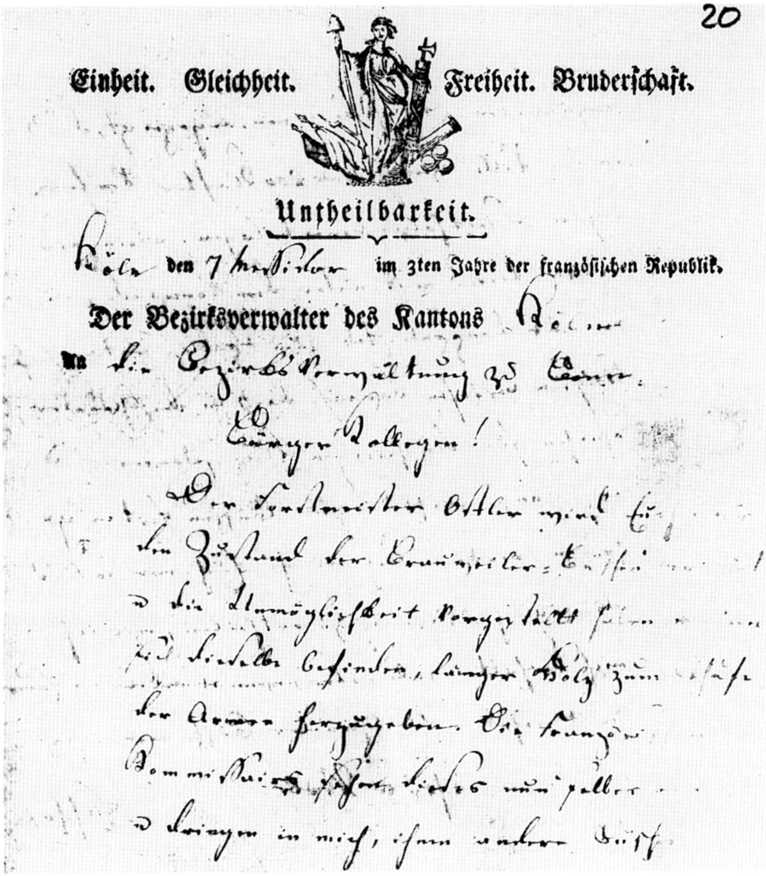
20

Einheit. Gleichheit. Freiheit. Bruderschaft.

Untheilbarkeit.

den im 3ten Jahre der französischen Republik.

Der Bezirksverwalter des Kantons

an

Erste Seite des Schreibens, das der Bezirksverwalter Eichhof am 7. Messidor III (= 25. Juni 1794) an die Bezirksregierung in Bonn richtete, in dem er auf den desolaten Zustand der Brauweiler Klosterwälder hinwies (NWHStAD, Maas u. Rhein)

rechte Rheinseite, daß *„zum Behuf der Republique einige hundert Morgen der schönsten abteilichen Büschen weggehauen“* sind.

Am 5. Messidor III (= 23. Juni 1795) teilte die Bonner Bezirksregierung dem Forstmeister Maximilian Friedrich Ostler mit, daß die Wälder der Abtei Brauweiler noch immer durch übertriebenes und forstwidriges Holzfällen verwüstet würden. Zwei Tage später wandte sich der damalige Bezirksverwalter des Kantons Köln, Johann Peter Eichhof, an die Bezirksregierung in Bonn und wies erneut auf den desolaten Zustand der Brauweiler Klosterwälder hin. Es sei unmöglich, dort weiterhin Holz zu fällen. Selbst die französischen Kommissare sähen dies ein und würden auf ihn eindringen, ihnen andere Wälder zuzuweisen. Er habe den zuständigen Kommissaren bereits 200 Klafter geschlagenes Holz in der Ville angeboten, das sie jedoch ausgeschlagen hätten mit der Begründung, es handele sich um *„nur krüppelichtes, zum Spalten untaugliches Holz“*. Schließlich bat Eichhof um die Erlaubnis, den französischen Kommissaren das Holzfällen in den Gleueler Büschen genehmigen zu dürfen.

Mitte Juli 1795 hat sich Schultheiß Franz Aldenhoven an den seit dem 23. Februar des gleichen Jahres in Köln tätigen neuen Volksrepräsentanten Dubois, einen Advokaten aus Colmar, gewandt. In dem in französischer Sprache abgefaßten Brief gibt Aldenhoven zunächst einen Rückblick auf die Holzfällertätigkeit in den letzten Monaten: *„Dépuis sept à huit mois le Citoyen Robert Inspecteur de Chauffage continue à couper dans la forest de Brauweiler quelques fois par cinquantes quelques fois par quatre vingt et quelques fois par cent et plusieurs ouvries d'un jour à l'autre sans cesse.“ (Seit sieben bis acht Monaten* *fährt der Bürger Robert, Inspektor für das Heizwesen, ohne Unterlaß fort, Holz in dem Wald von Brauweiler schlagen zu lassen, manchmal durch fünfzig, manchmal durch achtzig und manchmal durch hundert und mehr Arbeiter.)*

Dann schildert er die frühere Bedeutung des Waldes und beziffert den bereits angerichteten Schaden: *„Cette superbe forêt, qui fournissait le bois à tous les villages environnants, est à présent abimée, et le peu de rest ne suffit pas pour fournir le bois necessaire à Brauweiler. Les pertes dans la ditte forêt et les fournitures y fait au magasin sont taxés par les foretiers plus de Soixante mille Ecus.“ (Dieser hervorragende Wald, der das Holz für alle Dörfer der Umgebung lieferte, ist jetzt vernichtet, und der geringe Rest reicht nicht, um das notwendige Holz für Brauweiler zu liefern. Die Verluste in dem besagten Wald und die Lieferungen von dort in das Magazin sind durch die Förster auf mehr als 60.000 Ecus veranschlagt worden.)*

Im weiteren Verlauf seines Schreibens verweist der Schultheiß auf Wälder, die bisher noch keinen Schaden genommen hätten, und er schildert seine vergeblichen Bemühungen bei Kommissaren und Inspektoren, die alle von der Wahrheit seiner Aussagen überzeugt gewesen seien, die jedoch weiterhin in den Brauweiler Wäldern Holz schlagen ließen, da man ihnen keinen anderen Wald zugewiesen habe. Selbst seinen Petitionen an die Bezirksregierung in Bonn und an die Administration des Cantons Köln sei kein Erfolg beschieden gewesen. Schließlich weist er noch darauf hin, daß die großzügige Französische Republik nichts mehr verabscheue als den Ruin der Bewohner *(que la genereuse Republique française ne deteste rien plus, que la ruine des habitans).* Der Brief endet mit der Bitte an den Volksrepräsentanten Dubois: *„Je vous prie Citoyen representant de donner des ordres à fin que les commissaires ou Inspecteurs ou administrateurs des Cantons Soient obligés de faire cesser la coupe dans la forêt de Brauweiler et d'assigner d'autre forêt quelconque. Salut et Fraternité, François Aldenhoven, Baillif de Brauweiler“ (Ich bitte Sie, Bürger Repräsentant, Anweisungen mit dem Ziel zu geben, die Kommissare oder Inspektoren oder Verwalter der Kantone zu verpflichten, das Holzfällen in dem Wald von Brauweiler einzustellen und* [ihnen] *irgendeinen anderen Wald anzuweisen. Gruß und Verbrüderung, Franz Aldenhoven, Schultheiß von Brauweiler)*

Am 26. Messidor III (= 14. Juli 1795) hat sich auch der durch die Beschlagnahme des Bargeldes, das im Brauweiler Hof zu Köln aufbewahrt wurde, bereits bekannte Steuereinnehmer Brengrueber in der gleichen Angelegenheit beim Volksrepräsentanten Dubois verwendet.

Einen Tag später wandte sich erneut der bisherige Kantonsverwalter und jetzige *„Maire“* der Munizipalität Brauweiler, Johann Peter Eichhof, an die Bezirksverwaltung in Bonn und berichtete, daß die Konventualen der Abtei Brauweiler sich an ihn gewandt hätten mit der dringenden Bitte, dafür zu sorgen, daß der Holzeinschlag im Brauweiler Wald sofort eingestellt werden möge. Anderenfalls seien die Waldungen ohne Rettung verloren. Er habe sich selbst von den Schäden überzeugt. Auch Forstmeister Ostler, der vor einem Monat den Wald besichtigt habe, werde der Bezirksregie-

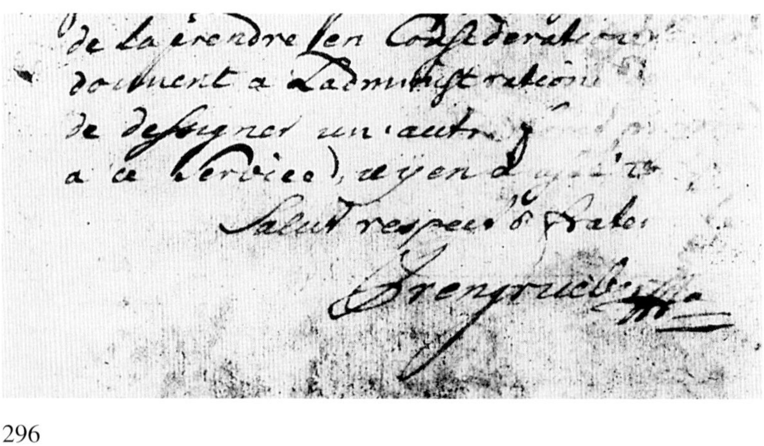

Auszug aus dem Brief des Steuereinnehmers Brengrueber vom 26. Messidor III (= 14. Juli 1795) an den Volksrepräsentanten Dubois in Köln mit Unterschrift (NWH-StAD, Maas u. Rhein)

rung das gleiche Ergebnis mitteilen. Eichhof beendete seinen Brief mit dem Hinweis, daß für die Nachwelt ein unersetzlicher Schaden erwachsen werde, wenn man das Holzfällen im Wald von Brauweiler nicht so schnell wie möglich einstelle. Dem für das Brennholz zuständigen Inspektor Robert in Köln solle man nun einen anderen Wald zuweisen.

Daraufhin teilte die Bezirksregierung am 6. Thermidor III (= 24. Juli 1795) dem Kriegskommissar Herbillon in Köln mit, daß man sich nun entschlossen habe, künftig kein Holz mehr aus den Brauweiler Wäldern zu holen, da diese bereits genug gelitten hätten. Statt dessen habe man sich entschlossen, Holz aus dem Wald zu holen, der „die Ville" genannt werde *(la forêt nommée la Ville)*. Dort lägen bereits 400 Klafter *(quatre cent cordes)* Holz bereit, die nach Köln transportiert werden könnten. Einer weiteren Notiz ist zu entnehmen, daß das besagte Holz für Bäckereien in Köln verwendet wurde.

Dennoch scheint das Fällen von Bäumen im Wald von Brauweiler auch später fortgesetzt worden zu sein. So berichtet Anno Schnorrenberg zum Oktober 1796, daß in Köln Holz aus dem Wald der Abtei Brauweiler und aus anderen Wäldern der Geistlichkeit versteigert wurde. Er fügt hinzu: *„Ununterbrochen holzen die Franzosen überall Wälder ab und fügen der Geistlichkeit vielen Schaden zu."*

Von der Munizipalität Brauweiler zur *„Mairie de Freimersdorff"*

Neben dem Schultheißen Franz Aldenhoven hat sich vor allem der Bezirksverwalter des Kantons Köln, Johann Peter Eichhof, gegen das Ausplündern der Brauweiler Wälder gewandt. Während er seine Petition vom 7. Messidor III (= 25. Juni 1795) an die Bezirksverwaltung in Bonn noch als Bezirksverwalter des Kantons Köln richtete, verfaßte er seinen Brief vom 27. Messidor III (= 15. Juli 1795) an den gleichen Adressaten als *„maire"* der *„Munizipalität zu Brauweiler"*. Der Briefkopf war jedoch handschriftlich, da die Munizipalität Brauweiler erst wenige Tage zuvor von Eichhof offiziell eingerichtet worden war. Der Schriftverkehr spiegelt eine entscheidende Entwicklungsphase der zivilen Verwaltung auf dem besetzten linken Rheinufer wider.

Da eine gut funktionierende Verwaltung grundlegend war für die Umsetzung des von den neuen Herren vertretenen revolutionären Gedankengutes, errichteten die Franzosen am 14. November 1794, bereits wenige Wochen nach ihrem Einmarsch, in dem von der Sambre- und Maasarmee besetzten nördlichen Teil des linken Rheinufers eine zentrale Zivilverwaltung in Aachen. Das gesamte besetzte Gebiet zwischen Maas und Rhein wurde in sieben Bezirke unterteilt, an deren Spitze jeweils eine Bezirksverwaltung stand. Die für das alte kurkölnische Territorium und damit auch für die ehemalige Herrlichkeit Brauweiler zuständige Bezirksverwaltung wurde am 8. Dezember 1794 mit Sitz in Bonn eingerichtet. Zugleich wurde ihr Amtsbezirk in sieben Unterbezirke, sog. Kantone, unterteilt. An deren Spitze stand jeweils ein Kantonsverwalter. Innerhalb der Kantone blieben bei dieser Neuordnung der Verwaltung auf der linken Rheinseite in den Jahren 1794/95 die alten Ämter und Unterherrschaften zunächst bestehen, und ihre Behörden arbeiteten weiter.

Das alte Gebiet der Abtei Brauweiler - die Herrlichkeit oder Herrschaft Brauweiler - gehörte zum Kanton Köln, mit dessen Leitung der 1755 in Bonn geborene Johann Peter Eichhof beauftragt wurde. Er war vor dem Einmarsch der Franzosen Redakteur des „Bönnischen Intelligenzblattes" und Mitbegründer der dortigen Lesegesellschaft gewesen. Somit zählte Eichhof zu den führenden Köpfen der Bonner Aufklärung. Wegen der Verbreitung politischer Nachrichten und Veröffentlichung einer „Geschichte der Französischen Revolution" unterlag das von Eichhof mitherausgegebene Intelligenzblatt während der Amtszeit des Kurfürsten Max Franz den verschärften Zensurbestimmungen und durfte gewisse aufrührerische Nachrichten nicht mehr verbreiten.

Das Gebiet der alten Herrlichkeit Brauweiler, wo der zunächst provisorisch ernannte Schultheiß Franz Aldenhoven seinen Dienst versah, gehörte zum Amt Brühl. Das erklärt, warum beispielsweise der Brühler Schultheiß in der Herrlichkeit Brauweiler im Februar 1795 eine Pferderequisition angeordnet hatte. Während der schwierigen Phase der Schaffung einer neuen Verwaltungsstruktur in den eroberten Gebieten konnten die neuen Herren auf

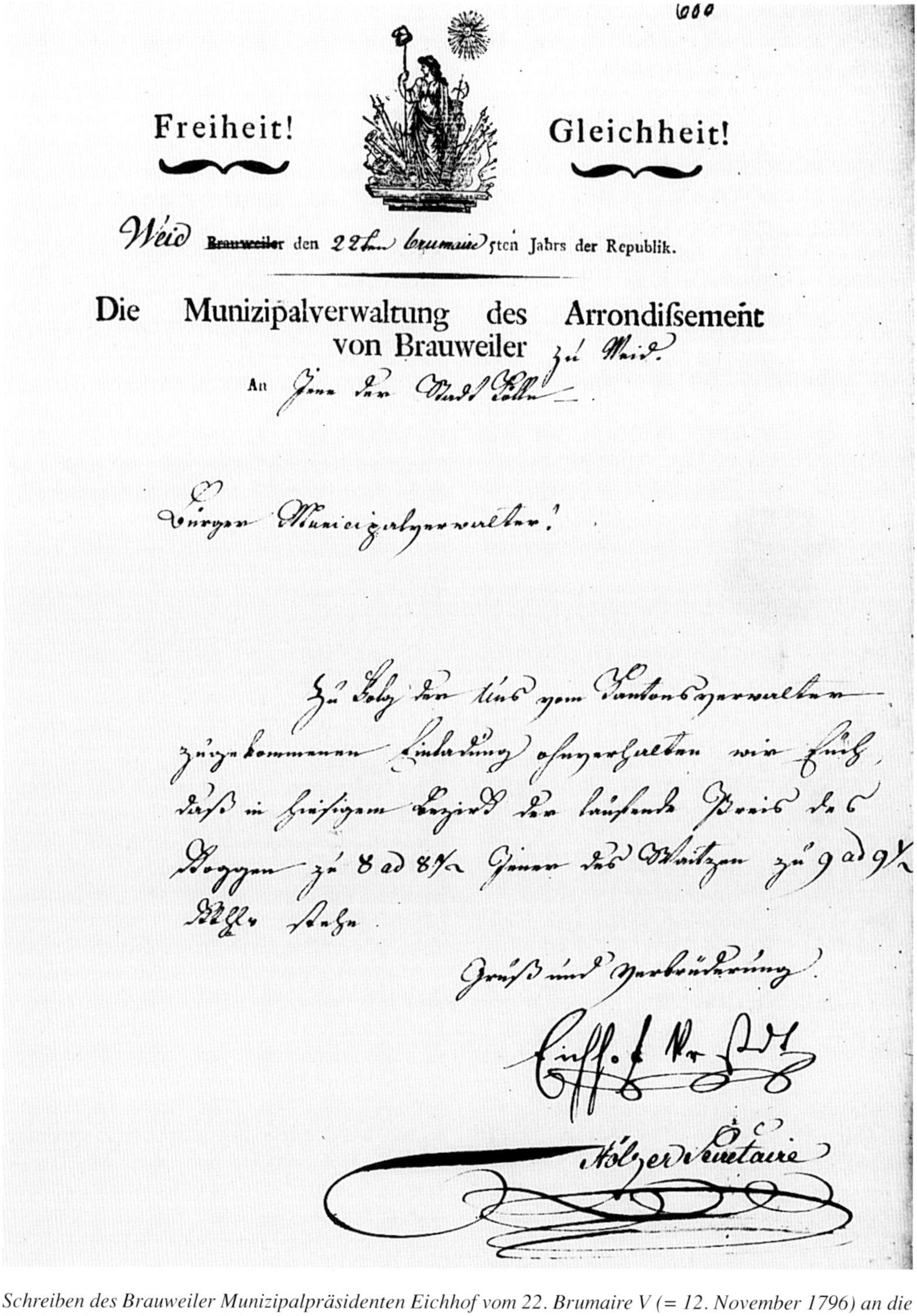

Schreiben des Brauweiler Munizipalpräsidenten Eichhof vom 22. Brumaire V (= 12. November 1796) an die Munizipalverwaltung zu Köln, in dem er die in seinem Bezirk gültigen Roggen- und Weizenpreise mitteilt (HAStK, Franz. Verw.)

dem Bereich der lokalen Verwaltungsebene nicht auf die Kenntnisse und den Sachverstand der lokalen Beamten verzichten. So kam es, daß Kantons- und Amtsverwaltungen eine gewisse Zeitlang nebeneinanderher gearbeitet haben. (Andrae 1994) Ihre Tätigkeit sollte jedoch möglichst bald durch neue Verwaltungseinheiten, die nach französischem Vorbild geschaffenen Munizipalitäten, übernommen werden. Mit diesem Begriff (frz. *municipalité*) bezeichnete man die Gesamtheit der kommunalen Behörden.

Im Sommer 1795 hat der Kölner Kantonsverwalter Johann Peter Eichhof mit der Umwandlung der bisherigen kommunalen Verwaltungen in seinem Amtsbezirk begonnen. Drei Munizipalitäten wurden im Kanton Köln geschaffen: Brauweiler, Brühl und Köln.

Am 26. Juni 1795 richtete Eichhof die Munizipalität Brauweiler ein. Zugleich wurde an die Stelle des alten Schöffengerichtes der ehemaligen Herrlichkeit Brauweiler ein Friedensgericht installiert. Mit dem Amt des Friedensrichters wurde, wie bereits erwähnt, Dr. Franz Aldenhoven, der bis zu diesem Zeitpunkt sein Amt als Schultheiß provisorisch ausgeübt hatte, betraut. Ihm zur Seite standen als Beisitzer die Bürger Arnold Christian Nießen und Johann Joseph Bürgers. Gerichtsschreiber wurde Nikolaus Merlo.

Zum Präsidenten der Munizipalität Brauweiler wurde von Eichhof der Bürger Adolph (Schreibweise wechselt, auch Adolff) vorgeschlagen. In dem betreffenden Schreiben an die Bezirksregierung in Bonn verwendete Eichhof jedoch die Amtsbezeichnung *„Maire"* für sich selbst. Bis zur Einrichtung der Munizipalität und damit bis zur Amtsübernahme durch den neuen *„Maire"* Adolph hat der Kantonsverwalter in seinem Schriftverkehr, den er mit der Bonner Bezirksregierung wegen der Ausplünderung der Brauweiler Wälder geführt hat, den Titel *„Maire"* für sich selbst verwendet. So noch in dem bereits zitierten Schreiben vom 27. Messidor III (= 15. Juli 1795). Eichhof blieb bis 1796 Kantonsverwalter in Köln, danach erhielt er vom 2. September 1796 an bis in den März 1797 das Amt des Präsidenten der Munizipalität Brauweiler.

Aus seiner Amtszeit belegt eine Vermögensliste vom 30. Floréal IV (= 19. Mai 1796) den Umfang der Munizipalität Brauweiler, die sich weit über das Gebiet der alten Herrlichkeit Brauweiler hinaus erstreckte. 36 Dörfer gehörten zu diesem Verwaltungsbereich, der sich im Westen von Quadrath und Ichendorf bis nach Melaten (heute zu Köln) im Osten und im Süden von Knapsack bis nach Longerich (heute zu Köln) im Norden erstreckte. Das Gebiet war in vier Distrikte aufgeteilt, an deren Spitze jeweils ein Distriktverwalter stand. Für den ersten Distrikt, der das Gebiet der alten Herrlichkeit Brauweiler umfaßte, war Adam Berntgen (oder Berndgen) aus Freimersdorf zuständig. Er wurde später *„Maire"* der *„Mairie de Freimersdorff"* (Schreibweise wechselt,

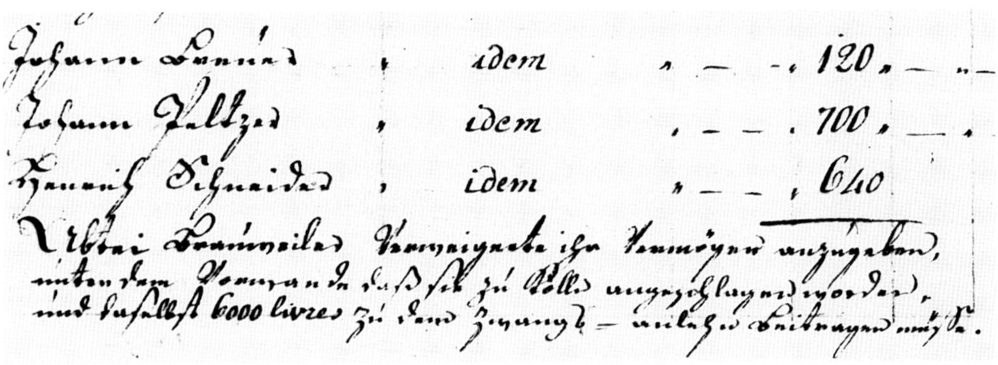

[illegible] , idem , 120
[illegible] , idem , 700
[illegible] , idem , 640
[illegible] 6000 livres [illegible]

Ausschnitt aus der Vermögensliste vom 30. Floréal IV (= 19. Mai 1796) mit Namen von Eigentümern aus Brauweiler und der Angabe ihres Vermögens, darunter auch Vorsteher Heinrich Schneider. In der Anmerkung wird mitgeteilt, daß die Abtei Brauweiler die Angabe ihres Vermögens verweigerte, da sie bereits in Köln veranschlagt wurde und dort eine Zwangsanleihe in Höhe von 6.000 Livres zahlen mußte. (NWHStAD, Maas u. Rhein)

auch: *„Freimersdorf"*), die im Zuge der Verwaltungsreform Napoleons im Jahre 1800 in seinem Distrikt eingerichtet wurde.

Bereits 1798 hatte der im Jahr zuvor ernannte Regierungskommissar Franz Joseph Rudler das linksrheinische Gebiet vom Elsaß bis zur holländischen Grenze im Rahmen einer Verwaltungsreform in vier Departements eingeteilt. Die nördlichen Rheinlande gehörten zum Roerdepartement *(Département de la Roer)* mit Hauptsitz in Aachen und hatte einen Präfekten an der Spitze. Das Departement wiederum gliederte sich in die Arrondissements Aachen, Köln und Krefeld, die ihrerseits in Kantone unterteilt waren (s. Karte auf S. 324). Als unterste Verwaltungsebene blieben zunächst die Munizipalitäten, aus denen dann 1800 die Mairien *(mairies)* hervorgingen. An ihrer Spitze stand der Maire *(maire)*, der unmittelbar dem Präfekten unterstellt war und von diesem auch ernannt wurde oder entlassen werden konnte. In kleineren Mairien hatte der Maire einen Adjunkten als Untergebenen und Stellvertreter zur Seite, bei größeren waren es zwei.

Das Gebiet der ehemaligen Herrlichkeit Brauweiler, das zur *„Mairie de Freimersdorff"* geworden war, gehörte zum *„Canton de Weyden"*, dessen Verwaltung in Weiden (heute zu Köln) ihren Sitz hatte.

Rückgewinnung der klösterlichen Selbstverwaltung und Rückkehr aller geflohenen Mönche

Für die auf der linken Rheinseite zurückgebliebenen Brauweiler Mönche ergaben sich bald größere Schwierigkeiten bei dem Versuch, das klösterliche Leben in der Abtei von neuem zu beleben. Hierzu gehörte auch das Bestreben, die Verwaltung der klostereigenen Güter wie bisher üblich zu handhaben. Doch genau dies verweigerte die französische Verwaltung. Wegen der Flucht des Abtes mit einem Teil des Konvents auf die andere Rheinseite betrachteten die französischen Behörden den gesamten Konvent als emigriert und verweigerten den zurückgebliebenen Mönchen das Verfügungsrecht über das Klostervermögen, die Einnahmen und den Vorrat an Bargeld. Rechtsgrundlage hierzu war eine Verfügung des Volksrepräsentanten Gillet, die dieser am 23. September 1794, einen Tag nach der Einnahme Aachens durch die französischen Truppen der Sambre- und Maasarmee, herausgegeben hatte. Darin erklärte Gillet, daß niemand einen Grund habe, vor den anrückenden Truppen seine Heimat zu verlassen. Weiter hieß es: *„Wer sich dennoch bei der Annäherung der Armee entfernt, ist entweder ein irregeführter Mensch, oder er erklärt sich dadurch allein für unseren Feind. Es wird demnach allen denjenigen, die ihre Heimat verlassen haben, hierdurch aufgegeben, innerhalb 14 Tagen zurückzukommen, unter Strafe, als Ausgewanderte angesehen und ihrer Güter verlustig zu werden."* (Hansen III, 1933)

Dieser Aufruf des französischen Volksrepräsentanten war den Brauweiler Mönchen bekannt. Um nicht als Ausgewanderte entsprechend dieser Bestimmung behandelt zu werden, hatten sie daher vor ihrer Flucht auf die andere Rheinseite die bereits erwähnte Erklärung unterschrieben, in der sie versicherten, *„dass sie die Abtei nicht aus Zweifel an der Loyalität der französischen Nation, sondern ausschließlich aus Angst vor den Plünderungen der österreichischen Armee verlassen zu haben" (qu'ils s'etoient éloignes de l'Abbaye par la seul frayeur du pillage des autrichiens, & non pas par aucune méfiance de la loyauté de la Nation Française).* Diese Note der geflohenen Konventsmitglieder ist in der Folge von der französischen Verwaltung jedoch nicht anerkannt worden.

Zu spüren bekamen die zurückgebliebenen Mönche dies offenbar erst am 1. Februar 1795. An diesem Tag nämlich kam, wie bereits erwähnt, der Kölner Bürger Brengrueber in den Brauweiler Hof zu Köln und beschlagnahmte im Beisein eines Gewaltrichters und zweier Kommissare die dort aufbewahrte Bargeldkasse. Als Grund für diese Maßnahme wurde den Mönchen mitgeteilt, daß man sie als emigriert betrachte, da der Abt mit einem Teil des Konvents geflohen sei.

Daraufhin haben die Konventsmitglieder Franziskus Cramer und Laurentius Geyr am 4. Februar 1795 eine ausführliche Erklärung, von der bereits im Zusammenhang mit der Plünderung der Klostergebäude die Rede war, verfaßt. Darin versuchten sie die Flucht ihrer Mitbrüder zu rechtfertigen und stellten ihre äußerst schwierige Lage dar. Die Darlegung liegt in einer französischen und einer deutschen Fassung vor, von der die erstere gedruckt wurde. Beide Versionen haben einen unterschiedlichen Wortlaut und setzen daher etwas verschiedene, einander ergänzende Akzente. (Wortlaut beider Versionen im Anhang S. 427ff.)

Bei beiden Fassungen handelt es sich um Petitionen, deren Äußeres ebenso wie Inhalt und Stil dem Formenwesen der Revolution entspricht. Vorangesetzt ist die revolutionäre Losung *„Freiheit - Gleichheit - Verbrüderung“* bzw. *„Liberté - Egalité - Fraternité“*. Beide Petitionen sind so verfaßt, daß sie in das Rechtsverhältnis zwischen Besatzern und Bevölkerung passen. Es werden Bitten vorgetragen, ohne daß ein Rechtsanspruch auf Erfüllung der Bitten erhoben wird. Die unterwürfigen Formulierungen, noch ganz dem Ancien Régime entsprechend, verfolgen ebenso wie in der bisherigen Ständegesellschaft den Zweck, die Entscheidungsfreiheit der übergeordneten Behörde formal unangetastet zu lassen, wo sie von der Argumentation hätte eingeengt werden können. Auch bei einer noch so schlüssigen Beweisführung des Petenten, soll die obrigkeitliche Entscheidungsfreiheit gewahrt bleiben.

Zentrales Thema beider Fassungen ist der Versuch, einen Beweis zu erbringen, daß der Konvent keineswegs emigriert sei. Dennoch weisen die beiden Fassungen unterschiedliche Argumentationsschwerpunkte auf. In der französischen Fassung wird intensiver dargelegt, warum auf den Brauweiler Konvent die Bestimmungen, die für Emigranten gelten, nicht angewendet werden könnten. So führen die Autoren Franziskus Cramer und Laurentius Geyr an, daß es sich bei den geflohenen Konventsmitgliedern doch lediglich um die jüngeren Mitbrüder handele. Sie selbst, die sie hiergeblieben seien, bildeten als die älteren doch *„zweifellos den führenden und interessantesten Teil der Klostergemeinschaft“*. An anderer Stelle weisen sie darauf hin, daß das Gesetz gegen die Emigranten doch nicht *„auf uns, die wir unter dem Schutz Frankreichs verblieben sind, anzuwenden ist. Es kann nicht dem Willen einer aufgeklärten, gerechten und großmütigen Nation entsprechen, daß eine Gruppe junger, durch wildes Kriegsgeschrei eingeschüchterter Männer - fast ausnahmslos Studenten - mehr Gewicht haben soll, als die übrigen Brüder, die den wichtigsten Teil der Gemeinschaft bilden.“* Daraus ziehen sie das Fazit: *„Unter diesen Umständen ist nicht davon auszugehen, daß die Klostergemeinschaft emigriert ist.“*

Zur Entschuldigung, daß die Geflohenen noch nicht innerhalb der vierzehntägigen Frist zurückgekehrt seien, heißt es: *„Wenn sie ihre Verbundenheit mit der Französischen Republik nicht durch ihre Rückkehr bezeugt haben, so, weil sie der erste Ansturm an einen Ort verschlagen hat, den sie seit Beginn ihres unfreiwilligen Exils nicht mehr verlassen konnten. An ihrer Statt tun wir ihre guten Absichten kund, die sie in der Protestnote bereits erklärt und vor der gesamten Gemeinde bekanntgegeben haben.“*

Um ganz sicherzugehen, daß sie auch von den neuen Herren verstanden werden, bedienen sich die Verfasser der Rechtfertigungsschrift eines Vergleichs aus der militärischen Fachsprache: *„Wenn sich eine oder zwei Kompanien eines Bataillons vor der Schlacht ein wenig zu weit von der übrigen Truppe entfernen und in Feindesland geraten, sind sie dann desertiert? Kann man dann sagen, daß das gesamte Bataillonskorps nicht mehr existiert?“*

Dagegen steht im Mittelpunkt der Argumentation in der deutschen Fassung mehr die Bitte, man möge die Sequestration des klösterlichen Besitzes, d.h. die Zwangsverwaltung, wieder aufheben, *„die Bücher und Gelder zurückgeben und anordnen, dass in unserem Seminario und in der Abtey weder Inventarisation weder Consignation solle vorgenommen werden, sondern wir in unseren Rechten, Verwaltungen, Empfängen und Ausgaben einsweilen vollends sollen gehandhabet seyn“*. Zugleich läßt man durchblicken, daß die Kontributionen leichter zu zahlen seien, wenn der Konvent die Selbstverwaltung seiner Güter wiedererlange. Die Entscheidung darüber, ob der Konvent die Selbstverwaltung seiner Güter wiedererlangen sollte, wurde auf Grund der eingereichten Petition von der zuständigen Bezirksregierung in Bonn zunächst nicht getroffen.

Die Zahlung einer ausstehenden Kontribution in Höhe von 26.400 Livres war im Sommer 1795 Anlaß zu einer weiteren Petition. Vor dem 11. Messidor III (= 29. Juni 1795) wandte sich der Schultheiß Aldenhoven in einem

Schreiben an die Bonner Bezirksverwaltung, in dem er mitteilte, daß die Abtei Brauweiler vor wenigen Tagen eine Aufforderung zur Zahlung einer Kontribution von 26.400 Livres erhalten habe. Er selbst werde sofort so viel auf die ausgeschriebene Kontribution einzahlen, daß lediglich ein Rest von 3.400 Livres offenbleibe. Zugleich legte er dar, wie sehr das Verhalten Brengruebers, der im verflossenen Winter das Bargeld aus der Kasse des Brauweiler Seminars in Köln beschlagnahmt hatte, sich schädlich auf die Zahlung von Kontributionsgeldern auswirke. Er verbiete jedem, den Mönchen Geld zu geben, und nehme es selbst in Empfang. Abschließend teilte er mit, daß nun 12 bis 13 Mönche wieder in den Brauweiler Abteigebäuden lebten und die übrigen in Duisburg auf ihre Pässe warteten. Sie würden nach deren Erhalt sofort ins Kloster zurückkehren. Zum Abschluß seines Schreibens weist der Schultheiß noch darauf hin, daß der jetzige Vorfall mit der Kontribution erneut deutlich mache, wie notwendig es sei, den Mönchen die freie Güterverwaltung zu gestatten.

Am 14. Messidor III (= 2. Juli 1795) ließ die Bonner Bezirksregierung wissen, daß man bereit sei, die freie Güterverwaltung den Mönchen zu erlauben, wenn die zurückgebliebenen Konventsmitglieder eine den Vorschriften entsprechende Erklärung abgäben und zugleich eine Bescheinigung der zuständigen Munizipalität beibrächten.

Daraufhin haben Franziskus Cramer und Petrus Vlatten - letzterer an Stelle des wenige Monate zuvor verstorbenen Laurentius Geyr - dieser Aufforderung entsprochen. In ihrem Schreiben baten beide um das Aussetzen der Requisition von Getreide im kommenden Jahr, da das Kloster die künftige Ernte benötige, um diese zu verkaufen. Mit dem Geld wolle man dann den vom Schultheißen Aldenhoven vorgelegten Betrag auf die geforderte Kontribution zurückerstatten.

Am 19. Messidor III (= 7. Juli 1795) hat der neue Maire Johann Peter Eichhof die gewünschte Bescheinigung für die Bezirksregierung ausgestellt. Darin teilte er mit, daß durch die Ankunft von sechs der geflohenen

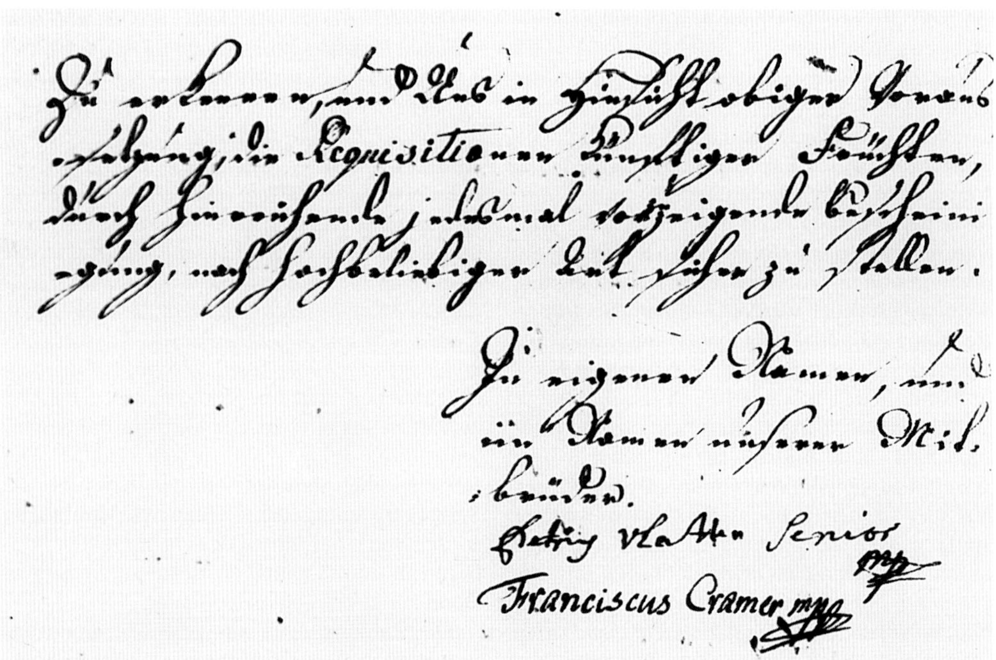
Petrus Vlatten Senior

Franciscus Cramer

Ausschnitt aus der von der Bonner Bezirksregierung am 14. Messidor III (= 2. Juli 1795) geforderten Erklärung der zurückgekehrten Konventualen mit den Unterschriften von Petrus Vlatten, der sich als „Senior" bezeichnet, und von Franziskus Cramer (NWHStAD, Maas u. Rhein)

Mönche der Konvent nun wieder eine Stärke von 18 Mitgliedern habe. Damit werde die Anzahl der noch Abwesenden - sie wird in dem Schreiben mit dreizehn angegeben - überstiegen. Außerdem seien diese nun im Begriff, ebenfalls zurückzukehren. Bereits jetzt bilde der Konvent ein vollständiges Kapitel und es könne ihm gemäß der jüngsten Verordnung des Volksrepräsentanten die freie Verwaltung seiner Güter zurückgegeben werden. Zugleich stellte Eichhof fest, daß die sechs Zurückgekehrten sich keines Vergehens gegen eine Verordnung über Emigrierte schuldig gemacht hätten.

Bereits am 21. Messidor III (= 9. Juli 1795) hat die Bonner Bezirksregierung auf einer Sitzung der Bitte der Brauweiler Mönche stattgegeben. Unter der Leitung des Präsidenten der Bezirksregierung, des ehemaligen kurkölnischen Geheimen Hofrates B. F. J. von Gerolt, tagten die Verwalter Holthof, Tryst und der durch die Weinrequisition im Brauweiler Hof zu Köln bekannte Nettekoven sowie der bisherige Munizipalpräsident und nunmehrige Maire der Munizipalität Brauweiler Eichhof. In dem Protokoll dieser Sitzung heißt es, daß der Konvent der Abtei Brauweiler nun die notwendigen Voraussetzungen für die Selbstverwaltung seiner Güter erfülle. Eine Kopie dieses Protokolls sollte anschließend den in der Abtei Brauweiler wieder anwesenden Konventualen sowie der Domänenverwaltung zugestellt werden.

In einer Liste der Mönche des Klosters, die am 16. Thermidor VI (= 3. August 1798) von der Verwaltung des Kantons Weiden aufgestellt wurde (s. Anhang S. 448f.), stehen in der Spalte *„Observations“* (Anmerkungen) die Namen der geflohenen Konventsmitglieder mit dem Hinweis, daß diese am 3. Juli 1795 mit Erlaubnis des Volksrepräsentanten [Emanuel] Pérèrs [de Lagesse] - er war im Frühjahr 1795 durch den Wohlfahrtsausschuß berufen worden - zurückgekehrt seien. Ihre Pässe hätte ihnen General Lefebvre überreicht, die dieser vorher von der Munizipalität [Brauweiler] erhalten habe. Gebühren über die Ausstellung von Pässen verzeichnet das Einnahmen- und Ausga-

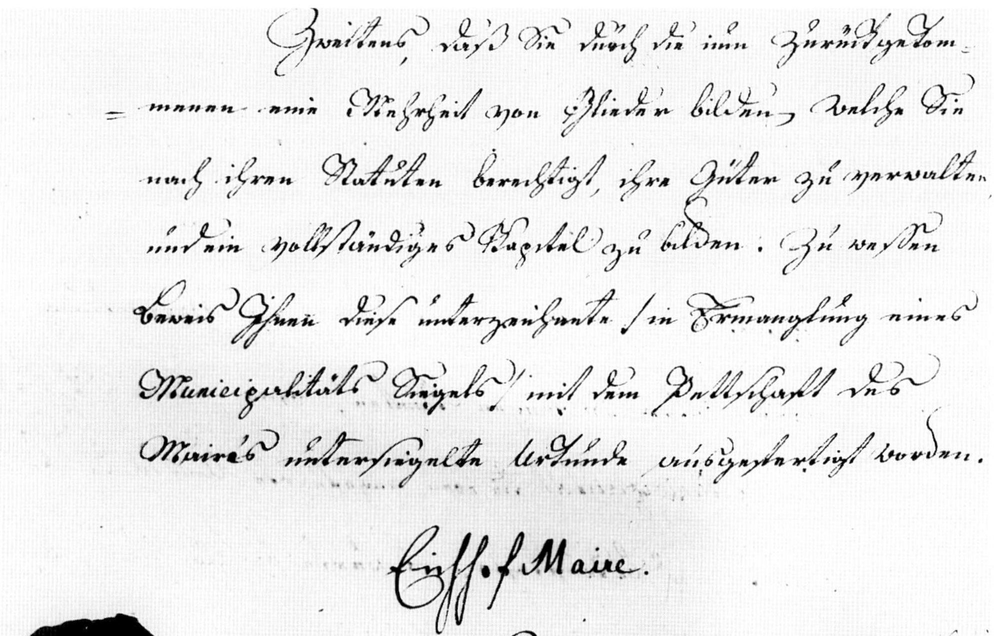
Zweitens, daß die durch die nun zurückgekommenen eine Mehrheit von Glieder bilden, welche die nach ihren Statuten berechtigt, ihre Güter zu verwalten und ein vollständiges Kapitel zu bilden. Zu wessen Beweis Ihnen diese unterzeichnete (in Ermangelung eines Municipalitäts Siegels) mit dem Pettschaft des Maires unterschriebene Urkunde ausgefertiget worden.

Eichhof Maire.

Pro Extractu Protocolli

Auszug aus der von der Bonner Bezirksregierung am 14. Messidor III (= 2. Juli 1795) geforderten Bescheinigung der Munizipalität Brauweiler mit der Unterschrift von Maire Eichhof (NWHStAD, Maas u. Rhein)

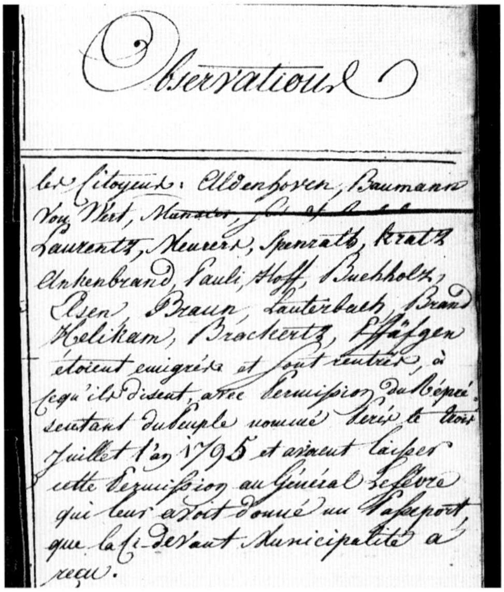
Observations

les Citoyens: Aldenhoven, Baumann
Von Wert, ~~Manner, ...~~
Laurentz, Neuert, Spenrath, Kratz
Ankenbrand, Pauli, Hoff, Buchholz,
Elsen, Braun, Lauterbach, Brand
Kelikam, Bräckertz, Effätgen
étoient emigrés et sont rentrés, à
ce qu'ils disent, avec permission du Repré-
sentant du Peuple nommé Perés le trois
Juillet l'an 1795 et avoient laissé
cette permission au Général Lefevre
qui leur avoit donné un Passeport
que la ci-devant Municipalité a
reçu.

Links: Eintrag über die Rückkehr der letzten geflohenen Brauweiler Mönche in der Spalte „Observations" (Anmerkungen) auf der Namenliste vom 16. Thermidor VI (= 3. August 1798) (NWHStAD, Maas u. Rhein)
Rechts: General François Lefebvre (1755-1820)

benbuch der Abtei für die Monate Juni und August 1795, jedoch ohne nähere Angaben zu den Empfängern dieser Ausweispapiere zu machen.

Kontributionen, Steuern sowie andere Abgaben und ihre Folgen für den Klosterhaushalt

Bei den Bemühungen, die Selbstverwaltung ihrer Güter zurückzuerhalten, haben die Brauweiler Mönche mehrmals auf eine Kontribution hingewiesen, die ihnen auferlegt war und deren Zahlung ihnen wegen der Sequestration des Vermögens zusätzliche Probleme bereitete.

Bei einer Kontribution handelte es sich um eine besondere Form der Kriegslast, die in einer Summe auf das gesamte Besatzungsgebiet ausgeschrieben wurde. Die Gesamtsumme wurde dann von der Behörde der obersten Verwaltungsebene (Zentralverwaltung) auf die verschiedenen Verwaltungsbezirke verteilt. Die Bezirksverwaltungen ihrerseits repartierten die ihnen zugewiesene Summe anschließend nach festgelegten Anteilen auf Adel (3/10), Geistlichkeit (6/10) und Dritten Stand (1/10) innerhalb ihres Verwaltungsbereichs. (Hansen III 1933; Andrae 1994)

Am 15. November 1794 hatten die Volksrepräsentanten Frécine, Joubert und Haußmann dem besetzten Gebiet eine Kontribution angekündigt, die bereits seit Oktober geplant war. Am 22. Dezember 1794 wurde die Höhe der Kontributionssumme für die fünf Bezirke Bonn, Aachen, Münstereifel, Maastricht und Geldern auf 25 Millionen Livres festgelegt. Dem Bezirk Bonn, zu dem auch die Abtei Brauweiler gehörte, waren 8 Millionen Livres auferlegt worden. Daraufhin hat die Bonner Bezirksregierung bestimmt, daß die Geistlichkeit mit 4.800.000, der Adel mit 2.400.000 und der Dritte Stand mit 800.000 Livres belegt sein sollen. Die Zahlung sollte *„in metallenen Geldsorten"*, also nicht in Assignaten oder einer anderen französischen Währung, wie dem angegebenen Livre, erfolgen.

An dem Anteil der Geistlichkeit war die Abtei Brauweiler mit der Zahlung des bereits erwähnten Betrages von 26.400 Livres beteiligt. Dieser Betrag wurde im Juni 1795 in Metallgeld, d.h. mit 2.683 Reichstalern bezahlt, wie das Einnahmen- und Ausgabenbuch der Abtei belegt. Da das Kloster, das zu dieser Zeit noch unter Sequestration stand, einen so hohen Betrag nicht ohne weiteres aufbringen konnte, hatten die Mönche eine Anleihe bei ihrem Schultheißen Franz Aldenhoven aufnehmen müssen, wie aus dem Schriftverkehr im Zusammenhang mit dem Antrag auf Wiedererlangung der Selbstverwaltung der Abteigüter hervorgeht.

Es war dies jedoch nicht die einzige Kontribution, welche das Kloster im Jahre 1795 zahlen mußte. Bereits Anfang April 1795 verzeichnet das Einnahmen- und Ausgabenbuch einen Betrag von 30 Reichstalern *„vor Contribution auf die Mosele"*, d.h. als Kontribution für die Moselbesitzungen. Im Juli des gleichen Jahres folgte noch einmal eine Kontributionssumme von 3.316 Livres, die mit 51 Reichstalern beglichen wurde. Insgesamt mußte die Abtei Brauweiler im Wirtschaftsjahr 1794/95, das im Oktober 1794 begonnen hatte und mit dem September 1795 endete, 2.764 Reichstaler Kontribution zahlen. In der Bilanz dieses Geschäftsjahres stand der Einnahme von 4.884 Reichstalern eine Ausgabe in Höhe von 4.459 Reichstalern gegenüber. Es blieb ein Überschuß von lediglich 425 Reichstalern. Dagegen hatte der Überschuß im Jahr zuvor, also vor dem Einmarsch der französischen Revolutionstruppen, mit 4.799 Reichstalern mehr als das Zehnfache betragen. (s. S. 205) Von diesem Betrag hatte der Abt 4.000 Reichstaler für eine Sonderkasse erhalten. Der verbliebene Rest von 799 Reichstalern wurde in das Wirtschaftsjahr 1794/95 übernommen. Diesem Betrag war es nun zu verdanken, daß die Bilanz des besagten Wirtschaftsjahres 1794/95 trotz der hohen Belastung durch Kontributionen noch positiv blieb.

Neben den zusätzlichen Belastungen durch die Kontributionsforderungen der Besatzer hatte sich 1794/95 auch der Rückgang der Einnahmen um etwa die Hälfte von 8.376 auf 4.884 Reichstaler negativ für den Klosteretat ausgewirkt. Die Ursache für die geringeren Einnahmen lag im Rückgang der Lieferungen, die von den Höfen der Abtei kamen. Die Halfen ihrerseits waren, ähnlich wie die übrigen Bauern, hohen Requisitionsforderungen der französischen Armee ausgesetzt gewesen und konnten nicht mehr die bisherigen Mengen an Getreide und anderen Produkten ihrer Höfe an das Kloster abführen. Hinzu kam, daß bei der Landbevölkerung ganz allgemein die Bereitschaft zur Lieferung der bisher üblich gewesenen Zehntabgaben zurückging. Obwohl die Zehntabgaben offiziell erst am 26. März 1798 abgeschafft wurden, haben manche Pächter oder Bauern diese Abgaben, die allgemein als

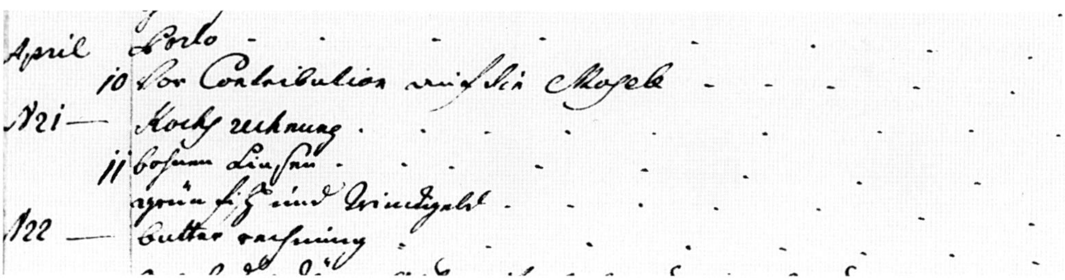

Ausgabe am 10. April 1795: „Vor Contribution auf die Mosele". Einnahmen- und Ausgabenbuch der Abtei Brauweiler (NWHStAD, Brauweiler Akten)

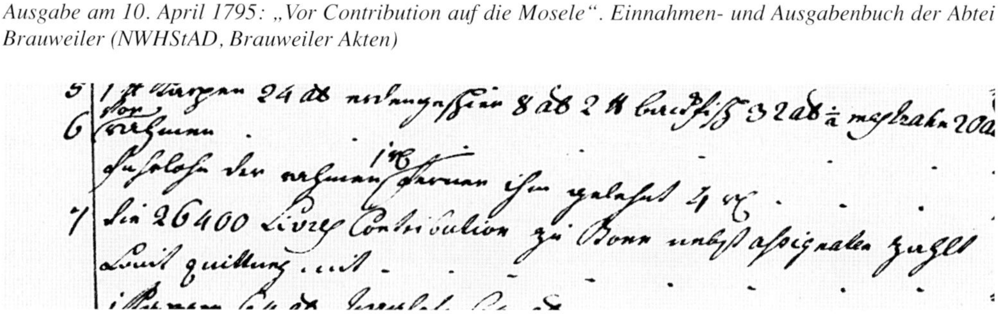

Ausgabe am 7. Juni 1795: „Die 26400 Livres Contribution zu Bonn nebst assignaten zahlt...". Einnahmen- und Ausgabenbuch der Abtei Brauweiler (NWHStAD, Brauweiler Akten)

drückend empfunden worden waren und deren Abschaffung viele sich mit dem Einmarsch der Franzosen erhofft hatten, bereits lange vor diesem Termin eingestellt oder eigenmächtig verringert. Die Halfen der Abtei Brauweiler scheinen darin keine Ausnahme gebildet zu haben.

Im Frühjahr 1796 wurde erneut eine hohe Kontribution gefordert. Wegen der fortschreitenden Inflation und dem damit verbundenen Geldmangel erhob die französische Regierung zusätzlich noch eine Zwangsanleihe *(emprunt forcé)*. Die neuen Forderungen trafen die Abtei Brauweiler, die sich bereits in einer prekären wirtschaftlichen Lage befand, schwer.

Sie mußte im Wirtschaftsjahr 1795/96 auf fünf Monate verteilt umgerechnet 6.206 Reichstaler Kontributionsgelder, darunter 1.130 Reichstaler für ihre Moselbesitzungen, zahlen. Ein Betrag von 31 Reichstalern, der im Mai an die Zentralverwaltung in Aachen zu liefern war, ging zu allem Unglück unterwegs verloren und mußte noch einmal gezahlt werden. Zu den Kontributionszahlungen kam die Summe von 1.276 Reichstalern Zwangsanleihe. Im Juli wurden darüber hinaus 1.389 Reichstaler für eine Brandschatzung in Koblenz gefordert. Dieser Betrag stand im Zusammenhang mit den Kämpfen zwischen der französischen Armee unter General Lefebvre und österreichischen Truppen unter Erzherzog Karl im Gebiet des Mittel- und Oberrheins, in deren Verlauf im Juni auch die Region um Koblenz und Ehrenbreitstein in Mitleidenschaft gezogen wurde. Insgesamt war der Abtei Brauweiler im Wirtschaftsjahr 1795/96 ein Betrag von 8.871 Reichstalern an Kriegslasten auferlegt worden. Hinzu kam die Rückzahlung zweier geliehener Geldbeträge in Höhe von zusammen 153 Reichstalern.

Den Einnahmen von 12.187 Reichstalern stand daher im Wirtschaftsjahr 1795/96 eine Ausgabe von 11.773 Reichstalern gegenüber. Der Überschuß betrug nur noch 414 Reichstaler. Zu bedenken ist, daß unter den Einnahmen drei Anleihen von insgesamt 4.599 Reichstalern aufgeführt sind, die der Schultheiß Franz Aldenhoven dem Kloster zur Verfügung gestellt hatte. Diese wurden in anderen „harten" Währungen, wie Laubtaler und Carolina, aufgenommen und umgerechnet. Ohne diesen Betrag hätte die Abtei Brauweiler im Wirtschaftsjahr 1795/96 nicht weiter bestehen können.

Zu den Kontributionen hatte das Kloster erstmals im September 1795 als zusätzliche Abgabe das sog. Schanzengeld (*Schantzengeld* oder *Schanzengeld*) zu zahlen. Es handelte sich um einen Geldbetrag, der von allen zu zahlen war, die sich nicht beim Bau von Schanzen - Verteidigungsanlagen für das französische Militär - beteiligen konnten. Anno Schnorrenberg berichet im Januar 1797, daß diese Zwangsabgabe alle vierzehn Tage zu zahlen sei und die Klöster nicht ausgenommen wären. Besonders häufig hat die Abtei Brauweiler im Wirtschaftsjahr 1795/96 *„Schantzengeld"* abführen müssen. Zum letzten Mal wurde diese Abgabe im März 1801 gezahlt, dann jedoch auch für Pferd und Wagen *(Schantzengeld vor pferd und Karring)*, mit denen die ausgehobene Erde transportiert wurde.

Die wirtschaftliche Situation der Abtei verschlechterte sich im Wirtschaftsjahr 1796/97 erheblich. Die Lieferungen an Getreide und anderen landwirtschaftlichen Produkten waren so gering, daß man das Wenige zum eigenen Gebrauch verwandte, und so ist im Einnahmenregister dieses Jahres vermerkt: *„Die wenige dies jahr erhaltene früchten ad usum*

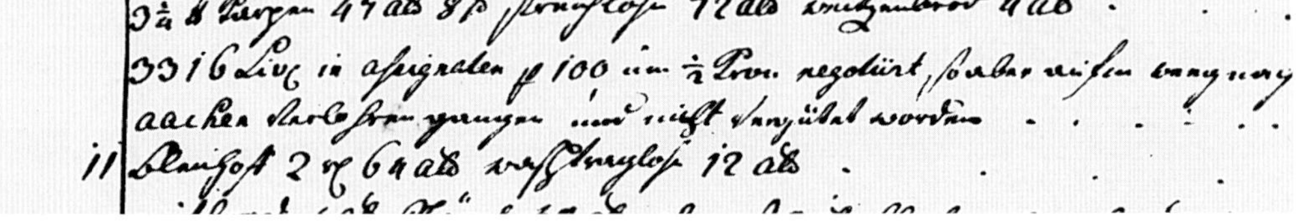

Ausgabe am 10. Mai 1796: „3316 Livres in assignaten p. 100 in 1/2 Kron negotiirt, so aber aufm weg nach aachen verlohren gangen und nicht vergütet worden". Einnahmen- und Ausgabenbuch der Abtei Brauweiler (NWHStAD, Brauweiler Akten)

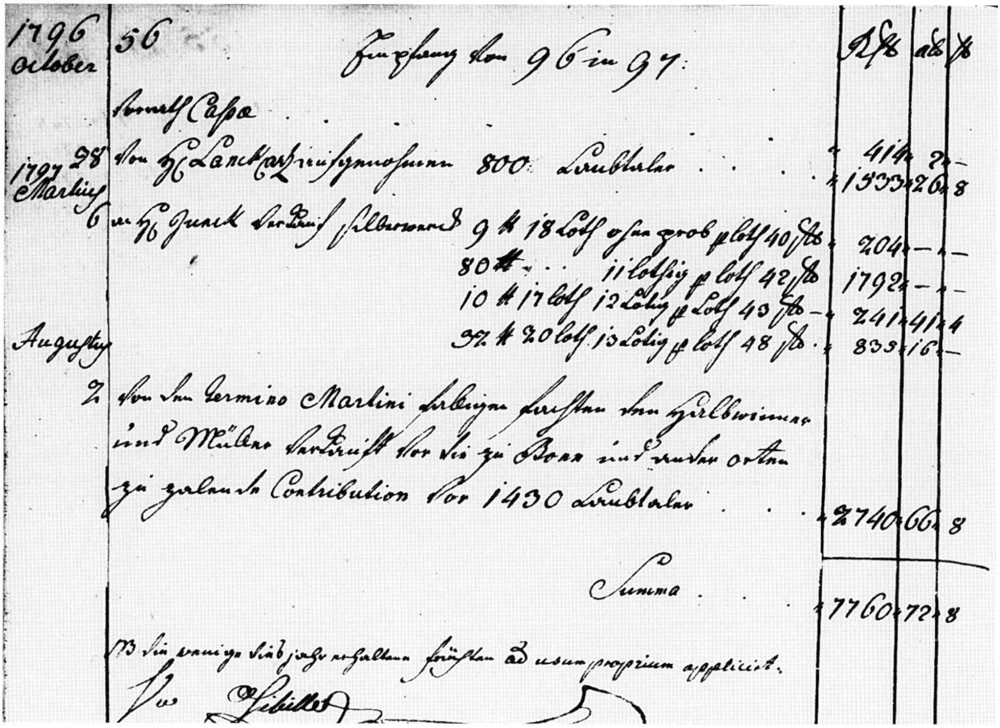

Übersicht über die Einnahmen im Wirtschaftsjahr 1796/97: Im Oktober 1796 wurde ein Darlehen von 800 Laubtalern (= 1.533 Reichstaler) bei dem Händler Lanckartz aufgenommen; im März 1797 wurde eine größere Menge Silbersachen im Gesamtwert von 3.072 Reichstalern an den Händler Junck verkauft. Die am Martinitag (11. November) fälligen Pachtabgaben der Halbwinner und Müller mußten zur Zahlung von Kontributionen sofort verkauft werden. Einnahmen- und Ausgabenbuch der Abtei Brauweiler (NWHStAD, Brauweiler Akten)

proprium applicirt“. Noch im Oktober 1796 nahm man eine Anleihe von 800 Laubtalern, was 1.533 Reichstalern entsprach, bei dem Kaufmann Lanckartz auf. Hierfür wurde ihm in den nun folgenden Jahren jeweils ein Betrag von mindestens 76 Reichstalern Zinsen gezahlt. Im März 1797 sah man sich gezwungen, Silbersachen im Wert von 3.072 Reichstalern an einen gewissen Junck zu veräußern. Schließlich wurden die am Martinitag (11. November) 1796 fälligen Pachtabgaben sofort verkauft, um die Kontributionen zahlen zu können. Diesen Einnahmen in Höhe von 7.760 Reichstalern standen Ausgaben von 4.732 Reichstalern gegenüber. Darin enthalten waren Kontributionsgelder, die nach Bonn und Koblenz gingen sowie zu zahlende Zinsen und Beträge zum Begleichen noch offener Rechnungen von Händlern.

Erstmals erschienen im Wirtschaftsjahr 1796/97 weitere Forderungen in Form von Steuern und Abgaben. Im Januar 1797 mußten erstmals *„Leuchtengeld und Dreckgeld“* gezahlt werden. Zu diesen Abgaben, die ab Januar 1797 von der Munizipalität den Bürgern und Klöstern auferlegt wurden, berichtete der Kölner Augustiner Anno Schnorrenberg: *„Allnächtlich werden in fast allen Straßen in hohen Laternen Lampen angezündet, in großen Karren wird der Straßenkehrricht abgefahren.“*

Im Juli 1797 mußte das Kloster dann erstmals die neu eingeführte Grundsteuer entrichten.

Vom Überschuß wurde am Ende des Wirtschaftsjahres 1796/97 eine Summe von 1.252 Reichstalern *„für Nothwendigkeiten der Kellnerey“* entnommen. Leider fehlen nähere Angaben, wozu man das Geld verwendete. Da im Einnahmen- und Ausgabenbuch der Abtei keine Ausgaben für neu angeschafftes Mobiliar oder andere Ausstattungsstücke aufgeführt sind, kann angenommen werden, daß man die Neuanschaffungen, die infolge der Zerstörungen durch die abrückenden österreichischen Truppen bzw. durch die einrückenden französischen Soldaten notwendig geworden waren und von denen an anderer Stelle berichtet wurde, aus der Kasse der Kellnerei finanziert hat. Das würde auch die Höhe des Betrages erklären. Leider ist das Kassenbuch der Kellnerei nicht erhalten geblieben.

Am Ende des Wirtschaftsjahres 1796/97 blieb ein Überschuß von 1.776 Reichstalern. Trotz der schlechten wirtschaftlichen Lage, in der das Kloster sich befand, war es gelungen, mit allen zur Verfügung stehenden Mitteln, wozu der Verkauf von Silbersachen aus dem Kloster gehörte, noch einmal einen beachtlichen Überschuß zu erwirtschaften, den man dann als Rücklage dem darauffolgenden Wirtschaftsjahr zugute kommen lassen konnte.

Dennoch mußten im Dezember des neuen Wirtschaftsjahres 1797/98 wiederum Silbersachen im Wert von 1.119 Reichstalern an den bereits erwähnten Junck verkauft werden. Ferner wurden acht Faß Wein für 2.600 Reichstaler sowie Weizen und Roggen, der nun in geringen Mengen wieder geliefert worden war, veräußert, so daß man auf 6.585 Reichstaler Einnahmen kam. Bei dem Wein handelte es sich nicht um solchen, der von klostereigenen Gütern stammte. Vielmehr hatte man ihn von dem Händler Kilian für 575 Reichstaler, die vorher in Laubtaler umgewechselt worden waren, angekauft und anschließend für den genannten Betrag weiterveräußert.

Unter den Ausgaben sind 937 Reichstaler Kontributionsabgaben sowie 383 Reichstaler Kosten für die Verpflegung des Generals Merlin und seines Stabes, die sich im Winter 1797/98 in der Abtei aufhielten. Zweimal mußte Grundsteuer gezahlt werden. Im September 1798 wurde sie zusammen mit der neu eingeführten Kopfsteuer *(Personalabgaab)* erhoben. Anno Schnorrenberg berichtet im Juli 1798 in seinem Tagebuch, daß die Franzosen nun eine Kopfsteuer erhöben, die sowohl für die Bürger als auch für die Mönche und Nonnen in den Klöstern gelte.

Auffallend ist bei den Ausgaben 1797/98 die häufige Begleichung von bis dahin unbezahlten Rechnungen, sowohl von Handwerkern als auch von Lieferanten, mit teils verhältnismäßig hohen Beträgen. Den erwähnten Einnahmen im Wirtschaftsjahr 1797/98 standen Ausgaben in Höhe von 4.771 Reichstalern gegenüber. Von dem Überschuß wurden erneut 1.548 Reichstaler *„for Kellnerey Nothwendigkeiten ausbezalt“*. Es blieb ein ins nächste Wirtschaftsjahr übertragbarer Rest von 265 Reichstalern.

Im folgenden Wirtschaftsjahr 1798/99 hatten die Einnahmen mit nur 1.458 Reichstalern einen Tiefstand erreicht. Man hat sich daher offenbar bemüht, mit nur 988 Reichstalern die Ausgaben ebenfalls verhältnismäßig gering zu halten, obschon in dem besagten Jahr zu den bisherigen Steuerarten neue sowie weitere Abgaben hinzukamen. So war im Oktober 1798 eine Mobiliarsteuer zu zahlen. Ihr vorausgegangen war im August des gleichen Jahres eine Inventarisierung des Mobiliars. Im Juni und Juli 1799 kam die Tür- und Fenstersteuer hinzu. Zu ihrer Erhebung nahmen *„Magistrats-Beauftragte* [...] *in allen Häusern und Klöstern Thüren, Fenster, überhaupt auf die öffentlichen Straßen gehende Öffnungen auf. Für jede Öffnung muß der Bürger vier Aß oder Stüber zahlen. Es ist eine beständig erhöhte schwere Last“*, wie Anno Schnorrenberg im März 1799 in sein Tagebuch schrieb. Obwohl die Brauweiler Mönche im Wirtschaftsjahr 1798/99 lediglich 25 Reichstaler für diese Steuer bezahlen mußten, war sie bei einer Jahresausgabe von 988 Reichstalern doch ein beachtlicher Betrag. Hinzu kam noch eine Kontributionszahlung von 27 Reichstalern.

Unter den Ausgaben in diesem Wirtschaftsjahr werden auch zwei weitere, neue Arten von Abgaben genannt. Im Oktober kaufte man *„2 Bogen gestämpelt papier“*. Seit dem 11. Pluviôse VI (= 30. Januar 1798) war nämlich für eine große Zahl von Rechtsgeschäften die Verwendung von gestempeltem Papier vorgeschrieben, das nach einem besonderen Tarif käuflich erworben werden mußte. Eine weitere Abgabe folgte mit der Verlegung der Ostgrenze Frankreichs von der Maas an den Rhein im Sommer 1798. Ein Heer von Zöllnern kontrollierte nun die neue Grenze, und für bestimmte Waren wie Kaffee oder Zucker mußte Zoll gezahlt werden. Für die entrichtete Zollgebühr wurden *„Douanen Briefgen“* ausgestellt. Diese tauchen von nun an recht häufig im Ausgabenverzeichnis auf.

Am Ende des Wirtschaftsjahres 1798/99 blieb ein geringer Überschuß von 470 Reichstalern.

Im darauffolgenden Wirtschaftsjahr 1799/1800 konnte die Summe der Einnahmen durch Getreideverkäufe, vorwiegend Weizen, auf 1.664 Reichstaler erhöht werden. Die Ausgaben beliefen sich auf 1.041 Reichstaler. Von dem Überschuß wurden 535 Reichstaler *„vor Kellnerey Nothwendigkeiten ausbezahlt“*. Es blieben als *„ultimato Cassa Vorrath“* 87 Reichstaler, der geringste Überschuß seit dem Einmarsch der Franzosen.

Im nun folgenden Wirtschaftsjahr 1800/01 konnten die Einnahmen durch den Verkauf größerer Mengen Weizen und Roggen gegenüber den vorangegangenen Jahren deutlich gesteigert werden. Sie betrugen 3.860 Reichstaler. Diesen standen Ausgaben in Höhe von 1.711 Reichstalern gegenüber. Von dem Überschuß wurden der Kellnerei aus wiederum nicht näher erläuterten Gründen 2.104 Reichstaler überwiesen, so daß nur noch 43 Reichstaler als Überschuß in das neue Wirtschaftsjahr übernommen werden konnten. Unter den Ausgaben von 1800/01 spielen die bisher üblichen Steuern und Abgaben erneut eine Rolle. Ende Oktober 1800 mußten 13 Reichstaler Grundsteuer für acht Jahre entrichtet werden. Neu war eine nicht näher erläuterte *„brandbeysteuer“*, die mehrmals im Sommer 1801 gezahlt wurde. Der Kaufmann Lanckartz bekam mit einem Betrag von 106 Reichstalern höhere Zinsen als bisher. Besonders gehäuft sind in diesem Wirtschaftsjahr Ausgaben für *„wachthalten“* verzeichnet, eine Ausgabe, die seit 1795 immer wieder aufgeführt ist. Am 28. Oktober des besagten Jahres wurde ein *„Sauvegard“* erstmals erwähnt. Anno Schnorrenberg berichtet in seinem Tagebuch, daß die Kölner Klöster zeitweise beim französischen Stadtkommandanten Sicherheitswachen angefordert hätten aus Furcht vor Plünderern und Dieben. Es habe Nächte gegeben, in denen in Köln 1.000 Mann Wache gehalten hätten. Warum die Brauweiler Mönche diese Sicherheitswache angestellt hatten, wird nicht mitgeteilt. Seit 1799 werden Ausgaben für die Sicherheitswache immer häufiger und in immer kürzeren Abständen aufgeführt. Dies darf als ein Zeichen für große Unsicherheit angesehen werden, die nicht alleine auf zahlreiche Räuberbanden auf dem Lande zurückging, sondern auch durch plündernde Soldaten während dieser Jahre verursacht wurde.

Anders als die vorangegangenen Wirtschaftsjahre endete das nun folgende 1801/02 bereits am 31. Juli 1802, also wenige Tage vor der Aufhebung der Abtei Brauweiler, die am 28. Thermidor X (= 16. August 1802) von den Mönchen und dem zuständigen Aufhebungskommissar Sibiller unterzeichnet wurde. Die Einnahmen betrugen 4.499 Reichstaler. Darin war ein Betrag von 650 Reichstalern von der Kellnerei, deren Kasse wegen der zu erwartenden Aufhebung der Abtei bereits am 6. Juli abgerechnet worden war. Das übrige Geld stammte bis auf den Überschuß des vorangegangenen Jahres aus dem Verkauf von Getreide. Lediglich 40 Reichstaler beruhten auf einer Spende des Schultheißen Franz Aldenhoven, die er in Form von vier Maltern Korn und einem Malter Weizen dem Kloster aus Freundschaft gegeben hatte, *„ex Speziali amicitia Hr. Aldenhoven“*, wie es im Einnahmen- und Ausgabenbuch festgehalten wurde.

Unter den Ausgaben werden die ansonsten üblichen Steuern und Abgaben genannt. Neu war die Zahlung von *„Kasernengeld“*. Es fällt auf, daß die Grund-, Mobiliar- und Fenstersteuer zweimal bezahlt werden mußte, einmal im November 1801 für neun Jahre und noch einmal im Februar 1802 für weitere zehn Jahre. Dabei ist der Betrag für die größeren Fenster des Festsaales (heute sog. „Kaisersaal“) in der barocken Prälatur höher als für die übrigen kleineren Fenster der Klostergebäude.

Im übrigen wurden in diesem letzten Wirtschaftsjahr der Abtei Brauweiler, gehäuft im Juli 1802, zahlreiche noch offene Rechnungen beglichen und wohl auch zum Teil rückständige Arbeitslöhne für das Personal ausgezahlt. Der Schultheiß Aldenhoven erhielt noch ausstehende Zinsen in Höhe von 197 Reichstalern.

Wegen der bevorstehenden Auflösung der Abtei wurde die Kasse, zu der das Einnahmen- und Ausgabenbuch geführt wurde, am 31. Juli 1802 abgerechnet. Da man den Überschuß der bereits vorher abgerechneten Kasse der Kellnerei als Einnahme verbucht hatte, addierte man nun zu den Ausgaben auch die der Kellnerei. So ergab sich für das letzte Wirtschaftsjahr des Klosters ein Gesamtbetrag von 4.500 Reichstalern Ausgaben. Damit überstiegen die Ausgaben zum Zeitpunkt der Aufhebung der Abtei Brauweiler die Einnahmen um einen Reichstaler.

Soldaten und zwei Generäle im Kloster

Die nach Brauweiler zurückgekehrten Mönche mußten sich während der folgenden Jahre die Klostergebäude mit einquartierten französischen Soldaten teilen. Das bedeutete für die Mönche, sich einzuschränken und vor allem, ein gutes und harmonisches Verhältnis zu den einquartierten Soldaten zu schaffen.

Wenige Wochen nach dem französischen Einmarsch war in Köln im Dezember 1795 dazu aufgerufen worden, alle Bürger sollten sich die Gunst der einquartierten Soldaten durch kleine Gefälligkeiten erwerben wie Anno Schnorrenberg mitteilt. Vielleicht liegt hier auch der Grund dafür, daß im Einnahmen- und Ausgabenbuch der Abtei mehrmals Beträge aufgeführt sind, die mit Soldaten oder Offizieren zusammenhängen. Bereits am 21. April 1795 wurde einem Soldaten ein geringer Geldbetrag geschenkt. Unter dem 19. März 1796 ist eine Ausgabe verzeichnet für die *„ausbesserung eines offiziren Huth"*, und einen Monat später bekam ein Offizier ein halbes Pfund *„Taback"*. Im April 1797 gab man zwei Offizieren kleinere Summen Geld.

Zusätzlich zu den ständig einquartierten Soldaten lag 1797 und 1798 in einem Teil der Abteigebäude eine Instandsetzungseinheit der französischen Armee, die eine Schmiede und eine Werkstatt zur Reparatur von Wagen unterhielt, wie der Brauweiler Schultheiß Franz Aldenhoven berichtet. Offensichtlich hatte das französische Militär in beiden Fällen Werkstätten des Klosters in Beschlag genommen. Dem Tagebuch des Joan Peter Delhoven ist zu entnehmen, daß im Januar 1798 bestimmte Truppenverbände nach Brauweiler zu einer *„Revue"*, einer Inspektion, mußten.

Zweimal hielt sich höherer Besuch in der Abtei auf. Vom 23. bis zum 26. September 1796 ist unter den Ausgaben ein Betrag von etwas mehr als einem Reichstaler *„wegen general Brayer an weißbrod"* verzeichnet. Bei diesem hohen Besucher handelte es sich um den 1769 in Douai geborenen französischen General Michel-Sylvestre Brayer. Zum Zeitpunkt seines Aufenthaltes in Brauweiler diente er in der französischen Rheinarmee. Er nahm an zahlreichen Schlachten teil, so in der Schweiz, an der Donau, in Preußen und Spanien. 1814 schloß er sich Napoleon bei dessen Marsch nach Paris an, mußte aber nach der Niederlage Napoleons 1815, in Abwesenheit zum Tode verurteilt, nach Amerika fliehen. Er wurde rehabilitiert und kehrte nach Frankreich zurück, wo die Regierung Louis-Philippes ihm den Titel eines Pairs von Frankreich verlieh. 1840 ist Brayer in Paris gestorben.

Der Aufenthalt hoher Offiziere bis hin zu den höchsten Dienstgraden war im allgemeinen mit zahlreichen Unannehmlichkeiten, darunter hohen Kosten für die Tafel der Offiziere, verbunden. Es scheint jedoch, daß der Aufenthalt General Brayers ohne größere Ausgaben oder andere Schwierigkeiten für das Kloster vonstatten gegangen ist. Vermutlich lag der Grund hierfür in der Verteilung der anfallenden Kosten für die Generalstafel auf die ganze Gemeinde, womit in diesem Falle wenigstens

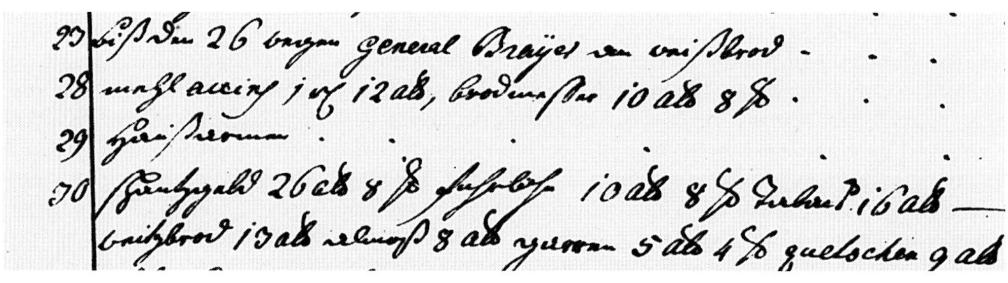

Ausgaben zwischen dem 23. und 26. September 1796: „wegen General Brayer an weißbrod". Einnahmen- und Ausgabenbuch der Abtei Brauweiler (NWHStAD, Brauweiler Akten)

Französische Kavallerie

die alte Herrschaft Brauweiler gemeint war. Grundsätzlich waren die anfallenden Kosten für den Aufenthalt eines Generals und seiner begleitenden Offiziere keine persönliche Last des Quartiergebers, der damit völlig überfordert gewesen wäre, sondern eine „Gemeindelast", die auf eine Gemeinde, eine Munizipalität oder einen Amtsbezirk verteilt wurde. (Andrae 1994)

Nicht so problemlos verlief der Aufenthalt eines anderen hohen französischen Offiziers in der Abtei. Unter dem 24. November 1797 ist im Einnahmen- und Ausgabenbuch des Klosters eine Ausgabe von 383 Reichstalern mit der Bemerkung *„zur bestreitung verschiedener Kösten, generals-taffel"* eingetragen. Die verhältnismäßig hohe Ausgabe bezieht sich auf den Aufenthalt des Generals Christophe-Antoine Merlin von November 1797 bis Januar 1798 in Brauweiler. Merlin, der 1771 in Thionville (Lothringen) geboren worden war, begann im Alter von zwanzig Jahren seine militärische Laufbahn bei der Mosel-Armee. 1796 wurde er *„chef"* einer Husarenbrigade in der Sambre- und Maasarmee. In diese Zeit fiel sein Aufenthalt in Brauweiler. Er kämpfte in Italien und Spanien. 1839 starb er in Paris. Sein Name ist auf dem Arc de Triomphe de l'Etoile eingetragen.

Der *„chef de brigade du 4 ^{e} de hussards"* Merlin war am 11. November 1797 nach Brauweiler gekommen und hatte sein Quartier in der Abtei bezogen. Dort richtete er gleichzeitig sein Hauptquartier ein. Hierzu gehörten zahlreiche in seiner Begleitung befindliche Personen: sein Sekretär, sein Adjutant, ein Verbindungsoffizier, fünf weitere Offiziere sowie Bedienstete und Soldaten. Da sie einer berittenen Einheit angehörten, hatten sie ihre Pferde - mehr als zwanzig - bei sich. Zum Troß gehörten zwei jeweils vierspännige Wagen mit den zugehörigen Kutschern und Pferden. Für die Abtei, in der - wie bereits erwähnt - zur gleichen Zeit eine Instandsetzungseinheit des französischen Militärs stationiert war, bedeutete die Einquartierung des Generals und seiner Begleiter eine zusätzliche Belastung. Zumal dies zu einer Zeit geschah, da der Klosterhaushalt unter zahlreichen Abgaben und Steuern litt, die Lieferungen von den Klosterhöfen fast ganz ausblieben und man sich zum Verkauf von Silber gezwungen sah, um den Ausgaben entsprechende Einnahmen gegenüberstellen zu können. Die Unterhaltung einer kostspieligen Generalstafel konnte in dieser Situation für die Abtei existenzbedrohend werden. Für seine Tafel forderte der General Lebensmittel im Wert von 40 Livres täglich und für die seines Stabes 48 weitere Livres. Bei diesen Summen konnte er sich auf eine Verfügung des Generals Lefebvre aus dem Hauptquartier zu Wetzlar berufen, die er seinen Gastgebern vorlegte. Zur Bereitung der Speisen für die Tafel hatte Merlin seinen eige-

„Arbeitsessen“ mit General Merlin. Kreidezeichnung von Heinz Binsfeld

nen Koch mitgebracht, der nun in der Klosterküche wirtschaftete und *„die Speisen mit zehn Schüssel anreichet“*. Als Getränke wurden Wein, Branntwein sowie Kaffee mit Zucker gereicht. Da der General hin und wieder mit ankommenden Ordonnanzen Stabsbesprechungen abhielt oder die Vorsteher der Orte in der alten Herrschaft Brauweiler oder andere Amtsträger der Umgebung zu Besprechungen einlud, war der Übergang vom Arbeitsgespräch zum Arbeitsessen häufig fließend. Es liegt auf der Hand, daß die Kosten für solche Arbeitsessen die angeordneten 82 Livres überstiegen. Hinzu kam, daß die Pferde der Ordonnanzen oder der anderen Gäste während des Aufenthaltes ihrer Besitzer auch auf Kosten der Abtei zu versorgen waren.

Wegen der angespannten Finanzlage des Klosters erklärte sich Schultheiß Franz Aldenhoven bereit, die Kosten zunächst zu übernehmen. Von General Merlin ließ er sich über die täglichen Ausgaben für dessen Tafel und für die seines Stabes eine Quittung ausstellen. Nach knapp zwei Wochen, als die Ausgaben die finanzielle Leistungsfähigkeit des Schultheißen zu übersteigen drohten und die Lebensmittellieferanten für die Generalstafel nicht mehr bereit waren, Kredite zu gewähren, wandte er sich an die Bezirksregierung in Bonn und bat, den Brühler Amtmann Gansen zur Mitübernahme der nicht unerheblichen Kosten zu bewegen. Er begründete seine Bitte damit, daß die Herrschaft Brauweiler, die trotz kommunaler Umänderungen weiterhin zum Amt Brühl gehörte, seinerzeit einen Betrag zur Tafel eines im Brühler Schloß residierenden Generals beigesteuert hätte.

Amtmann Gansen lehnte zunächst ab mit der Begründung, die Vermögenslage der Abtei sei so gut, daß dem Kloster die Einquartierung von zwei Kompanien Soldaten ohne weiteres zugemutet werden könne. Schließlich erklärte er seine Bereitschaft, ein Viertel der Tafelgelder zu ersetzen.

General Merlin verlangte Anfang Dezember 1797, daß ihm der täglich zustehende Betrag von 40 Livres in klingender Münze ausgezahlt werden solle. Im übrigen solle die Tafel seiner Offiziere aber weiterhin im Wert von 48 Livres angerichtet werden. Die Auszahlung des täglichen Barbetrages übernahm wiederum Schultheiß Aldenhoven. Doch stellte sich bald heraus, daß General Merlin sich nun an der Tafel seiner Offiziere beteiligte. Die Folge war, daß man für diese Tafel nun nicht mehr mit 48 Livres auskam, um die notwendigen Lebensmittel zu besorgen. Der General hatte sich durch eine List ein günstiges Taschengeld auf Kosten seiner „Gastgeber" besorgt und zugleich über die Offizierstafel seine täglichen Mahlzeiten gesichert.

Bis in den Januar 1798 wandte sich Schultheiß Aldenhoven noch mehrmals an die Bezirksregierung in Bonn. Er schilderte die finanzielle Situation der Abtei, die keine 200 Livres Barschaft mehr besitze, deren Wälder - *„einst die wichtigste Einnahmequelle"* - nun zerstört seien und deren Höfe nichts mehr liefern könnten, da diese selbst unter Einquartierungen litten. Daher habe er selbst alles für die Tafel angeschafft und außerdem dem General insgesamt 1.000 Livres gezahlt, wovon der Brühler Amtmann Gansen ihm nun 900 Livres abschlägig zurückgezahlt habe.

Am 20. Januar 1798 entschied die Bonner Bezirksregierung, daß die 48 Livres für die Verpflegung der Offiziere von Seiten der Abtei aufzubringen seien. Sollten die Kosten jedoch wegen der finanziellen Lage des Klosters zu hoch sein, so müßten die Mönche sich mit der Gemeinde, der alten Herrschaft, über eine Lösung beraten. Die 40 Livres für den General sollten allerdings vom Amtsbezirk gezahlt werden. Jedoch dürfe der General sich keineswegs Geld auszahlen lassen und dann auch noch an der Tafel seiner Offiziere speisen. Er habe in diesem Fall selbst für seine Verpflegung zu sorgen. Sollte er sich jedoch weiterhin doppelt beköstigen lassen, so sei dies unverzüglich der Regierung mitzuteilen, die dann geeignete Vorkehrungen treffen werde.

Die versteckte Drohung in dem letzten Satz konnte möglicherweise Konsequenzen für den General nach sich ziehen. Etwa zur gleichen Zeit nämlich verfügte das Direktorium in Paris die Absetzung der Generäle Hardy, Bonnet und Decaen, die trotz einer anders lautenden Verfügung ihre übertriebenen Tafelgelder durch Zwangsmaßnahmen eingetrieben hatten. Die Entlassung wurde im Rheinland veröffentlicht, damit die Bewohner erkennen sollten, *„wie sehr es dem Direktorium am Herzen liege, die letzten Spuren der Kriegsleiden auf dem linken Rheinufer zu verwischen"*. (Hansen IV 1938)

Konvent und Klosterleben während der Jahre der Besetzung des Rheinlandes

Die Lebensbedingungen der Mönche im Kloster wurden bestimmt durch die Zerstörungen an den Gebäuden, die ständige Einquartierung von Soldaten, die finanziellen Belastungen durch Requisitionen, Kontributionen und zahlreiche Steuerabgaben. Dennoch scheinen die ersten Rückkehrer sich sofort bemüht zu haben, wieder ein geregeltes Klosterleben zu führen, soweit dies möglich war.

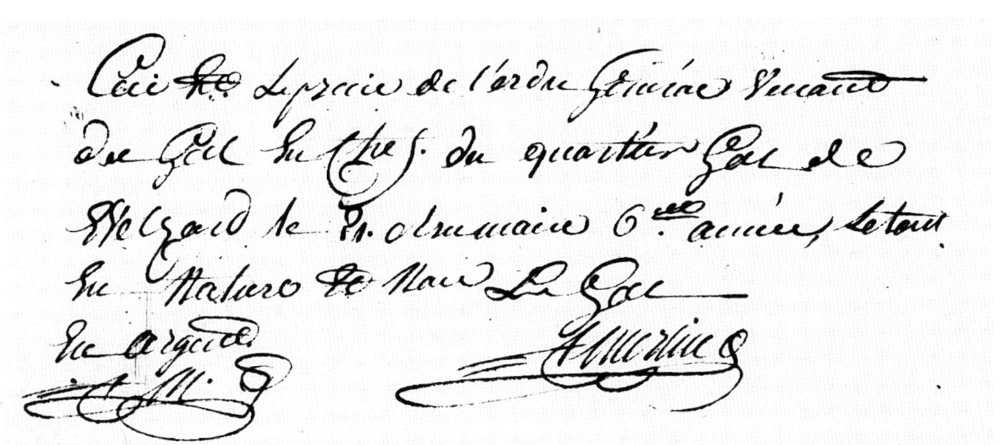

Ausschnitt aus einer Quittung mit der Unterschrift des Generals Merlin für den Schultheißen Aldenhoven (NWHStAD, Maas u. Rhein)

Aus dem Einnahmen- und Ausgabenbuch der Abtei geht für die Monate Oktober bis Dezember 1794 hervor, daß man alles zur eigenen Versorgung Notwendige unternahm. Mehrmals wurden zwischen Mitte Oktober und Ende Dezember 1794 Schweine geschlachtet. Im Dezember folgte zusätzlich der Kauf eines Ochsen, den man sofort schlachtete. Während im Oktober noch Brot gekauft worden war, wie eine Rechnung des Bäckers Friese belegt, hat man danach wieder selbst im eigenen Backhaus der Abtei gebacken. Hierfür wurde dem Dienstpersonal *„backlohn"* gezahlt. Aus diesen Monaten stammt auch der erste Hinweis, daß Küchengerät repariert wurde. Seit November war auch der Gärtner wieder im Klostergarten beschäftigt, und im Januar 1795 erhielten die Dienstmägde ihren ersten Lohn. Der Kauf von Hostien belegt die baldige Wiederaufnahme der Gottesdienste in der Abteikirche. Schließlich kümmerte man sich im Sommer 1795 nach der Rückkehr der letzten der geflohenen Mönche auch um den Weinanbau des Klosters in Uedorf bei Wesseling. Neue Weinstöcke wurden gepflanzt. Einen Hinweis auf die Aufregung, welche die schwierigen Lebensumstände den betroffenen Mönchen verursachten, mag vielleicht der Kauf von *„12 bo*[u]*teillen d'eaux de Cologne"* am 9. November 1794 geben. „Kölnisch Wasser" galt als Wunderwasser und wurde damals *„mit Wein, Brunnenwasser, warmer Brühe oder anderen fließenden Sachen"* verdünnt als eine Medizin gegen viele Krankheiten verwendet. (Schäfke 1985)

Die nun folgenden Jahre bis zur Aufhebung des Klosters waren auch geprägt durch Veränderungen im Konvent. Die Listen der Konventualen aus dieser Zeit stellen wertvolle Quellen dar. (s. Anhang S. 445ff.) Verzeichnete man zwischen 1778 und 1793 noch einen Zuwachs von 14 Konventualen, so änderte sich dies bald. Der Versuch, bis 1798 noch einmal drei junge Männer in den Konvent aufzunehmen, ist offensichtlich gescheitert. Die in der Konventsliste vom 24. Nivôse VI (= 13. Januar 1798) genannten drei „jüngeren Brüder" Jacob Lentzen, Anton Weber und Laurentz Ramerskirchen tauchen in späteren Listen nicht mehr auf. Sie scheinen infolge der damals geltenden restriktiven Gesetzgebung der französischen Regierung, die Neuaufnahmen in geistliche Orden verbot, das Kloster bald wieder verlassen zu haben.

Mehrfach begegnen uns Nachrichten über den Tod des einen oder anderen Konventsmitgliedes. Die ersten beiden starben, noch bevor die geflohenen Mönche mit ihrem Abt zurückgekehrt waren.

Im Einnahmen- und Ausgabenbuch ist unter dem 14. März 1795 die Ausgabe von 12 Reichstalern für das *„begräbniß P. Laurentii oeconomi"* verzeichnet. Es handelte sich um den Ökonom des Brauweiler Hofes in Köln, Laurentius Geyr. Fünf Tage später wurden für den Verstorbenen die Totenzettel bestellt.

Unter dem 27. April 1795 ist vermerkt: *„Bestellung der Todenzettel von P. Wendelinus und Kammerdiener Henricus"*. Es handelte sich um den am 22. April 1795 verstorbenen Prior Wendelin Göbbels. Er starb offensichtlich zum gleichen Zeitpunkt wie der bereits erwähnte Kammerdiener *„Henricus"* (Heinrich).

Am 6. Februar 1796 verstarb im Alter von 56 Jahren Professor Franziskus Cramer im Brauweiler Hof zu Köln. Hier hatte er die letzte Zeit seines Lebens zurückgezogen verbracht.

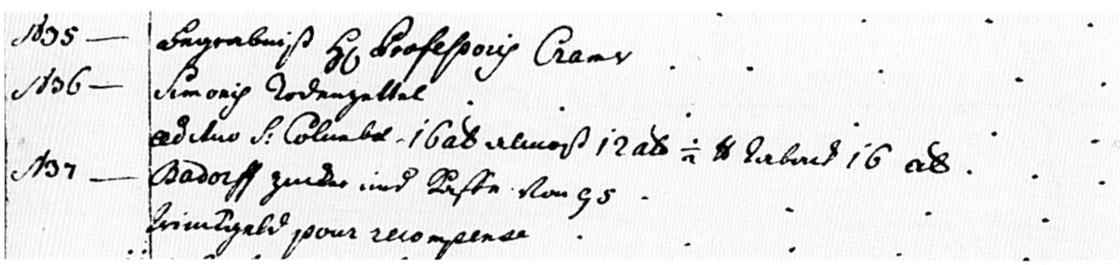

Ausgaben am 7. März 1796: Bezahlung von zwei Rechnungen im Zusammenhang mit dem Tod von Franziskus Cramer: „Begrabniß Hr. Professoris Cramer" und „Simonis Todenzettel". Einnahmen- und Ausgabenbuch der Abtei Brauweiler (NWHStAD, Brauweiler Akten)

Da der Brauweiler Hof im Bezirk der Pfarre St. Kolumba lag, wurde Franziskus Cramer auf dem Friedhof nördlich der Kirche bestattet. Unter dem 14. Februar 1796 verzeichnen die Ausgaben einen Betrag von 3 Reichstalern für die Grabstätte *(jura pro Sepultura P. Francisci)*. Die Kosten für das *„Begrabniß Hr. Professoris Cramer"* in Höhe von 3 Reichstalern, und weitere 3 Reichstaler für die *„Todenzettel"* sind unter dem 7. März verbucht. Ein Jahr später, am 25. Februar 1797, wurde noch eine Rechnung für Medizin, die der verstorbene Franziskus Cramer erhalten hatte, beglichen. Offenbar hatte man bei seinem Tod vergessen, eine von ihm abonnierte Zeitung abzubestellen. Eine Rechnung darüber ging dem Kloster rund zwei Jahre nach Cramers Tod zu und wurde am 24. Februar 1798 beglichen.

Am 7. September 1796 starb Paulinus Münster. In Begleitung eines Mitbruders war er am 1. August 1796 in einem Mietwagen nach Bonn gereist. Bei diesem Begleiter handelte es sich um Wolfhelm Klew, dem man am gleichen Tag 18 Reichstaler Reisegeld *(reißgeld)* mitgab. Vermutlich reiste P. Wolfhelm von Bonn aus weiter nach Klotten, wo er als Adjunkt des Verwalters tätig war. In Bonn wurde Paulinus Münster von Professor Brach operiert. Er starb jedoch rund einen Monat später. Unter dem 9. September sind im Einnahmen- und Ausgabenbuch die Druckkosten für die Totenzettel eingetragen und zwei Tage später der Lohn für *„Todenzettel zu tragen"*. Rund eine Woche später kamen drei verhältnismäßig hohe Rechnungen im Zusammenhang mit der ärztlichen Betreuung des verstorbenen P. Paulinus: *„vor P. Paulinus weitere auslagen"* 14 Reichstaler, *„Hr. Professor Brach wegen operation von P. Paulin"* 54 Reichstaler und *„älteren Herrn Brach"* 23 Reichstaler.

Im darauffolgenden Jahr 1797 verstarb am 12. August P. Michael Mehl. Einen Tag später sind unter den Ausgaben 2 Reichstaler für *„ein waagen auf Brauweiler cum Defuncto P. Michaele"* im Einnahmen- und Ausgabenbuch verzeichnet. Der *„Postillon"* erhielt ein *„Trinkgeld"* und man zahlte die Miete für den Wagen *(waaggeld)*. Einen Tag später erhielt Meister Simonis sein Geld für das Drucken der Totenzettel. P. Michael Mehl wurde auf dem Friedhof der Pfarre St. Kolumba in Köln beigesetzt. Am 17. August wurden 3 Reichstaler Gebühren für die Grabstätte *(jura Sepultura ad S. Columbam)*, bezahlt.

Im gleichen Jahr starb rund einen Monat später, am 18. September 1797, Bartholomäus Schäfer, der als Pfarrer in Widdersdorf tätig war. Am 20. Januar 1798 wurde ein Betrag über 125 Reichstaler *„wegen Herrn Pastor Bartolomaeus seelig rechnungen"* beglichen.

Propst Petrus Vlatten und die Verbindung nach Klotten

Das letzte Konventsmitglied von Brauweiler, das vor der Aufhebung des Klosters starb, war Petrus Vlatten, der zwischen 1778 und 1785 die Güterverwaltung des Moselbesitzes der Abtei in Klotten geleitet hatte und den Titel Propst führte. Sein Todestag ist der 18. April 1802. Er hatte das hohe Alter von 83 Jahren erreicht. Unter dem 22. April 1802 ist im Einnahmen- und Ausgabenbuch ein Betrag von 2 Reichstalern für *„Todenzettlen von Hr. probst Vlatten"* vermerkt.

Der Propst starb im Kloster Brauweiler, wo er seine letzten Lebensjahre zugebracht hatte.

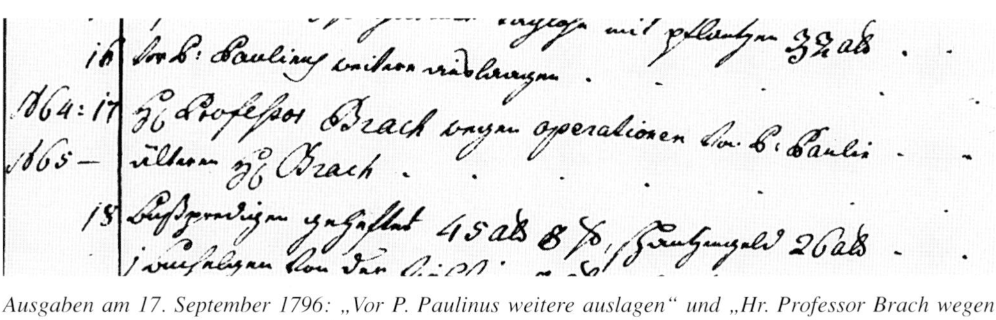
Vor P: Paulinus weitere auslagen
Hr Professor Brach wegen operationen vor P: Paulin
älterem Hr Brach

Ausgaben am 17. September 1796: „Vor P. Paulinus weitere auslagen" und „Hr. Professor Brach wegen operationen vor P. Paulin" sowie „älterem H. Brach". Einnahmen- und Ausgabenbuch der Abtei Brauweiler (NWHStAD, Brauweiler Akten)

Die Mitteilung über seinen Tod schickte der für Brauweiler zuständige Maire Adam Berndgen zwei Tage später, am 30. Germinal X (= 20. April 1802), an den Präfekten des Roerdepartements.

Seit 1796 sind im Einnahmen- und Ausgabenbuch häufig Lieferungen von Lebensmitteln nach Klotten erwähnt. Im Oktober 1799 ist bei einer Ausgabe für Weißbrot eigens das Porto für ein Paket vermerkt. Einmal ist die Ausgabe für eine Sendung mit Medizin, die für den als Adjunkt in Klotten tätigen P. Wolfhelm Klew bestimmt war, unter den Ausgaben verzeichnet (21. Mai 1800). Andere Lieferungen mit der Angabe *„nach Clotten“* oder *„auf die Mosel“* bestanden aus größeren Mengen Fisch oder Käse. Mit solchen Lebensmittellieferungen wurden auch mehrfach drei Exemplare *„directoria“* mitgeschickt. Dies waren jährlich erscheinende Kalender mit dem Verzeichnis der kirchlichen Gedenk- und Festtage sowie den genauen Anweisungen zur täglichen Feier der Liturgie. Die Mengenangabe „drei“ deutet darauf, daß sich während dieser Jahre wenigstens zeitweise ein weiteres Konventsmitglied in Klotten aufgehalten hat. Hierbei könnte es sich tatsächlich um Propst Petrus Vlatten gehandelt haben. Im Frühjahr 1797 ist im Einnahmen- und Ausgabenbuch vermerkt, daß der Propst mit einem Wagen nach Brauweiler kam, woher ist leider nicht vermerkt. Da das Pferd und der Wagen jedoch für drei Tage gemietet worden waren, könnte es sein, daß man den Propst in Klotten abgeholt hat.

Der Propst bekam regelmäßig Güter für den täglichen oder periodischen Bedarf. Im Juli 1797 erhielt er *„6 papierne Kappesblattgen“* (Pileoli, Scheitelkäppchen), am 20. Januar 1798 und am 24. März 1802 jeweils *„2 Baumwollene Mutzen“*, am 17. August 1799 einen neuen Knierock *(Kny-rockelger),* am 5. Dezember des gleichen Jahres war es eine Sendung Nachtlichter, und am 17. November 1798 wurde ein Betrag von 3 Reichstalern ausgege-

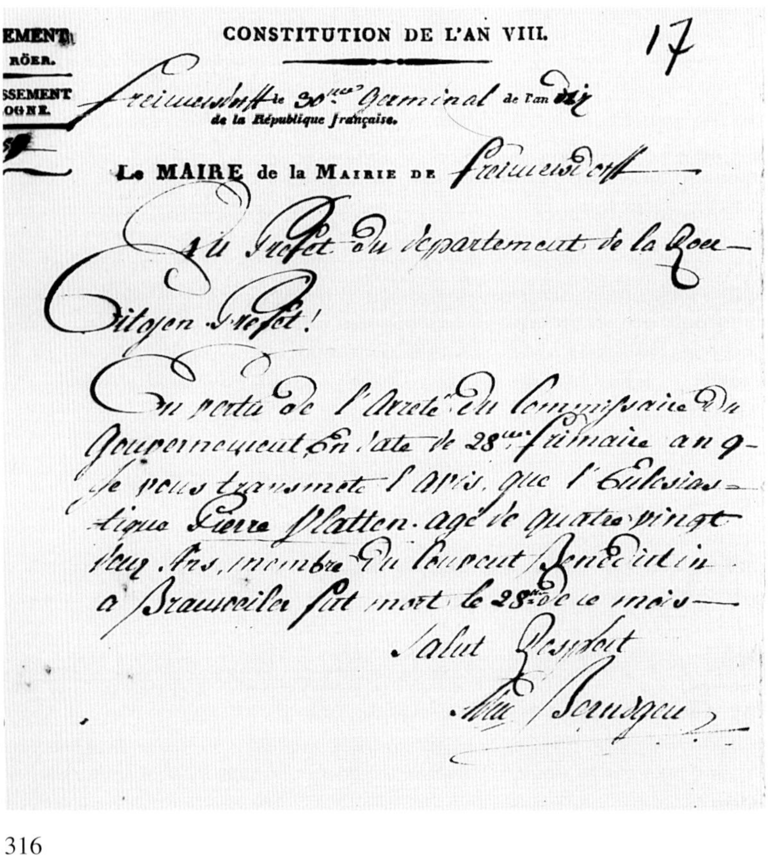

EMENT ... RÖER. ... SSEMENT ... OGNE.

CONSTITUTION DE L'AN VIII. 17

Freimersdorff le 30.me Germinal de l'an dix de la République française.

Le MAIRE de la MAIRIE DE Freimersdorff

Au Préfet du département de la Roer

Citoyen Préfet!

En porté de l'Arrêté du Commissaire du Gouvernement en date de 28. frimaire an 9. Je vous transmets l'avis, que l'Ecclésiastique Pierre Vlatten âgé de quatre vingt deux Ans, membre du Couvent Benedictin a Brauweiler fut mort le 28. de ce mois —

Salut Respect

Adam Berndgen

Totenschein für den verstorbenen Propst Petrus Vlatten, ausgestellt am 30. Germinal X (= 20. April 1802) von Maire Adam Berndgen der Mairie de Freimersdorff (NWHStAD, Roerdep.)

ben für *„Herrn probst Vlatten sein Sackuhr zu repariren“*. In den letzten Jahren - etwa ab 1798 - erhielt der Propst fast jeden Monat Tabak, einmal mit Hobelspänen als Pfeifenanzünder. Propst Petrus Vlatten scheint bis zuletzt ein starker Pfeifenraucher gewesen zu sein. Noch zwei Tage vor seinem Tod kaufte man ihm ein halbes Pfund Tabak. Die Konventsmitglieder scheinen zu Propst Petrus Vlatten ein besonders herzliches Verhältnis gehabt zu haben. Das ist nicht verwunderlich, war er doch der älteste Mönch im Kloster, der vielfach hinter seinem Namen den Zusatz *„Senior“* oder *„Jubilarius“* gesetzt hat.

Kontakte zu anderen auswärtigen Konventsmitgliedern

Der Brauweiler Konvent hat nicht nur die Verbindung zu seinen in Klotten tätigen Mitgliedern gepflegt, sondern auch zu den als Pastören tätigen Patres in Sinthern, Widdersdorf und Zons. Hierbei leisteten Boten wertvolle Dienste. Ein großes Problem stellte damals das Fehlen klostereigener Transportmittel dar. Der große Reisewagen war seit der Plünderung im Oktober 1794 unbrauchbar. Inwiefern die etwas leichtere Birutsche, der zweirädrige (oder vielleicht vierrädrige) leichte Reisewagen, noch verwendbar war, ist nicht überliefert. Vielleicht sind die Ausgaben für Mietpferde im Zusammenhang mit der Benutzung dieses Fahrzeuges zu verstehen. Im Laufe der Jahre wurden jedoch immer häufiger Geldbeträge für einen Mietwagen und für Mietpferde - oft für mehrere Tage - ausgegeben. Schließlich hat man in den letzten Jahren vor der Aufhebung des Klosters häufig den Mietwagenfahrer *(hurkutscher)* Müller mit seinem Fahrzeug in Anspruch nehmen müssen.

Trotz eigener Wirtschaftsprobleme: Almosen für Arme und zur Unterstützung notleidender Klostergemeinschaften

Obwohl das Kloster einerseits wegen der ausbleibenden Zehntabgaben und andererseits durch Kontributionen und Steuern stark belastet war und keine großen Reichtümer mehr besaß, haben die Konventsmitglieder offensichtlich keine Not leiden müssen. Wie bereits dargestellt, hat man einen gehobenen Lebensstandard pflegen können, auch die Speisen waren reichlich und abwechslungsreich. In dieser Situation haben die Brauweiler Mönche sich Armen und Notleidenden gegenüber als sehr hilfsbereit erwiesen. Sie haben im wahrsten Sinne des Wortes mit diesen von der Gesellschaft Benachteiligten „geteilt“. Unter den Ausgaben werden ständig Almosen verzeichnet. Man gab sie mal einem *„hausarmen“* oder einer *„armenfrau“*. Manchmal heißt es bei einer Ausgabe einfach *„pauperi“* (einem Armen) oder *„trinis pauperibus“* (drei Armen). Häufig vermerkt das Einnahmen- und Ausgabenbuch auch kleinere Geldbeträge, die in eine *„armenbüchs“* gezahlt wurden. Eine Armenbüchse, auch Armenkasten genannt, war ein der Kirche geweihter Kasten, *„darein das Geld zu Kirchen-Sachen, oder deren Erbauung, oder dem Ornat der Kirche, auch Erhaltung derer Armen destiniret, aufbehalten wird“*. (Johann Heinrich Zedler, 1732)

Mehrmals haben die Mönche ein *„almos zu einer Todenlaad“* gegeben. Damit haben sie geholfen, einem verstorbenen Armen ein würdiges Begräbnis zu ermöglichen.

Nur selten werden bei einem Almosen Namen des Empfängers durch Zusätze wie *„Juffer Schmitz almoß“* oder *„Juffer Dittels“* genannt. Eine besondere Unterstützung, vielleicht ein Weihnachtsgeschenk, ist unter dem 7. Dezember 1801 im Einnahmen- und Ausgabenbuch verzeichnet: *„Meister Bornheim Macherlohn von 2 Kleidcher vor 2 arme Kinder mit futtertuch, Kammgarn“*.

Almosen erhielten hin und wieder auch Angestellte des Klosters oder Handwerker. Einmal gab man ein Almosen dem Laternenanzünder. Im übrigen waren die Mönche auch großzügig mit Trinkgeldern zu Neujahr oder Fastnacht.

Unterstützt hat man aber auch notleidende Ordensleute vorwiegend in Kölner Klöstern. So finden sich unter den Ausgaben solche wie *„Discalceaten-almoß“* oder *„Clarissen-almoß“*. Das Erstere diente zur Unterstützung der unbeschuhten Karmeliter *(Discalceaten)*, die ihr Kloster in Köln in der Straße Im Dau hatten. Bei den Klarissen läßt sich nicht mehr genau sagen, um welches der beiden Kölner Klarissenklöster es sich gehandelt hat, ob um das Kloster in der Glockengasse oder um das am Neumarkt. Vermutlich sind die Nonnen in letzterem gemeint, da sie noch vor der Säkularisation ihr Kloster verlassen und sehr beengt im Stift St. Cäcilien unterkommen mußten. Mehrmals erhielten die Nonnen von den Brauweiler Mönchen neben Geld auch Brötchen. Unterstützt wurden auch andere Orden, so die Kapuzinerinnen (Ecke Gereonstraße/Klingelpütz), Minoriten (Minoritenstraße) und Franziskaner (in der Streitzeuggasse). Unter dem 4. Januar 1797 verzeichnet das Einnahmen- und Ausgabenbuch einen Betrag von fast einem Reichstaler mit der Angabe *„dem Kloster in der Römersgaß Kirchen-almoß"*. Es handelte sich hier um das Franziskanerinnenkloster St. Maria in Bethlehem in der Römergasse, einer Straße, welche von der Straße Burgmauer, wo der Brauweiler Hof stand, zur Drususgasse hin verlief. Heute gibt es diese Straße nicht mehr.

Neben Geld gab man diesen Klöstern hin und wieder auch Kerzen. Als einzigen Konvent außerhalb Kölns hat man die Zisterzienserinnen im Kloster Benden in Brühl unterstützt. Geholfen hat man auch Ordensleuten, die bettelnd am Kloster vorbeikamen. So gab man Ende Februar 1800 einem *„Capuciner-bruder wegen einer Kabbes-schaaf"* 2 Reichstaler.

Abonnierte Zeitungen und die Stellung der Mönche zu den Ideen der Französischen Revolution

Es stellt sich die Frage nach der Einstellung der Mönche zu den Ideen der Französischen Revolution und zu den Besatzern selbst. Die Petitionen geben darüber keine Antwort, da diese - wie bereits erläutert - ganz in dem für Bittschreiben überkommenen Stil verfaßt sind. Außerdem waren diese Schreiben bis auf wenige Ausnahmen - hier ist der in französischer Sprache verfaßte Rechtfertigungsbericht gegen den Vorwurf der Emigration zu nennen - an die von den neuen Herren am Rhein eingesetzten und bestätigten Behörden, in denen deutsche Beamte tätig waren, gerichtet. Darüber hinaus beinhalten die Petitionen keine Proteste gegen die gesetzlichen Maßnahmen selbst. Vielmehr berufen sich die Schreiber - hierzu gehört auch der Schultheiß Aldenhoven - immer wieder auf die von den neuen Herren vertretenen Prinzipien von Gleichheit und Freiheit. Bei hohen Kontributionsforderungen wird häufig darauf hingewiesen, daß die Republik doch nicht den Untergang, sondern das Wohlergehen der einfachen Bürger wünsche. In den Petitionen, die im Zusammenhang mit den Bemühungen um die Wiedererlangung der Selbstverwaltung aller Abteigüter verfaßt wurden, führt man immer wieder als stärkstes Argument an, daß die Selbstverwaltung durch die Mönche der pünktlichen Zahlung der Kontributionen diene. Dies dürfte aus taktischen Gründen so formuliert worden sein. Die vorliegenden Schreiben geben jedenfalls nicht die tatsächliche Haltung der Brauweiler Mönche den neuen Herren und ihren Ideen gegenüber wieder.

Dagegen geben Zeitungen oder andere Schriften, die von den Mönchen angeschafft und gelesen wurden, eher einen Hinweis auf ihre politische Haltung während der Jahre der französischen Herrschaft am Rhein.

Während der Jahre der französischen Besetzung des linken Rheinufers bezog der Brauweiler Konvent den „Welt- und Staatsboth". Die Zeitung hatte, da sie sehr preiswert war, einen großen Leserkreis. Durch ihre ausführlichen Schilderungen seit Herbst 1792 über das gewalttätige Verhalten der französischen Armeen, die das linke Rheinufer an verschiedenen Stellen besetzten, hat sie starken Einfluß auf die Stimmung der Bevölkerung zu der französischen Invasion gehabt. (Hansen II 1933) Herausgeber und Redakteur war Johann Martin Dahmen, Kanonikus am St. Andreasstift zu Köln, Anhänger einer maßvollen Aufklärung. (Hegel 1979) Sein Nachfolger wurde ab 1795 J.K.H. Leimbach, Vikar an der St. Georgskirche und Professor am Laurentianergymnasium. Abweichend von der Mehrzahl der in Köln erscheinenden Zeitungen in französischer Zeit führte der „Welt- und Staatsboth" auf seinen einzelnen Nummern stets nur das alte Datum, berücksichtigte also den republikanischen Kalender nicht. Obwohl das Blatt es vermied, bei den Besatzern Anstoß zu erregen, ließ es seine Sympathien für die Gegenseite unverkennbar. Die Zeitung erschien viermal in der Woche und wurde durch eine Botin von Köln nach Brauweiler gebracht. Nach der Einführung der Stempelgebühr im Mai 1798 mußte die Anzahl der wöchentlichen Ausgaben auf drei reduziert werden. 1799 geriet das Blatt in einen ernsten Konflikt mit den französischen Behörden. In diesem Zusammenhang empfahl der Kölner Kommissar Rethel die Einrichtung einer besonderen Geheimpolizei in Köln. Redakteur J.K.H. Leimbach wurde durch seinen Vorgänger, den Kanonikus Dahmen, abgelöst, der wesentlich vorsichtiger war. 1800 verbot Regierungskommissar Shée den „Welt- und Staatsboth" eine Zeitlang. Das Blatt erschien dann wieder bis 1809.

Eine zweite Zeitung hatten die Mönche 1798/99 abonniert. Sie wird im Einnahmen- und Ausgabenbuch mit *„Aachener Zeitung, der Anzeiger genannt"* bezeichnet. Es handelte sich um den „Anzeiger des Ruhrdepartements" [Diese Schreibweise statt „Roerdepartement" war damals häufig. (Hansen IV 1938)]. Die Gründung dieser Zeitung ging vorwiegend auf den Regierungskommissar Dorsch bei der Aachener Zentralverwaltung zurück. Das Blatt hatte offiziösen Charakter und stand naturgemäß ganz auf französischer Seite, war aber um einen vielseitigen Inhalt bemüht. Der Anzeiger scheute sich nicht, gelegentlich auch auf Schwächen der französischen Verwaltung und auf die traurige wirtschaftliche Lage der Bevölkerung hinzuweisen. Wegen seiner wenigen Abnehmer mußte das Blatt sein Erscheinen im Sommer 1799 wieder einstellen. (Hansen IV 1938) Nach Brauweiler wurde das Blatt durch einen Zeitungsträger geliefert. Sein Neujahrspräsent ist mit der Bemerkung *„dem französischen Zeitungsträger"* unter den Ausgaben im Januar 1799 verbucht.

Der Bezug beider Zeitungen weist auf die antifranzösische Haltung der Brauweiler Mönche hin, belegt jedoch ihr starkes Informationsbedürfnis. Wobei hier auch die stete Hoffnung auf Nachrichten eine Rolle gespielt haben mag, die eine Wende in der Politik und vielleicht eine baldige Rückkehr zu den alten Verhältnissen hätten andeuten können.

Nur schwer zu bewerten ist bei dieser politischen Haltung der Mönche der Kauf von einem *„Kupferstich der Neuen flott"*, der im Einnahmen- und Ausgabenbuch zum 20. April 1799 verzeichnet ist. Vielleicht wollte man mit dem Bild der neuen französischen Flotte - die alte war im Sommer 1798 vor Abukir vernichtet worden - nach außen hin eine franzosenfreundliche Haltung vortäuschen, um so jeder möglichen Verdächtigung vorzubeugen, eine andere Einstellung zu haben.

Die konservative Haltung von Abt Anselm Aldenhoven wird deutlich in einem anderen Zusammenhang im Jahre 1797. Zu diesem Zeitpunkt hatte die französische Regierung in Paris längst den Gedanken der Revolutionierung der Bevölkerung in den eroberten Gebieten aufgegeben und dafür sich das Ziel einer Ausdehnung Frankreichs bis an die sogenannten natürlichen Grenzen und damit an den Rhein gesetzt. Um die Zustimmung der Bevölkerung zu gewinnen, hatten die neuen Herren jedoch wenig getan, ganz im Gegenteil ging die rücksichtslose Ausbeutung der Bevölkerung in den eroberten Gebieten durch Kontributionsforderungen weiter. Trotz mehrfacher Verwaltungsreformen während dieser Jahre nach der Besetzung des Rheinlandes gelang es nicht, die wachsende wirtschaftliche Notlage der Bevölkerung zu verbessern. Da entschloß sich Anfang 1797 das in Paris regierende Direktorium, die gesamte Gewalt in den eroberten Gebieten dem Führer der an Nieder- und Mittelrhein stehenden Truppen, General Lazare Hoche, zu übertragen. Dieser hoffte die anstehenden Probleme dadurch lösen zu können, daß er die noch im Lande befindlichen

General Lazare Hoche (1768-1797)

Mitglieder der früheren Regierungen, Magistrate und Gerichtskollegien aufforderte, ihre Funktionen wieder aufzunehmen und unter der Aufsicht einer in Bonn aus fünf Franzosen gebildeten Mittelkommission *(Commission intermédiaire)* auszuüben. (Braubach 1976) Diese Anweisung wurde von vielen dahingehend verstanden, daß Frankreich auf die eroberten Gebiete verzichten und diese wieder an die alten Fürsten zurückgeben werde. Das löste Enttäuschung bei denen aus, die auf die Verwirklichung der demokratischen Grundsätze der Revolution gehofft hatten, und Freude bei denen, die insgeheim eine Rückkehr der alten Verhältnisse wünschten. Hinter den Maßnahmen Hoches stand jedoch der Plan des Direktoriums in Paris, in den besetzten Gebieten eine von Frankreich abhängige Cisrhenanische Republik zu schaffen. Zu den Anhängern dieser Idee gehörten Männer wie die rheinischen Publizisten und Journalisten Joseph Görres, Johann Baptist Geich oder Franz Dautzenberg. Auf politischer Seite waren es die Mitglieder der Bonner Bezirksregierung, die vorher der Aachener Zentralverwaltung angehört hatten, der ehemalige Hofrat Jakob Bouget, der Advokat Dr. J. Vossen und Bougets Schwager, der ehemalige geheime Hofrat B.F.J. Gerolt, Präsident der Bezirksverwaltung. Sie waren entschiedene Gegner jeder Wiederherstellung der alten politischen Verhältnisse, insbesondere der ehemaligen geistlichen Fürstentümer, und Anhänger der allgemeinen staatsbürgerlichen Gleichheit und der französischen republikanischen Staatsform. An das Pariser Direktorium hatten sie eine *„Note confidentielle"* gesandt, in der sie ihre Meinung als die des Volkes vorgaben, nie mehr unter die vorige Regierung zurückzukehren, sondern entweder mit der Französischen Republik vereinigt zu werden oder lieber unter deren Schutz eine besondere Republik bilden zu wollen. (Hansen III 1933)

Gegen den Bougetschen Plan, wie diese Note bezeichnet wurde, wandten sich nun diejenigen, die anderer Meinung waren und die Rückkehr zum alten Regime wünschten. Sie trafen sich am 12. Juni 1797 in Bonn. Unter ihnen war auch Abt Anselm Aldenhoven, wie aus einem anonymen Schreiben vom 13. Juni 1797, das an einen kurkölnischen Regierungsrat in Recklinghausen gerichtet war, hervorgeht. Zusammen mit dem Syndikus des Kölner Klerus, Karl Kaspar von Herrestorff, war der Abt zu der Konferenz *„mit den Wohlgesinnten"* nach Bonn gereist. Einen Tag vor dem Bonner Treffen war Jakob Bouget Gast bei Schultheiß Aldenhoven in Köln gewesen. Dort hatte ihn der anonyme Verfasser des zitierten Briefes getroffen.

Die Haltung der Brauweiler Konventualen gegenüber gewissen Anhängern der Revolution verdeutlicht auch der Kauf einer anderen Veröffentlichung. Unter dem Datum 5. September 1795 ist die Ausgabe für *„6tes Heft Contra Biergans"* verzeichnet. Es handelte sich um eine Schrift gegen Franz Theodor Biergans, einen ehemaligen Mönch aus dem Kloster Schwarzenbroich vom Orden des hl. Kreuzes. Er war vor den heranrückenden Franzosen auf die rechte Rheinseite geflohen. Nach seiner Rückkehr im Winter 1794/95 auf das besetzte linke Rheinufer, trat er aus dem Orden aus. Noch im Spätsommer 1795 heiratete er ein Mädchen aus Bonn. Seit dem 9. Mai 1795 gab er die Zeitschrift „Brutus oder der Tyrannenfeind" heraus. Sie erschien alle zehn Tage. Biergans schrieb unter dem Motto: *„Die Zeiten der Finsternis sind vorbei, dem Despotismus ist die letzte Stunde geschlagen, der menschliche Geist hat sich von allen Fesseln losgewunden, und wir athmen frei"*. Die Zeitschrift war äußerst radikal und trug von Anfang an den Stempel eines Skandalblattes. Plump und geschmacklos beschimpfte Biergans in seiner Zeitschrift insbesondere das katholische Kirchenwesen, die Geistlichen und unter diesen vor allem die Ordensleute. Mönche bezeichnete er gerne als *„Bonzen und Derwische"*. Nonnen verspottete er übel. Gegen den Zölibat äußerte er sich besonders scharf, und er verwarf ihn nicht zuletzt aus hygienischen Gründen. Neben dem Klerus erregte immer wieder der Adel seinen Zorn. Ausführlich ließ er sich über das *„bigotte Köln"* aus, wo er den Plan zu seinem „Brutus" gefaßt habe. Und er stellte zu Köln die Frage: *„Gott, gibt es wohl eine Stadt, wo ein so großes Kabinett von aufgeblasenen Narren und Pinseln, von Dummen und Boshaften ist?"* Bereits wenige Tage nach Erscheinen des ersten Heftes wurde Biergans von der Aachener Zentralverwaltung verwarnt, da seine Zeitschrift Ausdrücke enthalte, die unter einer gerechten Regierung nicht angehen und nur zur Verbitterung der Gemüter und Erregung von Feindschaft und Unfrieden dienen könnten. Es wurde ihm untersagt, *„irgend eine Klasse von Bürgern samt oder sonders zu verunglimpfen und geradehin über das Religionswesen herzufallen, indem der Nationalkonvent alle Religionsausübung für frei erklärt hat"*. Biergans wurde im Januar 1796 verhaftet und der „Brutus" mußte sein Erscheinen einstellen.

Schon bald nach der Herausgabe des ersten Heftes von „Brutus" erschien ab 16. Mai 1795 eine größere Anzahl von Gegenschriften, die teilweise recht kurzlebig waren. Keines von diesen Blättern wagte es, gegen den politischen Standpunkt des „Brutus" anzugehen. Ihre Kritik wandte sich daher nur gegen die Äußerungen, die Biergans in seiner Zeitschrift gegen die Kirche und den Klerus richtete. Eine dieser Gegenschriften bezogen auch die Mönche in Brauweiler. Es handelte sich um eine Schrift mit dem Titel „Gegengift wider einige ärgerlichen, religionswidrigen und seelenverderbenden Sätze des angeblich Licht verbreitenden Tyrannenfeindes Brutus". Der Herausgeber nannte sich Sandbüchler und war ein Verwandter (Neffe?) des in Salzburg lebenden Augustiners Aloys Sandbüchler. Das erste Heft erschien Ende Juni 1795. Die weiteren folgten in einem Abstand von vierzehn Tagen. Der Verfasser verwandte gerne Kraftausdrücke und bezeichnete Biergans als *„Giftmischer, der die Menschheit entehrt"*, sprach von seiner *„Mistphilosophie"* und von *„biergänsischen Harlekinaden"*.

Der Bezug der beiden genannten Zeitungen zeigt ebenso wie der Kauf der Streitschrift „Gegengift", daß man im Brauweiler Konvent lebhaften Anteil nahm am politischen Geschehen der Zeit und die Ereignisse im Rheinland aufmerksam verfolgte. Die wenigen Hinweise lassen den Schluß zu, daß die Mönche sich ganz offensichtlich mit dem aufklärerischen Gedankengut ihrer Zeit auseinandergesetzt haben. Vielleicht stand man der einen oder anderen aufklärerischen Idee nicht völlig ablehnend gegenüber. Die bereits erwähnte Anschaffung eines Buches des gemäßigten Aufklärers Sebastian Mutschelle für die Bibliothek könnte hierfür sprechen. (s. S. 264)

Abt Anselm Aldenhoven war bereits vor dem französischen Einmarsch innerhalb des Klerus der Diözese Köln eine geschätzte Persönlichkeit gewesen und seine Meinung scheint offensichtlich auch in den Jahren der französischen Herrschaft gefragt gewesen zu sein. Die Teilnahme an der Konferenz *„mit den Wohlgesinnten"* in Bonn im Juni 1797 belegt dies und läßt zugleich auch seine konservative Haltung erkennen. Dies ist verständlich. Bedeuteten doch der Untergang des Ancien Régimes und die aktuelle politische Entwicklung gerade für die von ihm und seinem Konvent gewählte monastische Lebensform eine ernsthafte Bedrohung. Man kannte genau die Vorgänge im revolutionären Frankreich (s. S. 271ff.) und ahnte vielleicht, daß der katholischen Kirche und den Klöstern in den rheinischen Gebieten ein ähnliches Schicksal wie in Frankreich bevorstehen werde, wenn sich die Entwicklung nicht aufhalten ließe. Es lag also nahe, daß der Abt mit konservativen Kreisen sympathisierte, in der Hoffnung auf eine Änderung der gegenwärtigen politischen Situation, damit die von ihm als wichtig und erhaltenswert erscheinenden Ideale erhalten blieben und wieder ihre alte Bedeutung erlangen konnten.

Die letzten Jahre der Abtei und ihre Aufhebung im August 1802

Politischer Umbruch

Die durch General Hoche eingeleitete Verwaltungsreform in den linksrheinischen Gebieten und die Pläne zur Gründung der cisrhenanischen Republik wurden im September 1797 jäh unterbrochen. Der Staatsstreich vom 4. September 1797, mit dem die republikanischen Mitglieder des Direktoriums einem gegen sie gerichteten Militärputsch zuvorkamen, brachte die Partei der „natürlichen Grenzen" an die Macht. (Braubach 1976) Hinzu kam der plötzliche Tod General Hoches am 19. September 1797. Aber auch in anderer Hinsicht standen die Zeichen für die Vertreter einer Annexion des besetzten linken Rheinufers günstig. Bereits im Sonderfrieden von Basel hatte Preußen am 5. April 1795 in geheimen Artikeln einer Abtretung seiner linksrheinischen Gebiete an Frankreich zugestimmt. Nach den Siegen Napoleons über die Österreicher in Italien erklärte nun auch der Kaiser beim Frieden von Campo Formio am 17. Oktober 1797 seinen Verzicht auf die von Frankreich besetzten rheinischen Gebiete. Das Pariser Direktorium konnte jetzt seine bisherige Rheinlandpolitik ändern und die Vereinigung der besetzten Gebiete mit Frankreich in die Wege leiten.

In Paris beschloß man, den in Rastatt zusammentretenden Reichsfriedenskongreß, dem die endgültige Entscheidung über die Abtretung der linksrheinischen Gebiete zufiel, vor vollendete Tatsachen zu stellen.

Anschluß der linksrheinischen Gebiete an Frankreich und der Aufruf des Regierungskommissars Rudler

Das Direktorium ernannte am 4. November 1797 den Richter am Pariser Kassationshof Franz Josef Rudler, einen Elsässer, zum Regierungskommissar aller Länder zwischen Rhein, Maas und Mosel. Rudler nahm seinen Amtssitz in Mainz. Er erhielt den Auftrag, in diesen Län-

Franz Josef Rudler (1757-1837)

dern die zur Zeit in Frankreich geltenden Gesetze einzuführen sowie eine neue Verwaltung nach dem Vorbild Frankreichs aufzubauen. Ohne Rücksicht auf historische Grenzen und Zusammengehörigkeiten teilte er am 4. Pluviôse VI (= 23. Januar 1798) das gesamte linksrheinische Besatzungsgebiet nach französischem Vorbild in vier Departements ein: „Donnersberg" mit dem Hauptort Mainz, „Saar" mit dem Hauptort Trier, „Rhein und Mosel" mit dem Hauptort Koblenz und „Roer" mit dem Hauptort Aachen. Das Roerdepartement umfaßte die niederrheinischen Territorien Preußens, Kurkölns und Jülichs sowie die ehe-

III

Beschluß des Regierungs-Kommissärs, der die Grenze der vier neuen Departemente bestimmt.

Maynz, den 4ten Pluvios, im 6ten Jahre der Republik.

Der Regierungs-Kommissär in den eroberten Ländern zwischen Maas und Rhein, und Rhein und Mosel, um die Eintheilung des Gebiets der obbenannten Länder zu bestimmen; (*)

Beschließt:

Erster Artikel.

Die eroberten Länder zwischen Maas und Rhein, und Rhein und Mosel, sind in vier Departemente abgetheilt; nämlich, das von der Ruhr, (Haupt-Ort, Aachen); das von der Saar, (Haupt-Ort, Trier); das von Rhein und Mosel, (Hauptort, Koblenz); das des Donnerbergs, (Hauptort, Maynz).

II.

Das Departement der Ruhr hat folgende Grenzen:

Gegen Morgen, den Rhein, nach der Linie, welche der Mündung der Sieg gegenüber anfängt, und sich bis oberhalb der preußischen Stadt Emmerich hinzieht, da, wo sich die Waal in diesen Fluß ergießt. — Die Waal, von ihrer Vereinigung mit dem Rhein, bis an Kekerdom, eine Gemeinde, die mit in dem Bezirk von Kleve begriffen ist;

Gegen Mitternacht, die batavische Republik;

Gegen Abend, die Departemente der Ourte und untern Maas; die Maas, von der Mündung der Never bis Venlo, mit Einschlusse jedoch der Amtey (Manie) Kessel eines kleinen Theiles des Herzogthums Geldern, auf dem linken Maas-Ufer;

Gegen Mittag eine Linie, die sich von der Mündung der Sieg gegenüber bis Bodenum und Hessenich hinzieht; der Erft von diesem Punkte an bis Schönau, nach einer Linie, welche von Schönau über Ardorf bis Hamel, und von diesem Punkte den graden Weg über Schleiden geht, das an dem linken Ufer der Brayf oder Olf liegt; diese Linie zieht sich zwischen Broch, Soeternich und Volemberg hin.

(*) Seit Bekanntmachung dieses Beschlusses, sind in der Eintheilung der eroberten Länder mehrere Aenderungen geschehen. Sie werden sämmtlich im letzten Bande gegenwärtiger Sammlung nachgetragen werden.

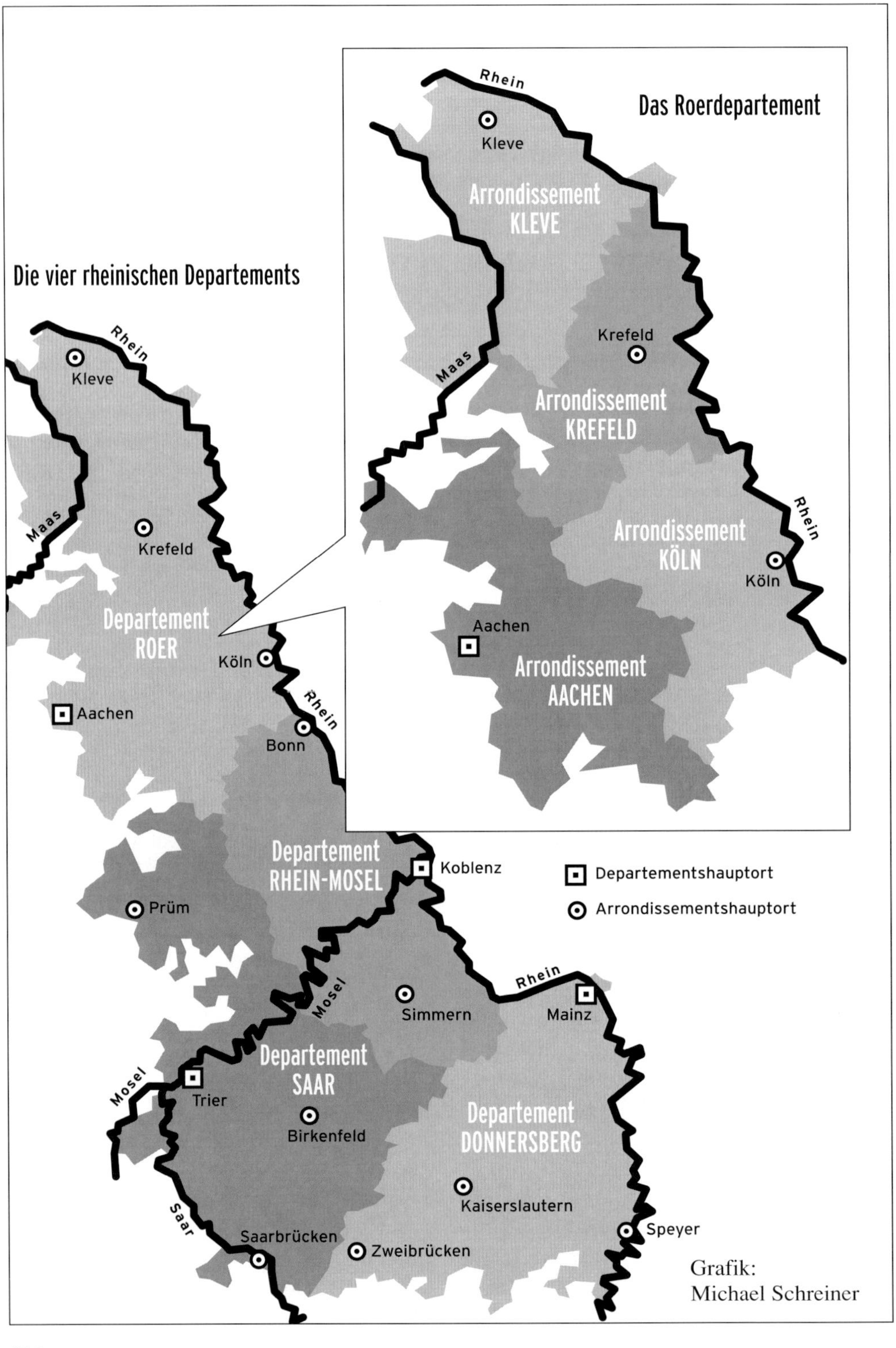

Grafik: Michael Schreiner

maligen freien Reichsstädte Köln und Aachen. Die vier rheinischen Departements behielten nur noch insofern eine Sonderstellung gegenüber den Departements in Frankreich, als der Regierungskommissar in Mainz als Mittelstelle zwischen ihnen und der Pariser Zentrale wirkte. (Braubach 1976) Mit der von Rudler eingeleiteten Änderung hörte die bis dahin vorwiegend militärische Verwaltung der rheinischen Gebiete auf. (Büttner 1971)

Bereits am 21. Frimaire VI (= 11. Dezember 1797) hatte Rudler sich mit einem Aufruf an die *„Bewohner der schönen Gefilde, die der Rhein, die Maas und die Mosel umgibt"*, gewandt und ihnen mitgeteilt, daß es der Wille der französischen Regierung sei, *„euer Schicksal zu verbessern, und voll zärtlicher Sorgfalt für euer Wohl gibt sie* [die Regierung] *mir den Auftrag, zu euch mich zu verfügen, um euch der Wohlthaten jener Gesetze theilhaftig zu machen, nach welchen Frankreich regiert wird, und die auch euer Glück sichern sollen. Wie süß ist diese ehrenvolle Sendung meinem Herzen! und, soll ich urtheilen nach jener Anmuth des Karakters, nach jener Sanftheit der Sitten und der Liebe zur Freyheit, die euch auszeichnet, so wird der Erfolg dieser Sendung schnell und befriedigend seyn."*

Im weiteren Verlauf dieses Aufrufs versprach Rudler den Menschen in den besetzten Gebieten die Religions- und Meinungsfreiheit: *„Alles, was nach Sklaverey schmeckt, ist aufgehoben; sie schändet den Menschen, und kann unter den Augen der siegenden Freyheit nicht bestehen. Die Wirkungen dieser Aufhebungen sollen allmählig durch besondere Verordnungen bestimmt werden.*

So könnt ihr nun unter dieser neuen Regierungsform euch der ganzen Würde eures Wesens freuen.

Nur Gott allein werdet ihr von euren Glaubens-Meinungen Rechenschaft zu geben haben, und eure bürgerlichen Rechte werden von diesen nicht abhangen; jene Meinungen mögen seyn, wie sie wollen, so werden sie ohne Unterschied geduldet werden, und gleichen Schutz genießen."

Schließlich versprach Rudler die Abschaffung der Privilegien, *„die der Stolz derjenigen gebar, welche sich eure Herren und Gebieter*

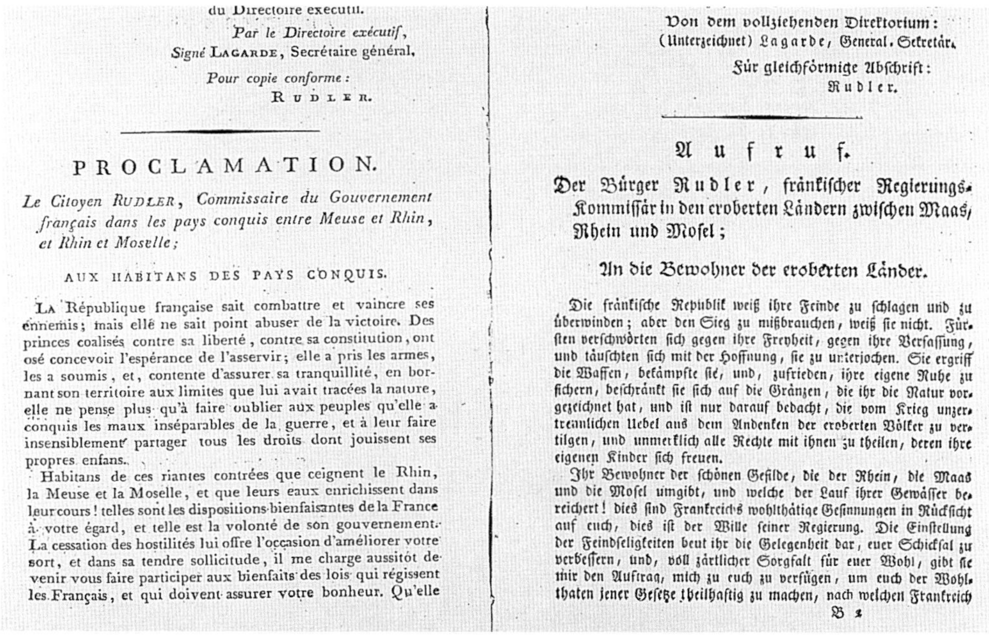

du Directoire exécutif.

Par le Directoire exécutif,
Signé LAGARDE, Secrétaire général.

Pour copie conforme:
RUDLER.

PROCLAMATION.

Le Citoyen RUDLER, *Commissaire du Gouvernement français dans les pays conquis entre Meuse et Rhin, et Rhin et Moselle;*

AUX HABITANS DES PAYS CONQUIS.

LA République française sait combattre et vaincre ses ennemis; mais elle ne sait point abuser de la victoire. Des princes coalisés contre sa liberté, contre sa constitution, ont osé concevoir l'espérance de l'asservir; elle a pris les armes, les a soumis, et, contente d'assurer sa tranquillité, en bornant son territoire aux limites que lui avait tracées la nature, elle ne pense plus qu'à faire oublier aux peuples qu'elle a conquis les maux inséparables de la guerre, et à leur faire insensiblement partager tous les droits dont jouissent ses propres enfans.

Habitans de ces riantes contrées que ceignent le Rhin, la Meuse et la Moselle, et que leurs eaux enrichissent dans leur cours! telles sont les dispositions bienfaisantes de la France à votre égard, et telle est la volonté de son gouvernement. La cessation des hostilités lui offre l'occasion d'améliorer votre sort, et dans sa tendre sollicitude, il me charge aussitôt de venir vous faire participer aux bienfaits des lois qui régissent les Français, et qui doivent assurer votre bonheur. Qu'elle

Von dem vollziehenden Direktorium:
(Unterzeichnet) Lagarde, General. Sekretär.

Für gleichförmige Abschrift:
Rudler.

Aufruf.

Der Bürger Rudler, fränkischer Regierungs-Kommissär in den eroberten Ländern zwischen Maas, Rhein und Mosel;

An die Bewohner der eroberten Länder.

Die fränkische Republik weiß ihre Feinde zu schlagen und zu überwinden; aber den Sieg zu mißbrauchen, weiß sie nicht. Fürsten verschwörten sich gegen ihre Freyheit, gegen ihre Verfassung, und täuschten sich mit der Hoffnung, sie zu unterjochen. Sie ergriff die Waffen, bekämpfte sie, und, zufrieden, ihre eigene Ruhe zu sichern, beschränkt sie sich auf die Gränzen, die ihr die Natur vorgezeichnet hat, und ist nur darauf bedacht, die vom Krieg unzertrennlichen Uebel aus dem Andenken der eroberten Völker zu vertilgen, und unmerklich alle Rechte mit ihnen zu theilen, deren ihre eigenen Kinder sich freuen.

Ihr Bewohner der schönen Gefilde, die der Rhein, die Maas und die Mosel umgibt, und welche der Lauf ihrer Gewässer bereichert! dies sind Frankreichs wohlthätige Gesinnungen in Rücksicht auf euch, dies ist der Wille seiner Regierung. Die Einstellung der Feindseligkeiten beut ihr die Gelegenheit dar, euer Schicksal zu verbessern, und, voll zärtlicher Sorgfalt für euer Wohl, gibt sie mir den Auftrag, mich zu euch zu verfügen, um euch der Wohlthaten jener Gesetze theilhaftig zu machen, nach welchen Frankreich

B 2

Auszug aus dem Aufruf Rudlers vom 21. Frimaire VI (11. Dezember 1797) an die „Bewohner der eroberten Länder". In: Recueil des réglemens et arrêtés... (Sammlung der Verordnungen und Beschlüsse...), 1. Teil, 1. u. 2. Heft, Straßburg VII. Jahr der Franken-Republik (HAStK)

nannten", und dann versprach er den Menschen, sie sollten *„frey seyn von Zehnten, die großen Theils den Ertrag eurer Arbeit verschlangen, so wie von jenen Rechten, die der Lehngeist erfand, um auf tausenderley Wegen den Genuß, und die Früchte eures Schweißes euch zu rauben. Sie sind verbannt, alle die Titel und Benennungen, welche die Eitelkeit schuf, und die durch alberne Verträge dem Zufalle der Geburt anklebten. Man wird sie nicht mehr von euch fordern dürfen, und ihr werdet sie nicht mehr knechtisch verschwenden."*

Für die einzurichtende *„väterliche Verwaltung"* und die neuen Gerichte versprach er den Bewohnern der linksrheinischen Gebiete, *„die rechtschaffensten und geschicktesten Männer unter euch"* auswählen zu wollen. *„Diesen werde ich französische Bürger beyordnen, die, als ihre älteren Brüder in der Familie der freyen Menschen, ihre sichern und nothwendigen Führer seyn werden."* Am Schluß seines Aufrufs bezeichnete Rudler die Bewohner der besetzten Gebiete an Rhein, Maas und Mosel als *„Freunde der Freyheit"*, denen er versprach: *„Ihr werdet* [...] *die Morgenröthe eurer Glückseligkeit in ihrem erquickenden Schimmer glänzen sehen."*

Diesem Versprechen Rudlers, die Zehntabgaben abzuschaffen, folgte die entsprechende gesetzliche Verordnung am 6. Germinal VI (= 26. März 1798). Darin veröffentlichte er eine ganze Reihe von einschlägigen gesetzlichen Bestimmungen, die seit Anfang August 1789 in Frankreich gültig waren, um dort das Feudalsystem aufzuheben sowie alle handwerklichen und gewerblichen Zünfte und Körperschaften abzuschaffen und die Gewerbefreiheit durchzuführen. Fortan gab es auf dem linken Rheinufer keine ständischen Unterschiede und keine abhängigen Bauern mehr, sondern nur noch ein einheitliches Staatsbürgertum, und alle Einwohner der vier Departements galten von nun an als französische Bürger *(citoyens)*. (Hansen IV 1938)

Erste Maßnahmen gegen Kirche und Geistlichkeit

Die Abschaffung der Feudalrechte und Zehnten war sowohl für den in den linksrheinischen Gebieten lebenden Adel als auch für die Geistlichkeit eine einschneidende Maßnahme, bei der jahrhundertealte Ansprüche aufgehoben wurden. Gleichzeitig begann eine sukzessive Beschränkung bzw. Aufhebung weiterer Rechte der Kirche und der Geistlichkeit, die eine Angleichung der kirchlichen Verhältnisse an die Frankreichs bedeutete und an deren Ende die Säkularisation des geistlichen Besitzes stand.

Am 11. Nivôse VI (= 31. Dezember 1797) gab Regierungskommissar Rudler eine Verfügung heraus, die den Leitern von Klöstern eine Ausweisung von solchen Ordensgeistlichen in die nicht von den Franzosen besetzten Gebiete Deutschlands untersagte, die ihre Sympathie für die Idee der Revolution und für Frankreich gezeigt hatten. Es wurde befürchtet, daß man an ihre Stelle entsprechend andersgesinnte Ordensgeistliche, die vielleicht fanatische Gegner der verkündeten Freiheit seien, in die Klöster holen würde. Anlaß war ein konkreter Vorfall im Konvent der Kölner Minoriten. Der zuständige Provinzial des Ordens hatte den Mitgliedern des Kölner Konvents, die den Franzosen gegenüber freundlich gesinnt waren, die Auswanderung über den Rhein angeordnet.

Andererseits wurde denjenigen, die ihre Klöster freiwillig verlassen wollten, um sich aus den eroberten Gebieten in den anderen Teil Deutschlands begeben zu wollen, hierzu die Erlaubnis erteilt. Die Betreffenden mußten ihr Vorhaben jedoch dem zuständigen Kommissar ihres Bezirks mitteilen und zugleich angeben, was sie mitnehmen wollten. Dieses durfte allerdings die Reisebedürfnisse nicht übersteigen. Eine Rückkehr in die von Frankreich eroberten Gebiete war verboten.

Die Kommissare, die im Auftrag des Pariser Direktoriums zur Überwachung des Vollzugs der Gesetze den Munizipalitäten zugeordnet waren *(commissaires du directoire exécutif près les administrations municipaux)*, wurden nun beauftragt, *„gegenwärtigen Beschluß in Ausübung zu bringen, denselben allen Ordensvorstehern ihres Bezirkes zu Befolgung kommuniziren und in die Register eines jeden derselben eintragen lassen, damit weder die Oberen noch ihre Untergeordneten ein Unwissenheit vorschützen können"*.

Die erste Kölner Klostergemeinschaft, welche die Folgen dieser Verordnung Rudlers zu

Schultheiß Gansen mit einem seiner beiden Begleiter. Kohlezeichnung von Heinz Binsfeld

spüren bekam, waren die Minoriten, wie Anno Schnorrenberg zum 7. Januar 1797 in seinem Tagebuch festgehalten hat.

Erste Registrierung der Brauweiler Mönche im Januar 1798

Zwei Wochen nach der Veröffentlichung wurde die Verordnung Rudlers auch den Mitgliedern des Brauweiler Konvents zur Kenntnis gebracht.

Am 24. Nivôse VI (= 13. Januar 1798) erschien der Brühler Schultheiß Gansen mit zwei Begleitern in der Abtei Brauweiler. Da Abt Anselm Aldenhoven abwesend war - er hielt sich in Köln auf *(resident à Cologne,* heißt es in der an diesem Tag gefertigten Personalliste) -, gab er dem Prior Martin Rolshoven die Anordnung, alle Mönche und auch die übrigen in der Abtei beschäftigten Personen zu versammeln. Dann las Schultheiß Gansen den Versammelten mit lauter und deutlicher Stimme *(à haute et intelligible voix)* die Verordnung des Regierungskommissars vor, wie es in einem Protokoll, das über den Vorgang angefertigt wurde, heißt. Der Prior habe, so ist dem Protokoll zu entnehmen, anschließend versichert, daß er keinem der Konventualen die Anweisung gegeben

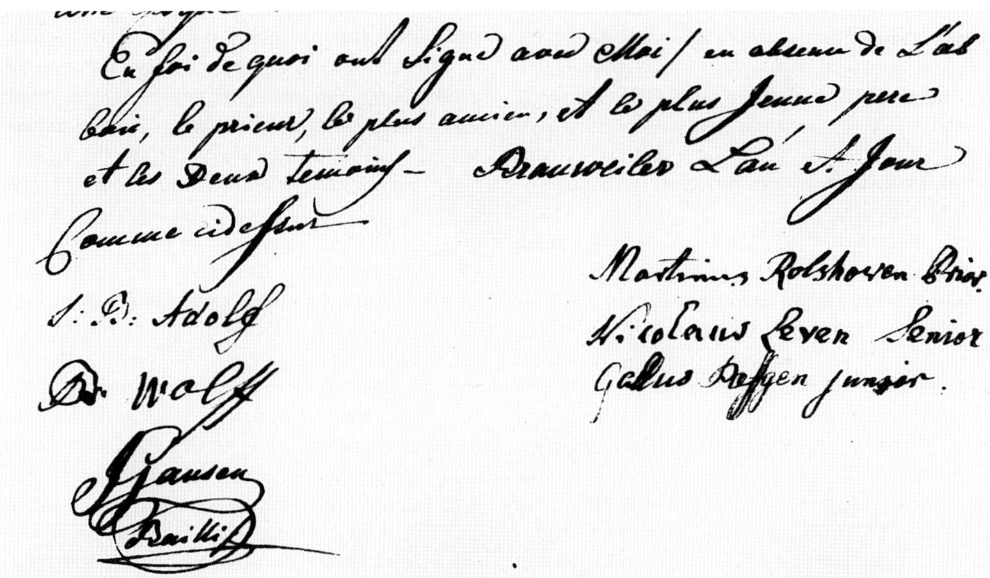
En foi de quoi ont signé avec Moi / en absence de l'abbé, le prieur, le plus ancien, et le plus jeune père et les deux temoins - Brauweiler l'an 6 jour comme ci dessus

Martinus Rolshoven Prior
Nicolaus Leven Senior
Gallus Päffgen junior

Adolf
Wolff
Gansen Bailli

Unterschriften des Brühler Schultheißen Gansen, seiner Begleiter Adolf und Wolff (links) sowie der Konventsvertreter Prior Martin Rolshoven, Senior Nicolaus Leven und Junior Gallus Päffgen (rechts) unter dem Protokoll über die Registrierung der Mönche am 13. Januar 1798 (NWHStAD, Rhein u. Maas)

habe, das Kloster zu verlassen. Jedoch habe er nach dem 1. Vendémiaire VI (= 22. September 1797) drei junge Brüder in die Gemeinschaft aufgenommen. (s. Anhang S. 447f.) Die Personalliste und das Protokoll der Amtshandlung des Schultheißen Gansen von Brühl wurden von ihm selbst, seinen beiden Begleitern Adolf und Wolff sowie wegen der Abwesenheit des Abtes von Prior Martin Rolshoven *(en absence de L'abbaie, le prieur)* unterzeichnet. Ferner unterschrieben Nikolaus Lewen, der sich als *„Senior"* und Gallus Päffgen, der sich als *„Junior"* bezeichnete. Anders als es im Protokoll des Schultheißen vermerkt wurde, handelte es sich bei den beiden nicht um das älteste und jüngste Konventsmitglied *(le plus ancien et le plus jeune pere)*. Diese waren damals Petrus Vlatten (ältestes Mitglied) und Lambert Hillekamp (jüngstes Mitglied). Vermutlich unterschrieben Nikolaus Lewen und Gallus Päffgen als Mitglieder des bereits an anderer Stelle erwähnten Seniorats der Abtei (s. S. 129), der eine als das älteste und der andere als das jüngste Mitglied dieses Gremiums.

Die Angestellten des Klosters, die an der Versammlung teilnehmen mußten, sind leider nicht mit Namen aufgeführt. Von ihnen heißt es am Ende der Namenliste lediglich, daß das Kloster achtundzwanzig Bedienstete habe, die jährlich wechseln *(vingthuit Domestiques qui changent toutes anneés)*. (Zur Liste s. Anhang S. 448)

Erste Inventarisierung der Einrichtung von Kirche und Kloster

Im Februar 1797 hatte General Lazare Hoche im Zusammenhang mit der Neuorganisation der eroberten linksrheinischen Gebiete den Klöstern und Geistlichen die Verwaltung ihres Eigentums übertragen mit der Maßgabe, zwei Drittel der Einnahmen an die französische Verwaltung abzuliefern. Sein Ziel war, auf diese Weise die Versorgung der französischen Armee aus Einnahmen in dem besetzten Gebiet zu verbessern. (Büttner 1971) Daraufhin haben zahlreiche Geistliche und Klöster die wiedererhaltene freie Verfügbarkeit über ihr Eigentum dazu benutzt, ihre finanzielle Notlage durch den Verkauf von Wertgegenständen und die Aufnahme von Geld zu verbessern bzw. die auferlegten Kontributionen zahlen zu können. Vornehmlich Mobilien - Möbel und Gegenstände aus Edelmetall - sind damals veräußert bzw. heimlich beiseite geschafft worden, um sie einer möglichen Beschlagnahme durch die französische Verwaltung zu entziehen.

Die Abtei Brauweiler hatte in diesem Zusammenhang zwischen Oktober 1795 und September 1796 dreimal eine größere Summe von jeweils über 1.500 Reichstalern bei ihrem Schultheiß Franz Aldenhoven aufgenommen. Im März und im Dezember 1797 hatte man Silber im Gesamtwert von über 4.200 Reichstalern veräußert. (s. S. 307f.)

Um dieser Entwicklung gegenzusteuern, erließ Regierungskommissar Rudler am 29. Pluviôse VI (= 17. Februar 1798) einen ersten Beschluß *„über das Verheimlichen oder den heimlichen Verkauf der beweglichen Effekten, so wie die Unterschlagung von Urkunden und Dokumenten, die für die geistlichen Anstalten bestimmt sind"*. Die Leiter und Leiterinnen der religiösen Gemeinschaften wurden persönlich haftbar gemacht *„für die Hervorbringung aller und jeder ihren Kirchen und Gemeinheiten zuständiger Effekten, aller Titel und Dokumente, deren Unterschlagung geschehen ist, oder noch geschehen kann"*.

Außerdem hatten die *„Obern der Stifter, Klöster und anderer geistlicher Körperschaften, welche in den eroberten Ländern bestehen"*, zwei Verzeichnisse anzufertigen. Das eine sollte Auskunft geben *„über alle Effekten, Möbel, Gold und Silber, Ornat, Weiszeug, Gemälde und alle andere Gegenstände zum Gebrauch der Kirchen; ferner über alle Effekten, Gold und Silber, Weiszeug und alle und jede Möbel zum Gebrauche ihrer Gemeinheiten"*. Das andere sollte *„eine schriftliche Angabe* [...] *machen von den sowohl beweglichen als unbeweglichen Gegenständen, welche verkauft oder auf Seite geschaft worden sind; ferner von allen unterschlagenen Titeln und Dokumenten, mit Anzeige der Personen, welche sie in Verwahrung oder an sich gebracht haben"*.

Während die Liste der vorhandenen Gegenstände *„innerhalb der drey Dekaden, von dem Tag der Bekanntmachung gegenwärtigen Beschlusses"* bei der Zentralverwaltung des Departements in Aachen sein sollte, hatte das andere Verzeichnis der veräußerten Wertgegenstände *„innerhalb der zwey Dekaden, von* *dem Tag der Bekanntmachung* [...] *an*" in Aachen zu sein.

Abt und Konvent von Brauweiler haben in beiden Fällen die festgelegten Fristen von dreißig bzw. zwanzig Tagen aus unbekannten Gründen nicht eingehalten. Der Eingang des Verzeichnisses der Mobilien, die wegen der Zahlung von Kontributionen veräußert worden waren, sowie eine Erklärung über das verbliebene Silber *(Inventaire des Effets & Capitaux aliénés & cedés pour payer les contributions & avec déclaration de l'argenterie restante)* wurde am 9. Floréal VI (= 28. April 1798) bei der Aachener Zentralverwaltung unter der Nr. 1185 registriert. Das verlangte Inventarverzeichnis aller Einrichtungs- und Ausstattungsstücke von Kirche und Kloster haben Abt und Konvent einen Monat später nachgereicht. Ein Vermerk der Zentralverwaltung auf der Rückseite des Begleitschreibens zu diesem Inventar bekundet den Eingang des Schreibens und seine Registrierung in das Aktenverzeichnis der Verwaltung unter der Nr. 1614 am 23. Floréal VI (= 12. Mai 1798).

Vermutlich haben Abt und Konvent bald nach der Bekanntgabe des Erlasses erkannt, daß sie die beiden Verzeichnisse nicht wie gefordert abliefern konnten und darum bei der Zentralverwaltung noch vor Ablauf des ersten Abgabetermins von zwei Dekaden eine Fristverlängerung erbeten. Diese ist offensichtlich auch gewährt worden.

Sowohl das Verzeichnis der vorhandenen Ausstattungsstücke der Kirche als auch das der Einrichtung des Klosters sind völlig unsystematische Auflistungen der einzelnen Gegenstände. In beiden Verzeichnissen fehlen Silbersachen, da diese zu dem Zeitpunkt der Inventarisierung bereits verkauft waren. Andererseits vermitteln die beiden Inventarlisten einen anschaulichen Eindruck von den damals in der Kirche vorhandenen liturgischen Geräten und Gewändern sowie von der 1798 noch vorhandenen Ausstattung des Klosters. An einigen Stellen werden auch Hinweise auf Verluste durch die Plünderung der Abtei am 4. Oktober 1794 gegeben, so bei Möbeln und Gemälden, von denen es heißt, sie seien *„verdorben"*, oder bei drei Uhrenkästen, die nun *„leer"* sind, ferner ist beim Reisewagen angemerkt, daß er *„ausgeplundert"* ist.

Verzeichniß der Kirchen-Effecten
der Abtey Brauweiler

26 Kupferne Leuchter, 3 Kupferne Lampen, 2 Kupferne weyrauchfässer, 2 Leuchten, 5 Schellen, 1 Kupferner Weykessel, 1 gefäß vor die Händ zu waschen, 7 paar zinnerne pollen, 6 Teller, 2 zinnerne Kelchen, 1 zinnernes Ciborium, 29 alben, 8 röcklinge, 60 Kaselen von verschiedenen sorten, 8 Kohrkappen, 20 Leviten-Kleider ebenmäßig von verschiedenen Sorten, 21 Humeralien, 20 Cingula, 70 Purificatoria, 39 Corporalia, 7 Handtücher, 24 kleine Tücher um die Händ zu waschen, 11 altartücher, 2 Communicanten Tücher, 3 rothe rock vor Messendiener, 8 Stühl vor die priester, 4 Küssen, 6 Nebengemählt (!)*, 12 Messenbücher mit 11 pulten, 18 ubersilberte Piramiden, 15 wandleuchter von diversen Sorten, 2 Credentz Tischen, 4 Schränck, 3 reliquien-Kasten, 8 von Composition ubersilberte altar-Leuchter nebst ubersilbertem Processions-Kreutz und Abbatial-Staab vom nehmlichen Stoff, 4 seidene Kordinen im Chor und 2 altar-decken, 8 Vorhäng.*

Effeckten der Abtey Brauweiler

132 biß circiter 140 uberzogene Stühl nebst 7 gantzen und 5 verdorbenen Sessel, 34 Höltzerne nicht uberzogene Stühl, 14 unbrauchbare

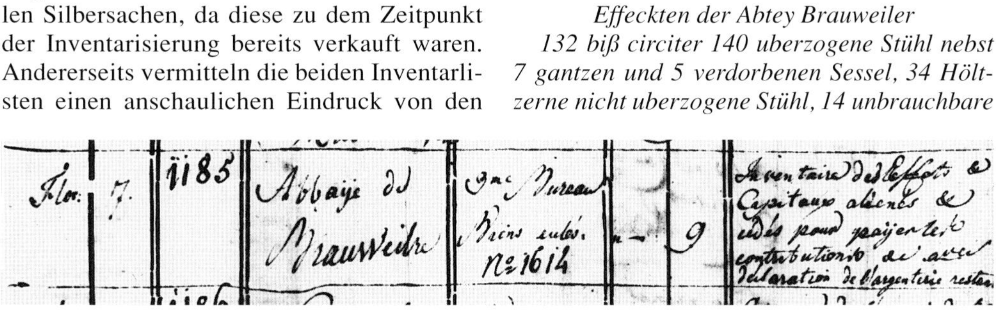
Flor. 7. 1185 Abbaye de Brauweiler 3me Bureau Biens eules. No 1614 9 Inventaire des Effets & Capitaux aliénés & cédés pour payer les contributions & avec déclaration de l'argenterie restan[te]

Register der Zentralverwaltung Aachen. Vermerk über den Eingang des Verzeichnisses der Mobilien der Abtei Brauweiler, die wegen der Zahlung von Kontributionen veräußert wurden, sowie der Erklärung über das verbliebene Silber am 9. Floréal VI (= 28. April 1798). Das Verzeichnis trägt das Datum vom 7. Floréal VI (= 26. April 1798) (NWHStAD, Roerdep.)

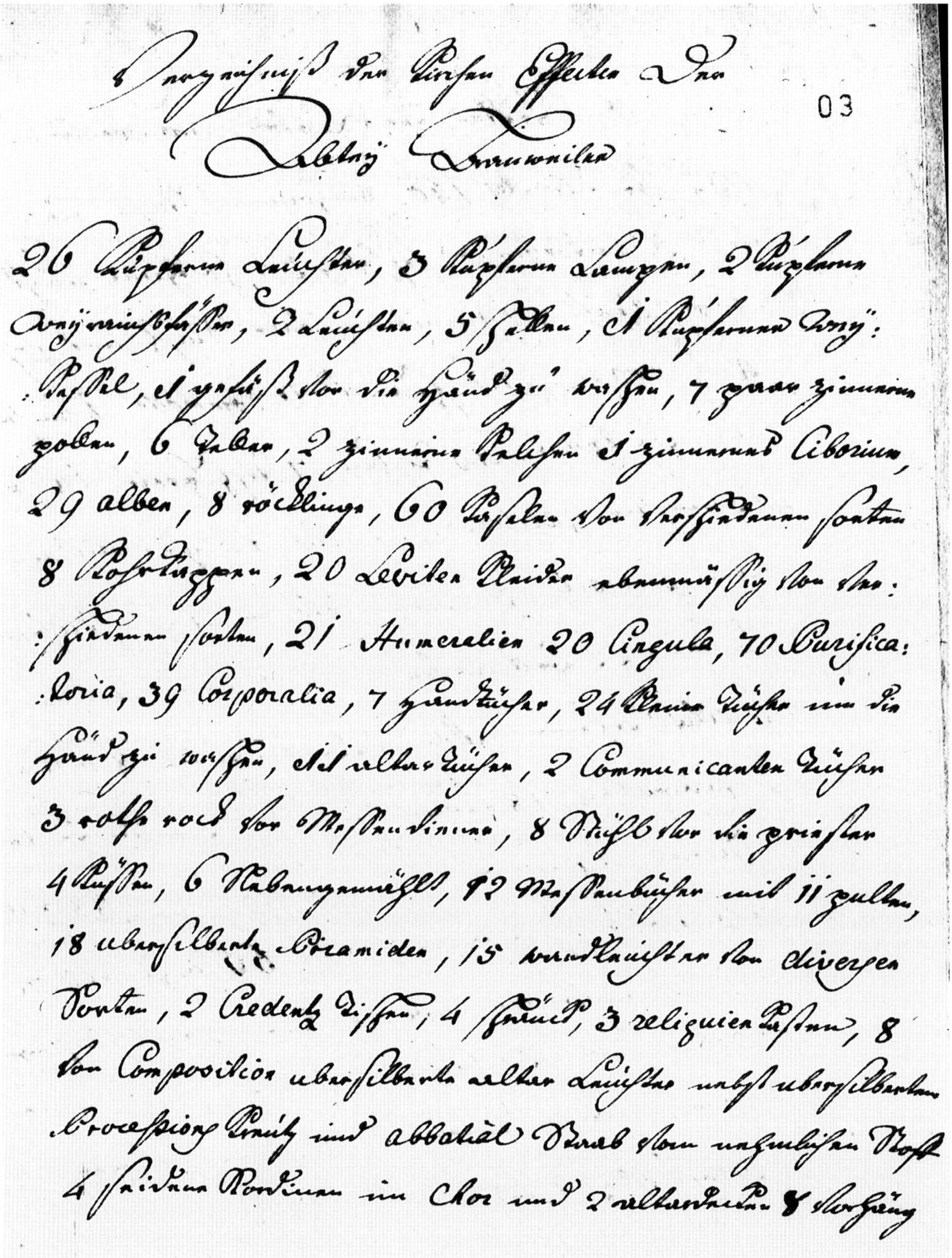

Verzeichniß der Kirchen Effecten der Abtey Brauweiler

26 kupferne Leuchter, 3 kupferne Lampen, 2 kupferne
Weihwasserschüsseln, 2 Leuchter, 5 Schellen, 1 kupferner Weih:
:Kessel, 1 gefäß für die händ zu waschen, 7 paar zinnerne
pollen, 6 Teller, 2 zinnerne Kelchen 1 zinnernes Ciborium,
29 alben, 8 röcklinge, 60 Kaselen von verschiedenen farben
8 Chorkappen, 20 Leviten Kleider ebenmäßig von ver:
:schiedenen farben, 21 Humeralien 20 Cingula, 70 Purifica:
:toria, 39 Corporalia, 7 handtücher, 24 kleine tücher um die
händ zu waschen, 11 altartücher, 2 Communicanten tücher
3 rothe röck für Messdiener, 8 [illegible] vor die priester
4 Küssen, 6 [illegible], 12 Meßbücher mit 11 pulten,
18 übersilberte Piramiden, 15 wandleuchter von diversen
Sorten, 2 Credentz tischen, 4 Kreutz, 3 reliquien kästen, 8
von Composition übersilberte altar Leuchter nebst übersilbertem
Procession Kreutz und abbatial Stab von ähnlichem Stoff
4 seidene Gardinen im Chor und 2 altar[illegible] 8 [illegible]

Das von den Mönchen angefertigte Verzeichnis der vorhandenen Ausstattungsstücke der Kirche und des Klosters. Auf dieser Seite das Inventar der Kirche. Auf den beiden nächsten Seiten folgt das Inventar der Abtei und darunter die Unterschriften aller zum Zeitpunkt der Inventarisierung im Kloster anwesenden 23 Konventsmitglieder. (NWHStAD, Roerdep.)

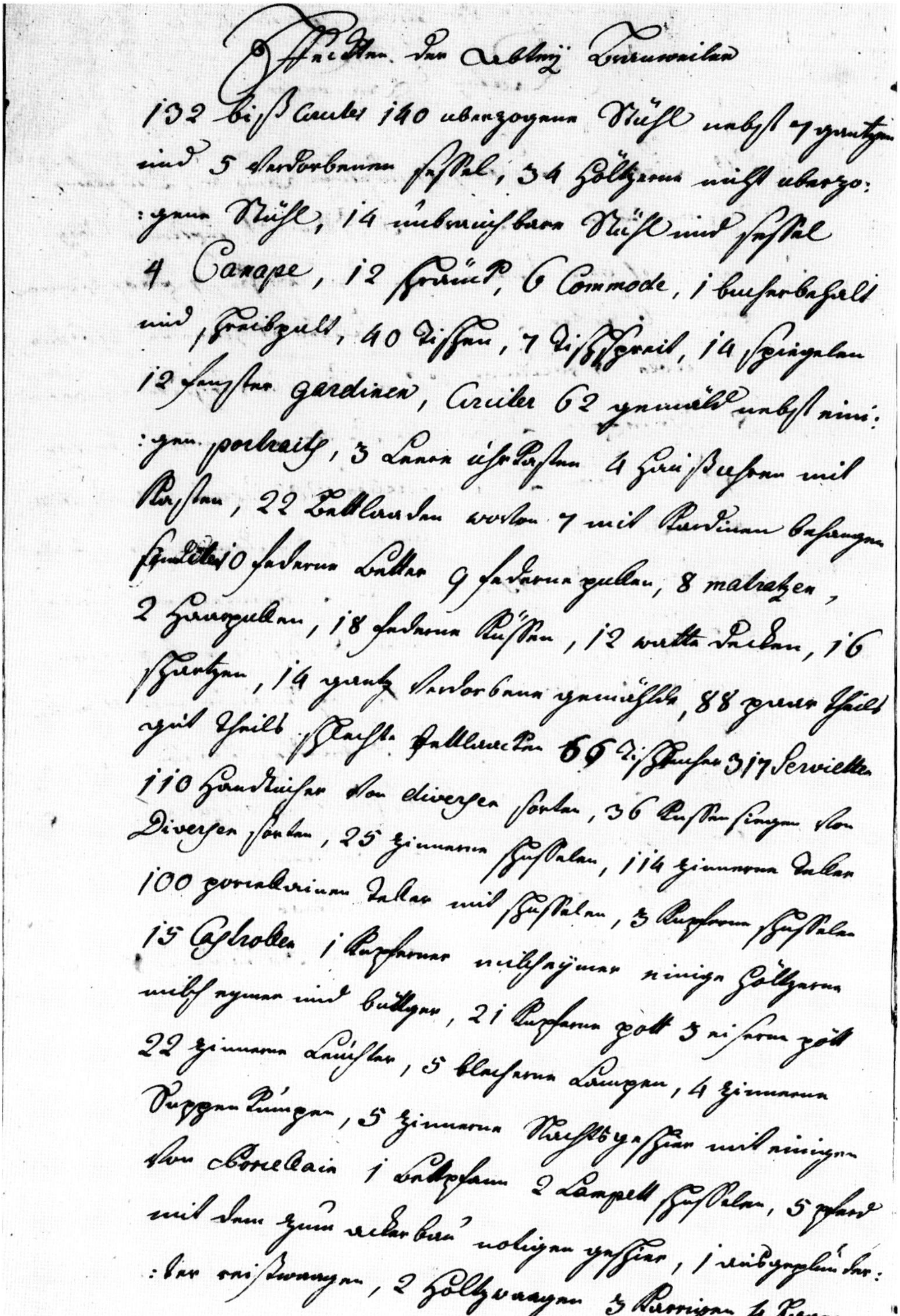

Effecten der Abtey Brauweiler

132 biß hierher 140 überzogene Stühl nebst [illegible]
und 5 verdorbenen Sessel, 34 hölzerne nicht überzo:
:gene Stühl, 14 unbrauchbare Stühl und Sessel
4 Canape, 12 Schränk, 6 Commode, 1 Bücherbehält
und 1 Schreibpult, 40 Tischen, 7 Tischgestell, 14 Spiegeln
12 Fenster gardinen, ferner 62 gemälde nebst eini:
:gen portraits, 3 paar Uhrkasten 4 [illegible] mit
Kissen, 22 Bettladen worvon 7 mit Gardinen behangen
[illegible] 10 federne Better 9 federne Pfühlen, 8 matratzen,
2 Haarpfühlen, 18 federne Kissen, 12 wollene Decken, 16
[illegible], 14 ganz verdorbene gemählde, 88 paar Theils
gut Theils schlecht Bettleuchter 66 Tischtücher 317 Servietten
110 Handtücher von diversen Sorten, 36 [illegible] von
Diversen Sorten, 25 zinnerne Schüsseln, 114 zinnerne Teller
100 porcelainene Teller mit Schüsseln, 3 kupferne Schüsseln
15 Casserolen 1 kupferner [illegible] einige hölzerne
[illegible] und butten, 21 kupferne Pött 3 eiserne Pött
22 zinnerne Leuchter, 5 blecherne Lampen, 4 zinnerne
Suppenkummen, 5 zinnerne Nachtsgeschirr mit einigen
von porcelain 1 Bettpfann 2 Lampett Schüsseln, 5 Pferd
mit dem zum ackerbau nöthigen geschirr, 1 [illegible]:
:der reisewagen, 2 holzwagen 3 karren 4 Eggen

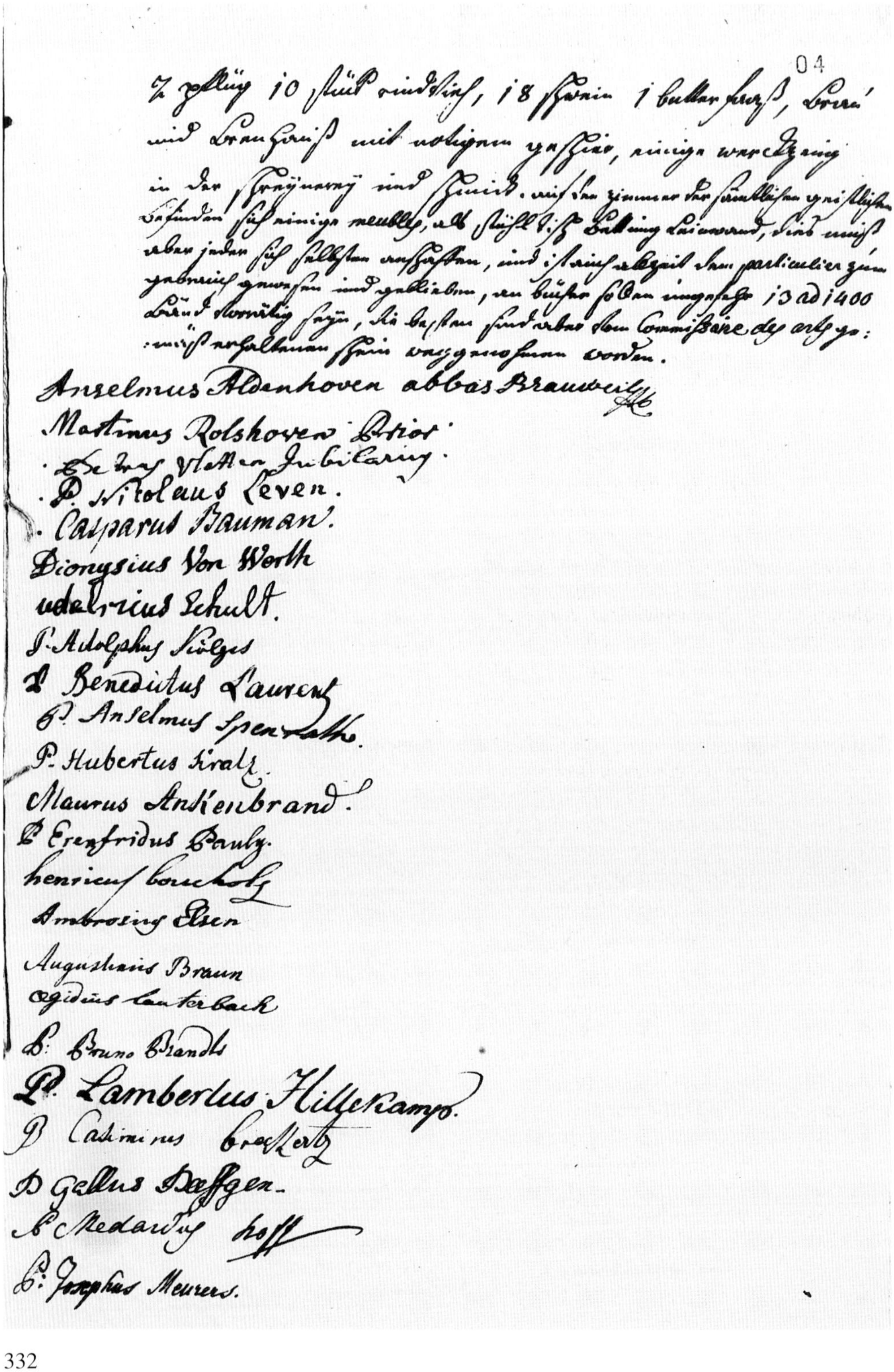

04

7 zeltlüg 10 stück rindvieh, 18 schwein 1 keller gerüst, brau- und brennhaus mit nöthigem geschirr, einige vorräthe in der scheuer und speicher. auf den zimmer der sämtlichen geistlichen befanden sich einige meubles, als stühl, tisch, bettung, leinwand, dies muss aber jeder sich selbsten anschaffen, und ist auch allzeit dem particulier zum gebrauch gewesen und geblieben, an bücher sollen ungefehr 13 à 1400 bänd vorräthig seyn, die besten sind aber dem Commissaire des arts ge:mäss verhaltenen schein weggenohmen worden.

Anselmus Aldenhoven abbas Brauweiler

Martinus Rolshoven Prior

Petrus Vetten Jubilarius

P. Nicolaus Leven.

Casparus Bauman.

Dionysius Von Werth

udalricus Schult.

P. Adolphus Nölges

P. Benedictus Laurenz

P. Anselmus Spenrath

P. Hubertus Kratz

Maurus Ankenbrand.

P. Erenfridus Pauly.

henricus borcholtz

Ambrosius Elsen

Augustinus Braun

aegidius lauterbach

P. Bruno Brandts

P. Lambertus Hillekamp.

P. Casimirus breckertz

P. Gallus Baffgen.

P. Medardus hoff

P. Josephus Meurers.

Stühl und Sessel, 4 Canape, 12 Schränck, 6 Commode, 1 bucherbehalt und Schreibpult, 40 Tischen, 7 Tischspreit, 14 Spiegelen, 12 fenster-gardinen, circiter 62 gemäld nebst einigen portraits, 3 Leere uhrkasten, 4 Haußuhren mit Kasten, 22 Bettlaaden wovon 7 mit Kardinen behangen [...], *10 federne Betten, 9 federne pullen, 8 matratzen, 2 Haarpullen, 18 federne Küssen, 12 watte Decken, 16 Schartzen, 14 gantz verdorbene gemählde, 88 paar theils gut theils schlechte bettlaacken, 66 Tischtucher, 317 Servietten, 110 Handtücher von diversen sorten, 36 Kussensingen von Diversen sorten, 25 zinnerne Schusselen, 114 zinnerne Teller, 100 porcellainen Teller mit Schusselen, 3 kupferne Schusselen, 15 Cassrollen, 1 Kupferner milcheymer, einige höltzerne milcheymer und büttger, 21 Kupferne pott, 3 eiserne pött, 22 zinnerne Leuchter, 5 blecherne Lampen, 4 zinnerne Suppen-Kumpen, 5 zinnerne Nachtsgeschier mit einigen von Porcellain, 1 Bettpfann, 2 Lampett-Schusselen, 5 pferd mit dem zum ackerbau notigen geschier, 1 ausgeplunderter reißwaagen, 2 Holtzwaagen, 3 Karrigen, 4 Eggen, 2 pflüg, 10 stück rindvieh, 18 Schwein, 1 butter-faß, Brau- und Brenhauß mit notigem geschier, einige werckzeug in der Schreynerey und Schmidt. Auf den zimmer der sämtlichen Geistlichen befinden sich einige meubles, als stühl, Tisch, Bettung, Leinwand. Dies muß aber jeder sich selbsten anschaffen, und ist auch allzeit dem particulier zum gebrauch gewesen und geblieben. An bücher sollen ungefehr 13*[00] *ad 1400 Bänd vorrätig seyn, die besten sind aber vom Commissaire des arts gemäß erhaltenen Schein weggenohmen worden.“*

Es folgen die Unterschriften von Abt Anselm Aldenhoven, Prior Martin Rolshoven und 21 weiteren Konventsmitgliedern. Propst Petrus Vlatten hat hinter seinen Namen *„Jubilarius“* gesetzt. Damit wollte er wohl auf das sechzigjährige Jubiläum seiner Profeß, die er 1738 abgelegt hatte, hinweisen.

Im Begleitschreiben zu dem Inventarverzeichnis heißt es seitens der Mönche: *„Solten vielleicht in einem oder anderm Betracht das verzeichniß dem Sinn der verordnung nicht püncklich entsprechen, so bitten wir demütigst um Nachsicht und Erläuterung und wir werden auf der Stelle alle fehler verbesseren und Lücken ausfüllen.“*

Weitere Einschränkungen der Freiheit von Kirche und Ordensgemeinschaften

Den Verordnungen Rudlers über die Auswanderung von Ordensgeistlichen und die Behandlung von geistlichem Eigentum folgten im Laufe des Jahres 1798 eine Reihe weiterer Verfügungen und Erlasse, mit denen das kirchliche Leben eingeschränkt wurde. Besonders betroffen waren die Ordensgemeinschaften, gegen die auffallend rigoros vorgegangen wurde.

Am 21. Pluviôse VI (= 9. Februar 1798) verbot Rudler allen Klöstern und religiösen Genossenschaften in den vier rheinischen Departements die Aufnahme von Novizen. Den bereits im Noviziat lebenden Ordensleuten wurde das Ablegen der Gelübde untersagt. Spätestens zu diesem Zeitpunkt dürften die drei als *„jeunes freres* - jüngere Brüder“ in der Konventsliste vom 13. Januar 1798 bezeichneten Jacob Lenzen, Anton Weber und Laurentz Ramerskirchen das Kloster wieder verlassen haben.

Etwa zur gleichen Zeit entsandte die französische Verwaltung Magistratsbeamte in die Klöster, die von den Konventsmitgliedern Klagen gegen deren Vorgesetzte entgegennehmen sollten. *„Doch zogen sie überall mit langer Nase ab“*, berichtet Anno Schnorrenberg in seinem Tagebuch.

Durch Erlaß vom 8. Messidor VI (= 26. Juni 1798) wurde den Ordensgeistlichen, die ihren Orden verlassen wollten, erlaubt, *„alles Bewegliche in ihren Zimmern und Zellen, ihr Weißzeug, Möbel und sonstige Geräthschaften, die seither zu ihrem besonderen persönlichen Gebrauche bestimmt waren, mitzunehmen, jedoch müssen sie der Munizipalität ihres Wohnortes davon Nachricht geben“*.

Ihr Anteil an den Einkünften des Ordens sollte an die Domänenverwaltung übergehen. Dafür wurde ihnen zum Ausgleich eine jährliche Pension, *„die aber nicht über 800 Francs steigen darf“*, zugesagt. Die Verfügung, die weder gedruckt noch öffentlich ausgehängt wurde, sei von französischen Abgesandten in den Klöstern unter Trommelschlag verkündet worden, teilt Anno Schnorrenberg in seinem Tagebuch mit, und er fügt hinzu, daß der Erfolg ausgeblieben sei: *„Aber man glaubt nicht daran, denn man hat es mit Franzosen zu thun, deren süße Worte griechische Treue enthalten.“*

Verbot von Prozessionen und christlichen Symbolen in der Öffentlichkeit

Am 13. Germinal VI (= 2. April 1798) erließ die Aachener Zentralverwaltung auf Veranlassung des Kommissars des vollziehenden Direktoriums *(commissaire du directoire exécutif)* Anton Joseph Dorsch einen Beschluß, der Prozessionen außerhalb der Kirchen verbot und die Entfernung christlicher Symbole auf den Straßen anordnete. Kommissar Dorsch war ein ehemaliger Mainzer Philosophieprofessor und Theologe, der dieses Amt von Rudler erhalten hatte. Er gehörte zu den Männern, die Rudler in seinem Aufruf vom Dezember 1797 als *„die rechtschaffensten und geschicktesten"* für eine *„väterliche Verwaltung"* zu berufen versprochen hatte. In der Begründung des Verbots von Prozessionen, die Dorsch formuliert hatte, hieß es, *„dass der Mensch nur in stiller Abgezogenheit sich dem Höchsten Wesen mitteilen und der Gottheit seine Huldigung darbringen soll, dass er aber in den Prozessionen nicht jene Ruhe genießt, die zu einer reinen Andacht erforderlich ist* [...], *dass besagte Prozessionen auch allerdings keines rühmlichen Ursprungs sind, sondern nur in der Absicht haben ersonnen werden können, um die Blindheit des Volkes zu verewigen und es für immer zum Scharwenzel der gierigen Priesterambition zu machen."*

Priester, *„in deren Kirchspielen sich Rottierungen bilden würden, um zu prozessionieren"*, sollten hart bestraft werden. Gleichzeitig wies die Verordnung an, daß *„alle Zeichen der verschiedenen Religionsverehrungen, welche in den Straßen, an den Straßenecken, auf Wegen usw. ausgestellt sein mögen, sollen weggeräumt und in die Kirchen oder Pfarren gebracht werden"*. Da man Widerstand seitens der Bevölkerung befürchtete, ersuchte Rudler die Zentralverwaltung am 27. Germinal (= 16. April), diese Verfügung Dorschs zunächst nicht durchzuführen, sondern zu widerrufen, da die französischen Gesetze, auf welche die Zentralverwaltung sich stütze, in den neuen Departements noch nicht veröffentlicht seien. Außerdem könnte diese Angelegenheit nicht in einem Departement allein durchgeführt werden. Die Folge war, daß seit Ende April Prozessionen im Roerdepartement wieder zahlreicher wurden und die Beseitigung von religiösen Symbolen an Straßen und auf Plätzen aufhörte.

Französischer Soldat mit Kokarde am Hut

Am 1. Prairial VI (= 20. Mai 1798) bestimmte Rudler für alle vier Departements die Beseitigung aller öffentlich angebrachten Adelsinsignien sowie sonstigen Erinnerungen an die Feudalzeit und die Entfernung von kirchlichen Symbolen an Straßen und auf Plätzen sowie den Geistlichen das Tragen von liturgischer Kleidung auf der Straße. Anno Schnorrenberg berichtet ergänzend dazu, daß den Geistlichen befohlen worden sei, *„heimlich und ohne Aufsehen die Kranken mit Sterbesacramenten zu versehen"*.

Den Frauen wurde nun untersagt, ein Kettchen mit einem Kreuz am Hals hängend zu tragen. Bereits seit dem 27. Pluviôse VI (= 15. Februar 1798) war *„in Erwägung, daß in allen nach den fränkischen Gesetzen verwalteten Ländern und in welchen die Fahne der Republik weht, die dreyfarbige Kokarde getragen und geehrt werden muß"*. Daher wurde

„sowohl Manns- als Frauenspersonen anbefohlen, die dreyfarbige Kokarde zu tragen“. Ihr Aussehen wurde in dem Beschluß genau festgelegt: *„Diese Kokarde muß eine wollene und ebenso geschaffen und geformt seyn, wie jene, welche der französische Soldat trägt.“*

Im Zusammenhang mit der Veröffentlichung zahlreicher Gesetze und Verordnungen am 1. Thermidor VI (= 19. Juli 1798) wurde unter Nr. 141 bestimmt: *„Die Weibspersonen, welche die dreyfarbige Kokarde nicht tragen, sollen das erstemal mit einer achttägigen Gefangenschaft bestraft werden, und diejenigen, welche einer anderen die National-Kokarde abreißen oder sie profanieren würden, sollen mit sechsjähriger Einsperrung bestraft werden.“* Unter Nr. 142 hieß es: *„Jede Person, die öffentlich ein anderes Partey-Abzeichen als die Nationalkokarde trägt, soll verhaftet und durch die Zucht-Polizey mit einer zweyjährigen Haft bestraft werden.“*

Am 8. Prairial VI. (= 27. Mai 1798) folgte das endgültige Verbot aller öffentlichen Prozessionen. In der Begründung hieß es, *„Daß in einigen Gemeinden die Prozessionen ausserhalb den Kirchen Anlaß zu Händel gegeben haben, die an sich selbst unanständig und der öffentlichen Ordnung unter den Anhängern der verschiedenen Arten von Gottesdienst zuwider sind* [...] *Die Uebertretung* [...] *soll mit einer nicht über 500 Livres und nicht unter 100 Livres betragenden Geldbuße und einer nicht mehr als zwey Jahre und nicht weniger als einen Monat langen Einkerkerung bestraft werden. Auf wiederholte Uebertretung soll derselbe Geistliche zu zehnjähriger Einsperrung verurtheilt werden.“*

Noch einmal wurde ausdrücklich auf das Verbot, in der Öffentlichkeit liturgische Kleidung zu tragen, verwiesen: *„Niemand darf bey Vermeidung der im vorhergehenden Artikel bestimmten Strafen öffentlich in den Kleidungen, Zierrathen oder Trachten erscheinen, welche Religions-Gebräuchen geeignet sind.“*

Fronleichnamsprozession 1798 in Brauweiler und „ein Paket für den Kommissar“

Den Termin für das Prozessionsverbot hatte Rudler offensichtlich in Hinsicht auf das bevorstehende Fronleichnamsfest gewählt, das in diesem Jahr auf den 7. Juni fiel. Die Aachener Zentralverwaltung wies umgehend die Munizipalverwaltungen an, auf die Einhaltung der Verbote zu achten. Bei der Bevölkerung stießen die Anweisungen der Behörden zum Teil auf heftigen Widerstand. Joan Peter Delhoven berichtet in seinem Tagebuch, daß man in Bergheim Militär zur Durchsetzung des Prozessionsverbotes eingesetzt habe. In Meckenheim und in anderen Orten wurden Pfarrer, die Fronleichnamsprozessionen durchgeführt hatten, verhaftet.

Auch in Brauweiler ist das Prozessionsverbot Rudlers nicht eingehalten worden. Offensichtlich konnte das Verbot mit Unterstützung des zuständigen Kommissars Henri Jean Tassier umgangen werden. Tassier war als Kommissar der Vollziehungsgewalt des Direktoriums bei den Munizipalitäten *(commissaire du directoire exécutif près les administrations municipaux)* der Munizipalität Brauweiler zugeordnet worden. Seine Aufgabe bestand u.a. darin, den Vollzug der Gesetze innerhalb des Verwaltungsbereichs dieser Munizipalität zu überwachen. Am 1. Messidor VI (= 19. Juni 1798) ging bei der Aachener Zentralverwaltung eine Anzeige vom 28. Prairial VI (= 16.

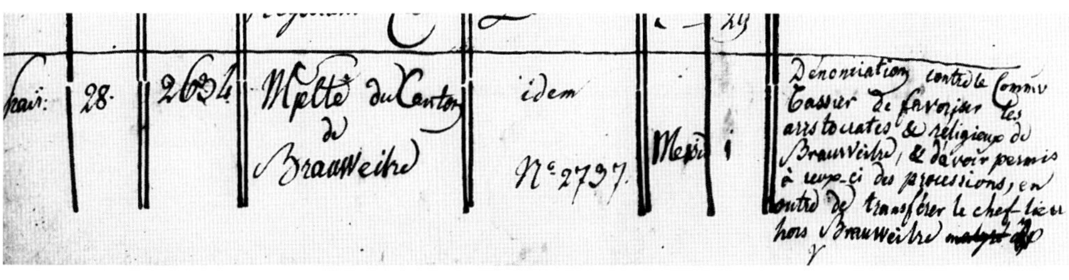
prair: 28 | 2634 | Mtte du Canton de Brauweiler | idem N° 2737 | Messid. 1 | Dénonciation contre le Commiss. Tassier de favoriser les aristocrates & religieux de Brauweiler, & d'avoir permis à ceux-ci des processions, en outre de transférer le chef-lieu hors Brauweiler malgré [illegible]

Register der Zentralverwaltung Aachen. Vermerk vom 1. Messidor VI (= 19. Juni 1798) über den Eingang einer Anzeige vom 28. Prairial VI (=16. Juni 1798) gegen den Kommissar Tassier, die Brauweiler Mönche begünstigt und ihnen Prozessionen erlaubt zu haben. (NWHStAD, Roerdep.)

Unterschrift des Kommissars Tassier unter einem Schreiben vom 24. Prairial VI (= 12. Juni 1798) an Nikolaus Cromm, Verwalter des 1. Büros (Öffentliche Abgaben) der Departementsverwaltung Aachen (Privatbesitz)

Juni 1798) gegen Kommissar Tassier ein. Er wurde beschuldigt, die Aristokraten und Mönche von Brauweiler *(aristocrates & religieux de Brauweiler)* begünstigt und ihnen Prozessionen erlaubt zu haben. Möglicherweise war Tassier von dem Präsidenten der Munizipalität Brauweiler, Preiss, angezeigt worden, denn zwischen beiden bestanden im Sommer 1798 bezüglich der Frage des Hauptortes des Kantons Meinungsverschiedenheiten. Tassier nannte den Präsidenten der Munizipalität Brauweiler einen unfähigen Menschen, der nicht würdig sei, sein Amt zu bekleiden. (Wißkirchen 1994)

Ein Indiz für die Beziehung zwischen den Mönchen der Abtei Brauweiler und dem Kommissar Tassier gibt der Vermerk über eine Ausgabe am 16. Juni 1798 im Einnahmen- und Ausgabenbuch des Klosters. Es heißt dort: *„Ein paquet vor ein Commissar"*. Empfänger dieses Paketes dürfte Kommissar Tassier gewesen sein. Über den Paketinhalt ist leider nichts bekannt.

Nicht nur die Annahme dieses Pakets durch den Kommissar, sondern auch der Eintrag der Ausgabe für das Paket in das Einnahmen- und Ausgabenbuch der Abtei war strafbar. In den am 1. Thermidor VI (19. Juli 1798) veröffentlichten Verwaltungsvorschriften war unter Nr. 25 *„keinem Verwaltungs-Agenten, noch irgend einem von denjenigen, die als Ober- oder Unter-Beamten irgend einige öffentliche Amts-Geschäfte verrichten"*, die Annahme eines Geschenkes erlaubt. Andererseits durfte auch *„kein Aufwand dieser Art* [...] *in den Rechnungen der besagten Gesellschaften* [...] *Körperschaften zugestanden werden"*.

In Brauweiler scheint im Zusammenhang mit den kirchenpolizeilichen Maßnahmen der Behörden große Unruhe unter der Bevölkerung geherrscht zu haben. Unter dem 1. Messidor VI (= 19. Juni 1798) vermerkt die Aachener Zentralregierung den Eingang eines Gesuches des Munizipalpräsidenten Preiss, eine Gendarmerie-Brigade zur Aufrechterhaltung der Ordnung nach Brauweiler zu entsenden. (Wißkirchen 1994)

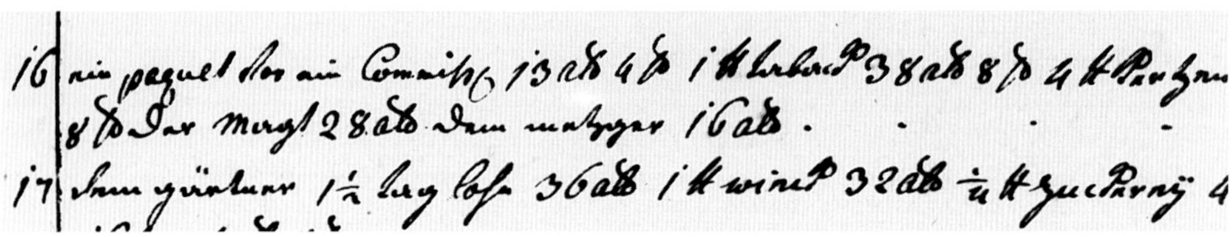

Ausgabe am 16. Juni 1798: „ein paquet vor ein Commissar". Einnahmen- und Ausgabenbuch der Abtei Brauweiler (NWHStAD, Brauweiler Akten)

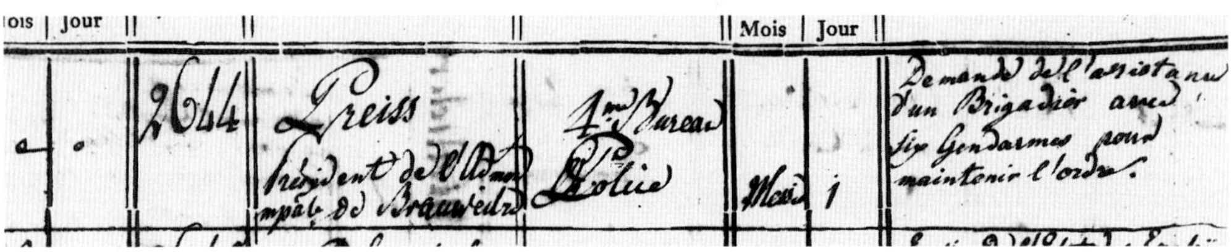

Register der Zentralverwaltung Aachen. Vermerk vom 1. Messidor VI (= 19. Juni 1798) über den Eingang eines Gesuches des Brauweiler Munizipalpräsidenten Preiss, eine Gendarmerie-Brigade nach Brauweiler zu entsenden (NWHStAD, Roerdep.)

Rudler mußte am 3. Thermidor VI (= 22. Juli 1798) wegen der allgemeinen Stimmung in der Bevölkerung einen beruhigenden Aufruf erlassen, in dem es hieß, daß es sich bei den durchgeführten Maßnahmen nicht um Angriffe auf den wahren Gottesdienst handele; die Republik gewähre vielmehr *„gleichen Schutz dem Katholiken, dem Protestanten, dem Juden, dem Inder, dem Mohammedaner, welche alle das unverjährbare Recht genießen müssen, die Gottheit nach dem Triebe ihres Herzens anzubeten“.*

Das Schicksal des gotischen Brauweiler Hagelkreuzes

Die Erlasse des Regierungskommissars Rudler bestimmten auch die Beseitigung aller religiösen Zeichen in der Öffentlichkeit. Die Folge war die Zerstörung zahlreicher Kreuze und Bildstöcke an Straßen, Wegen und auf Plätzen.

Der in Udenbreth (Eifel) geborene Jurist Jakob Müller, der durch seine amtliche Tätigkeit in französischer Zeit als Beisitzer beim Obertribunal in Bonn und später als Adjunkt

Zerstörung des Brauweiler Hagelkreuzes. Kohlezeichnung von Heinz Binsfeld

Das Brauweiler Hagelkreuz auf dem alten Teil des Brauweiler Friedhofes

des Bonner Maires J.J. Eichhof einen gründlichen Einblick in die lokalen Vorgänge im Roerdepartement hatte, berichtet in seinem Tagebuch „Fata Bonnensis“ über die Vorgänge im Zusammenhang mit Rudlers Verfügung während der Monate Juli und August 1798: *„In Köln hatte die Bilderstürmerei wirklich angefangen, und wurden auf den Straßen die Kreuze, Stationen, Bilder und in den Kirchen die Grabmäler, Inscriptionen und Wappen weggeräumt, zum Teil auch zerstümmelt oder zerschlagen. Im August fuhr man in Köln und im ganzen Roerdepartement fort, die auf öffentlichen Landstraßen oder in Gassen ausgestellten Bilder zu stürmen.*[...] *mußten alle Bilder auf den Straßen und sogar in den Kirchen diejenigen, welche nicht auf den Altären standen, weggeräumt, auf den Kirchtürmen aber mit eisernen Staketten so verkleidet werden, dass sie mehr das Aussehen eines Sterns als eines Kreuzes hatten. Zu Brühl schickte der Kommissär Biergans, ein verloffener* [sittlich heruntergekommener] *und à la francaise geheirateter Mönch, denjenigen Pastoren Exekutionen in die Häuser, welche die Kreuze nicht von Kirchhöfen hatten wegschaffen lassen.“*

In Brauweiler wurde damals das alte steinerne Hagelkreuz, das neben einem Weiher an der Straße vor dem Viehhof der Abtei stand, von einem Brauweiler Bürger mit Hilfe eines Spatens in den Weiher gestürzt. Der Übeltäter soll später mit dem gleichen Spaten in der Hand in seinem Garten tot umgefallen sein. Man deutete das als eine Strafe Gottes. Die Teile des umgestürzten Kreuzes wurden schließlich wieder aus dem Teich geborgen. Im Jahre 1810 hat man das Hagelkreuz als Hochkreuz auf dem neuen Brauweiler Friedhof, der am ersten Adventsonntag des gleichen Jahres eingeweiht wurde, aufgestellt. Hier befindet es sich noch heute.

Einführung des republikanischen Kalenders und andere Bestimmungen

Am 1. Thermidor VI (= 19. Juli 1798) veröffentlichte Rudler eine große Anzahl von französischen Gesetzen und Verordnungen, gewissermaßen den zweiten Teil der für die vier Departements geltenden allgemeinen Verwaltungsordnung, die tief in das bürgerliche Leben eingriff. Es sind Bestimmungen u. a. über Maße und Gewichte, Münze, Post, Polizei und Presse sowie Namen und Nationalfeste.

Die Anzahl der Nationalfeste wurde von sieben auf elf erweitert. Sie sollten endgültig die christlichen Feste ablösen. Ihre Namen sollten sie *„von den glorreichen Begebenheiten unserer Revolution, von den dem Menschen theuersten und nützlichsten Tugenden und von den größten Wohlthaten der Natur entlehnen“.* Man sah in den Nationalfesten *„ein kräftiges Mittel* [...], *alle Franken in die nämlichen*

Gesinnungen zu vereinigen, und daß bey der nahen Epoche, da die Bürger ihr Souveränitäts-Recht ausüben werden, viel daran gelegen ist, daß Vaterlands-Liebe und das Verlangen, die Konstitution vom 3ten Jahr zu behaupten, alle Herzen durchdringen und alle Meinungen überwiegen" soll.

Zu diesen Nationalfesten gehörten u. a. das Fest zum Tag der Gründung der Republik (1. Vendémiaire = 22. September), das Nationalfest der Jugend (10. Germinal = 30. März), das Fest der Ehegatten (10. Floréal = 29. April), das Fest der Dankbarkeit (10. Prairial = 29. Mai), das Fest des Feldbaus (10. Messidor = 28. Juni) sowie das Fest der Revolution (26. Messidor = 14. Juli), das Fest der Freiheit (9. und 10. Thermidor = 27. u. 28. Juli) und das Fest der Greisen (10. Fructidor = 27. August). Am Fest des Feldbaus und der Landwirtschaft im Juni fanden Prozessionen statt, in denen man mit Blumen und Getreide geschmücktes Ackergerät mitführte. Die Teilnahme der Bevölkerung an diesen Festen war äußerst gering.

An die Stelle des christlichen Kalenders trat nun endgültig der republikanische Kalender, dessen Anwendung von jetzt an verpflichtend wurde. Statt der Sonntage waren nun die *„Decadi"* - der jeweils zehnte Tag - verpflichtende Ruhetage.

Die Brauweiler Mönche haben in den Monaten nach dieser Verfügung Rudlers mehrmals Exemplare dieses neuen Kalenders gekauft. Innerhalb der klösterlichen Buchführung wurde jedoch der christliche Kalender weiterhin verwendet.

Eine weitere Verfügung, die später folgte, verbot den Religionsunterricht an der im November 1798 in Köln eingerichteten Zentralschule. Er wurde durch einen solchen in Ethik ersetzt. An Abstinenztagen, an denen statt Fleisch Fisch gegessen werden sollte, wurde das Abhalten von Fischmärkten verboten.

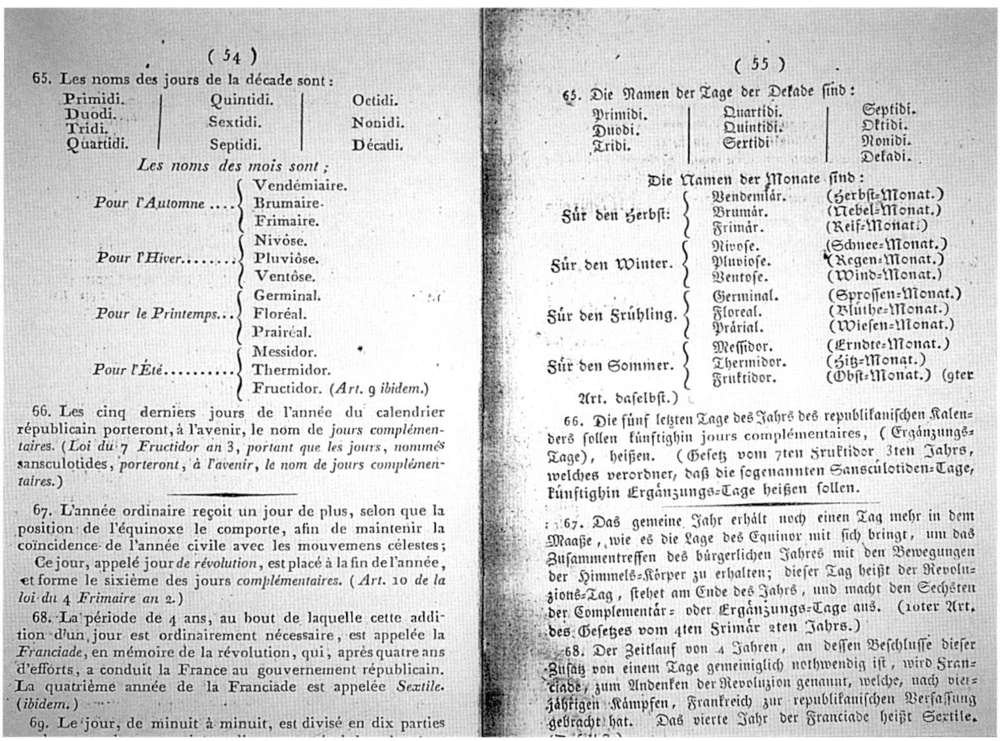

(54)

65. Les noms des jours de la décade sont:

Primidi.	Quintidi.	Octidi.
Duodi.	Sextidi.	Nonidi.
Tridi.		
Quartidi.	Septidi.	Décadi.

Les noms des mois sont;

Pour l'Automne .... Vendémiaire. Brumaire. Frimaire.

Pour l'Hiver........ Nivôse. Pluviôse. Ventôse.

Pour le Printemps... Germinal. Floréal. Prairéal.

Pour l'Été.......... Messidor. Thermidor. Fructidor. (*Art.* 9 *ibidem.*)

66. Les cinq derniers jours de l'année du calendrier républicain porteront, à l'avenir, le nom de *jours complémentaires.* (*Loi du* 7 *Fructidor an* 3, *portant que les jours, nommés* sansculotides, *porteront, à l'avenir, le nom de jours complémentaires.*)

67. L'année ordinaire reçoit un jour de plus, selon que la position de l'équinoxe le comporte, afin de maintenir la coïncidence de l'année civile avec les mouvemens célestes;

Ce jour, appelé jour *de révolution*, est placé à la fin de l'année, et forme le sixième des jours *complémentaires.* (*Art.* 10 *de la loi du* 4 *Frimaire an* 2.)

68. La période de 4 ans, au bout de laquelle cette addition d'un jour est ordinairement nécessaire, est appelée la *Franciade*, en mémoire de la révolution, qui, après quatre ans d'efforts, a conduit la France au gouvernement républicain. La quatrième année de la Franciade est appelée *Sextile.* (*ibidem.*)

69. Le jour, de minuit à minuit, est divisé en dix parties

(55)

65. Die Namen der Tage der Dekade sind:

Primidi.	Quartidi.	Septidi.
Duodi.	Quintidi.	Oktidi.
Tridi.	Sextidi	Nonidi.
		Dekadi.

Die Namen der Monate sind:

Für den Herbst: Vendemiár. (Herbst-Monat.) Brumár. (Nebel-Monat.) Frimár. (Reif-Monat.)

Für den Winter. Nivose. (Schnee-Monat.) Pluviose. (Regen-Monat.) Ventose. (Wind-Monat.)

Für den Frühling. Germinal. (Sprossen-Monat.) Floreal. (Blüthe-Monat.) Prárial. (Wiesen-Monat.)

Für den Sommer. Messidor. (Erndte-Monat.) Thermidor. (Hitz-Monat.) Fruktidor. (Obst-Monat.) (9ter Art. daselbst.)

66. Die fünf letzten Tage des Jahrs des republikanischen Kalenders sollen künftighin jours complémentaires, (Ergänzungs-Tage), heißen. (Gesetz vom 7ten Fruktidor 3ten Jahrs, welches verordnet, daß die sogenannten Sansculotiden-Tage, künftighin Ergänzungs-Tage heißen sollen.

67. Das gemeine Jahr erhält noch einen Tag mehr in dem Maaße, wie es die Lage des Equinox mit sich bringt, um das Zusammentreffen des bürgerlichen Jahres mit den Bewegungen der Himmels-Körper zu erhalten; dieser Tag heißt der Revoluzions-Tag, stehet am Ende des Jahrs, und macht den Sechsten der Complementár- oder Ergänzungs-Tage aus. (10ter Art. des Gesetzes vom 4ten Frimár 2ten Jahrs.)

68. Der Zeitlauf von 4 Jahren, an dessen Beschlusse dieser Zusatz von einem Tage gemeiniglich nothwendig ist, wird Franciade, zum Andenken der Revoluzion genannt, welche, nach vierjährigen Kämpfen, Frankreich zur republikanischen Verfassung gebracht hat. Das vierte Jahr der Franciade heißt Sextile.

Auszug aus den Verordnungen des Regierungskommissars vom 1. Thermidor VI (= 19. Juli 1798), hier über die Einführung der Republikanischen Zeitrechnung. In: Recueil des réglemens et arrêtés... (Sammlung der Verordnungen und Beschlüsse...), 5. Teil, 9. u. 10. Heft, Straßburg VII. Jahr der Franken-Republik (HAStK)

Das Inventar vom 2. August 1798

Mit dem Inventar der Einrichtung von Kirche und Kloster, das der Brauweiler Konvent im Mai an die Zentralverwaltung in Aachen geschickt hatte, erhielt die französische Verwaltung eine unsystematische Auflistung, die einen ersten groben Überblick über das gab, was die Abtei Brauweiler an Werten besaß. Unterlagen dieser Art entsprachen aber nicht dem Ziel, das die französische Verwaltung mit solchen Inventaren im Vorfeld der geplanten Säkularisation des geistlichen Besitzes verfolgte: die Ressourcen kennenzulernen, mit denen die Republik rechnen könne. Hierzu war eine systematische Erfassung notwendig. Darüber hinaus wollte die Regierung nach Möglichkeit diejenigen Güter zurückerlangen, welche die *„astuce réligieuse“*, die geistliche Verschlagenheit, ihrer Meinung nach eventuell bereits beiseite geschafft hatte. (Kulenkampf 1985)

So erstellte die Verwaltung ihrerseits Formulare. Sie waren in drei Spalten gegliedert. In die erste Spalte waren die beweglichen Einrichtungsgegenstände und Ausstattungsstücke von Kloster und Kirche einzutragen, welche die Institution vor der endgültigen Eroberung des Rheinlandes im Jahre 1793 besessen hatte. In der zweiten Spalte waren die verkauften bzw. auf andere Weise abhanden gekommenen Stücke aufzulisten. Die dritte Spalte blieb zusätzlichen Bemerkungen vorbehalten. Bei allen Ausstattungsstücken aus Metall sollte in den beiden ersten Spalten das Gewicht und bei den übrigen Gegenständen der Kaufpreis eingetragen werden.

Zur Inventarisation kamen am 15.Thermidor VI (= 2. August 1798) die Munizipalbeamten des Kantons Weiden *(administrateurs municipaux du Canton de Weiden)* Henri Fasbender und Paul Odendahl in die Abtei Brauweiler. Sie wurden vom Hauptsekretär *(Secretaire en Chef)* Dahmen begleitet. Zusammen mit den Konventsmitgliedern haben sie nach deren Angaben den Erfassungsbogen in französischer Sprache ausgefüllt. Konkrete Angaben über die einzelnen Gegenstände der Einrichtung des Klosters und der Ausstattung der Kirche befinden sich in der ersten Spalte. Es handelt sich im großen und ganzen um die Einrichtungs- und Ausstattungsstücke, die bereits in den Ausführungen über das klösterliche Leben erwähnt wurden. (s. S. 266ff.) Da unter den aufgeführten Stücken auch Gegenstände genannt werden, die vor der Plünderung der Abtei durch die Esterházy-Husaren im Oktober 1794 in Gebrauch waren und nun als stark beschädigt oder abhanden gekommen bezeichnet werden, ist dieses Inventar wesentlich umfangreicher als das, welches die Mönche einige Monate zuvor erstellt hatten.

Angeführt wird die Liste von Gegenständen aus gegossenen Metallen *(En métaux fondus)*. Hierzu gehören sowohl die drei großen und vier kleinen Glocken der Kirche als auch die Altarschellen und die Tischglocke des Abtes. Ferner werden 26 nicht näher bezeichnete Leuchter, der große Küchenherd und die 30 kleinen Öfen in den verschiedenen Räumen des Klosters aufgezählt.

Es folgen Gegenstände in getriebenem Kupfer *(En cuivre battu)*. Darunter befinden sich zwei Kirchenleuchter *(chandeliers de l'église)*, Lampen, ein Weihwasserkessel, verschiedene Arten von Kochkesseln, Kasserollen, Siebe, Schüsseln, Pfannen für die Zubereitung von Eiern, Melkeimer und ein großer Wasserkessel mit Hähnen. Auch die drei Feuerlöschfahrzeuge des Klosters sind wegen ihrer kupfernen Wasserbehälter hier aufgeführt.

Als nächstes sind Ausstattungsstücke, die aus verschiedenen Metallen bestehen *(En composition)*, aufgelistet. Es handelt sich um acht Leuchter, einen Krummstab und um ein versilbertes Kreuz aus Kupfer.

Umfangreicher ist die Anzahl der aufgeführten Gegenstände aus Zinn *(En étain)*. Hierzu gehört hauptsächlich das Tafelgeschirr wie Teller, Schüsseln, Schalen, Löffel, Senftöpfchen, Milchtöpfe, Kaffeekannen und ein Teetopf sowie mehrere Leuchter. Aber auch 20 Nachttöpfe und 4 Waschtröge werden genannt.

Schließlich folgen Ausstattungsstücke aus Silber *(En argent)*. Es ist hauptsächlich Kirchengerät, darunter vier Büsten - Reliquienbüsten - und zwei Pyramiden, mit denen ebenfalls Reliquiare in der Form einer Pyramide gemeint sind. Ein Kreuz, ein Krummstab, Kerzenanzünder, sechs große Altarleuchter *(chandeliers à l'autel)*, Meßkännchen, zwei Monstranzen, sechs Kelche und ein Ziborium gehören ebenso dazu wie vier Dutzend Silberlöffel mit Messern und Gabeln sowie Suppenkellen, Schüsseln und fünf Tischleuchter *(chandeliers à table).*

Den größten Umfang nimmt die Liste der übrigen beweglichen Güter ein. Sie beginnt mit der Aufzählung der liturgischen Gewänder wie Alben, Chorhemden, Kaseln, Chormäntel und Gewänder für die Meßdiener. Es folgen die Priestersedilien, Sitzkissen, Meßbücher, Lesepulte, Tische, Reliquiare mit Glasscheiben, Vorhänge sowie Antependien für die Altäre und eine Orgel. Die Bibliothek wird mit einem Bestand von 2000 bis 2200 Bänden angegeben.

Es folgen sieben Pferde mit dem zugehörigen Geschirr, den landwirtschaftlichen Fuhrwerken und Ackergeräten sowie die Tiere im Klosterhof neben der Abtei. Dabei wird auch der Reisewagen, die Karosse, sowie die etwas leichtere Birutsche genannt. In der Liste sind auch die Vorräte an Wein (150 Ahm) sowie an Getreide (500 Malter Hafer, 150 Malter Roggen, 70 Malter Weizen und 100 Malter Gerste) aufgeführt.

Schließlich folgt eine Aufstellung der Möbel und der weiteren Einrichtungsgegenstände des Klosters. Es handelt sich um Holzstühle, die mit Leder bzw. Plüsch überzogen sind, Plüschsessel, Plüschkanapees, hölzerne Kanapees sowie verschiedene Schränke mit und ohne Glasscheiben, Kommoden, Tische, Spiegel, Uhren, Gemälde sowie die Betten mit Matratzen, Federbetten, Keilkissen, Kissen, Decken und Bettüchern. Aber auch Tischdecken, Servietten und Handtücher werden hier ebenso aufgeführt wie kleine Wannen, ein Bottich, Milchkannen und Waschbütten.

In der zweiten Spalte des Inventarformulars befinden sich Angaben über die Verluste, die das Kloster seit dem Einmarsch der Franzosen erlitten hat. Zunächst wird der bereits erwähnte Verkauf von Silbersachen der Abtei geschildert. (s. S. 307f.) Es heißt dort: *„Alle Silbersachen sind an den Bürger Junck in Köln verkauft worden, ein Teil am 6. März 1797, der andere Teil am 28. Dezember 1797."* Die Verkaufsdaten stimmen überein mit den Angaben im Einnahmen- und Ausgabenbuch der Abtei. Während dort der Wert des verkauften Silbers in Reichstalern angegeben wird, steht im Inventarverzeichnis der Verkaufspreis in Livres.

Dann folgt eine Angabe über die Verluste, welche die Bibliothek erlitten hat: *„Nach der Plünderung hat der Kunst- und Wissenschaftskommissar dem Rest der Bibliothek einen Besuch abgestattet und nachfolgend eine Empfangsbescheinigung ausgestellt über die besten Werke, die er in mehreren Wagen hat abtransportieren lassen."*

Schließlich weisen die Mönche auf weitere Verluste des Klosters hin, die sich aus dem Vergleich zwischen der Inventarliste, die sie im Mai 1798 nach Aachen geschickt haben, und dieser Liste ergeben: *„Endlich alle Wertgegenstände, die wie oben für das Jahr 1793 aufgeführt sind, die wir aber in dem Verzeichnis, das wir nach Aachen schickten, nicht erwähnt haben, wurden geplündert und sind verlorengegangen infolge der traurigen Umstände des Krieges."* Nun wird auch verständlich, warum das von den Beamten der französischen Verwaltung angelegte Inventarverzeichnis umfangreicher ist als das, welches die Mönche selbst angefertigt haben. Es enthält zwar ein weitgehend vollständiges Verzeichnis der Einrichtung und Ausstattung von Kirche und Kloster, gibt aber zugleich auch die hohen Verluste an, welche das Kloster ein für alle Male erlitten hatte.

In der dritten Spalte, die den allgemeinen Bemerkungen *(Observations)* vorbehalten war, wird noch einmal auf die Verluste hingewiesen: *„Es ist allgemein bekannt,* [daß unser Haus] *derart geplündert worden ist, daß uns fast nichts mehr blieb als kleine Möbel und wir im Jahr 1795 gezwungen waren, Neuanschaffungen zu machen, die für einen Haushalt unbedingt notwendig sind. Es gab niemals ein Verzeichnis der Möbel, die sich in unserem Haus befanden. Es ist daher unmöglich, eine genaue Aufstellung für das Jahr 1793 zu erstellen. Wir haben dennoch peinlich genau alles aufgeschrieben, von dem wir noch Kenntnis haben. Wir haben in gleicher Weise*

▶

Inventar für die Abtei Brauweiler vom 15. Thermidor VI (= 2. August 1798). Vorderseite und Rückseite des großformatigen Formulars. Auf der Rückseite befinden sich in der rechten Spalte „Observations" unter dem Datum die Unterschriften der am Tage der Inventarisierung anwesenden Konventualen. (NWHStAD, Roerdep.)

PROCES-VERBAL DE VERIFICATION.

NOUS Soussignés Henri Fastender et paul Ddendahl administrateurs municipaux du Canton de Weiden accompagnés du Con Dahmon Secretaire en Chef,

En vertu de l'Arrêté pris par l'Administration centrale du Département de la Roër, le 13 Messidor, pour assurer la pleine et entière exécution de celui du Citoyen RUDLER, du 29 Pluviôse, et de la circulaire de ladite Administration, en date du 5 Germinal, avons procédé à la formation de l'inventaire ci-contre et de la vérification d'icelui; et nous avons reconnu

N.B. En fait de Métaux, tous les objets différents tant de l'église que du Couvent seront réunis et spécifiés ensemble, pour le poids.

En fait de boiseries, tous les meubles d'une même nature seront réunis et spécifiés ensemble, pour le prix: il en sera de même pour les linge, ornements et autres objets.

On portera dans les observations les papiers, titres et documens exportés, les contrats et biens immeubles vendus ou cédés d'une manière quelconque depuis la guerre.

Le procès-verbal sera continué par les mots *véritable* ou *non véritable* vis-à-vis de chaque article détaillé et dans le dernier cas, il sera donné des raisons.

Si les Municipalités ont d'autres observations à fournir, elles les feront dans une feuille à part qu'elles joindront à l'inventaire qu'elles regarderont respectivement. Tous les inventaires d'un même Canton devront être envoyés ensemble par les Municipalités qui les dresseront elles-mêmes en double sur les modèles parvenus. Elles en garderont une expédition par devers elles.

CAN[TON]

Inv[entaire]

EFFETS DONT IL ETAIT EN POSSESSION EN 1793.

Vérification	DETAIL des OBJETS.	DESIGNATION Du poids des métaux.	Du prix d[es] autres obj[ets]
	En métaux fondus.		
veritable	3 grandes cloches 4 petites cloches – –	13500	
veritable	26 chandeliers, 8 sonnettes à l'autel, 1 clochette pour faire assember à table – –	220	
veritable	20 poêles à tuyau – – – –	500	
veritable	1 fourneau de fer fondu à 9 trous – –	120	
	En cuivre battu.		
veritable	2 chandeliers de l'église 3 lampes 1 encensoir 1 vase pour laver les mains, 1 bénitier, un chaudron à cuire les jambons 4 passoires, 2 plats 18 casseroles 2 poeles pour arranger les oeufs, 8 chaudrons, 1 Coquemar, un gros chaudron à l'eau avec des robinets. 30 couvercles –	600	
veritable	3 poeles, un seau 3 seaux dont l'on se sert en tirant le lait des vaches, trois seilles pour abbreuver les bestiaux, 3 seringues à feu, qui servent pour les bien des communes voisines – –	700	
	En composition		
veritable	8 chandeliers, 1 crosse, 1 croix de cuivre argenté – – – –	92	
	En étain		
veritable	10 douzaines d'assiettes, 3 douzaines de plats, 8 écuelles, 2 moutardiers 2 petits pots au lait, 2 caffetiers, 1 pot à the 3 douzaines de cuilliers, 20 chandeliers 20 pots de chambre, 4 lavoirs 2 paire de burrettes avec les assiettes – –	432	
	En argent.		
Veritable selon la Declaration que le Couvent nous a fait	4 bustes, 2 pyramides, un tour d'argent autour du tabernacle, 6 grands chandeliers à l'autel, avec deux petits 1 lampe 1 encensoir, 1 croix 1 crosse 2 lavoirs 4 douzaines de cuilliers d'argent de couteaux et fourchettes 3 cuilliers à la soupe 5 chandeliers à table, 2 soleils, 6 calices 3 paires de burrettes 1 plat de menage 2 écuelles 1 ciboire 2 missels garnis avec un petit bacillum – à peu près	182	
	En d'autres meubles.		
veritable	30 aubes 10 surplis et les autres linges appartenans au service de l'église –	– –	11
veritable	70 chasubles d'étoffe. item 12 à galons en argent 2 à galons en or 12 paires de vêtemens pour les diacres et soudiacres. et 10 chapes – –		60
	3 habits rouges pour les garçons servans à la messe 8 chaises pour les prêtres 4 coussins 12 missels 11		

le **COUVENT** de Brauweiler

[illegible]es meubles et effets de l'Eglise et du Couvent de Brauw[illegible]

[illegible] VENDUS OU DISTRAITS DEPUIS LA GUERRE.

[illegible]TAIL DES OBJETS.	DESIGNATION — Du poids des métaux.	DESIGNATION — Du prix des autres objets.	OBSERVATIONS.
[illegible]terie est toute vendues [illegible]oyen Junak de Cologne 1797 [illegible]artie le 6 de mars pour [illegible]utre partie le 28 xbre 1797 [illegible]a Somme de — —	— — — — —	3072 Ecus Sp. 57 alb 4 den 1121 Ecus Sp 60 alb 4 den	Il est publiquement reconnu, a été pillée de Sorte qu'il ne nous restoit presque rien, que de petits meubles et qu'en l'an 1795 nous fumes obligés d'en acheter d'autres, qui sont absolument necessaires dans une oeconomie
[illegible]es deux Sommes le Sus-dit [illegible] aussi payées. il ne nous [illegible]onc en argent qu'à peu près [illegible]nterie vendue pesoit en tout	[illegible] Livres. 174 3/4 Liv.	les Sommes Sus mentionnées reduites en argent de france font la Somme de Liv. 8. 13128, 19 3/4	Comme il n'y a jamais eu d'inventaire de meubles dans notre maison, il est impossible d'en faire un état exact pour l'an 1793. nous avons donc declaré Scrupuleusement tout ce dont nous pouvions encore avoir connoissances. nous avons de la même maniere ajouté le poids et les prix que les effets pouvoient avoir à peu-pres, parceque une exactitude plus grande nous étoit impossible.
[illegible]le pillages un commissaire [illegible]rts et Sciences a fait une [illegible] au reste de la bibliothèque Suivant un reçu donné [illegible]pris les meilleurs ouvrages [illegible]l a transportés en plusieurs [illegible]ts.			Il n'y a point de papiers exportés ni titres ni documens excepté les obligations dont je vais faire mention: Pour payer les contributions et pour d'autres necessités nous étions forcés d'emprunter Successivement l'an 95, 96 et 97 du Citoyen Alderhoven et Compagnie la Somme de 4600 Couronnes de france et du Citoyen Landiarz de Cologne 800 Couronnes de france. pour leur Sureté nous avons donné au Citoyen [illegible]hoven et compagnie des cap[illegible] qui montent à 10674 ecus [illegible] empire et aux Citoyen[illegible] Karz un Capital de [illegible] ecus d'empire
[illegible] tous les effets ci-dessus [illegible]orbés de l'an 1793 dont [illegible]n'avons pas fait mention [illegible]l'état que nous avons [illegible] à aix-la-chapelle, ont [illegible]pillés et perdus par les [illegible]es circonstances de la guer[illegible]			au clergé nous avons donn[illegible]

SUIT

PROCES-VERBAL DE VERIFICATION.	EFFETS DONT IL ETAIT EN POSSESION EN 17 — DETAIL DES OBJETS.	DESIGNATI — Du poids des métaux.	Du autr
veritable	6 devans d'autel dont l'un de soie verte à galons en argent et un autre de soie noire	—	—
veritable	2 devans d'autel à galons en or	—	—
	un orgue	—	—
	La bibliotheque consistant en 2000 à 2200 volumes	—	—
veritable	7 chevaux	—	—
veritable	les harnois pour sept chevaux 3 charrettes 3 chariots 2 charrues 4 herses 1 carosse 1 biroutshe	—	—
veritable	les instrumens pour le marechal, le tonnelier et le menuisier	—	—
veritable	les instrumens requis à brasser et à faire de l'eau de vie	—	—
veritable	11 bestiaux, 28 cochons 100 poules	—	—
veritable	130 ahmes de vin, l'ahme à 60 livres	—	—
veritable	500 malders d'avoine à 6 livres	—	—
veritable	150 malders de seigle 70 malders de froment et 100 d'orge	—	—
veritable	60 tableaux	—	—
veritable	5 horloges	—	—
veritable	20 bois de lit, 16 lits à plumes, avec les traversins coussins et couvertures y appartenantes et 4 matelas	—	—
veritable	100 paires de draps de lit, 60 paires de tayes, 90 napes 800 serviettes 60 essuy-mains, 3 cuveaux et un cuve	—	—
idem	1 cuve au beurre avec un vase de	—	—
idem	demi ahme, 2 machines à cerceaux	—	—
idem	de cuivre, 1 grande armoires à 2 portes	—	—
idem	4 tables de cuisine 4 bancs	—	—
idem	10 douzaine d'assiettes de porcellaine et 3 de plats	—	—
	2 douzaine de chaises dont une partie couverte de cuir et l'autre couverte de peluche	—	—
	12 fauteuils couverts de peluche	—	—
idem	2 canapés de peluche et 3 canapés de bois, 4 douzaines de chaises de bois	—	—
idem	1 armoire vitrée, 1 autre armoire non vitrée 4 commodes	—	—
idem	1 tablette à livres, 1 pupitre 40 tables	—	—
idem	20 miroirs et 10 cuveau au lait 3 cuves à laver	—	—

Enfoi de quoi nous avons signé le présent pour servir et valoir ceque de

EFFETS VENDUS OU DISTRAITS DEPUIS LA GUERRE.			OBSERVATIONS.
DÉTAIL DES OBJETS.	DESIGNATION Du poids des métaux.	Du prix des autres objets.	
			tribution, dont l'abbaye fut chargée dans la repartition après cela encore nous avons cedé au Citoyen Cassinoni negotiant de Cologne deux obligations de 280 ecus d'empire pour assurer son payement des poissons, que nous avons reçus de lui, et au Citoyen Simon boucher un capital de 300 ecus d'empire pour rassurer ses comptes de la viande, qu'il nous a fournie. Salut et Respect Brauweiler. le 15 thermidor. L'an 6 Rep. Anselmus Aldenhoven abbas Martinus Rolshoven Prior Petrus Vlatten Subprior P. Nicolaus Leven P. Casparus Bauman P. Dionysius von Werth P. Udalricus Schult. Adolphus Tolges Benedictus Laurent Aegidius Lauterbach Anselmus Spenrath. Hubertus Kratz Maurus Ankenbrand. Erenfridus Pauly. Ambrosius Elsen Augustinus Braun Bruno Brandts Lambertus Hillekamps. Milandus Hoff. Casimirus Caltert Gallus Beffger Henricus Bouchotz

das Gewicht und den Preis, den die Gegenstände hätten gehabt haben können, hinzugefügt, weil uns eine viel größere Genauigkeit unmöglich wäre."

Schließlich verweisen die Mönche auf ihre Verschuldung und begründen zugleich die Aufnahme von Darlehen: „*Es gibt überhaupt keine erhaltenen Unterlagen, weder Urkunden noch Aktenstücke außer Schuldverschreibungen* (obligations), *die ich im folgenden aufführe. Um die Kontributionen bezahlen zu können und wegen anderer Verpflichtungen waren wir gezwungen, hintereinander in den Jahren 95, 96 und 97 von dem Bürger Aldenhoven* [...] *die Summe von 4.500 französischen Kronen sowie von dem Bürger Lankartz aus Köln 800 französische Kronen zu leihen.*" Schließlich wird noch der Kölner Kaufmann Cassinone (s. S. 257) erwähnt, dem man für seine Fischlieferungen Geld schuldete, sowie der Metzger Simons, der Fleisch geliefert hatte. Zur Sicherheit wurden Schuldscheine ausgestellt, auf denen der Wert der geliehenen Summen in Reichstalern - der „harten" Währung des Ancien Régime - notiert war.

Die Inventarliste wurde von allen 22 damals anwesenden Konventsmitgliedern unterschrieben. Als erster unterzeichnete Abt Anselm Aldenhoven. Ihm folgte Prior Martin Rolshoven. Als dritter unterschrieb Propst Petrus Vlatten, der wiederum hinter seinem Namen den Zusatz „*Jubilarius*" hinzufügte, da er - wie bereits erwähnt - in diesem Jahr das sechzigjährige Jubiläum seiner Profeß beging.

Erneute Registrierung der Brauweiler Konventsmitglieder

Einen Tag nach der Aufnahme des Inventars von Kloster und Kirche hat der Hauptsekretär Dahmen in den Räumen der Kantonsverwaltung in Weiden eine Liste mit den Namen der Brauweiler Mönche angefertigt. Es handelt sich hierbei um die Zweitausfertigung der Personalliste, die vorher im Zusammenhang mit der Inventarisation im Kloster angelegt worden war. Außer dem Hauptsekretär Dahmen hat auch der Präsident Preiss der Munizipalität Brauweiler seine Unterschrift unter die Liste gesetzt. Das Formular der Liste ist handschriftlich gefertigt. Es gliedert sich in zwei Spalten. Ähnlich wie beim Inventar war die erste Spalte vorgesehen für die Namen der Mönche, die 1793 dem Konvent angehörten. In die zweite Spalte sollten die Namen der zum Zeitpunkt der Registrierung zum Kloster gehörenden Mönche eingetragen werden. Hauptsekretär Dahmen hat die Namen der im Jahre 1793 zum Konvent gehörenden Mönche jedoch in beide Spalten eingetragen und hinter den Namen derer, die seit 1793 verstorben waren, den Zusatz „*mort*" (verstorben) vermerkt. Ein weiterer Zusatz befindet sich hinter den Namen der Konventsmitglieder, die außerhalb des Klosters im Bereich der Seelsorge bzw. der Güterverwaltung in Klotten tätig waren. (s. Anhang S. 448f.)

Von besonderem Interesse ist jedoch der Eintrag in der letzten Spalte „*Observations*" (Anmerkungen). Hier werden - wie bereits erwähnt - alle diejenigen Mönche namentlich aufgeführt, die im Oktober 1794 mit ihrem Abt auf die andere Rheinseite geflohen und am 3. Juli 1795 mit Erlaubnis des Volksrepräsentanten Emanuel Pérès de Lagesse wieder zurückgekehrt waren.

An Hand der Liste konnte der französischen Verwaltung nun belegt werden, daß man im Brauweiler Konvent nicht gegen die Auswanderungsverordnung Rudlers vom 11. Nivôse VI (= 31. Dezember 1797) verstoßen hatte. Kein Mönch hatte das Kloster verlassen, um in die nicht von den Franzosen besetzten Gebiete des Reiches abzuwandern. Andererseits war aber auch niemand von auswärts in die Klostergemeinschaft hinzugekommen.

Klosterleben zwischen Furcht und Hoffnung

Es bleibt offen, inwieweit den Mönchen die Bedeutung der Inventarisierung ihrer Klostereinrichtung und der Registrierung ihrer Namen bewußt war. Der Kölner Augustinermönch Anno Schnorrenberg berichtet in seinem Tagebuch im November 1798, daß man die Gründe für diese Maßnahmen nicht kenne, jedoch hege man den Verdacht, „*daß bald die Abschaffung der Klöster folgen wird*". Obwohl aus dem Brauweiler Kloster keine Nachrichten darüber vorliegen, wie die Mönche ihre Lage beurteilt haben, dürften sie ähnliche Befürchtungen gehabt haben. Vielleicht wurde aber auch die

Hoffnung gehegt, daß die Zeit der Verfolgung einmal zu Ende gehen werde, zumal man erlebte, wie wenig die Maßnahmen der französischen Regierung bei der Bevölkerung Zustimmung fanden.

Glaubt man den wenigen Notizen, die das Einnahmen- und Ausgabenbuch des Klosters in diesen Jahren zum Ablauf des religiösen Lebens der Brauweiler Klostergemeinschaft bringt, so erhält man den Eindruck, daß das kirchliche Leben auch weiterhin in der gewohnten Weise abgelaufen ist. Bereits an anderer Stelle war auch vom religiösen Leben in Brauweiler nach 1792 bis zur Aufhebung des Klosters, also auch während der Zeit der französischen Herrschaft, die Rede. (s. S. 264ff.) Die Brauweiler Mönche haben jedenfalls das Feiern kirchlicher Feste soweit wie möglich beibehalten. Sie haben aber auch am Brauchtum, das solche Feste begleitete, festgehalten. So kaufte man am 24. März 1799, am Tag des Osterfestes, Eierfarbe *(Eyerfarb)*. Die Ausgabe hierfür ist im Einnahmen- und Ausgabenverzeichnis des Klosters vermerkt.

Auch die Ausgaben für Benediktuspfennige, für das Drucken von Lanzenbildchen oder für das Backen von Kirmesplätzen während der Jahre zwischen 1799 und 1802, also kurz vor der Säkularisation, machen deutlich, daß man bemüht war, die traditionellen klösterlichen Feste unbeirrt weiterzufeiern. Besonders erwähnt werden Ausgaben für das Antoniusfest im Mai 1800 und für das Franziskusfest im Oktober des gleichen Jahres. Im August 1801 lebte dann auch die aus dem 17. Jahrhundert stammende Tradition der Kevelaer-Wallfahrt wieder auf, wie die Notiz einer Ausgabe am 18. August 1801 *„Zu Andacht nach Kevelar“* belegt.

Geht man vom Inventarverzeichnis der Kirche aus, das die Mönche im Frühjahr 1798 angelegt hatten, kommt man zu dem Schluß, daß trotz der Verluste, die das Kloster im Oktober 1794 erlitten hatte, die für eine würdige Feier der Liturgie notwendigen Geräte und Gewänder in ausreichender Menge auch weiterhin zur Verfügung standen.

Napoleon und die Abwendung von der revolutionären Kirchenpolitik

Mit dem Staatsstreich Napoleons am 18. Brumaire VIII (= 9. November 1799), der das Ende des Pariser Direktoriums bedeutete, begann auch für das Rheinland eine neue Epoche. Napoleon, der nun an der Spitze der französischen Republik stand, erkannte schnell,

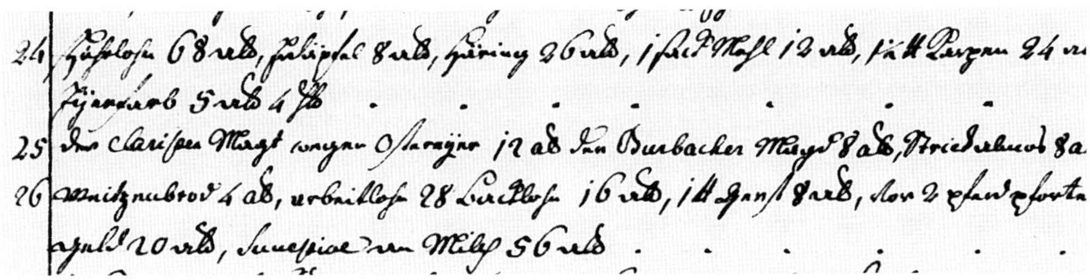

Ausgabe am 24. März 1799: „Eyerfarb“, darunter ein Betrag „Der clarissen Magt wegen ostereyer“. Einnahmen- und Ausgabenbuch der Abtei Brauweiler (NWHStAD, Brauweiler Akten)

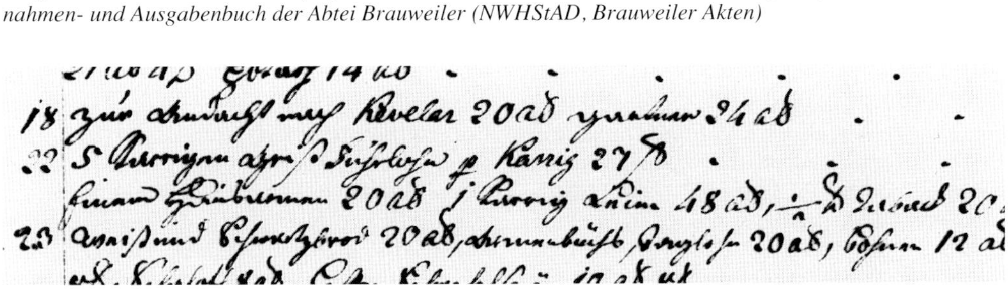

Ausgabe am 18. August 1801: „zur Andacht nach Kevelar“. Einnahmen- und Ausgabenbuch der Abtei Brauweiler (NWHStAD, Brauweiler Akten)

Napoleon Bonaparte. Erster Konsul. Stich nach einem Gemälde von Andrea Appiani (1754-1818)

wie sehr es im Interesse des Staates liegen mußte, mit der katholischen Kirche zu einer Übereinkunft zu kommen. Die Ablösung der revolutionären Kirchenpolitik durch einen neuen Kurs, in dessen Mittelpunkt die Zusammenarbeit zwischen Staat und Kirche stand, geschah aus politischem Kalkül und nicht aus religiöser Überzeugung oder aus Verehrung der Kirche.

Für das Rheinland entstand wenig später durch den Frieden von Lunéville am 9. Februar 1801, durch den die vier von Rudler geschaffenen rheinischen Departements nun endgültig zum Bestandteil der Französischen Republik wurden, eine besondere Situation. Hier war jetzt die staatsrechtliche Grundlage für die Beschlagnahme kirchlichen Eigentums, wie sie bereits in Frankreich durchgeführt worden war, gegeben. Bevor jedoch die Säkulargesetzgebung hier angewandt werden sollte, wollte Napoleon mit der katholischen Kirche zu einer Übereinkunft kommen. Eine vom Staat beschützte, ihm aber dienstbar gemachte Kirche sollte nach Napoleons Absicht die Bevölkerung für den neuen Staat und seine Lenker gewinnen. (Hegel 1979) Nur so konnten künftig Unruhen unter der Bevölkerung vermieden werden, wie sie infolge der revolutionären kirchenpolitischen Maßnahmen zur Zeit Rudlers im Rheinland zu beobachten gewesen waren.

Im Zusammenhang mit den geplanten Veränderungen innerhalb der bisherigen Kirchenpolitik wurde am 17. Februar 1801 der Kölner Dom, der bis dahin über viele Jahre als Getreidemagazin zweckentfremdet genutzt worden war, für den Gottesdienst wieder freigegeben. Am Tag nach der Wiedereröffnung *„begann an dieser heiligen Stätte das 40stündige Gebet“*, berichtet Anno Schnorrenberg. Einen Tag später läuteten alle Kirchenglocken vom Mittag bis zum Abend wegen des zu Lunéville geschlossenen Friedens. Die Freude über den Frieden wurde jedoch getrübt, da viele als Folge der Eingliederung der vier rheinischen Departements in die Französische Republik nun durch die zu erwartende Übernahme der bisher in Frankreich geltenden Gesetzgebung Nachteiliges für die Kirche in den rheinischen Gebieten - hierzu gehörte auch die Beschlagnahme geistlichen Eigentums - befürchteten.

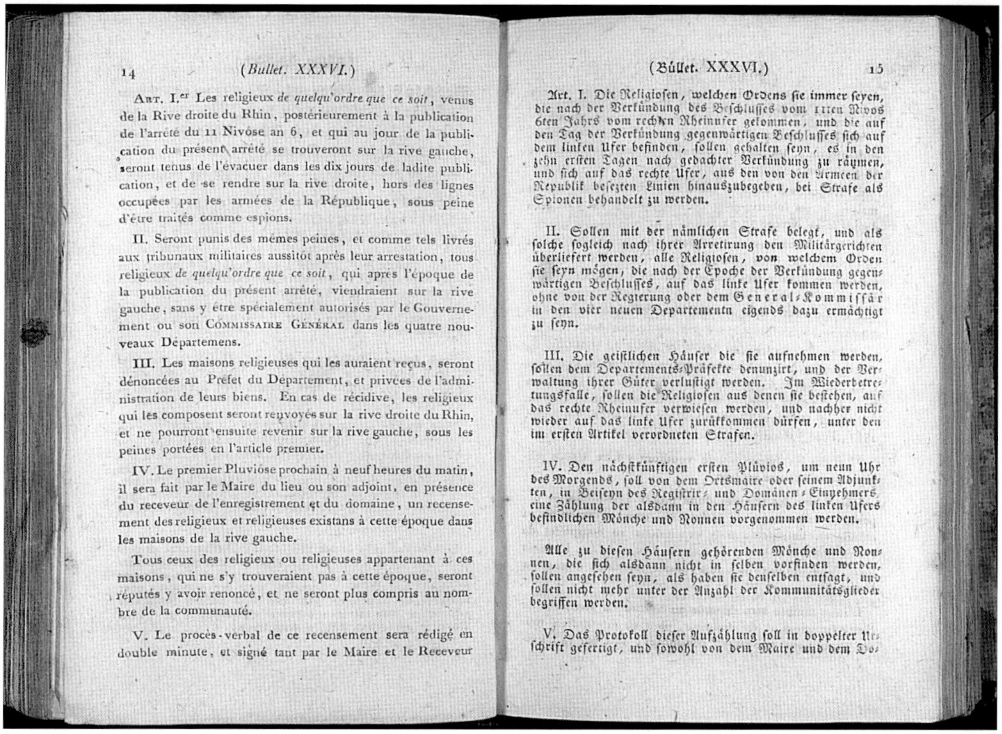

14 (*Bullet. XXXVI.*)

ART. I.er Les religieux *de quelqu'ordre que ce soit*, venus de la Rive droite du Rhin, postérieurement à la publication de l'arrêté du 11 Nivôse an 6, et qui au jour de la publication du présent arrêté se trouveront sur la rive gauche, seront tenus de l'évacuer dans les dix jours de ladite publication, et de se rendre sur la rive droite, hors des lignes occupées par les armées de la République, sous peine d'être traités comme espions.

II. Seront punis des mêmes peines, et comme tels livrés aux tribunaux militaires aussitôt après leur arrestation, tous religieux *de quelqu'ordre que ce soit*, qui après l'époque de la publication du présent arrêté, viendraient sur la rive gauche, sans y être spécialement autorisés par le Gouvernement ou son COMMISSAIRE GÉNÉRAL dans les quatre nouveaux Départemens.

III. Les maisons religieuses qui les auraient reçus, seront dénoncées au Préfet du Département, et privées de l'administration de leurs biens. En cas de récidive, les religieux qui les composent seront renvoyés sur la rive droite du Rhin, et ne pourront ensuite revenir sur la rive gauche, sous les peines portées en l'article premier.

IV. Le premier Pluviôse prochain à neuf heures du matin, il sera fait par le Maire du lieu ou son adjoint, en présence du receveur de l'enregistrement et du domaine, un recensement des religieux et religieuses existans à cette époque dans les maisons de la rive gauche.

Tous ceux des religieux ou religieuses appartenant à ces maisons, qui ne s'y trouveraient pas à cette époque, seront réputés y avoir renoncé, et ne seront plus compris au nombre de la communauté.

V. Le procès-verbal de ce recensement sera rédigé en double minute, et signé tant par le Maire et le Receveur

(Büllet. XXXVI.) 15

Art. I. Die Religiosen, welchen Ordens sie immer seyen, die nach der Verkündung des Beschlusses vom 11ten Nivos 6ten Jahrs vom rechten Rheinufer gekommen, und die auf den Tag der Verkündung gegenwärtigen Beschlusses sich auf dem linken Ufer befinden, sollen gehalten seyn, es in den zehn ersten Tagen nach gedachter Verkündung zu räumen, und sich auf das rechte Ufer, aus den von den Armeen der Republik besezten Linien hinauszubegeben, bei Strafe als Spionen behandelt zu werden.

II. Sollen mit der nämlichen Strafe belegt, und als solche sogleich nach ihrer Arretirung den Militärgerichten überliefert werden, alle Religiosen, von welchem Orden sie seyn mögen, die nach der Epoche der Verkündung gegenwärtigen Beschlusses, auf das linke Ufer kommen werden, ohne von der Regierung oder dem General-Kommissär in den vier neuen Departementn eigends dazu ermächtigt zu seyn.

III. Die geistlichen Häuser die sie aufnehmen werden, sollen dem Departements-Präfekte denunzirt, und der Verwaltung ihrer Güter verlustigt werden. Im Wiederbetretungsfalle, sollen die Religiosen aus denen sie bestehen, auf das rechte Rheinufer verwiesen werden, und nachher nicht wieder auf das linke Ufer zurükkommen dürfen, unter den im ersten Artikel verordneten Strafen.

IV. Den nächstkünftigen ersten Plüvios, um neun Uhr des Morgends, soll von dem Ortsmaire oder seinem Adjunkten, in Beiseyn des Registrir- und Domänen-Einnehmers eine Zählung der alsdann in den Häusern des linken Ufers befindlichen Mönche und Nonnen vorgenommen werden.

Alle zu diesen Häusern gehörenden Mönche und Nonnen, die sich alsdann nicht in selben vorfinden werden, sollen angesehen seyn, als haben sie denselben entsagt, und sollen nicht mehr unter der Anzahl der Kommunitätsglieder begriffen werden.

V. Das Protokoll dieser Aufzählung soll in doppelter Urschrift gefertigt, und sowohl von dem Maire und dem Do-

Auszug aus dem Beschluß des Regierungskommissars Jollivet vom 28. Frimaire IX (= 19. Dezember 1800) „verordnend eine neue Zählung der in den Ordenshäusern auf dem linken Rheinufer befindlichen Mönche und Nonnen". In: Recueil des réglemens et arrêtés... (Sammlung der Verordnungen und Beschlüsse...), 4. Band, 31.-46. Bulletin, Mainz (StAP)

So notierte Anno Schnorrenberg am 17. Februar 1801 in seinem Tagebuch: *„Das linke Rheinufer ist an Frankreich abgetreten; wer fürchtet da nicht die Leiden, welche in diesen unseren Ländern über die katholische Religion kommen werden?"*

Erneute Registrierung der Brauweiler Konventsmitglieder im Sommer 1801

Im Zusammenhang mit der zu erwartenden Durchführung der Säkularisation kirchlichen Eigentums im Rheinland forderte die französische Verwaltung durch den Erlaß vom 28. Frimaire IX (= 19. Dezember 1800) erneut Verzeichnisse der in den Klöstern lebenden Mönche und Nonnen. Als Grund für diese Verordnung des Generalkommissars wird in der Präambel der Verordnung angeführt, daß trotz des Verbotes vom 11. Nivôse VI (= 31. Dezember 1797) immer noch zahlreiche Ordensobere für verstorbene Konventsmitglieder neue Ordensleute von der rechten Rheinseite aufgenommen hätten, um die Größe ihrer Gemeinschaft beizubehalten. Alle Ordensmitglieder, die auf diese Weise nach dem 31. Dezember 1797 in Klöster und Stifte innerhalb der vier rheinischen Departements gekommen sind, wurden unter der Androhung einer Bestrafung als Spione aufgefordert, innerhalb von zehn Tagen die französischen Rheinlande wieder zu verlassen. Wer vom Tag der Verkündigung dieses Beschlusses an von der unbesetzten rechten Rheinseite auf die linke überwechsele, solle festgenommen und vor einem Militärgericht als Spion verurteilt werden. *„Die geistlichen Häuser, die sie aufnehmen werden, sollen dem Departements-Präfekten denunziert und der Verwaltung ihrer Güter verlustig werden"*, hieß es in Artikel III des Beschlusses.

Auf diese Weise wollte man verhindern, daß zu den augenblicklich in den rheinischen Klöstern lebenden Konventsmitgliedern noch weitere hinzukämen. Es war nämlich geplant, nach einer Aufhebung dieser Klöster den betroffenen Mönchen und Nonnen eine Pension zu zahlen. Die Verwaltung wünschte nun einen Überblick über die zu erwartende Höhe dieser Zahlungen und wollte zugleich vermeiden, daß die Anzahl der zu diesem Zeitpunkt innerhalb der vier rheinischen Departements lebenden Mönche und Nonnen sich erhöhte. Daher wurde in Artikel IV verfügt: *„Den nächstkünftigen Plüvios um neun Uhr des Morgens soll von dem Ortsmaire oder seinem Adjunkten im Beiseyn des Registrir- und Domänen-Einnehmers eine Zählung der alsdann in den Häusern des linken Ufers befindlichen Mönchen und Nonnen vorgenommen werden. Alle zu diesen Häusern gehörenden Mönche und Nonnen, die sich alsdann nicht in selben vorfinden werden, sollen angesehen seyn, als haben sie denselben entsagt und sollen nicht mehr unter der Anzahl der Kommunitätsglieder begriffen werden."*

In Artikel V wurde festgelegt, daß *„das Prokoll der Aufzählung* [...] *in doppelter Urschrift gefertigt"* werden und *„sowohl von dem Maire und dem Domänen-Einnehmer als von den anwesenden Mönchen, welche schreiben können, unterzeichnet werden"* soll.

Artikel VI der Verordnung legte genau fest, welche Angaben zu jedem einzelnen Konventsmitglied in die Liste einzutragen seien:

„1) ihre Familien- und Ordensnamen, ihr Vornamen, ihre Geburtsorte und Datum, die Tage und Orte ihres Professes;

2) Den Zeitpunkt wann jeder oder jede von ihnen in das Haus eingetreten und die Unterbrechung ihres Aufenthalts, wenn welche seit dem 11ten Nivos 6ten Jahrs statt gehabt;

3) Die Deklarationen der anwesenden Religiosen über die Ursachen der Abwesenheit ihrer nicht verstorbenen Kollegen."

Schließlich wurde in Artikel VII bestimmt, daß der Maire eine der beiden Urschriften bei seinen Unterlagen behalten und die andere in dem Büro des Domänen-Einnehmers verbleiben sollte. Innerhalb von zehn Tagen nach dem Aufstellen der Liste sollte der Maire drei weitere Abschriften fertigen, von denen eine an den Unterpräfekten und zwei an den Präfekten des Departements weiterzuleiten seien.

Am 15. Prairial IX (= 4. Juni 1801) kam der Maire der im Verlauf der Verwaltungsreform vom Februar 1800 entstandenen *„Mairie de Freimersdorff"*, Adam Berndgen, zusammen mit dem Steuereinnehmer der Domänenverwaltung in Köln *(Receveur des Domaines au bureau de Cologne)*, Schirmer, zur Registrierung der Mönche in die Abtei Brauweiler. Zur Erfassung der Namen der Mönche hatten beide vorgedruckte Formulare mitgebracht. Diese waren jedoch für die Erfassung der Konvente in Kölner Klöstern vorgesehen und trugen daher den Aufdruck *„Commune de Cologne"*. Da die Formulare nun aber in der *„Mairie de Freimersdorff"* verwendet werden sollten, haben Maire Berndgen und Steuereinnehmer Schirmer den vorgedruckten Namen *„Cologne"* durchgestrichen und handschriftlich durch den Namen *„Freimersdorff"* ersetzt. Die Liste enthält in sechs Spalten alle verlangten Personalangaben der Mönche. (s. Anhang S. 449ff.) Als erster wird Abt Anselm Aldenhoven genannt, ihm folgen Prior Martin Rolshoven und das älteste Konventsmitglied, Propst Petrus Vlatten. Die zuletzt in der Liste aufgeführten Mönche sind diejenigen, die damals außerhalb des Klosters in verschiedenen Orten als Pfarrer bzw. als Ökonom und Adjunkt in Klotten tätig waren. Bei jedem sind entsprechend der Forderung von Artikel VI, Absatz 3 des Erlasses der Aufenthaltsort und die Tätigkeit hinter dem Namen angemerkt.

Von der Urschrift der Liste wurden zwei Abschriften gefertigt, eine durch den Maire Adam Berndgen, die zu den Unterlagen der *„Mairie de Freimersdorff"* kam, und eine zweite von dem Steuereinnehmer Schirmer für das Kölner Büro der Domänenverwaltung. Beide Kopien enthalten in Abschrift auch die Unterschriften der 22 Mönche, welche sich zum Zeitpunkt der Registrierung im Kloster aufgehalten und die Liste unterzeichnet haben. Da die sechs auswärts tätigen Mönche zum Zeitpunkt der Registrierung nicht im Kloster waren, fehlen ihre Unterschriften.

Fünf Tage nach der Registrierung wurden am 20. Prairial IX (= 9. Juni 1801) die drei im Erlaß verlangten Ausfertigungen der Personallisten für den Unterpräfekten und für den Präfekten geschrieben. Hierzu verwandte man keine vorgedruckten, sondern selbstgefertigte

Kirche St. Mariae Himmelfahrt. Lithographie von Weyer-Wünsch, um 1827. In dieser Kirche fand Abt Anselm Aldenhoven 1810 seine letzte Ruhestätte.

Formulare. In der Kopfzeile der Ausfertigungen wurde als zuständige Behörde *„Commune de Brauweiler“* angegeben. Das noch erhaltene Exemplar dieser Ausfertigungen ist mit einer auffallend deutlich lesbaren Schrift geschrieben. Die Liste gliedert sich in zwei Teile. Auf der Vorderseite des handgeschriebenen Formulars stehen die Namen der im Kloster anwesenden Mönche. Auf der Rückseite sind diejenigen aufgeführt, die zwar zur Abtei gehörten, jedoch auf Grund ihrer Pfarrstelle abwesend waren *(Specification des membres religieuse attachés à l'abbaye de Brauweiler mais absens à cause de leur Cure).* (Abb. Anhang, S. 452)

Abt Anselm Aldenhoven zelebriert ein Hochamt in der ehemaligen Jesuitenkirche St. Mariae Himmelfahrt zu Köln

Während dieser Jahre scheint Abt Anselm Aldenhoven ein hohes Ansehen in Köln gehabt zu haben. Hier hat er sich in der letzten Zeit offenbar häufig aufgehalten. Als Wohnung standen ihm Räume im Brauweiler Hof zur Verfügung. Sowohl eine Notiz in der Konventsliste vom 13. Januar 1798, die ihn als „wohnhaft in Köln“ *(resident à Cologne)* bezeichnet, als auch eine andere im Protokoll über die Aufhebung der Abtei im August 1802, wo es vom Brauweiler Hof heißt, daß der Abt das Haus in Köln belegt habe *(la maison de Cologne occupé par le prelat),* geben einen Hinweis darauf, daß Abt Anselm Aldenhoven sich während dieser Jahre immer wieder einmal für einen bestimmten Zeitraum in Köln aufgehalten hat.

Am 3. Dezember 1801 befand sich Abt Anselm wiederum in Köln. An diesem Tage, dem Fest des hl. Franz Xaver, sang er in der Kölner Kirche St. Mariae Himmelfahrt ein feierliches Hochamt. *„Alle Musicanten der Stadt spielten Chöre, Morgens und Abends war Predigt, unter gewaltigem Zulauf des Volkes“,* berichtet Anno Schnorrenberg in seinem Tagebuch. Die ehemalige Jesuitenkirche, die der Kölner Kaufmann Lorenz Fürth 1798 den Franzosen abgekauft hatte, wurde von Abt Anselm Aldenhoven wieder für die Feier des Gottesdienstes genutzt.

Das Konkordat von 1801 und die Neugestaltung des Verhältnisses von Staat und Kirche

Nach dem Sieg über die Österreicher am 14. Juni 1800 bei Marengo in Nordwestitalien teilte Napoleon Papst Pius VII. mit, daß er alle

Papst Pius VII.

Hindernisse zu beseitigen wünsche, die einer Versöhnung zwischen Staat und Kirche entgegenstünden.

Nach langen und schwierigen Verhandlungen wurde das Konkordat am 26. Messidor IX (= 15. Juli 1801) zwischen Vertretern der Kurie und der französischen Regierung abgeschlossen. Erst am 23. Fructidor IX (= 10. September 1801) fand die Ratifizierung des Vertrages statt.

Den einzelnen Bestimmungen des Konkordats vorangesetzt ist eine Präambel, in der beide Seiten feststellen: *„Die Regierung der Republik erkennt die katholische, apostolische und römische Religion für die Religion der großen Mehrheit der französischen Bürger.*

Ihre päpstliche Heiligkeit erkennt ebenfalls, daß dieselbe Religion durch die Einführung des katholischen Gottesdienstes in Frankreich die größte Wohlthat erhalten hat [...]*"*

Im nun folgenden Artikel I wurde festgelegt: *„Die katholische, apostolische und römische Religion soll in Frankreich frei ausgeübt werden. Ihr Gottesdienst soll öffentlich seyn, unter Beobachtung derjenigen Polizeiverordnungen, die die Regierung für die öffentliche Ruhe nöthig erachten wird."*

Des weiteren wurde eine Neueinteilung Frankreichs in Diözesen und Pfarreien beschlossen. Der erste Konsul erhielt das Recht, die Bischöfe zu ernennen, die anschließend vom Papst eingesetzt wurden.

Größte Bedeutung kam dem Artikel XIII, der Verzichtserklärung des Papstes auf bereits säkularisierte Kirchengüter, zu: *„Ihre Heilig-*

Unterzeichnung des Vertrages zwischen Vertretern der Kurie und der französischen Regierung am 15. Juli 1801

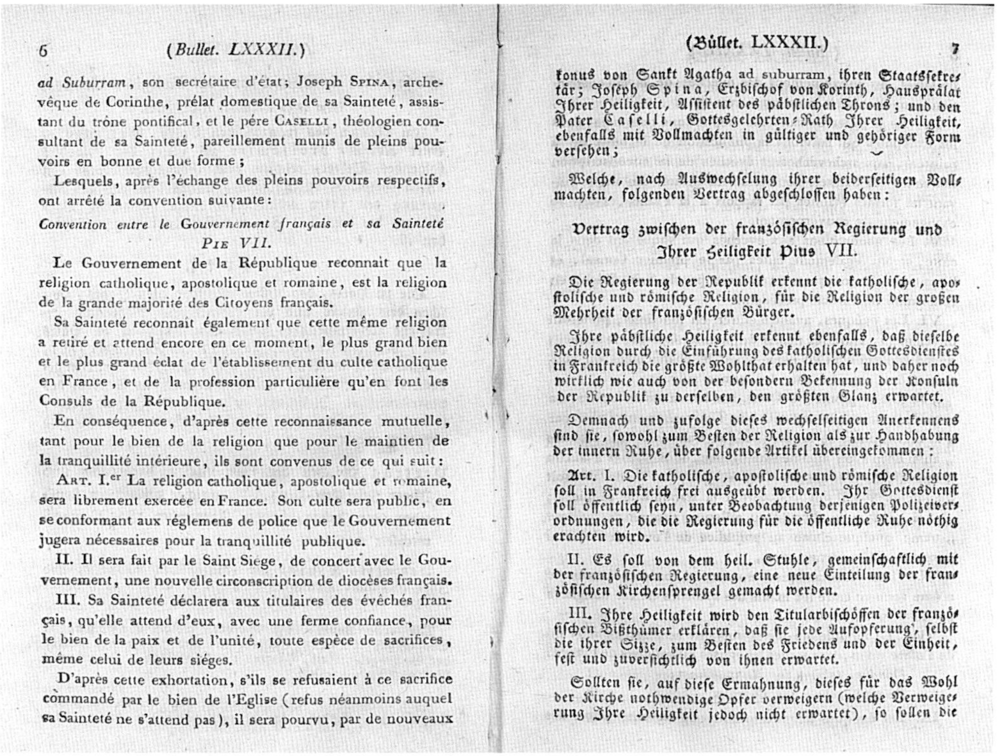

6 (*Bullet. LXXXII.*)

ad Suburram, son secrétaire d'état; Joseph SPINA, archevêque de Corinthe, prélat domestique de sa Sainteté, assistant du trône pontifical, et le pére CASELLI, théologien consultant de sa Sainteté, pareillement munis de pleins pouvoirs en bonne et due forme;

Lesquels, après l'échange des pleins pouvoirs respectifs, ont arrêté la convention suivante:

Convention entre le Gouvernement français et sa Sainteté PIE VII.

Le Gouvernement de la République reconnait que la religion catholique, apostolique et romaine, est la religion de la grande majorité des Citoyens français.

Sa Sainteté reconnait également que cette même religion a retiré et attend encore en ce moment, le plus grand bien et le plus grand éclat de l'établissement du culte catholique en France, et de la profession particulière qu'en font les Consuls de la République.

En conséquence, d'après cette reconnaissance mutuelle, tant pour le bien de la religion que pour le maintien de la tranquillité intérieure, ils sont convenus de ce qui suit:

ART. I.er La religion catholique, apostolique et romaine, sera librement exercée en France. Son culte sera public, en se conformant aux réglemens de police que le Gouvernement jugera nécessaires pour la tranquillité publique.

II. Il sera fait par le Saint Siége, de concert avec le Gouvernement, une nouvelle circonscription de diocèses français.

III. Sa Sainteté déclarera aux titulaires des évêchés français, qu'elle attend d'eux, avec une ferme confiance, pour le bien de la paix et de l'unité, toute espèce de sacrifices, même celui de leurs siéges.

D'après cette exhortation, s'ils se refusaient à ce sacrifice commandé par le bien de l'Eglise (refus néanmoins auquel sa Sainteté ne s'attend pas), il sera pourvu, par de nouveaux

(Bület. LXXXII.) 7

konus von Sankt Agatha ad suburram, ihren Staatssekretär; Joseph Spina, Erzbischof von Korinth, Hausprälat Ihrer Heiligkeit, Assistent des päbstlichen Throns; und den Pater Caselli, Gottesgelehrten-Rath Ihrer Heiligkeit, ebenfalls mit Vollmachten in gültiger und gehöriger Form versehen;

Welche, nach Auswechselung ihrer beiderseitigen Vollmachten, folgenden Vertrag abgeschlossen haben:

Vertrag zwischen der französischen Regierung und Ihrer Heiligkeit Pius VII.

Die Regierung der Republik erkennt die katholische, apostolische und römische Religion, für die Religion der großen Mehrheit der französischen Bürger.

Ihre päbstliche Heiligkeit erkennt ebenfalls, daß dieselbe Religion durch die Einführung des katholischen Gottesdienstes in Frankreich die größte Wohlthat erhalten hat, und daher noch wirklich wie auch von der besondern Bekennung der Konsuln der Republik zu derselben, den größten Glanz erwartet.

Demnach und zufolge dieses wechselseitigen Anerkennens sind sie, sowohl zum Besten der Religion als zur Handhabung der innern Ruhe, über folgende Artikel übereingekommen:

Art. I. Die katholische, apostolische und römische Religion soll in Frankreich frei ausgeübt werden. Ihr Gottesdienst soll öffentlich seyn, unter Beobachtung derjenigen Polizeiverordnungen, die die Regierung für die öffentliche Ruhe nöthig erachten wird.

II. Es soll von dem heil. Stuhle, gemeinschaftlich mit der französischen Regierung, eine neue Einteilung der französischen Kirchensprengel gemacht werden.

III. Ihre Heiligkeit wird den Titularbischöffen der französischen Bißthümer erklären, daß sie jede Aufopferung, selbst die ihrer Sizze, zum Besten des Friedens und der Einheit, fest und zuversichtlich von ihnen erwartet.

Sollten sie, auf diese Ermahnung, dieses für das Wohl der Kirche nothwendige Opfer verweigern (welche Verweigerung Ihre Heiligkeit jedoch nicht erwartet), so sollen die

Auszug aus dem Konkordat zwischen der französischen Regierung und Papst Pius VII. In: Recueil des réglemens et arrêtés... (Sammlung der Verordnungen und Beschlüsse...), 7. Band, 82.-100. Bulletin, Mainz (StAP)

keit erklärt zum Besten des Friedens und der glücklichen Wiederherstellung der katholischen Religion, daß weder sie, noch ihre Nachfolger, die Käufer der veräusserten geistlichen Güter auf keinerlei Weise beunruhigen werden, und daß demzufolge das Eigentum dieser Güter und die damit verknüpften Rechte und Einkünfte in den Händen derselben, oder in denen ihrer Interessenten, ungestört verbleiben sollen.“ Als Ausgleich hierzu hieß es im Artikel XIV: *„Die Regierung wird den Bischöffen und Pfarrern, deren Sprengel und Pfarreien in der neuen Einteilung enthalten sind, einen anständigen Gehalt zusichern.“*

Die Verzichtserklärung des Papstes bezog sich nicht nur auf die in Frankreich bereits verkauften ehemaligen Kirchengüter. Sie schloß auch die noch nicht veräußerten geistlichen Güter mit ein, die zu diesem Zeitpunkt in den rheinischen Gebieten lagen, die einige Monate zuvor durch den Frieden von Lunéville Teil des französischen Staates geworden waren. Damit hatte der Papst in diesem Konkordat nicht nur den bisherigen staatlichen Eingriff in kirchlichen Besitz nachträglich sanktioniert, sondern zugleich dem Staat auch das Recht verliehen, in den neu eroberten und durch Staatsvertrag erworbenen Gebieten die Säkularisation durchzuführen. (Büttner 1971)

Eigenmächtig und ohne Absprache mit dem Papst hatte Napoleon als Anhang zum Konkordat ein 77 Artikel umfassendes Durchführungsgesetz hinzugefügt. Diese sog. „Organischen Artikel“ *(articles organiques)*, die unter anderem die Verkündigung päpstlicher Erlasse von der Zustimmung der französischen Regierung abhängig machten, führten zu heftigen Protesten der Kurie, die jedoch ohne Wirkung blieben. Schließlich aber unterzeichnete Papst Pius VII. das Konkordat, das er sehr hoch einschätzte, entgegen allen Bedenken, die man ihm vortrug.

Die Veröffentlichung des Wortlauts von Konkordat und Organischen Artikeln erfolgte erst sieben Monate nach der Unterzeichnung am 18. Germinal X (= 8. April 1802).

Etwa einen Monat später, am 14. Floreal X (= 4. Mai 1802), wurde der Wortlaut des Konkordats zusammen mit den Organischen Artikeln - hinzugefügt waren noch *„Organische Artikel für den protestantischen Kirchendienst“* - unter dem Titel *„Gesez über die Einrichtung des Religionsdienstes - Loi relative à l'organisation des Cultes“* in den vier rheinischen Departements veröffentlicht und in Kraft gesetzt.

Damit war innerhalb des französischen Staatsgebietes für das kirchliche Leben eine völlig neue Rechtsgrundlage geschaffen und das Verhältnis zwischen den kirchlichen und staatlichen Behörden neu geregelt.

Auszug aus den Organischen Artikeln zum Konkordat, LXXVII. Artikel: „Einteilung der neuen Erzbißtümer und Bißtümer von Frankreich“. Das neue Bistum Aachen. wird unten rechts genannt. In: Recueil des réglemens et arrêtés... (Sammlung der Verordnungen und Beschlüsse...), 7. Band, 82.-100. Bulletin, Mainz (StAP) ▼

Eine Folge des Konkordats: Brauweiler gehört nun zum neugegründeten Bistum Aachen

Noch vor der Veröffentlichung des Konkordats war in den rheinischen Departements eine neue, im Konkordat beschlossene Bistumseinteilung vorgenommen worden. Bereits am 29. November 1801 bestimmte eine päpstliche Bulle einen neuen bischöflichen Sitz am Grab Karls des Großen in Aachen. Das fast 1500 Jahre alte Erzbistum Köln wurde links des Rheins aufgelöst, und der Kölner Dom wurde einfache Pfarrkirche. Die rechtsrheinischen Gebiete der alten Kölner Erzdiözese verwaltete nach dem Tod des Erzbischofs Max Franz ab Juli 1801 ein vom Domkapitel gewählter Kapitelsvikar.

Das neue Bistum Aachen, dem die beiden Departements Roer sowie Rhein und Mosel zugeordnet waren, unterstand zusammen mit den Bistümern Trier, Mainz, Lüttich, Namur, Gent und Tournai dem Erzbischof von Mecheln. Zum ersten Bischof des neuen

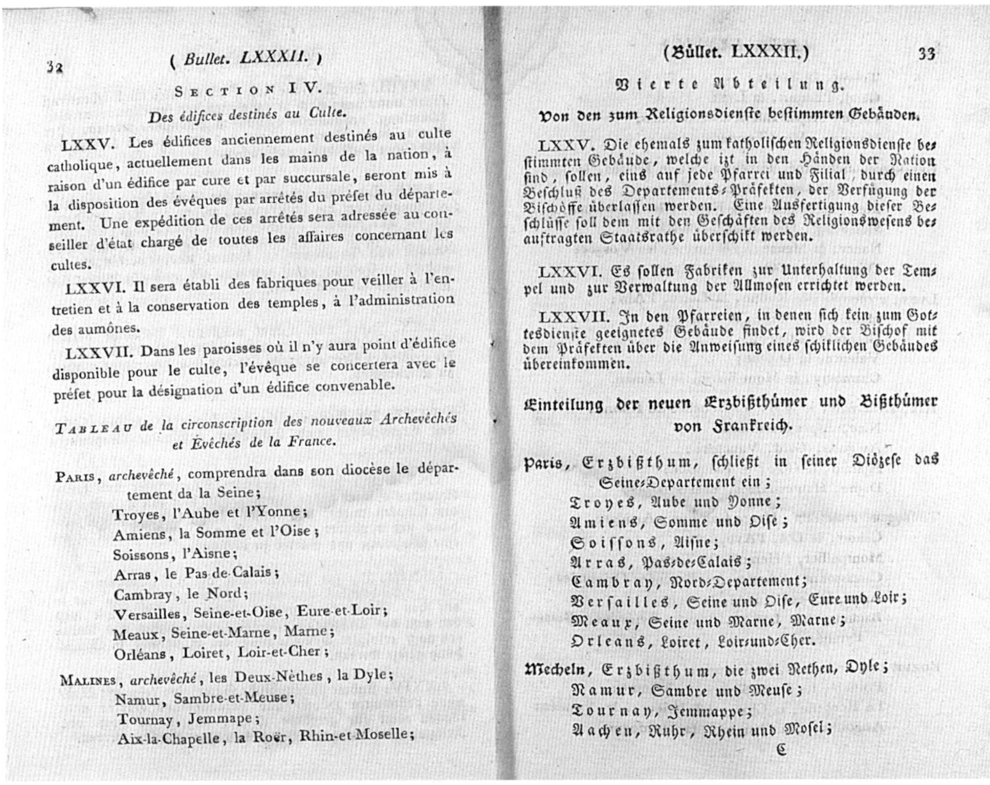

32 (*Bullet. LXXXII.*)

SECTION IV.

Des édifices destinés au Culte.

LXXV. Les édifices anciennement destinés au culte catholique, actuellement dans les mains de la nation, à raison d'un édifice par cure et par succursale, seront mis à la disposition des évêques par arrêtés du préfet du département. Une expédition de ces arrêtés sera adressée au conseiller d'état chargé de toutes les affaires concernant les cultes.

LXXVI. Il sera établi des fabriques pour veiller à l'entretien et à la conservation des temples, à l'administration des aumônes.

LXXVII. Dans les paroisses où il n'y aura point d'édifice disponible pour le culte, l'évêque se concertera avec le préfet pour la désignation d'un édifice convenable.

TABLEAU *de la circonscription des nouveaux Archevêchés et Evêchés de la France.*

PARIS, *archevêché*, comprendra dans son diocèse le département da la Seine;
Troyes, l'Aube et l'Yonne;
Amiens, la Somme et l'Oise;
Soissons, l'Aisne;
Arras, le Pas-de-Calais;
Cambray, le Nord;
Versailles, Seine-et-Oise, Eure-et-Loir;
Meaux, Seine-et-Marne, Marne;
Orléans, Loiret, Loir-et-Cher;

MALINES, *archevêché*, les Deux-Nèthes, la Dyle;
Namur, Sambre-et-Meuse;
Tournay, Jemmape;
Aix-la-Chapelle, la Roër, Rhin-et-Moselle;

(Büllet. LXXXII.) 33

Vierte Abteilung.

Von den zum Religionsdienste bestimmten Gebäuden.

LXXV. Die ehemals zum katholischen Religionsdienste bestimmten Gebäude, welche izt in den Händen der Nation sind, sollen, eins auf jede Pfarrei und Filial, durch einen Beschluß des Departements-Präfekten, der Verfügung der Bischöffe überlassen werden. Eine Ausfertigung dieser Beschlüsse soll dem mit den Geschäften des Religionswesens beauftragten Staatsrathe überschikt werden.

LXXVI. Es sollen Fabriken zur Unterhaltung der Tempel und zur Verwaltung der Allmosen errichtet werden.

LXXVII. In den Pfarreien, in denen sich kein zum Gottesdienste geeignetes Gebäude findet, wird der Bischof mit dem Präfekten über die Anweisung eines schiklichen Gebäudes übereinkommen.

Einteilung der neuen Erzbißthümer und Bißthümer von Frankreich.

Paris, Erzbißthum, schließt in seiner Diözese das Seine-Departement ein;
Troyes, Aube und Yonne;
Amiens, Somme und Oise;
Soissons, Aisne;
Arras, Pas-de-Calais;
Cambray, Nord-Departement;
Versailles, Seine und Oise, Eure und Loir;
Meaux, Seine und Marne, Marne;
Orleans, Loiret, Loir-und-Cher.

Mecheln, Erzbißthum, die zwei Nethen, Dyle;
Namur, Sambre und Meuse;
Tournay, Jemmappe;
Aachen, Ruhr, Rhein und Mosel;

C

Bischof Marc Antoine Berdolet. Gemälde im Kölner Priesterseminar (nach einem Gemälde von J. P. Scheuren aus dem Jahre 1807)

Bistums Aachen ernannte Napoleon am 9. Mai 1802 den aus dem Elsaß stammenden Marc Antoine Berdolet, der 1796 in Colmar die Bischofsweihe empfangen hatte. Seine Inthronisation als Bischof von Aachen erfolgte am 25. Juli 1802.

Wenige Tage nach dem Inkrafttreten des Gesetzes über die Einrichtung des Religionsdienstes entbot die Regierung am 15. Mai 1802 unter Glockengeläut die gesamte Kölner Geistlichkeit mit Fahnen und Kreuzen in den Dom. *„Um halb elf begann Abt Braun von St. Pantaleon das musikalische Hochamt, dann wurde das Tedeum gesungen. Bei dieser Feier wurde auf dem Rathausplatz die Erneuerung der öffentlichen Ausübung der römisch-katholischen Religion in Frankreich, und der Vertrag zwischen dem Papst und der französischen Republik verkündet"*, berichtet Anno Schnorrenberg in seinem Tagebuch.

Am 3. Juni 1802 kauften die Mönche von Brauweiler ein Exemplar des Textes vom Konkordat und drei Wochen später eine Schrift mit *„predigten bey Gelegenheit des Concordates"*. Man kann sich gut vorstellen, daß die Mitglieder des Brauweiler Konvents lebhaften Anteil nahmen am politischen Geschehen dieser Wochen im Sommer 1802. Erschien es doch bereits jetzt schon absehbar, daß die Aufhebung ihres Ordens und der Verlust ihres Klosters nur noch eine Frage der Zeit war.

Das „Suppressionsgesetz" vom 20. Prairial X (= 9. Juni 1802)

Nach dem Frieden von Lunéville, der die völkerrechtliche Vereinigung der vier rheinischen Departements mit der französischen Republik brachte, und nach der Verkündigung des Konkordats, das die Enteignung des geistlichen Besitzes legitimierte, stand der Veröffentlichung und Ausführung des Säkularisationsgesetzes auf der linken Rheinseite kein Hindernis mehr im Wege.

Vollzogen wurde die Aufhebung der alten geistlichen Institutionen durch das sogenannte „Suppressionsgesetz", einen Erlaß der Konsu-

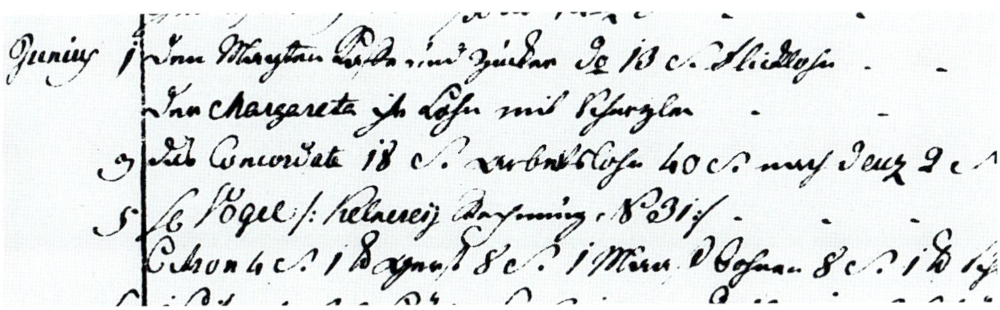

Ausgabe am 3. Juni 1802: „Das Concordate". Einnahmen- und Ausgabenbuch der Abtei Brauweiler (NWHStAD, Brauweiler Akten)

larregierung vom 20. Prairial X (= 9. Juni 1802): *„Beschluß, verordnend die Aufhebung der in den vier Departementen der Saar, Ruhr, Rhein und Mosel und Donnersberg bestehenden geistlichen Orden, Stiftungen und Korporationen mit Ausname der gemäß dem Gesezze vom 18. Germinal 10ten Jahrs zu errichtenden Bißthümer, Pfarreien und Seminarien" (Arrêté qui supprime dans les quatre nouveaux départemens les ordres monastiques, les congrégations regulières, les titres et établissements ecclésiastiques autres que les évêchés, les cures, les chapitres cathédraux et les séminaires établis ou à établir conformément à la loi du 18 Germinal an 10).*

Die Veröffentlichung des Suppressionsgesetzes verzögerte sich noch bis zum 13. Messidor X (= 2. Juli 1802). Der Grund hierfür lag wohl in organisatorischen Problemen, die sich dadurch ergaben, daß man der Unterschlagung von Effekten, Registern, Urkunden und Schriftstücken noch kurz vor der offiziellen Aufhebung der geistlichen Institutionen durch die Versiegelung aller Klosterarchive vorbeugen wollte. Diese Maßnahme sollte, wie Artikel III des Suppressionsgesetzes bestimmte, durch Kommissare *„überall den nämlichen Tag und zur nämlichen Stunde"* durchgeführt werden *„vor der Publikation des gegenwärtigen Beschlusses"*. Dies scheint jedoch nicht in allen Fällen möglich gewesen zu sein. So berichtet Anno Schnorrenberg zum 3. Juli 1802 über die Versiegelung *„der Archive und Kirchenschränke der Klöster und Stiftskirchen"* in Köln. Auch Joan Peter Delhoven hat in seinem Tagebuch überliefert, dass am 3. Juli 1802 ein Spezialkommissar zur Anbringung der Siegel ins Kloster Knechtsteden gekommen sei. Die

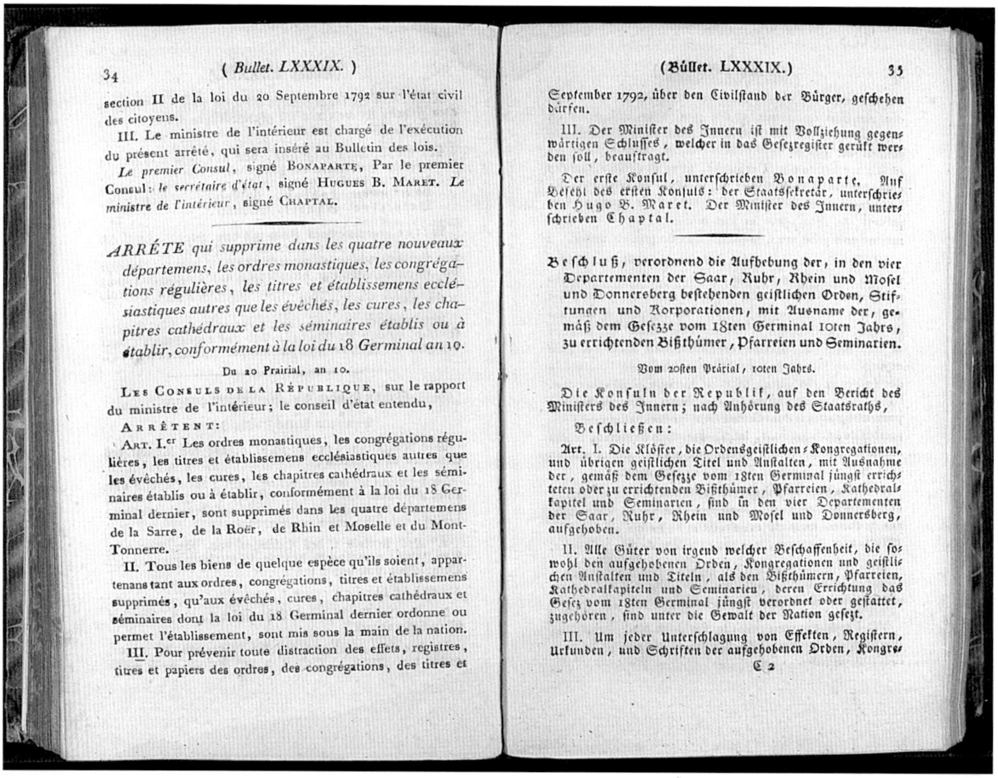

34 (*Bullet. LXXXIX.*)

section II de la loi du 20 Septembre 1792 sur l'état civil des citoyens.

III. Le ministre de l'intérieur est chargé de l'exécution du présent arrêté, qui sera inséré au Bulletin des lois.

Le premier Consul, signé BONAPARTE, Par le premier Consul: *le secrétaire d'état*, signé HUGUES B. MARET. *Le ministre de l'intérieur*, signé CHAPTAL.

ARRÉTE qui supprime dans les quatre nouveaux départemens, les ordres monastiques, les congrégations régulières, les titres et établissemens ecclésiastiques autres que les évêchés, les cures, les chapitres cathédraux et les séminaires établis ou à établir, conformément à la loi du 18 *Germinal an* 10.

Du 20 Prairial, an 10.

LES CONSULS DE LA RÉPUBLIQUE, sur le rapport du ministre de l'intérieur; le conseil d'état entendu,

ARRÊTENT:

ART. I.er Les ordres monastiques, les congrégations régulières, les titres et établissemens ecclésiastiques autres que les évêchés, les cures, les chapitres cathédraux et les séminaires établis ou à établir, conformément à la loi du 18 Germinal dernier, sont supprimés dans les quatre départemens de la Sarre, de la Roër, de Rhin et Moselle et du Mont-Tonnerre.

II. Tous les biens de quelque espèce qu'ils soient, appartenans tant aux ordres, congrégations, titres et établissemens supprimés, qu'aux évêchés, cures, chapitres cathédraux et séminaires dont la loi du 18 Germinal dernier ordonne ou permet l'établissement, sont mis sous la main de la nation.

III. Pour prévenir toute distraction des effets, registres, titres et papiers des ordres, des congrégations, des titres et

(Büllet. LXXXIX.) 35

September 1792, über den Civilstand der Bürger, geschehen dürfen.

III. Der Minister des Innern ist mit Vollziehung gegenwärtigen Schlusses, welcher in das Gesezregister gerükt werden soll, beauftragt.

Der erste Konsul, unterschrieben Bonaparte. Auf Befehl des ersten Konsuls: der Staatssekretär, unterschrieben Hugo B. Maret. Der Minister des Innern, unterschrieben Chaptal.

Beschluß, verordnend die Aufhebung der, in den vier Departementen der Saar, Ruhr, Rhein und Mosel und Donnersberg bestehenden geistlichen Orden, Stiftungen und Korporationen, mit Ausname der, gemäß dem Gesezze vom 18ten Germinal 10ten Jahrs, zu errichtenden Bißthümer, Pfarreien und Seminarien.

Vom 20sten Prärial, 10ten Jahrs.

Die Konsuln der Republik, auf den Bericht des Ministers des Innern; nach Anhörung des Staatsraths,

Beschließen:

Art. I. Die Klöster, die Ordensgeistlichen-Kongregationen, und übrigen geistlichen Titel und Anstalten, mit Ausnahme der, gemäß dem Gesezze vom 18ten Germinal jüngst errichteten oder zu errichtenden Bißthümer, Pfarreien, Kathedralkapitel und Seminarien, sind in den vier Departementen der Saar, Ruhr, Rhein und Mosel und Donnersberg, aufgehoben.

II. Alle Güter von irgend welcher Beschaffenheit, die sowohl den aufgehobenen Orden, Kongregationen und geistlichen Anstalten und Titeln, als den Bißthümern, Pfarreien, Kathedralkapiteln und Seminarien, deren Errichtung das Gesez vom 18ten Germinal jüngst verordnet oder gestattet, zugehören, sind unter die Gewalt der Nation gesezt.

III. Um jeder Unterschlagung von Effekten, Registern, Urkunden, und Schriften der aufgehobenen Orden, Kongre-

C 2

Das Suppressionsgesetz vom 20. Prairial X (= 9. Juni 1802): „Beschluß, verordnend die Aufhebung der, in den vier Departementen der Saar, Ruhr, Rhein und Mosel und Donnersberg bestehenden geistlichen Orden, Stiftungen und Korporationen..." In: Recueil des réglemens et arrêtés... (Sammlung der Verordnungen und Beschlüsse...), 7. Band, 82.-100. Bulletin, Mainz (StAP)

gleiche Maßnahme wurde im Brauweiler Hof zu Köln erst am 4. Juli 1802, also zwei Tage nach der Verkündigung des Suppressionsgesetzes, durchgeführt.

Die Säkularisationsmaßnahmen in den vier rheinischen Departements waren nicht in gleichem Maße einschneidend für die katholische Kirche wie zuvor im französischen Mutterland. Napoleon hatte sich im Konkordat mit Papst Pius VII. verpflichtet, der katholischen Kirche die zur Religionsausübung notwendigen Einrichtungen zu lassen. So war in den Artikeln XI und XII des Konkordats festgelegt, dass *„die Bischöffe* [...] *bei ihrer Hauptkirche ein Kapitel und für ihren Sprengel ein Seminarium haben"* dürfen. Außerdem sollten *„alle erzbischöfliche, bischöfliche Pfarr- und andere nicht veräußerten Kirchen, die zum Gottesdienst notwendig sind,* [...] *den Bischöffen zur Verfügung überlassen werden"*.

Auf diese Ausnahmevereinbarung bezog sich Artikel I des Suppressionsgesetzes: *„Die Klöster, die Ordensgeistlichen-Kongregationen und übrigen geistlichen Titel und Anstalten mit Ausnahme der gemäß dem Gesezze vom 18. Germinal jüngst errichteten oder zu errichtenden Bißthümer, Pfarreien, Kathedralkapiteln und Seminarien sind in den vier Departementen der Saar, Ruhr, Rhein und Mosel und Donnersberg aufgehoben."*

In Köln trafen diese Ausnahmen von der Aufhebung nur für die Pfarreien zu, denn das zuständige Bistum mit Domkapitel und Seminar hatte seinen neuen Sitz in Aachen. Den neuen Pfarreien wurden die Pfarrhäuser mit dazugehörigen Gärten und die Gebäude, die dem katholischen Gottesdienst dienten, zur Benutzung belassen. (Büttner 1971)

Artikel II des Suppressionsgesetzes unterstellte alle Güter, sowohl die der *„aufgehobenen Orden, Kongregationen und geistlichen Anstalten und Titeln"* als auch die, welche gemäß dem Gesetz vom 18. Germinal X (= 8. April 1802) noch eingerichtet werden sollten, *„unter die Gewalt der Nation"*.

In Artikel III wurde die bereits erwähnte Versiegelung der Archive verfügt, und die Artikel IV und V regelten Einzelheiten der Aufhebung der geistlichen Institutionen.

Artikel IV bestimmte: *„Die Präfekten sollen Kommissäre ernennen, welche mit Hilfe der Domänenbeamten sich an Ort und Stelle verfügen und, nachdem sie die Siegel gelöst, sich daselbst alle in die Verwaltung einschlägigen Register und Rechnungen vorlegen lassen, sie abschließen, das Ganze der sämmtlichen Einkünfte nebst Anzeige ihrer Verfallszeit herausziehen und auf freies Papier, ohne Kosten, ein summarisches Verzeichniß und Beschreibung des Silbergeräths der Kirchen und Kapellen, Sakristie-Effekten, Bibliotheken, Bücher, Manuskripte, Medaillen und Gemälden in Gegenwart der wirklichen Besitzer fertigen, von welchen sie die Deklarationen über den gegenwärtigen Bestand ihrer Häuser, liegenden Güter, konstituirten Renten oder Zinsen von ausgeliehenen Kapitalien, Mobiliar- oder Immobiliar-Schulden und der Urkunden worauf sie sich gründen, aufnehmen."*

In Artikel V wurde festgelegt: *„Die nämlichen Kommissäre sollen auch ein Verzeichniß der Geistlichen, Religiosen, Kloster- und Stiftsfrauen eines jeden Ordenshauses und Stiftes, wie auch derjenigen, die bei ihnen affiliirt sind, nebst ihrem Namen, Alter und Geburtsort fertigen lassen.*

Die sämmtlichen Verzeichnisse und Deklarationen müssen von einem jeden der beteiligten Individuen als wahrhaft bescheinigt und unterzeichnet werden; und sind dieselben sammt und sonders für die Treue ihres Inhalts verantwortlich."

Artikel VI forderte, daß die bei der Aufhebung gefertigten *Verbalprozesse* (Protokolle) und Verzeichnisse so schnell wie möglich an den Finanzminister zu schicken seien.

Die nachfolgenden Artikel VII bis X legten fest, daß alle an die Nation übergegangenen Güter der *„Regie der Nationaldomänen übertragen und* [...] *alle ihre Einnahmen in die Kasse* (der Nationaldomänenregie) *eingeschossen werden"*. Der Finanzminister sollte den Verwalter der Nationaldomänen bestimmen, der *„alle Maasregeln zu treffen hat, die geeignet sind, die Erhaltung und gute Verwaltung der durch gegenwärtigen Beschluß mit dem Nationaldomän vereinten Güter zu sichern"*.

Artikel XI verwies noch einmal darauf, daß gemäß dem Gesetz vom 18. Germinal X (= 8. April 1802) über die Einrichtung des Religionsdienstes, alle Gebäude, in denen der katholische Gottesdienst verrichtet werde, sowie die

Pfarrhäuser und zugehörigen Gärten, die Häuser der zu den Domkapiteln gehörenden Geistlichen und die Gebäude der Seminarien von den Bestimmungen des Suppressionsgesetzes ausgenommen seien. Jedoch, so hieß es weiter, *„muß ein Inventar verfertigt werden über alle in denselben befindlichen Kirchengeräthschaften für welche die Pfarrer und geistlichen Vorgesezten verantwortlich bleiben“.*

Zum Ausgleich für das eingezogene Eigentum sah Artikel XII die Zahlung einer jährlichen Pension an die Konventualen der aufgehobenen Klöster und Stifte vor, die innerhalb der derzeitigen Grenzen der französischen Republik geboren waren, nämlich: *„Sechshundert Franks jedes Individuum, das sechzig volle Jahre alt ist; und fünfhundert Franks alle diejenigen, welche ein geringeres Alter besizzen.“*

Die Artikel XIII und XIV bestimmten, daß *„die Glieder der aufgehobenen Etablissements* [...] *die Nationalhäuser, die sie bewohnen“*, innerhalb von zehn Tagen zu räumen haben, und *„von dem nämlichen Zeitpunkte an ist den Religiosen untersagt, ihre Ordenskleidung zu tragen“.*

Artikel XV und XVI regelten Eigentumsfragen persönlicher Gegenstände der Konventsmitglieder. Jedem Mitglied eines aufgehobenen Klosters oder Stiftes war es erlaubt, *„die Geräthschaften seiner Wohnung oder Zelle, nebst Weiszeug und überhaupt alle Mobilien und Effekten, die bisdahin ausschließlich zu seinem persönlichen Gebrauche gedient haben“*, mitzunehmen. Gegenstände, die von den Mitgliedern eines Konvents oder mehrerer Konvente gemeinschaftlich genutzt wurden und nicht zu den gemäß Artikel III des Suppressionsgesetzes inventarisierten Mobilien und Effekten gehörten, sollten unter den betreffenden Personen aufgeteilt werden.

Die im Ausland gebürtigen Konventualen mußten gemäß Artikel XVII auf das rechte Rheinufer überwechseln. Ihnen wurde ein Reisegeld von 150 Francs gezahlt.

Artikel XVIII erklärte *„alle Quittungen oder Scheine über vorgeblich zum voraus gemachte Zahlungen an irgend welche der ehemaligen Geistlichen, Religiosen oder Klosterfrauen, Stiftsglieder, Kongregationen, Seminarien und regulierte oder weltliche Korporationen in den vier Departementen“*, die von Pächtern, Mietern oder Zinspflichtigen stammten, für *„null und nichtig“.*

Artikel XIX legte fest, daß die Gesetze, die Näheres über die Verwaltung, Verpachtung und den Verkauf der Nationalgüter sowie die Behandlung der auf diesen ruhenden Schulden bestimmten, noch in den rheinischen Departements veröffentlicht würden.

In Artikel XX wurden die von der Suppression ausgenommenen geistlichen Institutionen benannt. Es handelte sich dabei um *„diejenigen Anstalten, deren Institut den öffentlichen Unterricht oder die Krankenpflege einzig zum Zwekke hat und die zu diesem Ende wirklich ausserhalb Schulen und Krankensäle halten“.*

In Artikel XXI wurde der Generalkommissar der vier rheinischen Departements aufgefordert, *„unter den ehemaligen Frauenklöstern sechs der größten und am besten unterhaltenen auswählen, welche vorbehalten werden, den ehemaligen Klosterfrauen, von jedem Orden ohne Unterschied, die in selben wohnen oder gemeinschaftlich leben wollen, zum Ruhesiz zu dienen, ohne daß jedoch ihre Vereinigung als eine Ordensgesellschaft oder als eine Fortsetzung des Klosterlebens angesehen werden kann.“* Desgleichen sollten die vier größten Mönchsklöster ausgewählt werden für die *„mehr als siebenzigjährigen Religiosen jeden Ordens, die gemeinschaftlich leben wollen“.*

Versiegelung des Archivs der Abtei im Brauweiler Hof zu Köln

Zwei Tage nach der Verkündigung des Suppressionsgesetzes wurde am Nachmittag des 15. Messidor X (= 4. Juli 1802) um vier Uhr das Archiv der Abtei Brauweiler, das sich, wie bereits dargelegt, seit dem 17. Jahrhundert im Brauweiler Hof zu Köln befand, versiegelt.

Über das Anbringen des Siegels wurde ein Protokoll *(Procès Verbal)* in französischer Sprache angefertigt. Unterschrieben haben es der französische Spezialkommissar Wiruce und der Brauweiler Konventuale Medard Hoff. Im Protokoll werden außer dem Datum auch die Uhrzeit genannt, wann der Kommissar mit seiner Tätigkeit begann. Es heißt dann weiter in dem Protokollbericht:

„Wir, der unterzeichnende Spezialkommissar, ernannt durch den Maire von Köln, beauf-

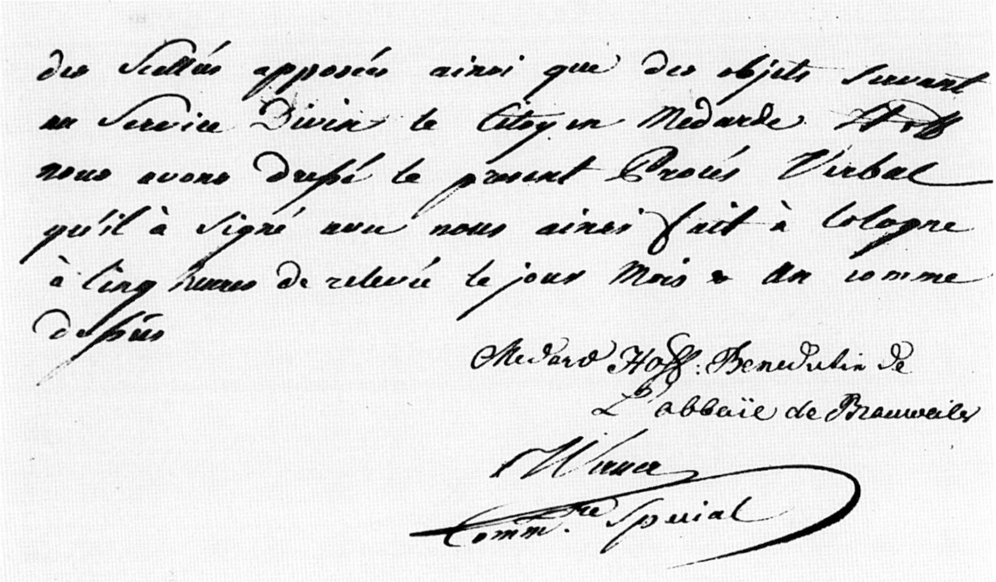
des scellés apposés ainsi que des objets servant
au service Divin le Citoyen Medarde Hoff
nous avons dressé le present Procès Verbal
qu'il a signé avec nous ainsi fait à Cologne
à cinq heures de relevée le jour mois et an comme
dessus

Medard Hoff: Benedictin de
l'abbaïe de Brauweiler

Wiruce
Comm.re Special

Unterschriften des Brauweiler Benediktiners Medard Hoff und des Spezialkommissars Wiruce unter dem Protokoll vom 15. Messidor X (= 4. Juli 1802) über die Versiegelung des Archivs der Abtei Brauweiler im Brauweiler Hof zu Köln (NWHStAD, Roerdep.)

tragt durch den Generalkommissar der Regierung in den rheinischen Departements, Siegel in den geistlichen Einrichtungen anzubringen, haben uns auf Grund der an uns delegierten Ermächtigung in das Gebäude, genannt Brauweiler Hof, gelegen in der Straße Burgmauer Nr. 4312, begeben, wo wir mit dem hier wohnenden Bürger Medard Hoff, einem Benediktiner, gesprochen haben. Wir haben ihm den Grund unseres Auftrages erklärt und nachdem wir uns den Ort haben zeigen lassen, wo sich das Archiv befindet, haben wir das Siegel angebracht. Da besagter Bürger Medard Hoff uns erklärte, daß die Kapelle, die sich in dem oben genannten Brauweiler Hof befindet, nur den von Zeit zu Zeit in das Anwesen der Abtei Brauweiler kommenden Geistlichen dient, und daß die wenigen Gegenstände, wie Messgewänder, silberne Kelche, die sich in dieser Kapelle befinden, für den Gottesdienst notwendige Effekten sind, haben wir ihm alles zu seiner Verfügung überlassen, für die er in unserer Gegenwart eine Empfangsbestätigung unterzeichnet hat.“

Das Protokoll über die Versiegelung endet damit, daß Kommissar Wiruce erklärt, er habe den „Bürger“ Medard Hoff zum Hüter der angebrachten Siegel *(gardien des scellées apposées)* sowie der zum Gottesdienst notwendigen Gegenstände bestimmt. Am Schluß wird die Uhrzeit angegeben, wann die Siegelanbringung und der darüber gefertigte Bericht abgeschlossen wurden. Der ganze Vorgang hatte demgemäß eine Stunde gedauert.

Sowohl Anno Schnorrenberg als auch Joan Peter Delhoven berichten in ihren Tagebüchern, daß bei der Versiegelung der Klosterarchive im Juli 1802 den Geistlichen die zum Gottesdienst notwendigen liturgischen Gewänder und Gegenstände belassen wurden.

Der Aufhebung des Klosters entgegen

Als P. Medard Hoff im Brauweiler Hof zu Köln das Protokoll über die Versiegelung des Klosterarchivs unterschrieb, dürfte ihm bewußt gewesen sein, daß die Tage seines Heimatklosters von nun an gezählt waren. Das Suppressionsgesetz vom 20. Prairial X (= 9. Juni 1802) war mittlerweile veröffentlicht und allgemein bekannt. Daher konnte Joan Peter Delhoven die wichtigsten Bestimmungen bereits am 4. Juli 1802 in seinem Tagebuch aufzählen.

Wie man im Brauweiler Konvent die Veröffentlichung des Suppressionsgesetzes aufge-

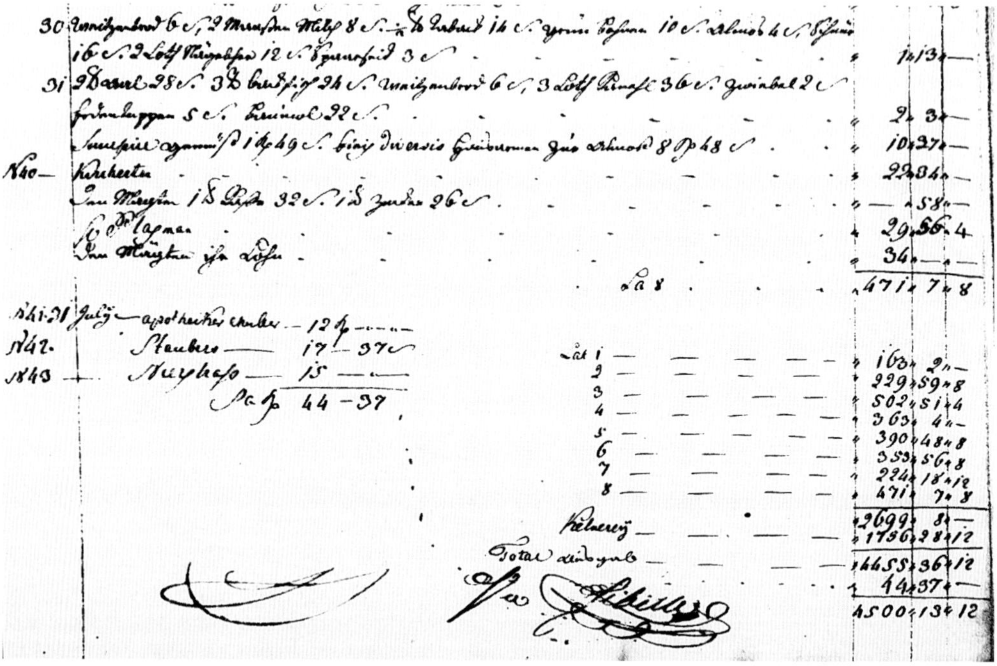

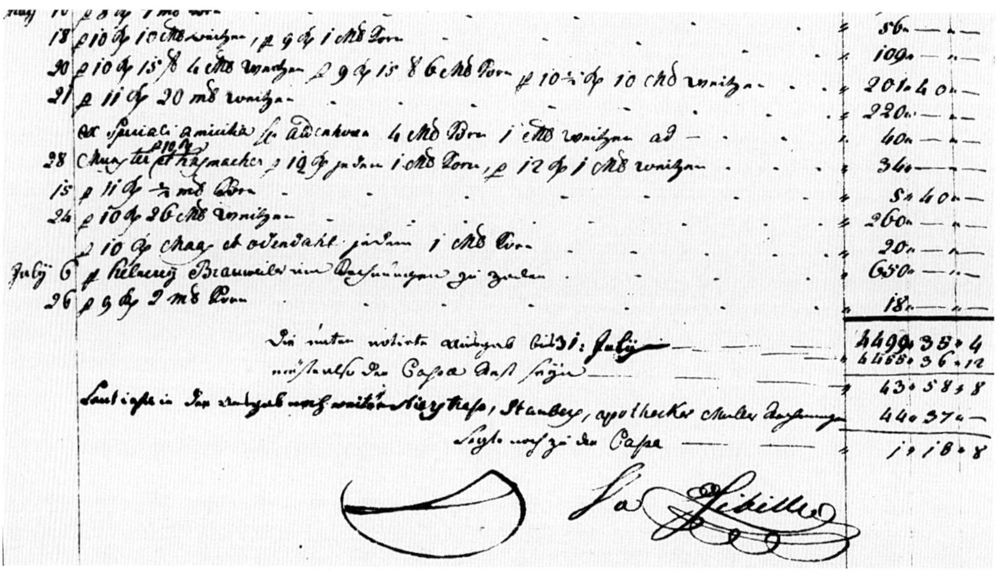

Abrechnung der Einnahmen (unten) und Ausgaben (oben) während des Wirtschaftsjahres 1801/02. Unter den Einnahmen ist zum 6. Juli der Überschuß von 650 Reichstalern aus der an diesem Tage abgerechneten Kasse der Kellnerei eingetragen. Die Ausgaben der Kellnerei sind auf der Ausgabenseite der Bilanz mit 1.796 Reichstalern zu den übrigen Ausgaben addiert. Bis zu diesem Zeitpunkt waren die Ausgaben um 43 Reichstaler niedriger als die Einnahmen. Erst durch die Begleichung von drei noch unbezahlten Rechnungen von insgesamt 44 Reichstalern am 31. Juli überstiegen die Ausgaben die Einnahmen um einen Reichstaler, den der anonyme Kellner des Klosters offenbar aus der eigenen Tasche in die Kasse legte, um diese abzurechnen. Einnahmen- und Ausgabenbuch der Abtei (NWHStAD, Brauweiler Akten)

nommen hat, ist nicht überliefert. Jedoch deutet einiges unter den Ausgaben während des Monats Juli 1802, wie das Einnahmen- und Ausgabenbuch der Abtei Brauweiler sie ausweist, darauf hin, daß man sich zumindest bezüglich der vorhandenen Bargelder auf die Auflösung des Klosters vorbereitet hat.

Wie bereits erwähnt (s. S. 309), wurde schon am 6. Juli die Kasse der Kellnerei abgerechnet und der Restbetrag von 650 Reichstalern in die allgemeine Kasse übernommen. Dieser Betrag sollte, wie eine Anmerkung beim Eintrag dieser Summe unter die Einnahmen für das Wirtschaftsjahr 1801/02 belegt, zur Begleichung noch ausstehender Rechnungen verwendet werden. Unter den Ausgaben im Juli 1802 erscheinen dann auffallend viele höhere Beträge, die an bestimmte Personen - es sind Lieferanten bzw. Handwerker - gezahlt wurden. Es handelte sich hierbei um nachträgliche Zahlungen für erbrachte Leistungen und Lieferungen. In einem Fall wird eigens angemerkt, daß eine Rechnung für Butter vom 23. Juni 1801 beglichen wird. In einem anderen Fall wird bei einer Geldausgabe auf eine Rechnungsnummer der Kellnerei hingewiesen.

Höhere Geldbeträge wurden auch für die Löhne des Dienstpersonals aufgewendet. So erhielten die Mägde am 31. Juli außer Kaffee und Zucker noch einmal einen Arbeitslohn von 34 Reichstalern.

Insgesamt überstiegen die Ausgaben des Monats Juli 1802 die Ausgabenbeträge der Vormonate deutlich. Es entsteht der Eindruck, als habe man versucht, vor der Aufhebung des Klosters noch möglichst viel Geld zur Begleichung offener Rechnungsbeträge sowie für Löhne zu verwenden. Offenbar wollte man am Tage der Aufhebung so wenig Bargeld wie möglich in der Kasse haben. Tatsächlich ergab die Abrechnung der Klosterkasse, wie bereits erwähnt (s. S. 310), daß bei der Aufhebung der Abtei nicht nur alles ausgegeben war, sondern die Kasse auch noch ein Minus von einem Reichstaler aufwies. Damit ging wenigstens hinsichtlich des Bargeldes die französische Domänenverwaltung so gut wie leer aus.

Diesen geringen Differenzbetrag haben sich Kommissar Sibiller und Steuereinnehmer Schirmer vom damaligen Kellner des Klosters – sein Name ist leider nicht überliefert – in bar auszahlen lassen. Darauf verweist die Notiz des Kellners in der letzten Zeile seiner Bilanz neben dem Differenzbetrag im Einnahmen- und Ausgabenbuch: *„Legte noch zu den Cassa“*. Verursacht wurde die negative Bilanz dadurch, daß man zunächst drei noch offene Rechnungen übersehen hatte, deren Gesamtsumme den in der Kasse verbliebenen Barbetrag um etwas mehr als einen Reichstaler überstieg. Diese Rechnungen wurden erst am 31. Juli 1802 beglichen, wie eine entsprechende Notiz am Schluß der Zusammenstellung der Ausgaben belegt.

Offenbar hatte der Konvent beschlossen, das vorhandene Bargeld restlos auszugeben, was im Grunde auch gelungen ist. Die Zahlung des vergleichsweise geringen negativen Differenzbetrages hat man wohl gerne in Kauf genommen. War doch vermieden worden, daß der französischen Domänenverwaltung ein größerer Restbetrag der Klosterkasse in die Hände fiel. Hier mag die Erfahrung eine wesentliche Rolle gespielt haben, die man nach dem Einmarsch der Franzosen mit dem beschlagnahmten Bargeld im Brauweiler Hof zu Köln gemacht hatte.

Vierzehn Tage im Thermidor des Jahres X: Kommissar Sibiller löst die Abtei Brauweiler auf

In der Zeit zwischen dem 15. Thermidor X (= 3. August 1802) und dem 30. Vendemiaire X (= 22. Oktober 1802) erfolgte die Säkularisation der Kölner geistlichen Institutionen. (Büttner 1971) Die Abtei Brauweiler gehörte zu den Klöstern, die gleich zu Beginn dieses Zeitraums aufgehoben wurden.

Bereits am 15. Thermidor X (= 3. August 1802) erschien in der Abtei Brauweiler der vom Präfekten des Roerdepartements ernannte Kommissar Sibiller in Begleitung des Domänenbeamten (Steuereinnehmer) Schirmer. Nachdem man alle Konventsmitglieder zusammengerufen hatte, legten der Kommissar und der Domänenbeamte den Mönchen ihre Vollmachten vor. Anschließend brachten sie ihnen den Text des Suppressionsgesetzes vom 20. Prairial X zur Kenntnis.

Danach begannen sie in Anwesenheit der Mönche mit den Amtsgeschäften zur Aufhebung der Abtei Brauweiler in der vom Suppres-

Auflösungskommissar Sibiller und Steuereinnehmer Schirmer weisen den Mönchen ihre Vollmacht zur Aufhebung der Abtei vor. Kreidezeichnung von Heinz Binsfeld

sionsgesetz vorgeschriebenen Reihenfolge. Diese Amtshandlung dauerte zwei Wochen und wurde erst am 28. Thermidor X (= 16. August 1802) beendet. Leider ist aus den noch erhaltenen Akten nicht in allen Fällen zu entnehmen, an welchem Tag die eine oder andere Amtshandlung von dem Kommissar Sibiller durchgeführt worden ist, da als Datumsangabe immer wieder der letzte Tag der Aufhebungsmaßnahmen angegeben ist.

Über alles wurde ein Protokoll *(Procès Verbal)* angefertigt. (s. Anhang S. 456ff.) Es handelte sich um ein vorgedrucktes Formular in französischer Sprache. Die einzelnen Schritte der Auflösung waren genau vorgegeben und richteten sich in ihrer Reihenfolge nach den Artikeln des Suppressionsgesetzes, dessen Wortlaut auch teilweise übernommen worden war.

An einigen Stellen war Platz gelassen für handschriftliche Eintragungen oder Ergänzungen. So mußten der Name des aufzuhebenden Klosters oder Stiftes sowie die Gemeinde und Mairie, in der die Institution lag, ebenso eingetragen werden wie die Namen der ausführenden Beamten und die Daten des ersten und des letzten Tages, an dem die Amtsgeschäfte durchgeführt wurden. Am linken Rande des Protokolls standen in einer kleineren Schrift Erläuterungen, die eine Numerierung trugen und zu bestimmten Stellen im Protokoll gehörten, die durch entsprechende Ziffern gekennzeichnet waren. Hier konnten, den aktuellen Verhältnissen der aufzuhebenden Institution entsprechend, Ergänzungen oder Abänderungen im Protokolltext vorgenommen werden.

Als erstes hatten Kommissar Sibiller und sein Begleiter, der Domänenbeamte Schirmer, die Anfang Juli angebrachten Siegel zu überprüfen und danach zu entfernen. Offensichtlich waren alle Siegel unbeschädigt, da nichts Gegenteiliges in dem Protokoll vermerkt ist. In einer handschriftlich hinzugefügten Anmerkung wird auch die Unversehrtheit der angebrachten Siegel *„in dem Haus in Köln* [...] *der Abtei gehörend“* - es handelte sich um den Brauweiler Hof - bestätigt. Der Notiz ist darüber hinaus zu entnehmen, daß Abt Anselm Aldenhoven, wie bereits erwähnt, zu diesem Zeitpunkt im Brauweiler Hof seine Wohnung

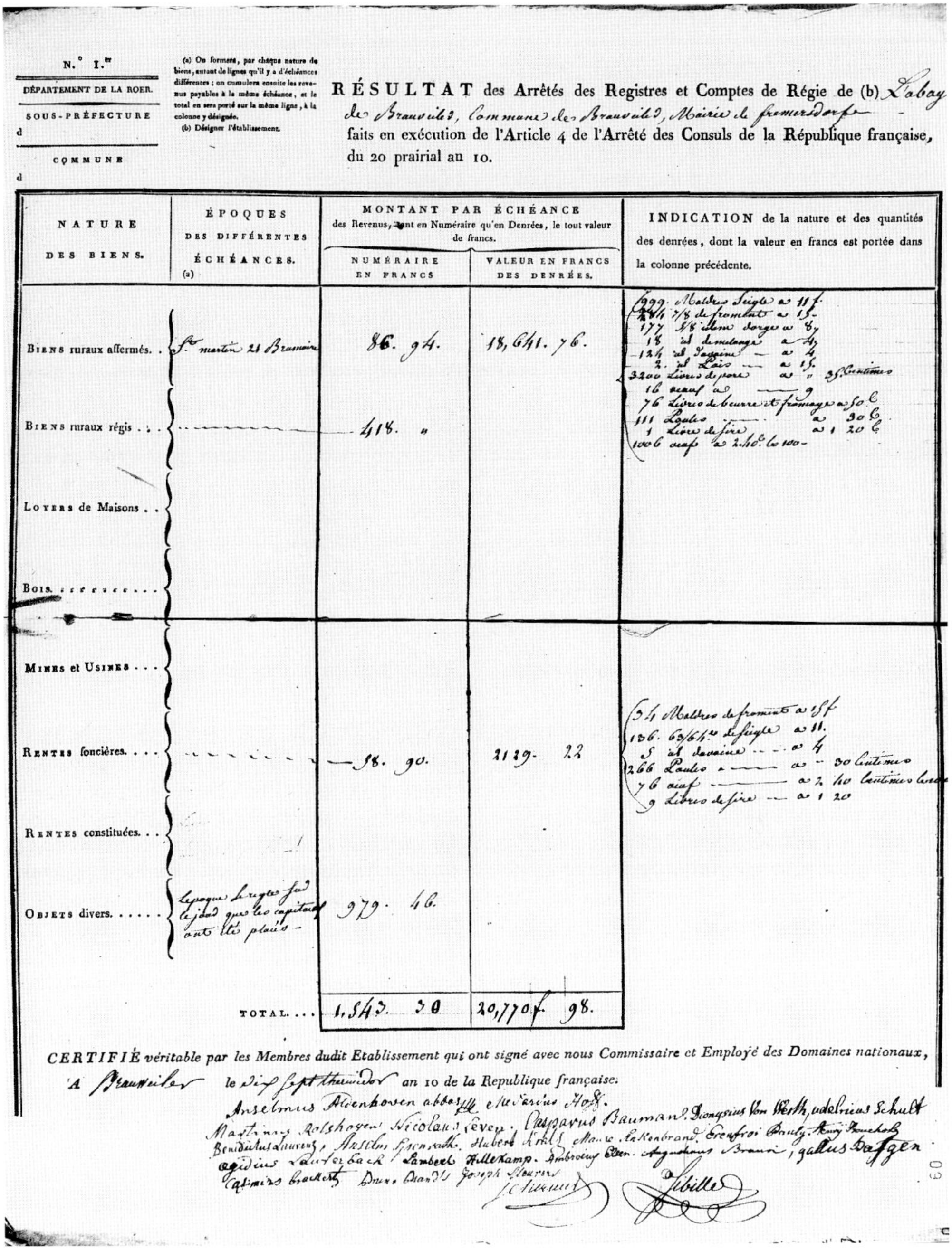

N.° 1.er

DÉPARTEMENT DE LA ROER.

SOUS-PRÉFECTURE d

COMMUNE d

(a) On formera, par chaque nature de biens, autant de lignes qu'il y a d'échéances différentes; on cumulera ensuite les revenus payables à la même échéance, et le total en sera porté sur la même ligne, à la colonne y désignée.

(b) Désigner l'établissement.

RÉSULTAT des Arrêtés des Registres et Comptes de Régie de (b) l'abbaye de Brauweiler, commune de Brauweiler, Mairie de Fremersdorf – faits en exécution de l'Article 4 de l'Arrêté des Consuls de la République française, du 20 prairial an 10.

NATURE DES BIENS.	ÉPOQUES DES DIFFÉRENTES ÉCHÉANCES. (a)	MONTANT PAR ÉCHÉANCE des Revenus, tant en Numéraire qu'en Denrées, le tout valeur de francs. NUMÉRAIRE EN FRANCS	VALEUR EN FRANCS DES DENRÉES.	INDICATION de la nature et des quantités des denrées, dont la valeur en francs est portée dans la colonne précédente.
Biens ruraux affermés.	St. martin 21 Brumaire	86. 94.	18,641. 76.	999. Malders Seigle à 11 f. – 2[illegible] 7/8 de froment à 15 – 177 5/8 idem d'orge à 8 – 18 id de melange à 4 – 124 id d'avoine à 4 – 2. id Pois à 15 – 3200 Livres de porc à " 35 Centimes – 16 veaux à 9 – 76 Livres de beurre et fromage à 50 C – 111 Poules à 30 C – 1 Livre de cire à 1 20 C – 1006 oeufs à 2.40 c. le 100 –
Biens ruraux régis	–	418. "		
Loyers de Maisons				
Bois				
Mines et Usines				
Rentes foncières	–	98. 90.	2129. 22	34 Malders de froment à 15 f – 136. 63/64 de seigle à 11. – 5 id d'avoine à 4 – 266 Poules à 30 Centimes – 76 oeufs à 2. 40 Centimes le cent – 9 Livres de cire à 1 20
Rentes constituées.				
Objets divers.	l'époque de l'échéance fixée par les capitaux ont été placés –	979. 46.		
TOTAL.		1,583. 30	20,770 f. 98.	

CERTIFIÉ véritable par les Membres dudit Etablissement qui ont signé avec nous Commissaire et Employé des Domaines nationaux,

A Brauweiler le dix sept thermidor an 10 de la République française.

Anselmus Aldenhoven abbas, Severinus Hoff, Martinus Rolshoven, Nicolaus Sever, Casparus Bauman, Dionysius von Werth, udalricus Schult, Benedictus Laurenz, Anselm Gronrath, Hubert Kohl, Maur. Lakenbrand, Gottfried Brüls, Henry Froweholz, Egidius Lauterbach, Lambert Hillekamp, Ambrosius Elten, Augustinus Braun, gallus Daffgen, Casimirus Brachtz, Bern. Brandts, Joseph Slouren, J. Sirven, Sibille

Anlage 1 zum Aufhebungsprotokoll. Übersicht über die Einkünfte der Abtei aus verpachteten bzw. selbst verwalteten bäuerlichen Gütern sowie Zahlungen von Renten aus Grundbesitz. Es sind keine Einkünfte aus Waldbesitz aufgeführt, da das Kloster zu diesem Zeitpunkt keinen Wald mehr besaß. (NWHStAD, Roerdep.)

genommen hatte *(la maison de Cologne occupée par le prelat).*

In den nun folgenden Tagen wurden zunächst die Einkünfte des Klosters aus verpachteten bzw. selbst verwalteten bäuerlichen Gütern sowie Zahlungen von Renten aus Grundbesitz und die Termine ihrer Fälligkeit aufgelistet. Hierfür wurde ein gedrucktes Formular verwendet, in das alle Angaben eingetragen wurden. Bei den angegebenen Einnahmen handelte es sich um landwirtschaftliche Produkte wie verschiedene Getreidesorten, Fleisch, Butter, Käse u.a. Es fällt auf, daß keine Einkünfte aus Waldbesitz eingetragen sind. Offenbar hatte das Kloster im Laufe der Jahre nach dem Einmarsch der Franzosen seinen gesamten Waldbesitz verloren.

Als nächstes wurde ein Verzeichnis aller Silbersachen der Kirche, der Effekten der Sakristei sowie weiterer Wertgegenstände wie Bücher, Manuskripte, Gemälde, Medaillen angefertigt. Bei den Silbersachen wurde außer einer kurzen Beschreibung das Gewicht in einer dafür vorgesehenen Spalte festgehalten. Bei den übrigen Gegenständen, die nicht näher durch die Angabe des Metallgewichtes zu bestimmen waren, wurde ein Schätzwert in eine besondere Spalte eingetragen. Da über das weitere Schicksal dieser Vermögenswerte zum Zeitpunkt der Aufhebung der rheinischen Klöster und Stifte noch nichts Näheres verfügt war, wurden diese Gegenstände wieder eingeschlossen, die Räume versiegelt und zu ihrer Sicherung Wächter bestellt.

Anschließend wurde ein Verzeichnis aller Urkunden und Schriftstücke *(Titres et Papiers)* angefertigt. Es handelte sich dabei nicht nur um ältere Urkunden (Diplome) und Akten des Klosterarchivs, sondern auch um Dokumente, die Auskunft gaben über das Vermögen des Klosters, über verliehene Kapitalien und Zinseinkünfte sowie über Renten oder Schulden. Jedes Schriftstück erhielt eine Nummer. Dann wurden die Dokumente zu Bündeln zusammengelegt. Auf jedem Bündel wurde die Anzahl der Stücke und ihr Inhalt notiert. Das Verzeichnis mit den gebündelten Unterlagen nahmen der Kommissar und der Domänenbeamte mit in das Büro der Nationaldomänen-Verwaltung. Sie sollten später der Präfektur in Aachen übergeben werden.

Unter Mithilfe der Konventsmitglieder wurde im weiteren Verlauf der Amtshandlungen eine Generalübersicht über den Klosterhaushalt *(Etat Général)*, d.h. über die Güter, das Vermögen, die Einnahmen und Schulden der Abtei, erstellt. Dieser *„Etat Général"* bestand aus drei Teilen:

Kapitel I:
Grundgüter *(Des Biens-Fonds)*

Unter diesen Grundgütern sind zunächst die Höfe, Wasser- und Windmühlen der Abtei in den einzelnen Orten der alten Herrlichkeit Brauweiler sowie in Glessen (heute zu Bergheim gehörend) mit den Namen der Pächter aufgelistet. Des weiteren ist in der Liste der Besitzungen auch ein Haus mit Garten in Köln mit der Hausnummer 4312 *(une Maison avec jardin à Cologne N^O 4312)* eingetragen. Hierbei handelt es sich um den Brauweiler Hof. Als Besitzer wird Abt Anselm Aldenhoven angegeben *(le prelat).* Schließlich folgen Grundstücke, die als Acker- oder Weideland verpachtet sind, sowie die Namen der Pächter. Auch diese Grundstücke liegen bis auf wenige Ausnahmen innerhalb der alten Herrlichkeit Brauweiler. Lediglich fünf Grundstücke befinden sich in Ichendorf, Brühl, Dormagen und Zons. Während bei den Höfen und Mühlen die jährliche Pacht sowie der Wert angegeben sind, wird bei den Grundstücken auch die Größe in *„arpens"* angegeben, was im Kölner Raum einer Fläche von 0,3176 Hektar entspricht. (Büttner 1971) Die Pacht wird in Naturalien angegeben, bei den Höfen werden neben Getreide auch Schweine- und Rindfleisch sowie Butter und Käse genannt. Bei den kleineren Grundstücken bestand die Pacht nur aus verschiedenen Getreidesorten. Lediglich für die auswärts liegenden Grundstücke wird ein Geldbetrag angeführt.

Kapitel II:
Renten- und Kapitalforderungen
(De l'actif en Rentes, Redevances et Capiteaux)

Bei den Renten handelt es sich mehrheitlich um jährlich fällige Getreidemengen, die von Bauern aus den Dörfern der alten Herrlichkeit Brauweiler für die Anpachtung von Ackerland - in einigen Fällen auch von Häusern - aus dem

Besitz der Abtei an das Kloster zu liefern waren. In der Aufstellung werden sowohl die Höhe der Renten, d.h. die Menge der einzelnen Lieferungen als auch die Namen der Schuldner und ihre Wohnorte aufgeführt. Als Tag der Abgabe wird der 11. November *(au Martin)* angegeben. Die Aufstellung endet mit einer Liste von Schuldnern des Klosters, die ihre Abgaben in Geldbeträgen zu zahlen hatten. Unter diesen befinden sich der Konvent des Klosters Burbach, die Kölner Johanniter-Kommende St. Johannes und St. Cordula sowie die Gemeinden (Dörfer) Brauweiler, Widdersdorf, Manstedten, Kleinkönigsdorf, Dansweiler, Sinthern und Freimersdorf. Diese Geldbeträge waren zu unterschiedlichen Terminen im Laufe eines Jahres fällig.

Kapitel III:
Schulden auf beweglichem Vermögen und auf Grundbesitz
(Des Dettes mobiliaires et immobiliaires)

Unter diesem Kapitel ist nur ein Name genannt. Es handelt sich um den Kölner Händler Peter Cassinone. Er war ein Sohn des 1799 verstorbenen Kaufmanns Anton Franz Cassinone (s. S. 257 u. 346). Das Kloster hatte bei dieser Kaufmannsfamilie Schulden, da Lieferungen von Fisch und anderen Lebensmitteln während der letzten Zeit nicht bezahlt worden waren.

Wohl im Zusammenhang mit der Aufstellung dieser Übersicht über das Vermögen sowie über die Ausgaben und Einnahmen der Abtei hat Kommissar Sibiller das häufig

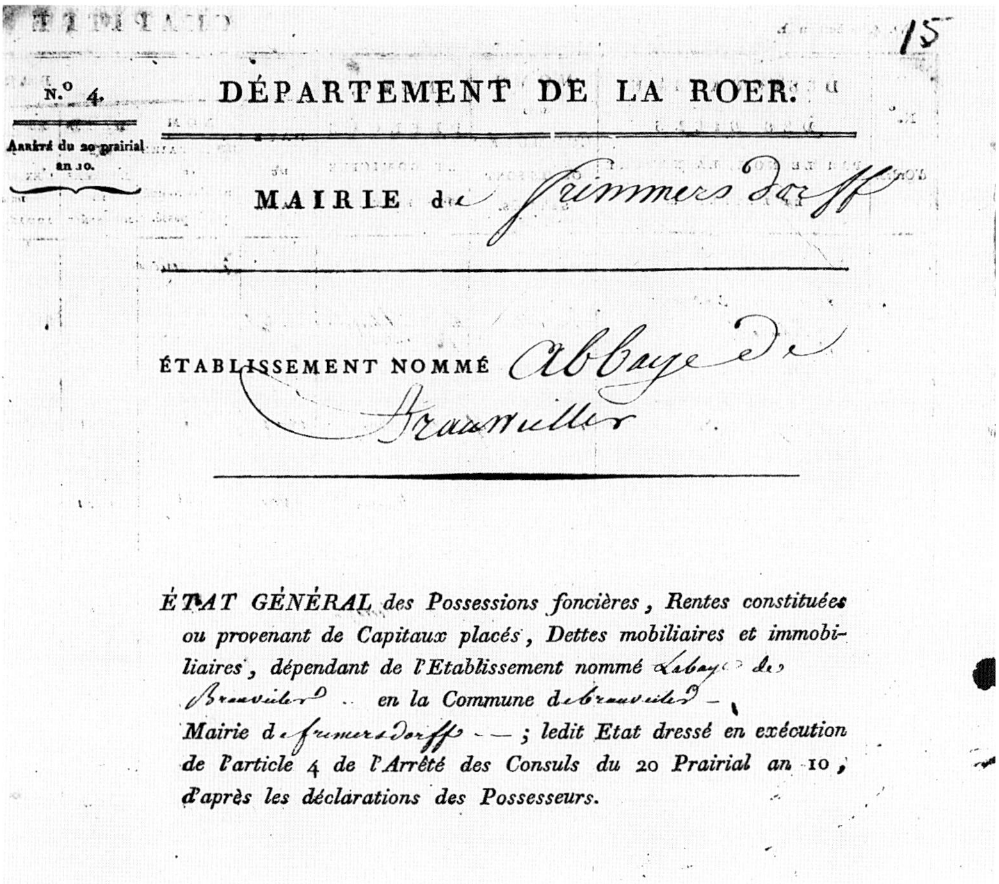
15

N.° 4.

Arrêté du 20 prairial an 10.

DÉPARTEMENT DE LA ROER.

MAIRIE de Freimersdorff

ÉTABLISSEMENT NOMMÉ abbaye de Brauweiler

ÉTAT GÉNÉRAL des Possessions foncières, Rentes constituées ou provenant de Capitaux placés, Dettes mobiliaires et immobiliaires, dépendant de l'Etablissement nommé Labaye de Brauveiler *en la Commune de* Brauveiler *Mairie de* Freimersdorff; *ledit Etat dressé en exécution de l'article 4 de l'Arrêté des Consuls du 20 Prairial an 10, d'après les déclarations des Possesseurs.*

Titelseite der Generalübersicht über den Klosterhaushalt („Etat général"). Anlage 4 zum Aufhebungsprotokoll. (NWHStAD, Roerdep.)

erwähnte Einnahmen- und Ausgabenbuch des Klosters durchgesehen und auf den Seiten, auf denen ein Wirtschaftsjahr abgerechnet wurde, unterzeichnet. Vor seinen Namen hat der Kommissar fast immer die Bemerkung *„vu* - gesehen" geschrieben. Die letzte Seite des Buches haben beide, Kommissar Sibiller und Domänenbeamter Schirmer, unterschrieben. Als Datum dieser Amtshandlung haben sie *„Vingt un Thermidor an 10"* (21. Thermidor X = 9. August 1802) angegeben.

Im weiteren Verlauf der Aufhebungsmaßnahmen ließen sich Kommissar Sibiller und Domänenbeamter Schirmer, wie es in Artikel VIII des Suppressionsgesetzes gefordert wurde, von den Konventsmitgliedern alle Rechnungen, die das Kloster und seine Pächter und Mietsleute betrafen, vorlegen. Anschließend wurden diese Papiere zunächst dem Maire von Freimersdorf übergeben und danach an den Unterpräfekten weitergeleitet, damit sie durch die Domänenverwaltung untersucht und auf ihre Rechtmäßigkeit überprüft werden konnten.

Als nächster Punkt der Amtsgeschäfte stand die Klärung der Rechtslage des aufzuhebenden Klosters gemäß Artikel IX und X des Suppressionserlasses an. Hier war die Frage zu beantworten, ob das Kloster in noch laufende Prozesse oder Rechtsstreitigkeiten verwickelt sei und ob mögliche Zwangsvollstreckungen oder Pfändungen, welche die beschlagnahmten Möbel oder andere bewegliche Wertgegenstände betrafen, unerledigt seien. In dem für die summarische Eintragung dieser Rechtsangelegenheiten vorgesehenen Formular hat Kommissar Sibiller nach dem Gespräch mit dem Konvent nur ein Wort eingetragen *„Néant"*, was mit *„Fehlanzeige"* zu übersetzen ist.

Als letzte Amtshandlung haben Kommissar Sibiller und Domänenbeamter Schirmer eine Namenliste aller Mitglieder des Brauweiler Konvents aufgestellt. (s. Anhang S. 453ff.) In die sechs Spalten dieser Liste wurden die Familiennamen der Mönche, ihre Vornamen, ihr Alter, ihr Geburtsort und das Datum ihrer Profeß eingetragen. In einer weiteren Spalte konnten die Konventsmitglieder, die älter als siebzig Jahre waren, mit den Wörtern *„oui"* (ja) oder *„non"* (nein) ihren Willen kundtun, ob sie in einer der nach Artikel XXI des Suppressionsgesetzes einzurichtenden Gemeinschaften leben wollten. Nur Abt Anselm Aldenhoven hatte das hierzu notwendige Alter. Mit einem deutlichen *„non"* hat er seinen Willen in der entsprechende Spalte der Liste bekundet.

In der Liste werden auch die Mönche aufgeführt, die sich auf Grund ihrer seelsorglichen Tätigkeit zum Zeitpunkt der Aufhebung des Klosters auswärts aufhielten, aber zum Konvent gehörten. Bei diesen handelte es sich um diejenigen, die sowohl in Artikel V des Suppressionsgesetzes als auch in dem vorgedruckten Protokolltext mit dem Begriff *„affiliés"* bezeichnet werden. Das Wort besagt, daß diese Ordensleute dem Konvent zwar „angeschlossen", d.h. Mitglieder des Konvents sind, jedoch einer auswärtigen Tätigkeit nachgehen. In der deutschen Übersetzung des Gesetzestextes ist dieses Wort verdeutscht und als *„affiliirt"* übernommen worden. (Zu den Namen s. Anhang S. 452)

In einer handschriftlichen Notiz in französischer Sprache im Protokoll der Auflösung teilt Kommissar Sibiller mit, daß er und sein Begleiter Schirmer diese Liste verglichen hätten mit der Liste, die im Jahre VI (s. S. 346 und Anhang S. 448f.) und mit der, die auf Grund des Erlasses vom 28. Frimaire IX (s. S. 349 und Anhang 449ff.) angelegt worden seien, und sie hätten festgestellt, daß es sich bei den jetzt noch anwesenden Mitgliedern um die gleichen wie damals handele und sie *„wahrscheinlich zu dem besagten Haus in Brauweiler gehören"*.

Kommissar Sibiller hat die Konventsmitglieder nach einer Liste mit den Daten ihrer Profeß gefragt. Darauf bezieht sich eine weitere handschriftliche Notiz des Kommissars, die in deutscher Übersetzung lautet: *„Es existieren keine Listen über die Profeß, jedes Ordensmitglied erhielt am Tag seiner Profeß ein kleines quadratisches Pergament, auf dem sich die wichtigsten Regeln aufgeschrieben befanden, die es befolgen und nach denen es sein Treuegelöbnis richten mußte."* (s. Anhang S. 458)

Hier ist dem Kommissar ein Irrtum unterlaufen, vielleicht weil er kein Latein konnte oder er auch nicht verstand, was ihm die Mönche erklärt haben. Bei den erwähnten quadratischen Pergamentblättchen hat es sich vermutlich um die sog. Profeßurkunden gehandelt. Jede dieser kleinen Urkunden enthielt die sog. Profeßformel und die persönlichen Daten des

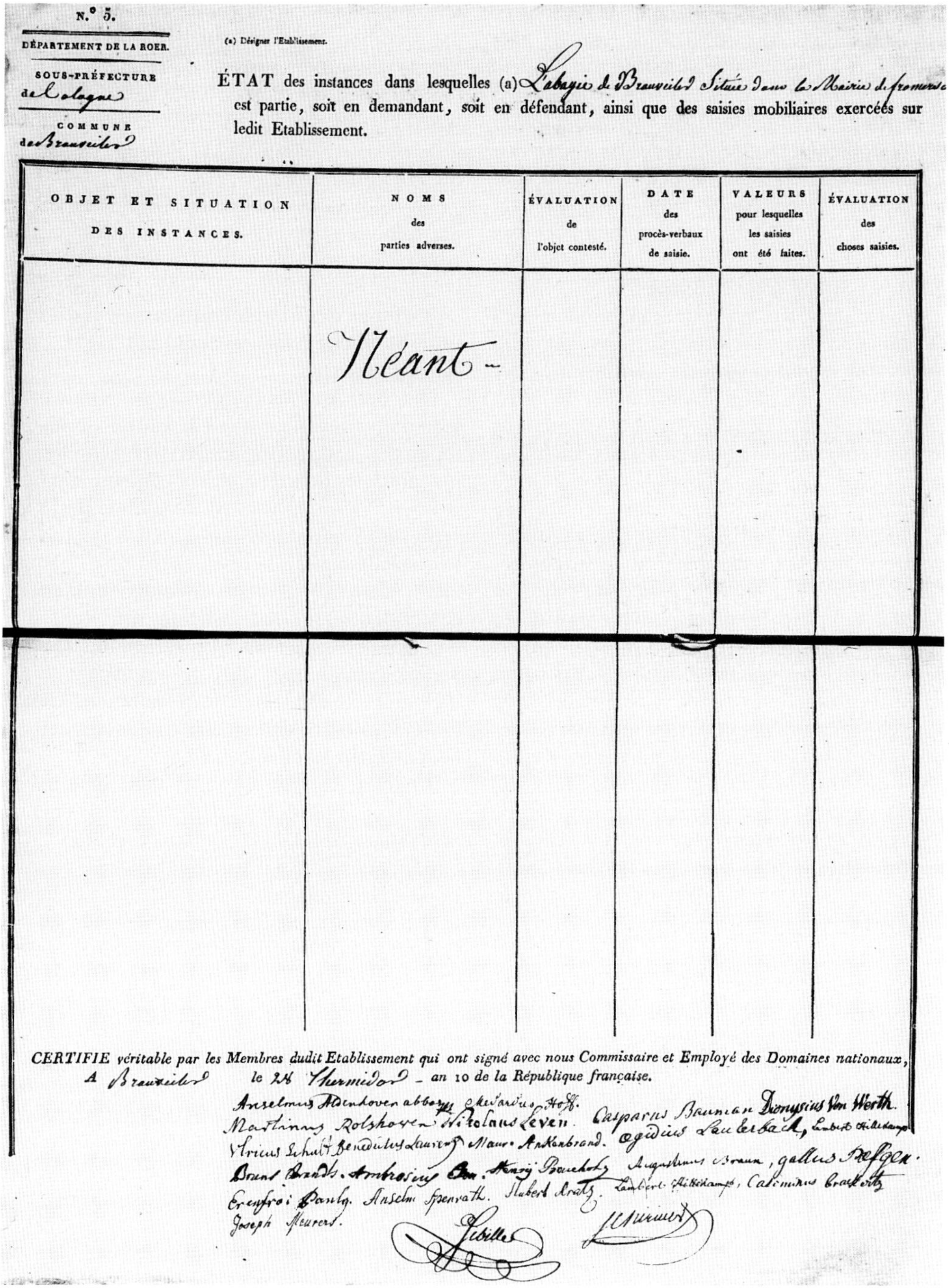

N.° 5.

DÉPARTEMENT DE LA ROER.

SOUS-PRÉFECTURE de Cologne

COMMUNE de Brauweiler

(a) Désigner l'Etablissement.

ÉTAT des instances dans lesquelles (a) L'abbaye de Brauweiler située dans la Mairie de Fromersdorf est partie, soit en demandant, soit en défendant, ainsi que des saisies mobiliaires exercées sur ledit Etablissement.

OBJET ET SITUATION DES INSTANCES.	NOMS des parties adverses.	ÉVALUATION de l'objet contesté.	DATE des procès-verbaux de saisie.	VALEURS pour lesquelles les saisies ont été faites.	ÉVALUATION des choses saisies.
	Néant –				

CERTIFIE véritable par les Membres dudit Etablissement qui ont signé avec nous Commissaire et Employé des Domaines nationaux, A Brauweiler *le* 24 thermidor *– an 10 de la République française.*

Anselmus Adenhoven abbas, Edwardus Hoff. Dionysius von Werth. Martinus Rolshoven Nicolaus Leven. Casparus Bauman Ulricus Schultz Benedictus Lauren[?] Maur. Ankenbrand. Ogidius Lauterbach, Lambert Hillekamp Bruno Brandts. Ambrosius Bon. Henry Brauchotz Augustinus Braun, gallus Reffgen. Erenfroi Paulz. Anselm Spenrath. Hubert Kratz. Lambert Hillekamp, Casimirus Craeckertz Joseph Meurers.

Sibille   J. Chaurnet

Anlage 5 zum Aufhebungsprotokoll. In dieses Formular sollten Angaben zu laufenden Prozessen, Rechtsstreitigkeiten und noch ausstehenden Zwangsvollstreckungen gemacht werden. Da die Abtei jedoch zu diesem Zeitpunkt in keine Rechtsstreitigkeiten verwickelt war, wurde das Wort „Néant" - „Fehlanzeige" eingetragen. (NWHStAD, Roerdep.)

betreffenden Mönchs mit seiner Unterschrift. Profeßurkunden wurden im Klosterarchiv aufbewahrt. Keinesfalls waren auf diesen quadratischen Pergamentblättchen die wichtigsten Ordensregeln aufgeschrieben, wie Kommissar Sibiller glaubte. Das wäre weder möglich noch damals nötig gewesen, da man zu dieser Zeit die „Regula S. Benedicti" längst in gedruckten Ausgaben besaß. Mehrmals berichtet auch das Einnahmen- und Ausgabenbuch der Abtei über die Anschaffung solcher Bücher.

Weder dem Kommissar Sibiller noch dem Domänenbeamten Schirmer ist es während ihrer Amtshandlungen zur Aufhebung der Abtei Brauweiler aufgefallen, daß der Geburtsort Warth *(Varth)*, den Abt Anselm Aldenhoven in der Personalliste angegeben hatte, nicht auf dem Gebiet lag, das während dieser Zeit zu Frankreich gehörte, sondern auf der rechten Rheinseite außerhalb der damaligen Staatsgrenzen. Der Abt hätte daher als „Ausländer" behandelt werden müssen, und gemäß Artikel XII des Suppressionsgesetzes hätte ihm daher keine Pension gezahlt werden dürfen. Außerdem hätte er entsprechend Artikel XVII sofort nach der Aufhebung seines Klosters das französische Staatsgebiet verlassen müssen. Offenbar waren jedoch die geographischen Kenntnisse des französischen Kommissars und seines Begleiters nicht ausreichend, um diesen Umstand zu erkennen, und von den Mitgliedern des Brauweiler Konvents hat verständlicherweise niemand hierüber dem Kommissar Aufklärung gegeben.

Als letzte Amtshandlung hat Kommissar Sibiller den versammelten Konventsmitgliedern *„amtlich"* mitgeteilt, daß sie das Haus, das nun in den Besitz des französischen Staates übergegangen sei und das sie *„besetzen"*, von ihnen innerhalb der nächsten zehn Tage zu räumen sei. Außerdem sei es nun nicht mehr gestattet, die Ordenskleidung zu tragen.

Diese Aufforderung erging am 28. Thermidor X (= 16. August 1802), wie es im Aufhebungsprotokoll heißt. Kommissar Sibiller und Domänenbeamter Schirmer haben schließlich noch ihre Arbeitszeit während der zweiwöchigen Amtshandlung mit „zwölf" Stunden in das Protokoll eingetragen.

Danach haben die anwesenden Konventsmitglieder das Protokoll der Aufhebung ihres Klosters sowie alle Übersichten und Listen, die während der vergangenen vierzehn Tage angelegt worden waren, unterschrieben. Es fehlen aus den besagten Gründen die Unterschriften der sog. „affiliirten" Konventsmitglieder, die sich damals auf ihren auswärtigen Stellen aufhielten.

Im 778. Jahre nach ihrer Gründung durch die lothringische Pfalzgrafenfamilie hatte die Abtei Brauweiler aufgehört zu bestehen.

„Gewinner des Säkularisationsgeschäftes" und die Suche nach verheimlichten Klostergütern

Mit der Aufhebung der Abtei Brauweiler jedenfalls war nicht nur ein jahrhundertealter religiöser und geistig-kultureller Mittelpunkt im nordwestlichen Kölner Umland zerstört worden. Vielmehr war mit dem Ende des Klosters die Region auch um einen bedeutenden Wirtschaftsbetrieb ärmer geworden. Nicht allein waren die Arbeitsplätze der mindestens achtundzwanzig Bediensteten, die wohl aus den Dörfern der ehemaligen Herrlichkeit Brauweiler kamen und jährlich wechselten, vernichtet, vielmehr hatten auch zahlreiche Händler, Handwerker und andere Lieferanten einen bedeutenden Kunden verloren.

Andererseits gab es unter den Schuldnern der Abtei Brauweiler möglicherweise ebenso „Gewinner des Säkularisationsgeschäftes" wie bei anderen aufgehobenen geistlichen Institutionen im Rheinland. Nicht alle Forderungen und Renten der aufgehobenen Klöster waren urkundlich verbrieft, und die Schuldner waren der französischen Verwaltung gegenüber nicht in allen Fällen bereit, ihre Schuld zu erklären oder nachträglich ausgestellte Schuldurkunden zu akzeptieren. In diesem Zusammenhang hat man auch die Frage aufgeworfen, inwieweit die Ordensgeistlichen nach Abzug der Franzosen einen Teil dieser ehemaligen Forderungen haben eintreiben können. (Büttner 1971) Im Zusammenhang mit der Säkularisation der Abtei Brauweiler sind hierüber bisher keine Dokumente bekannt geworden.

Der französischen Verwaltung war bekannt, daß ihr ein Teil der geistlichen Güter verschwiegen worden war. Der größte Teil davon wurde jedoch später entdeckt. (Büttner 1971) Bereits im Sommer 1801, also rund ein Jahr vor der Säkularisation, war die Bevölkerung in Erlassen aufgerufen worden, verheimlichte Renten und Güter geistlicher Institutionen der Verwaltung zu melden. Vier Jahre nach der Aufhebung der Klöster und Stifte versprach ein Dekret Napoleons den ehemaligen Ordensgeistlichen für die Anzeige versteckter oder unterschlagener Effekten oder Kapitalien ein Viertel des Wertes.

Wieviel war die Abtei Brauweiler „wert"?

Nachdem im Laufe des Oktober 1802 die Aufhebung der geistlichen Institutionen auf der linken Rheinseite beendet war, wurden am 4. Frimaire XI (= 25. November 1802) in den rheinischen Departements die französischen Dekrete veröffentlicht, welche die Richtlinien für den Verkauf der eingezogenen Nationalgüter enthielten. Um einen Überblick über das gegenwärtige gesamte Nationaleigentum zu erhalten, wurden zwischen dem Ende der Säkularisationsmaßnahme und der Veröffentlichung der Verkaufsrichtlinien tabellarische Übersichten über die aufgehobenen Klöster, ihr Vermögen, den Wert ihrer Güter und ihre Schulden angelegt. Am 18. Brumaire XI (= 9. November 1802) entstand die Gesamtübersicht über die im Roerdepartement unterdrückten geistlichen Institutionen *(Etat général des ordres monastiques, titres et Etablissements ecclésiastiques supprimés dans le Département de la Roer par l'Arrêté des Consuls du 20 prairial an X)*.

Die Tabelle ist in 19 Spalten geteilt. Darin befinden sich u. a. folgende Angaben: das Arrondissement, in der die Institution liegt - das zuständige Domänenbüro - die zuständige Gemeinde - der Name der geistlichen Institution - das Datum der Beendigung des *„Procès verbal"* der Aufhebung - die Anzahl der Konventsmitglieder - die Summe der jährlich an diese Konventsmitglieder zu zahlenden Pensionen - der Vermögenswert der bäuerlichen Güter - der Wert des übrigen Grundbesitzes - der Wert der Renten - die Höhe der einklagbaren Schuldforderungen - die Gesamtsumme aller Werte - die Schulden.

Für die Abtei Brauweiler ergibt sich:
Den 27 Mönchen der aufgelösten Abtei sind jährliche Pensionsgelder in Höhe von 13.900 Francs zu zahlen. Hierbei sind auch die sog. „affiliirten" Konventsmitglieder berücksichtigt, die bei der Aufhebung am 28. Thermidor X (= 16. August 1802) auf Grund ihrer auswärtigen Tätigkeit zwar nicht anwesend waren, jedoch zum Konvent gehörten. Vier der Mönche, die zum Zeitpunkt der Säkularisation älter als 60 Jahre waren (s. Anhang S. 455), erhielten 600 Francs (zusammen 2.400 Francs) und die übrigen 23 Patres, die jünger waren, erhielten 500 Francs (zusammen 11.500 Francs). Die Summe beider Beträge stimmt mit der Angabe im *„Etat général"* überein.

Der Gesamtwert aller Güter und Einnahmen der aufgehobenen Abtei setzte sich zusammen aus folgenden Einzelpositionen:

Vermögenswert der bäuerlichen Güter:	374.574 Francs
Wert des übrigen Grundbesitzes:	4.180 Francs
Wert der Renten:	43.762 Francs
einklagbare Schuldforderungen	19.589 Francs
Gesamtwert aller Güter und Einnahmen:	442.105 Francs

Dem standen Schulden in Höhe von 858 Francs gegenüber.

Hinsichtlich der Wertangaben für vergleichbare Kölner Klöster und Stifte in dem *„Etat général"* vom November 1802 erscheint der Wert der Abtei Brauweiler eher mittelmäßig. So wird in dem Verzeichnis der Wert für das Chorherrenstift St. Aposteln mit 666.796 Francs, für das Damenstift St. Maria im Kapitol mit 766.926 Francs, für das Stift St. Maria ad Gradus mit 512.890 Francs oder für die Abtei Groß St. Martin mit 258.747 Francs angegeben.

Auf den folgenden beiden Seiten: Auszug aus der Gesamtübersicht vom 18. Brumaire XI (= 9. November 1802) über alle im Roerdepartement aufgelösten geistlichen Institutionen („Etat général des ordres monastiques, titres et Etablissemens ecclésiastiques, supprimés dans le Département de la Roer"). Unter der laufenden Nummer 128 ist die Abtei Brauweiler eingetragen. In der Spalte hinter dem Namen ist das Datum der Aufhebung angegeben. Dann folgt die Anzahl der Konventualen (27), die Anzahl derer, die das 60. Lebensjahr vollendet haben (4) sowie der Gesamtbetrag der jährlich zu zahlenden Pensionen (13.900 Francs). In den folgenden Spalten ist jeweils der Wert der Klostergüter, der mit diesen zusammenhängenden Renteneinnahmen sowie der einklagbaren Schuldforderungen und schließlich der Gesamtwert aller Güter und Einnahmen (442.105 Francs) eingetragen. (NWHStAD, Roerdep.) ▶

	ou Sousprefectures	de recette des Domaines	Communes	des Établissemens supprimés	de la Clôture des procès verbaux des Commissaires	l'Établissement: Religieuses & Chanoinesses	Religieux & Chanoines	affiliés	Total	[illegible]
						955	870 [870]	3 [3]	1825 [1828]	310 [310]
117	Cologne	Cologne	Cologne	Clarisses - -	14. fructidor.	.	19	.	19.	6.
118	id.	id.	id.	Ste Cécile (couvent	16. id.	.	12	.	12	2
119	id.	id.	id.	Ste Cécile (chapitre	11. id.	11	.	1.	12.	0.
120	id.	id.	id. -	Ste Gertrude - -	21. id.	.	13	.	13.	0.
121	id.	id.	id.	St Michel . .	13. id.	.	7.	.	7.	1
122	id.	id.	id.	Agneau ordre St augustin.	21. id.	.	15	.	15.	4.
123	id.	id.	id.	Agneau (rue Large.	16. id.	.	18	.	18	1.
124	id.	id.	id.	Stenfeld (hommes ou fils)	12. id.	7.	.	.	7.	1.
125	id.	id.	id.	St Jean et Cordule	7. id.	7	.	.	7.	3.
126	id.	id.	id.	St Boniface . .	17. id.	.	10	.	10.	.
127	id.	id.	id.	La Trinité - -	16. id.	.	6	.	6.	.
128	id.	id.	Brauweiler	abbaye de Brauweiler	28. thermidor	27	.	.	27.	.
129	id.	id.	Cologne	Petit St Martin . .	10. Vendre an 11.	13	.	.	13.	.
130	id.	id.	id.	chapitre des apôtres .	3e Compre an 10	41	.	.	41.	4.
131	id.	id.	id.	Maccabées . .	12. Vend. an 11.	.	14	.	14	.
132	id.	id.	id.	chapitre St marie ad gradus	13. id.	31	.	.	31.	4.
133	id.	id.	id.	chapitre St George	4. Compre an 10.	26	.	.	26.	.
134	id.	id.	id.	abbaye St martin.	29. fructidor.	17.	.	.	17.	.
135	id.	id.	id.	chapitre St marie au capitole	5. Compre.	33	15		48.	3

3 462700	8,954,226	1,053,618	1,886,163	2,019,980	13,913,987	1,276,920.#	
6,700.	0	15,000	0	0	15,000.	0	compris les Saintes [illegible] [illegible] celles à pensionner
5,300.	208,980.	24,350.	78,280	25,260.	336,870.	45,218.	Idem — 2. — dans les dettes sont compris les capitaux dont les interets annuels sont de 15725
2,000.	125,000.	1,640.	5,040.	7,840	139,520.	36,580.+	+ plus, 1035. fr. d'interets annuels 8. chanoines ne sont pas compris dans le nombre de ceux à pensionner voir l'Etat N°: 6
6,800.	126,890.	13,420.	11,168	50,510.	201,988.	0	
3,100.	4,980.	3,320.	0	31,682.	39,982.	5,161.	
6,000.	4,500.	8,220.	1,120	81,060.	94,900.	2,103.	
8,500	28,880.	4,560.	15,360	8,364	57,160	1,246.	
3,000.	57,960.	2,000.	0.	8,973.	68,933.	4,057.	
2,300.	435,536.	6,000.	98,814.	37,071.	577,421	0	
5,200.	10,075.	400.	770.	18,662.	29,907	494.	
3,300.	0.	980.	7,775	5,502	14,257.	258	
13,900.	374,574.	4,180.	43,762.	19,589	442,105.	358.	
6,700.	3,790.	14,400.	7,360.	116,497.	142,047	2,400.	
19,300.	357,942.	26,520.	88,031.	194,303	666,796	3,856	
7,200.	74,070	11,900.	3,467.	49,084.	138,521	38,826.+	+ dont 32925. de capitaux
13,800.	266,840	30,190.	143,420.	78,380.	512,830	29,387.	
13,500.	189,873.	17,520.	28,109.	56,940	286,382	50,312.+	+ plus 1437. 50. d'interets annuels.
8,800.	139,610.	40,540.	38,751.	48,846	258,747.	14,049	
23,300.	658,040.	8,508.	20,892.	79,486	766,926.	94,797.	

Schicksale der Mönche

Mit der Aufhebung der Abtei Brauweiler im August 1802 hatten Abt und Konvent innerhalb der ihnen gesetzten Frist von zehn Tagen ihr Kloster in Brauweiler zu verlassen. Sie mußten sich nach neuen Wirkungsstätten oder Orten umsehen, wo sie ihren Lebensabend verbringen konnten. Offiziell mußten sie von nun an auch ihre Ordensnamen ablegen und nur noch den Taufnamen (Vornamen) zum Familiennamen führen. In vielen Fällen wurde der Ordensname jedoch zumeist an zweiter Stelle hinter dem Vornamen weiterhin beibehalten, wie einige noch erhaltene Totenzettel belegen.

Die sechs Konventsmitglieder, die bereits als Seelsorger außerhalb des Klosters tätig waren und dem Rechtsakt der Aufhebung nicht beigewohnt hatten, behielten auch nach der Säkularisation der Abtei ihre Ämter. Heinrich Lommeder (P. Placidus) war seit dem 1. Juli 1794 Pastor in Sinthern, Gerhard Adam Fischermann (P. Aemilianus) seit dem 19. September 1797 Pastor in Widdersdorf, Joseph Löhr (P. Gereon) seit 14. April 1801 Pastor in Zons und Heinrich Adolph Kölges (P. Adolph) seit dem gleichen Tag dort Kaplan. Christian Schmitz (P. Christian) und Johann Wilhelm Klew (P. Wolfhelm) waren seit 1785 bzw. 1794 mit der Verwaltung der Moselgüter in Klotten beauftragt und blieben dort auch nach der Säkularisation als Geistliche tätig.

Von den übrigen Konventsmitgliedern kehrten einige in ihre Geburtsorte zurück. Sie nahmen dort oder in einem benachbarten Ort Aufgaben in der Seelsorge wahr. Zu diesen gehörten Peter Schult (P. Udalricus) aus Buschbell (heute zu Frechen), Johann Wilhelm Elsen (P. Ambrosius) aus Paffendorf, Johann Gerhard Brandts (P. Bruno) aus Hoengen, Joseph Braun (P. Augustinus) aus Baesweiler, Wilhelm Hubert Lauterbach (P. Aegidius) aus Blens bei Heimbach in der Eifel, Peter Brackertz (P. Casimir) aus Köln, Gottfried Päffgen (P. Gallus) aus Junkersdorf, Johann Wilhelm Leven (P. Nikolaus) aus Köln und Matthias Joseph Meurers (P. Joseph) aus Mesenich an der Mosel.

Die übrigen suchten sich eine geistliche Tätigkeit, zum Teil als Subsidiare, in Orten, die weiter entfernt von ihren Geburtsorten lagen. So gingen Xaver Pauly (P. Erenfrid) aus Kaltenreifferscheid in der Eifel nach Gustorf, Heinrich Buchholz (P. Heinrich) aus Aachen nach Pulheim, Johann Jakob Hillebrand (P. Lambert) aus Gladbach nach Widdersdorf, Christian Baumann (P. Caspar) aus Hücheln (heute zu Frechen) nach Köln, Adam Ankenbrand (P. Maurus) aus Bonn nach Sinthern und Johann Peter Spenrath (P. Anselm) aus Tilz nach Sinthern.

Im Laufe der nachfolgenden Jahre haben einige der ehemaligen Brauweiler Mönche den Ort ihrer Tätigkeit gewechselt. So ging beispielsweise Johann Peter Spenrath 1812 als Pastor nach Xanten. Von dort aus hat er sich im Juli 1815 an die Behörden in Paris gewandt, um nach dem Schicksal der Bücher zu forschen, die von den Franzosen aus der Bibliothek der Abtei Brauweiler entnommen worden waren. (s. S. 282f.)

Die Anfänge der Pfarre in Brauweiler

Jedoch verließen nicht alle Mönche nach der Aufhebung des Klosters den Ort Brauweiler. So blieb Theodor Laurenz (P. Benedikt) in der Abtei. Er war seit 1796 Rektor der Laurentiuskapelle und daher für die Seelsorge im Ort zuständig. Dieses Amt behielt er auch nach der Aufhebung des Klosters. Die französische Domänenverwaltung erlaubte ihm, weiterhin in einem Flügel der Abteigebäude zu wohnen. Theodor Laurenz hat bereits ein Jahr nach der Säkularisation in der Abteikirche, die seit dem Weggang der Mönche ungenutzt war, Gottesdienste und Trauungen vorgenommen, obwohl hierzu eigentlich die Laurentiuskapelle zur Verfügung stand. Diese befand sich damals jedoch bereits in einem schlechten Bauzustand, der ihre weitere Verwendung fragwürdig erscheinen ließ. Vermutlich wollte Theodor Laurenz die freigewordene Abteikirche durch eine sinnvolle Nutzung vor einer zweckentfremdeten Nutzung oder vor dem Abbruch schützen. Gleichzeitig wandelte Theodor Laurenz seinen Titel „Rektor der Laurentiuskapelle“ in „Pastor“ um. Offiziell erhielt er diese Amtsbezeichnung erst mit der formellen Pfarrerhebung Brauweilers im Jahre 1804. Zwei Jahre später wurde die ehemalige Abteikirche der Pfarre Brauweiler als Pfarrkirche zugewiesen.

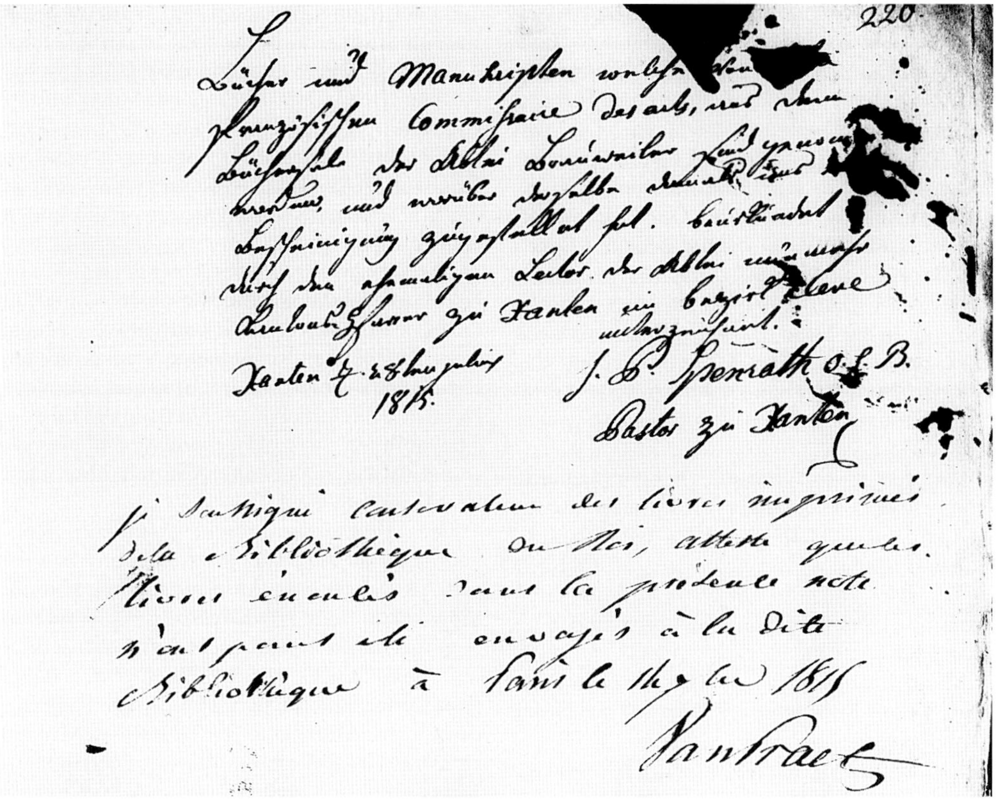

Xanten d. 28ten julius 1815. J. P. Spenrath O.S.B. Pastor zu Xanten

Je soussigné conservateur des livres imprimés de la Bibliothèque du Roi, atteste que les livres énoncés dans la présente note n'ont point été envoyés à la dite Bibliothèque à Paris le 1815

Vanpraet

Anmerkung vom 28. Juli 1815 des ehemaligen Benediktiners und späteren Pastors zu Xanten, Johann Peter Spenrath, auf der Liste der Bücher, die der französische Kunstkommissar Serolt im November 1794 der Klosterbibliothek entnommen hatte. Spenrath hat diese Liste nach Paris geschickt, um nach dem Schicksal der beschlagnahmten Bücher zu forschen. Unter seiner Anmerkung steht die Mitteilung des französischen Bibliothekars Sansraet (?), daß diese Bücher sich nicht in der Bibliothek zu Paris befinden (s. auch S.283). (NWH-StAD, Generalgouvernement Nieder- u. Mittelrhein)

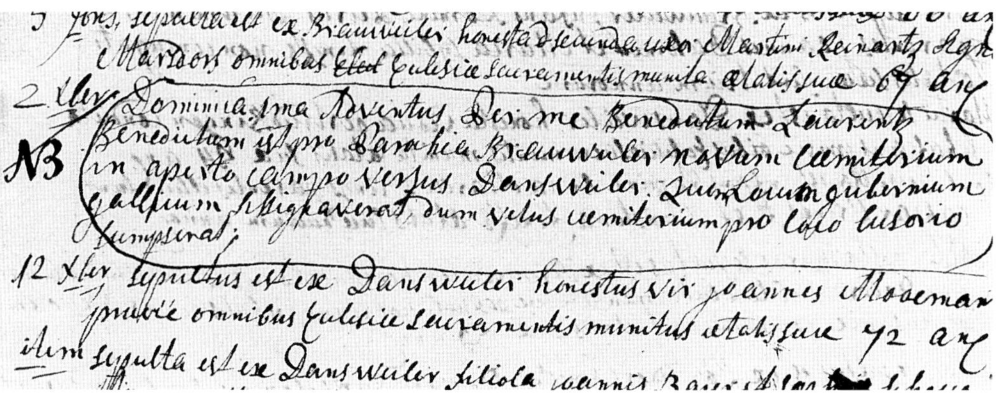

2 Xbr. Dominica 1ma Adventus Dr. me Benedictum Laurentz benedictum est pro Parochia Brauweiler novum coemiterium in aperto campo versus Dansweiler quem locum gubernium gallicum designaverat, dum vetus coemiterium pro loco lusorio sumpserat;

12 Xbr sepultus est ex Dansweiler honestus vir joannes ... omnibus Ecclesiae Sacramentis munitus aetatis suae 72 an.

Mitteilung über die Einsegnung des neuen Brauweiler Friedhofes durch den ehemaligen Benediktiner P. Benedikt und späteren Brauweiler Pfarrer Theodor Laurenz am 1. Adventsonntag 1810. Eintrag in das Sterberegister der Pfarre Brauweiler (PfAB)

Als im November 1810 feststand, daß in den damals leerstehenden Abteigebäuden eine Bettleranstalt von der französischen Verwaltung eingerichtet werden sollte, mußte Theodor Laurenz seine Wohnung verlassen. Da man ihm im Ort keine neue Wohnung anbieten konnte, bat er um seine Entpflichtung von seiner Pfarrstelle in Brauweiler. Gegen Ende seiner Amtszeit weihte er noch den neuen Friedhof, der auf einem Grundstück zwischen Brauweiler und Dansweiler eingerichtet worden war, ein. In der Mitte des neuen Friedhofs hatte man das gotische Hagelkreuz aufgebaut, das 1798 im Zusammenhang mit den kirchenfeindlichen Erlassen Rudlers zerstört worden war. (s. S. 337f.)

Nachfolger von Pastor Theodor Laurenz wurde sein ehemaliger Konfrater Adam Ankenbrand (P. Maurus), der bis dahin als Subsidiar in Sinthern tätig gewesen war. Er blieb wegen der weiterhin ungelösten Wohnungsfrage nur zwei Jahre in Brauweiler und ging dann als Kaplan nach Zons.

Möglichweise hielt sich auch der ehemalige Prior Franz Rolshoven (P. Martin) nach der Aufhebung des Klosters weiterhin in Brauweiler auf. Zwischen 1804 und 1807 war er dort als Subsidiar tätig.

Die letzten Lebensjahre von Abt Anselm Aldenhoven

Der Abt - nach der Aufhebung des Klosters mit bürgerlichem Namen Nikolaus Anselm Aldenhoven - fand Unterkunft bei dem in Köln sehr bekannten Kaufmann Laurenz Fürth. Dieser hatte im April 1798 den Franzosen die als Dekade-Tempel profanierte Jesuitenkirche St. Mariae Himmelfahrt abgekauft, um sie für den Gottesdienst wieder verwendbar zu machen. Nach Abschluß des Konkordats war die Kirche wieder geweiht worden, und am 3. Dezember 1801 hatte Abt Anselm Aldenhoven darin ein feierliches Hochamt gefeiert. (s. S. 351) Bereits damals bestand zwischen ihm und dem Kölner Kaufmann eine persönliche Verbindung. Kaufmann Laurenz Fürth besaß in der Johannisstraße einen größeren Gebäudekomplex. Ursprünglich hatte in der gleichen Straße neben dem Anwesen von Laurenz Fürth der bereits mehrfach erwähnte Kaufmann Brengrueber, der nach dem Einmarsch der Franzosen die Bargelder im Brauweiler Hof beschlagnahmt hatte (s. S. 290), gewohnt. Als Brengrueber Anfang Dezember 1795 nach Valenciennes zog, kaufte Laurenz Fürth dessen Haus. Leider ist nicht überliefert, ob der ehemalige Brauweiler Abt seine Wohnung vielleicht in diesem ehemals Brengrueber gehörenden Haus erhielt.

Nach der Auflösung der Abtei Brauweiler ist Nikolaus Anselm Aldenhoven noch einmal im Ornat eines Abtes öffentlich aufgetreten. So hat er in Mülheim am Rhein (heute Stadt Köln) am Fronleichnamstag 1803 mit Stab und Mitra das Hochamt gefeiert und anschließend die Prozession geführt, *„was Auferbauung und Freude erregte“,* wie in einer alten Chronik überliefert ist. (Mouchard 1985)

Die Verbindung zu seinen früheren Konventualen scheint nie ganz abgebrochen zu sein. Als Nikolaus Anselm Aldenhoven im Jahre 1806 sein 50jähriges Priesterjubiläum beging, haben seine ehemaligen Mitbrüder ihm eine Schrift zur Geschichte der Abtei Brauweiler überreicht (sog. „Altes Repertorium“). (s. Anhang S. 397) Darin wird nach einer kurzen Einleitung über die Herrlichkeit Brauweiler und die Gründung des Klosters das Wirken der einzelnen Äbte in chronologischer Reihenfolge ihrer Amtszeiten dargestellt. Der Schrift beigefügt ist ein Bild des hl. Benedikt mit der Angabe „Wahre Abbildung des H. Benedicti“. Auf der Rückseite befindet sich folgender lateinische Widmungstext in Form eines Chronogramms:

AnseLMVs

Abbas AbbatIae BraVVVeILe-
rensIs, natVs In VVarth senIor
presbIter et IVbILarIVs saCer-
DotII. *

DIe MartIs festo sanCtI RobertI
saCrIfICans *
HILares Longae sanItatIs DIes
optant Confratres et aMICI. *

QVos, Vt propItIVs DeVs Lar-
gIatVr, rogabVnt eVM In sVIs
saCrIfICIIs et oratIonIbVs. *

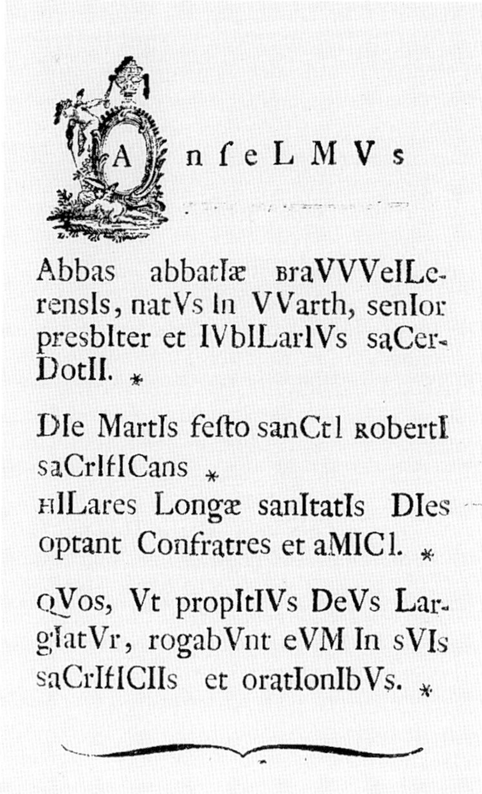

AnſeLMVs

Abbas abbatIæ BraVVVeILerensIs, natVs In VVarth, senIor presbIter et IVbILarIVs saCerDotII. *

DIe MartIs feſto sanCtI RobertI saCrIfICans *
HILares Longæ sanItatIs DIes optant Confratres et aMICI. *

QVos, Vt propItIVs DeVs LargIatVr, rogabVnt eVM In sVIs saCrIfICIIs et oratIonIbVs. *

Beilage zum sog. „Alten Repertorium" mit kurzen Nachrichten zur Klostergründung und zu den Äbten. Auf der Vorderseite ein Bildnis des hl. Benedikt und auf der Rückseite der Widmungstext in Form eines Chronogramms für den ehemaligen Abt Anselm Aldenhoven (NWHStAD, Brauweiler Akten)

Die deutsche Übersetzung lautet:

Anselm

Abt der Abtei Brauweiler
geboren in Warth, ältester
*Priester und Priesterjubilar. **

Im März, am Festtag des
*heiligen Rupert feiernd **
Heitere Tage bei langer Gesundheit
*wünschen Mitbrüder und Freunde. **

Diese möge der gütige Gott
ihm schenken, darum bitten sie ihn
*in ihren Meßopfern und Gebeten. **

Löst man das lateinische Chronogramm auf, so ergibt sich von oben nach unten für die Zeilen bis jeweils zu einem Sternchen viermal die Jahreszahl: 1806. Sie gibt das Jahr des 50jährigen Priesterjubiläums an. Sein Jubiläum feierte Anselm Aldenhoven jedoch nicht am Jahrestag seiner Priesterweihe sondern in der Woche davor am 27. März, dem Fest des hl. Robert oder Rupert von Salzburg, wie das Gedicht mitteilt, da der eigentliche Jahrestag der Priesterweihe in dem betreffenden Jahr auf Gründonnerstag fiel. Die Karwoche mit ihrer eigenen Liturgie, in der dem Leiden Christi gedacht wird, war wohl wenig geeignet für die Jubelfeier zu einem goldenen Priesterjubiläum. Erstaunlich mag auf den ersten Blick allerdings erscheinen, daß die Feier eines goldenen Priesterjubiläums zur damaligen Zeit, in der das Rheinland noch unter französischer Herrschaft stand, ohne Schwierigkeiten möglich war. Die Politik Napoleons hatte jedoch durch das

Gesetz über die Errichtung des Religionsdienstes vom 18. Germinal X (= 8. April 1801) eine Aussöhnung mit der katholischen Kirche erreicht und die Garantie der freien Religionsausübung gegeben. Zu den positiven Auswirkungen dieser Gesetzgebung gehörte es, daß eine Feier wie die des goldenen Priesterjubiläums nun ohne Schwierigkeiten wieder möglich war.

Rund vier Jahre später, am 15. Juni 1810 um 15.00 Uhr am Nachmittag, ist der letzte Abt von Brauweiler Anselm Aldenhoven nach kurzer Krankheit im Alter von 78 Jahren verstorben. Die Exequien für den Verstorbenen wurden am 20. Juni in der Kirche St. Mariae Himmelfahrt und am 22. Juni in der Kirche Groß St. Martin gehalten. Seine letzte Ruhestätte fand er in der Totenkammer vor dem Franziskus-Xaverius-Altar in St. Mariae Himmelfahrt. Auf dem Totenzettel heißt es über ihn: *„Auch über die Mauern des Abteigebäudes begleiteten ihn, den Uneigennützigen, die ungeheuchelte Liebe und Verehrung der Ordensbrüder ins Privatleben, darin Er still und geräuschlos, soviel Er konnte, Gutes gewirkt.“*

In dem gleichen Jahr, da der ehemalige Abt Anselm Aldenhoven in Köln starb, hatte die französische Verwaltung des Roerdepartements für die Gebäude der aufgehobenen Abtei bereits eine neue Nutzung geplant. Zweckentfremdet sollten sie künftig als Bettleranstalt *(Dépôt de Mendicité)* dienen.

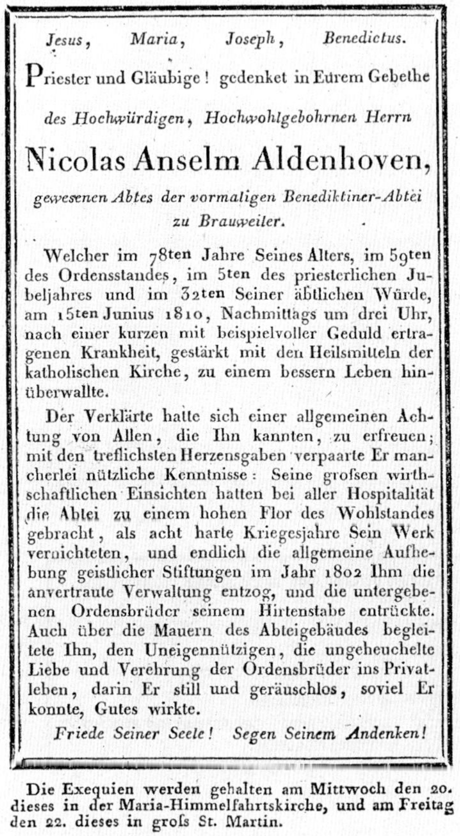
Jesus, Maria, Joseph, Benedictus.

Priester und Gläubige! gedenket in Eurem Gebethe

des Hochwürdigen, Hochwohlgebohrnen Herrn

Nicolas Anselm Aldenhoven,

gewesenen Abtes der vormaligen Benediktiner-Abtei zu Brauweiler.

Welcher im 78ten Jahre Seines Alters, im 59ten des Ordensstandes, im 5ten des priesterlichen Jubeljahres und im 32ten Seiner äbtlichen Würde, am 15ten Junius 1810, Nachmittags um drei Uhr, nach einer kurzen mit beispielvoller Geduld ertragenen Krankheit, gestärkt mit den Heilsmitteln der katholischen Kirche, zu einem bessern Leben hinüberwallte.

Der Verklärte hatte sich einer allgemeinen Achtung von Allen, die Ihn kannten, zu erfreuen; mit den treflichsten Herzensgaben verpaarte Er mancherlei nützliche Kenntnisse: Seine grofsen wirthschaftlichen Einsichten hatten bei aller Hospitalität die Abtei zu einem hohen Flor des Wohlstandes gebracht, als acht harte Kriegesjahre Sein Werk vernichteten, und endlich die allgemeine Aufhebung geistlicher Stiftungen im Jahr 1802 Ihm die anvertraute Verwaltung entzog, und die untergebenen Ordensbrüder seinem Hirtenstabe entrückte. Auch über die Mauern des Abteigebäudes begleitete Ihn, den Uneigennützigen, die ungeheuchelte Liebe und Verehrung der Ordensbrüder ins Privatleben, darin Er still und geräuschlos, soviel Er konnte, Gutes wirkte.

Friede Seiner Seele! Segen Seinem Andenken!

Die Exequien werden gehalten am Mittwoch den 20. dieses in der Maria-Himmelfahrtskirche, und am Freitag den 22. dieses in grofs St. Martin.

Totenzettel für den verstorbenen ehemaligen Abt Anselm Aldenhoven (AEK)

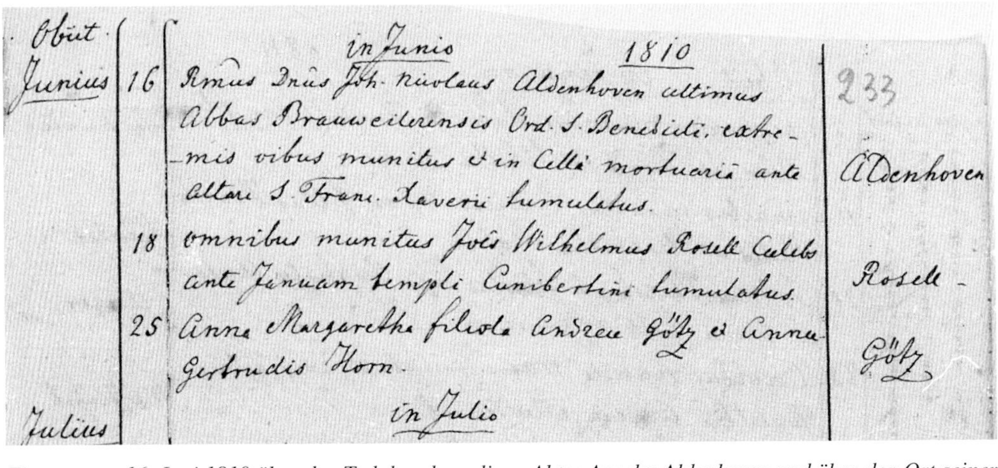

Eintrag vom 16. Juni 1810 über den Tod des ehemaligen Abtes Anselm Aldenhoven und über den Ort seiner Beisetzung in der Totenkammer vor dem Altar des hl. Franz Xaver. Totenbuch der Pfarre St. Mariae Himmelfahrt zu Köln (AEK)

Exkurs

Maria Laach. Abteikirche von Nordwesten

Exkurs
Benediktinisches Leben heute

von Franziskus Berzdorf OSB

Wer die Geschichte der Benediktinerabtei Brauweiler gelesen hat, hat einen Einblick gewonnen in das Leben von Benediktinern vergangener Jahrhunderte - in das Auf und Ab eines jeden Klosters: die Zeit der Gründung und der ersten Blüte, der Verfall im Mittelalter, die Neubesinnung im Rahmen der Bursfelder Kongregation, schließlich die geistliche und materielle Blütezeit im 18.Jahrhundert.

Der Besucher, der heute die Pfarrkirche St. Nikolaus in Brauweiler betritt und das schöne Chorgestühl betrachtet, wird sich manchmal fragen: Was wäre denn, wenn Brauweiler heute noch ein Kloster wäre? Wie würden Benediktiner heute hier leben - in einem Kloster, vor dem ein mächtiger und schöner Prälaturbau steht -, und was würden die Mönche mit solch einem Bau machen?

Bei solchen Überlegungen neigt der historisch Interessierte dazu, Benediktiner von heute mit den Maßstäben von früher zu messen. Man erwartet lebendiges Mittelalter, und hat man etwa an einem Gottesdienst in einer Klosterkirche teilgenommen, die Mönche gesehen und ihre langen Gewänder sowie den gregorianischen Choral gehört, dann liegt es nahe anzunehmen, der ganze Tageslauf der Mönche sei so wie im Mittelalter. Die Medien tun ihr übriges, um ein solches Bild zu verfestigen.

Wenn im folgenden versucht werden soll, benediktinisches Leben heute darzustellen, dann kann dies nur ein Überblick sein. Benediktiner leben in der Art einer klösterlichen Familie - und jede Familie lebt anders. Einige allgemein geltende Merkmale für ein Benediktinerkloster sollen aber im folgenden beschrieben werden.

Das Kloster als Gemeinschaft in Gebet und Arbeit

Das Chorgestühl in der Kirche von Brauweiler ist das sichtbare Zeichen, daß es hier einmal eine Gemeinschaft von Menschen gab, die sich täglich mehrmals in der Kirche versammelten, um Gott zu loben und seine Größe zu preisen. Das ist auch heute noch der „Hauptzweck" der Benediktiner, wo immer sie leben: das feierliche Gotteslob an einem bestimmten Ort. Zu diesen Gottesdiensten haben die Gläubigen im allgemeinen Zugang. Bei Klöstern, die heute touristische Anziehungspunkte sind, können das bei einem Gottesdienst mehrere hundert Besucher sein. Aber auch, wenn niemand von draußen daran teilnimmt, wird der Gottesdienst in derselben Art gefeiert.

Am frühen Morgen beginnen die meisten Benediktinerklöster zwischen 5 und 6 Uhr den Tag mit dem ersten Gottesdienst, den „Vigilien". Das mag manchem sehr früh erscheinen, im Vergleich zu anderen Orden ist es das aber nicht. Bedenkt man noch, wie viele Menschen um diese Zeit ihre Wohnung verlassen, um zur Arbeit zu gehen, dann wird man einen solchen Tagesbeginn nicht für außergewöhnlich halten.

Klösterlicher Gottesdienst wird wesentlich durch die Psalmen gestaltet. Sie sind der Grundstock im täglichen Gebet einer Klostergemeinde, ob nun gesprochen oder gesungen. Hinzu kommen Lesungen aus dem Alten und dem Neuen Testament, das Vaterunser, Fürbitten angesichts der Not in Kirche und Welt und das jeweilige Gebet des Tages.

Anders als in früheren Jahrhunderten wird man heute aber in einer Klosterkirche am frühen Morgen nicht mehr die Priestermönche bei ihren stillen Messen sehen. Der künstlerische Reichtum vieler alter Klosterkirchen besteht zum Teil gerade in den vielen Seitenaltären, die den Priestermönchen zur Feier ihrer „Privatmesse" dienten. Heute wird sich die Klostergemeinde zur Konventmesse versammeln. Einer der Priester wird als Hauptzelebrant der Eucharistiefeier vorstehen und die anderen Priestermönche werden „konzelebrieren", d.h. als Priester diese Messe mitfeiern.

Nach der Konventmesse wird jeder Mönch zu seiner Arbeit gehen, d.h. zu dem, was ihm in der Gemeinschaft aufgetragen ist: in seinen Betrieb, in sein Büro oder zu seiner Arbeit in Haus oder Garten. Neben einer Gebetsgemeinschaft ist ein Kloster also auch eine Arbeitsgemeinschaft. Nach der Regel des hl. Benedikt gehört die Arbeit unverzichtbar zum Mönchtum dazu, sie darf nur nicht alles beherrschen. Deshalb wird sie auch immer wieder unterbrochen durch gemeinsame Zeiten des Gebetes. Die gemeinsame Tagesordnung gibt dem Leben im Kloster heute noch das Gepräge, auch wenn, stärker als in früheren Zeiten, Ausnahmen für einzelne gelten. Dabei wird der Mönch den Abt verständigen und um Erlaubnis bitten, wenn er häufig oder gar regelmäßig Ausnahmen in Anspruch nehmen muß. In Einzelfällen muß er selbst entscheiden, was Vorrang hat.

In der Mittagszeit wird sich die Mönchsgemeinschaft wieder zum Gebet in der Kirche zusammenfinden. Für viele Besucher der Klosterkirche wird dies eine Möglichkeit sein, zusammen mit den Mönchen einen kurzen Gottesdienst zu feiern. Nach dem Mittagessen und einer Mittagsruhe wird die Arbeit fortgesetzt bis zur Vesper, d.h. dem Abendgebet, das in der Regel zwischen 5 und 6 Uhr abends gefeiert wird, an Sonn- und Festtagen vielleicht auch schon am Nachmittag. Anschließend versammelt sich die Mönchsgemeinschaft zum Abendtisch. Bevor die Mönche sich zur Nachtruhe zurückziehen, wird mit der Komplet als letztem Gebet der Tag beschlossen. So wechseln Gebet und Arbeit mit Zeiten der Ruhe ab. Die Einteilung des Tages ist heute im Grundsatz noch so wie in früheren Jahrhunderten. Allerdings trachten alle Klöster danach, größere zusammenhängende Zeiten für die Arbeit zu finden. Dabei muß es die Sorge des Abtes sein, daß niemand durch Arbeit erdrückt wird oder zu sehr in der Arbeit „aufgeht", daß aber auch jeder nach seinen Kräften zum Einkommen oder sonst zum Wohl der Gemeinschaft und zur Erfüllung der ihr gestellten Aufgaben beiträgt.

Die klösterliche Gemeinschaft und ihre Verfassung

Anders als in den Zeiten, als Brauweiler noch ein Kloster war, wird heute in den Benediktinerklöstern das Verhältnis zwischen Abt und Konvent sein. Ein Abt lebt heute nicht mehr als Prälat, d.h. als ranghoher Geistlicher - auch wenn er dies im kirchlichen Verständnis noch ist. In den vergangenen Jahrhunderten und noch bis in die Nachkriegszeit war der Abt in einem Benediktinerkloster oft ein Patriarch. Er regierte mit väterlichem Wohlwollen, manchmal auch mit Strenge, und er war, bei einigen rechtlichen Einschränkungen, in seinem Wirken doch ziemlich unabhängig.

Die Regel des hl. Benedikt räumt dem Abt diese unabhängige Stellung ein. Er hat danach sogar das Recht, von dieser Regel abzuweichen, wenn es ihm sachgerecht zu sein scheint. Dies wird er heute jedoch nur dann tun, wenn er darüber mit erfahrenen Mönchen gesprochen hat.

Heute gibt es zahlreiche Fälle, in denen der Abt sich mit seinem engeren Ratsgremium oder mit der ganzen Gemeinschaft beraten muß oder auf ihre Zustimmung angewiesen ist. Man hat aus der Geschichte gelernt und will vermeiden, daß ein Abt, unerfahren und vielleicht auch falsch beraten von Leuten, die ihre eigenen und nicht die Interessen des Klosters im Blick haben, Mißwirtschaft treibt. In keinem Benediktinerkloster können heute die wesentlichen Personalfragen oder wichtige finanzielle Entscheidungen allein vom Abt entschieden werden. Dabei kann die Gemeinschaft der Mönche den Abt nie zu einem bestimmten Handeln zwingen, sie kann ihn nur hindern, einen bestimmten Plan durchzuführen. Der Abt benötigt die Zustimmung der Gemeinschaft, wenn er einen Kandidaten zu den ersten Gelübden zulassen will, oder wenn er bestimmte finanzielle Geschäfte tätigen will. Er kann aber nicht gezwungen werden, einen bestimmten Kandidaten zuzulassen oder bestimmte Ausgaben zu tätigen. Abt und Gemeinschaft müssen also in einer guten Weise zusammenarbeiten, wenn das Kloster keinen Schaden nehmen soll. Dabei wird der Abt auch darauf achten müssen, daß Minderheiten im Konvent nicht „niedergestimmt" werden. Es muß dem Abt, da die Versammlung der Mönche kein Parlament im heutigen Sinne ist, darum gehen, die von einer Mehrheit gefaßten Beschlüsse in eine Einmütigkeit des Handelns zu verwandeln.

Das Bild, das der hl. Benedikt in seiner Regel vom Abt zeichnet, von seinen Aufgaben und Pflichten sowie von seinen Rechten, kann somit heute nicht mehr uneingeschränkt gelten. Wer sich eingehender mit der inneren „Verfassung" eines Klosters auseinandersetzen will, tut gut daran, das Sonderrecht der Kongregation zu studieren, zu der das jeweilige Kloster gehört. Daß diese rechtlichen Bestimmungen keine Errungenschaft neuerer Zeit sind oder gar den Einfluß demokratischen Denkens veranschaulichen, zeigt das Beispiel der Abtei Brauweiler zur Zeit der Bursfelder Kongregation. Dieser Verband von Klöstern, entstanden zur Zeit größter Schwierigkeiten im Mittelalter, diente dazu, die Kompetenzen und die Aufgaben im Kloster in einer vernünftigen Weise zu verteilen, weil man gemerkt hatte, daß man mit den wenigen Bestimmungen der Benediktsregel aus dem 6. Jahrhundert allein nicht mehr auskam. Der Verband diente auch dazu, eine Kontrolle von außen sicherzustellen. Bei den „Visitationen" kamen Äbte anderer Klöster und untersuchten den Zustand der klösterlichen Gemeinde, die Feier der Gottesdienste, das Arbeiten und Wirtschaften, und sie sprachen mit den einzelnen Mönchen. Diese regelmäßigen Visitationen gibt es auch heute noch. Der größte Teil der Klöster gehört auch heute zu einem solchen Verband. Die Gremien dieses Verbandes nehmen Einfluß auf die Entwicklung des Klosters, und der Abt ist in manchen Fällen auf die Zustimmung dieser Gremien angewiesen. Von all dem ist in der Regel des hl. Benedikt kaum die Rede - es sind Regelungen, die sich in der jahrhundertealten Praxis der Klöster bewährt haben.

Bis in unser Jahrhundert hinein hat es in den Benediktinerklöstern zwei Gruppen von Ordensleuten gegeben, nämlich die Mönche im eigentlichen Sinne, dazu die sogenannten „Laienbrüder“. Entstanden wohl ursprünglich aus der Gruppe der Angestellten des Klosters, die aber in einer besonderen religiösen Bindung leben wollten, waren die Laienbrüder insbesondere für die praktischen Belange des klösterlichen Lebens zuständig. Hinzu kam, daß es noch bis in das 20. Jahrhundert ein z.T. beachtliches Bildungsgefälle gab. Da das Stundengebet ausschließlich in lateinischer Sprache gefeiert wurde, war eine höhere Schulbildung unabdingbar, um Mönch werden zu können.

Schon in der Zeit nach dem I. Weltkrieg, verstärkt dann in der Zeit des II. Vatikanischen Konzils, hat man diese Gruppen zueinander geführt. Heute besitzen, unbeschadet der Unterschiede, die sich aus der Priesterweihe ergeben, alle in der klösterlichen Gemeinschaft dieselben Rechte und Pflichten. Lediglich der Abt und sein Vertreter sowie der Novizenmeister müssen Priestermönche sein.

Eine andere Entwicklung innerhalb der Klöster, die der Regel des hl. Benedikt folgen, verdankt sich der allgemeinen gesellschaftlichen Entwicklung. In den letzten Jahrzehnten hat es immer deutlichere Bestrebungen gegeben, den Frauenklöstern eine größere Selbständigkeit einzuräumen. Gerade an diesem Punkt zeigt sich jedoch, wie sehr kulturelle Unterschiede in den einzelnen Ländern eine solche Entwicklung beeinflussen. In den Ländern, in denen die Stellung der Frauen sich gegenüber früher geändert hat und sie in Schule und Ausbildung annähernd gleiche Chancen wie die Männer haben, wirkt sich dies auch auf die Klöster aus. Zahlreiche Nonnen haben dort ein vollständiges theologisches Studium absolviert oder treten mit einer anderen akademischen Ausbildung ein. Von daher ist es nicht verwunderlich, daß diese Frauenklöster - anders als in früheren Jahrhunderten - in die kirchliche Bildungsarbeit einbezogen sind, und Menschen dort geistlichen Rat suchen.

Noviziat und Ausbildung

Anders noch als in der Zeit, als Brauweiler ein Kloster war, ist heute auch der Eintritt von jungen Menschen geregelt. Wer sich entschließt, den Versuch zu wagen, in einer klösterlichen Gemeinschaft mitzuleben, muß mindestens 18 Jahre alt sein. Er wird auch nicht sofort Mönch mit allen Rechten und Pflichten, sondern er muß in einer längeren Probezeit in die Gemeinschaft eingegliedert werden. Im allgemeinen wird man vom Kandidaten auch eine Ausbildung erwarten, d.h. eine abgeschlossene Lehre oder das Abitur.

Junge Menschen, die in ein Kloster eintreten, bringen öfter einen Beruf mit, den man im Kloster so nicht ausüben kann. Ein Fernmeldetechniker etwa wird im Kloster nicht genügend Arbeit finden. Dann wird man für ihn etwas anderes suchen (müssen). Flexibilität und die Bereitschaft, den bisherigen Beruf aufzugeben, wenn die Bedürfnisse der Gemeinschaft es erfordern, werden dabei erwartet. Der Wunsch, den Gehorsam eines Menschen zu prüfen, hat in früheren Jahrhunderten manchen Oberen dazu gebracht, gerade das zu fordern, was der Kandidat nicht oder nicht so gut konnte oder was ihm zumindest nicht „lag“. Heute wird man jeden, den Kandidaten wie auch den „ausgebildeten“ Mönch, an dem Platz einzusetzen suchen, an dem er seine besonderen Fähigkeiten einbringen kann - weil er dort dem Kloster am meisten nützt und weil jeder diejenige Arbeit, die er gerne macht, auch gut macht. Daß die Bereitschaft bleiben muß, im Kloster auch Dienste zu übernehmen, die nicht viel Freude machen oder sogar unangenehm sind, verbindet die im Kloster lebenden Menschen mit den anderen Menschen - denn bei ihnen wird ja auch nicht immer nur nach der inneren Freude gefragt.

Nach seinem Eintritt wird der Kandidat zunächst einige Monate im Kloster „mitleben“, um das tägliche Leben kennenzulernen. Während dieser Zeit, dem „Postulat“, wird er an allen Gottesdiensten teilnehmen, im Refektorium zusammen mit der klösterlichen Gemeinschaft essen, jeden Tag zusammen mit den Novizen Unterricht vom Novizenmeister erhalten und kleinere Hilfsdienste übernehmen, um so auch die Arbeitsbereiche des Klosters kennenzulernen.

Nach etwa 6 Monaten wird er, wenn der Abt ihn für geeignet hält und er selbst darum bittet,

„eingekleidet“, d.h. er trägt von nun an das klösterliche Gewand. Bei der Feier der Einkleidung erhält er auch vom Abt seinen Ordensnamen.

Der Wechsel des Vornamens, seit vielen Jahrhunderten üblich, hat zunächst einmal eine praktische Bedeutung. Modenamen hat es zu allen Zeiten gegeben, und es wäre schon etwas mühsam, sich z.B. bei 5 Mönchen, die Thomas heißen, zurechtzufinden. Der Namenswechsel hat aber auch einen tieferen Sinn. Der Mönch will sein Leben ändern und sich im Kloster auf andere Dinge ausrichten. Der Namenswechsel soll dies versinnbildlichen.

Mit der Einkleidung beginnt die Zeit des Noviziates. Der Novize wird durch den Novizenmeister weiterhin Unterricht erhalten, etwa in der Hinführung zur Hl. Schrift, besonders zu den Psalmen. Im Unterricht werden auch grundlegende Glaubensfragen behandelt. Die Regel des hl. Benedikt wird erklärt samt den heute für die Benediktiner geltenden Zusatzbestimmungen. Dabei kann es nicht nur darum gehen, die Regel als historisch interessantes Dokument zu erklären, sondern aufzuzeigen, wie sie heute noch gelebt werden kann. Zeit wird auch die Einführung in den klösterlichen Gottesdienst beanspruchen, der sich ja vom Gottesdienst einer Pfarrgemeinde erheblich unterscheidet. Wichtiger Bestandteil des Unterrichtes ist die Hinführung zur geistlichen Lesung, zur Meditation und zum privaten Gebet. Die Geschichte des Mönchtums und die Geschichte des eigenen Klosters gehören ebenfalls zum Unterrichtsprogramm.

Die Zeit des Noviziates ist eine Zeit der Prüfung. Der Novize soll sich Zeit lassen und darf nicht etwa Sprachen lernen, die er für ein späteres Studium gut verwenden könnte. Auch darf nicht der Arbeitseinsatz an erster Stelle stehen. Diese Zeit könnte also, da der Tag des Novizen mit Gottesdienst, Noviziatsunterricht und praktischen Arbeiten ausgefüllt ist, von außen gesehen eine „nutzlos vertane“ Zeit sein, zumal bei einem Novizen, der vor seinem Klostereintritt etwa als Priester tätig war oder sonst einen qualifizierten Beruf ausübte. Es wäre aber falsch, einen solchen Kandidaten zu diesem Zeitpunkt in seinem bisherigen Beruf tätig sein zu lassen. Er hätte kaum die Chance, sich auf das klösterliche Leben einzulassen.

Nach der Noviziatszeit, die ein oder zwei Jahre dauern kann, wird der Novize sich entscheiden müssen, ob er - zunächst für drei Jahre - Gelübde ablegen will. Über die Frage der Zulassung bespricht sich der Abt zunächst mit der Gemeinschaft der Mönche, dann mit dem Seniorat, d.h. seinem engeren Rat. In einer weiteren Versammlung der Mönche wird geheim abgestimmt. Erhält der Novize die Zwei-Drittel-Mehrheit, kann der Abt ihn zu den Gelübden zulassen, andernfalls hat er ihn zu entlassen oder bis zu sechs weiteren Monaten zu prüfen (vgl. Deklarationen der Beuroner Benediktinerkongregation, Nr. 76.1).

Mit den zeitlichen Gelübden verspricht der Novize für drei Jahre Beständigkeit, klösterlichen Lebenswandel und Gehorsam. Dabei bedeutet das Gelübde der Beständigkeit, daß der Mönch sich an eine bestimmte Klostergemeinde und an ihre Lebensformen bindet. Das Gelübde des klösterlichen Lebenswandels besagt, daß der Mönch in der Nachfolge Christi leben will einschließlich der evangelischen Räte der Armut und der ehelosen Keuschheit um des Himmelreiches willen.

In den nun folgenden drei Jahren wird der Mönch in aller Regel entweder ein Studium im Auftrage des Klosters absolvieren oder eine andere zusätzliche Ausbildung erhalten, die ihn befähigt, später Aufgaben in der klösterlichen Gemeinschaft wahrzunehmen. Dies wird im allgemeinen bedeuten, daß er für diese Zeit außerhalb des Klosters lebt, entweder in einem Studienhaus in einer Universitätsstadt mit anderen Benediktinern oder in einem anderen Kloster, notfalls auch in einer anderen Unterkunft. Diejenigen, die für einen Dienst als Priester vorgesehen sind und sich dazu bereiterklärt haben, studieren das Fach Theologie wie alle anderen Studenten. Sie schließen ihr Studium auch mit dem für das jeweilige Land üblichen Diplom ab. Ähnliches gilt für die Mönche, die ein Handwerk oder einen Verwaltungsberuf ausüben. Anders als in früheren Jahrhunderten legt man heute in den Klöstern ausgesprochen Wert darauf, daß die Mönche die entsprechenden Abschlüsse erwerben.

Nach drei Jahren zeitlicher Gelübde muß sich der Mönch entscheiden, ob er um die Zulassung zu den ewigen Gelübden bittet. Auch hier gilt, daß der Abt sich mit der Gemeinschaft der Mönche zuvor berät. Dabei ist es durchaus möglich, daß eine Gemeinschaft zu dem Ergebnis kommt, daß der junge Mönch noch nicht reif ist für den endgültigen Schritt einer Bindung. In diesem Fall wird die zeitliche Bindung verlängert. Immer aber müssen beide Teile zusammenwirken: Der Mönch kann die ewigen Gelübde nicht erzwingen, Abt und Klostergemeinschaft dagegen müssen einen Mönch gehen lassen, wenn dieser meint, die endgültige Bindung nicht eingehen zu können.

Verankerung in Kirche und Gesellschaft

Das Wort von der „Weltflucht" der Mönche und Nonnen spielt nach wie vor eine große Rolle, wenn man Menschen fragt, was ihnen zum Stichwort „Kloster" einfällt. Im Kloster leben diejenigen, die mit der Welt nicht zurechtkommen, weil sie unfähig sind, ihr Leben selbst in die Hand zu nehmen, oder weil sie die Welt und die anderen Menschen verachten, oder auch, weil sie, etwa beim Scheitern einer Beziehung, menschlich enttäuscht wurden. Alle diese Mutmaßungen sind falsch. Natürlich ist es in der langen Geschichte der Kirche vorgekommen, daß ein junger Mensch aus den genannten Gründen ins Kloster ging, typisch ist es aber nicht. Jeder Novizenmeister und jede Novizenmeisterin hat die Aufgabe, bei aller Achtung der Person herauszufinden, aus welchen Motiven ein Kandidat oder eine Kandidatin ins Kloster gehen will und ob er bzw. sie für das Klosterleben geeignet ist.

Nun wird man die religiöse Berufung als solche nur sehr schwer beurteilen können. Wer in einem gläubigen Elternhaus aufgewachsen ist, in einer kirchlichen Jugendgruppe war oder sich intensiver mit Glaubensfragen auseinandersetzte, wird sich naturgemäß anders verhalten als jemand, der diese Voraussetzungen nicht mitbringt, aber dennoch um die Aufnahme im Kloster bittet, weil er meint, diesen Schritt tun zu müssen. Der Novizenmeister wird also in großer Geduld warten und mit dem Novizen die innere geistliche Entwicklung besprechen.

Er wird daneben aber ein Hauptaugenmerk auf die Frage legen, ob der Kandidat zu einem Leben in Gemeinschaft fähig ist. Kommen Abt und Gemeinschaft, beraten durch den Novizenmeister und nach gewissenhafter Prüfung, zu dem Ergebnis, daß er zu den Gelübden nicht zugelassen werden kann, weil er kein Mensch ist, der sich in eine größere oder kleinere Gemeinschaft einfügen kann, bedeutet das nicht, daß der Kandidat kein wertvoller Mensch ist. Er ist nur für diese Gemeinschaft nicht zugelassen.

Bereits in seinem Studium oder in seiner sonstigen Ausbildung wird der Mönch mit vielen anderen Menschen zusammenkommen. Aber auch derjenige, der sich endgültig gebunden hat, wird im allgemeinen nicht nur mit den anderen Mönchen zu tun haben. Ist er zugleich Priester, wird er im Rahmen der Seelsorge Menschen begegnen. In Gesprächen wird ihm dabei vieles anvertraut, was Menschen nur einem Priester sagen, weil sie wissen, daß es da gut aufgehoben ist. Oft wollen diese Menschen nicht beichten. Es geht ihnen „nur" darum, daß ihnen jemand zuhört und ihnen vielleicht einen Ratschlag gibt, weil sie mit ihrem Leben nicht mehr zurechtkommen.

Die meisten Benediktinerklöster leisten heute „Aushilfe", d.h. sie wirken in der Pfarrseelsorge mit, sei es, daß sie auf Bitten der Geistlichen gelegentlich oder regelmäßig seelsorgliche Dienste leisten, oder daß sie auf Wunsch des jeweiligen Bischofs Pfarreien insgesamt betreuen. Diese seit dem Mittelalter bestehende Tradition lebt heute vor allem in Österreich, aber auch in den angelsächsischen Ländern fort, wo einzelne Benediktinerabteien bis zu 30 Pfarreien betreuen.

Eine weitere Verbindung zur Welt haben die Klöster dadurch, daß sie „Mittelpunkte des Glaubens" sind. Das tägliche Stundengebet und die Feier der Eucharistie versammelt Menschen und macht Kirche in der Welt präsent. Dabei haben gerade Benediktinerklöster seit Jahrhunderten die Tradition, Gäste aufzunehmen. Waren dies früher zumeist Pilger und Arme, die beköstigt wurden und für wenige Tage eine Unterkunft erhielten, so kommen heute andere Menschen in die Klöster: Viele suchen einen Ort der Stille, wo sie für einige Tage versuchen, „zu sich zu kommen" und neue Kraft zu finden. Daneben kommen Einzelne oder Gruppen, um sich mit religiösen Fragen zu beschäftigen und auseinanderzusetzen. Eine andere Gruppe von Gästen sind die „Benediktineroblaten", d.h. Menschen, die in der Welt leben als Laien oder als Weltpriester, die sich aber in besonderer Weise an ein Benediktinerkloster binden. Für alle diese Gäste unterhalten die Klöster Gästehäuser, die zwar nicht den Komfort eines Hotels bieten, aber doch einen Rahmen schaffen sollen, der dem einzelnen Gast leibliche und geistig-geistliche Erholung ermöglicht.

Weiter haben viele Klöster heute Angestellte, die mithelfen, die verschiedenen Aufgaben eines Klosters zu erfüllen. In den Handwerksbetrieben erhalten Lehrlinge eine Ausbildung. Die Klöster sind also - nicht anders als in früheren Jahrhunderten - Arbeitgeber. Der Mönch muß fähig sein, mit Mitarbeitern auszukommen, heute zunehmend auch mit solchen, für die der Glaube fraglich geworden ist.

Klöster sind in ihrer Umgebung oft auch im politischen Sinne „verankert". Gerade Klöster auf dem Lande sind im Gemeinderat vertreten : Einer der Mönche ist Mitglied des Gemeinderates und muß sich wie die anderen Ratsmitglieder um das neue Gewerbegebiet, den Kindergarten und alle anderen heutigen Probleme einer Gemeinde kümmern. Daß die Mitglieder einer Klostergemeinschaft sich über politische Entwicklungen informieren, ist heute selbstverständlich, auch die Tatsache, daß Zeitungen und Zeitschriften zur Verfügung stehen. Die Bibliotheken der Klöster enthalten nicht nur Werke früherer Jahrhunderte, sondern werden fortgeführt - auch wenn es natürlich nicht die modernen „Gebrauchsbibliotheken" sind, die das Interesse der Besucher bei Klosterführungen finden, sondern die alten, künstlerisch ausgestatteten Magazine und Lesesäle.

Klöster in der Stadt fallen nicht so sehr auf wie die großen und oft auch kunsthistorisch bedeutsamen Klöster auf dem Lande. Dennoch erfüllen auch sie eine wichtige Funktion, unterstützen sie doch oft die Arbeit der jeweiligen Pfarrei, indem sie eine Suppenküche für Obdachlose anbieten, eine Kleiderkammer führen oder andere caritative Dienste übernehmen. Viele Klöster engagieren sich auch in der Unterstützung der Armen in der III. Welt.

Eine Verbindung in die Welt hinein bedeuten auch die schulischen und wissenschaftlichen Kontakte. Benediktiner sind als Lehrer und Professoren tätig auf den verschiedensten Gebieten. Besonders in Süddeutschland und in Österreich sowie der Schweiz haben die Benediktinerklöster die Tradition fortgeführt oder nach ihrer Wiederbesiedlung im vergangenen Jahrhundert wiederaufgenommen, Schulen zu unterhalten, im letzten Jahrhundert vor allem, um den Kindern auf dem Lande eine Schulbildung zu ermöglichen, heute zunehmend auch, um eine Alternative in der Erziehungsarbeit zu bieten. Katholische Ordensschulen und -internate werden von Eltern gerade deswegen für ihre Kinder gewählt, weil sie sich eine christliche Erziehung versprechen, und ein bestimmtes Wertebild vermittelt wird.

Eine besondere Aufgabe haben die Missionsbenediktiner von St. Ottilien. Seit dem letzten Jahrhundert haben sie - ähnlich wie viele andere Missionsorden - in Afrika und anderen Teilen der Welt das Evangelium verkündet und üben z.T. seit über 100 Jahren an demselben Ort ein Apostolat aus. Sie tun dies als Benediktiner, d.h. sie versuchen, in Gemeinschaft zu leben und zugleich den apostolischen Auftrag zu erfüllen. Daß sie mit allen Fragen heutiger Entwicklungshilfe in Berührung kommen, bedarf keiner weiteren Erklärung.

Bei den genannten Aktivitäten gilt, was das geistliche Directorium der Beuroner Benediktinerkongregation so formuliert: Der Mönch ist nicht in einen Zweckverband eingetreten, nicht in ein seelsorgerisches oder akademisches Institut, nicht in ein Exerzitienhaus oder eine Bildungsstätte, nicht in eine Pfarrei oder Schule, nicht in eine Ökonomie oder einen Handwerksbetrieb, nicht in einen Verlag oder eine Verwaltung und dergleichen, sondern in ein Kloster, in dem Sein und Sinn den Vorrang vor Zweck und Funktion haben (vgl. Directorium Spirituale der Beuroner Benediktinerkongregation Nr. 44).

So gibt es bei aller Verbindung zur Welt dennoch Grenzen, die z.T. auch deutlich sichtbar sind. Sie vor allem regen die Phantasie des Besuchers an, obwohl sie oft aus praktischen Gründen notwendig sind.

Die wohl sichtbarste Grenze eines Klosters ist die sogenannte „Klausurmauer", eine oft mehrere Meter hohe Steinmauer, die nur an wenigen Stellen von - verschlossenen - Toren durchbrochen ist. Was sich hinter diesen Mauern abspielt, reizt naturgemäß die Neugier. Dabei wird man im Gespräch verhältnismäßig leicht erklären können, daß ein in bewußter Entscheidung gewähltes „anderes“ Leben, nämlich das Leben in klösterlicher Gemeinschaft, nur gelingen kann, wenn nicht jeder Interessierte ungehindert bis zum Wohnbereich und zum Garten der Klostergemeinschaft oder gar bis in die Zelle des Mönches gehen kann.

Heutige Formen der Kommunikation können da jedoch eine neue Gefährdung der äußeren Ruhe eines Klosters und damit der Grundvoraussetzung geistlichen Lebens bedeuten: Radio und Fernsehen, Telefon, Fax-Geräte, Internet-Anschlüsse. Es bedarf einer gewissen Disziplin der klösterlichen Gemeinschaft und auch deutlicher Grenzen, damit diese technischen Mittel nur da eingesetzt werden, wo sie sinnvoll sind und das Leben erleichtern. Dabei wird der Abt nur auf die Einhaltung dieser allgemeinen Grenzen achten können. Im Einzelfall wird der Mönch selbst entscheiden müssen, ob etwa das gemeinsame Gebet oder das Telefonat in diesem Zeitpunkt wichtiger sind.

Wirtschaftliche Aspekte

Den größten Unterschied zum mittelalterlichen Mönchtum wird man bei der wirtschaftlichen Seite eines Klosters ausmachen können. Die Einkünfte einer heutigen Klostergemeinschaft beruhen nicht mehr auf dem Land, das durch den Stifter der Klostergründung oder durch spätere Zuwendungen zum Klostervermögen kam. Bis zur Säkularisation wurde dieses Land oft zu einem großen Teil verpachtet und durch zahlreiche Bauern bewirtschaftet. Die Klöster, die heute noch eine Landwirtschaft haben, betreiben sie selbst und mit Hilfe von wenigen Angestellten, die ein entsprechendes Gehalt bekommen.

Die Klöster erhalten keine Zuwendung von staatlicher Seite, ebensowenig von kirchlichen Stellen. Sie müssen wie alle anderen Steuern zahlen. Lediglich für ihre Bauten und insbesondere die kunsthistorisch wertvollen Kirchen erhalten sie - wie andere Eigentümer - gelegentlich Zuschüsse zum Unterhalt und bei Renovierungen. Anders kann dies aussehen bei kleinen Gemeinschaften, die Klostergebäude bewohnen, die heute viel zu groß sind, weil man in der Barockzeit in anderen Maßstäben baute. Hier mag das Beispiel von Brauweiler dienen: Eine Gemeinschaft von z.B. 30 Mönchen wäre überfordert gewesen, die umfangreichen Restaurierungen der barocken Prälatur zu finanzieren oder diese Gebäude heute auch nur zu unterhalten. Diese Repräsentationsräume werden für das klösterliche Leben nicht benötigt und sind für heutige Gemeinschaften ein „teures Erbe“. Gelegentlich können sie für kulturelle Zwecke genutzt werden. Dabei stellt sich aber immer die Frage, ob sich diese Nutzung mit dem ersten und hauptsächlichen Zweck eines Klosters vereinbaren läßt. Die „Vermarktung“ muß da Grenzen finden - auch wenn dies finanzielle Folgen hat.

Eine „Finanzierungsart“ früherer Zeiten war auch die Aussteuer, die die Kandidaten mitzubringen hatten. Dies galt insbesondere für die Frauenklöster. Auf Grund der damaligen Stellung der Frau in der Gesellschaft hatten die Frauenklöster oft kaum Möglichkeiten, sich wirtschaftlich zu betätigen. Da diente die Aussteuer dem Lebensunterhalt der einzelnen Nonne. Diese Aussteuer ist in den letzten Jahrzehnten immer bedeutungsloser geworden. Menschen, die heute in ein Kloster eintreten, bringen eine Ausbildung mit und somit die Grundlage für eine Tätigkeit, die dem Orden entspricht und gleichzeitig die notwendige wirtschaftliche Basis sicherstellt.

Entsprechend ihren Möglichkeiten versucht jede Gemeinschaft den notwendigen Lebensunterhalt zu gewinnen. Manche Klöster verfügen über Handwerksbetriebe, über Gärtnereien oder Buchhandlungen. Dabei wird sich die Gemeinschaft immer wieder neu orientieren müssen. Bereiche, die seit jeher zur klösterlichen Ausstattung gehörten und das Bild eines Klosters mitprägen, haben heute mit wirtschaftlichen Schwierigkeiten zu kämpfen, wie die Landwirtschaft zeigt.

Gehälter, die einzelne der Mönche als Seelsorger, als Professoren und Lehrer erhalten, dienen ebenfalls dem Unterhalt der Gemeinschaft. Weiter zählen dazu die Renten und Pensionen der alten Ordensmitglieder. Dabei wird die Gemeinschaft versuchen, die alten und kranken Ordensmitglieder, soweit es eben geht, im Kloster zu versorgen und zu pflegen.

Die richtige Verwaltung eines Klosters erfordert heute ein Wissen, das weit über die Erfordernisse herausgeht, die man in früheren Jahrhunderten an den Cellerar, d.h. den Verwalter des Klosters, stellte: Kenntnisse des Steuer- und des Arbeitsrechts, ein Gefühl für die wirtschaftlichen Aspekte eines Problems, oft auch Kenntnisse des Denkmalschutzes und der Landschaftspflege. Natürlich kann man dies nicht alles erwarten bei jemandem, der zunächst Mönch und in aller Regel auch Priester ist. Es wird dann aber seine Aufgabe und die aller Mönche sein, die Verantwortung tragen für bestimmte Bereiche, sich entsprechend beraten zu lassen, um die wirtschaftliche Existenz seines Klosters zu sichern.

Bei dieser Beratung helfen heute in vielen Klöstern auch „Fördervereine". Entstanden zumeist bei einem konkreten „Bauprojekt", das die Finanzkraft einer Klostergemeinschaft überstieg, sind diese Vereine ein Zeichen dafür, daß sich Laien für ein bestimmtes Kloster und für die in ihr lebende Gemeinschaft engagieren.

Schluß

Das Leben der Mönche ist wesentlich einfacher und nüchterner, als die Phantasie es sich ausmalen wird. Es ist vor allem nicht die Übernahme eines Lebensstils aus dem Mittelalter, auch wenn vielfach die Klostergebäude aus dieser Zeit stammen, die Gesänge, die Kleidung und viele andere äußerlich sichtbare Elemente dies dem Besucher nahelegen und zu diesem Irrtum fast unvermeidlich hinführen.

Mönche waren und sind keine Heiligen, sondern es sind Menschen, die sich in einer bestimmten Richtung mühen, wohl wissend, daß sie das Ziel nicht mit eigener Kraft erreichen können: Menschen, die auf der Suche nach Gott die Erfahrung gemacht haben, daß sie auf eine eigene Weise zu einem Leben auf Christus hin gerufen sind. Sie suchen ihn in einer brüderlichen Gemeinschaft, in der die erlösende Liebe Gottes sichtbar und wirksam werden kann (vgl. Satzungen der Bayerischen Benediktinerkongregation, Spiritueller Teil Nr.1). Dabei sind sie Menschen ihrer Zeit, sie kommen mit den Fragen und Schwierigkeiten ihrer Generation ins Kloster und erleben, daß nach einigen Jahren die nachkommende Generation ganz andere Fragen hat und Schwerpunkte setzt. All dies geschieht unter der Regel des hl. Benedikt, der am Schluß ausdrücklich schreibt, es sei eine Regel für Anfänger. Gerade diese Haltung des hl. Benedikt hat es ermöglicht, daß auch heute noch Menschen nach einer Regel leben, die in der Zeit der Völkerwanderung entstand.

Anhang

Brauweiler in Sage und Legende

Vorbemerkung
Die folgenden Erzählungen sind der sog. „Gründungsgeschichte“ des Klosters entnommen. (s. Anhang S. 393f.) Sie verknüpfen sagen- und legendenhafte Motive mit geschichtlichen Tatsachen. Die recht freie und romantisierende Übersetzung der lateinischen Textstellen stammt von dem ehemaligen Oberinspektor Josef Klein, der in den 1920er Jahren an der Provinzial-Arbeitsanstalt in Brauweiler tätig war. Josef Klein veröffentlichte diese Texte unter der Überschrift „Sagen über die Entstehung des Klosters“ in seiner „volkstümlichen“ - wie er selbst im Vorwort mitteilt - Darstellung der Geschichte der ehemaligen Benediktinerabtei Brauweiler. Von dem auf vier Teile konzipierten Gesamtwerk erschienen zwei Teile im Jahre 1924 als Festschrift anläßlich der 900-Jahr-Feier der Abtei Brauweiler. In diesem Buch stellte Klein die Geschichte des Klosters bis zur Einführung der Bursfelder Reform dar. Die beiden weiteren Teile - eine Schilderung der letzten 300 Jahre Abteigeschichte bis zur Säkularisation und eine Darstellung der Baugeschichte des Klosters und der Kirche - sind leider nicht mehr erschienen.

Bei der Sage, die erklärt, wie Ezzo seine spätere Frau Mathilde bei einem Spiel mit Kaiser Otto III., dem Bruder der Mathilde, gewann, wurde die Bezeichnung „Schachspiel“, die Klein verwendet hat, durch den Begriff „Brettspiel“ ersetzt, wobei der neueren Untersuchung von Stiene (1993) gefolgt wurde.

1. Wie Brun von Mansted[t]en die zerstörte Medarduskapelle fand

In den Tagen des Pfalzgrafen Hermann, des Vaters des ehrwürdigen Ehrenfried, der wie einst der Patriarch Abraham seinen Namen in Ezzo verwandelte, lebte in dem Orte Mansted[t]en ein vermögender Gutsbesitzer des Namens Brun. Es begab sich nun, daß eines Tages eine Sau aus dem Walde, wohin sie auf die Eichelwiese getrieben worden war, mit der Herde nicht nach Hause zurückgekehrt war, da sie sich zum Werfen im verschwiegenen Waldesdunkel ein ruhiges Plätzchen aufgesucht hatte. Brun vermutete recht, was geschehen war, und, bewaffnet mit einer Holzhiebe dringt er tiefer, als es seine Gewohnheit war, in den Bannwald ein, indem er sich einen Weg durch das Unterholz bahnt. Und siehe da! Auf einmal, (nahe der Stelle, wo der dichte Wald sich in die Ebene senkte, etwa 1/2 Weg-Stunde von seinem Gutshofe entfernt), erblickt er vor sich ein sonderbar gebautes Häuslein, mit Ziegeln gedeckt. Er sucht und findet den Eingang, betritt nicht ohne Neugier das Innere und sieht einen Altar wie in einer Kirche. Als er näher tritt, kommt hinter dem Altar hervor die gesuchte Sau mit 10 Ferkelchen. - Er hebt den Altarstein auf und findet in der *fossa* Reliquien des hl. Medardus und anderer Heiligen, die mit einem beschriebenen Pergamente in einem Bündel vereinigt sind. Er nimmt sie heraus und begibt sich mit ihnen zum Propste des Klosters Kornelimünster, der häufig in der Gegend sich aufhielt. Dieser nun hat nichts Eiligeres zu tun, als die Neuigkeit seinem Verwandten, dem Eigentümer des Waldes, dem Pfalzgrafen Hermann zu überbringen. Der läßt, erfreut über das, was er hört, jenen Brun sofort zu sich kommen und nimmt das Gefundene, nachdem Reliquien und Pergament untersucht worden waren, ehrfürchtig an sich. Leider war durch Bruns Unvorsichtigkeit, der gehofft hatte, in der *fossa* Kostbarkeiten zu finden, und daher in habsüchtiger Hast zu Werke gegangen war, das Wachssiegel an dem Pergament derart beschädigt, daß es nicht mehr möglich war, festzustellen, welcher Bischof das Kirchlein geweiht hatte und wann dasselbe erbaut worden war und die Reliquien in dem Altar geborgen wurden. Nur wer der Erbauer gewesen war und die Medardusreliquien hierher gebracht hatte, das soll auf dem Pergament zu lesen gewesen sein.

2. Wie die Medardusreliquien nach Brauweiler kamen

Gründer dieses heiligen Häuschens war ein edler und mächtiger Mann namens Brun, welcher nicht weit von hier im Walde, der ob seiner Größe die *veille (Ville)* genannt wurde, eine feste Burg mit seinem Bruder Berecho bewohnte. Diese Burg überfiel eines Tages unvermutet ein räuberischer Gesetzesverächter, Heymo mit Namen, der den Berecho und die meisten Bewohner der Burg tötete und den Brun zwang, mit wenigen der Seinen, die ihr Leben hatten retten können, sein Besitztum zu verlassen. Brun floh ins Frankenland und begab sich nach Soissons, wo er Klage führte über das ihm angetane Unrecht. Hier erhielt er Reliquien des hl. Medardus, unter dessen Schutz er seinen Feind zu besiegen hoffte. Das gelang ihm, und nun baute er zu Ehren des hl. Medardus ein Kirchlein auf seinem neu erworbenen Besitztum, nachdem er seines Feindes Burg eingenommen und zerstört und jenen Heymo getötet hatte. Bis auf den heutigen Tag heißt jener Ort die „Heymenburg".

3. Wie Ezzo seine Gemahlin bei einem Brettspiel gewann

Der jugendliche König Otto III. war ein großer Künstler im (windungsreichen) Brettspiel, so daß er glauben durfte, es gäbe niemanden, der ihm darin gleich käme. Als er nun eines Tages mit Pfalzgraf Ezzo beim Spiel saß, kamen sie überein, derjenige, der dreimal hintereinander Sieger bliebe, dürfte von dem Unterlegenen das Beste seines Besitzes verlangen, was es auch immer wäre. Ezzo ruft den Beistand des dreieinigen Gottes an und bleibt dreimal Sieger. Wenn er, was er lange unter Gottes Eingebung gewünscht hatte, auch zu erlangen kaum hoffen durfte, so fordert er doch vom jugendlichen König, daß er ihm seine Schwester Mathilde zur Ehe gäbe. Otto sieht, daß aus dem Spiel Ernst geworden ist. Er bedenkt aber, daß, wie auch alle Anwesenden glauben, es so Gottes Wille sei, und daß es unköniglich handeln hieße, wollte er wortbrüchig werden. Und in Würdigung der Achtung, die Ezzo schon bei seinen Vorfahren genoß, versprach er ihm durch Handschlag seine Schwester zum Weibe. Sofort eilte Ezzo, nachdem auch die Kaiserin-Mutter Theophanu

Die Brauweiler Hochzeit. Kohlezeichnung von Heinz Binsfeld

ihre Einwilligung gegeben hatte, mit zahlreichem Gefolge nach Essen, wo Mathilde bei ihrer Tante, der Äbtissin Adelheidis, erzogen wurde. Unter Berufung auf des Bruders Willen und der Mutter Zustimmung hält er um die Hand Mathildens an. Die Äbtissin Adelheid fügt sich, widerwillig zwar, in das Unvermeidliche und übergibt die Kaisertochter dem hochbeglückten Ezzo. An demselben Tage noch überreicht Ezzo ihr den Verlobungsring.

In Brauweiler, wohin Ezzo seine Verlobte führt, wird dann unter gebührender Pracht inmitten der pfalzgräflichen und kaiserlichen Familie die Hochzeit gefeiert. Brauweiler und andere Besitzungen sind der Braut Morgengabe, und ein in ein Rasenstückchen eingehülltes Reis von einem Maulbeerbaum im Brauweiler Schloßgarten überreicht der Bräutigam Mathilden als ein Sinnbild der Übergabe dieser reichen Morgengabe. Mathilde tritt sofort in das Medarduskirchlein ein und weiht, indem sie das Reis auf den Altar niederlegt, in feierlicher Form ihr Besitztum Christo und seinen Heiligen.

4. Wie der Maulbeerbaum nach Brauweiler kam

Ezzo hielt sich in seiner Jugend eine Zeit lang bei seinem Verwandten, dem Bekenner und Bischof Ulrich von Augsburg auf, der nicht nur ein heiliger Mann war, sondern auch, wenn's not tat, zum Schwerte griff, um seine Bischofsstadt gegen die anstürmenden Ungarn zu verteidigen. Durch sein Wort und Beispiel machte Ulrich einen tiefen Eindruck auf den jugendlichen, feurigen, für alles Hohe begeisterten Ezzo. Nun begab es sich einstmals, daß Ulrich um die Zeit des Weihnachtsfestes mit den übrigen Fürsten und Bischöfen ans Hoflager Kaiser Ottos I. des Großen befohlen wurde. Auf dem Wege dahin ritt er in strenger Winterkälte, begleitet von Ezzo, durch einen Wald. Der kahle Zweig eines Baumes kommt ihm beim Reiten vors Gesicht. Er ergreift ihn, bricht ihn ab und hält ihn, ohne sich seines Tuns bewußt zu werden, im Gebet versunken, in der Hand. Und siehe, der Zweig beginnt nach kurzer Zeit in der Hand des heiligen Mannes wie unter der Wirkung sommerlicher Sonnenwärme aus der Winterstarre aufzuwachen. Seine Knospen schwellen und entfalten sich, und in frischem Grün prangt der vorher kahle Zweig in Ulrichs Hand. Der aber in seiner Demut will das Wunder verheimlichen und wirft den Zweig weg. Doch auch der junge Ezzo hat mit ehrfürchtigem Staunen den Vorgang beobachtet. Den Bischof bittet er, den Zweig als ein teures Andenken an diese Stunde aufbewahren zu dürfen. Gegen das Versprechen, solange Ulrich lebe, nie jemandem etwas von dem wunderbaren Vorgang zu erzählen, erhält Ezzo die erbetene Erlaubnis von dem demütigen Gottesmann.

Dies Wunderreis wuchs, in den Garten des Brauweiler Schlosses gepflanzt, zu einem mächtigen Baume.

Bischof Ulrich von Augsburg und der blühende Zweig. Glasfenster im großen Sitzungssaal des ehemaligen Brauweiler Rathauses

5. Warum Brauweiler als Ort für die Klostergründung ausgewählt wurde

Ezzo und Mathilde reisten nach Rom, um die Gräber der Apostelfürsten zu besuchen. Vom Papste wurden sie in ihrem Vorhaben, dem Herrn auf einer ihrer Besitzungen eine Stätte der Verehrung und des immerwährenden Lobes zu gründen, bestärkt, und er entließ sie mit einem Segen und reich beschenkt mit kostbaren Reliquien. Nach ihrer Heimkehr entstand zwischen den beiden Gatten ein frommer Streit darüber, an welchem Ort sie ihr Gelübde erfüllen sollten. Ezzo schwankte eine Zeitlang zwischen Duisburg und der Insel des hl. Suitbertus, der Rheininsel Kaiserswerth; doch fiel seine Wahl endlich auf Duisburg, als eine Erscheinung, die Mathilde hatte, zugunsten Brauweilers entschied. Brauweiler zog Mathilde allen anderen Orten vor wegen einer ihr gewordenen Offenbarung von himmlischer Glorie. Die Pfalzgräfin hatte die fromme Gewohnheit, niemals an diesem Orte - wo nämlich später das Kloster stand - vorbeizugehen, ohne vom Wege abzuweichen und in dem Kirchlein des hl. Medardus eine Weile im Gebet zu verharren. Nun endlich geschah es eines Tages, daß sie, ermüdet von ihrem Spaziergang und angegriffen von der Hitze der sommerlichen Sonne, nachdem sie in gewohnter Andacht ihre Gebete im Kirchlein verrichtet hatte, sich, um sich zu erfrischen, in den Schatten der Sykomore, den die Deutschen Mulbom nennen, auf den weichen, schwellenden Rasen setzte. Sie schlummerte ein und sah im Traumgesicht, wie sich der Himmel öffnete und eine Kugel, glänzender denn die Sonne, sich über diesem Gott wohlgefälligen Ort hernieder-

Die Lichterscheinung der Pfalzgräfin. Glasfenster im großen Sitzungssaal des ehemaligen Brauweiler Rathauses

senkte und ihn mit solch strahlender Helle übergoß, daß die ganze umliegende Gegend weithin in wunderbarem, lieblichem Glanze erschien. Als Ezzo von dieser Erscheinung durch Mathildens Mund Kenntnis erhielt, war er sofort entschlossen, das Haus des Herrn nirgendwo anders als an diesem Orte zu erbauen. Denn also deutete er die Erscheinung, es sei Gottes Wille, daß der Ort, den sein Vater Hermann zu einer menschlichen Wohnstätte umgewandelt hatte, von ihm zu einer Stätte geweiht werde, von der das Licht des Wortes Gottes hinausstrahle in die ganze Gegend. Und was er als Gottes Willen erkannte, das führte er ohne Schwanken und Zaudern aus zur Ehre Gottes und zum Heile seiner Seele.

Die Abteikirche von Osten mit dem Maulbeerbaum (rechts hinter der Einzäunung)

Die Brauweiler Geschichtsquellen

Das Quellenmaterial zur Geschichte der Abtei Brauweiler besteht fast ausschließlich aus schriftlichen Dokumenten. Nur wenige Bildquellen sind erhalten. Diese sollen im Anschluß an die schriftlichen Quellen vorgestellt werden.

1. Schriftliche Quellen zur Abteigeschichte

Vorbemerkung:

Im folgenden Überblick kann nur eine Auswahl der wichtigsten schriftlichen Quellen zur Geschichte der Abtei Brauweiler vorgestellt werden. Es handelt sich dabei um die Zeugnisse der Abteigeschichte, die für diese Veröffentlichung verwendet wurden. Zu diesen gehören erzählende Quellen, Urkunden und Akten, wie Rechnungen, Einnahmen- und Ausgabenregister, Unterlagen über Rechtsstreitigkeiten und Prozesse und die Aufhebungsakten des Klosters.

Bei erzählenden Quellen sind unterschiedliche Überlieferungsformen zu beachten. Sie können von einem Zeitzeugen zeitgleich oder von einem Verfasser im Nachhinein auf der Grundlage von persönlichen Erinnerungen oder Berichten anderer Personen aufgeschrieben worden sein. Zu bedenken ist darüber hinaus, daß schriftliche Überlieferungen nicht immer objektive Schilderungen sein müssen, sondern vielfach von der Meinung ihres Autors geprägt sein können und dann dessen Sichtweise der geschilderten Ereignisse wiedergeben.

Andererseits können erzählende Quellen oder Urkunden entweder als Original oder als Abschrift von heute nicht mehr existierenden Vorlagen auf uns gekommen sein. Im Laufe der Jahrhunderte sind zahlreiche schriftliche Quellen immer wieder abgeschrieben worden. Nur so haben manche von ihnen sich bis heute erhalten. Gerade das Abschreiben geschah oft, da man die Bedeutung solcher Aufzeichnungen kannte, aber auch wußte, daß im Laufe der Jahrhunderte schriftliche Zeugnisse verlorengehen konnten durch Feuersbrünste oder andere Katastrophen.

Bereits seit der zweiten Hälfte des 19. Jahrhunderts sind die Brauweiler Geschichtsquellen Objekte der historischen Forschungsarbeit. Hier sei an die Arbeiten von Georg Heinrich Pertz (1859), Roger Wilmans (1856), Gottfried Eckertz (1866-69), Hermann Pabst (1872), Georg Waitz (1883), Otto Oppermann (1903 u. 1922), Walter Bader (1937) sowie in jüngster Zeit von Erich Wisplinghoff (1956/57, 1971 u. 1992) sowie Heinz Erich Stiene (1990, 1991, 1993, 1995, 1997 u. 1999) erinnert. Eine popularwissenschaftliche Veröffentlichung von Teilen des Chronicon Brunwylrense hat 1924 J. Klein anläßlich der 900-Jahr-Feier der Gründung der Abtei Brauweiler herausgebracht.

1.1 *Annales Brunwilarenses* (Brauweiler Annalen)

Eine schriftliche Quelle zur frühen Geschichte des Klosters, die noch als Original existiert, sind die *Annales Brunwilarenses* (Brauweiler Annalen). Die in lateinischer Sprache verfaßten Aufzeichnungen stammen von verschiedenen, uns nicht näher bekannten Mönchen des Klosters und umfassen in knappen Notizen den Zeitraum von der Gründung des Klosters bis zum Jahre 1179. Die erwähnten Begebenheiten sind von den anonymen Schreibern aneinandergereiht worden, ohne den Anspruch auf Vollständigkeit zu erheben. Oft klaffen Lücken von mehreren Jahren zwischen zwei Ereignissen.

Die Annalen sind eine für die frühe Geschichte des Klosters äußerst zuverlässige Quelle. Angegeben werden nicht nur das Jahr der Klostergründung (1024) sowie Sterbejahre von Mitgliedern der Stifterfamilie oder einzelner Äbte, auch Baumaßnahmen werden mit der Jahresangabe gemeldet.

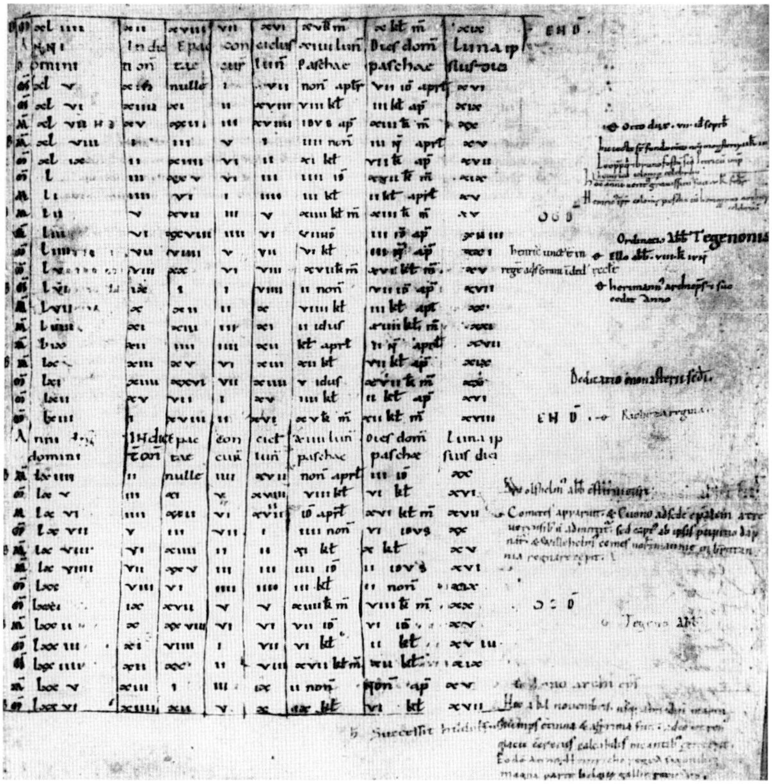

Eine Seite der Brauweiler Annalen (Bl. 8r aus der Handschrift Romanus Vaticanus Urbinas 290) u. a. mit der Nachricht von Abt Wolfhelms Einsetzung 1065 und dem Tod seines Vorgängers Tegeno 1072

Die Urschrift der „Brauweiler Annalen" existiert noch heute und wird in der Bibliotheca Apostolica Vaticana zu Rom aufbewahrt. Die jüngste Veröffentlichung der „Brauweiler Annalen" mit deutscher Übersetzung stammt von Heinz Erich Stiene (1990).

2.2 *Brunwilarensium monasterii fundatorum actus* (Taten der Gründer des Klosters Brauweiler)

Die wichtigste Quelle für die Zeit der Klostergründung von 1024 sowie für die ersten Jahre danach ist eine Handschrift, die in der wissenschaftlichen Literatur zunächst unter der Bezeichnung *Fundatio monasterii Brunwilarensis* (Gründungsgeschichte des Klosters Brauweiler) Eingang fand. Da es sich jedoch mehr um eine Familiengeschichte der Klostergründer als um eine Darstellung der Gründung des Klosters handelt, hat man die Schrift zutreffender auch *Brunwilarensium monasterii fundatorum actus* (Taten der Gründer des Klosters Brauweiler) genannt.

Das in lateinischer Sprache geschriebene und in Reimprosa verfaßte Werk stammt von einem Mönch des Klosters, der sich nur mit dem Anfangsbuchstaben „G" seines Namens vorstellt. Sein Werk widmet er, wie er schreibt, seinem Abt Wolfhelm. Dieser war der dritte Abt und leitete die Geschicke des Klosters von 1065 bis 1091.

Über Zweck und Motive seiner Arbeit gibt der Autor im Prolog seines Werkes selbst Aufschluß: Nach den Angaben glaubwürdiger Zeugen will er die glücklichen Taten und Erfolge der Gründer des Klosters beschreiben. Die Anregung dazu habe er durch die zahlreichen Wunder erhalten, die gerade zu Wolfhelms Zeiten in Brauweiler geschehen seien. Zwar habe er selbst Ezzo und Mathilde nicht mehr gekannt, aber von solchen Personen Nachrichten eingezogen, die mit beiden noch persönlichen Umgang gepflegt hätten.

Da dem Verfasser von der Gründerfamilie und ihren Vorfahren, insbesondere von den Vorfahren Ezzos, nur wenig bekannt war, hat er mehr die Familie der Ottonen, aus der Mathilde stammte, und die Geschichte des Reichs zu ihrer Zeit behandelt, wozu er damals bekannte Quellen benutzte. So treten die Gründung des Klosters und seine frühe Geschichte gegenüber dem Lobpreis auf den Klostergründer, seine kriegerischen Taten und herrscherlichen Fähigkeiten ebenso zurück wie gegenüber den Exkursen in die große Politik. Der Stil verrät, daß der Verfasser die Werke des römischen Geschichtsschreibers Sallust kannte. Von ihm hat er sich für seine Personenbeschreibungen immer wieder Redewendungen entliehen.

In der mündlichen Überlieferung, auf die der Autor sich beruft, dürfte ein Grund für das Eindringen von sagen- und legendenhaften Motiven zu suchen sein, die der Verfasser miteinander verknüpft, so die Erzählung von dem Brettspiel, bei dem der Pfalzgraf seine Gemahlin gewonnen haben soll, oder der Traum der Pfalzgräfin unter dem Maulbeerbaum.

Einen besonderen Raum nehmen die Auseinandersetzungen mit Kölner Erzbischöfen um das Moselgut Klotten ein. Dieses Gut war von der Königin Richeza von Polen - einer Tochter der Klostergründer - dem Kloster übergeben worden, und der Kölner Erzbischof Anno hatte es dem Kloster nach dem Tod der Königin im Jahre 1063 wieder abgenommen. Da es sich bei diesen Auseinandersetzungen um das bewegendste Ereignis in der frühen Geschichte des jungen Klosters handelt, wurde dem Ereignis seiner Bedeutung entsprechend Ausdruck verliehen. Ganz offensichtlich ist die Handschrift im Zusammenhang mit diesem Streit nach 1077 bis um 1080 entstanden.

Die Urschrift ist verlorengegangen. Der Text existiert jedoch noch in späteren Abschriften an verschiedenen Aufbewahrungsorten. Die bekannteste Abschrift, die vor der Mitte des 16. Jahrhunderts entstand, befindet sich heute im Nordrhein-Westfälischen Hauptstaatsarchiv Düsseldorf. Eine kürzere Fassung, die im 17. Jahrhundert von einer Handschrift des 15. Jahrhunderts abgeschrieben wurde, wird in der Bibilothèque Royale in Brüssel aufbewahrt.

Zwei Editionen liegen vor. Die eine besorgte Hermann Pabst 1872 im „Archiv der Gesellschaft für ältere deutsche Geschichtskunde“ unter der Bezeichnung *Fundatio monasterii Brunwilarensis.* Die andere mit dem Titel *Brunwilarensium monasterii fundatorum actus* erschien 1883 in den Monumenta Germaniae Historica, ediert von Georg Waitz.

1993 hat Heinz Erich Stiene in Band 17 der „Pulheimer Beiträge“ auf zwei bisher mißverstandene Stellen in der sog. „Gründungsgeschichte“ hingewiesen und eine Richtigstellung veröffentlicht.

Die erwähnte handschriftliche Überlieferung der sog. „Gründungsgeschichte“ des Klosters Brauweiler, die als Abschrift aus dem 16. Jahrhundert im Nordrhein-Westfälischen Hauptstaatsarchiv Düsseldorf liegt, ist zugleich Bestandteil eines anderen umfangreicheren handschriftlichen Geschichtswerkes, das über die ersten 500 Jahre des Klosters berichtet.

1.3 *Chronicon Brunwylrense* (Brauweiler Chronik)

Bei dieser Handschrift, dem *Chronicon Brunwylrense,* der sog. „Chronik“, handelt es sich um die wichtigste Quelle für die Klostergeschichte bis zum 16. Jahrhundert. Sie wird eröffnet mit der Abschrift der soeben erwähnten „Taten der Klostergründer“ und ist in ihrem weiteren Verlauf nach den Amtsdaten der Äbte gegliedert. Die Aufzeichnungen reichen bis in die Regierungszeit des Abtes Johann von Lünen, der von 1515 bis 1532 das Kloster leitete. Verfasser der Chronik ist ein namentlich nicht bekannter Mönch, der sein Werk in der ersten Hälfte des 16. Jahrhunderts niederschrieb.

Zu seinem Geschichtswerk benutzte er eine nicht mehr vorhandene ältere Chronik, die der 1515 an der Pest verstorbene Mönch Bartholomäus von Grevenbroich geschrieben hatte. Sowohl diesem Bartholomäus als auch seinem anonymen Nachfolger standen die verschiedensten Unterlagen aus dem damals noch gut erhaltenen Klosterarchiv zur Verfügung. Hierzu gehörten die „Taten der Klostergründer“, die *Vita Wolfhelmi,* eine Lebensbeschreibung des dritten Brauweiler Abtes, sowie ein Band mit Urkundenkopien, Listen mit Namen von aufgenommenen Mönchen, Rechnungen, ein Buch über Altarweihen und andere Aufzeichnungen, die nicht erhalten geblieben sind. Auch persönliche Erlebnisse des Bartholomäus und seines anonymen Nachfolgers sind in die Darstellung der „Chronik" eingeflossen.

Insgesamt bietet die „Chronik" dank der von ihrem anonymen Verfasser verwendeten Dokumente ein farbiges, lebendiges, jedoch nicht in allen Einzelheiten zuverlässiges Bild der Klostergeschichte bis zum Beginn des 16. Jahrhunderts.

Den Text des *Chronicon Brunwylrense* hat Gottfried Eckertz in vier Folgen zwischen 1866 und 1869 in den „Annalen des Historischen Vereins für den Niederrhein" veröffentlicht. Dabei wurde jedoch nicht der vollständige Wortlaut wiedergegeben. Der von Eckertz edierte Text wurde noch einmal (unverändert) in den „Fontes rerum Rhenanarum" 2 (1870), S. 139-325, abgedruckt.

1.4 *Acta Abbatum Brauweilerensium* (Brauweiler Abtsakten)

Die Fortsetzung des *Chronicon* ab 1525 bildet eine andere handschriftliche Quelle, die *Acta Abbatum Brauweilerensium,* die „Brauweiler Abtsakten". Sie wurden von verschiedenen Mönchen in mehreren Etappen verfaßt. Einige Schreiber geben sich in der Quelle zu erkennen, andere bleiben anonym. Ebenso wie die „Chronik" sind auch die „Acta" nach den Amtszeiten der Äbte gegliedert und enden mit der Wahl des letzten Brauweiler Abtes Anselm Aldenhoven im Jahre 1778.

Die *Acta Abbatum* sind eine äußerst zuverlässige, zum Teil recht spannend geschriebene Darstellung der Zeit des Klosters nach der Einführung der Bursfelder Reform des Benediktinerordens. Von den „Acta" gab es zwei Exemplare. Nur eines davon existiert noch heute und befindet sich im Brauweiler Pfarrarchiv. Dieses Exemplar ist die jüngere Reinschrift eines älteren, das 1609 noch vorlag und heute verschollen ist.

Die „Acta" beginnen mit einer Abschrift der bereits erwähnten sog. „Gründungsgeschichte" und einer Darstellung der frühen Klostergeschichte, die dem *Chronicon Brunwylrense* folgt.

Die in lateinischer Sprache verfaßte Quelle ist bisher weder ediert noch liegt eine Übersetzung vor.

1.5 *Vita Wolfhelmi* (Die Lebensbeschreibung des Abtes Wolfhelm)

Eine dritte erzählende Quelle, die aus der frühen Zeit des Klosters im ersten Jahrhundert nach seiner Gründung berichtet, ist die *Vita Wolfhelmi,* eine Lebensbeschreibung des dritten Brauweiler Abtes Wolfhelm, der dem Kloster von 1065 bis 1091 vorstand. Verfasser der Biographie ist Konrad, der etwa ab 1076 als Mönch unter Abt Wolfhelm im Kloster lebte. Zwischen 1110 und 1120 verfaßte Konrad sein Werk. Er schrieb es im Auftrag der Äbte Eberhard von Brauweiler (1110-1126) und Her-

Die Acta Abbatum Brauweilerensium. Aufgeschlagen ist links Bl. 447r mit einer Liste der Äbte, die 1777 am Bursfelder Generalkapitel in Brauweiler teilgenommen haben und rechts ein zusätzlich eingefügtes Blatt mit dem Epitaph des Abtes Amandus Herriger (gest. 1778) (PfAB).

mann von St. Pantaleon (1082-1120), denen er es auch widmete.

Die *Vita Wolfhelmi* ist ein hagiographisches Werk, mit dem der Verfasser die Heiligkeit seines einstigen, von ihm bewunderten Abtes belegen will. Die Zeitangaben sind entweder relativ, d.h. in Bezug zu den Regierungsjahren eines weltlichen oder kirchlichen Fürsten, oder unbestimmt bzw. allgemein, wie dies in vielen mittelalterlichen Heiligenviten oder geistlichen Biographien zu finden ist. (Stiene 1995 a) Einzig das Todesdatum Wolfhelms wird exakt überliefert. Dennoch darf die Schrift als historische Quelle gelten. Die *Vita Wolfhelmi* erzählt viele kleine Ereignisse um die Abtei Brauweiler, gibt Hinweise zur Baugeschichte, hält Beziehungen Brauweilers zu anderen Klöstern fest und zeichnet ein besonders lebendiges Bild von der Auseinandersetzung zwischen dem Kölner Erzbischof Anno sowie dessen Nachfolgern und der Abtei Brauweiler um den Besitz des Moselgutes Klotten. (Stiene 1991 a)

Die *Vita Wolfhelmi* ist in drei späteren Fassungen überliefert, einer kürzeren und zwei längeren. Zwei von diesen, die kürzere und eine der beiden längeren Versionen, stammen aus dem 16. Jahrhundert. Die überlieferte längere Darstellung befindet sich im bereits vorgestellten *Chronicon Brunwylrense*. Die kürzere Fassung erschien 1571 innerhalb einer mehrbändigen Edition von Heiligenviten, die von dem gelehrten Kölner Kartäusermönch Laurentius Surius herausgegeben wurde. Das Werk ist in Köln gedruckt worden. Während der Verfasser des *Chronicon Brunwylrense* in einem Hinweis mitteilt, er habe über den ursprünglichen Text Konrads hinaus alles gesammelt und mit aufgeschrieben, was er in alten Dokumenten über Wolfhelm gefunden habe, dürfte der kürzere, von Surius herausgegebene Text der *Vita Wolfhelmi* dem Original Konrads näher kommen. (Stiene 1991 b)

Die dritte Version der *Vita Wolfhelmi* befindet sich in einem Werk des Gladbacher Abtes Petrus Knor, das dieser 1717 handschriftlich herausgegeben hat. Darin schildert der Verfasser die Geschichte seines Gladbacher (Mönchengladbach) Klosters, als dessen zeitweiligen Abt er Wolfhelm betrachtet. Petrus Knor kannte sowohl die Fassung der *Vita Wolfhelmi* im *Chronicon Brunwylrense* als auch die Ausgabe von Laurentius Surius. Aus beiden Darstellungen hat er für sein Werk geschöpft, und daneben hat er, wo es ihm angemessen erschien, behutsam in den überlieferten Wortlaut eingegriffen. (Stiene 1991 a) Die Handschrift von Petrus Knor wird heute im Propsteiarchiv zu Kempen aufbewahrt.

Sowohl das Werk von Petrus Knor als auch die Version, die Laurentius Surius herausgegeben hat, sind in späteren Jahrhunderten mehrfach nachgedruckt worden. Eine Edition der *Vita Wolfhelmi* auf der Grundlage der Fassung von Laurentius Surius erschien 1991 in lateinischer Sprache mit deutscher Übersetzung und Kommentar. (Stiene 1991)

1.6 *Liber sancti Nicholai episcopi in in Brunwilre* (Buch des hl. Bischofs Nikolaus in Brauweiler)

Die 219 Seiten umfassende, bisher unveröffentlichte Papierhandschrift stellt eine besondere Quelle dar. Das Werk wurde nach 1528 bis nach 1567 im Kloster von vermutlich zwei Autoren geschrieben (Bader 1937) und durch Notizen und Anmerkungen und Mitteilungen des Abtes Johannes IV. Münch (1617-1649) ergänzt. Es enthält eine Sammlung von Texten, die vor allem die Fragen des Gottesdienstes und der Heiligenverehrung in Brauweiler betreffen. Einer Notiz auf der Rückseite des Titelblattes zufolge hat einer der Verfasser auch Texte aus den *Acta Abbatum* abgeschrieben. So wird Wesentliches über die Gründung des Klosters und seine Stifter, über die wichtigsten Privilegien und Urkunden, über die Klosterpatrone und über Wunder, die sich im Kloster ereignet haben, berichtet. Überliefert sind Weihedaten von Kapellen und Altären sowie die Altarpatrone. In einer Übersicht werden die Reliquien des Klosters aufgeführt. Beigefügt ist eine nachträglich eingefügte Liste der Äbte, die von Abt Johannes IV. Münch (1617-1649) geschrieben wurde und von verschiedenen Schreibern bis zum letzten Abt des Klosters fortgeführt worden ist. (s. Abb. im Anhang S. 463) Sie ist eingefügt in den Teil des Buches, in dem sich kurze Abhandlungen über die einzelnen Äbte befinden.

Darüber hinaus hat der Sakristan des Klosters Anordnungen für die Feier der Liturgie und des Gottesdienstes sowie für bestimmte Feste und Anlässe verzeichnet, die ihm als Erinnerungsstütze bei der Verrichtung seiner vielfältigen und komplizierten Aufgaben zu dienen hatten. Darunter befinden sich Anweisungen zur Benutzung der Glocken, die Beleuchtungsordnung für die Kirche sowie Hinweise auf verschiedene Feste und Prozessionen im Jahreskreis. Gelegentlich verrät der Verfasser seine Quellen. Es handelt sich vor allem um den „Ordinarius" zur Regelung der Liturgie und um die „Caeremoniae" mit vorwiegend ordensrechtlichen Bestimmungen. Beide Bücher waren 1474/75 von der Bursfelder Kongregation herausgegeben worden, um eines ihrer Ziele, die Vereinheitlichung von Liturgie und monastischer Disziplin, zu verwirklichen. (Albert 1992) Daneben hat der Verfasser aber auch die lokalen Bräuche und Eigenfeste des Klosters berücksichtigt. Insgesamt ist der Text des *Liber sancti Nicholai* in 22 deutlich voneinander getrennte Abschnitte gegliedert. Die Handschrift wird im Pfarrarchiv Brauweiler aufbewahrt.

1.7 Sog. „Altes Repertorium"

Es handelt sich um eine undatierte, 13 Blatt umfassende Papierhandschrift in deutscher Sprache. Die Blätter sind beidseitig jeweils auf der linken Hälfte beschrieben. An einigen Stellen stehen auf der rechten Blatthälfte Anmerkungen bzw. Ergänzungen zum Text. Eingeleitet wird die Handschrift mit einer kurz gefaßten Beschreibung der Herrlichkeit Brauweiler mit den zugehörenden Dörfern. (s. Abb. S. 186) Dann folgt ein knapper Text zur Gründung der Abtei Brauweiler und zu ihren Stiftern. Den Hauptteil der Schrift nehmen unterschiedlich lange Nachrichten zu den Äbten in der Reihenfolge ihrer Amtsdaten ein. Der letzte Text ist Abt Anselm Aldenhoven gewidmet.

Die Handschrift ist zwar undatiert, muß jedoch nach der Aufhebung des Klosters noch zu Lebzeiten von Abt Anselm Aldenhoven entstanden sein. So wird u.a. erwähnt, daß den Wahlspruch des Abtes „Non sibi sed aliis" die „französische Revolution viel zu wahr machte". Der Tod des Abtes, der 1810 starb, wird noch nicht erwähnt. Entscheidend für die Datierung der Handschrift ist ein beigelegtes Bild des hl. Benedikt mit einem Gedicht, das Anselm Aldenhoven von einem unbekannten Verfasser im Namen seiner ehemaligen Konventsmitglieder zum 50jährigen Priesterjubiläum, das im März 1806 gefeiert wurde, gewidmet ist. (s. S. 374ff.) Die Schrift ist im Zusammenhang mit diesem Priesterjubiläum verfaßt und dem ehemaligen Abt überreicht worden. Sie ist daher in das Jahr 1806 zu datieren. Die Papierhandschrift wird im Nordrhein-Westfälischen Hauptstaatsarchiv Düsseldorf aufbewahrt.

1.8 Urkunden

Anders als die erzählenden Quellen sind Urkunden Erzeugnisse des Rechtslebens und nicht der Geschichtsschreibung. Sie vermitteln kein Bild aus der Sicht eines Erzählers und verfügen daher über einen anderen Quellenwert. Sie sind schriftliche Zeugnisse, die unter Beobachtung von Zeugen aufgezeichnet wurden und rechtliche Vorgänge wie Schenkungen, Verkäufe oder die Gewährung bzw. die Bestätigung besonderer Rechte bekunden. Rechtskraft erhielt eine Urkunde durch Besiegelung (aufgedrücktes oder anhängendes Siegel) oder durch Besiegelung mit gleichzeitiger Unterschrift. Als Beschreibstoff diente während des ganzen Mittelalters Pergament (enthaarte, geglättete und getrocknete Haut von verschiedenen Tieren wie Schafen, Ziegen oder Kälbern).

Ist die auf Anordnung oder mit Genehmigung eines Urkundenausstellers angefertigte Urkunde, die dem Empfänger ausgehändigt wurde, noch erhalten, so spricht man von einem Original. Daneben kann der Text einer Urkunde auch in Abschriften überliefert sein. Diese können zeitgleich mit dem Original oder zu einem späteren Zeitpunkt angefertigt worden sein. Hierbei kann es sich um sog. Zweitschriften handeln, d.s. Abschriften von Originalen ohne deren äußere Merkmale (Beschreibstoff, Tinte, Schrift, Faltung, Beschaffenheit des Siegels), aber mit einem eigenen Siegel. Zweitschriften besaßen im allgemeinen keine Rechtskraft, es sei denn, sie waren eigens als beglaubigte Kopien ausgewiesen.

Neben dieser Form der Abschrift können Urkunden auch in sog. Kopiaren oder Kopialbüchern überliefert sein. Es handelt sich hierbei um Sammlungen von Urkundenabschriften in Buchform mit dem Zweck, die Besitztitel und Privilegien zu sammeln. Hierbei hat die Erfahrung eine Rolle gespielt, daß die gefaltet im Archiv aufbewahrten Originale infolge ihres Alters in ihrer Existenz gefährdet waren. Altes Pergament wurde an den Faltstellen leicht brüchig, was die Lesbarkeit des Textes stark beeinträchtigte.

Eine Aussage über die Gesamtzahl der Urkunden, die das Kloster ursprünglich besessen hat, ist nicht möglich. Nachweislich hat das Archiv im Laufe der Zeit größere Verluste erlitten, deren Ausmaß jedoch nicht abzuschätzen ist, da kein Repertorium (Verzeichnis des Klosterarchivs) erhalten ist. Bis zur Einführung der Bursfelder Reform gegen Ende des 15. Jahrhunderts besaß das Kloster vermutlich rund 250 Urkunden, von denen bestenfalls noch 130 erhalten sind. (s. S. 216)

Heute lagert der Hauptteil aller noch erhaltenen Urkunden des Klosters - etwas mehr als 300 Urkunden - im Nordrhein-Westfälischen Hauptstaatsarchiv Düsseldorf. Einzelne Stücke sind europaweit verstreut. So befinden sich acht Urkunden in der Bibliothèque Nationale in Paris. Je eine Urkunde liegt im Archiv der Sankt Petersburger Abteilung des Instituts für russische Geschichte der Russischen Akademie der Wissenschaften, in der British Library in London und in der Bibliothèque Nationale in Brüssel. Fünf Urkunden werden in der Universitätsbibliothek Bonn aufbewahrt, eine im Landeshauptarchiv Koblenz, zwei im Historischen Archiv der Stadt Köln, sechs im Pfarrarchiv Sinthern, drei im Pfarrarchiv Brauweiler und eine in Schloß Dyck bei Grevenbroich. (Dahlhaus 1993)

Unter den noch erhaltenen Urkunden der Abtei Brauweiler befinden sich sowohl Originale als auch Zweitausfertigungen, die nachträglich hergestellt und mit einem Siegel versehen wurden. Von mehr als 40 verlorenen Urkunden sind kurze sachinhaltliche Auszüge (Regesten) im *Chronicon Brunwylrense* überliefert.

Besondere Aufmerksamkeit hat die historische Forschung einer Gruppe von Urkunden der Abtei Brauweiler gewidmet, die sich als Fälschungen ohne echte Vorlagen bzw. als nachträgliche Verfälschungen von Originalen, die den Fälschern vorlagen, erwiesen haben. (Wisplinghoff 1957) Es handelt sich hier zur Hauptsache um Urkunden des 11. Jahrhunderts. Zu diesen gehören vier Urkunden Kaiser Heinrichs III. mit der Jahresangabe 1051, die in sieben Ausfertigungen erhalten sind. Drei davon beziehen sich auf den Klosterbesitz in Brauweiler und eine auf den Moselbesitz der Abtei in Klotten. Hinzukommen noch zwei Urkunden des Kölner Erzbischofs Piligrim mit der Jahresangabe 1028, zwei Urkunden der Königin Richeza mit den Jahresangaben 1051 und 1056 sowie zwei Papsturkunden aus der Zeit zwischen 1024 und 1033 und mit der Jahresangabe 1153. Von diesen dreizehn vorliegenden Urkundenausfertigungen sind neun Fälschungen und vier Verfälschungen. (Wisplinghoff 1957)

Die Falsifikate wurden, wie sich an Hand inhaltlicher Kriterien nachweisen ließ, in der Zeit von 1255 bis 1276, wobei das Jahr 1263 besonders in Betracht zu ziehen ist, hergestellt. Damals hatte das Kloster Streit mit seinen Vögten, die unberechtigte Forderungen stellten. (s. S. 90ff.) Die Mönche haben versucht, mit verfälschten und gefälschten Urkunden die ungerechtfertigten Forderungen der Vögte zurückzuweisen, ohne sich selbst dadurch Rechte oder Vergünstigungen, die ihnen nicht zugestanden hätten, zu verschaffen. Im Mittelpunkt der gefälschten oder verfälschten Urkunden stehen daher immer wieder Bestimmungen über den Vogt, dem in einem durch Wege, Wälder und Gewässer genau umschriebenen Bereich um das Kloster herum die Ausübung seiner Funktion untersagt wird.

Ihren Zweck haben die Falsifikate nur sehr unvollkommen erfüllen können, und rund ein Jahrhundert später sahen die Mönche sich gezwungen, den Vögten ihre Vogtei abzukaufen. Danach beschloß man, keinen ständigen Vogt mehr zu bestellen, sondern das Amt immer nur für zwei Jahre zu vergeben. (s. S. 104)

1.9 Rechnungen

Während Urkunden, die über Schenkungen, Käufe und Verkäufe von Immobilien ausgestellt wurden, einen Einblick in den Klosterbesitz geben und sich damit als unentbehrliche Quellen zur Besitz- und Wirtschaftsgeschichte erweisen, bieten noch erhaltene Rechnungen ein lebendiges Bild von der klösterlichen Wirtschaftsführung. Im Nordrhein-Westfälischen Hauptstaatsarchiv Düsseldorf ist ein 55 Blatt starkes Rechnungsbuch der Kellnerei des Klosters aus Pergament erhalten. Alle Blätter zeigen am Rande Spuren, daß sie angesengt wurden. Im Schriftbild unterscheiden sich deutlich drei Schreiber.

Die ersten 48 Blätter stammen zwar aus dem Zeitraum von 1330 bis 1352, stellen jedoch keine lückenlose Buchführung dieser Zeitspanne dar. Es handelt sich zunächst um die Jahre 1330 bis 1333, die von einer Hand geschrieben wurden. Dann folgen von einem zweiten Schreiber die Jahre 1337/38 und 1348 bis 1352. Ein dritter Teil stammt vom Jahre 1409 und zeigt die Handschrift einer weiteren Person. Sowohl der erste als auch der zweite Schreiber stellen sich in den Rechnungsaufstellungen mit Namen vor. Es sind Hermann genannt Saulyn und Arnold Scholle, die zu diesen Zeiten als Kellner tätig waren. (s. S. 98f.) Wer der Schreiber des dritten Teils war, ist nicht bekannt.

Die erhaltenen Rechnungen geben einen Einblick in die klösterliche Buchführung im 14. und zu Beginn des 15. Jahrhunderts. Einnahmen und Ausgaben der rheinischen Besitzungen der Abtei wurden getrennt von den Einnahmen und Ausgaben der Moselgüter aufgeführt. Bei beiden wurden Einnahmen und Ausgaben in Geld und in Naturalien unterschieden. (Zu weiteren Einzelheiten s. S. 98f.)

Ein weiteres Dokument zur Wirtschaftsgeschichte des Klosters stellt das noch erhaltene Rechnungsfragment aus den Jahren 1530/31 dar. Die Aufstellung von Einnahmen und Ausgaben reicht leider nur vom 1. Oktober 1530 bis zum 30. September 1531. Für die Buchführung zeichnet der Kellner Goswin von Emmerich verantwortlich, wie er auf der Vorderseite des ersten Blattes schriftlich festgehalten hat. (Zu weiteren Einzelheiten s. S. 125f.)

1.10 Das Einnahmen- und Ausgabenbuch von 1792 bis 1802

Weitere Quellen zur Wirtschaftsgeschichte des Klosters sind aus dem 18. Jahrhundert erhalten. Hierzu gehören das Haupt- und Lagerbuch. Es wurde 1758 angelegt und bis 1785 fortgeführt und erfaßt den Klosterbesitz in der Herrlichkeit Brauweiler. (Weitere Einzelheiten s. S. 205f.) Daneben gibt es noch das Zinsempfangsbuch der Jahre 1792 bis 1802.

Eine bisher recht wenig beachtete und daher auch kaum ausgewertete Quelle ist das Einnahmen- und Ausgabenbuch der Jahre 1792 bis 1802. Auf 151 Seiten sind in dem erhaltenen Rechnungsbuch alle Einnahmen des Klosters sowie alle Ausgaben für den täglichen Bedarf an Lebensmitteln, Kleidung oder für andere Dinge des klösterlichen Haushalts und Alltags festgehalten.

Es ist eine einmalige Quelle, die Einblick gewährt in den Klosterhaushalt und das klösterliche Leben während der letzten zehn Jahre vor der Säkularisation. (Die Einzelheiten s. S. 250ff.)

1.11 Akten aus der Zeit der französischen Herrschaft am Rhein und über die Aufhebung der Abtei

In den Beständen „Lande an Maas und Rhein“ Zit.: (Maas u. Rhein), „Roerdepartement“ (Zit.: Roerdep.) und „Generalgouvernement Nieder- und Mittelrhein“ im Nordrhein-Westfälischen Hauptstaatsarchiv Düsseldorf befindet sich eine Vielzahl von Akten aus den Jahren 1794-1802, welche die Abtei Brauweiler betreffen. Es handelt sich u.a. um Berichte über die Plünderung der Abtei Brauweiler im Oktober 1794 durch österreichische Truppen mit einer genauen Aufstellung der Schäden am Kloster und an den Wäldern, eine Liste der durch den französischen Kommissar beschlagnahmten Bücher aus der Bibliothek der Abtei, verschiedene Bittschriften von Bauern aus den Orten der ehemaligen Herrlichkeit Brauweiler während der Jahre 1794/95, Korrespondenz wegen Holzrequisitionen in den Wäldern der Abtei Brauweiler im Jahre 1795, der Antrag der Abtei auf die eigene Verwaltung ihrer Güter im Jahre 1795, Kosten für die Tafel des französischen Generals Merlin während seines Aufenthaltes in der Abtei Brauweiler von November 1797 bis Januar 1798 sowie verschiedene Konventslisten von 1798 und 1800. Über die Aufhebung der Abtei gibt es eine eigene Akte, in der sich Dokumente aus den Jahren 1798 bis 1802 befinden, darunter Konventslisten, Inventare von Kirche und Kloster sowie das Protokoll von der Aufhebung des Klosters mit den entsprechenden Anlagen. Alle genannten Dokumente wurden in dieser Veröffentlichung ausgewertet. Keine Berücksichtigung mehr fanden die Versteigerungsprotokolle der Abteibesitzungen aus der Zeit nach 1802.

2. Bildquellen zur Abteigeschichte

Vorbemerkung:

Im Vergleich zum schriftlichen Quellenmaterial ist der Bestand an noch erhaltenen Darstellungen aus der Zeit des Klosters äußerst gering. Die wenigen noch erhaltenen Zeichnungen und Ölgemälde werden im folgenden vorgestellt. Unberücksichtigt sind Zeichnungen der Wappen einzelner Äbte (Kreisarchiv des Erftkreises) oder Pläne und Karten mit Liegenschaften der Abtei (Nordrhein-Westfälisches Hauptstaatsarchiv Düsseldorf). Einige sind in dieser Veröffentlichung wiedergegeben. Ebenfalls wurden Zeichnungen, wie Grund- und Aufrisse, Pläne und Karten, die nach der Aufhebung des Klosters entstanden sind, ausgeschieden.

2.1 Vier Blei- und Silberstiftzeichnungen aus dem Kloster, um 1520/30

In der Kunstsammlung der Fürsten zu Waldburg-Wolfegg (Schloss Wolfegg) befindet sich ein Bestand von neun weiß grundierten Papierblättern, die zum Teil auf beiden Blattseiten Architekturzeichnungen zeigen und gegenständlich wie stilistisch eng zusammengehören. Sie vermitteln durch die Vielseitigkeit der Darstellungen einen ungewöhnlich lehrreichen Einblick in das Schaffen eines architekturbegeisterten Zeichners aus dem zweiten oder dritten Jahrzehnt des 16. Jahrhunderts. (Halm 1951) Auf zwei der doppelseitig genutzten Blätter befinden sich vier Darstellungen aus der Abtei Brauweiler.

Die Vorderseite von Blatt I (21,1 x 28,4 cm, in der Blattmitte eine Bruchfalte), zeigt einen Blick in die **Choranlage der Abteikirche.** (Abb. S. 78) Die Architektur ist ziemlich genau wiedergegeben. Die Bildmitte bildet die durch Säulenarkaden und Fenster reich gegliederte halbrunde Apsis mit dem doppelbogigen Eingang zur Bernhardkapelle. Rechts und links folgen zum Betrachter hin die beiden Hochwände des Chorquadrates mit ihren spitzbogigen Durchgängen zu den Nebenchören. Im Vordergrund des Bildes stehen die beiden östlichen Vierungspfeiler, an die sich nach beiden Seiten hin die Ostwände des Querhauses anschließen. Der Fußboden der halbrunden Apsis liegt höher, und fünf Stufen führen hinunter in das Chorquadrat und die Nebenchöre. Entsprechend liegen die Basen der Apsispfeiler höher als die der Vierungspfeiler. Auf dem erhöhten Bodenniveau der Apsis ist die Hochaltarmensa flüchtig angedeutet. Um einen freien Einblick in die tiefer gelegenen Nebenchöre und die beiden Querhausteile zu gewähren, wurden die romanischen Chorschranken weggelassen. So werden Einzelheiten sichtbar, die von dem gegebenen Standpunkt aus eigentlich verborgen sind. Diese Veränderung ist seitens des Zeichners absichtlich. So bewirkt er durch die Streckung der Vierungspfeiler eine Art „Vertikalisierung" der gesamten Architektur, die dem bildmäßigen Zusammenhalt zugute kommt. (Bader 1937, Halm 1951) Der Zeichner hat auch andere Willkürlichkeiten vorgenommen. So hat er durch eine willkürliche Gliederung freie Wandflächen an den östlichen Querhaushochwänden oder bei den Portalen, die von den Nebenchören in andere Räume führen, gefüllt. Nicht dem tatsächlichen Befund entspricht die Anzahl der Blendnischen in den beiden Hochwänden des Chorquadrates.

Nicht zu der Zeichnung gehören die Madonna vor dem linken Vierungspfeiler und der betende Mönch in der rechten oberen Bildecke. Beide sind ebenso wie einige andere Linien mit einem mehr bräunlichen Stift gezeichnet. Es dürfte sich um Skizzen handeln, die der Zeichner vorher in Brauweiler oder anderswo angefertigt hat. (Halm 1951)

Die Rückseite von Blatt I ist geteilt und zeigt zwei Skizzen.

Auf der linken Hälfte befindet sich die **Innenansicht des Treppenhauses im südlichen Nebenchor** (Abb. S. 64) mit Blick nach Osten. Die Tür in der linken Wand führt in die Kirche (südlicher Nebenchor). Die Treppe rechts im Bild steigt hinauf zu den Räumen im südlichen Chorturm und zu dem Eingang der *Sacristia Major* (große Sakristei) im Obergeschoß des nördlichen Kreuzgangflügels. Zwischen Treppe und linker Wand befindet sich in der Bildmitte eine Tür mit Oberlicht. Sie gibt den Blick frei zur Treppe, die ins Dormitorium der Mönche führt. An ihrem Ende liegt die (heute vermauerte) Eingangstür zu diesem Raum. Unmittelbar rechts vor der Treppe zum Dormitorium erkennt man eine (heute vermauerte) Tür, die in den Kreuzgang führt. Die sehr detailgerechte Zeichnung - dem Zeichner ist selbst die ausgetretene Türschwelle vor der Treppe zum Dormitorium nicht entgangen - gibt äußerst getreu ein enges Labyrinth von Treppen und Türen wieder, das heute noch weitgehend unverändert erhalten ist.

Auf der rechten Hälfte des Blattes ist die **linke Seite des südlichen Seitenschiffportals der Abteikirche** abgebildet, das in den Kreuzgang führt. Zu erkennen ist das dreifach abgetreppte Gewände des Portals mit Archivolten. Dekorative Einzelheiten fehlen. Das Köpfchen einer Figur am Ansatz des inneren Bogens ist mit einem bräunlichen Stift gezeichnet und gehört nicht zum Portal.

Silberstiftzeichnung mit der linken Seite des südlichen Seitenschiffportals der Abteikirche (KFWW)

Die Vorderseite von Blatt II (20,5 x 30,2 cm, in der Mitte Bruchfalte) zeigt **das Innere der Benediktuskapelle,** die im Ostflügel des Kreuzganges neben dem Kapitelsaal liegt. (Abb. S. 63) Der Blick des Betrachters geht von der Nordwestecke nach Osten durch die dreischiffige, zweijochige Halle zum pfeilergetragenen dreischiffigen Altarraum mit einer heute nicht mehr vorhandenen halbrunden Apsis. Der Boden des Altarraumes ist in gleicher Höhe wie der Fußboden der Halle gezeichnet, wodurch die gesamte Kapelle einheitlicher und geräumiger erscheint. Die Gewölbe sind steiler gezeichnet, als sie in Wirklichkeit sind. Die auffällige Schwellung der Säulenschäfte, die nicht mit der Wirklichkeit übereinstimmt, ist eine Interpretation der romanischen Vorbilder aus dem Formempfinden der ersten Hälfte des 16. Jahrhunderts, die sich auch in der weichen, verquollenen Wiedergabe der Säulenbasen geltend macht. (Halm 1951) Die auf der Zeichnung sichtbare Renaissancetür in der Südwand ist heute vermauert. Die nördliche Trennwand (links im Bild) zum Kapitelsaal wurde 1862 herausgenommen und die Benediktuskapelle mit dem Kapitelsaal zu einem Raum zusammengefaßt. Zugleich wurde der Boden auf das Niveau des Kapitelsaals abgesenkt, wodurch die Säulenbasen heute auf quadratischen Sockeln stehen und der Boden des Altarraums höher liegt als der Fußboden der Kapellenhalle.

Die Rückseite von Blatt II zeigt auf der linken Hälfte die architektonische Zeichnung einer Apsishälfte, die man dem ehemaligen Kloster Heisterbach zugeordnet hat. (Bader 1937) Daneben befinden sich auf dieser Seite **fünf reich ornamentierte, romanische Kapitelle** des Südportals der Abteikirche. Der Zeichner hat die gegebenen Formen in seinen persönlichen und zugleich zeitgebundenen Stil übersetzt. Dabei wirken entwickelte Formvorstellungen des 16. Jahrhunderts mit, die aus dem Zeitempfinden des Zeichners heraus mit einer unverkennbar naturalistischen Wendung belebend und umbildend in die alten plastischen Abstraktionen einströmen. Die Tierkörper beginnen in gleicher Weise zu schwellen wie die Säulenschäfte der Benediktuskapelle. Ein bedingter Naturalismus bemächtigt sich der einzelnen Formelemente. (Halm 1951)

Silberstiftzeichnung eines romanischen Kapitells vom Südportal der Abteikirche (KFWW)

Auf Grund ihrer allgemeinen technischen und stilistischen Merkmale hat man die Zeichnungen in das zweite bis dritte Jahrzehnt des 16. Jahrhunderts datiert und sie als Teile eines Skizzenbuches bzw. als Reste einer Skizzenmappe angesehen. (Bader 1937, Halm 1951) Von den noch erhaltenen oder rekonstruierbaren Skizzenbüchern aus der ersten Hälfte des 16. Jahrhunderts, wie beispielsweise von Albrecht Dürer, Hans Baldung gen. Grien, Hans Holbein d. Ä. oder Hans Cranach, unterscheiden sich die Zeichnungen nicht allein dadurch, daß sie größer sind. Vielmehr zeigen sie andere Motive. Während sich in den Skizzenbüchern der genannten Künstler Bildnisse, Tier- und Pflanzendarstellungen, Architekturansichten und Landschaften befinden, besteht die Gruppe, zu der die Brauweiler Darstellungen gehören, ausschließlich aus architektonischen Studien zumeist von Innenräumen. Man hat den Künstler, der diese Zeichnungen schuf, eingeordnet in den Umkreis, der mit den Namen der Maler Albrecht Altdorfer (um 1480-1538) und Wolf Huber (um 1485-1553) charakterisiert ist. (Halm 1951)

2.2 Das Stifterbild von 1657

Ein großformatiges nach oben spitzbogiges Ölgemälde (1,98 m hoch und 2,36 m breit) auf Leinwand entstand kurz nach der Mitte des 17. Jahrhunderts. (Abb. S. 17) Es trägt die inschriftliche Datierung 1657. Das in drei Zonen aufgeteilte Gemälde hat die Klostergründung zum Thema. Die dargestellten Personen in der Kleidung des 17. Jahrhunderts repräsentieren gewissermaßen die Ahnengalerie der Abteistifter und der ihnen zugeneigten geistlichen und weltlichen Herrscher. (Schreiner/Tontsch 1999) Im oberen Bildteil thront in den Wolken Papst Benedikt VIII., der dem seitlich knienden lothringischen Pfalzgrafen Ezzo das Privileg zur Klostergründung und dessen Gemahlin Mathilde ein goldenes Kreuz überreicht. Darunter, im Zentrum des Gemäldes, befindet sich in der mittleren Reihe, getragen auf den Schultern der Klosterstifter, die Abteikirche, wie sie 1657 ungefähr aussah. Die im Detail jedoch ungenaue Darstellung zeigt die Südansicht der Kirche mit angebautem Nordflügel des Kreuzganges (1810 abgerissen). Hinter dem Kirchenmodell stehen in der Mittelachse der hl. Nikolaus und rechts und links davon die hll. Medardus und Martinus. Ein Schriftband weist sie als Patrone von Kirche und Kloster aus. In der mittleren Reihe erscheinen links vier geistliche Würdenträger, darunter Erzbischof Piligrim, der das Kloster 1028 weihte, und rechts stehen vier weltliche Herrscher, darunter Kaiser Karl V., der dem Kloster 1547 das Wappenprivileg verlieh. Die unterste Reihe des Gemäldes bilden die zehn Kinder des Pfalzgrafenpaares, alle benannt, unter ihnen Königin Richeza von Polen und Erzbischof Hermann II. von Köln. In der Mitte steht, die übrigen Personen überragend, der hl. Benedikt, der als Ordensgründer ideell mit dem Kloster verbunden ist. Das Gemälde entstand zu einer Zeit, als die Abtei eine Epoche ihrer größten Ausstrahlung erlebte. Es diente dem Verlangen nach Dokumentation der historischen Bedeutung des Klosters sowie der Repräsentation monastischen Selbstbewußtseins in der Zeit der katholischen Reform und Gegenreformation.

2.3 Die Bildnisse der Stifter und der Äbte der Abtei

Unter dem Abt Matthias Franken (1709-1722) entstand eine Folge von Ölgemälden auf Holztafeln mit Bildnissen der Stifter der Abtei und ihrer Kinder sowie der Äbte des Klosters einschließlich des Abtes Poppo von Stablo-Malmedy, der die Gründung des Klosters vollzog. Zwei Äbte fehlen: Leonius von Neuenahr (1291-1298, gest. nach 1298) und Ludolf von Holte (1298-1313). Die Portraits der auf Matthias Franken folgenden Äbte sind zu deren Amtszeiten ergänzt worden. Sie tragen deren Gesichtszüge, während die Portraits der vorherigen Äbte reine Phantasiebildnisse sind. Die lateinischen Bildunterschriften nennen die Namen und Amtsdaten der einzelnen Äbte, weisen jedoch in zahlreichen Fällen unkorrekte Angaben auf.

Die Bildnisse der Stifter Ezzo und Mathilde sowie ihrer Tochter Richeza orientieren sich am Stifterbildnis von 1657 und zeigen sie in der Kleidung des 17. Jahrhunderts. Die Stiftersöhne Ludolf und Otto tragen Allongeperücken, wie sie um 1700, also in der Entstehungszeit der Gemälde, modern waren. (Schreiner/Tontsch 1999) Für das Bildnis des Erzbischofs Hermann II. nahm der unbekannte Maler als Vorbild ein Portrait des damals regierenden Erzbischofs und Kurfürsten Joseph Clemens (1688-1723) (s. Abb. S. 185).

Gemäß einer Notiz im „Mercure du département de la Roer", Nr. V, vom 15. März 1813 hingen die Portraits in dem besagten Jahr noch in einem „salon d'honneur", in dem die Äbte mit Gästen an besonderen Festtagen speisten. Dieser repräsentative Empfangsraum befand sich auf der ersten Etage des sog. Mittelbaus zwischen dem Kreuzganghof und dem barocken Prälaturhof.

Heute hängt der größte Teil des Gemäldezyklus in der Sakristei der Abteikirche, während die übrigen sich in den Nebenchören befinden. Erst nach 1813 sind die Gemälde dorthin gebracht worden.

2.4 Ein einzelnes Portrait des Abtes Anselm Aldenhoven

Im Dezember 1995 konnte im Pfarrhaus von Jüchen-Bedburdyck (Kreis Neuss) ein bisher unbekanntes Ölgemälde (87,5 x 66,5 cm) auf Leinwand mit dem Portrait des Abtes Anselm Aldenhoven ausfindig gemacht werden. Es zeigt den Abt als Bauherrn der Brauweiler Prälaturgebäude mit Zirkel und Architekturriß vor einem Ausschnitt dieses barocken Gebäudes im Bildhintergrund. (Euskirchen 1997 b) Es stammt aus der Sammlung von Heinrich Hubert Giersberg, der als Kaplan in Brauweiler tätig war, dann 1853 zunächst Pfarrer in Herchen, ab 1857 Pfarrer in Bedburdyck und 1872 Landdechant des Dekanates Grevenbroich wurde. Das Gemälde entstand nach 1781 in Anlehnung an die Reihe der Äbtebildnisse. Es zeigt eine auffallende Verwandtschaft mit dem Portrait Aldenhovens in diesem Zyklus und weist die nicht vollständig zu entziffernde und näher bestimmbare Signatur eines Künstlers: „Michelle de Bu [oder Zu] P. [= pinxit/Pinctor]" auf.

Im Zusammenhang mit dem leeren Stuckrahmen der wandfesten Dekoration an der Südwand des ehemaligen Empfangs- und Audienzraumes (s. S. 239; Abb. S. 241) von Abt Anselm Aldenhoven wird vermutet, daß sich an dieser Stelle ursprünglich ein größeres Portrait des Abtes befand, von dem das wiedergefundene Bildnis eine von mehreren verkleinerten Kopien ist, die für die Verwaltungssitze der klösterlichen Ländereien angefertigt wurden. (Euskirchen 1997 b)

2.5 Ein barockes Gemälde mit Mönchen der Abtei Brauweiler und Nonnen des Klosters Neuwerk

Während der Amtszeit von Abt Amandus Herriger (1756-1778) entstand ein unsigniertes Ölgemälde auf Leinwand (breit 1,78 m, Mittelachse hoch 0,78 m), „hineinkomponiert" in einen „brezelförmig gekurvten Holzrahmen". (Bader 1937) (s. Abb. S. 211)

Auf dem Boden knien in der rechten Bildhälfte fünf Benediktinerinnen des Klosters Neuwerk, an ihrer Spitze die Äbtissin Therese Irmgardis Sibilla (geb. Freiin von Dückershof) von Oeyn (1744-1779). Über diesen sitzt in den Wolken Gottvater. Zwei Putten wenden sich den Nonnen zu, die eine reicht diesen ein Buch mit der Regel des hl. Benedikt, und die andere hält eine Lilie und einen Lorbeerkranz in ihren Händen.

Auf der gegenüberliegenden Bildseite knien fünf Benediktinermönche des Brauweiler Konvents mit ihrem Abt Amandus Herriger (1756-1778). Über diesen sitzt in den Wolken Gottsohn. Zwei Putten schweben in den Wolken. Die eine reicht den Mönchen ein Buch mit der Regel des hl. Benedikt und die andere trägt die Mitra wohl zur Erinnerung daran, daß den Brauweiler Äbten erstmals zur Zeit von Abt Johannes IV. Münch (1617-1649) dieses Würdezeichen verliehen worden war. (s. S. 177f.) Hinter den Mönchen erkennt man im Abendlicht die von Bäumen umgebene Abteikirche von Brauweiler. Die Darstellung ist nicht in allen Details korrekt und daher für die Baugeschichte ohne Bedeutung. (Bader 1937) In der Mittelachse des Gemäldes kniet in den Wolken der hl. Benedikt.

Obwohl nicht überliefert ist, warum und wann das Gemälde in Auftrag gegeben wurde, ist anzunehmen, daß es mit der endgültigen Beendigung der Beziehung zwischen den beiden Abteien im Jahre 1762 zusammenhängt. (s. S. 210) Stifter des Bildes jedenfalls war Abt Amandus Herriger, dessen Wappen sich am unteren Rand des Gemäldes in der Mitte befindet.

Zu dem Bild gehört ein Zyklus von sechs runden Ölgemälden auf Leinwand (Durchmesser ca. 1,10 m) mit Szenen aus dem Leben des hl. Benedikt.

2.6 Ansicht der Abtei Brauweiler von Südosten, um 1795

Eine Tuschezeichnung, die nur wenige Jahre vor der Aufhebung der Abtei entstand, zeigt den Klosterkomplex von Südosten. (Abb. S. 1) Wurde bisher als Zeichner lediglich einer der Gebrüder Laporterie angegeben (Bader 1937), so kann durch einen Vergleich zwischen der am unteren Rand der Zeichnung stehenden handschriftlichen Bildunterschrift und Aufzeichnungen in einem Nachlaß des Zeichners und Historikers Josef-Michael Laporterie (1761-1798) dieser als Urheber des Bildes angenommen werden. Josef-Michael Laporterie wurde in Bonn geboren.

Die Tuschezeichnung ist in ihren Details sehr ungenau. So stimmt die Lage der Klostergebäude keineswegs mit der Wirklichkeit von 1795 überein. Man erkennt die Steinmauer mit dem Feldtor, die das Klosterareal mit Gärten und Bäumen umschließt. Der Komplex liegt inmitten einer flach gewellten Landschaft auf einer Art Hügel, einem nach Osten vorspringenden Sporn einer eiszeitlichen Rheinterrasse. Im Vordergrund begegnen sich zwei Mönche und zwei Bauern, die ein Pferd mit einem zweirädrigen Karren mitführen. Am rechten Bildrand erkennt man eine hölzerne Bockwindmühle. Falls damit der Vorgänger der 1810 errichteten steinernen Windmühle gemeint ist, hat der Zeichner sie auf der verkehrten Seite der Abtei eingetragen. Das Bild, in Art einer Vedute gezeichnet, ist erfüllt von einer ruhigen, fast beschaulichen Stimmung. Die Zeichnung befindet sich in der Graphischen Sammlung des Kölnischen Stadtmuseums.

Die Glocken der Abteikirche

Vorbemerkung:

Für das klösterliche Leben war die Einhaltung einer bestimmten Zeitordnung von großer Bedeutung und wurde streng beachtet. Genau festgelegt waren die täglichen Horen, die Stundengebete der Mönche, sowie die Zeiten der übrigen liturgischen Feiern. Diese Einteilung verlangte es, daß der Beginn der Gottesdienste am Tag und in der Nacht allen Mitgliedern des Konvents durch akustische Zeichen mitgeteilt wurde. Die Regel des hl. Benedikt betraut im 47. Kapitel ausdrücklich den Abt oder einen zuverlässigen Bruder mit dieser Ankündigung, die durch Glockenzeichen geschah. Es ist daher verständlich, daß den Glocken, die nach einer genau festgelegten Ordnung geläutet wurden, eine große Bedeutung für die Feier der Liturgie in einem Kloster zukam.

1. Die Läuteordnung der Abtei Brauweiler

In Brauweiler hatte Abt Arnold III. Quadt (1428-1457) eine für sein Kloster gültige Läuteordnung eingeführt. Darin waren die Zeiten und das Läuten der Glocke zu den Horen der Mönche festgelegt.

Mit der Übernahme des Klosters Brauweiler durch Mönche der Bursfelder Reformbewegung im Jahre 1467 erhielten sowohl die ordensrechtlichen Bestimmungen der „Caeremoniae“ als auch die liturgischen Regelungen nach dem „Ordinarius“ hier ihre Gültigkeit. Obwohl die Bursfelder Kongregation die Vereinheitlichung der Liturgie und der Lebensordnung in ihren Klöstern verfolgte, haben sich in Brauweiler Eigenbräuche erhalten.

Die nach der Bursfelder Reform gültigen Bestimmungen über das Läuten der Glocken befinden sich im „Liber sancti Nicholai episcopi in Brunwilre“, das nach 1528 geschrieben wurde. (s. Anhang S. 396f.) Eingeleitet wird die Läuteordnung mit dem Hinweis, daß gerade in diesem Punkt keine völlige Gleichheit unter den Klöstern hergestellt werden könne. Dennoch sollten die Anordnungen der Kongregation nach Möglichkeit weitestgehend Anwendung finden.

Behandelt wird das Läuten zu den einzelnen Horen sowie zu den verschiedenen Festen im Jahreslauf. Genaue Angaben zum Glockenläuten werden gemacht zu den verschiedenen Eigenfeiern Brauweilers, für die aus dem Kölner Kalender übernommenen Feste der hll. Georg, Kunibert, Bartholomäus, Severin und Gereon sowie für die Gedenktage, die zu Ehren der vier am engsten mit dem Kloster verbundenen Mitglieder der Stifterfamilie gehalten werden. Es handelt sich um Pfalzgraf Ezzo, seine Gemahlin Mathilde, deren Sohn, Herzog Otto, und dessen Schwester, die polnische Königin Richeza. Ebenso folgen detaillierte Regeln für das Läuten zu den Begräbnis- und Totenfeiern sowie während der Gottesdienste.

Genau beschrieben wird auch die Länge des Läutens zu den einzelnen Anlässen. So sollte das erste Läuten zur nächtlichen Vigil auf die Dauer von zwei Psalmenlesungen ausgedehnt werden. Zu den sonstigen Horen sollte die größere Glocke im kleinen Turm für die Dauer eines Ave Maria läuten. Mit diesem kleinen Turm ist der ehemalige Dachreiter über der Vierung gemeint, an dessen Stelle im 19. Jahrhundert der Vierungsturm erbaut wurde.

Festgelegt wird auch die Reihenfolge der zu läutenden Glocken. So hatte der Sakristan mit den drei Glocken im größeren Turm *(cum tribus campanis in maiori turri)* in einer bestimmten Abstufung zu den verschiedenen Anlässen zu läuten: die kleinere Glocke im größeren Turm *(minor campana in maiori turri),* die kleinste Glocke im größeren Turm *(minima campana in maiori turri),* die zwei kleinen Glocken im größeren Turm *(due minores campane in maiori turri),* die zwei großen [Glocken] im größeren Turm *(due maiores in maiori turri)* oder alle drei zusammen. Genau war festgelegt, wann die Glocken im großen Westturm und wann die Glocken

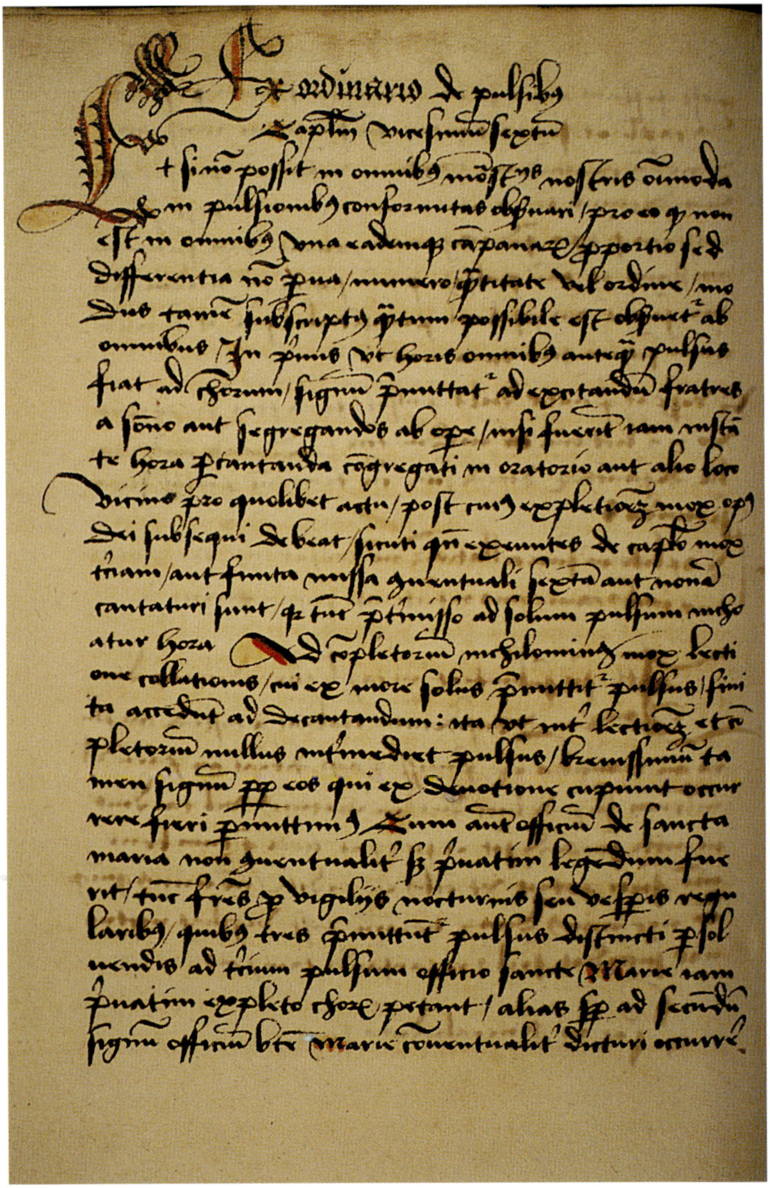

Erste Seite der Brauweiler Läuteordnung (Ex ordinario de pulsibus) im Liber sancti Nicholai episcopi in Brunwilre, Bl. 128r

im Dachreiter über der Vierung geläutet werden sollten. An Hochfesten mußten alle Glocken zugleich geläutet werden. Für diese Gelegenheit verlangte eine „löbliche Ordnung“ *(laudabilis ordo)* Brauweilers eindrucksvoll, daß die kleinste Glocke das Geläut eröffnete, dann die nächstgrößeren der Reihe nach einfielen und erst zuletzt die größte geläutet wurde.

2. Anzahl, Größe und Namen der Brauweiler Glocken

Gemäß der Läuteordnung besaß die Abtei insgesamt sieben Glocken, im Westturm *(maior turris)* drei größere Glocken - das klassische Dreiergeläut - und im kleinen Dachreiter *(minor turris)* über der Vierung vier kleinere.

Bei der Betrachtung der Nachrichten über den Guß von Glocken ist immer die in der Läu-

Die Abteikirche von Nordost mit Dachreiter und Westturmanlage. Zustand vor den Baumaßnahmen im 19. Jh. Perspektivische Zeichnung des Königlichen Kreisbaumeisters Dr. Krokisius als Anlage zum Kostenvoranschlag für eine Restaurierung und die Vollendung der Kirche 1866 (PfAB)

teordnung genannte Anzahl von Glocken zu berücksichtigen, von denen die drei größeren in der Glockenstube des Westturmes, des größeren Turmes *(maior turris)*, hingen. Da diese Glocken bis kurz vor der Mitte des 20. Jahrhunderts (1940) noch vorhanden waren, lassen diese sich sowohl mit ihrem Namen als auch von ihrer Größe her genau voneinander unterscheiden. Demnach war die größte Glocke die Marienglocke (3.100 kg), die mittlere war die Nikolaus- und Medardusglocke (1.900 kg), und die kleinere war die Misericordia-Glocke (1.340 kg).

3. Zu den Nachrichten der Klosterchronisten über den Guß von Glocken

Es leuchtet also ein, daß die Chronisten mit ihren Nachrichten über den Guß einer Glocke nicht in allen Fällen die Anschaffung einer neuen, zusätzlichen Glocke meinen können. Vielmehr kann es sich bei einigen Nachrichten nur um einen sog. Umguß handeln, bei dem die neue Glocke aus dem Metall einer älteren, beschädigten Glocke gegossen wurde. Dabei war man bemüht, der neuen Glocke sowohl die Größe als auch den Schlagton der alten Glocke zu geben. Außerdem war sie den oder dem gleichen Heiligen wie ihre Vorgängerin geweiht und behielt daher auch deren Namen bei. Für den jeweiligen Chronisten war der technische Vorgang jedoch immer der Guß einer neuen Glocke, und den hat er überliefert.

Diese Zusammenhänge müssen bei der Auswertung der einzelnen Nachrichten über den Guß von Glocken für den Westturm der Abteikirche berücksichtigt werden.

4. Eine Nachricht über die Glocken der zweiten Klosterkirche

Die älteste Nachricht über Glocken der Abteikirche stammt aus dem Jahre 1084. In diesem Jahr wurde ein Altar im Westen der zweiten Klosterkirche geweiht. Diese Kirche, die im 12. Jahrhundert wieder abgerissen wurde, war von der polnischen Königin Richeza, einer Tochter der Klostergründer, gestiftet worden. Im genannten Jahr der Altarweihe besaß diese zweite Klosterkirche einen Turm mit Glocken, über deren Läuten der Chronist berichtet.

5. Die Glocken im großen Turm der dritten Klosterkirche

5.1 Die Misericordia-Glocke von 1300

Die Chronisten der Abtei erwähnen nichts über den Guß der ältesten, noch heute erhaltenen Glocke im Turm der Klosterkirche. Die einzige Quelle ist die Glockeninschrift. Sie gibt das Gußdatum an: ANNO M CCC POST FEST[VM] BEATI MARTINI *(im Jahre 1300 nach dem Fest des heiligen Martin)* und nennt den Glockennamen: APPELLOR MISERICORDIA *(ich heiße Barmherzigkeit)*. Die weitere Glockeninschrift lautet: A DOMO TVA QVESVMVS D[OMI]NE SPIRITVALES NEQVICIE REPELLANTVR P[ER] XPM D[OMI]N[V]M N[OS]TR[V]M. *(von deinem Hause, wir bitten* [dich], *Herr, sollen die Geister des Bösen vertrieben werden durch Christus, unseren Herrn).*

Für den Namen CHRISTVM steht in dieser frühen Glockeninschrift nicht alleine wegen der Länge des Textes als Kürzel das Christusmonogramm XPM. Es wird gebildet aus den beiden ersten Buchstaben des griechischen Wortes für „Christus" *(Christos)* - „Chi" (X) und „Rho" (P) - sowie dem Endbuchstaben M des in dieser lateinischen Inschrift im Akkusativ verwendeten Namens „Christus" *(Christum)*. Seit ältesten Zeiten war es handschriftlich wie inschriftlich die Regel, Christus durch das Christusmonogramm wiederzugeben.

Die Glocke (Nominalton e') hat einen Durchmesser von 1300 mm und wiegt ca. 1.340 kg. Sie ist eine für ihre Entstehungszeit recht große Glocke. Ihre Größe kann als Hinweis auf die Bedeutung der Abtei Brauweiler angesehen werden. Es gibt heute im Tätigkeitsbereich der Kölner Gießer keine ältere Glocke, die größer ist. (Poettgen 2000)

Im Kölner Raum ist sie - anders als in anderen Regionen - die erste Glocke, die datiert ist. (Poettgen 2000) Dies dürfte auf ein Einwirken der Brauweiler Mönche zurückzuführen sein. Die beiden nächsten datierten Glocken im Rheinland stammen von 1303 und 1313. Sie wurden ebenfalls für ein Benediktinerkloster gegossen, nämlich für St. Pantaleon in Köln. Da es sich bei dem Gießer der Brauweiler Misericordia-Glocke nur um einen Kölner Meister handeln kann, ist hier ein Zusammenhang zu vermuten. Ob jedoch der Gießer in Brauweiler derselbe ist wie der Gießer der beiden Glocken von St. Pantaleon, kann nicht mehr überprüft werden, da die beiden Kölner Glocken nicht erhalten sind. Auf jeden Fall aber bestanden zwischen den beiden Abteien St. Nikolaus in Brauweiler und St. Pantaleon in Köln Beziehungen.

Die Inschrift der Brauweiler Misericordia-Glocke ist zweizeilig. Darin liegt eine Besonderheit, da in der Regel derartige Inschriften bis ins 16. Jahrhundert einzeilig waren. Lediglich bei Kloster- und Stiftskirchen wurde hiervon eine Ausnahme gemacht. An der Brauweiler Glocke vom Jahre 1300 läßt sich also auch eine gewisse Rangordnung ablesen. Neben der Inschrift zeigt die Misericordia-Glocke keine weitere ornamentale oder figürliche Zier.

Als Auftraggeber kann nur Abt Ludolf von Holte in Frage kommen, der das Kloster von 1298 bis 1313 leitete. Seine Amtszeit in Brauweiler fiel in eine Epoche großer wirtschaftlicher Schwierigkeiten. (s. S. 93f.) Trotz aller anstehenden Probleme hat Abt Ludolf von Holte sich um die Ausstattung der Kirche und um das Wohl seines Konvents bemüht. Als ehemaliger Professe des Klosters Corvey war er ein besonderer Verehrer des hl. Vitus, des Patrons von Corvey. So hat der Chronist des Brauweiler Chronicons ihm auch die Errichtung des Vitusaltars, der neben dem Eingang zur kleinen Sakristei stand, zugeschrieben. Einen weiteren Altar, der dem hl. Dionysius sowie den Hll. Drei Königen und der hl. Margarete geweiht war, ließ der Abt dem Vitusaltar gegenüber neben der Tür zum Dormitorium errichten. Dieser Altar wurde am 20. Februar 1307 vom Kölner Weihbischof Heinrich Jonghen geweiht.

Im übrigen kümmerte sich der Abt um die wirtschaftlichen und rechtlichen Belange des Klosters. Für seinen Konvent stiftete er am Fest des hl. Vitus eine Fischmahlzeit sowie eine doppelte Weinportion. Der Vitustag (15. Juni) wurde als besonderer Festtag *(festum medium)* im Kloster eingeführt. Zu den vom Chronisten überlieferten Bemühungen des Abtes Ludolf von Holte um die Kirche und das geistig-religiöse Leben des Klosters paßt die Anschaffung einer neuen Glocke, auch wenn sie in der Chronik unerwähnt bleibt.

Es bleibt die Frage nach den Gründen für die Wahl des Glockennamens und nach der theologischen Bedeutung der Glockeninschrift.

5.1.1 Motive für die Wahl des Glockennamens

Grundsätzlich ist zu bedenken, daß sowohl das Gußdatum der Glocke („ANNO M CCC POST FEST[VM] BEATI MARTINI" - *im Jahre 1300 nach dem Fest des heiligen Martin)* als auch der Glockenname („MISERICORDIA" - Barmherzigkeit) lange vor dem Guß der Glocke vom Abt und seinen Mönchen bestimmt worden war. Der Gießer hat beides dann auftragsgemäß in die Lehmform der von ihm in Brauweiler zu gießenden Glocke eingearbeitet.

Die Entscheidung der Mönche, den Guß der von ihnen in Auftrag gegebenen Glocke mit dem Namen *„Misericordia"* in die Nähe des Martinsfestes (11. November) zu legen, erscheint nicht ohne Grund. Dem Fest des hl. Martin dürfte damals bereits eine größere Bedeutung im Kloster Brauweiler zugekommen sein. Seine Verehrung an diesem Ort hatte im Jahre 1300 bereits eine über 150 Jahre alte Tradition. Beim Bau der dritten Klosterkirche war der Verehrung dieses Heiligen durch die Weihe des Martinusaltars am 22. Januar 1141, der am Ostende des südlichen Seitenschiffes der neuen Kirche stand, ein sichtbares Zeugnis gesetzt worden.

Darüber hinaus wurde der hl. Martin in unmittelbarer Nachbarschaft der Abtei bereits lange vor dieser Altarweihe verehrt. Ihm war die Kirche im benachbarten Sinthern geweiht. In dieser hatte der dritte Brauweiler Abt Wolfhelm (1065-1091) zwei Altäre weihen lassen, einen zu Ehren des hl. Martin und den anderen zu Ehren des hl. Erzengels Michael.

Der Text des Epitaphs für den verstorbenen Abt Ludolf von Holte gibt ebenfalls einen Hinweis auf die besondere Verehrung des hl. Martin. In diesem Text werden vier Heilige genannt, welche die Seele des Verstorbenen dem „himmlischen Dasein" übergeben sollen: der hl. Nikolaus, der erste Klosterpatron, der hl. Vitus, den der verstorbene Abt in besonderer Weise verehrte und dem er einen Altar errichten ließ, der hl. Martin und schließlich der hl. Medardus, der zweite Klosterpatron. Es fällt auf, daß der hl. Martin an dritter Stelle noch vor dem hl. Medardus erwähnt wird. Dies mag auf seine Bedeutung zur damaligen Zeit hinweisen, die man durch die Anschaffung der Misericordia-Glocke sichtbar und hörbar zum Ausdruck gebracht hat.

Der hl. Martin wurde schließlich als dritter Patron von Kirche und Kloster neben den hll. Nikolaus und Medardus verehrt. Als eine besondere Reliquie besaß das Kloster einen Arm des hl. Martin. Auch wenn es nicht überliefert ist, wann der hl. Martin dritter Patron des Klosters wurde und wann seine Reliquie erworben worden ist, liegt es nahe, anzunehmen, daß Abt Ludolf von Holte die Entstehung des Patronats dieses Heiligen für sein Kloster durch den Guß der Misericordia-Glocke

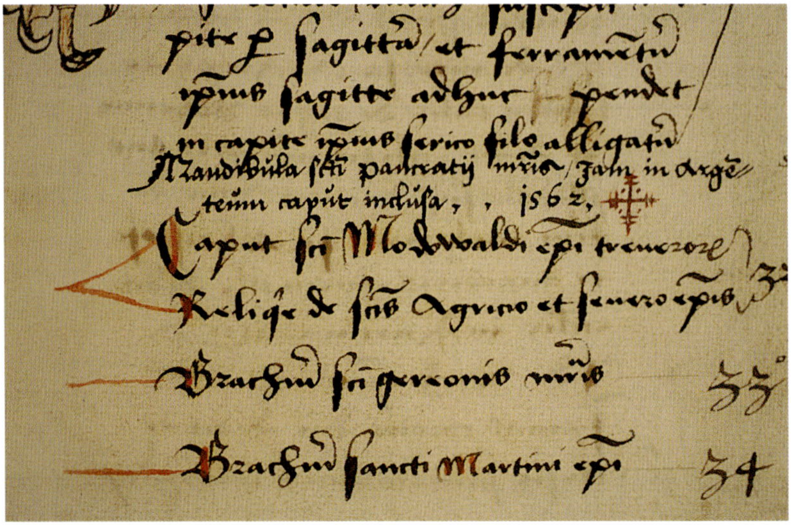

Auszug aus dem Reliquienverzeichnis der Abtei Brauweiler im Liber sancti Nicholai episcopi in Brunwilre, Bl. 116v. Unter Nr. 34 ist die Armreliquie des hl. Martin aufgeführt. (PfAB)

zumindest gefördert hat. Die Theologie der Glockeninschrift läßt, wie noch zu zeigen ist, eine weitergehende Deutung zu.

5.1.2 Herkunft und theologische Aussage der Glockeninschrift

Es ist zu vermuten, daß nicht nur das Gußdatum und der Glockenname, sondern auch die Glockeninschrift von Abt Ludolf von Holte und seinem Konvent sehr sorgfältig ausgewählt wurde. Hierzu haben die Brauweiler Mönche ihnen bekannte und geläufige Textvorlagen verwendet. Die Erforschung von Glockeninschriften hat allgemein bewiesen, daß Zusammenhänge bestehen zwischen diesen Inschriften und liturgischen Texten, ja daß diese liturgischen Texte überhaupt ursächlich waren für die Auswahl der Glockeninschriften. (Poettgen 2000)

Solche Texte befanden sich, wie sich im Fall der Misericordia-Glocke belegen läßt, in Sakramentaren. Das waren liturgische Bücher, in denen die vom Vorsteher oder Zelebranten einer liturgischen Feier vorzutragenden Gebete (Orationen) aufgezeichnet waren, sei es für eine Messe oder für weitere im Jahresrhythmus vorkommende Feiern. Bereits seit der Spätantike hatte man damit begonnen, liturgische Gebete schriftlich niederzulegen. Handelte es sich dabei zunächst um festzeiten- oder anlaßbezogene Zusammenstellungen von Orationen, so entstanden um die Mitte des 7. Jahrhunderts nach Aufbau und Inhalt weiterentwickelte Sakramentare. Das wohl bekannteste wurde irrtümlich Papst Gelasius I. (492-496) zugeschrieben und erhielt die Bezeichnung „Gelasianum". Es ist nur in einer Abschrift aus der Mitte des 8. Jahrhunderts überliefert. Im hohen Mittelalter setzte es sich durch, dem Zelebranten alle in einer liturgischen Feier vorzutragenden Texte zuzuweisen. Die Sakramentare wurden daher seit dem 13. Jahrhundert durch Missale ersetzt, die auch die Lesungen und Gesangstexte enthielten.

Bei der Auswahl der Glockeninschrift muß den Brauweiler Mönchen eine Abschrift des „Gelasianum" vorgelegen haben. Der Text, den sie für die von ihnen in Auftrag gegebene Glocke auswählten, befindet sich in diesem Sakramentar und stammt wörtlich aus einer Meßoration zur Abwehr von Dämonen und bösen Geistern. (Blaise 1966) Ein Vergleich der Glockeninschrift mit der Oration im „Gelasianum" zeigt dies. Die Übereinstimmungen sind kursiv wiedergegeben:

Glockeninschrift der Misericordia-Glocke:
a domo tva quesvmvs do[mi]ne spiritvales neqvicie repellantvr
p[er] xpm d[omi]n[v]m n[os]tr[v]m

Oration im „Gelasianum":
a domo tua, quesumus domine, spirituales nequitiae repellantur

Die Auswahl dieses Glockentextes aus einer Meßoration zur Abwehr böser Geister oder

Mächte steht in einem Zusammenhang mit den Ereignissen, die das Kloster damals gefährdeten. Hierzu gehörten, wie bereits angedeutet, neben Kriegsschäden vor allem die schlechte wirtschaftliche Lage, in der das Kloster sich damals aus den verschiedensten Gründen befand. Aber auch die Bildung von Parteiungen innerhalb des Konvents mußte als eine ernsthafte Bedrohung der klösterlichen Gemeinschaft und damit auch für das Weiterbestehen der Abtei empfunden werden. Mit dem adversativen Charakter der ausgewählten Oration wollten Abt Ludolf von Holte und seine Mönche ganz offensichtlich Unheil von ihrer Klostergemeinschaft abwehren. Der Heilige, dem zu Ehren die Glocke gegossen worden war, sollte dabei helfen.

Die in späteren Glockeninschriften vorkommenden wetter- und unglückabweisenden Texte haben ganz offensichtlich ihren Ursprung in Orationen wie der, welche die Brauweiler Mönche für ihre Misericordia-Glocke wählten.

Schließlich gibt die Tatsache, daß der Glockentext aus dem „Gelasianum" ausgewählt wurde, einen Hinweis darauf, daß eine Abschrift dieses Sakramentars zum damaligen Bestand der Bibliothek des Klosters gehört haben muß. Dies ist insofern von Interesse, als über die Klosterbibliothek zur damaligen Zeit nur wenig bekannt ist.

Ein weiterer Bezug besteht zwischen der Glockeninschrift der Misericordia-Glocke und einer heute noch gültigen Oration zur Kirchweihe, die ebenfalls auf dem bereits erwähnten „Gelasianum" fußt. Dies ist auch bei zahlreichen anderen alten Glockeninschriften nachweisbar. (Poettgen 2000) Da bei der feierlichen Weihe eines Kirchbaus auch die für den Gottesdienst erforderlichen Geräte *(vasa sacra),* zu denen vorhandene Glocken gehörten, konsekriert wurden, fanden mit der Zeit Elemente der Kirchweihe Eingang in den Ritus der Weihe neuer Glocken und wurden auch in die Glockeninschriften übernommen. (Poettgen 2000)

Schießlich weist die Inschrift der Misericordia-Glocke durch ihren Namen einen Bezug zur liturgischen Feier des Namensfestes des hl. Martin auf. Der hl. Martin war eben jener Heilige, der bei seiner Begegnung mit dem Bettler ein nachahmenswertes Beispiel gegeben hatte für „misericordia - Barmherzigkeit" im wahren Sinne der ursprünglichen Wortbedeutung „ein Herz für die Armen haben".

Dieses Wort *„misericordia"* kommt auch im Offertorium seines Namensfestes (11. November) vor. Es heißt dort aus Psalm 88 (89), Vers 25: *„Veritas mea et misericordia mea cum ipso - Meine Treue* [besser: Wahrhaftigkeit] *und mein Erbarmen* [besser: Barmherzigkeit] *begleiten ihn"*.

Da es damals noch nicht üblich war, einer Glocke den Namen eines Heiligen zu geben, wählten die Brauweiler Mönche als Namen ihrer Glocke die wesentliche theologische Aussage zum Fest des von ihnen besonders verehrten hl. Martin, *„misericordia"*. Es ist das, was den Heiligen als Vorbild für die Menschen erscheinen ließ. Das Läuten der neuen Misericordia-Glocke sollte von nun an den Menschen um das Kloster herum nicht nur von der Barmherzigkeit des Heiligen künden, sondern zugleich sollte die Glocke im Namen des Heiligen, der nun offensichtlich die Funktion eines dritten Schutzpatrons des Klosters erhielt, dafür sorgen, daß *„die Geister des Bösen vertrieben"* wurden von den Gebäuden des Klosters und den darin lebenden Menschen.

5.2 Die Nikolaus- und Medardusglocke oder Gerichtsglocke von 1394

Noch im gleichen Jahrhundert, in dem die Misericordia-Glocke für den Westturm gegossen wurde, ließ Abt Hermann II. Zobbe (1361-1400) im Jahre 1394 eine große Glocke gießen *(Hic etiam venerabilis abbas conflari fecit magnam campanam).* Sie war den beiden ersten Klosterpatronen Nikolaus und Medardus geweiht, wie die Glockeninschrift mitteilt, die der Chronist im „Chronicon Brunwylrense" (s. Anhang S. 394f.) überliefert hat:

TER C MILLENO CVM QVARTO TERQVE TRIGENO,
O NIKOLAE PIEQVE TIBI, MEDARDE BENIGNE;
HOC FVIT OBLATVM VAS IVDICIOQVE PARATVM.

Die Übersetzung (nach Stiene 1997) lautet:
„Im Jahre 1394
wurde dir, frommer Nikolaus, und dir, lieber Medardus,

Die Nikolaus- und Medardusglocke im Westturm der Abteikirche. Zu erkennen ist die Angabe zum Glockengießer: „Joannes Hellings me fudit“ (Johannes Hellings hat mich gegossen). Er führte 1630 den dritten Umguß der Glocke im Auftrag von Abt Johannes IV. Münch durch.

diese Glocke geweiht und für das Gericht
bestellt.“

In der Reihenfolge der Größe innerhalb des Dreiergeläuts war die den Klosterpatronen geweihte Glocke die mittlere.

Die Glocke sollte, wie die Inschrift besagt, das Gericht in Brauweiler einläuten. In diesem Zusammenhang ist die Notiz des Chronisten von Interesse, der Abt habe vom Kölner Erzbischof die Erlaubnis zur Errichtung eines Gefängnisses für weltliche Verbrecher erhalten.

Sowohl der Guß der Glocke, die das Gericht einläuten sollte, als auch der Bau eines Kerkers müssen im Zusammenhang einer Entwicklung gesehen werden, die damals begann und schließlich dazu führte, daß die Äbte von Brauweiler auch die Hoch- oder Blutgerichtsbarkeit ausübten. Möglich wurde diese Entwicklung dadurch, daß Abt und Konvent sich 1365 genötigt sahen, nach heftigen Auseinandersetzungen mit ihren Vögten, diesen die Vogtei abzukaufen und mit der Johanniterkommende einen Gütertausch vorzunehmen. (s. S. 102ff.)

5.3 Umgüsse älterer Glocken im 16. und 17. Jahrhundert

5.3.1 Umguß der Nikolaus- und Medardusglocke

Aus der Amtszeit von Abt Hermann III. Laer („a Bochum“) (1532-1567), dem Nachfolger von Johannes II. Lünen, wird wiederum vom Guß einer Glocke berichtet. Dabei habe es sich, wie der Chronist mitteilt, um die mittlere Glocke im großen Turm *(media campana majoris turris)* gehandelt. Diese Glocke sei jedoch wegen heftigen Läutens im Jahre 1610 am Fest der hl. Bartholomäus (24. August) gerissen. Im Jahre 1626 habe Abt Johannes Münch (1617-1649) sie daher neu gießen lassen.

An anderer Stelle berichtet der Chronist, warum an jenem 24. August 1610 so heftig geläutet worden sei. Als während des Jülich-Klevischen Erbfolgekrieges niederländische Truppen Jülich belagerten, habe ein Trupp der Belagerer den Hof der Abtei in Rath (bei Widdersdorf, heute zu Köln) überfallen und Vieh gestohlen. Während des Rückzugs der Diebe seien die Glocken dann so kräftig geläutet worden, daß eine von ihnen einen Riß bekommen habe. (s. S. 144)

Obwohl der Chronist im Zusammenhang mit dem Guß einer Glocke im Jahre 1626 die am Bartholomäustag 1610 gerissene Glocke als „mittlere Glocke“ *(media campana)* bezeichnet und bei der Schilderung des Überfalls auf den Rather Hof, der sich an jenem Bartholomäustag 1610 ereignete, von der größeren Glocke *(major camapana)* spricht, ist in beiden Schilderungen die gleiche Glocke gemeint. Innerhalb des Dreiergeläutes ist die genannte Glocke - verglichen mit den beiden anderen - sowohl die „mittlere“ als auch die „größere“ (und nicht die größte). Es kann sich daher nur um die den Klosterpatronen Nikolaus und Medardus geweihte Glocke gehandelt haben, die 1394 unter Abt Hermann II. Zobbe im Zusammenhang mit der Neuregelung des Gerichtes in Brauweiler gegossen worden war.

Bei dem Glockenguß, von dem in den Acta Abbatum unter Abt Hermann III. Laer („a Bochum“) berichtet wird, handelte es sich folglich um einen ersten Umguß dieser Glocke, die dann nach einem erneuten Riß im Glocken-

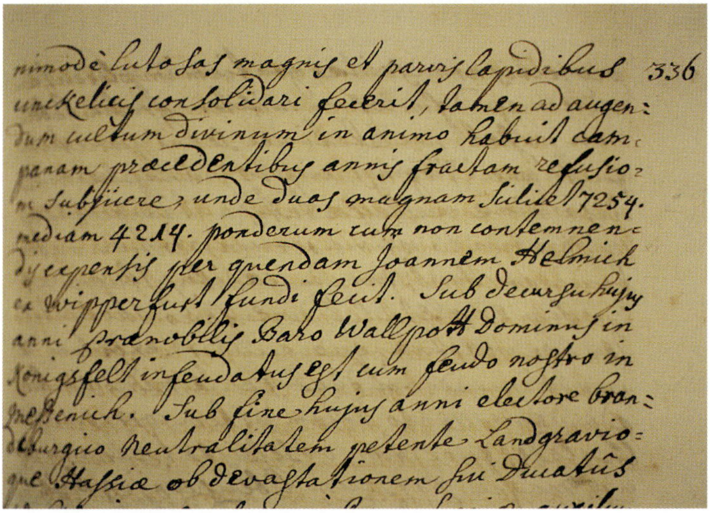
nimodè luto sas magnis et parvis lapidibus 336
unikeliis consolidari fecerit, tamen ad augen:
dum cultum divinum in animo habuit cam:
panam praecedentibus annis fractam refusio:
ni subjicere, unde duas magnam Sulibel 7254.
mediam 4214. ponderum cum non contemnen:
dis expensis per quendam Joannem Helmich
ex Wipperfurt fundi fecit. Sub decursu hujus
anni praenobilis Baro Wallpott dominus in
Konigsfelt infeudatus est cum feudo nostro in
Melbenich. Sub fine hujus anni electore bran:
deburgico neutralitatem petente Landgravio:
que Hassiae ob devastationem sui Ducatus

Bericht in den Acta Abbatum Brauweilerensium (Bl. 336v) über den Guß von zwei Glocken im Jahre 1630 unter Abt Johannes IV. Münch durch den Glockengießer Johannes Hellings. Angegeben ist auch das Gewicht der beiden Glocken: 7.254 Pfund (heute 3.991,97 kg) wog die nicht mehr erhaltene Marienglocke, und 4.214 Pfund (heute 1.970,46 kg) wiegt die noch vorhandene Nikolaus- und Medardusglocke. (PfAB)

mantel 1626 während der Amtszeit von Abt Johannes IV. Münch (1617-1649) im Dreißigjährigen Krieg zum zweiten Male umgegossen werden mußte.

Der gleiche Abt gab 1630 - also vier Jahre später - dem Glockengießer Joannes Hellings den Auftrag zum Guß von zwei Glocken. Bei der einen handelte es sich wiederum um die Glocke, die den beiden Klosterpatronen Nikolaus und Medardus geweiht war. Nur vier Jahre nach ihrem zweiten Umguß mußte sie ein drittes Mal umgegossen werden. Grundsätzlich war das mehrfache Umgießen einer älteren Glocke - auch nach einer relativ kurzen Zeitspanne - nichts Ungewöhnliches, da sich Fehler beim Guß nicht immer vermeiden ließen.

Die umgegossene Nikolaus- und Medardusglocke erhielt eine neue Inschrift. Sie lautet:

MILLE VBI SEXCENTOS TRIGINTAQVE
JVNXERIS ANNOS
TVNC JOANNE HIC MVNCH PRAESVLE
FVSA FVI.
PATRONOS HABEO QVOS HAEC ECCLE-
SIA SANCTOS;
NAM NICOLAE CANO TVMQVE
MEDARDE TIBI.
AD DOMINI LAVDES DICENDAS CON-
VOCO PLEBEM,
VT DEVS IN SANCTIS GLORIFICETVR.
AMEN.
Brauweiler
JOANNES HELLINGS ME FVDIT.

Die Übersetzung (nach Stiene 1997) lautet:
„Ziehe 1000 und 600 und 30 zusammen:
In diesem Jahr
wurde ich unter Abt Johannes Münch
gegossen.
Zu Patronen habe ich dieselben Heiligen wie
diese Kirche;
denn ich läute für dich, Nikolaus, und für dich,
Medardus.
Zum Lobe des Herrn rufe ich das Volk
zusammen,
auf daß Gott in seinen Heiligen verherrlicht
werde. Amen.
Brauweiler
Johann Hellings hat mich gegossen."

Der Glockengießer Johannes Hellings hat diese Glocke aus dem Material der unbrauchbar gewordenen Nikolaus- und Medardusglocke in Brauweiler gegossen. Der Meister entstammte einer Gießerfamilie, die vermutlich zeitweilig in Köln ansässig war. Mehrere Glocken hat er im rheinisch-bergischen Raum gegossen, wobei mehrmals sein Sohn ihm geholfen hat. (Stiene 1997)

5.3.2 Umguß der Marienglocke

Im gleichen Jahr 1630 ließ Abt Johannes Münch eine zweite Glocke gießen. Es handelte sich um die größte Glocke des Klosters, die Marienglocke. Da bereits die alte Läuteordnung im Liber sancti Nicholai über das Läuten dieser größten Glocke im größeren Turm

Anweisungen gibt, kann es sich im Jahre 1630 nur um einen Umguß der alten Marienglocke gehandelt haben.

Die Inschrift dieser Glocke, die heute nicht mehr existiert, lautete (nach Stiene 1997):

HAEC EGO, NOMEN HABENS A CHRISTI
MATRE MARIA,
DAEMONES INFRINGENS, AESTVS ET
FVLMINA PELLENS,
AD SACRA TEMPLA VOCANS SONITV
PIA CORDA CLIENTVM
MORTVAQVE IN CHRISTO DEPLORANS
CORPORA EORUM.
SUB JOANNE FVI MVNCH FVSA ABBATE
RECENTER,
ANNO MILLENO SEXCENTO TER
QVOQVE DENO.
Brauweiler
JOANNES HELLINGS ME FVDIT.

Die Übersetzung (nach Stiene 1997) lautet:
„Ich, benannt nach Christi Mutter Maria,
zermalme die Dämonen, vertreibe Feuersglut
und Blitze,
rufe mit meinem Läuten die frommen Herzen
der Gläubigen zur heiligen Kirche
und klage, wenn ihre Leiber in Christus
gestorben sind.
Gegossen wurde ich jüngst unter Abt Johannes
Münch im Jahre 1630.
Brauweiler
Johannes Hellings hat mich gegossen.

In ihrer alten Gestalt blieb lediglich die Misericordia-Glocke von 1300 erhalten. Wie bei einer späteren Untersuchung festgestellt wurde, war es im Laufe der Zeit jedoch notwendig geworden, sie einmal um 90 Grad zu drehen.

6. Die Glocken im kleinen Turm (Dachreiter) der Abteikirche

In dem Dachreiter über der Vierung, der als kleiner Turm bezeichnet wird und der nach 1866 durch den Vierungsturm ersetzt wurde, befanden sich gemäß der Brauweiler Läuteordnung vier Glocken.

Die einzige Nachricht vom Guß einer Glocke für den kleinen Turm stammt aus der Amtszeit von Abt Johannes II. von Lünen (1515-1532). Er ließ im Jahre 1518 die größte Glocke für den kleinen Turm gießen *(maximam campanam in minori turre)*. Der Chronist begründet den Guß der neuen Glocke damit, daß eine der in diesem Turm hängenden Glocken gerissen war und das Geläute nicht vermindert werden sollte. Weder der Glockenname noch die Glockeninschrift ist überliefert.

Weitere Nachrichten zu den Glocken in diesem Turm aus der Zeit vor der Säkularisation des Klosters fehlen, jedoch sind die Glockeninschriften, soweit sie vorhanden waren, überliefert. Von diesen Glocken trugen zwei - sie waren den Aposteln und der Maria geweiht - in ihrer Inschrift die Angabe „RENOVATA [...] SUB ABBATE MARTINO KLINGEN 1673“, *(erneuert unter Abt Martin Klingen 1673)* und eine von beiden hatte den Hinweis auf den Gießer Johannes Bourlet, der im gleichen Jahr eine Glocke für die Kirche des nahen Ortes Stommeln gegossen hat. (Wißkirchen 1979) Von den beiden anderen Glocken hatte eine keine Inschrift, und die andere war dem hl. Benedikt geweiht. Ihrer Inschrift gemäß war sie 1480 gegossen und 1872 umgegossen worden (DENVO FVSA).

7. Die Glocken nach der Aufhebung des Klosters 1802

Nach dem Einmarsch französischer Revolutionstruppen ordnete die französische Verwaltung im Jahre 1798 in den besetzten rheinischen Gebieten im Zusammenhang mit der Vorbereitung der Säkularisation die Inventarisierung der Einrichtungs- und Ausstattungsstücke der Klöster und Stifte an, um die Ressourcen kennenzulernen, mit denen die Republik rechnen könne. Am 15. Thermidor VI (= 2. August 1798) wurde das Inventarverzeichnis der Einrichtung der Abtei Brauweiler und ihrer Kirche erstellt. (s. S. 340ff.) Darin werden unter den Gegenständen in gegossenem Metall *(En métaux fondus)* 3 große Glocken und 4 kleine Glocken *(3 grandes cloches, 4 petites cloches)* aufgeführt. Mit den drei großen Glocken konnten nur die Misericordia-Glocke sowie die Marienglocke und die Nikolaus- und Medardusglocke gemeint sein. Bei den vier kleinen Glocken handelte es sich um die beiden von 1673, um die von 1480 sowie um die Glocke ohne Inschrift.

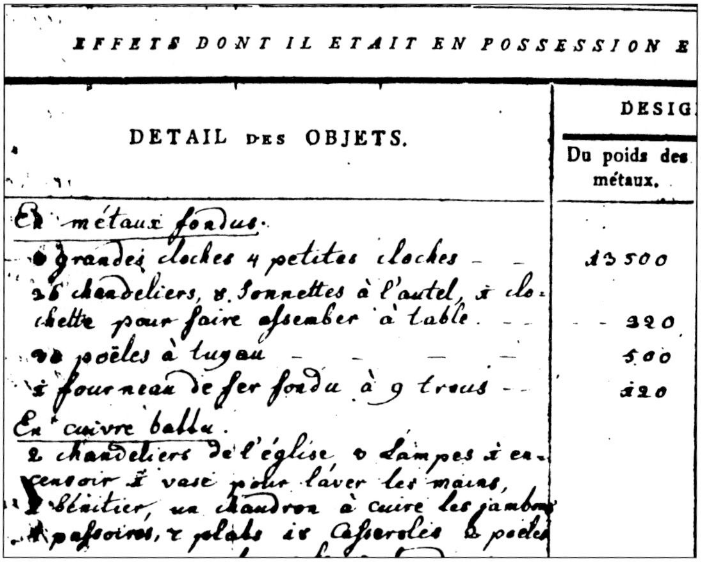

EFFETS DONT IL ETAIT EN POSSESSION E

DETAIL DES OBJETS.	DESIG Du poids des métaux.
En métaux fondus.	
3 grandes cloches 4 petites cloches	13500
26 chandeliers, 8 sonnettes à l'autel, 1 clochette pour faire assembler à table	320
poêles à tuyau	500
1 fourneau de fer fondu à 9 trous	120
En cuivre battu.	
2 chandeliers de l'église, 6 lampes 1 encensoir 1 vase pour laver les mains, 1 bénitier, un chaudron à cuire les jambons,	

Auszug aus dem Inventar der Einrichtungsgegenstände von Kirche und Kloster vom 15. Thermidor VI (= 2. August 1798). Unter den in Metall gegossenen Gegenständen (En métaux fondus) werden auch die Glocken der Abteikirche mit ihrem Gesamtgewicht aufgeführt. (NWHStAD, Roerdep.)

Noch 1851 befanden sich die drei großen Glocken im Westturm sowie die vier kleineren im Dachreiter der ehemaligen Klosterkirche. (Giersberg 1851) Damit besaß die ehemalige Brauweiler Abteikirche auch über die Säkularisation hinaus im Westturm ihr klassisches Dreiergeläut, das auch schon für das ausgehende Mittelalter bezeugt ist sowie alle vier Chorglocken im Dachreiter. 1872 erfolgte der bereits erwähnte Umguß der kleineren Benediktusglocke aus dem Dachreiter, an dessen Stelle zu dieser Zeit der Vierungsturm erbaut wurde.

Im Jahre 1940 existierten noch die drei großen Glocken in der Glockenstube des Westturmes. Von den vier kleineren Chorglocken, die nun im Vierungsturm hingen, waren nur noch die beiden Glocken von 1673 sowie die 1872 umgegossene Benediktusglocke vorhanden.

Einen unersetzlichen Schaden erlitt das Brauweiler Geläut durch die Glockenabgabe im Zweiten Weltkrieg. Neben den drei kleineren Glocken mußte auch die größte Glocke im Westturm, die Marienglocke, abgeliefert werden. Von den aus der Zeit des Klosters stammenden Glocken befinden sich heute daher nur noch die Misericordia-Glocke von 1300 und die Nikolaus- und Medardusglocke, die 1630 zum letzten Male umgegossen worden war, im Westturm der ehemaligen Abteikirche.

8. Die nach dem Zweiten Weltkrieg angeschafften Glocken

Wegen einer geplanten Erweiterung des Geläutes nach dem Zweiten Weltkrieg wurde 1959 unter Dechant Tücking ein Glockengutachten in Auftrag gegeben. Bei seinen Untersuchungen stellte der beauftragte Sachverständige Jakob Schaeben eine Beschädigung der Misericordia-Glocke fest. Durch einen Granatsplitter war im Zweiten Weltkrieg der Glockenmantel an einer Stelle durchschlagen worden. Von der hierdurch entstandenen Öffnung verlief ein 32 cm langer Haarriß im Glockenmantel. Außerdem war der Schlagring der Glocke (die Verdickung am unteren Rand des Glockenmantels, an dem der Klöppel im Glockeninneren aufschlägt) an vier Stellen durch das Läuten der Glocke ausgeschlagen. Diese Beschädigung, die nach langem Gebrauch einer Glocke normalerweise an zwei Stellen auftritt, belegte, daß die Glocke im Laufe der Vergangenheit einmal in ihrer Aufhängung um 90 Grad gedreht worden war. Die Reparatur führte die Leverkusener Firma Witte nach einem damals neu entwickelten Schweißverfahren aus. Die Einschlagstelle des Granatsplitters mit dem Haarriß wurde geschlossen und der Schlagring an den vier betreffenden Stellen aufgeschweißt. In der Klanganalyse, die 1962 nach der Reparatur der Misericordia-Glocke von Jakob Schaeben

Der hl. Maria geweihte Glocke von 1961 im Westturm der Abteikirche

Der hl. Gertrud geweihte Glocke von 1961 im Westturm der Abteikirche

durchgeführt wurde, ergab die Nachhallmessung, daß der Nachklingwert der Glocke, der vorher nur noch 45% des Normalwertes betrug, nun wieder die volle Höhe wie bei einer neuen Glocke besaß.

1961 sind dann für die verlorengegangenen Glocken zwei größere und drei kleinere Glocken angeschafft worden. Die beiden größeren hängen in der Glockenstube des Westturmes. Sie sind der hl. Maria und der hl. Gertrud geweiht. Die letztere trägt zusätzlich eine Stifterinschrift. Die drei kleineren Glocken im Vierungsturm sind dem hl. Benedikt, den hll. Sebastian und Donatus sowie dem hl. Bernhard geweiht.

Die Inschriften der fünf nach dem Zweiten Weltkrieg angeschafften Glocken unterscheiden sich in ihrer Aussage deutlich von den Inschriften der mittelalterlichen Glocken aus der Zeit des Klosters. Während diese, wie am Beispiel der Misericordia-Glocke aufgezeigt, theologisch bedeutsame Inhalte haben, sind die modernen Glockeninschriften als simple Zeugnisse von Volksfrömmigkeit anzusprechen. Alle Glocken von 1961 wurden in der Glockengießerei Marbilon in Saarburg gegossen.

Die Herrlichkeit Brauweiler im Jahre 1670:

Tabellen zur Größe der Siedlungen sowie zur Gliederung der landwirtschaftlichen Nutzfläche nach Nutzungsart und Zugehörigkeit zu den verschiedenen sozialen Gruppen und zur Abtei Brauweiler

Vorbemerkung

Einen - wenn auch nicht umfassenden - Einblick in die Besitzverhältnisse und die Größe der Siedlungen innerhalb der Herrlichkeit Brauweiler bietet die Deskription des Erzstiftes Köln vom Jahre 1670. Es handelt sich um eine Statistik, die zu steuerlichen Zwecken angefertigt wurde. Es dürfen folglich keine allzu großen Anforderungen an die Genauigkeit und Vollständigkeit der Angaben gestellt werden. Alle quantitativen Angaben besitzen nur einen relativen Wert. (Zschocke 1959)

Beim aufgezählten Grundbesitz handelt es sich hauptsächlich um Ackerland, daneben werden in einzelnen Fällen auch hofnahe Garten- und Obstanbauflächen genannt. Der Grundbesitz innerhalb der Herrlichkeit Brauweiler wird entsprechend nach seiner Zugehörigkeit zu den sozialen Gruppen Adel, Geistlichkeit und Bauern angegeben. Nachrichten über den Waldbesitz fehlen. Unerwähnt bleiben auch die z. T. nicht unerheblichen Besitzungen des Kölner Domkapitels. Wegen der hierdurch entstehenden Ungenauigkeit sind Aussagen über die absolute Besitzgröße einzelner Grundbesitzer an Hand der Landesdeskription nicht möglich. Dennoch läßt sich Grundsätzliches über die Besitzverhältnisse der einzelnen sozialen Gruppen feststellen.

Vorherrschend ist der Besitz in geistlicher Hand. Eigentümer sind hauptsächlich Kölner Klöster und Stifte sowie die Abtei Brauweiler und das Kloster Königsdorf. Daneben ist der Besitz der örtlichen Geistlichkeit auffallend gering. Der große Anteil geistlichen Grundbesitzes, wie die Landesdeskription von 1670 ihn widerspiegelt, ist das Ergebnis einer jahrhundertelangen Entwicklung, die zu einer stetigen Vergrößerung dieses Anteils führte. Hierzu hat auch die Rodetätigkeit der Klöster beigetragen. Selbst wenn ein Kloster durch finanzielle Not gezwungen war, Grundbesitz zu veräußern, so waren es fast immer andere Klöster oder Stifte, die diesen Besitz aufkauften. Darüber hinaus haben die Klöster und Stifte versucht, ihren Grundbesitz durch Tausch und Zukauf zu vergrößern bzw. abzurunden. Dies geschah zumeist auf Kosten des Adels und der Bauern. (Zschocke 1959) Hinzu kommt, daß der kirchliche Besitz keiner Erbteilung unterlag. Die Höfe waren vielmehr in der Form der Halbpacht vergeben, d.h., daß die Hälfte des Ertrages als Pachtabgabe diente. Die Pächter wurden wegen dieser Form der Halbpacht als „Halfen" bezeichnet.

Entsprechend des Besitzanteils der Kirche am Gesamtackerland weisen die zugehörenden Höfe eine beachtliche Größe auf. In der Landesdeskription sind bei einigen Höfen die zugehörenden Ackerflächen angegeben. So hat der Fronhof der Abtei Brauweiler in Sinthern 301 1/4 Morgen innerhalb der Herrlichkeit Brauweiler und weitere 5 Morgen im benachbarten jülichschen Territorium. Beim Abteihof in Brauweiler werden 480 Morgen aufgeführt. Zu den 4 Höfen in Freimersdorf gehören 1212 Morgen, was eine durchschnittliche Betriebsgröße von 303 Morgen ergibt. Zu den beiden Widdersdorfer Höfen, die außerhalb des Ortes in Rath liegen, gehören 453 Morgen innerhalb des Territoriums der Herrlichkeit Brauweiler und weitere 33 Morgen im jülichschen Territorium. Ein ähnliches Bild ergibt sich bei den übrigen Höfen, die Kölner Klöster und Stiften gehören.

Setzt man das gesamte Ackerland der Abtei Brauweiler, das diese innerhalb des Territoriums der Herrlichkeit Brauweiler besitzt, unter Abzug des als verpachtet bezeichneten Landes in Relation zu den Höfen der Abtei, so ergibt sich eine durchschnittliche Betriebsgröße von 335 1/2 Morgen.

Da jedoch die Landesdeskription weiteren Besitz in geistlicher Hand aufzählt, ohne die-

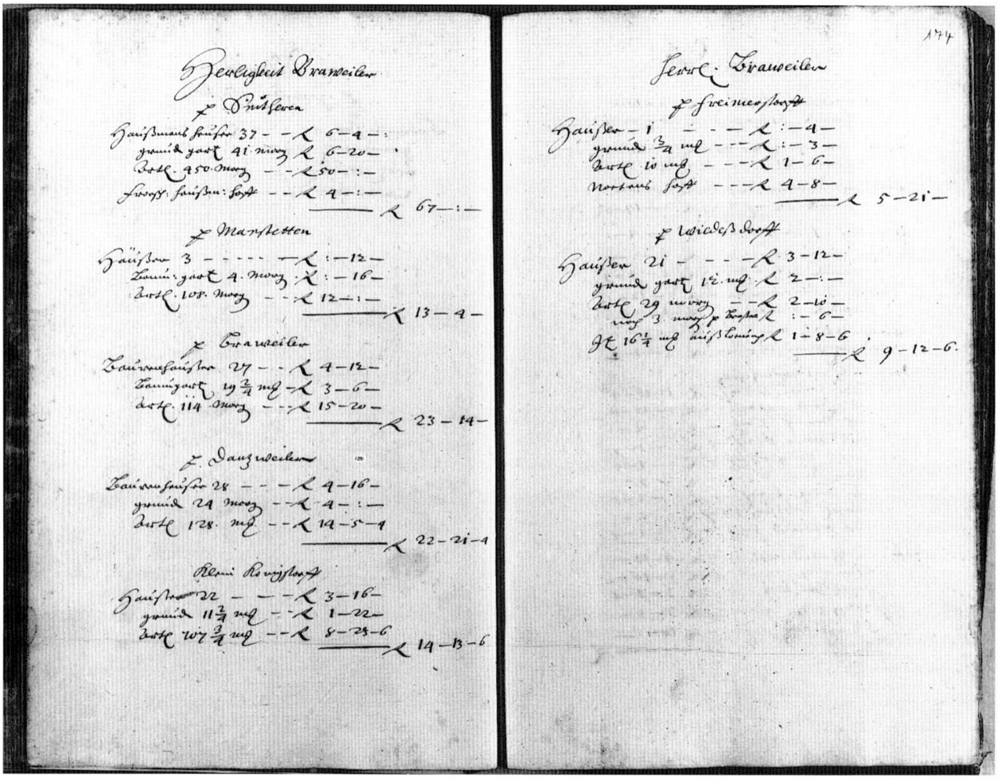

Beschreibung der Orte in der Herrlichkeit Brauweiler im Jahre 1670. Aufgeführt ist jeweils die Anzahl der Bauernhäuser mit den zugehörigen Grundstücken sowie dem Garten- und Ackerland. (NWHStAD, Kurköln II)

sen einem bestimmten Hof zuzuordnen, muß davon ausgegangen werden, daß die tatsächliche Größe dieser Betriebe höher lag.

Als größten Grundherrn innerhalb der Herrlichkeit Brauweiler weist die Landesdeskription die Abtei Brauweiler aus. Mit 51,5% besitzt sie etwas mehr als die Hälfte der gesamten Ackerfläche. Ihr Anteil am Ackerland in geistlicher Hand beträgt sogar 62,0%. Allerdings ist der Besitzanteil der Abtei in den Gemarkungen der einzelnen Orte innerhalb der Herrlichkeit recht unterschiedlich. Die höchsten Anteile am Gesamtackerland besitzt das Kloster in Brauweiler (95%) und in Freimersdorf (96,2%). Mit 18,8% hat das Kloster in Manstedten den geringsten Anteil am Gesamtackerland. Dies dürfte noch eine Folge vom Verkauf des Manstedtener Hofes an die Kölner Domkirche im Jahre 1256 unter Abt Friedrich von Senheim sein. Damals wurde auch das zum Hof gehörende Ackerland veräußert. Ebenfalls als eine Folge der Veräußerungen von Höfen und Ackerland während der Krisenzeiten im 13. und 14. Jahrhundert müssen die relativ geringen Besitzanteile am Ackerland in Dansweiler (38,0%) und Widdersdorf (36,0%) zu verstehen sein. Allerdings muß berücksichtigt werden, daß die Höfe der Abtei Brauweiler in den Dörfern der Herrlichkeit Brauweiler auch Ackerland in benachbarten Territorien bearbeiteten, wie die Landesdeskription angibt.

Gegenüber dem Besitz der Kirche tritt der des Adels zurück. Auch dies ist das Ergebnis einer jahrhundertelangen Entwicklung, in deren Verlauf sich der adlige Besitz verminderte u.a. durch das Abwandern adliger Familien in die Städte sowie durch Veräußerungen an Klöster und Stifte. (Zschocke 1959) Innerhalb der Herrlichkeit Brauweiler befindet sich 1670 nur

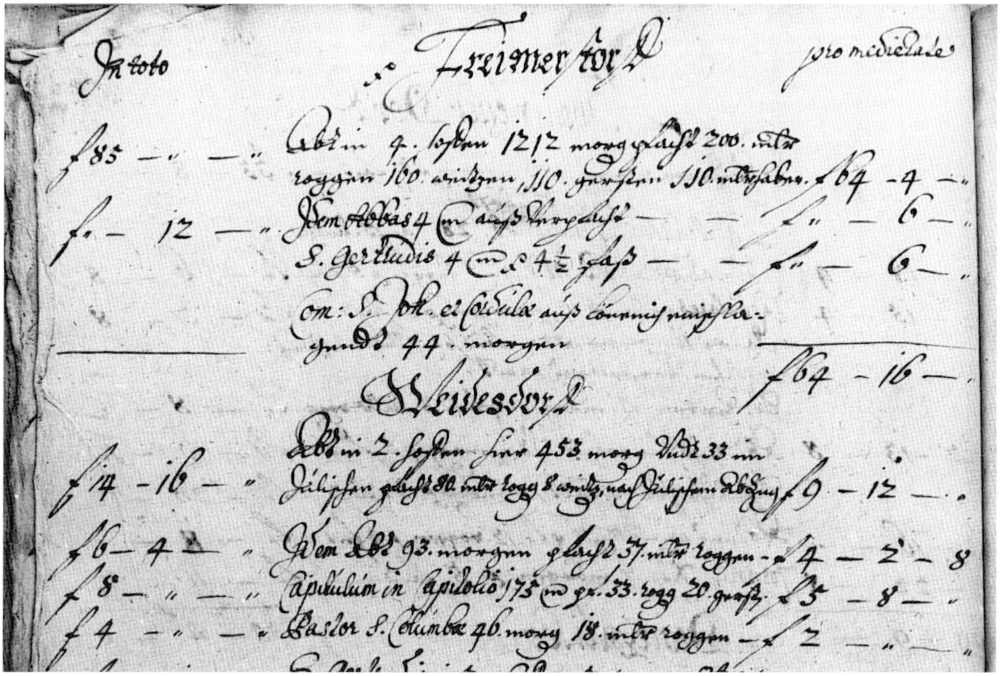

Auszug aus der Beschreibung der Orte in der Herrlichkeit Brauweiler im Jahre 1670. Aufgeführt ist der Besitz der geistlichen Grundherren. In Freimersdorf werden die vier Höfe des Abtes zu Brauweiler und in Widdersdorf die beiden (Rather) Höfe des Abtes mit dem zugehörigen Ackerland genannt. (NWHStAD, Kurköln II)

ein Hof, der Thurmhof in Widdersdorf, noch in adligem Besitz. Mit 97 Morgen gehört er bestenfalls zu den mittelgroßen Betrieben.

Die Deskription von 1670 zeigt aber auch erste Ansätze einer neuen Entwicklung, in deren Verlauf nun das Bürgertum langsam in den Besitz aus adliger Hand eindringt. So heißt es bei den Aufzählungen der Ritterschaft in der Herrlichkeit Brauweiler: „Lützenrath hatt ahn particulare verkauft, nemblich an Bernard Schmitz et consortes artland 11 morgen und 5 fuß“. *Jedoch kann die Angabe nicht konkret einer bestimmten Siedlung in der Herrlichkeit zugeordnet werden. Sie ist daher in den nachfolgenden Tabellen nicht berücksichtigt.*

Das Eigentum der Bauern erweist sich in seinem flächenmäßigen Anteil als äußerst gering und verteilt sich auf eine große Anzahl Besitzer. Die Deskription nennt zu jedem Ort die Anzahl der Bauernhäuser und die zu diesen gehörende landwirtschaftliche Nutzfläche an Ackerland sowie in einzelnen Fällen auch hofnahe Garten- bzw. Obstanbauflächen. Setzt man das Ackerland nun in Relation zur Anzahl der bäuerlichen Häuser, so ergibt sich, daß allgemein einer sehr geringen Ackerfläche eine verhältnismäßig große Anzahl bäuerlicher Häuser gegenübersteht. Das bedeutet, daß auf den einzelnen Bauern jeweils nur wenige Morgen Land Eigenbesitz entfallen.

In Brauweiler stehen 27 bäuerlichen Betrieben 114 Morgen Land gegenüber, was einer durchschnittlichen Betriebsgröße von etwas mehr als 4 Morgen entspricht. In Dansweiler beträgt die durchschnittliche Größe der 28 bäuerlichen Betriebe rund 4 1/2 Morgen. In Freimersdorf gehören zu einem bäuerlichen Betrieb 10 Morgen. Jeder der 22 bäuerlichen Betriebe in Kleinkönigsdorf besitzt durchschnittlich knapp 5 Morgen. Die 37 bäuerlichen Betriebe in Sinthern besitzen insgesamt 450 Morgen, was einer durchschnittlichen Größe von etwas mehr als 12 Morgen entspricht. Am größten sind die 3 Manstedtener Betriebe mit durchschnittlich je 36 Morgen, und die kleinsten sind in Widdersdorf, wo jeder

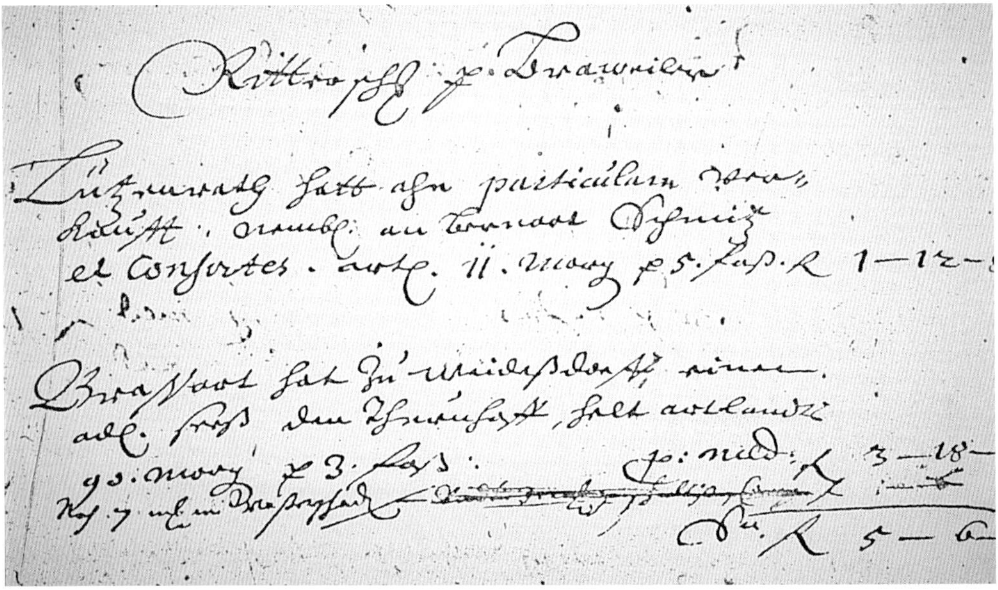

Der Besitz des Adels („Ritterschaft") in der Herrlichkeit Brauweiler im Jahre 1670. Die Deskription von 1670 gibt auch Hinweise auf das Übergehen von adligem Grundbesitz in die Hände von Angehörigen des Bürgertums, wie der Satz „Lützenrath hat an particulares verkauft nembl[ich] an Bernard Schmitz et consortes artl[and] 11 morg[en] und 5 fuß". In adliger Hand ist noch der Turmhof in Widdersdorf. (NWHStAD, Kurköln II)

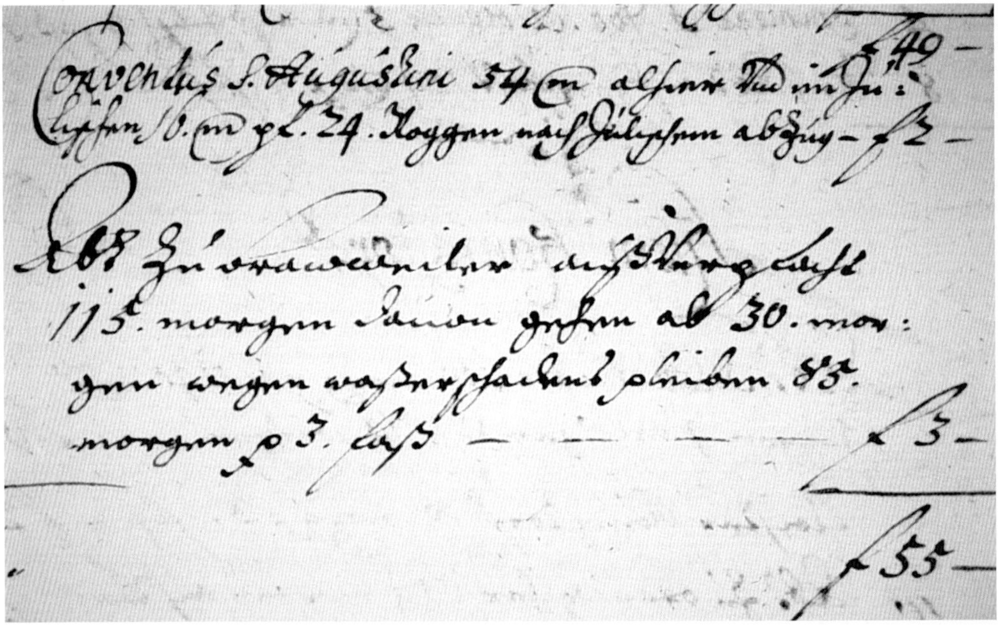

Die Deskription von 1670 erwähnt auch eine Teilverpachtung von Ackerland aus geistlichem Besitz an Bauern. So hat der Abt von Brauweiler in Widdersdorf 115 Morgen verpachtet. Von diesen sind 30 Morgen wegen Wasserschadens steuerfrei vergeben. (NWHStAD, Kurköln II)

der 21 Betriebe gerade einmal durchschnittlich rund 1 1/4 Morgen besitzt.

Setzt man alle in der Landesdeskription von 1670 aufgeführten 139 bäuerlichen Betriebe in Relation zur zugehörenden Ackerfläche von 946 3/4 Morgen, so ergibt sich für die Herrlichkeit Brauweiler eine durchschnittliche bäuerliche Betriebsgröße von rund 6 3/4 Morgen.

Zusätzlich zu den bäuerlichen Kleinbetrieben nennt die Landesdeskription zwei mittelgroße bäuerliche Betriebe, den „Noetens Hoff" in Freimersdorf mit 57 Morgen Ackerland und den „Haußmanshoff" in Sinthern ohne nähere Besitzangabe. Da die Deskription im allgemeinen jedoch nur bäuerliche Höfe mit über 50 Morgen Ackerland einzeln aufzählt, dürfte der Sintherner Betrieb dieser Größe entsprochen haben.

Die geringe Größe der zahlreichen bäuerlichen Betriebe läßt den Schluß zu, daß diese nur durch die Bearbeitung von hinzugepachtetem Land existieren konnten, da wohl nicht alle durch die Mitarbeit auf den großen Höfen ihren Lebensunterhalt bestreiten konnten. (Zschocke 1959) Eine Verpachtung von Besitz aus geistlicher bzw. adliger Hand findet in der Landesdeskription von 1670 eine direkte Erwähnung. So hat der Abt von Brauweiler in der Widdersdorfer Flur verpachtet „115 morgen davon gehen ab 30 morgen wegen waßerschadens pleiben 85 morgen und 3 fuß". *Diese 30 Morgen waren also steuerfrei verpachtet. Auch Brassart, der adlige Besitzer des Thurmhofes hatte 3 Morgen an die Bauern von Widdersdorf verpachtet. (Schreiner 1971) Auch in den übrigen Orten der Herrlichkeit außer in Kleinkönigsdorf hatte der Abt an die Bauern Land verpachtet. In Brauweiler waren es 162 1/2 Morgen, in Dansweiler 124 Morgen, in Freimersdorf 4 Morgen, in Manstedten 20 1/2 Morgen und in Sinthern 77 Morgen. (Schreiner 1971)*

Für alle Siedlungen in der Herrlicheit Brauweiler ergibt die Landesdeskription von 1670 gleichermaßen, daß neben den großen Höfen in kirchlichem Besitz - in Widdersdorf kommt noch ein mittelgroßer Adelssitz hinzu - die Zwergbetriebe oder höchstens mittelgroßen Betriebe der bäuerlichen Bevölkerung mit den entsprechend kleinen Häusern („Haußmanshäuser", „Baurenhäußer" *oder* „Häußer" *genannt) liegen. So spiegeln sich im Bild der Siedlungen der frühen Neuzeit die sozialen Unterschiede der Eigentümergruppen wider. Daraus resultiert, daß die Pächter der landwirtschaftlichen Großbetriebe in kirchlicher Hand, die Halfen, zu dieser Zeit eine Sonderstellung in der Dorfgemeinschaft einnehmen.*

Das Nebeneinander von großen landwirtschaftlichen Höfen und kleinbäuerlichen Betrieben ist trotz der sozialen Veränderungen sowie der Neubautätigkeit während des 19. und 20. Jahrhunderts ein weitgehend prägendes Element im Erscheinungsbild der alten Siedlungskerne der heutigen Orte in der einstigen Herrlichkeit Brauweiler geblieben.

Erläuterungen zu den Tabellen

a = Besitz des Adels
b = Besitz der Bauern
g = Besitz der Geistlichkeit (Kirchen, Klöster, Stifte und örtliche Geistlichkeit)

„artland" und *„land"* ohne nähere Bezeichnung bedeutet Ackerland.

„im grundt" umfaßt das Grundstück des Gebäudes und seinen Hofplatz, wahrscheinlich auch den Garten im Anschluß an die Gebäude.

„grundtgarten" umfaßt den Garten im Anschluß an das Gebäude, wahrscheinlich teilweise auch das Grundstück des Gebäudes mit seinem Hofplatz.

„im grundt" und *„grundtgarten"* sind damit wohl im wesentlichen identisch.

„baumgarten" bezeichnet Obstanbauflächen.

Alle Flächenangaben in den Tabellen erfolgen in Morgen (mg).
1 mg = 0,3178 ha; 1 ha = 3,1463 mg.

Quellen:

HStAD, Akten Kurköln II, Nr. 1116a, 1127, 1131, 1135, 1145, 1154 (Teil I u. Teil II)

Tabelle 1:
Die Größe der Siedlungen und die zugehörige landwirtschaftliche Nutzfläche, aufgegliedert nach Nutzungsarten und Besitzverteilung

Siedlung	soziale Gruppe	Häuser	Höfe	Die Nutzungsarten der landwirtschaftlichen Nutzfläche: „artland“ und „land“ ohne nähere Bezeichnung: a adliger Besitz	b bäuerlicher Besitz	g geistlicher Besitz, aufgeführt als Hofbesitz	g geistlicher Besitz, aufgeführt als übriger geistl. Besitz (1)	„im grundt“	„grundtgarten“	„baumgarten“	Anteil der einzelnen sozialen Gruppen an der landwirtschaftlich genutzten Gesamtfläche	
				mg	mg	mg		mg	mg	mg	mg	%
Brauweiler Dorf	b	27			114					19 1/2	133 1/2	16,5
	g		1			480	196 1/2				676 1/2	83,5
	zus.	27	1								810 (2)	100,0
Dansweiler	b	28			128			24			152	25,0
	g		2 (3)			278 1/2 (4)	178				456 1/2	75,0
	zus.	28	2								608 1/2	100,0
Freimersdorf	b	1	1 (5)		10			3/4			10 3/4	0,8
	g		4			1.212	52				1.264	99,2
	zus.	1	5								1.274 3/4	100,00
Kleinkönigsdorf	b	22			107 3/4			11 1/2			119 1/4	28,0
	g						307 1/4				307 1/4	72,0
	zus.	22									426 1/2	100,00
Manstedten	b	3			108					4	112	49,1
	g		1 (6)				109 (7)		7		116	50,9
	zus.	3	1								228	100,00
Sinthern	b	37	1 (8)		450 (9)				41		491	49,7
	g		1			301 1/4	195 1/2				496 3/4	50,3
	zus.	37	2								987 3/4 (10)	100,00
Widdersdorf mit Rath	a		1	97 (12)							97	4,9
	b	21			29 (13)				12		41	2,1
	g		5 (11)			1.171 (14)	666 (15)				1.837	93,0
	zus.	21	6	97	946 3/4	3.442 3/4	1.704 1/4	36 1/4	60	23 1/2	1.975	100,00

Anmerkungen:

1 Hierbei ist auch das als verpachtet angegebene Land aufgeführt sowie der Besitz der örtlichen Geistlichkeit.

2 Nicht berücksichtigt sind 12 mg, die dem Schultheißen gehören.

3 Bei diesen Höfen handelt es sich um den sog. Marienhof, den das Stift St. Maria ad Gradus 1324 von der Abtei Brauweiler erwarb und um einen Hof, der dem Kölner Dominikanerinnenkonvent St. Gertrud gehört.

4 Hiervon gehören 129 mg zum Marienhof und 149 1/2 mg zum Hof des Klosters St. Gertrud.

5 Es handelt sich hier um den „Noetens Hoff" mit 57 mg 5 Fuß Ackerfläche. Er bleibt in der Zusammenstellung der landwirtschaftlichen Nutzfläche unberücksichtigt.

6 Hierbei handelt es sich um den sog. Domhof, den das Kölner Domkapitel im Jahre 1256 von der Abtei Brauweiler erwarb.

7 Hierzu kommen noch 65 mg auf jülichschem Territorium und 126 mg auf Bedburger Gebiet sowie jeweils 18 mg bei Sinthern und bei Widdersdorf auf jülichschem Territorium.

8 Es handelt sich um den sog. „Haußmanshoff", zu dessen Grundbesitz jedoch keine Angaben gemacht werden. Da er in der Deskription aufgeführt wird, müßten jedoch mindesten 50 mg Land in seinem Besitz gewesen sein; bleibt bei der Zusammenstellung der landwirtschaftlichen Nutzfläche unberücksichtigt.

9 Hierzu kommen noch 5 mg auf jülichschem Territorium.

10 Hinzu kommen noch 4 mg eines Siechenhauses.

11 Von diesen gehören zwei Höfe der Abtei Brauweiler. Beide liegen östlich vom Ort am Weg nach Köln in Rath. Ursprünglich gab es hier nur einen Hof. Dieser wurde vor 1625, nachdem er durch einen Blitzeinschlag abgebrannt war, in zwei Hofstellen aufgeteilt. Von den weiteren Höfen in geistlichem Besitz gehören zwei dem Kölner Dominikanerinnenkonvent St. Gertrud und einer dem Kölner Damenstift St. Maria im Kapitol.

12 Hiervon sind 7 mg als im Wasserschaden angegeben.

13 Zu diesen kommen weitere 3 mg, die von dem Besitzer des Thurmhofes an die Bauern verpachtet sind, 16 1/4 mg in Lövenich sowie 115 mg, die der Abt von Brauweiler verpachtet hat. Von diesen sind 30 mg wegen Wasserschadens steuerfrei.

14 Hinzu kommen noch 74 mg auf jülichschem Territorium.

15 Mitgerechnet sind die 115 mg, die der Abt von Brauweiler an die Bauern verpachtet hat, von denen 30 mg wegen Wasserschadens steuerfrei sind.

Tabelle 2:
Die sozialen Gruppen und ihr Besitzanteil am Ackerland innerhalb der Herrlichkeit Brauweiler sowie die Anzahl ihrer Höfe und Betriebe

Siedlung	Besitz des Adels		Besitz der Bauern		Besitz der Geistlichkeit				Gesamtackerfläche (Adel, Bauern und Geistlichkeit) mg
	Ackerland mg	Höfe	Ackerland (1) mg	Betriebe (2)	der Kirchen und Klöster: Ackerland mg	der Kirchen und Klöster: Höfe	der örtlichen Geistlichkeit: Ackerland mg	Gesamtbesitz an Ackerland einschl. Pachtl. und verpachtetem Land (mg)	
Brauweiler Dorf			114	27	676 1/2	1		676 1/2	790 1/2
Dansweiler			128	28	456 1/2	2		456 1/2	584 1/2
Freimersdorf			10	1	1.264	4		1.264	1.274
Klein-königsdorf			107 3/4	22	307 1/4			307 1/4	415
Manstedten			108	3	109	1	2 1/2	111 1/2	219 1/2
Sinthern			450	37	496 3/4	1		496 3/4	946 3/4
Widdersdorf mit Rath	97	1	29	21	1.737	5	100	1.837	1.963
zus.	97	1	946 3/4	139	5.047	14	102 1/2	5.149 1/2	6.193 1/4

Anmerkungen:

1 Unberücksichtigt ist das Ackerland, das der Abt von Brauweiler bzw. der Besitzer des Thurmhofes an die Bauern verpachtet hat.

2 Hier sind nur die „Baurenhäußer", „Haußmanshäußer" bzw. „Häußer" aufgeführt. Sowohl der „Noetens Hoff" in Freimersdorf als auch der „Haußmanshoff" in Sinthern sind unberücksichtigt, da nur vom „Noetens Hoff" eine Besitzangabe vorliegt.

Tabelle 3:
Das zur Abtei Brauweiler gehörende Ackerland (Besitz, Pachtland und verpachtetes Land) innerhalb der Herrlichkeit Brauweiler im Vergleich mit dem gesamten Ackerland in geistlichem Besitz sowie mit dem Gesamtackerland (einschl. dem Besitz des Adels und der Bauern)

Siedlungen	Abtei Brauweiler						
	Anzahl der Höfe	Von der Abtei bearbeitetes Ackerland (Besitz und Pachtland)		Vom Abt verpachtetes Land	Gesamtfläche des zur Abtei gehörenden Ackerlandes (einschl. Pachtland und verpachtetem Land)	Anteil der Abtei	
		bei den Höfen genannte Flächen	sonstige, nicht bei Höfen genannte Flächen			am Ackerland in geistlichem Besitz (1)	am Gesamtackerland (2)
		mg	mg	mg	mg	%	%
Brauweiler Dorf	1	480		162 ½	642 ½	95,0	81,3
Dansweiler			49 (3)	124	173	38,0	29,6
Freimersdorf	4	1.212		4	1.216	96,2	95,4
Kleinkönigsdorf			95 ¼		95 ¼	31,0	23,0
Manstedten				20 ½	20 ½	18,8	9,3
Sinthern	1	301 ¼		77	378 ¼	76,1	40,0
Widdersdorf mit Rath	2	453	93	115 (4)	661	36,0	33,7
zus.	8	2.446 ¼	237 ¼	503	3.186 ½	62,0	51,5

Anmerkungen:

1 Die absoluten Zahlen (Gesamtackerland in geistlichem Besitz) befinden sich in Tabelle 2, vorletzte Spalte.

2 Die absoluten Zahlen (Gesamtackerfläche) befinden sich in Tabelle 2, letzte Spalte.

3 Hiervon liegen 9 mg innerhalb der Gemarkung Brauweiler.

4 Hiervon sind 30 mg wegen Wasserschadens steuerfrei verpachtet.

Besitzanteil der sozialen Gruppen am Ackerland und die Zahl der Gehöfte und Hausmannshäuser in der Herrlichkeit Brauweiler im Jahre 1670

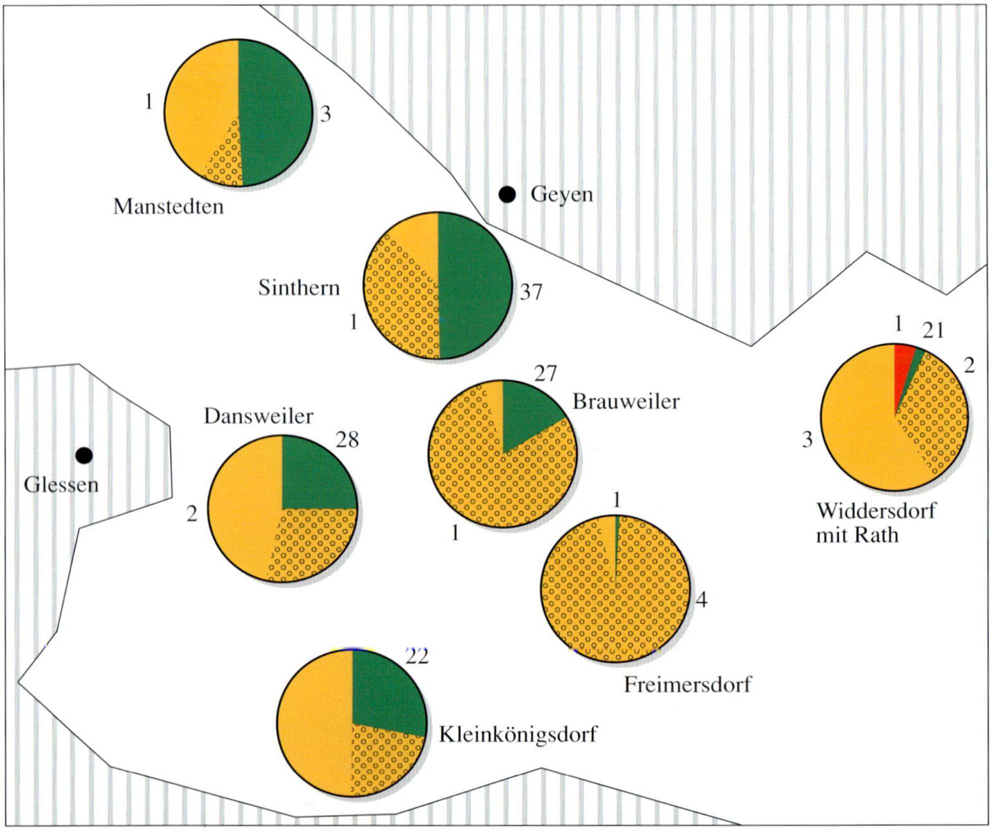

Entwurf: Peter Schreiner

Ausführung: Michael Schreiner

Die Zahlen neben den Kreissektoren geben die Zahl der Gehöfte oder Hausmannshäuser an, die jeweils zu der sozialen Gruppe gehören, neben deren Anteil sie stehen.

Bericht der Brauweiler Mönche vom 4. Februar 1795 über die Zerstörungen in der Abtei Brauweiler und Rechtfertigung gegen den Vorwurf der Emigration, zugleich Antrag auf Wiedererlangung der Selbstverwaltung ihrer Güter

1. Deutsche Version

Freyheit - Gleicheit - Verbrüderung

Die Abteiliche Klostergeistlichen zu Brauweiler an die Bezirks-Verwaltung in Bonn

Gar schröckbar und häufig sind die Krieges Trancksalen, so wir seit dem Rückzug der Kayserlichen, und seit dem Daseyn der Französischen Krieger überstanden haben, und zu unserem Leidwesen noch täglich überstehen müssen.

Fürerst verbreitete der unvermutete Aufruf des **Commandanten Coburg** im ganzen Land allgemeine Beängstigung. Er sezte uns so wie jeden andern in trauriges Nachdencken. Dem ohngeachtet harrten wir in unsern Wohnungen, bange Erwartung des folgenden Schicksaals beklemmte unsere Gemüter, die sich in der Entschließung vereinigten, eher nicht zu weichen, bis gefahrvolle Vorgänge die Unsicherheit der Personen bezeugten, und den Schritt des Abzuges nötig machten.

Bey der Retirade der Kayserlichen Truppen liefe die zuverlässige Nachrichte der Verwüstungen, Plünderungen, und Mißhandlungen, ein, wodurch die Abteylige Geistlichen sich in der Abtey nicht sicher zu seyn glaubten. Sie verließen ihre Wohnungen und suchten ihre Sicherheit im Abteylichen **Seminarium** binnen Köln. Allein auf die eingelaufene Nachricht, daß die Abtey am 4ten 8ber (= 4. Oktober) nachmittags wircklich grausam geplündert worden, fasten die junge Geistlichen in der ersten Bestürtzung den Schluß sich auf der andern Rheinseite um ein Zufluchts Ort umzusehen, nachdem sie jedoch vorläufig feyrlich betheurt, und unterschrieben hatten, daß Furcht, Noth, und Schröcken sie hiezu bewege, und daß sie durch diese Flucht ihr Leben retten müsten.

Da unser Abt seine ihm anvertraute Gemeinde unter seiner Obhut und Leitung sorglich beobachtete, da er sich immerfort zur Pflicht machte, durch Bildung der Jugend wackere Männer dem Staat darzubieten, so gesellte er sich zu ihnen, und ließe die tröstliche Versicherung zurück, daß er auf der Stelle in die vorige Wohnung einkehre, sobald die traurige Umstände in Sicherheit, und Ordnung sich umstallten würden. Allein sie fanden den Rückweg gesperret, untersagt, und der Wunsch sich gleich wieder vereinigt zu sehen, bliebe durch das Verhängnis bis hiehin unerfüllt. Indessen nahmen die vierzehn ältern noch anwesende, welche auf dieser Seite des Rheins sich versteckt hatten, nach dem völligen Rückzug der kayserlichen Truppen ihre vorige Wohnplätze ein.

Wir fanden in der Abtey einen Greuel der Verwüstung, alle Zimmern waren erbrochen, alle Meublen geraubt, dreyzehn Fuder Wein ausgeleert, die Vorräte der Victualien geraubt, und das wenige, was sich nicht verschleppen ließe, wurde boshafter Weise verdorben und unbrauchbar gemacht.

Zweitens gaben wir der Republique sämtliche Früchten, welche übrig gelassen worden ganz gerne her, wir beherbergten so gut wir konnten die französisch Generäl, und boten alles auf[,] der Francken Nation in jedem Betracht ein Genügen zu leisten.

Die Abteiliche Pfächter bragten ihre Früchten in die Magazinen der **Republique,** sie gaben ihr Vieh und Fourage gerne her, und wir mahnten sie nachdrucksamst in allen Punckte und so die Republique fodern würde, sich nicht das mindeste zu Schulden kommen zu lassen.

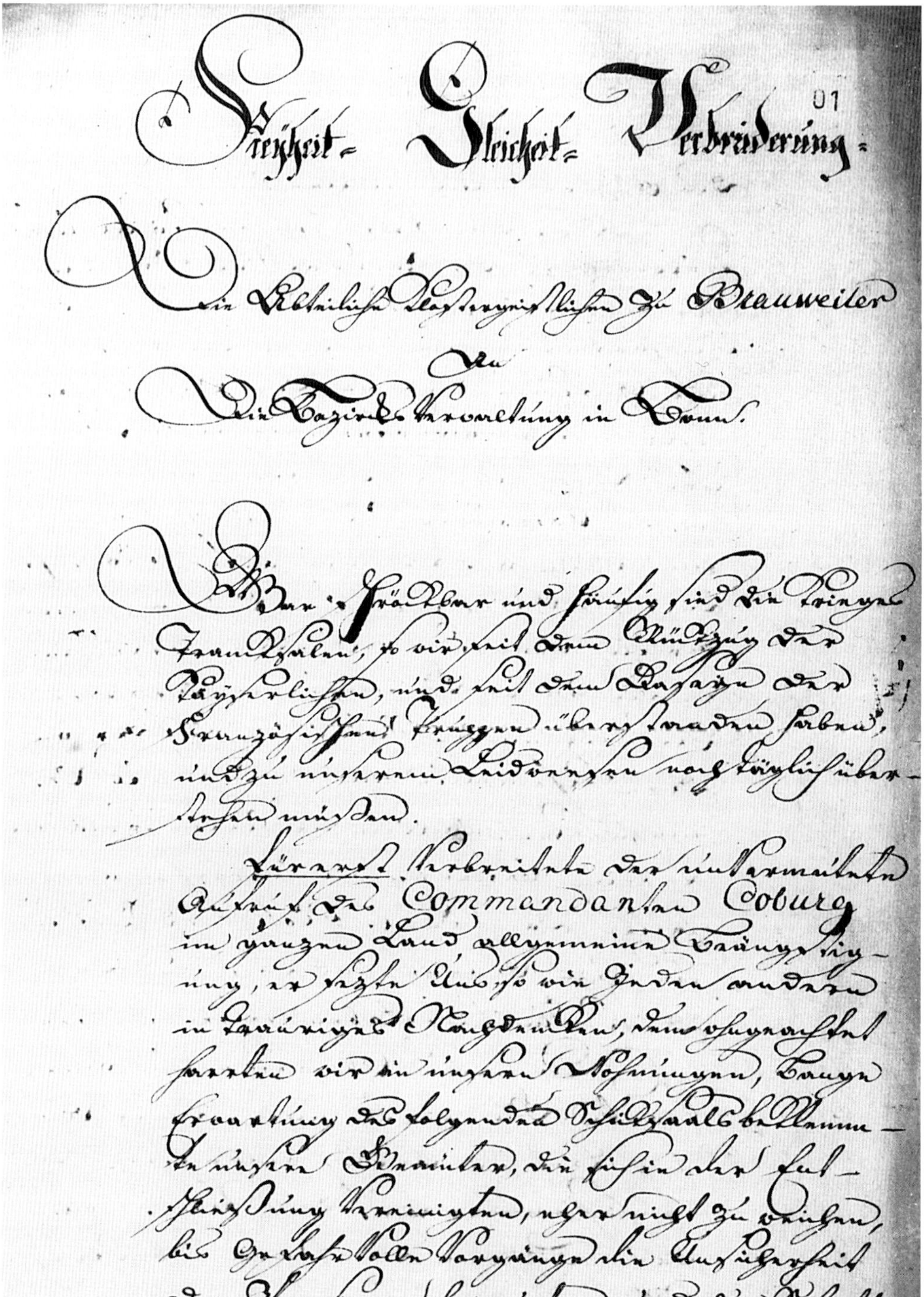

Freyheit – Gleichheit – Verbrüderung –

Die Katholischen Klostergeistlichen zu Brauweiler

an

die Bezirks-Verwaltung in Bonn.

Titelseite der deutschen Fassung des Schreibens vom 4. Februar 1795 der Brauweiler Konventualen Laurentius Geyr und Franziskus Cramer an die Bezirksverwaltung in Bonn (NWHStAD, Maas u. Rhein)

Drittens wurde zum Behuf der Republique einige hundert Morgen der schönsten abteilichen Büschen weggehauen, die unter die hauptsächliche Bestandtheile der Abtey gehörten.

Kurtz! Wir gaben alles her, und im geringen Anschlag dorfen wir die Verluste und Lieferungen auf mehr dann zweimal hundert tausend Livres angeben.

Kaum glaubten wir einiger maßen ruhig zu seyn, da man uns am 2ten dieses noch gar den letzten Stoß versezte und die Verwaltung untersagte, die Einnahmen verbote, und den Geld Vorrath ad 13 Rhr [Anlag Zifer 1.] wegnahme, welches alles einsweilen, wie wir vernehmen, aus der Ursach geschehen, weil der Abt, und einige Glieder abwesend wären. Die Abschrift des darüber abgehaltenen Protocolls haben wir nicht erhalten können. - Vermutlich soll also die Frage zur Entscheidung kommen, ob wir als Emigrirte zu betrachten seyen oder nicht.

Zur Rechtfertigung stellen wir in der Anlag Zfr. 1. die Geschichte auf, woraus eben so, wie aus obiger Voraussetzung erhellet, daß die Abwesenheit einiger unserer Mitbrüder mit der Abwesenheit derjenigen nicht in Vergleichung stehe, welche aus Hartnäckigkeit ihren Herd verlassen, mit Fürsatz die Rückkunft verzögeren, und sich weigeren der französischen Constitution ihre Unterwürfigkeit zu bezeigen, oder die Grosmuth des edlen Francken Volcks zu genießen.

Richtig glauben wir zu urteilen, daß die Anzahl unserer Anwesenden eine gantze Gemeinde ausmache, die ohnehin in der Anzahl der Köpfen sich nicht immer gleich bleibt.

Richtig glauben wir schließen und hoffen zu dürfen, daß die französische Nation alle Bewohner der eroberten Länder mit wahrer Grosmut beschütze, und uns unschuldige die wider andere etwa verhängte Strafgesätzen nicht fühlen lasse, vielmehr nach dem Buchstabe des Gesätzes uns in den Abteilichen Besitzungen und Gerechtsamen handhabe.

Wir wißen und betheuren feyrlichst, unsern abwesenden Mitbrüder nichts empfindlicher zu seyn, als sich von uns und von ihren Wohnungen entfernt zu sehen.

Sollte man, welches jedoch die Billigkeit der Französischen Nation nicht vermuthen läßt, die abwesende Brauweiler Geistlichen, als solche Emigrirte betrachten, welche aus Abneigung gegen die Republick auswanderten, und sich der gesätzlichen Straf unterzogen, sollte man gegen sie nach der äußersten Schärfe dadurch verfahren, daß die Verwaltung und der Empfang sämtlicher Abteylicher Gemeinde Einkünften sollte sequestrirt werden, so fällt platterdings auf uns unschuldige, welche wir noch immer eine Abteiliche Gemeinde ausmachen, die gantze Strafe zurück, und die den anwesende zugesagte Sicherheit, wie auch der versprochene Schutz des Eigentums hörte in so weit auf, als die durch uns anwesende noch vollends bestehende Gemeinde im Empfang und Genuß der Revenuen, und in Ausübung der bestehenden Gerechtsamen gekränckt, und benachteiliget würde.

Nebst den vielen Aufopferungen, wovon wir oben erwehnten, wird der Erzstifts Köllnischen Geistlichkeit, worunter die Abtey Brauweiler gehöret, die Zalung einer merklichen Contributions Summe auferlegt und, da auch wir hierinn unsern Anteil tragen, da wir zu Beyschaffung desselben hin und wider Anleihe eröffnen müssen, so legt jetzt der Stadtkundige Vorgang - daß der Inspecteur der National Domainen in Beystand des Bürgern **Brengruber** derenselben Empfänger, eines Gewaltrichtern, und zween Magistrats Commissarien die Haußvisitation gehalten, die Cassen weggenommen p.p. - uns unübersteigliche Hindernissen in den Weg, und verstopft die Quellen, woraus die Anschaffung der Contributions Gelder zu leiten war; wenigstens zieht der Private aus dieser Geschichte die nachteiligste Folgen, er bezeigt sich schüchtern, er beurteilt uns als ausgewanderte, und glaubt sich jezt der Gelder verlustig, die er der Abtey als ein Darlehn hergeben würde.

Vom Geldvorrath entblößt sollen wir dermale den Bürger **Brengruber** um Anschaffung jeder in der Haußhaltung nötiger Kleinigkeit besprechen, wir sollen, die wir uns gewis keiner Verschwendung schuldig wissen, keine Verwaltung, keinen Empfang führen, wir sollen Contributions Summen bezahlen, allein wer wird uns hierinn hilfliche Hand darbieten, wenn der wider uns vorwaltende Verdacht nicht verscheucht, die Sequestration nicht aufgehoben; und wir in den vorigen Stand nicht zurückgestellt werden.

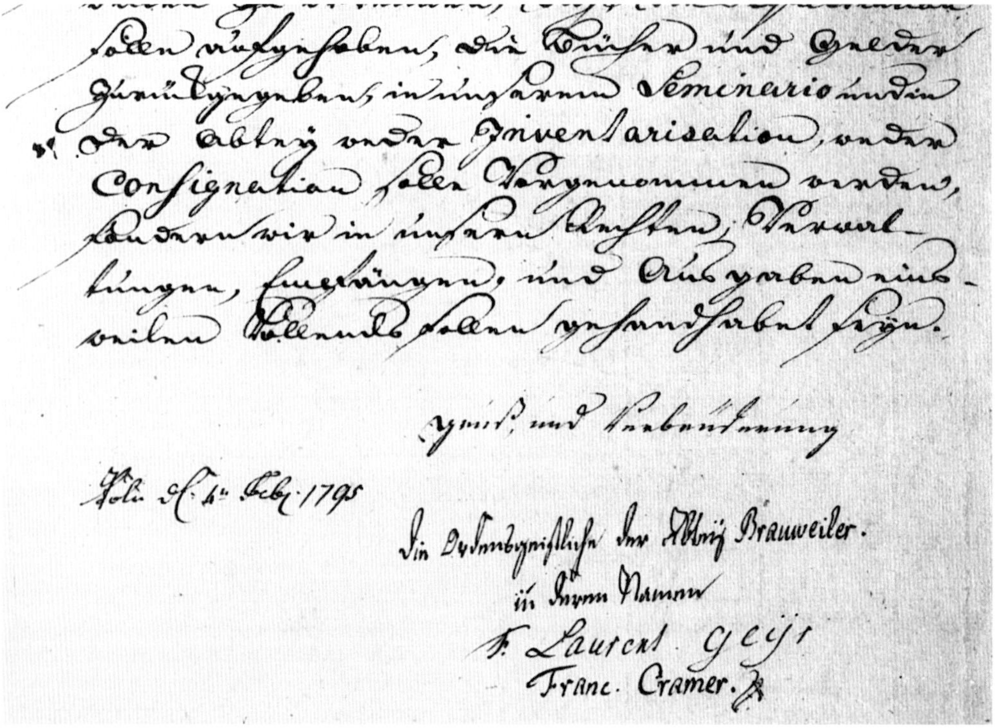
Köln d. 4. Febr. 1795

Die Ordensgeistlichen der Abtey Brauweiler.
in deren Namen
F. Laurent. Geyr
Franc. Cramer.

Unterschriften von Larentius Geyr und Franziskus Cramer unter ihrem Schreiben vom 4. Februar 1795 (NWHStAD, Maas u. Rhein)

Dem Vernehmen nach soll der Bürger **Brengruber** entschlossen seyn mit ehestem die Inventarisation und Consignation in unserem **Seminario** und in der Abtey **Brauweiler** vorzunehmen. Auf solche Art würde man uns die traurigste Anblick vor Augen stellen, und mancher würde uns nach gewissem Betracht als Gefangene und treulose Menschen ansehen, bey denen Verschleppung und Verschwendung zu befürchten wäre.

Aus den von **Brengruber** mitgenommenen Gelder wollten wir die Rechnungen einiger armen Bürger, und Taglöhner auszahlen, und die Kleinigkeiten in der Haußhaltung anschaffen. Dermale aber muß, wie uns berichtet wird, der Bürger Brengruber die Gelder am 8ten dieses an die Casse ohn fehl abgeben, wofern die hießige Stelle vor der Zeit nicht erkennen würde, daß die Gelder uns sollten obrückgegeben werden. Wir hoffen also dieses um somehr da der arme, und der Taglöhner auf die Auszalung bey uns seine zuverlässige Rechnung machte.

Die schmertzhafteste Empfindungen[,] so die vorseyende Bedrückung, und fernere Bedrohungen für die Zukunft uns ohne unser Verschulden verursachen, werden bey jedem unbefangenen Gemüthe einleuchtend seyn.

Wir geben auch Bürger Verwalter diese Anmerckungen zur Überlegung anheim; Versüßet unsere Leiden, beurteilet uns als Freunde der Republique, wir fodern Ewere Menschen Liebe auf, wir bitten Euch dahero, die Abteiliche Brauweiler Gleistlichen als nicht emigrirt zu erklären, uns bey unsern Rechten zu handhaben, die Sequestration aufzuheben, alle weiteres Verfahren betref der Inventarisation und Consignation zu verbieten, sodann die Rückgabe der uns weggenommener Geldern und Büchern zu erkennen.

Dörfte ein- oder anderes in unseren Bitten nicht gleich reif genug scheinen, so ersuchen wir Euch wegen offenbahrer Gefahr des Verzugs, wesfalls wir gegenwärtige Vorstellung durch einen Eilbotten übersenden, und durch denselben einen gefälligen Gruß begehren, wenigstens dahin einsweilen zu erkennen, daß die Sequestration solle aufgehoben, die Bücher und Gelder zurückgegeben, in unserem Seminario und in der Abtey weder Inventarisation weder Consignation solle vorgenommen werden, sondern wir in unsere Rechten, Verwaltungen, Empfängen und Ausgaben einsweilen vollends sollen gehandhabet seyn.

Gruß und Verbrüderung
Köln den 4. Febr. 1795
Die Ordensgeistliche der Abtey Brauweiler.
in deren Namen
Laurent. Geyr
Franc. Cramer

Quelle: HStAD, Maas und Rhein 1971
Transkription: Josef Wißkirchen

2. Französische Version in deutscher Übersetzung

Freiheit - Gleichheit - Brüderlichkeit

Die Benediktinermönche der Abtei Brauweiler, die erfahren haben, daß es in diesem Lande einigen Einwohnern aus Gehässigkeit und Selbstsucht beliebt, der Französischen Nation den Eindruck zu vermitteln, die Gemeinschaft der genannten Abtei sei emigriert, sehen sich genötigt, in dieser kleinen Abhandlung die Abwesenheit der Klosterbrüder zu erklären, damit der Sachverhalt verständlicher wird und die daraus zu ziehenden Schlußfolgerungen besser beurteilt werden können.

Sachverhalt

Es ist im ganzen Lande bekannt, daß der österreichische General Coburg die Bewohner unserer Gegend durch eine in seinem Hauptquartier am 30. Juli unterzeichnete Proklamation aufgefordert hat, seine abgekämpften Truppen mit Nahrungsmitteln aller Art sowie mit Geld zu unterstützen, selbst wenn es für die Kirche bestimmt sein soll.

Außerdem drohte er den bereits durch den Krieg stark belasteten Einheimischen damit, daß er seiner Armee Plünderungen erlauben werde, sofern sie die benötigten Nahrungsmittel nicht erhalten und sich genötigt sehen sollten, den Rhein zu überqueren, um, wie er es ausdrückte, den Feinden alle Mittel zur Bestreitung des Lebensunterhaltes zu entziehen.

Die bedrohliche Proklamation verbreitete Angst und Schrecken und bewog unseren Vater Abt, beim Herannahen der österreichischen Vorhut mit einem Teil unserer jüngeren Brüder im Kölner Seminar Zuflucht zu nehmen. Allerdings blieben noch drei Mönche mit den Dienstboten in der Abtei zurück, um das Haus zu versorgen.

Unmittelbar nach dem Weggang unserer Brüder, d.h. am 4. Oktober, überfielen die österreichischen Esterházy-Husaren die Abtei, um unter Berufung auf die besagte Proklamation zu plündern und alles zu verwüsten, was sie vorfanden. Die Mönche, die sie abbringen wollten, wurden mit den Dienstboten vertrieben. Alle Türen wurden gewaltsam geöffnet. Fünfzehn Faß Wein wurden entwendet, weitere Fässer zerstört, Haustiere mit Säbelhieben getötet. Die Bibliotheksbestände und die handschriftlichen Aufzeichnungen der Wirtschaftsverwaltung wurden zerrissen und in alle Winde verstreut, die Wäsche, die Gerätschaften, die Fleisch- und Fischvorräte wurden gestohlen oder unbrauchbar gemacht; das Verhalten der Truppe war in tausenderlei Hinsicht untragbar.

Die überraschende wie unerwartete Nachricht, die noch am selben Tage zu unseren Ordensbrüdern nach Köln gelangte, hat in den Herzen dieser nicht an Waffenlärm gewöhnten friedfertigen Schar größte Bestürzung ausgelöst. Nachdem unsere Brüder ihre Fassung wiedergefunden hatten, beschlossen sie bedauerlicherweise, das Angebot eines mitfühlenden Vogtes (franz. *„baillif“*, gemeint ist wohl der Schultheiß), der zuvor im Dienst der Abtei gestanden hatte, anzunehmen und in dessen Haus jenseits des Rheins einige Tage lang Zuflucht zu nehmen, um eine Besserung der Lage abzuwarten.

Bevor sie fortzogen, unterzeichneten sie eine Protestnote, in der sie erklären, daß sie die Abtei nicht aus Zweifel an der Loyalität der Französischen Nation, sondern ausschließlich aus Angst vor den Plünderungen der österreichischen Armee verlassen haben.

Außerdem ließen sie diese Protestnote am folgenden Tag durch einen Ordensbruder, der

Liberté. Egalité. Fraternité.

Les Réligieux Benedictins de l'Abbaye de BRAUWEILER informés, qu'il ſe trouve parmi les habitans de ce pays quelques eſprits malveillans & intéreſſés, qui ſe plaiſent à ſuggérer à la Nation Françaiſe, que la communauté de la dite Abbaye eſt émigrée, ſe voient obligés, de donner par ce petit *Expoſé* quelques éclairciſſemens ſur l'éloignement de leurs confrères, afin de mettre plus à portée, de pouvoir juger ſur le fait & ſur les conſéquences, qu'on en pourroit tirer.

F a i t.

Il eſt notoire dans tout ce pays, que le général autrichien COBOURG a fait publier une proclamation, datée de ſon quartier général le 30 Juillet, par laquelle il demande de tous les habitans de ces contrées, de porter ſans délai pour ſon armée fatiguée un ſecours fort non ſeulement en toutes ſortes de vivres, mais encore en argent, fût-il même dédié aux égliſes.

Il menaçait encore les habitans, dejà trop preſſés par le fardeau de la guerre, de permettre le pillage à ſes troupes, dans le cas, où faute de vivres il ſe ſeroit vu forcé de repaſſer le Rhin, pour arracher, comme il diſait, à ſes ennemis tous les moyens de ſubſiſtance.

Cette proclamation menaçante effraya tout le monde, & détermina nôtre Père Abbé avec une partie de nos confrères les plus jeunes de ſe réfugier, à l'approche des arrières-gardes autrichiennes, dans ſon Séminaire exiſtant à Cologne. Cependant ils laiſſerent à l'Abbaye encore trois réligieux avec tous les domeſtiques, pour avoir ſoin de leur maiſon.

Tout de ſuite après cette retraite de nos confrères, c. à d. le 4 Octobre, les huſſards autrichiens *d'Eſterhazi* ſe jetterent ſur l'Abbaye, & faiſans uſage de la dite proclamation, ils pillerent & dévaſterent tout ce qu'ils trouverent. Les réligieux, qui reſterent, furent diſperſés avec tous les domeſtiques. Toutes les portes furent enfoncées. Quinze fouders de vin furent dilapidées & emportées, les tonneaux caſſés, des beſtiaux ſabrés, les livres de la Bibliotheque, & les annotations manuſcrites de l'adminiſtration économique déchirées & diſſipées, tous les linges, tous les uſtenſils, tous les comeſtibles en viande & en poiſſons volés ou ruinés; enfin ils commirent mille inſolences.

Une nouvelle auſſi frappante qu'inattendue, apportée le même jour à nos confrères exiſtans encore à Cologne, devait naturellement exciter une ſenſation très forte dans les cœurs d'un troupeau paiſible, qui ne fut jamais accoutumé d'entendre le bruit des armes. Et dans la premiere conſternation ils prirent la triſte reſolution d'accepter au delà du Rhin un azile, qu'un baillif compatiſſant, qui étoit ci-devant attaché au ſervice de l'Abbaye, leur offrit dans ſa maiſon, afin d'attendre là pour quelques jours un ſort plus tranquille.

Mais avant de partir ils ſignerent un acte de proteſtation & de déclaration, qu'ils s'étoient éloignés de l'Abbaye par la ſeule frayeur du pillage des autrichiens, & non pas par aucune méfiance de la loyauté de la Nation Françaiſe.

Titelseite der französischen Fassung des Schreibens vom 4. Februar 1795 der Brauweiler Konventualen Laurentius Geyr und Franziskus Cramer an die Bezirksverwaltung in Bonn. Diese Fassung wurde gedruckt. (NWHStAD, Maas u. Rhein)

mit drei anderen Brüdern in die Abtei zurückgekehrt war, der ganzen Gemeinde zur Kenntnis bringen. Allerdings hatten sie nicht bedacht, welches unüberwindliche Hindernis ihnen die Rückkehr in die Abtei versperren würde.

Seither warten sie nach wie vor gemeinsam darauf, am ersten Tag des glorreichen Einzugs der französischen Truppen in die Abtei zurückkehren zu dürfen, jedoch sehen sie sich plötzlich umgeben von Republikfeinden, die ihnen tausenderlei Hindernisse in den Weg legen, um zu verhindern, daß sie sich wieder zu uns gesellen, um den großmütigen Schutz und das Wohlwollen der Französischen Nation zu genießen.

Dies sind die wahrheitsgetreuen und allgemein bekannten Gründe für die Abwesenheit unserer Ordensbrüder. Die Frage, ob davon auszugehen ist, daß die Ordensgemeinschaft der Benediktiner-Abtei Brauweiler emigriert ist, läßt sich somit unschwer beantworten.

Erläuterungen zum Sachverhalt

In der Abtei hat es niemals eine feste Anzahl von Mönchen gegeben, so daß dort - je nachdem - bisweilen vierundzwanzig, bisweilen aber nur fünfzehn Mönche lebten.

Bei den abwesenden Mönchen handelt es sich um unsere jüngeren Ordensbrüder. Hingegen sind wir, die wir in der Abtei oder ihren Nebengebäuden verblieben sind, noch zwölf an der Zahl, nicht mitgezählt zwei ältere Mönche, die seit vier Jahren in der Abtei Siegburg als Prior bzw. Lektor und Novizenmeister vorübergehend wirken.

Diese Mönche bilden - anders als die jungen Ordensbrüder - zweifellos den führenden und interessanten Teil der Klostergemeinschaft.

Unter diesen Umständen ist nicht davon auszugehen, daß die Klostergemeinschaft emigriert ist. Sie besteht weiterhin, auch wenn sie durch die unfreiwillige Abwesenheit unserer Brüder zahlenmäßig verringert wurde. Es trifft zu, daß unsere jüngeren Ordensbrüder nicht unter uns weilen. Wenn sie von uns durch einen unüberwindbaren Fluß getrennt sind, so nicht durch eine freiwillige Laune, sondern durch ein unvorhersehbares Unglück.

Aus Angst vor den Drohungen und Plünderungen der Österreicher und zutiefst beunruhigt durch die heftigen Kämpfe der gegnerischen Parteien haben sie ihre Klosterzellen verlassen. Wenn sie ihre Verbundenheit mit der Französischen Republik nicht durch ihre Rückkehr bezeugt haben, so weil sie der erste Ansturm an einen Ort verschlagen hat, den sie seit Beginn ihres unfreiwilligen Exils nicht mehr verlassen konnten. An ihrer Statt tun wir ihre guten Absichten kund, die sie in der Protestnote bereits erklärt und vor der gesamten Gemeinde bekanntgegeben haben.

Ihre Abwesenheit hat sehr wohl andere Gründe als die Flucht einiger Verbrecher, die aus Halsstarrigkeit ihre Heimat verlassen haben, die nicht bereit waren, sich den geltenden Gesetzen zu unterwerfen, die wiederholt das großmütige Angebot der Französischen Nation ausgeschlagen haben, um nicht in ihre Heimat zurückzukehren, obwohl ihnen dafür ein großzügig bemessener Zeitraum gewährt worden war.

Zur weiteren Verdeutlichung unserer Erläuterungen zum Sachverhalt sei uns ein Vergleich gestattet: Wenn sich eine oder zwei Kompanien eines Bataillons vor der Schlacht ein wenig zu weit von der übrigen Truppe entfernen und in Feindesland geraten, sind sie dann desertiert? Kann man dann sagen, daß das gesamte Bataillonskorps nicht mehr existiert?

Überlegungen zu den Schlußfolgerungen, die aus dem Sachverhalt gezogen werden können

Wir hoffen, daß sich nach diesen Erläuterungen sowie nach vorurteilsloser und uneigennütziger Prüfung der Umstände kein Unvoreingenommener findet, der behaupten möchte, die Mönche der Abtei Brauweiler seien nach dem Buchstaben und Geist des Gesetzes emigriert, zumal die Gegebenheiten keine Schlußfolgerungen zulassen, die der Abtei zum Nachteil gereichen.

Gesetzt den Fall, daß diese Erläuterungen jedoch nicht für jedermann so überzeugend sind wie für uns, so stellt sich die Frage, ob das von der Französichen Nation erlassene Gesetz gegen die Emigranten auf unsere Ordensgemeinschaft oder auf uns, die wir unter dem Schutz Frankreichs verblieben sind, anzuwenden ist.

Es kann nicht dem Willen einer aufgeklärten, gerechten und großmütigen Nation entsprechen, daß eine Gruppe junger, durch wildes Kriegsgeschrei eingeschüchterter Männer - fast ausnahmslos Studenten - mehr Gewicht haben soll, als die übrigen Brüder, die den wichtigsten Teil der Gemeinschaft bilden.

Auch wenn der Vater Abt in einer schlimmen Lage ist, auch wenn er der Republik seine Ergebenheit nicht persönlich bekunden kann, so darf seine Abwesenheit der Ordensgemeinschaft nicht abträglich sein, zumal er lediglich ein Primus inter pares ist. Die Einkünfte und Besitztümer der Abtei sind nicht das Eigentum des Abtes, über das er nach eigenem Gutdünken verfügen kann. Sie sind vielmehr das Erbe der Ordensgemeinschaft, das der Abt lediglich verwaltet und verteilt: ebensowenig ist die Armeekasse Eigentum des Hauptmanns, sondern vielmehr die Geldeinlage des Bataillons.

Es würde uns zutiefst betrüben, wenn ein möglicher Fehler unseres Vater Abtes oder unserer Mitbrüder die Ursache wäre, wenn uns ohne unser Verschulden das erbetene Recht nicht gewährt würde, wenn wir alt oder gebrechlich unsere Herberge und Nahrung in der Abtei verlören, ja, wenn wir um die Hoffnung gebracht würden, unsere Ordensgemeinschaft fortzusetzen, die wir in voller Freiheit eingegangen sind und mit der Einheit und Unzertrennlichkeit unserer Herzen gelebt haben.

Die Französische Republik ist mit ihren siegreichen Waffen nicht bis an den Rhein gezogen, um die Menschen ins Unglück zu stürzen, sondern um all jene Bürger des Glücks und insbesondere des großmütigen Schutzes teilhaftig werden zu lassen, die es dank ihrer Tugenden verdienen.

Wir wollen uns nicht rühmen, wenn wir öffentlich bekennen, daß unsere Abtei sich stets um das VATERLAND durch Menschlichkeit und Wohltätigkeit verdient gemacht hat. Sie teilt die Erträge ihrer Äcker, die ihre einzige Einkommensquelle bilden, mit den Einheimischen. Sie gibt ihnen Kleidung und Nahrung. Sie fördert das Handwerk und gewährt dem Reisenden Unterkunft.

Außerdem ist es uns gestattet, öffentlich auf unsere gute Disziplin, unsere Gleichheit vor dem Gesetz, unsere innige Brüderlichkeit, unsere weise Wirtschaftsführung [bei der wir nicht habgierig verfahren, sondern einen angemessenen Pachtzins verlangen] hinzuweisen. Auch blüht die Wissenschaft in unserer Abtei dank des unablässigen und fleißigen Studiums der Brüder.

Zum Nutzen des Vaterlandes unterhalten wir seit mehr als eineinhalb Jahrhunderten eine Schule, aus der Universitätsdoktoren, Gemeindepastoren und Klostervorsteher hervorgegangen sind, die allesamt zur Verbreitung der Wissenschaft und der guten Sitten erzogen und angeleitet wurden.

Die Vielzahl und die Vielfalt der wertvollen Bücher und literarischen Zeugnisse, die die Kommissare für Kunst und Wissenschaft auf Anordnung des Volksvertreters FRECINE unlängst von unserer durch böse Menschen teilweise zerstörten Bibliothek erhielten, zeugen davon, daß unser Orden keine Schar von Müßiggängern, sondern vielmehr eine Gemeinschaft von fleißigen Männern ist, die seit Jahrhunderten zum Nutzen des Allgemeinwohls wissenschaftlich tätig sind.

Auf Grund dieser Überlegungen haben wir volles Vertrauen in die Gerechtigkeit und Großzügigkeit der Französischen Nation, die unsere Mitbrüder nicht als Emigranten verurteilen wird. Wenn sie jeden Tag aufs neue ihren Feinden, die sie mit Waffengewalt bekämpft haben, etliche Beweise ihrer Großmut zuteil werden läßt, so hoffen wir, daß sie ihre Nachsicht und ihren Großmut auch ein weiteres Mal einer friedlichen Schar erweisen möge, die stets darauf bedacht war, sich um das Vaterland verdient zu machen durch Menschlichkeit und Wohltätigkeit, durch Disziplin und Wissenschaft, und mithin durch Tugenden, die die Republik von einem guten Bürger erwartet.

Die Benediktiner-Mönche der Abtei Brauweiler

Quelle: HStAD, Maas und Rhein 1971
Übersetzung: Christiane Saatzen, EU-Kommission Brüssel
Entnommen aus:
Hermann Daners: „Ab nach Brauweiler...!“ Nutzung der Abtei Brauweiler als Arbeitsanstalt, Gestapogefängnis, Landeskrankenhaus... (= 15. Sonderveröffentlichung des Vereins für Geschichte und Heimatkunde).- Pulheim 1996.

Der Brauweiler Konvent zur Amtszeit von Abt Anselm Aldenhoven 1778-1802

Vorbemerkung:

Sowohl über die Konventsstärke als auch über die Namen der Konventsmitglieder während der Amtszeit des letzten Brauweiler Abtes liegen zuverlässige Nachrichten vor. Es handelt sich um Listen, die aus verschiedenen Anlässen angefertigt wurden. Die älteste Liste stammt von 1778 und nennt die Namen der Mönche, die nach dem Tod von Abt Amandus Herriger an der Wahl des neuen Abtes teilgenommen haben. Weitere Namenlisten wurden während der französischen Herrschaftsperiode im Vorfeld der Säkularisation sowie zum Zeitpunkt der Aufhebung des Klosters von der französischen Verwaltung angefertigt.

Die Ordensnamen sind in der Schreibweise übernommen, die von den Mönchen bei Unterschriften verwendet wurde und wie sie auch in den Namenlisten vorkommen. Bei heute noch üblichen Namen wurde jedoch wegen der besseren Lesbarkeit die mittlerweile ungebräuchliche Endung -us bis auf wenige Ausnahmen fortgelassen. Sie wurde nur dort gelassen, wo sie heute noch allgemein üblich ist. (Hinter dem Ordensnamen ist in Klammern der Taufname, soweit er bekannt ist, angegeben.)

1. Der Konvent bei der Wahl von Abt Anselm Aldenhoven im Jahre 1778

Vorbemerkung:

Der Schreiber des letzten Teils der „Acta Abbatum" überliefert als Abschluß seiner Aufzeichnungen die Liste der Konventsmitglieder, die an der Wahl des 51. Abtes am 21. Juli 1778 teilgenommen haben. Er führt die Namen von 31 anwesenden wahlberechtigten Konventsmitgliedern an. Von anderer Hand sind hinzugefügt die Namen von zwei damals noch nicht Wahlberechtigten, einem Novizen und einem, der zu diesem Zeitpunkt weder seine Profeß abgelegt noch die hl. Weihen empfangen hatte. 1778 gehörten dem Konvent im rechtlichen Sinne 31 Mönche an. Rechnet man die beiden noch nicht Wahlberechtigten hinzu, so waren es insgesamt 33 Personen. Es handelte sich im einzelnen um folgende Konventualen:

• Bernhard Ahrem

Er wurde am 8. Juni 1730 bei Hülchrath geboren, trat 1751 in das Kloster ein und hatte von 1763-1769 das Amt eines Lektors inne. Bei der Wahl der Äbte Beda Groten (1753), Amandus Herriger (1756) und Anselm Aldenhoven (1778) fungierte er als *„Scrutator"*, d.h. als Stimmenzähler. Von 1769 an war er bis zu seinem Tod am 18. Mai 1794 Pastor in Sinthern.

• Anselm (Johann Nikolaus) Aldenhoven

Er wurde am 8. September 1732 in Warth bei Hennef an der Sieg geboren. Im Alter von 19 Jahren trat er am 1. November 1751 in die Abtei Brauweiler ein, wo er ein Jahr später seine Profeß ablegte. Am 3. April 1756 empfing er die Priesterweihe. Erstmals war er 1748 an der Universität in Köln immatrikuliert, dann erneut 1755 an ihrer theologischen Fakultät. Einige Zeit war er für die Abtei in Klotten tätig, wo er lange vernachlässigte Weinberge in Ordnung bringen ließ. Eine Inspektionsreise führte ihn damals auch zu den Brauweiler Weingütern im Rheingau. Vor seiner Wahl zum Abt war er als Ökonom des Brauweiler Hofes in Köln tätig. Am 21. Juli 1778 wurde er im ersten Wahlgang zum 51. Abt von Brauweiler gewählt. Während seiner Amtszeit als Abt entstanden in Brauweiler die von Nikolaus Lauxen errichteten barocken Neubauten. Nach der Aufhebung des Klosters ging er nach Köln, wo er am 15. Juni 1810 starb. Begraben wurde er in der Kölner Jesuitenkirche St. Mariae Himmelfahrt. Das Grab ist verloren.

• Caspar (Christian) Baumann

Er wurde am 24. April 1739 in Hücheln (heute zu Frechen gehörend) geboren und trat

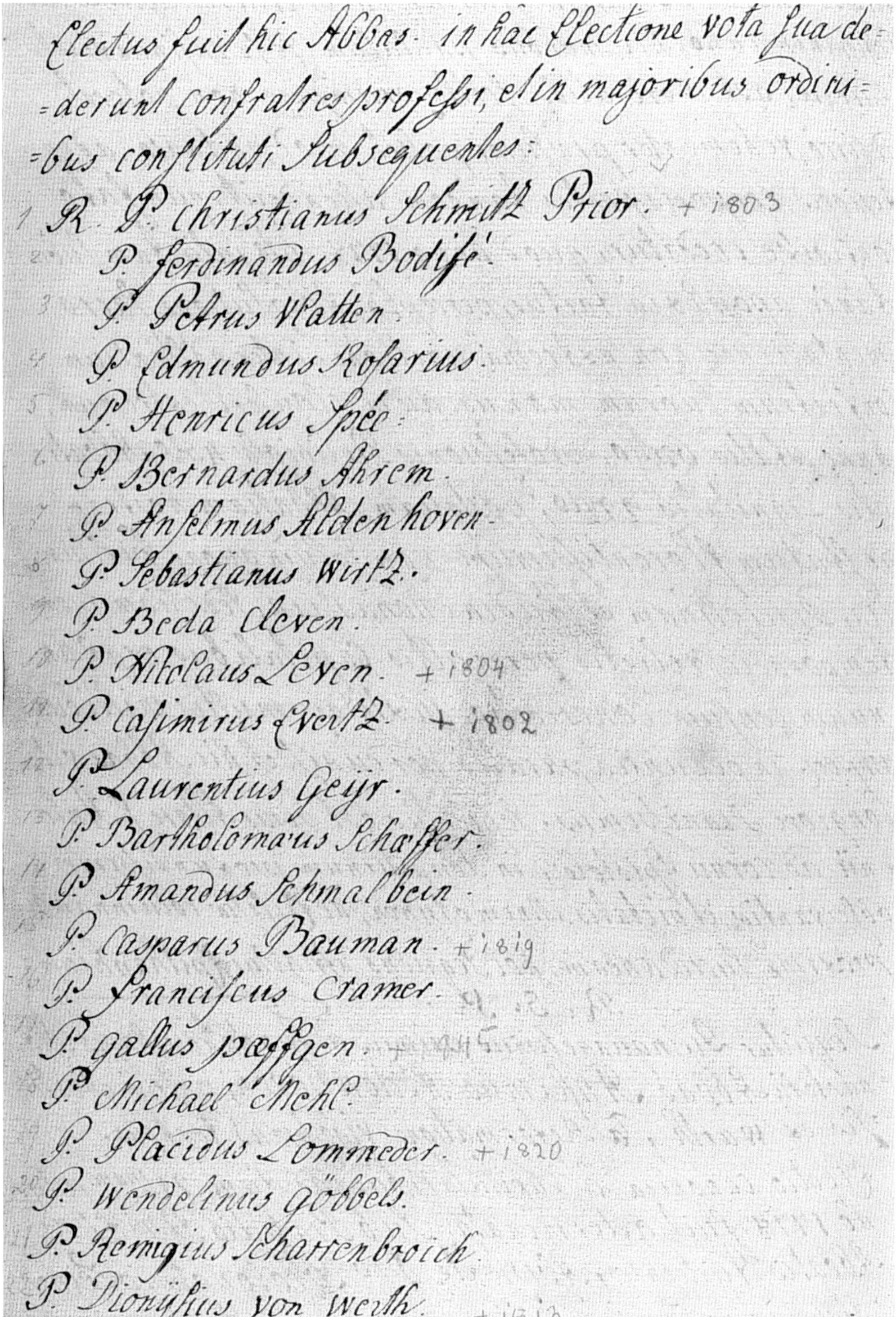

Electus fuit hic Abbas. in hac Electione vota sua de=
=derunt confratres professi, et in majoribus ordini=
=bus constituti subsequentes:
1 R. P. Christianus Schmitz Prior. + 1803
2 P. Ferdinandus Bodifé.
3 P. Petrus Platten.
4 P. Edmundus Rosarius.
5 P. Henricus Spée.
6 P. Bernardus Ahrem.
7 P. Anselmus Aldenhoven.
8 P. Sebastianus Wirtz.
9 P. Beda Cleven.
10 P. Nicolaus Leven. + 1804
11 P. Casimirus Evertz. + 1802
12 P. Laurentius Geyr.
P. Bartholomaeus Schaffer.
14 P. Amandus Schmalbein.
P. Casparus Bauman. + 1819
16 P. Franciscus Cramer.
P. Gallus Paeffgen. + 1845
18 P. Michael Mehl.
P. Placidus Lommeder. + 1820
20 P. Wendelinus Göbbels.
21 P. Remigius Scharrenbroich.
P. Dionysius von Werth. + 1813

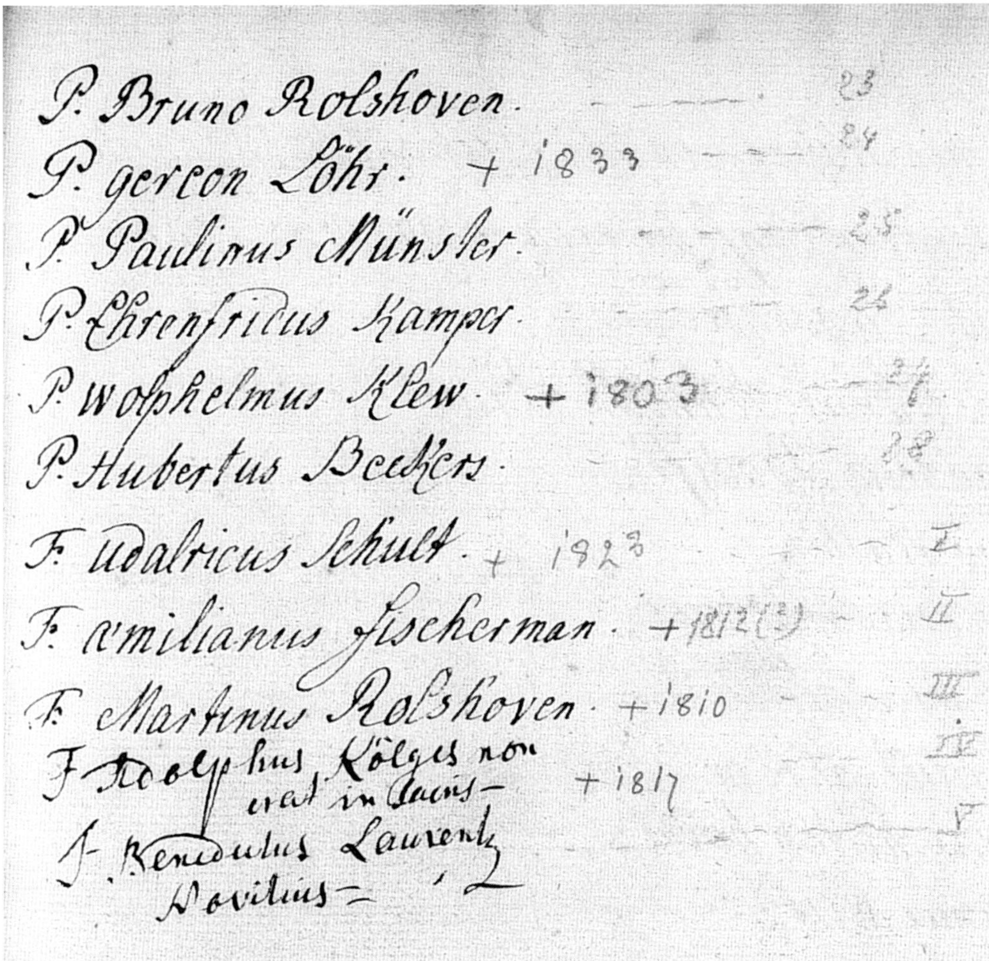

P. Bruno Rolshoven.
P. gereon Löhr. + 1833
P. Paulinus Münster.
P. Ehrenfridus Kamper.
P. wolphelmus Klew. + 1803
P. Hubertus Beckers.
F. udalricus Schult. + 1823
F. emilianus fischerman. + 1812 (?)
F. Martinus Rolshoven. + 1810
F. Adolphus Kölges non erat in [illegible] + 1817
F. Benedictus Laurentz Novitius

Liste der Mönche, die bei der Wahl von Anselm Aldenhoven am 21. Juli 1778 anwesend waren. Acta Abbatum, Bl. 448 r und 449v (PfAB)

am 19. Juni 1757 in das Kloster ein. Seine Profeß legte er am 25. Juni 1758 ab und wurde am 2. Oktober 1763 zum Priester geweiht. 1778 amtierte er als Waldinspektor. Er starb am 20. März 1819 in Köln. Auf dem Totenzettel wird er als früherer Kellner der Abtei Brauweiler bezeichnet. Wann er dieses Amt innehatte, ist nicht bekannt.

• Hubert Beckers

Geburtsdatum und Geburtsort sind nicht bekannt. Am 21. September 1776 wurde er zum Priester geweiht. Er starb am 27. Mai 1781.

• Ferdinand Bodifé

Er wurde 1710 geboren und trat am 12. November 1730 im Alter von zwanzig Jahren in das Kloster ein. Seine Profeß legte er ein Jahr später ab und wurde 1735 zum Priester geweiht. Im gleichen Jahr war er an der theologischen Fakultät der Kölner Universität immatrikuliert. 1739-1749 und erneut 1761 amtierte er als Rektor der Laurentiuskapelle in Brauweiler. Zeitweilig war er nach Klotten abgeordnet. 1749 erhielt er das Amt des Priors der Abtei Siegburg. 1753 und 1756 ist er als Prior von Brauweiler bezeugt. Er wurde 1762 Pastor in Zons, 1785 legte er im Alter von 75 Jahren

Jesus, Maria, Benedictus, Severinus.

† † † †

Priester und Gläubige gedenket in eurem Gebethe
des
hochwürdigen hochgelehrten Herrn
Christianus Casparus Baumann,
gewesenen Kellner der vormaligen Benedictiner Abtey zu Brauweiler,

Welcher im 80ten Jahre seines Alters, im 61ten des Ordensstandes, und im 6ten des priesterlichen Jubeljahres, den 20ten Merz 1819 Morgens 5 Uhr nach einer kurzen mit beyspielvoller Geduld ertragenen Abnehmungs-Krankheit, gestärkt mit den Heilsmitteln der katholischen Kirche zu einem bessern Leben hinüberwallte.

Der Verklärte hatte sich einer allgemeinen Hochachtung und Liebe von seinen Mitbrüdern, und von allen, die ihn kannten, zu erfreuen.

Emsigkeit in seinen Geschäften, Liebe des Gebeths und gegen die Armen waren dem Verklärten besonders eigen.

Friede seiner Seele! Segen seinem Andenken!

Die Exequien werden gehalten Dienstag den 23ten in st. Severin. Mittwoch den 24ten in der Degrote-Familienkirche am Elend, und Freitag den 26ten von der Bruderschaft des H. Benedictus in groß st. Martin.

Köln, gedruckt bey J. F. Bourel.

Totenzettel für den verstorbenen Christian Baumann (P. Caspar) (HAStK)

sein Amt nieder. Fünf Jahre später starb er am 26. Juni 1790.

• Beda Cleven

Am 13. Januar 1732 wurde er in Gladbach geboren. Seine Profeß legte er am 21. März 1755 ab und wurde am 9. Juni 1759 zum Priester geweiht. 1763 war er Novizenmeister in Brauweiler. Am 2. Dezember 1773 wurde er Pastor in Widdersdorf, und ab 1785 war er als Pastor in Zons tätig. Er starb am 26. März 1801.

• Franziskus (Heinrich) Cramer

Er wurde am 6. Juni 1740 im sauerländischen Balve geboren. In Köln besuchte er das Montanergymnasium und studierte an der juristischen Fakultät der Kölner Universität. Mit 21 Jahren trat er 1761 in das Kloster Brauweiler ein und wurde am 22. September 1765 zum Priester geweiht. Er wirkte als Lektor des Kirchenrechts und der Theologie, erwarb den Titel eines Lizentiaten der Theologie und den eines Doktors der Rechte. 1783 wurde er an die Bonner Akademie, aus der drei Jahre später die Universität hervorging, berufen. Cramer hatte hier den Lehrstuhl für Geschichte und Diplomatik inne. 1792 wurde er Dekan der juristischen Fakultät der Bonner Universität. Er ist Verfasser verschiedener Veröffentlichungen, darunter auch einer großangelegten Darstellung der Geschichte der Abtei Brauweiler. Er starb am 6. Februar 1796 im Brauweiler Hof zu Köln, wo er die letzten Jahre seines Lebens zurückgezogen verbrachte. Er wurde am 14. Februar auf dem Friedhof von St. Columba in Köln beerdigt.

• Kasimir Evertz

Er wurde am 20. März 1736 geboren. Nach seinem Eintritt ins Kloster legte er am 21. März 1755 seine Profeß ab und empfing am 31. Mai 1760 die Priesterweihe. 1775-1778 hatte er das Amt des Sakristans inne und war später Ökonom des Brauweiler Hofes in Köln. Er starb am 28. Oktober 1784.

• Aemilianus (Gerhard Adam) Fischermann

Er wurde am 8. April 1755 geboren und trat am 7. August 1774 in das Kloster ein. Im gleichen Jahr wurde er in Köln immatrikuliert. Seine Profeß legte er am 15. August 1775 ab und empfing am 18. September 1779 die Priesterweihe. Im Kloster Brauweiler unterrichtete er 1786 Dogmatik und Moral. Nach 1790 war er als Prior und Lektor in der Abtei Siegburg tätig. Am 19. September 1797 wurde er Pastor in Widdersdorf, wo er am 16. November 1812 starb.

• Laurentius Geyr

Er wurde in Ossendorf (heute zu Köln) geboren und empfing am 6. Juni 1762 die Priesterweihe. 1778 und 1782 ist er als Kellner bezeugt. Er amtierte zeitweise als Lektor der Philosophie und Theologie. 1795 war er als Ökonom des Brauweiler Hofes in Köln tätig. Er starb im gleichen Jahr und wurde am 14. April 1795 wohl auf dem Friedhof von St. Columba in Köln, da der Brauweiler Hof in dieser Pfarre lag, beerdigt.

• Wendelin Göbbels

Er wurde 1747 geboren. Im Alter von 24 Jahren wurde er am 23. Februar 1771 zum Priester geweiht. 1778 ist er als Lektor der

Theologie und Philosophie bezeugt. Wann er das Amt des Priors, das er bei seinem Tod innehatte, erhalten hat, ist nicht bekannt. Er starb am 22. April 1795.

• Erenfried Kamper

Er wurde am 20. Februar 1750 geboren und am 23. September 1775 zum Priester geweiht. Er starb am 2. Mai 1784.

• Wolfhelm (Johann Wilhelm) Klew

Er wurde am 17. April 1753 in Sindorf geboren, trat am 10. August 1770 in das Kloster ein, legte seine Profeß am 11. August 1771 ab und wurde am 17. September 1777 zum Priester geweiht. Zeitweise hatte er das Amt des Novizenmeister inne. Ab 21. Juni 1794 war er als Adjunkt in Klotten tätig. Er starb am 23. April 1809 als Vikar in Klotten.

• Adolph (Heinrich Adolph) Kölges

Er wurde am 7. Oktober 1757 in Gladbach geboren, trat am 6. Oktober 1776 in das Kloster ein und legte seine Profeß am 19. Oktober 1777 ab. Im gleichen Jahr wurde er in Köln immatrikuliert. Am 5. Mai 1782 empfing er die Priesterweihe. Bei der Wahl von Anselm Aldenhoven zum neuen Abt war er nicht wahlberechtigt, da er die hl. Weihen noch nicht empfangen hatte *(non erat in sacris),* wie in den *„Acta Abbatum"* vermerkt ist. Zwischen 1790 und 1797 befand er sich in der Abtei Siegburg. Vom 14. April 1801 an war er Kaplan in Zons und wirkte ab 4. Juli 1812 als Pastor in Widdersdorf, wo er am 10. Mai 1817 starb.

• Benedikt (Theodor) Laurenz

Er wurde am 31. Dezember 1755 in Born bei Sittard (Niederlande) geboren, trat am 5. Oktober 1777 in das Kloster ein, legte am 11. Oktober 1778 seine Profeß ab und erhielt am 14. Juni 1783 die Priesterweihe. 1796 ernannte ihn der Abt zum Rektor der Laurentiuskapelle. Dieses Amt behielt er auch nach der Aufhebung der Abtei. Nach der Pfarrerhebung Brauweilers wurde er am 28. Juni 1804 zum ersten Pfarrer in Brauweiler ernannt. Schwierigkeiten in der Wohnungsfrage veranlaßten ihn, im November 1810 um Entpflichtung von seinem Brauweiler Pfarramt zu bitten. Er wurde Pastor in Esch (heute Stadtteil von Köln). Dieses Amt

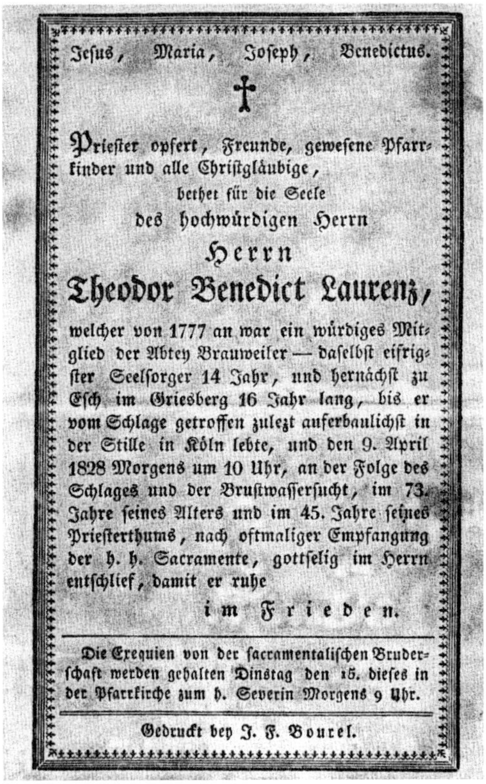
Jesus, Maria, Joseph, Benedictus.

†

Priester opfert, Freunde, gewesene Pfarrkinder und alle Christgläubige,
bethet für die Seele
des hochwürdigen Herrn
Herrn
Theodor Benedict Laurenz,
welcher von 1777 an war ein würdiges Mitglied der Abtey Brauweiler — daselbst eifrigster Seelsorger 14 Jahr, und hernächst zu Esch im Griesberg 16 Jahr lang, bis er vom Schlage getroffen zuletzt auferbaulichst in der Stille in Köln lebte, und den 9. April 1828 Morgens um 10 Uhr, an der Folge des Schlages und der Brustwassersucht, im 73. Jahre seines Alters und im 45. Jahre seines Priesterthums, nach oftmaliger Empfangung der h. h. Sacramente, gottselig im Herrn entschlief, damit er ruhe
im Frieden.

Die Exequien von der sacramentalischen Bruderschaft werden gehalten Dinstag den 15. dieses in der Pfarrkirche zum h. Severin Morgens 9 Uhr.

Gedruckt bey J. F. Bourel.

Totenzettel für den verstorbenen Theodor Laurenz (P. Benedikt) (PfAB)

mußte er 1826 wegen eines Schlaganfalls aufgeben. Er starb am 9. April 1828 in Köln.

Bei der Wahl des Abtes Anselm Aldenhoven war er nicht wahlberechtigt, da er noch Novize *(Novitius)* war, wie in den *„Acta Abbatum"* vermerkt ist.

• Nikolaus (Johann Wilhelm) Leven

Er wurde am 20. Oktober 1733 in Köln geboren, trat am 21. März 1754 in das Kloster ein, legte ein Jahr später seine Profeß ab und wurde am 9. Juni 1759 zum Priester geweiht. 1768-1796 amtierte er als Rektor der Laurentiuskapelle. 1778 wurde er als zweiter Rektor der Kapelle bezeichnet. Er starb am 14. April 1804 in Köln. (In der Bayer-Kartei im HAStK ist als Geburtsjahr 1734 angegeben.)

• Gereon (Joseph) Löhr

Er wurde am 2. September 1750 in Köln geboren, trat am 10. September 1769 in das

Kloster ein, legte am 16. September 1770 seine Profeß ab und wurde am 11. März 1775 zum Priester geweiht. 1795 war er als Rektor der Laurentiuskapelle tätig. Im gleichen Jahr noch wurde er Kaplan und am 14. April 1801 Pastor in Zons. Er starb 1833.

• Placidus (Heinrich) Lommeder

Er wurde am 31. August 1744 in Sinthern in der Herrlichkeit Brauweiler geboren und trat am 29. Juni 1763 in das Kloster ein. Im gleichen Jahr wurde er in Köln immatrikuliert. Am 8. Juli 1764 legte er seine Profeß ab und erhielt am 29. Mai 1768 die Priesterweihe. 1778 war er als Novizenmeister tätig. 1786 und 1793 war er Vikar in Zons. Am 1. Juli 1794 wurde er Pastor in seinem Geburtsort Sinthern. Anschließend war er vom 28. Mai 1817 an bis zu seinem Tod am 17. Mai 1819 Pastor in Widdersdorf.

• Michael Mehl

1756 trat er in das Kloster ein und wurde am 25. September 1768 zum Priester geweiht. 1782-1786 war er Rektor der Laurentiuskapelle. Er starb am 12. August 1797 und wurde in Köln auf dem Friedhof der Pfarre St. Columba begraben.

• Paulinus Münster

Er wurde am 7. Januar 1749 geboren, erhielt am 11. März 1775 die Priesterweihe. 1778 amtierte er als Waldinspektor. Er starb am 7. September 1796 an den Folgen einer Operation.

• Gallus Päffgen

Er wurde am 18. November 1744 geboren, trat 1766 in das Kloster ein und erhielt am 29. Mai 1768 die Priesterweihe. Nach 1778 wurde er Sacellan in Zons. Am 19. Januar 1785 starb er.

(Er ist nicht zu verwechseln mit dem jüngeren Konventualen Gallus Päffgen, geb. 1769, dessen Namen die in französischer Zeit angelegten Listen nennen.)

• Bruno Rolshoven

Er wurde am 13. Oktober 1750 geboren und am 24. September 1774 zum Priester geweiht. Es ist nicht bekannt, wann er gestorben ist. In späteren Namenlisten, die in der Zeit der französischen Herrschaft am Rhein angefertigt wurden, wird er nicht genannt.

• Martin (Franz) Rolshoven

Er wurde am 19. April 1753 geboren, trat am 4. Dezember 1774 in das Kloster ein, legte am 6. Dezember 1775 seine Profeß ab und wurde am 18. September 1779 zum Priester geweiht. Er amtierte als Novizenmeister. 1794, 1798 und 1801 ist er als Prior bezeugt. Nach der Aufhebung der Abtei wurde er 1804 und 1807 zum Subsidiar in Brauweiler bestellt. Er starb 1810.

• Edmund Rosarius

Er wurde am 25. Juli 1721 geboren, trat am 24. November 1743 in das Kloster ein, legte im Dezember 1744 seine Profeß ab und wurde am 21. Dezember 1748 zum Priester geweiht. Er starb am 17. Mai 1786.

• Bartholomäus Schäfer

Sein Geburtsdatum ist nicht bekannt. 1757 trat er in das Kloster ein und wurde am 6. Juni 1762 zum Priester geweiht. Nachdem er 1778 Adjunkt in Klotten war, wurde er am 28. April 1785 zum Pastor in Widdersdorf ernannt. Dort starb er am 18. September 1797.

• Amandus Schmalbein

Er wurde 1735 geboren und trat 1758 in das Kloster ein. Am 16. März 1771 wurde er zum Priester geweiht. Er amtierte als Archivar und starb am 20. Oktober 1792.

• Christian (Christian) Schmitz

Er wurde am 29. Mai 1737 in Rath bei Widdersdorf (heute zu Köln) in der Herrlichkeit Brauweiler geboren, trat am 8. September 1756 in das Kloster ein, legte am 11. September 1757 seine Profeß ab und erhielt am 6. Juni 1762 die Priesterweihe. Seit dem 4. November 1785 war er Ökonom in Klotten, wo er am 4. Dezember 1818 starb.

• Remigius Scharrenbroich

Sein Geburtsdatum ist unbekannt. 1768 trat er in das Kloster ein und wurde am 14. März 1772 zum Priester geweiht. Er starb am 5. Oktober 1783.

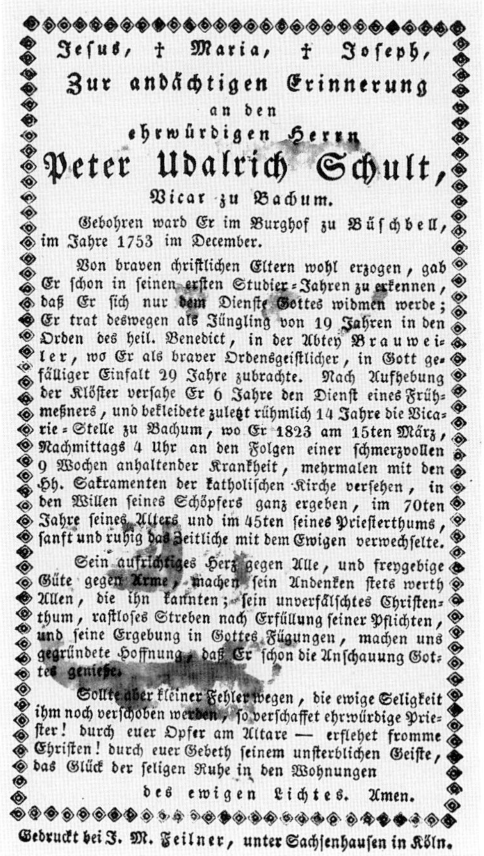

Jesus, † Maria, † Joseph,
Zur andächtigen Erinnerung
an den
ehrwürdigen Herrn
Peter Udalrich Schult,
Vicar zu Bachum.

Gebohren ward Er im Burghof zu Büschbell, im Jahre 1753 im December.

Von braven christlichen Eltern wohl erzogen, gab Er schon in seinen ersten Studier-Jahren zu erkennen, daß Er sich nur dem Dienste Gottes widmen werde; Er trat deswegen als Jüngling von 19 Jahren in den Orden des heil. Benedict, in der Abtey Brauweiler, wo Er als braver Ordensgeistlicher, in Gott gefälliger Einfalt 29 Jahre zubrachte. Nach Aufhebung der Klöster versahe Er 6 Jahre den Dienst eines Frühmeßners, und bekleidete zuletzt rühmlich 14 Jahre die Vicarie-Stelle zu Bachum, wo Er 1823 am 15ten März, Nachmittags 4 Uhr an den Folgen einer schmerzvollen 9 Wochen anhaltender Krankheit, mehrmalen mit den Hh. Sakramenten der katholischen Kirche versehen, in den Willen seines Schöpfers ganz ergeben, im 70ten Jahre seines Alters und im 45ten seines Priesterthums, sanft und ruhig das Zeitliche mit dem Ewigen verwechselte.

Sein aufrichtiges Herz gegen Alle, und freygebige Güte gegen Arme, machen sein Andenken stets werth Allen, die ihn kannten; sein unverfälschtes Christenthum, rastloses Streben nach Erfüllung seiner Pflichten, und seine Ergebung in Gottes Fügungen, machen uns gegründete Hoffnung, daß Er schon die Anschauung Gottes genieße.

Sollte aber kleiner Fehler wegen, die ewige Seligkeit ihm noch verschoben werden, so verschaffet ehrwürdige Priester! durch euer Opfer am Altare — erflehet fromme Christen! durch euer Gebeth seinem unsterblichen Geiste, das Glück der seligen Ruhe in den Wohnungen
des ewigen Lichtes. Amen.

Gedruckt bei J. M. Feilner, unter Sachsenhausen in Köln.

Totenzettel für den verstorbenen Peter Schult (P. Udalricus) (HAStK)

• <u>Udalricus (Peter) Schult</u>

Er wurde am 20. Dezember 1759 auf dem Burghof in Buschbell (heute zu Frechen) geboren, trat am 1. November 1773 in das Kloster ein und legte seine Profeß am 6. November 1774 ab. Nach der Aufhebung der Abtei erhielt er für sechs Jahre die Stelle des Frühmessers und danach bis zu seinem Tod das Amt eines Vikars in Bachem (heute zu Frechen). Er starb am 15. März 1823.

• <u>Heinrich Spee</u>

Er wurde am 26. Juni 1731 in Düsseldorf geboren, trat am 24. Mai 1750 in das Kloster ein, legte seine Profeß am 30. Mai 1751 ab und wurde am 24. Mai 1755 zum Priester geweiht. Im gleichen Jahr wurde er an der theologischen Fakultät der Universität zu Köln immatrikuliert. Er war 1770 Rektor der Laurentiuskapelle und starb am 23. September 1779.

• <u>Petrus (Johann Peter) Vlatten</u>

Er wurde am 5. Dezember 1719 in Thorr (heute zu Bergheim, Erftkreis) geboren, trat am 9. November 1737 in das Kloster ein, legte am 23. November 1738 seine Profeß ab und wurde im September 1743 zum Priester geweiht. 1744 wurde er an der theologischen Fakultät der Universität zu Köln immatrikuliert. 1756 amtierte er als Forstinspektor. Nachdem er eine Zeitlang Kellner des Klosters Kornelimünster gewesen war, war er 1771, 1772 und 1775 Kellner seines Heimatklosters. 1778 wurde ihm die Leitung der Verwaltung in Klotten übertragen. Er trug den Titel Propst, den er auch dann noch beibehielt, nachdem 1785 Christian Schmitz die Verwaltung in Klotten als Ökonom übernommen hatte. Am 18. April 1802 starb er im Kloster zu Brauweiler, wo er sich während der letzten Jahre seines Lebens aufgehalten hatte.

• <u>Dionysius (Peter Wilhelm) von Werth</u>

Er wurde am 22. April 1750 in Kirchherten (bei Bedburg) geboren, trat am 29. Juni 1769 in das Kloster ein, legte seine Profeß am 22. Juli 1770 ab und empfing am 28. Mai 1774 die Priesterweihe. Er starb am 21. Oktober 1811.

• <u>Sebastian Wirtz</u>

Er wurde am 2. März 1731 in Cochem geboren, legte am 8. Dezember 1752 seine Profeß ab und wurde am 29. Mai 1755 zum Priester geweiht. 1778 ist er als Spindarius genannt. Er starb im Mai 1794.

2. Der Konvent im Jahre 1793

Vorbemerkung:

Eine Angabe über die Stärke des Konvents und die Namen seiner Mitglieder ist während der Amtszeit von Abt Anselm Aldenhoven erstmals zum Jahre 1793 überliefert in einer Liste, die am 16. Thermidor VI (= 3. August 1798) von dem Hauptsekretär Dahmen der französischen Verwaltung des Kantons Weiden angefertigt wurde. In zwei nebeneinanderliegenden Spalten sind die Namen der Mönche, die am

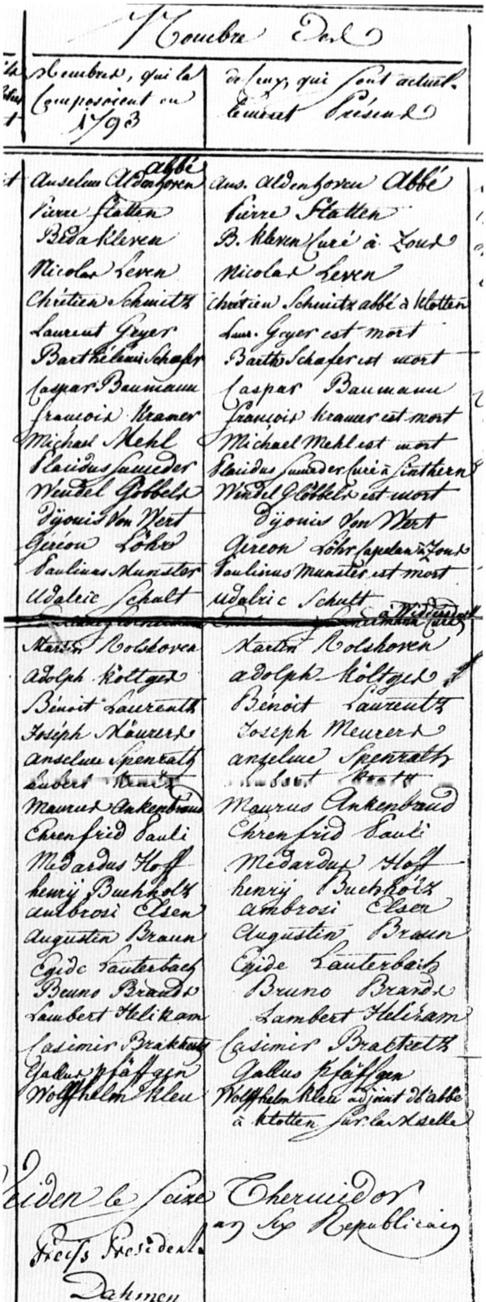

Membres, qui la composoient en 1793	ceux, qui sont actuel. ement présents
Anselm Aldenhoven abbé	Ans. Aldenhoven Abbé
Pierre Flatten	Pierre Flatten
Beda Kleven	B. Kleven curé à Zons
Nicolas Leven	Nicolas Leven
Chrétien Schmitz	Chrétien Schmitz abbé à Klotten
Laurent Geyer	Laur. Geyer est mort
Barthélemi Schafer	Barth. Schafer est mort
Caspar Baumann	Caspar Baumann
François Kramer	François Kramer est mort
Michael Mehl	Michael Mehl est mort
Placidus [illegible]	Placidus [illegible] curé à Sinthern
Wendel Gobbels	Wendel Gobbels est mort
Dyonis von Wert	Dyonis von Wert
Gereon Löhr	Gereon Löhr capelan à Zons
Paulinus Munster	Paulinus Munster est mort
Udalric Schult	Udalric Schult
[illegible]	[illegible]
Martin Rolshoven	Martin Rolshoven
Adolph Költgen	Adolph Költgen
Benoit Laurentz	Benoît Laurentz
Joseph Meurer	Joseph Meurer
Anselme Spenrath	Anselme Spenrath
[illegible]	[illegible]
Maurus Ankenbrand	Maurus Ankenbraud
Ehrenfrid Pauli	Ehrenfrid Pauli
Medardus Hoff	Medardus Hoff
Henri Buchholz	Henrij Buchholz
Ambrosi Elsen	Ambrosi Elsen
Augustin Braun	Augustin Braun
Egide Lauterbach	Egide Lauterbach
Bruno Brands	Bruno Brands
Lambert Helikam	Lambert Helikam
Casimir Brakkertz	Casimir Brakertz
Gallus Pfäffgen	Gallus Pfäffgen
Wolffhelm Kleu	Wolffhelm Kleu adjoint de l'abbé à Klotten sur la Moselle

[illegible] le seize Thermidor an six Republicain

[illegible] Président

Dahmen

Ausschnitt aus der Namenliste vom 16. Thermidor VI (= 3. August 1798) mit den Namen der Mönche, die 1793 zum Konvent gehörten (linke Spalte) und denen, die am Tag der Zählung dem Konvent angehörten (rechte Spalte) (NWHStAD, Roerdep.)

Tage der Auflistung dem Konvent angehörten, im Vergleich mit denen, die 1793, also vor der endgültigen Eroberung des Rheinlandes durch die französische Armee, im Kloster lebten.

In der Liste mit der Jahreszahl 1793 befinden sich die Namen von 21 Mönchen, die an der Abtswahl von 1778 teilgenommen hatten. Es fehlen die Namen von 11 in der Zwischenzeit verstorbenen Konventualen. Dies sind: Bernhard Ahrem (†1794), Hubert Beckers (†1781), Ferdinand Bodifé (†1790), Kasimir Evertz (†1784), Erenfried Kamper (†1784), Gallus Päffgen (†1785), Edmund Rosarius (†1786), Amandus Schmalbein (†1792), Remigius Scharrenbroich (†1783), Heinrich Spee (†1779) und Sebastian Wirtz (†1794).

Ungewiß ist das Schicksal eines weiteren Mönchs. Es handelt sich um Bruno Rolshoven. Sein Name taucht in den Listen aus französischer Zeit nicht mehr auf. Es muß ungewiß bleiben, ob er mittlerweile verstorben oder in ein anderes Kloster, eventuell zur Aushilfe, gegangen war.

Zu den verbliebenen 21 Konventsmitgliedern werden in der Liste 14 Mönche, die bis 1793 als Novizen in das Kloster eingetreten waren, genannt. Damit bestand der Konvent des Klosters im Jahre 1793 aus insgesamt 35 Mönchen. Er hatte sich gegenüber 1778 vergrößert, d.h. der Zugang durch Novizen war in diesem Zeitraum höher als die Verluste durch Tod. Es handelt sich bei den neu Hinzugekommenen im einzelnen um folgende Konventualen:

• Maurus (Adam) Ankenbrandt

Er wurde am 29. Juni 1764 in Bonn geboren, trat am 8. Juli 1781 in das Kloster ein, legte am 14. Juli 1782 seine Profeß ab und wurde am 18. September 1787 zum Priester geweiht. Nach der Aufhebung der Abtei war er für einige Jahre der Pfarre in Sinthern zugewiesen und erhielt 1810 das Amt des Pfarrers von Brauweiler. Da in Brauweiler eine Wohnung fehlte, wohnte er in Freimersdorf. Im Mai 1812 bat er um seine Entpflichtung in Brauweiler. Er wurde Kaplan in Zons, wo er am 11. Mai 1816 starb.

• Casimir (Peter) Brackertz

Er wurde am 7. Mai 1770 in Köln geboren, trat am 28. September 1788 in das Kloster ein,

Jesus, Maria, Joseph, Benedictus.

Im Jahre 1816 den 11ten May Mittags 1 Uhr starb an den Folgen einer langwierigen Abnehmungs-Krankheit, mit den Hh. Sacramenten der Kirche mehrmal gestärket,

der

Hochwürdige Herr

Adam Maurus Ankenbrandt,

eifrigster Kaplan in Zoons.

Derselbe wurde gebohren in Bonn 1764 den 29ten Junius; trat in den Orden des H. Benedictus Abtey Brauweiler 1781 den 8ten Julius, erhielt die Priesterwürde 1787 den 18ten September.

Die Seele des Verblichenen wird dem heil. Meßopfer der Priester, wie auch dem frommen Andenken der Glaubigen beßtens empfohlen, damit sie

ruhe im Frieden.

Köln, gedruckt bey N. F. Bourel.

Totenzettel für den verstorbenen Adam Ankenbrandt (P. Maurus) (HAStK)

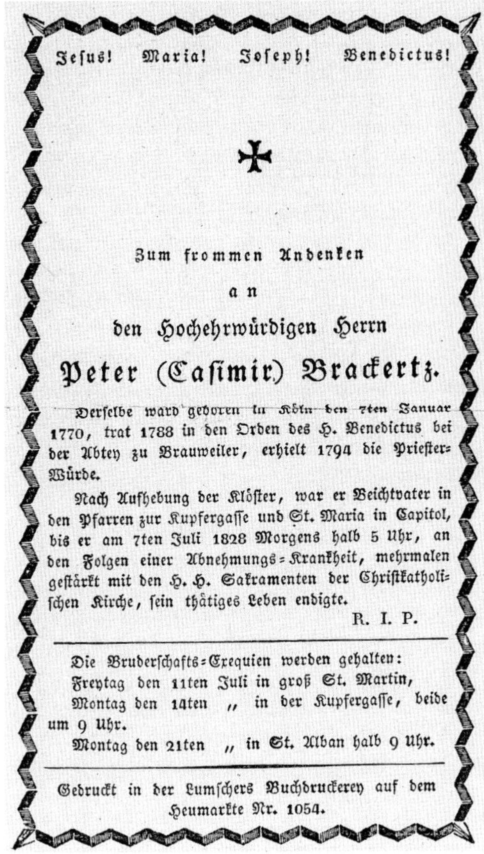

Jesus! Maria! Joseph! Benedictus!

Zum frommen Andenken

an

den Hochehrwürdigen Herrn

Peter (Casimir) Brackertz.

Derselbe ward geboren in Köln den 7ten Januar 1770, trat 1788 in den Orden des H. Benedictus bei der Abtey zu Brauweiler, erhielt 1794 die Priester-Würde.

Nach Aufhebung der Klöster, war er Beichtvater in den Pfarren zur Kupfergasse und St. Maria in Capitol, bis er am 7ten Juli 1828 Morgens halb 5 Uhr, an den Folgen einer Abnehmungs-Krankheit, mehrmalen gestärkt mit den H. H. Sakramenten der Christkatholischen Kirche, sein thätiges Leben endigte.

R. I. P.

Die Bruderschafts-Exequien werden gehalten:
Freytag den 11ten Juli in groß St. Martin,
Montag den 14ten „ in der Kupfergasse, beide um 9 Uhr.
Montag den 21ten „ in St. Alban halb 9 Uhr.

Gedruckt in der Lumschers Buchdruckerey auf dem Heumarkte Nr. 1054.

Totenzettel für den verstorbenen Peter Brackertz (P: Casimir) (AEK)

legte am 4. Oktober 1789 seine Profeß ab und wurde am 17. August 1794 zum Priester geweiht. Nach der Aufhebung der Abtei wurde er am 6. Februar 1817 Beichtvater an den Kölner Pfarrkirchen St. Maria in der Kupfergasse und St. Maria im Kapitol. Er starb am 7. Juli 1828 in Köln. (Auf dem Totenzettel ist das Geburtsdatum mit 7. Januar 1770 angegeben.)

• Bruno (Johann Gerhard) Brandts

Er wurde am 2. November 1767 in Hoengen (wohl bei Alsdorf, westlich Jülich) geboren, trat am 28. September 1788 in das Kloster ein, legte am 4. Oktober 1789 seine Profeß ab und wurde am 5. April 1794 zum Priester geweiht. Nach der Aufhebung der Abtei wurde er am 13. Februar 1804 in seinem Geburtsort Hoengen zum Hilfsgeistlichen approbiert und erhielt am 5. Februar 1812 eine Anstellung als Pastor in Millen (Selfkant). Sein Sterbedatum ist nicht überliefert.

• Augustin (Joseph) Braun

Er wurde am 20. November 1767 in Baesweiler geboren, trat am 8. September 1786 in das Kloster ein, legte ein Jahr später seine Profeß ab und wurde am 29. September 1792 zum Priester geweiht. Nach der Aufhebung des Klosters ging er als Pastor in seinen Geburtsort Baesweiler, wo er am 23. Juni 1805 starb.

• Heinrich (Heinrich) Buchholz

Er wurde am 14. November 1766 in Aachen geboren, trat am 13. Mai 1785 in das Kloster ein, legte am 14. Mai 1786 seine Profeß ab und wurde am 18. September 1790 zum Priester geweiht. Nach der Aufhebung der Abtei war er 1804 in Pulheim tätig. Seit dem 25. September 1806 amtierte er in Esch (heute zu Köln). Er starb am 9. November 1839.

• Ambrosius (Johann Wilhelm) Elsen

Er wurde am 7. Mai 1763 in Paffendorf geboren, trat am 13. Mai 1785 in das Kloster ein und wurde gleichzeitig in Köln immatrikuliert. Am 14. Mai 1786 legte er seine Profeß ab und wurde am 9. April 1791 zum Priester geweiht. Nach der Aufhebung des Klosters ging er in seinen Geburtsort, wo er als Pfarrer an der Filialkirche tätig war. Er starb am 8. November 1813.

• Lambert (Johann Jakob) Hillekamp

Er wurde am 17. Mai 1770 in Gladbach geboren und trat am 28. September 1788 in das Kloster ein. Im gleichen Jahr wurde er in Köln immatrikuliert. Seine Profeß legte er am 4. Oktober 1789 ab und empfing am 17. August 1794 die Priesterweihe. Nach der Aufhebung des Klosters war er zeitweise Subsidiar in Widdersdorf. Er starb nach 1830. Das genaue Datum ist unbekannt.

• Medard (Michael) Hoff

Er wurde am 17. März 1766 in Monschau geboren und trat am 27. Mai 1784 in das Kloster ein. Ein Jahr zuvor war er in Köln immatrikuliert worden. Seine Profeß legte er am 29. Mai 1785 ab und wurde am 20. März 1790 zum Priester geweiht. Zum Zeitpunkt der Säkularisation im Sommer 1802 hielt er sich im Brauweiler Hof in Köln auf, wo er am 4. Juli 1802 das Protokoll *(Procès Verbal)* über die Versiegelung des Archivs der Abtei Brauweiler unterzeichnete. Zum Zeitpunkt der Aufhebung der Abtei Brauweiler im August 1802 war er wieder im Kloster. Er starb am 6. September 1848.

• Hubert (Christoph) Kratz

Er wurde am 16. Januar 1764 in Montabaur geboren, trat am 8. Juli 1781 in das Kloster ein, legte seine Profeß am 14. Juli 1782 ab und wurde am 2. Juni 1787 zum Priester geweiht. Sein Sterbedatum ist unbekannt.

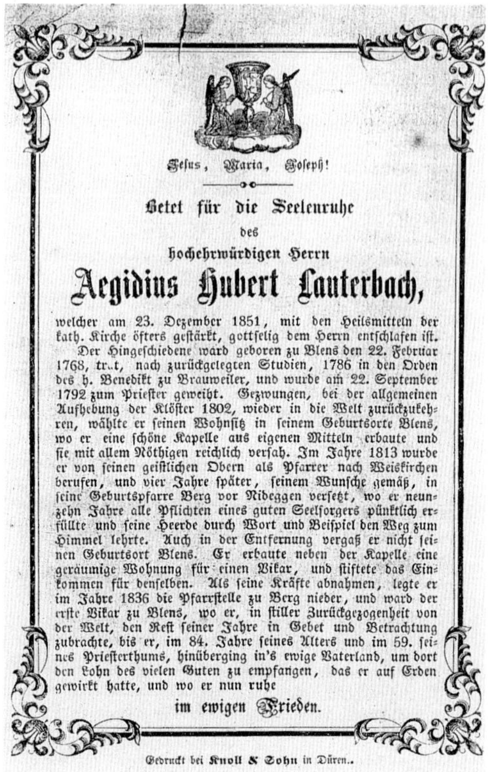

Jesus, Maria, Joseph!

Betet für die Seelenruhe

des

hochehrwürdigen Herrn

Aegidius Hubert Lauterbach,

welcher am 23. Dezember 1851, mit den Heilsmitteln der kath. Kirche öfters gestärkt, gottselig dem Herrn entschlafen ist.

Der Hingeschiedene ward geboren zu Blens den 22. Februar 1768, tr..t, nach zurückgelegten Studien, 1786 in den Orden des h. Benedikt zu Brauweiler, und wurde am 22. September 1792 zum Priester geweiht. Gezwungen, bei der allgemeinen Aufhebung der Klöster 1802, wieder in die Welt zurückzukehren, wählte er seinen Wohnsitz in seinem Geburtsorte Blens, wo er eine schöne Kapelle aus eigenen Mitteln erbaute und sie mit allem Nöthigen reichlich versah. Im Jahre 1813 wurde er von seinen geistlichen Obern als Pfarrer nach Weiskirchen berufen, und vier Jahre später, seinem Wunsche gemäß, in seine Geburtspfarre Berg vor Nideggen versetzt, wo er neunzehn Jahre alle Pflichten eines guten Seelsorgers pünktlich erfüllte und seine Heerde durch Wort und Beispiel den Weg zum Himmel lehrte. Auch in der Entfernung vergaß er nicht seinen Geburtsort Blens. Er erbaute neben der Kapelle eine geräumige Wohnung für einen Vikar, und stiftete das Einkommen für denselben. Als seine Kräfte abnahmen, legte er im Jahre 1836 die Pfarrstelle zu Berg nieder, und ward der erste Vikar zu Blens, wo er, in stiller Zurückgezogenheit von der Welt, den Rest seiner Jahre in Gebet und Betrachtung zubrachte, bis er, im 84. Jahre seines Alters und im 59. seines Priesterthums, hinüberging in's ewige Vaterland, um dort den Lohn des vielen Guten zu empfangen, das er auf Erden gewirkt hatte, und wo er nun ruhe

im ewigen Frieden.

Gedruckt bei Knoll & Sohn in Düren..

Totenzettel für den verstorbenen Wilhelm Hubert Lauterbach (P. Aegidius) (AEK)

• Aegidius (Wilhelm, Hubert) Lauterbach

Er wurde am 22. Januar 1768 in Blens (bei Heimbach/Eifel) geboren und trat am 8. September 1786 in das Kloster ein. Im gleichen Jahr wurde er in Köln immatrikuliert. Seine Profeß legte er ein Jahr später ab und wurde am 22. September 1792 zum Priester geweiht. Nach der Aufhebung des Klosters kehrte er in seinen Geburtsort Blens zurück, wo er am 14. September 1806 die Erlaubnis erhielt, die dortige Georgskapelle abzubrechen und durch einen Neubau zu ersetzen. Zwischen 1813 und 1836 war er zunächst vier Jahre Pastor in Wißkirchen und anschließend Pastor in Berg bei Nideggen. Er legte 1836 wegen Krankheit sein Amt nieder und kehrte nach Blens zurück, wo er am 23. Dezember 1851 starb. In der von ihm erbauten Kapelle fand er seine letzte Ruhestätte. (Auf dem Totenzettel ist als Geburtsdatum 22. Februar 1768 angegeben.)

Johann Peter Spenrath (P. Anselm). Gedenkblatt zur Erinnerung an seine Ernennung zum Ehrendomherr von Münster (PfAB)

• Joseph (Matthias Joseph) Meurers

Er wurde am 23. Oktober 1760 in Mesenich an der Mosel geboren und trat am 11. Juni 1778 in das Kloster ein. Im gleichen Jahr wurde er in Köln immatrikuliert. Seine Profeß legte er am 13. Juni 1779 ab und wurde am 27. März 1784 zum Priester geweiht. Von 1798 bis 1800 war er Lektor. Nach der Aufhebung des Klosters war er zunächst Kaplan in seinem Geburtsort Mesenich, dann von 1807 bis 1813 Pastor in Kobern an der Mosel und anschließend bis 1824 Pastor in Mayen. 1812 wurde er Mitglied des bischöflichen geistlichen Rates in Koblenz und 1824 Domkapitular in Trier. Er starb ein Jahr später am 8. Oktober 1825.

• Gallus (Gottfried) Päffgen

Er wurde am 5. September 1769 in Müngersdorf (heute zu Köln) geboren, trat am 28. September 1788 in das Kloster ein, legte am 4. Oktober 1789 seine Profeß ab und wurde am 17. August 1794 zum Priester geweiht. Nach der Aufhebung des Klosters war er als Subsidiar in Junkersdorf (heute zu Köln) tätig. Er starb 1845.

• Erenfried (Xaver) Pauly

Er wurde am 9. Oktober 1761 in Kaltenreifferscheid (bei Reifferscheid/Eifel?) geboren, trat am 27. Mai 1784 in das Kloster ein, legte seine Profeß am 29. Mai 1785 ab und wurde am 19. September 1789 zum Priester geweiht. Er war 1804 als Subsidiar in Gustorf und 1806 in Wevelinghoven tätig. Am 21. Februar 1811 wurde er zum Pastor in Endenich ernannt, wo er bis zum 13. Oktober 1818 wirkte.

• Anselm (Johann Peter) Spenrath

Er wurde am 1. April 1761 in Titz geboren, besuchte das Gymnasium in Kempen und wurde 1780 in Köln immatrikuliert. Am 8. Juli 1781 trat er in das Kloster ein, legte am 14. Juli 1782 seine Profeß ab und wurde am 17. Dezember 1785 zum Priester geweiht. Im Kloster unterrichtete er 1786 Metaphysik und Physik. 1794 und 1795 war er Lektor. Nach der Aufhebung des Klosters war er 1804 als Subsidiar in Sinthern und 1806 zunächst als Subsidiar und dann als Pastor in Esch (heute zu Köln) tätig. 1812 amtierte er als Pastor in Xanten und wurde zum Ehrendomherrn von Münster ernannt. Er starb am 4. August 1828 in Xanten.

3. Der Konvent während der Zeit der französischen Herrschaft

Vorbemerkung:

Bald nach dem Einmarsch der französischen Revolutionsarmee im Oktober 1794 begann in den eroberten rheinischen Gebieten eine gesellschaftspolitische Entwicklung, in deren Verlauf die in Frankreich bereits seit 1789 durchgeführten kirchenfeindlichen Maßnahmen zur Anwendung kamen. Die Folgen sollten sich auch innerhalb des Brauweiler Konvents bemerkbar machen und die bisherige Entwicklung negativ beeinflussen.

Die Beendigung des ersten Koalitionskrieges gegen das revolutionäre Frankreich durch den Frieden von Campo Formio am 17. Oktober 1797 und die von Kaiser Franz in geheimen Artikeln zugebilligte Abtretung der linksrheinischen Gebiete an die Französische Republik, der im März 1798 die Deputation der deutschen Reichsstände beim Rastatter Kongreß zustimmte, schufen die Voraussetzungen für die endgültige politische Eingliederung der links-

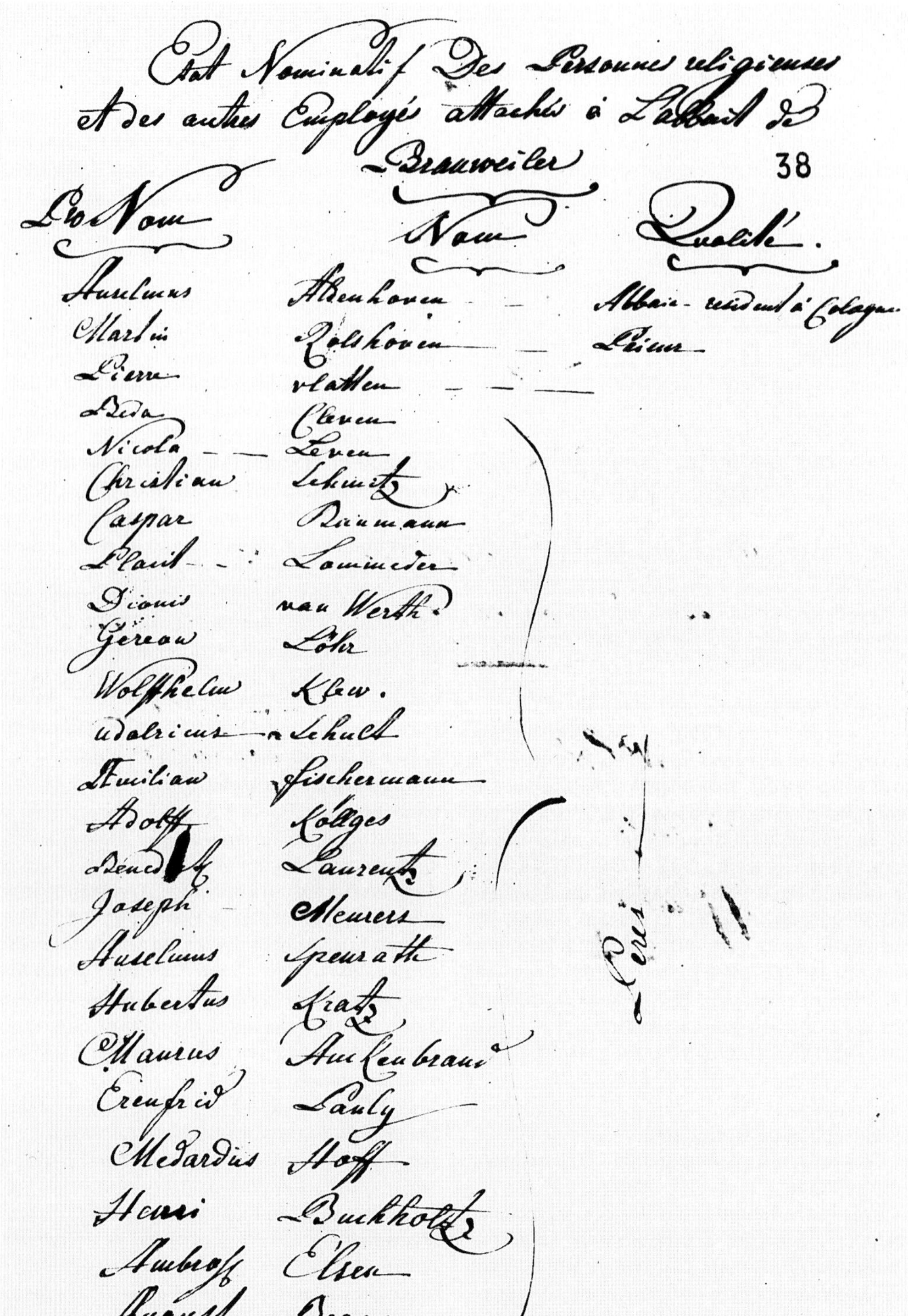

Etat Nominatif Des Personnes religieuses & des autres Employés attachés à L'abbaïe de Brauweiler

38

Les Nom	Nom	Qualité
Anselmus	Aldenhoven	Abbé résidant à Cologne
Martin	Rolshoven	Prieur
Pierre	vlatten	Pères
Beda	Claren	
Nicola	Leven	
Christian	Schmitz	
Caspar	Baumann	
Placit	Lominder	
Dionis	van Werth	
Gereon	Löhr	
Wolffhelm	Klein	
Udalricus	Schult	
Aemilian	Fischermann	
Adolff	Köllges	
Benedict	Laurentz	
Joseph	Meurers	
Anselmus	Speurath	
Hubertus	Kratz	
Maurus	Aulenbrand	
Erenfrid	Pauly	
Medardus	Hoff	
Henri	Buchholtz	
Ambross	Elsen	
August	Braun	

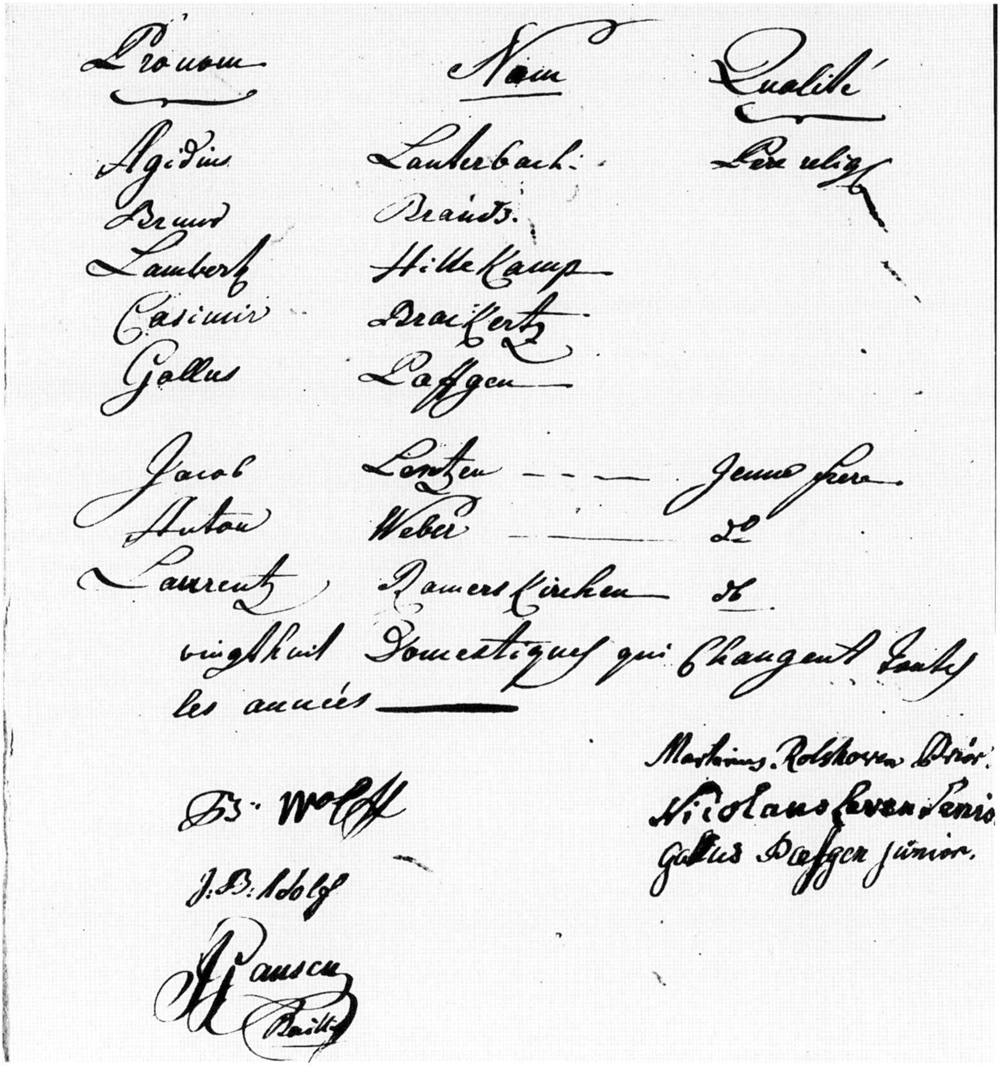

Prenom | Nom | Qualité

Ägidius | Lauterbach | Religieux

Bruno | Brandts

Lambert | Hillekamp

Casimir | Draikertz

Gallus | Päffgen

Jacob | Lenzen | jeune frère

Anton | Weber | do

Laurentz | Ramerskirchen | do

vingthuit Domestiques qui changent toutes les années

Martinus Rolshoven Prior.
Nicolaus Leven Senior
Gallus Päffgen junior.

J. Wolff

J. B. Adolf

Gansen

Die Konventsliste vom 24. Nivôse VI (= 13. Januar 1798) aufgestellt durch den Schultheiß Gansen von Brühl, darunter die Unterschriften des Schultheißen und seiner Begleiter Wolff und Adolf sowie der Konventualen Martin Rolshoven (Prior), Nikolaus Leven (Senior) und Gallus Päffgen (Junior) (NWHStAD, Maas u. Rhein)

rheinischen Gebiete in die „eine und unteilbare französische Republik".

Bereits Ende 1797 hatte das Pariser Direktorium den elsässischen Juristen Franz Josef Rudler (1757-1837) zum Regierungskommissar für die Lande zwischen Rhein, Maas und Mosel berufen und ihn mit der Einrichtung einer neuen Verwaltung nach dem in Frankreich bestehenden System beauftragt. Im Januar 1798 erfolgte die Gründung der vier rheinischen Departements, die nach dem Frieden von Lunéville im Jahre 1801 staatsrechtlich in die Französische Republik eingegliedert wurden. Rudlers Verwaltungsreform und seine Erlasse schufen ab 1798 aber auch die Grundlagen für die geplante Umschichtung der Gesellschaft, zu der neben der Aufhebung des Adels und der Abschaffung der Feudalrechte vor allem die Enteignung und Auflösung der Klöster gehörte. Nach der völker-

rechtlichen Vereinigung der rheinischen Departements mit Frankreich stand der Veröffentlichung und Ausführung der französischen Gesetze über die Säkularisation der katholischen Kirche, wie sie in Frankreich bis 1794 entwickelt worden waren, kein Hindernis mehr im Wege. Das Konkordat, das am 10. September 1801 unterzeichnet wurde, hatte die vollständige Säkularisation von Seiten des Papstes legitimiert. Trotzdem verzögerte sich die Veröffentlichung des Säkularisationsgesetzes bis zum 2. Juli 1802.

Zu den Maßnahmen, die von dem Regierungskommissar Rudler und seinen Nachfolgern im Vorfeld der Säkularisation durchgeführt wurden, gehörte neben der Inventarisierung des Besitzes der Klöster und Stifte die Registrierung der in diesen Einrichtungen lebenden Geistlichen. Mehrmals hat die französische Verwaltung daher in den folgenden Jahren Listen mit den Namen der Angehörigen des Brauweiler Klosterkonvents angelegt. Insgesamt entstanden vier verschiedene Namenlisten des Brauweiler Konvents.

Im folgenden sollen diese näher ausgewertet werden.

3.1 Der Konvent im Jahre 1798

3.1.1 Die Liste vom 24. Nivôse VI (= 13. Januar 1798)

In der Folge einer Verordnung des Regierungskommissars Rudler vom 11. Nivôse VI (= 31. Dezember 1797), mit dem die bis dahin unkontrollierte Auswanderung von Ordensgeistlichen aus den besetzten rheinischen Gebieten in das innere Deutschland verhindert werden sollte, erschien am 24. Nivôse VI (= 13. Januar 1798) der Brühler Schultheiß Gansen mit zwei Zeugen in der Abtei Brauweiler und fertigte eine Liste der lebenden Mönche an.

Aufgeführt sind 29 Konventsmitglieder sowie drei, die als „jüngere Brüder" bezeichnet werden. Ihre Namen sind nur in dieser einen Liste überliefert: Jacob Lentzen, Anton Weber und Laurentz Ramerskirchen. Näheres ist nicht über sie bekannt. Sie werden auch in keiner späteren Liste mehr erwähnt. Vermutlich handelte es sich um die letzten Brauweiler Novizen, die infolge der etwa einen Monat später erfolgten Anordnung Rudlers ihre Gelübde nicht mehr ablegen durften und das Kloster schließlich wieder verlassen haben.

In der Liste der übrigen Konventsmitglieder fehlen sechs Namen von Mönchen, die zwischen 1793 und 1798 gestorben waren. Es handelt sich im einzelnen um Laurentius Geyr (†1795), Bartholomäus Schäfer (†1797), Franziskus Cramer (†1796), Michael Mehl (†1797), Wendelin Göbbels (†1795) und Paulinus Münster (†1796).

Die Richtigkeit der Liste wurde durch die Unterschrift des Priors Martin Rolshoven in Vertretung für den zu dieser Zeit in Köln wohnenden *(resident à Cologne)* Abt Anselm Aldenhoven bestätigt. Ebenso unterschrieben Nikolaus Leven, der sich als *Senior* und Gallus Päffgen, der sich als *Junior* bezeichnete. Eigentlich hätten Petrus Vlatten als ältestes Konventsmitglied und Lambert Hillekamp als der jüngste der Mönche unterzeichnen müssen. (s. S. 328)

Die Liste vom 13. Januar 1798 belegt, daß der Konvent seit 1793 kleiner geworden war. Die bisherige Entwicklung war ins Gegenteil umgekehrt worden. Der Konvent zählte zu diesem Zeitpunkt noch 29 Mitglieder.

3.1.2 Die Liste vom 16. Thermidor VI (= 3. August 1798)

Eine zweite Liste wurde am 16. Thermidor VI (= 3. August 1798) durch den Präsidenten Preiss der Munizipalität Brauweiler und den Hauptsekretär Dahmen von der Kantonalverwaltung in Weiden geschrieben. Sie nennt die an dem betreffenden Tag zum Konvent gehörenden Mönche im Vergleich zu denen, die dem Konvent im Jahre 1793 angehört hatten. Ausdrücklich werden die inzwischen verstorbenen Konventualen durch den Zusatz *„mort"* (verstorben) bezeichnet.

Interessant an dieser Liste von 1798 ist, daß man bei den Namen von sechs Konventsmitgliedern durch einen Zusatz vermerkt hat, daß diese sich zum Zeitpunkt der Registrierung nicht in Brauweiler aufhielten, da sie auswärtige Aufgaben hatten. So heißt es bei Beda Cleven *„curé à Zons"* (Pfarrer in Zons) oder bei Christian Schmitz *„abbé à Klotten"* (Geistlicher in Klotten). Placidus Lommeder war *„curé à Sinthern"* (Pfarrer in Sinthern),

Gereon Löhr *„caplan à Zons“* (Kaplan in Zons), Aemilianus Fischermann *„curé à Widdersdorf“* (Pfarrer in Widdersdorf) und Wolfhelm Klew *„adjoint de l'abbé à Klotten sur la Moselle“* (Adjunkt des Geistlichen in Klotten an der Mosel). Das bedeutet, daß diese sechs Konventsmitglieder ständig außerhalb des Klosters weilten. Damit lebten im Sommer 1798 von den 29 Mitgliedern des Konvents lediglich 23 im Kloster zu Brauweiler.

In der Spalte *„Observations“* (Anmerkungen) werden diejenigen Konventsmitglieder aufgezählt, die im Oktober 1794 mit Abt Anselm Aldenhoven auf die rechte Rheinseite geflohen waren. Mitgeteilt wird auch das Datum ihrer Rückkehr: 3. Juli 1795. (s. S. 303f.).

3.2 Der Konvent im Jahre 1801

Vorbemerkung:

Nach dem Frieden von Lunéville (1801), der die staatsrechtliche Abtretung des linken Rheinufers an Frankreich im Namen von Kaiser und Reich bestätigte, wurden die von Rudler geschaffenen vier rheinischen Departements durch Gesetzesbeschluß Teil der Französischen Republik. Damit war die staatsrechtliche Grundlage für die Beschlagnahme kirchlichen Eigentums geschaffen. (Kulenkampff 1985) Eine der ersten Maßnahmen bestand nun in einer erneuten Registrierung der Geistlichen in den Klöstern und Stiften durch die Vertreter der jeweils zuständigen Behörden.

3.2.1 Die Liste vom 15. Prairial IX (= 4. Juni 1801)

In Brauweiler wurde erneut eine Namenliste der Konventsmitglieder am 15. Prairial IX (= 4. Juni 1801) durch den Vertreter der für Brauweiler zuständigen *„Mairie de Freimersdorff“*, den Maire Adam Berndgen, und den *„Receveur des Domaines au bureau de Cologne“* (Steuereinnehmer der Domänenverwaltung in Köln) Schirmer angefertigt. Hierzu wurde ein vorgedrucktes Formular verwendet.

In den ersten drei Spalten der Listen der Ordensgeistlichen sind die Familiennamen *(Noms de famille des religieux)*, Taufnamen *(Prénoms)* und Ordensnamen *(Noms des religieux)* der Mönche eingetragen. Sowohl die Taufnamen als auch die Ordensnamen sind entsprechend der neuen Staatszugehörigkeit der linken Rheinlande in französischer Fassung geschrieben. In der nächsten Spalte werden das Geburtsdatum und der Geburtsort *(Dates et lieux de leur naissance)* der Mönche angegeben. Es folgen Spalten mit dem Datum des Eintritts in das Kloster *(Époque de l'entrée dans la maison)* und mit der Angabe, wann die Profeß abgelegt wurde *(Jours et lieux de profession)*. Kein Eintrag befindet sich in der Spalte über den Zeitraum einer Unterbrechung des Aufenthaltes im gegenwärtigen Kloster nach dem 31. Dezember 1797 *(Époque de l'interruption du séjour depuis le 11 Nivôse an 6)*. Im Zusammenhang mit dieser Verordnung des Regierungskommissars Rudler über die Auswanderung von Klostergeistlichen des linken Rheinufers in das andere Deutschland hatte keiner der Brauweiler Konventsmitglieder das Kloster verlassen.

In der Liste sind auch die Konventualen registriert, die damals außerhalb des Klosters Aufgaben wahrnahmen und daher nicht in Brauweiler lebten. Bei ihnen werden zusätzlich zu den bereits genannten Angaben der Ort und das ausgeübte Amt aufgeführt. Aus dieser Liste geht hervor, daß an Stelle von Beda Cleven, der am 26. März 1801 verstarb, seit dem 14. April 1801 Gereon Löhr als Pastor in Zons tätig ist.

Dem Konvent gehörten im Sommer 1801 insgesamt 28 Mönche - einer weniger als im Jahre 1798 - an, von denen sich 22 ständig in Brauweiler aufhielten und 6 mit Aufgaben außerhalb des Klosters betraut waren. Zwischen 1798 und 1801 war die Gesamtzahl der Brauweiler Konventualen also lediglich um den zwischenzeitlich verstorbenen P. Beda Cleven zurückgegangen.

Die Konventsliste vom 15. Prairial IX (= 4. Juni 1801). Abgebildet ist die Abschrift der urschriftlichen Liste, die von dem Maire Adam Berndgen der Mairie de Freimersdorf auf einem für die Mairie de la ville de Cologne vorgesehenen Formular gefertigt wurde. Daher wurde der vorgedruckte Text von Adam Berndgen handschriftlich geändert. Die in der Spalte „Observations“ eingetragenen Unterschriften der Mönche, die bei der Registrierung im Kloster anwesend gewesen waren, sind auf dieser Liste abschriftlich überliefert. (NWHStAD, Roerdep.) ▶

DÉPARTEMENT DE LA ROËR.

COMMUNE DE ~~COLOGNE~~ Steinfeld

CEJOURD'HUI, le quinze Prairial An neuf
Receveur des Domaines, nous sommes rendu
Religieux, existant dans ladite maison à l'épo
en date du 28 Frimaire dernier, et avons trou

NOMS DE FAMILLE DES RELIGIEUX.	PRÉNOMS.	NOMS DES RELIGIEUX.	DATES ET LIEUX DE LEUR NAISSANCE.
Aldenhoven . .	Anselm . .	Nicola . .	né 1732 le 6me 7bre a Wart
Rolshoven . .	Martin . .	François . .	né 1753 19me d'avril a Pesch
Platten . .	Pierre . .	Jean Pierre . .	né 1719 le 5me 10bre a Tourn
Seyen . .	Nicola . .	Jean guillaume . .	né 1733 le 28me 8bre a Cologne
Baumann . .	Caspar . .	Chretien . .	né 1739 le 24me d'avril a Kuchl
Van Werth . .	Denis . .	Pierre guillaume . .	né 1758 le 22me d'avril a [illegible]
Schuer . .	ulric . .	Pierre . .	né 1753 le 28me 10bre a Bruchh
Lorenz . .	Benoit . .	Theodor . .	" 1735 le 31me 10bre a Bonn
Mattern . .	Joseph . .	Mathieu Joseph . .	" 1760 le 20me 8bre a Mesenich
Spinrath . .	Anselm . .	Jean Pierre . .	" 1761 le 1er d'avril a [illegible]
Kratz . .	Hubert . .	Christophel . .	" 1764 le 16me Janvier a Montabaur
Ankenbrandt . .	Adam . .	Adam . .	" 1764 le 29me Juin a Bonn
Pauli . .	Ehrenfried . .	Xavier . .	" 1761 le 9me 8bre a Kaltenherberg
Hoff . .	Norbert . .	Michel . .	" 1766 le 17me Mars a Monjoie
Buchholz . .	Henri . .	Henri . .	" 1766 le 14me 9bre a Aix la Chap
Elsen . .	Ambrois . .	Jean Guillaume . .	" 1763 le 7me Mai a [illegible]
Braunn . .	Augustin . .	Joseph . .	1767 le 20me 9bre a Baesweiler
Lauterbach . .	Gilles . .	Gilles Hubert . .	1768 le 22me Janvier a Blens
Brandts . .	Bruno . .	Jean Gerard . .	1767 le 2me 9bre a Hoengen
Melcamps . .	Lambert . .	Jean Jacque . .	1770 le 15me Mai a Gladbach
Brackets . .	Casimir . .	Pierre . .	1770 le 7me Mai a Cologne
Paffgen . .	Gale . .	Godefroi . .	1769 le 8me 7bre a Mungersdorf
Schmitz . .	Chretien . .	Chretien . .	1737 le 29me Mai a Rath
Lemmeder . .	Claude . .	Henri . .	1744 le 31me Aout a Dritte
Söhr . .	Gereon . .	Joseph . .	1730 le 2me 7bre a Cologne
Klew . .	Wolffhelm . .	guillaume . .	1733 le 17me d'avril a [illegible]
Fischermann . .	Emilian . .	Gerard Adam . .	1733 le 8me d'avril a Palme
Koelges . .	Adolf . .	Henri Adolf . .	1757 le 1er 8bre a Gladbach

Confrontation faite du present etat avec celui formé en Execution de l'arrêté de commiss
et nous presente en diminution, qu'un seul membre que selon la Declaration [illegible]
sur la Requisition faite de transcrire l'arreté du vingt huit frimaire an neuf sur le
De leurs Deliberations Capitulaires et que tous les autres livres Documents appart
En foi de quoi il a été Dressé le present proces verbal, qui a été signé par nous Mai
ainsi que par tous les membres presents de l'Abbaye — Schizmer [illegible]

la République française; Nous Maire de la ~~ville de Cologne~~ Mairie de Bruweiler, accompagné du
Couvent des Benedictins a Brauweiler ~~à Cologne~~, pour faire le recensement des
de ce jour, conformément à l'arrêté du Commissaire Général du Gouvernement,
SAVOIR:

ÉPOQUE DE L'ENTRÉE DANS LA MAISON.	JOURS ET LIEUX DE PROFESSION.	ÉPOQUE de l'interruption du séjour depuis le 11 Nivôse an 6.	OBSERVATIONS.
le 5me Novembre	1752 le 1er 9bre a Brauweiler		
le 4me Decembre	1775 le 6me 10bre a idem		
le 9me Novembre	1738 le 23me 9bre a idem		
le 21me Mars . .	1755 le 21me mars a idem		
le 19me Juin .	1758 le 25me Juin a idem		
le 29me Juin . .	1770 le 22me Juillet a idem		
le 1er Novembre	1774 le 6me 9bre a idem		
le 5me octobre .	1778 le 11me 10bre a idem		
le 11me Juin .	1779 le 13me Juin a idem		
le 8me Juillet	1782 le 14me Juillet a idem		
le 8me Juillet	1782 le 14me Juillet a idem		
le 8me Juillet	1782 le 14me Juillet a idem		
le 27me Mai .	1785 le 29me Mai a idem		
le 27me Mai	1785 le 29me Mai a idem		
le 13me Mai	1786 le 14me Mai a idem		
le 13me Mai .	1786 le 14me Mai a idem		
le 8me Septembre	1787 le 8me 7bre a idem		
le 8me Septembre	1787 le 8me 7bre a idem		
le 28me Septembre	1789 le 4me 8bre a idem		
le 28me 7bre	1789 le 4me 8bre a idem		
le 28me 7bre	1789 le 4me 8bre a idem		
le 28me 7bre	1789 le 4me 8bre a idem		
le 8me 10bre	1757 le 11me 7bre a idem	Depuis 1785 Econome a Clotten	
le 29me Juin .	1764 le 8me Juillet Depuis	1794 1er Juillet curé a Sietten; 1795 le 18 Juin chapelain et	
le 10me 7bre .	1770 le 16me 7bre depuis	1801 le 14me avril curé a Sons	
le 10me Aout .	1771 le 11me Aout depuis	1798 le 21 Juin adjoint a Clotten.	
le 7me Aout .	1775 le 15me Aout depuis	179? le 19me 7bre curé a Widdersdorff.	
le 6me 8bre .	1777 le 19me 8bre depuis	1801 le 14me avril chapelain a Sons	

OBSERVATIONS:

signature des membres du Couvent de Brauweiler
Anselm Aldenhoven Abbé
Martin Rolshoven prieur
Pierre Watten
Nicola Leven
Caspar Baumann
Dionys van Wath
Walter Schult
Benoit Lauenz
Joseph Mauritius
Anselm Spinrath
Hubert Kratz
Maurus Andenbrandt
Ehrenfroi Bauli
Henry Bochholz
Ambroise Elsen
Augustin Braun
Gilles Lauterbach
Bruno Brandts
Lambert Hillecamps
Casimir Brauweiler
Galle Peltgen
Medard Hoff
pour copie conforme
Adm Berndgen
maire

Gouvernement du 8me germinal an 6. il en Resulte: que le Personel est encore le meme
me de la maison est mort.
istes Capitulaires les membres presents ont Repondu, qu'ils ne tenent pas Registre
a la maison de Couvent tous les actes
maire de Bruweiler et Receveur des Domaines au Bureau de Cologne
pour copie Conforme Adm Berndgen maire

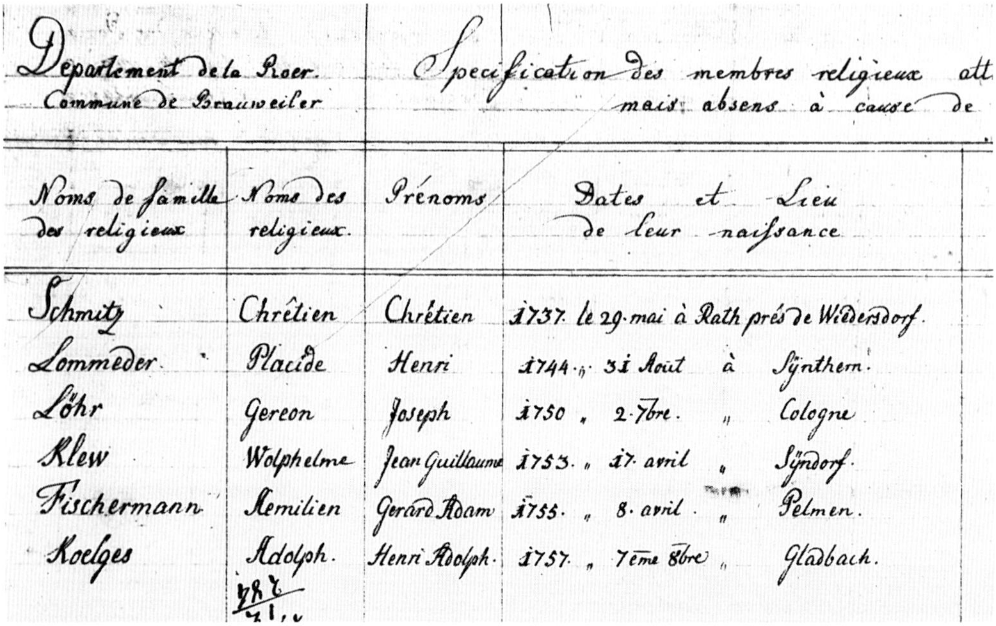

Departement de la Roer.
Commune de Brauweiler

Specification des membres religieux att
mais absens à cause de

Noms de famille des religieux	Noms des religieux.	Prénoms	Dates et Lieu de leur naissance
Schmitz	Chrétien	Chrétien	1737. le 29. mai à Rath prés de Widdersdorf.
Lommeder	Placide	Henri	1744. " 31 Août à Synthern.
Löhr	Gereon	Joseph	1750 " 2. 7bre. " Cologne
Klew	Wolphelme	Jean Guillaume	1753. " 17. avril " Syndorf.
Fischermann	Aemilien	Gerard Adam	1755. " 8. avril " Pelmen.
Koelges	Adolph.	Henri Adolph.	1757. " 7eme 8bre " Gladbach.

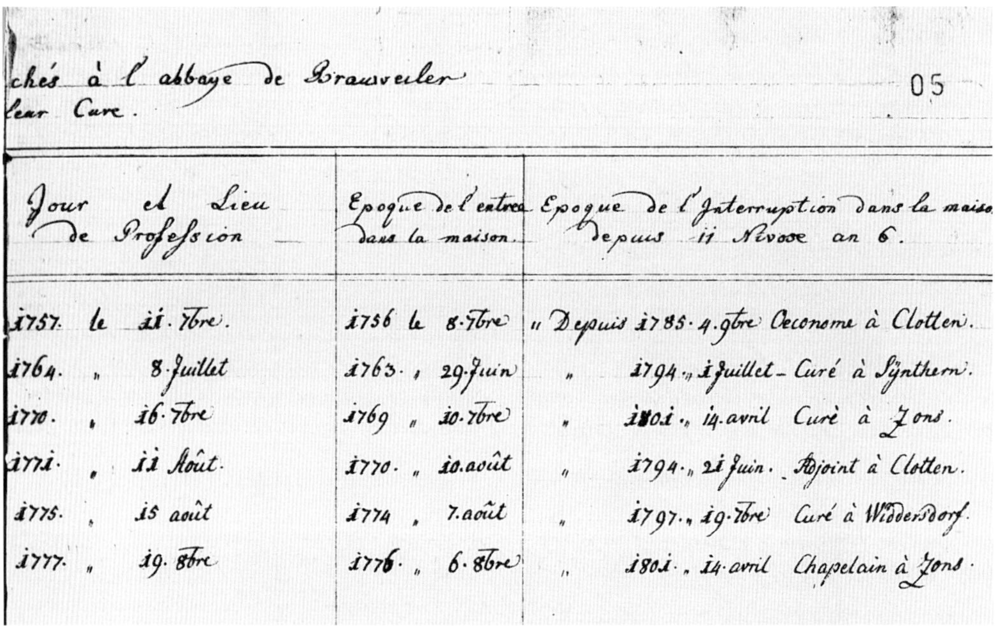

chés à l'abbaye de Brauweiler
leur Cure.

05

Jour et Lieu de Profession	Epoque de l'entrée dans la maison.	Epoque de l'Interruption dans la maiso[n] depuis 11 Nivose an 6.
1757. le 11. 7bre.	1756 le 8. 7bre	" Depuis 1785. 4. 9bre Oeconome à Clotten.
1764. " 8. Juillet	1763. " 29. Juin	" 1794. " 1 Juillet – Curé à Synthern.
1770. " 16. 7bre	1769 " 10. 7bre	" 1801. " 14. avril Curé à Zons.
1771. " 11 Août.	1770. " 10. août	" 1794. " 21 Juin. Adjoint à Clotten.
1775. " 15 août	1774 " 7. août	" 1797. " 19. 7bre Curé à Widdersdorf.
1777. " 19. 8bre	1776. " 6. 8bre	" 1801. " 14. avril Chapelain à Zons.

Namen und Personaldaten der Mönche des Brauweiler Konvents, die zur Zeit der Registrierung auf auswärtigen Stellen als Geistliche tätig waren und sich daher bei der Registrierung nicht im Kloster aufhielten. Die Liste ist hier wegen ihres länglichen Formats aus technischen Gründen in zwei Teilen untereinander abgebildet, dennoch lassen sich die in der unteren Abbildung angegebenen Daten den in der oberen Abbildung genannten Personen zuordnen. Bei dieser Liste handelt es sich um eine der Abschriften, die fünf Tage nach der Registrierung für den Präfekten und den Unterpräfekten des Departements angefertigt wurden. (s. S. 350f.) (NWHStAD, Roerdep.)

3.3 Der Konvent im Jahre 1802 bei der Aufhebung der Abtei

Vorbemerkung:

Zwar hatte der Friede von Lunéville am 8. Februar 1801 die staatsrechtliche Grundlage für die Beschlagnahme kirchlichen Eigentums geschaffen. Napoleon, der seit dem Staatsstreich vom 9. November 1799 an der Spitze des Staates stand, erkannte jedoch, daß es im Interesse des Landes liegen mußte, zunächst mit der katholischen Kirche zu einer Übereinkunft zu kommen, bevor kirchliches Eigentum beschlagnahmt werden konnte. Am 10. September 1801 kam es zur Unterzeichnung eines Konkordats zwischen der französischen Regierung und Papst Pius VII. Darin wurde seitens der Regierung der römisch-katholische Glaube als die Religion der Mehrheit des französischen Volkes bezeichnet und zugleich die freie Ausübung dieses Glaubens garantiert. Als Gegenleistung hierzu erklärte der Papst in Artikel XIII des Konkordats seinen Verzicht auf die kirchlichen Güter, die dem französischen Staat durch Säkularisation zugefallen waren. Dies bezog sich nicht nur auf die bereits in Frankreich beschlagnahmten Güter, sondern auch auf die, welche zur Zeit des Konkordats in den rheinischen Gebieten lagen. Diese waren noch nicht eingezogen. Der französische Staat erhielt nun das Recht, die in Frankreich bereits durchgeführte Säkularisation auch in den neu eroberten und durch Staatsvertrag erworbenen rheinischen Gebieten durchzuführen. Zugleich mit dem Konkordat wurde die Neuorganisation der katholischen Kirche in den rheinischen Departements gesetzlich geregelt.

Vier Wochen nach der Errichtung des neuen Bistums Aachen wurde am 20. Prairial X (= 9. Juni 1802) das sogenannte Suppressionsgesetz verkündet, das die Aufhebung aller Orden und geistlichen Korporationen bis auf wenige Ausnahmen beschloß. Im Zusammenhang mit der nun durchzuführenden Säkularisation sollte in den aufzuhebenden Klöstern und Stiften eine Liste mit den Namen aller Geistlichen aufgestellt werden, die von jedem einzelnen Konventsmitglied unterschrieben werden mußte.

3.3.1 Die Liste vom 28. Thermidor X (= 16. August 1802)

In Brauweiler wurde diese Liste zusammen mit dem Protokoll *(Procès verbal)* der Aufhebung des Klosters am 28. Thermidor X (= 16. August 1802) unter Aufsicht des vom Präfekten ernannten Kommissars Sibiller und des Steuereinnehmers Schirmer aufgestellt. Es ist zugleich der Tag, an dem der Vorgang der Aufhebung der Abtei Brauweiler beendet wurde.

Dem Konvent gehörten zu diesem Zeitpunkt 27 Mönche an, d.h. einer weniger als 1801, denn Petrus Vlatten war ein Jahr vorher verstorben. Die am 16. August 1802 aufgestellte Liste nennt die Namen dieser 27 Konventualen, von denen jedoch nur 21 unterschrieben haben. Es fehlen die Unterschriften der sechs Konventsmitglieder, die bereits in der Liste vom 9. Juni 1801 mit ihren auswärtigen Tätigkeiten angegeben sind.

Zum Zeitpunkt der Säkularisation der Abtei Brauweiler waren also folgende Mönche nicht in ihrem Heimatkloster anwesend: Christian Schmitz und Wolfhelm Klew hielten sich als Ökonom und Adjunkt in Klotten auf. Placidus Lommeder und Aemilianus Fischermann amtierten als Pastöre in Sinthern bzw. in Widdersdorf. Gereon Löhr und Adolf Kölges waren als Pastor bzw. als Kaplan in Zons tätig.

Unterschrieben haben die noch im Kloster bis zuletzt lebenden Konventsmitglieder:

Anselm Aldenhoven, Martin Rolshoven, Nikolaus Leven, Caspar Baumann, Dionysius von Werth, Medard Hoff, Udalricus Schult, Benedikt Laurenz, Anselm Spenrath, Hubert Kratz, Maurus Ankenbrandt, Erenfried Pauly, Heinrich Buchholz, Ambrosius Elsen, Augustin Braun, Aegidius Lauterbach, Lambert Hillekamp, Bruno Brandts, Casimir Brackertz, Gallus Päffgen und Joseph Meurers.

In den beiden ersten Spalten der Liste sind von jedem Konventsmitglied der Familienname *(Nom de famille des individus)* und der Taufname *(Leur prénoms)* - dieser in der französischen Version - eingetragen. Die Ordensnamen sind nicht mehr aufgeführt. In den nächsten beiden Spalten folgen das Alter *(Leur age)* und der Geburtsort *(Lieu de leur naissance)*. In der folgenden Spalte konnte jedes Konventsmitglied über 70 Jahre durch „ja" oder „nein" erklären, ob es gewillt sei, in einer Gemeinschaft mit Mönchen anderer aufgelöster Ordensgemeinschaften in einem gemäß Artikel XXI des Säkularbeschlusses vom 20. Prairial X (= 9. Juni 1802) von der französischen Verwal-

N.° 6.

DÉPARTEMENT DE LA ROER.

ARRÊTÉ du 20 prairial an 10.

(1) Désigner l'Etablissement.

***ÉTAT NOMINATIF** des Membres composant l'établissement supprimé en la Comm[une]*
de Brauweiler *, Mairie* de Fromersdorf*, connu sous le nom d'*abaye de Brauweiler
ainsi que de ceux qui s'y trouvent affiliés; dressé au désir du procès-verbal de ce jour.

NOM DE FAMILLE DES INDIVIDUS.	LEURS PRÉNOMS.	LEUR ÂGE.	LIEU DE LEUR NAISSANCE.	INDICATION par oui ou par non, si ceux dans le cas de l'art. 21 de l'arrêté, sont dans l'intention de vivre en commun.	DATES DES PROFESSIONS, COLLATIONS DE PRÉBENDES, etc.	OBSERVATIONS Dans lesquelles on fera connaître ceux desdits individus qui sont rent[rés] dans la société, en vertu de l'arrêté du Directoire exécutif, du 26 messi[dor] an 9.
Aldenhoven	Nicolas	70	Varth.	Non.	1.er 9bre 1752	
Solshoven	françois	49.	Pesch.	idem	6. 8bre 1775.	
Leven	Jean Guillaume	69	Cologne	n'ayants pas l'age requis	21. mars 1755.	
Baumann	Chrétien	63	Kuckelen	id	25. juin 1758.	
Van werth.	Pierre Guillaume	52.	Kerchenten	id	22. juillet 1770.	
Schutt.	Pierre	49.	Baschbelle		6. 9bre 1774.	
Laurentz	Theodore	47.	Born.		11. Xbre 1778.	
Meurers	Mathias joseph.	42	Messenich.		13. juin 1779.	
Spencath.	Jean Pierre	41.	Tilr		14. juillet 1782.	
Kratz	Christoffe	38	Montabaur		14. juillet id.	
Ankenbrad	Adam.	38.	Bonn.		14. id	
Pauly.	Xavier	41.	Kalsenrieferscheid		29. Mai 1785.	
hoff.	Michel	36.	Montjoye		29. id 1785.	
[illegible]	[illegible]	36	[illegible]		[illegible]	
Elsen	Jean Guillaume	39.	Laffendorf		14. Mai idem	
Braun.	Joseph.	35.	Basweiler		8. 7bre 1787.	
Lauterbach.	Gilles hubert	34.	Blens		8. 7bre id.	
Brandts.	Jean Gerard	35.	haengen		4. 8bre 1789.	
hillekamp	Jean jacques	32.	Gladbach près raid		4. 8bre idem	
Brackerz	Pierre	32.	Cologne		4. 8bre idem	
Pieffgen.	Godefroid	33.	Mungersdorf		4. 8bre idem	
Schmitz	Chrétien	65.	Weidersdorf		11. 7bre 1757.	
Lommeder	henry	58.	Synthen		8. juillet 1764.	
Lohr	Joseph.	52.	Cologne		16. 7bre 1770.	
Klein	Jean Guillaume	49.	Syndorf		11. aout 1771.	
Fischermann	Gerard adam	47.	Pelmen		15. aout 1775.	
Koelges.	henry adolph.	45.	Gladbach.		19. 8bre 1777.	

CERTIFIÉ *véritable par lesdits Membres qui ont tous signé avec nous Commissaire et Employé des Domaines nationaux,*
A Brauweiler --- le 24 thermidor an 10 de la République française.

Anselmus Aldenhoven abbas Michael Hoff.
Martinus Rolshoven Nicolaus Leven. Casparus Bauman Dionysius Von Werth
Ulricus Schult Benedictus Laurenz, Anselm Spenrath. Hubert Kratz Maure Ankenbrand Godefroi [illegible]
Henry Paulus [illegible] Ambrosius Elsen Augustinus Braun Aegidius Lauterbach Bruno Brandts [illegible]
Hillekamp - Caesarius Brackertz, Gallus Pfeffgen. Joseph Meurers.
[illegible]
Sibille

29

tung einzurichtenden Haus - einem ehemaligen Kloster - leben wolle. *(Indication par oui ou par non, si ceux dans le cas de l'art. 21 de l'arrêté, sont dans l'intention de vivre en commun.)* Dies traf nur für Abt Anselm Aldenhoven zu. Dieser hat jedoch in die betreffende Spalte das Wort *„non"* eintragen lassen. In der sechsten Spalte ist das Datum eingetragen, wann die Profeß abgelegt worden war. *(Dates des professions, collations de prébendes, etc.)* Weitere Angaben zu Pfründen entfielen, da die Mönche keinen privaten Besitz hatten.

Im Zusammenhang mit dem Nachweis der Pensionsberechtigung nach der Aufhebung des Klosters waren das Geburtsdatum, der Geburtsort sowie das Datum der feierlichen Gelübde von Bedeutung. Pensionsberechtigt waren nämlich nur jene Geistlichen, die innerhalb des Gebietes der französischen Republik in ihren derzeitigen Ausmaßen geboren worden waren und ihre Gelübde vor dem staatlichen Verbot vom 21. Pluviôse VI (= 9. Februar 1798) abgelegt hatten. Für die Festlegung der Höhe der zu zahlenden Pension war das Alter ausschlaggebend, denn mit vollendetem 60. Lebensjahr erhöhte sich der Pensionsbetrag von 500 auf 600 Franken. In den Genuß dieser höheren Pension kamen nur vier Konventsmitglieder: Abt Anselmus Aldenhoven (70 Jahre), Nikolaus Leven (69 Jahre), Caspar Baumann (63 Jahre) und Christian Schmitz (65 Jahre).

Abt Anselm Aldenhoven erhielt seine Pension unberechtigterweise. Sein Geburtsort Warth lag auf der rechten Rheinseite und damit außerhalb des damals zu Frankreich gehörenden Gebietes. Der Abt hätte daher als „Ausländer" das französische Gebiet verlassen müssen. Kommissar Sibiller und Steuereinnehmer Schirmer scheint diese Tatsache jedoch entgangen zu sein.

Interessant ist, daß die 21 bis zuletzt im Kloster noch lebenden Konventsmitglieder ausnahmslos mit ihren Ordens- und Familiennamen unterschrieben haben, obwohl für die Ordensnamen in der Liste keine Spalte vorgesehen war. Die Mönche wurden juristisch als „Bürger" und nicht mehr als Mitglieder einer Ordensgemeinschaft - die ja soeben aufgelöst worden war - angesehen.

◄

Die Konventsliste vom 28. Thermidor X (= 16. August 1802). Es handelt sich um Anlage 6 zum Aufhebungsprotokoll. (s. S. 366) (NWHStAD, Roerdep.)

Die Verhandlung über die Aufhebung der Abtei im August 1802

ROER-
DEPARTEMENT

Beschluß vom 20. Prairial 10
(1)
Abtei
Brauweiller

(1) Name und Lage der Anstalt in Großbuchstaben.

Nota. Dieses Protokoll und die zugehörenden Verzeichnisse müssen für jede der Anstalten abgefaßt werden, in denen man alle oder einen Teil der von der Kommission festgelegten Maßnahmen durchführt.

Protokoll

über die durchgeführten Maßnahmen in der Anstalt, genannt *Die Abtei Brauweiler* in der Gemeinde *Brauweiler*, Mairie *Fre*[i]*mersdorf*, in Ausführung des Beschlusses der Konsuln vom vergangenen 20. Prairial.

Im Jahre zehn der Französischen Republik und am *fünfzehnten* des Monats *Thermidor* haben wir, unterzeichneter Kommissar, ernannt durch den Präfekten des Roerdepartements, um die durch Beschluß der Konsuln vom vergangenen 20. Prairial vorgeschriebenen Maßnahmen durchzuführen, uns mit dem Bürger *Schirmer, Steuereinnehmer,* Beamter der Nationaldomänen, eigens hierzu ernannt, zu dieser Anstalt, genannt *Abtei Brauweiler,* in der Gemeinde *Brauweiler* begeben, wo wir sind, und nachdem wir unsere Vollmachten den versammelten Mitgliedern vorgelegt und ihnen den oben genannten Beschluß der Konsuln zur Kenntnis gebracht haben, unter Mithilfe des genannten Bürgers [...] wie folgt gehandelt:

ERKUNDUNG und Entfernung der Siegel
1. Wir haben die gemäß Artikel 3 des Beschlusses angebrachten Siegel überprüft, und als nach Einsicht in das Protokoll über ihre Anbringung, das sich in unseren Händen befindet, festgestellt wurde, daß die besagten Siegel heil und ganz geblieben waren, haben wir sie entfernt. (2) (3) *ebenso wie diejenigen, angebracht in dem Haus zu Köln, bewohnt durch den Prälaten und zur Abtei gehörend.*

(2) Sollten die Siegel zerbrochen oder entfernt worden sein, wäre es notwendig, die Bemerkung darüber in den freien Raum einzutragen.

(3) Wenn auf Grund des Beschlusses des Präfekten oder anderer [Personen] früher angebrachte Siegel existieren, soll der Kommissar diese entfernen und darüber ebenso eine Bemerkung eintragen.

GESAMTHEIT der Einkünfte und der Termine ihrer Fälligkeit
2. Alsdann haben wir uns alle Register und Rechnungen der Verwaltung vorlegen lassen, die wir am Ende eines jeden Abschnitts abgeschlossen haben, um einen Überblick über die Einkünfte und die Termine ihrer Fälligkeit zu erlangen; dieser Vorgang befindet sich eingetragen in der Übersicht, die diesem Protokoll beigefügt ist, unter der Nr. 1.

VERZEICHNIS des Silbergeräts, der Effekten der Kirche etc.
3. Danach haben wir in Gegenwart der Besitzer auf gebührenfreiem Papier ein Verzeichnis und eine summarische Beschreibung des Silbergeräts der Kirchen und Kapellen, der Wertgegenstände der Sakristei, der Bibliotheken, Bücher, Manuskripte, Medaillen und Gemälde gefertigt; dieses beschreibende Verzeichnis, hier beigefügt unter Nr. 2, enthält hinsichtlich des Silbergeräts das Gewicht und hinsichtlich der anderen Gegenstände deren annähernden Wert.
Und da über diese Art von Wertgegenständen überhaupt noch nichts angeordnet ist, haben wir diese, bis etwas anderes verfügt sein wird, wieder versiegelt und einen vertrauenswürdigen Wächter bestellt. (4)

(4) Falls diese Maßnahme in einem der in Artikel 11 des Beschlusses bezeichneten Gebäude stattfinden sollte, wird man erwähnen, daß die Gegenstände im Besitz der Pfarrer und Kirchenoberen, welche dafür verantwortlich bleiben in Übereinstimmung mit dem besagten Artikel 11, belassen wurden.

Summarisches VERZEICHNIS der Urkunden und Akten
4. Wir haben in gleicher Weise die Durchsicht der Urkunden und Schriftstücke, die sich in der besagten Anstalt befinden, vorgenommen; jedes einzelne Stück wurde mit Ziffern versehen, und es wurden davon numerierte Aktenbündel gemacht, die auf dem Umschlag die Anzahl der Stücke und ihren Betreff erkennen lassen.

07

DEPARTEMENT
DE LA ROER.

Arrêté du 20 prairial an 10.

(1) abbaye Brauweiler

PROCÈS-VERBAL

Des Opérations faites en l'établissement nommé Labaye de brauweiler
en la commune de brauweiler *Mairie de* fremersdorf –
en exécution de l'arrêté des Consuls du 20 prairial dernier.

(1) Nom et situation de l'établissement en gros caractères.

Nota. Ce procès-verbal et les états y relatés doivent être redigés pour chacun des établissemens où l'on aura à faire le tout ou partie des opérations détaillées dans la commission.

L'AN dix de la République française et le quinze du mois de thermidor, Nous soussigné commissaire nommé par le Préfet du département de la Roër, pour procéder aux opérations prescrites par l'arrêté des Consuls du 20 prairial dernier, nous sommes transporté avec le citoyen Schirmer Receveur, employé des domaines nationaux, spécialement désigné à cet effet, dans l'établissemet nommé abaye de brauweiler, en la commune de brauweiler, où étant, et après avoir exhibé nos pouvoirs aux membres assemblés, et leur avoir donné communication de l'arrêté des Consuls ci-dessus rappellé, avons, de l'assistance dudit citoyen , opéré ainsi qu'il suit :

RECONNAISSANCE et Levée des Scellés.

(2) Si les scellés avaient été brisés ou enlevés, il faudrait en substituer la mention par interligne à ce qui précède.

(3) S'il existait des scellés antérieurement apposés en vertu d'arrêtés du Préfet et autres, le commissaire les leverait et en ferait pareillement mention.

1.° Avons examiné les scellés apposés en conformité de l'article 3 de l'arrêté, et après avoir reconnu, à vue du procès-verbal d'apposition qui est entre nos mains, que lesdits scellés étaient demeurés sains et entiers, nous en avons fait la levée. (2) (3) ainsi que de ceux apposés dans les maison de la bague occupée par le prelats, et dependante de labaye

RÉSULTAT des revenus et des époques de leur échéance.

2.° Aussitôt nous nous sommes fait représenter tous les registres et comptes de régie, que nous avons arrêtés au-bas de chaque article, pour former un résultat des revenus et des époques de leur échéance ; cette opération se trouve consigné dans l'état joint au présent procès-verbal sous le n.° 1er

DESCRIPTION de l'argenterie, effets de l'église etc.

(4) Lorsque cette opération se fera dans un des édifices désignés en l'art. 11 de l'arrêté, on mentionnera que les effets ont été laissés en la possession des curés et supérieurs ecclésiastiques, qui en demeurent responsables, conformément au dit article 11.

3.° Ce fait, avons, en présence de possesseurs, dressé sur papier libre et sans frais, un état et description sommaire de l'argenterie des églises et chapelles, effets de sacristie, bibliothèques, livres, manuscrits, médailles et tableaux; cet état descriptif, ci-annexé sous le n.° 2, contient à l'égard de l'argenterie le poids, et à l'égard des autres objets, leur évaluation approximative.

Et comme il n'a point encore été statué sur le sort de ces effets, nous les avons, jusqu'à ce qu'il en soit autrement ordonné, remis sous les scellés et établi gardien solvable. (4)

INVENTAIRE sommaire des Titres et Papiers.

4.° Avons pareillement requis la représentation des titres et papiers qui se trouvent dans ledit établissement ; chaque pièce a été cotée et il en a été formé des liasses numérotées, en indiquant sur la chemise de chacune le nombre des pièces et leur objet.

Alle diese Urkunden und Akten, die einzeln in dem Verzeichnis Nr. 3 aufgeführt sind, wurden von uns mitgenommen und vorläufig im Büro der National-Domäne zu [...] deponiert, damit sie anschließend gemäß den Anweisungen des Präfekten in das Archiv der Präfektur zu Aachen überstellt werden können.

ANGABE über den Etat des Hauses
5. Danach haben wir die anwesenden Mitglieder aufgefordert, uns Auskunft zu geben über den gegenwärtigen Etat ihres Hauses, ihren Grundbesitz, ihre Leibrenten oder Zinsen von ausgeliehenen Kapitalien, Schulden auf beweglichem Vermögen und auf Grundbesitz und über die Urkunden, die dies bestätigen. Diese Auskünfte sind entgegengenommen und ausführlich berichtet in der beigefügten Aufstellung Nr. 4.

RECHNUNGEN der Anstalten, sowie die ihrer Pächter und Mietsleute
6. Anschließend haben wir die besagten Mitglieder in Übereinstimmung mit Artikel 8 angewiesen, unverzüglich ihre Rechnungen sowie die ihrer Pächter und Mietsleute vorzulegen, damit diese Rechnungen durch die Maires und Unterpräfekten beglaubigt werden, um sie danach dem Steuereinnehmer der Domänen ihres Arrondissements auszuhändigen, welcher darauf achten wird, daß sie abschließend überprüft und für richtig erkannt werden.

PROZESSE betreffend die aufgelösten Anstalten
7. Die Prozesse, in welche die besagte Anstalt verwickelt ist, sei es als Antragsteller, sei es als Verteidiger, sind gemäß der Auskunft der Mitglieder summarisch aufgezeichnet in der Übersicht Nr. 5; dort sind die Aktenstücke, Vermerke und erteilten Auskünfte beigefügt. Das Ergebnis dieser einzelnen Angelegenheiten und die entsprechenden Akten wurden in den Händen des Domänenbeamten gelassen, der diese seinem Direktor übergeben wird, um sie, wie durch die Artikel 9 und 10 des Beschlusses vom 20. Prairial vorgeschrieben, zu verwenden.

NAMENLISTE der Mitglieder, der mit diesen Affiliierten etc.
8. Nach Beendigung dieser Maßnahme haben wir die Liste der in der Gemeinschaft lebenden Mitglieder zusammengestellt sowie derer, die mit diesen affiliiert sind oder die auf Grund des Beschlusses des Direktoriums vom 8. Messidor 6. Jahr der Republik wieder in die Gemeinschaft zurückgekehrt sind, mit Angabe ihrer Namen, ihres Alters, ihres Geburtsortes und des Datums ihrer Profeß, der Verleihung ihrer Präbende etc., und überdies mit Kennzeichnung durch ja oder durch nein durch diejenigen, die gemäß Artikel 21 des Beschlusses vom 20. Prairial, die Absicht haben, in einer Gemeinschaft zu leben. Das alles ergibt sich aus der unter der Nr. 6 beigefügten Liste.

Um die Vorschriftsmäßigkeit der vorangehenden Erklärungen zu bestätigen, haben wir sie verglichen [mit den Listen über die Profeß, den Akten der Verleihung der Präbenden etc., die wir uns umgehend haben vorlegen lassen, und diese Gegenüberstellung hat uns erkennen lassen (5.), daß..."]
Der Text in der Klammer ist im Original gestrichen und durch folgenden handschriftlichen Zusatz ersetzt:
mit den Listen der Zählung, die im Jahre sechs und mit derjenigen, die in Ausführung des Erlasses vom 28. Frimaire des Jahres neun angelegt wurde, und diese Gegenüberstellung hat uns erkennen lassen, daß die Mitglieder, die sich noch im Convent befinden, die gleichen sind und wahrscheinlich zu dem besagten Haus in Brauweiler gehören

(5) Wenn die Erklärungen richtig sind, ausführlich berichten; im gegenteiligen Fall sind die erkannten Unregelmäßigkeiten in dem zu dieser Angelegenheit freigelassenen Raum festzuhalten.

Handschriftlicher Zusatz:
Es existieren keine Listen über die Profeß, jedes Ordensmitglied erhielt am Tag seiner Profeß ein kleines quadratisches Pergament, auf dem sich die wichtigsten Regeln aufgeschrieben befanden, die es befolgen und nach denen es sein Treuegelöbnis richten mußte.

Tous ces titres et papiers détaillés dans l'état n.° 3, ont été par nous emportés et provisoirement déposés au bureau du domaine national à pour ensuite être transférés, d'après les ordres du Préfet aux archives de la Préfecture à Aix-la-Chapelle.

DÉCLARATION sur l'état de la maison.

5.° Après quoi, nous avons interpellé les membres présens de nous fournir leurs déclarations sur l'état présent de leur maison, leurs propriétés foncières, rentes constituées ou provenant de capitaux placés, dettes mobiliaires et immobiliaires, et des titres qui les constatent. Ces déclarations ont été reçues et relatées dans l'état ci-joint sous le n.° 4.

COMPTES des établissemens, ainsi que de leurs fermiers et locataires.

6.° Avons ensuite rappellé aux dits membres qu'ils ont, en conformité de l'art. 8, à dresser sans délai leurs comptes, ainsi que ceux de leurs fermiers et locataires ; que ces comptes doivent être visés par les Maires et le Sous-Préfet, pour ensuite être remis au Receveur des domaines de leur arrondissement, lequel veillera à ce qu'ils soient définitivement vérifiés et apurés.

INSTANCES concernant les établissemens supprimés.

7.° Les instances dans lesquelles ledit établissement est partie, soit en demandant, soit en défendant, ont été, d'après la déclaration des membres, sommairement relevées dans l'état n.° 5 ; on y a joint les pièces, notes et renseignemens fournis. Le résultat de ces détails et les pièces y relatives ont été laissés entre les mains de l'employé des domaines, qui les enverra à son Directeur pour en faire l'usage prescrit par les articles 9 et 10 de l'arrêté du 20 prairial.

ETAT nominatif des membres, de ceux affiliés etc.

8.° Cette opération terminée, nous nous sommes occupés de la formation de l'état des membres existans dans la communauté, de ceux qui s'y trouveut affiliés, ou qui sont rentrés dans la société en vertu de l'arrêté du Directoire exécutif en date du huit Messidor an 6 de la République, avec désignation de leurs noms, de leur âge, du lieu de leur naissance et de la date des professions, collations des prébendes etc., et en outre indication par *oui* ou par *non* de ceux qui étant dans le cas de l'article 21 de l'arrêté du 20 prairial, sont dans l'intention de vivre en commun. Le tout ainsi qu'il résulte de l'état ci-annexé sous le n.° 6.

Ponr constater la régularité des déclarations qui précédent, nous les avons rapprochées ~~des registres des professions, actes de collation de prébendes etc. que nous nous sommes fait produire sur le champ et cette confrontation nous a fait reconnaitre (5.) que~~ des Etats de Mouvements fournis en l'an sept(?) et de ceux faits en exécution de l'arrêté du 28 frimaire an neuf et cette confrontation nous a fait connaître que les membres encore existans au Couvent sont les mêmes et appartiennent vraisemblablement à la susdite maison de Brauweiler.

(5) Si les déclarations sont exactes, le relater, dans le cas contraire, désigner les irrégularités reconnues, dans le blanc laissé à cet effet.

il n'existe aucun Registre de profession, chaque ~~Religieux(?)~~ recevait le jour de sa profession un petit parchemin quarré sur lequel se trouvait transcrits les Règles principales qu'il devait suivre, et son serment de s'y conformer

UNTERZEICHNUNG der Listen und Erklärungen
9. Alle Listen und Erklärungen sind durch einen jeden der beteiligten Individuen als wahrhaftig bescheinigt und unterzeichnet worden; dieselben sind samt und sonders für die Wahrhaftigkeit des Inhalts verantwortlich.

RÄUMUNG der Häuser
10. Danach haben wir den Mitgliedern der aufgelösten Anstalt amtlich mitgeteilt, daß sie gehalten seien, innerhalb der festgelegten Frist die Nationalhäuser, die sie besetzen, zu räumen, und daß von diesem Zeitpunkt an gerechnet, es den Ordensgeistlichen nicht mehr erlaubt sein wird, ihre Ordenskleidung zu tragen.

So ausgeführt, erledigt und beschlossen zu *Brauweiler,* den *achtundzwanzigsten* des Monats *Thermidor,* Jahr zehn der Französischen Republik, nachdem den obigen Unternehmen und anderen Angelegenheiten nachgegangen wurde, während der genannten Tage, *zwölf* Stunden lang; und die besagten Mitglieder zusammen mit uns, Kommissar und Beamter der Nationaldomänen, unterzeichnet haben.

Anselmus Aldenhoven abbas
Martinus Rolshoven, Nikolaus Leven,
Casparus Bauman, Dionysius Von Werth, Medardus Hoff,
Udalricus Schult, Benedictus Laurenz, Anselm Spenrath,
Hubert Kratz, Maure Ankenbrand, Erenfrei Pauly, Henricus Boucholz,
Ambrosius Elsen, Augustinus Braun, Aegidius Lauterbach,
Lambert Hillekamp, Bruno Brandts, Casimirus Brackertz,
Gallus Paeffgen, Joseph Meurers

Schirmer

Sibiller

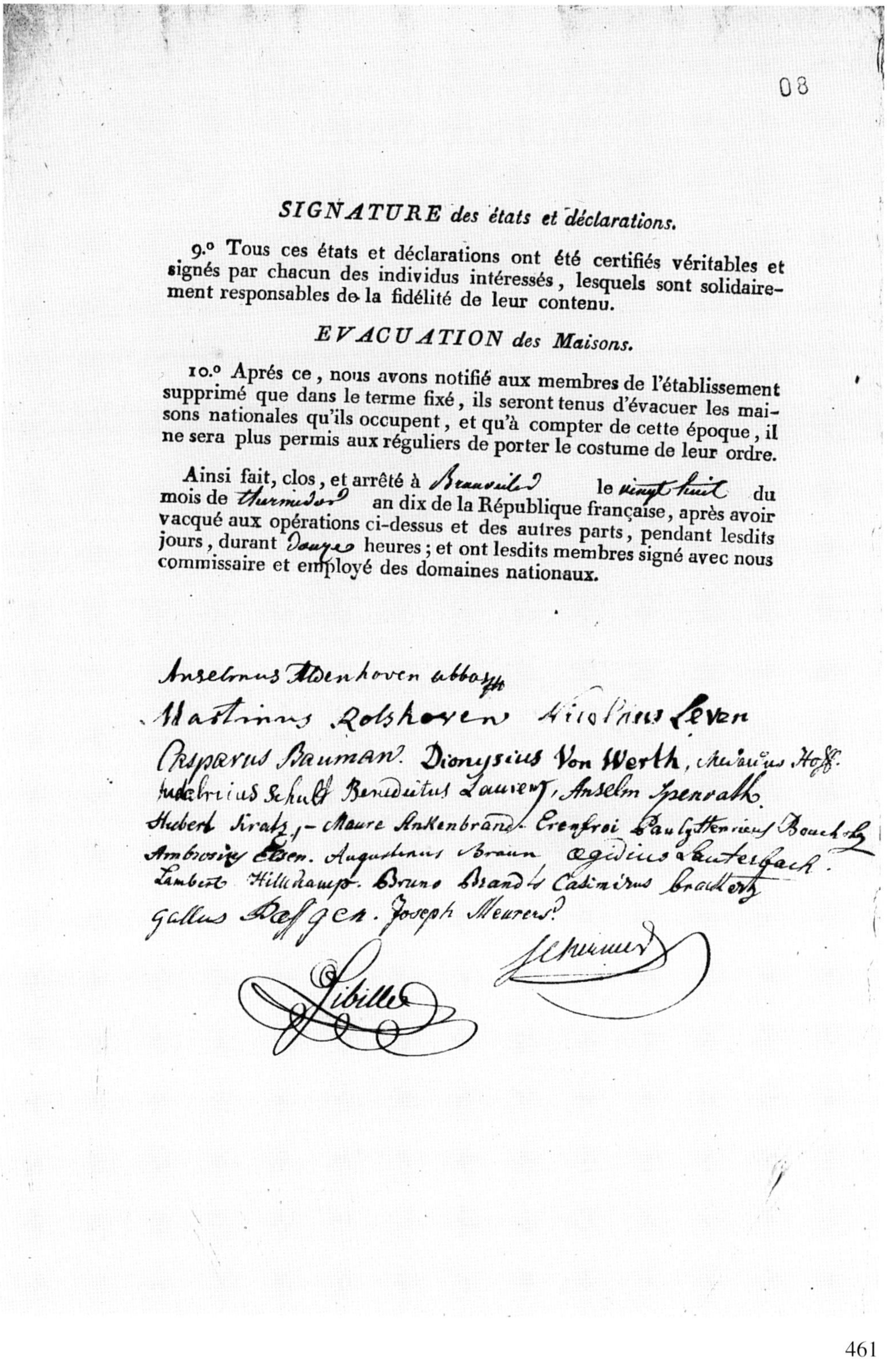

08

SIGNATURE des états et déclarations.

9.° Tous ces états et déclarations ont été certifiés véritables et signés par chacun des individus intéressés, lesquels sont solidairement responsables de la fidélité de leur contenu.

EVACUATION des Maisons.

10.° Aprés ce, nous avons notifié aux membres de l'établissement supprimé que dans le terme fixé, ils seront tenus d'évacuer les maisons nationales qu'ils occupent, et qu'à compter de cette époque, il ne sera plus permis aux réguliers de porter le costume de leur ordre.

Ainsi fait, clos, et arrêté à Brauweiler le vingt huit du mois de thermidor an dix de la République française, après avoir vacqué aux opérations ci-dessus et des autres parts, pendant lesdits jours, durant douze heures; et ont lesdits membres signé avec nous commissaire et employé des domaines nationaux.

Anselmus Aldenhoven abbas

Martinus Rolshoven Nicolaus Leven

Casparus Bauman. Dionysius Von Werth, Antonius Hoff.

Anselm Ipenrath.

Joseph Meurers

Sibille

Die Äbte von Brauweiler und ihre Gräber

Ello (1030-1053, gest. 1054)
Tegeno (1053-1065, gest. 1072)
Wolfhelm (1065-1091)
Herwig (1091-1092)
Adalbert (1092-1095, gest. 1097 ?)
Wezelo (1095-1110)
Eberhard I. (1110-1126)
Bertolf (1126-1135)
Amilius (1135-1148, gest. 1149)
Geldolf (1148-1177)
Dietrich (1177-1187)
Bertram (1187-1196)
Godesmann (1196-1226)
Gottfried (1226-1232)
Hermann I. (1232-1240)
Emecho I. von Klotten (1240-1263)
Heinrich I. von Rennenberg (1263-1288)
Arnold I. (1288-1291)
Leonius von Neuenahr (1291-1298, gest. nach 1298)
Ludolf von Holte (1298-1313)
Menfred (1313-1321)
Friedrich von Senheim (1321-1359)
Arnold II. Scholle (1359-1361)
Hermann II. Zobbe (1361-1400)
Emecho II. von Cochem (1400-1401)
Heinrich II. Vridach (1401-1428)
Arnold III. Quad (1428-1457)
Eberhard II. von Galen (1457-1467, gest. 1469)

Die Äbte nach der Einführung der Bursfelder Reform

Adam I. von Hertzenradt (1467/1469-1483)
Adam II. von Münchrath (1483-1496, gest. 1502)
Rutger von Moers (1497-1498)
Johannes I. von Wied („de Weda") (1498-1515)
Johannes II. von Lünen (1515-1532)
Hermann III. Laer („a Bochum") (1532-1567)
Andreas Münster (1567-1579)
Heribert Artopäus (1579-1598, gest. 1600)
Dionysius Lieck (1598/1600-1614)
Johannes III. Coblenz („a Widdig") (1614-1617)
Caspar Rödingen (1617)
Johannes IV. Münch (1617-1649)
Johannes V. Mertzenhausen (1649-1660)
Nikolaus Schögen (1660-1665)
Dr. theol. Philipp Brewer (1665-1672)
Martin Klingen (1672-1693)
Alexander von Richterich (1693-1709)
Matthias I. Franken (1709-1722)
Edmund Schmitz (1722-1731)
Matthias II. Grein (1731-1753)
Beda Groten (1753-1756)
Amandus Herriger (1756-1778)
Anselm Aldenhoven (1778-1802, gest. 1810)

Zu den Gräbern der Äbte

Von den 51 Brauweiler Äbten haben drei ihre Grabstätte außerhalb der Abtei gefunden. Abt Tegeno ist in Malmedy begraben worden, Abt Eberhard II. von Galen in Straßburg, wo er auch starb, und Abt Anselm Aldenhoven wurde in der Kölner Kirche St. Mariae Himmelfahrt beigesetzt. Sein Grab ist heute verschollen. Unbekannt ist die Grabstätte von Abt Menfried. Von den übrigen Äbten, die in Brauweiler beigesetzt wurden, sind nur wenige Grabstätten bekannt. Einige Äbte sind bei späteren Baumaßnahmen umgebettet worden. Abt Amilius ruht unter dem Boden des Kapitelsaals.

Heute befinden sich in der ehemaligen Abteikirche zwei Hochgräber und zwei Grabmäler an ihren ursprünglichen Orten. Die dreizehn noch erhaltenen Grabplatten sind an verschiedenen Stellen in der Kirche, der Krypta und der Vorhalle der Kirche aufgestellt worden. Eine Grabplatte wird in der Sakristei aufbewahrt.

Liste der Äbte von Brauweiler im Liber sancti Nicholai episcopi in Brunwilre, Bl. 163r. Die Namen der ersten 40 Äbte wurden von Abt Johannes IV. Münch geschrieben. Danach wurde die Liste von anderen Schreibern fortgeführt. (PfAB) ▶

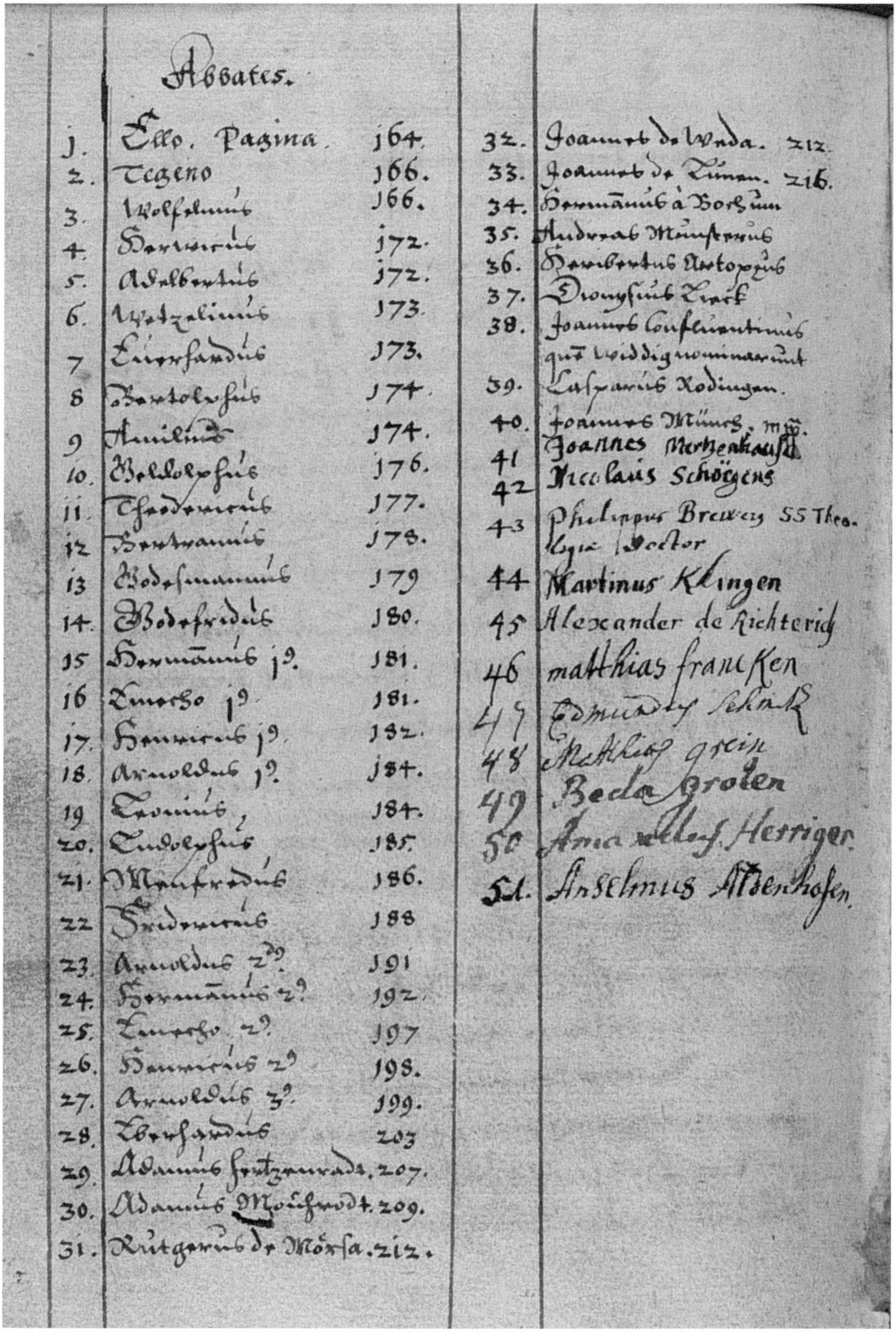

Abbates.

1. Ello. Pagina 164.
2. Tegeno 166.
3. Wolfhelmus 166.
4. Herwicus 172.
5. Adalbertus 172.
6. Wetzelinus 173.
7. Everhardus 173.
8. Bertolphus 174.
9. Amilius 174.
10. Bellolphus 176.
11. Theodericus 177.
12. Bertrannus 178.
13. Godesmannus 179
14. Godefridus 180.
15. Hermannus 1us. 181.
16. Emecho 1us. 181.
17. Henricus 1us. 182.
18. Arnoldus 1us. 184.
19. Erwinus 184.
20. Ludolphus 185.
21. Manfredus 186.
22. Fridericus 188
23. Arnoldus 2dus. 191
24. Hermannus 2us. 192.
25. Emecho 2us. 197
26. Henricus 2us 198.
27. Arnoldus 3us. 199.
28. Eberhardus 203
29. Adamus Hertzenradt. 207.
30. Adamus Moichrodt. 209.
31. Rutgerus de Mörsa. 212.
32. Joannes de Wada. 212.
33. Joannes de Zunen. 216.
34. Hermannus à Borchum
35. Andreas Münstereus
36. Heribertus Aertopoeus
37. Dionysius Tiark
38. Joannes Confluentinus qui Weiddig nominabatur
39. Casparus Rodingen.
40. Joannes Münch. m.p.
41 Joannes Mertzenhausen
42 Nicolaus Schörgens
43 Philippus Breuers SS Theologiae Doctor
44 Martinus Klingen
45 Alexander de Richterich
46 matthias francken
47 Edmundus Schalk
48 Matthias grein
49 Beda Grolen
50 Amandus Herriger.
51. Anselmus Aldenhofen.

Zeittafel zur Abteigeschichte

um 985: Erzbischof Warin von Köln weiht die wiederhergestellte Medarduskapelle auf dem Brauweiler Hofgut des lothringischen Pfalzgrafen.

nach 991: Ezzo (Erenfried), Sohn des lothringischen Pfalzgrafen Hermann I., heiratet Mathilde, eine Tochter Kaiser Ottos II. und der Kaiserin Theophanu. Die Hochzeit findet auf dem Brauweiler Hofgut des lothringischen Pfalzgrafen statt. Ezzo schenkt seiner Gemahlin Mathilde das Hofgut als Morgengabe.

1024: Pfalzgraf Ezzo und seine Gemahlin Mathilde gründen ihr Hauskloster in Brauweiler in der Nähe ihres Hofgutes.

1024 April 14: Unter Führung des Reformabtes Poppo kommen sieben Mönche aus Stablo in Brauweiler an. Sie beginnen mit dem Bau einer Kirche und eines Klosters.

1025 November 20: Pfalzgräfin Mathilde stirbt und wird im Kreuzgangquadrum des Klosters zunächst unter einem Zelt beigesetzt, da die Kirche noch nicht vollendet ist. Später wird über ihrem Grab eine Kapelle zu Ehren der hl. Maria erbaut.

1028 November 8: Der Kölner Erzbischof Piligrim weiht die erste Kirche und das erste Kloster zu Ehren der Heiligen Nikolaus und Medardus.

1030: Abt Poppo beruft den Mönch Ello aus der Abtei St. Maximin in Trier zum ersten Abt von Brauweiler.

1034 Mai 21: Pfalzgraf Ezzo stirbt über 80jährig auf seinem Gut zu Saalfeld in Thüringen und wird in Brauweiler an der Seite seiner Gemahlin Mathilde in der Marienkapelle im Kreuzgangquadrum beigesetzt.

1047 September 7: Ezzos jüngster Sohn Otto, Herzog von Schwaben, stirbt auf der Tomburg bei Rheinbach und wird in Brauweiler beigesetzt. Seine Schwester, die aus Polen zurückgekehrte Königin Richeza, gelobt den Bau einer neuen und größeren Kirche und eines neuen Klosters.

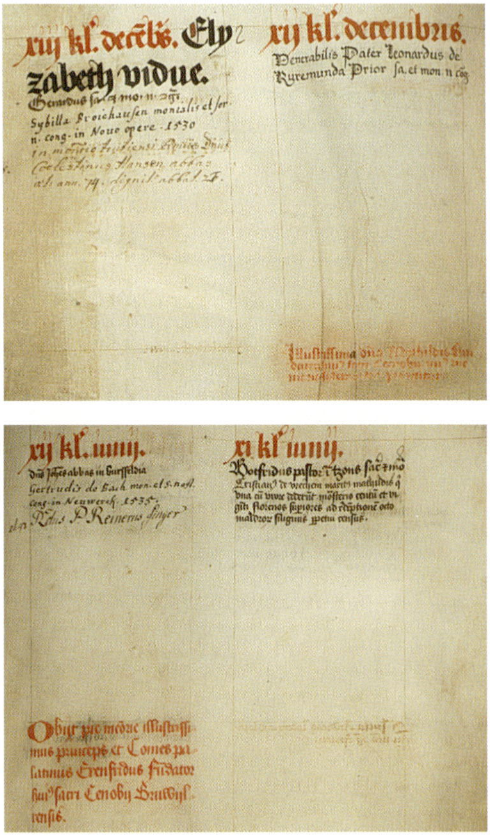

Brauweiler Nekrolog (Totenbuch) von 1476. Oben: Eintrag des Todes der Pfalzgräfin Mathilde in roter Auszeichnungsschrift zum 20. November (◀), Blatt 177b. Unten: Eintrag des Todes des Pfalzgrafen Erenfried-Ezzo ebenfalls in roter Auszeichnungsschrift zum 21. Mai (▶), Bl. 133v (NWHStAD, Brauweiler Rep. u. Hs.)

1048 Juni 30: Der Grundstein zum Bau der von der Königin Richeza gestifteten zweiten Brauweiler Klosterkirche wird gelegt.

1051 Dezember 21: Bischof Robert von Münster weiht drei Altäre in der Krypta der neuen Kirche.

1052 Mai 7: Papst Leo IX. bestätigt dem Kölner Erzbischof Hermann II. die ein Jahr zuvor beschlossene Unterschutzstellung des Klosters Brauweiler unter die Kölner Kirche und die Neuregelung der Vogtei. Gleichzeitig damit bestätigt der Papst auch die Übertragung weiterer Güter aus dem Besitz der noch lebenden Mitglieder der Pfalzgrafenfamilie an das Kloster.

1054 September 7: Die Königin Richeza bestimmt ihre Grabstätte in der von ihr gestifteten zweiten Brauweiler Klosterkirche.

1056 März: Die Königin Richeza überträgt der Abtei Brauweiler ihr umfangreiches Moselgut Klotten, behält sich jedoch die lebenslange Nutznießung vor.

1061 Oktober 30: Die zweite Klosterkirche wird durch den Kölner Erzbischof Anno II. unter Assistenz des Bischofs Egilbert von Minden geweiht, obwohl der Bau noch nicht ganz vollendet ist.

1063 März 21: Königin Richeza von Polen stirbt in Saalfeld. Ihr Leichnam wird nach Köln überführt und dort entgegen dem schriftlich geäußerten Willen der Königin auf Anordnung von Erzbischof Anno II. in der Kölner Kirche St. Maria ad Gradus beigesetzt. Zugleich entzieht der Erzbischof dem Kloster Brauweiler das Moselgut Klotten.

1065 September: Als dritter Abt übernimmt der Mönch Wolfhelm die Leitung des Klosters. Er beginnt einen langjährigen Rechtsstreit mit Erzbischof Anno II. und dessen Nachfolgern um das Moselgut Klotten.

1085 August 29: Der Kölner Erzbischof Sigewin weiht einen Altar hinter dem Hochaltar im Ostteil der Kirche. Diese Weihe darf als endgültiger Abschluß der Bauarbeiten an der zweiten Klosterkirche angesehen werden.
Am gleichen Tag weiht Erzbischof Sigewin die von Abt Wolfhelm in Brauweiler erbaute Laienkirche, die Laurentiuskapelle.

1090 März: Nach Aufforderung Kaiser Heinrichs IV. und Papst Gregors VII. entscheidet der Kölner Erzbischof Hermann III. den Streit um das Moselgut Klotten und gibt dem Kloster den Moselbesitz zurück.

1117 Januar 3: Ein Erdbeben sucht das Kloster heim.

1136: Unter Abt Amilius beginnt ein dritter Neubau von Kirche und Kloster, der bis um 1215 dauert. In mehreren Bauabschnitten wird die von der Königin Richeza gestiftete Kirche durch den noch bestehenden Kirchbau ersetzt.

1141 Januar 22: Bischof Adalbero von Bremen weiht im südlichen Seitenschiff der neuen Kirche einen Altar zu Ehren des hl. Martinus.

1147 Januar 13: Bernhard von Clairvaux kommt im Zusammenhang mit seinen Kreuzzugspredigten, die er im Rheinland hält, nach Brauweiler und feiert am Johannes-Evangelista-Altar das Meßopfer.

1149 November 12: Abt Amilius stirbt und wird unter dem Fußboden des während seiner Amtszeit erbauten Kapitelsaals begraben.

1174 Juli 22: Nach der Beendigung von Umbauarbeiten wird die bisherige Medarduskapelle neben dem Kapitelsaal durch den Kölner Erzbischof Philipp von Heinsberg wieder konsekriert. Sie wird nun dem Ordensgründer, dem hl. Benediktus, geweiht.

1179 August 1: Erneut bebt die Erde in Brauweiler.

Nach 1187 vor 1191: Der Kölner Erzbischof Philipp von Heinsberg gibt dem Abt Bertram die Erlaubnis, eine Kollekte in der Kölner Diözese durchführen zu lassen, um Geldmittel für den Weiterbau der Abteikirche zu erhalten.

um 1196: Beginn der Arbeiten am Ostbau der dritten Abteikirche.

1200 April 29: Der Kölner Erzbischof Adolf I. weiht drei Altäre in der umgebauten Krypta.

1205: Politische Unruhen entstehen infolge des Thronstreites zwischen dem Staufer Philipp von Schwaben und dem Welfen Otto IV. Kriegerische Auseinandersetzungen im Land um Köln behindern den Weiterbau der dritten Klosterkirche und des Klosters. Durch eine Brandschatzung zerstören Kölner Bürger einen Teil der Klosterbauten.

Nach 1205 bis um 1215: Nach der Wiederaufnahme der Bauarbeiten wird das Innere des

Ostbaus der dritten Abteikirche vollendet. Das Äußere bleibt unvollendet.

1211 Januar 5: Der Kölner Erzbischof Dietrich I. inkorporiert dem Kloster auf Bitten von Abt Godesmann die Kirchen in Sinthern und Widdersdorf. Die Inkorporation wird 1219 durch Papst Honorius III. bestätigt.

Zwischen 1220 und 1225: Reparatur- und Erneuerungsarbeiten im Innern der Abteikirche. Die Seitenschiffe erhalten neue Gewölbe.

1225: Abt Godesmann läßt durch den Kardinallegaten Konrad von Porto die Höchstzahl der Mönche auf 40 festlegen.

1238/39: Abt Hermann I. verkauft Grundbesitz der Abtei. Als erstes wird ein Haus mit Hofstatt zu Köln (in der Johannisstraße) an das Kloster Kamp verkauft. Später folgt der Verkauf von Höfen aus niederrheinischem Fernbesitz.

1247: Erneute Begrenzung der Höchstzahl der Mönche auf 40.

1255 April 27: Unter Abt Emecho I. von Klotten wird eine Vermögenstrennung zwischen Abt und Konvent vorgenommen.

1255/1276: Zwischen dem Kloster und seinem Vogt Heinrich von Bachem kommt es zu Auseinandersetzungen. Zweimal wird ein Vergleich geschlossen, dennoch geht der Streit weiter.

1256 Dezember: Der Klosterhof in Manstedten wird an das Kölner Domkapitel für 400 Mark verkauft. Er erhält später den Namen „Domhof".

Um 1263: Im Zusammenhang mit den Auseinandersetzungen zwischen dem Kloster und seinem Vogt versuchen die Mönche, durch Urkundenfälschungen alte Rechte geltend zu machen. Es werden Fälschungen oder Verfälschungen von Urkunden des 11. Jahrhunderts gefertigt. Allein vier Kaiserdiplome Heinrichs III. mit der Jahreszahl 1051 werden in sieben Ausfertigungen gefälscht bzw. verfälscht. In diesen Falsifikaten wird durch Wege und andere geographische Bezeichnungen ein Gebiet umschrieben, in dem nur der Abt die Gewalt habe und nicht der Vogt.

1267 Oktober 18: Im Zusammenhang territorialpolitischer Auseinandersetzungen zwischen den Kölner Erzbischöfen und den Grafen von Jülich und Berg sowie den mit diesen verbündeten, nach politischer Selbstbestimmung strebenden Kölner Bürgern kommt es zur Schlacht bei Marienholz nahe Zülpich. Erzbischof Engelbert II. von Köln wird von dem Grafen Wilhelm IV. von Jülich besiegt und gefangengenommen. Nach dem Sieg über den Erzbischof zerstören jülichsche Truppen den Turm der Kirdorfer Kirche (heute Sinthern), in dem sich die Bauern des Ortes verschanzt hatten.

1271 nach September 18: Unter Abt Heinrich I. von Rennenberg wird eine Übersicht über die Schulden der Abtei zusammengestellt. Gleichzeitig beschließt man einen Maßnahmenkatalog zu ihrer Tilgung.

1274: Albertus Magnus weiht einen Altar in der Klosterkirche.

1277: Zwischenschied des Albertus Magnus für Abt Heinrich I. von Rennenberg in einem nicht näher bezeichneten Rechtsstreit.

1283 Juli 25: Erneuerung der Gütertrennung zwischen Abt und Konvent.

1288 Juni 4 und 5: Nachdem der Erzbischof Siegfried von Westerburg seine Truppen zur Schlacht bei Worringen im Erftraum gesammelt hat, begibt er sich nach Brauweiler, wo er beichtet, die Kommunion empfängt und in der Abteikirche eine hl. Messe liest. Danach zieht er nach Worringen, wo er in einer Schlacht den Grafen von Jülich und Berg sowie ihren Verbündeten unterliegt.

1291: Erste Nachricht über eine Klosterschule in Brauweiler.

1300 (nach November 11): Guß der Misericordia-Glocke zu Ehren des dritten Klosterpatrons, des hl. Martinus, unter Abt Ludolf von Holte.

1309/1311: Eine Hungerperiode zwingt den Abt, mehrere Mönche in andere Klöster zu schicken.

1313 nach Januar 21: Es kommt zu einer doppelten Abtswahl zwischen den Konventualen Menfred und Arnold Scholle. Der Kölner

Erzbischof bestätigt schließlich Menfred, den Kandidaten der Minderheit. Es kommt in der Folge zu einem Prozeß bei der Kurie in Avignon, der die Klosterfinanzen ruiniert.

1315/1317: Während einer zweiten Hungerperiode müssen erneut Mönche in andere Klöster geschickt werden.

1324 Juni 18: Abt und Konvent von Brauweiler verkaufen einen Hof zu Dansweiler an das Kölner Stift St. Maria ad Gradus, um die Schuldenlast bei Christen und Juden zu tilgen. Der Hof erhält später den Namen „Marienhof".

1328 Februar 19: Papst Johannes XXII. verhindert eine Zwangsvollstreckung durch Gläubiger der Abtei. 20 Mönche müssen infolge schlechter wirtschaftlicher Verhältnisse das Kloster verlassen, um in anderen Klöstern ihren Lebensunterhalt zu finden.

1331/32: Die Schulden des Klosters sind so hoch, daß rund 42% der Einkünfte für Schuldzinsen und Rückzahlungen aufgewendet werden müssen. Es gelingt dem Abt Friedrich von Senheim dennoch, einen großen Teil der Schuldenlast zu tilgen und einen Hof in Sinthern wieder zurückzukaufen.

1349: Pest in Brauweiler.

1350 Ostern: Geißler und Flagellanten ziehen durch Brauweiler. Sie erhalten von den Mönchen Brot.

Um 1360: Erneute Auseinandersetzungen mit den Vögten.

1365 Mai 2: Abt Hermann II. Zobbe und sein Konvent kaufen der Familie Kendenich die ihnen gehörende Hälfte der Vogtei ab.

1365 Juni 2: Die andere Hälfte der Vogtei wird von deren Inhaber Carsilius von Palandt an die Abtei Brauweiler verkauft. Da die Kaufsumme nicht ganz aufgebracht werden kann, und der ehemalige Vogt den ausstehenden Betrag als Darlehen betrachtet, hat die Abtei hohe Zinsen zu zahlen.

1365 Juli 1/2: Abt und Konvent beschließen, die Vogtei künftig nur noch für die Dauer von zwei Jahren zu vergeben.

1375: Überfälle auf Güter der Abtei fügen dem Kloster großen Schaden zu.

1383 Februar 6: Der Komtur des Johanniterordens in Köln, Gottfried von Halle, stellt der Abtei ein günstiges Darlehen zur Verfügung, um die beim Ankauf der Vogtei entstandenen Schulden des Klosters abzulösen.

1388 April 22: Erzbischof Friedrich von Saarwerden erlaubt, wegen der schwierigen wirtschaftlichen Lage des Klosters, die Zahl der Mönche auf 25 zu vermindern.

1394: Guß der Nikolaus- und Medardusglocke unter Abt Hermann II. Zobbe. Die Glocke dient auch dazu, das Gericht einzuläuten.

1401/1428: Unter Abt Heinrich II. Vridach bessert sich die wirtschaftliche Situation des Klosters für kurze Zeit.

Nach 1431: Abt Arnold III. Quad führt die auf dem Baseler Konzil beschlossenen Reformbestrebungen in seinem Kloster nicht durch. Die klösterliche Disziplin lockert sich in der Folge immer mehr.

1445/57: Ein kostspieliger Rechtsstreit mit dem Trierer Erzbischof Jakob von Sierck und dessen Nachfolger Johann von Baden um das Gericht und die Grundherrschaft Klotten ruiniert erneut die Klosterfinanzen.

1449: In Sinthern werden der Fronhof und der Hospitalshof in Brand gesteckt, und in Brauweiler brennt der Viehhof ab.

1467 Juli 21: Unter Leitung des ehemaligen Kellners von Groß St. Martin in Köln, Adam von Hertzenrath, wird in Brauweiler die Bursfelder Reform eingeführt.

1469 Juni 28: Herzog Johann I. von Kleve quartiert sich mit 12.000 Söldnern in der Abtei Brauweiler ein und droht beim Abzug, die Gebäude anzuzünden. Die Katastrophe kann in letzter Minute durch die Herzogin Sophia von Jülich-Berg abgewendet werden.

1469 August: Adam von Hertzenrath erhält nach dem Tod des zurückgetretenen Abtes Eberhard II. von Galen die Abtswürde.

1473: Auf Geheiß des Kölner Erzbischofs Ruprecht von der Pfalz führen Brauweiler Mönche die Bursfelder Reform im benachbarten Nonnenkloster Königsdorf (heute zu Frechen) durch.

1474/1475: Während des Burgunderkrieges und der Belagerung von Neuss durch Karl den Kühnen erleiden die Güter der Abtei erhebliche Schäden. Abt Adam I. von Hertzenrath läßt bewegliche Güter des Klosters und einen Teil des Kirchenschatzes in Sicherheit bringen. Zehntabgaben von den Neusser Besitzungen werden von Soldaten des kaiserlichen Reichsheeres requiriert.

1491: Als infolge einer Mißernte die Lebensmittel knapp werden, kann der Abt von Brauweiler überschüssige Vorräte zu Höchstpreisen verkaufen und so einen Teil der Schulden des Klosters tilgen. Zum Dank für die Hilfe wird eine neue Sitzfigur des Klosterpatrons, des hl. Nikolaus, angeschafft.

1505 Mai 14: Philipp der Schöne, Herzog von Burgund und König von Kastilien, quartiert sich mit 3.000 Soldaten einen Tag in Brauweiler ein.

1505 Mai 25: Kaiser Maximilian I. besucht die Abtei Brauweiler.

1506: Sechs Mönche der Abtei werden zur Reform des Klosters Grafschaft im Sauerland entsandt.

1511 August 24-26: Erstmals tagt das Generalkapitel der Bursfelder Kongregation in Brauweiler.

1514: Das Langhaus der Abteikirche erhält das heute noch erhaltene gotische Gewölbe.

1515: Die Pest fordert in Brauweiler Opfer. Zu diesen zählen auch P. Bartholomäus von Grevenbroich, der eine heute nicht mehr erhaltene Klosterchronik verfaßte, sowie der Baumeister, der im gleichen Jahr die steinerne Galerie des Westturmes der Abteikirche erbaut hatte.

1516 Mai 29: Das wenige Jahre zuvor errichtete Brau- und Backhaus brennt ab. Das Feuer wird vom großen Kirchturm aus bekämpft, indem man Wasser, das auf die Galerie des Turmes geschleppt wird, auf das brennende Gebäude schüttet.

1518: Ein schweres Unwetter zerstört den Sommer- und Winterweizen auf den Feldern um Brauweiler herum. Im Zusammenhang mit dem Unwetter werden in der Herrlichkeit Brauweiler erstmals Hexen verbrannt.

1520 Oktober zwischen 23 u. 29: Kaiser Karl V. besucht auf dem Weg von Aachen nach Köln die Abtei Brauweiler. In seinem Gefolge befindet sich Albrecht Dürer.

1531 Januar zwischen 5 u. 11: König Ferdinand I. besucht nach seiner Wahl in Köln die Abtei Brauweiler.

1536: Unter Abt Hermann III. Laer wird über den Kreuzgängen (außer über dem nördlichen) ein zweites Stockwerk errichtet, um neue Räume für den Abt, die Inhaber höherer Klosterämter und für Gäste zu schaffen. Eingerichtet werden ein neues Dormitorium und eine neue Bibliothek.

1547 November 23: Kaiser Karl V. verleiht der Abtei Brauweiler das Recht, ein Wappen zu führen.

1550 Mai 25: Am Pfingstfest kommen 200 spanische Reiter in Erwartung Kaiser Karls V. nach Brauweiler. Als dieser nicht kommt, ziehen die Truppen nach zwei Wochen wieder ab.

1552 August 6: Der Herzog von Holstein quartiert sich mit 1.200 Reitern drei Wochen lang in Brauweiler ein.

1561 April 20-22: Tagung des Generalkapitels der Bursfelder Kongregation in Brauweiler.

1569: Bei der ersten Visitation des Klosters nach dem Konzil von Trient, die im Auftrag des Kölner Erzbischofs Salentin von Isenburg durchgeführt wird, stellen die Visitatoren keine Mißstände im klösterlichen Leben fest.

1570 April 16-18: Tagung des Generalkapitels der Bursfelder Kongregation in Brauweiler.

1584 Februar 14 u. 19: Im Kölnischen oder Truchsessischen Krieg überfallen Truppen des Erzbischofs Ernst von Bayern die Abteihöfe in Freimersdorf und brandschatzen sie. Fünf Tage später überfallen sie Brauweiler und plündern die Abtei.

1587 August 13: Freibeuter aus Wachtendonk plündern Brauweiler und die Abtei.

1588 Mai 8: Der berüchtigte Freibeuter Johann von Pulheim wird in Köln hingerichtet.

Er hatte in Freimersdorf und anderen Orten zahlreiche Männer, Frauen und Kinder ermordet oder entführt, um Lösegeld zu erpressen. In Geyen hatte er einer schwangeren Frau den Leib aufgeschlitzt.

1588 September: Katholische spanische Truppen des Herzogs von Chimay überfallen Brauweiler und zerstören die Laurentiuskapelle, die erst 1604 wieder aufgebaut werden kann.

1593: Als die Abtei die ihr vom Kölner Erzbischof als Landesherrn auferlegten Steuern nicht zahlen kann, verlegt die kurkölnische Regierung eine militärische Besatzung ins Kloster, um die Zahlung zu erzwingen.

1600: Hexenverfolgung unter Abt Heribert Artopäus.

1606 März 27: Ein starker Sturm reißt das Dach des großen Kirchturms herunter, wobei das Kirchendach schwer beschädigt wird.

1610 August 24: Ein Trupp niederländischer Truppen, die Jülich belagern, überfällt den klösterlichen Hof in Rath bei Widdersdorf. Als die Nikolaus- und Medardusglocke im großen Turm der Abteikirche heftig geläutet wird, reißt der Glockenmantel.

1622: Eine Pestepidemie fordert Opfer unter den Mönchen des Klosters.

nach 1625: Nachdem ein Blitzeinschlag den Klosterhof in Rath bei Widdersdorf durch Brand zerstört hat, wird das Anwesen in zwei Hofstellen aufgeteilt, und zwei neue Hofanlagen werden erbaut.

1627: Unter Abt Johannes IV. Münch wird mit dem Entfernen von Gittern zwischen Mönchschor und Langhaus der Kirche die barocke Umgestaltung der Abteikirche eingeleitet.

1629: Der Reiteroffizier Jan von Werth hält sich mit einer spanischen Reiterkompanie in Brauweiler auf und wird wegen des unverschämten Verhaltens seiner Soldaten bei einem Zusammenstoß mit den Bauern des Ortes durch einen Schuß verletzt.
Im gleichen Jahr erhält der Westturm der Abteikirche den heute noch erhaltenen spitzen Turmhelm.

nach 1629: Brauweiler Mönche gehen im Zusammenhang mit der Katholischen Reform (sog. Gegenreformation) als Seelsorger nach Böhmen, in die Oberpfalz und nach Sachsen.

1630: Umguß von zwei älteren Glocken durch den Glockengießer Johannes Hellings, die eine zu Ehren der hl. Maria und die andere zu Ehren der Klosterpatrone Nikolaus und Medardus.

nach 1631: Die Abtei wird Zufluchtsstätte für Mönche anderer Klöster im Reich, die von den Ereignissen des Dreißigjährigen Krieges in Mitleidenschaft gezogen werden.

1636: Wiederum fordert eine Pestepidemie Opfer in Brauweiler.

1637: Hexenverfolgung unter Abt Johannes IV. Münch.

1640 Oktober 26: Abt Johannes IV. Münch erwirbt Weinberge in Johannisberg (Rheingau).

1642 Juni 1: Katholische Truppen des Kaisers plündern die Klosterhöfe.

1643 Dezember: Hessische Söldner brennen ein Tor und eine Scheune der Abtei nieder. Der Konvent ist nach Köln geflohen.

1653: Der spätere Abt Philipp Brewer wird erster Regens des wiedergegründeten Seminars der Bursfelder Kongregation, das im Brauweiler Hof zu Köln eingerichtet wird.

1655 September 27: Königin Christine von Schweden übernachtet mit ihrem Gefolge auf ihrer Reise von Brüssel nach Rom im Kloster.

1660 Juni 21: Ein Brand vernichtet einen Teil der Dächer des Klosters.

1662 Mai 7-9: Tagung des Generalkapitels der Bursfelder Kongregation in Brauweiler.

1664: Der erste Barockaltar wird unter Abt Nikolaus Schögen im Südquerhaus der Kirche aufgestellt.

nach 1665: Unter Abt Philipp Brewer wird im Zusammenhang mit der barocken Umgestaltung der Kirche der Kreuzaltar abgebrochen, danach folgt die Versetzung des Hochgrabes der Stifter aus der Vierung in den Südnebenchor.

1667 August 16: Im Zuge der Versetzung des Stiftergrabes werden die Gebeine des lothringischen Pfalzgrafen Ezzo transloziert.

1667 Oktober 20: Die Gebeine der lothringischen Pfalzgräfin Mathilde werden umgebettet.

1668: In der Chorapsis wird ein barocker Hochaltar aufgestellt.

1669 Januar 17: Weihe des barocken Hochaltars zu Ehren des hl. Kreuzes sowie der beiden Klosterpatrone Nikolaus und Medardus.
Im gleichen Jahr wird die barocke Sakristei an der Stelle der bisherigen romanischen *Sacristia Minor* erbaut.

1670 August 31-September 3: Tagung des Generalkapitels der Bursfelder Kongregation in Brauweiler

1673 Oktober 28: 10.000 Söldner der miteinander verbündeten kaiserlichen und holländischen Truppen unter dem Prinzen von Oranien richten für drei Tage ihr Feldlager in Brauweiler ein.

1695 Dezember 15: Ein Feuer im Kloster bringt das Dormitorium der Mönche in Gefahr. Der Brand kann zum Glück rechtzeitig gelöscht werden.

Um 1700: Anschaffung des barocken Chorgestühls.

1715: Anschaffung des großen Orgelprospekts an der Westwand der Abteikirche.

1716 Juli 5-7: Tagung des Generalkapitels der Bursfelder Kongregation in Brauweiler.

1725: Anschaffung der zusammenhängenden Gruppe von drei Beichtstühlen.

1732 Mai 11-13: Tagung des Generalkapitels der Bursfelder Kongregation in Brauweiler.

1732/1745: Abt Matthias II. Grein geht mit ungewöhnlicher Härte gegen Diebe, Landstreicher, Ehebrecher und Ehebrecherinnen vor.

1754: Unter Abt Beda Groten werden umfangreiche Baumaßnahmen im Klosterbereich durchgeführt.

1755 Dezember 26 u. 27: Ein schweres Erdbeben erschreckt die Mönche, so daß sie aus den Klostergebäuden fliehen.

1756 Februar 18: Erneut erschüttert ein Erdbeben die Abtei, die größere Schäden erleidet. Im gleichen Jahr sucht eine schlimme Mäuseplage die Felder innerhalb der Herrlichkeit Brauweiler heim. Ein großer Teil der Ernte wird vernichtet.

1758 Juni 30: Während des Siebenjährigen Krieges schlägt ein französisches Heer von 10.000 Mann sein Feldlager in den noch nicht abgeernteten Feldern zwischen Königsdorf, Freimersdorf, Dansweiler und der Brauweiler Windmühle auf.

1758 Sommer: Ein französisches Heer verursacht bei seinem Durchmarsch durch die noch nicht abgeernteten Getreidefelder zwischen Brauweiler und Sinthern Schäden in Höhe von 42.000 Reichstalern.

1764: Abt Amandus Herriger läßt die Sitzfigur des hl. Nikolaus aus der Krypta in die Oberkirche bringen. Aus diesem Anlaß verfaßt der Konventuale Franziskus Cramer einen Lobpreis auf den Heiligen. Ein Exemplar dieses Gedichtes wird einige Jahre später in die goldene Kugel unter dem Turmhahn der Abteikirche eingeschlossen.

1766 Anfang November: eine Feuersbrunst äschert das halbe Dorf Brauweiler ein. Löschwasser wird in Fässern auf Karren aus den benachbarten Dörfen herbeigeholt. Abt Amandus Herriger gewährt den obdachlos gewordenen Dorfbewohnern wegen des beginnenden Winters Unterkunft in der Abtei und schafft zwei neue Feuerspritzen an.

1769/70: Am Westturm der Abteikirche werden umfangreiche Reparaturarbeiten durchgeführt. Als Abschluß der Arbeiten wird ein neuer Turmhahn aufgesetzt.

1774/76: Im Kapitelsaal werden Renovierungsarbeiten durchgeführt. Dabei wird auch das Grab des Abtes Amilius geöffnet. Die Gewölbemalerei wird übertüncht.

1775: Im Kreuzganghof läßt Abt Amandus Herriger an der Stelle, wo einst die Marienkapelle mit der ersten Grablege der Klostergründer gestanden hat, eine doppelgesichtige Madonnenfigur auf einem hohen, geschweiften Sockel aufstellen.

1777 Juni 8-11: Letzte Tagung des Generalkapitels der Bursfelder Kongregation in Brauweiler.

1779 Sommer: Ein schweres Unwetter verursacht Schäden im Umland von Brauweiler, verschont jedoch die Felder der Abtei. Als Dank wird dem hl. Donatus östlich der Abtei ein Standbild errichtet.

1780: Grundsteinlegung zum Bau der barocken Klostergebäude durch den Baumeister Nikolaus Lauxen. Für das Rheinland ist dies die letzte Klosterbaumaßnahme vor der Säkularisation.

1789 Mai 24/25: Eine Feuersbrunst vernichtet einen Teil des Dorfes Dansweiler. Abt Anselm Aldenhoven organisiert Hilfsmaßnahmen für die Geschädigten.

1792 nach Dezember 16: Nach der Eroberung Aachens durch die französischen Revolutionstruppen durchziehen erste Flüchtlingstrecks das Gebiet der Abtei Brauweiler.

1793 März 1: Der Sieg österreichischer Truppen bei Aldenhoven verhindert zunächst das weitere Vordringen der französischen Truppen zum Rhein.

1794 Juni 26: Nach der Niederlage bei Fleurus dringen die französischen Armeen unaufhaltsam nach Osten auf den Rhein vor.

1794 Juli 4: Ein Transport von vierzehn Wagen mit verwundeten österreichischen Soldaten erreicht die Abtei Brauweiler. In einem Teil der Klostergebäude wird ein Lazarett eingerichtet.

1794 Oktober 4: Kaiserliche Esterházy-Husaren plündern auf ihrem Rückzug zum Rhein die Abtei Brauweiler und richten große Schäden an. Bis auf drei Mönche ist der Konvent mit dem Abt nach Köln in den Brauweiler Hof geflohen. Noch am gleichen Tag erreicht die Nachricht von den Zerstörungen des Klosters die Geflohenen.

1794 Oktober 5: Einmarsch französischer Revolutionstruppen in Brauweiler. In den Abteigebäuden werden das Hauptquartier einer Kavallerie-Einheit und ein Lazarett eingerichtet.
Am gleichen Tag verläßt Abt Anselm Aldenhoven zusammen mit zwanzig Mönchen seines Konvents in Begleitung des Schultheißen Matthias Kohnen Köln und begibt sich auf die andere Rheinseite nach Mauel bei Rosbach an der Sieg. Zurück bleiben 14 ältere Konventsmitglieder, von denen jedoch einige zu diesem Zeitpunkt sich an anderen Orten aufhalten, so in Siegburg, in Klotten und als Pfarrer in Sinthern, Widdersdorf und Zons.

1794 Oktober 28: In Begleitung des neuen Schultheißen Dr. Franz Aldenhoven kehren die ersten Mönche nach Brauweiler zurück.

1795 Januar 10: Der Brauweiler Vorsteher Heinrich Schneider beschwert sich bei der Bonner Bezirksregierung über die zurückgekehrten Mönche der Abtei.

1794/95 Winter: Die Bewohner der Herrlichkeit Brauweiler leiden unter Requisitionen und Einquartierungen der französischen Armee. Die Wälder der Abtei werden durch unkontrolliertes Abholzen stark geschädigt.

1795 Februar 4: Die Konventsmitglieder Franziskus Cramer und Laurentius Geyr rechtfertigen in einer Petition an die unter französischer Aufsicht stehende Bonner Bezirksregierung die Flucht ihrer Mitbrüder auf die rechte Rheinseite und bitten um die Erlaubnis, ihre Güter wieder selbst verwalten zu dürfen.

1795 Juli 3: Rückkehr der am 5. Oktober 1794 auf die rechte Rheinseite geflohenen Brauweiler Mönche über Duisburg.

1795 Juli 9: Die Bonner Bezirksregierung beschließt, den Mönchen der Abtei Brauweiler die Selbstverwaltung ihrer Güter zurückzugeben.

1796 September 23-26: General Michel-Sylvestre Brayer nimmt sein Quartier in der Abtei.

1797 November 11: General Christophe-Antoine Merlin quartiert sich zusammen mit seinem Stab für rund drei Monate in der Abtei ein.

1798: Unter dem neuernannten Regierungskommissar für die besetzten Länder auf der linken Rheinseite, Franz Josef Rudler, beginnt die systematische Beschränkung bzw. Aufhebung von Rechten der Kirche und der Geistlichkeit. Ziel ist die Angleichung der kirchlichen Verhältnisse an die Frankreichs.

1798 Januar 13: Erste Registrierung der Mitglieder des Brauweiler Konvents durch den Brühler Schultheißen Gansen.

1798 Februar 9: Verbot der Aufnahme von Novizen und des Ablegens der Gelübde.

1798 vor Mai 12: Die Mönche legen in bezug auf den Erlaß des Regierungskommissars vom 17. Februar 1798 ein erstes Verzeichnis der Einrichtung von Kirche und Kloster an.

1798 Juni 7: Trotz des Verbots vom 27. Mai 1798, Prozessionen durchzuführen, findet in Brauweiler die Fronleichnamsprozession statt, weil die Mönche den für die Überwachung der Einhaltung des Verbots zuständigen Kommissar Henri Jean Tassier bestochen haben.

1798 August 2: Zwei Beamte der französischen Verwaltung des Kantons Weiden fertigen ein zweites Inventarverzeichnis der Einrichtung von Kirche und Kloster an. Es ist umfangreicher als das wenige Monate zuvor von den Mönchen angefertigte, da nun auch die Einrichtungsgegenstände des Klosters aufgeführt werden, welche das Kloster vor der Plünderung durch die Esterházy-Husaren besaß.

1798 August 3: Erneute Registrierung der Mitglieder des Brauweiler Konvents.

1798/1801: Trotz der allgemeinen Schwierigkeiten bemühen sich die Brauweiler Mönche, das religiöse Leben in der gewohnten Weise ablaufen zu lassen. Auch die wichtigen kirchlichen Feste und die Brauweiler Eigenfeste im Laufe des Jahres werden weiterhin in feierlicher Weise begangen.

1799 November 9: Die Machtübernahme durch Napoleon löst die revolutionäre Kirchenpolitik durch einen neuen Kurs ab, dessen Ziel eine Aussöhnung mit der Kirche ist.

1801 Februar 9: Durch den Frieden von Lunéville werden die von Regierungskommissar Rudler geschaffenen vier rheinischen Departements endgültig zum Bestandteil der Französischen Republik. Damit wird die staatsrechtliche Voraussetzung für die Durchführung der in Frankreich bereits realisierten Säkularisation geschaffen.

1801 Juni 4: Der für Brauweiler zuständige Maire Adam Berndgen aus Freimersdorf fertigt eine Liste der Konventsmitglieder an.

1801 Juli 15: Nach langen und schwierigen Verhandlungen zwischen Vertretern der Kurie und der französischen Regierung wird das Konkordat abgeschlossen. Seine Ratifizierung erfolgt im September 1801 und seine Veröffentlichung erst im April 1802.

1802 Mai 4: Das Konkordat wird in den vier rheinischen Departements in Kraft gesetzt. Brauweiler gehört nun zum neugegründeten Bistum Aachen.

1802 Juni 9: Die französische Konsularregierung beschließt durch das sog. „Suppressionsgesetz" die Aufhebung der geistlichen Institutionen in den vier rheinischen Departements. Das Gesetz wird aus organisatorischen Gründen jedoch erst am 2. Juli 1802 veröffentlicht.

1802 Juli 4: Kommissar Wiruce versiegelt in Anwesenheit von P. Medard Hoff das Archiv der Abtei, das sich im Brauweiler Hof zu Köln befindet.

1802 Juli 6: Im Hinblick auf die zu erwartende Aufhebung des Klosters wird die Kasse der Kellnerei abgerechnet. Der Restbetrag wird in die allgemeine Kasse übernommen. Diese wird am 31. Juli 1802 ebenfalls abgerechnet. Die Bilanz der Einnahmen und Ausgaben ergibt ein Defizit von einem Reichstaler.

1802 August 3 bis 16: Kommissar Sibiller löst die Abtei Brauweiler auf. Innerhalb der nächsten zehn Tage müssen alle Mönche das aufgehobene Kloster verlassen, und ihre Ordenskleidung dürfen sie nicht mehr tragen.

1802 November 9: In einer Gesamtübersicht über die aufgehobenen Klöster im Roerdepartement wird der „Wert" aller Güter und Einnahmen der aufgehobenen Abtei Brauweiler mit 442.105 Francs angegeben.

Erläuterung der wichtigsten Fachbegriffe

Ancien Régime: (franz.: alte Regierungsform); Bezeichnung für das alte, vorrevolutionäre Frankreich. Ist von dort auf andere europäische Staaten übertragen worden.

Adjunkt: Amtsgehilfe, Gehilfe, Beigeordneter.

affilié, affilii[e]rt: (franz.: angeschlossen, angegliedert); bezeichnet hier die Konventsmitglieder im Kloster, die zwar der Gemeinschaft angehören, jedoch wegen auswärtiger Aufgaben sich nicht ständig im Kloster aufhalten.

Ahm: auch Ohm, Volumenmaß für Wein, auch für Bier.

Albe: in der katholischen Kirche ein knöchellanges, liturgisches Untergewand aus weißem Leinen, das aus der römischen Tunica entstanden ist.

Antependium: schmuckvolle Bekleidung der Vorderseite, gelegentlich auch der beiden Schmalseiten eines Altartisches, entweder durch einen herabhängenden verzierten Stoffbehang oder durch eine kunstvoll bearbeitete Tafel.

Antiphonale: (Plur.: Antiphonalien) auch Antiphonar (Plur.: Antiphonarien); im MA ein liturgisches Buch mit Antiphonen, d.s. Kehrverse, mit denen ein Chor einem Vorsänger antwortet. Solche Kehrverse wurden musikalisch z. T. weiter ausgestaltet, z. B. zum Introitus (Eingangsgesang der Messe). Als im MA die Bezeichnung Graduale für die Sammlung der Meßgesänge üblich wurde, reduzierte sich die Bezeichnung Antiphonalien auf die Bücher, welche die Gesänge zum Stundengebet der Mönche und Kanoniker enthielten.

Archivolte: profilierter oder dekorierter Bogen. Bezeichnung für die Bogenläufe in mittelalterlichen romanischen oder gotischen Stufenportalen, welche die Fortsetzung der Gewändegliederung bilden. Sie sind häufig mit Skulpturen (Archivoltenfiguren) besetzt. (s. Stufenportal)

Arpent: Flächenmaß.

Bakkalaureus: unterster, von einer Fakultät verliehener, akademischer Titel.

Birutsche: auch Barutsche, zwei- bzw. vierrädrige leichte Kutsche mit einem Klappverdeck.

Blendtriforium: rein dekoratives Gliederungselement der Wand eines Kirchenhochschiffs (zwischen Seitenschiffarkaden und Fensterzone) in Form einer vorgeblendeten Öffnung mit drei Bögen („Dreifachöffnung“) ohne einen dahinterliegenden Laufgang.

Brevier: (lat.: breviarium = kurzes Verzeichnis); in der katholischen Kirche ein liturgisches Handbuch (Breviarium Romanum = Römisches Brevier) mit den täglichen Pflichtgebeten der katholischen Priester sowie den Texten für das Stundengebet der Mönche und Nonnen.

Carolina: silberne Groschenmünze des Kirchenstaates vom 15. bis in das 18. Jahrhundert.

Cellerarius: (lat.: cellerarius = Kellermeister); Wirtschaftsverwalter, Ökonom des Klosters (auch Kellner oder Kellerer).

Chronodistichon: Chronogramm in der Form eines Distichons, d.h. jeweils zwei Verszeilen bilden eine Verseinheit.

Chronogramm: ein lateinischer Satz, dessen Worte Großbuchstaben enthalten, die römische Zahlen darstellen. Addiert man diese, so ergibt sich eine Jahreszahl.

Ciborium: oder Ziborium, Speisekelch, meist kelchförmiges verschließbares liturgisches Gefäß zur Aufbewahrung der konsekrierten (geweihten) Hostien.

Cingulum: oder Zingulum (Plur.: Cingula, Zingula); einfacher Strick oder verziertes Band, als liturgischer Gürtel zum Schürzen oder Binden der Albe bzw. der Ordenstracht verwendet.

cisrhenanisch: oder zisrhenanisch (lat.: cisrhenanus = diesseits des Rheines wohnend);

Bezeichnung für das linkrheinische Gebiet, das von Gallien (Frankreich) aus betrachtet „diesseits des Rheines" liegt.

Consignation: (lat.: consignare = mit einem Zeichen versehen, siegeln); Warenübergabe zum Weiterverkauf. Die Übergabe von Eigentum eines Dritten an einen Konsignatär, d. h. an einen Weiterverkäufer, ohne daß der Besitzer die Möglichkeit des Einspruchs hat.

consiliarii: (lat., Sing.: consiliarius): Berater, Ratgeber, Vertrauter.

Corporale: oder Korporale (Plur.: Corporalien, Korporalien); quadratisches oder rechteckiges Leinentuch als Unterlage für Hostie, Kelch oder Patene (flacher vergoldeter Hostienteller) in der Liturgie der Messe.

Deckenvoute: Deckenkehle, gerundeter Übergang zwischen Wand und Decke.

Deesis: Bild des thronenden Christus als Weltenrichter.

directoria: (lat., Sing.: directorium); Leitfaden für die liturgische Ordnung des Jahres.

Domäne: Staatsgut.

Dormitorium: (lat.: dormire = schlafen); gemeinsamer Schlafsaal der Mönche.

Eckrisalit: vor die Fluchtlinie der Fassade vorspringender Gebäudeteil an der Ecke eines Bauwerks.

Effecten: Effekten, bewegliche Habe.

Elemosinar: (abgeleitet von lat.: eleemosyna = Almosen, Geschenk, Speisung); der Elemosinar, auch Almosenier genannt, war für die Verteilung von Almosen an Arme und Notleidende zuständig. (s. auch Spindarius)

Etat: (franz. von lat.: status); Stand, Zustand, Haushalt, auch Staat und Staatshaushalt.

Feston: Ornament in der Form eines bogenförmig durchhängenden Gewindes aus Blumen, Früchten oder Laub.

Fiskalprokurator: Beamter des Kölner Erzbischofs, vergleichbar mit dem Staatsanwalt, vertritt insbesondere die finanziellen Interessen der Kölner Kirche beim Reichskammergericht.

Fossa: (lat.: Graben, Grube); Bezeichnung für die Vertiefung in einer Altarplatte zur Aufnahme von Reliquien.

Frühmesser: ein Geistlicher, der frühmorgens lediglich eine gestiftete Messe zu lesen hatte. Er war Inhaber eines selbständigen Benefiziums, d.h. eines kirchlichen Amtes, das zugleich einen Anspruch auf die Erträge einer mit diesem Amt verbundenen Vermögensmasse gewährte.

Gebundenes System: ein quadratischer Schematismus, der dem gesamten Grundriß einer gewölbten romanischen Basilika zugrunde liegt und dessen Maße sich am Vierungsquadrat orientieren. Dabei wird ein quadratisches Gewölbejoch des Mittelschiffes auf jeder Seite von jeweils zwei quadratischen Seitenschiffjochen gestützt, deren Flächen zusammen der Fläche des Mittelschiffjoches entsprechen.

Gesims: ein meist horizontales, aus einer Mauer hervortretendes Bauelement, das eine Wand in einzelne Abschnitte einteilt.

Gewände: schräg verlaufende Mauerfläche als Begrenzung eines Portals oder Fensters, auch als Laibung bezeichnet. Das Gewände kann profiliert sein (Stab, Hohlkehle), manchmal stehen in der Abtreppung auch Säulen oder Skulpturen. (s. Stufenportal)

Giebel: Wandstück zwischen den Schrägen eines Daches oder Abschlußform eines Satteldaches. Ist der Giebel Teil der Fassade eines Gebäudes, so wird er häufig aufwendig gestaltet.

Girondisten: Gruppe in der französischen Nationalversammlung, benannt nach dem Departement Gironde, aus dem ihre Führer kamen.

Graduale: (Plur.: Gradualien); in der Liturgie seit dem 12. Jh. das Buch, das die Gesänge der Messe enthält. Der Name leitet sich ab von lat.: gradus = Stufe, denn seit dem 9. Jh. wurde der zweite Gesang zwischen Epistel und Evangelium gewöhnlich auf oder vor den Stufen des Ambo (Podest mit Brüstung und Pult zum Verlesen des Evangeliums) vorgetragen; früher Stufengesang, heute als Zwischengesang bezeichnet.

Horen: (lat.: hora = Stunde); Bezeichnung für die sieben Gebetszeiten (Stundengebet) der Mönche.

Humerale: (Plur.: Humeralien); Hals und Schulter bedeckendes Tuch (Schultertuch), das der Priester in der Liturgie unter der Albe trägt.

Haarpullen: von Pulle oder Pfühl (lat.: pulvinus = Sitz- oder Kopfkissen); ein mit Federn oder Flocken gefülltes Oberbett, Federbett oder Kissen.

Inkunabel: (lat.: incunabula = Windeln, Wiege); Bezeichnung für die zwischen 1445 und 1500 zunächst auf Pergament, dann auf Papier hergestellten ersten Druckerzeugnisse, auch Wiegendrucke genannt. Viele Inkunabeln sind reich verziert.

in situ: in originaler Lage, an ursprünglicher Stelle (z.B. bei ausgegrabenen oder anderweitig entdeckten Gegenständen).

Interdikt: (lat.: interdictio = Untersagung); im katholischen Kirchenrecht eine Kirchenstrafe; seit dem 11. Jh. als Personalinterdikt, das gegen Einzelne oder Personengemeinschaften gerichtete Verbot der Teilnahme an gottesdienstlichen Handlungen und der Sakramentenspendung.

Inventarisation: Aufstellung eines Verzeichnisses der Vermögens- oder Einrichtungsgegenstände, der beweglichen, auch der unbeweglichen Habe eines Hauses oder Unternehmens.

Kalmey: (span.: calamaco, altköln.: callmang); auch Kalamin oder Kalmank, ein wollartiger Stoff aus Kamel- oder Ziegenhaar.

Kanape: auch Kanapee, Sofa mit Seiten- und Rückenlehne.

Kasel: liturgisches Obergewand des Priesters bei der Feier der hl. Messe, das Meßgewand.

Kassationshof: auch Kassationsgericht, oberster Gerichtshof in Frankreich.

Kellner: s. Cellerarius.

Kollationsrecht: Recht, den Geistlichen an einer Pfarrkirche zu berufen.

Kompositkapitell: ein Kapitell, das aus der Verschmelzung verschiedener, ursprünglich nicht zusammengehörender Teile entstanden ist, wie beispielsweise das in der römischen Baukunst vorkommende Kapitell, das aus Elementen des ionischen und des korinthischen Kapitells zusammengesetzt ist.

Konverse: Laienbruder eines katholischen Mönchsordens. Konversen waren ursprünglich im 7. Jh. Klosterangehörige, die im Gegensatz zu denen, die im Kindesalter dem Kloster übergeben wurden, als Erwachsene in das Kloster eintraten. Seit dem 11. Jh. werden die Mitglieder einer Klostergemeinschaft so bezeichnet, die nicht als Priester- oder Chormönche, sondern als Laienbrüder im Kloster lebten und zumeist verschiedene (manuelle) Arbeiten verrichteten.

Kopialbuch: auch Kopiar, Sammlung von Urkundenabschriften in Buchform.

Korporale: s. Corporale.

Kranzgesims: stark ausladendes Gesims als oberer Abschluß eines Gebäudes, das konstruktiv noch zur Außenwand gehört, meist jedoch als Konsole ausgebildet ist. Es kann auch als dekoratives Element im Innern eines Raumes vorkommen.

Kredenztisch: Anrichtetisch, Tisch im Altarraum für die zum Abendmahl benötigten Gegenstände.

Kussensinge: (altköln.: kusszieche); Zieche ist eine sackartige Hülle, insbesondere für Betten. Es handelt sich um einen Kissenbezug, der ursprünglich aus einfacher weißer oder karierter starker Leinwand gefertigt war und an der Seite mit Schnüren lose gebunden wurde.

Laubtaler: deutscher Name für die französischen Ecus aux lauriers (Ecus mit Lorbeerkranz), die von 1726 bis 1790 geprägt wurden und nicht nur in den von Frankreich besetzten rheinischen Gebieten, sondern auch im Heiligen Römischen Reich Deutscher Nation im Umlauf waren. Die umgangssprachliche Bezeichnung bezog sich auf den Lorbeerkranz auf der Rückseite der Münze.

Lettner: (lat.: lectorium = Lesepult; mhd.: lecter); halbhohe Wand mit Lese- und Sängerbühne, die in Kloster- und Stiftskirchen den Chor der Mönche oder Stiftsherren vom Kirchenraum der Laien trennte. Dadurch entstanden zwei, jedoch nicht völlig abgeschlossene, gottesdienstliche Bereiche. Der Lettner diente der feierlichen Verlesung von Epistel und Evangelium, aber auch dem Vorzeigen von Reliquien und anderen Heiltümern.

Lizentiat: akademischer Grad an einer katholischen theologischen Fakultät.

Medaillon: in der Baukunst ovales oder rundes Bild oder Flachrelief in Stuck oder Terrakotta zum Schmuck einer Wandfläche. Bezeichnung auch für eine an einem Kettchen getragene kleine Kapsel, die ein Bild oder ein Andenken enthält.

Mittelrisalit: vor die Fluchtlinie der Fassade vorspringender Gebäudeteil in der Mitte eines Bauwerks.

Missale Romanum: römisches Meßbuch, enthält alle bei der Feier der Messe notwendigen Texte (Gebete, Lesungen). Es wurde im Auftrag des Konzils von Trient durch Pius V. herausgegeben und war seit 1570 für die ganze abendländische Kirche verpflichtend. Es war wesentlich umfangreicher als das heutige Missale Romanum.

Nebengemählt: Gemälde; wobei „neben" in der Bedeutung von „an der Seite" im Gegensatz zu „haupt" zu verstehen ist; Gemälde an den Nebenaltären (Seitenaltäre) der Kirche.

Ohm: s. Ahm.

Offizial der Kölner Kurie: oberster Richter des Kölner Erzbischofs.

Ostensorien: (lat.: ostendere = zeigen, hinzeigen auf, vor Augen halten); geschmückter Schaubehälter für Reliquien; Sing.: Ostensorium.

Parabraunerde: ein Bodentyp, dessen Tonanteile durch einsickerndes Regenwasser aus dem Oberboden in den Unterboden transportiert wurden. Anders als die Braunerde (brauner Waldboden), dessen Oberboden durch die ständige Zersetzung von welkem Laub immer neue Nährsubstanz erhält, ist die Parabraunerde ein leicht gebleichter Bodentyp, der bei entsprechender Pflege hohe Erträge liefert. Parabraunerde bildete sich in den Gebieten Mitteleuropas, die in historischer Zeit entwaldet wurden.

Passavant: franz.: Zollbegleitschein, Passierschein.

Pilaster: schwach aus der Wand hervortretender Pfeiler, der im Gegensatz zur Lisene sowohl eine Basis als auch ein Kapitell besitzt.

Pfründe: s. Präbende.

Polle: (lat.: ampulla = kolbenförmiges Gefäß, Salbenfläschchen); altköln.: pöllger, daraus wurde Pöllche. Meßkännchen, liturgisches Gefäß bei der Meßfeier, je eines für Wein und für Wasser.

Postament: Unterbau, Sockel von architektonischen Stützgliedern oder Statuen.

Präbende: (lat.: praebere = darreichen, gewähren; praebenda = das Darzureichende); das mit einem Kirchenamt z. B. dem eines Kanonikers in einem Dom- oder Stiftskapitel dauernd verbundene Einkommen aus Land- oder Geldvermögen. Auch wurde das Amt selbst so bezeichnet. Aus dem lat. Wort Praebenda leitet sich das ahd. Lehnwort Pfründe ab.

Profeß: (lat.: profiteri = frei bekennen); im katholischen Ordensrecht das Ablegen der Ordensgelübde nach Beendigung des Noviziats. Die Profeß ist ein religiöser Akt, durch den der oder die Professe das ganze Leben dem Dienst an Gott und den Menschen weiht und rechtlich dem Orden bzw. der religiösen Gemeinschaft eingegliedert wird.

Psalmen-Versifikation: s. Versifikation

Psalter: Textbuch der Psalmen für den Gebrauch in der Liturgie, besonders im feierlichen Wechselgesang während des Stundengebetes der Mönche und Nonnen.

Purifikatorium: liturgisches Tuch zum Reinigen des Meßkelchs.

Putte: (ital.: Knäblein, Kindlein); auch Putto, Plur.: Putten oder Putti; in der bildenden Kunst kleine nackte bzw. nur wenig bekleidete, zuweilen geflügelte Knabenfiguren, seit der italienischen Frührenaissance in der Kunst verwendet. Sie gehen zurück auf antike Eroten (Darstellung des Liebesgottes Eros) in Gestalt von Kleinkindern.

Raderalbus: silberne Groschenmünze zu 24 Pfennigen (Doppelschilling); den Namen erhielt die Münze nach dem Rad im Wappen des Erzbischofs von Mainz.

Refektorium: (lat.: refectio = Wiederherstellung, Erfrischung; mlat.: Mahlzeit); in Klöstern der Speisesaal für die gemeinsamen Mahlzeiten.

Risalit: ein vor die Fluchtlinie der Fassade vorspringender Gebäudeteil, der auch höher sein kann und oft ein eigenes Dach hat. (s. Mittelrisalit oder Eckrisalit)

Sacellan: (lat.: sacellum = Kapelle); Bezeichnung für einen Geistlichen, der den Gottesdienst an einer Kapelle, d.h. einem kleinen selbständigen Sakralbau versah. Hierfür kam auch das Wort „capellanus" auf, aus dem die Bezeichnung Kaplan, d.i. der Hilfsgeistliche eines Pfarrers, entstand.

Sakristei: (lat.: sacer = heilig; mlat.: sacristia = Sakristei); Nebenraum der Kirche oder Anbau an diese (zumeist an den Chorraum), in dem sich Geistliche und Ministranten für den Gottesdienst an- und umkleiden. Hier werden auch die liturgischen Gewänder und Gefäße aufbewahrt. Den Raum betreut der Sakristan.

Sakristan: auch Mesner oder Kustos genannt, war im Kloster meist ein Konverse. Zu seinen Aufgaben zählte die Betreuung der Gegenstände in der Sakristei und in der Kirche. Hierzu gehörten Bücher, Kelche, Reliquien, Kleinodien und die liturgischen Gewänder. Er hatte u. a. für Altar- und Kirchenschmuck zu sorgen, auf die Uhr zu achten und die Glocken zu läuten, war für die Beleuchtung in der Kirche verantwortlich und hatte Kerzen anfertigen zu lassen.

Sansculotten: (franz.: „Ohnehosen"); gemeint sind Anhänger der Französischen Revolution, die keine Kniehosen, sondern lange Hosen trugen; Schlagwort für radikale Revolutionäre, Anhänger der Republik.

Schartze: (mhd.: schortuch); eine Art groben Tuchs, Wolldecke.

Scrutator: (lat.: scrutator = Durchsucher, Untersucher); Bezeichnung für den Mönch, der bei einer electio canonica (Wahl eines neuen Inhabers eines geistlichen Amtes) die Stimmzettel sammelt und das Ergebnis verkündet, z.B. bei einer Abtswahl.

Sedilien: (Sing.: Sedile); Sitze für den Klerus bei einer liturgischen Feier.

Segmentbogen: aus einem Kreisabschnitt (Segment) gebildeter flacher Bogen.

Segmentgiebel: Giebel mit einem flachen Bogen als Abschluß.

Sequestration: die Übergabe einer strittigen Sache an einen amtlich bestellten Verwahrer zur einstweiligen Verwaltung; Zwangsverwaltung.

Spindarius: Bezeichnung für den Verwalter der Lebensmittelvorräte. Ihm unterstand die „spinda" (umgangssprachlich für eleemosyna = Almosen, Geschenk, Speisung), eine Versorgungsstelle für Bedürftige. Die Bezeichnungen Spindarius und Elemosinar dürften zeitweise identisch gewesen sein. (s. Elemosinar)

Stufenportal: Portal mit von außen nach innen zurückgestuftem Gewände, so daß die meist relativ geringe Öffnung bei großen Mauerstärken in der Fassade wesentlich erweitert erscheint. Das Gewände kann durch eingestellte Säulen, die sich in ornamental verzierten Bogenläufen fortsetzen, bereichert sein. (s. Archivolte)

Subsidiar: (lat.: subsidium = Hilfe, Beistand); Bezeichnung für einen Geistlichen, der zur Unterstützung der seelsorglichen Tätigkeit einem Pfarrer zugeordnet ist.

Subsidiensumme: allgemein Geldbetrag zur Unterstützung einer bestimmten Sache. Im Zusammenhang mit dem Seminar der Bursfelder Kongregation in Köln handelte es sich um den Geldbetrag, den der Abt eines der Bursfelder Kongregation angeschlossenen Klosters zur Unterstützung des Kölner Seminars zu entrichten hatte, wenn er kein Mitglied seines Konvents zum Studium in dieses Seminar entsandte.

Supraporte: auch Sopraporte, eine in der Renaissance- oder Barockzeit oft bildlich oder dekorativ belebte und gerahmte Fläche über dem Türsturz.

Terracotta: (ital.: gebrannte Erde); unglasierte gebrannte Tonerde, die sich zur Herstellung von Gefäßen und Plastiken eignet und häufig verwendet wird als Baukeramik (zum Schmuck von Bauwerken dienende Erzeugnisse aus Keramik), als Bauornamente (schmückende oder gliedernde Architekturteile entweder in Erfüllung einer technischen Funktion oder diese nur vortäuschend) oder als Bauplastik (eigens für ein Bauwerk geschaffene und mit ihm fest verbundene figürliche Plastik).

Thesaurar: Verwalter des Kichenschatzes, der in Brauweiler nur bis zur Einführung der Bursfelder Reform nachgewiesen ist. (Wisplinghoff 1992) Danach wurde dessen Tätigkeit vom Sakristan übernommen.

Tischspreit: Tischdecke, von ausspreiten = ausbreiten; eine Spreit (Spreide oder Spreitchen) ist etwas Ausgebreitetes, ursprünglich eine ausgebreitete (zumeist gehäkelte) Über- oder Zierdecke.

Trippel: abgeleitet von „terra Tripolitana", einer weißen, grauen oder gelblichen kieselhaltigen Erde, die über Italien von Nordafrika (von Tripolis) eingeführt und zu Pulver gemahlen wurde. Mit Branntwein und Seife wurde das Pulver zu einer Putzschmiere verarbeitet und zum Polieren von

Metall, Glas und Steinen verwendet. Die Schreibweise von Trippel wechselt: Tripel, Triepel oder Trypel.

Vedute: Darstellung einer Stadt oder Landschaft als Stich, Zeichnung oder Gemälde, welche die Örtlichkeit möglichst sach- und naturgetreu wiedergibt.

Volute: spiral- oder schneckenförmig eingerollte Zierform, die als Bauelement Verwendung fand.

Volutengiebel: ein seitlich von Voluten gerahmter Giebel.

Versifikation: Umformung eines Prosatextes in Verse.

Wandpilaster: Wandpfeiler.

Zwerchdach: (mhd.: twerch = quer); ein Dach mit quer zum Hauptdach eines Gebäudes verlaufendem First.

Zwerchhaus: über der Fassade eines Gebäudes aufsteigender, nicht zurückversetzter Dachaufbau, der von einem Zwerchdach abgeschlossen wird.

Zwerggalerie: ein in der Mauerdicke angebrachter Laufgang unterhalb der Dachtraufe, dessen Arkaden von kleinen Säulen (Zwergsäulen) getragen werden; kommt in der romanischen Baukunst des Rheinlandes und Oberitaliens vor; befindet sich vorwiegend an Apsiden und umzieht nur in wenigen Fällen das ganze Bauwerk.

Quellen- und Literaturverzeichnis

Quellen

1. Ungedruckte Quellen

Archiv des Erzbistums Köln

Treue- u. Gehorsamseid des Abtes Beda Groten, 1753; Geschichte der Abtei Brauweiler von Heinrich Hubert Giersberg (um 1840/50), Hs 133; Verschiedene Totenzettel von Brauweiler Mönchen.

Bayerisches Hauptstaatsarchiv München

Würzburger Urkunde 6.

Bayerisches Staatsarchiv Coburg

Kopialbuch der Propstei Coburg, 15. Jh.

Hessisches Hauptstaatsarchiv Wiesbaden

Akten betr. die Güter der Abtei in Johannisberg/Rheingau.

Historisches Archiv der Stadt Köln

Franz. Verw.: 1596, 2413/I/II/V/VI/VII, 3930, 4363, 4364; Verschiedene Totenzettel von Brauweiler Mönchen; Nachlaß Josef-Michael Laporterie (Chron. u. Darst. 165).

Nordrhein-Westfälisches Hauptstaatsarchiv Düsseldorf

Verschiedene Urkunden in den Beständen Brauweiler und Depositum Stadt Köln; Martyrologium Usardi und Totenbuch (angelegt 1476 mit älteren Namen der Brüder und der Stifterfamilie, fortgeschrieben bis 1802), Hs 3; Verschiedene Akten, Bestand Brauweiler, u. a. Ein- und Ausgabenregister, Anfang 14. Jh.; Kellnereirechnungen 1330-34, 1337, 1348-52 und nach 1409; Ein- und Ausgabenregister 1530-31; Haupt- u. Lagerbuch 1758-85; Ein- und Ausgabenbuch 1792-1802; Historische Nachrichten über die Äbte; Besitz in Geisenheim (Karten der Weinberge, 1756); Akten Kurköln II (Landesdeskription von 1670); Handschriften Hs DXI, Nr. 2; Dep. Stadt Köln, Akten 106, u.a. Abrechnung des Karsilius von 1350 Mai 14; Nikolausgedicht des Franziskus Cramer; Bestätigung des Abtes Amandus Herriger, 1756 Dezember 4; Lande an Maas und Rhein, u.a. 56, 116, 164, 618, 1370, 1428, 1594, 1971, 1972, 2572; Roerdepartement, u.a. 423 IV, 447, 562, 2904 II, 3113, 3114; Generalgouvernement Nieder- und Mittelrhein: 16 I.

Pfarrarchiv Brauweiler

Acta Abbatum Brauweilerensium; Liber sancti Nicholai episcopi in Brunwilre; Einkünfte der Laurentiuskapelle und des Armenhauses 1717-1755; Liber Notaminum pro RR. DD. Pastoribus in Brauweiler, 19. Jh.; Chronik der Pfarrei Brauweiler, angefangen 1905 von Pfarrer A. Gerson mit Angaben über die Geschichte der Pfarre seit ihrer Gründung im Jahre 1804. Letzte Eintragung 1941 durch Pfarrer Matthias Rütz.

Staatsarchiv Würzburg

Standbuch 2, Abschrift 14. Jh.

2. Gedruckte Quellen

Universitäts- und Stadtbibliothek Köln Dissertationen Brauweiler Benediktiner.

CARDAUNS, HERMANN (Hrsg.): Die Rheinische Dorfchronik des Joan Peter Delhoven aus Dormagen (1783-1823).- Dormagen 1966.

ECKERTZ, GOTTFRIED (Hrsg.): Chronicon Brunwylrense.- In: AHVNrh 17 (1866), S. 119-191; 18 (1867), S. 95-159; 19 (1868), S. 220-261; 20 (1869), S. 248-260.

GALLUS ANONYMUS: Chronik und Taten der Herzöge und Fürsten von Polen, bearb. v. Josef Bujnoch (= Slavische Geschichtsschreiber, Bd. X).- Graz/Wien/Köln 1978.

HANSEN, JOSEPH: Quellen zur Geschichte des Rheinlandes im Zeitalter der Französischen Revolution 1780-1801, Bd. 1-4 (= PublGesRheinGk XLII).- Bonn 1933-38.

LAU, FRIEDRICH (Hrsg.): Das Buch Weinsberg. Kölner Denkwürdigkeiten aus dem 16. Jahrhundert (= PublGesRheinGK XVI). - Bonn 1898.

PABST, HERMANN (Hrsg.): Fundatio monasterii Brunwilarensis.- In: AGesädGk 12, hrsg. v. G. H. Pertz.- Hannover 1872, S. 147-200.

PERTZ, GEORG HEINRICH (Hrsg.): Annales Brunwilarenses.- In: MGH SS 16 (1859), S. 724-728.

STAMMEN, THEO U. EBERLE, FRIEDRICH: Deutschland und die Französische Revolution 1789-1806
(= Quellen zum politischen Denken der Deutschen im 19. und 20. Jahrhundert; Bd. 1 - Freiherr vom Stein-Gedächtnisausgabe).- Darmstadt 1988.

STIENE, HEINZ ERICH (Hrsg.): Nachrichten aus den Brauweiler Annalen (1000 bis 1179).- In: PBGH 14 (1990), S. 17-37.

STIENE, HEINZ ERICH (Hrsg.): Konrad von Brauweiler, Vita Wolfhelmi. Leben und Wirken des Abtes Wolfhelm von Brauweiler (= 6. Sonderveröffentlichung des Vereins für Geschichte und Heimatkunde e.V.).- Pulheim 1991. (= Stiene 1991 a)

STIENE, HEINZ ERICH: Widdersdorf und Rath in der Geschichtsschreibung der Abtei Brauweiler.- In: Thomas Deutsch u.a.: Pfarrei und Pfarrkirche St. Jakobus in Köln-Widdersdorf (= 13. Sonderveröffentlichung des Vereins für Geschichte und Heimatkunde e.V.).- Pulheim 1995, S.130-153.

THIETMAR VON MERSEBURG: Chronicon, bearb. v. Werner Trillmich (= Ausgewählte Quellen zur deutschen Geschichte des Mittelalters. Freiherr vom Stein-Gedächtnisausgabe, Bd. IX).- Darmstadt 1974.

VOLK, PAULUS: Die Generalkapitels-Rezesse der Bursfelder Kongregation, Bde. 1 - 4.- Siegburg 1955 - 1972.

WAITZ, GEORG (Hrsg.): Brunwilarensis monasterii fundatorum actus.- In: MGH SS 14 (1883), S. 121-146.

WILMANS, ROGER (Hrsg.): Ex vita Wolfhelmi abbatis Brunwilarensis (+ 1091) auctore Conrado monacho.- In: MGH SS 12(1856), S. 180-195.

3. Urkundenregesten

LACOMBLET, THEODOR JOSEPH (Bearb.): Urkundenbuch für die Geschichte des Niederrheins, Bd. 2: 1201-1300.- Düsseldorf 1846 (2. Neudruck, Aalen 1966).

OEDIGER, FRIEDRICH WILHELM (Bearb.): Die Regesten der Erzbischöfe von Köln im Mittelalter, Bd. I (= PublGesRheinGk XXI).- Bonn 1954-1961.

KNIPPING, RICHARD (Bearb.): Die Regesten der Erzbischöfe von Köln im Mittelalter, Bd. II (= PublGesRheinGk XXI).- Bonn 1901.

KNIPPING, RICHARD (Bearb.): Die Regesten der Erzbischöfe von Köln im Mittelalter, Bd. III,1 (= PublGesRheinGk XXI).- Bonn 1909.

KNIPPING, RICHARD (Bearb.): Die Regesten der Erzbischöfe von Köln im Mittelalter, Bd. III,2 (= PublGesRheinGk XXI).- Bonn 1913.

KISKY, WILHELM (Bearb.): Die Regesten der Erzbischöfe von Köln im Mittelalter, Bd. IV (= PublGesRheinGk XXI).- Bonn 1915.

JANSSEN, WILHELM (Bearb.): Die Regesten der Erzbischöfe von Köln im Mittelalter, Bd. V (= PublGesRheinGk XXI).- Bonn 1973.

JANSSEN, WILHELM (Bearb.): Die Regesten der Erzbischöfe von Köln im Mittelalter, Bd. VI (= PublGesRheinGk XXI).- Bonn 1977.

JANSSEN, WILHELM (Bearb.): Die Regesten der Erzbischöfe von Köln im Mittelalter, Bd. VII (= PublGesRheinGk XXI).- Bonn 1982.

ANDERNACH, NORBERT (Bearb.): Die Regesten der Erzbischöfe von Köln im Mittelalter, Bd. IX (= PublGesRheinGk XXI).- Bonn 1983.

ANDERNACH, NORBERT (Bearb.): Die Regesten

der Erzbischöfe von Köln im Mittelalter, Bd. X (= PublGesRheinGk XXI).- Bonn 1987.

WISPLINGHOFF, ERICH (Bearb.): Rheinisches Urkundenbuch. Ältere Urkunden bis 1100. Erste Lieferung: Aachen bis Deutz (= PublGesRheinGk LVII).- Bonn 1972.

SAUERLAND, HEINRICH VOLBERT (Bearb.): Urkunden und Regesten zur Geschichte der Rheinlande aus dem vatikanischen Archiv, Bd. I (= PublGesRheinGk XXIII).- Bonn 1902.

SAUERLAND, HEINRICH VOLBERT (Bearb.): Urkunden und Regesten zur Geschichte der Rheinlande aus dem vatikanischen Archiv, Bd. II (= PublGesRheinGk XXIII).- Bonn 1903.

SAUERLAND, HEINRICH VOLBERT (Bearb.): Urkunden und Regesten zur Geschichte der Rheinlande aus dem vatikanischen Archiv, Bd. IV (= PublGesRheinGk XXIII).- Bonn 1907.

3. Literatur

ABEL, WILHELM: Agrarkrisen und Agrarkonjunktur. Eine Geschichte der Land- und Ernährungswirtschaft Mitteleuropas seit dem hohen Mittelalter.- Hamburg u. Berlin 1978. (= Abel 1978 a)

ABEL, WILHELM: Geschichte der deutschen Landwirtschaft vom frühen Mittelalter bis zum 19. Jahrhundert (= Deutsche Agrargeschichte, Bd. II).- Stuttgart 1978. (= Abel 1978 b)

ALBERT, MARCEL OSB: Die Gottesdienstordnung der Abtei Brauweiler um 1528. Ein Beitrag zur Rezeptionsgeschichte der „Caeremoniae" und des „Ordinarius" der Bursfelder Kongregation.- In: ALW, Jg. 34 (1992), S. 345-385.

ALBERT, MARCEL OSB: Schrift und Schriftlesung in der Bursfelder Kongregation am Vorabend der Reformation.- In: RegBenStud. Annuarium Internationale, Bd. 18 (1994), S. 15-37.

ANDRAE, UWE: Die Rheinländer, die Revolution und der Krieg 1794-1798 (= Düsseldorfer Schriften zur Neueren Landesgeschichte und zur Geschichte Nordrhein-Westfalens, Bd. 37).- Düsseldorf 1994.

AUS'M WERTH, ERNST (Hrsg.): Wandmalereien des christlichen Mittelalters in den Rheinlanden (= Kunstdenkmäler des christlichen Mittelalters in den Rheinlanden, II. Abt. Bd. 4 u. 5).- Leipzig 1880.

BADER, WALTER: Ausgrabungen in der Krypta der ehemaligen Klosterkirche Brauweiler bei Köln.- In: Nachrichten-Blatt für rheinische Heimatpflege, H 7/8.- Düsseldorf 1930/31.

BADER, WALTER: Die Benediktinerabtei Brauweiler bei Köln. Untersuchungen zu ihrer Baugeschichte nach dem hinterlassenen Manuskript von Erika Huyssen.- Berlin 1937.

BADER, WALTER: Brauweileriana.- In: AHVNrh H 155/156 (1954), S. 463-471.

BADER ,WALTER: Die ehemalige Benediktinerabtei Brauweiler in Pulheim bei Köln (= Rhein. Kunststätten, H 167).- 2. Aufl., Köln 1976.

BATHE, UWE: Zur Forschung des Kapitelsaals in Brauweiler.- In: PBGH 21 (1997), S. 29-71.

BESELER, HARTWIG: Zu den Monumentalmalereien im Kapitelsaal von Brauweiler.- In: JbRD Bd. XXIII, Kevelaer 1960, S. 98-124.

BEUCKERS, KLAUS GEREON: Die Ezzonen und ihre Stiftungen. Eine Untersuchung zur Stiftungstätigkeit im 11. Jahrhundert (= Kunstgeschichte, Bd. 42).- Münster u. Hamburg 1993.

BEUCKERS, KLAUS GEREON: Das Brauweiler Kreuz in der Kölner Minoritenkirche - ein ottonisches Bildwerk.- In: Colonia Romanica (= Jahrbuch des Fördervereins Romanische Kirchen Köln e.V.) IX (1994), S. 156-163.

BEUCKERS, KLAUS GEREON: Bemerkungen zu den ezzonisch-annonischen Bestattungen in Brauweiler und St. Maria ad Gradus in Köln.- In: JbKölnGV 69 (1998), S. 31-50.

BRANDTS, RUDOLF: Einleitung zum Findbuch des Archivs und der Bibliothek der Pfarrkirche und Pfarrei St. Martin in Sinthern (Erftkreis).- Köln 1975.

BRASCHOSS, HEINZ: „Aber des großen Zehnten vergißt er nicht".- In: PBGH 14 (1990). S. 107-111.

BRAUBACH, MAX: Vom Westfälischen Frieden bis zum Wiener Kongreß (1648-1815).- In: Rheinische Geschichte, Bd. 2 Neuzeit, hrsg. von Franz Petri und Georg Droege.- Düsseldorf 1976, S. 219-365.

BÜHLER, ALBERT: Brauweiler und die Heilige Lanze.- In: 950 Jahre Abtei Brauweiler. Eine Festschrift zum Jubiläum 1974.- Brauweiler 1974, S. 33-35.

BÜTTNER, RICHARD: Die Säkularisation der Kölner geistlichen Institutionen. Wirtschaftliche und soziale Bedeutung und Auswirkungen (= Schriften zur Rheinisch-Westfälischen Wirtschaftsgeschichte, Bd. 23).- Köln 1971.

CARDAUNS, HERMANN (Bearb.): Köln in der Franzosenzeit. Aus der Chronik des Anno Schnorrenberg 1789-1802 (= Bücherei der Kultur und Geschichte, hrsg. v. Hausmann, Sebastian, Bd. 30).- Köln 1923.

CARDAUNS, HERMANN u. MÜLLER, REINER (Hrsg.): Die Rheinische Dorfchronik des Joan Peter Delhoven aus Dormagen (1783-1823).- Dormagen 1966.

Classen, R. J.: Notices historiques, topographiques et statistiques sur l' arrondissement de Cologne.- In: Mercure du département de la Roer, No. IV. - 28 Février 1813, S. 103-115; No. V.- 15 Mars 1813, S. 131-150; No. VI. - 31. Mars 1813, S. 163-181.

CLEMEN, PAUL: Die Kunstdenkmäler der Rheinprovinz, Bd. IV,1: Die Kunstdenkmäler des Landkreises Köln.- Düsseldorf 1897.

CLEMEN, PAUL: Die romanischen Monumentalmalereien in den Rheinlanden (= PublGesRheinGK XXXII).- Düsseldorf 1916.

CLEMENS, HANS: Die Gemeinde Lövenich im Spiegel der Geschichte. (= Beiträge zur kölnischen Geschichte, Sprache, Eigenart, hrsg. v. Heimatverein Alt-Köln e.V., Bd. 56).- Köln 1975.

CORSTEN, SEVERIN: Rheinische Adelsherrschaft im ersten Jahrtausend.- In: RheinVjbl 28 (1963), S. 84-130.

DAHLHAUS, JOACHIM: Volumen literis privilegiorum atque reddituum nostri monasterii descriptum. Zur Geschichte des Archivs der Abtei Brauweiler.- In: Köln - Stadt und Bistum in Kirche und Reich des Mittelalters (= Festschrift für Odilo Engels zum 65. Geburtstag, hrsg. v. Hanna Vollrath u. Stefan Weinfurter).- Köln/Weimar/Wien 1993, S. 188-222.

DANERS, HERMANN: Das Weistum des Herrengedings zu Brauweiler aus dem 16. Jahrhundert im Rahmen einer mittelalterlichen Rechtsbetrachtung.- In: PBGH 7 (1983), S. 14-23.

DANERS, HERMANN: Hexenverfolgungen in Brauweiler.- In: PBGH 15 (1991), S. 117-132.

DANERS, HERMANN: „Ab nach Brauweiler...!“ Nutzung der Abtei Brauweiler als Arbeitsanstalt, Gestapogefängnis, Landeskrankenhaus... (= 15. Sonderveröffentlichung des Vereins für Geschichte und Heimatkunde e.V.).- Pulheim 1996.

DICKMANN, FRITZ: Der Westfälische Frieden, 6. Aufl. - Münster 1992.

DIEDERICH, TONI: Anno, Brauweiler und „Clotteno“. Ein kleines ABC unglücklicher Irritationen im 11. Jahrhundert.- In: Corona amicorum. Alois Thomas zur Vollendung seines 90. Lebensjahres.- Trier 1986, S. 78-91.

ELTEN VAN, JOSEF: Zur Geschichte der Pfarrei St. Jakobus in Widdersdorf.- In: Pfarrei und Pfarrkirche St. Jakobus in Köln-Widdersdorf (= 13. Sonderveröffentlichung des Vereins für Geschichte und Heimatkunde e.V.).- Pulheim 1995, S. 155-170.

ENGFER, HERMANN: Weihbischof Adam Adami und sein Wirken im Bistum Hildesheim.- In: Unsere Diözese in Vergangenheit und Gegenwart, Zeitschr. d. Vereins f. Heimatkunde im Bistum Hildesheim, 32. Jg. 1963.

ESSER, ALBERT: Requisitionen durch die französische Armee in den Dörfern des nordwestlichen Kölner Umlandes (1794/95).- In: PBGH 2 (1978), S. 58-65.

ESSER, HILDEGARD: Das „Brauweiler Kreuz“ in der Kölner Minoritenkirche.- In: PBGH 13 (1989), S. 39-40.

ESSER, HILDEGARD: Die Nikolausstatue des Diözesanmuseums und der Brauweiler Hof.- In: PBGH 14 (1990), S. 248-252.

EUSKIRCHEN, CLAUDIA: Die barocken Klostergebäude der ehemaligen Benediktinerabtei Brauweiler (= Arbeitsheft der rheinischen Denkmalpflege 45).- Köln 1993.

EUSKIRCHEN, CLAUDIA: Nikolaus Lauxen (1722-1791). Ein Baumeister des rheinisch-moselländischen Barock (= 16. Sonderveröffentlichung des Vereins für Geschichte und Heimatkunde e.V.).- Pulheim 1997. (= Euskirchen 1997 a)

EUSKIRCHEN, CLAUDIA: Portrait des Brauweiler Prälaten Anselmus Aldenhoven wiederentdeckt. In: PBGH 21 (1997), S. 111-117; sowie in: Denkmalpflege im Rheinland 13 (1996), H. 4, S.168-170. (= Euskirchen 1997 b)

FISCHER, JULIUS: Zur Geschichte der Urkunde des Kardinallegaten Thomas (zwischen 1127 und 1145).- In: AHVNrh 158 (1956), S. 233-236.

FRIDERICHS, ALFONS: Emecho von Clotten, Abt im Kloster Brauweiler.- In: PBGH 8 (1984), S. 22f.

FRIDERICHS, ALFONS: Weinlese 1538 in Mesenich/Mosel für die Abtei Brauweiler.- In: PBGH 10 (1986), S. 86-89.

FRIDERICHS, ALFONS: Die Abtei Brauweiler in Klotten/Mosel.- In: PBGH 11 (1987), S. 136-147.

FRIDERICHS, ALFONS: Der Nikolausaltar der Brauweiler in Klotten.- In: PBGH 12 (1988), S. 15-16.

FRIDERICHS, ALFONS: Brauweiler Amtsleute und Einkünfte in Klotten. Informationen zur Grundherrschaft der Abtei Brauweiler in Klotten.- In: PBGH 15 (1991), S. 108-116.

FRIDERICHS, ALFONS: Richeza-Haus und Nikolaus-Kapelle in Klotten.- In: PBGH 18 (1994), S. 265-269.

GALOCH, ZYGMUNT OSB: Königin Richeza und die Anfänge der Benediktiner in Tyniec/Polen.- In: PBGH 11 (1987), S. 117-127.

GELENIUS, AEGIDIUS: Historia et vindiciae B. Richezae comitissae palatinae Rheni reginae Poloniarum etc.- Colonia Agrippina 1649.

GERSTNER, RUTH: Die Geschichte der lothringischen und rheinischen Pfalzgrafschaft von ihren Anfängen bis zur Ausbildung des Kurterritoriums Pfalz (= Rhein. Archiv 40).- Bonn 1941.

GIERSBERG, HEINRICH HUBERT: Die ehemalige Kloster- und nunmehrige Pfarrkirche zu Brauweiler.- In: Organ für christliche Kunst, 1. Jg. (1851), Nr. 2, S. 10-12.

GIERSBERG, HEINRICH, HUBERT: Anno II., der Heilige, Erzbischof von Köln, und sein Streit mit der Abtei Brauweiler wegen Klotten an der Mosel.- In: AHVNrh H 11/12 (1862), S. 177-185.

GLAISE, WOLFHART: Die Restaurierung der romanischen Wand- und Deckenmalereien im Kapitelsaal der ehemaligen Benediktinerabtei Brauweiler.- In: JbRD, Bd. XXIII, Kevelaer 1960, S. 43-97.

GLOCKER, WINFRIED: Die Verwandten der Ottonen und ihre Bedeutung in der Politik (= Studien zur Familienpolitik und zur Genealogie des sächsischen Kaiserhauses).- Köln, Wien 1989.

GRAUMANN, SABINE: Französische Verwaltung am Niederrhein. Das Roerdepartement 1798-1814 (= Düsseldorfer Schriften zur Neueren Landesgeschichte und zur Geschichte Nordrhein-Westfalens, Bd. 27).- Düsseldorf 1990.

GROTEN, MANFRED: Priorenkolleg und Domkapitel von Köln im Hohen Mittelalter (= Rhein. Archiv 109).- Bonn 1980.

HAGEN, GÜNTER: Instandsetzungs- und Sicherungsarbeiten an der Westturmanlage der katholischen Pfarrkirche St. Nikolaus in Brauweiler.- In: PBGH 2 (1978), S. 42-47.

HAGEN, GÜNTER: Instandsetzung der Umfassungsmauern der Brauweiler Krypta - Restaurierungsbericht.- In: PBHG 3 (1979), S. 25-28.

Hagen, Günter: Abschluß der Sicherungs- und Restaurierungsarbeiten an der Dreiturmanlage der kath. Pfarrkirche St. Nikolaus in Brauweiler.- In: PBGH 10 (1986), S. 180-195.

HAGEN, GÜNTER: Die Sicherung und Restaurierung von Ostchoranlage, Querbau und Seitenschiffen der kath. Pfarrkirche St. Nikolaus in Brauweiler.- In: PBGH 17 (1993), S. 249-259.

HALKO VON, STANISLAUS: Königin Richeza von Polen, Gemahlin Mieczyslaws II.- Diss. Freiburg (Schweiz), 1914.

HALM, PETER: Eine Gruppe von Architekturzeichnungen aus dem Umkreis Albrecht Altdorfers.- In: Münchener Jb. der bildenden Kunst, 3. Folge, Bd. II (1951), S. 127-178.

HANSMANN, WILFRIED: Ein Kruzifixus des Gabriel de Grupello in der Brauweiler Abteikirche.- In: PBGH 2 (1978), S. 70-72.

HANSMANN, WILFRIED: Ein neugefundenes Muldennischenrelief am Hauptturm der Brauweiler Abteikirche.- In: PBGH 2 (1978), S. 73-75.

HANSMANN, WILFRIED: Der Kruzifixus in der ehemaligen Abteikirche zu Brauweiler. Ein

Spätwerk des Gabriel de Grupello.- In: JbRD Bd. 29 (1983), S. 135-151.

HEGEL, EDUARD (Hrsg.): Das Erzbistum Köln zwischen Barock und Aufklärung vom Pfälzischen Krieg bis zum Ende der französischen Zeit 1688-1814 (= Geschichte des Erzbistums Köln, Bd. IV).- Köln 1979.

HEIDKAMP, PETER: Mönche aus Brauweiler als Pfarrer in Zons. Series Pastorum Zontinensium ex Monasterio Brauweilerense.- In: PBGH 19 (1995), S. 65-77.

HELMSTAEDTER, GERHARD: Über einen medizinhistorischen Fund in der Pastorenbibliothek von Sinthern. Zeitlose Regeln für die Erhaltung der Gesundheit.- In: PBGH 14 (1990), S. 94-106.

HELMSTAEDTER, GERHARD: Aus der Geschichte Nutzen ziehen - Historische Abhandlungen in der Pastorenbibliothek Sinthern.- In: PBGH 16 (1992), S. 161-170.

HELMSTAEDTER, GERHARD: Gelehrte Benediktiner der Abtei Brauweiler im 18. Jahrhundert.- In: PBGH 22 (1998), S. 41-55.

HELMSTAEDTER, GERHARD: Floraler Schmuck in der Abteikirche Brauweiler.- In: PBGH 23(1999), S. 101-112.

HELMSTAEDTER, GERHARD: Gefahr und Schutz in Pestzeiten.- In: PBGH 19 (1995), S. 106-115.

HENNING, HANS-DIETER / STIENE, HEINZ ERICH: Ein Lyell-Syndrom im Mittelalter?.- In: PBGH 15 (1991), S. 94-100.

HERWEGEN, P., ILDEFONS OSB: Zur Ikonographie des Kapitelsaals der Abtei Brauweiler.- In: AHVNrh 29 (1912), S. 122-125.

HIESTAND RUDOLF: Nochmals Brauweiler und St. Jakob in Lüttich.- In: RheinVjbl 49 (1985), S. 279-282.

HOFFMANN, HARTMUT: Handschriftenfunde. - In: MGH, Texte und Studien, Bd. 18 S. 139-150. - Hannover 1997.

HORMESCH, MANUELA / KOPECKY, CLAUDIA: Der Maulbeerbaum im Brauweiler Abteipark.- In: PBGH 18 (1994), S. 205-214.

HOWE, HARALD O.: Neue Wege über alte Brücken - Ein Beitrag über Verbindungen der ehemaligen Benediktiner-Abtei Brauweiler zum Königreich Polen, Teil I - In: PBGH 6 (1982), S. 39-42; Teil II in: PBGH 8 (1984), S. 15-21; Teil III in: PBGH 10 (1986), S. 51-55.

JENAL, GEORG: Erzbischof Anno II. von Köln (1056-75) und sein politisches Wirken. Ein Beitrag zur Geschichte der Reichs- und Territorialpolitik im 11. Jahrhundert (= Monographien zur Geschichte des Mittelalters, Bd. 8,I).- Stuttgart 1974.

KAELBLE, BRIGITTE: Untersuchungen zur großfigurigen Plastik des Samsonmeisters (= BeitrBKRhl, Bd. 27).- Düsseldorf 1981.

KASTNER, DIETER: Brauweiler und das Privileg Kaiser Karls V. vom 23. November 1547.- In: PBGH 1 (1978), S. 22-44.

KEUSSEN, HERMANN: Topographie der Stadt Köln im Mittelalter Bd 1 u. 2 (= Preis-Schriften der Mevissen-Stiftung 2, hrsg. von der Gesellschaft für Rheinische Geschichtskunde).- Bonn 1910.

KEUSSEN, HERMANN: Die alte Universität Köln. Grundzüge ihrer Verfassung und Geschichte (= VeröffKölnGV 10).- Köln 1934.

KIER, HILTRUD: Der mittelalterliche Schmuckfußboden unter besonderer Berücksichtigung des Rheinlandes (= Die Kunstdenkmäler des Rheinlandes, Beiheft 14).- Düsseldorf 1970.

KLEIN, ADOLF U. BOCKEMÜHL, JUSTUS: Weltgeschichte am Rhein erlebt. Erinnerungen des Rheinländers Christioph Wilhelm Henrich Sethe aus der Zeit des europäischen Umbruchs.- Köln 1973.

KLEIN, JOSEF: Geschichte der Benediktiner-Abtei Brauweiler im Mittelalter. Festschrift zur Neunhundertjahrfeier des Bestehens der Kirche und der Abtei. 28. September 1924.- Brauweiler 1924.

KLUGER, HELMUTH: Propter Claritatem Generis - Genealogisches zur Familie der Ezzonen.- In: Köln - Stadt und Bistum in Kirche und Reich des Mittelalters (= Festschrift für Odilo Engels zum 65. Geburtstag, hrsg. v. Hanna Vollrath u. Stefan Weinfurter).- Köln/Weimar/Wien 1993, S. 223-258.

KNOPP, GISBERT: Nikolaus Lauxen, der Architekt der barocken Prälaturgebäude der Abtei Brauweiler.- In: PBGH 13 (1989), S. 84-103.

KNOPP, GISBERT: Aufdeckung eines Abtsgrabes in der ehemaligen Abtei-Kirche St.-Nikolaus in Brauweiler. In: PBGH 15 (1991), S. 101-107, sowie in: Denkmalpflege im Rheinland, 2 (1991), S. 62-65.

KNOPP, GISBERT: Sepulcrum fundatorum. Die Translozierung der Gebeine der Mathilde, Gründerin der Abtei Brauweiler, im Jahre 1667.- In: JbRD, Bd. 34 (1992), S. 77-90, sowie in: PBGH 17 (1993), S. 135-150.

KNOPP, GISBERT: Das Hochgrab des Abtes Arnold III. Quad in der Abteikirche von Brauweiler.- In: Denkmalpflege im Rheinland, 12 (1995), S. 12-16, sowie in PBGH 19 (1995), S. 241-247.

KNOPP, GISBERT / HANSMANN, WILFRIED / KRETZSCHMAR, FRANK: Geschichte der Abtei Brauweiler.- Pulheim 1988.

KNOPP, GISBERT /NUSSBAUM, NORBERT /JACOBS, ULRICH: Bauforschung (=Arbeitsheft der rheinischen Denkmalpflege 43).- Köln 1992.

KRETZSCHMAR, FRANK: Abteikirche Brauweiler: Aus der Krypta ins Depot.- In: PBGH 21 (1997), S. 185-197; sowie in: Denkmalpflege im Rheinland, 14 (1997), S. 72-79.

KRETZSCHMAR, FRANK: Ein Mosaikfund in Brauweiler.- In: Denkmalpflege im Rheinland, 14 (1997), S. 109-115. u. in: PBGH 24 (2000), S. 57-69.

KUBACH, HANS ERICH / VERBEEK, ALBERT: Romanische Baukunst an Rhein und Maas. Katalog der vorromanischen und romanischen Denkmäler, Bd. I (A-K.).- Berlin 1976.

LANDSCHAFTSVERBAND RHEINLAND (Hrsg.): Bewahren für die Zukunft - 1000 Jahre Rheinisches Amt für Denkmalpflege. Katalog zur Ausstellung vom 30. September bis 10. November 1993 in der Abtei Brauweiler.- Köln 1993.

LAHRKAMP, HELMUT: Adam Adami.- In: Rheinische Lebensbilder, Bd. 15, Köln 1995, S. 81-99.

LASCH, BERND: Die Benediktinerabtei Brauweiler (= Rheinische Kunststätten, Reihe I: Aachen-Jülicher Land, Nr. 17/18).- Düsseldorf 1940.

LEVACHER, FRITZ: Die Orgeln der ehemaligen Abteikirche St. Nikolaus/Brauweiler.- In: PBGH 3 (1979), 55-65.

LEWALD, URSULA: Die Ezzonen. Das Schicksal eines rheinischen Fürstengeschlechtes.- In: RheinVjbl, Jg. 43 (1979), S. 120-168.

LUDAT, HERBERT: An Elbe und Oder um das Jahr 1000. Skizzen zur Politik des Ottonenreiches und der slavischen Mächte in Mitteleuropa.- Köln u. Wien 1971.

MACKES, KARL L.: Das adelige Benediktinerinnen-Kloster Neuwerk.- 2. Auflage, Mönchengladbach 1985.

MAYER, SUSANNE: Königin Richeza und ihr mitteldeutscher Besitz in Coburg und Saalfeld.- In: PBGH 11 (1987), S. 95-116.

MEYER, ENNO: Grundzüge der Geschichte Polens.- Darmstadt 1990.

MILZ, JOSEPH: Studien zur mittelalterlichen Wirtschafts- und Verfassungsgeschichte der Abtei Deutz (VeröffKölnGV 30).- Köln 1970.

MOUCHARD, KARL-BERND: Die Besitzungen der Abtei Brauweiler im Rheingau.- In: PBGH 2 (1978), S. 28-35.

MOUCHARD, KARL-BERND: Jan von Werth in Brauweiler.- In: PBGH 3 (1979), S. 29-33.

MOUCHARD, KARL-BERND: Beda Groten, Abt von Brauweiler.- In: PBGH 5 (1981), S. 19-25.

MOUCHARD, KARL-BERND: Brauweiler im Zeitalter der Säkularisation, Teil I - In: PBGH 8 (1984), S. 75-87; Teil II in: PBGH 9 (1985), S. 45-53; Teil III in: PBGH 10 (1986), S. 97-107.

MOUCHARD, KARL-BERND: Die Abtei Brauweiler - Sinnbild für die Gemeinschaft der Heiligen. Festvortrag zum 925. Jahrestag der Weihe der Richeza-Kirche.- In: PBGH 11 (1987), S. 128-135.

MOUCHARD, KARL-BERND: Reliquien des hl. Willibrord in Brauweiler.- In: PBGH 13 (1989), S. 41-49.

MOUCHARD, KARL-BERND: Der hl. Medardus, zweiter Patron der Abteikirche Brauweiler.- In: PBGH 18 (1994), S. 191-203.

MÜLLER-MERTENS, ECKHARD: Regnum Teutonicum. Aufkommen und Verbreitung der deutschen Reichs- und Königsauffassung im frühen Mittelalter (= Forschungen zur mittelalterlichen Geschichte, Bd. 15).- Wien/Köln/Graz 1970.

OPLADEN, PETER: Groß St. Martin. Geschichte einer stadtkölnischen Abtei (= StudKölnKG 2).- Düsseldorf 1954.

OPPERMANN, OTTO: Die älteren Urkunden des Klosters Brauweiler. Ein Beitrag zur Geschichte des mittelalterlichen Grundbesitzes an der Mosel und am Niederrhein.- In:

Westdeutsche Zeitschr. für Geschichte und Kunst XXII.- Trier 1903, S. 184-236.

OPPERMANN, OTTO: Die Urkundenfälschungen aus Kloster Brauweiler und die Fundatio monasterii Brunwilarensis.- In: Rheinische Urkundenstudien. Erster Teil: Die Kölnisch-Niederrheinischen Urkunden (= PublGes-RheinGk XXXIX,1).- Bonn 1922, S. 170-198.

PABST, HERMANN: Die Brauweiler Geschichtsquellen.- In: Archiv der Gesellschaft für ältere deutsche Geschichtskunde, hrsg v. G. H. Pertz, XII, H 1 u. 2.- Hannover 1872, S. 80-146; Edition S. 147-200.

PAULY, FERDINAND: Mesenich an der Mosel. Beiträge zur Geschichte des Dorfes zum 900. Jahrestag der Weihe der Kirche St. Nikolaus.- Boppard 1988.

POETTGEN, JÖRG: Zur Theologie früher Glockeninschriften am Beispiel rheinischer Glocken des 12. und 13. Jahrhunderts. - In: Jahrbuch für Glockenkunde 11/12 (1999/2000), S. 69-8o.

REICHENSPERGER, AUGUST: Die Deckengemälde in dem Kapitelsaal zu Brauweiler bei Köln.- In: Jahrbücher des Vereins von Altertumsfreunden im Rheinland 11 (1847), S. 85-122.

RHABAN HAACKE: Der Gemäldezyklus von Brauweiler.- In: ders. (Bearb.): Germania Benediktina, Bd. VIII: Die Benediktinerklöster in Nordrhein-Westfalen.- St. Ottilien 1980, S. 60-68.

RISTELHUEBER: Historisch-statistische Beschreibung des Land-Arbeitshauses zu Brauweiler.- Köln 1828.

RHODE, GOTTHOLD: Geschichte Polens. Ein Überblick.- Darmstadt 1980.

RODEN, VON, GÜNTER: Zur Wirtschaftsgeschichte der Abtei Brauweiler im Mittelalter.- In: DüssJb 44 (1947), S. 88-116.

ROTH, BERNHARD/ROTH, DANIEL: Uhren und Zeiteinteilung in der ehemaligen Benediktinerabtei Brauweiler.- In: PBGH 19 (1995), S. 79-105.

ROTH, BERNHARD/STIENE, HEINZ ERICH: Lag bei Adelheid eine einheimische Sprue vor? Identifikation eines weiteren Krankheitsbildes in der Vita Wolfhelmi.- In: PBGH 20 (1996), S. 272-274.

ROTONDO-MCCORD, JONATHAN: Locum Sepulturae meae...elegi: Property, graves and sacral power in eleventh-century Germany.- Viator - medieval and renaissance studies, Volume 26 (1995).- Berkeley, Los Angeles, London 1995.

SANDER, JOSEPH: Anselm Wrede oder Anselm von Wrede? Mönch im Kloster Brauweiler.- In: PBGH 17 (1993), S. 158-166.

SCHÄFKE, WERNER: Eine Tasse aus Frechen für Prior Joachim von Kamphausen in Brauweiler.- In: PBGH 2 (1978), S. 82f.

SCHÄFKE, WERNER (HRSG.): Oh! de Cologne.- Köln 1985.

SCHMIDT, ANDREAS: Die romanische Nikolaus-Kultstatue der ehemaligen Benediktinerabtei Brauweiler.- In: PBGH 14 (1990), S. 61-93.

SCHMIDT, BURGHART / KÖHREN-JANSEN, HELMTRUD / FRECKMANN, KLAUS: Kleine Hausgeschichte der Mosellandschaft (= Band 1 der Schriftenreihe zur Dendrochronologie und Bauforschung).- Köln 1989.

SCHREINER, PETER: Brauweiler. Eine siedlungs- und wirtschaftsgeographische Untersuchung.- Brauweiler 1971 (Wissenschaftliche Hausarbeit für das Lehramt an Realschulen, Maschinenschrift, Universität zu Köln).

SCHREINER, PETER: Überblick über die Geschichte der Pfarrei St. Nikolaus in Brauweiler, Teil I - In: PBGH 6 (1982), S. 116-122; Teil II in: PBGH 7 (1983), S. 66-72; Teil III in: PBGH 8 (1984), S. 168-182.

SCHREINER, PETER: Richeza - Königin von Polen und Gönnerin der Abtei Brauweiler. In: PBGH 11 (1987), S. 15-65.

SCHREINER, PETER: Das Erbe der Richeza: Der Streit zwischen der Abtei Brauweiler und dem Kölner Erzstift um das Moselgut Klotten.- In: PBGH 11 (1987), S. 66-94.

SCHREINER, PETER: Benediktiner in Brauweiler. Geschichte des Benediktinerabtei St. Nikolaus 1024-1802 (= 4. Sonderveröffentlichung des Vereins für Geschichte und Heimatkunde).- Pulheim 1988.

SCHREINER, PETER: Die Gründung der Abtei Brauweiler durch den lothringischen Pfalzgrafen Ezzo und seine Gemahlin Mathilde.- In: PBGH 13 (1989), S. 21-33.

SCHREINER, PETER: Der Kölner Erzbischof betete in Brauweiler ohne Erfolg. Ein ortsgeschichtlicher Nachtrag zur Schlacht bei Worringen am 5. Juni 1288.- In: PBGH 13 (1989), S. 80-83.

SCHREINER, PETER: Zur Neufassung des Bereichs um das Stiftergrab in der Abteikirche Brauweiler.- In: PBGH 14 (1990), S. 260-262.

SCHREINER, PETER: Kloster Brauweiler im Rechtsstreit mit Kölner Erzbischöfen - Abt Wolfhelm und die Auseinandersetzung um das Moselgut Klotten.- In: PBGH 15 (1991), S. 49-74.

SCHREINER, PETER: Widdersdorf - Stationen seiner Geschichte.- In: Pfarrei und Pfarrkirche St. Jakobus in Köln-Widdersdorf (= 13. Sonderveröffentlichung des Vereins für Geschichte und Heimatkunde e.V.).- Pulheim 1995, S. 23-129.

SCHREINER, PETER: Königin Richeza, Polen und das Rheinland. Historische Beziehungen zwischen Deutschen und Polen im 11. Jahrhundert / Królowa Rycheza, Polska i Nadrenia. Stosunki miedzy Polakami a Niemcami w XI wieku (= 14. Sonderveröffentlichung des Vereins für Geschichte und Heimatkunde e.V. / Biblioteka Studiów Lednickich, seria popularno-naukowa, Tom I).- Pulheim u. Poznàn 1996. (= Schreiner 1996 a)

SCHREINER, PETER: Die Bautätigkeit der Abtei Brauweiler vom 11. bis 13. Jahrhundert. Ein Beitrag zur mittelalterlichen Baugeschichte von Kirche und Kloster.- In: PBGH 20 (1996), S. 8-59. (= Schreiner 1996 b)

SCHREINER, PETER: Richeza - Königin von Polen und Gönnerin der Abtei Brauweiler. Beziehungen zwischen Deutschen und Polen vor 1000 Jahren. Katalog-Handbuch zur gleichnamigen Ausstellung mit einer polnischen Zusammenfassung von Agata Baranowska (= 19. Sonderveröffentlichung des Vereins für Geschichte und Heimatkunde e.V.).- Pulheim 1998.

SCHREINER, PETER / TONTSCH, MONIKA: Die Abteikirche St. Nikolaus und St. Medardus in Brauweiler. Baugeschichte - Ausstattung - Lapidarium der Kirche (= 20. Sonderveröffentlichung des Vereins für Geschichte und Heimatkunde e.V.).- 2. erweiterte Auflage.- Pulheim 1999.

SCHREINER, PETER: Ein Glockenjubiläum in Brauweiler: „Appellor Misericordia - Ich heiße Barmherzigkeit". Zur ältesten Brauweiler Glocke vom Jahre 1300 und zu weiteren Glocken der ehemaligen Abteikirche in Brauweiler.- In: PBGH 24 (2000), S. 71-95.

SCHULER, ALFRED: Ehemalige Abteikirche St. Nikolaus und St. Medardus in Brauweiler. Ergebnisse der archäologischen und bauhistorischen Untersuchungen im Rahmen der Umbaumaßnahme im Vierungsbereich.- In: PBGH 21 (1997), S. 8-27.

SIEBERT-GASPER, DIETER U. STIENE, HEINZ-ERICH: Heinrich von Rennenberg, Abt von Brauweiler (1263-1288), und die territorialen Auseinandersetzungen des 13. Jahrhunderts.- In: PBGH 23 (1999), S. 29-99.

SIMON, C.: Historische Wanderungen zwischen Erft und Rhein, I. Teil.- Overath 1925.

STAAB, JOSEF: Der Brauweiler Hof in Johannisberg/Rheingau.- In: PBGH 4 (1980), S. 44-46.

STEINBACH, FRANZ: Geschichtliche Räume und Raumbeziehungen der Deutschen Nieder- und Mittelrheinlande im Mittelalter.- In: AHVNrh 155/156 (1954), S. 9-34.

STEINBACH, FRANZ: Die Ezzonen. Ein Versuch territorialpolitschen Zusammenschlusses der fränkischen Rheinlande.- In: Collectanea Franz Steinbach, hrsg. v. Franz Petri u. Georg Droege.- Bonn 1967, S. 64-81.

STIENE, HEINZ ERICH: Leben und Wirken des Abtes Wolfhelm von Brauweiler und sein Biograph Konrad.- In: PBGH 15 (1991); S. 10-25. (= Stiene 1991 b)

STIENE, HEINZ ERICH: Zur Herkunft der ersten Brauweiler Mönche.- In: PBGH 15 (1991), S. 83-86. (= Stiene 1991 c)

STIENE, HEINZ ERICH: Der Portalsturz der ehemaligen Nikolaus-Kapelle zu Klotten.- In: PBGH 16 (1992), S. 7-20. (= Stiene 1992 a)

STIENE, HEINZ ERICH: Die Inschriften der Grabplatten für die Äbte in der ehemaligen Abteikirche St. Nikolaus zu Brauweiler.- In: PBGH 16 (1992), S. 99-146. (= Stiene 1992 b)

STIENE, HEINZ ERICH: „Conditus interdum libris manet error in aevum": Zu zwei mißverstandenen Stellen in der Brauweiler 'Gründungsgeschichte'.- In: PBGH 17 (1993), S. 92-107. (= Stiene 1993 a)

STIENE, HEINZ ERICH: Eine Handschrift aus der Abtei Brauweiler in der Sächsischen Landesbibliothek zu Dresden (Codex A 62).- In: PBGH 17 (1993), S.108-121. (= Stiene 1993 b)

STIENE, HEINZ ERICH: „Ich bin nicht Hermann der Fromme". Ein Portrait des Kölner Erzbischofs Joseph Clemens (1688-1723) in der ehemaligen Benediktinerabtei Brauweiler.- In: PBGH 18 (1994), S. 215-225.

STIENE HEINZ ERICH: Wucher, Wanzen und Dämonen. Brauweiler und Frechen in den 'Wundergeschichten' des Caesarius von Heisterbach (um 1220).- In: PBGH 21 (1997), S. 73-89. (= Stiene 1997 a)

STIENE, HEINZ ERICH: Carmina Brauweilerensia. Lateinische Dichtung in der Benediktinerabtei Brauweiler vom 11. bis zum 18. Jahrhundert (= 18. Sonderveröffentlichung des Vereins für Geschichte und Heimatkunde e.V.).- Pulheim 1997. (= Stiene 1997 b)

SWIECHOWSKI, ZYGMUNT: Königin Richeza von Polen und die Beziehungen polnischer Kunst zu Köln im 11. Jahrhundert.- In: Kölner Domblatt 40. Folge.- Köln 1975, S. 27-48.

THOMAS, ROBERT (Bearb.): Privatarchiv Ostler (= Quellen zur Geschichte des Rhein-Sieg-Kreises, hrsg. v. Heinz Doepgen).- Bonn u. Siegburg 1976.

TÜCKING, PAUL (Hrsg.): 900 Jahre Brauweiler Abteikirche. Ein Beitrag zur 900-Jahrfeier der Grundsteinlegung.- Brauweiler 1948.

UHLIRZ, MATHILDE: Zu den Berichten der Hildesheimer Annalen über den Tod des Pfalzgrafen Ezzo.- In: Coburg mitten im Reich, 2. Bd.- Kallmünz 1961, S. 39-42.

VOLK, PAULUS: Das Seminar der Bursfelder Benediktinerkongregation zu Köln.- In: Historische Aufsätze. Festschrift Alois Schulte zum 70. Geburtstag.- Düsseldorf 1927, S. 190-213.

VOLK, PAULUS: Der Personenstand des Kölner Seminars der Bursfelder Kongregation.- In: Benediktinische Monatsschrift, Bd. 9 (1927), S. 146-150.

VOLK, PAULUS: Die Generalkapitel der Bursfelder Benediktiner-Kongregation (= BGAM 14).- Münster 1928.

VOLK, PAULUS: Die Kölner Nuntiatur und die Bursfelder Kongregation in der ersten Hälfte des 17. Jahrhunderts.- In: AHVNrh H 139 (1941), S. 76-145.

VOLK, PAULUS: Der Friedensbevollmächtigte Adam Adami aus Mülheim a. Rh. bei den Verhandlungen in Münster und Osnabrück (1645-1648).- In: AHVNrh H 142/143 (1943), 84-146.

WELTERS, HANS: Lövenich und die Johanniterkommende St. Johann und St. Cordula in Köln.- In: Zwischen Grube und Scholle. Heimatblätter für den Landkreis Köln (= Beilage zur Kölnischen Rundschau, Nr. 12, Dezember 1954), S. 46-47.

WERNER, GERHARD: Saalfeld in Thüringen als Besitztum der Königin Richeza.- In: PBGH 14 (1990), S. 7-16.

WESENBERG, RUDOLF: Frühe mittelalterliche Bildwerke.- Düsseldorf 1972.

WILHELMY, WINFRIED: Hildegard als Exorzistin. - In: Kotzur, Hans-Jürgen (Hrsg.): Hildegard von Bingen 1098-1179, Katalog zur Ausstellung vom 17. April bis 16. August 1998 im Bischöflichen Dom- und Diözesanmuseum Mainz. - Mainz 1998, S. 328-332.

WISPLINGHOFF, ERICH: Die Urkundenfälschungen aus dem Benediktinerkloster Brauweiler bei Köln.- In: JbKölnGV 31/32 (1956/57), S. 32-73.- Köln 1957.

WISPLINGHOFF, ERICH: Untersuchungen zur Wirtschafts- und Besitzgeschichte der Benediktinerabtei Brauweiler bei Köln.- In: JbKölnGV 43 (1971), S. 131-191.- Köln 1971.

WISPLINGHOFF, ERICH: Die Benediktinerklöster des Niederrheins im 13. und 14. Jahrhundert.- In: Festschrift für Hermann Heimpel, Bd. 2 (= Veröffentlichung des Max-Planck-Instituts für Geschichte 36/II).- Göttingen 1972, S. 277-292.

WISPLINGHOFF, ERICH: Brauweiler.- In: Die Benediktinerklöster in Nordrhein-Westfalen, bearb. v. Rhaban Haacke (= Germania Benedictina, Bd. VIII: Nordrhein-Westfalen).- München 1980, S. 216-231.

WISPLINGHOFF, ERICH: Brauweiler zwischen Verfall und Reform. Zur Geschichte des Klosters vom 13. bis zum 15. Jahrhundert.- In: PBGH 6 (1982), S. 43-59. (= Wisplinghoff 1982 a)

WISPLINGHOFF, ERICH: Eine unbekannte Urkunde des Papstes Lucius III. - In: RheinVjbl 46 (1982), S. 81-84. (= Wisplinghoff 1982 b)

WISPLINGHOFF, ERICH: Gerichtsverhältnisse und Gerichtspraxis in Klotten - Von der Mitte des 15. bis zum Anfang des 17. Jahrhunderts.- In: Jb 1989 für den Kreis Cochem-Zell, S. 162-167.

WISPLINGHOFF, ERICH: Die Benediktinerabtei Brauweiler (= Germania Sacra NF 29: Die Bistümer der Kirchenprovinz Köln. Das Erzbistum Köln 5).- Berlin/New York 1992.

WISSKIRCHEN, JOSEF: Die Stommelner Marienglocke und ihr Guß durch den Jülicher Meister Johannes Bourlet 1673 unter Pfarrer Johannes Stahl.- In: PBGH 3 (1979), S. 35-53.

WISSKIRCHEN, JOSEF: Veränderungen der Verwaltung in französischer Zeit am Beispiel der „Mairie de Stommelen".- In: PBGH 18 (1994), S. 11-33.

WOELK, MORITZ: Aus dem Bildarchiv - Der romanische Portalbogen aus Brauweiler.- In: Denkmalpflege im Rheinland, 16 (1999), S. 97-104.

WOLF, GUNTHER: Wer war Theophanu?.- In: Kaiserin Theophanu. Begegnungen des Ostens und des Westens um die Wende des ersten Jahrtausends (= Gedenkschrift des Kölner Schnütgen-Museums zum 1000. Todesjahr der Kaiserin), Band II.- Köln 1991, S. 385-396.

WOLTER, HEINZ: Abt Wolfhelm von Brauweiler (1065-1091) und die Einführung der Siegburger Reform im Kloster Brauweiler.- In: AHVNrh H 189 (1986), S. 35-50.

WOLTER, HEINZ: Brauweiler und Siegburg.- In: PBGH 15 (1991), S. 26-48.

WOLTER, HEINZ: Geschichte des Benediktinerinnenklosters Königsdorf (= 11. Sonderveröffentlichung des Vereins für Geschichte und Heimatkunde e.V.).- Pulheim 1995.

ZIEGLER, RUPRECHT: Der Schatzfund von Brauweiler. Untersuchungen zur Münzprägung und zum Geldumlauf im gallischen Sonderreich (= Beihefte der BJ, Bd. 2).- Köln/Bonn 1983.

ZSCHOCKE, REINHART: Siedlung und Flur der Kölner Ackerebene zwischen Rhein und Ville (= Kölner Geographische Arbeiten, H 13).- Köln 1959.

4. Nachschlagewerke (Auswahl)

BLAISE, ALBERT: Le vocabulaire latin des principaux thème liturgiques.- Turnhout 1966.

BORMANN, K. TH. F. UND DANIELS, A., VON (Hrsg.): Handbuch der für die Königl. Preuß. Rheinprovinzen verkündeten Gesetze, Verordnungen und Regierungsbeschlüsse aus der Zeit der Fremdherrschaft, Bde 1-8, Köln am Rhein 1833-1845.

MM. FIRMIN DIDOT FRÈRES (Hrsg.): Nouvelle Biographie Générale etc., Bd. 35. - Paris 1861.

GRABOIS, ARYEH: Enzyklopädie des Mittelalters.- Lizenzausgabe Zürich, o.J.

GRIMM, JAKOB U. WILHELM: Deutsches Wörterbuch, 33 Bde.- Lizenzausgabe dtv.- München 1999.

GROTEFEND, HERMANN: Taschenbuch der Zeitrechnung.- 13. Auflage, Hannover 1991.

HEIM, MANFRED: Kleines Lexikon der Kirchengeschichte.- München 1998.

KAHNT, HELMUT UND KNORR, BERND: Alte Maße, Münzen und Gewichte.- Mannheim, Wien, Zürich 1987.

KASPER, W. (Hrsg.): Lexikon für Theologie und Kirche, 3. Aufl.- Freiburg i. Br. 1993ff.

KASPER, W. U. RAHNER, KARL (Hrsg.): Lexikon für Theologie und Kirche, 2. Aufl., 10 Bde u. Registerband.- Freiburg i. Br. 1957-1967.

KIRSCHBAUM, ENGELBERT (Hrsg.): Lexikon der christlichen Ikonographie, Bd. 1-8.- Rom/Freiburg/Basel/Wien 1968.

LANCZKOWSKI, JOHANNA: Lexikon des Mönchtums und der Orden.- Wiebaden 1997.

Lexikon des Mittelalters, I-IX.- München u. Zürich 1980-1998; Registerband.- Stuttgart u. Weimar 1999.

PREVOST, M. U. D'AMAT, ROMAN (Hrsg.): Dictionnaire de Biographie Française, Bd. 7.- Paris 1956.

Recueil des réglemens et arrêtés émanés du commissaire du gouvernement dans les quatre nouveaux départemens de la rive gauche du Rhin; depuis le 14 brumaire an VI première époque de leur organisation républicaine, jusqu'au 1.er vendémiaire an VIII, Tome I-XII, Strasbourg chez F. G. Levraut, an VII de la République.

Recueil des réglemens et arrêtés émanés du commissaire général du gouvernement dans les quatre nouveaux Départemens de la rive gauche du Rhin; an VIII, IX, X, Tome I-VII, Bulletin 1-100, Mayence chez André Crass.

SACHS, HANNELORE/BADSTÜBNER, ERNST/NEUMANN, HELGA: Erklärendes Wörterbuch zur Christlichen Kunst.- Hanau o.J.

SCHILLER, KARL U. LÜBBEN, AUGUST: Mittelniederdeutsches Wörterbuch, 6 Bde.- Bremen 1875-178.

SCHWAIGER, GEORG (HRSG.): Mönchtum, Orden, Klöster. Von den Anfängen bis zur Gegenwart. Ein Lexikon.- München 1993.
VOLKERT, WILHELM: Ein Lexikon des Mittelalters.- München 1991.
Westdeutsche Gesellschaft für Familienkunde e.V. (Hrsg.): 80.000 Totenzettel aus rheinischen Sammlungen, alphabetisch geordnet und genealogisch ausgewertet von Herbert M. Schleicher, 7 Bde.- Köln 1987.
WREDE, ADAM: Neuer Kölnischer Sprachschatz, I - III.- Köln 1978.
ZINCKEN, GEORG HEINRICH: Allgemeines Oeconomisches Lexikon etc.- Leipzig 1764.

Abkürzungsverzeichnis

Abt.	Abteilung
AEK	Archiv des Erzbistums Köln
AGesädGK	Archiv der Gesellschaft für ältere deutsche Geschichtskunde
AKG	Archiv für Kunst und Geschichte Berlin
ahd	althochdeutsch
AHVNrh	Annalen des Historischen Vereins für den Niederrhein
altköln.	altkölnisch
ALW	Archiv für Liturgiewissen-schaft
Anm.	Anmerkung (Anmerkungen)
Aufl.	Auflage
Ausst.-Kat.	Ausstellungskatalog
Bayer. HStAM	Bayerisches Hauptstaatsarchiv München
Bd. [Bde.]	Band [Bände]
Bearb.	Bearbeiter
Bl.	Blatt
BGAM	Beiträge zur Geschichte des alten Mönchstums und des Benediktinerordens
BJ	Bonner Jahrbücher
bzw.	beziehungsweise
Chron. u. Darst.	Chroniken und Darstellungen
Dep.	Depositum
ders.	derselbe
dies.	dieselbe
dgl.	dergleichen
d.h.	das heißt
d.i.	das ist
d.s.	das sind
DüssJb	Düsseldorfer Jahrbuch
ebd.	ebenda
etc.	et cetera (und so weiter)
f., ff.	folgend, folgende
franz.	französisch
gest.	gestorben
got.	gotisch
H	Heft
HAStK	Historisches Archiv der Stadt Köln
HessHStAW	Hessisches Hauptstaatsarchiv Würzburg
HessLHBD	Hessische Landes- und Hochschulbibliothek Darmstadt
HessLMD	Hessisches Landesmuseum Darmstadt
HJb	Historisches Jahrbuch
hl. [hll.]	heilig(e, er) [Plur.: heilige]
Hl. [Hll.]	Heilige(r), [Plur.: Heilige]
Hrsg.	Herausgeber
hrsg.	herausgegeben
Hs.	Handschrift
HStA	Hauptstaatsarchiv
ital.	italienisch
Jb.	Jahrbuch
JbKölnGV	Jahrbuch des Kölnischen Geschichtsvereins
JbRD	Jahrbuch der Rheinischen Denkmalpflege
Jg.	Jahrgang
Jh(s).	Jahrhundert(s)
KAE	Kreisarchiv des Erftkreises
Kap.	Kapitel
KDombl	Kölner Domblatt
KFWW	Kunstsammlung der Fürsten zu Waldburg-Wolfegg,

	Schloß Wolfegg
lat.	lateinisch
MA	Mittelalter
mg	Morgen (Flächenmaß)
MGH	Monumenta Germaniae Historica
MGH SS	Monumenta Germaniae Historica, Scriptores
mhd.	mittelhochdeutsch
mlat.	mittellateinisch
NF	Neue Folge
ndl.	niederländisch
NWHStAD	Nordrhein-Westfälisches Hauptstaatsarchiv Düsseldorf
o.J.	ohne Jahresangabe
P.	Pater
PAO	Privatarchiv Ostler
PBGH	Pulheimer Beiträge zur Geschichte und Heimatkunde
PfAB	Pfarrarchiv Brauweiler
PfAS	Pfarrarchiv Sinthern
Plur.	Plural (Mehrzahl)
poln.	polnisch
PublGes RheinGk	Publikation der Gesellschaft für Rheinische Geschichtskunde
RAD	Rheinisches Amt für Denkmalpflege, Abtei Brauweiler
RBA	Rheinisches Bildarchiv Köln
RegBenStud	Regulae Benedicti Studia
REK	Regesten der Erzbischöfe von Köln
Rep.	Repertorium
rhein.	rheinisch
RheinVjbl	Rheinische Vierteljahresblätter
Roerdep.	Roerdepartement
RUB	Rheinisches Urkundenbuch
S.	Seite
s.	siehe
sc.	scilicet (nämlich)
Sing.	Singular (Einzahl)
sog.	sogenannt(e)
Sp.	Spalte
span.	spanisch
StAP	Stadtarchiv Pulheim
StAW	Staatsarchiv Würzburg
StUBF	Stadt- und Universitätsbibliothek Frankfurt/Main
StudKölnKG	Studien zur Kölner Kirchengeschichte
u.	und
u.a.	und andere, und anderes, unter anderem, unter anderen
u.ä.	und ähnliches
Urk.	Urkunde
UStBK	Universitäts- und Stadtbibliothek Köln
v.	von
VeröffKölnGV	Veröffentlichung des Kölnischen Geschichtsvereins
Verw.	Verwaltung
vgl.	vergleiche
zit.	zitiert
z.T.	zum Teil

Abbildungsnachweis

(Abkürzungen: M. Mitte, [R] Repro, o. oben, u. unten, l. links, r. rechts)

Fotos und Reproduktionen:

Abtei Maria Laach, Bildarchiv: 378

Archiv für Kunst und Geschichte Berlin: 129, 130 r., 131, 145 u., 147 u., 151, 158

Archivberatungsstelle Rheinland: 134, 203, 213 (beide)

Archiv des Erzbistums Köln: 208 o.r., 208 u.r., 231, 376 (beide), 443 r., 444

Bathe: 61 u.

Bibliotheca Apostolica Vaticana: 393

Blum (†): 6 u.l., 12 (beide), 19, 21 (beide), 27, 29, 37 (beide), 43 u.l., 49 u.l., 54, 58, 62 M., 62 u., 68, 72, 77, 87 o., 90, 91, 94 l., 95 (beide), 96, 102, 103, 106, 109, 117, 118, 123 o., 124 (beide), 130 l., 135, 137 u., 145 o., 155 o. 156, 177, 183, 185 l., 186 r., 189, 209 o.l., 215, 230 o., 240 (alle), 241 r., 390, 391 o.

Dieterling: 15 (beide), 17, 18 r., 25, 49 u.r., 51, 53, 120, 132, 178 o., 182 (alle), 184, 195, 197 u., 248 (alle)

Helmstaedter: 220
Hessische Landes- und Hochschulbibliothek: 28
Hessisches Landesmuseum Darmstadt: Sina Althöfer: 70 (alle), 71 (beide)
Historisches Archiv der Stadt Köln: 136, 291, 298, 325, 339, 438, 441, 443 l.
Jeiter: 241 o.l.
Kölner Stadtmuseum: 123 u.r.
Kreisarchiv des Erftkreises: 121 (beide), 166, 169 (beide)
Kunstsammlung der Fürsten zu Waldburg-Wolfegg, Schloß Wolfegg: 61 o., 63, 78, 138, 401, 402
Nordrhein-Westfälisches Hauptstaatsarchiv Düsseldorf: 26, 30, 38, 40, 81, 82, 93, 98 (beide), 126, 160, 176, 186 l., 187, 192 o., 205, 206, 209, 218, 246 u., 251, 253, 255 (beide), 256 u., 257, 259, 261 u., 262, 263 u., 264, 265, 270, 281, 282, 285, 286 (beide), 287, 288, 290, 292 u., 295, 296, 299, 302, 303, 304 l., 305 (beide), 306, 307, 310, 313, 314, 315, 316, 327 u., 329, 330, 331, 332, 335, 336 M., 336 u., 342-43, 344-45, 347 (beide), 355 u., 359, 360 (beide), 363, 365, 367, 370-71, 373 o., 375 (beide), 415, 418, 419, 420 (beide), 428, 430, 432, 442, 446, 447, 450-51, 452 (beide), 545, 457, 459, 461, 464 (beide)
Pfarrarchiv Brauweiler: 144, 170, 190, 191 (beide), 192 u., 193, 197 o., 200, 201, 202, 217, 229 o., 230 u., 232, 373 u., 406, 407, 410, 413, 436, 437, 439, 445, 463
Pfarrarchiv Sinthern: 221 o.
Rheinisches Amt für Denkmalpflege:
Bildarchiv: 69 u., 222 r., 236 o.r.; Gregori: 50 l.; Kranz: 62 o. [R]; Lieven: 65 o., 75 o., 123 u.l., 137, 147 o., 155 u., 167, 168, 178 u., 210; Mentzel: 65 u. [R] (Fotogrammetrie: M. Britsch 1981, Bauuntersuchung: N. Nußbaum 1986, Befundkartierung: Chr. Notarius 1986); Steinhoff: 76 o.l., 76 o.r., 224 (beide), 235 u., 236 u., 242 u (beide); Thuns: 50 r., 76 u., 179, 234, 266; von der Ropp: 180; Wolf u. Steinhoff: 239u., 242 o., 245 (alle)
Rheinisches Bildarchiv Köln: 1, 36, 92, 142, 171, 185 r., 212, 226, 351
Rickert: 55
Sächsische Landesbibliothek Dresden: 219
Schäfke: 161
Schreiner: Umschlag (vorne u. hinten), 2, 5 (alle), 23 [R] (beide), 24, 39, 41 (beide), 52, 60, 64 o., 66 (beide), 67 (beide), 73 u., 74 u., 75 u., 79 (beide), 83 (beide), 84 (beide), 87 M. [R], 88 (alle), 89 94 l., 97, 99, 104, 106, 110, 123 u.r., 140 [R], 144 [R], 149 (beide), 153, 163, 164 [R], 170 [R], 188, 190 [R], 191 (beide), 192 u. [R], 193 [R], 194, 197 o. [R], 198, 199 (beide) [R], 200 [R], 201 [R], 202 [R], 207, 217 [R], 221 o. [R], 223 (beide), 225, 227, 228, 229 o. [R], 230 u. [R], 232 [R], 235 M., 236 o.r., 237 (beide), 238 (beide), 239 o., 243 (beide), 246 o., 247 o.l., 247 u., 249 u., 261 o., 269, 292 o [R], 294, 319 [R], 336 o. [R], 338, 391 u., 395, 406 [R], 407 [R], 410 [R], 412, 413 [R], 416 (beide), 436 [R], 437 [R], 439 [R], 445 [R], 463 [R]
Schuler: 44, 47 u.
Sölter (†) 4, 233
Staatsarchiv Würzburg: 35
Stadtarchiv Pulheim: 349, 353, 354, 356
Stadt- und Universitätsbibliothek Frankfurt/ Main: 229 u.
Stiftung Preußischer Kulturbesitz Berlin: 3, 249 o.
Universitäts- und Stadtbibliothek Köln: 174, 175 (beide)
Verein für Geschichte und Heimatkunde e.V., Bildarchiv: 31 u., 222 l., 247 o.r.
Wagner: VIII, 235 o.;

Zeichnungen und Grafiken:
P. Schreiner: 31 o.; RAD (H. Fischer): 33; Michael Schreiner: 324, 426
Die Zeichnungen und Holzschnitte von Heinz Binsfeld befinden sich auf folgenden Seiten: 10, 18 l., 42, 43 l., 69 o, 74 o., 105, 113, 119, 127, 141, 150, 157, 221, 267 (beide), 279, 312,

Originale stellten zur Verfügung:
Friedrich Eßer: 392 o.; Walter Fuhr: 336 o.; Marie Loise Halstrick: 294; Peter Schreiner: 319

Aus Buchveröffentlichungen wurden entnommen:
Altkölnisches Bilderbuch. Eine nachdenkliche Wanderung durch Zeiten und Räume, hrsg. von der Stadt Köln.- Köln 1950: 87 u.
BADER, WALTER (1930/31): 45 o.
BADER, WALTER (1937): 6 o.r., 6 u.r., 9, 45 u., 46, 493

BADER, WALTER (1954): 47 o.l., 49 o.l., 56, 57, 62 o., 73 o., 80
CARDAUNS, HERMANN U. MÜLLER, REINER (Hrsg.) (1966): 271
DIEDERICH, TONI / TRIPPEN, NORBERT / HERBORN, WOLFGANG: Das Erzbistum Köln. Das 19. Jahrhundert. - Kehl 1997: 355 o.
FEHLING, U. / BROST, H.: Kostümkunde. Mode im Wandel der Zeiten. - Wiesbaden 1986: 258 u.
Freiheit, Gleichheit, Brüderlichkeit. 200 Jahre Französische Revolution in Deutschland. Katalog zur Ausstellung 24.6.-1.10.1989.- Nürnberg 1989: 272
FUNCKEN, LILIANE U. FRED: Historische Uniformen. - München 1997: 277 r.
GRAUMANN, SABINE (1990): 322
JAKOBEIT SIGRID U. WOLFGANG: Illustrierte Alltagsgeschichte des deutschen Volkes 1550-1810.- Köln 1988: 254 (beide), 256 o., 258 o., 263 o.
KLEIN, JOSEF (1924): 8
KLEIN, ADOLF U. BOCKEMÜHL, JUSTUS (Hrsg.) (1973): 323
Koelhoffsche Chronik, Nachdruck.- Köln 1972: 140
KOTZUR, HANS-JÜRGEN (Hrsg.): Hildegard von Bingen 1098-1179. Katalog zur Ausstellung 17.4.-16.8.1998.- Mainz 1998: 59
KYBALOVÁ, LUDMILLA / HERBENOVÁ, OLGA / LAMAROVÁ, MILENA: Das große Bilderlexikon der Mode.- Prag 1976: 273
Librairie Hachette 1970. Connaissance de l'Histoire: 334
MARTIN, HENRI: Histoire de France populaire depuis les temps les plus reculés jusqu'a nos jours.- Paris 1875,
Tome quatrième: 274, 276 (beide), 293, 311; Tome cinquième: 304 r.
PELLENDER, HEINZ: Chronik der Stadt und der Veste Coburg, der Herren und Herrscher über Coburg und das Coburger Land.- Coburg 1987: 277 l.
PFLUGK-HARTTUNG, JULIUS V.: Napoleon I. Revolution und Kaiserreich.- Berlin 1900: 348, 352 u.
RITTER VON LANDMANN, KARL: Napoleon I. (= Weltgeschichte in Karakterbildern, hrsg. v. Franz Kampers, Sebastian Merkle u. Martin Spahn, Vierte Abteilung: Neuere Zeit).- München 1906: 352 o.
STEIBACH, FRANZ (1967): 13
WISPLINGHOFF, ERICH (1992): 20
ZELLER MARTIN U. MERIAN MATTHÄUS: Topographia Germaniae. Neue Ausgabe, Bd. „Obersachsen" 1650.- Kassel 1964: 32

Erläuterungen zum Grundriß der Klosteranlage (Die Erläuterungen beziehen sich im wesentlichen auf die Zeit des späten 18. Jhs.)

① Kreuzganghof („Marienhof"), ② Prälaturhof, ③ Wirtschaftshof, ④ Kirche mit Sakristei - ehemalige „Sacristia Minor" (A) und Vorhalle (B), ⑤ östlicher Kreuzgang mit Kapitelsaal (C) und Benediktuskapelle (D). Darüber befand sich im erste Stockwerk das Dormitorium. ⑥ südlicher Kreuzgang, ⑦ westlicher Kreuzgang - 1810 abgebrochen, ⑧ nördlicher Kreuzgang - 1810 abgebrochen. Im ersten Stockwerk war die „Sacristia Maior". ⑨ sog. „Mittelbau" mit der angebauten Küche (E) und dem Winterrefektorium, auch als „Spinda" bezeichnet (F). Darüber lag im ersten Stockwerk der repräsentative Empfangsraum mit den Bildnissen der Stifterfamilie und der Äbte. ⑩ Prälatur-Westflügel mit dem Empfangsraum des Abtes im ersten Stockwerk, heute sog. „Äbtesaal" (G) und dem Saal, heute sog. „Kaisersaal" (H). Unter dem Empfangsraum des Abtes waren die Brauerei und die Schnapsbrennerei. ⑪ Prälatur-Nordflügel mit den Remisen im Erdgeschoß (K). Darüber im ersten Stockwerk hatte der Abt seine Wohnung. ⑫ Prälatur-Südflügel (Gästeflügel), ⑬ Hier befand sich die barocke Gartenanlage („des Convents Garten"). ▶